日藏漢籍善本書錄

中册　子部

嚴紹璗　編著

中華書局

子　部

（一）儒　家　類

（先秦漢魏唐人著作之屬）

孔子家語十卷

（魏）王肅注　（明）毛晉校

明毛氏汲古閣刊本

宮内廳書陵部　静嘉堂文庫藏本

【按】每半葉有界九行，行十七字。注文雙行，行二十五字。前有王肅《序》及篇目。後有《後序》及孔安國《傳》。末附明人何孟春《跋》。

宮内廳藏本，卷首有"業賈浪華田思明"七字。每冊有"賴古堂家藏"印，各冊尾又有"島津氏藏書五車之一"。全書尾又有"思"、"明"、"華州"等印記。共五冊。

静嘉堂文庫藏本，共二冊。

【附録】九世紀日本藤原佐世《本朝見在書目録》第八"論語家"著録《孔子家語》二十一卷，題"王肅撰"。又著録《家語鈔》一卷，不題撰著者。

十二世紀日本左大臣藤原賴長在《台記》"康治二年（1143 年）九月二十九日"中曾記録自己所讀書目凡一千又三十卷，其中有《孔子家語》一種。

東山天皇元禄十五年（1702 年）彌生吉且《倭版書籍考》卷二"儒學之部"著録《孔子家語》十卷。其釋文曰："相傳孔子二十二代孫孔猛所作，王肅爲傳。然據朱子之説，《家語》純係當時之書，爲王肅自作。王肅數歷官位，爲人善行。此本倭點極佳，亦存古點。"

森立之《經籍訪古志》卷四著録明崇禎中汲古閣仿宋刊本《孔子家語》，言"是書又有活字本，明永懷堂刊本。俱不如毛之佳"。

據日本《外船賚來書目》記載，中御門天皇正德四年（1714 年）九月中國南京船"第一番"（船主費元齡）載《孔子家語》一部四冊一帙抵日本。

據《商舶載來書目》記載，中御門天皇享保十六年（1731 年）中國商船"古字號"載《孔子家語》一部抵日本。

據《長崎官府貿易外船賚來書目》記載，桃園天皇寶曆九年（1759 年），中國商船"一番船"載《孔子家語》三部三帙抵日本。

據《外船書籍元帳》記載，仁孝天皇天保十二年（1841 年），中國商船"丑二番"載《孔子家語》抵日本。此本定價四目。

十六世紀末後陽成天皇慶長四年（1599 年）江户幕府第一代大將軍德川家康命足利學校庠主三要，以元泰定蒼嚴書院刊《標題句解孔子家語》爲底本，校合明版《孔子家語》數本，於幕府行轅地伏見以木活字刊行，并附《新刊素王紀事》一卷，《聖朝通制孔子廟祀》一卷。此爲著名的慶長"伏見木活字版"。此本有刊印《跋文》曰：

"世際季運而學校教將廢也。維時内府家康公于文于武得其名，故興廢繼絶，爲後學梓刻文字數十萬而賜余。退爲謝公之恩惠，初開《家語》。此書是聖人奧義，治世要文，實非小補也。刊字列盤中，則明本《家語》以數本考正焉。或版行有訛謬，或文字有顛倒，以亡加之，以餘删之。雖如此，帝虎鷦鶴誤者必矣。只願待博雅君子改制焉也。謹跋。"

明正天皇寬永十五年（1638 年）京都風月宗智刊《孔子家語》十卷。

櫻町天皇元文元年(1736 年)江都嵩山房刊《孔子家語》十卷。此本由日人太宰純增注。其後有寬保二年(1742 年)江都小林新兵衛重印本。光格天皇寬政元年(1789 年)尚古堂又重刊太宰純增注《孔子家語》十卷,并有《附録》一卷。同年江户小林兵衛刊《標箋孔子家語》十卷,此本由日人千葉玄之對太宰氏增注再厘定標箋。文化十一年(1814 年)嵩山房再刊太宰純注《孔子家語》十卷。

櫻町天皇寬保元年(1741 年)文榮堂刊《補注孔子家語》十卷。此本由日人岡白駒補注。其後有仁孝天皇天保十四年(1843 年)重印本。又有孝明天皇萬延元年(1860 年)修補刊本。

光格天皇寬政四年(1792 年)江都岡田屋嘉七刊印《孔子家語》十卷。此本由日人冢田虎(大峰)注。其後寬政十年(1798 年)江東嵩山房小林新兵衛等重印。

光格天皇寬政六年(1794 年)有《孔子家語合注諺解》刊行。此本由日人高田彪合注并解諺。

孔子家語十卷

(魏)王肅注　(明)毛晋校
明吴郡寶翰樓刊本　共二册
京都大學人文科學研究所東洋學文獻中心藏本

孔子家語十卷

(魏)王肅注　(明)金蟠等校
明永懷堂刊本　共二册
內閣文庫藏本　原江户時代林氏大學頭家舊藏

孔子家語十卷　集語二卷

(魏)王肅注　(明)錢受益校　《集語》(宋)薛據編
明末刊本　共四册
內閣文庫藏本

【按】內閣文庫藏此同一刊本兩部。一部原係楓山文庫舊藏,一部原係木村蒹葭堂舊藏。

【附録】江户時代《官版書目》"子部"著録《孔子集語》十七卷六册(七當爲二之誤——編著者)。

孔子家語八卷

(魏)王肅注　(明)何孟春注
明正德十六年(1521 年)永明堂刊本　共四册
內閣文庫藏本　原江户時代林氏大學頭家舊藏

(標題句解)孔子家語三卷

(魏)王肅撰　(元)王廣謀句解
明刊本　共三册
大東急紀念文庫藏本
【附録】日本江户時代有銅活字版刊印元人王廣謀撰《標題句解孔子家語》三卷。

(新鍥台閣清訛補注)孔子家語五卷　首一卷

(魏)王肅注　(明)鄒德溥注
明萬曆年間(1573—1620 年)劉氏喬山堂刊本　共五册
內閣文庫藏本　原江户時代林氏大學頭家舊藏

孔子集語二卷

(宋)薛據撰
明刊本　共一册
尊經閣文庫藏本　原江户時代加賀藩主前田綱紀等舊藏
【附録】日本後櫻町天皇明和元年(1764 年)皇都精義堂刊印《孔子集語》二卷。此本據宋薛據編本復刊。

光格天皇享和元年(1801 年)江户大和田安兵衛再刊《孔子集語》。此本由日人奥村慎猶校。

孔子集語二卷

(宋)薛據撰　(明)范欽校

明刊本　共二册

静嘉堂文庫藏本　原陸心源十萬卷樓舊藏

(評釋)孔聖家語(聖賢類語)四卷

(明)冀洪憲評注

明萬曆二十四年(1596年)余氏刊本　共一册

御茶之水圖書館藏本　原德富蘇峰成簣堂舊藏

【按】卷首有"家語孤白"、"余茂宇梓"。卷末有"龍飛萬曆丙申(1596年)歲自新齋余懷宇梓"。

此本有圖繪。

書封係德富蘇峰所補添,并有手識文。

【附録】日本東山天皇元禄十五年(1702年)彌生吉且《倭版書籍考》卷四"史傳雜記之部"著録《孔聖全書》十一卷。其識文曰:"是書係大明萬曆年中安夢松所作也。"

(鼎刻楊先生注釋)孔聖家語四卷　首一卷

(明)楊守勤注

明萬曆二十五年(1597年)刊本　共二册

内閣文庫　静嘉堂文庫藏本

孔聖家語圖十一卷

(明)吳嘉謨校

明萬曆年間(1573—1620年)刊本　共四册

内閣文庫　静嘉堂文庫　東北大學附屬圖書館藏本

【按】每半葉有界十行,行二十四字。白口,四周單邊。

内閣文庫藏本,原係昌平坂學問所舊藏。

静嘉堂文庫藏本,原係中村敬宇舊藏。

孔聖家語圖十一卷

(明)吳嘉謨校

明末復萬曆年間刊本　共六册

内閣文庫藏本　原江户時代林氏大學頭家舊藏

孔聖家語圖十一卷

(明)吳嘉謨編纂

明刊本

京都大學文學部　天理圖書館古義堂藏本

【按】京都大學藏本,共十一册。

古義堂藏本,原係伊藤仁齋氏家舊藏,伊藤東涯讀本,卷二至卷五係伊藤氏寫補,有寫補識文曰:"明和丁亥之歲(1767年)命弘美補寫,二月二十九日始業,夏五月初四全功。"共五册。

(新鍥侗初張先生注釋)孔子家語宗五卷　首一卷

(明)張鼐注釋　李光縉校閲

明書林熊秉宏讀書坊刊本　共三册

蓬左文庫　神户大學附屬圖書館藏本

(新刻注釋)孔子家語憲四卷　首一卷

(明)陳際泰編

明刊本　共四册

内閣文庫藏本　原昌平坂學問所舊藏

(新刻注釋)孔子家語衡二卷　首一卷

(明)周宗建撰

明萬曆年間(1573—1620年)劉大易刊本

内閣文庫　東京都立圖書館藏本

【按】内閣文庫藏本,原係昌平坂學問所舊藏。共一册。

東京都立圖書館藏本,原係諸橋徹次舊藏。共二册。

(鼎鋟二翰林校正句解評釋)孔子家語正印三卷　首一卷

(明)顧錫疇編

明天啓三年(1623年)刊本　共三册

内閣文庫藏本　原昌平坂學問所舊藏

纂圖互注荀子二十卷

（周）荀況撰　　（唐）楊倞注

元刊明修本　共五册

内閣文庫藏本　原昌平坂學問所舊藏

【按】每半葉有界十行，行二十字。黑口，左右雙邊。

【附録】公元 751 年（中國唐玄宗天寶十年、日本孝謙天皇天平勝寶三年）日本完成第一部書面文學集《懷風藻》的編纂，其第七十五首爲但馬守百濟公和麻呂所作《初春於左僕射長王宅宴》一首，其中有詩句曰：“庭（火奧）將滋草，林寒未笑花；鶉衣追野昨，鶴蓋入山家。”詩中“鶉衣”之典，則來自《荀子·大略篇》中“子夏貧，衣若懸鶉。人曰：‘子何不仕？’曰：‘諸侯之驕我者，吾不爲臣；大夫之驕我者，吾不復見’”之説。這是關於《荀子》最早浸入日本古代文學的記載。

九世紀日本藤原佐世撰《本朝見在書目録》第廿四“儒家類”記載：“《孫卿子》十卷，楚蘭陵令荀洲傳。曰荀洲者，荀卿十一代孫也。荀況撰。號荀卿子，避宣帝諱，改曰孫。”這是日本古文獻關于《荀子》的最早記録。

十二世紀日本藤原通憲編著《通憲入道藏書目録》，其中“第二十四櫃”著録《大字經荀子》十帖。

日本北朝時代後光嚴天皇文和二年（1353 年）京都東福寺第二十八世持主大道一以編撰《普門院經論章疏語録儒書等目録》，記録 1241 年日僧圓爾辯圓從中國賚回之書籍，其中“菓部”著録《荀子》二册。

據日本《商舶載來書目》記載，中御門天皇享保八年（1723 年），中國商船“志字號”載《荀子》一部一帙抵日本。享保十八年（1733 年），該船又載《荀子删注》一部抵日本。

又據《外船書籍元帳》記載，孝明天皇嘉永二年（1849 年），中國商船“酉三番”載《荀子》一部一包抵日本，售價九匁。

纂圖互注荀子二十卷

（周）荀況撰　　（唐）楊倞注

元末明初刊本　共四册

築波大學附屬圖書館藏本　原明治時代川田甕江等舊藏

【按】每半葉有界十一行，行二十字。注文雙行，行二十五字。黑口，左右雙邊（18.5cm × 11.5cm），或四周雙邊。

卷首有唐元和十三年（818 年）楊倞《荀子序》。後有篇目及纂圖。

各卷首尾有“川田氏藏書”陰文印記。

纂圖互注荀子二十卷

（周）荀況撰　　（唐）楊倞注

明初刊本　共四册

宫内廳書陵部藏本　原江户時代林氏大學頭家舊藏

【按】每半葉有界十一行，行二十一字。注文雙行，行二十五字。黑口，左右雙邊（18.5cm × 11.5cm）。

卷首有唐元和十三年（818 年）楊倞《荀子序》。後有篇目及纂圖。

各卷首尾有“讀耕齋之家”印記。第一册及第三册首又有“梅窗清暇”等印記。

纂圖互注荀子二十卷

（周）荀況撰　　（唐）楊倞注

明刊本　共三册

宫内廳書陵部藏本

纂圖互注荀子二十卷

（周）荀況撰　　（唐）楊倞注

明世德堂刊本

東洋文庫　京都大學人文科學研究所東洋學文獻中心　御茶之水圖書館藏本

【按】每半葉有界八行，行十七字。白口，左右雙邊。版心刻“世德堂刊”四字。

東洋文庫藏本，原係岩崎文庫舊藏。共十四

册。

京都大學人文科學研究所藏本,原係松本文三郎舊藏。共十册。

御茶之水圖書館藏本,原係德富蘇峰成簣堂等舊藏。共五册。

【附錄】櫻町天皇延享二年(1745 年)江户梅村彌市郎翻刊明世德堂本《荀子》。此本後由京都葛西市郎兵衛等重印。

光格天皇文化三年(1806 年)京都葛西市郎兵衛刊印《荀子》二十卷(版心作五卷)。此本由冢田虎(大峰)校點。

仁孝天皇文政八年(1825 年)平安書林水玉堂刊印《荀子》二十卷并《補遺》一卷。此本由日人久保愛增注,猪飼彦博補遺。

仁孝天皇天保元年(1830 年)平户藩維新館刊印清人謝墉《荀子箋釋》二十卷并《校刊補遺》一卷。此本有朝川鼎(善庵)等校。後有江户何泉屋金右衞門印本,并有江户西宫彌兵衞等印本。

荀子二十卷

(周)荀況撰　　(唐)楊倞注

明嘉靖年間(1573—1620 年)刊本　共四册

御茶之水圖書館藏本　原德富蘇峰成簣堂等舊藏

【按】每半葉有界十行,行二十字。左右雙邊。版心題"樊川別業"

卷内有朱筆識文。各册首有"岸珍藏"等印記。補裝封面係德富蘇峰題識。

此本係明嘉靖中《六子書》之一種。

【附錄】楊守敬《日本訪書志》卷七著錄宋刊本《荀子》二十卷(刻入《古逸叢書》中)。此本未見,其識文曰:

"今世中土所傳《荀子》宋本有二,一爲北宋吕夏卿熙寧本,一爲南宋錢佃江西漕司本。而唐與政所刊于台州當時爲一重公案者,顧無傳焉。嘉慶間,盧抱經學士據朱文游所藏影鈔吕夏卿本,合元明本校刊行世。王懷祖、顧澗薲皆有異議,然吕錢兩本至今無重刊者。余初來日本時,從書肆購得此書雙鉤本數卷,訪之乃知爲狩谷望之舊藏台州本,此其所擬重刊未成者。厥後從島田筸村見影摹全部,因告知星使黎公,求得之,以付梓人,一仍其舊,逾年乃成。按,此本後亦有吕夏卿等銜名,又別有熙寧元年《中書札子》曾公亮等銜名。據與政《自序》,悉視熙寧之故,則知其略無校改。案王伯厚所舉四條,惟'君子知嚮矣',此本仍作'如響不相應'。因知伯厚所舉者'嚮''響'之異,非'知''如'之異,此自校刊《紀聞》者之失(何校本仍作"如")。若盧抱經所勘,以此本照之,其遺漏不下數百字,又不第顧澗薲所舉《君道篇》'狂生者不胥時而樂之'不作'落'也。此間別有朝鮮古刊本,亦略與此本同。余又合元纂圖本、明世德堂本、及王懷祖、劉端臨、郝蘭皋諸先生之説。更參以日本物茂卿(有《讀荀子》四卷)、冢田虎(有《荀子斷》四卷)、久保愛(有《荀子增注》二十卷)、猪飼彦博(有《荀子補遺》一卷)所訂,別爲札記,以未見吕錢兩原本,將以有待,故未刊焉。光緒甲申(1884 年)三月。"

荀子二十卷

(周)荀況撰　　(唐)楊倞注

明刊本

尊經閣文庫　東京大學東洋文化研究所　東京都立圖書館　德山市毛利家事務所藏本

【按】尊經閣文庫藏此同一刊本兩部。一部共六册,一部共四册。

東京都立圖書館藏本,原係竹添光鴻、諸橋徹次等舊藏,共五册。

毛利家藏本,原係德山藩三代主毛利元次舊藏。東山天皇寶永三年(1706 年)《御書物目錄》著錄此本,共三册。

荀子二十卷

(周)荀況撰　　(唐)楊倞注　虞九章　王震亨訂正

明刊本　共八册

廣島市立淺野圖書館藏本

荀子二十卷

(周)荀況撰　(唐)楊倞注　(明)鍾人杰訂

明刊本　共八册

東北大學附屬圖書館藏本

荀子二十卷

(周)荀況撰　(唐)楊倞注

明末刊本　共四册

内閣文庫藏本　原楓山文庫舊藏

【按】每半葉有界九行,行二十字。白口,左右雙邊。

孔叢子三卷

(漢)孔鮒撰

明萬曆五年(1577年)刊本　共三册

尊經閣文庫藏本

【附録】日本東山天皇元禄十五年(1702年)彌生吉旦《倭版書籍考》卷二"儒家之部"著録《孔叢子》上中下三卷。其釋文曰:此書相傳"秦始皇時孔子九世孔鮒所作。朱子視爲僞書。此書爲諸書引用甚多,記孔子,子思以下代代之言行。《文獻通考》著録爲七卷。"

日本光格天皇寬政七年(1795年)京都中川茂兵衛,中村彌兵衛等據明萬曆五年(1577年)刊本復刊《孔叢子》三卷。此本由日人冢田虎注。其後有京都中川藤四郎重印本,并有兒玉九郎右衛門重印本。文化十五年(1818年)修補重印。

孔叢子三卷

(漢)孔鮒撰

明刊本　共二册

静嘉堂文庫藏本　原陸心源十萬卷樓舊藏

孔叢子　陸賈新語(合刻本)四卷　附二卷

(漢)孔鮒　陸賈撰

明末刊本　共一册

御茶之水圖書館藏本　原德富蘇峰成簣堂等舊藏

【按】每半葉無界十行,行二十五字。四周單邊。附刻句點。

卷首有"天主堂内田氏藏書記"、"讀杜草堂"等印記。封面係補裝,德富蘇峰手題文。

新語二卷

(漢)陸賈撰

明萬曆年間(1573—1620年)刊本　共一册

内閣文庫　尊經閣文庫藏本

【按】每半葉有界九行,行二十字。白口,左右雙邊。

内閣文庫藏本,原係昌平坂學問所等舊藏。

尊經閣文庫藏本,原係江户時代加賀藩主前田綱紀等舊藏。

【附録】日本櫻町天皇延享五年(1748年)大阪河内屋喜兵衛刊印明范欽校定陸賈《新語》二卷。此本于桃園天皇寶曆十二年(1762年)修訂,由日人井上蘭臺(通熙)據明人范欽訂本重訂訓點,江户須原屋市兵衛再刊印。後于光格天皇寬政八年(1796年)大阪河内屋喜兵衛修定重印。

新書(賈子新書)十卷

(漢)賈誼撰

南宋麻沙刊本　吳元恭手校本　共一册

静嘉堂文庫藏本　原陸心源十萬卷樓等舊藏

【按】卷首題"《新雕賈誼新書》十卷"。次行題"梁太傅賈誼撰"。《目録》後有"建寧府陳八郎書鋪印"一行。

此本吳元恭手校。《儀顧堂題跋》卷六著録。卷中有"吳氏家藏"朱文方印,"文弨借閲"白文方印、朱文長印等印記。

【附録】日本江户時代《昌平坂御官版書目》著録《賈子新書》三册。《官版書籍解提略》卷下著録《賈子新書》十卷三册。其識文曰:"漢買誼撰。《漢書·藝文志》記五十八篇,《崇文總目》記七十二篇。今考隋唐之《志》,則作十卷,而今本僅存五十六篇,其中《問孝》一篇,有題録而無書,實存五十五篇。其書則常取買誼本傳所載之文,割裂章段,顛倒次序,妄加標題,殊無條理。《漢書》所載之文,又類《説苑》、《新序》、《韓詩外傳》等,然書中胎教之古禮,修政之語,上下之篇,帝王之遺訓,則多陳古典,解《詩》解《易》,深得經義,如是,雖有所失而不可棄也。"

靈元天皇時期(1661—1672 年)刊《賈子新書》十卷。

櫻町天皇元文二年(1737 年)又刊《賈誼新書》十卷。此本由青木敦書(昆陽)訓點。後有桃園天皇寬延二年(1749 年)京都田中市兵衛等印本。

光格天皇寬政五年(1793 年)皇都田中市兵衛等刊行《賈子新書》十卷。此本由福井軌(小車)校訂元版刊梓。

江户時代《官版書目》"子部"著録《賈子新書》十卷三册。此即仁孝天皇天保四年(1833 年)昌平坂學問所用清人盧文弨校本刊行之《新書》十卷本。

新書十卷

(漢)買誼撰

明正德十年(1515 年)吉藩刊本　共四册

内閣文庫　大倉文化財團藏本

【按】每半葉有界八行,行十八字。黑口,左右雙邊。卷末有吉府木記。

内閣文庫藏本,原係昌平坂學問所等舊藏。此本係吉田篁墩等手校本。

大倉文化財團藏本,原係錢尊王、德富蘇峰等舊藏。卷中有"虞山錢曾尊王藏書"、"宣州張氏"、"篤生"等印記。

賈太傅新書十卷

(漢)買誼撰　(明)孟稱堯評

明天啓六年(1626 年)刊本　共二册

尊經閣文庫藏本　原係江户時代加賀藩主前田綱紀等舊藏

【按】每半葉有界九行,行二十字。白口,四周單邊。

新書十卷　附録一卷

(漢)買誼撰

明刊本　共三册

内閣文庫　東北大學附屬圖書館藏本

【按】每半葉有界九行,行二十字。白口,左右雙邊。

内閣文庫藏本,原係楓山官庫等舊藏。

東北大學藏本,原係狩野亨吉等舊藏。

劉向説苑二十卷

(漢)劉向撰

明楚府刊本

静嘉堂文庫　御茶之水圖書館藏本

【按】每半葉有界十行,行十八字或十九字。黑口。四周雙邊。

卷前有曾鞏《序》。後接《總目》。標題大字占雙行。

静嘉堂文庫藏本,原係陸心源十萬卷樓等舊藏,共五册。《儀顧堂題跋》卷六著録此本。其文曰:

"是書有宋咸淳本。盧抱經以程榮本互校……是書明凡五刻。有四川蜀府本,嘉靖何良俊本,程榮《漢魏叢書》本,何鏜《漢魏叢書》本,及此而五。何鏜本出于程榮,程榮本出于何良俊。此本字大悦目,與何良俊本互有得失。"

御茶之水圖書館藏本,原係德富蘇峰成簣堂等舊藏。共四册。此本各册首藏印皆被削去,外題係朝鮮人所書。第一册内封有德富蘇峰手識文。帙外題亦係蘇峰手書。

【附録】日本九世紀藤原佐世撰《本朝見在書目録》第廿四"儒家類"記載"《説苑》二十卷,劉向撰"。這是日本古文獻關于《説苑》的最早記載。

十二世紀日本藤原通憲編著《通憲入道藏書目録》，其中"第二十四櫃"著録《説苑》上里十卷，《説苑》下十卷。"第二十八櫃"又著録《説苑》上里十卷，《説苑》下十卷。

東山天皇元禄十五年（1702 年）彌生吉且《倭版書籍考》卷六"諸子百家之部"著録《説苑》二十卷。其識文曰："是書係前漢劉向撰作，宋時曾南豐校定并序，又有大明何良俊新序。是書引用諸書，記故事名言甚多。"

據《商舶載來書目》記載，中御門天皇寶永七年（1710 年），中國商船"世字號"載《説苑》一部四册抵日本。

江户時代森立之《經籍訪古志》卷四著録原求古樓藏明永樂丙申（1416 年）刊《説苑》二十卷。言此本"每半板十三行，行二十四字。曾《序》八行，行十七字。《目録》末有永樂丙申孟春西園精舍新刊木記。《序》首有嘉靖丙辰（1556 年）尹春年藏贈尹希定三印。"據此，則《説苑》明刻，除前述陸氏之説外，尚有第六刻也。

劉向説苑二十卷

（漢）劉向撰

明嘉靖十四年（1535 年）刊本　共五册

御茶之水圖書館藏本　原島田翰　德富蘇峰成簣堂等舊藏

【按】每半葉有界十行，行十九字。黑口，四周雙邊。

卷末有明嘉靖乙未（1535 年）重刊之《刊語》，末有"崇本書院識"之題文。卷一至卷十一有朱筆校記，約爲人見友元（竹洞）所施。帙封係德富蘇峰手題。

各册有"小野節家藏書"、"宜爾子孫"等印記。

劉向説苑二十卷

（漢）劉向撰　（宋）曾鞏編

明嘉靖二十六年（1547 年）何良俊刊本

内閣文庫　東北大學附屬圖書館藏本

【按】每半葉有界十行，行二十字。白口，左右雙邊。前有編校書籍臣曾鞏上此書《序》，下接《目録》。

内閣文庫藏本，原係昌平坂學問所等舊藏，共四册。

東北大學藏本，共五册。

劉向説苑二十卷

（漢）劉向撰　（明）程榮校

明刊本（《漢魏叢書》本）　共四册

静嘉堂文庫藏本　原陸心源十萬卷樓等舊藏

【按】卷前有明嘉靖丁未（1547 年）何良俊《序》。

【附録】日本靈元天皇寬文八年（1668 年）武村三郎兵衛刊印《劉向説苑》二十卷。此本係據明程榮刊本翻刻。其後有瀨尾源兵衛重印本，須原屋茂兵衛重印本，及永樂屋東四郎重印本。

光格天皇寬政五年（1793 年）刊印日人關嘉撰《劉向説苑纂注》二十卷。此本據程榮本纂注。寬政六年（1794 年）有興藝館重印本。

新序十卷

（漢）劉向撰

明嘉靖年間（1522—1566 年）何良俊刊本共二册

静嘉堂文庫藏本　原陸心源十萬卷樓等舊藏

【按】每半葉有界十行，行二十字。前有明嘉靖丁未（1547 年）何良俊《重刻説苑新序序》。《目録》後有曾鞏《校上記》，蓋仿劉向"校上古書"舊例，非爲序也。

《儀顧堂題跋》卷六著録此本，其文曰：

"按《隋書·經籍志》，《新序》三十卷，《録》一卷。曾鞏《序》則云'今可見者十篇'。是《新序》原本三十卷，至宋仁宗時祇存十篇。《藝文類聚》、《太平御覽》所引多有出于今本之外者，皆三十篇中逸文。盧抱經《群書拾補》已搜輯無遺。《群書治要》比今本多四條。一爲'孟子見齊宣王于雪宮'至'未之有也',凡九十五字。一爲'齊有田巴先生者'至'斯齊國治矣',凡一百七十八字。一爲'臧孫行猛政'至'退而避位',凡五百八十九字。一爲'子路治蒲'至'其民不擾也',一百四十一字。與《類聚》、《御覽》所引,大同小異,亦皆三十篇中逸文也。"

【附錄】森立之《經籍訪古志》卷四著錄原寶素堂藏明嘉靖丁未何良俊刊《新序》十卷。言寶素堂藏本"卷端有南畝文庫印。標題題籤亦南畝翁手筆也。求古樓又藏一本,版式與此本恰似。卷首有燕超堂書畫印記"。

新序十卷

（漢）劉向撰　　（明）程榮校
明刊本（《漢魏叢書》本）
內閣文庫　尊經閣文庫　靜嘉堂文庫藏本
【按】每半葉有界九行,行二十字。白口,左右雙邊。

內閣文庫藏本,原係楓山官庫舊藏。共二冊。

尊經閣文庫藏本,原係江戶時代加賀藩主前田綱紀等舊藏,共三冊。

靜嘉堂文庫藏此同一刊本兩部。一部原係汪啓淑、陸心源舊藏,共二冊。卷中有蔣寅基、勞格手識文。蔣寅基文曰:"宋本校《新序》,從吾友黃蕘圃處假歸錄得。時丁巳秋八月朔日也。"勞格文曰:"辛丑仲春,郡先輩盧抱經本校正。"卷中又有"新安汪氏"朱文方印、"啓淑信印"白文方印。一部原係陸心源十萬卷樓舊藏,共一冊。

【附錄】日本中御門天皇享保二十年（1735年）江戶植村藤三郎刊印明程榮校《漢魏叢書》本《新序》十卷。此本由日人平野玄宗（金華）訓點。其後有江戶岡田屋嘉七重印本。仁孝天皇天保三年（1832年）秋田屋太右衛門等又修補再刊。此本明治年間又有小林新兵衛等重印本。

仁孝天皇文政五年（1822年）江都尚古堂刻刊日人武井驥撰《劉向新序纂注》十卷。文政六年（1823年）有長沼府重印本。

鹽鐵論十卷

（漢）桓寬撰
明弘治十四年（1501年）新淦涂氏刊本
東京大學東洋文化研究所大木文庫藏本
原大木幹一等舊藏
【按】每半葉有界十行,行二十字。白口,左右雙邊。

此本係據宋嘉泰二年（1202年）本重刊。

【附錄】日本九世紀藤原佐世撰《本朝見在書目錄》第廿四"儒家類"記載《鹽鐵論》十卷,漢盧江府丞桓寬撰"。這是日本古文獻關于《鹽鐵論》的最早記載。

鹽鐵論十二卷

（漢）桓寬撰　　（明）張之象注
明嘉靖三十三年（1554年）雲間張氏猗蘭堂刊本
內閣文庫　尊經閣文庫　東京大學東洋文化研究所大木文庫　京都大學人文科學研究所東洋學文獻中心　御茶之水圖書館藏本
【按】每半葉有界九行,行十七字。白口,左右雙邊。

卷首題"漢汝南桓寬撰,明雲間張之象注"。前有明嘉靖癸丑（1553年）張之象《序》。卷末全頁有刊印木記二行曰:

> 嘉靖甲寅春張
> 氏猗蘭堂梓行

內閣文庫藏本,原係江戶時代林氏大學頭家等舊藏,共四冊。

尊經閣文庫藏本,原係江戶時代加賀藩主前田綱紀等舊藏,共六冊。

東京大學藏此同一刊本兩部。

京都大學人文科學研究所藏此同一刊本兩部。一部共六冊。一部共四冊。

御茶之水圖書館藏本,原係狩谷掖齋、澀江

抽齋、德富蘇峰成簣堂等舊藏。卷中有島田翰藏書印，第一册封面及卷帙有德富蘇峰題識。共八册。

【附錄】森立之《經籍訪古志》卷四著錄原求古樓藏明嘉靖甲寅張氏刊《鹽鐵論》十二卷。

日本東山天皇寶永五年（1708年）德山藩棲息堂刊印明張之象注《鹽鐵論》十二卷。此本由日人伊藤長胤（東涯）訓點。其後京都林九兵衛有重印本。光格天皇天明五年（1785年）又有江户須原屋市兵衛重印本。天明七年（1787年）江户須原屋伊八郎重印本。

鹽鐵論十二卷

（漢）桓寬撰　　（明）金蟠編校
明崇禎十三年（1640年）刊本　共二册
東京大學附屬總合圖書館藏本

鹽鐵論十二卷

（漢）桓寬撰　　（明）鍾惺評
明刊本　共二册
内閣文庫藏本　原江户時代林氏大學頭家舊藏

纂圖互注揚子法言十卷

（漢）揚雄撰　（晋）李軌　（唐）柳宗元（宋）宋咸　吳秘　司馬光注
元刊本　共二册
宫内廳書陵部藏本　原狩谷掖齋等舊藏
【按】每半葉有界十一行，行二十字至二十二字不等。注文雙行，行二十五字。黑口，左右雙邊（18.1cm×11.7cm）。

卷前有宋景祐四年（1037年）十月宋咸《進重廣注揚子法言表》，次有宋元豐四年（1081年）十一月司馬温公《注揚子序》

卷中有"狩谷望之"、"掖齋"、"湯島狩谷氏求古樓圖書記"、"易山崔氏"、"吉家氏藏"等印記。

江户時代森立之《經籍訪古志》卷四著錄求古樓藏元刊本《纂圖互注揚氏法言》十卷即此

宫内廳書陵部藏本。森氏言藏本有"易山崔氏"印，又有"吉氏家藏"印等，全與此本相合。

【附錄】九世紀日本藤原佐世撰《本朝見在書目錄》第廿四"儒家類"記載《揚雄法言》十三卷，宋衷注"。同書又著錄"《揚子太玄經》十三卷"。這是日本古文獻關于揚雄論著的最早記載。

日本北朝時代後光嚴天皇文和二年（1353年）京都東福寺第二十八世持主大道一以編撰《普門院經論章疏語錄儒書等目錄》，記錄1241年日僧圓爾辯圓從中國賫回之書籍，其中"致部"著錄《揚子》三册，"菓部"著錄《揚子》二册。

東山天皇元禄十五年（1702年）彌生吉且《倭版書籍考》卷六"諸子百家之部"著錄《揚子法言》十卷十三篇。其識文曰："前漢揚雄云，擬《論語》而作是書。據云古本八十三卷，今本則依五臣注。五臣者，乃晋之李軌、唐之柳子厚、宋之宋咸、吳秘、司馬温公也。有宋咸《序》《表》，并有司馬温公《序》。倭點甚精。"

纂圖互注揚子法言十卷

（漢）揚雄撰　（宋）司馬光等注
明初刊本　共一册
内閣文庫藏本　原昌平坂學問所等舊藏
【按】每半葉有界十二行，行二十六字。黑口，四周雙邊。

新纂門目五臣注揚子法言十卷

（漢）揚雄撰　（晋）李軌　（唐）柳宗元（宋）宋咸　吳秘　司馬光注
明世德堂刊本　共二册
内閣文庫　東洋文庫　東京大學東洋文化研究所　御茶之水圖書館藏本
【按】每半葉有界八行，行十七字。注文雙行。白口，四周雙邊。版心刻"世德堂刊"四字。

内閣文庫藏本，原係豐後佐伯藩主毛利高標舊藏，日本仁孝天皇文政年間（1818—1829年）

由出雲守毛利高翰將此本獻贈幕府,明治初年
經太政官文庫而歸內閣文庫,共三冊。

東洋文庫藏本,原係岩崎文庫舊藏,共六冊。

御茶之水圖書館藏本,原係項墨林、德富蘇
峰成簣堂等舊藏。帙外題封係德富蘇峰手書。
共四冊。

【附錄】日本後西天皇萬治二年(1659 年)中
野小左衛門刊印《新纂門目五臣音注揚子法
言》十卷。

光格天皇寬政六年(1794 年)刊印《揚子法
言》十卷。此本據司馬光等五人注本,由日人
桃源藏增注。寬政八年(1796 年)由平安書鋪
重印。

法言十卷

(漢)揚雄撰　　(明)程榮校
明刊本(《漢魏叢書》本)　共一冊
內閣文庫藏本　原楓山官庫等舊藏

【按】每半葉有界九行,行二十字。白口,左
右雙邊。

揚子十卷

(漢)揚雄撰
明嘉靖年間(1573—1620 年)刊本　共一冊
御茶之水圖書館藏本　原德富蘇峰成簣堂
等舊藏

【按】每半葉有界十行,行二十字。左右雙
邊。版心題"樊川別業"。

卷內有藍筆注記。封面補裝,係德富蘇峰題
識。

此本係明嘉靖中《六子書》之一種。

法言纂注十三卷

(漢)揚雄撰　　(明)藍文炳纂注
明刊本　共六冊
宮內廳書陵部藏本　原豐後佐伯藩主毛利
高標舊藏

【按】卷前有明萬曆壬寅(1602 年)藍文炳
《序》。次有宋咸《序》、《表》。次有司馬光

《序》。袁文紹《跋》。

此本原係佐伯侯毛利氏家藏。仁孝天皇文
政年間(1818—1829 年)出雲守毛利高翰獻贈
江戶幕府。明治初年歸內閣文庫。明治二十
四年(1891 年)由內閣文庫移入宮內省圖書寮
(即今宮內廳書陵部)卷中有"讀耕齋之家藏"、
"佐伯侯毛利高標字培松藏書畫之印"等印記。

潛夫論十卷

(漢)王符撰
明正德年間(1506—1521 年)刊本　共四冊
靜嘉堂文庫　東京大學東洋文化研究所藏
本

【按】靜嘉堂文庫藏本,原係陸心源十萬卷樓
舊藏。

東京大學藏本,原係大木幹一舊藏。

【附錄】日本九世紀藤原佐世撰《本朝見在書
目》第廿四"儒家類"記載:"《潛夫論》十卷,後
漢處士王符撰。"這是日本古文獻關於《潛夫
論》的最早記載。

光格天皇天明六年(1786 年)刊印《潛夫論》
十卷。此本由日人奧田元繼(松齋)訓點。其
後有天明七年(1787 年)大阪田原平兵衛重印
本,又有河內屋儀助修定重印本。

申鑒五卷

(漢)荀悅撰　　(明)黃省曾注
明正德年間(1506—1521 年)刊本　何義門
手識本　共一冊
靜嘉堂文庫藏本　原何義門　陸心源等舊
藏

【按】卷前有宋淳熙九年(1182 年)尤袤
《跋》,明正德十三年(1518 年)李濂《序》。

卷中有何義門手識文。其文曰:

"仲豫之文,儗《法言》而爲也。其爲匹
夫匹婦,處敗猷之間,必禮樂存焉,雖聖門亦
必取諸。屼瞻識。"

《儀顧堂題跋》卷六著錄此本。其文曰:

"《申鑒》五卷,漢潁川荀悅著,黃省曾注

本。以《群書治要》所引校刊一過,知今本奪
落甚多……是書刊于正德中,當時宋本必
多,省曾意在作注,以抒寄託,不暇訪求善
本,故訛奪如此耳。"

申鑒五卷

（漢）荀悦撰　（明）黄省曾注　程榮校
明萬曆年間（1573—1620 年）刊本（《漢魏叢
書》本）　共一册
國會圖書館　内閣文庫　東北大學附屬圖
書館藏本
【按】每半葉有界九行,行二十字。白口,左
右雙邊。
内閣文庫藏本,原係江户時代林氏大學頭家
舊藏。
【附録】光格天皇天明六年（1786 年）京都上
川治郎吉復刊程榮校《漢魏叢書》本《申鑒》。

申鑒（小荀子）五卷

（漢）荀悦撰
明萬曆年間（1573—1620 年）刊本　共一册
静嘉堂文庫藏本　原陸心源十萬卷樓舊藏

忠經一卷

（漢）馬融撰　鄭玄注　（明）程榮校
明刊本（《漢魏叢書》本）　共一册
内閣文庫藏本　原昌平坂學問所等舊藏
【按】每半葉有界九行,行二十字。白口,左
右雙邊。
【附録】日本東山天皇元禄十五年（1702 年）
彌生吉且《倭版書籍考》卷二"儒家之部"著録
《忠經》一卷。其釋文曰:此書係"後漢馬融作,
鄭玄注。世稱《孝經》與《忠經》爲一雙之書。
此書有諺解,係向陽軒林子高木正則所爲也"。
日本後西天皇明曆二年（1656 年）小島彌左
衛門刊印明余松年校《御覽頒行忠經集注注
解》。此本有靈元天皇天和三年（1683 年）重
印本。
東山天皇元禄二年（1689 年）再刊明余松年

校《忠經集注注解》。此本由日人宇都宫由的
《頭書》,安田萬助《跋》。其後有京都淺見吉兵
衛重印本,京都平野屋喜兵衛重印本,大阪河
内屋和助重印本,大阪秋田屋太右衛門重印
本,井野屋喜兵衛重印本等。
東山天皇元禄四年（1671 年）松葉清四郎又
刊印明余松年校《忠經集注注解》。

忠經一卷

（漢）馬融撰　鄭玄注　（明）胡文焕校
明刊本　共一册
東京大學東洋文化研究所藏本　原大木幹
一等舊藏
【按】此本與《新刻吕氏官箴》、《新刻晝廉緒
論》爲合刻本。

忠經集注一卷

（漢）馬融撰　鄭玄注　（明）李春培編　陶
原良補注
明刊本　共一册
内閣文庫藏本　原昌平坂學問所等舊藏

忠經集注一卷

（漢）馬融撰　鄭玄注　（明）陳際泰訂　熊
九嶽校
明刊本　共一册
内閣文庫藏本　原木村蒹葭堂等舊藏

中論二卷

（漢）徐幹撰　（明）程榮校
明刊本（《漢魏叢書》本）　共一册
内閣文庫藏本　原昌平坂學問所等舊藏
【按】每半葉有界九行,行二十字。白口,左
右雙邊。

徐幹中論二卷

（漢）徐幹撰
明刊本　共二册
尊經閣文庫藏本　原江户時代加賀藩主前

田綱紀等舊藏

文中子中説十卷

（隋）王通撰　　（宋）阮逸注

宋刊本　狩谷望之手識本　共二册

宮内廳書陵部藏本　原錢牧齋　狩谷望之
舊藏

【按】每半葉有界十四行，行二十五至二十八
字不等。注文雙行，行三十至三十二字不等。
白口，左右雙邊（17cm×11.2cm）。版心記刻工
姓名，如趙保、趙、富、姜、朗、正、發、吳、奉等。

前有阮逸《序》。卷末附載有杜淹撰《文中子
世家》，《録唐太宗與房魏論禮樂事》，《東皋子
答陳尚書書》，王福時《録關子明事》，王福時
《記王氏家書事雜録》等。

卷中避宋帝諱，凡“玄、炫、朗、敬、驚、弘、殷、
匡、鏡、徵”等字皆缺筆，而“慎”字不缺。此本
當爲北宋末南宋初刊也。

卷中附添一紙，係江户時代學者狩谷望之
（掖齋）手識文。其文曰：

“《文中子中説》，此爲宋刻善本。今世
行本，安陽崔氏者，經其勘定，駁亂失次，不
可復觀。今人好以己意改竄古書，雖賢者不
免，可嘆也。”

卷中第一册封面有“掖齋”、“狩谷望之”等印
記。第二册尾有“狩谷望之審定宋本”、“湯島
狩谷氏求古樓鼎書記”等印記。又有“經筵”、
“樋口光義”、“趨古齋鑒賞之一”等印記。

森立之《經籍訪古志》卷四著録原求古樓藏
宋刊本《中説》十卷即係此本。其文曰：

“前有《文中子中説序》，《序》後本文，題
‘中説卷第一王道篇，阮逸注’。卷中慎字缺
筆，蓋孝宗時刻本。然字樣古雅，與宋本玄
宗注《孝經》相似。疑翻雕北宋本者……卷
首有經筵印，卷末有高麗國十四葉印。”

此本今不見“高麗國十四葉印”。

董康《書舶庸譚》卷三，傅增湘《藏園群書經
眼録》卷七皆著録此本。傅氏曰：

“此書麻紙，染作深黃色，且因有高麗國

印，遂有疑爲朝鮮刊本者。然細審之，其筆
意古健堅實，實爲宋刊無疑。日本文政十年
翻刊本，雖亦精美，而字畫纖麗，古意不存
矣。”

【附録】日本北朝時代後光嚴天皇文和二年
（1353年）京都東福寺第二十八世大道一以編
撰《普門院經論章疏語録儒書等目録》，記録
1241年日僧圓爾辯圓從中國賫回之書籍，其
中“致部”著録有《文中子》三册，“菓部”著録有
《文中子》一册。

東山天皇元禄八年（1695年）修文堂石田鴻
鈞刊印《文中子中説》十卷，并附《文中子補
傳》。此本由日人深田正純（厚齋）校正。其後
有京都玉樹堂唐本屋吉左衛門重印本。光格
天皇文化三年（1806年）佐野憲（山陰）對此本
重行補訂，由京都植村藤右衛門等再刊印。此
本并附《總評》，《文中子纂事》，《年表》等。此
本後由大阪積玉堂（攝津河内屋善兵衛）重印。

江户時代《官版書籍解題略》“子部”著録《影
宋本中説》十卷一册。此即係仁孝天皇文政十
年（1817年）昌平坂學問所據宋本影摹刊行
《文中子中説》十卷之本。

楊守敬《日本訪書志》卷七著録日本重刊北
宋小字本《文中子中説》十卷，即係此本。其識
文曰：

“前有《文中子中説序》，《序》後本書題
‘中説卷第一’，次行頂格題‘王道篇’，行下
題‘阮逸注’。每半葉十四行，行二十六七字
不等，注雙行，約三十二字不等，四周單邊。
十卷後有《叙篇》、杜淹《文中子世家》一篇、
《唐太宗與房魏論禮樂事》一篇、東皋子《答
陳尚書》一首、《關子明事》一首、《王氏家書
雜録》一首。卷尾有‘文政十年摹刊’字樣。
精雅絶倫。書中避諱‘弘、匡、敬、玄、徵、朗’
等字，‘讓、慎’等字不避，知爲北宋本，而考
森氏《訪古志》，載《中説》三種，此本獨遺。
詢之同好，無知此本之原委者，亦無知此版
之存亡者。余遍搜書肆，僅得二本，想模印
不廣，板即毀廢矣，惜哉！”

楊氏所言此日本刊本之祖本,疑即爲宮内廳所藏之本。

中説十卷

（隋）王通撰　（宋）阮逸注
明初刊本
内閣文庫藏本

【按】内閣文庫藏此同一刊本兩部。一部原係昌平坂學問所舊藏,共二册。一部原近江西大路藩主市橋長昭舊藏,日本光格天皇文化五年（1808年）二月,仁正寺藩主（孝明天皇文久三年即1863年改稱'近江西大路藩',自稱"下總守"、黃雪山人——編著者）市橋長昭舉其所藏之宋元舊刊本三十種與明本數種獻諸文廟,此本爲其中之一。卷末貼附市橋長昭撰《獻書跋文》一篇。《跋》由市河米庵書寫,其文如次:

　"寄藏文廟宋元刻書跋

　　長昭夙從事斯文,經十餘年,圖籍漸多,意方今藏書家不乏於世,而其所儲大抵屬晚近刻書,至宋元槧蓋或罕有焉。長昭獨積年募求,乃今至累數十種。此非獨在我之爲難,而即在西土亦或不易,則長昭之苦心可知矣。然而物聚必散,是理數也,其能保無散委於百年之後乎?孰若舉而獻之廟學,獲藉聖德以永其傳,則長昭之素願也。虔以宋元槧三十種爲獻,是其一也。

　　文化五年二月下總守市橋長昭謹誌
河三亥書

　　自《周易》至《山谷集》十四種一函,自《淮海集》至《國朝名臣事略》十六種一函。右二函,文化五年戊辰五月市橋下總守寄藏。"

　卷中有"仁正侯長昭黃雪書屋鑑藏圖書之印",全本共一册。

中説十卷

（隋）王通撰　（宋）阮逸注
明正德年間（1506—1521年）刊本　錢謙益手識本　共二册

靜嘉堂文庫藏本　原錢謙益　陸心源十萬卷樓舊藏

【按】卷前王福畤《序》,阮逸《序》。卷末有錢謙益手識文。其文曰:

　　"辛丑除夜,點檢爐餘殘帙,得此書。以宋刻本校讎一過。文中子書,除《中説》外,《七製元經》尚有刻本,其它未必傳。《中説》近經崔後渠刊定,駁亂不可讀,學者宜審之。牧翁謙益記。時年八十。"

文後有"謙益"白文連印、"牧翁"朱文印。

卷中又有"蘇州淵雅堂王氏圖書"朱文大方印、"惕甫經眼"朱文方印、"鐵夫手校"朱文方印等印記。

中説十卷

（隋）王通撰　（宋）阮逸注
明世德堂刊本　共四册
東洋文庫藏本　原岩崎文庫舊藏

【按】每半葉有界八行,行十七字。白口,左右雙邊。

文中子十卷

（隋）王通撰　（宋）阮逸注
明嘉靖年間（1522—1566年）刊本　共一册
御茶之水圖書館藏本　原德富蘇峰成簣堂等舊藏

【按】每半葉有界十行,行二十字。左右雙邊。版心題"樊川別業"。

卷内有藍筆注記。封面補裝,係德富蘇峰題識。

此本係明嘉靖中《六子書》之一種。

中説十卷

（隋）王通撰　（宋）阮逸注
明刊本　共四册
内閣文庫藏本　原楓山官庫舊藏

文中子中説十卷

（隋）王通撰　（宋）阮逸注

明嘉靖年間(1522—1566 年)敬忍居刊本
共四册

御茶之水圖書館藏本　原德富蘇峰成簣堂
舊藏

文中子中説十卷

(隋)王通撰　　(宋)阮逸注
明刊本　共五册
宫内廳書陵部藏本

伸蒙續孟子二卷　伸蒙子三卷

(唐)林慎思撰
明萬曆年間(1573—1620 年)刊本
内閣文庫　尊經閣文庫藏本
【按】每半葉有界九行,行二十字。
内閣文庫藏本,原係豐後佐伯藩主毛利高標

舊藏,共一册。此本係日本仁孝天皇文政年間
(1818—1829 年)由出雲守毛利高翰獻贈幕府,
明治初年歸内閣文庫。

尊經閣文庫藏本,原係江户時代加賀藩主前
田綱紀等舊藏。此本封面題《續孟伸蒙合刻》。
今存《續孟子》二卷,共二册。

兼明書五卷

(唐)丘光庭撰
明萬曆年間(1573—1620 年)刊本(《寶顏堂
秘籍》之一)
東京大學東洋文化研究所藏本
【附録】十二世紀日本左大臣藤原賴長在《台
記》"康治二年(1143 年)九月二十九日"中曾
記録自己所讀書目凡一千又三十卷,其中有
《兼明書》一種。

(宋人著作之屬)

周子全書六卷

(宋)周敦頤撰
明萬曆年間(1573—1620 年)刊本　共二册
内閣文庫藏本　原關松窗　昌平坂學問所
等舊藏
【按】每半葉有界九行,行十八字。白口,左
右雙邊。
【附録】日本後光明天皇正保四年(1647 年)
刊印《周子書》。此本由山崎嘉闇編。其後靈
元天皇延寶八年(1680 年)京都壽文堂有重印
本。仁孝天皇天保十四年(1844 年)又有風月
莊左衛門,河内屋萬助重印本。
靈元天皇延寶元年(1673 年)京都田中長左
衛門,武村新兵衛據明徐必達校本刊印《周子
全書》七卷(《太極圖》一卷,《通書》二卷,《雜
著》一卷,《像贊外》一卷,《諸儒議論》一卷。另
有宋人度正撰《年譜》一卷)。
靈元天皇延寶七年(1679 年)京都壽文堂刊
印《周書抄略》三卷。此本由山崎嘉編。

靈元天皇寬文四年(1664 年)京都村上平樂
寺刊印周敦頤《太極圖》一卷、朱熹《太極圖説》
一卷。同天皇延寶五年(1677 年)京都村上平
樂寺再刊鰲頭本《太極圖》一卷,《太極圖説》一
卷。延寶六年(1678 年)京都口口孫兵衛刊印
《太極圖》一卷,《太極圖説》一卷,由熊谷立閑
首書。此本東山天皇元禄十三年(1700 年)由
江户須原屋茂兵衛重印。同天皇延寶八年
(1680 年)壽文堂刊印山崎嘉闇編《太極圖》一
卷,《太極圖説》一卷。光格天皇文化三年
(1806 年)京都朝倉儀助,風月莊左衛門刊印
《太極圖》一卷,《太極圖説》一卷。同天皇文化
八年(1811 年)養賢堂刊印《太極圖》一卷,《太
極圖説》一卷。由大槻清準(平泉)訓點。仁孝
天皇天保三年(1832 年)仁壽莊有木活字刊印
本《太極圖》一卷,《太極圖説》一卷。
靈元天皇寬文六年(1666 年)京都村上勘兵
衛刊印周敦頤撰,朱熹解《通書》三卷。此本後
有鈴木太兵衛重印本,又有京都淡海屋次郎吉
重印本。光格天皇文化九年(1812 年)養賢堂

刊印《通書》三卷。此本由大槻清準（平泉）訓點。

周子全書七卷

（宋）周敦頤撰　朱熹注　（明）徐必達校

明萬曆三十四年（1606 年）嘉興徐必達刊本

共三册

廣島大學文學部藏本

【附錄】據《書籍元帳》記載，日本仁孝天皇天保十二年（1841 年）由中國輸入《周子全書》二套，定價二十五匁。

橫渠經學理窟五卷

（宋）張載撰

明嘉靖元年（1522 年）刊本　共一册

內閣文庫藏本

【按】每半葉有界十行，行十九字。白口，四周雙邊。

內閣文庫藏此同一刊本兩部。一部原係楓山官庫舊藏。一部原係豐後佐伯藩主毛利高標舊藏。此本係日本仁孝天皇文政年間（1818—1829 年）由出雲守毛利高翰獻贈幕府，明治初年歸內閣文庫。

【附錄】日本靈元天皇延寶三年（1675 年）京都武村新兵衛據明徐必達校本刊印《張子全書》十五卷（《西銘》一卷，《正蒙》二卷，《經學理窟》五卷，《易說》三卷，《語錄抄》一卷，《文集抄》一卷，《性理拾遺》一卷，《附錄》一卷）。

靈元天皇延寶年間（1673—1681 年）刊印《張書抄略》三卷。

光格天皇寬政十二年（1800 年）參前舍刊印張載撰，朱熹解《西銘》。同年，京都久保權八等也刊印《西銘》。同天皇文化八年（1811 年）養賢堂刊印《西銘》。此本由大槻清準（平泉）訓點。

正蒙釋四卷

（宋）張載撰　（明）高攀龍集注　徐必達發明

明刊本　共二册

內閣文庫　廣島大學文學部藏本

【按】每半葉有界十行，行二十字。白口，四周雙邊。

內閣文庫藏本，原係豐後佐伯藩主毛利高標舊藏。

【附錄】據日本《會所書籍輸入見帳》記載，仁孝天皇天保十四年（1843 年）輸入《張氏正蒙》一部一帙二册。此本投標價爲木下屋十匁，高中屋十匁九分，藤屋十一匁。

張子全書十五卷

（宋）張載撰　（明）徐必達校

明萬曆三十四年（1606 年）徐必達刊本　共十册

廣島大學文學部藏本

【按】據《書籍元帳》記載，日本仁孝天皇弘化三年（1846 年）由中國輸入《張子全書》一套。定價十二匁。

周張全書二十六卷

（宋）周敦頤　張載撰　（明）徐必達編

明萬曆四十三年（1615 年）刊本

內閣文庫　尊經閣文庫藏本

【按】每半葉有界十行，行二十字。白口，四周雙邊。

卷一至卷七《周子全書》（周敦頤撰，朱熹注），卷八至卷二十二《張子全書》（張載撰，朱熹注），卷二十三至卷二十六《正蒙釋》（高攀龍集注，徐必達發明）。

內閣文庫藏本，原係楓山官庫舊藏，共八册。

尊經閣文庫藏本，原係江戶時代加賀藩主前田綱紀等舊藏，共十五册。

【附錄】日本東山天皇元祿十五年（1702 年）彌生吉且《倭版書籍考》卷二著錄《周張全書》。其識文曰：

　　“此本十六册，係周書七卷，張書十五卷。周係濂溪先生，張係橫渠先生。由大明徐必達校正，并有萬曆三十四年徐必達合刻二書之《序》。周書之末，有山陽度惟善作《周子年譜》、潘清遠作《墓志銘》、朱文公作《行實》，并附《宋史》本傳。張書之末，有呂太臨作《張子行狀》。此書和點係僧人真祐所施。"

靈元天皇延寶三年（1675 年）京都武村新兵衛，田中長左衛門刊印明人徐必達編《周張全書》（周張二子書）二十二卷（《周子全書》七卷，《張子全書》十五卷）。此本後有武村新兵衛重印本。又有京都天王寺屋市郎兵衛重印本。

河南程氏遺書（二程遺書）二十五卷　附錄一卷

（宋）程顥　程頤撰　朱熹編

明成化年間（1465—1487 年）刊本

内閣文庫　静嘉堂文庫藏本

【按】内閣文庫藏本，原係昌平坂學問所舊藏，共五册。

静嘉堂文庫藏本，原係陸心源十萬卷樓舊藏，共六册。

河南程氏遺書二十五卷　附錄一卷

（宋）程顥　程頤撰　朱熹編　（明）李憲校

明嘉靖三年（1524 年）刊本　共八册

内閣文庫藏本　原豐後佐伯藩主毛利高標舊藏

【按】此本係日本仁孝天皇文政年間（1818—1829 年）由出雲守毛利高翰獻贈於幕府，明治初年經太政官文庫而歸内閣文庫。

明道先生全書三十三卷

（宋）程顥撰　（明）沈桂編

明嘉靖三十七年（1558 年）刊本　共十册

内閣文庫藏本　原楓山文庫舊藏

二程先生類語八卷

（宋）程顥　程頤撰　（明）唐伯元等輯

明萬曆十三年（1585 年）刊本

東京大學東洋文化研究所藏本

【按】每半葉有界十行，行二十一字。白口，左右雙邊。

【附錄】日本東山天皇元禄十五年（1702 年）彌生吉且《倭版書籍考》卷二著錄《二程語類》八卷，其識文曰："明萬曆年中，唐伯元類鈔《二程要語》，卷末有《二程年譜》。"

後西天皇明曆三年（1657 年）刊印《二程先生類語》八卷。題"唐伯元編，姜召等校"。

宋司馬温國文正公家範十卷

（宋）司馬光撰

明萬曆年間（1573—1620 年）刊本　共五册

尊經閣文庫藏本　原江户時代加賀藩主前田綱紀等舊藏

【附錄】仁孝天皇天保十五年（1844 年）《官版書籍解題略》卷下著錄《家範》十卷。

日本江户時代《昌平坂御官版書目》著錄宋司馬光《温公家範》二册。

光格天皇寬政十一年（1799 年）昌平坂學問所據清人朱軾校本刊行《温公家範》十卷。此本即係《官板書目》著錄之本，又有享和元年（1801 年）江户長谷川莊右衛門，須原屋茂兵衛重印本。

上蔡語錄三卷

（宋）曾恬　胡安國録　謝良佐語　朱熹删定　（明）王疇校

明刊本　共一册

静嘉堂文庫藏本　原陸心源十萬卷樓舊藏

【按】卷前有明正德癸酉（1513 年）汪正《序》，正德甲戌許翔鳳《序》。後有王疇《跋》。

上蔡語錄三卷

（宋）謝良佐撰　朱熹删定　（明）王疇校

明嘉靖年間（1522—1566 年）龍灣徐氏刊本　共二册

内閣文庫藏本　原豐後佐伯藩主毛利高標舊藏

【按】每半葉十行，行二十字。黑口，四周單邊。

此本係日本仁孝天皇文政年間(1818—1829
年)由出雲守毛利高翰獻贈幕府,明治初年經
太政官文庫而歸内閣文庫。

【附録】桃園天皇寶曆六年(1756 年)江户前
川六左衛門刊印《上蔡先生語録》三卷。此本
由日人中村明遠(蘭林)校點。

龜山語録四卷　後録二卷

(宋)楊時撰　陳淵等編

元刊本　共四册

静嘉堂文庫藏本　原陸心源皕宋樓舊藏

【按】每半頁有界十行,行十八字。大黑口,
雙黑魚尾,四周雙邊(19.4cm×12.3cm)。

卷首題"《龜山先生語録》四卷《後録》二卷"。
次行題"宋延平陳淵幾叟,羅從彦仲素,建安胡
太原伯逢所據楊時語也"。前有元至大三年
(1310 年)春正月圓日古番前進士樂軒王龍蛻
《序》。

卷中有"歸安陸樹聲藏書之記"等印記。

龜山先生語録四卷　後録二卷

(宋)楊時撰

明刊本　共四册

大東急記念文庫藏本

致堂先生崇正辯三卷

(宋)胡寅撰

明嘉靖年間(1522—1566 年)刊本　共三册

尊經閣文庫藏本　原江户時代加賀藩主前
田綱紀等舊藏

【附録】日本江户時代《官版書籍解題略》卷
下著録《崇正辯》三卷三册。此即仁孝天皇文
政九年(1826 年)昌平坂學問所刊本《崇正辯》
三卷。

晁氏儒言一卷　晁氏客語一卷

(宋)晁説之撰

明嘉靖三十三年(1554 年)晁氏寶文堂刊本

内閣文庫　静嘉堂文庫藏本

【按】每半葉有界十行,行二十字。白口,四
周單邊。

内閣文庫藏本,原係楓山官庫舊藏,共二册。

静嘉堂文庫藏本,僅存《晁氏儒言》一卷,與
《道院集要》合綴,共一册。

【附録】日本仁孝天皇天保十五年(1844 年)
《官版書籍解題略》卷下"子部"著録《儒言》一
卷一册,《晁氏客語》一卷一册。

江户時代《昌平坂御官版書目》著録宋晁説
之《晁氏儒言》一册、《晁氏客語》一册。

仁孝天皇天保三年(1832 年)昌平坂學問所
刊印《晁氏儒言》一卷,《晁氏客語》一卷。此本
即《官板書目》著録之本。

晁氏儒言一卷

(宋)晁説之撰

明嘉靖甲寅(1554 年)刊本　共一册

静嘉堂文庫藏本

【按】此本與《昭德新編》、《道院集》、《要具茨
集》合刻,係翻宋慶元己未(1199 年)黃汝嘉刻
本。

(陳眉公訂正)世範三卷

(宋)袁采撰　(明)陳繼儒校

明刊本　共一册

内閣文庫藏本　原楓山官庫舊藏

【附録】日本東山天皇元禄十五年(1702 年)
彌生吉且《倭版書籍考》卷六"諸子百家之部"
著録《世範》三卷。其識文曰:"是書爲處世居
家而論諸趣味之事及瑣碎之事,乃宋時淳熙年
間比三衢袁采所作,又云《袁氏世範》。"

靈元天皇寬文九年(1669 年)據明人陳繼儒
校本刊印《世範》三卷。此本有光格天皇天明
二年(1782 年)重印本。

光格天皇寬政五年(1793 年)大阪柏原屋清
右衛門,柏原屋佐兵衛刊印《世範》三卷。此本
亦係明人陳繼儒校本之復刻。其後有吉野屋
權兵衛重印本,大阪松村久兵衛重印本。

孝明天皇嘉永二年(1849 年)大阪伊丹屋善

兵衞刊印《世範校本》三卷。由日人片山信校點。其後有嘉永五年(1852年)重印本及浪華前川善兵衞重印本。

朱子語類一百四十卷

(宋)朱熹撰　黎靖德編

宋刊元修本　共三十六册

静嘉堂文庫藏本　原陸心源皕宋樓舊藏

【按】每半葉有界十四行,行二十四字。版心有字數,每卷下有"計若干版"等字。

卷前有宋嘉定乙亥(1215年)黄榦池州刊本《序》,嘉熙戊戌(1238年)李性傳饒州刊《續録序》,淳祐辛丑(1241年)蔡杭饒州刊《後録序》,咸淳初元(1265年)吳堅建安刊《别録序》,同年,黄士毅《後序》及《跋》,嘉定十三年(1220年)魏了翁眉州刊本《序》,淳祐壬子(1253年)蔡杭徽州刊本《序》,及同年王泌《後録序》等。

【附録】日本東山天皇元禄十五年(1702年)彌生吉且《倭版書籍考》卷二著録《朱子語録大全》一百四十卷。其識文曰:

"此係宋導江黎靖德所編。黎氏以李道傳《朱子語録》、李性傳《續録》、蔡撫《後録》、吳堅《别録》、黄士毅《語録》等爲底本,參考黄氏《語録》之門類,去其重復謬語而成編。此書編集校刻諸事,葉向高等《序》言之甚詳。倭版卷一至卷九十係鵜飼石齋點,卷九十至卷末係釜座之僧真祐點,寬文八年刊版。"

中御門天皇享保三年(1718年)七月長崎港《外船書籍大意書稿》著録《朱子語類大全集》二部,各二帙十六册。其釋文曰:"於《朱子語類大全》中,抄取不違朱子本意者,删略與朱意不合者及重復訛謬之類,而自成一書。"

據《外船書籍元帳》記載,仁孝天皇弘化二年(1845年)安田屋吉太郎輸入《朱子語類》一部四帙。孝明天皇嘉永二年(1849年)中國商船"申四番"載《朱子語類》一部二十八册抵日本。此本有缺頁,售價十八匁。同船又載《朱子語

類抄》一部六册。此本售價十四匁。嘉永三年(1850年)中國商船"酉五番"載《朱子語類》殘本三册抵日本。

朱子語類一百四十卷

(宋)朱熹撰　黎靖德編　(明)陳煒校

明成化九年(1473年)序刊本　共三十册

内閣文庫藏本　原昌平坂學問所舊藏

【按】每半葉有界十四行,行二十四字。白口,左右雙邊。

朱子語類一百四十卷

(宋)朱熹撰　黎靖德編　(明)陳煒校

明刊本　共二十八册

内閣文庫藏本　原豐後佐伯藩主毛利高標舊藏

【按】此本係明成化九年刊本的覆刊本。

日本仁孝天皇文政年間(1818—1829年)由出雲守毛利高翰將此本獻贈幕府,明治初年經太政官文庫而歸内閣文庫。

朱子語類一百四十卷

(宋)朱熹撰　黎靖德編　(明)朱吾弼重編　汪國楠等校

明萬曆三十二年(1604年)朱崇沐刊本

國會圖書館　内閣文庫　京都大學文學部中國文學哲學研究室　東北大學附屬圖書館福井市立圖書館藏本

【按】每半葉有界十一行,行二十二字。白口,四周單邊。

内閣文庫藏本,原係江户時代林羅山舊藏。卷中有"江雲渭樹"印記。此本係林羅山、鵝峰手校手識本。共四十八册。

京都大學文學部藏本,共七十册。

東北大學附屬圖書館藏本,原係狩野亨吉舊藏。共四十册。

福井市立圖書館藏本,卷中有缺葉。共六十册。

【附録】日本東山天皇元禄十五年(1702年)

彌生吉且《倭版書籍考》卷二"儒家之部"著録
《朱子語類大全》一百四十卷。其釋文曰：此本
係"宋末導江黎靖德編。李道傳作《朱子語
録》、李性傳作《續録》、蔡抚作《後録》、吳堅作
《別録》、黃士毅作《語録》等。參考黃氏《語類》
之門類，去其重復謬語，而編集校刻此書。此
事詳見葉向高之《序》文。此本卷一至卷九十，
由鵜飼石齋點。卷九十一至卷末，由釜座之僧
真祐點。寬文八年版行。"此即靈元天皇寬文
八年（1668年）山形屋所刊之《朱子語類》一百
四十卷本。此本題明朱吾弼編，鵜飼信之（石
齋），（安井）真祐點。其後有光格天皇寬政三
年（1791年）大阪泉本八兵衛修補重印本。又
有大阪秋田屋太右衛門等重印本。

此外，後光明天皇慶安五年（1652年）刊印
明人周汝登輯，吳勉學校《朱子語録》一卷。

孝明天皇安政三年（1856年）濱松藩水野氏
刊印《朱子文語纂編》十四卷。

朱子語略十卷

（宋）朱熹撰　楊與立編次

明弘治年間（1488—1505年）南京國子監刊
本　共二冊

宮內廳書陵部藏本

【按】每半葉有界九行，行十五字。黑口，四
周雙邊。

卷末有刊印木記曰"弘治四年南京國子監重
刊"。

朱子語類大全集十一卷　經說十四卷

（宋）朱熹撰　（明）陳龍正編

明刊本　共二十冊

內閣文庫藏本　原江户時代林氏大學頭家
舊藏

重輯朱子録要十五卷

（宋）朱熹撰　（明）馮應京編

明萬曆三十三年（1605年）朱氏刊本　共七
冊

內閣文庫藏本

【按】每半葉有界九行，行十九字。白口，左
右雙邊。

內閣文庫藏此同一刊本兩部。一部原係昌
平坂學問所舊藏。一部原係楓山官庫舊藏。

朱文公語録類要述十八卷

（宋）朱熹撰　葉士龍編輯　（明）范淶校輯

明萬曆四十年（1612年）刊本

內閣文庫　蓬左文庫　東京大學東洋文化
研究所藏本

【按】每半葉有界十行，行二十字。白口，四
周單邊。

內閣文庫藏此同一刊本兩部。一部原係昌
平坂學問所舊藏。一部原係楓山官庫舊藏。
兩部皆共二冊。

蓬左文庫藏本，共四冊。

【附録】日本東山天皇元禄十五年（1702年）
彌生吉且《倭版書籍考》卷二"儒學之部"著録
《朱子語録類要》十八卷。其識文曰："是書乃
黃勉齋之弟子葉士龍編，有實齋王遂序文。"

據江户時代《漢籍發賣投標記録》記載，仁孝
天皇弘化二年（1845年）日本輸入《朱文公語
録》一部。此本投標價爲永見屋四十三匁五
分，鐵屋五十匁，安田屋七十五匁二分。

又，《倭版書籍考》卷二"儒家之部"著録《朱
子語録類要》十八卷。其釋文言此本係"黃勉
齋弟子葉士龍編。有實齋王遂序"。

後光明天皇正保三年（1646年）京都田原仁
左衛門用木活字刊印《晦庵先生語録類要》十
八卷。此本由田原仁友衛門于靈元天皇寬文
八年（1668年）重印。

近思録十四卷

（宋）朱熹　呂祖謙撰輯

明嘉靖六年（1527年）刊本

東京大學東洋文化研究所藏本　原大木幹
一舊藏

【按】每半葉有界九行，行十九字。白口，四

周雙邊。

【附録】日本東山天皇元禄十五年（1702 年）彌生吉且《倭版書籍考》卷二著録《近思録》十四卷。其識文曰：

　　"此本乃朱子與吕東萊於建寧武夷山之寒泉精舍談合而編集，分十四門，集周濂溪、程明道、程伊川、張横渠之要語。是爲繼《四書》之後儒門最要之書。時朱子四十六歲，吕東萊三十八歲。朱吕二公有《後序》，載葉仲圭集解本之卷首。倭版有寬文十年庚戌山崎嘉闞右衛門序文。"

據江户時代《外船書籍元帳》記載，仁孝天皇弘化二年（1845 年）日本輸入《近思録》一部，售價八目。弘化四年（1847 年），中國商船"午三番號"載《近思録》一部二册抵日本，售價八目。

此即靈元天皇寬文十年（1670 年）壽文堂刊印之《近思録》十四卷本，有山崎嘉闞點。其後有大阪武村佐兵衛，京都武村市兵衛重印本。又有後桃園天皇安永三年（1774 年）壽文堂井上清兵衛修訂重印本。修訂本又有京都勝村治右衛門重印本，菱屋孫兵衛重印本。

靈元天皇寬文十年（1670 年）又有好古用木活字堂刊印《近思録》十四卷。其後，仁孝天皇天保五年（1834 年）櫻田迪有重印本。重印時有改點。

光格天皇安永九年（1780 年）新發田藩刊印山崎嘉闞點《近思録》十四卷。

仁孝天皇天保二年（1831 年）會津藩用木活字刊印《近思録》十四卷。此本由日人安部井裻校點。

近思録集解十四卷

（宋）朱熹　吕祖謙撰輯　葉采集解
　　明萬曆年間（1573—1620 年）刊本　共六册
　　内閣文庫藏本　原昌平坂學問所舊藏
【附録】《四庫全書總目》卷九十五"子部·儒家類存目一"著録"《近思録集解》十四卷"一種，題署"國朝李文炤撰"，又同書卷九十二"子部·儒家類二"著録"《近思録集注》十四卷"兩種，一種題署"國朝茅星來撰"，一種題署"國朝江永撰"，皆非此本。《四庫全書總目》卷九十二"子部·儒家類二"中題署爲《近思録》十四卷。其"識文"内容與此本近，然不標"集解"字樣，當與此本系統各別。至於日本所藏明人周公恕編《分類經進近思録集解》十四卷與明人吳勉學校《分類經進近思録集解》十四卷，也不見《四庫》著録。

日本東山天皇元禄十五年（1702 年）彌生吉且《倭版書籍考》卷二著録《近思録集解》十四卷。其識文曰：

　　"此本乃陳北溪之弟子葉采所編。葉采字仲圭，晚宋名儒，其號平岩也。"

江户時代《官版書籍解題略》卷下著録《近思録集解》十四卷。

據《商舶載來書目》記載，光格天皇天明二年（1782 年）中國商船"幾字號"載《近思録集解》一部一帙抵日本。

據《外船賫來書目》記載，光格天皇寬政十二年（1800 年）中國商船"申二番"載《近思録集解》十五部（每部二册）抵日本。

據《外船書籍元帳》記載，仁孝天皇天保十二年（1841 年）中國商船"丑二番"載《近思録集解》一部抵日本。售價十五匁。

據長崎港《漢籍發賣投標記録》記載，《近思録集解》一部投標價，仁孝天皇天保十五年（1844 年）爲安田屋十一匁五分，長岡屋十二匁三分，永見屋廿一匁三分。

後水尾天皇與明正天皇寬永年間（1624—1644 年）有活字版印葉采集解《近思録》十四卷

後光明天皇慶安元年（1648 年）風月宗和刊印《近思録集解》十四卷。後西天皇萬治二年（1659 年）京都吉野屋權兵衛有重印本。

後西天皇寬文二年（1662 年）石渠堂刊印葉采集解《近思録》十四卷。此本其後有靈元天皇貞享五年（1688 年）江户八幡屋重兵衛重印本。

靈元天皇寬文八年(1668年)京都吉野屋權兵衛復刊高麗本《近思録集解》十四卷。

孝明天皇文久四年(1864年)浪華松敬堂刊印葉采集解《近思録》十四卷。

江户時代《官版書目》"子部"著録《近思録集解》十四卷四册。此即仁孝天皇天保五年(1834年)昌平坂學問所刊行之《近思録集解》十四卷本。

近思録集解十四卷

(宋)朱熹　吕祖謙撰輯　葉采集解

明刊本　共三册

内閣文庫藏本　原人間竹洞　昌平坂學問所舊藏

(分類經進)近思録集解十四卷

(宋)朱熹　吕祖謙撰輯　葉采集解　(明)周公恕編

明嘉靖十七年(1538年)刊本　共四册

内閣文庫　御茶之水圖書館藏本

【按】每半葉有界九行,行二十字。黑口,四周單邊。

卷前有明嘉靖戊戌(1538年)《重刊序》。

内閣文庫藏本,原係楓山官庫舊藏。

御茶之水圖書館藏本,原係德富蘇峰等舊藏。此本白綿紙印本。卷中有明人補寫頁,并有藍筆句點等。

卷中有"伊藤氏有不爲齋印"等印記。

(分類經進)近思録集解十四卷

(宋)朱熹　吕祖謙撰輯　葉采集解　(明)吳勉學校

明萬曆年間(1573—1620年)刊本　共三册

内閣文庫藏本　原江户時代林氏大學頭家舊藏

【按】每半葉有界九行,行十八字。白口,左右雙邊。

【附録】日本靈元天皇寬文八年(1668年)石渠堂刊印明人吳勉學校《近思録集解》十四卷。

其後有寬文十二年(1672年)京都吉野屋權兵衛重印本,寬文十三年(1673年)京都吉野屋權兵衛重印本,同天皇貞享五年(1688年)江户利倉屋喜兵衛重印本等。

靈元天皇延寶六年(1678年)京都吉野屋權兵衛刊印鰲頭本《近思録集解》十四卷。此本後有大阪吉野屋五兵衛,京都吉野屋權兵衛重印本,出雲寺和泉掾重印本。

靈元天皇貞享五年(1688年)京都八幡屋重兵衛據明本刊印《近思録集解》十四卷。

東山天皇元禄七年(1694年)京都芳野屋權兵衛刊印《近思録集解》十四卷。其後有名古屋永樂屋東四郎等重印本,光格天皇文化九年(1812年)大阪加賀屋善藏重印本,仁孝天皇弘化三年(1845年)重印本等。

(分類經進)近思録集解十四卷

(宋)朱熹　吕祖謙撰輯　葉采集解　(明)吳中珩校

明萬曆年間(1573—1620年)刊本　共四册

内閣文庫藏本　原昌平坂學問所舊藏

(寶顔堂訂)朱文公政訓(不分卷)

(宋)朱熹撰

明刊本　共一册

尊經閣文庫藏本　原江户時代加賀藩主前田綱紀等舊藏

(文公先生)經世大訓十六卷

(宋)朱熹撰　(明)余祐編

明嘉靖元年(1522年)河南按察司刊本　共六册

内閣文庫　日光輪王寺慈眼堂藏本

【按】每半葉有界十行,行二十四字。白口,四周雙邊。

前有余祐《文公先生經世大訓序》。《序》後有刊行木記兩行,其文曰"嘉靖元年河南按察司刊"。次有《文公先生經世大訓凡例》。

此本細目如次:

卷一，人主心術，人主學術，儲君（附宗室）。

卷二，擇相（附用人），大臣。

卷三，諫奏，監司守令（附衆職馭吏）。

卷四，學校，史館。

卷五，科舉，薦舉。

卷六，紀綱風俗，官制，法制。

卷七，禮制上。

卷八，禮制下。

卷九，農田，經界。

卷十，賦税。

卷十一，財用（附儲積），工作，徭役。

卷十二，按劾，辭免。

卷十三，刑罰，獄訟，選將，兵制（附屯田）。

卷十四，荒政。

卷十五，盗賊，夷狄，災異，異端淫詞。

卷十六，雜類。

內閣文庫藏本，原係楓山官庫舊藏。

日光輪王寺藏本，原係天海大僧正（龜王丸）舊藏。

【附録】日本江户時代有《文公先生經世大訓》十六卷寫本一種。此本係據明嘉靖元年河南按察司本抄録。今存內閣文庫。

（類編標注文公先生）經濟文衡前集二十五卷　後集二十五卷　續集二十二卷

（宋）朱熹撰　滕珙編類

明正德四年（1509 年）淮安知府西蜀趙俊刊本

內閣文庫　蓬左文庫　尊經閣文庫藏本

【按】每半葉有界十二行，行二十三字。白口，四周單邊。

內閣文庫藏本，原係楓山官庫舊藏。共十二册。

蓬左文庫藏本，共六册。

尊經閣文庫藏本，原係江户時代加賀藩主前田綱紀等舊藏，今存《續集》二十二卷，共十一册。

【附録】據日本《商舶載來書目》記載，桃園天皇寶曆十二年（1762 年），中國商船“計字號”

載《經濟文衡》一部一帙抵日本。後櫻町天皇明和元年（1764 年），“計字號”又載《經濟文衡三集》一部二帙抵日本。

據江户時代《漢籍發賣投標記録》記載，《經濟文衡》一部投標價，孝明天皇安政六年（1859 年）爲本屋十目五分，紙屋十三目六分，島屋二十一目五分。

（類編標注文公先生）經濟文衡前集二十五卷　後集二十五卷　續集二十二卷

（宋）朱熹撰　滕珙編類

明萬曆三十四年（1606 年）閩中朱吾弼刊本　共十册

尊經閣文庫藏本　原江户時代加賀藩主前田綱紀等舊藏

【按】每半葉有界九行，行二十字。白口，四周單邊。

（類編標注文公先生）經濟文衡前集二十五卷　後集二十五卷　續集二十二卷

（宋）朱熹撰　滕珙編類

明刊本　共八册

静嘉堂文庫藏本　原陸心源守先閣舊藏

（標題音訓直解文公）小學書四卷

（宋）朱熹撰　音訓直解者不詳

元刊本　共四册

尊經閣文庫藏本　原江户時代加賀藩主前田綱紀等舊藏

小學章句四卷

（宋）朱熹撰　（明）王雲鳳注

明嘉靖年間（1522—1566 年）刊本　共四册

御茶之水圖書館藏本　原岩本琴城　德富蘇峰成簣堂舊藏

【按】此本係德富蘇峰于明治四十四年（1911 年）從琳琅閣購得。卷中附有“明治女學館圖書館岩本琴城先生藏書”之藏書票。帙內有德富蘇峰手記。

【附録】日本東山天皇元禄十五年（1702年）彌生吉且《倭版書籍考》卷二著録有關《小學》的倭版書如次：

1.《小學》六篇，其識文曰：

"此係朱子本注之小學，内篇分立教、明倫、敬身、稽古四篇；外篇分嘉言、善行二篇。此爲朱子五十八歲時所作。《文獻通考》有《小學書》四卷。"

倭版係延寶四年洛街壽文堂武村氏刊行，山崎嘉翁加訓點。

2.《小學句讀》六卷，其識文曰：

"大明成化年中陳選作。陳氏號克庵，於南京學校中以《小學》諸書教學生，與薛文清相并，爲程學之名儒。《小學》諸注中，以此《句讀》爲勝。"

3.《小學集説》六卷，其識文曰：

"大明成化年中浙江程愈作，從朱子之本注，取衆説之精當，爲《集成》、《句讀》之後之《小學》書。倭版《小學》諸刊，以《集説》爲始。此本由三宅道乙倭點。道乙者，崎闇之子也。又有鈔本六卷，乃松永永三所寫。永三乃昌三之子，昌易之弟也。"

4.《小學集成》十卷，有序目、圖説共二十二册。其識文曰：

"大明之初建安何士信作。此本與《句讀》相并爲《小學》中好書。卷末有朝鮮名臣之跋，蓋倭本乃據朝鮮本刊行之故也。"

5.《小學章句》六卷，其識文曰：

"明成化年中山西王雲鳳字應韶作。王氏智誠卓越，博學力行。此書改嘉言之内冠禮一條，置于同篇廣敬身中，又于善行朋友處增置四條。王氏不憚改訂大儒之書，參校《句讀》，爲便利之書。"

6.《小學合璧》四卷，其識文曰：

"明末陳際恭作，書中有句讀，甚便。"

7.《小學大全》十卷，其識文曰：

"此本取吳訥《集解》、陳祚《集解正誤》、陳選《句讀》而爲書，編者不甚分明。有弘治年中文恪公王鏊《序》，又有文恪公門人孫磐《跋》。"

8.《小學書圖》上下二卷。

9.《小學指南大全》六卷，其識文曰：

"此係周汝壽補注《小學句讀》之作。靈元天皇寬文七年（1667年）京都田中文内刊印明人王雲鳳注《小學章句》六卷。"

小學六卷

（宋）朱熹撰　（明）陳選點

明嘉靖三十五年（1556年）刊本　共四册

關西大學附屬圖書館内藤文庫藏本　原内藤湖南恭仁山莊舊藏

【按】每半葉有界十一行，行二十一字。黑口，四周雙邊（20.1cm×13.4cm）。

前有明成化九年（1473年）陳選《小學句讀序》，次有嘉靖三十五年（1556年）李德用《重刻小學序》。

卷中有内藤湖南手識文。其文曰"明嘉靖三十五年板，堀氏時習館舊藏"。卷帙外題"小學嘉靖板　堀氏時習館舊藏"。卷中有"平安堀氏時習齋藏"等印記。

【附録】日本後西天皇明曆二年（1656年）京都村上平樂寺刊印明人陳選校點《小學（句讀）》六卷。此本後有靈元天皇寬文四年（1664年）京都田村五郎右衛門重印本。

靈元天皇寬文六年（1666年）刊印《小學（句讀）》六卷。

靈元天皇寬文九年（1669年）新右衛門刊印《小學（句讀）》六卷。

靈元天皇寬文十年（1670年）川崎治郎右衛門刊印《小學（句讀）》六卷。

靈元天皇延寶七年（1679年）刊印《小學（句讀）》六卷。此本由日人馬場直職校。

靈元天皇延寶八年（1680年）刊印《小學（句讀）》六卷。

靈元天皇天和三年（1684年）京都瑞錦堂刊印《小學（句讀）》六卷。此本由日人貝原篤信（益軒）點。其後有中御門天皇享保十九年（1734年）大阪松村九兵衛重印本，桃園天皇寶曆六年(1756 年)京都天王寺屋市郎兵衞重印本,光格天皇寬政七年(1795 年)大阪大野木市兵衞重印本,仁孝天皇天保八年(1837年)大阪鹽屋彌七重印本等。

東山天皇元禄六年(1693 年)江户理右衞門刊印《小學(句讀)》六卷。

東山天皇元禄七年(1694 年)江户萬屋清兵衞刊印《小學(句讀)》六卷。

東山天皇寶永二年(1705 年)刊印《小學(句讀)》六卷。此本其後有中御門天皇享保二年(1717 年)京都北村四郎兵衞刊印《小學(句讀)》六卷。又有仁孝天皇天保十四年(1843年)大阪河内屋勘助重印本。

中御門天皇享保六年(1721 年)大阪柏原屋清右衞門等刊印《小學(句讀)》六卷。此本由日人中村之欽(惕齋)點,陶山景山校。

光格天皇安永九年(1780 年)内山居城刊印《小學》二卷。

光格天皇天明三年(1783 年)京都武村嘉兵衞等刊印《小學》(外篇),此本由日人山崎嘉點。

光格天皇寬政元年(1789 年)京都勝村治右衞門,江户須原屋茂兵衞修定刊印《小學(句讀)》六卷。

光格天皇文化三年(1806 年)刊印《小學(句讀)》六卷。此本由日人後藤世鈞點。

光格天皇文化七年(1810 年)北村四郎兵衞刊印《小學(句讀)》六卷。

仁孝天皇天保十四年(1843 年)刊印《小學(句讀)》六卷。

孝明天皇嘉永三年(1850 年)大阪加賀屋善藏等刊印《小學(句讀)》六卷。

孝明天皇安政二年(1855 年)刊印《小學(句讀)》六卷。

孝明天皇慶應二年(1866 年)大阪山内松敬堂等刊印《小學(句讀)》六卷等。

小學集注六卷

(宋)朱熹撰　　(明)陳選注　　林學曾評　　張

應星訂

明崇禎八年(1635 年)刊本　　共二册

内閣文庫　尊經閣文庫藏本

【按】每半葉有界十行,行二十字。白口。四周雙邊。

内閣文庫藏本,共二册。

尊經閣文庫藏此同一刊本兩部,原係江户時代加賀藩主前田綱紀等舊藏。一部除《集注》六卷之外,尚附《小學蒙訓述語》,《小學疑解》,《小學或問厄言》,《孝經古文》,共六册。一部無附録,共二册。

小學宗注六卷

(宋)朱熹撰　　(明)陳選注　　周起鳳等評

明末刊本

内閣文庫　東北大學附屬圖書館藏本

【按】内閣文庫藏本,原係昌平坂學問所舊藏,共四册。

東北大學藏本,原係静修齋及狩野亨吉等舊藏,共二册。

小學存是詳注六卷

(宋)朱熹撰　　(明)陳選注　　陳仁錫訂

明刊本

内閣文庫　無窮會織田文庫藏本

【按】内閣文庫藏本,原係昌平坂學問所舊藏。共四册。

無窮會藏本,原係織田小覺舊藏。共一册。

小學詳解六卷

(宋)朱熹撰　　(明)陶原良解

明刊本　　共三册

尊經閣文庫藏本　原江户時代加賀藩主前田綱紀等舊藏

【按】尊經閣文庫藏此同一刊本兩部。

小學詳注六卷

(宋)朱熹撰　　(明)陳仁錫詳注

明刊本　　共三册

内閣文庫藏本　　原楓山官庫舊藏

小學摘注六卷

(宋)朱熹撰　　(明)牛斗星摘注
明刊本　共三册
尊經閣文庫藏本　原江户時代加賀藩主前
田綱紀等舊藏

小學主意袠旨(殘本)四卷

(宋)朱熹撰　　(明)李春培　陶原良解
明刊本　共二册
内閣文庫藏本　原昌平坂學問所舊藏
【按】是書全六卷。此本今缺卷四、卷五。

小學大全六卷　首一卷

(宋)朱熹撰　　(明)姚張斌編
明崇禎年間(1628—1644 年)刊本　共二册
内閣文庫藏本　原昌平坂學問所舊藏

(新刻陳太史音考句釋欽發)小學絲綸七卷

(宋)朱熹撰　　(明)陳仁錫詳注
明末劉欽恩刊本　共二册
内閣文庫藏本　原昌平坂學問所舊藏

小學集注大全十卷

(宋)朱熹撰　　(明)吳訥集解　陳祚正誤
陳選增注
明正德—嘉靖年間(1506—1566 年)刊本
共四册
内閣文庫　尊經閣文庫藏本
【按】内閣文庫藏本,原係昌平坂學問所舊
藏。
尊經閣文庫藏此同一刊本兩部,原係江户時
代加賀藩主前田綱紀等舊藏。卷數,版式,册
數皆同。
【附録】日本後光明天皇正保三年(1646 年)
風月宗知用木活字刊印《小學集注大全》十卷。
此本題(明)吳訥集解,陳祚正誤,陳選增注。
并附《小學總論》。

同天皇慶安三年(1650 年)武村市兵衞又刊
《小學集注大全》十卷。

小學書集注十卷

(宋)朱熹撰　　(明)吳訥集解　陳祚正誤
明成化七年(1471 年)謝庭桂刊本　共四册
内閣文庫藏本　原昌平坂學問所舊藏

(新刊京本附音正訛明訓句解文公)小學正蒙十卷

(宋)朱熹撰　　(明)章鎧解
明萬曆十一年(1583 年)刊本　共二册
宫内廳書陵部　内閣文庫藏本

(新刻校訂附音句解大字文公)小學正蒙十卷

(宋)朱熹撰　　(明)余興國　章鎧解
明萬曆年間(1573—1620 年)刊本　共一册
内閣文庫藏本　原昌平坂學問所舊藏

小學書圖隱括纂要二卷　卷首一卷

不著編纂者姓名
明萬曆年間(1573—1620 年)揚州郡守刊本
共二册
蓬左文庫藏本　原江户時代尾張内庫舊藏
【按】卷前有明萬曆三十七年(1609 年)彭端
吾《序》。
卷中有“尾陽内庫”印記。
此本係明正天皇寬永六年(1629 年)從中國
購入。

麗澤論説集録十卷

(宋)吕祖謙撰
宋嘉泰四年(1204 年)吕喬年刊元明遞修本
共六册
静嘉堂文庫藏本　原陸心源皕宋樓舊藏
【按】每半葉有界十行,行二十字。白口(修
補頁有黑口),左右雙邊(20.3cm×15.2cm)。
修補頁有四周單邊,或四周雙邊。雙黑魚尾,
版心記大小字數,并有刻工姓名,如韓公輔、李

思賢、張仲辰、吳志、吳春、周才、周文、周份、丁明、丁亮、姚彥、李彬、李信、劉昭、呂拱等。修補版有朱寬、李善、楊宏等。

卷前有《目録》。後有從子呂喬年《題記》。

卷中有"譙國戴氏藏書記"朱文長印、"經農"白文方印、"當湖小重山館胡氏遂江珍藏"朱文長印、"歸安陸樹聲叔桐父印"等印記。

《儀顧堂題跋》卷六著録此本。其文曰：

"《麗澤論説集録》十卷，宋呂祖謙撰。宋刊本。每葉二十行，行二十字。版心有刊工姓名及字數，間有無字數及刊工姓名者，則元時修版也。宋諱多缺避，至惇字止。蓋光宗時刊本。《目》後有喬年《記》。是書《宋史・藝文志・儒家類》著于録，作《麗華論説集》。"

大學衍義四十三卷

(宋)真德秀匯輯

南宋刊元明遞修本　共二十册

静嘉堂文庫藏本　原陸心源晒宋樓舊藏

【按】此本卷一至卷十八，每半葉有界十行，行二十字。注文雙行，行二十字。白口，左右雙邊(23.6cm × 16.6cm)。雙黑魚尾。版心或題"讀書記乙上大學衍義(幾)卷"，或題"大學衍義乙上(幾)卷"，或題"大學衍義(幾)"，或題"衍義(幾)"。元修版心有"元統二年(1334年)刊"字樣。

卷首及卷十九至卷四十三，每半葉有界九行，行十七字。注文雙行，行二十字。白口，左右雙邊(21.5cm × 14.9cm)。雙黑魚尾，版心題"大學衍義乙上(幾)卷"。元修版心有"大德六年(1302年)刊補"，"延祐五年(1318年)補刊"字樣。

前有宋端平元年(1234年)十月日翰林學士中奉大夫知制誥兼侍讀浦城縣開國子食邑五百户賜紫金魚袋真德秀《進大學衍義表》，次有《(中書)門下省時政記房申狀》，次有端平元年十月日翰林學士中奉大夫知制誥兼侍讀真德秀《狀》，次有真德秀《真西山讀書記乙上集大學衍義序》，次有《西山讀書記乙集上大學衍義目録》。

卷中有"懷遠將軍"、"小海印信"、"歸安陸樹聲藏書之記"、"歸安陸樹聲叔桐父印"等印記。

《儀顧堂題跋》卷六著録此本。其文曰：

"《真西山讀書記乙集上大學衍義》四十三卷，前有德秀《自序》，《進書表》，尚書省《劄子》，中書門下省《時政記房申狀》。宋槧本。每頁十八行，行十七字。宋諱皆缺避，語涉宋帝皆提行。《目録》子目雙行。按《讀書記乙集下》湯漢《序》云，讀書記惟甲乙丁爲成書，甲丁二記先刊行。乙記上即《大學衍義》，久進于朝，與此本合。是《大學衍義》實《讀書記》中之一集。明弘治刊本削去《讀書記乙集上》六字，萬曆刊本仍之。若非此本僅存，後之人不知乙集上爲何書矣。"

【附録】日本東山天皇元禄十五年(1702年)彌生吉且《倭版書籍考》卷二著録《大學衍義》四十卷，其識文曰：

"宋真西山經十年之功，於宋理宗端平元年成書。立人君格物，則需致知之要、誠意平心之要、修身之要、齊家之要。進而又述治國平天下之義，發明朱子之旨，謂人主之要，則在于《大學》體用之學也。元武宗曰，治天下者，此一書足矣！"

據《商舶載來書目》記載，中御門天皇正德元年(1711年)，中國商船"多字號"載《大學衍義》一部八册抵日本。後櫻町天皇寶曆十二年(1762年)該船又載《大學衍義全書》一部六帙抵日本。同天皇明和元年(1764年)該船載《大學衍義輯要》一部一帙抵日本。

據《外船賫來書目》記載，中御門天皇享保四年(1719年)九月，中國南京船"第二十一番"(船主鍾聖玉)載《大學衍義》一部抵日本。

據《外船書籍元帳》記載，仁孝天皇天保十一年(1641年)日本輸入《正續大學衍義》一部八帙。弘化二年(1845年)安田屋吉太郎又輸入《大學衍義》一部。

據《漢籍發賣投標記録》記載，《大學衍義》一部投標價,仁孝天皇天保十四年(1843年)爲長岡三十匁,大阪屋三十六匁等。弘化二年(1845年)爲永見屋廿匁八分,松之屋廿六匁,安田屋三十一匁八分。

大學衍義四十三卷

(宋)真德秀匯輯

南宋刊元明遞修本　德富蘇峰題簽本　共十册

御茶之水圖書館藏本　原德富蘇峰成簣堂舊藏

【按】此本與静嘉堂藏本係同一刊本,行款提式皆同。

卷首大題爲《真西山讀書記乙集大學衍義》。卷三十六至卷三十九尚存宋時印刷原題簽。

卷中有德富蘇峰手題簽墨書"明版"。又有朱筆改正手書"宋刊明修"。

大學衍義四十三卷

(宋)真德秀匯輯

明弘治年間(1488—1505年)刊本　共六册

静嘉堂文庫藏本　原陸心源十萬卷樓舊藏

【按】每半葉有界十一行,行二十一字。凡提行款式,一仍宋本之舊。

卷首題"《西山先生大學衍義》四十三卷"。前有真德秀《序》,《進〈大學衍義〉表》,《尚書省劄子》,《中書門下省時政記房申狀》,并有明弘治十五年(1502年)邵寶《序》。

大學衍義四十三卷

(宋)真德秀匯輯

明嘉靖六年(1527年)司禮監刊本

蓬左文庫　御茶之水圖書館藏本

【按】每半葉有界八行,行十四字。四周雙邊。白棉紙本。

蓬左文庫藏本,共二十册。

御茶之水圖書館藏此同一刊本兩部,皆係德富蘇峰氏舊藏。一部自朝鮮傳入。封面係朝鮮産薄黄色紋樣紙,各册首有朝鮮人朱文印記

三種,外題亦朝鮮人手筆。共二十册。一部係初印殘本。今存卷一至卷十二,卷二十七至卷三十四,共二十卷九册。各册皆有"廣運之寶"朱文印記。

大學衍義四十三卷

(宋)真德秀匯輯

明嘉靖年間(1522—1566年)經廠刊本

内閣文庫藏本　原朱之番　人見竹洞　昌平坂學問所舊藏

大學衍義四十三卷

(宋)真德秀匯輯　(明)陳仁錫評

明崇禎五年(1632年)陳氏刊本

内閣文庫　東京大學東洋文化研究所　小濱市立圖書館　静嘉堂文庫　關西大學附屬圖書館内藤文庫藏本

【按】每半葉有界十行,行二十字。白口,四周單邊(21.2cm×13.8cm)。

卷首題"《大學衍義》,宋學士真德秀匯輯,明史官陳仁錫評閱"。前有文震孟《大學衍義序》,次有明崇禎五年(1632年)陳仁錫《大學衍義序》,次有崇禎五年陳仁錫《續補衍義全書序》,次有真德秀《大學衍義序》,次有真德秀《進大學衍義表》,次有宋端平元年(1234年)真德秀《中書門下省時政房申狀》,次有真德秀《跋》,次有端平元年真德秀《尚書省劄子》,次有明嘉靖元年(1522年)楊廉《表》,次有楊廉《進大學衍義節略表》,次有楊廉《大學衍義節略題辭》。

内閣文庫藏此同一刊本三部。一部原係江户時代林氏大學頭家舊藏,係林鵝峰手校本。共十册。一部原係高野山釋迦文院舊藏。共八册。一部原係楓山官庫舊藏。此本與明人邱濬《大學衍義補》合裝,共四十二册。

東京大學藏本,原係大木幹一舊藏。

静嘉堂文庫藏此同一刊本兩部。一部原係陸心源守先閣舊藏,共八册。一部原係竹添井井舊藏,共五册。

關西大學藏本,原係内藤湖南恭仁山莊舊藏,共十册。

【附録】據桃園天皇寶曆四年(1754 年)長崎港《舶來書籍大意書(戌番外船)》第一册記載,該文書登録"《大學衍義全書》一部五帙五十册。"其釋文曰:

"此書乃真西山取綴經傳子史之言,敷衍《大學》之格物致意,誠意正心,修身齊家之義,故名《大學衍義》。明丘瓊山仿此例,再衍治國平天下之義,并續補前書之闕如,名《大學衍義補》。陳仁錫評閲二書,并合編刊于崇禎五年。"

江户時代《倭版書籍考》卷二"儒學之部"著録《大學衍義》四十三卷。其釋文言此書係"宋真西山經十年之功,于宋理宗端平元年編集成書。立人君格物致知之要,誠意正心之要,修身之要,齊家之要,而總括治國平天下之義。其主要云《大學》體用之學,而明朱子之旨。元時武宗帝曰有此一書,治天下足矣。實乃名言也。此本合刻丘文莊《衍義補序》,楊畏軒《衍義節略表》,并有陳明卿《合刻序》"。江户時代有篠山藩刊印《大學衍義》四十三卷,疑即此本。其後有光格天皇天明七年(1787 年)京都林伊兵衛等重印本。又有前川文榮堂河内源七郎重印本。

大學衍義四十三卷

(宋)真德秀匯輯　　(明)陳仁錫評

明崇禎十六年(1643 年)毛氏汲古閣刊本 共十册

東京大學藏本

【按】每半葉有界十行,行二十字,注文小字雙行。白口,四周單邊或雙邊(21.1cm × 13.9cm)。單魚尾,版心記字數,并有刻工姓名,如圭昭、仲卿、宇、啓、榮等。

東京大學藏此同一刊本兩部。一部藏東洋文化研究所,一部藏文學部漢籍中心。

大學衍義四十三卷

(宋)真德秀輯　　(明)陳仁錫評閲

明崇禎年間(1628—1644 年)刊本　共六册

龍谷大學大宫圖書館藏本　原寫字臺文庫舊藏

【按】前有明崇禎五年(1632 年)《序》。

【附録】光格天皇天明七年(1787 年)皇都村上勘兵衛、中村藤四郎、植村藤右衛門等刊行《大學衍義》四十三卷。

真西山讀書記(西山先生真文忠公讀書記)甲集三十七卷　乙集下二十二卷　丁集二卷

(宋)真德秀撰

宋開慶元年(1259 年)福州學官刊元明遞修本　共八十册

静嘉堂文庫藏本　原陸心源晒宋樓舊藏

【按】每半葉有界九行,行十六字(乙集十七字)。注文雙行,行十六字至二十四字不等。白口,雙黑魚尾。左右雙邊(21.6cm × 15.0cm)。版心有"大德五年刊補","大德十年刊補","延祐元年刊","延祐五年刊","延祐五年補刊","元統二年刊"等補刊記,并留存元明補修工匠姓名,如元代季用中、張文父、張文、魏、志、林、崔、成、大、仲、明、丁、江慶、江厚、黄信、黄茂、黄仁、馬良、宗元、王佛、王文、汪秀、章淵、章震、余光、俞文、石旬金、石旬、徐坦、施潤等。又有明代工匠如高山、張伯、葉就、葉春、葉壽、戴添、黄龍、何致等。

甲集首有宋開慶改元(1259 年)十月初吉門人番陽湯漢《序》。次有《西山真文忠公讀書記目録乙集》(第八頁補寫)。乙集首有宋淳祐乙巳(1245 年)中夏望日郡人李韶元善父《序》(補寫)。次有《西山真文忠公讀書集乙集目録》。次有《西山讀書集乙下綱目》。次有《綱領》。

卷中避宋諱,凡遇"玄、匡、筐、恒、貞、楨、徵、懲、桓、構、溝、講、慎"等字皆缺筆。乙集與丁集尾題之後,有"監雕:迪功郎福州福清縣縣學主學張植”，“提督：奉議郎通判福州軍州事兼西外宗正丞黃岩孫”，“提督：奉議郎特添差福建安撫司參議官仍釐務涂演”三行列名。

卷中有“歸安陸樹聲叔桐父印”，“歸安陸樹聲所見金石書畫記”等印記。

《儀顧堂題跋》卷六著録此本。其釋文曰：

“是書近有閩中祠堂刊本。脱落譌謬幾不可讀。此乃南宋初刊祖本。字畫清朗，體兼顏歐，尚存北宋官刊典型，非麻沙坊本所能及也。丙集未見傳本，愚觀《心經》《政經》，雜采前人之説，體例與《衍義讀書記》相近，意者其即丙集乎。”

【附録】據江户時代《商舶載來書目》記載，光格天皇享和元年（1801 年）中國商船“志字號”載《真西山讀書記》一部四帙抵日本。

據長崎港《漢籍發賣記録》記載，仁孝天皇天保十四年（1843 年）《西山讀書記》一部投標價爲安田屋四十二匁五分，村屋四十四匁，長岡屋四十五匁六分。

真西山讀書記（西山先生真文忠公讀書記）甲集三十七卷

（宋）真德秀撰

宋開慶元年（1259 年）福州學官刊元明遞修本　共三十六册

御茶之水圖書館藏本　原德富蘇峰成簣堂等舊藏

【按】此本與静嘉堂文庫藏《西山先生真文忠公讀書記》爲同一刊本，行款題式皆同。惟此本今存甲集三十七卷，無乙集與丁集。卷前序首版心下可見“大德六年補刊”等字樣。封面係朝鮮産黃紙。

帙封有“德富蘇峰大正四年（1914 年）獲得”手識文。

真西山讀書記（西山先生真文忠公讀書記）甲集三十七卷　乙集下二十二卷　丁集二卷

（宋）真德秀撰

宋開慶元年（1259 年）福州學官刊元明遞修本

尊經閣文庫藏本　原江户時代加賀藩主前田綱紀等舊藏

【按】尊經閣文庫藏《西山先生真文忠公讀書記》兩部，皆與静嘉堂文庫藏爲同一刊本，行款題式皆同。一部爲全本，共五十册。一部爲殘本，今缺甲集卷三十一至卷三十七。共三十六册。

真西山讀書記（西山先生真文忠公讀書記）甲集三十卷　乙集下二十二卷　丁集二卷

（宋）真德秀撰

宋開慶元年（1259 年）福州學官刊元明遞修本　共三十册

無窮會織田文庫藏本　原織田小覺等舊藏

【按】此本與静嘉堂文庫藏《西山先生真文忠公讀書記》爲同一刊本，行款題式皆同。惟此本今存甲集三十卷，餘皆缺。

真西山先生心經一卷　政經一卷

（宋）真德秀撰

明隆慶年間（1567—1572 年）刊本

宫內廳書陵部　尊經閣文庫藏本

【按】每半葉有界八行，行十七字。白口，四周雙邊。

宫內廳書陵部藏本，共一册。

尊經閣文庫藏本，原係江户時代加賀藩主前田綱紀等舊藏，共四册。

先聖大訓六卷

（宋）楊簡輯撰

明萬曆乙卯（1615 年）張翼軫刊本　共六册

國會圖書館　內閣文庫　静嘉堂文庫藏本

【按】每半葉有界八行，行十六字。白口，四周單邊。前有明州楊簡《自序》，明萬曆乙卯（1615 年）張翼軫《序》，陳其柱《序》。

國會圖書館藏本，共三册。

內閣文庫藏本，原係江户時代林氏大學頭家舊藏。共六册。

静嘉堂文庫藏本,原係陸心源十萬卷樓舊藏。共六册。

【附録】據江户時代《商舶載來書目》記載,中御門天皇正德元年(1711 年),中國商船"世字號"載《先聖大訓》一部六册抵日本。

(新編音點)性理群書句解(前集)二十三卷

(宋)熊節編　熊剛大集解

元刊本　共二册

御茶之水圖書館藏本　原島田翰　德富蘇峰成簣堂舊藏

【按】每半葉有界十三行,行二十四字。注文雙行,行同正文。黑口,四周雙邊(20.4cm × 12.8cm)。版心記卷數與頁數。

原書有前集二十三卷,後集三卷。此本今無後集。前集缺卷一首四頁,以及卷八末頁和卷二十三末頁。

卷中有"香山常住","金鰲庵","正達","石屏"等印記。下册末有明治四十二年(1909年)德富蘇峰手識文。帙外有德富蘇峰題文。

【附録】日本東山天皇元禄十五年(1702 年)彌生吉且《倭版書籍考》卷二"儒學之部"著録《性理群書句解》二十三卷。其識文曰:"集性理之詩文,并抄略理學諸書,每句下附小注。乃朱子門人熊節著,蔡覺軒門人熊剛大注。"

日本靈元天皇寬文八年(1668 年)吉野屋惣兵衛刊印《新編音點性理群書句解》二十三卷。

(新刊音點)性理群書句解(後集)三卷

(宋)熊節編　熊剛大集解

元刊本　共四册

静嘉堂文庫藏本　原陸心源皕宋樓舊藏

【按】每半葉有界十三行,行二十四字。注文雙行,行同正文。黑口,四周雙邊或左右雙邊(18.4cm × 11.6cm),大黑口,雙黑魚尾。版心記卷數與頁數。

前有《新編性理群書句解目録後集》,目後連接熊節《自識》。

卷中有"武原鄭氏"、"臨安志百卷人家"、"東谷"、"宋本"、"歸安陸樹聲叔桐父印"等印記。

《儀顧堂題跋》卷六著録此本,并斷其爲宋本。其釋文曰:

"宋麻沙刊本……各家書目及《福建通志》皆未著録。卷一至卷十三《近思録》,卷十四至卷二十一《近思續録》,卷二十二、二十三《近思別録》。《續録》爲節齋蔡模所編。取朱文公之格言,依《近思録》門類編録,故曰《續録》。《別録》亦節齋所編,所取皆南軒東萊之格言,故曰《別録》。卷首有武原鄭氏朱文方印,蓋明鄭端簡公舊藏。後歸海寧吳兔床拜經樓,有'臨安志百卷人家'白文長印。《拜經樓題跋記》著于録。題爲'宋刊近思正續録',而不著'性理群書句解'之名。不知爲熊節所編,熊剛大所注,則吳壽暘之陋也。"

性理群書句解(前集)二十三卷

(宋)熊節編　熊剛大集解

文瀾閣傳寫本　共四册

静嘉堂文庫藏本　原陸心源十萬卷樓舊藏

【按】《儀顧堂題跋》卷六著録此本。其釋文曰:

"《性理群書句解》二十三卷。宋熊節撰,熊剛大注。文瀾閣傳抄本。案節字端操,福建建陽人。十歲讀《易》,即知問難,至通曉而後止。慶元乙未廷對,值僞學之禁,以納諫行正求賢對。知舉黃由以其不迎合時好,特置前列,且爲奏御。累官通直郎,知閩清縣。著有《中庸解》三卷,《智仁堂稿》及此書。剛大少穎敏。從蔡節齋、黃勉齋游。問學精專,操行篤至。嘉定七年進士。官建安府學教授,學者稱古溪先生。著有《詩經注解》,《小學集注》。見《性理大全》及李清馥《閩中理學淵源考》。乃《福建通志》不爲立傳,《宋元學案》亦無其名,皆缺典也。"

北溪先生性理字義二卷　附嚴陵講義一卷

(宋)陳淳撰　王雋編輯

明弘治年間(1488—1505年)刊本　共四册

静嘉堂文庫藏本　原陸心源十萬卷樓舊藏

【按】每半葉有界十行,行二十一字。黑口,四周雙邊。

前有陳宓《序》,後有林同《跋》。

【附録】日本東山天皇元禄十五年(1702年)彌生吉旦《倭版書籍考》卷二"儒學之部"著録《字義詳講》上下二卷。其釋文曰:

"此本乃係王雋筆録朱子高弟陳北谿之説,卷末并附《嚴陵講義》,爲初學最要之書。倭版校點者山脇道圓也。《詳講》之前,倭版曾有《性理字義》上下二卷,與此本《詳講》乃一種也。然此本有陳復齋《序》。復齋乃朱子門人,後從黃勉齋。《字義詳講》係據漳州本,《性理字義》係據朝鮮本。羅山作《性理字義諺解》八卷,便于初學,亦有刊本行世。"

據江户時代《外船書籍元帳》記載,仁孝天皇天保十二年(1841年)中國商船"丑二番"載《北溪字義》一部一帙抵日本。

明正天皇寬永五年(1628年)京都中野宗左衛門刊印《北溪先生性理字義》二卷。

明正天皇寬永辛未年(1631年)有木活字刊本《北溪先生性理字義》二卷。每半葉有界十行,行十八字,注文雙行。四周雙邊。

明正天皇寬永九年(1632年)京都中野市右衛門刊印《北溪先生性理字義》二卷。此本其後有中野市右衛門重印本,中野小左衛門重印本。

靈元天皇寬文十年(1670年)中野小左衛門刊印《北溪先生性理字義》。此本由日人熊谷立閑首書。其後有中野宗左衛門重印本。

此外,後西天皇寬文二年(1662年)刊印陳淳撰,王雋編,日本山脇重顯訓點之《北溪先生字義詳講》二卷附《嚴陵講義》一卷。靈元天皇寬文八年(1668年)京都村上平樂寺重印。

黃氏日鈔九十七卷

(宋)黃震編撰

元至正年間(1341—1368年)刊本

静嘉堂文庫藏本　原楊繼宗　陸心源皕宋樓舊藏

【按】《儀顧堂續跋》卷九著録此本。其釋文曰:

"《慈溪黃氏日鈔分類》九十七卷。題慈溪黃震東發編輯。每葉二十六行,每行二十四字。語涉宋帝皆空格。蓋仍宋本舊式。前有至正三年廬江沈逵《序》,下有印曰肩吾子。是書原本百卷,東發身前已梓行,元初兵燬。至正中,孫禮之搜緝補刊,僅存九十七卷。卷八十一、八十九注曰:'原官版無文字。'則元以後版片殘缺也。乾隆中有覆本。行款悉同。匡格字形皆縮小矣。中有楊繼宗朱文方印,西齋朱文方印。按,楊繼宗《明史》有傳。"

【附録】據江户時代《商舶載來書目》記載,後櫻町天皇寶祐十三年(1763年)中國商船"久字號"載《黃氏日抄分類》一部八册抵日本。後桃園天皇安永八年(1779年)同船又載《黃氏日抄》一部四帙抵日本。光格天皇天明三年(1783年)中國商船"志字號"載《慈溪黃氏日抄》一部八帙抵日本。

光格天皇天明六年(1786年)《寅十番船持渡書改目録寫》記載,該船當年載《慈溪黃氏日鈔》(附古今紀要)一部抵日本,并有注文曰"舊書,落三卷,脱紙一張"。

據《外船書籍元帳》記載,仁孝天皇天保十二年(1841年)中國商船"子三番"(船主邵植)載《黃氏日抄》一部抵日本,售價三十五匁。仁孝天皇弘化四年(1847年)中國商船"午二番"載《黃氏日抄》一部四帙抵日本,售價與"子三番"船同。弘化五年(1848年)中國商船"未二番"又載《黃氏日抄》二部各四包抵日本,售價每部亦三十五匁。孝明天皇嘉永三年(1850年)中國商船"西六番"載《黃氏日抄》一部六帙抵日本,售價十二匁。

據同時代長崎港《漢籍發賣投標記録》記載,仁孝天皇天保十四年(1843年)《黃氏日抄》一部投標價爲村頭一百四匁。長岡一百八匁,安田屋一百三十匁一分。

黄氏日鈔分類九十七卷

（宋）黄震編撰
明正德十四年（1519年）龔氏刊本
宮內廳書陵部　國會圖書館　內閣文庫
靜嘉堂文庫　東北大學附屬圖書館　福井市
立圖書館藏本

【按】每半葉有界十四行，行二十六字。黑
口，四周雙邊。

卷前有元至元三年（1337年）沈逮《序》，後
有明正德乙卯（1519年）孟秋書林龔氏重刊木
記。

宮內廳書陵部藏此同一刊本兩部。一部原
係高平隆長等舊藏。今缺卷八十一，卷八十
九，卷九十一，凡三卷。存本卷十四至卷十六
係後人寫補。卷中有"高平隆長"，"喜"等印
記。共二十冊。一部原係德山藩家舊藏。此
本原係江户時代德山藩三代主毛利元次廣收
"天下秘笈"之一。東山天皇寶永三年（1706
年）《御書物目錄》著錄此本。明治二十九年

（1896年）男爵毛利元功獻贈宮內省圖書寮
（即今宮內廳書陵部）。卷中有"德藩藏書"印
記。共十八冊。

國會圖書館藏本，共二十四冊合爲十二冊。

內閣文庫藏本，原係江户時代林氏大學頭家
舊藏，共二十五冊。

靜嘉堂文庫藏本，原係淡路守脇阪氏、竹添
井井等舊藏。此本附《古今紀要》十九卷。共
三十二冊。

東北大學藏本，原係狩野亨吉舊藏。此本缺
卷二至卷八，卷八十一，卷八十九，卷九十二。
今本共八十七卷二十三冊。

福井市藏本，卷中有"越國文庫"朱文方印，
"圖書寮"朱文長方印。此本今缺卷八十一，卷
八十九，卷九十二，實存共九十四卷二十四冊。

慈溪黄氏日抄分類古今紀要十九卷

（宋）黄震撰
明刊本　共六冊
內閣文庫　尊經閣文庫　東洋文庫藏本

（元明人著作之屬）

孝順事實十卷

（明）太祖朱元璋撰
明永樂十八年（1421年）官刊本　共二冊
御茶之水圖書館藏本　原江户時代林氏大
學頭家　德富蘇峰成簣堂舊藏

【按】每半葉有界十行，行十九字。四周雙
邊。

前有明永樂十八年五月十一日明成祖朱棣
《御製序》。

卷中有"林氏藏書"、"恩賜官本"、"向陽軒"
等印記。

此本附明治四十一年（1908年）德富蘇峰購
書手記。

【附錄】據《商舶載來書目》記載，中御門天皇

享保十年（1725年），中國商船"加字號"載《孝
順事實》一部十冊抵日本。

孝順事實十卷

（明）太祖朱元璋撰
明閔洪學刊本　共四冊
內閣文庫藏本　原楓山官庫舊藏

聖學心法四卷

（明）成祖朱棣撰
明永樂七年（1409年）官刊本　共四冊
蓬左文庫　御茶之水圖書館　足利學校遺
迹圖書館藏本

【按】每半葉有界十行，行二十二字。黑口，
四周雙邊。

此本仍保留原裝包背裝,紙系水色綾紋樣。

蓬左文庫藏本,原係江户時代尾張藩主家舊藏。

御茶之水圖書館藏本,原係德富蘇峰成簣堂舊藏。

足利學校遺迹圖書館藏本,原係足利學校舊藏。

聖學心法四卷

(明)成祖朱棣撰

明嘉靖三十八年(1610年)益藩刊本　共四册

内閣文庫藏本　原楓山官庫舊藏

聖學心法四卷

(明)成祖朱棣撰

明末復永樂七年(1409年)官刊本　共四册

御茶之水圖書館藏本　原德富蘇峰成簣堂舊藏

【按】行款題式皆與永樂刊本同。帙内有明治四十四年(1911年)八月德富蘇峰手題。

大明仁孝皇后内訓一卷

(明)仁孝皇后徐氏撰

明永樂五年(1407年)官刊本　共一册

宫内廳書陵部藏本　原楓山官庫舊藏

【按】每半葉有界八行,行十七字。黑口,四周雙邊。

前有明永樂三年(1405年)正月望日文皇后《序》。

此本紙墨精善,書法端嚴,尤足驚人。乃永樂初印本。

卷中有"秘閣圖書之章"等印記。

《御書籍來歷志》著録此本。

【附録】日本仁孝天皇天保十五年(1844年)《官版書籍解題略》卷下"子部"著録《内訓》一卷。

江户時代《昌平坂御官版書目》著録明仁孝文皇后《内訓》一册。

仁孝天皇天保三年(1832年)昌平坂學問所據明内府刊本復刊《大明仁孝皇后内訓》一卷。此本即係《官板書目》之著録本,後有江户出雲寺萬次郎重印本。

大明仁孝皇后内訓一卷

(明)仁孝皇后徐氏撰　胡文焕校

明刊本　共一册

内閣文庫藏本　原昌平坂學問所舊藏

大明仁孝皇后勸善書二十卷

(明)仁孝皇后徐氏撰

明永樂五年(1407年)官刊本

宫内廳書陵部　尊經閣文庫　蓬左文庫　關西大學附屬圖書館内藤文庫藏本

【按】每半葉有界七行,行十四字。黑口,四周雙邊(29.9cm×18.1cm)。

前有明永樂三年(1405年)正月望日文皇后《序》。次有明永樂五年(1407年)朱高熾《大明仁孝皇后勸善書後序》,次有同年朱高煦《大明仁孝皇后勸善書後序》,次有朱高燧《大明仁孝皇后勸善書後序》。末有胡廣《觀善書啓》。

《名山藏坤》記載皇后初爲此書,不過示皇太子諸王而已。至永樂五年七月以後,成祖乃出后《内訓》、《勸善》二書,頒賜臣民,即謂此本也。

宫内廳書陵部藏本,首頁有"厚載之記"方印。卷中又有"井松寶印"等印記。《御書籍來歷志》著録此本。共十一册。

尊經閣文庫藏本,原係江户時代加賀藩主前田綱紀等舊藏,共十册。

蓬左文庫藏本,原係江户時代尾張藩主家舊藏。共十册。

關西大學藏本,原係内藤湖南舊藏,卷中有"厚載之記"等印記,共十册。

【附録】日本靈元天皇寬文三年(1663年)京都西田勝兵衛刊印《大明仁孝皇后勸善書》二十卷。

五倫書六十二卷

(明)宣宗朱瞻基撰

明正統十二年(1447年)内府刊本

宮内廳書陵部　尊經閣文庫　御茶之水圖書館藏本

【按】每半葉有界九行,行十八字。四周雙邊。

前有明正統十二年五月二日明英宗《御製序》。

此本有句讀點。原裝。尚存原版印刷題簽。

宮内廳書陵部藏本,每册首有"廣運之寶"一大方印。《御書籍來歷志》著録此本。共十二册。

尊經閣文庫藏此同一刊本兩部,原係江户時代加賀藩主前田綱紀等舊藏。一部共六十二册。一部共八册。

御茶之水圖書館藏本,原係德富蘇峰成簣堂舊藏。共二十册。

【附録】日本東山天皇元禄十五年(1702年)彌生吉且《倭版書籍考》卷二"儒學之部"著録《御製五倫書》六十二卷三十本。其釋文曰:"有大明朝第四主宣宗皇帝御製《序》。分五倫之次第,立嘉言,善行二門,分類編次自古至於大明名賢大儒之言行,以便治道講學之用。寬文年中,小出立庭訓點,弘文學士林曳爲之序。"

日本靈元天皇寬文八年(1668年)京都小島彌左衛門刊印之《五倫書》六十二卷,由日人小出立庭訓點。此本即《倭版書籍考》著録之本。

五倫書(殘本)五卷

(明)宣宗朱瞻基撰

明景泰五年(1454年)京兆劉氏翠岩舍刊本

東京大學東洋文化研究所藏本　原大木幹一舊藏

【按】每半葉有界十一行,行二十二字。黑口,四周雙邊。

是書全六十二卷。此本今存卷十九至卷二十三,共五卷。

性理大全七十卷

(明)胡廣等奉敕編撰

明永樂十三年(1415年)内府刊本　共三十册

御茶之水圖書館藏本　原德富蘇峰成簣堂等舊藏

【按】每半葉有界十行,行二十二字。注文雙行,四周雙邊。

此本原裝書帙爲絹面。現今原絹地印刷題簽尚存,惟第一帙爲德富蘇峰補裝,有明治四十三年(1910年)蘇峰手識文。

【附録】桃園天皇寶曆四年(1754年)《舶來書籍大意書》著録此書兩部,并注曰"一部三十六册,内三卷末皆缺。一部三十四册,内八卷末皆缺。兩部卷中皆有朱點"。其識文曰:

"此書乃明人胡廣等奉敕編纂。以先儒之成書及其議論格言,爲五經四書之補翼。永樂十三年刊。"

據江户時代《商舶載來書目》記載,中御門天皇正德元年(1711年)中國商船"世字號"載《性理大全》一部四帙抵日本。中御門天皇享保四年(1719年)中國商船"世字號"載《性理大全書》一部十二册抵日本。享保五年(1720年)"世字號"又載《性理大全書輯要》一部一帙抵日本。享保八年(1723年)"世字號"載《性理大全標題彙纂》一部一帙抵日本。光格天皇享和三年(1803年)"世字號"載《性理全書》一部四帙抵日本。

據《外船齎來書目》記載,中御門天皇享保四年(1719年)中國南京船第二十九番(船主俞枚吉)載《性理大全書》一部抵日本。

據《商賣書物目録并大意書》記載,桃園天皇寶曆十年(1760年)中國商船"辰一番"載《性理大全》一部四帙二十四册抵日本。該記録曰:"此本多處磨損,然無脱紙。"

據《外船書籍元帳》記載,仁孝天皇天保十二年(1841年)中國商船"丑二番"載《性理大全》

一部抵日本。

性理大全書七十卷

（明）胡廣等奉敕編撰
明正德十一年（1516 年）刊本　共二十冊
內閣文庫藏本　原楓山官庫等舊藏

性理大全書七十卷

（明）胡廣等奉敕編撰
明嘉靖年間（1522—1566 年）刊本
宮內廳書陵部　尊經閣文庫　東京大學東
洋文化研究所　東北大學附屬圖書館藏本
【按】宮內廳書陵部藏本，共十四冊。
尊經閣文庫藏本，原係江戶時代加賀藩主前
田綱紀等舊藏，共二十冊。
東京大學藏本，原係大木幹一舊藏。卷十七
與卷十八係後人補寫。
東北大學藏本，原係狩野亨吉舊藏，共三十
冊。

性理大全七十卷

（明）胡廣等奉敕編撰
明嘉靖二十七年（1548 年）王氏新三槐刊本
共二十六冊
東北大學附屬圖書館藏本
【按】每半葉有界十一行，行二十六字。注文
雙行。白口，四周雙邊。

（新刊）性理大全書七十卷

（明）胡廣等奉敕編撰
明嘉靖三十九年（1560 年）進賢堂刊本
內閣文庫　東京大學東洋文化研究所　京
都大學人文科學研究所東洋學文獻中心　東
北大學文學部中國哲學文學研究室　御茶之
水圖書館藏本
【按】卷前有“嘉靖庚申（1560 年）□氏□□
校正重刊”。卷末有刊印蓮牌木記，其文曰：
“嘉靖庚申孟秋進賢堂梓新刊”。
內閣文庫藏本，原係楓山文庫舊藏。共二十

冊。
東京大學東洋文化研究所藏此同一刊本兩
部。一部爲全本，一部原係大木幹一舊藏，今
缺卷二十二至卷二十四。
京都大學藏本，共三十二冊。
東北大學藏本，共三十冊。
御茶之水圖書館藏本，原係德富蘇峰成簣堂
舊藏，卷中有“入津野氏”等印記。共二十冊。

（新刻群書考正）性理大全七十卷

（明）胡廣等奉敕編撰
明萬曆六年（1578 年）刊本
蓬左文庫　大阪天滿宮御文庫藏本
【按】蓬左文庫藏本，原係德川家康舊藏，卷
中有“御本”印記。共十二冊。
大阪天滿宮藏本，共十六冊。

（新刻）性理大全書七十卷

（明）胡廣等奉敕編撰
明萬曆二十五年（1597 年）吳勉學師古齋刊
本
東京大學藏本
【按】每半葉有界十行，行二十字，注文小字
雙行。白口，左右雙邊（19.2cm×14.0cm）。單
魚尾，部分無魚尾。
東京大學藏此同一刊本兩部。一部藏東洋
文化研究所，原係大木幹一舊藏。一部藏文學
部漢籍中心，此本今缺卷三十三至卷三十五、
卷五十六、卷五十七、卷六十五、卷六十六，共
七卷，實存六十三卷，共二十七冊。

性理大全方書七十卷

（明）胡廣等奉敕編撰
明萬曆三十一年（1610 年）刊本　共二十冊
御茶之水圖書館藏本　原德富蘇峰成簣堂
舊藏
【按】此本序文題《御製性理大全書》。卷末
有刊印蓮牌木記，其文曰“萬曆癸卯年（1610
年）仲春月梓行”。

卷中有"和田家藏書印"，"岡田藏書"等印記。

【附錄】據江戶時代《商舶載來書目》記載，光格天皇享和三年（1803年）中國商船"世字號"載《性理大全方書》一部一帙抵日本。

（新刻九我李太史校正）大方性理全書（性理大方書）七十卷

（明）胡廣等奉敕編撰　李廷機校

明萬曆三十一年（1610年）應天府學刊本

內閣文庫　東京大學東洋文化研究所藏本

【按】內閣文庫藏本，原係昌平坂學問所舊藏，共二十四冊。

東京大學藏本，原係大木幹一舊藏。此本今缺卷二十三、卷二十九、卷三十、卷四十二、卷四十三、卷四十八、卷四十九、卷六十三、卷六十四。實存六十一卷。

（新刻）性理大全七十卷

（明）胡廣等奉敕編撰

明萬曆三十六年（1608年）建安劉蓮台刊本

宮內廳書陵部　足利學校遺蹟圖書館藏本

【按】每半葉有界十一行，行二十五字。注文雙行。白口，四周雙邊。

宮內廳書陵部藏本，共二十冊。

足利學校遺蹟圖書館藏本，原係足利學校舊藏，共十六冊。

【附錄】日本江戶時代《倭版書籍考》卷二"儒學之部"著錄《性理全書》七十卷。其釋文曰："此乃永樂天子敕修三大全之一。編者與《四書大全》同。點者熊谷立設，其弟子小出永庵。"今存後光明天皇承應二年（1653年）京都野田莊左衛門，田中清左衛門據明萬曆刊本刊印《新刻性理大全》七十卷《首》一卷即此本。其後有小島彌左衛門，田中清左衛門重印本。

性理大全七十卷

（明）胡廣等奉敕編撰

明刊本　共二十六冊

靜嘉堂文庫藏本　原陸心源守先閣舊藏

（新刻）性理大全七十卷

（明）胡廣等奉敕編撰

明青畏堂刊本　共二十四冊

東京都立圖書館藏本　原諸橋徹次等舊藏

（新刻京本）性理大全書（殘本）五十九卷

（明）胡廣等奉敕編撰

明刊本　共二十四冊

新發田市立圖書館藏本

【按】是書全七十卷。此本今缺卷十至卷十五，卷二十二至卷二十六，凡十一卷。卷中卷五至卷七係後人寫補。

性理大全會通七十卷　續編四十二卷

（明）汪明際點閱　鍾人傑訂正　《續編》鍾人傑匯輯

明崇禎七年（1634年）武林讀書坊刊本

蓬左文庫　廣島大學文學部藏本

【按】每半葉有界十行，行二十四字。白口，四周單邊。

前有崇禎七年（1634年）張延登《序》。

蓬左文庫藏本，共五十二冊。

廣島大學藏本，共二十六冊。

【附錄】據江戶時代《商舶載來書目》記載，中御門天皇正德元年（1711年）中國商船"世字號"載《性理會通》一部四帙抵日本。後櫻町天皇明和四年（1767年）"世字號"載《性理大全會通》一部四帙抵日本。

性理大全會通七十卷　續編四十二卷

（明）鍾人傑輯

明崇禎年間（1628—1644年）光裕聚錦堂刊本　共四十冊

京都大學人文科學研究所東洋學文獻中心藏本

性理大全會通七十卷　續編四十二卷

(明)鍾人傑編輯

明崇禎七年(1634年)刊本

内閣文庫　尊經閣文庫　東北大學附屬圖書館藏本

【按】内閣文庫藏此同一刊本三部。一部原係昌平坂學問所舊藏,共二十八册。一部《續編》卷二十至卷二十二係後人寫補,共四十九册。一部原係楓山文庫舊藏,共四十册。

尊經閣文庫藏本,原係江户時代加賀藩主前田綱紀等舊藏,共四十册。

東北大學藏本,原係狩野亨吉舊藏,共三十九册。

薛文清公讀書録十卷

(明)薛瑄撰

明正德庚辰(1520年)刊本

内閣文庫　静嘉堂文庫　國士館大學附屬圖書館藏本

【按】内閣文庫藏本,原係昌平坂學問所舊藏,共八册。

静嘉堂文庫藏本,原係陸心源十萬卷樓舊藏,共二册。

國士館大學藏本,原係楠木正繼等舊藏,共五册。

薛文清公讀書録二十四卷

(明)薛瑄撰

明成化年間(1465—1487年)刊本　共八册

尊經閣文庫藏本　原江户時代加賀藩主前田綱紀等舊藏

【附録】日本東山天皇元禄十五年(1702年)彌生吉且《倭版書籍考》卷二"儒書"著録《讀書録》正十一卷續十二卷策文一卷共十三册。其識文曰:"此本乃從《薛文清全集》中録出,策文之末有山崎嘉翁跋文。"

薛文清公讀書録二十四卷

(明)薛瑄撰

明嘉靖二年(1523年)刊本　共四册

御茶之水圖書館藏本　原德富蘇峰成簀堂舊藏

【按】每半葉有界十一行,行二十四字。黑口,左右雙邊。

卷首有嘉靖癸未(1523年)《重刻引》。成化二年(1466年)《序》,《自序》等。卷末頁空四行有刊印木記一行。其文曰"嘉靖二年歲次癸未夏五月既望刊"。

卷中有"歌聖堂"、"服部氏藏書印"等印記。帙内有德富蘇峰手記。

薛文清公讀書全録正録十一卷　續録十二卷

(明)薛瑄撰

明嘉靖年間(1522—1566年)刊本　共五册

御茶之水圖書館藏本　原德富蘇峰成簀堂舊藏

【按】每半葉有界十行。白口,四周雙邊。

卷首有明正德六年(1511年)《薛文清公事實序》。《續録》末有王圻《全録後跋》。全書末有德富蘇峰手記,題"明治四十二年(1909年)一月初九日白雪浸浸撲窗之夜"。

卷中有"海嶠留還堂本"等印記。

【附録】日本中御門天皇享保七年(1722年)刊印《讀書録》十一卷《續録》十二卷。

光格天皇天明八年(1788年)大阪高橋善助等刊印《讀書録》十一卷《續録》十二卷。此本附《薛文清公策目》一卷。其後有仁孝天皇天保四年(1833年)大阪柳原屋喜兵衛等修訂重印本,又有河内屋源七郎重印本。

薛文清公讀書全録十一卷

(明)薛瑄撰

明刊本　共四册

内閣文庫藏本　原楓山官庫舊藏

薛文清公讀書全録類編二十卷

(明)薛瑄撰　　侯鶴齡類編

明萬曆年間(1573—1620年)七世孫薛應麟薛應第刊本

尊經閣文庫　京都大學人文科學研究所東洋學文獻中心藏本

【按】每半葉有界十行,行二十字。白口,四周單邊。

前有明萬曆二十七年(1599年)《序》。

尊經閣文庫藏此同一刊本兩部,原係江户時代加賀藩主前田綱紀等舊藏。一部共八册。一部共十一册。

京都大學人文科學研究所藏本,共八册。

薛文清公要語二卷

(明)薛瑄撰　　谷中虛編

明萬曆三十二年(1604年)跋刊本　共二册

内閣文庫藏本　原楓山官庫舊藏

楓山語録一卷

(明)章懋撰

明萬曆年間(1573—1622年)刊本　共一册

静嘉堂文庫藏本　原陸心源十萬卷樓舊藏

東山語録(不分卷)

(明)謝九成撰

明刊本　共一册

内閣文庫藏本　原江户時代林羅山舊藏

【按】卷中有"江雲渭樹"印記。

士翼四卷

(明)崔銑撰

明嘉靖年間(1522—1566年)刊本　共一册

静嘉堂文庫藏本　原陸心源十萬卷樓舊藏

【按】每半葉有界十行,行二十字。白口,四周單邊。

大學衍義補一百六十卷　首一卷

(明)丘濬補撰　　周洪謨等校

明弘治元年(1488年)刊本　共二十六册

東京大學文學部漢籍中心藏本

【按】每半葉有界十行,行二十字。白口,間有小黑口,四周雙邊(19.3cm×12.1cm)。單魚尾,間有雙魚尾。

前有明弘治元年(1488年)周洪謨《序》。

【附録】據《商舶載來書目》記載,東山天皇元禄九年(1696年)中國商船"多字號"載《大學衍義補摘要》一部四册抵日本。中御門天皇享保十一年(1726年)該船又載《大學衍義補》一部六帙抵日本。

據仁孝天皇天保十五年(1844年)《會所輸入目録》記載,是年中國商船"辰三番"載《大學衍義補》一部三十册抵日本。發賣投標價大阪屋一百十五匁三分,三枝一百二十匁,田原屋一百三十匁。

據《外船賚來書目》記載,孝明天皇嘉永二年(1849年)中國商船"酉三番"載《大學衍義補》一部抵日本。此本定價五十五匁。

大學衍義補一百六十卷　首一卷　目二卷

(明)丘濬補撰　　周洪謨等校

明弘治十九年(1506年)宗文堂刊本

内閣文庫　東京大學東洋文化研究所　御茶之水圖書館藏本

【按】每半葉有界十行,行二十字。黑口,四周雙邊(21.1cm×14.8cm)。

前有明弘治元年(1488年)周洪謨《序》。卷末有刊印木記,文曰:"皇明丙寅歲宗文堂刊行"。

此本有句讀點。精刻初印。各册首有"廣運之寶"朱文印記。

内閣文庫藏本,原係昌平坂學問所舊藏。其中卷十八至卷二十三爲後人寫補。共二十册。

東京大學藏本,原係大木幹一舊藏。其中卷三十九,卷四十係後人寫補。

御茶之水圖書館藏本,原係德富蘇峰成簣堂舊藏,卷首有"廣運之寶"印記,共三十冊。

大學衍義補一百六十卷　首一卷

(明)丘濬補撰　周洪謨等校

明嘉靖三十八年(1559 年)福建吉澄刊本

宮內廳書陵部　內閣文庫　蓬左文庫　東京大學東洋文化研究所藏本

【按】每半葉有界十行,行二十字。白口,四周單邊。

宮內廳書陵部藏本,原係江戶時代德山藩三代主毛利元次廣收"天下秘籍"之一。東山天皇寶永三年(1706 年)《御書物目錄》著錄此本,明治二十九年(1896 年)男爵毛利元功獻贈宮內省圖書寮(即今宮內廳書陵部)。每冊首有"德藩藏書"印記,共四十冊。

內閣文庫藏本,原係楓山官庫舊藏。共四十冊。

蓬左文庫藏本,原係江戶時代尾張藩主家舊藏,共四十冊。

東京大學東洋文化研究所藏本,原係大木幹一舊藏。

大學衍義補一百六十卷　首一卷

(明)丘濬補撰　周洪謨等校　陳仁錫評

明萬曆三十三年(1605 年)刊本

靜嘉堂文庫　東京大學東洋文化研究所　關西大學附屬圖書館　長崎大學附屬圖書館經濟學部分館　新發田市立圖書館　大阪天滿宮御文庫　無窮會神習文庫藏本

【按】每半葉有界十一行,行二十二字。白口,四周雙邊(19.9cm×14.2cm)。

前有丘濬《序》,次有明嘉靖三十八年(1559 年)廣陵宗《重刊大學衍義合補序》,次有萬曆三十三年(1605 年)姚朱錦《刻大學衍義補跋》,次有弘治元年(1488 年)周洪謨《題詞》,次有丘濬《進大學衍義補》。

靜嘉堂文庫藏本,共三十二冊。

東京大學藏本,原係大木幹一舊藏。此係梅

墅石渠閣藏版印本。

關西大學藏此同一刊本兩部。一部原係內藤湖南恭仁山莊舊藏,共二十四冊。一部原係藤澤氏泊園文庫舊藏,共四十九冊。

長崎大學藏本,新發田市藏本,皆係梅墅石渠閣藏版印本。

大阪天滿宮藏本,共二十冊。

無窮會藏本,原係井上賴篁舊藏。共三十冊。

【附錄】日本光格天皇寬政四年(1792 年)篠山藩刊印《大學衍義補》一百六十卷首一卷。此本明陳仁錫評,日人福井衣笠校。其後有寬政五年(1793 年)京都林伊兵衛重印本。又有大阪柏原屋清右兵衛門重印本,京都秋田屋太右衛門等重印本,河內屋茂兵衛重印本等。

大學衍義補一百六十卷

(明)丘濬撰　陳仁錫評

明萬曆三十三年(1605 年)刊本　共四十冊

龍谷大學大宮圖書館藏本

大學衍義補(殘本)一百五十五卷

(明)丘濬撰　陳仁錫評

明萬曆年間(1573—1620 年)刊本　共七冊

龍谷大學大宮圖書館藏本　原寫字臺文庫舊藏

【按】是書全本凡一百六十卷。此本今缺卷第一百五十六至卷第一百六十,實存一百五十五卷。

大學衍義補一百六十卷　首一卷

(明)丘濬補撰　周洪謨校　陳仁錫評

明崇禎五年(1632 年)刊本

內閣文庫　東京大學　東北大學附屬圖書館　無窮會神習文庫藏本

【按】每半葉有界十行,行二十字,注文小字雙行。白口,四周單邊(21.3cm×13.7cm)。

內閣文庫藏本,共三十六冊。

東京大學藏此同一刊本兩部。一部藏東洋

文化研究所,原係大木幹一舊藏。一部藏文學部漢籍中心,此本卷四十一至卷四十四係後人寫補,共三十二册。

　　東北大學藏此同一刊本兩部。一部原係狩野亨吉舊藏,共三十六册。一部係文學部中國哲學文學研究室藏本,共三十二册。

　　無窮會藏本,原係井上賴篠舊藏。共三十五册。

大學衍義補一百六十卷　首一卷

　　(明)丘濬補撰　周洪謨等校
　　明刊本　共八十册
　　京都大學中國語言文學哲學研究室藏本

大學衍義補一百六十卷　首一卷

　　(明)丘濬補撰
　　明刊本　共二十四册
　　京都陽明文庫藏本　原近衛家熙等舊藏

大學衍義補一百六十卷

　　(明)丘濬補撰
　　明刊本　共三十册
　　静嘉堂文庫藏本　原陸心源守先閣舊藏

大學衍義補纂要六卷　首一卷

　　(明)徐栻撰　程文著等校
　　明隆慶年間(1567—1572年)袁州府學刊本
　　東京大學東洋文化研究所藏本　原大木幹一舊藏
　　【按】每半葉有界十行,行二十字。白口,四周單邊。

大學衍義補纂要六卷　首一卷

　　(明)徐栻撰　程文著等校
　　明萬曆年間(1573—1620年)刊本　共六册
　　內閣文庫藏本　原楓山官庫舊藏
　　【按】每半葉有界十行,行二十字。白口,四周單邊。

(石渠閣校刻)大學衍義補纂要六卷　首一卷

　　(明)徐栻撰　聶紹皋評　陳可先校
　　明梅墅石渠閣刊本
　　東京大學東洋文化研究所藏本　原大木幹一舊藏

大學衍義補纂要六卷　首一卷

　　(明)徐栻撰
　　明刊本
　　香川縣立豐濱町立圖書館藏本

(精刻)大學衍義補摘粹十二卷

　　(明)許國編撰　查鐸校
　　明隆慶元年(1567年)金陵查氏刊本　共十二册(合爲二册)
　　國會圖書館藏本

大學衍義節略二十卷

　　(明)楊廉輯　朱實昌校
　　明嘉靖四年(1525年)序刊本
　　東京大學東洋文化研究所藏本　原大木幹一舊藏

朱子實紀十二卷

　　(明)戴銑輯
　　明正德八年(1513年)刊本　共四册
　　東北大學文學部中國哲學文學研究室藏本

(重編)朱子學的二卷

　　(明)丘濬編　朱吾弼重編
　　明萬曆三十四年(1606年)刊本　共二册
　　內閣文庫藏本　原楓山官庫舊藏
　　【按】每半葉有界九行,行十九字。白口,左右雙邊。
　　【附錄】日本東山天皇元禄十五年(1702年)彌生吉且《倭版書籍考》卷二"儒書之部"著錄《朱子學的》二卷。其識文曰:
　　　　"此本乃大明天順年中丘文莊所作,取

朱子要語,分爲二十門。丘文莊,名儒也,乃蔡虛齋之師也。此本倭點係鵜飼石齋所施。"

後光明天皇承應二年(1653年)京都村上平樂寺刊印《朱子學的》二卷。此本由日人鵜飼信之訓點。

居業録四卷

(明)胡居仁撰

明萬曆年間(1573—1620年)李楨刊本　共二册

内閣文庫藏本　原楓山官庫舊藏

【按】每半葉有界十行,行二十字。白口,左右雙邊。

(新刻翰林精選)儒林正宗論學六卷

(明)康大和撰　郭雲從校

明嘉靖十五年(1536年)刊本　共六册

國會圖書館藏本

諸儒講義二卷

(明)章懋撰　董遵編

明嘉靖年間(1522—1566年)漢東書院刊本　共四册

蓬左文庫藏本　原尾張内庫舊藏

【按】每半葉有界九行,行十八字,白口,左右雙邊。

前有明嘉靖三十七年(1558年)劉起東《序》。

(唐荆川先生編纂)諸儒語要十卷　續集六卷

(明)唐順之編

明萬曆四十年(1612年)刊本　共八册

内閣文庫藏本　原楓山官庫舊藏

盱江羅近溪先生全集十卷　附語要一卷　孝訓一卷　仁訓一卷

(明)羅汝芳撰　《語要》(明)陶望齡輯　《孝訓》(明)楊起元集

明萬曆四十六年(1618年)刊本　共十三册(合四册)

國會圖書館藏本

雙江先生困辯録八卷

(明)聶豹撰　羅洪先評

明萬曆四十六年(1618年)序刊本　共二册

内閣文庫藏本　原豐後佐伯藩主毛利高標舊藏

【按】此本係日本仁孝天皇文政年間(1818—1829年)由出雲守毛利高翰獻贈於幕府,明治初年經太政官文庫而歸内閣文庫。

東溪日談録十八卷

(明)周琦撰　吕景蒙校

明象郡吕氏刊本　共四册

蓬左文庫藏本　原尾張内庫舊藏

【按】每半葉有界十行,行二十字。白口,左右雙邊。

前有明嘉靖十六年(1537年)《序》。

此本包背裝。卷中有"尾陽内庫"印記。

此本係日本後水尾天皇元和年間(1615—1624年)從中國購入。

困知記二卷　續二卷　三續一卷　四續一卷　附録一卷　續補一卷

(明)羅欽順撰

明萬曆年間(1573—1620年)刊本　共二册

内閣文庫　静嘉堂文庫藏本

【按】每半葉有界十行,行二十字。白口,左右單邊。

内閣文庫藏本,原係楓山官庫舊藏。

静嘉堂文庫藏本,原係陸心源十萬卷樓舊藏。

【附録】日本東山天皇元禄十五年(1702年)彌生吉且《倭版書籍考》卷二"儒學之部"著録《困知記》二卷《續編》二卷《附録》一卷合五卷。其釋文曰:

"此乃嘉靖年中羅整庵所作。整庵名欽

順,字允升。官至冢宰,實乃名儒。破禪學佛教,亦破象山陽明之學。又疑周子太極圖説,及無極之真,并二五之精妙合而凝等語,又議程子朱子理氣之辨。此乃爲後儒之不滿。"

桃園天皇寶曆四年(1754 年)《舶來書籍大意書》著録此書,其識文曰:

"此書乃明人羅欽順所著也。大凡在理之心、目之間者,由本至末,則萬殊紛紜;由末歸本,則一真淑寂。此所謂道心惟微者也。知其本體如此,故辨明人心道心,而後大本得立。羅氏記座間所得,編爲二百五十餘章,然則僅二卷,難于明理,是故依復著百十餘章,爲《續編》二卷;復著三十餘章,爲《三續》一卷;復得三十餘章,爲《四續》一卷;又以所著之應酬之文,或太極述,或己之履歷,共輯九篇,爲《續補》一卷;又輯應酬文七十餘篇,爲《附録》一卷。此共合爲六種,刊於嘉靖十二年。"

後西天皇萬治元年(1658 年)野田彌次右衛門刊印《困知記》三卷《續》二卷《附》一卷(此本版心作五卷)。其後有靈元天皇寬文三年(1663 年)重印本。

靈元天皇寬文七年(1667 年)京都山形屋七兵衛刊印《困知記》五卷。其後有東山天皇寶永三年(1706 年)重印本。

困知記二卷　續二卷　附録二卷　續補一卷外編一卷

(明)羅欽順撰　陳夢暘編

明天啓三年(1623 年)羅氏刊本　共四册

蓬左文庫藏本　原尾陽内庫舊藏

【按】每半葉有界九行,行二十字。白口,左右雙邊。

此本與《整庵先生存稿》合刻。卷中有"尾陽内庫"印記。

此本係日本明正天皇寬永七年(1630 年)從中國購入。

讀書劄記四卷　續記一卷　附書略一卷

(明)徐問撰

明嘉靖年間(1522—1566 年)刊本　共二册

静嘉堂文庫藏本　原陸心源十萬卷樓舊藏

傳習録八卷

(明)王守仁撰

明嘉靖三十三年(1554 年)何應元刊本　共二册

御茶之水圖書館藏本　原德富蘇峰成簣堂舊藏

【按】每半葉有界九行,行十七字。左右雙邊。版心下方有"何應元刊"四字。

此本初印。白棉紙本。卷末及帙内皆有德富蘇峰手識文。

【附録】日本東山天皇元禄十五年(1702 年)彌生吉且《倭版書籍考》卷二"儒學之部"著録《傳習録》三卷。其識文曰:

"此書倭版六册,加《學咏詩》一册,共爲七册。此乃王陽明之語録,係陽明之高足徐愛、陸原静、薛尚謙、南元善等編定。陽明名守仁,字伯安,大明浙江寧波人。寧波,古之明州也。陽明天性雄辯無雙,雖久歷高官,名揚文武,而其學術却力主異風,説破諸書,大方當世,爲一百五十年之名人也。又有《陽明測言》二卷,乃陽明門人薛尚謙、王龍溪簡約其師之語,采事而編撰也。又有《文成公全書》三十卷。文成公,乃陽明之謚也。此《傳習録》之倭點者,據傳乃丹後禪僧曇首座也。倭版又有《陽明文録》二十五卷。"

後光明天皇慶安三年(1650 年)風月宗知刊印明王守仁撰,徐愛編《傳習録》三卷,并附明人楊家猷編《陽明先生咏學詩》。

中御門天皇正德二年(1712 年)刊印《傳習録》三卷《附》一卷。此本由日人三輪希賢校。其後有京都風月莊左衛門重印本,京都丁字屋藤吉郎等重印本。又有孝明天皇安政三年(1856 年)大阪和内屋和助重印本。

傳習録六卷

（明）王守仁撰
明刊本　共二册
内閣文庫藏本　原楓山官庫舊藏

王門宗旨十四卷　從吾道人語録一卷　雲門録一卷　附録一卷

（明）周汝登選　陶望齡訂
明萬曆年間（1573—1620 年）新安余懋孳刊本
内閣文庫　尊經閣文庫　蓬左文庫藏本
【按】每半葉有界九行，行十九字。白口，四周雙邊。
前有明萬曆十三年（1585 年）周汝登《序》。
内閣文庫藏本，原係楓山官庫舊藏。此本今存《王門宗旨》十四卷。無《從吾道人語録》，《雲門録》，《附録》。共十二册。
尊經閣文庫藏本，原係江户時代加賀藩主前田綱紀等舊藏，共十四册。
蓬左文庫藏本，共十四册。

聖學格物通一百卷

（明）湛若水編
明嘉靖七年（1528 年）福建布政使司刊本
内閣文庫　尊經閣文庫　静嘉堂文庫　東京大學東洋文化研究所藏本
【按】卷前有明嘉靖七年（1528 年）福建右布政使吳昂《序》。
内閣文庫藏本，原係楓山官庫舊藏。共二十四册。
尊經閣文庫藏本，原係江户時代加賀藩主前田綱紀等舊藏，共二十册。
静嘉堂文庫藏本，原係陸心源守先閣舊藏。共十九册。
東京大學東洋文化研究所藏本，今缺卷十四至卷二十九，卷三十五至卷六十，卷八十一至卷八十五，凡四十七卷。今實存五十三卷。

群書歸正集十卷

（明）林兆珂撰　林祖述校
明萬曆十九年（1591 年）刊本　共四册（合二册）
國會圖書館藏本

學蔀通辨前編三卷　後編三卷　續編三卷　終編三卷

（明）陳建編纂
明刊本　共四册
内閣文庫藏本　原楓山官庫舊藏
【附録】日本東山天皇元禄十五年（1702 年）彌生吉且《倭版書籍考》卷二"儒學之部"著録《學蔀通辨》四卷。其識文曰：
"是書分《前編》上中下、（《後編》上中下——原文缺，而倭版實有此編）、《續編》上中下、《終編》上中下。大明廣東儒者陳建作也。有嘉靖二十七年作者《總序》。《前編》記朱陸之辯，《後編》辯陸象山、王陽明之學，即陽儒陰佛之辯，《續編》訂佛老之誤，《終編》説聖賢正學諸事。此爲便于聖學之好書也。是書之倭點者，乃築後柳川之儒士安東省庵。省庵名守正，後改爲守約。"
據《商舶載來書目》記載，後櫻町天皇明和二年（1765 年）中國商船"加字號"載《學蔀通辨》一部一帙抵日本。
靈元天皇寬文三年（1663 年）京都林傳左衛門尉刊印《學蔀通辨前編》《後編》《續編》《終編》各三卷。此本由日人安藤守正（省庵）點。
孝明天皇安政四年（1857 年）昌平坂學問所刊印《學蔀通辨前編》《後編》《續編》《終編》各三卷。其後有出雲寺萬次郎重印本。

性理諸家解三十四卷

（明）楊維聰等編輯
明嘉靖十五年（1536 年）山西刊本　朝鮮正宗莊孝王手識本　共二十四册
御茶之水圖書館藏本　原朝鮮正宗莊孝王

德富蘇峰成簣堂舊藏

【按】卷前有楊維聰《序》等。

本書收録《正蒙會稿》、《皇極經世書》、《皇極玄玄集》、《祝氏觀物篇解》、《啓蒙意見》、《律吕直解》、《洪範圖解》。

各册首有"朝鮮國"、"萬機之暇"、"弘齋"等印記。

此本係明治四十四年(1911 年)德富蘇峰在朝鮮漢城購得。

性理綜要二十二卷

(明)詹淮(或李廷機)編撰　陳仁錫校

明崇禎五年(1632 年)序刊本　共十二册

内閣文庫　京都大學中國語言文學哲學研究室藏本

【按】每半葉有界九行,行十九字。白口,四周單邊。

内閣文庫藏本,原係豐後佐伯藩主毛利高標舊藏。日本仁孝天皇文政年間(1818—1829 年)由出雲守毛利高翰將此本獻贈幕府,明治初年經太政官文庫而歸内閣文庫。共十二册。

京都大學藏本,共八册。

《四庫全書總目》卷九十六著録《性理綜要》二十二卷。其釋文曰:"舊本題明詹淮輯,陳仁錫訂 …… 又卷首并存李廷機,詹淮及仁錫《序》,皆稱其所自輯。"

【附録】據《商舶載來書目》記載,中御門天皇正德二年(1712 年)中國商船"世字號"載《性理綜要》一部二十二册抵日本。

據《外船賣來書目》記載,中御門天皇正德四年(1714 年)中國南京船"第一番"(船主費元靈)載《性理綜要》一部二帙二十二册抵日本。

據《外船書籍元帳》記載,仁孝天皇弘化二年(1845 年)日本輸入《性理綜要》一部二帙。此本定價十五匁。

據《漢籍發賣投標記録》記載,仁孝天皇弘化二年(1845 年)《性理綜要》一部六册投標價爲鐵屋十匁三分,永見屋十六匁,菱屋十六匁八分。

性理標題彙要(性理彙要)二十二卷

(明)詹淮編撰　陳仁錫校

明刊本　共二十三册

内閣文庫藏本　原高野山釋迦文院舊藏

【附録】據江户時代《商舶載來書目》記載,東山天皇元禄六年(1693 年)中國商船"世字號"載《性理彙要》一部十六册抵日本。

據江户時代《外船賣來書目》記載,中御門天皇正德五年(1715 年)二月中國寧波商船"第四十九番"(船主游如義)載《性理彙要》一部二帙二十册抵日本。享保二十年(1735 年)十一月中國廣東商船"第二十五番"(船主黄瑞周、楊叔祖)載《性理彙要》一部抵日本。

據《漢籍發賣投標記録》記載,仁孝天皇弘化二年(1845 年),《性理彙要》一部六册投標價爲鐵屋十匁三分,永見屋十二匁,菱屋十六匁五分。

性理彙編四卷

(明)費余懷編輯

明刊本　共二册

蓬左文庫藏本　原江户時代尾陽内庫舊藏

【按】此本匯編宋儒周張二人著作四種:

《太極圖説》一卷,(宋)周敦頤撰,朱熹注。

《通書》一卷,(宋)周敦頤撰,朱熹注。

《西銘》一卷,(宋)張載撰,朱熹注。

《正蒙》一卷,(宋)張載撰,朱熹注。

【附録】據江户時代《商舶載來書目》記載,東山天皇寶永元年(1704 年)中國商船"世字號"載《性理彙編》一部三册抵日本。

性理精抄十二卷

(明)許順義撰

明萬曆二十年(1592 年)建陽萃慶堂余泗泉刊本　共四册

國會圖書館　内閣文庫藏本

性理備要(殘本)九卷

(明)陸元纂輯　張溥輯訂

明崇禎年間(1628—1644 年)古虞趙敬山刊本　共十冊

蓬左文庫藏本　原江户時代尾張内庫舊藏

【按】前有明崇禎十二年(1639 年)吴貞啓《序》。

是書全十二卷。此本今缺卷五,卷十一,卷十二。

《四庫全書總目》卷九十五著録《性理備要》十二卷,題"明王三極撰"。存疑。

(新鐫)性理奥十卷　首一卷

(明)丁進撰　丁烜訂

明天啓丙寅(1626 年)始寧丁氏刊本　共六冊

蓬左文庫藏本　原江户時代尾陽内庫舊藏

大儒學粹(大儒粹編)九卷

(明)魏時亮編讀

明萬曆十六年(1588 年)刊本　共十冊

内閣文庫　御茶之水圖書館藏本

【按】每半葉有界九行,行十八字。白口,四周雙邊。白棉紙本。

内閣文庫藏本,原係江户時代林氏大學頭家舊藏。

御茶之水圖書館藏本,原係德富蘇峰成簣堂舊藏。

弘道録五十七卷

(明)邵經邦學

明萬曆年間(1573—1620 年)閩督學周氏刊本　共十四冊

蓬左文庫藏本　原江户時代尾張内庫舊藏

【按】卷中有"尾陽内庫"印記。

此本係日本明正天皇寬永五年(1628 年)從中國購入。

證心録二卷

(明)池上客撰

明刊本　共一冊

内閣文庫藏本　原楓山官庫舊藏

隆砂證學記六卷

(明)徐宗濬撰

明萬曆三十二年(1604 年)刊本　共一冊

内閣文庫藏本　原豐後佐伯藩主毛利高標舊藏

【按】此本係日本仁孝天皇文政年間(1818—1829 年)由出雲守毛利高翰獻贈德川幕府,明治初年經太政官文庫而歸内閣文庫。

(太史楊復所先生)證學編四卷　首一卷

(明)楊起元撰

明萬曆二十四年(1596 年)刊本　共四冊

宫内廳書陵部藏本

(太史楊復所先生)證學編四卷　首一卷　論一卷　第一卷

(明)楊起元撰

明萬曆四十五年(1621 年)序刊本　共四冊

内閣文庫藏本　原豐後佐伯藩主毛利高標舊藏

【按】此本於仁孝天皇文政年間(1818—1829 年)出雲守毛利高翰獻於幕府。明治初期,歸内閣文庫。卷中有"佐伯侯毛利高標字培松藏書畫之印"等印記。

南皋鄒先生會語合編二卷

(明)鄒元標撰

明萬曆年間(1573—1620 年)刊本　共一冊

内閣文庫藏本　原江户時代林羅山舊藏

【按】每半葉有界九行,行十九字。白口,左右雙邊。

卷中有"江雲渭樹"印記。

獻子講存二卷

(明)陳人弟編輯　張詡校

明嘉靖三十九年(1560年)序刊本　共二册

内閣文庫藏本　原豐後佐伯藩主毛利高標舊藏

【按】此本係日本仁孝天皇文政年間(1818—1829年)由出雲守毛利高翰獻贈德川幕府。明治初年經太政官文庫而歸内閣文庫。

胡子齊衡八卷

(明)胡直撰

明萬曆十二年(1584年)序刊本

内閣文庫　尊經閣文庫藏本

【按】内閣文庫藏本,共二册。

尊經閣文庫藏本,原係江户時代加賀藩主前田綱紀等舊藏,共三册。

同然録八卷

(明)劉洪謨編撰

明萬曆三十一年(1603年)豫章涂氏刊本共六册

蓬左文庫藏本　原江户時代尾張内庫舊藏

【按】本書共有《周子同然録》一卷,《張子同然録》一卷,《程伯子同然録》一卷,《程叔子同然録》一卷,《朱子同然録》四卷。

卷中有"尾陽内庫"印記。

此本係日本明正天皇寬永末年(1643年)從中國購入。

皇明理學匯編六卷

(明)吳尚德編輯

明萬曆四十一年(1613年)新安吳氏刊本共四册

蓬左文庫　尊經閣文庫藏本

【按】每半葉有界九行,行二十字。白口,四周單邊。版心有刻工姓名。

蓬左文庫藏本,原係尾張内庫舊藏。卷中有"尾陽内庫"印記。此本係日本明正天皇寬永

十六年(1639年)從中國購入。

尊經閣文庫藏本,原係江户時代加賀藩主前田綱紀等舊藏。

皇明心學蠡見十卷

(明)熊可徵撰

明萬曆年間(1573—1620年)刊本　共四册

尊經閣文庫藏本　原江户時代加賀藩主前田綱紀等舊藏

學言(全集本)三卷

(明)陳龍正撰

明崇禎四年(1631年)序刊本　共一册

内閣文庫藏本　原昌平坂學問所舊藏

【按】每半葉九行,行十八字。白口,四周單邊。

徐匡嶽先生儒學明宗録二十五卷　首一卷　邸中會語三卷　附孔林記一卷

(明)徐獻和撰　《附》(明)李珏撰

明萬曆年間(1573—1620年)刊本　共十四册(合九册)

國會圖書館藏本

見羅李先生書要三十卷

(明)李材撰　李復陽編

明刊本　共六册

蓬左文庫藏本　原江户時代尾張内庫舊藏

【按】每半葉有界九行,行十九字。白口,左右雙邊。

龍溪王先生語録抄九卷

(明)王畿撰

明萬曆年間(1573—1620年)刊本　共二册

静嘉堂文庫藏本　原小越幸介等舊藏

(卓吾先生批評)龍溪王先生語録八卷

(明)王畿撰　李贄評

明萬曆二十六年(1598年)刊本　共八册

京都大學中國語學文學哲學研究室藏本

【按】每半葉有界九行,行十八字。白口,四周單邊。

憲世編六卷

(明)唐鶴徵撰

明萬曆年間(1573—1620年)純白齋刊本共六册

內閣文庫藏本　原楓山官庫舊藏

【按】每半葉有界十行,行二十字。白口,四周單邊。

前有明萬曆四十二年(1611年)《序》。

論宗二卷

不著撰者姓名

明萬曆年間(1573—1620年)刊本　共三册(合二册)

國會圖書館藏本

呻吟語摘二卷

(明)呂坤撰　呂知畏編

明萬曆四十四年(1616年)刊本　共四册

內閣文庫藏本　原昌平坂學問所舊藏

【按】每半葉有界八行,行二十字。白口。四周單邊。

前有明萬曆四十四年(1616年)《序》。

【附録】據《商舶載來書目》記載,桃園天皇寶曆四年(1754年)中國商船“志字號”載《呻吟語》一部抵日本。

據《外船書籍元帳》記載,仁孝天皇天保十二年(1841年)中國商船“寅二番”載《呻吟語》十一部抵日本,售價每部六匁。孝明天皇嘉永二年(1848年)中國商船“申二番”載《呻吟語》十部抵日本,售價每部十匁。

(鐫竹浪軒)珠淵十卷　附菜根譚二卷

(明)王路清撰　陳時校　《附》(明)洪自誠撰　汪乾校

明萬曆四十一年(1613年)刊本　共二册

蓬左文庫藏本　原江戶時代尾張內庫舊藏

【按】卷中有“尾陽內庫”印記。

此本係明正天皇寬永九年(1632年)從中國購入。

(新編)性理三書圖解九卷

(明)韓萬鍾解

明萬曆年間(1573—1620年)刊本　共十册

尊經閣文庫藏本　原江戶時代加賀藩主前田綱紀等舊藏

邇訓二十卷

(明)方學漸撰　方大任重校

明萬曆三十五年(1607年)刊本　共四册

蓬左文庫藏本　原江戶時代尾張內庫舊藏

【按】卷後有明萬曆三十五年(1607年)方大任《跋》。

卷中有“尾陽內庫”印記。

此本係明正天皇寬永九年(1632年)從中國購入。

求己齋説書(求己齋説書了案)四卷

(明)李竑撰

明天啓二年(1622年)義興李氏刊本

蓬左文庫藏本

【按】蓬左文庫藏此同一刊本兩部。卷中皆有“李衙藏版發刻楊初虹梓”印記。一部全,共六册,一部首卷不全,共五册。

丹黃集二卷

(明)姚希孟撰

明崇禎五年(1632年)大隱堂刊本　共二册

內閣文庫藏本　原楓山官庫舊藏

(新鐫桂允虞先生鑒定)玉盤甘露一卷　作聖據一卷

(明)龔居中纂輯　桂紹龍鑒定　聶文麟等參考　劉孔敦等較閲

明刊本　共一册

蓬左文庫藏本　原江户時代尾張内庫舊藏

【按】卷中有"尾陽内庫"印記。

此本係明正天皇寬永十二年(1635年)從中國購入。

古源山人二論八卷

(明)李呈祥撰

明嘉靖三十三年(1554年)跋刊本　共五册

内閣文庫藏本　原楓山官庫舊藏

教秦總録二卷

(明)孫應鰲撰　張學詩等編

明隆慶二年(1568年)序刊本　共一册

内閣文庫藏本　原豐後佐伯藩主毛利高標舊藏

【按】此本係日本仁孝天皇文政年間(1818—1829年)由出雲守毛利高翰獻贈於幕府。明治初年經太政官文庫而歸内閣文庫。

岱陽答問六卷

(明)鄭嶽問　鄭世威答

明萬曆十四年(1586年)刊本　共二册

内閣文庫藏本　原豐後佐伯藩主毛利高標舊藏

【按】此本係日本仁孝天皇文政年間(1818—1829年)由出雲守毛利高翰獻贈於幕府。明治初年經太政官文庫而歸内閣文庫。

三儒類要五卷

(明)徐用檢撰

明萬曆六年(1578年)刊本　共三册

宫内廳書陵部藏本

【按】卷首題"《三儒類要》五卷",次題"後學東浙徐用檢編次"。前有明萬曆戊寅(1578年)陳世寶《序》。尾有徐用檢《序》,李充實《序》。

此本所謂"三儒"者,即指薛瑄,陳獻章,王守仁三人也。

卷中有"静吾"、"□湖陸氏"等印記。

西峰儒藏(不分卷)

(明)曹學佺撰

明崇禎十三年(1640年)刊本

宫内廳書陵部　國會圖書館　尊經閣文庫藏本

【按】宫内廳書陵部藏本,共六册。

國會圖書館藏本,共十二册。

尊經閣文庫藏本,原係江户時代加賀藩主前田綱紀等舊藏,共八册。

西峰儒藏(西峰宋語録)二十卷

(明)曹學佺撰

明刊本

内閣文庫藏本

【按】内閣文庫藏此同一刊本四部。一部原係楓山官庫舊藏,共六册。一部原係豐後佐伯藩主毛利高標舊藏,日本仁孝天皇文政年間(1818—1829年)由出雲守毛利高翰將此本獻贈德川幕府,明治初年經太政官文庫而歸内閣文庫。共五册。一部原係山本北山、昌平坂學問所舊藏,共五册。一部共六册。

儒學要輯二十九卷　首一卷

(明)謝兆申輯　蔡增譽等訂

明萬曆年間(1573—1620年)南昌刊本　共五册

蓬左文庫藏本　原江户時代尾陽内庫舊藏

【按】此本係邑侯江公、彭公捐資刊印本。後有明萬曆三十八年(1610年)上饒祝汝元《跋》。

卷中有"尾陽内庫"印記。

此本係後水尾天皇寬永四年(1627年)從中國購入。

聖學傳衣六卷

(明)桂啓芳輯

明崇禎八年(1635年)蔣錫周許廷達等校刊本　共六册

蓬左文庫藏本　原尾張内庫舊藏

榕台問業十八卷

（明）黃道周撰　張瑞宗等編

明刊本　共六冊

內閣文庫藏本　原豐後佐伯藩主毛利高標舊藏

【按】此本係日本仁孝天皇文政年間（1818—1829年）由出雲守毛利高翰獻贈德川幕府。明治初年經太政官文庫而歸內閣文庫。

孔門傳道錄十六卷

（明）張朝瑞撰　余寅校

明萬曆二十三（1595年）應天府姚履旋　顧端祥校刊本　共八冊

國會圖書館　蓬左文庫藏本

【按】國會圖書館藏本，共四冊。

蓬左文庫藏本，原係江戶時代尾張藩主家等舊藏，共八冊。

孔門傳道錄十卷

（明）張朝瑞撰

明萬曆年間（1573—1620年）刊本　共六冊

內閣文庫藏本　原楓山官庫舊藏

【按】前有明萬曆二十六年（1598年）《序》。

孔門傳道錄十六卷

（明）張朝瑞編輯

明萬曆二十六年（1598年）序刊本　共十二冊

京都大學中國語學文學哲學研究室藏本

時習新知六卷

（明）郝敬撰　章文煒編

明崇禎元年（1628年）刊本　共二冊

東京都立圖書館藏本　原諸橋徹次舊藏

黽記四卷

（明）錢一本撰

明萬曆四十一年（1613年）刊本　共四冊

內閣文庫藏本

【按】每半葉有界九行，行十九字。白口，四周單邊。

前有明萬曆四十一年（1613年）《序》。

內閣文庫藏此同一刊本兩部。一部原係昌平坂學問所舊藏。一部原係楓山官庫舊藏。

慎言十三卷

（明）王廷相撰

明嘉靖十一年（1532年）刊本　共一冊

內閣文庫藏本　原楓山官庫舊藏

崇孝編（不分卷）

明人撰不著姓名

明萬曆年間（1573—1620年）福建刊本　共一冊

蓬左文庫藏本　原江戶時代尾張內庫舊藏

【按】卷前有萬曆中吳用先《序》。

卷中有“尾陽內庫”印記。

此本係明正天皇寬永六年（1629年）從中國購入。

勸戒圖說四卷

（明）鄒迪光編撰

明萬曆二十一年（1593年）周氏萬卷樓刊本

尊經閣文庫　蓬左文庫藏本

【按】尊經閣文庫藏本，原係江戶時代加賀藩主前田綱紀等舊藏，共二冊。

蓬左文庫藏本，原係江戶時代尾張內庫舊藏。卷中有“尾陽內庫”印記。此本係明正天皇寬永六年（1629年）從中國購入。共四冊。

養正圖解（不分卷）

（明）焦竑撰　丁雪鵬繪圖

明萬曆二十二年（1594年）吳懷讓刊本　共二冊

蓬左文庫藏本

律身規鑒(不分卷)

(明)朱源潔編纂

明萬曆十一年(1583年)刊本　共一册

內閣文庫藏本　原楓山官庫舊藏

警世要録(不分卷)

(明)曹煌編纂

明萬曆二十二年(1594年)藍印刊本　共一册

內閣文庫藏本　原楓山官庫舊藏

恭敬大訓十八卷

(明)張嶽編

明萬曆年間(1573—1620年)刊本　共六册

內閣文庫藏本　原楓山官庫舊藏

(賣季泉公)視篆芳規五卷

(明)葉治泰等編

明萬曆二十八年(1600年)刊本　共四册

內閣文庫藏本　原豐後佐伯藩主毛利高標舊藏

【按】此本係日本仁孝天皇文政年間(1818—1829年)由出雲守毛利高翰獻贈德川幕府。明治初年經太政官文庫而歸內閣文庫。

規家日益編前集一卷　後集一卷

(明)姚體傑編

明刊本　共四册

內閣文庫藏本

密箴(不分卷)

(明)蔡清編

明萬曆二十四年(1596年)刊本　共一册

內閣文庫藏本　原楓山官庫舊藏

五倫匯編五卷

(明)祝世萬編

明末刊本　共四册

內閣文庫藏本　原楓山官庫舊藏

閨範四卷

(明)呂新吾編

明萬曆十八年(1590年)刊本　共四册

東北大學附屬圖書館藏本

閨範四卷

(明)呂新吾編

明萬曆二十四年(1596年)寶善堂刊本　共四册

御茶之水圖書館藏本　原德富蘇峰成簣堂舊藏

【按】卷前有明萬曆丙申(1596年)《序》。

卷末有刊印蓮牌木記。其文曰:“書林寶善堂鄭雲齋梓行”。

此本有插圖。帙內有明治四十一年(1908年)德富蘇峰手記。

閨範四卷

(明)呂坤編撰

明萬曆三十四年(1606年)鄭世寶善堂刊本共四册

內閣文庫藏本　原江户時代林氏大學頭家舊藏

閨範六卷

不著編纂人姓名

明刊無界九行刊本　共六册

蓬左文庫藏本

女範編(古今女範)四卷

(明)黃尚文編　吳從龍等校　程起龍寫圖

明吳從善督梓刊本　共四册

內閣文庫　尊經閣文庫　蓬左文庫藏本

【按】每半葉有界九行,行二十字。白口,四周單邊。

前有明萬曆三十年(1602年)海陽程涓《序》。卷中有圖。

（新刻）女範編三卷

　　（明）朱天球編　胡文焕校
　　明刊本　共一册
　　内閣文庫藏本　原楓山官庫舊藏

閨節圖説四卷

　　（明）吕新吾編撰

　　明萬曆十八年（1590 年）刊本　共六册
　　京都大學中國語學文學哲學研究室藏本

（新刻）女小學（不分卷）

　　（明）胡文焕編校
　　明刊本　共一册
　　内閣文庫藏本　原楓山官庫舊藏

（二）道　家　類

（老子莊子列子之屬）

黃帝陰符經（不分卷）

（明）鄧道淳纂注　楊起元評
明花齋刊本　共一册
内閣文庫藏本　原昌平坂學問所舊藏
【附録】江户時代《官板書目》"子部"著録《陰符經考異》一卷。
光格天皇寬政十年（1798 年）須原屋文助刊印《黃帝陰符經正義》。此本由日人竹内浮休校。
江户時代又有《黃帝陰符經諸賢集解》一卷。此本由日人河野玉鉉校。

陰符經（不分卷）

（明）湯顯祖解　唐琳校
明刊本　共一册
内閣文庫藏本

黃帝陰符經演（不分卷）

（明）虞淳注
明萬曆二十一年（1593 年）刊本　共一册
内閣文庫藏本　原楓山官庫舊藏

合刻諸子陰符經解十八卷

不著撰人姓名
明天啓年間（1621—1627 年）刊本
内閣文庫　尊經閣文庫藏本
【按】内閣文庫藏本，原係楓山官庫舊藏。共四册。
尊經閣文庫藏本，原係江户時代加賀藩主前田綱紀等舊藏，共六册。

老子經二卷

（周）李耳撰　（漢）河上公章句
魏晉南北朝陳後主時人寫本　共二册
宫内廳書陵部藏本
【按】前有葛洪《老子經序》，題"河上公章句"。
尾題"至德（585 年）三年三月十二日主慶秀生年三十七歲"。每册首有"鈴鹿氏印"印記，每册尾有"吉田神社社司中臣隆啓朝臣之章"印記。
【附録】九世紀日本藤原佐世撰《本朝見在書目》，其第廿五"道家類"中關於《老子》書有以下著録：
《老子》二卷，周柱下史李耳撰，漢文時河上公注。
《老子》一卷，王弼注。
《老子》二卷，周文帝注。
《老子》二卷，玄宗御注。
《老子論贊》二卷。
《老子德論略》一卷。
《老子讚義》六卷，周弘正撰。
《老子指歸》十三卷，後漢嚴尊撰。
《老子發題私記》一卷。月□□撰。
《老子述義》十卷，賈太□撰。
《老子義疏》八卷，梁武帝撰。
《老子義記》六卷，周弘正撰。
《老子義疏》八卷，王弼撰。
《老子義疏》四卷，周文帝撰。
《老子疏》四卷，張君相撰。
《新撰老子義記》十一卷，無名先生撰。
《老子要抄》一卷。
《老子抄文》一卷。

《老子疏》六卷，玄宗御製。

《老子私記》十二卷。

《老子化胡經》十卷。

這些是日本古文獻關於《老子》書的最早記載。

十二世紀日本左大臣藤原賴長有《臺記》一書，於"康治二年（1143 年）九月二十九日"記自己所讀書籍凡一千三十卷，其中有《老子》一種，并注明爲"鈔本"。《臺記》"天養元年（1144年）十二月"又記《老子經》二反（遍）四卷"。又"久安元年（1145 年）"記"《老子經》二遍四卷，《老子述義》十卷"。

日本北朝時代後光嚴天皇文和二年（1353年）京都東福寺第二十八世持主大道一以編撰《普門院經論章疏語録儒書等目録》，記録1241 年日僧圓爾辯圓從中國賫回之書籍，其中"麗部"著録《老子經》一部二冊。

日本現存《老子》寫本多種：

南北朝時代北朝後光嚴天皇應安六年（1373年）寫本一種。此本今存梅澤紀念館。

南北朝時代北朝後小松天皇至德三年（1386年）寫本一種。上卷題"老子經道上"，下卷題"老子經德下"。卷首有葛洪《老子經序》。每半葉六行，注文雙行，每行正文注文十七字。下卷末有鈔寫識文曰："至德三年五月十二日、主慶秀，生年三十七歲。"卷首有"鈴鹿氏"印記，卷末有"吉田神社社司中臣隆啓朝臣之章"印記。此本今存宮内廳書陵部。

室町時代（1393—1571 年）初期寫本一種。此本每半葉六行，行十一字左右。字面高約19cm。卷内有墨筆訓點。上下二卷末皆有後龜山天皇康應二年（1390 年）識語。此本今存慶應義塾大學附屬研究所斯道文庫。

室町時代（1393—1573 年）中期有《老子經》寫本一種。每半葉七行，行十四字，注文雙行。卷中有日本語"乎古止"點，并有假名訓點。此本今存奈良縣阪本龍門文庫。

後奈良天皇天文十五年（1546 年）寫本一種。此本每半葉有界八行，行十八字。注文雙行。卷中有朱筆句點，墨筆訓點。并有"有不爲齋"、"殘花書屋"等印記。此本今存慶應義塾大學附屬研究所斯道文庫。

正親町天皇天正八年（1580 年）有日人亮信《老子經》寫本一種。每半葉八行，行二十字内外，注文小字雙行。首寫葛洪《老子經序》、林希逸《老子經口義發題》。卷末尾題有識文曰："右老子經，甲州七覺山暫息時，以它筆寫之。法印良信，生歲四十六，戒臘三十五。天正八年七月日修補之。"此本今存東洋文庫。

江户時代前古寫本《老子道德經》二卷，并附《老子變現之圖》一種。此本原係江户時代紀州德川家南葵文庫等舊藏，今存東京大學總合圖書館。

日本後陽成天皇慶長年間（1596—1615 年）活字刊印《老子道德經》二卷。每半葉有界七行，行十七字。首有葛洪《老子經序》。此本由日人岡權兵衛（維慎）點。

中御門天皇享保十七年（1732 年）江户廬橘堂野田太兵衛刊印《老子道德經》二卷并《附録》一卷。此本由日人岡田贇（皋谷）訓點。其後，此本有享保十八年重印本。

後櫻町天皇明和七年（1770 年）江户須原屋平助刊印《老子道德經》二卷。此本由日人宇佐美惠校。其後有江户千鐘堂重印本，花説堂重印本等。

後桃園天皇安永三年（1774 年）京都書林松本善兵衛、須原屋茂兵衛、須原屋平左衛門刊印《老子道德經》二卷，并《附録》二卷。

光格天皇享和三年（1802 年）環堵堂刊印《老子道德經》二卷。此本由日人冢田虎（大峰）注釋。

老子道德經二卷

（周）李耳撰　（漢）河上公章句

明嘉靖十二年（1533 年）世德堂刊本

内閣文庫　蓬左文庫　東洋文庫　京都大學人文科學研究所東洋學文獻中心　早稻田大學附屬圖書館　御茶之水圖書館藏本

【按】每半葉有界八行,行十七字,注文雙行。白口,四周雙邊。

　内閣文庫藏本,原係江户時代林氏大學頭家舊藏。共二册。

　蓬左文庫藏本,原係江户時代尾張藩主家舊藏。共二册。

　東洋文庫藏本,原係三菱財團家岩崎文庫舊藏。共二册。

　京都大學藏本,原係松本文三郎舊藏。共一册。

　早稻田大學附屬圖書館藏本,原係服部南郭家服部文庫等舊藏,共二册。

　御茶之水圖書館藏本,原係島田翰雙桂園舊藏,後歸德富蘇峰成簀堂。此本係白棉紙印本。共一册。

道德真經二卷

　(周)李耳撰　　(漢)河上公章句
　明中葉刊本　共一册
　御茶之水圖書館藏本　原寺田盛業讀杜艸堂　德富蘇峰成簀堂等舊藏

【按】每半葉有界九行,行十七字。白口,四周雙邊。棉白紙,初印大字本。

　卷中有"少府圖書"、"師古堂圖書記"、"讀杜艸堂"、"東京溜池南街第四號讀杜艸堂主人寺田盛業印記"等印記。

　封面用江户時代初期紙改裝。書帙有德富蘇峰手識文。

道德真經二卷

　(周)李耳撰　　(漢)河上公章句
　明末桐陰書屋刊本　共一册
　東京大學總合圖書館藏本

【按】此本可能係據明嘉靖年間世德堂本重印。

纂圖互注老子二卷

　(周)李耳撰　　(漢)河上公章句

　明弘治十八年(1505 年)仁實書堂刊本　共一册
　内閣文庫　静嘉堂文庫藏本

【按】内閣文庫藏本,原係昌平坂學問所舊藏。

　森立之《經籍訪古志》卷五著録此本。

道德經二卷

　(周)李耳撰　　(唐)吕嵒注　　(明)楊宗業校
　明萬曆三十九年(1611 年)刊本　共二册
　國會圖書館藏本

道德經二卷

　(周)李耳撰　　(唐)吕嵒注
　明崇禎五年(1632 年)刊本　共二册
　内閣文庫藏本　原豐後佐伯藩主毛利高標舊藏

【按】此本係仁孝天皇文政年間(1818—1829 年)由出雲守毛利高翰獻贈德川幕府。卷中有"佐伯侯毛利高標字培松藏書畫之印"等印記。

道德經(殘本)三卷

　(周)李耳撰　　(宋)蘇轍注
　元至元年間(1335—1340 年)刊本　共一册
　静嘉堂文庫藏本　原董其昌　施益謙　陸心源十萬卷樓舊藏

【按】每半葉有界八行,行二十二字。注文雙行,行二十二字。粗黑口,四周雙邊(21.1cm×11.9cm)。版心有雙黑魚尾,記大小字數。

　卷前有蘇轍《序》,署"大觀二年(1108 年)十二月十二日蘇子由題"。次有史少南《序》,署"寶祐三年(1255 年)臘月既望眉山史少南書於凌雲寓舍"。次有牟冲道《序》,署"至元庚寅(1290 年)二月真元節資中羽士可軒牟冲道謹書"。次有侯大中《序》,署"至元庚寅(1290 年)三月既望葛仙化晚褐侯大中謹序"。

　是書全四卷,此本今缺卷二。

　卷中有"玉壺冰心"、"董其昌印"、"天游子記"、"居易保命"、"東山樵者"、"張瀚之印"、

“施氏益謙”、“黄慎水”、“平軒”、“道純”等印
記。

道德經四卷　老子考異一卷

（周）李耳撰　　（宋）蘇轍注　　（明）凌以棟評
點
明萬曆年間（1573—1620年）朱墨套印刊本
共四册
國會圖書館　尊經閣文庫藏本
【按】每半葉有界八行，行十八字。白口，四
周單邊。

老子鬳齋口義二卷

（宋）林希逸撰
明萬曆年間（1573—1620年）刊本　共一册
静嘉堂文庫　龍谷大學大宮圖書館藏本
【按】每半葉有界十行，行二十二字。白口，
四周雙邊。
静嘉堂文庫藏本，原係陸心源十萬樓等舊
藏。
龍谷大學大宮圖書館藏本，原係寫字臺文庫
等舊藏。
【附録】日本東山天皇元禄十五年（1702年）
《倭版書籍考》卷六“諸子百家之部”著録《老子
經口義》二卷。其識文曰：
　　“是書二卷。老子乃周時生於楚國，長
命之人，《史記》記其百六十歲也。其時世
道襄亂，老子乃去周西向，至函谷關。關令
尹喜迎老子，相談而録爲書，此爲《老子
經》。唐玄宗時改號《道德經》。宋之儒者
福州林希逸爲之注解，作《口義》二卷。希
逸號鬳齋，又號竹溪，以儒者稱名，而實乃
崇老佛者。《口義》倭訓，則始出羅山先
生。”
後陽成天皇慶長年間（1596—1615年）有《老
子鬳齋口義》寫本一種。每半葉八行，行十一
字，天頭甚寬。全卷有日文訓點。卷末有墨書
識文曰：“此一書，元禄六年（1693年）龍集癸
酉秋七月日，龜泉大機方小師持來付於予。天

岩明啓於園光室内志。”卷首有“瑞岩圓光禪寺
藏書”印記。此本今存奈良縣阪本龍門文庫。
明正天皇寬永四年（1627年）洛陽（京都）安
田安昌刊印《老子鬳齋口義》二卷。
明正天皇寬永六年（1629年）江户須原屋茂
兵衛刊印《老子鬳齋口義》二卷。此本由日人
德倉昌賢標注，印本題簽“訂正鰲頭老子經”。
其後，此本有靈元天皇延寶二年（1674年）京
都上村次郎右衛門重印本，重印本題簽“增補
頭書老子經”。
後光明天皇正保四年（1647年）京都豐與堂
刊印《老子鬳齋口義》二卷。此本由日人林羅
山（道春）頭書訓點。其後，此本有後西天皇明
曆三年（1657年）京都上次次郎右衛門重印
本。
靈元天皇延寶年間（1673—1680年）刊印《老
子鬳齋口義》二卷。

（寶顔堂訂正）道德寶章一卷

（宋）白玉蟾注　　（明）陳繼儒　陳詩教同校
明萬曆年間（1573—1620年）繡水沈氏亦政
堂刊本
東京大學總合圖書館藏本　原江户時代紀
州德川家南葵堂文庫等舊藏
【按】此本係《寶顔堂秘笈彙集》之一。

老子道德經集解二卷

（元）董思靖集解
元刊本　共二册
静嘉堂文庫藏本　原陸心源皕宋樓舊藏
【按】每半葉有界十二行，行二十四字。
《儀顧堂續跋》卷十一著録此本。其釋文曰：
　　“《道德經集解》二卷。上卷次行題‘道
經上篇’，下卷次行題‘德經下篇’。三行題
曰‘清源圭山董思靖撰’，四行題‘章貢淵然
道者劉若淵校刊’。前爲《序説》，《序説》後
題‘淳祐丙午臘月望清源天慶觀後學圭山董
思靖書’。按，思靖生平無可考，惟清源圭
峰，皆福建泉州山名。今泉州之元妙觀，宋

爲天慶觀。元貞元間改名元妙。由是推之，則思靖乃理宗時泉州天慶觀道士也。劉淵然，贛州人，祥符宮道士。呼召風雷有驗。洪武二十六年召至京師，賜號‘高道’，館朝天宮。洪熙初，封‘冲虛至道元妙無爲光範演教光静普濟長春真人’。宣德中卒，年八十二。見《江西通志》。書題淵然道者，不題賜號，未入明時所刊，其爲元刻無疑。吾友魏鹽尹錫曾用諸本互校，中有絶異他本，與影龍石本合者。蓋所據猶古本也。所採司馬温公、王荆公、葉石林、程文簡諸家之説，今皆不傳，賴是書存其涯略。各家書目皆未著録，《四庫》未收，阮文達亦未進呈，亦罕觀秘笈也。”

太上老子道德經述注(無垢子注老子經)二卷附老氏聖紀圖一卷

(明)何道全述注

明初金陵聶富刊本　共二册

内閣文庫　尊經閣文庫　東京大學總合圖書館　東北大學附屬圖書館　關西大學附屬圖書館内藤文庫　御茶之水圖書館藏本

【按】每半葉有界八行，行十七字，注文雙行。小黑口，四周雙邊。

前有《老子出關圖》。次有金陵聶富《重刊道德經後序》，次有《老子道德經太極左仙公葛玄序》。

内閣文庫藏本，原係豐後佐伯藩主毛利高標舊藏。仁孝天皇文政年間(1818—1829年)由出雲守毛利高翰獻贈德川幕府，卷中有“佐伯侯毛利高標字培松藏書畫之印”等印記。

尊經閣文庫藏本，原係江户時代加賀藩主前田綱紀等舊藏。

東京大學總合圖書館，原係江户時代紀州德川家南葵文庫等舊藏。

關西大學藏本，原係内藤湖南恭仁山莊舊藏，卷中有“浩齋”、“私春堂主”、“觀文堂”等印記。

御茶之水圖書館藏本，原係德富蘇峰成簀堂舊藏。各卷有“但看開落蒼”、“水松齋松室氏藏書印”等印記。卷中又有大正乙卯(1914年)德富蘇峰手識文一葉。

【附録】日本後西天皇明曆二年(1656年)荒木利兵衛刊印明人何道全注《太上老子道德經述注》五卷。此本係明初金陵聶富刊本的重刊本。

江户時代又有《太上老子道德經述注》二卷和刊本行世。

道德經解二卷

(明)沈一貫撰

明萬曆十六年(1588年)徐憲成刊本　共二册

宮内廳書陵部藏本　原豐後佐伯藩主毛利高標等舊藏

【按】每半葉有界十行，行二十字。白口，四周單邊。

前有明萬曆丁亥(1587年)沈一貫《自序》。尾題“萬曆戊子(1588年)夏日武林徐憲成重梓”。又有明萬曆丁亥(1587年)蔡貴易《跋》。

此本原係豐後佐伯藩主毛利高標舊藏。仁孝天皇文政年中(1818—1829年)出雲守毛利高翰獻於江户幕府。明治年間初期歸内閣文庫，明治二十四年(1891年)三月由内閣移送宮内省圖書寮(即今宮内廳書陵部)。卷中有“佐伯侯毛利高標字培松藏書畫之印”印記。各册首又有“雲室元岫之印”印記。

老子翼二卷

(明)焦竑撰　王元貞校

明萬曆十六年(1588年)王元貞刊本

内閣文庫　東京大學東洋文化研究所　龍谷大學大宮圖書館　無窮會織田文庫　無窮會神習文庫　天理圖書館藏本

【按】每半葉有界十行，行二十字，小字雙行。白口，左右雙邊(20cm×13cm)。版心著“老子翼卷之一(——二)”，下記葉數，并有“王元貞印”(陰刻)四字。

前有明萬曆丁亥(1587 年)焦竑《序》,次有萬曆戊子(1588 年)王元貞《序》。《序》後有"金陵徐智刻"一行。

此本係《老莊翼》之一種。

內閣文庫藏本,原係江戶時代林羅山等舊藏。卷中有"江雲渭樹"印記。共三冊。

龍谷大學大宮圖書館藏此同一刊本兩部,皆共三冊。其中一部原係寫字臺文庫等舊藏。

無窮會藏此同一刊本兩部。一部原係織田小覺舊藏;一部原係井上賴囧舊藏。皆共三冊。

天理圖書館藏本,封面係用深褐色紙重裝。共四冊。

【附録】日本後光明天皇承應二年(1653 年)京都小島寺郎右衛門刊印《老莊翼》(《老子翼》六卷,《莊子翼》十一卷)。此本係萬曆十六年(1588 年)秣陵王元貞校勘本刊印。題明焦竑撰,王元貞校,小出立庭(永安)點。其後,桃園天皇寬延四年(1751 年)京都梅村三郎兵衛修版重印。其後又有京都勝村治右衛門重印本。

老子翼二卷

(明)焦竑撰　王元貞校

明萬曆十六年(1588 年)王元貞序刊本　共三冊

京都大學中國語學文學哲學研究室藏本

老子翼三卷

(明)焦竑撰　王元貞校

明萬曆十六年(1588 年)王元貞序刊本　共二冊

宮內廳書陵部　静嘉堂文庫　御茶之水圖書館藏本

【按】前有明萬曆戊子(1588 年)王元貞《序》,次有萬曆丁亥(1587 年)焦氏《序》。各卷首皆題"北海焦竑弱侯輯　秣陵王元貞孟起校"。

全書有句讀句點。

宮內廳書陵部藏本,卷首有"王孟起卧癡圖書印"印記。每冊有"秘閣圖書之章"印記。共三冊。

静嘉堂文庫藏本,原係陸心源十萬卷樓舊藏,共二冊。

御茶之水圖書館藏本,原係德富蘇峰成簣堂舊藏。每冊首有"飯田城主堀氏書庫"印記。帙外標題由德富蘇峰手書,共二冊。

老子翼三卷　莊子翼八卷　莊子闕語一卷　附録一卷

(明)焦竑撰　《闕語》不著撰者姓名

明崇禎年間(1628—1644 年)長庚館刊本　共三冊

東京大學總合圖書館藏本

【按】此本係明萬曆十六年(1588 年)王元貞校勘本的重刊本。

老子道德經(不分卷)

(明)焦竑撰　陳懿典校

明光裕堂刊本

東京大學東洋文化研究所藏本

【按】此本係《新刻三續玄言道經精解評林》之一。

道德真經注解評苑一卷　附老子聖紀圖説一卷

(明)焦竑撰　王元貞校　誰之子補　李廷機評

明萬曆年間(1573—1620 年)天臺館刊本　共一冊

東京大學總合圖書館藏本　原江戶時代紀州德川家南葵文庫等舊藏

道德經釋辭二卷

(明)王一清撰　吳味中校

明萬曆二十五年(1597 年)刊本　共一冊

東京大學總合圖書館藏本　原廣東籌賑日災總會寄贈本

【按】此本係清順治十八年(1661 年)由王一

清第四代孫郝清勤用明萬曆版印刷。

老子集解二卷　老子考異一卷

(明)薛蕙撰

明嘉靖年間(1522—1566 年)刊本

内閣文庫藏本　原楓山官庫舊藏

【按】每半葉有界八行,行十七字。白口,四周單邊。

【附録】江户時代《官板書目》"子部"著録《老子道德經考異》二卷。

老子通二卷

(明)沈一貫編撰

明萬曆十五年(1587 年)刊本　共二册

大谷大學附屬圖書館藏本

【按】每半葉有界十行,行二十字。白口,四周雙邊。

前有明萬曆丁亥年(1587 年)春沈一貫《序》。後有明萬曆丁亥年秋八月四明守温陵蔡貴易《跋》,同年同月王道顯《校刻跋》。

老子通二卷　讀老概辨一卷

(明)沈一貫編撰

明萬曆二十七年(1596 年)刊本　共二册

内閣文庫藏本　林羅山手校本　原江户時代林氏大學頭家舊藏

【按】前有明萬曆二十七年屠隆《序》。此本係《老莊通》之零本。

老子集解二卷　老子考異一卷

(明)薛蕙撰

明崇禎六年(1633 年)刊本

東京大學東洋文化研究所藏本

老子或問二卷

(明)默居士撰

明萬曆三十二年(1604 年)刊本

東京大學東洋文化研究所藏本

老子道德經薈解二卷

(明)郭良翰撰

明天啓六年(1626 年)刊本

内閣文庫藏本　原豐後佐伯藩主毛利高標舊藏

【按】此本係仁孝天皇文政年間(1818—1829 年)由出雲守毛利高翰獻贈德川幕府。卷中有"佐伯侯毛利高標字培松藏書畫之印"等印記。

老子億二卷

(明)王道撰　安如山校

明無錫安如山刊本

國會圖書館　尊經閣文庫藏本

【按】國會圖書館藏本,共四册。

尊經閣文庫藏本,原係江户時代加賀藩主前田綱紀等舊藏,共二册。

老子通義二卷

(明)朱得之旁注并通義

明嘉靖年間(1522—1566 年)浩然齋刊本　共二册

内閣文庫　東洋文庫藏本

【按】每半葉有界九行,行十六字。白口,四周雙邊。版心上部刻"浩然齋"三字,下記刻工姓名。全卷有句點。

前有明嘉靖四十四年(1563 年)朱得之《自序》。

内閣文庫藏本　原係《三子通義》之零本。

東洋文庫藏本,原係藤田豐八等舊藏。

老子道德經解二卷

(明)釋德清解

明刊本　共二册

國會圖書館藏本

道德經評注二卷　首一卷　附南華真經評注十卷

題(漢)河上公章句　(明)文震孟訂正　《南

華真經評注》(晋)郭象輯注　(明)文震孟訂正
　明天啓年間(1621—1627年)刊本
　東洋文庫　熊本大學附屬圖書館落合文庫
藏本
　【按】東洋文庫藏本,原係本竺塢舊藏。
　熊本大學附屬圖書館藏本,原係落合爲誠
(東郭)等舊藏。此本缺《南華真經評注》十卷,
共二册。

莊子音義三卷

　(周)莊周撰　(唐)陸德明音義
　宋理宗寶慶三年(1227年)刊本　共三册
　天理圖書館藏本　原清原氏家　舟橋子爵
家舊藏
　【按】每半葉有界八行,行十五字。小字雙
行,行二十字。白口,左右雙邊(23.5cm×
16.0cm)。版心上象鼻處記字數,次記"莊釋上
(——下)",次記葉數,次有刻工姓名,如李信、
吳元、葛文、丙、劉總、其、友、萬、生、藍、藍文
等。
　卷中內題"經典釋文卷第(墨釘)",次行題
"莊子音義上(——下)",三行題"唐國子博士
兼太子中允贈齊州刺史舞縣開國男陸德明
撰"。尾題"經典釋文卷第二十六(——二十
八)"。
　卷後有魏峴疆圉大淵獻(即丁亥年,1227
年)中和節壽春題跋。《跋》曰:
　　　"漆園吏書環偉詼詭,河南氏以爲知本,
　獨訓注增衍虛譚。余少時嘗得元英師疏,其
　闡釋明白,不穿鑿,不艱深,讀之易曉。長落
　宦海,書失之久。楚游復得於士友,開卷了
　然,如見故友。亟鋟諸梓,以廣其傳云。"
　封面題簽左肩有日人清原國賢題筆"莊子音
義上(——下)"。題簽下有清原國賢自署"青
松"。
　卷中有"國賢"(陰刻)、"船橋藏書"等印記。
　【附録】孝謙天皇天平勝寶三年(751年)編
纂成日本第一部書面漢詩集《懷風藻》,其收入
作品多處徵引《莊子》中的典故,如第四十九首

有詩句曰:"昔聞濠梁論,今辨游魚情。"其"濠
梁"則取自《莊子·秋水篇》等。
　九世紀日本藤原佐世撰《本朝見在書目》,其
第廿五"道家類"中關於《莊子》書有以下著録:
　《莊子》二十卷,梁漆園吏莊周撰,後漢司馬
彪注。
　《莊子》三十三卷,郭象注。
　《莊子義記》十卷,張譏撰。
　《莊子義疏》二十卷,王穆□撰。
　《莊子義疏》九卷,王穆□撰。
　《莊子義疏》五卷,賈□□撰。
　《莊子疏》五卷,瀆行仏集解。
　《莊子講疏》八卷,周僕射撰。
　《莊子私義記》十卷。
　《莊子序略》一卷。
　《莊子集解》四十卷。
　《莊子要難》十八卷。
　《莊子字訓》一卷。
　《莊子疏》十卷,西□寺法師成□撰。
　《莊子音義》十卷,道士方守一撰。
　《莊子音義》二卷。
　《莊子音義》三卷,徐□撰。
　《莊子音訓事義》十卷(冷然院本)。
　《南華仙人莊子義類》十二卷。
　這些是日本古文獻關於《莊子》書的最早的
目録學記載。
　一條天皇寬弘八年(1011年)日本仿中國
《唐文粹》等而編纂成《本朝文粹》,其輯録前中
書王《兔裘賦》中有句曰"喪馬之老,委倚伏於
秋草;夢蝶之翁,任是非於春叢"。其"夢蝶"典
故則取自《莊子·齊物論》等。
　十二世紀日本左大臣藤原賴長有《臺記》一
書,於"康治二年(1143年)九月二十九日"記
自己所讀書籍凡一千三十卷,其中有《莊子》一
種,并注明爲"鈔本"。
　十二世紀日本少納言藤原通憲編有《通憲入
道藏書目録》。其中"百四櫃"著録《莊子》上帙
十卷。
　日本北朝時代後光嚴天皇文和二年(1353

年)京都東福寺第二十八世持主大道一以編撰《普門院經論章疏語録儒書等目録》,記録1241年日僧圓爾辯圓從中國賚回之書籍,其中"麗部"著録《莊子》一部,并注明"欠自一至五"。"騰部"又著録《莊子疏》十卷。

櫻町天皇寬保元年(1741年)江户錦山房植村藤三郎刊印唐陸德明《莊子音義》三卷。此本由日人服部元喬校。

南華真經注疏解經三十三卷

(周)莊周撰　(晋)郭象注　(唐)釋玄英解

宋人寫本　共十五册

宮内廳書陵部藏本　原松崎明復石經山房等舊藏

【按】每半葉有界八行,行十九字或二十字不等。注文單行,疏文雙行(21.5cm×17.2cm)。

前有郭象《序》,成玄英《序》,并有宋景德三年(1006年)《中書門下牒》。

此本審其紙墨字畫,當在宋慶元以前。

卷中有日本讀書人所施返點及送假名,又有"辛卯明復"、"松崎復"等印記。

日本江户時代《古文舊書考》著録此本。

【附録】日本東山天皇元禄十五年(1702年)《倭版書籍考》卷六"諸子百家之部"著録《莊子口義》三十三卷。

後西天皇萬治四年(1661年)中野小左衛門刊印《南華真經注疏解經》三十三卷。此本後有中野中左衛門重印本。

南華真經注疏(莊子注疏)(殘本)五卷

(晋)郭象注　(唐)成玄英疏

南宋刊本　日本重要文化財　蝴蝶裝共五册

静嘉堂文庫藏本　原金澤文庫　新見正路　島田翰　松方正義　竹添井井等舊藏

【按】每半葉有界八行,行十五字。注文雙行,行二十字。白口。左右雙邊(22.6cm×16.5cm)。雙黑魚尾,有耳格記篇名。版心記大小字數,并有刻工姓名,如方文、杜寄、陳文、

呈文、藍文、李慶、李信、劉生、劉聰、劉丙、劉炳、何開、葛文、余亨、葉琪等。

前有《南華真經疏序》,第四葉係寫補,題"唐西華法師成玄英撰"。次有《南華真經序》,第一頁係寫補,題"河南郭象子玄撰"。

卷中避宋諱。凡"玄、縣、懸、殷、匡、恒、貞、徵、樹、讓、桓、完、慎、郭、廓"等字皆缺筆。

是書全十卷。此本今存卷一,卷七至卷十。存卷中有多葉寫補。

卷末有清光緒十年(1884年)春黎庶昌手識文。其文曰:

"南宋刊本《莊子注疏》十卷,首題南華真經注疏卷第幾,次題莊子某篇某名第幾,郭象注。次題唐西華法師成玄英疏。分爲十卷,與宋《藝文志》同。又於每卷内題某篇某名第幾,郭象注,以還子玄之舊。故分言之則三十三卷;合言之則十卷也。惟唐《藝文志》作《注莊子》三十卷,《疏》十二卷。《四庫》未收,《書目》依《道藏》本作三十五卷,《敏求記》又作二十卷,均未知如何離析。此爲日本新見旗山所藏,僅存十分之五。字大如錢,作蝴蝶裝。予見而悦之,以金幣爲請。新見氏重是先代手澤,不欲售,願假以西法影照,上木而留其真。予又别於肆中收得《養生主》一卷,《德符冲》數葉,爲新見氏所無,并舉而歸之。然尚闕至應帝王以至至樂,因取坊刻本成疏,校訂繕補,而别集它卷字當之,不足者,命工仿寫。蓋極鈎心斗角之苦矣。設異日宋本復出,取以與此數卷相校,字體多不類,讀者當推原其故也。成疏稱意而談,有郭象注解之曲暢,而不蹈其玄虚;有林希逸口義之顯明,而不至流于鄙俚。且世傳老子西出流沙,莫知所終,疏以爲適之罽賓。尚存唐以前舊聞。如此類,尚可喜也。予既以此列爲叙目,又書一通,詒新見氏,傳於原書之後。大清光緒十年春王正月三日。遵義黎庶昌。"

此識文後有"純齋"朱文方印、"黎庶昌印"白文方印。

又有清光緒九年（1883 年）秋楊守敬手識文。其文曰：

"右《莊子》郭象注、成玄英疏，宋刊本。原十卷，缺三至六凡四卷（此本今又缺卷二——編著者）。新見義卿賜廬文庫舊藏。按新見氏藏書最富，余曾見其書目，森立之《訪古志》亦往往引之。後其書散逸，哲孫旗山君又從它處購還，此本是也。會星使黎公酷嗜莊子書，以爲傳世無善本，而成疏又在若存若亡間，謀欲刊之。先是，日本萬治間（1658—1660 年）書坊有刊此書者，分爲三十三卷。其中多俗字，蓋從古本抄出。（原文注曰：日本別有舊抄本三十三卷，藏石經山房）。市野光彥以《道藏》本校之，藏向山黃村處。黎公以爲坊刻，字體雖惡劣，而足以補宋本之缺。又從市上購得宋本第三卷凡二十二葉，蓋即旗山本之所逸者，乃謀之旗山，欲得其本上梓。旗山則以爲先世手澤所留，雖千金不售。夫以五六册殘書云千金不售，可謂至奇；而其堅守先業，亦可謂至篤。黎公乃從旗山借此本，以西洋法影寫而刻之。其所缺之卷，則據坊刻本集宋木之字以成之。夫以西法照影刻書，前世未聞，而集字成書，尤爲異想。此與新見氏抱殘篇如拱璧者，可稱雙絕。按玄英之書，雖名爲疏，實不爲解釋郭氏而作。故其書中往往有直錄郭注不增一辭者。原書三十卷本，自刊行後，人多所分幷，有稱十二卷者（原文注：新舊《唐志》、《通志略》、《文淵閣書目》、《菉竹堂書目》）；有稱三十三卷者，（原文注：《郡齋讀書志》、《玉海》、《文獻通考》、《世善堂書目》。按，此以每篇爲一卷）；有稱三十卷者（原文注：《書錄解題》。按，此與原序合）；有稱二十卷者，（原文注：《讀書敏求記》、《述古堂書目》亦同）。此本十卷，與《宋志》合，然亦合疏於注者。依郭注卷第，非成氏原卷如此也。《道藏》坊刻，互有短長，宋本亦多訛字。余據三本，擇善而從，庶乎此書可讀矣。夫先人有藏書，子孫不能守之，是爲不孝；能

守之而不能傳之，使先人之名與書共爲不朽，亦非善守者也。旗山既能守之，又能假之他人模刻以傳，自今以往，海東西莫不知此書爲新見氏舊藏者，則旗山之孝爲何如乎。光緒癸未秋九月，宜都楊守敬記。"

此識文後有"楊守敬印"白文方印等。

此本係中世時代金鐸文庫外流出漢籍之一種。

卷中有"金澤文庫"、"賜廬文庫"、"向黃邨珍藏印"、"寶宋閣珍藏"、"松方文庫"、"島田翰讀書記"、"新見旗山舊藏書"、"竹添井井舊藏書"等印記。

此本已被日本"文化財審議委員會"確認爲"日本重要文化財"。

【附錄】鐮倉時代有（晋）郭象注、（唐）成玄英疏《南華真經注疏》寫本一種。此本中世時代爲金澤文庫收藏，江戶時代歸求古樓狩谷掖齋，爲金澤文庫外流出漢籍之一種。此本今存《內篇·人間世第四》零簡，凡二十七行，有"乎古止"點。森立之《經籍訪古志》著錄此本，今存大東急記念文庫。

南華經薈解三十三卷

（明）郭良翰編

明萬曆四十六年（1618 年）刊本

內閣文庫　尊經閣文庫　蓬左文庫藏本

【按】每半葉有界八行，行二十字。白口，四周單邊。

前有明萬曆四十六年（1618 年）林堯俞《序》。

內閣文庫藏本，原係楓山官庫舊藏，共六册。

尊經閣文庫藏本，原係江戶時代加賀藩主前田綱紀等舊藏，共十二册。

蓬左文庫藏本，原係江戶時代尾張藩主家舊藏。卷中有"尾陽內庫"印記。此本係明正天皇寬永九年（1632 年）從中國購入。共十册。

纂圖互注南華真經十卷

（晋）郭象注

明初刊本　共二册
内閣文庫　御茶之水圖書館藏本
【按】每半葉有界十二行,行二十六字。注文雙行。小黑口,四周雙邊。
內閣文庫藏本,原係昌平坂學問所舊藏。共五册。
御茶之水圖書館藏本　原係島田翰雙桂園、德富蘇峰成簣堂舊藏。此本今缺卷八至卷十,實存七卷。全卷有朱筆校點。第二册封面尚存明代故紙。

南華真經十卷

(周)莊周撰　(晋)郭象注　(唐)陸德明音義

明世德堂刊本

內閣文庫　東洋文庫　尊經閣文庫　東京大學　東北大學附屬圖書館　御茶之水圖書館藏本

【按】每半葉有界八行,行十七字,注文雙行。白口,左右雙邊。版心上部有"世德堂刊"四字。

內閣文庫藏此同一刊本兩部。一部原係江户時代林氏大學頭家舊藏。此本今缺卷八。共九册。一部係《六子全書》零本,共四册。

東洋文庫藏此同一刊本兩部。一部原係三菱財團岩崎家岩崎文庫舊藏。共十册。一部原係藤田豐八等舊藏,共十册。

尊經閣文庫藏本,原係江户時代加賀藩主前田綱紀等舊藏,共六册。

東京大學藏此同一刊本兩部。一部今存總合圖書館,缺卷第八,共五册。一部今存東洋文化研究所,原係大木幹一等舊藏。共十册。

東北大學藏本,原係狩野亨吉舊藏。共四册。

御茶之水圖書館藏本,原係島田翰雙桂堂舊藏,後歸德富蘇峰成簣堂。各册首并有"佐榮氏珍藏"等印記。帙封由德富蘇峰手題。共五册。

【附錄】日本櫻町天皇元文四年(1739 年)江户錦山房植村藤三郎,京都藤花房中野中左衛門刊印《莊子南華真經》十卷。此本由日人服部元喬(南郭)校。

光格天皇天明三年(1782 年)江户山崎金兵衛等刊印《(重刻)莊子南華真經》十卷。此本由日人千葉玄之(藝閣)點。其後有京都須磨勘兵衛等重印本。

南華真經十卷

(周)莊周撰　(晋)郭象注　(唐)陸德明音義

明嘉靖年間(1522—1566 年)復世德堂刊本
御茶之水圖書館藏本　原寺田盛業讀杜艸堂　德富蘇峰成簣堂舊藏

【按】此本第一册末有德富蘇峰手識文。其文曰:

"是書乃世德堂本別種也。其字體行格板式悉皆準於世德堂本矣。并觀對照,可證此言不違云爾。大正改元(1911 年)秋九月旬七夕蘇峰學人。"

此本白棉紙印本。係經由朝鮮傳入日本。封面由朝鮮白色紋樣紙改裝,外題亦係朝鮮人手筆。

卷中有"讀杜艸堂"、"東京溜池南街第四號讀杜艸堂主人寺田盛業印記"等朱文印記。

莊子南華真經十卷

(晋)郭象注　(明)吳勉學校
明新安俞久順督刊本　共二册
東洋文庫藏本　原藤田豐八等舊藏

莊子郭注十卷

(晋)郭象注　(唐)陸德明音義　(明)鄒之嶧校

明萬曆三十三年(1605 年)刊本　共十册
內閣文庫藏本　原野間三竹　昌平坂學問所舊藏

【按】每半葉有界九行,行十八字。白口,四周單邊。

南華真經四卷　附音義四卷

（周）莊周撰　　（晋）郭象注　　（唐）陸德明音義

明吳興閔氏朱墨套印刊本

静嘉堂文庫　東洋文庫　東京大學總合圖書館　愛知大學附屬圖書館藏本

【按】每半葉有界九行，行十九字。白口，四周單邊。

静嘉堂文庫藏本，共五册。

東洋文庫藏此同一刊本兩部。一部原係三菱財團岩崎氏家岩崎文庫舊藏。共五册。一部原係小田切萬壽之助等舊藏，共四册。

愛知大學藏本，原係小倉正恒（簡齋）舊藏。共四册。

南華真經十六卷

（周）莊周撰　　（晋）郭象注　　（唐）陸德明音義　　（明）王世貞等評　陳明卿批注

明五色套印刊本　共九册

宮内廳書陵部　尊經閣文庫　東洋文庫　東京大學總合圖書館藏本

【按】前有明萬曆三十三年（1605年）《序》。

宮内廳書陵部藏本，共八册。

尊經閣文庫藏本，原係江戶時代加賀藩主前田綱紀等舊藏，共九册。

東洋文庫藏本，原係三菱財團岩崎氏家岩崎文庫等舊藏，共八册。

東京大學總合圖書館藏本，原係江戶時代紀州德川家南葵文庫等舊藏。此本今缺卷第十五、卷第十六，實存十四卷，共七册。

莊子鬳齋口義十卷

（宋）林希逸撰　　劉辰翁點校

宋刊本　共五册

静嘉堂文庫藏本　　原島田翰　竹添光鴻等舊藏

【按】每半葉有界十一行，行十八字。注文雙行，行同正文。小黑口，左右雙邊（16.0cm×11.6cm）。版心記大小字數。卷中有旁綫圈點。

前有林希逸《莊子鬳齋口義發題》。題署“鬳齋林希逸”。此文係後人寫補。

卷中避宋諱，凡“匡、筐、恒、桓、講”等字皆缺筆。

卷末有日本後陽成天皇文禄元年（1592年）僧人龍喜手識文。文曰：

“莊周《南華經》十卷，嘗東山寅闍古仲之所持也。先是洛之東西罹一窩蜂之厄，籍典多分散矣。予就於烏有子求之，秘在久矣。於兹養庵公以醫鳴世，受業於翠竹。一説翁脉科妙劑靡弗究，加之從幼好學經史子傳之書，集而大成。予之所藏之《莊子》持以贈之，它日擬之證笏，則幸之幸也。時文禄元年壬辰臘月吉辰枯木山里龍喜志。”

卷中有“龍喜”、“養安院藏書”、“竹添光鴻之章”、“井井竹添氏之圖章”、“松方文庫”、“島田翰讀書記”等印記。

【附錄】日本東山天皇元禄十五年（1702年）《倭版書籍考》卷六“諸子百家之部”著錄《莊子口義》十卷。其識文曰：“此係林希逸所作，末附李士表《莊子十論》。《文獻通考》記李士表《莊子十論》之事，然不知其爲何人。《漢書藝文志》記《莊子》五十二篇入道家，今本有三十三篇。”

後陽成天皇與後水尾天皇慶長年間（1596—1615年）有木活字刊印宋人林希逸《句解南華真經》十卷，一名《莊子鬳齋口義》。此本每半葉七行，行十七字，黑口，四周雙邊。卷末有林經德《莊子後序》，并附李士表《新添莊子十論》。

明正天皇寬永六年（1629年）京都風月宗知刊印宋人林希逸《莊子鬳齋口義》十卷，并附李士表《新添莊子論》一卷。此本後有後西天皇萬治二年（1659年）吉野權兵衛重印本。

後西天皇寬文二年（1662年）京都山屋治右衛門刊宋人林希逸《莊子鬳齋口義》十卷，此本後有寬文五年（1665年）風月莊左衛門修版重印本。

靈元天皇寬文五年（1665 年）刊印宋人林希逸撰《莊子鬳齋口義》十卷。

莊子鬳齋口義十卷

（宋）林希逸撰

元刊本　共十册

大東急紀念文庫藏本

【按】每半葉有界十行，行二十字。小黑口，左右雙邊（25.0cm × 16.8cm）。版心上部記字數，下部有刻工姓名，如子文、子惠、正甫、申生、范生、張賜、仁、太、惠、慶甫、應祥、葉太等。

首有《莊子鬳齋口義發題》，次有《莊子鬳齋口義目錄》，次有宋景定辛酉（1261 年）徐霖《跋》，次有同年林經德《跋》。卷末有宋乾道元年（1165 年）周輝《跋》，宋慶元三年（1197 年）周曄《跋》，元至元壬午（1359 年）黃元輝《跋》。

卷一、卷三係江戶時代初期寫補。封面外題"化蝶翁"，此係室町時期僧人所識。

此本數卷末後有室町時期僧人識文。

卷二、卷四、卷五末後識文同，曰："借大昌天隱和尚本點之，頭書亦然。"

卷六末曰："同上，及永正丁卯（1507 年）五月十三日了之病後。"

卷七末曰："同上，及永正丁卯物五月日。"

卷八末曰："借天隱和尚本點之。永正四（1507 年）丁卯夏五餘二辰刻，畢此卷。"

卷十末曰："借大昌天隱本點之，頭書亦然。永正丁卯下……（字迹不清）"

莊子翼八卷

（明）焦竑撰　王元貞校

明萬曆十六年（1588 年）刊本

國會圖書館　內閣文庫　靜嘉堂文庫　東京大學東洋文化研究所　京都大學中國語學文學哲學研究室　東北大學附屬圖書館　龍谷大學大宮圖書館　無窮會神習文庫　無窮會織田文庫藏本

【按】每半葉有界十行，行二十字。白口，四周雙邊。

此本係《老莊翼》之一種。

國會圖書館藏本，原共四册，現合爲二册。

內閣文庫藏本，原係楓山官庫舊藏。共四册。

靜嘉堂文庫藏本，原係陸心源十萬卷樓舊藏。共四册。

京都大學藏本，共八册。

東北大學藏本，原係狩野亨吉舊藏。此本有附錄《闕誤》一卷共九册。

龍谷大學大宮圖書館藏本，原係寫字臺文庫等舊藏，共六册。

無窮會藏此同一刊本兩部。神習文庫本原係井上賴囡舊藏，共七册。織田文庫本原係織天小覺舊藏，此本有附錄《闕誤》，共五册。

【附錄】日本後光明天皇承應年間（1652—1654 年）刊印明人焦氏《莊子翼》十一卷。

南華真經副墨八卷　附道德真經注解評苑一卷

（明）陸西星撰　《附》（明）焦竑解評

明天臺館刊本

內閣文庫　尊經閣文庫藏本

【按】每半葉有界八行，行十七字。白口，四周單邊。

內閣文庫藏本，原係楓山官庫舊藏。共八册。

尊經閣文庫藏本，原係江戶時代加賀藩主前田綱紀等舊藏，共四册。

南華真經副墨（莊子副墨）八卷

（明）陸西星撰

明萬曆四年（1576 年）刊本　共八册

宮內廳書陵部　東北大學附屬圖書館藏本

南華真經副墨八卷

（明）陸西星撰　孫大綬重校

明萬曆年間（1573—1620 年）孫大綬校刊本

國會圖書館　靜嘉堂文庫　內閣文庫　東京大學東洋文化研究所　京都大學中國語學

文學哲學研究室　龍谷大學大宮圖書館藏本

【按】每半葉有界九行,行十八字。白口,四周單邊。

前有明萬曆六年(1578年)《序》

國會圖書館藏本,共八册。

静嘉堂文庫藏本,卷中有寫補。共八册。

内閣文庫藏本,共十六册。

東京大學藏本,共八册。

京都大學藏本,共八册。

龍谷大學大宮圖書館藏本,原係寫字臺文庫等舊藏,共八册。

南華真經副墨八卷

(明)陸西星撰

明萬曆年間(1573—1620年)歙西黄鉛印本共四册

東洋文庫藏本　原藤田豐八等舊藏

【按】前有明萬曆十三年(1585年)《序》。

莊義要删十卷　首一卷

(明)孫應鼇編校

明萬曆八年(1580年)刊本　共十册

宫内廳書陵部藏本

【按】每半葉有界十行,行二十一字。白口,四周雙邊。

卷首標題後題“禮部左侍郎國子監祭酒事清平孫應鼇編校”。前有孫應鼇《自序》,并有劉維《序》。

每册首有“秘閣圖書”印記。第一册至第四册首又有“雲友”、“景霞”印記。

古蒙莊子(殘本)三卷

(明)徐行句讀　鄒貞卿訂録

明萬曆三十九年(1611年)刊本　共四册

御茶之水圖書館藏本　原德富蘇峰成簣堂舊藏

【按】前有明萬曆辛亥年(1611年)《序》與《叙》。全書有句讀句點。

是書全四卷,依“元、亨、利、貞”編次。此本

今缺“元編”一卷,實存三卷。

封面爲原裝青色紙,外題《古蒙莊子南華經亨(——利、貞)》。

南華真經本義十六卷　南華本義附録八卷

(明)陳治安編撰

明崇禎五年(1577年)刊本　共八册

尊經閣文庫藏本

【按】每半葉有界八行,行二十字。白口,四周單邊。

南華經内篇七卷

(明)潘基慶集注

明刊本

東洋文庫　京都大學中國語學文學哲學研究室藏本

【按】東洋文庫藏本,原係藤田豐八等舊藏,共二册。

京都大學中國語言文學哲學研究室藏本,共六册。

莊子内篇注七卷

(明)釋德清撰

明天啓年間(1621—1627年)刊本　共二册

尊經閣文庫藏本　原江户時代加賀藩主前田綱紀等舊藏

【按】每半葉有界九行,行十八字。白口,四周雙邊。

南華真經旁注三卷

(明)方虚名注

明海陽孫平仲刊本

内閣文庫　東洋文庫　東京大學總合圖書館藏本

【按】每半葉有界六行,行十七字。白口,四周雙邊。

前有明萬曆二十二年(1594年)《序》。

内閣文庫藏本,原係昌平坂學問所舊藏,共二册。

東洋文庫藏本,原係藤田豐八等舊藏,共四册。

東京大學總合圖書館藏本,卷中有明治三十六年(1903年)北村氏手識文,共八册。

遇莊三卷

(明)譚元春評撰

明崇禎八年(1635年)序刊本　共三册

内閣文庫藏本　原昌平坂學問所舊藏

【按】每半葉有界九行,行十八字。白口,四周雙邊。

解莊十二卷　首一卷

(明)陶望齡撰　郭正域評

明天啓元年(1621年)吳興茅兆河朱墨套印刊本　共六册

内閣文庫　蓬左文庫藏本

【按】每半葉有界九行,行十九字。白口,四周單邊。

内閣文庫藏本,原係昌平坂學問所舊藏。

蓬左文庫藏本,原係江户時代尾張藩主家舊藏。

(鍥)南華真經三注大全(莊子三注大全、莊子大全)二十一卷

(明)陳懿典編

明萬曆二十一年(1593年)余氏自新齋刊本

宮内廳書陵部　静嘉堂文庫　内閣文庫 東北大學附屬圖書館　龍谷大學大宮圖書館藏本

【按】每半葉有界十行,行十九字。白口,四周單邊。

宮内廳書陵部藏本,共八册。

静嘉堂文庫藏本,原係小越幸介舊藏。共八册。

内閣文庫藏此同一刊本兩部。一部原係江户時代林氏大學頭家舊藏,共十二册。一部共八册。

東北大學藏本,共六册。

龍谷大學大宮圖書館藏此同一刊本兩部,皆係原寫字臺文庫舊藏。一部共五册;一部共九册。

【附録】日本東山天皇元禄十五年(1702年)彌生吉且《倭版書籍考》卷六"諸子百家之部"著録《莊子三注大全》二十一卷,題"大明陳懿典作"。

江户時代有《(鍥)南華真經三注大全》二十一卷和刊本行世。

南華真經新傳二十卷

(明)王雱撰

明刊本　共十二册

静嘉堂文庫藏本　原陸心源十萬卷樓舊藏

(刻三元品彙)莊子南華全經句解補注四卷

(明)李廷機等編撰

明刊本　共二册

内閣文庫藏本

莊子因然六卷

(明)吳伯與撰

明刊本　共四册

静嘉堂文庫藏本　原中村敬宇舊藏

南華經批評十一卷　附序目釋音一卷

(明)蔡大節編　夏禹謨校

明萬曆六年(1578年)序刊本　共四册

東北大學附屬圖書館藏本　原狩野亨吉舊藏

南華真經評注十卷

(明)歸有光評　文震孟訂正

明末刊本

内閣文庫　東洋文庫藏本

【按】内閣文庫藏本,原係昌平坂學問所等舊藏,共五册。

東洋文庫藏本,原係竺塢藏書,後歸藤田豐八,共六册。

冲虛至德真經八卷

題（周）列御寇撰　　（晋）張湛注

宋刊本　共三册

尊經閣文庫藏本　原金澤文庫　江户時代加賀藩主前田綱紀等舊藏

【按】卷中有"金澤文庫"印記，係中世時代金澤文庫外流出漢籍之一種。

【附錄】《日本書紀》"雄略天皇二十二年"記載："丹波國餘社郡管川人瑞江浦嶋子，乘舟而釣，遂得大龜，便化爲女。於是，浦嶋子感以爲婦，相逐入海，到蓬萊山，歷覩仙衆。"此傳説已經融入了《列子·湯問》的記載，可以確信，在六世紀時代，《列子》已經傳入日本列鳥。

孝謙天皇天平勝寶三年（751 年）編纂成日本第一部書面漢詩集《懷風藻》，其收入作品多處徵引《列子》中的典故，如第二十首有詩句曰"幸陪瀛洲趣，誰論上林篇"，其"瀛洲"則取自《列子·湯問篇》等。

九世紀日本藤原佐世撰《本朝見在書目錄》，其第廿五"道家類"中關於《列子》書有如下著錄：

《列子》八卷，鄭之隱人列圄寇撰，東晋光禄勳張湛注。

《列子》八卷，陸善經注。

《列子天瑞》一卷。

《冲虛真經》八卷。

這是日本古文獻關於《列子》書的最早記載。

十二世紀少納言藤原通憲有藏書目錄《通憲入道藏書目錄》，其中第二十七櫃著錄《大字注列子》五帖，第一百七十櫃著錄《列子》二帖。

據《商舶載來書目》記載，櫻町天皇元文元年（1736 年），中國商船"禮字號"載《列子》一部一帙抵日本。

冲虛至德真經八卷

題（周）列御寇撰　　（晋）張湛注　　（唐）殷敬順釋文

元刊本　共一册

國會圖書館藏本

【按】每半葉有界十一行，行二十一字。注文雙行，行二十一字。版心有上下象鼻，上象鼻下刻"列子一（——八）卷"，下象鼻下記葉數。黑口，四周雙邊。

首葉頂格題"列子序"，下空十字題"張湛字處度"。

第二葉頂格題"冲虛真經目錄"。第二行與第三行爲宋人所加之注文。其文曰："姓列名御寇，或名圄寇。先莊子，故莊子稱之。天寶初奉旨册爲冲虛真人。其書改題曰《冲虛真經》名，冠八篇之首。此是劉向取二十篇除合而成，都名新書焉。大宋景德四年敕加‘至德’二字，號曰《冲虛至德真經》。"注文後第四行署"當涂縣丞殷敬順釋文"。

次列《目錄》八篇：

天瑞第一；黄帝第二；周穆王第三；仲尼第四（一曰極智）；湯問第五；力命第六；楊朱第七（一曰達生）；説符第八。

《目錄》後即編入漢人劉向永始三年八月壬寅《校書呈表》。

正文卷一頂格題"冲虛至德真經卷第一"，第二行上空三字題"列子"二字，下空八字題"張湛處度注"。第三行上空二字題"天瑞第一"。以後每卷起首皆同。唯第二卷無"張湛"之名。第六卷至第八卷的邊角污損嚴重，第五卷内有數頁字迹不可辨認。

序頁有"花垣"等印記。卷末有一大書墨筆"望"字。

冲虛真經（列子）八卷

題（周）列御寇撰

明刊本　共二册

宫内廳書陵部藏本　原柳里恭　豐後佐伯藩主毛利高標舊藏

【按】此本無序無跋，版心記刻工姓名。尾有"淇園主人柳里恭家藏"墨書一行。

此本係仁孝天皇文政年間（1818—1829 年）由出雲守毛利高翰獻贈德川幕府，明治年間初期,歸內閣文庫。明治二十四年(1891年)三月移送宮內省圖書寮(即今宮內廳書陵部)。

卷中有"佐伯侯毛利高標字培松藏書畫之印"印記,卷首有"王桂"印記。每冊首又有"秘閣圖書之章"、"木氏家藏"印記。

冲虛至德真經八卷

(晋)張湛注

明嘉靖年間(1522—1566年)世德堂刊本　共四冊

東洋文庫　香川縣豐濱町立圖書館藤村文庫藏本

【按】每半葉有界八行,行十七字。白口,四周雙邊。

東洋文庫藏本,原係三菱財團岩崎氏家岩崎文庫舊藏。

【附録】日本櫻町天皇延享四年(1747年)京都梅村彌右兵衛、山本平左衛門以明世德堂本爲底本,刊印《冲虛至德真經》八卷。此本題簽《張注列子》,柱刻"世德堂刊列子"。

其後此本有光格天皇寬政三年(1791年)京都小川多左衛門等重印本。

列子冲虛真經八卷

(晋)張湛注

明朱墨套印刊本　共二冊

東洋文庫藏本　原三菱財團岩崎氏家岩崎文庫舊藏

【按】每半葉有界九行,行十九字。白口,四周單邊。

冲虛至德真經八卷

(晋)張湛注

明刊本

內閣文庫藏本

【按】內閣文庫藏此同一刊本兩部。一部原係坂協安元、林氏大學頭家舊藏,共四冊。一部共二冊。

列子鬳齋口義二卷

(宋)林希逸注

明嘉靖年間(1522—1566年)刊本　共二冊

宮內廳書陵部　御茶之水圖書館藏本

【按】此本係白棉紙本。版心記刻工姓名。

御茶之水圖書館藏本,原係島田翰雙桂園、德富蘇峰成簀堂等舊藏。卷中有日本江戶時代藏書家島田翰二十五歲時的識文,并有德富蘇峰手題。卷首有"島田翰雙桂園藏書記"朱文印記。

【附録】日本東山天皇元禄十五年(1702年)《倭版書籍考》卷六"諸子百家之部"著録《列子口義》一部八篇,上卷二冊下卷二冊合四冊。其識文曰:"此本係宋林希逸所作。列子乃鄭國頃公時人,孔子之後,孟子之前,宗老子爲師,得清虛無爲之道。今《列子》本書已遺落,此爲後人附益之書也。《經籍志》有《列子口義》八卷。今用惺窩先生之點本。"

後水尾天皇寬永二年(1625年)刊印《列子鬳齋口義》二卷。此本又有明正天皇寬永六年(1629年)重印本。

寬永四年(1627年)京都安田安島刊印《列子鬳齋口義》二卷。此本後有後光明天皇慶安五年(1652年)昆山館道可處士重印本。又有後西天皇萬治二年(1659年)大和田九左衛門重印本。

列子鬳齋口義二卷

(宋)林希逸注　張四維校

明敬義堂刊本　共二冊

內閣文庫藏本

【按】內閣文庫藏此同一刊本兩部。一部原係江戶時代林氏大學頭家舊藏;一部原係楓山官庫舊藏。

此本係敬義堂《三子口義》之一種。

列子通義八卷

(明)朱得之旁注并通義

明嘉靖四十四年(1563年)浩然齋刊本

東洋文庫　京都大學中國語學文學哲學研究室　御茶之水圖書館藏本

【按】每半葉有界九行,行十六字。白口,四周雙邊。版心上部刻"浩然齋"三字,下記刻工姓名。全卷有句點。

此本係《三子通義》之零本。

御茶之水圖書館藏本,原係德富蘇峰成簀堂舊藏。卷中有"灑竹文庫"印記。共四册。

京都大學藏本,共五册。

東洋文庫藏本,原係藤田豐八等舊藏,共四册。

列仙傳二卷

(漢)劉向撰

明嘉靖年間(1522—1566年)刊本　共一册

静嘉堂文庫藏本　原陸心源十萬卷樓舊藏

【按】每半葉有界十二行,行二十字。白口,四周雙邊。

前有明嘉靖甲午年(1534年)十二月黄省曾《序》。

【附録】日本近衛天皇康治二年(1143年)九月二十九日,後來成爲左大臣的藤原賴長在其《臺記》中記載該日之前讀過的書目一千三十卷,其中有《列仙傳》一種。

列仙傳二卷

(漢)劉向撰

明汲古閣刊本(《道藏》本與《疑仙傳》合刊)共三册

静嘉堂文庫藏本　原陸心源十萬卷樓舊藏

老莊合刻十卷

《老子》(漢)河上公章句　《莊子》(晋)郭象注　(唐)陸德明音義

明刊本　共七册

蓬左文庫藏本

【按】此本係《老子道德經》二卷,《南華真經》十卷。

老莊翼十三卷

(明)焦竑撰　王元貞校

明萬曆十六年(1588年)王元貞刊本　共六册

蓬左文庫藏本　原江户時代尾張藩主家舊藏

【按】每半葉有界十行,行二十字,小字雙行。白口,左右雙邊(20cm×13cm)。版心著"老子翼卷之一(——三)",或著"莊子翼卷之一(——十)",下記頁數,并有"王元貞印"(陰刻)四字。

前有明萬曆丁亥(1587年)焦竑《序》,次有萬曆戊子(1588年)王元貞《序》。《序》後有"金陵徐智刻"一行。

此本係《老子翼》三卷,《莊子翼》十卷。

卷中有"尾陽内庫"印記。

此本係明正天皇寬永六年(1629年)從中國購入。

【附録】據《商舶載來書目》記載,櫻町天皇元文四年(1739年)中國商船"良字號"載《老莊翼》一部一帙抵日本。

老莊翼十卷

(明)潘基慶集注

明刊本　共五册

内閣文庫藏本

【按】是書係《老子翼》二卷,《莊子翼》七卷,《附録》一卷。此本今缺《老子翼》卷上。

(新鍥)注釋老莊南華經副墨六卷

(明)焦竑注釋　翁正春評林

明萬曆二十四年(1596年)繡谷唐廷任世德堂刊本　共二册

蓬左文庫藏本　原德川家康　尾張藩主家舊藏

【按】每半葉有界八行,行十七字,注文雙行。白口,左右雙邊。版心上部有"世德堂刊"四字。

此本係《新鍥二太史彙選注釋老子評林》一卷;《新鍥二太史彙選注釋莊子全書評林》五卷。

卷中有"御本"印記,係江戶時代幕府第一代大將軍德川家康舊藏。後歸其子尾張藩主家藏。

老莊通十四卷

(明)沈一貫編撰

明萬曆二十四年(1596年)鄭氏光裕堂刊本共八册

內閣文庫藏本　原楓山官庫舊藏

【按】此本細目如次:

《老子通》二卷;《讀老概辨》一卷;《莊子通》十卷;《讀莊概辨》一卷。

老莊通十二卷

(明)沈一貫編撰

明萬曆二十七年(1596年)刊本　共七册

蓬左文庫藏本　原江戶時代尾張藩主家舊藏

【按】前有明萬曆二十七年屠隆《序》。

此本係《老子通》二卷,《莊子通》十卷。

卷中有"尾陽内庫"印記。

此本係後水尾天皇寬永四年(1627年)從中國購入。

老莊解七卷

(明)陶望齡撰

明萬曆年間(1573—1620年)朱墨套印本共六册

靜嘉堂文庫藏本　原中村敬宇舊藏

【附錄】據《外船書籍元帳》記載,孝明天皇嘉永三年(1850年)中國商船"酉五番"載《老莊解》一部抵日本,售價三目。

三子口義(殘本)四卷

(宋)林希逸撰

明正德十三年(1518年)胡氏活字刊本　共

八册

靜嘉堂文庫藏本

【按】是書原係《老子鬳齋口義》二卷,《莊子鬳齋口義》十卷,《列子鬳齋口義》二卷。此本今缺《莊子鬳齋口義》十卷。當日《四庫》所收,惟《莊子口義》十卷,餘皆無進呈者。

《儀顧堂續跋》卷十一著錄此本《老子鬳齋口義》,其釋文曰:

"《老子鬳齋口義》二卷,題鬳齋林希逸。'老子'頂格,'口義'低一格。前有《發題》。《四庫》未收,阮文達亦未進呈。此明正德戊寅胡旻活字本。大旨謂老子借物以明道,因時世習尚,就以諭之,而讀者未得其所以言。前後注解,皆病于此。獨穎濱得其近似,而語脉未能盡通,自謂推究得其初意云。經文'衆人熙熙如春登臺',不作'如登春臺',與唐石刻同,所見猶善本也。"

《儀顧堂續跋》卷十一又著錄此本《列子鬳齋口義》,其釋文曰:

"《列子鬳齋口義》上下卷,題'鬳齋林希逸'。行款與《老子口義》同,亦正德活字本。前有劉向《奏》。謂《穆王》《湯問》,失之迂誕;《力命》《楊子》,義亦乖背,不似一家之言。其言實爲中肯。奏後有希逸《序》,謂向奏鄭繆公同時,'繆'爲'繻'字,傳寫之訛。書果出景帝時,太史公不應不見,見之不應不列傳,其奏未必出于劉向。書爲晚出,或因其不完,模倣《莊子》以附益之。然真僞亦不可亂云云。無注家回護之習,視江遹之附合方士者,相去遠矣。"

三子口義十四卷

(宋)林希逸注　　(明)張四維補注　陳以朝校

明萬曆二年(1574年)敬義堂刊本　共八册

大谷大學附屬圖書館　御茶之水圖書館藏本

【按】此本版心刻"敬義堂"三字。

《莊子》卷末有所據原刊本宋景定元年(1260

年)《後序》，又有明正德戊寅(1518 年)《跋》，嘉靖己酉(1549 年)《重刊後序》。

此本係白棉紙初印本。

大谷大學附屬圖書館藏本，原係神田邑庵博士舊藏，共二帙八册。

御茶之水圖書館藏本，原係德富蘇峰成簣堂舊藏。此本經由朝鮮傳入日本。封面以朝鮮白色紋樣紙改裝，外題亦係朝鮮人手筆。共八册。

三子口義十四卷

(宋)林希逸注　(明)張四維補　何汝成校

明萬曆五年(1577 年)何汝成刊本　共十六册

内閣文庫藏本　原楓山官庫舊藏

【按】每半葉有界十行，行二十二字。白口，四周雙邊。

三子通義二十卷

(明)朱得之旁注并通義

明嘉靖四十四年(1563 年)浩然齋刊本　共四册

内閣文庫　尊經閣文庫藏本

【按】每半葉有界九行，行十六字或十七字。白口，四周雙邊。版心上部刻"浩然齋"三字，下記刻工姓名。全卷有句點。

此本細目如次：

《老子通義》二卷；《列子通義》八卷；《莊子通義》十卷。

内閣文庫藏本，原係豐後佐伯藩主毛利高標舊藏。共四册。

尊經閣文庫藏本，原係江户時代加賀藩主前田綱紀等舊藏，今缺《列子通義》八卷。共十二册。

老子莊子列子合二十二卷

明嘉靖六年(1527 年)刊本　共六册

御茶之水圖書館藏本　原德富蘇峰成簣堂舊藏

【按】此本爲《六子全書》之前半，版心下有"樊川別業"四字。其細目如次：

《老子》四卷；《列子》八卷；《莊子》十卷。

第一册内封有德富蘇峰手識文。

老莊列經七卷

明萬曆年間(1573—1620 年)刊本　共七册

御茶之水圖書館藏本　原德富蘇峰成簣堂舊藏

【按】此本細目：

第一册，《老子》一卷；

第二至五册，《莊子》四卷；

第六至七册，《列子》二卷。

此本經朝鮮傳入日本，卷中有朝鮮學人手識之文。白棉紙本，鼇頭朱色印刷。封面係原裝水色紋紙。帙套外題係德富蘇峰手筆。

(文子關尹子抱朴子及其它之屬)

文子十二卷

題(周)辛文子撰　(明)孫鑛評

明刊本　共二册

内閣文庫藏本　原昌平坂學問所舊藏

【附録】九世紀日本藤原佐世《本朝見在書目録》第廿五"道家類"著録《文子》十二卷。這是日本古文獻關於《文子》書的最早記載。

日本桃園天皇寶曆七年(1757 年)東都書林前川權兵衛刊印《文子全書》十二卷。

文子二卷

題(周)文子撰

明萬曆年間(1573—1620 年)刊本　共四册

尊經閣文庫藏本

文子二卷

題(周)文子撰　(唐)徐靈府等注　(宋)孫
鑛評　(明)梁杰閲

明天啓年間(1621—1627年)武林梁杰刊本
共三册

東京大學總合圖書館藏本　原江户時代紀
州德川家南葵文庫等舊藏

關尹子言外經旨三卷

(宋)陳顯微撰

元前至元三十年(1293年)姬致柔刊本　共
三册

静嘉堂文庫藏本　原晋藩　黄丕烈　陸心
源皕宋樓等舊藏

【按】每半葉有界十三行,行二十三字至二十
五字不等。白口,左右雙邊(20.6cm×
15.8cm)。雙黑魚尾,版心記大小字數。

卷首題《秘傳關尹子言外經旨》。次題"宋抱
一先生門弟子希微子王夷受"。前有《秘傳關
尹子言外經旨序》,題"宋寶祐二年(1254年)
長至日門弟子希微子王夷再拜炷香謹序"。次
有漢劉向《進關尹子書》。次有《關尹子言外經
旨序》,題"宋寶祐二年(1254年)歲在甲寅重
陽月抱一子陳顯微字字道再拜炷香敬序"。次
有《關尹子篇目》。卷下末有《葛仙翁後序》。
題"咸和二年(327年)五月朔丹陽葛洪炷薰敬
序"。

葛洪《後序》後有刊印木記雙邊三行。其文
曰:"至元癸巳(1293年)重陽日,平陽府洪洞
縣萬安里龍祥萬壽宮住持提點保真文靖大師
冲和子姬致柔,於浙西道杭州路梅橋南玉屏福
惠觀重新校正,命工刊行。"

卷中有"晋府圖書之印"、"敬德堂圖書印"、
"席氏玉照"、"士禮居"、"丕烈"、"汪士鐘印"、
"閬源真賞"、"虞山席鑒玉照氏收藏"、"學然後
知不足"、"桃源衣冠"、"歸安陸樹聲所見書畫
記"、"臣陸樹聲"等印記。

《儀顧堂題跋》卷九著錄此本,并言此本"《四

庫》未收,阮文達始進呈"。

關尹子二卷

題(周)尹喜撰　(宋)陳顯微注

明刊本　共二册

尊經閣文庫藏本　原江户時代加賀藩主前
田綱紀等舊藏

關尹子二卷

題(周)尹喜撰　(宋)陳顯微注　(明)朱蔚
然等校

明刊本

内閣文庫藏本

【按】内閣文庫藏此同一刊本兩部。一部原
係楓山文庫舊藏;一部原係江户時代林氏大學
頭家舊藏。

關尹子九卷

題(周)尹喜撰　(宋)陳顯微注　(元)朱象
先箋注　(明)唐從悌輯

明刊本

東京大學東洋文化研究所藏本

【按】每半葉有界九行,行十九字。白口,四
周單邊。

鶡冠子一卷

(宋)陸佃解

明萬曆五年(1577年)南京國子監刊本(南
京國子監《子彙》零本)　共一册

内閣文庫藏本

【按】每半葉有界十行,行二十一字,小字雙
行,四周雙邊。版心上記"萬曆四年刊"或"萬
曆五年刊",下記葉數,并有刊工姓名,如吳文
洋、蔣寅、王東等。

内題下有"道家四",卷末有"子彙第七册"。
卷中有"古湘南袁氏藏書畫印"等印記。

鶡冠子

(宋)陸佃解　(明)王宇評

明天啓五年(1625 年)花齋刊本

東京大學東洋文化研究所藏本

道德指歸論六卷

題(漢)嚴遵撰

明刊本(《津逮秘書》零本)

內閣文庫藏本　原江戶時代林氏大學頭家舊藏

(道書全集)鍾呂二先生修真傳道集三卷

題(漢)鍾離權撰　(唐)呂嵒集

明萬曆十一年(1583 年)刊本　共一冊

御茶之水圖書館藏本　原德富蘇峰成簣堂舊藏

【按】每半葉有界十一行,行二十二字。白口,左右雙邊。卷中附刻句點。

此本係從朝鮮傳入。書封面由朝鮮紙改裝,并由朝鮮學人手題。

卷末有"蘇峰學人京城所獲"朱文印。

抱朴子內篇二十卷　外篇五十卷

(晋)葛洪撰

古寫本　黃丕烈手校本　共八冊

静嘉堂文庫藏本　原黃丕烈　陸心源舊藏

【按】前有葛洪《自序》。

黃丕烈手跋此本曰:

"十月十九日,聞閶門文秀堂書坊買得故家舊書一單,急同西席顧澗薲往觀。主人邀澗薲與余登樓觀之,皆無甚罕秘者,惟《抱朴子》一書,尚是舊抄,且見卷末有'吳岫'小方印,及'姑蘇吳岫塵外軒讀一過'小長方印,知卷中點閱,亦係方山筆,洵舊本也。問其值,索青蚨三金,遂手攜以歸。余家子書多善本,惟《抱朴子》無之。向在都中見明魯藩本,內篇二十卷,外篇五十卷,後爲陶五柳主人買歸。屬澗薲校其翻刻明烏程盧氏本,澗薲復借金閶袁氏所藏《道藏》本爲之校勘。澗薲嘗謂余曰:'《道藏》本爲最勝,此外無復有善本矣。'今因得此,遂從澗薲借魯藩本相

對,雖行款不同,而大段無異,間有一二處與魯藩本異者,却與《道藏》本合,則抄先于刻,明甚。"

【附錄】九世紀日本藤原佐世《本朝見在書目錄》第廿五"道家類"著錄《抱朴子內篇》二十一卷,題"葛洪撰"。又第三十"雜家"著錄《抱朴子外篇》五十卷,題"葛洪撰"。這是日本古文獻關於《抱朴子》書的最早記載。

一條天皇寬弘八年(1011 年)日本仿中國《唐文粹》等而編纂成《本朝文粹》,其輯錄紀納言《九日侍宴觀賜群臣菊花》中有句曰"地脈和味,餐日精而駐年顏者,五百箇戲",其"日精"則取自《抱朴子·仙藥篇》等。

十二世紀少納言藤原通憲編有《通憲入道藏書目錄》,其中"第二十七櫃"中著錄《抱朴子》,并注明"卷第十二一卷"。"第百九櫃"中著錄《抱朴子》上帙十卷。

據《商舶載來書目》記載,桃園天皇寶曆六年(1756 年)中國商船"波字號"載《抱朴子》一部一帙抵日本。

(新鋟)抱朴子內篇四卷　外篇四卷

(晋)葛洪撰　(明)慎懋官校

明萬曆十二年(1584 年)序刊本

內閣文庫　尊經閣文庫藏本

【按】每半葉有界十行,行二十字。白口,四周雙邊。

內閣文庫藏此同一刊本三部,一部原係江戶時代林羅山舊藏。爲林羅山手校漢籍之一種。卷中有"江雲渭樹"印記,共四冊;一部原係楓山官庫舊藏,共八冊;一部原係江戶時代林氏大學頭家舊藏。此本今《內篇》缺卷一、卷二,《外篇》缺卷三、卷四,共二冊。

尊經閣文庫藏本,原係江戶時代加賀藩主前田綱紀等舊藏,共四冊。

抱朴子八卷

(晋)葛洪撰

明末刊本　共四冊

御茶之水圖書館藏本　原德富蘇峰成簣堂舊藏

【按】此本係《内篇》四卷,《外篇》四卷。《外篇》版心下方有"外"字,而《内篇》無。各卷卷首題"吳興郡山人慎懋官校"卷末有言仁識的校正墨書。

卷中有朱筆句點。

各册首有"幽蘭臺藏書"、"幸田氏間來亭藏書記"等印記。

帙封係德富蘇峰手題。

真誥二十卷

(梁)陶弘景撰　(明)俞安期校

明萬曆年間(1573—1620 年)刊本

國會圖書館　内閣文庫　尊經閣文庫　静嘉堂文庫藏本

【按】每半葉有界九行,行十七字。白口,四周雙邊。

前有明萬曆庚子年(1600 年)中秋王徹《序》。

國會圖書館藏本,共十册。

内閣文庫藏此同一刊本兩部。一部原係楓山官庫舊藏,共二册。一部原係江户時代林氏大學頭家舊藏,共三册。

尊經閣文庫藏本,原係江户時代加賀藩主前田綱紀等舊藏,共十册。

静嘉堂文庫藏本,共六册。

真誥二十卷

(梁)陶弘景撰　(明)俞安期訂

明刊本　共五册(合二册)

國會圖書館藏本

亢倉子(不分卷)

(唐)王士元撰　(明)楊慎評注

明刊本　共一册

内閣文庫藏本　原江户時代林氏大學頭家舊藏

周易參同契通真義三卷

(後蜀)彭曉撰

清乾隆年間(1736—1795 年)内府紅格寫本《四庫全書》原本　共一册

慶應義塾大學附屬研究所斯道文庫藏本

【按】每半葉有界八行,行二十一字,注文低一格。四周雙邊(20.5cm×13.0cm)。全部用紅格白棉紙,原紙高 27.7cm。

卷首有署名紀昀等四名總纂官撰寫的《提要》。卷末有總檢官、校對監生三名署名。

卷頭有"古稀天子之寶"朱文大方印,卷末有"乾隆御覽之寶"朱文大方印。

據《壬子文瀾閣所存書目》推考,此本恐爲文瀾閣原本。

雲笈七籤一百二十二卷

(宋)張君房撰　(明)張萱校

明張萱清真館刊本

内閣文庫　静嘉堂文庫　京都大學人文科學研究所東洋學文獻中心藏本

【按】每半葉有界九行,行二十字。白口,四周單邊。

内閣文庫藏此同一刊本兩部。一部原係楓山官庫舊藏,共三十六册。一部原係木村兼葭堂舊藏,此本今缺卷八至卷十一、卷二四、卷二十五、卷六十五至卷六十八、卷七十二、卷七十三,實存一百一十卷,共三十七册。

静嘉堂文庫藏本,原係陸心源守先閣舊藏。《儀顧堂題跋》卷九著錄此本。共四十册。

京都大學藏本,共二十四册。

雲笈七籤一百卷

(宋)張君房撰

明刊本　共十八册

尊經閣文庫藏本　原江户時代加賀藩主前田綱紀等舊藏

九天應元雷聲普化天尊説玉樞寶經一卷

（宋）白玉蟾編撰
明人寫本　折本裝共一帖
天理圖書館藏本
【按】每一折葉五行，行十四字至十八字不等。小字雙行，行二十八字至三十字左右。共一百三十七折葉。中有彩色插畫四十三葉。
題簽中央尚存"九天應"三字，以下不可辨認。内頁有金字"大明嘉靖六年六月二十四日製"一行。

九天應元雷聲普化天尊説玉樞寶經一卷

（宋）白玉蟾編撰
明萬曆四十七年（1619 年）刊本　共一册
京都大學人文科學研究所東洋學文獻中心藏本

（白先生雜著）指玄篇八卷　白先生金丹圖二卷

（宋）葛長庚撰
元勤有堂刊本　共一册
内閣文庫藏本　原江户時代林羅山舊藏
【按】卷中有"江雲渭樹"印記。

悟真篇三注三卷

（宋）張伯端撰　薛道光等注
明刊本　共三册
内閣文庫藏本　原楓山官庫舊藏

悟真篇四注三卷　外集一卷

（宋）張伯端撰　薛道光等注
明刊本　共二册
内閣文庫藏本　原豐後佐伯藩主毛利高標舊藏
【按】此本係仁孝天皇文政年間（1818—1829 年）由出雲守毛利高翰獻贈幕府。卷中有"佐伯侯毛利高標字培松藏書畫之印"等印記。

太上感應真經（感應經傳彙補標玄）八卷

（宋）李昌齡傳　鄭清之贊　（明）于玉陛補
明崇禎五年（1632 年）武林錢氏刊本　共八册
蓬左文庫藏本　原江户時代尾張藩主家舊藏
【按】前有明崇禎五年（1632 年）錢養庶《序》。
卷中有"尾陽内庫"印記。

性命雙修萬神圭旨四卷

（宋）尹清和撰
明刊本　共四册
内閣文庫藏本　原楓山官庫舊藏

性命雙修萬神圭旨四卷

不著撰者姓名
明刊本
尊經閣文庫　龍谷大學大宮圖書館藏本
【按】每半葉有界十一行，行十八字。
尊經閣文庫藏本　原係江户時代加賀藩主前田綱紀等舊藏，共五册。
龍谷大學大宮圖書館藏本，原係寫字臺文庫等舊藏，共一册。

性命圭旨五卷

（明）鄭撝删補
明末刊本　共五册
蓬左文庫藏本
【按】前有黄道周《序》，鄭撝《序》。
此本細目如次：
《性命圭旨窮妙圖説乾集》一卷，（宋）尹清和撰，（明）誰是我删訂；
《性命圭旨補遺九説元集》一卷，（明）誰是我撰，胡復震等校；
《性命圭旨删補定本亨集利集貞集》三卷，（明）誰是我撰，胡復震等校。

周易參同契發揮三卷　釋疑一卷

題(宋)林屋山人全陽子俞琰述

明正德年間(1506—1521年)刊本　共三冊

静嘉堂文庫藏本　原陸心源十萬卷樓舊藏

【按】前有元至大三年(1310年)張與才《序》,至元甲申(1284年)俞琰《自序》,明正德四年(1509年)六月唐銘《序》。

長春大宗師玄風慶會圖(殘本)一卷

(元)史志經撰

元大德九年(1305年)路道通刊本　共一冊

天理圖書館藏本

【按】是書全五卷,中有四卷係圖繪,爲長春真人邱處機之畫傳。此本今存卷一,有圖十六頁。刀刻精緻,描綫雄勁,爲元代版刻之貴重資料。

玄風慶會錄

(元)耶律楚材奉敕撰

明刊本　折本裝共一帖

天理圖書館藏本

【按】每一折葉九行,行十七字。天地雙邊(27.0cm×12.5cm)。共十九折葉,中有插畫一頁。内題次行題曰"元侍臣昭武大將軍尚書禮部侍郎移剌楚才奉敕編錄"(移剌即耶律之異譯——編著者)。

文昌大洞仙經注三卷　首一卷

(元)衛琪業撰

明刊本　共六冊

宮内廳書陵部藏本　原豐後佐伯藩主毛利高標舊藏

【按】前有明萬曆庚子年(1600年)蕭成《序》,殷玉成《序》。

此本係仁孝天皇文政年間(1818—1829年)出雲守毛利高翰獻贈江户幕府,明治年間初期,歸内閣文庫。明治二十四年三月,移送宮内省圖書寮(即今宮内廳書陵部)。

卷中有"佐伯侯毛利高標字培松藏書畫之印"等印記。

清庵先生中和集前集三卷　後集三卷

(元)李道純撰　門人蔡志頤編

元大德十年(1306年)翠峰山房刊本　共一冊

内閣文庫　静嘉堂文庫藏本

【按】前有元大德丙午(1306年)杜道堅《序》。

内閣文庫藏本,原係江户時代林羅山舊藏。此本今缺《後集》三卷。卷中有"江雲渭樹"印記。

静嘉堂文庫藏本,原係陸心源十萬卷樓舊藏。

太上洞玄靈寶無量度人上品妙經一卷　元始無量度人上品妙經二卷

(元)陳觀吾注

明崇禎十五年(1642年)刊本　共一冊

内閣文庫藏本　原楓山官庫舊藏

疑仙傳三卷　續仙傳三卷

題(宋)隱夫玉簡撰　《續》(南唐)沈汾撰

明汲古閣刊本　共二冊

静嘉堂文庫　愛知大學附屬圖書館藏本

【按】此係汲古閣據《道藏》本刊印,係《汲古閣合刻仙人傳四種》之零本。

静嘉堂文庫藏本,原係陸心源十萬卷樓舊藏。

愛知大學附屬圖書館藏本,原係小倉正恒(簡齋)舊藏。

太上感應篇經傳一卷

(明)闕名撰疏

明萬曆三十年(1602年)活字刊本

京都大學人文科學研究所東洋學文獻中心藏本　原松本文三郎舊藏

太上感應篇經傳一卷

(明)龔九州疏
明萬曆三十二年(1604年)刊本
內閣文庫藏本
【按】內閣文庫藏此同一刊本兩部。一部原係楓山官庫舊藏。一部原係江户時代林羅山舊藏,卷中有"江雲渭樹"印記。

汲古閣合刻仙人傳四種

汲古閣主人編輯
明刊本　共三册
静嘉堂文庫藏本
【按】此本細目如次:
《列仙傳》二卷,(漢)劉向撰;
《續仙傳》三卷,(南唐)沈汾撰;
《漢武内外傳》,不署撰者;
《疑仙傳》三卷,(宋)玉簡撰。

有像列仙全傳九卷

(明)王世貞編　汪雲鵬校
明萬曆年間(1573—1620年)新都汪氏玩虎軒刊本
內閣文庫　蓬左文庫　尊經閣文庫　福井縣立圖書館藏本
【按】每半葉有界十一行,行二十二字。白口,四周單邊。
內閣文庫藏本,原係木村兼葭堂舊藏,共四册。
蓬左文庫藏本,原係江户時代幕府第一代大將軍德川家康舊藏。後贈予尾張藩主家。卷中有"御本"、"尾陽内庫"印記。此本係後水尾天皇元和末年(1624年)從中國購入。共五册。
尊經閣文庫藏本,原係江户時代加賀藩主前田綱紀等舊藏,共三册。
福井縣藏本,卷中有"松平家之印"、"越國文庫"、"圖書寮"等印記。

廣列仙傳七卷　附一卷

(明)張文介編　《附》王世貞編
明萬曆十一年(1583年)刊本　共四册
內閣文庫藏本　原江户時代林羅山舊藏
【按】卷中有"江雲渭樹"印記。

歷代神仙通鑑六十卷

(明)薛大訓編
明崇禎年間(1628—1644年)刊本　共二十二册
尊經閣文庫藏本　原江户時代加賀藩主前田綱紀等舊藏

(新鐫)仙媛紀事九卷　附一卷

(明)楊爾曾編
明萬曆年間(1573—1620年)草玄居刊本
內閣文庫　尊經閣文庫藏本
【按】內閣文庫藏本,原係江户時代林氏大學頭家舊藏,共四册。
尊經閣文庫藏本,原係江户時代加賀藩主前田綱紀等舊藏,共六册。

歷代真仙體道通鑑三十六卷

(明)趙道一編
明刊本　共二十二册
尊經閣文庫藏本　原係江户時代加賀藩主前田綱紀等舊藏

龍門子凝道記三卷

(明)宋濂撰
明成化年間(1465—1487年)刊本
內閣文庫　東洋文庫　静嘉堂文庫藏本
【按】每半葉有界十二行,行二十一字。黑口,四周雙邊。
內閣文庫藏本,原係木村兼葭堂舊藏,共一册。
東洋文庫藏本,原係三菱財團岩崎氏家岩崎文庫舊藏,共二册。

静嘉堂文庫藏本,原係陸心源十萬卷樓舊藏,共二册。

修真秘要一卷　保生心鑒一卷

(明)胡文焕校正

明萬曆三十年(1602年)胡氏文會堂刊本共二册

御茶之水圖書館藏本　原德富蘇峰成簀堂舊藏

【按】《修真秘要》扉葉正中刻書名,左右兩邊刻"萬曆歲次壬辰季春吉旦新梓",上方橫刻"虎林胡氏會文堂"一行。

卷首有明正德八年(1513年)《序》,雲崖道人《跋》,并題"明錢塘胡文焕德甫校正"。

《保生心鑒》卷首有明正德丙寅鐵峰居士《序》。

此本附《修真要訣》,《太上養生要訣》,《活人心法》。

全書由德富蘇峰補裝,第一册封面有手識文。

修真秘要(不分卷)

明人纂修不著姓名

明正德年間(1506—1521年)常州府靖江縣主事王蔡刊本　共一册

東京都立日比谷圖書館藏本　原田中乾郎等舊藏

無生訣一卷

(明)還初道人自誠氏輯

明萬曆三十年(1602年)刊本　共一册

御茶之水圖書館藏本　原寺田盛業讀杜艸堂　德富蘇峰成簀堂舊藏

【按】每半葉有界八行。白口,四周單邊。卷首題"還初道人自誠氏輯",前有明萬曆壬寅年(1602年)《序》。

卷末有墨書一行,其文曰"文化壬申三月望奈須恒德句讀"。

卷中有"久昌院藏書"、"奈須恒德"、"讀杜艸堂"、"東京溜池南街第四號讀杜艸堂主人寺田盛業印記"等印記。

此本係德富蘇峰明治四十三年(1910年)購入,有大正二年(1912年)補裝手題。書中還附貼東京順天堂醫院院長佐藤恒二借書條一頁。

道家真傳(道言三集)三卷

(明)趙古蟾真人撰

明萬曆三十一年(1603年)刊本　共三册

御茶之水圖書館藏本　原德富蘇峰成簀堂舊藏

【按】此本細目如次:

第一册,《天,心書》。卷末有助刻者姓名。

第二册,《地,盤山語録》。有明萬曆壬寅年(1602年)《序》,并同年《跋》。

第三册,《人,四十九章經》。有明萬曆癸卯年(1603年)《序》,并同年《跋》。卷末大題之下有"長洲吳士冠書,徽州汪萬頃梓"雙行字。末有刊印蓮牌木記"三茅山乾元觀閱藏刊布四十九經心書語録萬曆吉旦信印行部"。

此本由朝鮮傳入。封面用朝鮮産銀鼠色紋樣紙改裝,并由朝鮮學人題識。

(新刊京本)全真宗眼方外玄言一卷　(新刊)群仙悟道物外鳴音文集一卷

明人編集不著姓名

明弘治十五年(1502年)同文書院刊本　共二册

内閣文庫藏本

(太上治生法會伊始真人)解悟真經八卷

(明)拙玄生撰

明萬曆二十八年(1600年)許氏雪竹齋刊本共五册

内閣文庫藏本　原楓山官庫舊藏

玉堂校傳如崗陳先生二經精解全編九卷

(明)陳懿典撰　焦竑訂正

明萬曆二十二年(1594 年)熊體忠刊本　共十冊

蓬左文庫藏本　原江戶時代尾張藩主家舊藏

【按】每半葉有界十行,行二十字。白口,四周單邊。

卷中有"尾陽內庫"印記。

此本係日本明正天皇寬永十二年(1635 年)從中國購入。

文昌化書四卷　附一卷

(明)劉以修訂正

南明隆武二年(1646 年)跋刊本　共四冊

內閣文庫藏本　原楓山官庫舊藏

玄譚(不分卷)

(明)張君寶撰

明萬曆九年(1581 年)刊本　共一冊

內閣文庫藏本　原楓山官庫舊藏

修真生生訣(不分卷)

(明)王一善撰　汪先岸校

明萬曆三十三年(1605 年)刊本

內閣文庫藏本　原楓山官庫舊藏

(重鋟)廣世編一卷　增補袁先生省身錄一卷

(明)袁黃撰

明崇禎十六年(1643 年)容安園刊本　共一冊

內閣文庫藏本　原楓山官庫舊藏

(袁了凡先生)立命篇一卷

(明)袁黃撰

明刊本　共一冊

內閣文庫藏本　原楓山官庫舊藏

(了凡先生)省身錄一卷

(明)袁黃撰

明刊本　共一冊

內閣文庫藏本　原楓山官庫舊藏

易圖丹鏡五卷

(明)張星餘撰

明崇禎十五年(1642 年)序刊本　共五冊

內閣文庫藏本　原楓山官庫舊藏

太上洞玄靈寶高上玉皇本行集經(玉皇經)三卷

不著撰人

明陳堯熏刊本　共二冊

內閣文庫藏本　原豐後佐伯藩主毛利高標舊藏

【按】此本係仁孝天皇文政年間(1818—1829 年)由出雲守毛利高翰獻贈德川幕府。卷中有"佐伯侯毛利高標字培松藏書畫之印"等印記。

(新鋟天馬山)通玄輯略四卷　天馬山五峰記勝一卷

(明)王家錄撰

明萬曆四十五年(1617 年)序刊本　共四冊

內閣文庫藏本　原楓山官庫舊藏

玄宗內典諸經注十一卷

(明)邵以正輯

明天順年間(1457—1464 年)序刊本

東京大學東洋文化研究所藏本

金丹正理大全諸真玄奧集成九卷

(明)黃自汝注

明刊本　共六冊

內閣文庫藏本

金丹正理大全群仙珠玉四卷

不著撰人姓名

明刊本　共二冊

東京大學東洋文化研究所藏本　原仁井田陞舊藏

真詮二卷　附易外別傳一卷

題玄同子撰
明嘉靖三十五年(1556 年)刊本　共一册
宮内廳書陵部藏本
【按】每半葉有界十行,行二十字。白口,四
周單邊。
書名後題"阡上玄同子撰"。《附録》(元)俞
琰撰。
卷中有缺葉,卷首有"東壁圖書"印記。

棲真志四卷

(明)夏樹芳撰
明刊本　共二册
宮内廳書陵部藏本

周易參同契解箋三篇

(漢)魏伯陽撰　(明)張文龍解　朱長春箋
明萬曆年間(1573—1620 年)刊本　共三册
尊經閣文庫藏本　原江户時代加賀藩主前
田綱紀等舊藏
【附録】據《商舶載來書目》記載,日本光格天
皇寬政八年(1796 年),中國商船"老字號"載
《周易參同契正義》一部一套帙抵日本。

周易參同契譯五卷　首一卷

(明)九暎道人譯
明崇禎九年(1636 年)序刊本　共四册
内閣文庫藏本　原楓山官庫舊藏

陰騭録一卷　附自知録一卷

(明)袁黄撰
明崇禎年間(1628—1644 年)刊本　共一册
内閣文庫　蓬左文庫藏本
【按】内閣文庫藏本,原係楓山官庫舊藏。
蓬左文庫藏本,原係江户時代尾張藩主家舊
藏。卷中有"尾陽内庫"印記。此本係日本明
正天皇寬永十二年(1635 年)從中國購入。
【附録】日本東山天皇元禄十四年(1701 年)

釋阿信刊印《明賜進士袁了凡先生陰騭録》一
卷,并《自知録》二卷。

道宗六書

不著編者姓名
明刊本　共九册
内閣文庫藏本　原楓山官庫舊藏
【按】此本細目如次:
第一册,《道德真經義解》四卷,(宋)李嘉謀
解;
第二至三册,《冲虛至德真經解》八卷,(宋)
江適解;
第四至六册,《南華真經義纂》十卷,(明)李
拭纂,褚伯秀義海、朱得之通義;
第七册,《文始真經言外經旨》三卷,(宋)陳
顯微撰;
第八册,《化書》六卷,(五代)譚峭撰;
第九册,《元始説先天道德經注解》五卷,
(宋)李嘉謀撰。

乾坤鑿度五卷

(明)楊升庵評點
明刊本(自得軒藏版)　共一册
蓬左文庫藏本
【按】此本細目如次:
《乾鑿度》一卷,不著撰人,(明)金宗化、楊之
森同校。
《坤鑿度》一卷,不著撰人,(明)潘九齡、楊之
森同校。
《廣成子》一卷,(宋)蘇軾解,(明)楊象夏、楊
之森同校。
《鬻子》一卷,題鄭縣尉隗珪注,(明)楊之森
校。
《補鬻子》七則,(明)楊之森訂輯。

乾坤鑿度二卷　古三墳一卷

(明)楊之森校　《古三墳》(明)唐琳校
明刊本　共一册
内閣文庫藏本　原林氏大學頭家等舊藏

方壺外史八集

（明）陸西星編

明萬曆年間（1573—1620 年）趙氏未孩堂刊本

內閣文庫　京都大學人文科學研究所東洋學文獻中心藏本

【按】每半葉有界九行，行十八字。白口，四周單邊。

此本細目如次：

乾字集

《無上玉皇心印妙經》一卷；

《陰符經》一卷；

坤字集

《老子道德經玄覽》二卷；

離字集

《周易參同契測疏》三卷；

坎字集

《參同契口義》三卷；

屯字集

《悟真篇詩小序》一卷；

蒙字集

《崔公入藥鏡測疏》一卷；

《純陽呂公百字碑》一卷；

既字集

《紫陽真人金丹四百字測疏》一卷；

《龍眉子金丹印證詩測疏》一卷；

《丘長春真人青天歌測疏》一卷；

未字集

《玄膚論》一卷；

《金丹就正篇》一卷；

《金丹大旨圖》一卷。

內閣文庫藏本，原楓山官庫舊藏。此本今缺《屯字集》。共十冊。

京都大學藏本，共十二冊。

道言五類

（明）彭好古編

明刊本　共六冊

內閣文庫藏本　原楓山官庫藏本

【按】每半葉有界九行，行十八字。白口，四周雙邊。

此本細目如次：

經類

《陰符經》一卷，廣成子撰；

《道德經》一卷，（周）李聃撰；

《清净經》一卷，（周）李聃撰；

《定觀經》一卷，（周）李聃撰；

《太上洞玄靈寶無量度人上品妙經》一卷，（周）李聃撰，（元）陳致虛注；

《消災護命妙經》一卷，（周）李聃撰；

《赤文洞古經》一卷，（周）李聃撰；

《大通經》一卷，（周）李聃撰；

《五廚經》一卷，（周）李聃撰；

《日用經》一卷，（周）李聃撰；

《玉樞經髓》一卷，（周）李聃撰；

書類

《鍾呂二仙傳道集》一卷，（漢）鍾離權撰，呂嵒集；

《靈寶畢法》三卷，（漢）鍾離權撰，呂嵒傳；

《入藥鏡》一卷，崔希範撰，彭好古注；

《玉清金笥青華秘文金寶內煉丹法》一卷，（宋）張伯端撰；

《金丹四百字》一卷，（宋）張伯端撰，彭好古注；

《指玄篇》一卷，（宋）白玉蟾撰；

歌類

《破迷正道歌》一首，（漢）鍾離權撰；

《醉思仙歌》一首，（晉）許遜撰；

《搖頭坏歌》一首，（唐）呂嵒撰；

《敲爻歌》一首，（唐）呂嵒撰；

《谷神歌》一首，（唐）呂嵒撰；

《還丹破迷歌》一首，劉操撰；

《靈源大道歌》一首，曹文逸姑撰；

《太空歌》一首，金馬鈺撰；

《石橋歌》一首，（宋）張伯端撰；

《青天歌》一首，（金）丘處機撰；

《還丹口訣歌》一首，馬自然撰；

《羅浮翠虛吟》一首,(宋)陳楠撰;

《前快活歌》一首,(宋)白玉蟾撰;

《後快活歌》一首,(宋)白玉蟾撰;

《道閫元樞歌》一首,(宋)彭耜撰;

《金丹歌》一首,高象先撰;

《得道歌》一首,王景陽撰;

《判惑歌》一首,(元)陳致虛撰;

詞類

《沁園春》一闋,《步蟾宮》一闋,《三字訣》一
　　闋,《百字牌》一闋,(唐)呂嵒撰;

《水調歌頭》一闋,《酹江月》一闋,(宋)白玉
　　蟾撰;

《一枝花》一闋,張三豐撰;

《五言古詞》一闋,(宋)白玉蟾撰;

詩類

《金碧古文龍虎上經》一首,(明)彭好古注;

《浮黎鼻祖金藥秘訣》一首,廣成子撰,(漢)
　　葛玄注;

《明鏡匣》一首,(周)李聃撰;

《金谷歌》一首,(周)李聃撰;

《火蓮經》一卷,(漢)劉安撰;

《古文參同契》三卷,(漢)魏伯陽撰,(明)彭
　　好古注;

《古文參同契箋注》三卷,(漢)徐景休撰,
　　(明)彭好古注;

《古文參同契三相類》二卷,(漢)淳于叔撰;

《銅符鐵券》(不著卷數撰人);

《石函記》一卷,(晉)許遜撰;

《悟真篇》一卷,(宋)張伯端撰,(明)彭好古
　　注;

《還金術》三篇,陶埴撰;

《地元真訣》一首,(宋)白玉蟾撰;

《答論神丹書》一卷,卓有見撰。

金丹正理大全

不著編者姓名

明周藩刊本

內閣文庫　御茶之水圖書館藏本

【按】每半葉有界十行,行二十一字。黑口,

四周雙邊。

此本細目如次:

《金丹正理大全金丹大要虛無》十卷;

《金丹正理大全金碧古文龍虎上經》三卷,
　　(宋)王道注;

《金丹正理大全周易參同契通正義》三卷,
　　(後蜀)彭曉撰;

《金丹正理大全周易參同契解》三卷,(宋)陳
　　顯微解;

《金丹正理大全周易參同契分章注》三卷,
　　(漢)魏伯陽注;

《金丹正理大全玄學正宗》二卷;

《金丹四百字內外注解全卷》一卷;

《金谷歌注解全卷》一卷;

《金丹正理大全悟真篇注疏》三卷,(宋)翁葆
　　光注,(元)戴起宗疏;

《金丹正理大全悟真注疏直指詳說三乘秘
　　要》一卷,(宋)翁葆光撰;

《金丹正理大全諸真玄奧集成》九卷;

《金丹正理大全群仙諸玉集成》四卷。

內閣文庫藏本,共二十四冊。

御茶之水圖書館藏本,原係德富蘇峰成簣堂
舊藏。今此本《悟真篇注疏》缺卷中,《諸真玄
奧集成》缺卷六至卷九,《群仙諸玉集成》缺卷
四。共十六冊。

(新刊)道書全集

(明)閻鶴洲編

明萬曆十九年(1591 年)金閶世裕堂刊本

蓬左文庫　東京大學東洋文化研究所　大
阪大學懷德堂文庫藏本

【按】前有明萬曆十九年(1591 年)古皖丁應
麟《序》。

蓬左文庫與東京大學藏本細目如次:

第一部分《金丹正理大全》:

《金丹正理大全金丹大要虛無》十卷;

《金丹正理大全金碧古文龍虎上經》三卷,
　　(宋)王道注,周真一印證;

《金丹正理大全周易參同契通正義》三卷,

(後蜀)彭曉撰,涵蟾子編;

《金丹正理大全周易參同契解》三卷,(宋)陳顯微撰,涵蟾子編;

《金丹正理大全周易參同契分章注》三卷,(漢)魏伯陽注;

《金丹正理大全玄學正宗》二卷;

《金丹四百字內外注解全卷》一卷;

《金谷歌注解全卷》一卷;

《金丹正理大全悟真篇注疏》三卷,(宋)翁葆光注,(元)戴起宗疏,涵蟾子編;

《金丹正理大全悟真注疏直指詳説三乘秘要》一卷,(宋)翁葆光撰,涵蟾子編;

《金丹正理大全諸真玄奧集成》九卷;

《金丹正理大全群仙諸玉集成》四卷。

第二部分《新刊道書全集》:

《張洪陽注解道德經》二卷,(明)張位撰,吳岳秀校;

《玄宗內典諸經注》十一卷;

《譚子化書》六卷,(南唐)譚峭撰;

《陰符經三皇玉訣》三卷;

《陳虛白規中指南》二卷;

《群仙要語》二卷;

《玉清金笥青華秘文金寶內煉丹訣》一卷;

《中和集》七卷;

《鍾呂二先生修真傳道集》三卷;

《秘傳文始真經言外經旨》二卷;

《太上黃庭內景玉經》一卷《外景經》一卷;

《黃庭內景五臟六腑圖説》一卷。

蓬左文庫藏本,原係江户時代尾張藩主家舊藏。今此本《金丹正理大全》缺《周易參同契分章注》三卷。卷中有"尾陽內庫"印記,共三十六册。

東京大學藏本,今存《金丹正理大全》一部。

大阪大學藏本目次與前不同,細目如次:

《金丹正理大全金丹大要》十卷,(元)陳致虛撰;

《金丹正理大全群仙諸玉集成》四卷;

《金丹正理大全諸真玄奧集成》八卷;

《金丹正理大全玄學正宗》二卷,附《呂真人

沁園春丹詞解》一卷《陰符經解》一卷,(宋)俞琰撰;

《金丹正理大全悟真篇注疏》三卷,(宋)翁葆光注,(元)戴起宗疏;

《金丹正理大全金碧古文龍虎上經》三卷,(宋)王道注,周真一印證;

《純陽呂真人文集》八卷,(唐)呂嵒撰;

《老子説五廚經注》一卷,(唐)呂嵒撰;

《崔公入藥鏡注解》一卷,(元)王玠撰;

《青天歌注釋》一卷,(元)王玠撰;

《洞玄靈寶定觀經注》一卷;

《胎息經注》一卷,(□)幻真先生注;

《無上玉皇心印經》一卷,(宋)李簡易注;

《譚子化書》六卷,(南唐)譚峭撰;

《鍾呂二先生修真傳道集》三卷,(漢)鍾離權撰,(唐)呂嵒輯;

《中和集》六卷(缺卷六),(元)李道純撰,蔡志頤輯;

《張洪陽注解陰符經》一卷,(明)張位撰;

《陰符經三皇玉訣》三卷;

《陳虛白規中指南》二卷,(□)陳冲素撰。

道書五種

(明)董希祖編

明歸真堂刊本　共八册

內閣文庫藏本　原豐後佐伯藩主毛利高標舊藏

【按】此本細目如次:

《崆峒子問答》二卷;

《采真問答玄機》一卷;

《古文參同契集解》二卷,(漢)魏伯陽、徐景休撰,(元)陳致虛注;

《金丹發揮集》一卷,(明)董希祖撰;

《還丹內篇集》一卷,(明)董希祖撰;

《金丹詩集》一卷,(明)董希祖撰;

《內外金丹集》四首一卷,《附》一卷,(明)董希祖撰;

《悟真篇》三卷,《注》三卷,(宋)張伯端撰,薛道光等注

此本係日本仁孝天皇文政年間(1818—1829年)由出雲守毛利高翰獻贈德川幕府。卷中有"佐伯侯毛利高標字培松藏書畫之印"等印記。

道書全集

明刊各家彙集本　共七册

東洋文庫藏本

【按】此本係用明刊本各家道書彙集成册,細目如下:

《新刊道書全集譚子化書》六卷,(南唐)譚峭撰;

《道書全集中和集》七卷,(元)李道成撰,(元)蔡志頤輯;

《道書全集鍾呂二先生修真傳道集》三卷,(唐)鍾離權撰,(唐)吕嵒輯(五代),施肩吾傳;

《金丹正理大全悟真篇注疏》三卷,(宋)翁葆光注,(元)戴起宗疏;

《金丹正理大全悟真注疏直指詳説三乘秘要》一卷,(宋)翁葆光撰;

《金丹四百字内外注解》一卷,著者闕名。

道書全集

明刊各家彙集本　共十一册

東洋文庫藏本

【按】此本係用明刊本各家道書彙集成册,細目如下:

《金丹正理大全諸真玄奥集成》(殘本)卷第八、卷第九,(元)趙友欽撰;

《金丹正理大全群仙珠玉集成》四卷,(唐)吕嵒撰;

《新刊道書全集張洪陽注解道德經》二卷;

《新刊道書全集玄宗内典諸經注》,(明)郡以正輯;

《新刊道書全集譚子紀書》六卷,(南唐)譚峭撰;

《道書全集陰符經三皇玉訣》;

《陳虚白規中指南》二卷,(□)陳冲素撰;

《新刊道書全集群仙要語》二卷,(漢)董醇

輯;

《道書全集玉清金笥青華秘文寶内煉丹訣》(玉清金笥寶録)三卷,(宋)張伯端撰;

《道書全集中和集》七卷,(元)李道成撰,(元)蔡志頤輯;

《道書全集鍾呂二先生修真傳道集》三卷,(唐)鍾離權撰,(唐)吕嵒輯,(五代)施肩吾傳;

《新刊道書全集純陽吕真人文集》八卷,(唐)吕嵒撰;

《新刊道書全集文始真經言外經旨》二卷,(宋)陳顯微撰;

《太上黄庭内景玉經》一卷,(□)梁丘子撰;

《太上黄庭外景經》三卷,(□)梁丘子撰;

《黄庭内景五臟六肺圖説》一卷,(唐)胡悟撰。

道藏經四千一百十五帖

明萬曆年間(1573—1620年)官刊本

宫内廳書陵部藏本　原豐後佐伯藩主毛利高標　内閣文庫舊藏

【按】每半葉有界五行,行十七字。注文與本文同,大書低一格,或雙行分書。天地雙邊,左右單邊。

每帖縱約 27.0cm,横約 13.0cm。

細目如次:

三洞:

第一洞真部,四百六十一帖,裝四十八帙。

第二洞玄部,七百十帖,裝七十六帙。

第三洞神部,一千八十七帖,裝一百十八帙。

四輔:

第四太玄部,五百五十三帖,裝五十八帙。

第五太平部,三百七十六帖,裝三十八帙。

第六太清部,一百七十一帖,裝十八帙。

第七正一部,七百五十七帖,裝八十三帙。

卷中各帙,按《千字文》之"天、地、玄、黄"依次排列。其中缺下列四十帙:"荒、月、盈、宿、寒、閏、餘、律、吕、調、騰、致、雨、露、昆、岡、劍、夜、光、果、珍、李、奈、菜、重、龍、師、火、帝、官、

人、賓、歸、王、履、弗、離、節、滿、陛"。

此外，尚有下列各卷係後人寫補：

《靈寶無量度人上經大法》卷四十一至卷七
　　十二；

《歷世真仙體道通鑒》卷二十一至卷三十二；

《靈玉寶鑒》卷三十五至卷四十三；

《南華真經義海纂微》卷十一至卷二十；卷三
　　十二至卷四十五；

《道法會元》卷九十二；

《道德真經集解》四卷；

《十洲記》一卷；

《仙苑編珠》卷上。

各帖施糊褙帖中常間有明英宗正統十年
（1445 年）如下題識：

天地定位	陰陽協和
星辰順度	日月昭明
寒暑應候	雨暘以時
山嶽靖謐	河海澄清
草木蕃廡	魚鱉咸若
家和户寧	衣食充足

禮讓興行	教化修明
風俗敦厚	刑罰不用
華夏歸仁	四夷賓服
邦國鞏固	宗社尊安
景雲降長	本支萬世

正統十年十一月十一日

《靈寶無量度人上經大法》、《靈寶玉鑒》、《道德真經集解》等卷中皆有題識曰"御製大明萬曆戊戌年七月吉日奉旨印造施行"。明代《道藏》殿刻有二，一曰正統《道藏》；一曰萬曆《道藏》。正統《道藏》據宋刻，且係編入元明人所撰者；萬曆《道藏》由是而出。但正統本則綫裝，萬曆本則梵筴，而後者文字稍小，行間也微密。此本當屬萬曆本。

此本原係豐後佐伯藩主毛利高標舊藏，卷中有"佐伯侯毛利高標字培松藏書畫之印"等印記。仁孝天皇文政年間（1818—1829 年）出雲守毛利高翰獻贈於江户幕府。明治年間初期，歸內閣文庫。明治二十四年（1891 年）三月移送宫内省圖書寮（即今宫内廳書陵部）。

（三）法　家　類

管子二十四卷

題（周）管夷吾撰　（唐）房玄齡注

明代中期覆宋刊本

内閣文庫　御茶之水圖書館藏本

【按】每半葉有界十二行，行二十三字。左右雙邊。版心時有刻工姓名。

此本白綿紙印製，質地精良。

内閣文庫藏本，原係昌平坂學問所舊藏，共四册。

御茶之水圖書館藏本，原係德富蘇峰成簣堂等舊藏。扉頁有德富蘇峰墨書手識，其文曰：“明治三十九年七月盡日於蘇州城内購。彦蘇峰學人。”原共四册，今合爲一册。

【附録】九世紀末日人藤原佐世《本朝見在書目録》第二十六“法家”著録《管子》二十卷，并題“齊相管夷吾撰”。這是《管子》傳入日本的最早的文獻記録。

據《商舶載來書目》記載，中御門天皇享保十一年（1726 年）中國商船“久字號”載《管子》一部抵日。

據《書籍元帳》記載，仁孝天皇弘化二年（1845 年）中國商船載《管子全書》一部抵日本。又日本商人安田屋吉太郎購得。

據《漢籍發賣投標記録》記載，仁孝天皇弘化二年（1845 年）《管子全書》一部投標價爲菱屋九匁八分，永見屋十匁五分，安田屋十二匁五分。

管子二十四卷

題（周）管夷吾撰　（明）吳中珩校

明萬曆年間（1573—1620 年）刊本　共二册

東北大學附屬圖書館藏本　原狩野亨吉舊藏

管子二十四卷

題（周）管夷吾撰　（唐）房玄齡注　（明）趙用賢校

明萬曆年間（1573—1620 年）刊本　共四册

龍谷大學大宮圖書館藏本　原寫字臺文庫等舊藏

【按】前有明萬曆十年（1582 年）《序》。

管子（殘本）十九卷

題（周）管夷吾撰　（唐）房玄齡注　（明）劉績增注

明刊本

東京大學東洋文化研究所藏本　原大木幹一舊藏

【按】是書全二十四卷。此本今缺卷五至卷九，共五卷。實存十九卷。

管子二十四卷

題（周）管夷吾撰

明刊本

京都大學中國語學文學哲學研究室藏本

管子二十四卷

題（周）管夷吾撰　（唐）房玄齡注

明刊本　共十二册

静嘉堂文庫藏本　原陸心源十萬卷樓舊藏

管子二十四卷

題（周）管夷吾撰　（唐）房玄齡注　（明）劉績　朱長春參補

明萬曆十年（1582 年）吳郡　趙用賢刊本　共八册

静嘉堂文庫　東京大學總合圖書館藏本

管子二十四卷

題（周）管夷吾撰　（唐）房玄齡注　（明）劉績增注　朱長春　沈鼎新等評　朱養和輯訂

明天啓五年（1625年）序花齋刊本

宮內廳書陵部　內閣文庫　尊經閣文庫　東京大學東洋文化研究所　靜嘉堂文庫藏本

【按】每半葉有界九行，行二十字。小字雙行。白口，四周單邊。

宮內廳書陵部藏本，共三冊。

內閣文庫藏此同一刊本三部。一部原係楓山官庫舊藏，共六冊。一部原係木村兼葭堂舊藏，共六冊。一部共六冊。

尊經閣文庫藏本，原係江戶時代加賀藩主前田綱紀等舊藏，共五冊。

靜嘉堂文庫藏本，原係陸心源守先閣舊藏，共六冊。

【附錄】日本桃園天皇寶曆六年（1756年）京都林權兵衛等刊印《管子全書》二十四卷。此卷題"唐房玄齡注，明劉績增注，朱長春通演，沈鼎新、朱養成評，朱養和編，武田欽鑠校"。此本係據明天啓本覆刊。光格天皇寬政八年（1796年）有村瀨之熙修訂本，又有大阪伊丹屋善兵衛重印本，題《重訂管子全書》二十四卷。又有京都攝書房重印本，及仁孝天皇文政年間（1818—1829年）大阪秋田屋太右衛門等重印本。

孝明天皇慶應元年（1865年）玉山堂刊印《管子》二十四卷，并《考譌》一卷。此本由日人安井衡纂詁。

管子補注二十四卷

題（周）管夷吾撰　（唐）房玄齡注　（明）劉績增注　朱長春　張榜評

明刊本（《六子全書》零本）　共五冊

內閣文庫藏本

管子㩁二十四卷

題（周）管夷吾撰　（明）朱長春評

明萬曆年間（1573—1620年）刊本　共八冊

尊經閣文庫　東洋文庫藏本

【按】每半葉有界九行，行十九字。小字雙行。白口，四周雙邊。

尊經閣文庫藏本，原係江戶時代加賀藩主前田綱紀等舊藏，共八冊。

東洋文庫藏本，原係藤田豐八等舊藏，共四冊。

管子㩁二十四卷

題（周）管夷吾撰　（明）朱長春評

明刊本

內閣文庫藏本

【按】內閣文庫藏此同一刊本兩部。一部原係昌平坂學問所舊藏，共四冊。一部原係楓山官庫舊藏，共十冊。

管子㩁二十四卷

題（周）管夷吾撰　（明）朱長春評

明刊本

東京大學東洋文化研究所藏本　原大木幹一舊藏

（詮叙）管子成書十五卷　首一卷

（明）梅士亨編

明天啓五年（1625年）序刊本　共八冊

內閣文庫藏本　原豐後佐伯藩主毛利高標舊藏

【按】此本係仁孝天皇文政年間（1818—1829年）由出雲守毛利高翰獻贈幕府。卷中有"佐伯侯毛利高標字培松藏書畫之印"等印記。

【附錄】據《商舶載來書目》記載，中御門天皇享保十七年（1732年）中國商船"世字號"載《詮叙管子成書》一部一帙抵日本。

鄧析子一卷

題（周）鄧析撰　（明）楊慎評注　張懋㣧校

明天啓五年（1625年）張氏橫秋閣刊本　共一冊

内閣文庫　静嘉堂文庫藏本

【按】前有劉歆《奏》,并有楊慎《序》。

内閣文庫藏本,原係昌平坂學問所舊藏。

静嘉堂文庫藏本,原係陸心源十萬卷樓舊藏。

鄧析子一卷

題(周)鄧析撰　(明)張鴻舉點

明泰和堂刊本　共一册

東洋文庫藏本　原藤田豐八等舊藏

商子五卷

題(秦)商君公孫鞅撰

明天一閣刊本　共一册

御茶之水圖書館藏本　原江户時代林氏讀耕齋　山本北山孝經樓等舊藏

【按】每半葉有界九行,行十八字。白口,四周單邊,或四周雙邊,有三葉版心下記刻工姓名胡秀文,又作"文"。

卷首有"林讀耕齋"、"山本北山"等印記。卷中又有"島田翰"印記。

【附録】日本後櫻町天皇明和三年(1766年)京都田中市兵衛據明人程榮校本刊印《商子》五卷。

韓非子二十卷

(周)韓非撰

元細字刊本　共六册

静嘉堂文庫藏本　原陸心源十萬卷樓舊藏

【附録】據《商舶載來書目》記載,中御門天皇享保十七年(1732年)中國商船"加字號"載《韓非子》一部抵日本。

據《外船書籍元帳》記載,仁孝天皇弘化四年(1847年)中國商船"午四番"載《韓非子》一部抵日本,售價十匁。

中御門天皇享保二年(1717年)刊印《韓非子》二十卷。此本由日人芥川煥(丹邱)校。

櫻町天皇延享三年(1746年)京都博文堂丸屋市兵衛、玉樹堂唐本屋吉左衛門以元人何犿注刊印《韓非子》二十卷。

光格天皇寬政七年(1795年)大阪柏原屋與左衛門以元人何犿注刊印《韓非子全書》二十卷。光格天皇文化八年(1811年)有京都林伊兵衛重印本。

仁孝天皇與孝明天皇弘化年間(1840—1847年)平户維新館刊印清人顧廣圻校《韓非子》二十卷,并《識語》三卷。此本由日人朝川鼎再校。後有日本修道館重印本。

韓非子二十卷

(周)韓非撰

明嘉靖年間(1522—1566年)刊本

内閣文庫藏本

【按】每半葉有界十行,行二十字。小字雙行。白口,四周單邊。

内閣文庫藏此同一刊本兩部。一部原係楓山官庫舊藏,共四册。一部原係昌平坂學問所舊藏,此本今缺卷十一至卷二十,合十卷,實存十卷,共一册。

韓非子二十卷

(周)韓非撰　(明)吳中珩校

明萬曆年間(1573—1620年)刊本　共二册

東北大學附屬圖書館藏本　原狩野亨吉舊藏

韓非子二十卷

(周)韓非撰

明萬曆十年(1582年)吳郡趙用賢刊本　共八册

蓬左文庫　東洋文庫　龍谷大學大宮圖書館藏本

【按】每半葉有界九行,行十九字。小字雙行。白口,四周單邊。

蓬左文庫藏本,原係尾張藩主家舊藏,卷中有"尾陽内庫"印記。

東洋文庫藏本,原係藤田豐八等舊藏。

龍谷大學大宮圖書館藏本,原係寫字臺文庫

等舊藏。

韓非子二十卷

（周）韓非撰　（明）趙如源　王道焜校注

明天啓五年（1625年）趙氏刊本

內閣文庫　東洋文庫　東京都立圖書館藏本

【按】每半葉有界九行，行十八字。小字雙行。白口，四周單邊。

前有元至元三年（1337年）奎章閣侍書學士何犿《序》。又有武林王道焜《序》，次有明天啓五年（1625年）錢塘趙世楷繩美《重訂凡例五則》。并集趙用賢、汪道昆、孫鑛、張榜、陳深、茅坤、劉辰翁、楊慎、王維楨、陳仁錫諸家評語於上方，并附《史記韓非傳》、《戰國策》。

內閣文庫藏此同一刊本兩部。一部原係楓山官庫舊藏，共六册。一部共三册。

東洋文庫藏本，原係藤田豐八等舊藏，共四册。

東京都立圖書館藏本，原係竹添光鴻舊藏，後歸諸橋徹次。諸橋氏獻贈都立圖書館，共四册。

韓非子二十卷

（周）韓非撰　（明）凌瀛初校并注

明刊本　共四册

東京大學東洋文化研究所　京都大學中國語學文學哲學研究室藏本

【按】每半葉有界九行，行十九字。小字雙行。白口，四周單邊。

東京大學藏本，原係大木幹一等舊藏。

韓非子二十卷

（周）韓非撰

明刊本　共三册

內閣文庫藏本　原人見竹洞　昌平坂學問所舊藏

韓子迂評二十卷　附一卷

題（元）何犿校　（明）門無子重校

明萬曆年間（1573—1620年）陳氏山彶刊本

宮內廳書陵部　內閣文庫　尊經閣文庫東洋文庫　東京大學總合圖書館　早稻田大學圖書館藏本

【按】每半葉有界八行，行十八字。小字雙行。白口，四周單邊。

前有明萬曆十一年（1583年）《序》。

宮內廳書陵部藏本，共六册。

內閣文庫藏本，原係楓山官庫舊藏，共四册。

尊經閣文庫藏本，原係江戶時代加賀藩主前田綱紀等舊藏，共八册。

東洋文庫藏本，共三册。

東京大學總合圖書館藏本，原係江戶時代紀州德川家南葵文庫等舊藏，共十二册。

早稻田大學圖書館藏本，共八册。

【附錄】據《商舶載來書目》記載，東山天皇元祿十四年（1701年），中國商船"和字號"載《韓子迂評》一部抵日本。

韓子迂評二十卷

題（元）何犿校　（明）門無子重校

明萬曆四十八年（1615年）刊本　共八册

早稻田大學圖書館藏本

韓子迂評二十二卷　附錄一卷

（元）何犿編校

明刊本　共十一册

宮內廳書陵部藏本

【按】此本原係江戶時代德山藩三代主毛利元次廣收"天下秘籍"之一。東山天皇寶永三年（1706年）《御書物目錄》著錄此本。明治二十九年（1896年）由男爵毛利元功獻贈宮內省圖書寮（即今宮內廳書陵部）。

韓非子評林二十卷

不著撰人姓名

明刊本　共四册

尊經閣文庫藏本

【按】每半葉有界九行,行十九字。小字雙行。白口,四周單邊。

(合刻)管子二十四卷　韓非子二十卷

題(周)管夷吾撰　(唐)房玄齡注　(明)趙用賢校　劉績增注　《韓非子》(周)韓非撰(明)趙用賢校

明萬曆十年(1582年)吳郡趙氏刊本

內閣文庫　尊經閣文庫　東京大學東洋文化研究所　京都大學人文科學研究所東洋學文獻中心　御茶之水圖書館藏本

【按】每半葉有界九行,行十九字。小字雙行。白口,四周單邊。

《管子》前有明萬曆壬戌(1582年)三月趙用賢《序》。又有劉向《録上》,及《管子文評》、《管子凡例》、《目録》二十四卷。每卷仍載篇目,目接本文。

《韓非子》前有明萬曆十年(1582年)趙用賢《序》。又有《韓子總評》、《韓子凡例》、《目録》五十五篇。每卷仍載篇目,目接本文。

內閣文庫藏此同一刊本三部,一部原係楓山官庫舊藏,此本今缺《管子》卷十二至卷十九,共六册。一部原係人見竹洞舊藏,後歸昌平坂學問所藏,此本今缺《韓非子》二十卷,共五册。一部今缺《韓非子》二十卷,共七册。

尊經閣文庫藏本,原係江户時代加賀藩主前田綱紀等舊藏,共二十册。

東京大學藏本,原係大木幹一舊藏,此本今缺《韓非子》二十卷。

京都大學藏本,共二十册。

御茶之水圖書館藏本,原係島田篁村舊藏,後歸德富蘇峰。此本今缺《韓非子》二十卷,實存《管子》二十四卷。卷中有島田篁村自筆,并有明治四十四年(1911年)德富蘇峰手記。共十二册。

【附録】據《商舶載來書目》記載,中御門天皇正德元年(1711年),中國商船"加字號"載《合刻韓管子》一部十册抵日本。

管韓合纂四卷

(明)張榜編　朱士泰校

明萬曆四十年(1612年)序刊本　共二册

內閣文庫藏本　原昌平坂學問所舊藏

【按】此本細目如次:

《管子纂》二卷,《韓非子纂》二卷。

洗冤集録(洗冤録)五卷

(宋)宋慈撰

影宋寫本　共一册

静嘉堂文庫藏本　原陸心源十萬卷樓舊藏

【按】卷首題"朝散大夫新除直秘閣湖南提刑充大使行府參議官宋慈惠父編"。

是書《文淵閣書目》著於録,不著撰人姓名。《四庫全書存目》"法家類提要"著録《永樂大典》本《洗冤録》二卷,并曰:"慈字惠父,始末未詳。"

陸心源《儀顧堂題跋》卷六著録《影宋本宋提刑洗冤録》五卷,即係此本。其識文曰:

"愚案,宋慈,福建建陽人。嘉定十年進士。少受業於同邑吳雉。雉為朱子弟子。因得與楊方、黃幹、李方子論質,學益進。補贛州信豐主簿,遷知長汀縣,擢知常州,歷廣東、江西、湖南提點刑獄,終於直焕章閣知廣州廣東安撫大使。淳祐六年卒,年六十四。見《劉後村大全集》。慈博記覽,善辭令,豐裁峻厲,望之可畏。官主簿時,屢平贛州劇賊。及知常州,歲饑,濟糶,民無餓者。提刑江西,鱗次保伍,奸無所容。台諫奏取其所行,下浙右諸路以為法。《序》稱'四叨臬事'者,由江東而廣東,由廣東而江西,由江西而湖南也。'新除直秘閣'者,由知贛州除直秘閣提點湖南刑獄也。'充大使行府參議官'者,陳韡為湖南安撫大使兼節制廣西,辟慈為參謀也。此書為淳祐丁未官湖南提刑時所編。採《内恕録》以下數家,參以己見,會萃而成,後世官司奉為金科玉律。觀其《序》

後識云，'賢士大夫，如有得於見聞，及親所
歷涉，出於此集之外者，切望片紙錄賜，以廣
未備。'可見其求治之殷矣。非賢者而能如
是乎？《宋史·循吏》不爲立傳，亦缺典也。"

洗冤錄(洗冤集錄)一卷　附頒降新例

(宋)宋慈撰
明刊本　共一册
神户大學附屬圖書館教養學部分館藏本

洗冤集錄(洗冤錄)一卷

(宋)宋慈撰
明末刊本　共一册
内閣文庫藏本
【按】内閣文庫藏此同一刊本三部。一部原
係野間三竹、山本北山舊藏，後歸昌平坂學問
所。一部原係昌平坂學問所舊藏。一部原係
林羅山舊藏，卷中有"江雲渭樹"印記。

洗冤錄巡方總約合刻

不著編撰者姓名
明萬曆年間(1573—1620年)刊本　共二册
尊經閣文庫藏本　原江户時代加賀藩主前
田綱紀等舊藏

折獄龜鑒二卷

(宋)鄭克撰　(明)喬萬里校
明萬曆二十三年(1595年)序刊本
東京大學東洋文化研究所藏本
【附錄】陸心源《儀顧堂續跋》卷九著錄錢氏
守山閣刊本《折獄龜鑒》八卷。其識文辨析甚
詳，錄以備考。文曰：
"前有至元元默敦牂(1282年)奉訓大
夫湖南儒學提舉陵陽虞應龍《序》。《宋史·
藝文志》、晁公武《讀書志》、馬端臨《文獻通
考》皆著於錄，作二十卷。惟陳直齋《書錄解
題》作三卷。原書久佚，館臣從《大典》錄出，
而錢氏據以刊行者也。《題要》未載克字里
仕履。愚案，克字武子，開封人。累官承直

郎、湖南提刑司幹官。紹興三年，下詔恤刑，
戒飭中外，俾務哀矜。克因閱疑獄，集分類
其目爲此書。見《書錄解題》《隱居通議》。
宋時，與《春秋分紀》、朱子《四書》、《昌黎文
集》、《黃陳詩注》、《廉吏傳》、《南陽活人書》、
《和劑局方》同刊於宜春郡齋。歲久殘缺。
至元辛巳，同知郝居正補完，應龍爲之《序》
……惟諸書皆作'鄭克'，《隱居通議》作'鄭
克明'。豈克又字克明歟？然莫可考矣。"

名公書判清明集(不分卷)

不著編著人姓名
宋刊本　日本重要文化財　共八册
静嘉堂文庫藏本　原陸心源皕宋樓舊藏
【按】每半葉有界九行，行十六字。細黑口，
雙黑魚尾，四周雙邊(23.8cm×11.9cm)。
此本不知卷數，今存"户婚門"一門。
首頁第一行頂格題署"名公書判清明集"，第
二行頂格有黑魚尾，下題"户婚門"，第三行上
空一字，下題"立繼類"，第四行上空二字，下題
"當出家長"，第五行起正文，頂格書寫。
卷中有"郁松年印"、"馬玉堂藏書"、"朱彝尊
印"、"翰墨奇緣人"、"酒齋"、"浦伯子"、"浦揚
烈印"、"浦玉田藏書記"、"留與軒浦氏珍藏"、
"筍齋"、"泰峰見過"、"歸安陸樹聲叔桐父印"、
"歸安陸樹聲藏書之記"等印記。
此本已由"日本文化財審議委員會"確認爲
"日本重要文化財"。

仁獄類編三十卷

(明)余懋學編
明萬曆二十三年(1595年)序直方堂刊本
共十册
内閣文庫藏本　原楓山官庫舊藏
【按】每半葉有界九行，行十九字。白口，四
周雙邊。

敬由編十二卷

(明)竇子偁編撰

明萬曆二十七年(1599年)序刊本

内閣文庫　尊經閣文庫藏本

【按】每半葉有界九行,行二十字。

内閣文庫藏本,原係豐後佐伯藩主毛利高標舊藏,仁孝天皇文政年間(1818—1829年)由出雲守毛利高翰獻贈幕府。卷中有"佐伯侯毛利高標字培松藏書畫之印"等印記,共六册。

尊經閣文庫藏此同一刊本兩部。一部共八册。一部共六册。

【附録】據《商舶載來書目》記載,桃園天皇寶曆四年(1754年)中國商船"計字號"載《敬由編》一部抵日本。

(新刻摘選增補注釋法家要覽)折獄明珠四卷

(明)清波逸叟編

明萬曆二十九年(1601年)刊本　共一册

内閣文庫藏本　原林羅山舊藏

【按】卷中有"江雲渭樹"印記。

(新刻)法家須知六卷　附奇狀集一卷

明人撰著不署姓名

明崇禎六年(1633年)序刊本　共二卷

内閣文庫藏本　原楓山官庫舊藏

棠陰比事三卷

(宋)桂萬榮撰　(元)田澤校

日本後水尾天皇與明正天皇寬永年間(1624—1643年)京都關吉右衛門活字刊本共三册

早稻田大學圖書館藏本

【附録】此本後有江户青藜閣須原屋伊八等重印本。

靈元天皇寬文十三年(1673年)刊印《棠陰比事》三卷。

詳刑要覽一卷

(明)吳訥編撰

明刊本　共一册

足利學校遺蹟圖書館藏本

【附録】日本後水尾天皇寬永四年(1627年)松岡作左衛門刊印《詳刑要覽》一卷。此本仁孝天皇天保年間(1830—1843年)有岩村稽古所重印本,并由日人若山拯校。

（四）兵　家　類

（先秦至宋人著作之屬）

六韜（殘本）三卷

舊題（周）呂望撰

舊寫本　共一冊

静嘉堂文庫藏本　原宫島藤吉舊藏

【按】是書全六卷。此本今存卷四至卷六。

【附録】九世紀日本藤原佐世撰《本朝見在書目録》第卅三"兵家類"著録"《太玄六韜》六卷，周文王師姜望撰。"這是日本古文獻關於《六韜》的最早記載。

後奈良天皇天文二十四年（1555 年）有《六韜》寫本一種，此本原係江户時代近衛家熈等舊藏，今存陽明文庫。

後水尾天皇元和五年（1619 年）有《六韜》寫本一種。此本原係江户時代近衛家熈等舊藏，今存陽明文庫。

仁孝天皇天保十五年（1844 年）《官板書籍解題略》卷下"子部"著録《六韜》六卷附《逸史》一卷。其識文曰："周時呂望撰。《漢書·藝文志》在《儒家》類中有《周史六韜》六篇。六韜者，文武虎豹龍犬之謂也，其名始于戰國之初。《隋志》始載《太公六韜》五卷，唐宋諸《志》，皆據此而著録。考今本文義，大抵詞意淺近，極類依托之作。據晁公武《讀書志》云，元豐中以《六韜》、《孫子》、《吴子》、《司馬法》、《三略》、《尉繚子》、《李衛公問對》頒之于武學，號爲《七書》。"

日本今存《六韜》古寫本多種。

室町時代（1393—1573 年）寫本一種六卷。此本每半葉有界九行，行二十字左右。墨界單邊。行間眉上批識文字甚密。原本二册，封面左肩題寫"呂望著六韜卷乾（或坤）"，係德川時代筆墨。此本今存慶應大學附屬圖書館。

室町時代寫本一種六卷。此本無界每半葉八行，行十四字左右。墨界單邊。卷中有朱筆句點、勾點，及朱墨兩色訓點。眉上行間有和文注文甚多。卷末附《六韜秘傳》及兵器圖。此本今存慶應大學附屬研究所斯道文庫。

室町時代中期寫本一種六卷。每半葉有墨界九行，行二十字左右。全卷有朱點，并附訓釋。卷中有"靈源院"朱印，"北柳生森氏所持"墨印。又有内藤虎次郎（湖南）手識文，曰"昭和壬申八月念貳，獲此于伊賀上野，北柳生森氏墨印之下隱隱見有靈源院朱印。乃東福寺子院。院多藏書，此其散落人間者。"此本原藏恭仁山莊，今存武田科學振興財團杏雨書屋。

室町時代後期寫本一種三卷。卷中有朱墨訓點，句讀。眉上行間有音義批注。各葉後都附襯紙。卷中有"木正辭章"印記。此本原屬三菱財團岩崎氏家，今存東洋文庫。

後奈良天皇天文四年（1535 年）寫本六卷。此本無邊無界，每半葉八行，行十八字至二十字不等。卷中有訓點，并時有假名訓釋。卷末有識文"于時天文乙未孟春下旬於江户崎書之畢"一行。此本今存日光輪王寺，屬天海藏。

後奈良天皇天文五年（1536 年）寫本（殘本）一種三卷。此本無界九行，行二十字左右。此本今存卷四至卷六。卷中有朱筆句點、勾點，及墨筆訓點。層格行間有和文注文。卷末書寫"于時天文五年五月九日於足利書之主閑月口"，右側并有花押。此本原係足利學校舊藏，今存慶應大學附屬研究所斯道文庫。

正親町天皇永禄元年（1558 年）寫本六卷。每半葉有界八行，行二十字左右。卷中有朱點，并有墨筆訓點。卷末有書寫識文。此本原係佐竹北家藏書，今存奈良縣阪本龍門文庫。

江户時代初期清原宣閑自筆本《六韜秘抄》寫本六卷。今存京都大學附屬圖書館。

江户時代初期《六韜秘抄》寫本一種六卷。此本每半葉十二行,各行字數不等。卷中有朱筆句點,首有"大林寺藏本"印記。今存慶應大學附屬研究所斯道文庫。

又,後水尾天皇寛永元年(1624 年)玄佐用活字版刊印《六韜秘抄》六卷。此本每半葉無界十二行,各行字數不等。粗黑口,四周單邊。

江户時代《官板書目》"子部"著録《六韜》六卷附《逸文》一卷。仁孝天皇天保四年(1833 年)昌平坂學問所用平津館本官刊清人孫星衍校《六韜》六卷并《逸文》一卷,即此本。其後有孝明天皇嘉永五年(1852 年)山城屋左兵衛的重印本。

孫子集注十三卷

(周)孫武撰　　(宋)吉天保集注
明嘉靖年間(1522—1566 年)刊本　　共五册
尊經閣文庫藏本　　原江户時代加賀藩主前田綱紀等舊藏

【附録】九世紀日本藤原佐世撰《本朝見在書目》,其第卅三"兵家類"中著録《孫子》書如下:

《孫子兵法》二卷,吳將孫武撰。

《孫子兵法書》一卷,巨詡撰。

《孫子兵書》三卷,魏武解。

《孫子兵書》一卷,魏祖略解。

《孫子兵法八陣圖》二卷。

《續孫子兵法》二卷,魏武帝撰。

《魏武帝兵書》十三卷,魏武帝撰。

這是日本古文獻關于《孫子》的最早記載。

東山天皇元禄十五年(1702 年)彌生吉且《倭版書籍考》卷三"武書之部"著録《孫子集注》十三卷。其釋文曰:"此本採諸家之注,是爲好書。然編者不明,新都黄邦彦校正,并有新都程巨源《序》。"靈元天皇寛文九年(1669 年)京都村上勘兵衛刊印明人黄邦彦本《孫子集注》十三卷,即此本。此本其後有大阪文榮堂伊丹善兵衛重印本。

仁孝天皇天保十五年(1844 年)《官板書籍解題略》卷下"子部"著録《孫子》三卷。其識文曰:

"此本係周時孫武撰,魏武帝注。《史記孫子列傳》載武之書十三篇,《漢書·藝文志》載《孫子兵法》八十二篇、《圖》九卷。然杜牧所注,又傳十三篇。杜牧曰,武之書數十萬言,魏武削其繁瑣,録其精粹,而成是書。然司馬氏所傳之十三篇,則非《漢志》之八十二篇也。又有梅聖俞之説,指此書乃春秋之末戰國之初爲山林處士所言,并爲其徒誇大之説,其説中以闔盧試以婦人爲陣最爲奇險。然此説實不足信也。"

同書又著録《十家注孫子》,其識文曰:

"是書謂十家者,乃曹操、王凌、張子尚、賈詡、李荃、杜牧、陳皞、賈孫鎬、梅堯臣、王哲之注也。然不知何人所編。"

後櫻町天皇寶曆十四年(1764 年)蓮池藩刊印《魏武帝注孫子》三卷一册。此本由岡白駒校點。其後有京都村上勘兵衛重印本。

江户時代《官板書目》"子部"著録《孫子》三卷。仁孝天皇天保四年(1833 年)昌平坂學問所用平津館本官刊《魏武帝注孫子》三卷,即此本。其後有出雲寺萬次郎重印本。

孝明天皇嘉永五年(1852 年)刊印《魏武帝注孫子》三卷。此本係清人楊守敬校。

《官板書目》"子部"又著録《十家注孫子》四册。仁孝天皇天保十四年(1843 年)昌平坂學問所刊印宋人吉天保編輯《孫子十家注》十三卷,即係此本。其後有嘉永六年(1853 年)昌平坂學問所重印本,出雲寺萬次郎重印本。

又,江户時代有荻藩明倫館刊印《孫子》白文本,先憂後樂堂刊印《孫子》白文本。

孫子集注十三卷

(周)孫武撰　　(宋)吉天保集注　　(明)黄邦彦校
明萬曆年間(1573—1620 年)刊本
内閣文庫　　静嘉堂文庫藏本

【按】每半葉有界十行，行二十字。白口，四周單邊。

卷前有明萬曆己丑（1589年）程巨源《序》。卷末有黃邦彥《跋》。

楊守敬《日本訪書志》卷七著錄此本，其識文曰：

"卷首題'孫子集注卷之一'，次行題'新都後學黃邦彥校正'……按陽湖孫氏校刻本，稱《道藏》原本題曰'集注'，大興朱氏明刻本題曰'注解'。今此題'集注'，則知亦原於《道藏》。又孫氏稱書中或改曹公爲曹操，或以孟氏置唐人之後，或不知何延錫之名（而）稱爲何氏，或出杜佑於杜牧之後。今按此本魏武注皆稱曹操，無稱曹公者，此或黃氏校改，其餘皆如孫氏說。又'道者令民與上同意也'，孫云'令民'二字原本脫，此本有'令民'二字，則亦黃氏所補歟？孫氏校訂此書頗精核，此本似不足錄，但孫本於篇題之注，皆作雙行小字，與本書注不一律，此則通爲雙行，體例較勝。又孫本'法者曲制官道主用也'，杜牧注'制者金鼓□□有節制也'，空二字未刻。按此本知爲'旌旗'二字，其他間與孫本異同處，寸有所長，亦校《孫子》者所不廢也。日本寬文九年書坊以此本重刊，則頗有脫葉，不足觀矣。按此書自《道藏》本外，明人重刻有朱氏所藏注解本，又有此本，而《四庫》皆不著錄，則流傳之少可知也。"

內閣文庫藏此同一刊本三部。一部原係吉田意庵舊藏。後歸昌平坂學問所。共二冊；一部原係楓山官庫舊藏，共四冊；一部亦四冊。

靜嘉堂文庫藏本，原係陸心源十萬卷樓舊藏。卷末《跋》頁破損，姓名不可辨。共四冊。

孫武子十三篇講意二卷

（明）楊魁講意

明嘉靖年間（1522—1566年）京衛武學校刊本　共一冊

內閣文庫　蓬左文庫藏本

【按】卷末有明嘉靖四十四年（1565年）三衢楊氏《後序》，題署"嘉靖乙丑（1565年）七月，京衛武學教授，楊魁叙"。

內閣文庫藏本，原係吉田意庵舊藏，後歸昌平坂學問所。

蓬左文庫藏本，原係江戶幕府第一代大將軍德川家康舊藏。卷中有"御本"印記。後贈予其子尾張藩主家，歸尾陽內庫收藏。

（新刊校正京本）孫武子兵法本義二卷

（明）鄭靈注解　傅震校正

明嘉靖年間（1522—1566年）金陵李氏刊本　共一冊

內閣文庫藏本　原吉田意庵　昌平坂學問所舊藏

【按】卷前有明正統三年（1438年）同安鄭氏《序》。

《序》末次行，有"金陵書肆李氏綉梓"八字。

（新刊校正京本）孫武子兵法本義二卷

（明）鄭靈注解　傅震校正

明嘉靖年間（1522—1566年）北京傅氏復金陵李氏刊本　共一冊

蓬左文庫藏本　原江戶幕府大將軍德川氏尾張藩主德川家舊藏

【按】每半葉有界十一行，行二十三字。注文雙行。白口，四周雙邊。

卷前有明正統三年（1438年）同安鄭氏《序》。

正文首頁首行頂格題署"新刊校正京本孫武子兵法本義卷之上"。次行上空十二字題署"同安後學鄭靈希山注解"，三行亦上空十二字題署"北京武學傅震元峰校正"。四行上空二字題署篇目標題。正文引《孫子》文皆頂格，注文皆低正文一格。

此本上下卷細目爲：

上卷：始計、作戰、謀攻、軍形、兵勢、虛實、軍事。

下卷：九變、行軍、地形、九地、火攻、用間。

卷中有"御本"印記，係江戶幕府第一代大將軍德川家康舊藏。

(新刊校正京本)孫武子兵法本義三卷

(明)鄭靈注解

明嘉靖年間(1522—1566 年)積善書堂刊本
共一册

内閣文庫藏本　原楓山官庫舊藏

孫子參同三卷

(明)李贄評

明刊本　共三册

尊經閣文庫藏本　原江户時代加賀藩主前
田綱紀等舊藏

孫子參同(孫子參同廣注)五卷　首一卷

(明)李贄評　王世貞批點　松筠館主人(閔
于忱)編

明萬曆四十八年(1620 年)吴興松筠館朱墨
套印刊本　共六册

内閣文庫　尊經閣文庫　蓬左文庫　東京
大學總合圖書館藏本

【按】每半葉有界八行,行十八字。白口,四
周單邊。

内閣文庫藏本,原係楓山官庫舊藏。

尊經閣文庫藏本,原係江户時代加賀藩主前
田綱紀等舊藏。

蓬左文庫藏本,原係尾張藩主德川氏家舊
藏。卷中有"尾陽内庫"印記。

東京大學總合圖書館藏本,原係江户時代紀
州德川家南葵文庫等舊藏。

孫子明解八卷　師卦解一卷

(明)鄭二陽解

明崇禎元年(1628 年)刊本

國會圖書館　内閣文庫藏本

【按】每半葉有界八行,行十八字。白口,四
周單邊。

國會圖書館藏本,共六册合二册。

内閣文庫藏本,原係楓山官庫舊藏。共六
册。

【附録】據日本《商舶載來書目》的記載,東山
天皇元禄七年(1694 年)中國商船"曾字號"載
《孫子明解》一部五帙、《孫子答問解》一部六帙
抵日本。

孫武子會解四卷

(明)郭良翰解

明崇禎三年(1630 年)萬卷樓刊本　共四册

内閣文庫　尊經閣文庫藏本

【按】每半葉有界九行,行二十字。白口,四
周單邊。

【附録】據日本《商舶載來書目》記載,光格天
皇天明三年(1783 年)中國商船"曾字號"載
《孫子會解》一部四册抵日本。

孫子合符全集二卷

(明)鄭元極解

明崇禎年間(1628—1644 年)刊本　共二册

内閣文庫　尊經閣文庫藏本

【按】内閣文庫藏此同一刊本兩部。一部原
係昌平坂學問所舊藏;一部原係楓山官庫舊
藏。

尊經閣文庫藏本,原係江户時代加賀藩主前
田綱紀等舊藏

孫子書解引類(孫子書)三卷

(明)趙本學編注

明刊本

内閣文庫　尊經閣文庫藏本

【按】内閣文庫藏本,原係楓山官庫舊藏。共
三册。

尊經閣文庫藏本,原係江户時代加賀藩主前
田綱紀等舊藏,共六册。

楊守敬《日本訪書志》卷七著録明刊本《孫子
書》五卷。其識文曰:

"明趙本學注。本學字虛舟,晋江人。
據俞大猷《跋》,蓋即大猷之師,所著尚有《韜
鈐》二編。此本前有巡撫湖廣郭惟賢《序》,

巡撫湖廣梁見孟《序》,末有都督僉事俞大猷《跋》。據序跋,此書初刻于薊遼,再刻于湖湘,三刻于郾陽。此即郾陽本也。其書章節句辭,蓋融貫十家注及《講義》、《直解》等書而成。又以史傳與此書相發者,別爲《引類》。明白曉暢,誠《孫子》注之善本也,而《四庫》不著録,他家書目亦不載,蓋亡佚矣。此書日本有重刻,改題爲《趙注孫子》,其板售於書估,運至上海矣。"

【附録】日本孝明天皇文久三年(1863年)窪田清音刊印明人趙本學編注《孫子書》,改題《趙注孫子》,凡五卷。此本由日人窪田清音訂。元治元年(1864年)有亦西齋重印本。

吴子二卷　吴子傳一卷

(周)吴起撰　(明)劉寅注
明天啓六年(1626年)刊本　共二册
内閣文庫藏本　原昌平坂學問所舊藏

【按】每半葉有界九行,行二十字。白口,四周單邊。

【附録】仁孝天皇天保十五年(1844年)《官板書籍解題略》"子部"著録《吴子》二卷。其識文曰:

"周時吴起撰。起之事迹見《史記》列傳。《漢書·藝文志》載《吴起兵法》四十八篇,然《隋志》作二十一卷,《通志》有孫鎬注一卷,却無四十八篇之録。其流傳之曲折,亦一如《孫子》之八十二篇也。"

江户時代《官板書目》"子部"著録《吴子》二卷。

仁孝天皇天保四年(1833年)昌平坂學問所用平津館本官刊《吴子》二卷。此本即係《官板書目》著録本。

素書一卷

(漢)黄石公撰　(宋)張商英注
明萬曆年間(1573—1620年)翠巖館刊本共一册
靜嘉堂文庫　東洋文庫藏本

【按】卷末有明萬曆戊子(1588年)無名氏《書後》。

靜嘉堂文庫藏本,原係陸心源十萬卷樓舊藏。

東洋文庫藏本,原係藤田豐八等舊藏。

【附録】日本近衛天皇康治二年(1143年)九月二十九日,後來成爲左大臣的藤原賴長在其所撰《臺記》中記載在該日之前讀過的書目一千三百卷,其中有《素書》一種。

室町時代(1393—1573年)有《黄石公素書注解并序》寫本一種,此本原係江户時代近衛家凞等舊藏,今存陽明文庫。

東山天皇元禄十五年(1702年)彌生吉且《倭版書籍考》卷六"諸子百家之部"著録《黄石公素書》一卷。

後水尾天皇與明正天皇寬永年間(1624—1643年)刊印宋人張商英注《黄石公素書》。此本其後有京都出雲寺和泉掾重印本。

後櫻町天皇明和二年(1765年)刊印日人荻生茂卿撰,宇佐美惠校《素書國字解》二卷。

素書一卷

(漢)黄石公撰　(宋)張商英注　(明)程榮校
明刊本(《漢魏叢書》零本)　共一册
内閣文庫藏本　原木村兼葭堂舊藏

黄石公秘傳素書(不分卷)

題(秦)黄石公撰
明人寫本　共一册
尊經閣文庫藏本　原江户時代加賀藩主前田綱紀等舊藏

孫子一卷　吴子二卷　司馬子一卷　黄石公素書一卷

(周)孫武等撰　(明)吴中珩等校
明刊本　共一册
關西大學附屬圖書館内藤文庫藏本　原内藤湖南恭仁山莊舊藏

【按】每半葉有界九行,行十八字。白口。四周雙邊(19.1cm×13.4cm)。

外封題"明刊孫子吳子司馬子黃石子"。

細目如次:

《孫子》一卷,原題"孫子　明新安吳中珩校"。附司馬遷《孫子列傳序》。

《吳子》二卷。原題"吳子　明新安吳勉學校"。

《司馬子》一卷,原題"司馬子"。附一蠹居士《司馬子題辭》。

《黃石公素書》一卷,原題"黃石公素書　明新安吳勉學校"。附英天覺《黃石公素書序》。

【附錄】十七世紀初建立的以德川家康爲第一任大將軍的江户幕府,一直提倡中國的"兵學",特別以《司馬法》中"天下雖安,忘武必危"作爲治理國家之道。十八世紀中期日本學者堀景山在其《不盡言》中對此有諸多的研討。

孝明天皇慶應二年(1866年)居易堂刊印《孫吳約說》(《孫武子》一卷,《吳子》一卷,合二卷)。此本由日人富岡鐵齋(猷輔)校。

江户時代《官板書目》"子部"著錄《司馬法》三卷。仁孝天皇天保四年(1833年)昌平坂學問所用平津館本官刊《司馬法》三卷,即係此本。

諸葛武侯兵書(不分卷)

(漢)諸葛亮撰

明刊本　共十册

尊經閣文庫藏本　原江户時代加賀藩主前田綱紀等舊藏

【按】據江户時代《商舶載來書目》記載,後桃園天皇安永八年(1779年),中國商船"不字號"載《武侯秘演禽書》一部一帙抵日本。

(新鐫)諸葛武侯八陣圖秘法一卷

(漢)諸葛亮撰　(明)喻汝礪解

明刊巾箱本　共一册

蓬左文庫藏本

(新鐫)漢丞相諸葛孔明異傳奇論注釋評林七卷

(漢)諸葛亮撰　(明)章嬰評注

明刊本　共三册

尊經閣文庫藏本　原江户時代加賀藩主前田綱紀等舊藏

【附錄】日本東山天皇元禄十五年(1702年)彌生吉且《倭版書籍考》卷三"武書之部"著錄此本,題曰"《諸葛孔明異傳兵法》七卷。大明萬曆年中臨川章嬰編之"。同書又著錄《孔明心書》一卷,題曰:"孔明作。"

後西天皇萬治四年(1661年)佐野七左衛門、中野仁兵衛刊印《諸葛孔明異傳兵法注解評林》七卷。其後東山天皇寶永六年(1709年)有大阪大野木市兵衛重印本。

(郭青螺先生批評)諸葛武侯兵要十一卷

(明)郭青螺批評

明天啓三年(1623年)朱墨套印刊本　共五册

內閣文庫藏本　原楓山官庫舊藏

【按】每半葉有界七行,行十六字。白口,四周雙邊。

此本細目如次:

《諸葛武侯新書》三卷,《諸葛武侯心書》六卷,《八陣圖圖說辯正伍法》一卷,《武侯傳》一卷。

(新鐫漢丞相)諸葛孔明異傳奇論注解評林五卷

(明)章嬰注評

明余文台刊本

內閣文庫藏本

【按】每半葉有界八行,行十八字。白口,四周雙邊。

內閣文庫藏此同一刊本兩部。一部原係江户時代林羅山舊藏。卷中有"江雲渭樹"印記。共一册;一部原係楓山官庫舊藏。共二册。

白猿奇書兵法雜占象詞（不分卷）

　　題（唐）李靖撰　　（明）蘇茂相校
　　明刊本　共二册
　　內閣文庫藏本　原楓山官庫舊藏
　　【附録】日本後光明天皇慶安四年（1651年）刊印明蘇茂相校本《白猿奇書兵法雜占象詞》。

李衛公望江南集（不分卷）

　　（唐）李靖撰
　　明萬曆十年（1582年）刊本　共一册
　　國會圖書館藏本

李衛公天象占候秘訣歌一卷

　　（唐）李靖撰
　　明天啓年間（1621—1627年）刊本　共一册
　　陽明文庫藏本　原江户時代近衛家凞等舊藏
　　【按】前有明天啓二年（1622年）《序》。

神機制敵太白陰經十卷

　　（唐）李荃撰
　　舊寫本　共八册
　　静嘉堂文庫藏本
　　【按】卷前有《自序》。次有列衘，題"秘書閣楷書臣羅士良謄"，"御書祗侯臣張永和監"，"入內黃門臣朱永中監"，"入內內侍高班內品臣譚元吉監"，"入內內侍高班內品臣趙承信監"。

武經七書二十五卷

　　（周）孫武等撰　　（宋）朱服奉敕校定
　　南宋刊本　共六册
　　静嘉堂文庫藏本　原汪士鐘　郁松年　陸心源皕宋樓舊藏
　　【按】每半葉有界十行，行二十字。白口，左右雙邊（20.5cm×14.6cm）。單黑魚尾，版心有刻工姓名，如孫春、孫斌、孫日新、王恭、王政、王文、李思忠、思忠、陳晃、陳鎮、楊仁、楊景仁、劉昭、凌宗、金榮、金嵩、汪彦、高異、黄富、施昌、朱雲、朱宥、章宇、趙良、符彦、德裕、嚴忠、陸選、周彦、褚趙良、吳榮二等。

　　卷中避宋諱。凡"玄、敬、驚、警、殷、貞、徵、讓、溝、講、慎"等字皆缺筆。

　　前有《武經七書總目録》：

　　《孫子》三卷。題"周孫武撰"。此本卷上第一、二、五葉係後人寫補。

　　《吳子》二卷。題"周吳起撰"。此本卷下第三、六葉係後人寫補。

　　《司馬法》三卷。撰人無考。此本卷上第一葉、卷中第三葉係後人寫補。

　　《尉繚子》五卷。題"周尉繚撰"。此本卷一第一葉、卷三第五葉係後人寫補。

　　《黄石公三略》三卷。題"漢黄石公傳"。

　　《六韜》六卷。題"周吕望撰"。此本卷六第四十四、四十五、五十葉係後人寫補。

　　《唐太宗李衛公問對》三卷。題"唐李靖撰"。此本卷下第四、六葉係後人寫補。

　　此書刻版字畫方勁，有歐顔筆意。卷首有"禮部官書"四字九叠篆朱文大長印。卷中有"汪士鐘印"、"郁松年印"、"鮑芳谷印"、"宋本"、"泰豐"、"臣陸樹聲"、"歸安陸樹聲叔桐父印"、"歸安陸樹聲所見金石書畫記"等印記。

　　《儀顧堂題跋》卷六著録此本，并曰：

　　　　"當爲宋孝宗時刊本。《七書》彙刊，始于宋元豐二年。事見李燾《續通鑒長編》。元豐六年國子司業朱服言，承詔校定《孫子》、《吳子》、《司馬法》、《衛公問對》、《三略》、《六韜》。諸子所注《孫子》，互有得失，未能去取，它書雖有注解，淺陋無足采者。臣謂宜去注，行本書。以待學者之自得。'詔《孫子》止用魏武帝注，餘不用注。'亦見《長編》。此本《孫子》亦無魏武注，殆因朱説而削之歟？"

　　董康《書舶庸譚》卷八著録此本。

　　【附録】九世紀日本藤原佐世撰《本朝見在書目》第卅三"兵家類"著録《司馬法》三卷，齊相司馬穰洰撰。"同書有著録"《黄石公三略記》三卷,下邳神人撰,成氏撰。"這是日本古文獻關於《司馬法》與《三略》的最早記載。

仁孝天皇天保十五年(1844年)《官板書籍解題略》"子部"著錄《司馬法》三卷。

據日本《商舶載來書目》記載,中御門天皇享保十二年(1727年)中國商船"不字號"載《武經七書全文》一部四冊抵日本。

又,《倭版書籍考》卷三"武書之部"著錄《七書》。其釋文曰:"宋朱服于元豐年中定《孫子》、《吳子》、《司馬法》、《太宗問答》、《尉繚子》、《三略》、《六韜》爲《七書》。《文獻通考》有《七書評議》。慶長年中,受東照神君之命,刊印此書。此凡《孫子》三卷一冊,《吳子》二卷一冊(《文獻通考》作三卷),《尉繚子》五卷一冊,《三略》三卷一冊,《六韜》六卷一冊,《太宗問答》三卷一冊。此刊本有足利學校寮主閑室元佶跋文,本文係無點白文本。"

後陽成天皇慶長十一年(1606年)刊印《七書》二十五卷。此本天頭地邊闊大。每半葉有界八行,行十七字。是爲"伏見版"。此本即《倭版書籍考》著錄之本。其後有重印本數種。

明正天皇寬永二十年(1643年)刊印《七書》二十五卷。此本由日僧元佶校點。其後有後光明天皇正保三年(1646年)重印本。

靈元天皇寬文四年(1664年)京都清水重右衛門刊印《七書》二十五卷。

江户時代又有《武經七書合解大成俚諺鈔》二十五卷。此本係日人神田勝久(白龍子)撰。

又,正親町天皇——後陽成天皇天正年間(1573—1591年)有《黃石公三略》三卷寫本一種。此本每半葉六行,行十六字左右。卷中有朱點、朱引與墨訓。卷末書寫"於東關野之足利學校近邑書之,時天正念一(癸巳)長春吉日松月用之"。日本天正年號共十九年,無二十一年之時。癸巳紀年,實爲後陽成天皇文禄二年,即1593年。此年若以"天正"繼之,恰爲"念一年"。此本卷中有游紙,記足利學校《三略》講課之内容。今藏慶應義塾大學附屬研究所斯道文庫。

十六世紀末有《黃石公三略》三卷寫本一種。今藏東洋文庫。

十六世紀末有《黃石公三略》三卷寫本一種。今藏高知縣立圖書館。

武經七書二十五卷

(周)孫武等撰　(宋)朱服奉敕校定

明嘉靖年間(1522—1566年)刊本　共十四冊

内閣文庫藏本　原明人陸深　昌平坂學問所舊藏

【按】每半葉有界九行,行二十字。白口,四周單邊。

全書細目與静嘉堂藏宋刊本同。

武經七書二十五卷

(周)孫武等撰　(宋)朱服奉敕校定

明刊本　共十七冊

龍谷大學大宮圖書館藏本　原寫字臺文庫等舊藏

【按】此本細目如次:

《十一家注孫子》三卷,附《孫子傳》、《十一家注孫子遺説》并《序》一卷;《吳子直解》三卷　(明)劉寅解;

《司馬法集解》三卷　(明)劉寅解　劉源注　閭禹錫校集;

《尉繚子直解》五卷　(明)劉寅解;

《三略直解》三卷　(明)劉寅解;

《六韜直解》六卷　(明)劉寅解;

《唐太宗李衛公問對》三卷　(明)劉寅解。

武經七書二十五卷

(周)孫武等撰　(宋)朱服奉敕校定

明刊本　共七冊

尊經閣文庫藏本　原江户時代加賀藩主前田綱紀等舊藏

(新鐫)武經七書七卷

(宋)佚名輯　(明)王守仁批評　胡宗憲校

明天啓年間(1621—1627年)朱墨套印刊本
共八册

蓬左文庫　尊經閣文庫藏本

【按】每半葉有界八行,行十七字。白口,四周單邊。

前有明天啓元年(1621年)《序》。

【附録】日本後西天皇萬治二年(1659年)野田彌兵衛刊印《七書》七卷二册。此本由日人林道春點。其後有京都風月莊左衛門重印本。

靈元天皇寬文四年(1664年)京都清水重右衛門刊印《七書》七卷。其後有天和三年(1683年)重印本。

靈元天皇延寶元年(1673年)刊印《標題武經七書全文》七卷。此本其後有大阪河内屋太助重印本,河内屋仁助重印本。

光格天皇寬政五年(1793年)刻刊溪百年校《七書正文》七卷。此本於寬政七年(1795年)大阪柏原屋嘉兵衛、江户西村源六刊印。其後有大阪河内屋太助重印本。

孝明天皇弘化三年(1846年)大阪文金堂河内屋太助刊印《開宗直解鼇頭七書》七卷。

孝明天皇慶應二年(1866年)浪華河内屋源七郎刊印《七書正文》三卷一册。

(新鎸增補標題)武經七書七卷　附録十九卷

(周)孫武等撰　(明)陳玖學編　《附》(明)李元瑛編

明萬曆四十二年(1604年)刊本　共八册

内閣文庫藏本　原楓山官庫舊藏

【按】卷前有明萬曆四十二年《序》。

【附録】分爲《彈柳居精纂武經題意作文訣》七卷;《彈柳居精纂百將類編》十卷;《彈柳居訂正九邊通考》一卷;《彈柳居訂正馬步射法》一卷。

武經參同(武經七書參同集)六卷

(宋)謝枋得編　(明)李贄校

明刊本　共二册

内閣文庫藏本　原楓山官庫舊藏

武經總要前集二十二卷　後集二十卷

(宋)曾公亮　丁度等奉敕編撰

明正統年間(1436—1449年)刊本　共二十四册

静嘉堂文庫藏本　原陸心源十萬卷樓舊藏

【按】卷首有仁宗皇帝《御製序》。

卷中有"王原祁"白文方印、"麓台"朱文方印。

武經總要前集二十二卷　百戰奇法十卷　附天河轉運流星年月

(宋)曾公亮　丁度等奉敕編撰

明弘治年間(1488—1505年)刊本　共八册

内閣文庫藏本　原楓山官庫舊藏

【按】每半葉有界十一行,行二十一字。黑口,四周雙邊。

前有明弘治十七年(1504年)《序》。

武經總要前集二十二卷　附百戰奇法一卷　後集二十一卷　附行軍須知二卷

(宋)曾公亮　丁度等奉敕編撰

明萬曆二十七年(1599年)金陵富春堂刊本共十九册

米澤市立圖書館藏本　原上杉氏興讓館等舊藏

【按】每半葉有界十一行,行二十一字。白口,四周單邊(20.4cm×13.3cm)。

封面題:"重刻校正增補　金陵富春堂發行官板武經總要"。版心題"武經總要"。卷首題"豫章新齋李鼎長卿訂,金陵對溪唐富春校"。卷末有宋紹定四年(1231年)濠州學校教授趙體《跋》,并明萬曆二十七年(1599年)鄭魏挺《跋》。

此本附圖與《四庫全書》本相比,全然不同。且《四庫全書》本也無《百戰奇法》及《行軍須知》。

卷中有"米澤文庫"印記。

武經總要前集二十二卷　後集二十一卷　附武經總要百戰奇法前集一卷　後集一卷　附武經總要行軍須知二卷

（宋）曾公亮　丁度等奉敕編撰

明萬曆年間（1573—1620 年）刊本

蓬左文庫　尊經閣文庫藏本

【按】每半葉有界十一行，行二十一字。注文雙行。黑口，四周雙邊。

蓬左文庫藏本，原係江户幕府第一代大將軍德川家康舊藏。後贈予其子尾張藩主家，歸尾陽内庫收藏。卷中有“御本”印記。共十六册。

尊經閣文庫藏本，原係江户時代加賀藩主前田綱紀等舊藏，共二十六册。

（新刻批評）百將傳正集十卷　評林四卷　附録一卷　續集四卷

（宋）張預編撰　（明）趙光裕批評　《評林》（明）顧其言編撰　胡邦正、楊元同校評　《續集》（明）何喬新編撰

明天啓四年（1624 年）武林起秀堂刊本　共八册

蓬左文庫　東京大學總合圖書館藏本

（新刻官板批評）正百將傳十卷

（宋）張預編撰　趙光裕批評

明萬曆年間（1573 — 1620 年）刊本　共二册

蓬左文庫藏本　原江户幕府大將軍德川氏尾張藩主家舊藏

【按】此本係後水尾天皇元和年間（1615 — 1624 年）承庵獻贈於幕府大將軍德川家康，卷中有“御本”印記。後幕府又贈予尾張藩主家。

（新刊官板批評）正百將傳十卷　續四卷

題（宋）張預撰　《續》（明）何喬新撰

明萬曆十七年（1589 年）金陵周曰校刊本

國會圖書館　内閣文庫　尊經閣文庫藏本

【按】每半葉有界十行，行二十字。白口，四周單邊。

國會圖書館藏本，共五册，現合三册。

内閣文庫藏本，原係楓山官庫舊藏。共六册。

尊經閣文庫藏本，原係江户時代加賀藩主前田綱紀等舊藏，共八册。

【附録】據江户時代《商舶載來書目》記載，東山天皇元禄六年（1693 年）中國商船“波字號”載《百將提衡》一部二十册抵日本。寶永五年（1708 年）中國商船“不字號”載《古今合法將傳》一部六册，“世字號”載《正續百將傳》一部六册抵日本。中御門天皇享保八年（1723 年）中國商船“古字號”載《古今名將傳》一部二帙抵日本。

（新刊官板批評）正百將傳十卷　續四卷

題（宋）張預撰　《續》（明）何喬新撰

明萬曆二十一年（1593 年）余氏萃慶堂刊本共五册

内閣文庫藏本　原江户時代林羅山等舊藏

【按】每半葉有界十行，行二十字。白口，四周單邊。

卷中有“江雲渭樹”印記。

（新刊官板批評）正百將傳十卷　續四卷

題（宋）張預撰　《續》（明）何喬新撰　趙光裕評

明刊本　共十册

内閣文庫藏本

虎鈐經二十卷

（宋）許洞撰　（明）蘇茂相訂

明刊本　共四册

尊經閣文庫藏本　原江户時代加賀藩主前田綱紀等舊藏

【按】每半葉有界十行，行二十字。白口，四周單邊。

【附録】據《商舶載來書目》記載，中御門天皇享保十六年（1731 年）中國商船“古字號”載《虎鈐經》一部一帙抵日本。

據《改濟書籍目録》記載,光格天皇文化元年(1804年)中國商船"亥七番"載《虎鈐經》二部抵日本。同年,中國商船"亥九番"載《虎鈐經》十六部,每部一帙抵日本;中國商船"子三番"與"子六番"各載《虎鈐經》一部一帙抵日本。各船定價皆爲每部六匁。

據《外船書籍元帳》記載,光格天皇文化元年(1804年)中國商船"子六番"載《虎鈐經》一部抵日本,售價六匁。

江戸時代有東山天皇元禄九年(1696年)日人能以《虎鈐經》寫本二十卷。

（明人著作之屬）

武經直解十二卷

（明）劉寅撰

明嘉靖年間(1522—1566年)刊本　共十册

尊經閣文庫藏本　原江戸時代加賀藩主前田綱紀等舊藏

武經直解（七書直解）十二卷

（明）劉寅撰　張居正增訂　翁鴻業重校

明萬曆年間(1573—1620年)錢塘翁鴻業刊本　共八册

内閣文庫　蓬左文庫藏本

【按】卷前有劉寅《序》。此《序》罕見,兹録於後:

"洪武三十年,年在丁丑,太祖高皇帝("高皇帝"三字疑萬曆本所加改——編著者)有旨,俾軍官子孫講讀武書,通曉者臨期試用。寅觀舊注數家,矛盾不一,學者難於統會。市肆板行者闕誤亦多,雖嘗口授於人,而竟不能曉達其理。於是取其書,删繁撮要,斷以經傳所載先儒之奧旨,質以平日所聞父師之格言,訛舛者稽而正之,脱誤者訂而增之,幽微者彰而顯之,傅會者辨而析之。越明年稿就,又明年書成。凡一十二卷,一百一十四篇,題曰《武經直解》。嗚呼,兵豈易言哉! 觀形勢,審虛實,出正奇,定勝負,凡所以禁暴弭亂,安民守國,鎮邊疆,威四夷者,無越於此也。聖人於是重之,故仁義忠信,知勇明決,兵之本也;行伍部曲,有節有制,兵之用也;其潜謀密運,料敵取勝者,兵之機也;一徐一疾,一動一静,一予一奪,一文一武,兵之權也。不有大智,其何能謀? 不有深謀,其何能將? 不有良將,其何能兵? 不有鋭兵,其何能武? 不有武備,其何能國? 欲有智而多謀,善將而能兵,提兵而用武,備武而守國,舍是書何以哉! 兵者詭道,是以孫吳之流專爲詐謀,《司馬法》以下數書論仁義節制之兵者,間亦有之。在學者推廣默識,心融而意會耳。雖然,兵謀師律,儒者罕言,譎詭變詐,聖人不取,仁義節制,其猶大匠之規矩準繩乎! 大匠能誨人以規矩準繩,而不能使之巧。寅爲此書,但直解經文,而授人以規矩準繩耳,出奇用巧,在臨時應變者自爲之,非寅所敢預言也。狂斐踰僭,得罪聖門,誠不可免,然於國家戡定禍亂之道,學者修爲戰守之方,亦或有所小補云! 洪武戊寅歲律中太原劉寅序。"

又有明萬曆五年(1577年)江陵張居正《序》。

楊守敬《日本訪書志》卷七著録此本,其識文曰:

"明劉寅撰。凡《孫子》三卷,《吳子》一卷,《司馬法》一卷,《李衛公問對》二卷,《尉繚子》二卷,《三略》一卷,《六韜》二卷。首《自序》。次萬曆五年張居正《增訂序》,次翁鴻業《序》。按此書不及施氏講義之博贍,而隨文解義,明暢易曉,故在《武經》中亦稱善本。《四庫》僅著其《三略》一種,阮文達《四庫未收書目》著其《司馬法》、《尉繚子》二種,知其書流傳甚罕。此本日本有重刊本。"

內閣文庫藏本,原係江户時代大學頭林氏家舊藏。共八册。

蓬左文庫藏本,共七册。

【附録】《倭版書籍考》卷三"武書之部"著録《七書直解》十二卷。其釋文曰:"本名《武經直解》,係大明洪武二十年太原劉寅折衷諸説,發明而成。萬曆年中,張泰岳再行考定。泰岳名居正,官位歷歷,亦爲名士。"

明正天皇寬永二十年(1643年)京都澤田莊左衛門刊印《武經直解》十二卷。此本其後有京都丁子屋莊兵衛重印本。

武學經傳句解十卷

(明)王圻撰

明萬曆年間(1573—1622年)刊本　共六册

尊經閣文庫藏本　原江户時代加賀藩主前田綱紀等舊藏

(新刊)續武經總要七卷　續編一卷

(明)趙本學撰　《續》俞大猷撰

明嘉靖年間(1522—1566年)刊本

內閣文庫　尊經閣文庫藏本

【按】每半葉有界十行,行二十字。白口,四周雙邊。

卷前有明萬曆二十二年(1594年)《序》。

內閣文庫藏本,原係豐後佐伯藩主毛利高標舊藏。仁孝天皇文政年間(1818—1829年)由出雲守毛利高翰獻贈幕府。卷中有"佐伯侯毛利高標字培松藏書畫之印"等印記,共八册。

尊經閣文庫藏本,原係江户時代加賀藩主前田綱紀等舊藏,共四册。

武經題旨明説十三卷

(明)汪本源撰

明崇禎年間(1628—1644年)刊本　共四册

尊經閣文庫藏本　原江户時代加賀藩主前田綱紀等舊藏

(新刊京本策論品題)武經通鑑七卷

(明)鄭靈撰

明萬曆三十九年(1611年)楊氏四知書堂刊本

內閣文庫　尊經閣文庫藏本

【按】內閣文庫藏本,原係楓山官庫舊藏。共六册。

尊經閣文庫藏本,原係江户時代加賀藩主前田綱紀等舊藏,共七册。

(新鐫)武經標題佐議(武經佐議)七卷

(明)臧應驥編撰

明天啓四年(1624年)序刊本　共四册

內閣文庫　尊經閣文庫　靜嘉堂文庫藏本

【按】內閣文庫藏本,原係楓山官庫舊藏。共四册。

尊經閣文庫藏本,原係江户時代加賀藩主前田綱紀等舊藏,共四册。

靜嘉堂文庫藏本,共二册。

(新鐫)武經標題正義七卷　附録一卷

(明)趙光裕編

明萬曆年間(1573—1620年)刊本　共二册

內閣文庫　東北大學附屬圖書館藏本

【按】每半葉十二行,行二十六字。白口,四周單邊。

卷前有明萬曆十六年(1588年)《序》。

附録係《武經節要》一卷。

內閣文庫藏本,原係楓山官庫舊藏。

東北大學藏本,原係狩野亨吉舊藏。

(新鐫)武經標題正義七卷　附録二卷

(明)趙光裕編

明萬曆年間(1573—1620年)刊本

尊經閣文庫　東北大學附屬圖書館藏本

【按】每半葉有界十行,行二十四字。白口,四周單邊。

卷前有明萬曆十六年(1588年)《序》。

附録係《武經節要》一卷;《陣法馬步射法棍法》一卷。

尊經閣文庫藏本,原係江戶時代加賀藩主前田綱紀等舊藏,共二册。

東北大學藏本,共三册。

(重訂箋注)孫吳合編四卷

(明)趙光裕注
明刊本　共三册
尊經閣文庫藏本　原江戶時代加賀藩主前田綱紀等舊藏

(新鎸)武經標題七書十卷

(明)謝弘儀編
明刊本　共三册
尊經閣文庫藏本　原江戶時代加賀藩主前田綱紀等舊藏
【按】每半葉有界九行,行二十三字。白口,四周單邊。

武經七書合箋武經續書十卷

(明)張明弼編
明崇禎年間(1628—1644年)刊本　共五册
尊經閣文庫藏本　原江戶時代加賀藩主前田綱紀等舊藏

袠谷子商騭武經七書十卷

(明)孫履恒編
明崇禎年間(1628—1644年)刊本　共六册
尊經閣文庫藏本　原江戶時代加賀藩主前田綱紀等舊藏
【按】每半葉有界八行,行二十字。白口,四周單邊。

武經通義(孫子司馬法通義)七卷

(明)陸萬垓編　陸長卿校　王堯年參閱
明崇禎十年(1637年)金陵陸氏刊本　共四册
内閣文庫　蓬左文庫藏本

【按】此本分《孫子通義》四卷;《司馬法通義》三卷。

内閣文庫藏本,原係楓山官庫舊藏。

蓬左文庫藏本,原係尾張藩主家舊藏。

(新鎸)武經七書集注七卷　兵法淵源一卷

(明)李清集注
明天啓四年(1624年)刊本
内閣文庫　尊經閣文庫藏本
【按】每半葉有界九行,行二十一字。白口,四周單邊。

内閣文庫藏本,原係豐後佐伯藩主毛利高標舊藏。仁孝天皇文政年間(1818—1829年)由出雲守毛利高翰獻贈幕府。卷中有“佐伯侯毛利高標字培松藏書畫之印”等印記,共七册。

尊經閣文庫藏本,原係江戶時代加賀藩主前田綱紀等舊藏。另有李延之《陣圖選勝》二卷。共五册。

【附録】據日本《改濟書籍目録》記載,光格天皇文化元年(1804年)中國商船“亥九番”載《武經七書集注》一部一帙抵日本。此本定價十匁。

武經七書解義七卷　附兵法一卷

(明)王升解義
明萬曆年間(1573—1620年)刊本　共八册
尊經閣文庫藏本　原係江戶時代加賀藩主前田綱紀等舊藏

(標題評釋)武經七書七卷

(明)陳元素評釋
明刊本　共七册
尊經閣文庫藏本　原江戶時代加賀藩主前田綱紀等舊藏

(新鎸)武經七書類注十五卷　首一卷　武經圖考一卷

(明)黃華暘類注
明崇禎十年(1637年)富酉堂刊本

内閣文庫　尊經閣文庫藏本

【按】内閣文庫藏本,原係昌平坂學問所舊藏。共六册。

尊經閣文庫藏本,原係江户時代加賀藩主前田綱紀等舊藏,共八册。

武經翼十五卷

(明)方家振編撰

明崇禎年間(1628—1644 年)信筆齋刊本共四册

内閣文庫　尊經閣文庫藏本

武經開宗十卷

(明)黄獻臣編撰

明末芙蓉館刊本

宮内廳書陵部　内閣文庫　東京大學總合圖書館藏本

【按】每半葉有界十行,行二十七字。白口,四周單邊。

宮内廳書陵部藏本,原係德山藩三代主毛利元次廣收“天下秘籍”之一種,東山天皇寶永三年(1706 年)《御書物目録》著録此本。明治二十九年(1896 年)由男爵毛利元功獻贈宮内省,共五册。

内閣文庫藏此同一刊本兩部。一部原係楓山官庫舊藏;一部原係江户時代林羅山等舊藏,卷中有“江雲渭樹”印記。兩部皆共六册。

東京大學總合圖書館藏本,原係江户時代加賀藩主前田綱紀等舊藏,共四册。

【附録】《倭版書籍考》卷三“武書之部”著録《武經開宗》十四卷。其釋文曰:

“此本係明崇禎年中蒲田黄獻臣編。卷一至卷九爲《七書》之文,第十卷題戚南塘,乃係戚南塘軍事談。戚南塘號,名繼光,字元敬。第十一卷係古今名將談,事涉鄭子龍。鄭子龍乃國姓爺之父。第十二卷乃弓馬之法。十三卷乃目陣之法也。序目一卷。計合十四卷。”

後西天皇寬文元年(1661 年)中野市右衛門

刊印《七書義解宗評訂織武經開宗》十四卷,共十四册。卷前由日人山中倡庵首書“武經開宗”。此本即係《倭版書籍考》著録之本。其細目如次:

第一册,武經開宗序、目録;

第二至三册,武經開宗孫子;

第四册,武經開宗吴子;

第五册,武經開宗司馬法;

第六册,武經開宗太宗問對;

第七册,武經開宗尉繚子;

第八册,武經開宗三略;

第九至十册,武經開宗六韜;

第十一册,武經開宗戚南塘;

第十二册,武經開宗古今名將傳;

第十三册,武經開宗弓馬法,武經開宗陣法;

第十四册,孫子全圖説。

(重刻)武經必讀四十五卷

(明)李材編撰

明刊本　共四十五册

内閣文庫藏本　原豐後佐伯藩主毛利高標舊藏

【按】此本於仁孝天皇文政年間(1818—1829 年)由出雲守毛利高翰獻贈幕府。卷中有“佐伯侯毛利高標字培松藏書畫之印”等印記。

兵政紀要五十卷

(明)李材撰　王民順編

明萬曆二十五年(1597 年)跋刊本　共十二册

内閣文庫藏本　原楓山官庫舊藏

經武淵源十五卷

(明)李材撰

明萬曆二十三年(1595 年)徐即登陳應芳刊本

國會圖書館　内閣文庫藏本

【按】國會圖書館藏本,共五册,現合三册。

内閣文庫藏本,共五册。

將將記二十四卷

(明)李材撰

明萬曆二十二年(1594年)徐即登等刊本

國會圖書館　内閣文庫藏本

【按】每半葉有界九行,行十八字。白口,四周雙邊。

卷前有明萬曆十六年(1588年)《序》。

國會圖書館藏本,共八册,現合四册。

内閣文庫藏本,原係楓山官庫舊藏。共八册。

(經世堂訂正)武經集注十四卷

(明)沈應明等編撰

明崇禎年間(1628—1644年)刊本　共八册

内閣文庫藏本　原楓山官庫舊藏

(新鐫)注解武經七卷

(明)沈應明等注解

明刊本　共六册

尊經閣文庫藏本　原江户時代加賀藩主前田綱紀等舊藏

武經類編二十卷

(明)王璜編撰

明刊本　共二册

内閣文庫藏本　原楓山官庫舊藏

(唐荆川先生纂輯)武編前六卷　後六卷

(明)唐順之撰　焦竑校

明武林徐象橒曼山館刊本

國會圖書館　内閣文庫　静嘉堂文庫　尊經閣文庫　蓬左文庫　東京大學總合圖書館　早稻田大學圖書館藏本

【按】國會圖書館藏本,共十二册,現合五册。

内閣文庫藏此同一刊本兩部。一部原係楓山官庫舊藏,共六册。一部原係江户時代林羅山等舊藏。卷中有"江雲渭樹"印記。共十二册。

静嘉堂文庫藏本,原係陸心源十萬卷樓舊藏。共十二册。

尊經閣文庫藏本,原係江户時代加賀藩主前田綱紀等舊藏,共十二册。

蓬左文庫藏本,原係尾張藩主德川氏家舊藏,卷中有"尾陽内庫"印記。此本係明正天皇寬永四年(1627年)從中國購入。共十二册。

東京大學總合圖書館藏本,原係江户時代紀州德川家南葵文庫等舊藏,共十二册。

早稻田大學圖書館藏本,原係多田駿寶弢室文庫等舊藏,共十二册。

經國雄略四十八卷

(明)鄭大郁撰　王介爵校

明萬曆十三年(1585年)温陵鄭氏觀社刊本

國會圖書館　内閣文庫　蓬左文庫藏本

【按】國會圖書館藏本,原共二十册,現合爲十册。細目如次:

第一至二册　《天經考》三卷;

第三至四册　《畿甸考》三卷;

第四至六册　《省藩考》四卷;

第七册　《河防考》四卷;

第八册　《海防考》三卷;

第九册　《江防考》三卷;

第十册　《賦徭考》三卷;

第十一册　《賦税考》三卷;

第十二册　《屯政考》二卷;

第十三至十五册　《邊塞考》六卷;

第十六册　《四夷考》二卷;

第十七册　《奇門考》三卷;

第十八至二十册　《武備考》九卷。

内閣文庫藏本,細目與國會圖書館藏本略有不同。其第三册至第六册爲《畿甸考》六卷,而無《省藩考》四卷。第十一册《賦税考》爲二卷,非三卷。此本原係江户時代林羅山等舊藏,卷中有"江雲渭樹"印記。共二十册。

蓬左文庫藏本,共二十四册。

武經注解考注八卷　武備集要二卷　武藝要法一卷

（明）周光鎬撰

明萬曆年間（1573—1620 年）刊本

尊經閣文庫　東京大學總合圖書館藏本

【按】尊經閣文庫藏本，原係江户時代加賀藩主前田綱紀等舊藏，共十一册。

東京大學總合圖書館藏本，今缺《武經注解考注》八卷。《武藝要法》一卷。實存《武備集要》二卷，共二册。

武經考注（武經注解）八卷

（明）周光鎬撰

明萬曆二十五年（1597 年）序刊本　共五册

内閣文庫藏本　原楓山官庫舊藏

將略標六十一卷

（明）周鑒撰

明崇禎十五年（1587 年）刊本　共十三册（合七册）

國會圖書館藏本

將略標六十六卷

（明）周□編撰

明萬曆年間（1573 — 1620 年）刊本　共四册

尊經閣文庫藏本　原江户時代加賀藩主前田綱紀等舊藏

江南經略八卷

（明）鄭若曾撰

明隆慶二年（1568 年）刊本　共六册（合三册）

國會圖書館藏本

【附録】據日本《商舶載來書目》記載，東山天皇元禄七年（1694 年）中國商船“古字號”載《江南經略》一部一帙抵日本。桃園天皇寶曆四年（1754 年），“古字號”又載《江南經略》一部一帙抵日本。

長崎港《舶來書籍大意書》桃園天皇寶曆四年（1754 年）著録《江南經略》。其釋文曰：

“此書明鄭若曾撰述。此前，鄭氏爲御日本兵船之備，曾撰《籌海圖編》。爲編此《略》，特命官設局，資薪粟以周書繪之役。與二子應龍、一鸞相共游于三江五湖之間。耕事問奴，織事問婢，躬履其地，溯委窮源。更往復辨其道里之通塞，録此并繪形勢險阻江湖要津。咨詢居民父老，集一方之識，求切實之行，而退奇詭迂誕之論。經二歲而成編。時值日本兵由錢塘北犯，冲哭焚劫，千里相接。爲此而將杭嘉蘇松合爲一書。”

江南經略八卷

（明）鄭若曾撰　男應龍一鸞同校　孫玉清祖汴同重校

明萬曆四十二年（1614 年）鄭玉清補刊本　共八册

東洋文庫藏本　原藤田豐八等舊藏

登壇必究四十卷

（明）王鳴鶴輯　袁世忠校

明萬曆年間（1573—1620 年）刊本

國會圖書館　内閣文庫　尊經閣文庫　東洋文庫　蓬左文庫　東京大學　京都大學人文科學研究所東洋學文獻中心　東北大學附屬圖書館　早稻田大學圖書館　大東急紀念文庫　廣島市立圖書館　御茶之水圖書館藏本

【按】每半葉有界十行，行二十字。白口，四周單邊。

卷前有明萬曆二十七年（1599 年）徐鑾鳴《序》。

國會圖書館藏本，共二十三册，現合十二册。

内閣文庫藏此同一刊本兩部。一部原係楓山官庫舊藏，共四十册；一部共二十六册。

尊經閣文庫藏本，原係江户時代加賀藩主前田綱紀等舊藏，共四十册。

東洋文庫藏此同一刊本兩部。一部原係藤

田豐八等舊藏,共四十八冊;一部共四十冊。

蓬左文庫藏本,原係江户幕府第一代大將軍德川家康舊藏。後贈予其子尾張藩主家,歸尾張内庫收藏。卷中有"御本"印記。其中"威武"、"懷遠"、"京輔"、"郡國"四卷係後人寫補。共三十三冊。

東京大學藏此同一刊本四部。兩部現存總合圖書館,皆各四十冊。其中一部原係谷干城家谷干文庫等舊藏,卷中有後人寫補。兩部現存東洋文化研究所,其中一部原係大木幹一等舊藏。

京都大學藏本,共二十八冊。

東北大學藏本,原係狩野亨吉舊藏。共三十二冊。

早稻田大學圖書館藏此同一刊本兩部。一部原係服部南郭家服部文庫等舊藏,共四十冊;一部共二十四冊。

大東急紀念文庫藏本,共六十四冊。

廣島市藏此同一刊本兩部。一部係原刻原印本,一部係後印本。皆共四十冊。

御茶之水圖書館藏本,原係中世時代金澤學校舊藏,後歸前田家入尊經閣,又流出而爲德富蘇峰所得,入成簣堂。卷中有"金澤學校"藍色印記,又有"學"朱文圓印。桐木箱蓋係昭和二年(1926年)德富蘇峰手題。共三十冊。

【附録】據日本《商舶載來書目》記載,中御門天皇享保十年(1725年)中國商船"登字號"載《登壇必究》一部四帙抵日本。

講武全書兵占二十七卷

(明)丁繼嗣編撰
明萬曆二十一年(1593年)刊本
國會圖書館　尊經閣文庫藏本
【按】國會圖書館藏本,共十六冊,現今合八冊。
尊經閣文庫藏本,共二十冊。

講武全書兵占二十七卷

(明)丁繼嗣編撰

明崇禎十二年(1639年)修德堂刊本
宮内廳書陵部　内閣文庫藏本
【按】每半葉有界九行,行二十字。白口,四周單邊。

宮内廳書陵部藏本,原係江户時代德山藩三代主毛利元次廣收"天下秘籍"之一。東山天皇寶永三年(1706年)《御書物目錄》著錄此本,明治二十九年(1896年)男爵毛利元功獻贈宮内省(即今宮内廳書陵部)共十二冊。

内閣文庫藏本,共二十一冊。

講武全書兵律部二十八卷

(明)丁繼嗣編撰
明刊本　共十六冊(合七冊)
國會圖書館藏本

講武全書兵覽部三十二卷

(明)姜師閔編撰
明刊本　共二十冊(合七冊)
國會圖書館藏本

講武全書兵覽部三十二卷　兵律部二十八卷兵占二十四卷

(明)姜師閔　丁繼嗣編撰
明萬曆年間(1573—1620年)刊本
尊經閣文庫　蓬左文庫藏本
【按】每半葉有界十行,行二十二字。白口,四周單邊。版心有刻工姓名。

前有明萬曆四十一年(1613年)古鄞丁氏《序》。

尊經閣文庫藏本,共二十八冊。

蓬左文庫藏本,乃明正天皇寬永十二年(1635年)從中國購入。原係江户幕府第一代大將軍德川家康舊藏,後贈與其子尾張藩主家,歸尾陽内庫。卷中有"御本"印記。共十八冊。

戎約十八卷

(明)蔡時春撰

明萬曆四十八年（1620 年）刊本　共五册
（合二册）

國會圖書館藏本

備書二十卷

（明）王應遴撰　鄭熙庸訂

明萬曆四十八年（1620 年）刊本　共十册
（合三册）

國會圖書館藏本

武備志二百四十卷　首一卷

（明）茅元儀撰

明天啓年間（1621—1627）刊本

宮内廳書陵部　内閣文庫　静嘉堂文庫
東洋文庫　尊經閣文庫　東京大學　京都大
學人文科學研究所東洋學文獻中心　早稻田
大學圖書館　愛知大學附屬圖書館簡齋文庫
藏本

【按】每半葉有界九行，行十九字。白口，四
周單邊或四周雙邊。

宮内廳書陵部藏本，共八十册。

内閣文庫藏此同一刊本三部。一部原係楓
山官庫舊藏，共八十册。一部原係江户時代林
羅山等舊藏。卷中有“江雲渭樹”印記。共三
十七册。一部共六十册。

静嘉堂文庫藏本，原係陸心源守先閣舊藏。
共五十册。

東洋文庫藏此同一刊本三部。一部共四十
册，卷中有修補。兩部皆原係藤田豐八等舊
藏。其中一部卷中有後人寫補，共六十一册；
另一部爲殘本，今缺卷第二百二十四至卷第二
百四十，實存二百二十三卷，卷中有後人寫補，
共四十六册。

尊經閣文庫藏本，原係江户時代加賀藩主前
田綱紀等舊藏，共八十册。

東京大學藏此同一刊本兩部。一部現存總
合圖書館，原係廣東籌賑日災總會寄贈本，共
七十八册；一部現存東洋文化研究所。

京都大學藏本，共八十册。

早稻田大學圖書館藏本，原係多田駿寶弢室
文庫等舊藏，共一百二十册。

愛知大學藏本，原係小倉正恒舊藏。共六十
册。

【附録】江户時代日本的海防戰略與關於建
立“海軍”的設想，其理論的基本構思來源於明
人茅元儀的《武備志》。靈元天皇寬文三年
（1663 年）日本學者香西成資《南海治亂記》，
稍後荻笙徂徠《鈐録》，光格天皇天明六年
（1786 年）林子平《海國兵談》等，其基本理論
構想皆來自《武備志》。

東山天皇元禄十五年（1702 年）彌生吉且
《倭版書籍考》卷四“武書之部”著録《武備志》
二百四十卷。其識文曰：

“是書倭版共一百册，乃武門最要之書
也。大明天啓年中茅元儀所撰。元儀係茅
鹿門之孫，代代名人也。倭版點者係鵜飼石
齋。”

據《商舶載來書目》記載，中御門天皇寶永七
年（1710 年）中國商船“不字號”載《武備志》一
部八帙抵日本。其後，該船於正德元年（1711
年）又載《武備志全書》一部抵日本。後櫻町天
皇明和四年（1767 年）又載《武備志略》一部二
帙抵日本。

《外船賫來書目》記載，桃園天皇寶曆九年
（1759 年）中國商船“十番船”載《武備志》四部
共三十二帙抵日本。光格天皇文化二年（1805
年）中國商船“丑二番”載《武備志》一部抵日
本。同年中國商船“丑七番”亦載《武備志》一
部抵日本。

《外船書籍元帳》記載，孝明天皇嘉永六年
（1853 年）中國商船“子二番”載《武備志》一部
二帙抵日本，售價二十七匁。同年，中國商船
“子五番”也載《武備志》一部二帙抵日本。此
本朱筆注明“學問所御用”。

靈元天皇寬文四年（1664 年）中野氏依明天
啓年間本刊印《武備志》二百四十卷并《首》二
卷。鵜飼石齋訓點。此本即《倭版書籍考》著
録之本。此本其後光格天皇寬政年間（1789—

1800 年)有修訂版,有大阪河內屋太助重印本,大阪河內屋喜兵衛重印本,大阪秋田屋太右衛門重印本。

火龍經三集二卷

(明)茅元儀輯　諸葛光榮校
明末刊本南陽隆中藏版　共一冊
東洋文庫藏本
【按】前有明崇禎十七年(1645 年)《序》。

(三立堂新編)閫外春秋三十二卷

(明)尹商　于皇甫撰
明崇禎九年(1636 年)刊本
國會圖書館　內閣文庫藏本
【按】國會圖書館藏本,原共二十一冊,現合九冊。
內閣文庫藏本,原係楓山官庫舊藏。共十六冊。

古今兵略六卷

(明)莊安世撰
明刊本　共三冊
宮內廳書陵部藏本

古今兵鑒三十六卷

(明)鄭璧撰　黃似華校
明萬曆四十七年(1619 年)跋刊本　共六冊
內閣文庫藏本　原楓山官庫舊藏

談兵略四卷

(明)戴日昭編
明崇禎八年(1635 年)序刊本　共一冊
內閣文庫藏本　原楓山官庫舊藏

練兵節要四卷

(明)李自蕃撰
明天啓三年(1623 年)序刊本　共四冊
內閣文庫藏本　原楓山官庫舊藏

方略摘要三卷

(明)趙大綱撰　楊道會　蘇濬校
明萬曆年間(1573—1620 年)刊本　共三冊
內閣文庫藏本　原楓山官庫舊藏

詰戎踐墨六卷

(明)阮漢聞纂評
明天啓元年(1628 年)大梁朱勤業校刊本　共四冊
東京大學總合圖書館藏本　原廣東籌賑日災總會寄贈本

兵機選要七卷

(明)阮維新撰
明刊本　共四冊
內閣文庫藏本　原楓山官庫舊藏

兵機秘纂十三卷

(明)周永春編　王尚德校
明萬曆四十七年(1619 年)序刊本　共十冊
內閣文庫藏本　原楓山官庫舊藏
【按】每半葉有界九行,行十九字。白口,四周雙邊。版心有刻工姓名。

兵家運籌決勝綱目二十卷

(明)葉夢熊編撰
明萬曆年間(1573—1620 年)余氏萃慶堂刊本
內閣文庫　東北大學附屬圖書館藏本
【按】此本分《兵家運籌綱目》十卷;《兵家決勝綱目》十卷。
內閣文庫藏本,原係楓山官庫舊藏。共六冊。
東北大學藏本,原係狩野亨吉舊藏。共三冊。

兵錄十四卷

(明)何汝濱編撰

明崇禎元年(1628年)粤之正氣堂刊本

宮内廳書陵部　國會圖書館　内閣文庫
尊經閣文庫　蓬左文庫　早稻田大學圖書館
藏本

【按】每半葉有界九行,行十九字。白口,四
周雙邊。

宮内廳書陵部藏本,原係江户時代德山藩三
代主毛利元次廣收"天下秘籍"之一。東山天
皇寶永三年(1706年)《御書物目録》著録此
本。卷中有缺葉,共四册。

國會圖書館藏本,原共二十四册,現合爲十
二册。

内閣文庫藏本,原係楓山官庫舊藏。共十六
册。

尊經閣文庫藏本,原係江户時代加賀藩主前
田綱紀等舊藏,共八册。

蓬左文庫藏本,原係尾張藩主家舊藏。卷中
有"尾陽内庫"印記。共十四册。

早稻田大學圖書館藏本,原係多田駿寶弢室
文庫等舊藏,共三十二册。

【附録】據《商舶載來書目》記載,後櫻町天皇
寶曆十三年(1763年)中國商船"邊字號"載
《兵録》一部抵日本。

據《改濟書籍目録》記載,光格天皇文化元年
(1804年)中國商船"亥八番"載《兵録》寫本一
部四帙抵日本。文獻注明,此本乃日人成瀬爲
德川幕府大將軍府調入。

兵談二卷　二刻二卷

(明)陶起龍撰
明刊本　共四册
内閣文庫藏本　原楓山官庫舊藏

兵垣四編

(明)臧懋循編輯
明天啓元年(1621年)序朱墨套印刊本　共
五册
内閣文庫　尊經閣文庫藏本
【按】每半葉有界八行,行十八字。白口,四

周單邊。

此本細目如次:

《陰符經》一卷;

《素書》一卷;

《孫子》十三篇;

《吳子》九篇;

《九邊圖論》一卷;

《海防圖論》一卷。

【附録】據日本《商舶載來書目》記載,後櫻町
天皇寶曆十三年(1763年)中國商船"邊字號"
載《兵垣四編》一部一帙抵日本。

兵鏡二十卷

(明)吳惟順　吳鳴球纂輯　張國經編定
明天啓年間(1621—1627年)刊本
宮内廳書陵部　國會圖書館　内閣文庫
尊經閣文庫　蓬左文庫藏本
【按】每半葉有界十行,行二十字。白口,四
周雙邊。

宮内廳書陵部藏本,原係江户時代德山藩三
代主毛利元次廣收"天下秘籍"之一。東山天
皇寶永三年(1706年)《御書物目録》著録此
本,明治二十九年(1896年)由男爵毛利元功
獻贈宮内省,共十册。

國會圖書館藏本,共八册,現合爲四册。

内閣文庫藏此用一刊本兩部,一部原係江户
時代林氏大學頭家舊藏,共八册。一部原係楓
山官庫舊藏,共十二册。

尊經閣文庫藏本,原係江户時代加賀藩主前
田綱紀等舊藏,共十册。

蓬左文庫藏本,原係尾張藩主德川氏家舊
藏。卷中有"尾陽内庫"印記。此本係後水尾
天皇元和末年(1624年)從中國購入。共八
册。

【附録】據日本《商舶載來書目》記載,中御門
天皇享保十二年(1727年)中國商船"邊字號"
載《兵鏡備考》一部二帙抵日本。

練兵實紀九卷　雜集六卷　類抄十五卷

（明）戚繼光撰

明人寫本　共十二冊

宮内廳書陵部藏本

【按】卷前有明萬曆丁酉（1597年）邢玠《序》。

【附録】據日本光格天皇文化七年（1810年）《唐船持渡書物目録留》記載，是年中國商船"午十番"載《練兵實紀》一部二帙抵日本。此本注明"御用"，係入江户幕府大將軍官邸。

據《外船書籍元帳》記載，仁孝天皇天保十二年（1841年）中國商船"子一番"載《精抄練兵實紀》一部二帙抵日本。此本定價五十匁。同年，中國商船"丑二番"載《練兵實紀》二部各二帙，"丑六番"載《練兵實紀》一部二帙亦抵日本。"丑二番"本定價五十匁，"丑六番"本定價六十五匁。仁孝天皇弘化二年（1845年）日本輸入《練兵實記》四部。其中三部各二帙，一部一帙。價三十匁，四部共一百五十匁（原文如此——編著者）。弘化四年（1847年）中國商船"午二番"載《練兵實紀》三部各一帙，"午四番"載《練兵實紀》三部各一帙抵日本。同年，中國商船"巳三番"、"巳四番"、"巳五番"共載《練兵實記》十一部抵日本。孝明天皇嘉永二年（1849年）中國商船"申三番"載《練兵實紀》一部六冊抵日本。此本定價十五匁。

據《會所書籍輸入見帳》記載，仁孝天皇天保十四年（1843年）日本輸入《練兵實紀》十二部。其中有新本一部十冊，係大本紙版。投標價爲若屋一百五十九匁，高中屋一百六十匁，藤屋三百五十匁五分。

據《漢籍發賣投標記録》記載，仁孝天皇弘化二年（1845年）日本輸入《練兵實紀》四部。投標價爲鐵屋一百八匁，松之屋一百三十三匁九分，安田屋一百五十匁。

又，孝明天皇弘化元年（1844年）衡權堂刊印《練兵實紀》九卷，并《雜集》六卷。此本由日人藤川憲訓點。其後又有弘化四年（1847年）

重印本。

練兵實紀九卷　雜集六卷

（明）戚繼光撰

明刊本　共八冊

内閣文庫藏本　原昌平坂學問所舊藏

練兵實紀九卷

（明）戚繼光撰

明刊本　共九冊

尊經閣文庫藏本　原江户時代加賀藩主前田綱紀等舊藏

（重訂評點）練兵諸書十八卷

（明）戚繼光撰　陳士槙評點

明刊本　共十冊

尊經閣文庫藏本　原江户時代加賀藩主前田綱紀等舊藏

【按】每半葉有界八行，行二十一字。白口，四周單邊。

（類輯）練兵諸書十八卷

（明）戚繼光撰

明刊本　共六冊

内閣文庫藏本　原楓山官庫舊藏

紀效新書十八卷　首一卷

（明）戚繼光撰

明萬曆二十三年（1595年）江氏明雅堂刊本

内閣文庫　尊經閣文庫　東京大學東洋文化研究所　築波大學附屬圖書館藏本

【按】每半葉有界十行，行二十字。白口，四周單邊（24.6cm×15.9cm）。

卷首有明萬曆二十三年（1595年）賜進士第資善大夫南京兵部尚書周世選《序》。

内閣文庫藏本，原係楓山官庫舊藏。共六冊。

尊經閣文庫藏本，原係江户時代加賀藩主前田綱紀等舊藏，共五冊。

東京大學藏本,原係大木幹一等舊藏。

築波大學藏本,原係江户時代久留米藩有馬家舊藏,卷中有"納户藏書"等印記,共六册。

【附録】靈元天皇寬文六年(1666 年)江户時代著名的兵學家長沼澹齋刊出重要著作《兵要録》,該書大量引用戚繼光《紀效新書》與《練兵紀實》中的理念、命題與戰法等。

據日本《商舶載來書目》記載,中御門天皇享保十二年(1727 年)中國商船"幾字號"載《紀效新書》一部二帙抵日本。

據《外船賫來書目》記載,桃園天皇寶曆九年(1759 年)中國商船"一番船"載《紀效新書》二十部抵日本。

據日本光格天皇文化七年(1810 年)《唐船持渡書物目録留》記載,是年中國商船"午十番"載《紀效新書》一部二帙抵日本。

據《外船書籍元帳》記載,仁孝天皇天保十二年(1841 年)中國商船"子一番"載《紀效新書》三部各一帙抵日本。此本定價八匁。弘化二年(1845 年)輸入《紀效新書》六部。内五部各一帙,一部二帙。定價八匁。同年,中國商船"巳二番"載《紀效新書》抵日本。拍賣價分別爲安田屋十八匁,菱屋十八匁九分,鐵屋二十一匁六分。同年,中國商船"巳六番"載《紀效新書》五部抵日本,每部一包六册。拍賣價分別爲天川屋二十二匁五分,永見屋二十二匁八分,能登屋二十三匁五分。弘化四年(1847 年)中國商船"午四番"載《紀效新書》一部一帙抵日本。此本定價同 1845 年。

又,光格天皇寬政九年(1797 年)刊印《紀效新書》十八卷并《首》一卷。此本由日人平山潛(兵庫)校。其後有江户須原屋伊八兩次重印本。

紀效新書十四卷　首一卷

(明)戚繼光撰

明萬曆年間(1573—1620 年)刊本　共五册

宫内廳書陵部　尊經閣文庫藏本

【按】宫内廳書陵部藏本,原係江户時代德山

藩三代主毛利元次廣收"天下秘籍"之一。東山天皇寶永三年(1706 年)《御書物目録》著録此本,明治二十九年(1896 年)男爵毛利元功獻贈宫内省,共十册。

尊經閣文庫藏本,原係江户時代加賀藩主前田綱紀等舊藏,共五册。

【附録】孝明天皇弘化二年(1845 年)大村五教館刊印《紀效新書》十四卷《首》一卷,并附《明史》列傳。此本由日人渡邊是保訂定。其後有弘化三年(1846 年)江户和泉屋善兵衛重印本。又有文久三年(1863 年)補刻本。

又,孝明天皇安政八年(1858 年)大阪秋田屋善助等刊印日人相馬肇編定明人戚繼光撰《紀效新書定本》九卷,并《圖解》一卷。

(鐫中興運掌)百戰勝法(三軍百戰百勝奇法彙編)二卷　武經將略一卷

題(明)戚繼光撰

明刊本　共二册

内閣文庫藏本　原楓山官庫舊藏

(增訂)武備新書十四卷

(明)戚繼光編

明萬曆年間(1573—1620 年)刊本　共十五册

尊經閣文庫藏本　原江户時代加賀藩主前田綱紀等舊藏

太乙武略集要七卷

(明)黄鐘和編集

明藍格寫本　共六册

宫内廳書陵部藏本

【按】卷前有明萬曆丙申(1596 年)黄鐘和《自序》。版心寫"悟玄堂"三字。

塞語一卷

(明)尹畊撰

明隆慶六年(1572 年)成都高氏刊本　共一册

京都大學人文科學研究所東洋學文獻中心
藏本　原内藤湖南恭仁山莊舊藏

(新鐫吳兩生先生編輯)必讀武學四卷

(明)吳甡撰　余昌祚校
明崇禎三年(1630 年)序刊本　共四册
内閣文庫　尊經閣文庫藏本

(刪定)武庫益智録二十卷

(明)何東序輯　劉敏寬刪定
明天啓年間(1621—1627 年)劉茂勛刊本
共二十册
東洋文庫藏本

武德全書十五卷

(明)李槃彙編　彭好古校　李明世等注
明刊本　共八册(合四册)
國會圖書館　内閣文庫　尊經閣文庫　早
稻田大學圖書館藏本
【按】每半葉有界九行,行十九字。白口,四
周單邊。
國會圖書館藏本,共八册,現合四册。
内閣文庫藏本,原係楓山官庫舊藏。共八
册。
尊經閣文庫藏本,原係江户時代加賀藩主前
田綱紀等舊藏,共四册。
早稻田大學圖書館藏本,原係多田駿包發室
文庫等舊藏,共八册。
【附録】日本江户時代初期,有林信勝等寫本
《武德全書》一部。今存其中《將苑心法》與《百
戰奇法》各一卷。文本存内閣文庫。

諸史將略十六卷

(明)劉畿編輯
明嘉靖四十五年(1566 年)刊本　共四册
内閣文庫藏本　原楓山官庫舊藏
【按】每半葉有界九行,行二十字。白口,四
周雙邊。
卷前有明嘉靖四十五年(1566 年)《序》。

諸史將略十六卷

(明)劉畿編撰
明嘉靖年間(1522 — 1566 年)刊本　共八册
尊經閣文庫藏本　原江户時代加賀藩主前
田綱紀等舊藏

古今將略四卷

(明)馮孜編纂　蔡貴易校
明萬曆十八年(1590 年)刊本
内閣文庫　早稻田大學圖書館藏本
【按】每半葉有界十行,行二十字。白口,四
周單邊。版心有刻工姓名。
内閣文庫藏本,原係楓山官庫舊藏,共四册。
早稻田大學圖書館藏本,原係多田駿包發室
文庫等舊藏,共八册。

古今將略四卷

(明)馮時寧編撰
明刊本　共四册
尊經閣文庫藏本　原江户時代加賀藩主前
田綱紀等舊藏

古今百將傳四卷

(明)馮時寧輯
明遺經堂刊本　共四册
早稻田大學圖書館藏本
【按】此本外題“古今將略”。

(注釋評點)古今名將傳十七卷　附一卷

(明)陳元素編
明天啓三年(1623 年)序刊本　共十七册
内閣文庫藏本　原楓山官庫舊藏

(注釋評點)古今名將傳十七卷

(明)李温陵編撰　陳元素評點
明天啓三年(1623 年)閶門龔紹山刊本
宫内廳書陵部　蓬左文庫藏本
【按】每半葉有界九行,行十八字。

卷首題"長洲陳元素孝平父評點"。

前有明天啓三年（1623 年）陳元素《自序》。《序》曰"頃來既校《武經》梓之，客謂當并梓《百將傳》。私怪藏丈人而不至勝國，其間禍亂時有，英雄代生，將材當不勝僂指數，寧僅止此，會須繙《廿一史》更搜之，而客不能待。仍以舊本請標目。而於我明，有取李溫陵所編，稍進退之。間有不名爲將而其才將、其事將者亦將之。總題之曰《百將傳》，言不至於百也"云云。

宮內廳書陵部藏本，原係江戶時代德藩主毛利氏家舊藏，爲德山藩三代主毛利元次廣收"天下秘籍"之一種，東山天皇寶永三年（1706 年）《御書物目録》著録此本，明治二十九年（1896 年）男爵毛利元功獻贈宮內省，有附録一卷，共十二冊。

蓬左文庫藏本，係明正天皇寬永九年（1632 年）購入，原係尾張藩主家舊藏，卷中有"尾陽內庫"印記。共十冊。

（新刻）古今名將全史便覽（不分卷）

（明）臧應驥編 鄭嘉謨 何斌臣校
明天啓四年（1824 年）龔氏樹德堂刊本 共二冊
內閣文庫藏本 原楓山官庫舊藏

古今戎政將略箋二卷

（明）計廷直編
明刊本 共二冊
內閣文庫藏本 原楓山官庫舊藏

（新刊官板批評）續百將傳四卷

（明）何喬新撰 趙光裕評
明萬曆年間（1573—1620 年）刊本 共二冊
足利學校遺蹟圖書館藏本 原足利學校舊藏
【按】每半葉有界十行，行二十二字。黑口，四周雙邊。卷中有釋玄道手加藍點。

（新刻）皇明百將列傳評林四卷 附一卷

（明）顧其言編
明刊本 共二冊
內閣文庫藏本 原江戶時代林氏大學頭家舊藏

（新鐫旁批詳注總斷）廣名將譜（廣百將傳）二十卷

（明）黃道周撰
明崇禎十六年（1643 年）刊本
國會圖書館 內閣文庫 東洋文庫 東京大學東洋文化研究所 福井市立圖書館藏本
【按】每半葉有界九行，行二十字。白口，四周單邊。
國會圖書館藏本，共十冊，現合四冊。
內閣文庫藏本，原係昌平坂學問所舊藏。共十冊。
東洋文庫藏本，共十冊。
福井市藏本，卷中有"圖書寮"朱文長方印、又有"越國文庫"朱文方印。共八冊。

（新鐫傍批評注總斷）廣名將譜二十卷

（明）黃道周編撰
明崇禎年間（1628 — 1644 年）刊本 共八冊
宮內廳書陵部 尊經閣文庫藏本

百將提衡四卷

（明）穆文熙編撰
明萬曆年間（1573 — 1620 年）刊本 共四冊
尊經閣文庫藏本 原江戶時代加賀藩主前田綱紀等舊藏

皇明將略（不分卷） 附秘刻武略神機火藥 （新刻）武備三場韜略全書 （新刻朱批）武備全書海防總論 （新鐫）武備全書國朝名公京省地輿戶口錢糧絲棉絹布鈔總論

（明）李同芳編撰
明朱墨套印刊本 共八冊

尊經閣文庫藏本　原江户時代加賀藩主前
田綱紀等舊藏

(新鐫批選)百將傳合法兵戎事類正傳四卷　續傳三卷　皇明將傳三卷　外紀外國諸將傳四卷

(明)趙光裕批評　趙子玄編撰
明吳勉學刊杭城趙吾山梓行本(玉成齋原
版)　共十四册
蓬左文庫藏本

張靖峰將相轉世神機三卷

(明)張岳撰
明崇禎三年(1630年)聽月軒刊本　共三册
蓬左文庫藏本

(精選)分類將略鷹揚捷徑四卷

(明)邵曾容　邵師嚴編
明萬曆年間(1573—1620年)刊本　共三册
內閣文庫藏本　原楓山官庫舊藏

歷朝武機捷録十五卷　附國朝武機捷録三卷

(明)王守仁撰　郭子章注　《附》商周祚撰
明刊本
宮內廳書陵部　內閣文庫藏本
【按】每半葉有界八行,行十八字。白口,四
周單邊。
宮內廳書陵部藏本,原係江户時代德山藩三
代主毛利元次廣收"天下秘籍"之一。東山天
皇寶永三年(1706年)《御書物目録》著録此
本,共六册。
內閣文庫藏本,原係楓山官庫舊藏,共四册。

歷朝武機圖説三卷

(明)王守仁撰
明刊本　共一册
內閣文庫藏本　原楓山官庫舊藏

軍器圖説

(明)畢懋康繪撰
明刊本　共一册
內閣文庫藏本　原楓山官庫舊藏

神器譜五卷

(明)趙士楨撰
明萬曆三十一年(1604年)刊本　共三册
內閣文庫　御茶之水圖書館藏本
【按】每半葉有界八行,行十六字。白口,四
周單邊。版心題"天、地、人"。
前有趙士楨《進表》,次有王延世《序》,次有
王同軌《序》,次有劉世學《序》,次有黄建衷
《序》。
卷一爲聖旨、奏疏;卷二題原銃,附圖解;卷
三爲鷹揚銃車圖、火箭圖等;卷四題説銃;卷五
題或問。
內閣文庫藏本,原係楓山官庫舊藏。
御茶之水圖書館藏本,原係德富蘇峰成簣堂
舊藏。此本帙外題係明治四十二年(1909年)
德富蘇峰手書。
【附録】日本光格天皇文化五年(1804年)江
户英平吉郎等刊印《神器譜》五卷。此本由日
人清水正德校。其後有仁孝天皇弘化二年
(1845年)江户青黎閣須原屋伊八重印本,江
户和泉屋金右衛門重印本。

兵器六卷

(明)尹賓商編撰
明天啓三年(1623年)序刊本　共二册
內閣文庫藏本　原楓山官庫舊藏

射史八卷

(明)程宗猷編撰
明崇禎二年(1629年)刊本　共三册
內閣文庫藏本　原楓山官庫舊藏
【按】每半葉有界九行,行十九字。白口,四
周單邊。

(楊修齡先生校定)武經射學正宗八卷

(明)高穎編輯

明崇禎年間(1628—1644 年)刊本　共二册

内閣文庫　尊經閣文庫藏本

【附録】據日本《商舶載來書目》記載,中御門天皇享保十三年(1728 年)中國商船"志字號"載《射學正宗》一部十卷抵日本。

江户時代有明人高穎撰《武經射學正宗》三卷手寫本一種。此本題署"荻生雙松句讀,宇佐見惠校",共一册。此本今存東京大學總合圖書館。

又,光格天皇安永九年(1780 年)文刻堂葛西市郎兵衛刊印明人高穎撰《武經射學正宗》三卷。此本由日人荻生茂卿訓點。

光格天皇天明五年(1784 年)京都文刻堂葛西市郎兵衛刊印明人高穎撰《武經射學正宗指迷》五卷。此本由日人荻生茂卿訓點,宇佐見惠校。

(新刻劉翰林裁定武稿)射鷉手四卷　首一卷

(明)吳孔昭撰　吳膺狄編

明朱墨套印刊本　共四册

内閣文庫藏本　原楓山官庫舊藏

穿楊捷指一卷

題"百元尊生周德子撰"

明崇禎年間(1628—1644 年)刊本　共一册

蓬左文庫藏本

武略神機二卷　附神機演習圖説一卷

(明)胡獻忠撰

明刊本

内閣文庫　蓬左文庫藏本

【按】每半葉有界十行,行二十一字。白口,四周雙邊。

卷一爲《武略神機邊防形勝圖説》;卷二爲《武略神機火藥妙》。

内閣文庫藏此同一刊本兩部。一部原係楓山官庫舊藏,共二册。一部原係江户時代大學頭林氏家舊藏,共一册。

蓬左文庫藏本,共二册。

(重刻校增)武侯八門神書一卷　凡例一卷

(明)胡獻忠編撰

明萬曆四十三年(1615 年)刊本

内閣文庫　蓬左文庫藏本

【按】前有明萬曆四十三年胡獻忠《自序》。

内閣文庫藏此同一刊本兩部。一部原係楓山官庫舊藏,共二册。一部原係江户時代林氏大學頭家舊藏,共二册。

蓬左文庫藏本,共二册。

(重刻校增)武侯八門神書一卷

(明)胡獻忠編撰

明萬曆年間(1573—1620 年)刊本　共二册

東洋文庫藏本

【按】前有明萬曆四十三年(1615 年)《序》。

少林棍訣二卷

(明)程冲斗編

明刊本　共一册

内閣文庫藏本　原楓山官庫舊藏

火攻陣法四卷

(明)曹飛編撰

明天啓年間(1621—1627 年)刊本　共六册

尊經閣文庫藏本　原江户時代加賀藩主前田綱紀等舊藏

【按】每半葉有界十四行,行二十字。白口,四周雙邊。

心略六卷

(明)施永圖撰

明刊本　共六册

宮内廳書陵部藏本

【按】此本細目如次:

《天文》一卷;

《地利》四卷；

《火攻》一卷。

(新刻國朝名公批點)文武并用今古紆籌八卷

(明)施浚明撰　朱錦編

明萬曆三十三年(1605年)勾吳朱氏刊本

內閣文庫　蓬左文庫藏本

【按】卷前有明萬曆三十三年(1605年)西吳施氏《序》。

內閣文庫藏本，原係楓山官庫舊藏。共六冊。

蓬左文庫藏本，原係尾張藩主家舊藏。卷中有"尾陽內庫"印記。此本係後水尾天皇元和末年(1624年)從中國購入。共八冊。

金湯借箸十二籌十二卷

(明)李盤等撰

明崇禎年間(1628—1644年)刊本

內閣文庫　尊經閣文庫藏本

【按】每半葉有界八行，行十九字。白口，四周單邊。

內閣文庫藏本，原係楓山官庫舊藏。共五冊。

尊經閣文庫藏本，原係江户時代加賀藩主前田綱紀等舊藏，共十冊。

一覽知兵武闈捷勝一卷

(明)陳君璠編撰

明天啓年間(1621—1627年)書林余仁公刊本

內閣文庫　尊經閣文庫　蓬左文庫藏本

【按】卷前有明天啓六年(1626年)劉光春《序》。

內閣文庫藏本，原係楓山官庫舊藏，共一冊。

尊經閣文庫藏本，原係江户時代加賀藩主前田綱紀等舊藏，共四冊。

蓬左文庫藏本，共一冊。

經略奇問四卷

(明)趙時用撰

明崇禎二年(1629年)序刊本　共四冊

內閣文庫藏本　原楓山官庫舊藏

握機經三卷　首一卷　握機緯十五卷

(明)曹胤儒編

明刊本　共四冊

內閣文庫　尊經閣文庫藏本

【按】此本《握機經》分爲《古握機經》一卷；《增衍握機經》二卷。《握機緯》分爲《孫武子》十三卷；《吳子》二卷。

內閣文庫藏此同一刊本兩部。一部原係昌平坂學問所舊藏；一部原係豐後佐伯藩主毛利高標舊藏。仁孝天皇文政年間(1818—1829年)由出雲守毛利高翰獻贈幕府。卷中有"佐伯侯毛利高標字培松藏書畫之印"等印記。兩部皆共四冊。

尊經閣文庫藏本，原係江户時代加賀藩主前田綱紀等舊藏，共六冊。

(新鐫)握機彙籌六卷

(明)徐昌會編

明萬曆二十二年(1594年)序刊本　共三冊

內閣文庫藏本　原豐後佐伯藩主毛利高標舊藏

【按】此本係仁孝天皇文政年間(1818—1829年)由出雲守毛利高翰獻贈幕府。卷中有"佐伯侯毛利高標字培松藏書畫之印"等印記。

古今中興籌略四卷

(明)余應虬編

明刊本　共十七冊

內閣文庫藏本　原豐後佐伯藩主毛利高標舊藏

【按】此本係仁孝天皇文政年間(1818—1829年)由出雲守毛利高翰獻贈幕府。卷中有"佐伯侯毛利高標字培松藏書畫之印"等印記。

陣法全書五卷

(明)潘游龍編輯

明刊本

内閣文庫　蓬左文庫藏本

【按】内閣文庫藏此同一刊本兩部。一部原係楓山官庫舊藏;一部原係昌平坂學問所舊藏。皆共六册。

蓬左文庫藏本,共五册。

古今平定略八卷

(明)洪承疇編撰

明崇禎年間(1628—1644 年)古閩余璟刊本 共十二册

尊經閣文庫　蓬左文庫　御茶之水圖書館藏本

【按】每半葉有界九行,行二十二字。白口,四周單邊。本文附刻句點。

此本細目如次:

《古將平定略》共二卷:

1.《洪尚書手訂武經七書參同平定略》一卷,題"(宋)謝枋得撰,(明)李贄參定,洪承疇重定,余璟梓"。

2.《古陳法平定略》一卷,題"(明)洪承疇撰,余璟定訂"。

《明將平定略》共六卷:

1.《洪尚書重補戚少保南北平定略》三卷,題"(明)戚繼光撰,郭應響補,洪承疇重參,余璟訂定"。

2.《增補九邊十二鎮圖》一卷,題"(明)洪承疇撰"。

3.《洪尚書秘授占候平定略》一卷,題"(明)洪承疇撰,余璟定訂"。

4.《洪尚書手訂郭大夫平定略》一卷,題"(明)郭應響撰,郭文麟校"。

尊經閣文庫藏本,原係江户時代加賀藩主前田綱紀等舊藏,共十二册。

蓬左文庫藏本共十二册。

御茶之水圖書館藏本,原係中川忠央舊藏,後歸德富蘇峰成簣堂。卷中各册首皆有"中川家藏書印"印記。共二十九册。

【附錄】據日本《商舶載來書目》記載,中御門天皇享保十年(1725 年)中國商船"邊字號"載《平定略》一部一帙抵日本。

(洪尚書重補戚少保)南北平定略三集　古陣法平定略一卷

(明)戚繼光撰　洪承疇評定　郭應響補

明萬曆年間(1573—1620 年)刊本　共六册

内閣文庫藏本　原楓山官庫舊藏

左氏兵略三十二卷

(明)陳禹謨編撰

明四川都察院刊本　共十二册

内閣文庫藏本

【按】每半葉有界九行,行二十字。白口,四周雙邊。版心有刻工姓名。

内閣文庫藏此同一刊本兩部。一部原係楓山官庫舊藏;一部原係昌平坂學問所舊藏,卷中有修補。

【附錄】據日本《商舶載來書目》記載,後櫻町天皇明和二年(1765 年)中國商船"佐字號"載《左氏兵略》一部六帙抵日本。

左氏兵略三十二卷

(明)鄭維城撰

明崇禎年間(1628—1644 年)刊本　共十六册

尊經閣文庫藏本　原係江户時代加賀藩主前田綱紀等舊藏

左氏兵法測要二十卷

(明)宋徵璧臆論　徐浮遠評閱

明崇禎年間(1628—1644 年)刊本　共十三册

尊經閣文庫藏本　原係江户時代加賀藩主前田綱紀等舊藏

左氏兵法測要二十卷　首二卷

(明)宋微璧編撰

明劍閑齋刊本

內閣文庫藏本

【按】每半葉有界八行,行二十字。白口,四周單邊。

內閣文庫藏此同一刊本兩部。一部原係楓山官庫舊藏,共十二冊;一部原係昌平坂學問所舊藏,共八冊。

(喻子十三種)秘書兵衡十三卷

(明)喻龍德撰　龔居中傳輯　徐惟惕參論

明天啓三年(1623年)鄭大經刊本

宮內廳書陵部　內閣文庫　尊經閣文庫

廣島市立淺野圖書館藏本

【按】每半葉有界十行,行二十字。白口,四周單邊(25cm×17cm)。

前有明天啓三年(1623年)喻龍德《序》。外題"兵衡"。版心刻"秘書兵衡"。

宮內廳書陵部藏本,原係江戶時代德山藩三代主毛利元次廣收"天下秘籍"之一。東山天皇寶永三年(1706年)《御書物目録》著録此本。明治二十九年(1896年)男爵毛利元功獻贈宮內省。共六冊。

內閣文庫藏此同一刊本兩部。一部原係江戶時代林氏大學頭家舊藏;一部原係楓山官庫舊藏。兩部皆共八冊。

尊經閣文庫藏本,原係江戶時代加賀藩主前田綱紀等舊藏,共十三冊。

廣島市藏本,共十冊。

緯弢二卷

(明)郭增光撰

明崇禎元年(1628年)刊本　共二冊

內閣文庫藏本　原楓山官庫舊藏

【按】每半葉有界九行,行十八字。白口,四周雙邊。

經武勝略二十四卷

(明)莊應會編撰

明刊本　共十八冊

內閣文庫藏本　原楓山官庫舊藏

【按】此本細目如次:

《理治》四卷;《材用》一卷;《武定》四卷;《謀成》四卷;《制勝》三卷;《軍實》三卷;《三才》三卷;《別集》二卷。

經武要略六卷

(明)陳仁錫編撰

明刊本　共六冊

內閣文庫藏本　原楓山官庫舊藏

師律十六卷

(明)范景文編撰

明崇禎十二年(1639年)序刊本　共十冊

內閣文庫藏本　原楓山官庫舊藏

【按】每半葉有界九行,行十八字。白口,四周單邊。

武書大全韜略世法二十九卷

(明)尹商等輯

明崇禎年間(1628—1644年)刊本

內閣文庫　尊經閣文庫藏本

【按】每半葉有界十行,行二十四字。白口,四周單邊。

內閣文庫藏本,原係楓山官庫舊藏。共十五冊。

尊經閣文庫藏本,原係江戶時代加賀藩主前田綱紀等舊藏,共十四冊。

(精選詳注武科三場)韜略全書五卷

(明)方儀鳳撰　汪萬頃等注

明萬曆年間(1573—1620年)萬卷樓刊本

內閣文庫　尊經閣文庫藏本

【按】內閣文庫藏本,原係楓山官庫舊藏。共五冊。

尊經閣文庫藏本,原係江户時代加賀藩主前田綱紀等舊藏,共十六册。

武書大全

(明)尹商輯

明刊本　共二十册(合五册)

國會圖書館藏本

【按】各册細目如次:

武場論策疏義部分:

第一至三册,《新編歷科程墨武論韜略世法》卷一至卷三,(明)徐光啓匯選,王在晉評釋。

第四册,《新編切時急務疏義韜略世法》卷之四,(明)張鶴鳴彙輯,徐光啓評釋。

第五至八册,《新編八十六朝名將韜略世法》四卷《補遺》一卷,(明)尹商輯,李騰芳評釋,《補遺》(明)徐光啓彙輯,黄道周參評。

諸子兵法部分:

第九册,《新編孫武十三篇説印韜略世法》二卷,(明)李騰芳彙輯,朱維嶽參證。

第十册,《新編吳子標題引證韜略世法》卷上,(明)李檟評釋,謝渭參證。

《新編李衛公標題引證韜略世法》卷下,(明)何武臣輯,丘兆麟參證。

第十一册,《新編司馬法標題引證韜略世法》卷上,(明)臧應驥參輯,何武臣訂正。《新編尉繚子標題引證韜略世法》卷下,(明)李騰芳輯,丘璿參證。

第十二册,《新編周太公三略標題引證韜略世法》卷上,(明)臧應驥箋注,何武臣參證。

《新編周太公標題引證韜略世法》卷下,(明)臧應驥箋注,何武臣參證。

第十三册,《新編武侯兵要箋注評林韜略世法》卷上,(宋)謝枋得輯,汪淇評釋。

《新編皇明戚將軍將略韜略世法》卷下,(明)戚繼光纂輯,王世貞訂正。

占驗天時部分:

第十四册,《新鋟行兵占驗天時韜略世法》卷

上,(明)張岳纂輯,莊武烈訂正。

奇門遁甲部分:

第十四册,《新刻奇門遁甲韜略世法》卷下,(秦)黄石公纂輯,(漢)張子房秘傳。

地輿形勢部分:

第十五册,《新編大明一統地理險要韜略世法》卷上,(明)陳廷對纂輯,吳起夔箋注。

邊圖夷考部分:

第十五册,《新編大明一統九邊險要韜略世法》卷下,(明)徐光啓彙選,王在晉評釋。

攻城守城部分:

第十六册,《新編張靖峰家藏攻城急務韜略世法》卷之上,(明)張皇威彙輯,莊武烈訂正。

《新編張靖峰家藏守城急策韜略世法》卷之下,(明)張皇威彙輯,莊武烈訂正。

火攻水戰部分:

第十七册,《新編張靖峰家藏火攻急務韜略世法》卷之上,(明)張皇威彙輯,莊武烈訂正。

《新編張靖峰家藏水戰急務韜略世法》卷之下,(明)張皇威彙輯,莊武烈訂正。

營陣騎射部分:

第十八册,《新編戚總兵家藏營陣圖説韜略世法》卷之上,(明)荆可棟彙圖,張繼孟輯説。

第十九册,《新編武備騎射牌彙奇韜略世法》卷之下,(明)程輔國彙輯,汪求得訂正。

百戰百勝部分:

第二十册,《新編百戰百勝令法引證韜略世法》二卷,(宋)謝枋得彙輯,(明)汪淇參訂。

武備要略十四卷

(明)程子頤編撰

明崇禎年間(1628—1644 年)刊本　共十二册

尊經閣文庫藏本　原江户時代加賀藩主前田綱紀等舊藏

【按】每半葉有界九行,行十八字。白口,四周雙邊。

武備全書

明人編輯不著姓名

明刊本　共二十册

内閣文庫藏本　原楓山官庫舊藏

【按】此本細目如次:

第一册,《陰符經》一卷,《素書》一卷;

第二册,《握機經》三卷;

第三至六册,《孫子書》三卷,署"梁見孟校";

第七至九册,《吴子》二卷,《孫武子》十三卷;

第十册,《閲史約書》一卷;

第十一册,《李衛公天象占候秘訣歌》一卷,署"蘇茂相校";

第十二册,《白猿奇書日月風雲占候圖説》一卷,《風雨占候》一卷,《潮夕占候》一卷;

第十三至二十册,《增訂武備新書》十三卷,署"戚繼光編"。

武備全書

明人編輯不著姓名

明末刊本　共九册

東京大學總合圖書館藏本　原谷干城家谷干文庫等舊藏

【按】此本與内閣文庫藏本細目有異,目次如下:

《增訂武備新書》十四卷,題明戚繼光撰,明謝三寶增訂,明嚴之偉　謝于宣同校。

《素書》一卷,題漢黄石公撰,宋張商英注,明唐琳點校。

《陰符經》一卷,闕名集注,題宋劉宸翁評。附《解》一卷,題明湯顯祖撰。

《握機經》三卷,題明曹胤儒集注,葉應元點校。

《孫武子》十三卷,闕名集注。

《吴子》二卷,題劉寅約注。

《李衛公天象占候秘訣歌》一卷,題唐李靖撰,明蘇茂相校。

《白猿奇書日月風雲占候圖説》一卷,題唐李靖撰,明蘇茂相訂,明嚴之偉補,明沈懋允、俞善兼同校。

《風雨占候》一卷,闕名編撰。

《潮汐占候》一卷,闕名編撰。

經世急切事務十卷　補漏居寓言一卷

(明)顔季亨撰

明天啓三年(1623年)刊本　共五册

内閣文庫藏本　原楓山官庫舊藏

【按】每半葉有界十行,行二十二字。白口,四周單邊。

卷前有明天啓三年《序》。

時務捷書二卷

(明)不著撰人

明刊本　共二册

内閣文庫藏本　原楓山官庫舊藏

新擬武闈論集一卷　補一卷

(明)鄒復編

明刊本　共二册

内閣文庫藏本　原豐後佐伯藩主毛利高標舊藏

【按】此本係仁孝天皇文政年間(1818—1829年)由出雲守毛利高翰獻贈幕府。卷中有"佐伯侯毛利高標字培松藏書畫之印"等印記。

武學經傳三十九卷

(明)翁溥編

明嘉靖年間(1522—1566年)刊本　共十册

尊經閣文庫藏本　原江户時代加賀藩主前田綱紀等舊藏

【按】每半葉有界十行,行二十字。白口,四周雙邊。

皇明經世全書九卷

(明)李成芬　王守仁撰

明刊本

内閣文庫藏本　原楓山官庫舊藏

【按】此本爲《經武彙編》五卷，題李成芬撰；《文成外編摘要》四卷，題王守仁撰。

内閣文庫藏此同一刊本兩部。皆係原楓山官庫舊藏。一部係全本，共十二册；一部今存《經武彙編》五卷，共六册。

止戈書四卷

（明）劉元命編

明崇禎八年（1635 年）刊本　共六册

内閣文庫藏本　原楓山官庫舊藏

（五）醫　家　類

（醫經之屬）

黄帝内經太素（殘本）二十三卷

（唐）楊上善奉敕撰注

日本六條天皇仁安二年三年（1167—1168年）丹波氏家寫本　日本國寶　共二十三册

京都仁和寺藏本

【按】每紙界幅寬 23.8cm 左右，每行字數不同，十四五字至十七八字皆有。

是書全三十卷。此本今缺卷一、卷四、卷七、卷十六、卷十八、卷二十、卷二十一，凡七卷，實存二十三卷。

此本首題“黄帝内經太素卷第（幾）”，次行低一字署“通直郎守太子文學臣楊上善奉敕撰注。每卷末記“仁平（1151—1154 年）”、“保元（1120—1124 年）”、“仁安（1166—1169 年）”等年月，并有典藥頭丹波頓基手書“以家本移點校合了”等識文。

江户時代森立之《經籍訪古志·補遺·醫部》著録傳寫《黄帝内經太素》殘本。其按語曰：“是書久無傳本，曩歲平安福井棣亭得第二十七卷，模刻以傳，既而小島學古聞尾藩淺井（正翼）就仁和寺書庫鈔得二十餘卷，亟使書手杉本望雲，就而謄録以歸，即是本也。學古之功偉矣。棣亭所得，蓋亦同種云。”

此本已被日本文化財審議委員會確認爲“日本國寶”。

静嘉堂文庫今存此本之傳寫本一種，原係中國陸心源舊藏。陸氏《儀顧堂題跋》卷七著録此本，其識文曰：

《黄帝内經太素》三十卷，題曰‘通直郎守太子文學臣楊尚善奉敕撰注’。缺卷一、卷四、卷七、卷十六、卷十八、卷二十一，共六卷。卷二缺末、卷三缺首、卷六缺尾、卷八缺首、卷十缺首、卷十二缺首、卷十四缺首、卷十七只存尾三頁、卷二十二首尾皆缺、卷二十九缺首、卷三十缺首。其完全無缺者，僅卷五、卷九、卷十一、卷十三、卷十五、卷十九、卷二十三、卷二十四、二十五、二十六、二十七、二十八，共十二卷耳。案，尚善貫里無考，僅據結銜知爲通直郎太子文學而已。《新唐書·藝文志》著於録。治平中，林億等奉詔校正醫書，《太素》亦在其列，見林億等《甲乙經序》、《蘇魏公集·本草後序》。《素問新校正》及《甲乙經校正》，引其説甚多。是此書在北宋必亦刊行，至南宋而始佚，故晁陳書目遂無其名也。每卷後（有）仁平元年、仁安二年書寫點校等字。案，日本近衛仁平元年，爲宋紹興二十一年；六條仁安二年，爲宋乾道三年。是從八百年前鈔本傳録者。其書以《素問》《靈樞》分類編次而‘音釋’之。與《甲乙經》相類，與今本多不同，與《素問新校正》所引多合。”

【附録】九世紀藤原佐世撰《本朝見在書目録》，其“醫方家”中著録《内經太素》三十卷，題“楊上（善）撰”。并著録《素問音訓并音義》五卷、《素問改錯》二卷。此爲《黄帝内經太素》傳入日本之最早記録。

江户時代有據日本六條天皇仁安三年（1168年）名醫丹波賴基《黄帝内經太素》三十卷本寫本（即已確認爲的“日本國寶”本）重新鈔寫本一種。此本卷中有江户時代多人手識文，又有大正年間土肥慶藏以與仁和寺所藏之“國寶本”校合手識文。此本今存東京大學總合圖書館。

日本仁孝天皇文政三年（1820 年）有《黄帝内經太素》（殘本）二十七卷寫本一種，題“唐楊上善奉敕撰注"。此本現藏國會圖書館。

仁孝天皇天保八年至十年(1837—1839年)有坂璋傳寫本《黄帝内經太素》三十卷一種。此本現藏中國醫學科學院圖書館。

仁孝天皇天保十四年(1843年)有坂璋傳寫本《黄帝内經太素》三十卷一種,及《黄帝内經明堂》一卷。題"唐楊上善奉敕撰注"。此本原缺卷一、卷四、卷七、卷十六、卷十八、卷二十、卷二十一,凡七卷。現藏中國復旦大學圖書館。

仁孝天皇天保十五年(1844年)有學晦道人直寬寫本《黄帝内經太素》一種,題"唐楊上善奉敕撰注"。此本今存國會圖書館。

江户時代後期有唐人楊上善撰《黄帝内經太素》(殘本)二十二卷(缺卷一、卷四、卷七、卷九、卷十六、卷十八、卷二十、卷二十一)寫本一種。此本現藏大東急記念文庫。

江户時代有唐人楊上善撰《黄帝内經太素》三十卷寫本一種。此本今缺卷第一、卷第四、卷第七、卷第十六、卷第十八、卷第二十、卷第二十一,凡七卷,實存二十三卷。此本原係渡部信渡部文庫等舊藏,今存東京大學總合圖書館。

江户時代后期有唐人楊上善撰《黄帝内經太素》二十四卷本寫本一種。此本原係渡部信渡部文庫等舊藏,今存東京大學總合圖書館。

黄帝内經太素(殘本)一卷

(唐)楊上善奉敕撰注

日本六條天皇仁安三年(1168年)丹波氏家寫本之轉寫本　日本重要文化財　共一册

尊經閣文庫藏本　原江户時代加賀藩主前田綱紀等舊藏

【按】此本係日本仁和寺藏六條天皇仁安年間(1166—1168年)寫本之轉寫本,今存卷十九,凡一卷。

此本首題"黄帝内經太素卷第十九",下有"設方"二小字。次行低一字署"通直郎守太子文學臣楊上善奉敕撰注"。第三行比第二行署

名低一字題"知古今"、"知要道"、"知方地"、"知形志所宜"。第四行與第三行平,題"知祝"、"知針石"、"知湯藥"、"知官能"。第五行起爲"知古今"正文,文中注文雙行。

卷末與尾題隔一行,録丹波頼基手識文曰:"仁安三年二月二十四日以同本書之以同本移點扶合畢"。

此本卷前首題之下,有"尊經閣藏"印記。

此本已被日本文化財審議委員會確認爲"日本重要文化財"。

(新刊補注釋文)黄帝内經素問十二卷　遺篇一卷

(唐)王冰注　　(宋)林億等奉敕校正

元至元五年(1339年)胡氏古林書堂刊本

共四册

宫内廳書陵部藏本　原江户醫學所等舊藏

【按】每半葉有界十三行,行二十三字或二十四字不等。注文雙行,行同正文。黑口,四周雙邊(19.3cm×12.0cm)。

首有高保衡、林億等《校正黄帝内經素問序》。此《序》旁有墨書一行,文曰:"校正黄帝内經素問序,意按《醫統正脈》作重皇補注黄帝内經素問表"一行。後有校正官列名:

朝奉郎守國子博士同校正醫書上騎都尉賜緋魚袋　高保衡;

朝奉郎守尚書屯田郎中同校正醫書騎都尉賜緋魚袋　孫奇;

朝散大夫守光禄卿直秘閣判登聞檢院上護軍　林億。

次有啓玄子王冰《黄帝内經素問序》。末書"大唐寶應元年歲次壬寅(762年)序,將仕郎守殿中丞孫兆重改誤"。

次有《補注釋文黄帝内經素問總目》,左旁有版記一塊四行五十九字。其文曰:

"是書乃醫家至切至要之文,惜乎舊本訛舛漏落,有誤學者。本堂今求到元豐孫校正家藏善本,重加訂正,分爲一十二卷,以便簡閱。衛生君子幸垂藻鑒。"

《總目》卷十二末又有梓文一行,其文曰:"元本二十四卷,今并爲一十二卷刊行。"後有墨匡,題曰:"至元己卯古林胡氏新刊"。

卷一首題《新刊補注釋文黄帝内經素問卷之一》,次行署"啓玄子次注林億孫奇高保衡等奉敕校正孫兆重改誤"。

卷十二末有刊印書堂木記二行:

至元己卯菖節
古林書堂新刊

此本於日本親町天皇永禄九年(1566年)至後陽成天皇天正十九年(1591年)間,原係京都妙覺寺森日興舊藏。江户時代歸醫學所,明治初期,歸内閣文庫。

卷中有"妙覺寺常住日興"、"佐伯侯毛利高標字培松藏書畫之印"、"公忠鄭氏書府"、"盛方院"、"多紀氏藏書"、"江户醫學藏書之記"等印記。

江户時代森立之《經籍訪古志·補遺·醫部》著録此本。其按語曰:"《素靈》如明熊宗立本、趙府居敬堂本、吴悌本,《素問》如朝鮮活字本、朝鮮整版《靈素》如吴勉學本、朝鮮活字本,皆併爲十二卷,蓋元版作之俑也。"

【附録】九世紀藤原佐世撰《本朝見在書目録》,其"醫方家"中著録《黄帝素問》十六卷,題"全元起注"。此爲《黄帝素問》傳入日本之最早記録。

四條天皇仁治二年(1241年)日本東福寺開山聖一國師圓爾辯圓自中國歸,携回漢籍内外文獻數千卷。1353年東福寺第二十八世大道一以據聖一國師藏書編纂成《普門院經論章疏語録儒書等目録》,其"出部"著録《素問經》十册。

後陽成天皇與後水尾天皇慶長年間(1596—1615年)有木活字版《重廣補注黄帝内經素問》二十四卷。此本係據明萬曆年間金陵書林周弘宇(對峰)刊本重行翻刊。每半葉無界十行,行十八字。注文雙行,行同正文。黑口,四周雙邊。

(新刊補注釋文)黄帝内經素問十二卷

(唐)啓玄子王冰次注　(宋)林億　孫奇高保衡等奉敕校正　孫兆重改正
明居敬堂趙府仿宋刊本　共七册
静嘉堂文庫藏本　原雲間陸耳山　陸心源十萬卷樓舊藏

【按】前有林億等《表》,次有唐寶應元年(825年)啓玄子王冰《序》。

《目録》後有《跋》曰:"元本二十四卷,今并爲一十二卷八十一篇,附《遺篇》一卷。"

卷中有"雲間陸耳山珍藏書籍"朱文方印等印記。

(新刊補注釋文)黄帝内經素問(殘本)一卷

(唐)啓玄子王冰次注　(宋)林億等奉敕校正　孫兆重改正
明用元後至元五年(1339年)盧陵古林書堂刊本影寫　共一册
東京大學總合圖書館藏本　原土肥慶藏鄂軒文庫等舊藏

【按】此本今存卷第一。卷中有後人寫補。

(京本校正解注釋文)黄帝内經素問十二卷　(新刊)黄帝素問靈樞集注十二卷　(新刊)素問入式運氣論奥三卷

(明)熊宗立校
明成化十年(1474年)熊氏種德堂刊
内閣文庫　静嘉堂文庫藏本

【按】《内經素問》用(唐)王冰注本;《素問靈樞集注》用(宋)史崧注本。

内閣文庫藏本,原係江户時代醫學館舊藏,卷中有江户時代醫學家多紀元堅的手識文。共五册。

静嘉堂文庫藏本,原係陸心源舊藏。陸氏《儀顧堂題跋》卷七著録此本。其識文曰:

"《靈樞經》十二卷,明成化熊宗立刊本。愚按,《靈樞》即《鍼經》,見於《漢(書)藝文志》、皇甫謐《甲乙經序》,并非後出。《靈寶注》以鍼有九名,改爲'九靈',又以十二經絡分爲十二卷,王冰又以'九靈'之名,而改爲《靈樞》。其名益雅,其去古益遠,實一書也。

請列五證以明之。

皇甫謐《甲乙經序》曰'《七略》《藝文志》《黃帝内經》十八篇'。今有《鍼經》九卷、《素問》九卷,二九十八卷,即《内經》也。又有《明堂孔穴》、《鍼灸治要》,皆黃帝歧伯選事也。三部同歸,文多重復,乃撰集三部,使事類相從爲十二卷。今檢《甲乙經》,稱《素問》者,即今之《素問》;稱《黃帝》者,驗其文即今《靈樞》,別無所謂《鍼經》者。則《鍼經》即《靈樞》可知。其證一也。

《靈樞》卷一'九鍼十二原篇'已云,先立'鍼經'。是'鍼經'之名,見於本書。其證二也。

王冰云,《靈樞》即《黃帝内經》十八卷之九,與皇甫謐同。當是漢以來相傳之舊說。其證三也。

楊尚善,隋初人也。所著《黃帝内經太素》、《黃帝内經明堂類成》,中土久佚。今由日本傳來,其書採録《靈樞》經文,與《素問》不分軒輊,與《甲乙經》同。是漢唐人所稱《内經》,合《素問》《鍼經》而言,非專指《素問》明矣。其證四也。

《靈樞》義精詞奥,《經筋》等篇,非聖人不能作。與冰《素問注》相較,精粗深淺,相去懸殊,斷非冰所能僞託。其證五也。

《甲乙經》林億等《序》曰:'國家詔儒臣校正醫書,令取《素問》、《九虛》、《靈樞》、《太素經》、《千金方》及翼《外臺秘要》諸家善書,校對玉成,將備親覽。'《蘇魏公集·本草後序》曰:'嘉祐三年,差掌禹錫、林億、張洞、蘇頌同共校正《神農本草》、《靈樞》、《太素》、《甲乙經》、《素問》及《廣濟》、《千金》、《外台》等方。'是《靈樞》爲宋仁宗時奉詔校正醫書八種之一,非林億所未校,特未通行耳。唐自中葉以後,醫學漸不如古,針灸孔穴之法,或幾乎息。粗工借術餬口,既不知鍼,何論

腧穴?《鍼經》遂在若存若亡之間。狡獪者改易其名,詫爲秘笈;不學者逞其臆説,誣爲僞書。幾使秦漢以來相傳之古籍,與華陀《中藏》、叔和《脈訣》等量齊觀。亦秦火以後之厄運哉。是書宋以前本無異論。至元吕復始謂《九靈鍼經》,苟一經二名,《唐志》不應《九靈》之外,別出《鍼經》。愚謂隋唐《志》中,一書而數見者甚夥,不但《九靈鍼經》而已。吕復淺人,原無足責。董圕杭氏,在近時號稱淹博,亦襲復之瞽説,詆爲淺短,誣爲僞託,指爲林億、高保衡所未校。豈目未睹《甲乙經序》及《蘇魏公集》乎? 可怪也。"

(新刻)素問運氣圖括定局立成一卷　黃帝内經素問遺篇一卷　黃帝内經素問靈樞運氣音釋補注一卷

(明)熊宗立編注

明刊本　共一冊

内閣文庫藏本　原江户時代醫學館舊藏

黃帝内經素問十二卷

(明)吴悌校

明嘉靖年間(1522—1566年)刊本

内閣文庫　静嘉堂文庫　御茶之水圖書館藏本

【按】每半葉有界十一行,行二十一字。左右雙邊,版心下有刻工姓名。

内閣文庫藏本,原係江户時代醫學館舊藏,共八冊。

静嘉堂文庫藏本,原係養安院、竹添井井等舊藏。此本有江户時代著名儒學家荻生徂徠的手識文。

御茶之水圖書館藏本,原係德富蘇峰成簣堂等舊藏。第一册題簽係江户時代版本學名家森立之手筆,手書曰"明吴悌本"。此册上欄有朱筆注記文字。卷中有"玄周"朱印并墨印,又有"弘前醫官澁江氏藏書記"、"森氏"等印記。共三册。

(重廣補注)黃帝内經素問二十四卷

(唐)啓玄子王冰次注　(宋)林億　孫奇　高保衡等奉敕校正　孫兆改誤　(明)顧從德校

明嘉靖年間(1522—1566 年)仿宋刊本

宮内廳書陵部　内閣文庫　静嘉堂文庫　御茶之水圖書館藏本

【按】每半葉有界十行,行二十字。注文雙行,行三十字。版心有刻工姓名。卷末有明嘉靖庚戌(1550 年)顧從德《翻刻跋》。

卷中仍避宋諱,行文仿宋例,凡"殷、匡、恒、玄、徵、鏡"等字皆缺末筆。

每卷末附"釋音"。

宮内廳藏本每册首有"集賢院御書記"、"江東陸氏書畫珍藏"、"香雪齋"、"藩氏女子"、"子淵"、"豫園主人"等印記。封面有"金栗山藏經紙"印記。《御書籍來歷志》著録此本。共十二册。

内閣文庫藏本,原係昌平坂學問所舊藏。共八册。

静嘉堂文庫藏本,原係陸心源十萬卷樓舊藏,共六册。

御茶之水圖書館藏本,原係島田翰、德富蘇峰等舊藏。此本今缺卷一及卷二,實存二十二册。卷中有"菊潭圖書"、"清川氏圖書記"等印記,共四册。

【附録】日本元禄十五年(1702 年)彌生吉且《倭版書籍考》五之卷著録《素問次注》二十四卷。其識文曰:

"此本由唐肅宗時太僕王冰改錯簡,正篇目,作次注。宋高保衡、林億、孫兆重校正改誤。"

日本江户時代有活字版刊印《重廣補注黃帝内經素問》二十四卷。

後西天皇萬治三年(1660 年)葆真堂刊印《重廣補注黃帝内經素問》二十四卷。

靈元天皇寬文三年(1663 年)清規堂刊印《重廣補注黃帝内經素問》二十四卷。其後,此本有京都上村次郎左衛門重印本。

靈元天皇寬文七年(1667 年)京都上村次郎右衛門刊印《黃帝内經素問》二十四卷。

孝明天皇安政二年(1855 年)刊印《重廣補注黃帝内經素問》二十四卷并《校訛》一卷。由日人久志本等重校。此本安政三年、安政四年有重印本。

孝明天皇安政三年(1856 年)度會常珍據明覆南宋本刊印《重廣補注黃帝内經素問》二十四卷并附《釋音并仿宋刊本素問校訛》一卷,此本由日人澁江金善等重校。

江户時代又有京都風月堂莊左衛門刊印《重廣補注黃帝内經素問》二十四卷。此本係據明萬曆十二年周氏刊本覆刊。

(重廣補注)黃帝内經素問(殘本)二十一卷

(唐)王冰次注　(宋)林億等奉敕校正　孫兆改誤　(明)周曰校

明萬曆十二年(1584 年)新安吳勉學刊本　共九册

京都府立綜合資料館藏本

【按】每半葉有界十一行,行二十三字。小字雙行,行同正文。四周雙邊(20.3cm × 14.0cm)。版心記書名、卷數、葉數。

前有唐寶應元年歲次壬寅(762 年)王冰《自序》。内題"重廣補注黃帝内經素問卷之一(——二十四)"。

是書全二十四卷。此本今缺卷三、卷四、卷五,實存二十一卷。

卷中有"志仁堂藏書"、"三角氏圖書記"等印記。

(重廣補注)黃帝内經素問二十四卷

(唐)王冰注　(宋)林億等奉敕校正　孫兆改誤　(明)周曰校

明萬曆二十九年(1601 年)新安吳勉學刊本　共五册

國會圖書館　内閣文庫藏本

【按】内閣文庫藏本,原係饗庭泰庵、江户醫

學館等舊藏。江戶時代森立之《經籍訪古志》
著録此本。

(重廣補注)黃帝内經素問二十四卷

（唐）王冰注　啓玄子次注　（宋）林億等奉
敕校正
明刊本　共十四册
國會圖書館藏本
【按】此本係明萬曆年間新安吳勉學刊本之
復刊本，爲《古今醫統正脈全書》之零本。

黃帝内經素問二十四卷

（明）潘之恒校
明萬曆四十八年（1620 年）序刊本　共八册
内閣文庫藏本　原黃海紀　豐後佐伯藩主
毛利高標舊藏
【按】此本係仁孝天皇文政年間（1818—1829
年）由出雲守毛利高翰獻贈幕府，明治初期，歸
内閣文庫。卷中有“佐伯侯毛利高標字培松藏
書畫之印”等印記。

黃帝内經素問二十四卷

（明）吳崐注　江子振等校
明萬曆年間（1573—1620 年）序刊本　共八
册
内閣文庫　東京大學總合圖書館藏本
【按】内閣文庫藏本，原係江戶時代醫學館舊
藏。東京大學總合圖書館藏本，原係土肥慶藏
鄂軒文庫等舊藏。此本卷中有後人寫補。
【附録】日本東山天皇元禄六年（1693 年）京
都吉村吉左衛門刊印明人吳崐注《黃帝内經素
問》二十四卷。此本於後櫻町天皇明和年間
（1764—1771 年）有重印本。

(京本校正注釋音義)黃帝内經素問(黃帝素問靈樞集注)十五卷

（唐）王冰注　孫兆改誤　（宋）林億等校
（明）趙植吾編正
明詹林所刊本　共八册

東北大學附屬圖書館藏本　原狩野亨吉等
舊藏

黃帝素問靈樞經(殘本)八卷

（唐）王冰注　（宋）林億等校　孫兆改誤
明趙府居敬堂刊本　共十三册
内閣文庫藏本　原江戶醫學館舊藏
【按】《黃帝素問靈樞經》原十二卷。此本今
缺卷一至卷四，實存凡八卷。
【附録】據《外船齎來書目》記載，日本中御門
天皇正德四年（1714 年）中國商船向日本輸入
《素問靈樞》一部，凡二帙。中御門天皇享保四
年（1719 年）又輸入二部。
據《商舶載來書目》記載，中御門天皇享保十
一年（1726 年）中國商船“久字號”載《黃帝内
經素問靈樞》一部十二册抵日本。
據《書籍元帳》記載，仁孝天皇天保十二年
（1841 年）中國商人王雲向日本輸入《黃帝素
問靈樞經》二部，每部凡四帙。同年，中國商船
“寅二番”載《素問靈樞》一部三帙抵日本。定
價十匁。同年，中國商船“子一番”載《明版靈
樞經》一部抵日本。同年，中國商船“子二番”
載《明版靈樞經》抵日本。仁孝天皇弘化四年
（1847 年）中國商船“未二番”載《素問靈樞》一
部三帙抵日本。售價十五匁。孝明天皇嘉永
三年（1850 年）中國商船“酉七番”載《素問靈
樞》一部二帙抵日本。售價十匁。

黃帝素問靈樞經(素問靈樞)十二卷

不著姓名
明萬曆年間（1573—1620 年）新安吳勉學刊
本
宮内廳書陵部　國會圖書館藏本
【按】此本係《古今醫統正脈全書》之零本。
宮内廳書陵部藏本，共二册。
國會圖書館藏本，共三册。

(新刊)黃帝内經靈樞集注十二卷

（宋）史崧集注

元至元六年(1340年)古林書堂刊本　共二冊

宮內廳書陵部藏本　原多紀元堅　江戶時代醫學館舊藏.

【按】每半葉有界十四行,行二十二字至二十四字不等。注文雙行,行同正文。黑口,四周雙邊(21.0cm×13.8cm)。

首有宋紹興乙亥(1155年)仲夏望月錦官史崧《序》。《序》曰:

"昔黃帝作《內經》十八卷,《靈樞》九卷,《素問》九卷,乃其數焉。世所奉行,唯《素問》耳。……家藏舊本《靈樞》九卷,共八十一篇,增修音釋,附于卷末,勒爲二十四卷。"

次有《黃帝素問靈樞集注目錄》。《目錄》首有梓文二行,其文曰"元作二十四卷,今并爲十二卷,計八十一篇"。《目錄》卷之十二末有木記一行,曰"至元己卯古林胡氏新刊",後有陰文曰"黃帝素問靈樞集注目錄畢"一行。

卷一末有刊印木記,文曰:

至元庚辰菖節
古林書堂印行

各冊首有"公忠鄭氏書府"、"妙覺寺常住日興"、"盛方院"、"多紀氏藏書"、"江戶醫學藏書之記"等印記。

【附錄】日本江戶時代《黃帝內經靈樞》九卷寫本一種,今存東京大學總合圖書館。

江戶時代有(宋)史崧音釋《黃帝內經靈樞》寫本一種,外題"靈樞經注"。此本係日人澁江全善(抽齋)集注,原係野口一太郎寧齋文庫等舊藏,今存早稻田大學圖書館。

靈元天皇寬文三年(1663年)京都吉弘成玄刊印(宋)史崧音釋《新刊黃帝內經靈樞》二十四卷。此本題簽"內經靈樞"。

(新刊)黃帝內經靈樞二十四卷

(宋)史崧題　(明)周日校

明刊本　共三冊

京都府立綜合資料館藏本

【按】每半葉有界十一行,行二十三字。四周雙邊(20.0cm×14.0cm)。版心題"黃帝內經素問　靈樞卷之一(——二十四)",下有葉數。

內題"新刊黃帝內經靈樞卷第一","黃帝素問靈樞經集注卷第二","黃帝內經靈樞卷第三(——二十四)"。

卷中有"志仁堂藏書"、"三角氏圖書記"等印記。

【附錄】江戶時代京都風月莊左衛門刊印宋人史崧音釋《新刊黃帝內經靈樞》二十四卷并附《釋音》。此本係據明萬曆年間繡谷書林本重刊。

(新刊)黃帝內經靈樞二十四卷

(宋)史崧校

明刊本　多紀元堅手識本　共四冊

內閣文庫藏本　原江戶醫學館等舊藏

【按】此本有日本仁孝天皇天保十一年(1840年)江戶名醫多紀元堅手識文。其文曰:

"右《素問》、《靈樞》二十四卷,不著刊行姓名與其歲月。考《天祿琳琅書目　明版子部》,有《重廣補注素問》一函十冊,稱書中凡遇宋諸廟諱,皆從缺筆,蓋偽充宋刊之所爲。然撫刻特精,固翻版之絕佳者,想即此本也。然其《素問》即此間往往見之,更有顧從德覆刻及吳勉學《醫統正脈》所收重雕本,并多現行。特至《靈樞》,則《琳琅書目》即欠載之,而余所曾見,止亡友伊澤惔甫所藏一部,殆絕無而僅有者已。兹者浪華書買郵寄此本,雙璧宛然,咠刻斷潔,足以驚人,況《內經》之存今者,莫善於此。則豈何不什襲之耶!　天保十一年清明日　丹波元堅識於三松書屋南軒。"

此"識文"之後,有"丹波元堅"白文方印、"三松"朱文方印等(江戶時代多紀氏係平安時代丹波氏之後裔——編著者)。

卷中有"江戶醫學藏書之記"、"多紀氏藏書印"等印記。

（新刊）黄帝内經靈樞二十四卷

（宋）史崧校
明刊本　共四册
内閣文庫藏本　原昌平坂學問所舊藏

内經知要二卷

（元）李中梓撰　沈頤校
明刊本　共二册
内閣文庫　早稻田大學圖書館藏本
【按】内閣文庫藏本，原係江户時代醫學館舊藏。
早稻田大學圖書館藏本，原係野口一太郎寧齋文庫等舊藏。
【附録】日本東山天皇元禄十五年（1702年）彌生吉且《倭版書籍考》卷之五著録《内經知要》十卷。其識文曰：“此本係李中梓撰，爲《内經》之節要。”
後西天皇寬文二年（1662年）武村市兵衛刊印明人李中梓《内經知要》二卷。
中御門天皇正德五年（1715年）大阪敦賀屋九兵衛刊印明人李中梓《内經知要》二卷。

内經知要二卷

（明）李中梓編撰
明崇禎十六年（1643年）序刊本　共二册
内閣文庫藏本　原楓山官庫舊藏

素問流氣元珠密語十七卷

（唐）王冰撰
古寫本　共四册
静嘉堂文庫藏本．原陸心源十萬卷樓舊藏
【按】此本《四庫全書》未收。

素問入式運氣論奥三卷

（宋）劉温舒撰
元刊本　共一册
宫内廳書陵部藏本　原多紀元堅　江户時代醫學館舊藏

【按】每半葉有界十四行，行二十三字或二十四字不等。黑口，四周雙邊（21.5cm × 14.8cm）。版心記卷名，下有刻工姓名。
前有劉温舒《序》。末署“（宋）元符己卯歲（1099年）丁丑月望日序”。次有《素問入式運氣論奥目録》。《目録》後有《五運六氣樞要圖》一頁，《六十年紀運圖》半葉，《十干起運訣》、《十二支司天訣》共半葉。
卷前有“多紀氏藏書印”，“江户醫學藏書之印”等印記。
【附録】日本後水尾天皇慶長十六年（1611年）梅壽軒活字版刊印《新刊素問入式運氣論奥》三卷。此本十行十八字。黑口。卷末有刊記曰“慶長十六年辛亥初冬吉辰梅壽重刊”。
後水尾天皇寬永三年（1626年）刊印《新刊素問入式運氣論奥》三卷。
同天皇寬永二十一年（1644年）刊印《新刊素問入式運氣論奥》三卷。此本有京都秋田屋平左兵衛重印本、芳野屋作十郎重印本。
後光明天皇正保三年（1646年）京都芳野屋作十郎刊印《新刊素問入式運氣論奥》三卷。
同年，京都萬屋喜兵衛刊印《素問入式運氣論奥》三卷。
同天皇慶安二年（1649年）京都吉野屋權兵衛刊印《新刊素問入式運氣論奥》三卷。
靈元天皇寬文十一年（1671年）京都武村市兵衛、田原仁左衛門刊印《新刊素問入式運氣論奥》三卷。
東山天皇元禄七年（1694年）銅駝坊村上平樂寺刊印《素問入式運氣論奥》三卷。

（新刊）圖解素問要旨論八卷

（金）劉守真撰　馬宗素重編
元刊本　共八册
静嘉堂文庫藏本　原陸心源皕宋樓舊藏
【按】每半葉有界十五行，行二十八字。注文小字雙行，行同正文。白口，雙黑魚尾，四周雙邊（19.4cm×13.3cm）。
前有劉守真《自序》，次有馬宗素《序》，次有

《總目》。

《自序》之後,有四周雙邊刊語四行,其文曰:
"今求到河間劉守真先生覲傳的本,仍請名醫
之士精加校定,中間并無訛舛,重加編類,鼎形
綉木,以廣其傳,好生君子書眼如月,必有賞
音。謹咨。"

卷中有"湯質元素印記"、"王惟顒印"、"歸安
陸樹聲叔桐父印"、"汪士鐘印"、"閬源真賞"、
"歸安陸樹聲所見金石書畫記"等印記。

讀素問鈔十二卷

(元)滑壽撰

明正德年間(1506—1521 年)刊本　共三册

内閣文庫藏本　原江户醫學館舊藏

素問鈔補正(殘卷)十一卷

(元)滑壽注　(明)丁瓚補正　王宮編

明萬曆十二年(1584 年)周對峰刊本　共一
册

内閣文庫藏本　原吉田意庵　江户醫學館
舊藏

【按】此本原十二卷。今缺卷十二。

讀素問鈔三卷

(元)滑壽撰　(明)汪機補注

明嘉靖三年(1524 年)刊本　共五册

御茶之水圖書館藏本　原德富蘇峰成簣堂
等舊藏

【按】每半葉有界九行,行十八字。小字雙
行。版心下方有刻工姓名。

前有明正德己卯(1519 年)三月汪機《重集
素問鈔序》。其文曰:

"予讀滑伯仁氏所集《素問鈔》,喜其删
去繁蕪,撮其樞要,且所編次,各以類從,秩
然有序,非深于岐黄之學者不能也。但王氏
所注多略不取,于經文最難曉處,附其一二
焉。然自滑氏觀之,固無待于注,後之學者,
未必皆滑氏,苟無注釋,曷從而入首耶?爰
復取王氏注,參補其間,而以'續'字弁之于

首簡,間有竊附己意者,則以'愚謂'二字別
之。滑氏元本所輯者,不復識別,滑氏自注
者如舊,別以'今按'二字。如此庶使原今所
輯之注,各有分辨。或是或非,俾學者知所
釋焉。雖然,余之所輯,未必一一盡契經旨
而無所誤,或者因余之誤,推而至于無誤,未
可知也。諺云抛磚引玉,亦或有補于萬一
云。正德己卯三月朔旦祈門汪機省之序。"

上卷末有明嘉靖甲申(1524 年)刊印木記六
行。下卷末有日本仁孝天皇文政三年(1820
年)收藏者墨書,文曰:"文政三年辛巳歲七月
廿三日修裝。"

卷中有"森氏開萬册府之記"、"與住草屋"、
"野間氏藏書印"等印記。卷帙外封有德富蘇
峰題筆。

素問玄機原病式二卷　圖解運氣圖一卷

(金)劉完素編撰

明嘉靖七年(1528 年)余氏正填堂刊本　共
一册

内閣文庫藏本　原江户醫學館舊藏

【附録】日本後光明天皇慶安三年(1650 年)
京都村上平樂寺刊印《重校補注素問玄機原病
式》一卷。此本由日人饗庭東庵(立伯)補注。

後西天皇延寶五年(1677 年)武村新兵衛刊
印《素問玄機原病式》一卷。此本係據明萬曆
二十九年新安吳勉學《古今醫統正脈全書》本
重刊印,由日人淺井周伯訓點。

東山天皇元禄三年(1690 年)京都秋田屋五
郎兵衛刊印《新刊素問玄機原病式》二卷,此本
係伊藤一道藏版。

東山天皇元禄八年(1695 年)京都吉村吉左
衛門據明人吳啓祥刊本重刊印《新刊注釋素問
玄機原病式》二卷。

中御門天皇寶永八年(1711 年)京都芳野屋
作十郎刊印《會通館翻印素問玄機原病式》一
卷。

(新刊注釋)素問玄機原病式二卷

（金）劉完素編撰　（明）薛時平注　吳繼中校

明刊本　共一册

內閣文庫藏本　原江户醫學館舊藏

素問病機氣宜保命集三卷

（金）劉完素編

明懷德堂刊本　共三册

內閣文庫藏本　原崇蘭館　江户醫學館舊藏

素問病機氣宜保命集三卷

（金）劉完素編

明刊本　共二册

內閣文庫藏本　原楓山官庫舊藏

素問要旨論八卷

（金）劉完素撰　（元）馬宗素重編

元刊元印本　共八册

静嘉堂文庫藏本　原王唯顒　陸心源皕宋樓舊藏

【按】每半葉有界十五行，行二十八字。細黑口。

首題《新刊圖解素問要旨論》。前有書坊刊版木記四行，次有馬宗素《序》，次有《總目》。目次如下：

卷一，彰釋元機篇；卷二，五行司化篇；

卷三，六化處用篇；卷四，互用勝負篇；

卷五，六步氣候篇；卷六，通明形氣篇；

卷七，法明標本篇；卷八，守正防危篇。

陸心源《儀顧堂續跋》卷九著録此本。稱“守真（完素）原本三卷，宗素編爲八卷，故曰‘重編’。凡《內經素問》所有者，注曰‘舊經’；凡守真所撰者，注‘新添’。皆以黑質白章別之”。

此書《四庫》未收，阮文達始進呈。

卷中有“王惟顒”白文方印、“湯質元素印記”朱文方印等。

(新刻)黃帝内經素問鈔七卷

（元）滑壽撰　（明）汪機注

明萬曆四十年（1612年）喬木山房刊本

內閣文庫　大東急記念文庫藏本

【按】內閣文庫藏此同一刊本三部。一部原係江户時代林羅山舊藏，卷中有“江雲渭樹”印記，共五册。兩部原係江户醫學館舊藏，一部共六册，一部共五册。

大東急記念文庫藏本，今缺卷一、卷二，實存殘本五卷，共二册。

黃帝内經素問注證發微九卷　補一卷

（明）馬蒔撰

明天寶堂刊本

內閣文庫藏本　原江户時代醫學館舊藏

【按】內閣文庫藏此同一刊本兩部，皆係原醫學館舊藏。一部全本，共八册。一部缺卷二、卷三、補一卷，實存七卷，共九册。

【附録】日本東山天皇元禄十五年（1702年）彌生吉且《倭版書籍考》五之卷著録《内經注證發微》。其識文曰：“《素問注證發微》九卷，《靈樞注證發微》九卷，合爲《内經注證發微》。大明萬曆年中，儒醫馬玄臺經十年之功而成此書。馬氏名蒔，字仲化。《内經》係萬歲醫家之祖宗，唐王冰以來，馬氏注之前已有訓釋；《靈樞》係馬氏始爲之注。此乃醫門之功，和點有誤。”

據《商舶載來書目》記載，中御門天皇正德元年（1711年）中國商船“久字號”載《黃帝内經素問注證發微》一部十四册抵日本。

日本後水尾天皇慶長十三年（1608年），有梅壽軒木活字版刊印《黃帝内經素問注證發微》九卷，并《補》一卷。每半葉十行，注文雙行。正文注文皆行二十二字。卷九末尾題：“慶長十三戊申年十二月日梅壽重刊”。此本係明萬曆丙戌十四年（1586年）寶命堂刊本之復刊本。次年又有重印本。

明正天皇寬永五年（1628年）京都武村市兵

衛刊印《黃帝内經素問注證發微》九卷。此本係明萬曆十六年(1588年)寶命堂刊本之復刊本。

靈元天皇寬文年間(1661—1672年)刊印《黃帝内經素問注證發微》九卷。

黃帝内經素問節文注釋十卷

(明)馬蒔撰　素侸編釋

明萬曆四十七年(1619年)序瓊芝室刊本

共八冊

内閣文庫　東京大學東洋文化研究所藏本

(新刊)素問心得二卷　(新刻)靈樞心得二卷

(明)胡文煥編撰

明刊本　共二冊

内閣文庫藏本　原吉田意庵　江户時代醫學館舊藏

十四經合纂十六卷　附録一卷

(元)滑壽注

明人寫本　共一冊

宮内廳書陵部藏本　原多紀元堅舊藏

【按】此本題"許昌滑壽伯仁注,松陵張權浩然參"。前有凌義渠《序》。尾題"崇禎庚辰歲仲夏長至日集成"。

卷首有"多紀氏藏書印"等印記。

【附録】日本東山天皇元禄十五年(1702年)彌生吉且《倭版書籍考》卷之五著録《十四經發揮》。其識文曰:"元滑伯仁撰。於十二經絡中加入任督二經。是書論奇經八脈,採《内經》以下名家之書,詳論經絡流注交際,有圖章,有訓釋,有韵語,乃爲畫醫道神秘之書也。薛鎧字良武校刊。良武者,薛立齊之父也。書有宋景濂、吕滄列之《序》。"

日本後水尾天皇寬永二年(1625年)洛陽(京都)梅壽活字版刊印《十四經發揮》三卷,題"元滑壽撰"。

靈元天皇寬文五年(1665年)京都山本長兵衛刊印《十四經發揮》三卷。此本於桃園天皇

寶曆十二年(1762年)有補刊重印本。

同天皇延寶三年(1675年)刊印《十四經發揮》三卷。

中御門天皇享保元年(1716年)須原屋平助刊印《十四經發揮》三卷。

光格天皇寬政八年(1796年)大阪河内屋嘉兵衛刊印《十四經發揮》三卷。

同天皇寬政十年(1798年)京都須原屋平左衛門刊印《十四經發揮》三卷。

(新刊)晞范句解八十一難經八卷　圖一卷

題(周秦)越人扁鵲撰　(宋)李駉句解

元刊本　共二冊

静嘉堂文庫藏本　原陸心源皕宋樓舊藏

【按】每半葉有界十行,行二十字。注文小字雙行,行同正文。細黑口,雙黑魚尾,左右雙邊(17.3cm×11.0cm)。

首題《新刊晞范句解八十一難經》,署"盧國秦越人撰,翰林王惟一校正,臨川晞范子李駉子埜句解"。次有圖十九葉。又有《八十一難經序》,署"大宋咸淳五年歲次己巳(1269年)孟春臨川晞范子自序"。次有《黃帝八十一難經注義圖序論》,末有《釋音》兩葉。

陸心源《儀顧堂集》卷十七著録此本,稱"其書逐句解釋,頗爲淺近易曉"。又曰:"是書著録家所罕見。張氏《藏書志》始著於録,但從《道藏》本傳録,書祇七卷。此本八卷,乃完帙也。"

卷中有"檇李黃氏家藏"、"萬卷樓印"、"歸安陸樹聲所見金石書畫記"、"臣陸樹聲"等印記。

【附録】九世紀藤原佐世撰《本朝見在書目録》,其"醫方家"中著録《黃帝八十一難經》九卷,題"楊玄操撰"。并著録楊玄操撰《八十一難(經)音義》一卷。此爲《黃帝八十一難經》傳入日本之最早記録。

難經本義二卷

(元)滑壽撰　(明)薛己校

明萬曆三十一年(1603年)序刊本　共一冊

内閣文庫藏本　原江戸醫學館舊藏

【附録】日本東山天皇元禄十五年(1702年)彌生吉且《倭版書籍考》卷之五著録《難經本義》上下二卷。其釋文曰：

"此本乃元儒醫滑伯仁所作，係《難經》諸注之冠。慶長十二年(1607年)延壽院東井玄朔先生之門人道救有校刊本，并有東井翁《跋》。此爲倭版之始。寬永六年(1629年)東井翁之高弟壽德院玄昌法師之作中，有《捷徑》四卷。慶安年中(1648—1651年)壽陽軒法眼中江玄節作《摭遺》十卷。玄節字貞竹，居洛陽西洞院。中江玄昌之養父也。"

日本後水尾天皇慶長十二年(1607年)有曲直瀨玄朔活字刊印《難經本義》二卷。

元和九年(1623年)京都刊印《難經本義》二卷。每半葉十一行，行二十一字。卷末有日人曲直瀨玄朔的跋文。其文曰：

"《八十一難經》之注解，古來頗多，就中視滑伯仁之《本義》，其旨趣深奥而無疆，其文詞明白而易曉，本朝未能梓行，維時門下之醫生宜帆齋道，救數帙校訂之，仍因工而鏤版，可謂救恤之心至哉矣。慶長丁未春分之末洛下玄朔敬識。"

《跋文》後有刊版梓語，文曰"洛下六條坊門元和九年癸亥九月吉日書堂道以版開之"。

明正天皇寬永十年(1633年)吉田原左衛門刊印《難經本義》二卷。

後光明天皇正保五年(1648年)敦賀屋久兵衛刊印《難經本義》二卷。

後西天皇萬治三年(1660年)刊印《難經本義》二卷。

靈元天皇天和四年(1684年)芳野屋作十郎刊印《難經本義》二卷。

江戸時代又有京都出雲寺和泉掾刊印《難經本義》二卷《首》一卷。

難經本義二卷

(元)滑壽撰　(明)薛己校

明刊本　共一册

内閣文庫　静嘉堂文庫藏本

【按】内庫文庫藏本　原係江戸醫學館舊藏。此本係薛氏《醫案全書》之零本。

静嘉堂文庫藏本，原係中村敬宇等舊藏。

難經本義二卷

(元)滑壽撰　(明)吳中珩校

明萬曆年間(1573—1620年)刊本　共一册

内閣文庫　龍谷大學大宮圖書館藏本

【按】内閣文庫藏本，原係豐後佐伯藩主毛利高標等舊藏。此本係仁孝天皇文政年間(1818—1829年)由出雲守毛利高翰獻贈幕府，明治初期，歸内閣文庫。卷中有"佐伯侯毛利高標字培松藏書畫之印"等印記。

龍谷大學大宮圖書館藏本，原係寫字臺文庫等舊藏。

圖注八十一難經八卷

(明)張世賢注

明嘉靖年間(1522—1566年)刊本　共四册

内閣文庫藏本　原吉田意庵　江戸時代醫學館舊藏

【附録】據《唐船持渡書物目録留》記載，光格天皇文化七年(1810年)中國商船"未九番"載《圖解難經脈訣》十一部抵日本。每部凡一帙。

圖注八十一難經辨真四卷　圖注脈决辨真四卷　脈决附方一卷

(明)張世賢撰　《附方》張世賢編

明刊本　共四册

内閣文庫　龍谷大學大宮圖書館藏本

【按】内閣文庫藏本，原係楓山官庫等舊藏。龍谷大學大宮圖書館藏本，原係寫字臺文庫等舊藏。

(新刊太醫院校正圖注指南)八十一難經四卷

(明)張世賢撰　熊宗立注　吳文炳校

明萬曆年間(1573—1620年)熊冲宇刊本

共一册

内閣文庫藏本　原江户時代醫學館舊藏

（新刊勿聽子俗解）八十一難經六卷　圖一卷

（明）熊宗立解

明成化八年（1472 年）熊氏中和堂刊本　共三册

内閣文庫藏本　原楓山官庫舊藏

【附錄】日本東山天皇元禄十五年（1702 年）彌生吉且《倭版書籍考》卷之五著錄《難經俗解》六卷。其識文曰：

“大明正統年中熊宗立作。宗立號道衡，宋熊勿軒之子孫。日本天文五年（1536 年）一柏老人受越前太守日下宗淳之命，對是書施以句讀，并作校正，刊版置于越前高尾寺。”

日本版行醫書，首爲《醫書大全》，次即本書。後水尾天皇寬永四年（1627 年）刊印《新刊勿聽子俗解八十一難經》六卷。

（鎸王氏秘傳圖注）八十一難經評林捷徑統宗六卷

（明）王文潔注

明萬曆二十七年（1599 年）劉氏安正堂刊本

共一册

内閣文庫藏本　原江户時代醫學館舊藏

醫經小學六卷

不題著人

明嘉靖十四年（1535 年）西園書堂刊本　共二册

京都府立綜合資料館藏本

【按】每半葉有界十三行，行二十七字。四周雙邊或單邊（19.5cm × 12.0cm 或 18.0cm × 12.0cm）。版心題“小學一（——六）”，下記字數。

内題“京本校正醫經小學大全”。框郭左側有耳格，墨印“醫經小學”。

（診法總論之屬）

（新刻）華陀内照圖二卷

題（魏）華陀撰　（明）胡文焕校

明萬曆年間（1573—1620 年）刊本　共一册

内閣文庫藏本　原楓山官庫舊藏

脈經十卷

（晋）王叔和撰　（宋）林億等類次

明仿宋刊本

内閣文庫　静嘉堂文庫　陽明文庫藏本

【按】卷首題“晋太醫令王叔和撰，宋朝散大夫守光禄卿直秘閣判登聞院上護軍臣林億等類次”。

前有林億等《上表》，次有王叔和《自序》，次有宋熙寧元年（1068 年）鏤版施行林億等銜名，次有熙寧二年（1069 年）富弼等銜名，次有宋紹聖三年（1096 年）龔原等《狀》。後有宋嘉

定丁丑（1217 年）仲夏何大任《後序》。何氏《後序》曰：“有家藏紹聖小字監本，歷歲既陳，故漫滅字畫，不能無謬。大任有志於斯，乃同博驗群書，孜孜九累月，正其誤千有餘字，遂鳩工創刊于本局。其中舊有缺文，意涉疑似者，亦不敢妄加補注，當賴後之賢者。”卷中避宋諱。凡“匡、慎、敦、徵”等字皆缺筆，而“丸”字用“圓”字。

是書《四庫全書》未收，阮文達據宋人寫本進呈。

内閣文庫藏本，原係江户時代醫學館舊藏，共六册。

静嘉堂文庫藏本，原係陸心源十萬卷樓舊藏，共六册。

陽明文庫藏本，共二册。

【附錄】四條天皇仁治二年（1241 年）日本東福寺開山聖一國師圓爾辯圓自中國歸，攜回漢

籍内外文獻數千卷。1353 年東福寺第二十八世大道一以據聖一國師藏書纂成《普門院經論章疏語録儒書等目録》,其"玉部"著録《王叔和脈經》一册。

楊守敬《日本訪書志》卷九著録宋嘉定何氏本《脈經》十卷。其識文曰:

"王叔和《脈經》十卷,《隋志》已著録,《新唐志》同,而《舊唐志》僅有二卷之本。此宋林億等所謂好事之家僅有存者,故五代高陽生《脈訣》得而託之。然自熙寧頒布以後,《脈訣》仍自盛行,直至元戴啓宗爲刊誤,始昭然,知《脈訣》非叔和書。顧《脈經》雖一刊于熙寧,再刊于紹聖,三刊于廣西漕司,四刊于濠梁何氏,元泰定間又刊于龍興儒學,而傳習者終稀。良以經旨淵奧,非貫穿《素》《靈》《扁》《陀》者未易領取。明代畢玉、袁表、沈際飛諸本,皆從泰定出,而奪誤尤甚。唯吳勉學《醫統正脈》所收,取源于何氏,至今尚有存者。而《四庫提要》(按,當作《四庫全書》——編著者)乃未收此書,殊不可解。嘉慶間,阮文達公始得影鈔何氏本,著于《未收書目》中,惜未翻雕傳世。金山錢氏又從袁刻録入,亦未爲善本。坊間所行,更無論矣。余從日本得宋刻何氏原本,又兼得元明以來諸本,乃盡發古醫經書與之互相比勘,凡有關經旨者,悉標於簡端,非唯可據諸經證此書,亦可據此書訂諸經。吾宗葆初壽昌大令存心濟世,若不遑及見而亟墨諸版,嗟乎,人命至重,二十四脈判於毫髮,俗醫沈伏遲緩之不分,妄呈臆見,率爾下藥,殺人不須白刃,夭折付之天命,而蒼生之禍極矣!此書出,吾願天下之業斯術者,未能洞徹此旨,慎勿漫摻刀圭。光緒十有九年夏四月記於鄰蘇園。"

楊守敬所記此宋嘉定年間何氏刻本,今編著者日本訪書未見。楊氏又記影鈔元刊本《脈經》十卷。其識文曰:

"元泰定四年龍興路醫學教(諭)謝縉翁刊本。前有東陽柳贇《序》,又有謝縉翁《自序》,并載《移文》一首。據縉翁《後序》,稱以官本及廣西漕司本,又得鄉人黃南牖家本合校。柳贇《序》云,其卷帙篇第一用陳氏廣西之舊,故陳孔碩一《序》亦賴之以存,今以校何大任本,互有異同,而不如何本之勝,唯劃條提行,此本又較勝之。後來袁表、沈際飛等,皆從此本出也。又有成化十年畢玉重刊此本,則訛謬尤多。云此本爲日本醫學提舉多紀氏所藏,即著聿修堂各醫書之家也。"

日本東山天皇元禄十五年(1702 年)彌生吉且《倭版書籍考》卷之五著録《脈經》。其識文曰:

"此本係西晉太醫令王叔和作。書中舉扁鵲、仲景、華陀等諸説,宋林億、高保衡等校正,乃醫家之一經要也。此本并附《序目》一本、《圖説》二本,全部合十本。"

據《商舶載來書目》記載,日本東山天皇元禄十一年(1698 年)中國商船"美字號"載《脈經》一部四册抵日本。

王氏脈經十卷

(晉)王叔和撰　　(宋)林億等編
明趙府居敬堂刊本　共四册
內閣文庫藏本　原楓山官庫舊藏

王氏脈經十卷　人元脈影歸指圖説二卷

(晋)王叔和撰　　(明)袁表編　沈際飛校
明萬曆三年(1575 年)童氏刊本　共三册
內閣文庫藏本　原楓山官庫舊藏
【按】每半葉有界九行,行十八字。

前有元泰定年間(1324—1327 年)諸序文,又有明萬曆三年徐中行《手札》。末有刊印木記曰"書林童文舉謹識"。

【附録】楊守敬《日本訪書志》卷九著録明刊本《脈經》十卷。其識文曰:

"明袁表重刊《脈經》,以泰定四年本爲原而間有校改,并有印行後挖改者。據徐中行《札》,知所據本中多模糊,屬袁氏校正,故不免臆補之處。自袁氏以前,此書唯有成化中淮陽刊本，及趙府居敬堂本，皆流傳不多。自袁氏本出，此後重刊皆據其本，不可謂之無功。此書余得之小島，朱藍墨筆校記。其硃筆者，嘉定何太任本；藍筆者，明淮陽刊本；墨筆者，則據《素》、《靈》、《難經》、《傷寒》、《甲乙》等書。可稱精詳。每卷後有學古校讀年月，并記與其友人同諸姓名，蓋不啻三四覆校，然叔和所引書，今不盡見，其源多載《千金方》。小島未以《千金》校之，且至六卷以後亦第以宋本互校，未及旁引他書，甚爲漏略。故余復以硃筆勘之，凡見於諸醫經者，異同悉著之，不嫌其煩瑣也。"

日本後光明天皇慶安三年（1650年）刊印《王氏脈經》十卷，并《人元脈影歸指圖説》二卷。此本題"（晋）王叔和撰，（明）沈際飛重訂"。

東山天皇元祿十三年（1700年）京都玉水屋北尾八兵衛刊印（晋）王叔和編（明）袁表校沈際飛訂正《王氏脈經》十卷，並附《人元脈影歸指圖説》二卷。

王氏脈經十卷　人元脈影歸指圖説二卷　汪氏痘書一卷

（晋）王叔和撰　　（明）繆希雍校
明天啓四年（1631年）刊本
内閣文庫藏本

【按】内閣文庫藏此同一刊本五部。一部原係江户時代醫學館舊藏，共三册。兩部各八册。一部缺卷一，共六册。一部原係江户時代醫學館舊藏，今僅存《人元脈影歸指圖説》二卷，共一册。

（新編）潔古老人注王叔和脈訣十卷

（晋）王叔和撰　　（金）張元潔注　張璧述
元至正二年（1342年）刊本　共二册
宫内廳書陵部藏本　原江户名醫多紀氏家醫學館等舊藏

【按】每半葉有界十二行，行二十字或二十一字。細黑口，左右雙邊（23.2cm×14.0cm）。

前有元至正二年（1342年）益清堂老人吳駿聲父《序》。《序》文行書體，其文曰：

"《脈訣》之書，其醫家之入門也。潔古父子，世傳醫學，熟究方書，洞察脈理，隨脈辨證，隨證注藥，兼習諸家之善，以釋後學疑，其用心亦良矣。江南醫士，□所未觀……今喜得兹本，不欲私藏，亟刻諸梓，推廣活人之惠。其志尤可嘉。以□見潔古之有功於叔和，而虞又有功於潔古也。豈小補哉！蒼嵓山人特書於會稽衛生堂。"

次有蒼岩山人《序》一頁，末署"蒼岩山人特書于會稽衛生堂"。《序》後有《地支不移循環之圖》，次有《新編潔古老人注王叔和脈訣目錄》。

卷末有"天保三年重陽後二日讀于奚暇齋燈下　丹波元堅"墨書二行。後又有丹波元堅《書王叔和脈訣後》墨書六行。文字如次：

"晋王叔和著《脈經》及《脈訣》。余嘗疑《脈訣》實非叔和作，後人僞書也。何以知之？《脈訣》皆歌也，西晋時，焉有歌□□，可疑一也。《脈訣》比之《脈經》，則文辭卑漏，其論脈也有黑白表裏之差，可疑二也。考《脈訣》，宋妄男高陽生所僞作也。嗚呼悲哉，世之愚醫，漫知貴叔和之名，不察後人妄作，往往本於《脈訣》，其誤人豈鮮哉！何乏世文學君子也。余幼而好學，于兹十年，稍稍知今文古文之别，於是乎有所見，故聊書卷後，解衆人之惑云。"

卷中有"多紀氏藏書印"、"隣壽殿書籍記"、"醫學圖書"等印記。

【附錄】據《商舶載來書目》記載，光格天皇享和三年（1803年）中國商船"和字號"載《王叔和圖注難經脈訣》一部一帙抵日本。

（新編）潔古老人注王叔和脉訣十卷

（晋）王叔和撰　　（金）張元潔注　張璧述
元至正二年（1342年）刊後印本　共三册
宫内廳書陵部藏本　原江户醫學館等舊藏

【按】每半葉有界十二行，行二十字。

前題“金潔古老人元素注，雲岐子張璧述”。

卷首有元至元壬午吳駿《序》，有二葉係寫補，卷六亦有二頁寫補。

卷中有“隋壽殿書籍記”、“松竹齋”、“醫學圖書”等印記。

(新刊)通真子補注王叔和脈訣三卷　(新刊)補注通真子脈要秘括二卷

（晋）王叔和撰　（宋）劉元賓注

明成化五年(1469年)翠岩精舍刊本

宮內廳書陵部　內閣文庫藏本

【按】卷前有《目録》，後有刊印木記，其文曰“成化己丑孟夏翠岩精舍新刊”。

宮內廳書陵部藏本，無《新刊補注通真子脈要秘括》二卷，共一冊。

內閣文庫藏本，原係豐後佐伯藩主毛利高標舊藏，仁孝天皇文政年間(1818—1829年)由出雲守毛利高翰獻贈幕府。明治初期，歸內閣文庫。明治二十四年(1891年)移交宮內省（即今宮內廳書陵部）卷中有“佐伯侯毛利高標字培松藏書畫之印”等印記，共二冊。日本江户時代森立之《經籍訪古志·補遺·醫部》著録聿修堂藏《新刊通真子補注王叔和脈訣》三卷，《新刊補注通真子脈要秘括》二卷明成化己丑刊本，即係此本。

【附録】四條天皇仁治二年(1241年)日本東福寺開山聖一國師圓爾辯圓自中國歸，攜回漢籍內外文獻數千卷。1353年，東福寺第二十八世大道一以據聖一國師藏書編纂成《普門院經論章疏語録儒書等目録》，其“玉部”著録《通其子脈訣》一冊。

圖注王叔和脈訣四卷　提要一卷　附方一卷

（晋）王叔和撰　（明）張世賢圖注

明沈氏碧梧亭刊本

內閣文庫藏本

【按】內閣文庫藏此同一刊本兩部。一部原係吉田意庵舊藏，後歸江户醫學館，共三冊。一部原係楓山官庫舊藏，共二冊。

圖注脈訣辨真四卷　脈訣附方一卷

（晋）王叔和撰　（明）張世賢圖注

明刊本　共二冊

內閣文庫藏本

【按】內閣文庫藏此同一刊本兩部，一部原係江户時代醫學館舊藏；一部原係豐後佐伯藩主毛利高標舊藏。此本係仁孝天皇文政年間(1818—1829年)由出雲守毛利高翰獻贈幕府。明治初年歸內閣文庫。卷中有“佐伯侯毛利高標字培松藏書畫之印”等印記。

(錄)圖注王叔和脈訣大全五卷

（晋）王叔和撰　（明）張世賢圖注

明刊本　共一冊

內閣文庫藏本　原豐後佐伯藩主毛利高標舊藏

【按】此本係仁孝天皇文政年間(1818—1829年)由出雲守毛利高翰獻贈幕府。明治初年歸內閣文庫。卷中有“佐伯侯毛利高標字培松藏書畫之印”等印記。

(新刻增補)王叔和脈訣圖注定本(不分卷)

（晋）王叔和撰　（明）童養學編校

明末刊本　共一冊

內閣文庫藏本

(新刻)圖注脈訣統宗(鍥王氏秘傳叔和圖注釋義脈訣評林捷徑統宗)八卷

（晋）王叔和撰　（明）王文潔編定

明萬曆二十七年(1599年)安正堂刊本　共二冊

內閣文庫藏本　原江户時代醫學館舊藏

【附録】日本江户時代有明萬曆二十七年《鍥王氏秘傳叔和圖注釋義脈訣評林捷徑統宗》八卷之覆刊本。

(新刊)勿聽子俗解脈訣六卷　圖一卷　提要一
**　卷**

　　　(晋)王叔和撰　　(明)熊宗立編定
　　　明正統二年(1437年)刊本　共二册
　　　内閣文庫藏本　原楓山官庫舊藏

(新刊)勿聽子俗解脈訣大全六卷　圖一卷　提
**　要一卷**

　　　(晋)王叔和撰　　(明)熊宗立編定
　　　明正德四年(1525年)陳氏存德堂刊本　共
　　一册
　　　内閣文庫藏本　原江户時代醫學館舊藏

(新刻)明醫參補三合王叔和脈訣合編四卷

　　　(晋)王叔和撰　　(明)吴文炳編
　　　明萬曆四十五年(1617年)刊本　共二册
　　　内閣文庫藏本　原江户時代醫學館舊藏

太上黄庭景玉經注解二卷　附五臟六腑圖説

　　　(梁)丘子注
　　　明萬曆十二年(1584年)秘密閣朱色刊本
　　共二册
　　　御茶之水圖書館藏本　原德富蘇峰成簀堂
　　等舊藏
　　　【按】前有明萬曆甲申(1584年)《序》,後署
　　"程應魁書"。上卷末署"豐城熊高刻",下卷末
　　署"李啓明刻"
　　　版心下有書坊名,題"秘密閣雕"

諸病源候論五十卷　序目一卷

　　　(隋)巢元方等奉敕編撰
　　　宋刊本　共十四册
　　　宫内廳書陵部藏本　原金澤文庫　懷仙閣
　　養安院等舊藏
　　　【按】每半葉有界十四行,行二十三字。白
　　口,左右雙邊(21.5cm×17.2cm)。版心有時記
　　字數。
　　　卷首有宋仁宗(1023—1063年)時期宋綬《巢

氏諸病源候論序》。次列《巢氏諸病源候論目
録》。每卷首又各舉其目。此本凡六十七門,
一千七百二十論。

　　卷中避宋諱,缺畫至"弦"字。

　　卷四十至卷四十三係日本江户時代人據酉
源堂藏本寫補,卷三十七亦有二頁寫補。

　　此本爲日本中世紀時代原金澤文庫外流出
漢籍之一種。

　　卷中有"金澤文庫"、"養安院藏書"、"森氏開
萬册府之記"、"九折堂山田氏圖書之記"等印
記。

　　江户時代森立之《經籍訪古志　補遺　醫
部》著録懷仙閣藏南宋刊本《諸病源候論》五十
卷,即係此本。其識文曰:

　　　"缺第四十、四十一、四十二、四十三,凡
　　四卷。酉源堂藏有之,今從補録。

　　　南宋人從天聖校刊本而重刻者。文字
　　遒勁,用歐法而時帶行體。但卷中間有補
　　刻。南宋坊間本往往有如此者。然是書在
　　今日莫善於此本,誠可貴重。酉源堂所藏亦
　　係殘本,然二本相合,亦足稱完璧。

　　　又按此本校之《外臺醫心方》所引,猶有
　　訛缺。説見《醫籍考》中,宜參。又楓山秘府
　　舊抄本,係三四百年外書本,行款與此本同,
　　而文字間異,憾未校過。"

　　楊守敬《日本訪書志》卷九著録影南宋本《諸
病源候論》五十卷《目録》一卷,即係此本,然楊
氏指此本爲"影南宋本"。其識文曰:

　　　"影南宋本《巢氏諸病源候論》五十卷,
　　首題'諸病源候論卷一',不冠以'巢氏'二
　　字。次題'大業六年太醫博士巢元方等奉敕
　　撰'……舊爲懷山閣所藏,缺第四十、四十
　　一、四十二、四十三,凡四卷,以酉源堂所藏
　　宋殘本補摹之。首有'金澤文庫'印,日本古
　　時官庫藏書之所也。此本爲小島學古從宋
　　本影摹者。按,《隋書·經籍志》有《諸病源候
　　論》五卷,《目》一卷,吴景賢撰。《舊唐志》則
　　作五十卷,吴景撰。皆不言巢氏書。《新唐
　　志》則二書并載。《提要》疑當時本屬官書,

元方與景,一爲監修,一爲編撰,故或題景名,或題元方名,實止一書。《隋志》'吳景'作'吳景賢','賢'或'監'之誤,其作五卷,亦當脱一'十'字。如止五卷,不應《目録》有一卷。按《題要》所云《隋志》五卷,五下脱十字,至確。又稱吳與景同撰此書,今以宋本照之,題爲元方等撰,與晁公武《讀書志》所稱合,足見此書非元方一人之力。惟吳景賢之名,已見《隋書·麥鐵杖傳》。《提要》疑'賢'爲'監'之誤,未免失之。此書有明方鑛、汪濟川、吳勉學等刊本,近亦不多見。通行者嘉慶間胡益謙刊本,以此本校之,胡本之誤不下數千字,且有十數條脱漏者,即如篇首標題,增'巢氏'二字,'論'上加'總'字,次删'大業六年等奉敕上'字,每類'諸病'改爲'病諸',下又增'候'字,其爲庸妄已可概見。余謂王燾《外臺秘要》、王懷隱《太平聖惠方》,每部皆取元方之論冠其首。宋制醫以《巢氏論》與《千金翼》目爲小經,知此書爲證治之津梁。自《素問》、《傷寒》以下,未堪比數。顧邇來操歧黄者多未寓目,即胡益謙本,亦視同秘笈,可慨也夫。光緒壬午春三月記。"

【附録】日本東山天皇元禄十五年(1702年)彌生吉且《倭版書籍考》著録《病源候論》五十卷十一册,内有《總目録》一册。其釋文曰:

　　　"此本係隋太醫巢元方受煬帝之命而作。此書以仲景《傷寒論》爲基礎,廣論諸病之證候。病論之末記針灸湯熨諸事。"

據《會所書籍輸入見帳》記載,仁孝天皇天保十四年(1843年)中國商船輸入日本《巢氏病源候論》五部。投標總價爲三枝三十一匁四分,大阪屋三十六匁三分,安田屋四十一匁八分。

據《書籍元帳》記載,仁孝天皇弘化四年(1847年)中國商船"午一番"載《巢氏病源候論》四部抵日本。此書每部售價七匁。

日本明正天皇正保二年(1645年)名古屋永樂屋東四郎刊印《重刊巢氏諸病源候總論》五

十卷。此本有上村次郎右衛門等印本。

(重刊)諸病源候論五十卷　序目一卷

(隋)巢元方等奉敕編撰

元刊本　共四册

静嘉堂文庫藏本　原陸心源守先閣舊藏

【按】每半葉有界十三行,行二十三字。

卷首題"隋大業六年太醫博士臣巢元方奉敕撰"。前有翰林學士知制誥宋綬《序》。

陸心源《儀顧堂題跋》卷七著録此本。其識文曰:

　　　"以明刊本校之,卷十'瘴氣候'條四百七十一字,明刊祇存五十四字;'青草瘴'以下奪四百十七字。此外,字句之訛奪,亦復不少。證以《外臺秘要》所採諸論,與此刊亦有異同。聞東洋藏書家尚有南宋刊本,惜不得借校一過耳。"

(重刊)巢氏諸病源候總論(殘本)四十七卷

(隋)巢元方等奉敕編撰

明嘉靖年間(1522—1566年)汪氏主一齋刊本　共十四册

内閣文庫藏本　原江户時代醫學館舊藏

【按】是書全五十卷。此本今缺卷一至卷三,共三卷。

醫説(殘本)二卷

(宋)張杲撰

宋刊本　共二册

宫内廳書陵部藏本　原江户名醫多紀氏家醫學館等舊藏

【按】每半葉有界九行,行十八字。白口,左右雙邊(21.8cm×14.8cm)。版心有刻工姓名。

是書全十卷。此本僅存卷九、卷十,共二卷。

此本原題第九、第十,用別紙黏接,改作"之上"、"之下",此乃商賈欺人之僞爲也。

卷末有宋嘉定甲申(1224年)彭方《跋》,李以制《跋》,宋開禧丁卯(1207年)江疇《跋》,宋寶慶丁亥(1227年)徐杲《跋》等。

江户時代森立之《經籍訪古志·補遺·醫部》著録聿進堂藏宋刊本《醫説》第九第十兩卷,即係此本。其識語曰:

"按此本大板大字,筆畫端雅,爲宋槧之絶佳者。但兩卷首末第九第十二字用別紙粘接,改作'之上'、'之下',蓋猾商獲零本爲此伎倆,以欺人也。又按,鄧初正本載淳熙十六年羅頌《序》云:'己酉歲,季明攜以過我,且曰,書雖未成,請姑爲序之。'又云:'季明盛年著書,'嘉定甲申,李以制《跋》云:'季明今老矣,搜訪尚不輟。'則相距實三十六年,當是季明晚年定本。顧定芳本載紹定改元諸葛興《跋》云:'校正其訛謬,將鋟梓以廣其傳。'又云:'興既爲辨其舛誤,芟其蕪類,而間以所聞於記録者,稍附益之。'由此考之,此本即紹定刊本,而偶脱此《跋》者歟?"

兩卷首皆有"王氏維禎"、"太華山讀書臺"、"乙未翰林"三印。第十卷三十一頁倒捺古折束印,朱字圓潤,字體肥美。卷中又有"多紀氏藏書印"、"醫學圖書"、"隮壽殿書籍記"等印記。

【附録】日本後西天皇萬治元年至二年(1658—1659年)京都植村藤右衛門刊印宋人張杲《醫説》十卷,并明人俞弁《續醫説》十卷。

醫説十卷

(宋)張杲撰

明嘉靖二十二年(1543年)刊本　共五册

內閣文庫　京都府立綜合資料館藏本

【按】每半葉有界十行,行二十字。左右雙邊(19.2cm×13.7cm)。版心題"醫説卷一(——十)",下記頁數。

前有明嘉靖癸卯(1543年)夏六月朔張子立《叙》,宋紹定改元(1228年)孟夏望日諸葛興《序》,宋嘉定甲申(1224年)春三月彭方《跋》,宋嘉定甲申首夏季以制《跋》,宋開禧丁卯(1207年)七夕江疇《跋》,宋寶慶丁亥(1227年)十二月望日徐杲《跋》。

此本天頭地邊甚寬。題簽左側墨書"醫説"。

內閣文庫藏本,原係楓山官庫舊藏。

京都府立綜合資料館藏本,卷中有"三角氏圖書記",并有朝鮮印記三枚。

【附録】江户時代有日人《醫説》十卷寫本一種。此本係據明嘉靖二十五年刊本覆寫。今藏中國醫學科學院圖書館。

醫説十卷

(宋)張杲撰

明嘉靖二十五年(1546年)藩藩刊本　共七册

內閣文庫藏本　原江户時代醫學館舊藏

醫説十卷

(宋)張杲撰

明萬曆年間(1573—1620年)刊本　共五册

龍谷大學大宮圖書館藏本　原寫字臺文庫等舊藏

【按】前有明萬曆三十七年(1609年)《序》。

續醫説十卷

(明)俞弁續編

明嘉靖九年(1530年)刊本　共四册

御茶之水圖書館藏本　原江户時代名醫多紀氏家　醫學館　德富蘇峰成簣堂等舊藏

【按】每半葉有界十行,行十七字。

卷中有"多紀氏藏書印"、"江户醫學藏書之記"、"酒竹文庫"、"新村氏貯藏記"、"壽永寺藏書印"等印記。

卷末有日本光格天皇天明癸卯年(1783年)識文。

醫説續編(醫説會編)十八卷

(明)周恭編

明隆慶三年(1569年)序刊本　共十册

內閣文庫藏本　原楓山官庫舊藏

脈訣一卷

(宋)崔嘉彦撰　(明)吳勉學校

明刊本　共一册

内閣文庫藏本　原楓山官庫舊藏

醫經正本書一卷

（宋）程迥撰

影寫宋刊本　共一册

静嘉堂文庫藏本　原汪喜孫等舊藏

【按】首題"宋文林郎知隆興府進賢縣主管農營田公事沙隨程迥撰"。前有《自序》，後有陳言《跋》。

是書《書録解題》著於録，而《四庫全書》未收。

（新刊仁齋直指方論）醫脈真經二卷

（宋）楊士瀛撰　　（明）朱崇正補遺

明刊本　共一册

内閣文庫　静嘉堂文庫藏本

【按】首署"宋三山名醫仁齋楊士瀛登父撰次，新安後學惠齋朱崇正宗儒附遺"。前有宋景定壬戌（1262年）七月即望楊登父《自序》。

此本以相傳王叔和《脈經》爲經，參以百家之言。首爲《察脈總論》，次爲《脈訣》，次爲《七表脈》，次爲《八里脈》，次爲《九道脈》。

内閣文庫藏本，原係江户時代醫學館舊藏。

静嘉堂文庫藏本，原係陸心源等舊藏。

脚氣治法總要二卷

（宋）董汲撰

文瀾閣傳抄本　共一册

静嘉堂文庫藏本　原陸心源十萬卷樓舊藏

【按】此本與《集驗背疽方》合綴。

陸心源《儀顧堂續跋》卷九著録此本。其識文曰：

"《提要》云，汲字及之，東平人。始末未詳。其著書在元豐元祐之間。愚按，晁補之有《董汲秀才真贊》云：'鵲實非脈，假脈而言太子可起；和實以脈，遺脈而知良臣將死。故鵲不能死生，而和不能生死，既有制之者矣，亦有知之者矣。術兼于道，是謂醫理。

誰其知之，惟汶陽董子。'見《雞肋集》卷三十二。與著此書者里貫時代皆合，當即其人也。"

（太醫張子和先生）醫書（零本）一帖

（金）張從正撰

宋刊本　黃蕘圃手識本　共一帖

静嘉堂文庫藏本　原毛晉汲古閣　陸心源皕宋樓舊藏

【按】每半葉有界十一行，行二十五字至二十七字不等。注文小字雙行，行二十七字左右。白口，雙黑魚尾，四周雙邊（20.0cm×12.8cm）。

此本今存《撮要圖》卷之九共八葉、《内經濕變五泄金匱十全之圖》二葉、《金匱十全五泄圖後總論》二葉、《病機》四葉、《扁鵲華陀察聲色定死生訣要》五葉。

卷末有清嘉慶丁巳（1797年）黃蕘圃手識三款，其一曰：

"此宋刻醫家書零種，不知其何總名。兹所存者每頁版心俱可辨識，曰'撮要'者一頁至四頁，曰'撮要圖'者五頁至八頁，爲一種。曰'五泄'者一頁，曰'五泄圖'者二頁，曰'五泄論'者三頁至四頁，爲一種。曰'病機'者一頁至四頁，爲一種。曰'扁華訣'者一頁至五頁，爲一種。雖所存不過二十一頁，而命名有四種，亦足以備醫家采擇矣。卷中有毛子晉圖書，知爲汲古閣舊藏。偶檢其《秘本書目》，有宋版《醫家圖説》一本，其即此歟？爰重裝之，以藏諸讀未見書齋。嘉慶丁巳冬十一月十八日雨窗　黃丕烈識。"

其二曰：

"後爲周漪塘先生借去，還書之日爲題其籤曰'張從正《儒門事親》中殘本'，則此册固有全本矣。"

其三曰：

"丙子中春重裝，附於金刻原書之後，内《扁華訣》、《病機》二種，可用補金本所缺，其《撮要》云云，存其重復可耳。蕘翁又識。"

卷中有"毛晉"、"子晉書印"、"汪士鐘藏"、

"廷相"、"伯卿甫印"、"卓如"、"蔡廷槙印"、"臣陸樹聲"、"歸安陸樹聲叔桐父印"、"宋本"等印記。

(太醫張子和先生)儒門事親十二卷

(金)張從正撰

金刊本　黃蕘圃手識本　共九帖

静嘉堂文庫藏本　原陸心源皕宋樓舊藏

【按】每半葉有界十一行，行二十三字、二十四字、二十五字不等。注文小字雙行，行二十七字左右。白口，雙黑魚尾，四周雙邊(21.0cm×13.3cm)。

卷一至卷三，係《太醫張子和先生儒門事親》三卷；

卷四至卷五，係《太醫張子和直言治病百法》二卷；

卷六至卷八，係《戴人張子和先生十形三療》三卷；

卷九，係《太醫張子和先生撮要圖》一卷；

卷十，係《太醫張子和先生三法六門方》一卷；

卷十一，係《世傳神效名方》一卷；

卷十二，係《治法雜論》一卷。

卷末有清嘉慶二十一年(1816年)黃蕘圃手識文，文曰：

"去秋有書賈自禾中歸，攜得醫家書一部，皆太醫張子和先生著述。其一種曰《儒門事親》三卷，其一曰《直言治病百法》二卷，其一曰《十形三療》三卷，其一曰《撮要圖》一卷，其一曰《三法六門方》一卷，其一曰《世傳神效名方》一卷，其一曰《治法雜論》一卷。版刻既不精緻，裝潢亦復破損。旁觀者嗤，余之展玩不已，而問買人之索值，後與物主議易成。而向之嗤余者，叩余必欲得之故，余遂以此書係金人著述，其版刻亦出金源，且向稱是書總名之曰《儒門事親》十五卷，唯此各標目錄，逐種分析，始悉載人之書，自有真面目在，非可以《儒門事親》概之也。因憶潛研老人《元史藝文志》有補金藝文者，'子

類醫方'云張從正《汗下吐法治病撮要》一卷、《傷寒心鏡》一卷、《秘録奇方》二卷、《儒門事親》十五卷、《張氏經驗方》二卷、《直言治病百法》二卷、《十形三療》三卷。取證目驗，金張從正書多所吻合，唯《儒門事親》十五卷，尚襲傳訛之名耳。幸有原書可正其誤也，書之可貴者在此。後取嘉靖刊本對勘，知尚有《扁鵲華陀察聲色定死生訣要》、《病機》兩門，此偶失之。忽憶舊藏《醫家圖説》一册，周香巖以爲張從正《儒門事親》殘本，内有所云《扁華訣》、《病機》者，必此是矣。急取證之，果是新收本所缺者。版刻行款多同，唯四圍雙綫，筆畫較精緻。向毛汲古以爲宋版《醫家圖説》，諒重刊於宋而不及初刊於金之古拙，抑此刊在後，印又在後，故不如彼之工。皆未暇深論。第預蓄此二種，以待今日之補全。則余之書福，何其大耶！遂不惜命工重裝，費倍所獲之值，亦弗計也。已裝成，爲嘉慶丙子中春，越日展觀，是爲上巳前二日。蕘翁識。"

陸心源《儀顧堂集》卷十九《金刊張子和醫書跋》，談及此本。其文曰：

"(前略)嘉靖本總題爲《儒門事親》，已名是而實非，又分割卷第，顛倒前後，金本真面目幾無一存。《撮要圖》、《五泄圖》，本圖也，而改爲篇。《扁華訣》《病機論》本附於《撮要圖》後，《劉河間三消論》本附於《治法雜論》後，而別出爲卷十三、卷十四，《世傳神效方》、《治法雜論》，本別爲卷，而列《治法雜論》爲卷十一，《神效方》爲卷十五，金本《神效方》後有七古一首，七絶四首，嘉靖本有録無書，其他分兩之參差，字句之訛奪，尤難枚舉，即如《神效方》接骨藥半兩銅錢，乃古半兩錢也，嘉靖本訛爲銅錢半兩，郢書而燕説矣。"

傅增湘《藏園群書經眼録》卷七著録此本。其識文曰：

"此書刊工疏古有逸致。金刊本最爲少見，明刊則妄意改易卷第矣。"

卷中有"汪士鐘藏"、"秋浦"、"憲奎"、"伯卿甫"、"金匱蔡氏醉經軒考藏章"、"廷相"、"卓如賞真"、"蔡廷楨印"、"蔡廷楨字慕周好卓如"、"廷楨私印"、"臣陸樹聲"、"歸安陸樹聲叔桐父印"等印記。

【附錄】日本光格天皇文化元年(1804年)《丑五番船書籍直組帳》記載,是年日本輸入《儒門事親》一部,并注"原價三匁,提價一匁五分,售價四匁五分"。

日本中御門天皇正德元年(1711年)洛陽(京都)松下睡鶴堂刊印金人張從政撰、明人吳勉學校《儒門事親》十五卷。同年,又有浪華田綠叔平刊印《儒門事親》十五卷。

儒門事親十五卷

(金)張從正撰　(明)吳勉學校

明嘉靖年間(1522—1566年)刊本

內閣文庫　早稻田大學圖書館藏本

【按】前有明嘉靖二十年(1541年)《序》。

內閣文庫藏本,原係楓山官庫等舊藏,共八冊。

早稻田大學圖書館藏本,原係野口太一郎家寧齋文庫等舊藏,共五冊。

儒門事親十五卷

(金)張從正撰　(明)吳勉學校

明萬曆年間(1573—1620年)步月樓刊本

共八冊

龍谷大學大宮圖書館藏本　原寫字臺文庫等舊藏

(劉河間)醫學六書

(金)劉完素撰　(明)吳勉學校

明步月樓刊本

內閣文庫　東洋文庫藏本

【按】此本細目如次:

《素問玄機原病式》一卷,(金)劉完素撰;

《素問病機氣宜保命集》三卷,(金)劉完素撰;

《黃帝素問宣明論方》十五卷,(金)劉完素撰;

《劉河間傷寒醫鑒》一卷,(金)馬宗素撰;

《劉河間傷寒直格論方》三卷,(金)劉完素撰;

《傷寒標本心法類萃》二卷　附《河間傷寒心要》一卷,(金)劉完素撰,附(明)餾洪編;

附《張子和心鏡別集》一卷,(明)常德輯。

內閣文庫藏本,原係楓山官庫等舊藏,共八冊。

東洋文庫藏本,原係映旭齋藏版,共八冊。

【附錄】據光格天皇文化元年(1804年)《改濟書籍目錄》記載,是年中國商船"亥七番"載《劉河間醫書六種》四部抵日本。并注"每部原價七匁五分,提價爲十匁五分"。

日本櫻町天皇元文三年(1738年)平安京秋虎溪刊印《黃帝素問宣明論方》十五卷。此本題署"劉守真撰,吳勉學校",并有日人田中素行《序》。

東垣十書十種十九卷

(元)李杲撰　王好古編

明正德三年(1508年)熊氏梅隱書堂刊本

共十冊

內閣文庫藏本　原楓山官庫舊藏

【按】此本細目如次:

《新刊東垣十書脈訣》一卷,(宋)崔嘉彥撰;

《新刊東垣十書湯液本草》二卷,(元)王好古撰;

《脾胃論》三卷,(元)李杲撰;

《新刊東垣十書內外傷辯》三卷,(元)李杲撰;

《新刊東垣先生蘭室秘藏》三卷,(元)李杲撰;

《新刊東垣十書醫經溯洄集》一卷,(元)王履撰;

《格致餘論》一卷,(元)朱震亨撰;

《新刊東垣十書局方發揮》一卷,(元)朱震亨撰;

《東垣先生此事難知集》二卷,(元)李杲撰;

《新刊東垣十書外科精義》二卷,(元)齊德之撰。

【附錄】日本東山天皇元禄十五年(1702年)彌生吉旦《倭版書籍考》五之卷著錄《東垣十書》二十冊。其釋文曰:

　　"《脈訣》一卷,宋崔致虛作。《辨惑論》二卷,有東垣《自序》,門人羅夫益《後序》。《蘭室秘藏》六卷,東垣作,有羅夫益序。《湯液本草》六卷,東垣弟子王海藏作。《此事難知》二卷,述李東垣之旨,王海藏編。《傷寒論》末有疏。《格致餘論》一卷一冊,丹溪作,有宋景濂序。《局方發揮》一卷一冊,丹溪作。《溯洄集》一卷,丹溪弟子王安道作。安道,博學之人也。《外科精義》四卷,御醫齊德之作。右十種,編者各別,而其淵源乃出東垣,故號《東垣十書》。此書爲大明洪武皇帝第十四皇子遼王刊於本藩,遂行於世。倭版之《十書》,有古版與新版之別。新版乃王肯堂校正之本,洛陽復性庵瀧野元敬加倭訓,壽文書堂武村氏版行。"

據《商舶載來書目》記載,東山天皇寶永七年(1710年)中國商船"登字號"載《東垣十書》一部十二冊抵日本。

據《外船書籍元帳》記載,仁孝天皇天保十二年(1841年)中國商船"寅一番"載《東垣十書》一部十二冊抵日本。

後西天皇萬治元年(1658年)京都武村市兵衛刊印元人李杲輯《東垣十書》,共十種三十二卷二十冊。

後光明天皇慶安元年(1648年)刊印元人朱震亨撰《格致餘論》一卷。

靈元天皇寬文五年(1665年)京都村上勘兵衛刊印元人朱震亨撰《格致餘論》一卷。

光格天皇天明八年(1788年)大阪河內屋喜兵衛刊印元人李杲撰《辨惑論》二卷。

東垣十書十種十九卷

(元)李杲撰　王好古編

明嘉靖八年(1529年)梅南書屋刊本　共十一冊

內閣文庫藏本　原謝在杭　江戶時代醫學館舊藏

【按】此本細目如次:

《脈訣》一卷,(宋)崔嘉彦撰;

《湯液本草》二卷,(元)王好古撰;

《脾胃論》三卷,(元)李杲撰;

《內外傷辯惑論》三卷,(元)李杲撰;

《蘭室秘藏》三卷,(元)李杲撰;

《醫經溯洄集》一卷,(元)王履撰;

《格致餘論》一卷,(元)朱震亨撰;

《局方發揮》一卷,(元)朱震亨撰;

《東垣先生此事難知集》二卷,(元)李杲撰;

《外科精義》二卷,(元)齊德之撰。

東垣十書十種三十一卷

(元)李杲撰　(明)王肯堂等校

明萬曆年間(1573—1620年)楊懋卿刊本

龍谷大學大宮圖書館藏本　原寫字臺文庫等舊藏

【按】此本細目如次:

《脈經》一卷　(宋)崔嘉彦撰　(元)李杲批

《局方發揮》一卷　(元)朱震亨撰　(明)王肯堂校

《脾胃論》四卷　(元)李杲撰　(明)薛己校

《(內外傷)辯惑論》二卷　(元)李杲撰　(明)王肯堂校

《格致餘論》一卷　(元)朱震亨撰　(明)王肯堂校

《湯液本草》六卷　(元)王好古撰　(明)王肯堂校

《(東垣先生)此事難知》四卷　(金)李杲撰　(明)陶華校

《蘭室秘藏》六卷　(元)李杲撰　(明)薛己校

《(醫經)溯洄集》二卷　(元)王履撰　(明)陶華校

《外科精義》四卷　(元)齊德之撰　(明)馬

雲卿校

龍谷大學大宮圖書館藏此同一刊本兩部,卷數相同,然一部爲十九册,一部爲十一册。

東垣十書十種二十一卷

(元)李杲撰　(明)王肯堂等校

明末清初步月樓刊本　映旭齋藏校　共十一册

龍谷大學大宮圖書館藏本　原寫字臺文庫等舊藏

【按】此本細目如次:

《脈經》一卷　(宋)崔嘉彦撰　(明)吳勉學校

《局方發揮》一卷　(元)朱震亨撰　(明)吳中珩校

《東垣先生此事難知》二卷　(金)李杲撰　(明)吳勉學校

《内外傷辯惑論》三卷　(元)李杲撰　(明)吳勉學校

《醫壘元戎》一卷　(元)王好古撰　(明)吳中珩校

《海藏癍論萃英》一卷　(元)王好古撰　(明)吳勉學校

《醫經溯洄集》一卷　(元)王履撰　(明)吳勉學校

《蘭室秘藏》三卷　(元)李杲撰　(明)吳勉學校

《湯液本草》三卷　(元)王好古撰　(明)吳中珩校

《脾胃論》三卷　(元)李杲撰　(明)吳中珩校

《外科精義》二卷　(元)齊德之撰　(明)吳勉學校

醫經溯洄集一卷

(元)王履撰

明刊本　共一册

大東急記念文庫藏本

【附録】日本江户時代有元人王履撰,明人陶

華校《溯洄集》刊本二卷。

(新刊東垣先生)蘭室秘藏三卷

(元)李杲撰

明刊本(《東垣十書》零本)　共一册

内閣文庫　大東急記念文庫藏本

脾胃論三卷

(元)李杲撰　(明)吳中珩校

明萬曆年間(1573—1620年)刊本　共一册

内閣文庫藏本　原楓山官庫舊藏

衛生寶鑒二十四卷　補遺一卷

(元)羅天益撰

明永樂年間(1403—1424年)韓氏刊本

静嘉堂文庫　尊經閣文庫藏本

【按】前有元(前)至元辛巳(1281年)冬至硯堅《序》,次有(前)至元癸未(1283年)清明日王惲《序》,次有天益《上東垣先生啓》,次有明永樂十五年(1417年)胡廣《序》,次有同年楊榮《序》,次有同年金幼考《序》,次有同年許用文《啓》,次有同年韓夷《重刊跋》。

此本細目如次:

卷一至卷三　藥誤永鑒;

卷四至卷二十　名方類集;

卷二十一　藥類法象;

卷二十二至卷二十四　醫驗紀述。

《補遺》一卷　述外感傷寒等症。

是書《文淵閣書目》、焦氏《經籍志》、《傳是樓書目》等皆著於録,而《四庫全書》未收。

静嘉堂文庫藏本,共四册。

尊經閣文庫藏本,共八册。

衛生寶鑒二十四卷　補遺一卷

(元)羅天益撰

明成化十六年(1480年)刊本　共十册

内閣文庫藏本　原楓山官庫舊藏

衛生寶鑒(殘本)二十一卷　補遺一卷

(元)羅天益撰

明萬曆二十三年(1595 年)明德堂刊本　共六冊

内閣文庫藏本　原江户時代醫學館舊藏

【按】是書全二十四卷。此本今缺卷一至卷三,共三卷,實存二十一卷。

醫壘元戎十二卷

(元)王好古撰　　(明)嚴昌世校

明萬曆二十一年(1593 年)直隸監察御史序刊本　共十二冊

内閣文庫藏本　原江户時代醫學館舊藏

海藏癜論萃英一卷

(元)王好古撰　　(明)吳勉學校

明萬曆年間(1573—1620 年)刊本　共一冊

内閣文庫藏本　原江户時代醫學館舊藏

格致餘論一卷

(元)朱震亨撰

明成化年間(1465—1487 年)刊本　共一冊

大阪天滿宫御文庫藏本　原河内屋正助舊藏

丹溪朱氏脈因證治(丹溪朱氏脈證)二卷

(元)朱震亨撰

明刊本　共三冊

内閣文庫藏本　原楓山官庫舊藏

丹溪手鏡三卷

(元)朱震亨撰　　(明)吳尚默校

明天啓元年(1627 年)刊本

内閣文庫藏本

【按】内閣文庫藏此同一刊本兩部。一部原係豐後佐伯藩主毛利高標舊藏,仁孝天皇文政年間(1818—1829 年)由出雲守毛利高翰獻贈幕府,明治初期,歸内閣文庫。卷中有"佐伯侯

毛利高標字培松藏書畫之印"等印記,共六冊。

一部原係江户時代醫學館舊藏,卷中有寫補,共四冊。

丹溪先生金匱鈎玄三卷

(元)朱震亨撰　　(明)戴元禮校

明刊本　共三冊

京都府立綜合資料館藏本

【按】每半葉有界十行,行二十二字。四周單邊(19.8cm × 13.2cm)。版心題"鈎玄卷一(——三)",下記葉數。

内題"丹溪先生金匱鈎玄卷第一(——三)"。框格左側有耳格,内題"丹溪先生金匱鈎玄",并記卷數。

卷中有"三角氏圖書記"等印記。

丹溪先生心法六卷

(元)朱震亨撰　　(明)吳中珩校

明刊本　共四冊

東北大學附屬圖書館藏本　原狩野亨吉等舊藏

【附録】據《商舶載來書目》記載,日本中御門天皇享保七年(1722 年)中國商船"多字號"載《丹溪心法》一部二帙抵日本。

據《書籍元帳》記載,仁孝天皇天保十二年(1841 年)中國商船"寅二番"載《丹溪心法》一部二帙抵日本。

(重訂)丹溪心法六卷　目録一卷　論一卷

(元)朱震亨撰　　(明)程充校補

明成化年間(1465—1487 年)刊本　共六冊

宫内廳書陵部　内閣文庫藏本

【按】前有明成化十八年(1482 年)程敏政《序》,次有明嘉靖己亥(1539 年)張一呈《重刊序》。

宫内廳書陵部藏本,原係昌平坂學問所等舊藏。卷中有"東郭科第世家"、"東郭世家"、"以儀"、"以儀父"、"吕氏鑒藏"、"友庵"、"前韮主人"、"有堂先生"、"虚白齋"、"橋本"、"昌平坂

學問所"等印記。

　　内閣文庫藏本,原係楓山官庫舊藏。

丹溪心法附餘二十四卷　首一卷

　　(明)方廣類集
　　明嘉靖間(1522—1566年)刊本
　　内閣文庫　東京大學總合圖書館藏本
　　【按】前有明嘉靖十五年(1536年)《序》。
　　内閣文庫藏本　原楓山官庫舊藏,共十八
册。
　　東京大學總合圖書館藏本,原係土肥慶藏氏
鄂軒文庫等舊藏。
　　此本卷中有萬曆時人手寫修補葉,共十二
册。
　　【附錄】據《商舶載來書目》記載,日本東山天
皇寶永七年(1710年)中國商船"多字號"載
《丹溪心法附餘》一部十二册抵日本。
　　據《外船賷來書目》記載,光格天皇寬政十二
年(1800年)中國商船"申二番"載《丹溪心法
附餘》四部抵日本。
　　日本靈元天皇寬文十一年(1671年)喜左衛
門刊印明人方廣《丹溪心法附餘》二十四卷,并
《首》一卷。

丹溪心法附餘二十四卷

　　(明)方廣撰
　　明刊本
　　内閣文庫　尊經閣文庫藏本
　　【按】内閣文庫藏本,原係曲直瀨氏舊藏,後
歸江戶時代醫學館。此本今缺卷首與卷末,共
十册。
　　尊經閣文庫藏本,原係江戶時代加賀藩主前
田綱紀家等舊藏,共二十册。

丹溪心法附餘二十四卷　首一卷

　　(明)方廣類集
　　明末清初金陵錦池唐鯉耀重刊本　共十五
册
　　龍谷大學大宮圖書館藏本　原寫字臺文庫

等舊藏

玉機微義五十卷

　　(明)徐用誠撰　劉純續增
　　明正統五年(1440年)刊本　共八册
　　宮内廳書陵部藏本　原豐後佐伯藩主毛利
高標　江戶時代醫學館等舊藏
　　【按】每半葉有界十二行,行二十字。四周雙
邊(22.9cm×17.5cm)。
　　前有明正統己未正月癸卯(1439年)楊士奇
《序》,後有明洪武丙子(1396年)劉純、莫子安
《後序》,正統庚申(1440年)春二月望日王暹
《後序》。
　　此本係白棉紙印本。
　　每册首有"佐伯侯毛利高標字培松藏書畫之
印",又有"躋壽殿書籍記"、"醫學圖書"、"大學
東校典籍局之印"等印記。
　　此本係仁孝天皇文政年間(1818—1829年)
出雲守毛利高翰獻贈幕府。明治初期,歸内閣
文庫。明治二十四年(1891年)移送宮内省
(即今宮内廳書陵部)。
　　【附錄】《玉機微義》對日本醫學影響甚大。
日本古代醫學中興之祖曲直瀨道三(1507—
1594年)在其醫學名著《啓迪集》中曾經引用
本書404回。
　　日本東山天皇元禄十五年(1702年)彌生吉
且《倭版書籍考》卷之五著錄《玉機微義》五十
卷。其釋文曰:
　　　　"大明洪武年中劉純字宗厚作。此書本
　　出徐用誠之手。劉宗厚類集增益,集雲林之
　　家方而成書。此本有萬曆二十二年魯王
　　《序》。"
　　桃園天皇寶曆四年(1754年)《舶來書籍大
意書》著錄《玉機微義》五十卷一部二帙十六
册。注文曰:"此本無脫紙,朱點甚多。"其識文
曰:"此本明劉宗厚編輯。以《素》《難》《金匱》
及張元素一派之旨爲主,附益諸家之治法,分
諸病門,論病因證治,類從治法方藥,爲五十
卷,於正統二年重刊。"

據《商舶載來書目》記載，日本中御門天皇寶永七年（1710 年）中國商船“幾字號”載《玉機微義》一部二帙抵日本。

日本江户時代有《玉機微義》寫本一種，與宋人陳氏《三因方》寫本合爲一本。此本今存東京大學總合圖書館。

後陽成天皇與後水尾天皇慶長年間（1596—1615 年）用活字版刊印《玉機微義》五十卷。

明正天皇寬永五年（1628 年）京都宇野善五郎、蘆甚左衛門用活字刊印明人徐用誠撰、劉純續補《玉機微義》五十卷。此本每半葉十一行二十字，黑口雙邊。卷末署“新町通町頭蘆甚左衛門，室町藥師町宇野善五郎　寬永第五戊辰曆八月吉辰　繡梓”。

靈元天皇寬文四年（1664 年）刊印明人徐用誠撰、劉純續補《玉機微義》五十卷。

玉機微義五十卷

（明）徐用誠撰　　劉純續增
明陝西布政司刊本　共二十册
内閣文庫藏本　原江户時代醫學館舊藏

玉機微義五十卷　　目一卷

（明）徐用誠撰　　劉純續增
明正德年間（1506—1521 年）福建提督劉弘濟刊本　共十册
龍谷大學大宫圖書館　武田科學振興財團杏雨書屋藏本

【按】每半葉有界九行，行二十字。白口，左右單邊，上下雙邊（23.8cm×16.2cm），版心下方有“布政司吏葉春芬寫”八字。前有明正統四年（1439 年）楊士奇《序》，又有明正德元年（1506 年）汪舜民《重刊序》。序文皆每半葉六行，行十二字左右。

正文首頁格題署“玉機微義卷之一”，第二行頂格題署子目曰“中風門”，第三行上空一字題署標題“中風叙論之始”。

全書文字闊大端莊，清晰可讀。

龍谷大學大宫圖書館藏本，原係寫字臺文庫

等舊藏。

武田科學振興財團杏雨書屋藏本，原係内藤湖南（虎次郎）等舊藏。

（重刊）玉機微義五十卷

（明）徐用誠撰　　劉純續增
明刊本　共十二册
龍谷大學大宫圖書館藏本　原寫字臺文庫等舊藏

【按】前有明洪武二十九年劉純《序》，又有同年莫子安《序》，又有明正統四年（1439 年）楊士奇《序》，明正統五年（1440 年）王遷《後序》，又有明正德元年（1506 年）汪舜民《重刊序》。（序文皆每半葉六行，行十二字左右）。其中，劉純《序》、莫子安《序》、王遷《後序》、汪舜民《重刊序》，皆係後人寫補。

（重刊）玉機微義五十卷

（明）徐用誠撰　　劉純續增
明嘉靖十八年（1539 年）作德堂刊本
内閣文庫　龍谷大學大宫圖書館藏本

【按】内閣文庫藏此同一刊本兩部。一部原係江户時代醫學館舊藏，共十四册。一部原係楓山官庫舊藏，共十二册。

龍谷大學大宫圖書館藏本，原係寫字臺文庫舊藏，共十二册。

玉機微義五十卷　　目録一卷

（明）徐用誠撰　　劉純續增
明刊本　共八册
静嘉堂文庫藏本　原陸心源守先閣舊藏

（新刊）玉機微義五十卷

（明）徐用誠撰
明刊本　共七册
東北大學附屬圖書館藏本

醫經小學六卷

（明）劉純編撰

明正統三年(1438 年)序刊本　共四册
内閣文庫藏本　原楓山官庫舊藏

醫經小學六卷

(明)劉純編撰
明嘉靖十四年(1535 年)西園書堂刊本　共二册
京都府立綜合資料館藏本

【按】每半葉有界十三行,行二十七字。四周雙邊或單邊(19.5cm × 12.0cm 或 18.0cm × 12.0cm)。版心題"小學一(——六)",下記字數。

内題"京本校正醫經小學大全"。框郭左側有耳格,墨印"醫經小學"。

(新刻)醫經小學六卷　附醫學要數一卷

(明)劉純編撰　胡文焕校　《附》(明)胡文焕編
明刊本　共三册
内閣文庫藏本　原江户時代醫學館舊藏

(東垣先生)醫學綱目(殘本)十一卷

(明)王執中編
明刊本　共十一册
内閣文庫藏本　原江户時代醫學館舊藏

【按】是書全十二卷。此本題《東垣先生醫學綱目》,即係《傷寒全書》,今缺卷一,實存十一卷。并附明人繆存濟《拾遺傷寒撮要》一卷。

類經三十二卷　類經圖翼十一卷　附翼四卷

(明)張介賓撰注
明天啓四年(1624 年)會稽謝應魁刊本
内閣文庫　静嘉堂文庫　東北大學附屬圖書館　龍谷大學大宮圖書館藏本

【按】内閣文庫藏此同一刊本三部。兩部原係江户時代醫學館舊藏,各共二十册。一部原係楓山官庫舊藏,共四十册。

静嘉堂文庫藏本,原係陸心源守先閣舊藏,共二十四册。

東北大學藏本,原係狩野亨吉舊藏,此本今缺《附翼》四卷,共十一册。

龍谷大學大宮圖書館藏本,原係寫字臺文庫等舊藏,共二十册。

【附録】日本東山天皇元禄十五年(1702 年)彌生吉且《倭版書籍考》五之卷著録《類經》三十二卷。其釋文曰:

"此本分十二類,後附《圖翼》十一卷、《附翼》四卷,總計四十册。大明天啓年中會稽張介賓作。聚《内經》本文類,詳加注釋,闡千古之玄秘,經三十年之功而撰就。《附翼》諸説,辨易學之羽翼,儒門之秘要。點者乃洛陽(即京都之雅稱——編著者)鵜飼石齋。"

據《商舶載來書目》記載,日本中御門天皇享保二年(1717 年)中國商船"留字號"載《類經》一部三十二册抵日本。

中御門天皇享保三年(1718 年)長崎港《外船書物大意書稿》著録《類經》一部。其識文曰:

"此書先年渡來,係張介賓類聚《素問靈樞》并加注解而成編。"

靈元天皇貞享二年(1685 年)有伊藤東涯的手寫本《類經圖翼》十一卷。此本現藏古義堂。

江户時代刊印《類經》三十二卷、《類經圖翼》十一卷、《附翼》四卷。此本係據明天啓四年本覆刊。

(删補)頤生微論四卷

(明)李中梓編撰
明崇禎年間(1628—1644 年)刊本
内閣文庫　尊經閣文庫藏本

【按】内閣文庫藏本　原係楓山官庫舊藏,共四册。

尊經閣文庫藏本,原係江户時代加賀藩主前田綱紀家舊藏,附《内經知要》二卷,共六册。

【附録】日本東山天皇元禄十五年(1702 年)彌生吉且《倭版書籍考》著録《頤生微論》四卷。其識文曰:

"此本每卷分上下,係大明崇禎末松江
府李中梓字士材所作。有方論、脈論,辨藥
性,載醫案,亦稍有發明。李中梓以醫業立
身,遍涉三教,而悟妙處在於禪宗,遂歸依黃
檗隱元之師費隱,并版行費隱之《五燈嚴
統》。書中以朱丹溪滋陰降火之説,補東垣
之未備。後人不達丹溪之旨,偏於以寒凉損
真爲心得,實非丹溪之誤,此乃學丹溪人之
誤也。"

日本江户時代有菊屋長兵衛等刊印《删補
頤生微論》四卷。

醫宗必讀十卷

(明)李中梓編撰

明崇禎十年(1637年)序刊本　共十册

内閣文庫藏本　原江户時代醫學館舊藏

【附錄】日本東山天皇元禄十五年(1702
年)彌生吉且《倭版書籍考》卷之五著錄《醫宗
必讀》十卷。其釋文曰:"李中梓作也。有'醫
論'、'脈論'、'本草'、'病門'、'藥方'等。"

據《商舶載來書目》記載,中御門天皇寶永
七年(1710年)中國商船"以字號"載《醫宗必
讀》一部一帙抵日本。

據《外船賫來書目》記載,中御門天皇享保
四年(1719年)中國南京船"二十九番"(船主
俞枚吉)載《醫宗必讀》十部抵日本。享保二
十年(1735年)中國廣東船"二十五番"(船主
黃瑞周)載《醫宗必讀》八部抵日本。桃園天
皇寶曆九年(1759年)中國商船"十番船"載
《醫宗必讀》二十部抵日本。

據仁孝天皇天保十五年(1844年)《漢籍發
賣投標記錄》記載,中國商船輸入日本《醫宗
必讀》十部。投標價爲木下四匁八分,村と七
匁四分,同人十匁二分。

靈元天皇貞享四年(1687年)京都茨木多左
衛門、江户富野次右衛門刊印《醫宗必讀》。
此本有貞享四年《序》,柳枝軒藏版。

同年,江户富野次右衛門刊印《醫宗必讀》
十卷。

中御門天皇正德三年(1713年)京都茨木多
左衛門刊印《醫宗必讀》十卷。

醫經大旨四卷

(明)賀岳撰

明嘉靖年間(1522—1566年)余氏敬賢堂刊
本

内閣文庫　龍谷大學大宮圖書館藏本

【按】每半葉有界十一行,行二十三字左右。
白口,四周單邊(20.3cm×13.5cm)。

前有明嘉靖三十五年(1556年)鄭曉《序》。

正文首頂格題署"醫經大旨卷之一",第二
行上空二字題署子目曰"本草要略",下有雙
行小注曰"出丹溪先生隨身備用七十種珍怪
之藥,悉數取錄"。第三行頂格題署"人參"。

全書卷末有"余氏敬賢堂"木記。

内閣文庫藏本,原係江户時代醫學館舊藏,
共四册。

龍谷大學大宮圖書館藏本,原係寫字臺文庫
等舊藏,共八册。

醫經大旨四卷

(明)賀岳撰

明刊本　共八册

内閣文庫　武田科學振興財團杏雨書屋藏
本

【按】内閣文庫藏本,原係楓山官庫等舊藏。
此本係明正天皇寬永十六年(1639年)《御文
庫目錄》所著錄。

武田科學振興財團杏雨書屋藏本,原係内藤
湖南(虎次郎)等舊藏。

軒岐救世論六卷

(明)蕭京撰　陳劍雲校

明刊本　共四册

内閣文庫藏本　原楓山官庫舊藏

【附錄】後光明天皇慶安五年(1652年)京
都中野市右衛刊印《軒歧救世論》六卷。

（重刻）軒岐救世論六卷

（明）蕭京撰　蕭震校
明崇禎十七年（1644年）刊本　共五册
內閣文庫　龍谷大學大宮圖書館藏本
【按】內閣文庫藏此同一刊本兩部。一部原係江戶時代醫學館舊藏。一部原係豐後佐伯藩主毛利高標舊藏，仁孝天皇文政年間（1818—1829年）出雲守毛利高翰獻贈幕府。明治初期，歸內閣文庫。卷中有"佐伯侯毛利高標字培松藏書畫之印"等印記。

龍谷大學大宮圖書館藏本，原係寫字臺文庫等舊藏。

醫經會解八卷

（明）鄧景儀編撰
明崇禎六年（1633年）序刊本
內閣文庫藏本
【按】內閣文庫藏此同一刊本三部。一部原係江戶時代醫學館舊藏，共五册。一部原係豐後佐伯藩主毛利高標舊藏，仁孝天皇文政年間（1818—1829年）由出雲守毛利高翰獻贈幕府，明治初期，歸內閣文庫。卷中有"佐伯侯毛利高標字培松藏書畫之印"等印記，共六册。一部原係楓山官庫舊藏，共六册。

雪潭居醫約八卷

（明）陳澈編撰
明崇禎十四年（1641年）刊本
內閣文庫藏本
【按】內閣文庫藏此同一刊本兩部。一部原係江戶時代醫學館舊藏，共十册。一部原係楓山官庫舊藏，共七册。

運氣易覽三卷

（明）汪機編輯
明嘉靖年間（1522—1566年）程鑛刊本　共一册
龍谷大學大宮圖書館藏本　原寫字臺文庫等舊藏

【按】每半葉有界十二行，行二十三字左右。白口，四周單邊（19.4cm×13.3cm）。前有明嘉靖七年（1528年）汪機《自序》，次有嘉靖十二年（1533年）程子礦《序》。

正文首頂格題署"運氣易覽卷之一"，第二行上空十一字題署"新安祈門朴墅汪機（省之）編輯"，第三行行款同第二行，題署"同邑仁庵門生陳桷（惟宜）較正"，第四行行款同第三行，題署"同邑仁庵門生程鑛（違彝）訂梓"。

日本東山天皇元祿十二年（1699年）一色時棟編撰，後爲寫字臺文庫架藏之藏書目錄《二酉洞》著錄此本。

推求師意二卷

（明）汪機編
明嘉靖年間（1522—1566年）刊本　共一册
內閣文庫　龍谷大學大宮圖書館藏本
【按】每半葉有界十一行，行二十三字左右，白口，四周單邊（19.5cm×13.0cm）。前有明嘉靖十三年（1534年）王諷《序》，又有同年汪機《自序》。

正文首頂格題署"推求師意卷之上"，第二行上空十一字題署"新安祈門朴墅汪機（省之）編輯"，第三行行款同第二行，題署"同邑石墅門生陳桷（惟宜）較刊"。

內閣文庫藏本，原係楓山官庫等舊藏。

龍谷大學大宮圖書館藏本，原係寫字臺文庫等舊藏。

（新刻）汪先生家藏醫學原理十三卷

（明）汪機編　朱嘉遇校
明廣仁堂刊本
內閣文庫藏本　原江戶時代醫學館舊藏
【按】內閣文庫藏此同一刊本兩部。一部原係楓山官庫舊藏，共六册。一部原係江戶時代醫學館舊藏，爲後印本，共八册。

【附錄】日本東山天皇元祿十五年（1702年）彌生吉且《倭版書籍考》著錄《醫學原理》

十三卷。其識文曰：

> "大明石山居士汪機所作。石山代代明醫家也。此書以丹溪爲宗，有病論、脈論、治法，并於一方一方之下，論述藥性。卷前概述經絡。"

汪石山醫案三十五卷

（明）汪機编撰
明刊本　共十六册
静嘉堂文庫藏本　原陸心源守先閣舊藏
【附録】日本東山天皇元禄九年（1696 年）大阪澀川清右衛門刊印明人汪機撰《石山居士醫案》八卷。

石山醫案三卷　附四卷

（明）汪機编撰　陳桷校
明嘉靖年間（1522—1566 年）陳氏刊本　共二册
内閣文庫藏本　原江户時代醫學館舊藏
【按】每半葉有界十一行，行二十二字。
前有明嘉靖十年（1531 年）程曾《序》。

汪石山醫書七種

（明）汪機编撰
明嘉靖元年（1522 年）序刊本　共十二册
内閣文庫藏本　原楓山官庫舊藏
【按】此本目録如次：
《讀素問鈔》三卷，（元）滑壽撰；
《運氣易覽》二卷，（明）汪機编；
《痘治理辨》一卷《附方》一卷，（明）汪機编；
《針灸問對》三卷，（明）汪機编；
《外科理例》七卷《附方》一卷，（明）汪機编；
《石山醫案》三卷《附》一卷，（明）汪機编；
《推求師意》二卷，（明）汪機编。

醫便二卷　提綱一卷　禁方一卷

（明）王君賞编

明萬曆四十二年（1614 年）序刊本　共二册
内閣文庫藏本　原楓山官庫舊藏
【附録】據《商舶載來書目》記載，中御門天皇享保十一年（1726 年）中國商船"以字號"載《醫便》一部一帙抵日本。同年，中國商船"智字號"載《重校醫便初集》一部二册抵日本。

醫便二卷　續集四卷　附胎産護生篇一卷

（明）王君賞编　【附】李長治编
明刊本　共六册
内閣文庫藏本　原江户時代醫學館舊藏

醫便五卷　提綱一卷　二集六卷　提綱一卷

（明）張受孔　姚學顔校
明刊本
内閣文庫　龍谷大學大宫圖書館藏本
【按】内閣文庫藏本。原係江户時代醫學館等舊藏，共七册。
龍谷大學大宫圖書館藏此同一刊本兩部，皆無"二集"六卷并"二集"提綱一卷，皆原係寫字臺文庫等舊藏。一部共三册，一部共十二册。

醫便五卷　提綱一卷

（明）王三才輯　張受孔　姚學顔校
明末人瑞豐鄭襟白刊本
早稻田大學圖書館　龍谷大學大宫圖書館藏本
【按】早稻田大學圖書館藏本，原係野口一太郎，寧齋文庫等舊藏，共三册。
龍谷大學大宫圖書館藏本，原係寫字臺文庫等舊藏，共六册。

（京版校正大字）醫學正傳八卷

（明）虞摶编　虞守愚校
明劉氏安正堂刊本
内閣文庫　東京大學總合圖書館藏本
【按】每半葉有界十二行，行二十字。大黑

口,四周雙邊(22.8cm×17.0cm)。上欄外注明所引書名。

前有明正德乙亥(1515年)虞摶《序》,次有《凡例》。每卷有目錄。

內閣文庫藏此同一刊本兩部。一部原係曲直瀨氏舊藏,後歸江戶時代醫學館,共八冊。一部原係楓山官庫舊藏,此本并附《秘傳音制本草大成藥性賦》五卷,(明)徐鳳石編,共十冊。

東京大學總合圖書館藏本,原係土肥慶藏家顎軒文庫等舊藏,共八冊。

【附錄】日本東山天皇元祿十五年(1702年)彌生吉且《倭版書籍考》著錄《醫學正傳》八卷。其識文曰:

"大明正德年中垣德老人虞摶字天民所撰。天民精於詩文,代代爲丹溪流之醫,其《傳》出《金華府志》。此書乃高齡八旬作也。是書和點之始,出延壽院玄朔法印。古本有蔣侍御《序》,蒲田史梧《跋》。元和年中京都平樂書堂村上氏新刊。或取《正傳》之《或問》,爲世醫之講習,傳聞係一溪之所爲。"

日本後陽成天皇慶長二年(1597年)小瀨甫庵用活字版仿明重刻《京版校正大字醫學正傳》八卷。此本有刊語曰:

"扶桑國平安城西洞院居住甫庵(道喜),苟以愚意,刊一字之版而印茲書。校支那三韓兩本而宗其正者也。"

後水尾天皇元和八年(1623年)京都村上平樂寺刊印《京版校正大字醫學正傳》八卷。此本由日人曲直瀨玄朔校點,外題"改正醫學正傳"。

明正天皇寬永十一年(1634年)京都村上平樂寺刊印《醫學正傳》八卷。

同年,刊印《新刊京版校正大字醫學正傳》八卷。

明正天皇寬永年間(1624—1643年)又有《京版校正大字醫學正傳》八卷和刊本。此本覆刊明金陵本。

後西天皇明曆三年(1657年)刊印《京版校正大字醫學正傳》八卷。此本覆刊明萬曆年間金陵三山書舍本。

後西天皇萬治二年(1659年)京都吉野屋權兵衛刊印《京版校正大字醫學正傳》八卷。

又,日本後光明天皇慶安二年(1649年)刊印《醫學或問》。此本題"新編醫學正傳之一",并署"虞摶編,虞守愚校正"。

又,日本後西天皇承應四年(1655年)京都村上平樂寺刊印《醫學正傳或問五十一條之鈔》六卷。此本題"明虞摶撰,今大路道三、中江玄昌編"。

(新編)醫學正傳八卷

(明)虞摶編

明嘉靖十八年(1539年)廣勤書堂刊本　共八冊

內閣文庫藏本　原楓山官庫舊藏

【附錄】日本後陽成天皇慶長九年(1604年)活字版刊印《新編醫學正傳》八卷。

後水尾天皇元和二年(1616年)用活字版刊印《新編醫學正傳》八卷。

後光明天皇慶安元年(1648年)刊印《新編醫學正傳》八卷。

東山天皇元祿十三年(1700年)京都芳野屋作十郎刊印《新編醫學正傳》八卷。題署"虞摶編集、虞守愚校正",外題"正傳或問"。

醫學指南十卷

(明)薛己編

明刊本　共八冊

內閣文庫藏本　原楓山官庫舊藏

原機啓微集(殘本)附錄一卷

(明)薛己編撰

明萬曆年間(1573—1620年)刊本　共一冊

大阪天滿宮御文庫藏本　原河內屋正助舊藏

【按】是書全二卷,并《附錄》一卷。此本今存《附録》一卷。

薛氏醫案十六種

（明）薛己編撰

明刊本

内閣文庫　静嘉堂文庫藏本

【按】此本目録如次：

《婦人良方》二十四卷，（宋）陳自明編，（明）薛己注。

《保嬰撮要》二十卷，（明）薛鎧編，薛己治驗。

《明醫雜著》六卷，（明）王綸編，薛己注。

《外科精要》二卷，（宋）陳自明編，（明）薛己注。

《外科樞要》四卷，（明）薛己撰。

《錢氏小兒直訣》四卷，（宋）閻孝忠編，（明）薛鎧注。

《原機啓微》二卷《附》一卷，（明）薛己撰。

《内科摘要》二卷，（明）薛己撰。

《女科撮要》二卷，（明）薛己撰。

《癧瘍機要》三卷，（明）薛己撰。

《正體類要》二卷，（明）薛己撰。

《陳氏小兒痘診方論》一卷，（明）薛己撰。

《保嬰粹要》一卷，（明）薛己撰。

《口齒類要》一卷，（明）薛己撰。

《保嬰金鏡録》一卷，（明）薛己撰。

《敖氏傷寒金鏡録》一卷，（元）敖氏編。

内閣文庫藏本，原係楓山官庫舊藏，共四十八册。

静嘉堂文庫藏本，原係陸心源守先閣舊藏，共三十二册。

【附録】日本東山天皇元禄十五年（1702年）彌生吉且《倭版書籍考》著録《薛氏十六種》。其識文曰：

“第一《婦人良方》二十四卷，宋陳自明編集，薛氏補注。第二《保嬰撮要》二十卷，薛鎧編集。鎧字良武，薛氏之父也。此本係薛氏治驗。第三《明醫雜著》六卷，王節齋編著，薛氏附注。第四《外科精要》三卷，宋陳自明編集，薛氏附注。第五《外科樞要》四卷，薛氏編著。第六《小兒直訣》四卷，宋錢仲陽弟子閻孝忠編，薛鎧注。第七《原機啓微》二卷，薛氏編著，眼目之書也。第八《内科摘要》二卷，薛氏編著。第九《女科撮要》二卷，同上。第十《癧瘍機要》三卷，同上。其論癧風之類證等，并附藥方。第十一《正體類要》二卷，同上。此乃外科之書，細論金瘡之事。第十二《小兒痘疹方》一卷，同上。第十三《保嬰粹要》一卷，同上。第十四《口齒類要》一卷，同上。第十五《保嬰金鏡録》二卷，同上，其論小兒之發癍丹毒。第十六《傷寒金鏡録》一卷，同上。此本出傷寒之證舌胎三十六圖，并有詳論。右十六種，又加八部，名《薛氏二十四種》。此八部爲《難經》二卷，《十四經發揮》二卷，《本草發揮》四卷，《平治會萃》三卷，《傷寒鈐法》一卷。《外科經驗方》一卷。（原文如此，僅列六種——編著者）。此《二十四種》無有倭版。薛氏名己，字新甫，號立齋。創建醫十三科，乃無雙之明醫也。大明嘉靖初爲太醫院使。太醫院使者，乃日本之典藥頭也。”

據《商舶載來書目》記載，日本中御門天皇寶永七年（1710年）中國商船“世字號”載《薛氏醫案》一部六帙抵日本。正德二年（1712年）中國商船“幾字號”載《薛氏十六種》一部四帙抵日本。享保四年（1719年）中國商船“加字號”又載《合刻薛氏醫案》一部抵日本。享保十一年（1726年）中國商船“世字號”載《薛立齋十六種醫書》一部三十二册抵日本。

據《外船賚來書目》記載，中御門天皇享保四年（1719年）中國商船“第二十八番”南京船（船主施茂公）載《薛氏醫案》一部抵日本。

中御門天皇享保十年（1725年）長崎港《外船書物大意書草稿》著録《薛氏醫案》二部各六帙凡三十二册。其識文曰：

“此書係先年渡來，乃明人薛立齋所彙輯。原《十六種》中又加入《難經本義》、《十四經發揮》、《本草發揮》、《平治會萃》四種，合二十種而成編。"

據《外船齎來書目》記載，中御門天皇享保二十年（1735 年）中國廣東船"二十五番"（船主黄瑞周、楊叔祖）載《薛氏醫案》一部抵日本。同年，中國寧波船"二十番"載《（薛氏）醫書十六種》一部抵日本。桃園天皇寶曆九年（1759 年）中國商船"十番船"載《薛氏醫宗》七部（一部六帙）凡四十二帙抵日本。

據《書籍元帳》記載，仁孝天皇弘化二年（1845 年）中國商船向日本輸出《薛氏醫案》一部六帙，由日本商人菱屋平吉購得。孝明天皇嘉永二年（1849 年）中國商船"西三番"載《薛氏醫案》一部六帙抵日本。

據《漢籍發賣投標記録》記載，弘化二年（1845 年）《薛氏醫案》一部六帙，投標價爲鐵屋三十三匁三分，安田屋四十五匁一分，菱屋五十八匁。

後光明天皇承應三年（1654 年）京都武村市兵衛刊印《醫書十六種》，凡六十三册。

光格天皇寬政九年（1797 年）津輕意伯校刊《醫書十六種》。

薛氏醫案二十四種

（明）薛己編撰　吳琯編
明萬曆年間（1573—1620 年）刊本
内閣文庫　東洋文庫　早稻田大學圖書館
龍谷大學大宮圖書館藏本
【按】前有明嘉靖七年（1528 年）《序》，又有明隆慶五年（1571 年）《序》等。
此本細目如下：
《十四經發揮》三卷，（元）滑壽撰；
《難經本義》二卷《難經圖》一卷，（周）秦越人撰，（元）滑壽注；
《本草發揮》四卷，（明）徐彦純編；
《平治會萃》三卷，（元）朱震亨撰；
《内科摘要》二卷，（明）薛己撰；
《明醫雜著》六卷，（明）王綸撰；
《傷寒鈐法》一卷，題（漢）張機撰；

《敖氏傷寒金鏡録》（外傷金鏡録）一卷，（元）杜本撰；
《原機啓微》二卷《附》一卷，（元）倪維德撰；
《保嬰撮要》二十卷，（明）薛鎧撰；
《錢氏小兒直訣》四卷，（宋）錢乙撰；
《陳氏小兒痘診方論》一卷，（宋）陳文中撰；
《保嬰金鏡》一卷，（明）薛己注；
《婦人良方》二十四卷，（宋）陳自明編；
《女科撮要》二卷，（明）薛己撰；
《立齋外科發揮》三卷，（明）薛己撰；
《外科心法》七卷，（明）薛己撰；
《外科樞要》四卷，（明）薛己撰；
《外科精要》三卷，（宋）陳自明撰；
《癰疽神秘驗方》一卷，（明）陶華編；
《外科經驗方》一卷，（明）薛己撰；
《正體類要》二卷，（明）薛己撰；
《口齒類要》一卷，（明）薛己撰；
《癧瘍機要》三卷，（明）薛己撰。

内閣文庫藏此同一刊本兩部。一部原係楓山官庫舊藏，共四十册。一部原係豐後佐伯藩主毛利高標舊藏，仁孝天皇文政年間（1818--1829 年）由出雲守毛利高翰獻贈幕府，明治初期，歸内閣文庫。卷中有"佐伯侯毛利高標字培松藏書畫之印"等印記。此本今缺八種，共十九册。

東洋文庫藏本，係漁古山房藏版，共六十四册。

早稻田大學圖書館藏本，原係野口一太郎家寧齋文庫等舊藏。此本今缺《明醫雜著》六卷、《傷寒鈐法》一卷、《口齒類要》一卷和《癧瘍機要》三卷，共四十册。

龍谷大學大宮圖書館藏本，原係寫字臺文庫等舊藏。此叢編中《立齋外科發揮》爲八卷本，全書共一百七卷，四十八册。

薛氏醫案二十四種

（明）薛己編撰　吳琯編　朱廷樞校
明刊本　共三十三册

内閣文庫藏本

【附録】據《商舶載來書目》記載,日本中御門天皇寶永七年(1710 年)中國商船"世字號"載《薛氏全書》一部二十二册抵日本。

薛氏醫案二十四種一百七卷

(明)吳琯編　朱廷樞校
明刊本　六十册
宫内廳書陵部藏本

家居醫録二種

(明)薛己編撰
明嘉靖二十七年(1548 年)刊本　共二册
内閣文庫藏本　原楓山官庫舊藏
【按】此本細目如次:
《内科摘要》二卷;　《口齒類要》一卷。

家居醫録三種

(明)薛己編撰
明刊本　共三册
内閣文庫藏本　原楓山官庫舊藏
【按】此本細目如次:
《陳氏小兒痘診方論》一卷;
《保嬰萃要》一卷;
《癧瘍機要》三卷。

韓氏醫通二卷

(明)韓㠯編撰
明嘉靖元年(1522 年)刊本　共一册
内閣文庫藏本　原江户時代醫學館舊藏

編注醫學入門七卷　首一卷

(明)李梴編撰
明萬曆年間(1573—1620 年)刊本
内閣文庫　龍谷大學大宫圖書館藏本
【按】前有明萬曆三年(1575 年)《序》。
題署"縣庠啓南魯君名懋舉增刻"。
内閣文庫藏本,原係楓山官庫等舊藏,共九册。

龍谷大學大宫圖書館藏本,原係寫字臺文庫等舊藏,共十八册。

【附録】日本東山天皇元禄十五年(1702 年)彌生吉且《倭版書籍考》著録《醫學入門》七卷。其識文曰:

"大明萬曆年中南豐健齋李梴經四年之功夫而編纂,堪稱醫門最要之書也。此書之作者,識醫道之本意,聞達於一時。"

據《外船賣來書目》記載,中御門天皇正德五年(1715 年)中國寧波船四十九番(船主游如羲)載《醫學入門》一部二帙抵日本。

據《商舶載來書目》記載,中御門天皇享保十年(1725 年)中國商船"以字號"載《醫學入門》一部一帙抵日本。

後陽成天皇、後水尾天皇慶長年間(1596—1615 年)刊印《編注醫學入門》七卷。此本《外集》卷三《傷寒序》末有"萬曆丙子初夏"一行。

日本後水尾天皇元和三年(1617 年)刊印《醫學入門》七卷。

後西天皇萬治三年(1660 年)京都秋田屋平左衛門刊印《編注醫學入門》七卷。

靈元天皇延寶五年(1677 年)京都村上平樂寺刊印《編注醫學入門》七卷并《首》一卷。

又,靈元天皇寬文六年(1666 年)刊印《合類李梴先生醫學入門内集》六卷,并《外集》十一卷。此本題"明李梴撰",由日人八尾玄長編輯。

編注醫學入門七卷

(明)李梴編撰
明崇禎九年(1636 年)古吳書林余長公敦古齋刊本
内閣文庫　東京大學總合圖書館　東北大學附屬圖書館藏本
【按】此本係據明萬曆三年跋刊本重刊行。
内閣文庫藏本,共九册。
東京大學總合圖書館藏本,原係土肥慶藏鄂軒文庫等舊藏。此本卷中有後人寫補葉,亦有讀者批注,共八册。

東北大學藏本,共十六册。

【附録】後光明天皇慶安四年(1651 年)刊印《醫學入門》七卷并《首》一卷。此本依據明崇禎九年(1636 年)古吳書林余長公敦古齋刊本重刊。

醫學統旨八卷

(明)葉文齡編

明隆慶六年(1572 年)浙江布政司刊本

内閣文庫藏本　原楓山官庫舊藏

【按】内閣文庫藏此同一刊本兩部。一部原係楓山官庫舊藏,共八册。一部原係江户時代醫學館舊藏,共十册。

【附録】日本江户時代有依據明隆慶九年跋刊本的寫本一種。

此本原係土肥慶藏家鄂軒文庫等舊藏,今存東京大學總合圖書館。

醫學綱目四十卷目一卷

(明)樓英編

明嘉靖年間(1522—1566 年)世德堂刊本

内閣文庫　東北大學附屬圖書館　龍谷大學大宮圖書館

【按】每半葉有界十三行,行二十二字左右。白口,四周單邊(17.2cm × 14.2cm),框郭之上又有 1.8cm—2.0cm × 14.2cm 的長方空格。

前有編撰者樓英《自序》,又有明嘉靖四十四年(1565 年)春邵偉元《運氣占候補遺序》,又有同年曹灼《序》。

内閣文庫藏本,原係江户時代醫學館舊藏,共二十五册。

龍谷大學大宮圖書館藏本,原係寫字臺文庫等舊藏,共二十册。

【附録】日本東山天皇元禄十五年(1702 年)彌生吉且《倭版書籍考》卷之五著録《醫學綱目》四十卷。其釋文曰:

“大明樓英字全善作。病門分正門、枝門,并有大綱衆目,爲藥方、針灸、運氣全面

之書。”

據《商舶載來書目》記載,中御門天皇享保十一年(1723 年)中國商船“以字號”載《醫學綱目》一部三十一册抵日本。

後西天皇萬治二年(1659 年)刊印明人樓英編撰《醫學綱目》四十卷。

靈元天皇寬文二年(1662 年)刊印明人樓英編撰《醫學綱目》四十卷。

醫學綱目四十卷

(明)樓英編

明刊本　共二十册

内閣文庫　東北大學附屬圖書館藏本

【按】内閣文庫藏本,原係楓山官庫舊藏,日本東山天皇元禄十二年(1699 年)一色時棟編撰後爲寫字臺文庫架藏之藏書目録《二酉洞》著録此本。

東北大學藏本,原係狩野亨吉舊藏,此本附《内經運氣類注》。

醫學綱目四十一卷　目四卷

(明)樓英編

明萬曆年間(1573—1620 年)刊本　共二十册

龍谷大學大宮圖書館藏本　原寫字臺文庫等舊藏

【按】每半葉有界十二行,行二十六字左右。

醫林類證集要十卷

(明)王璽編撰

明成化十八年(1482 年)春德堂刊本共二十册

龍谷大學大宮圖書館藏本　原寫字臺文庫等舊藏

【按】每半葉有界十二行,行二十四字左右。黑口,四周雙邊(21.0cm × 14.3cm)。前有明成化十八年(1482 年)王璽《自序》。

正文首頂格題署“醫林類證集要卷之一”,第二行上空四字題署子目曰“中風門”,下空

四字題署編撰者曰"孤竹王璽集"。第三行頂格起爲正文。

【附録】《醫林類證集要》對日本古代醫學影響甚大。日本古代醫學中興之祖曲直瀨道三（·1507—1594 年）在其名著《啓迪集》中曾經 271 回引用《醫林類證集要》。

後西天皇寬文元年（1661 年）刊印《醫林類證集要》十卷。

（新刻官本類證）醫林集要二十卷

（明）王璽編

明嘉靖八年（1529 年）劉氏日新堂刊本　共二十册

内閣文庫藏本　原楓山官庫舊藏

【按】日本明正天皇寬永十六年（1639 年）《御文庫目録》著録此本。

【附録】日本東山天皇元禄十五年（1702 年）彌生吉且《倭版書籍考》著録《醫林集要》十卷二册。其識文曰：

　　"大明正德年中孤竹王璽所撰也。載古方甚多，每門有針灸道引之概述。王氏係一方之都督，以武將而達醫道者也。"

（新刻聶久吾先生）醫學匯函十三卷　首一卷

（明）聶尚恒撰

明崇禎元年（1628 年）躍劍山房刊本

内閣文庫　龍谷大學大宫圖書館藏本

【按】内閣文庫藏此同一刊本三部。一部原係楓山官庫舊藏。一部原係豐後佐伯藩主毛利高標舊藏，仁孝天皇文政年間（1818—1829 年）由出雲守毛利高翰獻贈幕府，明治初期，歸内閣文庫。卷中有"佐伯侯毛利高標字培松藏書畫之印"等印記。一部原係江户時代醫學館舊藏。

每部皆各十四册。

龍谷大學大宫圖書館藏本，原係寫字臺文庫等舊藏，共十三册。

（新刻增補）醫術方旨七卷　首一卷

（明）聶尚恒編

明刊本　共八册

内閣文庫藏本　原楓山官庫舊藏

【附録】江户時代中期有聶尚恒編《醫術方旨》七卷并《首》一卷寫本一種。此本原係寫字臺文庫等舊藏，今缺卷第七，今存龍谷大學大宫圖書館。

明醫指掌圖前後集十卷

（明）皇甫中撰注

明萬曆七年（1579 年）劉氏安正堂刊本

内閣文庫　東北大學附屬圖書館藏本

【按】内閣文庫藏此同一刊本兩部。一部原係江户時代醫學館舊藏，共四册。一部原係楓山官庫舊藏，共六册。

東北大學藏本，共二册。

【附録】日本東山天皇元禄十五年（1702 年）彌生吉且《倭版書籍考》卷之五著録《明醫指掌》前集十卷後集十卷。其識文曰：

　　"嘉靖年中儒醫皇甫中作。皇甫氏有子五人，三人爲儒者，二人爲醫者。"

據《商舶載來書目》記載，日本中御門天皇正德元年（1711 年）中國商船"天字號"載《明醫指掌》一部六册抵日本。桃園天皇寶曆六年（1756 年）中國商船"女字號"載《明醫指掌》一部一帙抵日本。

據《外船賫來書目》記載，光格天皇寬政十二年（1800 年）中國商船"申一番"載《明醫指掌》三部抵日本。

據《書籍元帳》記載，仁孝天皇弘化五年（1848 年）中國商船"未四番"載《明醫指掌》一部六册抵日本。

明醫指掌八卷

（明）皇甫中編注　馮昌年校

明刊本　共二册

内閣文庫藏本　原江户時代醫學館舊藏

（補訂）明醫指掌十卷　附診家樞要一卷

（明）皇甫中編撰　王肯堂補　《附》（元）
滑壽撰

明天啓二年（1622 年）刊本　共四册

内閣文庫藏本　原江户時代醫學館舊藏

醫門正宗十五卷

（明）王肯堂撰　李中梓校

明刊本　共六册

内閣文庫藏本　原楓山官庫舊藏

醫鏡四卷　附急救丹方一卷

（明）王肯堂撰　《附》（明）張暎垣編撰

明刊本　共三册

内閣文庫藏本　原江户時代醫學館舊藏

【按】前有明崇禎十四年（1641 年）《序》。
此本卷四與《急救丹方》係明正德四年（1509
年）刊印。

【附録】日本中御門天皇正德四年（1714
年）刊印《醫鏡》四卷。

六科準繩（證治準繩六種）四十四卷

（明）王肯堂編

明萬曆三十年（1602 年）自序刊本

宫内廳書陵部　内閣文庫　静嘉堂文庫
尊經閣文庫　京都大學人文科學研究所東洋
學文獻中心藏本

【按】此本卷目如次：

《證治準繩》八卷；

《雜病證治類方》八卷；

《傷寒證治準繩》八卷；

《幼科證治準繩》九卷；

《女科證治準繩》五卷；

《瘍醫準繩》六卷。

宫内廳書陵部藏本，共六十四册。

内閣文庫藏本，原係楓山官庫舊藏，共八十
二册。

静嘉堂文庫藏本，原係陸心源十萬卷樓舊

藏，共四十册。

尊經閣文庫藏本，原係江户時代加賀藩主前
田綱紀家舊藏，共六十四册。

京都大學藏本，共七十三册。

【附録】日本東山天皇元禄十五年（1702
年）彌生吉且《倭版書籍考》卷之五著録《證治
準繩》五十四卷。其識文曰：

“大明萬曆之末王肯堂所撰。立‘雜
病’、‘傷寒’、‘女科’、‘幼科’、‘外科’凡五
科。據《持渡書物覺書》記載，桃園天皇寬
延四年（1751 年）中國商船載《證治準繩》
二部，各八帙，凡八十册抵日本。”

桃園天皇寶曆四年（1754 年）長崎港《舶來
書籍大意書》著録《證治準繩》一部八帙，并注
“脱紙八張”。其識文曰：“此係王宇泰編輯之
醫書。”

據《書籍元帳》記載，仁孝天皇天保十二年
（1841 年）中國商船“寅一番”載《證治準繩》
一部八帙抵日本。此本售價四十八匁。同天
皇弘化三年（1846 年）中國商船又載《六科準
繩》一部八帙抵日本，售價與 1841 年同。同天
皇弘化四年（1847 年）中國商船又載《六科準
繩》一部抵日本。

靈元天皇寬文十年至十三年（1670—1673
年）京都村上勘兵衛刊印《證治準繩》（準繩六
種）八卷。此本題（明）王肯堂撰，張綖校。

六科準繩（證治準繩六種）四十四卷

（明）王肯堂編

明刊本　共八十册

内閣文庫藏本　原江户時代醫學館舊藏

【按】此本目録同萬曆三十年刊本。

醫宗粹言十四卷

（明）羅周彦編撰

明萬曆四十年（1612 年）序刊本

内閣文庫藏本　原楓山官庫舊藏

【按】内閣文庫藏此同一刊本兩部。一部原
係楓山官庫舊藏，共十册。一部原係豐後佐伯

藩主毛利高標舊藏，仁孝天皇文政年間
(1818—1829 年)由出雲守毛利高翰獻贈幕
府，明治初期，歸内閣文庫。卷中有"佐伯侯
毛利高標字培松藏書畫之印"等印記，共十二
册。

【附録】據《商舶載來書目》記載，日本中御
門天皇享保十年(1725 年)中國商船"以字
號"載《醫宗粹言》一部一帙抵日本。

醫聖階梯十卷

(明)周禮撰　張昆校
明萬曆元年(1573 年)序刊本
内閣文庫藏本
【按】内閣文庫藏此同一刊本兩部。一部原
係江户時代醫學館舊藏，共十册。一部原係楓
山官庫舊藏，共四册。

程齋醫抄撮要五卷

(明)程端明編
明嘉靖十二年(1533 年)刊本　共二册
内閣文庫藏本
【按】内閣文庫藏此同一刊本兩部。一部原
係吉田意庵舊藏，後歸江户時代醫學館。一部
原係楓山官庫舊藏，紙背係明代户籍。

簡明醫要五卷　補一卷

(明)顧儒編撰
明萬曆三十三年(1605 年)刊本　共四册
内閣文庫藏本　原楓山官庫舊藏

國醫宗旨四卷

(明)梁學孟編撰
明萬曆三十五年(1607 年)刊本　共四册
内閣文庫藏本　原楓山官庫舊藏

臟腑證治圖説人鏡經八卷　附二卷

(明)錢雷撰　錢選　錢世忠編
明萬曆四十年(1612 年)刊本
内閣文庫藏本　原楓山官庫舊藏

【按】内閣文庫藏此同一刊本兩部。一部原
係楓山官庫舊藏，共三册。一部原係江户時代
醫學館舊藏，共八册。

程氏醫彀十六卷

(明)程式撰
明萬曆年間(1573—1620 年)建武集古堂刊
本
宮内廳書陵部　内閣文庫　京都府立綜合
資料館藏本
【按】每半葉有界十行，行二十字。四周單
邊(20.1cm × 12.6cm)。版心分別題"脈訣
(醫案、藥性、醫類、集古)"，并記卷數，下記葉
數。

前有明萬曆辛亥(1611 年)季夏之吉衛承方
《序》，次有同年王一言《序》，次有同年鄧渼
《序》，次有同年李有成《序》，次有明萬曆戊午
(1618 年)二月二十六日鄭之文《序》，次有明
萬曆乙卯(1615 年)冬後二日鄭汲《序》等。

【按】此本按"元、亨、利、貞"編列，各四卷。
内封題"程氏醫彀全書，建武集古堂精梓"。

宮内廳書陵部藏本，卷首有"鄧氏仁宇"印
記，共三十二册。

内閣文庫藏本，原係江户時代醫學館舊藏，
共十六册。

京都府立綜合資料館藏本，卷中有"三角氏
圖書記"等印記，共十六册。

【附録】據《商舶載來書目》記載，日本後櫻
町天皇寶曆十三年(1763 年)中國商船"天字
號"載《程氏醫彀》一部八帙抵日本。

程氏醫彀醫類八卷

(明)程式撰
明刊本　共十六册
内閣文庫藏本　原岡本啓迪院　江户時代
醫學館舊藏

(新刊)簡明醫彀八卷

(明)孫志宏編

明崇禎二年(1629 年)序刊本　共四册

內閣文庫藏本　原江户時代醫學館舊藏

【附録】據《商舶載來書目》記載,日本後桃園天皇安永八年(1779 年)中國商船"加字號"載《簡明醫彀》一部一帙抵日本。

(新刊)古今醫鑑八卷

(明)龔信編　龔廷賢續編

明萬曆年間(1573—1620 年)周氏萬卷樓刊本　共八册

內閣文庫　京都府立綜合資料館藏本

【按】每半葉有界十三行,行二十六字。四周雙邊(20.1cm×13.5cm)。版心題"古今醫鑑卷之一(——八)",下記葉數。

內封題"龔氏父子新編古今醫鑑八卷"。內題"新刊古今醫鑑卷之一(——八)"。

內閣文庫藏此同一刊本兩部。一部原係江户時代醫學館舊藏。一部原係楓山官庫舊藏。

京都府立綜合資料館藏本,附《海內名公贈言》,卷中有"三角氏圖書記"等印記。

【附録】據《商舶載來書目》記載,日本中御門天皇寶永七年(1710 年)中國商船"不字號"載《古今醫鑑》一部一帙抵日本。

日本後水尾天皇元和年間(1615—1624 年)有活字刊印本《新刊古今醫鑑》八卷。題署"龔信編,龔廷賢續,重沉工校正"。卷首有三《序》,皆用大型號活字排印。

靈元天皇寬文十二年(1672 年)中村七兵衛刊印《王宇泰先生訂補古今醫鑑》十六卷。此本題"明龔信撰,龔廷賢續,王肯堂訂補"。

(新刻增補)古今醫鑑八卷

(明)龔信編　龔廷賢續編

明刊本　共八册

內閣文庫藏本　原江户時代醫學館舊藏

(新鍥)雲林神彀四卷

(明)龔廷賢編著　龔懋升校

明萬曆年間刊本

內閣文庫　東京大學總合圖書館藏本

【按】每半葉有界十二行,行二十字。黑口,四周雙邊(22.8cm×17.5cm)。

卷首題"新鍥雲林神彀卷之一",次題"太醫院醫官金溪雲林龔廷賢子才編著,男懋升、門生同邑吴濟民同校,金陵書林周曰校刊行"。卷末有刊印木記兩行,文曰:"萬曆辛卯歲書林周對峰鐫行"。

前有萬曆辛卯(1591 年)茅坤《序》,次有《自序》,次有《新鍥雲林神彀目録》。

內閣文庫藏本,原係楓山官庫等舊藏,共四册。

東京大學總合圖書館藏本,原係森枳園等舊藏,後歸土肥慶藏顎軒文庫,共二册。

【附録】日本後陽成天皇慶長八年(1603 年)京都醫德堂活字覆刊重印明萬曆辛卯年《新鍥雲林神彀》四卷。此本卷末有日人所撰《雲林神彀附贊》。其文曰:

"龔公當日太醫官,施療專治富墨翰。
歷學歧黃精素難,方書着處是多端。
醫鑑回春尤作長,常攤二帙撮要肝。
七言五四爲歌訣,政令童蒙誦習安。
去重删復才編簡,若赴遐鄉納小繁。
名是曰雲林神彀,的然百發百中完。
今求善本開新版,不辨烏焉錯於干。
庶幾高君加改正,洛陽醫德堂下刊。
　慶長八年癸卯膓月日　守三敬識"

後水尾天皇元和六年(1620 年)梅壽活字刊印《新鍥雲林神彀》四卷。

雲林醫聖增補醫鑑回春八卷

(明)龔廷賢撰

明崇禎年間(1628—1644 年)刊本　共八册

尊經閣文庫刊本　原江户時代加賀藩主前田綱紀等舊藏

雲林醫聖普渡慈航八卷

(明)龔廷賢撰　龔定國續編

明崇禎五年(1632 年)刊本　共十二册

内閣文庫藏本　原江戸時代醫學館舊藏

【附録】日本明正天皇寬永十三年（1636年）京都村上平樂寺刊印《新刊醫林狀元濟世全書》八卷。

東山天皇元禄九年（1696年）刊印《雲林醫聖普渡慈航》八卷。

（新刊醫林狀元）壽世保元十卷

（明）龔廷賢編撰
明萬曆年間（1573—1620年）刊本　共十册
内閣文庫　尊經閣文庫藏本
【附録】據《外船書籍元帳》記載，孝明天皇嘉永三年（1850年）中國商船"酉五番"載《壽世保元》一部抵日本，售價五匁一分。

日本明正天皇正保二年（1645年）風月宗知刊印《新刊醫林狀元壽世保元》十卷。

（新刊）萬病回春八卷

（明）龔廷賢撰
明萬曆三十年（1602年）周文憲刊本　共八册
内閣文庫藏本　原楓山官庫舊藏
【附録】日本東山天皇元録十五年（1702年）彌生吉旦《倭版書籍考》著録《萬病回春》八卷，題曰"萬曆年間龔廷賢所作也"。

據《商舶載來書目》記載，日本中御門天皇享保十二年（1727年）中國商船"波字號"載《萬病回春》一部八册抵日本。

日本後水尾天皇慶長十六年（1611年）有活字版刊印《新刊萬病回春》八卷。

後水尾天皇元和六年（1620年）據明人周對峰刊本，用活字版刊印《新刊萬病回春》八卷。

明正天皇寬永三年（1626年）京都北村四郎兵衛刊印《新刊萬病回春》八卷。其後，此本有寬永六年（1629年）重印本。

後光明天皇正保四年（1647年）刊印《新刊萬病回春》八卷。

後光明天皇慶安四年（1655年）據葉龍溪刊本，刊印《新刊萬病回春》八卷。

後西天皇萬治三年（1660年）據明大業堂刊本，刊印《新刊萬病回春》八卷。

後西天皇寬文二年（1662年）京都荒木利兵衛刊印《萬病回春》八卷。

靈元天皇寬文八年（1668年）京都中野市右衛門刊印《新刊萬病回春》八卷。

靈元天皇延寶二年（1674年）京都秋田屋平左衛門刊印《新刊萬病回春》八卷。

靈元天皇天和二年（1682年）刊印《新刊萬病回春》八卷。

靈元天皇貞享元年（1684年）刊印《新刊萬病回春》，此本不分卷。

靈元天皇貞享四年（1687年）刊印《新刊萬病回春》八卷。

（重刊增補）萬病回春八卷

（明）龔廷賢撰　胡廷訓等增補
明萬曆三十三年（1605年）余氏書林萃慶堂刊本　共八册
早稻田大學圖書館藏本　原野口一太郎家寧齋文庫等舊藏

（五刻增補）萬病回春八卷

（明）龔廷賢編　余一貫增補
明崇禎七年（1634年）萃慶堂刊本　共四册
東北大學附屬圖書館藏本

奇經八脈考一卷　瀕湖脈學一卷　脈訣考證一卷

（明）李時珍編
明刊本　共一册
内閣文庫藏本　原江戸時代醫學館舊藏
【附録】日本江戸時代有明人李時珍《奇經八脈考》一卷、《瀕湖脈學》一卷、《脈訣考證》一卷覆刊本。

脈便二卷

（明）李時珍編著　張懋辰校
明刊本　共一册

内閣文庫藏本　　原江户時代醫學館舊藏

太初脈辯二卷

（明）孫光裕撰　　張師省校

明崇禎九年（1636 年）序刊本　　共二册

内閣文庫藏本　　原江户時代醫學館舊藏

（新刊）太素脈訣統宗（鍥太上天寶太素張神仙脈訣玄微綱領宗統）七卷　圖論一卷

（明）張太素撰　　張伯祥注解　　王文潔編校

明萬曆二十七年（1599 年）劉雙松安正堂刊本

内閣文庫　　蓬左文庫　　龍谷大學大宫圖書館藏本

【按】卷首題《鍥太上天寶太素張神仙脈訣玄微綱領宗統》。

内閣文庫藏本，原係江户時代醫學館舊藏，共二册。

蓬左文庫藏本，原係尾張藩主家舊藏，共三册。

龍谷大學大宫圖書館藏此同一刊本兩部，皆原係寫字臺文庫舊藏。一部共一册，一部共二册。

（鍥王氏秘傳叔和圖注繹義）脈訣評林捷徑統宗八卷

（晋）王叔和撰　　（明）王文潔評編

明劉氏安正堂刊本　　共一册

龍谷大學大宫圖書館藏本　　原寫字臺文庫舊藏

（新刻）太素心要二卷　（新刻）太素脈訣秘書一卷

（明）胡文焕校

明刊本　　共一册

内閣文庫藏本　　原吉田意庵　　江户時代醫學館舊藏

原病集六卷

（明）唐椿撰

明崇禎年間（1628—1644 年）刊本

宫内廳書陵部　　内閣文庫藏本

【按】前有明崇禎六年（1633 年）方煒《序》。

此本目録如次：

《原病集元類要法》二卷；

《原病集亨類鈐法》一卷；

《原病集利類鈐法》一卷；

《原病集貞類鈐法》二卷。

宫内廳書陵部藏本，原係許國樞舊藏，後歸豐後佐伯藩主毛利高標家。每册首有“佐伯侯毛利高標字培松藏書畫之印”。第一、三、五、七、九、十一共六册首有“許國樞印”、“存理圖書”等印記。共十二册。此本係仁孝天皇文政年間（1818—1829 年）出雲守毛利高翰獻贈幕府。

内閣文庫藏本，原係野間三竹舊藏，後歸江户時代醫學館。共六册。

【附録】據《商舶載來書目》記載，日本東山天皇寶永三年（1706 年），中國商船“計字號”載《原病集》一部九册抵日本。

日本江户時代有日人《原病集》六卷寫本一種。此本現藏中國醫學科學院圖書館。

（妙一齋）醫學正印（種子編）二卷

（明）岳甫嘉撰　　岳虞巒校

明崇禎九年（1637 年）刊本　　共二册

内閣文庫藏本　　原江户時代醫學館舊藏

醫學六要十九卷

（明）張三錫撰　　王肯堂校

明崇禎十七年（1644 年）刊本　　共二十四册

内閣文庫　　龍谷大學大宫圖書館藏本

【按】此本目録如次：

《經絡考》一卷；

《運氣略》一卷；

《四診法》一卷；

《本草選》六卷；

《病機部》二卷；

《治法匯》八卷。

內閣文庫藏本,原係江户時代醫學館等舊藏。

龍谷大學大宫圖書館藏本,原係寫字臺文庫等舊藏。

【附録】日本東山天皇元禄十五年(1702年)彌生吉且《倭版書籍考》著録《醫學六要》四十一卷。其識文曰:"萬曆年中張三錫所作也。六要者,乃分舉四診、病機、治法、經絡、運氣、本草六門也。"

據《商舶載來書目》記載,日本中御門天皇正德元年(1711年)中國商船"以字號"載《醫學六要》一部十六册抵日本。

病機部二卷

(明)張三錫撰　王肯堂校　徐春甫編

明萬曆年間(1573—1620年)刊本

內閣文庫藏本

醫論問答一卷

(明)王綸撰

明嘉靖年間(1522—1566年)刊本　共一册

宫內廳書陵部藏本　原豐後佐伯藩主毛利高標舊藏

【按】前有于湛《序》。

首有"適齋楊整子修傳家書畫之記",又有"佐伯侯毛利高標字培松藏書畫之印"。

仁孝天皇文政年間(1818—1829年)出雲守毛利高翰獻贈幕府。明治初期,歸內閣文庫。明治二十四年(1891年)移送宫內省圖書寮(即今宫內廳書陵部)。

(新刊)明醫雜著(殘本)三卷

(明)王綸撰

明弘治十六年(1503年)序刊本　共一册

內閣文庫藏本　原江户時代醫學館舊藏

【按】前有明弘治十五年(1502年)王綸

《序》,次有弘治十六年(1503年)徐弼《序》。

是書全六卷。此本今缺卷四、卷五、卷六,實存三卷。

【附録】日本後陽成天皇與後水尾天皇慶長(1596—1614年)元和(1615—1624年)年間刊印《新刊明醫雜著》六卷。此本每半葉十一行,行十九字。卷首序文二葉,卷末跋文二葉,本文總紙數五十一頁,欄外刊有本文校異文字。

慶長年間又有明人王綸《節齋醫論》六卷活字和刊本。此本每半葉十二行,行十七字,黑口雙邊。是書內容與《明醫雜著》同。卷前有明弘治十五年(1502年)王綸《明醫雜著序》,次有弘治十六年(1503年)徐弼《明醫雜著序》,又有明嘉靖三十年(1551年)趙晟《明醫雜著跋》。卷末題書名爲"新刊明醫雜著"。

明正天皇正保二年(1645年)京都野田彌兵衛刊印《新刊明醫雜著》六卷。

(新刊)明醫雜著(殘本)三卷

(明)王綸撰

明刊本　共一册

內閣文庫藏本　原吉田意庵　昌平坂學問所舊藏

【按】是書全六卷。此本今缺卷四、卷五、卷六,實存三卷。

明醫雜著六卷

(明)王綸撰　薛己注

明嘉靖三十年(1551年)宋陽山刊本

內閣文庫　龍谷大學大宫圖書館藏本

【按】每半葉有界十行,行十八字左右,白口,左右雙邊(18.7cm×14.3cm)。

前有明嘉靖二十八年(1549年)錢薇《序》,又有嘉靖三十年(1551年)薛己《序》。

正文頂格題署"明醫雜著卷之一",第二行上空十字題署"闗郡後學薛己注",第三行上空三字題署子目曰"醫論"。第四行起頂格叙正文。

内閣文庫藏本,原係楓山官庫等舊藏。此本於明正天皇正保二年(1645 年)入藏楓山官庫,共六册。

龍谷大學大宮圖書館藏本,原係寫字臺文庫等舊藏,共四册。

赤水玄珠三十卷　醫旨緒餘二卷

(明)孫一奎撰　孫泰來　孫朋來校

明萬曆年間(1573—1620 年)刊本

内閣文庫　京都大學人文科學研究所東洋學文獻中心　静嘉堂文庫藏本

【按】内閣文庫藏本,原係江户時代醫學館舊藏,共十三册。

京都大學藏本,共二十八册。

静嘉堂文庫藏本,原係陸心源守先閣舊藏,共二十八册。

【附録】日本東山天皇元禄十五年(1702 年)彌生吉且《倭版書籍考》著録《赤水玄珠》三十六卷。其識文曰:

“此本標病門,著藥方,另有《序目》一卷、《玄珠醫案》九卷、《醫案序目》一卷,并附《醫旨緒餘》四卷。此係醫論,合爲五十一册。萬曆年中孫一奎作也。孫氏有言曰‘古之醫爲人,今之醫爲己’。”

據桃園天皇寶曆十年(1760 年)《商賣書物目録并大意書》記載,中國商船“辰一番”載《赤水玄珠》一部四帙四十册抵日本。其注文曰:“明孫一奎著輯。但脱紙二張。”

日本後西天皇明歷三年(1657 年)京都田中清左衛門刊印《赤水玄珠》三十六卷,并《赤水玄珠醫案》十三卷。

後西天皇萬治三年(1660 年)刊印《赤水玄珠》三十六卷,并《赤水玄珠醫案》十三卷。

醫旨緒餘二卷

(明)孫一奎撰

明萬曆十八年(1590 年)跋刊本　共一册

内閣文庫藏本　原楓山官庫舊藏

名醫類案十二卷

(明)江瓘撰　江應宿補

明刊本　共十二册

内閣文庫藏本　原楓山官庫舊藏

【附録】日本東山天皇元禄十五年(1702 年)彌生吉且《倭版書籍考》著録《明醫類案》十二卷。其識文曰:

“大明嘉靖年中新安江瓘作也。江氏死後,其二子江應元、江應宿補遺考訂。載百家之書,採古今醫案,分門而類聚,是爲全書。江氏字民瑩,號篁南子,博識隱醫。應宿亦良醫也。此本倭點舛誤甚多。”

據《書籍元帳》記載,仁孝天皇弘化二年(1845 年)中國商船輸入《明醫類案》二部,每部各二帙,由日本商人菱屋平吉購得。

日本後水尾天皇元和九年(1623 年)猪子梅壽刊印《明醫類案》十二卷。

後西天皇寬文元年(1661 年)京都野田莊右衛門刊印《名醫類案》十二卷。

名醫類案十二卷

(明)江瓘撰　江應宿補

明傅少山刊本　共八册

内閣文庫藏本　原江户醫學館舊藏

醫林繩墨八卷

(明)方谷撰

明刊本　共二册

宮内廳書陵部藏本　原江户時代名醫丹波氏家等舊藏

【按】此本首缺十五頁。

卷中有“多紀氏藏書印”、“淺草文庫”、“大學東校典籍局之印”、“丹波元堅曾睹是書大略”、“元簡”、“廉夫”等印記。

世醫通變要法二卷

(明)葉廷器撰

明刊本　共五册

内閣文庫藏本　原江户時代醫學館舊藏

（新刊東溪節略）醫林正宗八卷

（明）饒鵬撰
明嘉靖七年（1528 年）序刊本　共三册
内閣文庫藏本　原江户時代醫學館舊藏

乾坤生意二卷　乾坤生意秘醖一卷

（明）朱權撰
明成化十四年（1478 年）序刊本　共三册
内閣文庫藏本　原楓山官庫舊藏

（新刻經驗良方）壽世仙丹十卷

（明）龔居中編
明刊本　共六册
内閣文庫藏本　原江户時代醫學館舊藏
【按】此本細目如次：
《内科》五卷；
《外科》二卷；
《女科》一卷；
《幼科》二卷。
《女科》係後人補寫。

（士林餘業）醫學全書六卷

（明）葉雲龍編撰
明萬曆二十七年（1599 年）跋刊本　共三册
内閣文庫藏本
【按】内閣文庫藏此同一刊本三部。一部原係江户時代醫學館舊藏。一部原係楓山官庫舊藏。一部原係豐後佐伯藩主毛利高標舊藏，仁孝天皇文政年間（1818—1829 年）由出雲守毛利高翰獻贈幕府。明治初期，歸内閣文庫，卷中有“佐伯侯毛利高標字培松藏書畫之印”等印記。

（新鍥太醫院鰲頭）諸疹辨疑六卷

（明）吳球撰
明余完初刊本　共二册
内閣文庫藏本　原楓山官庫舊藏

丹溪要删（殘本）六卷

（明）適適道人撰
明刊本　共三册
内閣文庫藏本
【按】是書全八卷。此本今缺卷五、卷六，實存六卷。

（達觀堂新鐫）甦生的鏡八卷　補一卷

（明）蔡正言編撰
明天啓三年（1623 年）序刊本　共六册
内閣文庫藏本　原楓山官庫舊藏

（丹溪先生）醫書纂要二卷

（明）盧和撰
明成化二十年（1484 年）刊本　共三册
内閣文庫藏本　原楓山官庫舊藏

醫門秘旨十五卷

（明）張四維撰
明萬曆年間（1573—1620 年）張氏恒德堂刊本　共四册
宫内廳書陵部藏本
【按】前有明萬曆丁丑（1577 年）顏素《序》，次有萬曆庚辰（1580 年）任可容《序》、唐詩《序》，并有張四維《自序》。後有萬曆戊寅（1578 年）竹墟山人《跋》。此《跋》後有刊印木記，文曰：“同安張氏恒德堂刊”。
卷中有“繼冲家印”等印記。

（太醫院補遺真傳）醫學源流肯綮大成十六卷

（明）余應奎編
明萬曆三十四年（1603 年）陳氏積善堂刊本　共十册
内閣文庫藏本　原楓山官庫舊藏
【附録】據《商舶載來書目》記載，日本中御門天皇享保五年（1720 年）中國商船“曾字號”載《醫學源流》一部十六册抵日本。

（新刊）醫學集成十二卷

　　（明）傅滋編撰
　　明正德十一年（1516年）日新堂刊本　共六
冊
　　內閣文庫藏本　原楓山官庫舊藏

蓋齋醫要十五卷

　　（明）陳諫撰
　　明嘉靖年間（1522—1566年）刊本
　　內閣文庫藏本
　　【按】內閣文庫藏此同一刊本兩部。一部原
係楓山官庫舊藏，共四冊。一部原係豐後佐伯
藩主毛利高標舊藏，仁孝天皇文政年間
（1818—1829年）由出雲守毛利高翰獻贈幕
府，明治初期，歸內閣文庫。卷中有“佐伯侯
毛利高標字培松藏書畫之印”等印記。此本
今缺卷一至卷三、卷八至卷十，實存九卷，共二
冊。

醫四種八卷

　　（明）許兆禎編
　　明刊本　共四冊
　　內閣文庫藏本
　　【按】此本係《診翼》二卷，《藥準》二卷，《方
紀》二卷，《醫鏡》二卷。
　　內閣文庫藏此同一刊本兩部。一部原係江
戶時代醫學館舊藏。一部原係楓山官庫舊藏，
此本爲清初印本。
　　據《書籍元帳》記載，仁孝天皇天保十二年
（1841年）中國商船“子三番”（船主鄭行）載
《醫四種》五部抵日本。每部凡二帙。售價十
二匁。同年，中國商船“寅二番”載《醫四種》
一部二帙抵日本，售價與“子三番”船同。

（醫學匯纂）濟世丹砂二卷

　　（明）黄河撰　陸堯臣校
　　明刊本　共二冊
　　內閣文庫藏本　原楓山官庫舊藏

（新集）醫家蘊奧四卷

　　（明）何天恩編
　　明萬曆三年（1575年）古樸堂刊本　共三冊
　　內閣文庫藏本　原江戶時代醫學館舊藏
　　【按】此本每卷卷首皆有缺殘。

心印紺珠經二卷

　　（明）李湯卿等撰
　　明嘉靖二十一年（1542年）序刊本　共二冊
　　內閣文庫藏本　原江戶時代醫學館舊藏
　　【附録】據《商舶載來書目》記載，日本後櫻
町天皇寶曆十三年（1763年）中國商船“志字
號”載《心印紺珠經》一部一帙抵日本。

心印紺珠經二卷

　　（明）李湯卿等撰
　　明刊本　共二冊
　　內閣文庫　尊經閣文庫藏本
　　【按】每半葉有界十行，行二十字。
　　前有明人朱撮《序》，并有明嘉靖二十六年
（1547年）趙胤《序》。
　　內閣文庫藏本，原係楓山官庫舊藏，共二冊。
　　尊經閣文庫藏本，原係江戶時代加賀藩主前
田綱紀家舊藏，共五冊。

（新刻）心印紺珠經二卷

　　（明）李湯卿等撰　胡文煥校
　　明萬曆年間（1573—1620年）刊本　共一冊
　　內閣文庫藏本　原吉田意庵　江戶時代醫
學館舊藏

奇效醫述一卷

　　（明）聶尚恒編
　　明萬曆四十四年（1616年）序刊本
　　內閣文庫藏本
　　【按】內閣文庫藏此同一刊本兩部。一部原
係江戶時代醫學館舊藏，共一冊。一部原係楓
山官庫舊藏，此本附《痘疹活幼心法》一卷，共

二冊。

【附錄】後西天皇萬治四年(1661年)刊印明人聶尚恒《奇效醫述》二卷。

(太醫院纂救急)新刊諸瘑(新刊軍門秘傳)四卷

(明)吳文炳編

明萬曆年間(1573—1620年)余雲坡刊本共一冊

內閣文庫藏本　原小島寶素　江戶時代醫學館舊藏

秘傳證治要訣(王太史重訂精刻戴院便證治要訣)十二卷

(明)戴元禮撰

明萬曆三十三年　(1605年)王肯堂重校刊本

東洋文庫藏本　原藤井尚久舊藏

(新刻)醫匯十二卷

(明)徐爾貝編

明崇禎五年(1632年)序刊本　共十六冊

內閣文庫藏本　原楓山官庫舊藏

(新刻朱師常先生家秘)醫學新知全書十一卷

(明)朱朝樾撰

明刊本　共五冊

內閣文庫藏本　原江戶時代醫學館舊藏

古今醫學捷要六書六卷

(明)徐春甫編撰

明萬曆年間(1573—1620年)刊本　共六冊

內閣文庫藏本　原江戶時代醫學館舊藏

【附錄】據《外船賫來書目》記載,光格天皇寬政十二年(1800年)中國商船"申五番"載《醫書六種》七部,每部凡二帙抵日本。

據《書籍元帳》記載,仁孝天皇天保十二年(1841年)中國商船"寅一番"載《醫書六種》一部抵日本。同天皇弘化二年(1845年)中國商船載《醫書六種》二部抵日本。同天皇弘化四年(1847年)中國商船"午五番"載《醫書六種》五部各一帙抵日本。

據《漢籍發賣投標記錄》記載,仁孝天皇弘化二年(1845年)《醫書六種》二部,每部二帙六冊,投標價爲安田屋三十匁二分,菱屋三十三匁五分,鐵屋三十五匁四分。同年,《醫書六種》十部,每部二帙六冊,投標價爲永見屋三十二匁五分,鐵屋三十五匁一分,能登屋四十三匁七分。

古今醫統大全一百卷

(明)徐春甫編撰

明隆慶年間(1567—1772年)刊本

國會圖書館　東京大學總合圖書館　龍谷大學大宮圖書館藏本

【按】前有明隆慶四年(1570年)《序》。

國會圖書館藏本,原共四十冊,現合爲二十冊。

東京大學總合圖書館藏本,原係淺田宗伯等舊藏。此本今存卷一至卷十三、卷十五至卷四十二、卷四十六至卷五十、卷五十六至卷六十、卷六十二至卷八十五、卷八十八至卷九十八,實存八十三卷,共三十四冊。

龍谷大學大宮圖書館藏本,原係寫字臺文庫等舊藏,卷中有後人寫補,共五十二冊

【附錄】日本東山天皇元禄十五年(1702年)彌生吉且《倭版書籍考》卷之五著錄《古今醫統》一百卷。其識文曰:"大明嘉靖年中新安儒醫徐春甫作也。藥方醫論兼備,凡醫家之事都所採集,爲集醫家大成之書也。"

古今醫統正脈二十九種

(明)王肯堂編　吳勉學校

明刊本　共三十二冊

內閣文庫藏本　原江戶時代醫學館舊藏

【按】此本細目如次:

《脈訣》一卷,(宋)崔嘉彥撰;

《局方發揮》一卷,(元)朱震亨撰;

《脾胃論》三卷,(元)李杲撰;

《格致餘論》一卷,(元)朱震亨撰;

《蘭室秘藏》三卷,(元)李杲撰;

《東垣先生此事難知集》二卷,(元)李杲撰;

《湯液本草》三卷,(元)王好古撰;

《醫經溯洄集》一卷,(元)王履撰;

《外科精義》二卷,(元)齊德之撰;

《丹溪先生心法》五卷《附》一卷,(元)朱震
　　亨撰;

《儒門事親》五卷,(金)張從正編;

《素問病機氣宜保命集》三卷,(金)劉完素
　　撰;

《新刻校定脈訣指掌病式圖說》一卷,(元)
　　朱震亨撰;

《醫壘元戎》一卷,(元)王好古撰;

《癍病萃英》一卷,(元)王好古撰;

《醫學發明》一卷,(元)朱震亨撰;

《活法機要》一卷,(元)朱震亨撰;

《傷寒標本心法類萃》二卷,(金)劉完素撰;

《劉河間傷寒醫鑑》一卷,(元)馬宗素編撰;

《丹溪先生金匱鈎玄》三卷,(元)朱震亨撰;

《劉河間傷寒直格論方》三卷,(金)劉完素
　　撰;

《河間傷寒心要》一卷,(金)劉完素撰;

《張子和心鏡別集(傷寒心鏡)》一卷,(金)
　　張從正撰;

《傷寒瑣言》一卷,(明)陶華撰;

《傷寒家秘的本》一卷,(明)陶華撰;

《殺車槌法》一卷,(明)陶華撰;

《傷寒一提金》一卷,(明)陶華撰;

《傷寒證脈藥截江綱》一卷,(明)陶華撰;

《傷寒明理續論》一卷,(明)陶華撰。

【附録】據《商舶載來書目》記載,中御門天
皇寶永七年(1710年)中國商船"以字號"載
《醫統正脈》一部八十册抵日本。後櫻町天皇
明和二年(1765年)中國商船"古字號"載《古
今醫統正脈全書》一部共八册抵日本。

醫統正脈三十八種

　　(明)吳勉學編

明萬曆二十九年(1601年)刊本　共四十册
宮內廳書陵部藏本　原德山藩三代主毛利
元次舊藏

【按】此本細目如次:

《重廣補注黃帝内經》二十四卷,(唐)王冰
　　注;

《新編金匱方論》三卷,(漢)張機撰;

《注解傷寒論》十卷,(漢)張機撰;

《傷寒標本心法類萃》二卷,(金)劉完素撰;

《内外傷辨》三卷,(元)李杲撰;

《醫經溯洄集》一卷,(元)王履撰;

《華中先生中藏經》八卷,(漢)華陀撰;

《劉河間傷寒直格論方》三卷,(金)劉完素
　　撰;

《劉河間傷寒醫鑑》一卷,(元)馬宗素撰;

《河間傷寒心要》一卷,(金)劉完素撰;

《張子和心鏡別集》一卷,(金)張從正撰;

《傷寒明理續論》六卷,(明)陶華撰;

《丹溪先生心法》五卷,(元)朱震亨撰;

《儒門事親》十五卷,(金)張從正撰;

《增注類證活人書》二十一卷,(宋)朱肱撰;

《黃帝三部針灸甲乙經》十二卷,(晋)皇甫
　　謐撰;

《脈經》十卷,(晋)王叔和撰;

《素問玄機原病式》一卷,(金)劉完素撰;

《脈訣》一卷,(宋)崔嘉彦撰;

《脈訣指掌病式圖說》一卷,(元)朱震亨撰;

《湯液本草》三卷,(元)王好古撰;

《黃帝素問靈樞經》十二卷,(宋)史崧注;

《秘傳證治要訣》十二卷,(明)戴元禮撰;

《證治要證訣類方》四卷,(明)戴元禮撰;

《黃帝素問宣明論方》十五卷,(金)劉完素
　　撰;

《醫學發明》一卷,(元)朱震亨撰;

《海藏癍論萃英》一卷,(元)王好古撰;

《醫壘元戎》八卷,(元)王好古撰;

《活法機要》四卷,(元)朱震亨撰;

《傷寒明理論》四卷,(明)陶華撰;

《難經本義》二卷,(元)滑壽撰;

《素問病機氣宜保命集》三卷,(金)劉完素撰;

《蘭室秘藏》三卷,(元)李杲撰;

《東垣先生此事難知集》二卷,(元)李杲撰;

《格致餘論》一卷,(元)朱震亨撰;

《局方發揮》一卷,(元)朱震亨撰;

《脾胃論》三卷,(元)李杲撰;

《外科精義》二卷,(元)齊德之撰。

【按】此本原係江户時代德山藩三代主毛利元次廣收"天下秘籍"之一。東山天皇寶永三年(1706年)《御書物目錄》著錄此本。明治二十九年(1896年)由男爵毛利元功獻贈宮內省(即今宮內廳書陵部)。

【附錄】日本江户時代據明萬曆時代刊本,刊印明人戴元禮撰《秘傳證要訣》十二卷;并附戴元禮撰《證治要證訣類方》十二卷。

古今醫統正脈四十四種

(明)吳勉學編

明萬曆二十九年(1601年)金陵蘊古堂百城樓刊本

內閣文庫　　靜嘉堂文庫　　龍谷大學大宮圖書館藏本

【按】此本細目如次:

《重廣補注黃帝內經素問》二十四卷,(唐)王冰注;

《黃帝素問靈樞經》十二卷,(宋)史崧撰;

《針灸甲乙經》十二卷,(晉)皇甫謐撰;

《華中先生中藏經》八卷,(漢)華陀撰;

《脈經》十卷,(晉)王叔和撰;

《傷寒明理論》四卷,(明)陶華撰;

《難經本義》二卷,(元)滑壽撰;

《注解傷寒論》十卷,(漢)張機撰;

《金匱要略》三卷,(漢)張機撰;

《增注類證活人書》二十一卷,(宋)朱肱撰;

《素問玄機原病式》一卷,(金)劉完素撰;

《黃帝素問宣明論方》十五卷,(金)劉完素撰;

《傷寒標本心法類萃》二卷,(金)劉完素撰;

《劉河間傷寒醫鑑》一卷,(元)馬宗素撰;

《素問病機氣宜保命集》三卷,(金)劉完素撰;

《劉河間傷寒直格論方》三卷,(金)劉完素撰;

《河間傷寒心要》一卷,(金)劉完素撰;

《張子和心鏡別集》一卷,(金)張從正撰;

東垣十書:

《脈訣》一卷,(宋)崔嘉彥撰;

《局方發揮》一卷,(元)朱震亨撰;

《脾胃論》三卷,(元)李杲撰;

《格致餘論》一卷,(元)朱震亨撰;

《蘭室秘藏》三卷,(元)李杲撰;

《內外傷辨》三卷,(元)李杲撰;

《東垣先生此事難知集》二卷,(元)李杲撰;

《湯液本草》三卷,(元)王好古撰;

《醫經溯洄集》一卷,(元)王履撰;

《外科精義》二卷,(元)齊德之撰;

《醫壘元戎》八卷,(元)王好古撰;

《癍病萃英》一卷,(元)王好古撰;

《丹溪先生心法》五卷,(元)朱震亨撰;

《新刻校定脈訣指掌病式圖說》一卷,(元)朱震亨撰;

《丹溪先生金匱鉤玄》三卷,(元)朱震亨撰;

《醫學發明》一卷,(元)朱震亨撰;

《活法機要》四卷,(元)朱震亨撰;

《秘傳證治要訣》十二卷,(明)戴元禮撰;

《儒門事親》十五卷,(金)張從正撰;

傷寒六書:

《傷寒瑣言》一卷,(明)陶華撰;

《傷寒家秘的本》一卷,(明)陶華撰;

《殺車槌法》一卷,(明)陶華撰;

《傷寒一提金》一卷,(明)陶華撰;

《傷寒證脈藥截江網》一卷,(明)陶華撰;

《傷寒明理續論》一卷,(明)陶華撰。

內閣文庫藏此同一刊本兩部。一部原係江户時代醫學官舊藏,此本今缺《金匱要略》卷上,并缺《傷寒明理論》四卷。共七十五冊。一部原係楓山官庫舊藏,此本今缺《脈訣》一卷,并缺《傷寒明理續論》一卷。共一百一册。

静嘉堂文庫藏本,原係陸心源十萬卷樓舊藏。共六十册。

龍谷大學大宫圖書館藏本,原係寫字臺文庫等舊藏,目次略有不同,共一百册。

【附録】據《外船賚來書目》記載,中御門天皇享保四年(1719 年)中國商船"第二十八番"南京船(船主施茂公)載《金匱要略》五部抵日本。

芷園醫種(十七種)十七卷

(明)盧復編撰

明天啓年間(1621—1627 年)序刊本　共四册

内閣文庫藏本　原楓山官庫舊藏

【按】此本細目如次:

《醫經種子本經》一卷;

《醫經種子難經》一卷,扁鵲撰;

《醫論種子仲景傷寒論》一卷,(漢)張機撰;

《論種子仲景脈法》一卷,(漢)張機述,(晋)王叔和撰次;

《芷園醫種金匱要略》一卷,(漢)張機撰;

《芷園醫方種子傷寒方》一卷;

《方種金匱要略方》一卷;

《方種附刻金鏡録圖》一卷,(元)杜清碧撰;

《方種附薛立齋醫案方》一卷,(明)薛己撰;

《案種扁鵲倉公列傳》一卷,(漢)司馬遷撰;

《案種附薛按内科摘要》一卷,(明)薛己撰;

《案種易思蘭醫案》一卷,(明)易大艮撰;

《芷園臆草覆餘》一卷,(明)盧復撰;

《芷園臆草題藥》一卷,(明)盧復撰;

《芷園臆草日記》一卷,(明)盧復撰;

《芷園臆草勘方》一卷,(明)盧復撰;

《芷園臆草存案》一卷,(明)盧復撰。

醫種子(十七種)十七卷

(明)盧復編撰

明刊本　多紀元堅手識本　共十四册

内閣文庫藏本　原江户時代醫學館舊藏

【按】此本細目如次:

《神農本經》一卷;

《難經》一卷,扁鵲撰;

《仲景傷寒論》一卷,(漢)張機撰;

《仲景脈法》一卷,(漢)張機述,(晋)王叔和撰次;

《金匱要略論》一卷,(漢)張機撰;

《仲景傷寒方》一卷;

《仲景金匱要略方》一卷;

《敖氏傷寒金鏡録圖》一卷,(元)杜清碧撰;

《薛立齋醫案方》一卷,(明)薛己撰;

《扁鵲倉公列傳》一卷,(漢)司馬遷撰;

《薛立齋醫案内科摘要》一卷,(明)薛己撰;

《易思蘭先生醫案》一卷,(明)易大艮撰;

《芷園覆餘》一卷,(明)盧復撰;

《讀藥性題後》一卷,(明)盧復撰;

《芷園日記》一卷,(明)盧復撰;

《芷園臆草勘方》一卷,(明)盧復撰;

《芷園臆草存案》一卷,(明)盧復撰。

必用醫學須知(四種)十卷

(明)余象斗編

明刊本　共四册

内閣文庫藏本　原楓山官庫舊藏

【按】此本細目如次:

《刻叔和王先生脈訣袖中金》一卷,(晋)王叔和撰;

《刻李東垣藥性賦袖中金》二卷,(元)李杲撰;

《刻校訛諸症辨疑袖中金》四卷,(明)吳球撰;

《新刻校正大字醫方捷徑袖中金》三卷,(明)王宗顯撰。

靈蘭集(十一種)二十八卷

(明)施沛編撰

明崇禎年間(1628—1644 年)刊本　共二十册

内閣文庫藏本　原豐後佐伯藩主毛利高標

舊藏

【按】此本細目如次：

初集：

《素問逸篇》二卷；

《藏府指掌圖書》一卷；

《經穴指掌圖》一卷；

《脈徵》二卷；

《醫便》一卷；

《説療》一卷。

二集：

《宋徽宗濟聖經》十卷；

《產經》二卷《附》一卷；

《痘症折衷》二卷；

《祖劑》四卷；

《雲起堂診籍》一卷。

此本係仁孝天皇文政年間（1818—1829年）由出雲守毛利高翰獻贈幕府，明治初期，歸内閣文庫。卷中有"佐伯侯毛利高標字培松藏書畫之印"等印記。

秘傳醫奧十卷

（明）張鶴騰編撰

明天啓五年（1625年）序刊本　共六册

内閣文庫藏本　原楓山官庫舊藏

【按】此本細目如次：

《重刻張鳳逵傷暑全書》二卷，（明）彭其生編；

《脈學原始全書研悦》一卷，（明）李盛春撰，黃昌續輯；

《胤嗣全書研悦》一卷，（明）李盛春撰，黃昌續輯；

《病機要旨》一卷，（明）李盛春撰，黃昌續輯；

《治傷寒全書研悦》一卷，（明）李盛春撰，黃昌續輯；

《治雜症驗方研悦》一卷，（明）李盛春撰，黃昌續輯；

《附　小兒形症研悦》一卷，（明）李盛春撰，黃昌續輯；

《小兒研悦方》一卷，（明）李盛春撰，黃昌續輯；

《附刻　小兒推拿》一卷，（明）李盛春撰。

醫學集覽

（明）祝大年等編

明刊本　共二十二册

内閣文庫藏本　原楓山官庫舊藏

【按】前有《總序》，并有《目次》。全書細目如下：

《難經本義》二卷，（元）滑壽撰；

《脈訣刊誤》二卷，（元）戴起宗撰；

《傷寒鈐法》一卷，（漢）張機撰；

《原機啓微》二卷《附》一卷，（明）倪維德撰；

【附】（明）薛己撰；

《立齋外科發揮》八卷，（明）薛己撰；

《外科心方》七卷《附》一卷，（明）薛己撰；

《外科經驗方》一卷，（明）薛己撰；

《癰疽神秘驗方》一卷，（明）陶華撰；

《十四經絡發揮》一卷，（元）滑壽撰；

《敖氏傷寒金鏡録》一卷，（元）敖氏撰；

《癰疽神秘灸經》一卷，（元）胡元慶撰。

醫學叢書（五種）二十九卷

（明）熊宗立編

明刊本　共十二册

静嘉堂文庫藏本　原陸心源十萬卷樓舊藏

【按】此本細目如次：

《黃帝内經素問》十二卷；

《靈樞集注》十二卷；

《素問入式運氣論奧》三卷；

《内經素問遺編》一卷；

《素問運氣圖括定局立成》一卷。

（新刻名方證類）醫書大全二十四卷　附醫學源流一卷

（明）熊宗立編

明成化三年（1467年）熊氏種德堂刊本　共

十册

　　内閣文庫藏本　原江户時代醫學館舊藏

【按】每半葉有界十三行，行二十四字左右。黑口，左右雙邊（20.9cm×15.0cm）。

　　前有明天順二年（1458年）吴高《序》，次有正統十一年（1446年）熊宗立《自序》，次有《辨誤》，次有《目録》。《目録》後有刊印木記兩行，文曰："成化三年丁亥，熊氏種德堂刊"。

【附録】日本東山天皇元禄十五年（1702年）彌生吉且《倭版書籍考》卷之五著録《醫書大全》二十四卷。其識文曰：

　　"此本爲熊宗立所作。宗立乃宋名儒熊勿軒之末裔，爲儒醫。是書由孫允賢增益而名《醫方大成》。日本醫書之版行，實始於此書也。和刻有大永八年建仁寺月舟之跋文。"

　　熊宗立編《醫書大全》於十五世紀後期傳入日本，後奈良天皇大永八年（1528年）即有阿佐井野宗端以明成化本爲底本而摹刻，此爲日本古刻本史上"博多本"之重要代表。此本前有明天順二年吴高《序》，明正統十一年熊氏《自序》，并有《辨誤》與《總目録》。《目録》後有原版刊印木記"成化三年丁亥熊氏種德堂刊"。卷末有幻雲壽桂《跋》。其文曰：

　　"吾邦以儒釋書鏤版者往往有焉，然未曾及醫方。惠民之澤，人皆爲鮮。近世《醫書大全》自大明來，固醫家之寶也。所憾其本稍少，欲見而未見者多矣。泉南阿佐井野宗端，舍財刊行。彼明本有三寫之謬，今就諸家考本方以正斤兩，雖一毫髮，私不增損。宗端之志，不爲利而在救濟天下之人，偉哉！陰德之報，永及子孫矣。"

　　此覆刊本之款式與明本完全一致，惟原刊本中"○蟲痛仙氣"的"○"爲空白圈，博多本中作"●蟲痛仙氣"的"●"爲黑墨圈。此《跋》中所曰"明本有三寫之謬，今就諸家考本方以正斤兩，雖一毫髮，私不增損"。此爲日本漢籍版刻史上最早的校勘原則。

　　正親町天皇永禄年間（1558—1569年）覆刊明成化刊熊宗立編《醫書大全》二十四卷，并附《醫學源流》一卷。

　　明正天皇寬永九年（1632年）刊印明人熊宗立撰《醫學源流》一卷。

醫書八種

　　不著編撰人姓名

　　明刊本　共六册

　　内閣文庫藏本　原楓山官庫舊藏

【按】此本細目如次：

《難經》一卷；

《脈譜》一卷；

《王叔和脈訣》一卷；

《諸病論》一卷；

《藥性譜》一卷；

《珍珠囊》一卷；

《用藥歌訣》一卷；

《復真劉三點先生脈訣》一卷；

《傷寒活人指掌提綱》一卷。

（診法分科傷寒之屬）

傷寒論注（殘本）七卷

　　（漢）張機撰　（晋）王叔和編　（金）成無己注

　　元刊本　共一册

　　静嘉堂文庫藏本　原陸心源十萬卷樓舊藏

【按】每半葉有界十一行，行二十字。粗黑口，雙黑魚尾，左右雙邊（18.4cm×12.1cm）。版心記大小字數。

　　是書全十卷。此本今缺卷一至卷三，凡三卷，實存七卷。

　　卷四缺第一葉、第二葉，卷十第十葉以下亦缺。

　　卷中有"歸安陸樹聲藏書之記"等印記。

【附録】日本東山天皇元禄十五年（1702年）彌生吉且《倭版書籍考》著録《傷寒明理論》三卷。其識文曰：

"此本末附《方論》一卷。金儒醫成無己作，旨在發明《傷寒論》。人稱成無己乃仲景之忠臣也。此本於仲景百二十方内，詳論醫門常用之二十方也。"

據《外船賷來書目》記載，中御門天皇享保二十年（1735年），中國廣東船"二十五番"（船主黃瑞周）載《傷寒論》五部抵日本。同年，中國寧波船"二十番"載《傷寒論》一部抵日本。

據《長崎官府貿易外船賷來書目》記載，桃園天皇寶曆九年（1759年），中國商船"一番船"載《傷寒論》十部抵日本。

日本靈元天皇寬文八年（1668年）京都上村次郎右衛門刊印《傷寒論》十卷。此本題"（漢）張仲景撰，（晋）王叔和撰次，（宋）林億校正"。楊守敬《日本訪書志》卷九著録寬文年間影宋刊本《傷寒論》十卷，即係此本。其識文曰：

"《傷寒》一書，後人多所更亂，而所據者大抵以成無己注本爲集矢，不知成氏本亦非叔和所編真面目。蓋叔和於每證治法相同者不嫌復載，成氏則但載其初見者，以後則云'見某證中'以省煩。然醫道至密，古人不憚反覆叮嚀，意自有在。今省去之，反開學（問）苟簡之弊。然自成氏注解後，林億校進本遂微，著録家亦皆以成氏本爲叔和原書，冤矣。余在日本，初得其國寬文刊本，見其與成氏注解本不同，而刻手草率，誤字甚多。厥後得其翻刻明趙清常《仲景全書》本，而後知成氏本果非叔和原書，然開篇題名下即著明趙開美校刻，沈琳仝校字樣，是已非宋本舊式。最後於書肆得此影寫本，每半葉十行，行十九字。首題'傷寒論卷第一'，次行題'漢張仲景述，晋王叔和撰次'，再下行低三格'辨脈法第一，平脈法第二'，又下行低二格'辨脈第一'，再下頂格'問曰

云云'，乃知趙氏本根源於宋刻，但爲題校刊姓名，遂移其行第。此本影寫精緻，儼然北宋舊刻，唯第五一卷、第六上半卷、第八、九、十三卷摹寫稍弱，紙質亦新，當又是後來補寫也。竊怪日本著録家皆以趙開美本爲最古，而此本尚存其國，未見甄異。余乃無意得之，歸後屢勸人重刻，竟無應者。念此書爲醫家本經，日本翻刻趙本，其版已毀，恐他日仍歸湮滅，故特録其經進官階於左，以審世之存心濟世者。（下略）"

中御門天皇正德五年（1715年）刊印《小刻傷寒論》一卷。此本署"（漢）張仲景撰，（晋）王叔和撰次"。版心題"傷寒論"，由日人香川秀德校，并有正德五年香川秀德《序》，順受居藏版。此本於光格天皇享和元年（1801年）由江户須原屋茂兵衛、京都山本長兵衛、林權兵衛重印。

中御門天皇正德十四年（1724年）刊印《傷寒論》一卷。此本有正德十四年《序》。

後桃園天皇安永八年（1779年）京都山本長兵衛刊印《小刻傷寒論》十卷。版心題"傷寒論"，有日人香川秀德《序》等。此本有光格天皇享和元年（1801年）重印本。

光格天皇寬政九年（1797年）名古屋風月堂孫助、永樂屋東四郎等刊印《校正傷寒論》十卷。此本題"（漢）張仲景撰，（晋）王叔和撰次，（宋）林億校正"。由日人淺野元甫再校，題簽曰"校正宋版傷寒論"。

光格天皇文化十三年（1816年）刊印《傷寒論》一卷。此本附片假名。

仁孝天皇文政元年（1818年）江户若林屋清兵衛刊印《傷寒論張義定本》二卷，此本由日人伊藤祐義依據王叔和本重編。

仁孝天皇文政十年（1827年）京都書林風月莊左衛門等刊印《傷寒論》十卷。此本題"（漢）張機撰，（晋）王叔和編次，（宋）林億校正"。

仁孝天皇天保六年（1835年）隋壽館刊印《注解傷寒論》十卷。此本覆元刊本，題"（漢）

張機撰,（晉）王叔和編,（金）成無己注"。

仁孝天皇天保十年（1839 年）京都文昌堂永田調兵衛刊印《傷寒論》一卷。

仁孝天皇天保十五年（1844 年）京都出雲寺文治郎、江戶和泉屋半兵衛外八軒刊印《新校傷寒論》十卷。此本題"（漢）張機撰,（晉）王叔和編,（宋）林億校正",扉頁題署"新校宋版傷寒論"。

孝明天皇弘化四年（1847 年）和歌山阪屋喜市郎、江戶三田屋喜八外七軒刊印《訂字標注傷寒論》一卷。此本由日人小原良直（蘭峽）訂字并注解。

孝明天皇安政三年（1856 年）江戶堀川舟庵刊印《影宋傷寒論》十卷。此本題"（漢）張機撰,（晉）王叔和編"。

（注解）傷寒論十卷

（漢）張仲景撰　　（金）成無己注解　　（明）吳勉學校

明正德四年（1509 年）熊氏種德堂刊本　　共二冊

宮內廳書陵部　足利學校遺蹟圖書館藏本

【按】卷末有刊印木記,文曰:"正德己巳仲春月熊氏種德堂刊。"

宮內廳書陵部藏本,今缺卷一、卷二,又間有寫補。原係豐後佐伯藩主毛利高標舊藏,卷首有"佐伯侯毛利高標字培松藏書畫之印"。仁孝天皇文政年間（1818—1829 年）出雲守毛利高翰獻與幕府。卷中又有"儒理名醫憑照萬金"、"翁紫芝"、"翁紫芝氏"、"復元堂主人通真號太松居士鹽官"、"復元堂印"、"恒德活人"、"述祖炎伊道師帝伯"、"炎伊良相帝伯元助"、"神御先代友尚古人敬承玄議欣賞奇文"、"萬卷侯"、"四又生藏書記"、"儒家讀書子翁氏四又生之印"、"大學校圖書之章"、"大學藏書"、"昌平坂學問所"諸印記。

足利學校遺蹟圖書館藏本,前有明正德五年（1510 年）《序》。

〔注解〕傷寒論（殘本）九卷

（漢）張仲景撰　　（金）成無己注解　　（明）汪濟川校

明嘉靖二十四年（1545 年）序刊本　　共七冊

東北大學附屬圖書館藏本　原狩野亨吉等舊藏

【按】是書全十卷。此本今缺卷四。

〔注解〕傷寒論（殘本）九卷

（漢）張仲景撰　　（金）成無己注解

明嘉靖三十九年（1560 年）熊氏種德堂刊本　共三冊

內閣文庫藏本,原昌平坂學問所舊藏

傷寒全書十八卷

（漢）張機撰　　（晉）王叔和編　　（金）成無己等注并詮　　（明）吳勉學閱　徐榕校

明吳門五車樓刊本　　共六冊

東北大學附屬圖書館藏本　原狩野亨吉等舊藏

【附録】據《外船賚來書目》記載,中御門天皇享保二十年（1735 年）中國廣東船"二十五番"（船主黃瑞周）載《傷寒全書》三部抵日本。

又據同書記載,光格天皇文化二年（1805 年）中國商船"子九番"載《傷寒全書》一部八冊抵日本。

仲景全書十八卷

（漢）張機撰　　（明）趙開美編

明萬曆二十七年（1599 年）序刊本　共十冊

內閣文庫藏本　原楓山官庫舊藏

【按】此本細目如下:

《集注傷寒論》十卷《首》一卷《音釋》一卷;（金）成無己注解。

《金匱要略方論》三卷;（漢）張機撰,（宋）林億詮次。

《傷寒類證》三卷;（金）宋雲公撰,（明）趙開美校。

【附録】日本東山天皇元禄十五年（1702年）彌生吉且《倭版書籍考》著録《仲景全書》。其識文曰：

　　“《傷寒論》十卷，《金匱要略》上中下三卷，《傷寒類證》上中下，三書合刻，凡十二册，名《傷寒全書》。萬曆年中海虞趙開美編也。《傷寒論》附諸家評注，亦稍有發明。”

靈元天皇寬文八年（1668年）京都秋田屋刊印《仲景全書》十八卷。

櫻町天皇元文二年（1737年）京都植村藤右衛門、東都植村藤三郎刊印《張景岳傷寒全書》三卷。此本由日人長岡丹堂訓點。

櫻町天皇寬保三年（1743年）平安林權兵衛刊印漢人張仲景撰《金匱要略》三卷。

光格天皇寬政元年（1789年）芳蘭榭刊印漢人張機《金匱要略方論》三卷。

光格天皇享和元年（1801年）京都諧仙堂刊印《新編金匱要略方論》三卷。

同年，日本文泉堂刊印《新編金匱要略方論》三卷。

光格天皇文化三年（1806年）京都諧仙堂刊印《金匱要略》三卷。

光格天皇文化四年（1807年）一方堂刊印《金匱要略方論襯注》三卷。此本題“漢張機撰，劉棟述”。

江户時代又有京都秋田屋總兵衛刊印《傷寒類證》三卷。此本署“張仲景撰，趙開美校刊”。

（張仲景注解）傷寒百證歌五卷　（新編張仲景注解）發微論二卷

（漢）張仲景撰　（宋）許叔微述
元刊本　黃蕘圃手識本　共四册
静嘉堂文庫藏本　原惠棟　黃丕烈士禮居陸心源䀹宋樓等舊藏

【按】每半葉有界八行，行十七字。小字雙行，行二十字。粗黑口，雙黑魚尾，左右雙邊或四周雙邊（18.3cm×11.7cm）。

卷首題“新編張仲景注解傷寒百證歌五卷，新編張仲景注解傷寒發微論二卷”。次署“宋翰林學士許叔微知可述”。

《傷寒百證歌》卷三末尾題“孫慶增藏本”，卷五卷末欄外有朱書“光緒七年長夏讀畢”。《發微論》卷下卷尾有墨書“新安孫從添藏本”，卷末内頁墨書“同治癸亥仲夏吳縣金文榜於潁川館中讀過”，并有“文榜”白文長方印。卷末欄外又有朱書“光緒辛巳夏在䀹宋樓讀過烏程李宗蓮記”。

《發微論》卷末有清乾隆十四年（1749年）黃蕘圃手識文。其文曰：

　　“余於去冬收得許學士《普濟本事方》宋刻殘本，僅六卷。然出大價，蓋以其書之希有也。吾友某爲余言，許學士尚有傷寒書舊刻本在小讀書堆。心甚艷之。春二月下旬，有書船友不識姓名者二人，持元刻《傷寒百證歌》、《傷寒發微論》二書，又有別種醫書二本，求售於余。彼因稔知余之出大價得前書，故以此來。一時議價未妥，僅得別種之一本，許書却還之。一月以來，時復思之不置，適書友亦非余不能售，故重復携來。豈書之戀余耶，抑余之戀書也？出番餅十七元得此，以別種副之，仍取其希有耳。是二書載《讀書敏求記》，兹遵王圖記宛然，裝潢如舊，其爲述古物無疑。後歸吾郡惠氏，非但松崖先生有鈐印，而余收得《百歲堂書目》，有松崖注語可證。物之授受源流，悉悉相合，豈不可寶！惟是錢惠兩家書目於《發微論》皆云三卷，此却上下二卷，未知何以歧異。惜小讀書堆主人作古數年，偶有欲假之書，思而不得，未能一證卷之多寡爲憾。聞五硯樓曾借録其副，而壽階又往揚州，不克急假觀之，以析疑意，是所耿耿。余檢《直齋書録解題》，僅有《傷寒歌》三卷，許叔微撰，凡百篇，皆本仲景法。又有《治法》八十一篇，及《仲景脈法》三十六圖、《翼傷寒論》二卷、《辨類》五卷，皆未見。兹以目見者證之《傷寒歌》三卷，與《傷寒百證歌》五卷,其同耶,其不同耶? 何分卷之異耶?
《傷寒發微論》二卷,與《翼傷寒論》二卷?
其不同耶,其同耶? 何分卷之符耶? 皆莫可
詳矣! 古書日就湮沒,尚賴奕世藏書家表章
其名,留傳其種,俾後人有所據依。我輩好
古書,而方伎家言亦在收錄,若世之庸醫,且
有問之而不知其名者,又安能與之賞奇析疑
也! 開窗展玩,藉此破寂,剪燭書此,覺一切
塵攖暫爲抛却,樂何如之! 時己巳初夏,將
屆小滿,大風揚沙,晴雨忽變,麥秀之寒甚於
常歲并記,復翁。"

末有"蕘夫"朱文方印。

又有清乾隆二十二年黃氏手識一行曰:"越
歲丁丑重裝,分四册。又記。"

《傷寒百證歌》卷五末欄外有朱書曰:"光緒
七年(1881 年)長夏讀畢。"《發微論》卷下末
欄外也有朱書曰:"光緒辛巳(1881 年)夏在皕
宋樓讀過,烏程李宗蓮記。"

陸心源《儀顧堂續跋》卷九著錄此本。其始
文曰:

"(前略)《直齋書錄解題》許叔微《傷
寒歌》三卷,凡百篇,皆本仲景法。又有《治
法》八十一篇,《仲景脈法》三十六圖,《翼傷
寒論》二卷,《辨類》五卷。皆未見。按,《傷
寒歌》即《百證歌》,三與五,字形相近而訛,
《翼傷寒論》即《發微論》。《四庫》未收,阮
文達未進呈。張月霄亦未見。惟錢遵王
《敏求記》著於錄。今每册有'虞山錢曾遵
王藏書'朱文長印,蓋即《敏求記》著錄之本
也。按,叔微少孤力學,於書無所不讀,而尤
邃於醫。建炎初,真州疾疫大作,知可遍歷
里門,十活八九。仕至徽州、杭州教官,遷京
秩,見影宋本乾道庚寅張鈞《序》,而不言京
秩爲何官……"

卷中有"虞山錢曾遵王藏書"、"惠棟之印"、
"惠震之書"、"惠定宇手定本"、"海陽孫氏藏
書印"、"新安孫從添慶增藏書"、"上善堂書畫
珍藏"、"至寶"、"士禮居"、"蕘夫"、"丕烈"、
"曾藏汪閬源家"、"歸安陸樹聲叔桐父印"、

"臣陸樹聲"等印記。

(新鐫注解張仲景)傷寒發微論四卷

(漢)張仲景撰　　(宋)許叔微述
明萬曆三十九年(1611 年)劉氏喬山堂刊本
共二册
内閣文庫藏本

【按】内閣文庫藏此同一刊本兩部。一部原
係江戶時代醫學館舊藏。此本有多紀元昕手
識文。一部原係楓山官庫舊藏。

傷寒總病論六卷　附音訓一卷　修治藥法一卷

(宋)龐安時撰
宋刊本　共四册
静嘉堂文庫藏本　原陸心源皕宋樓舊藏

【按】每半葉有界十行,行二十字。注文小
字雙行,行二十五字。白口,時有黑口,單黑魚
尾,間或雙黑魚尾,左右雙邊(16.6cm ×
11.2cm)。

前有《龐先生傷寒論序》,次有宋元符三年
(1100 年)三月豫章黃氏《序》,次有無名氏
《札》,次有《傷寒總病論目錄》。

無名氏《札》後有讀者手識文,文曰:"龐學
士傷寒方,奇書也。坡仙賞音宜矣。伯仲咸
淳。"

卷中有"袁氏尚之"、"玉韵齋圖書印"、"五
硯主人"、"袁廷檮印"、"宋本"、"士禮居"、
"黃丕烈印"、"平陽汪氏藏書印"、"汪文琛
印"、"三十五峰園主人"、"士鐘"、"閬源父"、
"秋浦"、"憲奎"、"金匱蔡氏醉經軒考藏章"、
"伯卿"、"蔡廷相印"、"卓如甫"、"梁溪蔡
氏"、"無錫葛元兆"、"歸安陸樹聲所見金石書
畫記"等印記。

【附錄】日本江戶時代有日人《傷寒總病論》
六卷寫本一種。此本有日人朱墨批校。今存
中國北京大學圖書館。

江戶時代又有日人《傷寒總病論》六卷寫本
一卷。此本由日人多紀元越、智正鍵校。今存
中國醫學科學院圖書館。

（重校證）活人書十八卷

（宋）朱肱撰

宋杭州大隱坊刊宋印本　共十册

靜嘉堂文庫藏本　原陸心源皕宋樓舊藏

【按】每半葉有界十行，行十五字至十九字。注文雙行小字，行二十四字左右。白口，單黑魚尾，左右雙行（17.5cm×10.7cm）。版心有刻工姓名，如王安、陳伸、郭可、可、江清、江、周仲、余、余十八、清、郭、陳、魏等。

前有《活人書序》，題“（宋）政和八年（1118年）季夏朔朝奉郎提點洞霄宮朱肱重校”。次有政和元年（1111年）正月《進書表》。又有《謝表》、《謝啓》等。卷十八末有宋大觀元年（1107年）正月朱肱《後序》。

首卷系影寫鈔補，餘皆完善。每卷有目，連屬篇目。卷目如次：

卷一，論經絡；

卷二，論切脈；

卷三，論表裏；

卷四，論陰陽；

卷五，論治法；

卷六，論傷寒、傷風、熱病、中暑、溫病、溫瘧、風溫、風疫、中濕、風濕、濕溫、痓病、溫毒之名；

卷七，論痰證、食積、虛煩、脚氣與傷寒相似；

卷八，論發熱；

卷九，論惡寒；

卷十，論結胸與否；

卷十一，論咳逆；

卷十二、卷十三，論藥證；

卷十四、卷十五，雜方；

卷十六，婦人傷寒；

卷十七，小兒傷寒；

卷十八，論小兒瘡疹。

《郡齋讀書志》著録是書爲二十卷。其識文曰：

“《南陽活人書》二十卷，右皇朝朱肱撰。《序》謂張長沙《傷寒論》其言奧雅，非

精於經絡不能曉。頃因投閑，設其對問，補苴綴輯，僅成卷軸。作於己巳，成於戊子，計九萬一千三百六十六字。”

《直齋書録解題》著録是書爲十八卷。其識文曰：

“《南陽活人書》十八卷，朝奉郎直秘閣吳興朱肱翼中撰。以張仲景《傷寒方論》各以類聚爲之問答，本號《無求子傷寒百問方》，有武夷張藏作《序》，易此名。仲景，南陽人；而活人者，本華陀語也。”

陸心源《儀顧堂題跋》卷七著録此本。其識文曰：

“（前略）《直齋書録解題》、《文獻通考》、《宋史·藝文志》皆著於録。《四庫》未收，阮文達亦未進呈。吳勉學《醫統正脈》所刊，分二十二卷，首題《增注無求子傷寒類證南陽活人書》，與此不同，非原書也。按，肱字翼中，自號無求子，歸安人。父臨，胡安定弟子，精於《春秋》。兄服，《宋史》有傳。肱元祐三年進士，著有《酒經》，《四庫全書》著於録。建中靖國元年，官雄州防禦推官，知鄧州録事參軍。因日蝕地震，上書攻輔弼之失，并遺曾布書，隨奏進呈。詔付三省，知不爲布所容，遂致仕歸。尋起爲醫學博士。政和元年坐書東坡詩，謫達州。明年提舉洞霄宮，寓居杭州之西湖，官至朝奉郎直秘閣……據肱《自序》，京師、湖南、福建、兩浙，先有印本，錯誤頗多。政和八年，重爲參詳，鏤版杭州大隱坊，故曰‘重校正’云。《直齋》當據杭州刊本著録，故亦分十八卷。《郡齋讀書志》二十卷，當據別本著録，《宋志》、《通考》又以《郡齋》爲藍本耳。原名《無求子傷寒百問方》，大觀中，武夷張藏爲易今名。南陽，仲景里貫；活人者，取華陀語也。肱爲安定再傳弟子，以抗直忤時相，恬於仕進。《湖州府志》列之‘藝術’，淺之乎視肱矣。”

卷中有“謙牧堂藏書記”、“謙牧堂書畫記”、“汪士鐘印”、“左允直”、“臣陸樹聲”、“歸安

陸樹聲叔桐父印”等印記。

【附録】四條天皇仁治二年（1241 年）日本東福寺開山聖一國師圓爾辯圓自中國歸，携回漢籍内外文獻數千卷。1353 年東福寺第二十八世大道一以據聖一國師藏書編纂成《普門院經論章疏語録儒書等目録》，其“玉部”，署録《活人書》二册。

（類證傷寒）活人書二十二卷

（宋）朱肱撰　王作肅增注

明刊本（《醫統正脉》零本）

静嘉堂文庫藏本　原陸心源守先閣舊藏

【按】陸心源《儀顧堂題跋》卷七著録此本。其識文曰：

“以宋本校之，前多‘釋音’四葉、‘傷寒藥性’四葉、‘目録’十六葉。又引《素問》、《靈樞》、《難經》、仲景諸家之説爲之注。有雙行注者，有低二格雙行列於各條後者，肱有自注，與增注不分。大約不引舊説者爲肱自注，其引舊説者皆增注也。卷一至卷十一，分卷與宋本同。卷十三、十四、十五，即宋本之卷十二、十三也。卷十六、七、八，即宋本之卷十四、五也。卷十九，即宋本之卷十六。卷二十，即宋本之卷十七。卷二十一，即宋本之卷十八。其卷二十二，爲李子建《傷寒十勸》非肱所著，與卷首之‘釋音’、‘藥性’，皆後人所增也。‘增注’出何人之手，明刻不著其名。查樓鑰《攻媿集·增釋南陽活人書序》曰：‘無求子朱公肱，士夫中通儒也，著《南陽活人書》，吾鄉王君作肅爲士而習醫，自號誠庵野人，以《活人書》爲本，博取前輩諸書，凡數十家，手自編纂，參入各條之下，名曰《增釋南陽書》。’據此則此本爲王作肅所輯，當改題曰吳興朱肱撰，四明王作肅增注，則得其實矣。”

【附録】據《商舶載來書目》記載，櫻町天皇元文二年（1737 年）中國商船“留字號”載《類證活人書》一部一帙抵日本。

（增注類證）活人書二十二卷

（宋）朱肱撰　吳勉學校

明萬曆年間（1573—1620 年）刊本

早稻田大學圖書館　龍谷大學大宮圖書館藏本

【按】早稻田大學圖書館藏本，原係野口一太郎寧齋文庫等舊藏，共四册。

龍谷大學圖書館藏本，原係寫字臺文庫等舊藏，共二册。

傷寒百問經絡圖九卷

（宋）朱肱撰

元燕山竇氏活濟堂刊本　丹波元胤手識本　共四册

宮内廳書陵部藏本　原江戶時代名醫多紀氏家　醫學館等舊藏

【按】每半葉有界十一行，行二十字。細黑口，左右雙邊（18.0cm×10.3cm）。

内封正中題“燕山活濟刊經絡圖傷寒百問”。書名左右有識文四行。其文曰：“百問之書，蓋本於仲景《傷寒論》而作，首論三陽三陰之經絡，終及婦人小兒之時氣，一問一答整而條，辨脉、審病、訂證、治藥四事具備。凡言調理傷寒者，舍此□□取焉，用不被秘，敬梓行之。”

前有宋嘉定六年（1213 年）張松《序》。

卷一至卷六爲“百問百答”，卷七至卷九爲“藥方”。

卷末有日本江戶時代名醫丹波元胤的手識文。其文曰：

“朱氏《傷寒百問》，《讀書後志》作三卷。若其《經絡圖》一卷，見於《通志·藝文略》。此本則合以二書，更析爲九卷，非朱氏之舊也。卷首頁面上層，有‘燕山活濟堂梓’六字。據竇桂芳《針灸四書序》，活濟堂，其父漢卿藥室也。此本以版式紙質定之，當屬元刊。卷首又有嘉定六年張松之《序》，是弁於其所編《究原方》者，不知何以移在於此，張書世失其傳，今藉得見其輯方之意，抑亦奇也。文政辛巳六月七日　東都丹波元胤識。”

卷中有“隋壽殿書籍記”、“多紀氏藏書印”、“醫學圖書”、“帝國博物館圖書”等印記。

江戶時代森立之《經籍訪古志·補遺·醫部》著録聿修堂藏元刊本《傷寒百問經絡圖》九卷，即係此本。其識文曰：“此本不記刊行年月，然紙刻精朗，實元代鋟本之佳者。”

【附録】日本桃園天皇寶曆三年（1753 年）大阪澀川清右衛門刊印朱氏撰《傷寒百問》六卷。

（類證）傷寒活人書括（殘本）三卷

（宋）李知先撰
明宣德八年（1433 年）劉氏博濟藥室刊本
共二冊
宮內廳書陵部藏本　原江戶醫學館等舊藏
【按】首署“雙鐘處士李先知元象編次”。前有《目録》。《目録》後有刊印木記一行，文曰：“宣德癸丑書林劉氏博濟藥室刊行”。

是書全四卷。此本今缺卷四。卷三第二十三頁以下亦缺。

江戶時代森立之《經籍訪古志·附録·醫部》著録聿修堂藏明宣德癸丑刊本《類證傷寒活人書括》四卷，即係此本。其識文曰：

“此分爲四卷者，亦非李氏舊面也。又熊宗立《活人書括指掌圖論》載李氏《自序》，此本缺逸，宜從補録。”

卷中有“梁輔山房”、“鹿有恒”、“多紀氏藏書印”、“隋壽殿書籍記”、“醫學圖書”、“大學東校典籍局之印”等印記。

（類證增注）傷寒百問歌四卷

（宋）錢聞禮編撰
明初刊本　共四冊
宮內廳書陵部藏本　原江戶時代名醫多紀氏家　醫學館等舊藏
【按】每半葉有界十一行，行二十一字。注文小字雙行。

前有元至大己酉（1309 年）詹清子《序》。《序》文每半葉七行，行十四字。次有《目録》。

此本第一卷爲湯尹才《解惑論》，第二卷以下，每卷首署“建寧府通守錢聞禮撰”。

江戶時代森立之《經籍訪古志·附録·醫部》著録聿修堂藏明初刊本《類證增注傷寒百問歌》四卷，即係此本。其識文曰：

“（此本）無刊行歲月，今審明初人從至大刊本重雕者。寶素堂又藏舊抄本，行款一與此同。又有萬曆壬子劉龍田刊本，題‘清邑後學杏泉雷順春集録’，蓋坊刻也。按，是書載湯尹才《解惑論》，恐非錢氏之舊。據詹子敬《序》，則至大刊行之際附刻是書者歟。”

卷中有“多紀氏圖書記”、“隋壽殿書籍記”、“醫學圖書”等印記。

（新鐫類證增注）傷寒百問歌四卷

（宋）錢聞禮編撰　（明）雷順春校
明萬曆四十年（1612 年）劉氏喬山堂刊本
內閣文庫藏本
【按】內閣文庫藏此同一刊本兩部。一部原係江戶時代醫學館舊藏，共二冊。一部原係楓山官庫舊藏，共四冊。

（新刊）傷寒類書活人總括七卷

（宋）楊士瀛撰　（明）朱崇正附遺
明刊本　共一冊
內閣文庫藏本
【按】內閣文庫藏此同一刊本兩部。一部原係桂川甫周舊藏，後歸昌平坂學問所。一部原係江戶時代名醫多紀元堅手校。

（校刻）傷寒圖歌活人指掌五卷

（宋）吳恕撰
明刊清印本　共二冊
內閣文庫藏本　原江戶時代醫學館舊藏

（新刊河間劉守真）傷寒直格三卷　後集一卷
續集一卷　　（新刊張子和）心鏡直格别集
（殘本）一卷

（金）劉守真撰　　（元）葛雍編校
元虞氏陳氏刊本　黄蕘圃手識本　共二册
靜嘉堂文庫藏本　原陸心源皕宋樓舊藏

【按】每半葉有界十三行，行二十四字。注
文單行，行同正文。細黑口，雙黑魚尾，左右雙
邊（17.7cm×11.0cm）。《後集》及《續集》每
半葉有界十二行，行二十字。

卷首題"新刊河間劉守真傷寒直格三卷，後
集一卷，續集一卷，張子和心鏡一卷"。次題
"金劉守真撰，臨川葛雍仲穆編校。《後集》瑞
泉野叟鎦洪輯編，臨川華蓋山樵夫葛雍校正。
《續集》平陽馬宗素撰述，臨川葛雍校正。《心
鏡》門人饒陽常懿仲明編"。

前有無名氏《傷寒直格序》。後有陰刻木記
一行，文曰"臨川葛雍校正建安虞氏刊行"。
《目録》題後又有四周雙邊五行刊語，其文曰：
"傷寒方論，自漢長沙張仲景之後，惟前金河
間劉守真深究厥旨，著爲《傷寒直格》一書，誠
有益於世。今求到江北善本，乃臨川葛仲穆編
校，敬刻梓行，嘉與天下衛生君子共之。歲次
癸丑仲冬，妃仙陳氏書堂刊。"《續集》尾題之
前，又有四周雙邊雙行木記，文曰"癸丑歲仲
冬陳氏刊"。

卷末有清嘉慶二十一年（1810年）黄蕘圃手
識文，文曰：

"此元本《傷寒直格》，余得諸皋署前書
坊玉照堂。初携歸時，因家有藏本，此最後，
所失可抄補以成完書，故兼置之。及取對舊
藏，乃知此爲元時覆本，而余所藏中卷却缺
二葉，得此始補全。益信重本之不可不置也
如此。丙子秋分後一日，宋廛一翁。"
文後有"吴趨後學"白文長方印。
陸心源《儀顧堂續跋》卷九著録此本。
卷中有"曾藏汪閬源家"、"陸榮"、"封留足
以位"、"申椒館"、"歸安陸樹聲叔桐父印"等

印記。

此本《後集》名爲《傷寒心要》，《續集》名爲
《傷寒醫鑑》，《心鏡》名爲《傷寒心鏡》。本各
自爲書，葛雍合而編之。此三集《四庫全書》
未收，附存其目。

【附録】據《外船賫來書目》記載，中御門天
皇享保四年（1719年）中國南京船"二十九
番"（船主俞枚吉）載《傷寒直格》二部抵日本。

傷寒直格三卷　後集一卷　續集一卷　别集一卷

（金）劉守真撰
元刊本　共一册
天理圖書館藏本

【按】每半葉有界十六行，行二十九字。黑
口，四周雙邊（21.0cm×13.5cm）。《序》文每
半葉十三行，行二十字。《續集》每半葉十四
行，行二十四字。

前有嚴器之《序》，張孝忠《序》。後有鎦洪
《後序》。

《序》題"傷寒明理論"，《目録》題"新刊劉
河間傷寒直格"，内題（卷上下）"新刊河間劉
守真傷寒論方卷上（下）"，《後集》題"新刊劉
河間傷寒直格後集"，《續集》題"新刊劉河間
傷寒直格續集"，《别集》題"新刊張子和心鏡
卷之三"。

《目録》首題曰："傷寒方論，自漢長沙張仲
景之後，惟前金河間劉守真深究厥旨，著爲
《傷寒直格》一書，誠有益於世。今求到江北
善本，乃臨川葛仲穆編校，敬梓刊行，嘉與天下
衛生君子共之。歲次戊辰仲冬，建安翠岩精舍
刊行。"

卷中有"愚齋圖書館藏"、"愚齋審定鑒本"、
"文樂堂藏書印"等印記。

傷寒直格三卷　後集一卷　續集一卷　張子和心鏡一卷

（金）劉守真撰　　（元）葛雍編校
明天順年間（1457—1464年）覆元刊本　共

二册

宮内廳書陵部藏本　原江戶名醫多紀氏醫學館等舊藏

【按】每半葉有界十三行,行二十四字。

卷首題"新刊河間劉守真傷寒論方三卷,後集一卷,續集一卷,別集一卷"。次題"臨川葛雍仲穆編校"。次有《目錄》。《目錄》首題曰:"傷寒方論,自漢長沙張仲景之後,惟前金河間劉守真深究厥旨,著爲《傷寒直格》一書,誠有益於世。今求到江北善本,乃臨川葛仲穆編校,敬梓刊行,嘉與天下衛生君子共之。歲次癸未仲冬,熊氏種德堂刊行。"《目錄》後有刊印木記二行。其文曰:"臨川葛雍校正,建安熊氏刊行。"

卷中有"隋壽殿書籍記"、"多紀氏藏書印"、"醫學圖書"、"大學東校典籍局之印"、"丹波元贏讀書記"等印記。

傅增湘《藏園群書經眼錄》卷七著錄此本。

(劉河間)傷寒三書二十卷

(金)劉完素撰

明刊清印本　共六册

內閣文庫藏本　原楓山官庫舊藏

【按】此本細目如次:

《黃帝素問宣明論方》十五卷;

《素問病機氣宜保命集》三卷;

《新刊注釋素問玄機原病式》二卷。

傷寒明理論十一卷

(金)成無己撰

明刊本　共五册

宮内廳書陵部藏本　原豐後佐伯藩主毛利高標舊藏

【按】首題"聊攝成無己撰,吳興閔芝慶删補"。

前有閔芝慶《序》、朱太復《序》。

卷一至卷四標"傷寒明理",卷五至卷十一標"傷寒闡要"。

卷中有"佐伯侯毛利高標字培松藏書畫之

印"、"江陵堂"等印記。

此本係仁孝天皇文政年間(1818—1829年)出雲守毛利高翰獻贈幕府,明治初期,歸內閣文庫。明治二十四年(1891年)移送宮内省圖書寮(即今宮内廳書陵部)。

【附錄】日本後水尾天皇寬永元年(1624年)京都梅壽助右衛門用木活字版刊印金人成無己《傷寒明理論》三卷。

中御門天皇享保十三年(1728年)京都林權兵衛、加賀屋茂兵衛刊印《傷寒明理論》四卷。此本題:"金成無己撰,由日人伊東定軒句讀,京都萬卷堂藏版。"

傷寒明理論四卷

(金)成無己撰　(明)徐鎔校

明刊本　共一册

龍谷大學大宮圖書館藏本　原寫字臺文庫等舊藏

傷寒六書六卷

(明)陶華編

明嘉靖十二年(1533年)湖廣布政司刊本

共四册

宮内廳書陵部藏本

【按】此本細目如下:

《傷寒家秘的本》一卷;

《明理續論》一卷;

《傷寒瑣言》一卷;

《傷寒家秘殺車槌法方》一卷;

《傷寒一提金》一卷;

《傷寒證脈截江網》一卷。

卷中《明理續論》後題"嘉靖癸巳春湖廣布政司刊行"。

每册首有"會稽鈕氏世學樓圖籍"等印記。

【附錄】據《外船賷來書目》記載,中御門天皇享保二十年(1735年)中國廣東船"二十五番"(船主黃瑞周)載《傷寒六書》七部抵日本。光格天皇寬政十二年(1800年)中國商船"申二番"載《傷寒六書》四十部抵日本。

據《外船書目元帳》記載,櫻町天皇寬保元年(1741 年)中國商船"志字號"載《傷寒六書》一部抵日本。

據《唐船持渡書籍目録》記載,光格天皇享和元年(1801 年)中國商船"西四番"載《傷寒六書》三十部抵日本。

據光格天皇文化元年(1804 年)《改濟書籍目録》記載,中國商船"子二番"載《傷寒六書》三部抵日本。

傷寒六書十卷

(明)陶華撰　吳勉學等校

明嘉靖年間(1522—1566 年)敦化堂刊本

共四册

宮内廳書陵部　早稻田大學圖書館藏本

【按】早稻田大學圖書館藏本,原係野口一太郎寧齋文庫等舊藏。

(新鐫陶節庵家藏)傷寒六書六卷

(明)陶華編

明萬曆四十年(1612 年)大興堂刊本

内閣文庫　東洋文庫藏本

【按】内閣文庫藏此同一刊本兩部。一部原係楓山官庫舊藏,共六册。一部原係豐後佐伯藩主毛利高標舊藏,仁孝天皇文政年間(1818—1829 年)由出雲守毛利高翰獻贈幕府,明治初期,歸内閣文庫。卷中有"佐伯侯毛利高標字培松藏書畫之印"等印記。此本爲後印本,共四册。

東洋文庫藏本,共四册。

【附録】日本明正天皇寬永七年(1630 年)京都中野道伴豐雪齋刊印《新鐫陶節庵家藏傷寒六書》六卷。

(陶節庵)傷寒全生集四卷

(明)陶華撰　朱映璧校

明刊本　共四册

内閣文庫藏本　原江户時代醫學館舊藏

【附録】據《外船賫來書目》記載,光格天皇

寬政十二年(1800 年)中國商船"申二番"載《傷寒全生集》八部抵日本。

又據《唐船持渡書籍目録》記載,光格天皇享和元年(1801 年)中國商船"西四番"載《傷寒全生集》六部抵日本。

陶節庵全生集(陶節庵傷寒全生集)四卷

(明)陶華撰　朱映璧校

明崇禎十三年(1640 年)序刊本

内閣文庫藏本

【按】内閣文庫藏此同一刊本兩部。一部原係豐後佐伯藩主毛利高標舊藏,共一册。仁孝天皇文政年間(1818—1829 年)由出雲守毛利高翰獻贈幕府,明治初期,歸内閣文庫。卷中有"佐伯侯毛利高標字培松藏書畫之印"等印記,共一册。一部原係楓山官庫舊藏,共四册。

(重編)傷寒必用運氣全書十卷

(明)熊宗立編

明正德八年(1513 年)熊氏厚德堂刊本　共二册

内閣文庫藏本　原吉田意庵　江户時代醫學館等舊藏

(類編)傷寒活人書括指掌圖論十卷　提綱一卷

(明)熊宗立編

明刊本　共二册

内閣文庫藏本

【按】内閣文庫藏此同一刊本兩部。一部原係江户時代醫學館舊藏。一部原係楓山官庫舊藏,此本今缺《提綱》一卷。

【附録】據光格天皇文化元年(1804 年)《改濟書籍目録》記載,中國商船"亥七番"載《傷寒圖顯活人指掌》五部抵日本。售價每部八匁。同年,中國商船"子八番"載《傷寒圖顯活人指掌》四部抵日本。售價同"亥七番"。

傷寒撮要六卷

(明)繆存濟撰

明隆慶元年（1567年）序刊本　共二册

宮內廳書陵部藏本　原豐後佐伯藩主毛利高標等舊藏

【按】前有明隆慶丁卯年（1567年）徐中楫《序》，次有同年徐時行《序》。

卷首有"佐伯侯毛利高標字培松藏書畫之印"等印記。

此本係仁孝天皇文政年間（1818—1829年）出雲守毛利高翰獻於幕府。明治初期，歸內閣文庫。明治二十四年（1891年）移送宮內省圖書寮（即今宮內廳書陵部）。

王氏家寶傷寒證治明條九卷

（明）王震撰

明嘉靖四十年（1561年）雙泉書齋刊本　共四册

內閣文庫藏本　原江户時代醫學館舊藏

（刻）王氏家寶傷寒證治明條便覽六卷

（明）王震撰

明萬曆六年（1578年）金陵書坊王今山刊本　共六册

蓬左文庫藏本　原尾張藩主家舊藏

傷暑全書二卷

（明）張鶴騰撰　趙廷璽編

明刊本　共二册

內閣文庫藏本　原江户時代醫學館舊藏

（東垣先生）傷寒正脈（殘本）十卷　附一卷

（明）王執中編撰　姚臣注

明萬曆八年（1580年）序刊本　共十册

內閣文庫藏本　原楓山官庫舊藏

【按】是書全十二卷。此本今缺卷九、卷十一，實存十卷。

傷寒論條辨八卷

（明）方有執撰

明萬曆二十一年（1593年）序刊本　共二册

內閣文庫藏本　原楓山官庫舊藏

【按】此本附《傷寒論條辨本草鈔》一卷，《痙書》一卷，《傷寒論條辨或問》一卷。

【附錄】據《外船賣來書目》記載，中御門天皇享保二十年（1735年）中國廣東商船"二十五番"（船主黃瑞周）載《傷寒論條辨》三部抵日本。光格天皇寬政十二年（1800年）中國商船"申二番"載《傷寒論條辨》二十五部抵日本。

日本中御門天皇享保八年（1723年）京都武村新兵衛、平野屋佐兵衛外二軒刊印《傷寒論條辨》八卷，并附《卷首》一卷、《或問》一卷。《本草鈔》一卷。此本有八木梅庵訓點。

傷寒選錄八卷

（明）汪機編撰　陳桷編定

明萬曆三年（1575年）敬賢堂刊本　共九册

內閣文庫藏本　原岡本啓迪院　江户時代醫學館舊藏

（新編）傷寒類證便覽十一卷　首二卷

（明）陸彥功編　張政鴻補

明弘治十二年（1499年）陸氏保和堂刊本　共四册

內閣文庫藏本　原吉田意庵　江户時代醫學館舊藏

傷寒闡要編（殘本）七卷

（明）閔芝慶編

明刊本　共二册

內閣文庫藏本　原江户時代醫學館舊藏

【按】是書全十一卷。此本今缺卷一至卷四，實存七卷。其中，卷六至卷十一，係後人寫補。明人原刻僅存卷五。

傷寒全書醫研悦十卷

（明）彭期生　黃昌編撰

明天啓年間（1621—1627年）刊本　共十二册

尊經閣文庫藏本　原江户時代加賀藩主前田綱紀等舊藏

瘟疫論二卷

（明）吳有性撰

明崇禎十五年（1642 年）序刊本　共二册

内閣文庫藏本　原江户時代醫學館舊藏

【附録】據《商舶載來書目》記載，櫻町天皇元文二年（1737 年）中國商船"良字號"載《瘟疫論》一部一帙抵日本。

據光格天皇文化元年（1804 年）《改濟書籍目録》記載，中國商船"子二番"載《瘟疫論》二十部抵日本。每部各二册，售價一匁。同年，中國商船"亥七番"載《瘟疫論》五部抵日本。每部各二册，售價一匁五分。

日本後櫻町天皇明和七年（1770 年）京都三條通柳馬場東江等刊印《瘟疫論》二卷。前有明和己丑（1769 年）北陸荻野元凱《序》。此本有光格天皇天明八年（1788 年）林權兵衛補刻本，光格天皇寛政八年（1796 年）重印本。

光格天皇天明八年（1788 年）江户前川六左衛門等刊印《瘟疫論》二卷。

光格天皇寛政二年（1790 年）芳蘭榭刊印《瘟疫論》二卷。

光格天皇享和元年（1801 年）京都文徵堂、尚春堂刊印《瘟疫論標注》二卷。此本題"明吳有性撰"，日人黑弘休伯標注。此本享和三年有林權兵衛重印本。

光格天皇享和二年（1802 年）恬淡居刊印《瘟疫論》二卷，并《附按》一卷、《補遺》一卷。

仁孝天皇天保八年（1837 年）刊印明人吳有性《瘟疫論發揮》二卷。此本由日人小畑良卓校。

仁孝天皇天保十四年（1843 年）皇都尚書堂刊印《瘟疫論》二卷。

孝明天皇嘉永二年（1849 年）刊印明人吳有性《瘟疫論私評》二卷。此本係日人秋吉質評。

（新鍥王府内科）醫國大方中和活旨六卷

（明）黄京甫　黄申編撰

明萬曆二十六年（1598 年）徐氏克勤齋刊本　共四册

内閣文庫藏本　原江户時代醫學館舊藏

（太醫院手授經驗）百效内科全書（内科百效全書）八卷

（明）龔居中撰　劉孔敦校

明刊本

内閣文庫藏本

【按】内閣文庫藏此同一刊本兩部。一部原係江户時代醫學館舊藏，共三册。一部原係楓山官庫舊藏，共四册。

（新刊）内科正宗五十卷　外科正宗四卷

（明）王象晋編撰

明崇禎二年（1629 年）序刊本　共十六册

内閣文庫藏本　原楓山官庫舊藏

（薛立齋先生）内科醫案摘要

不署編人姓名

明泰昌元年（1620 年）刊本　共一册

内閣文庫藏本　原楓山官庫舊藏

暴證知要二卷

（明）沈野撰　顧自植校

明萬曆三十一年（1603 年）刊本　共一册

内閣文庫藏本　原楓山官庫舊藏

痰火專門四卷

（明）梁學孟撰

明余氏萃慶堂刊本　共四册

内閣文庫藏本　原江户時代醫學館舊藏

（新刻）痰火專門四卷

（明）梁學孟撰　葉大受校

明萬曆三十六年（1608 年）刊本　共四册

内閣文庫藏本　原楓山官庫舊藏

（新刻）痰火點雪四卷

（明）龔居中撰

明刊本　共四册
内閣文庫　尊經閣文庫藏本

（診法分科外科之屬）

外科精要三卷　補録一卷

（宋）陳自明撰　（明）薛己注
明嘉靖年間（1522—1566年）刊本
内閣文庫　龍谷大學大宮圖書館藏本
【按】每半葉有界十行，行十八字左右。白
口，上下單邊，左右雙邊（18.8cm×14.4cm）。
前有明嘉靖二十六年（1547年）薛己《序》，
次有嘉靖二十七年（1548年）王詢《序》。
内閣文庫藏本，原係江户時代醫學館等舊
藏，共二册。
龍谷大學大宮圖書館藏本，原係寫字臺文庫
等舊藏，共一册。

（重校宋竇太師）瘡瘍經驗全書十二卷

（宋）竇漢卿編
明隆慶三年（1569年）序刊本　共六册
内閣文庫藏本　原江户時代醫學館舊藏

内外傷辨三卷

（金）李杲撰　（明）吳勉學校
明萬曆年間（1573—1620年）刊本　共一册
龍谷大學大宮圖書館藏本　原寫字臺文庫
等舊藏

外科精義二卷

（元）齊德之撰　（明）吳勉學校
明刊本　共一册
内閣文庫藏本　原楓山官庫舊藏

外科樞要四卷

（明）薛己撰

明隆慶五年（1571年）序刊本　共四册
内閣文庫藏本　原楓山官庫舊藏
【附録】日本後光明天皇承應三年（1654
年）武村市兵衛刊印《外科樞要》四卷。

立齋外科發揮八卷

（明）薛己編撰　吳玄有校
明活字刊本　共四册
宮内廳書陵部　國會圖書館藏本
【按】前有明嘉靖戊子（1528年）張淮《序》。
宮内廳書陵部藏本，卷中有“古賀氏家藏
記”、“倚虹樓藏”等印記。

癰瘍機要三卷

（明）薛己撰
明嘉靖年間（1522—1566年）刊本　共一册
内閣文庫　龍谷大學大宮圖書館藏本
【按】每半葉有界十行，行十八字。白口，上
下單邊，左右雙邊（19.2cm×14.5cm）。
卷上版心上象鼻下署“癰瘍機要”，卷中與
卷下版心上象鼻下署“家居醫録”。
正文首頂格題署“癰瘍機要卷上”，第二行
上空十字題署“吳郡立齋薛己著”，第三行與
第四行各上空二字署子目。
内閣文庫藏本，原係楓山官庫等舊藏，後光
明天皇應承二年（1653年）此本收藏於楓山官
庫。《御文庫目録》著録此本。
龍谷大學大宮圖書館藏本，原係寫字臺文庫
等舊藏。

外科集驗方二卷

（明）周文采撰

明嘉靖二十三年(1544年)禮部刊本

內閣文庫藏本

【按】內閣文庫藏此同一刊本三部。一部原係楓山官庫舊藏,共二冊。一部原係豐後佐伯藩主毛利高標舊藏,仁孝天皇文政年間(1818—1829年)由出雲守毛利高翰獻贈幕府,明治初期,歸內閣文庫。卷中有"佐伯侯毛利高標字培松藏書畫之印"等印記,共二冊。一部原係江户時代醫學館舊藏,共三冊。

(參訂仙傳)外科秘方十一卷

(明)趙宜真編撰

明萬曆四年(1576年)序刊本　共二冊

內閣文庫藏本　原楓山官庫舊藏

(申斗垣校正)外科啟玄十二卷

(明)申拱宸撰

明萬曆三十二年(1604年)序刊本

內閣文庫　東北大學附屬圖書館藏本

【按】內閣文庫藏此同一刊本兩部。一部原係楓山官庫舊藏,共六冊。一部原係江户時代醫學館舊藏,此爲清印本,卷一、卷二乃寫補。

東北大學藏本,原係狩野亨吉舊藏,共四冊。

【附錄】仁孝天皇弘化二年(1845年)有日人格直君美寫本《申斗垣校正外科啟玄》十二卷一種。此本今存中國北京大學圖書館。

(太醫院增補捷法)醫林統要外科方論大全四卷

(明)李竹軒編撰

明萬曆三十七年(1609年)楊氏四知館刊本

內閣文庫藏本

【按】內閣文庫藏此同一刊本兩部。一部原係楓山官庫舊藏,共四冊。一部原係江户時代醫學館舊藏,共一冊。

(新刊太醫院校正)外科集要三卷

(明)張國泰編撰

明萬曆四十七年(1616年)余氏西園堂刊本

共一冊

內閣文庫藏本　原江户時代醫學館舊藏

瘍科選粹(瘍科秘旨)八卷

(明)陳文治編

明崇禎元年(1628年)序刊本　共八冊

內閣文庫藏本

【按】內閣文庫藏此同一刊本兩部。一部原係楓山官庫舊藏,一部原係江户時代醫學館舊藏。

(新刊)外科正宗四卷

(明)陳實功撰

明刊本　共四冊

內閣文庫藏本　原楓山官庫舊藏

【附錄】靈元天皇寬文三年(1663年)刊印明人陳實功撰《外科正宗回春》四卷。此本版心標"外科正宗",由日人支允堅校。

東山天皇寶永三年(1706年)刊印《新刊外科正宗》四卷。此本外題"外科回春"。

櫻町天皇寬保三年(1743年)皇都萬屋作右衛門刊印《新刊外科正宗》四卷。此本題"明陳實功撰",由日人淺井圖南校。

光格天皇寬政元年(1789年)芳蘭樹刊印《新刊外科正宗》四卷。

光格天皇寬政三年(1791年)刊印《新刊外科正宗》四卷。此本由日人荻元凱(台州)校。

大河外科二卷

(明)王拳撰

明嘉靖三十六年(1557年)刊本　共二冊

宮內廳書陵部藏本

【附錄】日本江户時代有《大河外科》二卷寫本一種。此本係據明萬曆三十六年刊本覆寫。原係野口一太郎家寧齋文庫等舊藏,今存早稻田大學圖書館。

江户時代又有日人《大河外科》二卷寫本一種。此本幅寬27cm,今存國會圖書館。

大河外科（回生外科醫方）二卷

（明）王拳撰
明萬曆三十八年（1610 年）序刊本
内閣文庫藏本
【按】内閣文庫藏此同一刊本兩部。一部原係楓山官庫舊藏，共一册。一部原係豐後佐伯藩主毛利高標舊藏，仁孝天皇文政年間（1818—1829 年）由出雲守毛利高翰獻贈幕府，明治初期，歸内閣文庫。卷中有"佐伯侯毛利高標字培松藏書畫之印"等印記，共二册。

瘍科準繩（殘本）一卷

（明）王肯堂編撰
明刊本　共一册
内閣文庫藏本　原昌平坂學問所舊藏
【按】是書全六卷。此本今存卷六下。
【附録】日本靈元天皇寬文十三年（1673

年）京都村上勘兵衛刊印明人王肯堂撰《瘍醫準繩》六卷。

醫説佛乘（治癰疽簡易説）一卷

（明）盧萬鐘編撰
明天啓六年（1626 年）序刊本　共一册
内閣文庫藏本　原豐後佐伯藩主毛利高標舊藏
【按】仁孝天皇文政年間（1818—1829 年）由出雲守毛利高翰獻贈幕府，明治初年歸内閣文庫。卷中有"佐伯侯毛利高標字培松藏書畫之印"等印記。

（新刊秘授）外科百效全書六卷

（明）龔居中編
明劉氏喬山堂刊繪圖本　共四册
大阪天滿宫御文庫藏本　原河内屋正助舊藏

（診法分科婦人小兒眼科養生之屬）

婦人良方二十四卷

（宋）陳自明撰　（明）薛己校
明萬曆年間（1573—1620 年）刊本（薛氏醫案零本）　共七册
宫内廳書陵部　内閣文庫藏本
【附録】日本明正天皇寬永十三年（1636 年）京都大和田意閑刊印陳自明撰、薛己校注《太醫院校注婦人良方大全》二十四卷。
後光明天皇承應二年（1653 年）風月莊左衛門刊印《太醫院校注婦人良方大全》二十四卷。
東山天皇元禄六年（1693 年）伊丹屋太郎右衛門刊印《改正婦人良方》二十四卷。此本首題"陳自明編，薛立齋校注"，版心標"太醫院"。

（新編）婦人良方補遺大全二十四卷　首一卷

（宋）陳自明撰　（明）熊宗立補
明天順八年（1464 年）刊本　共十五册
宫内廳書陵部藏本
【附録】日本光格天皇文化二年（1805 年）江户時代名醫丹波元簡據朝鮮刊印本手寫《新編婦人良方大全》二十四卷。此本現藏中國醫學科學院圖書館。

（新刊補遺大全）婦人良方二十四卷

（宋）陳自明撰　（明）熊宗立補
明人寫本　共八册
宫内廳書陵部藏本
【按】前有宋嘉熙元年（1237 年）陳自明《序》，明正統十年（1445 年）黄璿《序》。
《目録》後有鈔寫識語，曰"鈔天順八年甲申孟夏鰲峰熊氏種德堂”。卷末又有鈔寫識語，曰“鈔正德己巳陳氏存德堂新刊”。

（三刻太醫院補注）婦人良方大全二十四卷

（宋）陳自明撰　（明）薛己補注
明余元長刊本　共六册
早稻田大學圖書館藏本　原野口一太郎家寧齋文庫等舊藏

衛生家寶産科備要八卷

（宋）朱端章撰　張永校
影寫宋刊本　瞿中溶手識本　共二册
静嘉堂文庫藏本　原黄蕘圃士禮居　陸心源十萬卷樓舊藏
【按】每半葉九行，行十五字。
前有宋刊行識文，曰：
　　“長樂朱端章，以所藏諸家産科經驗方編成八卷，刻版南康郡齋。淳熙甲辰十二月初十日。”
卷末有清嘉慶辛酉（1801 年）瞿中溶觀書手識文。其文曰：
　　“此淳熙十一年長樂朱氏取諸家産科方合刻成，書中‘轅’、‘懸’字俱缺筆，又‘丸’皆作‘圓’，避欽宗嫌名也。……産育方藥諸書，《唐志》載咎殷《産寶》一卷。今惟《寶慶集方》尚存《永樂大典》中，然已佚去借地法矣，猶賴此書傳之。所採虞統《備産濟用方》諸論，尤爲切要。安得好事者重爲刊布，俾得家置一編，則活人之報，當不小矣。嘉慶辛酉夏，黄君蕘圃自都門購歸，出以相賞，因識數語，以爲奇書欣賀。”
是書《宋史·藝文志》著於録，明文淵閣亦有其書，而《四庫全書》未收，阮文達亦未見。
【附録】江户時代日人有（唐）處啓（疑即咎殷——編著者）《經效産寶》三卷寫本一種。此本原係野口一太郎等舊藏，今存早稻田大學圖書館。

女科百病問答四卷　錢君穎催産字字珠一卷

（明）錢國賓編撰
明崇禎六年（1633 年）序刊本　共四册
内閣文庫藏本　原楓山官庫舊藏

（家居醫録）女科撮要二卷

（明）薛己撰
明嘉靖年間（1522—1566 年）刊本　共一册
龍谷大學大宫圖書館藏本　原寫字臺文庫等舊藏
【按】每半葉有界十行，行二十二字。白口，四周雙邊（20.4cm×13.3cm）。版心上象鼻下署“家居醫録婦人部”，并題“卷上”或“卷下”，下記頁數。
正文首頂格題署“家居醫録卷上”，下空三字，題署“婦科撮要”，第二行上空十五字題署“吴郡立齋薛己著”，第三行上空二字題署子目。

女科證治準繩五卷

（明）王肯堂輯　張綖校
明萬曆年間（1573—1620 年）金壇王氏刊本　共十五册
早稻田大學圖書館藏本　原野口一太郎寧齋文庫等舊藏

産寶百問五卷

（元）朱震亨纂輯　（明）王肯堂訂正
明萬曆年間（1573—1620 年）刊本　共三册
龍谷大學大宫圖書館藏本　原寫字臺文庫等舊藏
【附録】靈元天皇延寶六年（1678 年）京都武村新兵衛刊印《産寶百問》五卷。

胤産全書四卷　提綱一卷

（明）王肯堂撰　姚學顏校
明刊本　共四册
内閣文庫藏本　原江户時代醫學館舊藏

【按】内閣文庫藏此同一刊本兩部。一部原係江户時代醫學館舊藏,一部原係楓山官庫舊藏。

(新刻萬氏家傳)廣嗣紀要五卷

(明)萬全撰
明萬曆元年(1573年)余秀峰刊本
内閣文庫 東京大學總合圖書館藏本
【按】前有明萬曆元年(1573年)《序》。
内閣文庫藏此同一刊本兩部。一部原係江户時代醫學館舊藏,共四册。一部原係楓山官庫舊藏,共二册。
東京大學總合圖書館藏本,原係人見元德舊藏,後歸土肥慶藏顎軒文庫,共一册。

(萬嗣家傳)廣嗣紀要十六卷

(明)萬全撰 蔡朝衣輯校
明萬曆年間(1573—1620年)余氏怡慶堂刊本
龍谷大學大宫圖書館藏本 原寫字臺文庫等舊藏
【按】前有明萬曆二十四年(1596年)《序》。

(新刻)廣嗣須知(不分卷)

(明)蔡龍陽撰 胡文煥校
明刊本 共一册
内閣文庫藏本 原江户時代醫學館舊藏

産鑑二卷

(明)王化貞撰
明萬曆四十六年(1618年)序刊本 共二册
内閣文庫藏本 原楓山官庫舊藏

幼幼新書(殘本)一卷

(宋)劉昉撰
宋刊本 共一册
内閣文庫藏本 原江户時代醫學館舊藏
【按】每半葉有界十行,行十六字。白口,左右雙邊。

是書全四十卷。此本今存卷三十八,凡一卷。
卷中有"頤神"等印記。
江户時代森立之《經籍訪古志·補遺·醫部》著録聿修堂藏宋刊本《幼幼新書》一卷,即係此本。其識文曰:
"按此本紙質與荻野本《外臺》相同,其爲宋槧無疑。惜乎所存僅此。"
【附録】據《商舶載來書目》記載,櫻町天皇延享四年(1747年)中國商船"與字號"載《幼幼新書》一部抵日本。
江户時代有《幼幼新書》四十卷日人寫本一種。此本幅寬28.0cm。首題"宋劉昉撰,明陳履端輯,華承美校"。此本現存國會圖書館。
江户時代又有《幼幼新書》四十卷日本寫本一種。此本幅寬27.0cm。首題"宋劉昉撰"。此本今存卷一至卷七,共七卷,存國會圖書館。

幼幼新書四十卷 目一卷

(宋)劉昉撰
明人寫本 共二十册
宫内廳書陵部藏本 原楓山官庫舊藏
【按】首有宋紹興二十年(1150年)李庚《序》,末有石才孺《後序》,並有樓璹《跋》。
前附紫虚崔真人《脈訣秘旨》。
江户時代森立之《經籍訪古志·補遺·醫部》著録楓山秘府藏明人墨迹真本《幼幼新書》四十卷,即係此本。其識文引日本櫟窗先生跋文曰:
"此劉氏真本也。明萬曆間一妄男子肆意删改之,弇州王氏序而傳焉,以故原書晦尚矣。幸家君借完帙於秘府,乃明人墨書。每卷首尾有二印,曰'中山世裔',曰'和陽劉氏'、'奕世儒醫',豈其方明氏之後歟?家君命弟子静毅叔士頌士恕門人數輩,鈔而得之。世啞科僅獲刊落之餘,猶以爲至寶,今睹此本,又復如何!"
森氏又曰:
"按此本校之宋槧零本,行數正相同,

知是明人從宋槧謄録者。又有萬曆中陳履端刊本,删却居半,所謂一妄男子者也。"

卷中有"中山世裔"、"和陽劉氏"、"奕世儒醫"等印記。

幼幼新書四十卷　目一卷

(宋)劉昉撰

明萬曆十四年(1586年)刊本　共二十四册

内閣文庫　尊經閣文庫　静嘉堂文庫藏本

【按】首有宋紹興二十年(1150年)李庚《序》,次有石才孺《後序》,次有樓璹《跋》,次有王問《後序》,次有王世貞《序》,次有劉鳳《序》,次有明萬曆十四年(1586年)張應文《序》,次有同年陳履端《序》。

内閣文庫藏此同一刊本兩部。一部原係楓山官庫舊藏,附《拾遺方》一卷。一部原係江户時代醫學館舊藏,此本卷三十三、卷四十係清人寫補。

尊經閣文庫藏本,原係江户時代加賀藩主前田綱紀等舊藏,附《拾遺方》一卷。

静嘉堂文庫藏本,原係陸心源舊藏。

小兒衛生總微論方二十卷

宋人編撰　(明)徐用宜重編

明刊本

尊經閣文庫　静嘉堂文庫藏本

【按】前有宋嘉定壬午(1222年)立春何大任《序》。又有明弘治己酉(1489年)朱臣《序》。後有李延壽《跋》。

尊經閣文庫藏本,原係江户時代加賀藩主前田綱紀等舊藏,共十册。

静嘉堂文庫藏本,共十二册。

(陳氏)小兒痘疹方論一卷　保嬰金鏡録一卷

(宋)陳文中編撰　(明)薛己校注

明萬曆年間(1573—1620年)刊本(薛氏醫案零本)　共一册

内閣文庫藏本　原江户時代醫學館舊藏

(陳蔡二先生合并)痘疹方一卷　(陳氏)小兒痘疹方論一卷　(附録蔡氏)小兒痘疹方論一卷

(宋)陳文中編撰　《附録》(明)蔡維藩編　(明)吴勉學校

明刊本　共一册

内閣文庫藏本　原楓山官庫舊藏

【按】内閣文庫藏此同一刊本兩部。一部原係楓山官庫舊藏。一部原係江户時代醫學館舊藏,此本缺《陳蔡二先生合并痘疹方》一卷。

(陳蔡二先生合併)痘疹方一卷　附博集稀痘方論二卷

(明)吴勉學校　《附》(明)郭子章編

明刊本　共一册

内閣文庫　原江户時代醫學館等舊藏

【按】日本江户時代有日人《陳氏小兒痘疹方論》一卷寫本一種。此本幅寬23cm,題"金陳文中撰,明吴勉學校"。今存國會圖書館。

(新刻太醫院校授丹溪秘藏)幼科捷徑全書四卷

(元)朱震亨撰　(明)傅紹章編校

明富春堂刊本

内閣文庫藏本

【按】内閣文庫藏此同一刊本兩部。一部原係江户時代醫學館舊藏,共二册。一部原係豐後佐伯藩主毛利高標舊藏,仁孝天皇文政年間(1818—1829年)由出雲守毛利高翰獻贈幕府,明治初期,歸内閣文庫。卷中有"佐伯侯毛利高標字培松藏書畫之印"等印記,共四册。

【附録】日本江户時代有《新刻太醫院校授丹溪秘藏幼科捷徑全書》四卷日本寫本一種,題"元朱震亨撰,明傅紹章編校"。此本幅寬27cm,今存國會圖書館。

(聞人氏伯圜先生)痘疹論一卷　(聞人氏)痘疹方一卷

(元)聞人規撰　(明)吴勉學校

明刊本

内閣文庫藏本

【按】内閣文庫藏此同一刊本兩部。一部原係楓山官庫舊藏,共一册。一部原係江户時代醫學館舊藏,共二册。

(聞人氏)痘疹論一卷　痘疹備用藥方一卷 (續編)小兒痘疹切要經驗方一卷

(元)聞人規撰　(明)劉尚義校　《續編》(明)李倬編

明嘉靖三十七年(1558 年)跋刊藍印本　共二册

内閣文庫藏本　原係楓山官庫舊藏

保嬰全書(保嬰撮要)二十卷

(明)薛鎧撰　薛己補

明萬曆十二年(1584 年)跋刊本

宮内廳書陵部　内閣文庫　早稻田大學圖書館藏本

【按】宮内廳書陵部藏本,共十册。

内閣文庫藏此同一刊本兩部。一部原係江户時代醫學館舊藏,一部原係楓山官庫舊藏。兩部皆各二十册。

早稻田大學圖書館藏本,原係野口一太郎寧齋文庫等舊藏,共二十册。

(證類注釋錢氏)小兒方訣十卷

(明)熊宗立編注

明刊本

内閣文庫藏本　原江户時代醫學館舊藏

【按】内閣文庫藏此同一刊本兩部。一部原係江户時代醫學館舊藏,共二册。一部原係楓山官庫舊藏,共一册。

嬰童百問十卷

(明)魯伯嗣撰　許瓚校

明嘉靖年間(1522—1566 年)陳氏積善堂刊本

内閣文庫　龍谷大學大宮圖書館藏本

【按】每半葉有界十行,行二十四字左右。白口,左右雙邊,上下單邊(21.1cm × 14.4cm)。版心上象鼻下署"嬰童百問",下記卷數和葉數。

前有明嘉靖二十一年(1542 年)嚴嵩《序》。

正文首頂格題署"嬰童百問卷之一",下隔十三字署"魯伯嗣學",第二行上空二字題署子目"第一問初誕"。

内閣文庫藏此同一刊本兩部。一部原係江户時代醫學館舊藏,共六册。一部原係楓山官庫舊藏,共五册。

此本在明正天皇十六年(1639 年)之前,已經爲楓山官庫所收藏。

龍谷大學大宮圖書館藏本,原係寫字臺文庫等舊藏,共五册。

【附錄】江户時代前期刊印明魯伯嗣《嬰兒百問》二卷。

嬰童百問十卷

(明)魯伯嗣撰　熊宗立校　王肯堂訂

明萬曆年間(1573—1620 年)刊本　吳門德馨堂藏版　共六册

龍谷大學大宮圖書館藏本　原寫字臺文庫等舊藏

活幼便捷二卷

(明)劉錫撰

明正德年間(1506—1521 年)劉氏活幼堂刊本　共二册

内閣文庫藏本　原楓山官庫舊藏

【附錄】日本江户時代有明人劉捷《活幼便覽》二卷日本寫本一種。幅寬 27cm。此本今存國會圖書館。

(新刻)幼科百效全書三卷

(明)龔居中撰

明刊清印本　共三册

内閣文庫藏本　原江户時代醫學館舊藏

原幼心法三卷

(明)彭用光撰
明刊本　共三册
内閣文庫藏本　原楓山官庫舊藏

全幼心鑑四卷

(明)寇平撰
明刊本　共八册
内閣文庫藏本　原楓山官庫舊藏
【附録】日本靈元天皇寬文十一年(1671年)江府小林太郎兵衛據明成化本刊印《太醫院真傳全幼心鑑》四卷。此本題署"明寇平撰",由日人大野壽庵點。

保嬰録一卷　山谷便方一卷

(明)歐士海撰
明天啓六年(1626年)刊本　共一册
宫内廳書陵部藏本　原德山藩三代主毛利元次舊藏
【按】此本原係江户時代德山藩三代主毛利元次廣收"天下秘籍"之一。東山天皇寳永三年(1706年)《御書物目録》著録此本。

保嬰録一卷　山谷便方一卷

(明)歐士海撰
明崇禎九年(1636年)序刊本　共一册
内閣文庫藏本　原江户時代醫學館舊藏

保赤全書二卷

(明)管橓撰　龔居中補　胡文炳校
明刊本
内閣文庫　東北大學附屬圖書館藏本
【按】内閣文庫藏本,原係小島寶素舊藏,後歸江户時代醫學館,共一册。
東北大學藏本,原係狩野亨吉舊藏,共二册。
【附録】日本江户前期喬山堂刊印《保赤全書》二卷。此本題"明管橓輯,龔居中增補"。

慈幼秘訣一卷　慈幼秘傳一卷

不署撰者
明刊本　共一册
内閣文庫藏本　原江户時代醫學館舊藏

(新鋟兒科選粹太乙仙傳)活嬰秘旨推拿方脈(小兒推拿活嬰全書)三卷

(明)龔廷賢撰　姚國禎補
明萬曆年間(1573—1620年)余明臺刊本　共一册
内閣文庫藏本
【按】内閣文庫藏此同一刊本兩部。一部原係江户時代醫學館舊藏,一部原係楓山官庫舊藏。

(新刊太乙秘傳)小兒推拿法二卷

(明)姚國禎撰
明萬曆年間(1573—1620年)劉氏喬山堂刊本　共一册
内閣文庫藏本　原吉田意庵　江户時代醫學館舊藏

幼科輯粹大成五卷

(明)馮其盛編
明萬曆二十三年(1595年)序刊本　共二册
内閣文庫藏本　原江户時代醫學館舊藏

兒科方要一卷

(明)吴志中撰　吴元溟編
明崇禎十一年(1638年)序刊本　共一册
内閣文庫藏本　原楓山官庫舊藏

(程氏經驗)痘疹理法(不分卷)

(明)程鋭撰
明天順七年(1463年)寫本　共三册
宫内廳書陵部藏本

治痘精詳大全〔殘本〕十五卷

（明）伍匡世編
明萬曆二十二年（1594 年）序刊本　共十四冊
内閣文庫藏本　原昌平坂學問所舊藏
【按】是書全十六卷。此本今缺卷七，實存十五卷。

痘治理辨一卷　痘圖一卷　痘治附方一卷

（明）汪機撰
明嘉靖十年（1531 年）序刊本　共三冊
内閣文庫藏本　原江户時代醫學館舊藏
【附録】江户時代後期有明人汪機《痘治理辨》二卷并《痘圖》一卷《痘治附方》一卷寫本一種。此本原係寫字臺文庫等舊藏，今存龍谷大學大宮圖書館。

痘治理辨一卷　痘圖一卷　痘治附方一卷

（明）汪機撰
明刊本　共二冊
内閣文庫藏本　原楓山官庫舊藏

痘疹活幼心法二卷

（明）聶尚恒撰
明刊本　共二冊
内閣文庫　京都陽明文庫藏本
【按】内閣文庫藏本，原係楓山官庫舊藏，共二冊。
京都陽明文庫藏本，原係江户時代近衛家熙等舊藏，共一冊。
【附録】日本靈元天皇寬文六年（1666 年）文臺屋治郎兵衛刊印《痘疹活幼心法》一卷。此本題"明聶尚恒撰"。
同年，田原仁左衛門刊印《痘疹活幼心法》二卷。
後櫻町天皇明和元年（1764 年）松梅軒中川茂兵衛刊印《痘疹活幼心法》二卷。
孝明天皇嘉永六年（1853 年）媣原藥室刊印

《痘疹活幼心法》二卷。

〔新鐫鄭先生〕痘經會成保嬰慈録九卷　首一卷

（明）鄭大忠撰
明萬曆二十七年（1599 年）序刊本　共四冊
内閣文庫藏本　原楓山官庫舊藏
【附録】日本光格天皇天明年間（1781—1788 年）有日人《新鐫鄭先生痘經會成保嬰慈録》九卷并《首》一卷寫本。此本今存中國北京大學圖書館。

痘疹全書十四卷

（明）萬全撰　趙燁校
明萬曆三十六年（1608 年）繪圖刊本　共四冊
東北大學附屬圖書館藏本　原狩野亨吉舊藏
【按】此本細目如次：
《痘疹心法》十二卷，（明）萬全撰；
《痘疹玉髓》二卷，（明）樊應乾閲。

痘疹全書二卷

（明）萬全撰　吳勉學校
明刊本　共二冊
内閣文庫藏本
【按】内閣文庫藏此同一刊本兩部。一部原係楓山官庫舊藏，一部原係江户時代醫學館舊藏，此本有江户時代名醫多紀元胤手識文。

痘疹心要〔三種〕二十五卷

（明）萬全編撰
明天啓三年（1623 年）序刊本
内閣文庫藏本　原楓山官庫舊藏
【按】此本細目如次：
《痘疹格致要論》十一卷；
《痘疹世醫心法》十二卷；
《痘疹碎金賦》二卷。

痘疹格致要論十一卷

（明）萬全編撰

明刊本　共三册

内閣文庫藏本　原楓山官庫舊藏

【附録】日本江户時代有明人萬全撰《痘疹格致要論》五卷日人寫本一種。此本幅寬27cm,今存國會圖書館。

中御門天皇享保十三年(1728 年)京都川勝五郎右衛門等刊印《痘疹格致要論》五卷,題“明萬全撰”。

痘疹世醫心法十二卷

（明）萬全編撰　趙燁校

明刊本　共六册

内閣文庫藏本　原楓山官庫舊藏

【按】此本并附《痘疹碎金賦》一卷,《毓麟芝室玉髓摘要》一卷,《痘疹玉髓方》一卷。

【附録】日本東山天皇元禄五年(1692 年)洛陽(京都)中村孫兵衛武田治右衛門刊印《痘疹世醫心法》十二卷。

光格天皇寬政十二年(1800 年)京都九屋源八郎、江户西村源六外三軒刊印明人趙燁編輯的《毓麟芝室疹科治法綱》三卷。

痘疹玉髓（殘本）一卷

（明）趙燁撰

明刊本　共一册

内閣文庫藏本　原江户時代醫學館舊藏

【按】是書全二卷。此本今存卷下,共一卷。

（袁氏）痘疹全書五卷

（明）袁顥撰　袁祥增補　袁仁删正

明萬曆年間(1573—1620 年)刊本

内閣文庫　京都陽明文庫藏本

【按】内閣文庫藏本,原係楓山官庫舊藏,共四册。

陽明文庫藏本,原係江户時代近衛家熙等舊藏,此本今缺卷二、卷三、卷五,實存二卷,共二册。

（袁氏）痘疹全書五卷

（明）袁顥撰　袁祥　袁仁訂　袁錫壽　袁天校

明雙峰堂刊本

龍谷大學大宮圖書館　大阪天滿宮御文庫藏本

【按】龍谷大學大宮圖書館藏本,原係寫字臺文庫等舊藏,共十册。

大阪天滿宮御文庫藏本,原係河内屋正助等舊藏,共九册。

（袁氏）痘疹叢書五卷

（明）袁顥撰　袁祥增補　袁仁删正

明萬曆年間(1573—1620 年)刊本

國會圖書館　内閣文庫　東北大學附屬圖書館　龍谷大學大宮圖書館藏本

【按】國會圖書館藏本,共一册。

内閣文庫藏本,原係江户時代醫學館舊藏,共二册。

東北大學藏本,原係狩野亨吉舊藏,共四册。

龍谷大學大宮圖書館藏本,原係寫字臺文庫等舊藏,共五册。

〔東甌張氏清源活水保嬰〕痘證百問歌九卷

（明）張宇杰撰　韋崇謨等校

明萬曆三十年(1602 年)序刊本　共三册

内閣文庫藏本　原楓山官庫舊藏

〔東甌張氏清源活水保嬰〕痘證百問歌一卷　歌括一卷

（明）張宇杰撰　陳奎　楊宇校

明萬曆年間(1573—1620 年)刊本　共一册

内閣文庫藏本　原楓山官庫舊藏

痘疹一覽五卷

（明）陰有瀾撰

明刊本　共一册

宮内廳書陵部　内閣文庫藏本

【按】宮内廳書陵部藏本,原係豐後佐伯藩主毛利高標舊藏,仁孝天皇文政年間(1818—1829年)出雲守毛利高翰獻贈幕府,歸入幕府醫學館。卷中有“佐伯侯毛利高標字培松藏書畫之印”、“醫學圖書”等印記。

内閣文庫藏本　原係楓山官庫舊藏

(增定)痘疹寶鑑二卷

(明)吳勉學校

明刊本　共一册

内閣文庫藏本

【按】内閣文庫藏此同一刊本兩部。一部原係楓山官庫舊藏,一部原係系江户時代醫學館舊藏,此本有江户時代名醫多紀元胤手識文。

痘疹心法二卷

(明)王大綸撰

明天啓五年(1625年)序刊本　共二册

内閣文庫藏本　原豐後佐伯藩主毛利高標舊藏

【按】此本係仁孝天皇文政年間(1818—1829年)由出雲守毛利高翰獻贈幕府,明治初期,歸内閣文庫。卷中有“佐伯侯毛利高標字培松藏書畫之印”等印記。

治痘大成集四卷

(明)朱一麟撰

明刊本　共二册

宮内廳書陵部藏本

【按】前有明萬曆三十五年(1607年)應我山人《序》,次有同年蔡陽春《序》,次有明天啓元年(1621年)朱一麟《自序》,次有同年朱國用《序》。

卷中有“孔弘玄印”、“文星家藏”、“天如”等印記。

痘疹秘要一卷

(明)陳楚瑜撰

明刊本　多紀元堅手識本　共一册

内閣文庫藏本　原江户時代醫學館舊藏

小兒痘疹二症全書四卷

(明)吳子揚撰

明刊本　共二册

内閣文庫藏本　原楓山官庫舊藏

(太醫院精選)急救小兒良方直旨(二種)二卷

(明)太醫院校正

明刊本　共一册

内閣文庫藏本

【按】是書細目如次:

《新鍥太醫院精選小兒全嬰秘法》一卷;

《新鍥太醫院小兒全科經驗秘訣傳奇真方》一卷。

内閣文庫藏此同一刊本三部。一部原係楓山官庫舊藏,兩部原係江户時代醫學館舊藏。

(新刊太醫院校正)小兒痘疹醫鏡二卷

(明)龔居中撰　吳文炳補

明刊本　共一册

内閣文庫藏本　原楓山官庫舊藏

(新鍥鰲頭活幼諸症)小兒痘疹全書五卷

(明)徐君盛編撰

明刊本　共二册

内閣文庫藏本　原江户時代醫學館舊藏

博愛心鑑痘疹二卷

(明)魏直撰　吳勉學校

明刊本　共一册

内閣文庫藏本

【按】内閣文庫藏此同一刊本兩部。一部原係楓山官庫舊藏,一部原係江户時代醫學館舊藏。

【附錄】日本中御門天皇正德六年(1716年)松葉軒覆刻明人吳勉學校《博愛心鑑》二卷。

同天皇享保十九年(1734 年)京都茨城多左衛門刊印《痘疹博愛心鑒》二卷。此本題"明魏直撰,吴勉學校"。

(新鐫)痘疹心印二卷

(明)孫一奎撰

明刊本

内閣文庫藏本

【按】内閣文庫藏此同一刊本兩部。一部原係楓山官庫舊藏,共四册。一部原係江户時代醫學館舊藏,共二册。

(新刊)痘疹證治要訣五卷

(明)盧銑編撰

明余氏怡慶堂刊本　共一册

内閣文庫藏本

【按】内閣文庫藏此同一刊本兩部。一部原係江户時代醫學館舊藏,共一册。一部原係豐後佐伯藩主毛利高標舊藏,此本卷中有"佐伯侯毛利高標字培松藏書畫之印"等印記。仁孝天皇文政年間(1818—1829 年)出雲守毛利高翰獻與幕府,明治初年,歸内閣文庫,共四册。

袖珍小兒方十卷

(明)徐用宜編撰

明嘉靖十一年(1532 年)贛州府刊本　共七册

内閣文庫藏本　原江户時代醫學館舊藏

博集稀痘方論二卷

(明)郭子章編撰

明萬曆二十二年(1594 年)序刊本　共一册

内閣文庫藏本　原楓山官庫舊藏

(支氏)痘疹玄機四卷

(明)支秉中撰

明萬曆二年(1574 年)序刊本　共二册

内閣文庫藏本　原豐後佐伯藩主毛利高標

舊藏

【按】此本係仁孝天皇文政年間(1818—1829 年)由出雲守毛利高翰獻贈幕府,明治初期,歸内閣文庫。卷中有"佐伯侯毛利高標字培松藏書畫之印"等印記。

(支氏)痘疹玄機方一卷

(明)支秉中撰

明萬曆年間(1573—1620 年)刊本　共一册

内閣文庫藏本　原野間三竹　江户時代醫學館舊藏

(秘傳經驗)痘疹方四卷

(明)黄康編撰

明萬曆元年(1573 年)刊本　共四册

内閣文庫藏本　原豐後佐伯藩主毛利高標舊藏

【按】此本係仁孝天皇文政年間(1818—1829 年)由出雲守毛利高翰獻贈幕府。卷中有"佐伯侯毛利高標字培松藏書畫之印"。

痘經大全(痘經)四卷

(明)江旭奇編

明崇禎五年(1632 年)刊本

内閣文庫藏本

【按】内閣文庫藏此同一刊本兩部。一部原係江户時代醫學館舊藏,共六册。一部原係楓山官庫舊藏,共三册。

(秘傳經驗)痘疹治法玉函集八卷　目一卷

(明)丁鳳纂輯

明萬曆年間(1573—1620 年)刊本　共十册

龍谷大學大宮圖書館藏本　原寫字臺文庫等舊藏

保嗣痘疹靈應仙書二卷

(明)蔡繼周編撰

明刊本　共一册

内閣文庫藏本　原豐後佐伯藩主毛利高標

舊藏

【按】此本係仁孝天皇文政年間（1818—1829 年）由出雲守毛利高翰獻贈幕府，明治初期，歸內閣文庫。卷中有"佐伯侯毛利高標字培松藏書畫之印"等印記。

痘麻疹方一卷

明人撰述不著作者姓名

明嘉靖年間（1522—1566 年）刊本　共一册

龍谷大學大宮圖書館藏本　原寫字臺文庫等舊藏

【按】每半葉十行，行二十字左右，但第三葉與第四葉係每半葉九行，行十九字左右。白口，四周單邊（17.5cm×12.7cm）。

此本今缺《序》《跋》、《目録》并第一葉、第二葉，不見書名和編著者。全卷末葉（第六十葉）之末，題署"痘麻疹方終"，故以"痘麻疹方"命卷。

（秘傳經驗）痘疹良方（痘疹寶鑑）三卷

明人撰不著姓名

明刊本　共三册

內閣文庫藏本　原豐後佐伯藩主毛利高標舊藏

【按】此書係仁孝天皇文政年間（1818—1829 年）由出雲守毛利高翰獻贈幕府。卷中有"佐伯侯毛利高標字培松藏書畫之印"。

誠書十六卷　誠書痘疹三卷

（明）談金章編撰

明刊本　共十二册

內閣文庫藏本　原楓山官庫舊藏

痘疹方一卷

（明）匡鐸撰

明刊本　共一册

內閣文庫藏本　原豐後佐伯藩主毛利高標舊藏

【按】此書係仁孝天皇文政年間（1818—

1829 年）由出雲守毛利高翰獻贈幕府。卷中有"佐伯侯毛利高標字培松藏書畫之印"。

（新鍥御院秘傳補遺）痘疹辨疑録（殘本）三卷

（明）龔廷賢撰　胡廷訓補

明萬曆三十六年（1608 年）刊本　共三册

宮內廳書陵部藏本

【按】是書全四卷。此本今缺卷二，實存三卷。

銀海精微二卷

題（唐）孫思邈撰

明刊本

內閣文庫　龍谷大學大宮圖書館藏本

【按】內閣文庫藏本，原係江户時代醫學館等舊藏，共一册。

龍谷大學大宮圖書館藏本，原係寫字臺文庫等舊藏，共二册。

【附録】日本靈元天皇寬文六年（1666 年）京都村上勘兵衛刊印《銀海精微》二卷。

光格天皇寬政五年（1793 年）浪華書肆稱觥堂刊印《銀海精微》二卷。

光格天皇寬政年間（1789—1800 年）刊印《銀海精微》二卷。

（新鍥鰲頭）復明眼方外科神驗全書六卷

（明）龔廷賢撰　朱鼎臣校

明萬曆十九年（1591 年）書林王祐刊本　共二册

宮內廳書陵部藏本

【按】此本卷末有明萬曆辛卯（1591 年）書林王祐刊印木記。卷中有"鄭氏七葉貂蟬"、"深秀堂"等印記。

（新刻秘傳）眼科七十二證全書六卷

（明）袁學淵編撰

明萬曆三十二年（1604 年）楊泰齋刊本

內閣文庫　龍谷大學大宮圖書館藏本

【按】內閣文庫藏此同一刊本三部。一部原

係江户時代醫學館舊藏,共二册。一部亦係醫學館舊藏,今缺卷四至卷六,實存三卷,共一册。一部原係楓山官庫舊藏,共二册。

【附録】東山天皇貞享五年(即元禄元年,1688年)京都茨木多左衛門,中西卯兵衛刊印明人袁學淵編撰《眼科全書》六卷。

(傅氏眼科)審視瑶函六卷

(明)傅仁宇輯

明崇禎十七年(1644年)濟世堂刊本　共六册

東北大學附屬圖書館藏本　原狩野亨吉舊藏

【附録】據《商舶載來書目》記載,光格天皇天明三年(1783年)中國商船"不字號"載《傅氏眼科審視瑶函》一部抵日本。

日本江户時代中期有《傅氏眼科審視瑶函》六卷寫本一種。此本題署"傅仁宇纂輯、傅國棟編"。全書共六册,今存龍谷大學大宮圖書館。

日本江户時代又有日人傳鈔焕文堂《傅氏眼科審視瑶函》六卷一種。此本今存中國北京大學圖書館。

(新編)鴻飛集論眼科(太醫院傳七十二症明目仙方)一卷

(明)胡廷用編

明嘉靖三十五年(1556年)劉氏日新堂刊本　共一册

内閣文庫藏本

【按】内閣文庫藏此同一刊本兩部。一部原係江户時代醫學館舊藏,一部原係楓山官庫舊藏。

(新刊)明目良方二卷　首一卷

不署撰者姓名

明萬曆二十八年(1600年)樹德堂刊本

内閣文庫藏本

【按】内閣文庫藏此同一刊本三部。一部原

係江户時代醫學館舊藏,共二册。一部原係昌平坂學問所舊藏,共一册。一部原係楓山官庫舊藏,共一册。

明目神驗方一卷

不署撰者姓名

明弘治十三年(1500年)江西等處承宣布政使司刊本　共一册

内閣文庫藏本　原江户時代醫學館舊藏

(秘傳眼科)龍木醫書總論十卷　首一卷

不署撰者姓名

明刊本

内閣文庫藏本

【按】内閣文庫藏此同一刊本兩部。一部原係豐後佐伯藩主毛利高標舊藏,仁孝天皇文政年間(1818—1829年)由出雲守毛利高翰獻贈幕府,明治初期,歸内閣文庫。卷中有"佐伯侯毛利高標字培松藏書畫之印"等印記。共二册。一部原係江户時代醫學館舊藏,共四册。

三元參贊延壽書五卷

(元)李鵬飛撰

明刊本　共一册

宮内廳書陵部藏本

大丹直指(不分卷)

(元)丘處機編

明天啓七年(1627年)刊本　共一册

内閣文庫藏本　原楓山官庫舊藏

安老懷幼書四卷

(宋)陳直　鄒鉉撰　黄應紫編　(明)劉宇校

明弘治十一年(1498年)刊本

内閣文庫　尊經閣文庫藏本

【按】此本係《安老書》三卷,《懷幼書》一卷。

内閣文庫藏本,原係楓山官庫舊藏,共四册。

尊經閣文庫藏本,原係江户時代加賀藩主前田綱紀等舊藏,共八册。

延壽神方四卷

（明）朱權撰

明崇禎元年（1628 年）青陽閣刊本　共二册

内閣文庫藏本　原楓山官庫舊藏

神隱二卷

（明）朱權撰

明刊本　共四册

内閣文庫藏本　原豐後佐伯藩主毛利高標舊藏

【按】此本係仁孝天皇文政年間（1818—1829 年）由出雲守毛利高翰獻贈幕府,明治初期,歸内閣文庫。卷中有"佐伯侯毛利高標字培松藏書畫之印"等印記。

萬氏家傳保命歌括三十五卷

（明）萬全編撰　蔡朝衣校

明萬曆年間（1573—1620 年）邵武府刊本共八册

内閣文庫藏本　原豐後佐伯藩主毛利高標舊藏

【按】此本係仁孝天皇文政年間（1818—1829 年）由出雲守毛利高翰獻贈幕府。卷中有"佐伯侯毛利高標字培松藏書畫之印"。

（新刻）萬氏家傳保命歌括十卷

（明）萬全編撰　蔡朝衣校

明萬曆二十五年（1597 年）余氏怡慶堂刊本共八册

内閣文庫藏本

【按】内閣文庫藏此同一刊本兩部。一部原係楓山官庫舊藏,并附《廣嗣紀要》十卷,共十二册。一部原係江户時代醫學館舊藏,共十册。

（新刊）續扶壽精方三卷

（明）王來賓撰

明萬曆十五年（1587 年）刊本　共三册

内閣文庫藏本

【按】内閣文庫藏此同一刊本兩部。一部原係楓山官庫舊藏,一部原係江户時代醫學館舊藏。

（刻海上秘授杏林）尊生要覽十一卷

（明）龔廷賢編撰　太醫院校

明刊本　共十二册

内閣文庫藏本　原豐後佐伯藩主毛利高標舊藏

【按】此本係仁孝天皇文政年間（1818—1829 年）由出雲守毛利高翰獻贈幕府,明治初期,歸内閣文庫。卷中有"佐伯侯毛利高標字培松藏書畫之印"等印記。

錦身機要三卷　附大道修真捷要選仙指源篇一卷

渾沌子撰　魯志剛注

明刊本　共一册

内閣文庫藏本　原豐後佐伯藩主毛利高標舊藏

【按】此本係仁孝天皇文政年間（1818—1829 年）由出雲守毛利高翰獻贈幕府。卷中有"佐伯侯毛利高標字培松藏書畫之印"。

（新刻）保生新鑑一卷　附養生導引法一卷

（明）胡文煥校

明刊本　共一册

内閣文庫藏本　原楓山官庫舊藏

保生餘録二卷

（明）張介庵撰

明嘉靖年間（1522—1566 年）刊本　共二册

内閣文庫藏本　原吉田意庵　江户時代醫學館舊藏

養生圖解（不分卷）

（明）焦竑撰　丁雪鵬繪圖
明萬曆二十二年（1594 年）吳懷讓刊本　共二册
蓬左文庫藏本

養生圖解（不分卷）

（明）焦竑編
明刊本　共五册
宮内廳書陵部藏本　原德山藩三代主毛利元次舊藏
【按】此本原係江戸時代德山藩三代主毛利元次廣收“天下秘籍”之一。東山天皇寶永三年（1706 年）《御書物目録》著録此本，明治二十九年（1896 年）由男爵毛利元功獻贈宮内省。

延壽書（十三種）二十六卷

（明）胡文焕編

明刊本　共十册
内閣文庫藏本　原楓山官庫舊藏
【按】此本細目如次：
《新刻食物本草》二卷；
《新刻食鑒本草》二卷；
《新刻養生食忌》一卷；
《新刻攝生集覽》一卷；
《新刻三元參贊延壽書》四卷《首》一卷；
《新刻養生導引法》一卷；
《新刻保生新鑒》一卷；
《新刻修真秘要》一卷；
《新刻養生類纂》二卷；
《新刻山居四要》五卷；
《新刻錦身機要》三卷；
《新刻壽親養老書》一卷；
《大道修真捷要選仙指源篇》一卷。

（醫家雜録之屬）

醫史十卷

（明）李濂纂輯
明刊本　共四册
内閣文庫藏本　原豐後佐伯藩主毛利高標舊藏
【按】此本係仁孝天皇文政年間（1818—1829 年）由出雲守毛利高翰獻贈幕府，明治初期，歸内閣文庫。卷中有“佐伯侯毛利高標字培松藏書畫之印”等印記。
【附録】《醫史》十卷，日本江戸時代以日人寫本流傳者較廣。今國會圖書館存寫本三種，中國北京圖書館存寫本一種。

先醒齋筆記（廣筆記）十四卷　附炮灸大法一卷用藥凡例一卷

（明）丁元薦編　《炮灸》（明）繆希雍撰

明崇禎十五年（1642 年）序刊本　共二册
内閣文庫藏本　原豐後佐伯藩主毛利高標舊藏
【按】此本係仁孝天皇文政年間（1818—1829 年）由出雲守毛利高翰獻贈幕府。卷中有“佐伯侯毛利高標字培松藏書畫之印”。

先醒齋筆記（增訂廣筆記）三卷

（明）丁元薦編
明刊清印本　共三册
内閣文庫藏本　原崇蘭館　江戸時代醫學館舊藏

（本草之屬）

神農本草經（本草集注）（殘本）一卷

（梁）陶弘景撰
唐人寫本　日本國寶　卷子本一卷
龍谷大學附屬圖書館藏本

【按】此係陶弘景著《神農本草經》之"第一序錄"。卷子本一卷，幅寬約 28cm，全長 1700cm。

此本寫於釋家書《大智度論》與《比丘含注戒本》之邊緣，其卷首缺逸三十餘字，起自"心之故撰……"。卷末頂格題書卷名及著者曰"本草集注第一序錄，華陽陶隱居撰"。紙之最尾二行，低六字題書"開元六年九月十一日尉遲盧麟於都寫本草一卷辰時寫了記"。

陶弘景爲齊梁間隱士，道教上清派之開祖，故稱"華陽陶隱居"。"華陽"之名，蓋由"華陽天"而來。據《梁書》及《南史》所記，陶氏於齊永元年間（499—501 年），以《神農本草》與《名醫別錄》爲本，撰《神農本草經》，著錄本草及成藥七百三十餘種，並參閱諸書，爲之作注，名曰《集注本草》。

此本原係 1912 年（明治四十五年）日本大谷探險隊吉川小一郎與桔瑞超等從甘肅西域帶回。

【附錄】日本在對七世紀藤原宮遺址的發掘中，得一出土木簡，上書"本草集注上卷"。學界推斷此即陶弘景編纂之《本草集注》上卷殘簡。若此，則係陶弘景《本草集注》東傳之最早實物遺存。

九世紀藤原佐世撰《本朝見在書目錄》，其"醫方家"著錄《神農本草》七卷，題"陶隱居撰"。並著錄《神農本草音》七卷，題"李君撰"。又著錄《雜注神農本草》一卷，題"蔣孝陀加注"。此爲《神農本草》傳入日本的最早記錄。

楊守敬《日本訪書志》卷九著錄森立之輯本《神農本草經》五卷。其識文曰：

"森氏爲日本醫官，又精考證。此所輯《本草經》三卷《考異》一卷（此合四卷，原文如此——編著者），據其《自序》及《考異》引證之博，決擇之精，遠出孫顧二本上。唯所錄上品一百二十五種，中品一百一十四種，下品一百一十八種。蓋不信李時珍《綱目》所載目錄，而別據《千金方》、《醫心方》、《新修本草》、《和名本草》等書，以爲根源之古，然顯與《本經》三百六十五種之數不合，森氏亦不言其所以然。又孫氏所輯藥對佐使之類，固爲龐雜，而所輯佚文十二條，當是序例中語，森氏概不之採，恐亦未必隱居之舊也。"

此本已被日本"文化財審議委員會"確認爲"日本國寶"。

神農本草經疏三十卷

（明）繆希雍疏　李枝參訂
明天啓五年（1625 年）綠君亭刊本
國會圖書館　內閣文庫　早稻田大學圖書館藏本

【按】國會圖書館藏本，共十二冊。

內閣文庫藏此同一刊本三部。一部原係楓山官庫舊藏，共十六冊。一部原係昌平坂學問所舊藏，共十四冊。一部原係豐後佐伯藩主毛利高標舊藏，仁孝天皇文政年間（1818—1829年）由出雲守毛利高翰獻幕府。卷中有"佐伯侯毛利高標字培松藏書畫之印"等印記。此本僅存卷一，共一冊。

早稻田大學圖書館藏本，原係野口一太郎寧齋文庫等舊藏，共十二冊。

【附錄】日本東山天皇元祿十五年（1702年）彌生吉且《倭版書籍考》著錄《神農本草經疏》三十卷，題曰"明天啓年中繆希雍作"。

據《商舶載來書目》記載，中御門天皇享保

十年（1725 年）中國商船"志字號"載《神農本草經疏》一部十二册抵日本。同年，中國商船"浦字號"載《本草經疏》一部抵日本。

據《外船賫來書目》記載，中御門天皇享保二十年（1735 年）中國廣東船"二十五番"（船主黄瑞周）載《本草經疏》一部抵日本。

據《書籍元帳》記載，孝明天皇嘉永三年（1850 年）中國商船"酉七番"載《神農本草經》一部抵日本。同年，中國商船"天草難"船載《神農本草經》一部抵日本。售價六匁。

日本江户時代有活字版刊印《神農本草經疏》三十卷。

新修本草（殘本）五卷

（唐）李勣撰

日本鐮倉時代（1180—1331 年）寫本　日本國寶　卷子本共五軸

京都仁和寺藏本

【按】是書全二十卷，此本今存卷四、卷五、卷十二、卷十七、卷十九，共五卷。

卷四首題"新修本草玉石等部中品卷第四"，次行低一字署"司空上柱國英國公臣勣等奉敕修"，第三行起頂格書寫，列"金屑"、"銀屑"、"水銀"、"雄黄"、"雌黄"等三十種藥石，第八行書寫"右玉石類合三十種"，下有小字二行，文曰："十六種神農本草經，六種名醫別録，八種新附。"第九行起正文，起首曰："金屑，味辛……"每行十六字至二十字不等，小字雙行，行二十八字至三十二字不等。

此本係據日本奈良時代聖武天皇天平年間（729—748 年）日本古寫本轉寫。

江户時代森立之《經籍訪古志·補遺·醫部》著録聿修堂藏日本狩谷雲卿《新修本草》寫本（殘本）十卷（存卷四、卷五、卷十二、卷十三、卷十四、卷十五、卷十七、卷十八、卷十九、卷二十），其間叙狩谷氏寫本之由來，指西部縉紳家舊鈔，即係此本。其識文曰：

"此本舊鈔於天平中，天平距顯慶僅六七十年，此則蓋當時遣唐之使所齎而歸，實

爲李勣等編修之舊，無復可疑矣。今以唐氏《證類》校之，異同錯出，可互爲正，而彼土宋以後亡佚不傳。則李時珍輩無知妄作，亦職是由洶，可慨也。乃在皇國，亦久湮晦不顯。往歲，狩谷雲卿西上，觀一縉紳家舊鈔，即五六百年前人據天平鈔本謄録者，實爲天壤間絶無僅有之秘笈，乃亟影摹以傳同人，於是神光焕發，世始得窺古《本草》之真，則雲卿之功爲至鉅也。"

此本已被日本"文化財審議委員會"確認爲"日本國寶"。

【附録】日本聖武天皇天平二十年（748 年）《寫章疏目録》著録《新修本草》二帙二十卷。此爲日本古文獻關於《新修本草》之最早目録學著録。此二帙寫本今存皇家正倉院。

桓武天皇延曆六年（787 年）五月，此書與《本草集注》一起被皇家典藥寮正式採用爲宫廷用藥之本。嵯峨天皇弘仁十一年（820 年）天皇命講讀此書。此時編纂成的《弘決外典抄》與《醫心方》皆大量摘引此書。醍醐天皇延喜年間（901—922 年）天皇敕命深根（源）輔仁以此書爲本，編纂第一部日本本草書《本草和名》。

九世紀藤原佐世撰《本朝見在書目録》，其"醫方家"著録《新修本草》二十卷，題"孔玄均撰"。並著録仁捐撰《新修本草音義》一卷。

江户時代又有《新修本草》（殘本）八卷寫本一種（存卷四、卷十二至卷十四、卷十七至卷二十），幅寬 26.0cm。此本今存國會圖書館。

本草衍義二十卷

（宋）寇宗奭撰　寇約校

宋慶元乙卯（1195 年）江南西路轉運司刊本共三册

宫内廳書陵部藏本　原楓山官庫舊藏

【按】每半葉有界十一行，行二十一字。小字雙行，行同正文。白口，左右雙邊（25.4cm×20.1cm）。版心記字數，並有刻工姓名，如王惠、余光、王禮、周中、吴良、高中、吴元、卞、

周、忠、黃、蔡、彭卞、劉一新、劉仁、劉明、鄧安等。

首題“通直郎添差充收買藥材所辨驗藥材寇宗奭編撰”。次題“宣和元年本宅鏤版印造，侄宣教郎知解州解縣丞寇約校勘”。前有宋政和六年（1116 年）十二月廿八日《付寇宗奭札子》。

卷末有宋慶元乙卯（1195 年）《跋文》。文曰：

“右《證類本草》計版一千六百二十有二，歲月屢更，版字漫漶者十之七八，觀者難之。鳩工刊補，今復成全書矣。時慶元乙卯秋八月癸丑識。”

《跋文》隔行有“儒林郎江南路轉運使主管帳司段杲”等五人列銜。次有“朝奉郎權江南西路轉運判官吳獵”一行。

江户時代森立之《經籍訪古志·補遺·醫部》著錄楓山秘府藏宋刊本《本草衍義》二十卷《目錄》一卷，即係此本。

楊守敬《日本訪書志》卷九著錄宋刊本《本草衍義》二十卷《目錄》一卷，亦即此本。其識文曰：

“首載政和六年十二月廿八日《付寇宗奭札子》，又題宣和元年　月本宅鏤版印造，宣教郎知解州解縣丞寇約校勘。目錄及第一卷之首，題通直郎添差充收藥材所辨驗藥材寇宗奭編撰。

趙希弁《讀書後志》作《本□廣義》，與其序例不相應，當誤也。《自序》稱《重定本草》及《圖經》有執用己私失於商較，並考諸家之說，參之事實，覈其情理，證其誤脱，以爲此書。蓋爲掌禹錫等補注《神農本草》、蘇頌等《本草圖經》而作也。余按大觀二年唐慎微之《本草》已刻於漕司，至政和六年曹孝忠又奉命校刊慎微之書，何以寇氏一不議及？余意大觀、政和，年歲相近，漕司之本或流傳未廣，至曹氏校《證類》而宗奭之書已成。嘗以質之森立之，立之云，此書通編藥名次第，全與唐蘇敬《新修本草》相符（日

本現存蘇敬《本草》十卷，余已得其影鈔本），寇氏蓋以《證類本草》分門增藥爲非是，因就《新修》而作《衍義》也。又云寇氏辨正藥品凡四百七十二種，發明良多，蓋翻性味之説，而立氣味之論，東垣、丹溪之徒多尊信之，《本草》之學自此一變。然則寇氏本非爲慎微之書而作《衍義》，張存惠刊《證類本草》，以寇氏書入之，已失其旨。有明一代，遂無刊本，而《四庫》不得著錄，此當急爲流布者也。”

此書紙質精美，字格嚴整，係南宋版中上乘者。此書《宋史·藝文志》未曾著錄，《四庫全書總目》與《四庫未收書目提要》也未著錄。

【附錄】據《商舶載來書目》記載，中御門天皇享保十二年（1727 年）中國商船“浦字號”載《本草衍義》一部十冊抵日本。

江户時代有寇宗奭《本草衍義》寫本一種。此本原係寫字臺文庫等舊藏，今存龍谷大學大宮圖書館。

日本仁孝天皇文政六年（1823 年）有和刊本《本草衍義》二十卷。此本係日人丹波元胤校。

本草衍義二十卷

（宋）寇宗奭撰

元刊本　共三冊

天理圖書館藏本

【按】每半葉有界十二行，行二十一字。黑口，四周雙邊（20.5cm × 14.0cm）。版心著錄“本草衍義一（——二十）”，並有葉數。

此本據宋本翻印，卷前有“宣和元年本宅鏤版印造，侄宣教郎知解州解縣丞寇約校勘”宋版刊印木記。

卷中有“怡府世寶”、“明善堂覽書畫印記”、“安樂堂藏書記”等印記。

本草衍義二十卷

（宋）寇宗奭撰

元刊本　共六冊

尊經閣文庫藏本　原江户時代加賀藩主前田綱紀等舊藏

本草衍義二十卷

（宋）寇宗奭撰

元宗文書院刊本　共四册

静嘉堂文庫藏本　原陸心源皕宋樓舊藏

【按】每半葉有界十二行，行二十一字。注文小字雙行，行同正文。細黑口，三黑魚尾，四周雙邊（20.5cm×14.2cm）。

首題“宋通直郎添差充收買藥材所辨驗藥材寇宗奭編撰”。

前有宋政和六年（1116年）十二月廿八日《付寇宗奭札子》。《札子》後有“宣和元年本宅鏤版印造，侄宣教郎知解州解縣丞寇約校勘”兩行。

卷四、卷十八有後人寫補。

陸心源《儀顧堂續跋》卷九著錄此本。其識文曰：

“宋刊宋印本。宗奭，萊公曾孫，著有《萊公勛烈》一卷，見《郡齋讀書後志》。以《衍義》、《札付》、《通鑒長編》二百八十三證之，知其曾官杭州、順安軍、永耀各處。熙寧十年爲思州武城縣主簿。政和六年由承直郎澧州司户進書，轉通直郎添差充收買藥材所辨驗藥材而已。宗奭以嘉祐《證類》二部失於商較，因考諸家之説，參以實事，有未盡者衍之以臻其理，如‘東壁土倒流水冬亥’之類；隱避不斷者伸之以見其情，如‘水自菊下過而水香鼹鼠溺精墜地而生子’之類；文簡脱誤者證之，以明其義，如‘玉泉石蜜’之類；避諱而易名者原之以存其名，如‘山藥’避宋朝諱及唐避代宗諱之類。《郡齋讀書志》、《直齋書錄解題》、《文獻通考》，皆著於錄。金泰和刊，散附唐慎微《證類本草》，明刊仍之。此則猶宋時單行本也。”

卷中有“凌淦字麗生一字礪生”、“吴江凌氏藏書”、“劉柄”、“叔鼎”、“曹嘉猶印”、“小泉”、“歸安陸樹聲所見金石書畫記”、“臣陸樹聲”、“歸安陸樹聲叔桐父印”等印記。

（新編類要）圖注本草四十二卷　序例五卷　目錄一卷

（宋）寇宗奭　劉信甫校正

宋建安余氏勵賢堂刊初印本　共二十册

宮内廳書陵部藏本　原豐後佐伯藩主毛利高標舊藏

【按】每半葉有界十行，行大小皆十九字。四周雙邊（21.2cm×14.9cm）。魚尾下標“本草（幾）”或“本（幾）”。

首爲《總目》，目次如下（每半葉五行）：

一、二卷　玉石部上
三、四卷　玉石部中
五、六卷　玉石部下
七、八、九卷　草部上之上
十、十一卷　草部上之下
十二、十三卷　草部中之上
十四、十五卷　草部中之下
十六、十七卷　草部下之上
十八、十九卷　草部下之下
二十、二十一卷　木部上
二十二、二十三卷　木部中
二十四、二十五卷　木部下
二十六卷　人部
二十七卷　獸部上
二十八卷　獸部中
二十九卷　獸部下
三十卷　禽部上中
三十一卷　蟲魚部上
三十二卷　蟲魚部中
三十三、三十四卷　蟲魚部下
三十五、三十六卷　果部上中下
三十七卷　米谷部上
三十八卷　米谷部中
三十九卷　米谷部下
四十卷　菜部上
四十一卷　菜部中
四十二卷　菜部下

《總目》後空一行低七字題“姚溪儒醫劉信甫校正”。次有書肆刊印識語陰文七行，每行十八字。文字有匡，曰：

“《本草》之書最爲備急，世不可闕。舊有版皆漫滅，大則浩博而難閱，小則疏略而不備，圖相雕刻而不真，舛誤者多。今將是書鼎新刊行，方以類聚，物以群分，附入衍義、草木、魚蟲。圖相真楷，藥性畏惡，炮炙制度，標列綱領，瞭然在目，易於檢閱，色色詳俱。三復參校，並無毫髮之差，庶使用者無疑，豈曰小補哉，伏幸詳鑒！”

此識語後有刊印木記曰：“建安余彥國刊於勵賢堂”。

正文著錄之本草，每品繪圖，並注所產之地。藥品用陰文標示，本經作大字。此本所引書目甚衆，如《抱朴子》、《神仙傳》、《雷公衍義》、《藥性論》、《青霞子》、《子母秘錄》、《外臺秘要》、《千金方》、《千金翼方》、《孫真人食忌方》、《斗門方》、《十全傳救方》、《聖惠方》、《經效方》、《劉禹錫傳信方》、《崔氏方》、《肘後方》、《王氏博濟方》、《簡要濟衆方》、《孫用和方》、《御藥院方》、《靈苑方》、《百一方》等等。此外，凡經、史、子、集中有相關者，大底甄錄。

此本《宋史·藝文志》不錄，《四庫》亦未著錄，然日本《御書籍來歷志》著錄此本。

卷中有“佐伯侯毛利高標字培松藏書畫之印”。每册首又有“道山”、“專熟”兩印記。

此本於仁孝天皇文政年間（1818—1829 年）由出雲守毛利高翰獻於江戶幕府。

董康《書舶庸譚》卷三著錄此本，稱其“鎸刻精美，筆法刀法類建陽諸刻”。

【附錄】日本北朝時代後光嚴天皇文和二年（1353 年）京都東福寺第二十八世持主大道一以編撰《普門院經論章疏語錄儒書等目錄》，記錄 1241 年日僧圓爾辯圓自中國賫回之書籍，其中“出部”著錄《圖注本草》九册。

（新編類要）圖注本草四十二卷　　序例五卷　　目錄一卷

（宋）寇宗奭　　劉信甫校正

宋建安余氏勵賢堂刊初印本　　共二十二册

宮內廳書陵部藏本　　原金澤文庫　　江戶名醫多紀氏家　　醫學館　　帝國博物館舊藏

【按】每半葉有界十行，行大小皆十九字。細黑口，四周雙邊（21.2cm × 14.9cm）。魚尾下標“本草（幾）”或“本（幾）”。

此本爲日本中世時代金澤文庫外流出漢籍之一種，與宮內廳書陵部藏原豐後佐伯藩主毛利高標所有的宋勵賢堂刊本《新編類要圖注本草》四十二卷二十册係同一刊本。

卷中有“金澤文庫”墨印，又有“多紀氏藏書印”、“江戶醫學藏書之記”、“帝國博物館圖書”等印記。

（新編證類）圖注本草四十二卷　　序例五卷　　目錄一卷

（宋）寇宗奭　　許洪等校正

元刊本　　共十五册

靜嘉堂文庫藏本　　原徐一泉　　竹添井井等舊藏

【按】每半葉有界十三行，行二十二字。注文小字雙行，行同正文。細黑口，雙黑魚尾，四周雙邊（18.2cm × 12.2cm）。

此本《序例》五卷，乃係《補注總訣》、《本草圖經序》、《開寶重定序》、《唐本序》、《梁陶隱居序》、《序例》、《重廣補注神農本草并圖經序》、《雷公炮炙論序》、《衍義總序》、《序例》、《序例》等。

卷中有“涂氏家藏”、“徐氏一泉醫書”、“再春館藏書記”、“松方文庫”、“島田翰讀書記”、“竹添井井舊藏書”等印記。

經史證類大觀本草三十一卷

（宋）唐慎微撰

元大德壬寅（1302 年）宗文書院刊本　　共二

十四册

静嘉堂文庫藏本　原陸心源皕宋樓舊藏

【按】每半葉有界十二行,行二十字。注文小字雙行,行二十五字左右。粗黑口,雙黑魚尾,間有三黑魚尾,四周雙邊(20.2cm×13.9cm)。

前有宋大觀二年(1108年)十月朔通仕郎行杭州仁和縣尉管句學事艾晟《序》。次有《經史證類大觀本草目録》。卷三十後有《補注本草詔敕》,并有所引醫書十六家撰人姓名義例。卷三十一後有《圖經本草奏敕》,其文曰:

"嘉祐三年十月校正醫書所奏,竊見唐顯慶中詔修《本草》,當時修定注釋本經外,又取諸般藥品繪畫(有一字漫滅)圖,別撰《圖經》,辨別諸藥,最爲詳備。後來失傳,罕有完本。欲望下應係採藥去處,令識別人仔細詳認,根莖花實形色大小,並蟲魚鳥獸玉石等,堪入藥用者,逐件畫圖,並一一開説著花結實收採時月,及所用功效。其藩夷所産,即令詢問榷場市舶商客,亦依此供折,以憑照證,畫成本草圖,並別撰《圖經》,與今《本草經》并行,使人用藥知所依據。詔旨宣令諸路轉運司,指揮轄下州府軍監差,逐處通判職官,專切管句依應,供申校正醫書所。至六年五月,又奏《本草圖經》,係太常博士集賢校理蘇頌分定編撰。將欲了當,奉敕差知潁州,所有《圖經》文字,欲令本官一面編撰了當。詔可。其年十月編撰成書,送本局修寫,至七年十二月一日進呈,奉聖旨鏤版施行。"

此本卷一首題《經史證類大觀本草》,卷二以下題《經史證類大全本草》。

艾氏《序》後,有刊印版記:

> 大德壬寅孟春
> 宗文書院刊行

此本三十一卷分十三部,著録本草一千七百四十九種:

卷一、卷二,序例;

卷三至卷五,玉石部,録二百五十三種;

卷六至卷十一,草部,録四百四十七種;

卷十二至卷十四,木部,録二百六十三種;

卷十五,人部,録二十五種;

卷十六至卷十八,獸部,録五十八種;

卷十九,禽部,録五十六種;

卷二十至卷二十二,蟲魚部,録一百八十七種;

卷二十三,果部,録五十三種;

卷二十四至卷二十六,米穀部,録四十八種;

卷二十七至卷二十九,菜部,録六十五種;

卷三十,有名未用,録一百九十四種;

卷三十一,本經外草木,録一百種。

卷中避宋諱,遇諱皆爲字不成。語涉宋帝或提行,或空格。

此本卷首題《經史證類大觀本草》,卷中間有題《經史證類大全本草》者。

陸心源《儀顧堂續跋》卷九有宋刊本《大觀本草跋文》一篇,其言《大觀本草》各版本甚詳,文稱:"此書有大觀二年孫氏刊本,有宋紹興二十七年王繼先校定國子監刊本,有金泰和甲子晦明軒刊本,有元大德壬寅宗文書院刊本,大德丙午許氏刊本。金泰和本名《重修政和經史證類備用本草》,附寇宗奭《衍義》。元大德丙午本,亦附《衍義》。此本不附《衍義》,非紹興官刊本,即麻沙書坊翻大觀本也。"陸氏所言之宋麻沙刊本,疑即元宗文書院刊印之此本。

楊守敬《日本訪書志》卷九著録元大德壬寅刊本《經史證類大官本草》三十一卷,與此本同版。其識文曰:

"元大德壬寅刊本,不附寇宗奭《本草衍義》,避孝宗嫌名。蓋原於宋刻,爲慎微原書。按,此書有兩本,一名《大觀本草》,三十一卷,艾晟所序,刻於大觀二年者,即此本也;一名《政和本草》,三十一卷(以第三十一卷移於三十卷之前,合爲一卷,而刪其所引十六家本草,義例最謬),政和六年曹孝宗奉敕校刊者。二本皆不附入寇氏《衍義》。至元初，平陽張存惠重刻政和本，始增入《衍義》。及藥有異名者，注於目録之下。至明萬曆丁丑，宣城王大獻始以成化重刻政和之本，依其家所藏宗文書院大觀本之篇題，合二本爲一書，卷末有王大獻《後序》，自記甚明，並去政和本諸序跋，獨留大觀艾晟《序》及宗文書院木記。按其名則大觀，考其書則政和，無知妄作，莫此爲甚。《提要》所稱大德本及錢竹汀所録，皆是此種。《提要》見此本亦增入《衍義》，遂謂元代重刊又從金本録入，而不知大德原本並無《衍義》也。又有朝鮮國翻刻本，一依宗文本，不增改一字，較明人爲謹飭焉。此書集本草之大成，最足依據。至李時珍《本草綱目》，頗傷龐雜，不爲典要。顧大觀、政和兩本糅雜不清，前人未見古本，多不能分別，故爲之詳疏如此。”

卷中有“凌淹字麗生一字礦生”、“吴江凌氏藏書”、“章綬衔印”、“紫伯”、“歸安陸樹聲所見金石書畫記”、“臣陸樹聲”、“歸安陸樹聲叔桐父印”等印記。

【附録】十二世紀日本藤原信西《通憲入道藏書目録》第三十八櫃著録《大觀證類本草》上帙十卷、中帙十卷、下帙十二卷，並著録《大觀本草目録》一帖。

日本北朝時代後光嚴天皇文和二年（1353年）京都東福寺第二十八世持主大道一以編撰《普門院經論章疏語録儒書等目録》，記録1241年日僧圓爾辯圓自中國賫回之書籍，其中“玉部”著録《大觀本草》一種。

據日本江户時代《商舶載來書目》記載，日本中御門天皇享保十一年（1726年）中國商船“多字號”載《大觀本草》一部抵日本。

後桃園天皇安永四年（1775年）東都中津喜兵衛並河善六刊印《經史證類大觀本草》三十一卷。此本由日人望月三英校。

同年，京都望月草玄覆朝鮮刊本重刊京都永昌堂吉野爲八藏版《經史證類大觀本草》三十一卷，日人望月三英校。

日本光格天皇文化九年（1812年）有伊藤弘美書寫《紹興校定經史證類備急本草》十九卷一種。此本卷末有寫者識文曰：“右紹興校定《經史證類備急本草》十九卷，文化八年辛未十一月十三日謄寫始業，同九年壬申九月十一日全業。伊藤弘美。”此本現藏大阪天滿宫御文庫。

經史證類大觀本草三十卷　序目一卷

（宋）唐慎微撰

元刊本　丹波元堅手識本　共十二册

宫内廳書陵部藏本　原江户時代名醫多紀氏家　醫學館等舊藏

【按】每半葉有界十二行，行二十字。小字雙行，行二十四字。黑口，四周雙邊（20.8cm×14.1cm）。

卷首序目一册係後人寫補。

卷末有日本光格天皇享和癸亥（1803年）江户時代名醫多紀桂山（丹波元堅）手識文。其文曰：

“右《大觀本草》三十卷，文字端正，紙刻精良，爲宋本無疑矣。而據明人重刻《政和本草》，抄摘序目録並各條脱漏，別爲補闕一卷，及每卷校勘標注丹鉛句乙者，出於亡友會津驪忠恕公之手澤，乃恕公之舊藏也。己酉秋，書賈將來求售，余一開便識之。嗚乎，恕公之没未久，而遺書散落，遽至於此！實不禁泫然，遂購爲插架之有矣。此不奪宋鐫可貴重，乃是所謂讀書家之藏書，況時或披卷對之，則宛然如見故友，未曾不動感舊之懷，其可寶愛珍惜者，豈止於一邪！第卷末宇文虛中《跋》，缺後兩行，而劉祁《跋》亦缺自首至半幾二十七行，而兩《跋》相接，竟爲一編，令讀者眩惑。此以依明本縮字小版而抄寫故然耳。頃者偶獲嘉靖壬子胡大慶重刊元大德本，及劉祁《歸潛志》，因手成改補，並記其後。

享和癸亥中秋前二日雨中書於櫟蔭精

舍南窗　丹波元堅。”

此識文後,又有丹波元堅朱筆識文一款,以訂正前説版本之訛。其文曰:

　　　“余向見此書別本,首卷有艾晟《序》,後設藻文小欄格,其中記‘大德壬寅孟春宗文書院刊行’,正是與此同本而爲元版矣。而此本又艾《序》之外,無它題存。”

卷中有“多紀氏藏書印”、“江戸醫學藏書之記”、“帝國博物館圖書”等印記。

(重修政和)經史證類備用大觀本草(殘本)一卷

(宋)唐慎微撰
明刊本　共一册
國會圖書館藏本
【按】是書全三十卷。此本今存卷七,共一卷。

經史證類備用本草三十卷　序例二卷　目録一卷

(宋)唐慎微撰
明成化四年(1468年)刊本　共二十一册
宮内廳書陵部藏本
【按】前有雲中劉祁《序》,次題“成化四年歲次戊子冬十一月既望重刊”,次題“楊升督工,梅訥重校,劉肅重録,朱廣同録”,次有校勘列銜。
每册首有“吉家氏藏”、“森氏”等印記。
【附録】據《唐船持渡商賣書物目録並大意書》記載,桃園天皇寶曆十年(1760年)中國商船“辰一番”載《經史證類本草》一部二帙八册抵日本。其識文曰:“是書係蜀唐慎微撰,宋曹孝忠校勘,明成化四年重刊。此本脱紙五張。”

(重修政和)經史證類備用本草三十卷

(宋)唐慎微撰　曹孝忠校　(金)張存惠重修
明成化四年(1468年)山東巡撫原杰仿宋刊本

國會圖書館　蓬左文庫　東京大學總合圖書館藏本
【按】國會圖書館藏本,共十册。
蓬左文庫藏本,共二十五册。
東京大學總合圖書館藏本,原係土肥藏氏鄂軒文庫等舊藏,共十册。
【附録】據《商舶載來書目》記載,日本中御門天皇享保十年(1725年)中國商船“智字號”載《重修政和經史證類備用本草》一部抵日本。

(重修政和)經史證類備用本草三十卷

(宋)唐慎微撰　曹存忠校　(金)張存惠重修
明覆宋刊本　共十六册
東京大學總合圖書館藏本　原繆荃孫等舊藏

(重修政和)經史證類備用本草三十卷

(宋)唐慎微撰　曹孝忠校
明嘉靖二年(1523年)山東巡撫陳鳳梧刊本
國會圖書館　東洋文庫　早稻田大學圖書館　御茶之水圖書館藏本
【按】此本係金泰和甲子(1204年)刊本的翻刊本。卷首有原刊木記。
國會圖書館藏本,共十册。
東洋文庫藏本,原係三菱財團岩崎氏家岩崎文庫等舊藏。此本今缺尾葉,共二十四册。
早稻田大學圖書館藏本,共十册。
御茶之水圖書館藏本,原係德富蘇峰成簣堂舊藏,共十二册。

(重修政和)經史證類備用本草(殘本)二十九卷

(宋)唐慎微撰　曹孝忠校
明嘉靖二十一年(1542年)刊本　共十七册
國會圖書館藏本
【按】是書全三十卷。此本今缺卷五,實存二十九卷。

（重修政和）經史證類備用本草三十卷

　　（宋）唐慎微撰　曹孝忠校
　　明嘉靖三十一年（1552 年）山東濟南府儒學刊本　共二十册
　　國會圖書館　天理圖書館藏本
　　【按】每半葉有界十二行，行二十三字。小字雙行，行同正文。四周單邊（25.0cm × 16.5cm）。版心刻“序”、“方書”、“紀”、“目録”、“本草一（——三十）”，並有刻工姓名，如程俊等。
　　前有政和六年（1116 年）九月一日曹孝忠《序》，又有己酉孟秋望日麻革信之《序》。
　　卷中有刊行木記曰：“嘉靖三十一年歲次壬子春正月重刊，山東濟南府儒學教授胡大慶、訓導冀爲珩同校督。”

（重修政和）經史證類備用本草三十卷

　　（宋）唐慎微撰　曹孝忠校
　　明嘉靖年間（1522—1566 年）楚府崇本書院刊本
　　東洋文庫　足利學校遺蹟圖書館藏本
　　【按】東洋文庫藏此同一刊本兩部，皆係原三菱財團岩崎氏家舊藏。一部共二十四册；一部共二十三册。
　　足利學校遺迹圖書館藏本，原係足利學校舊藏。共十册。

（重修政和）經史證類備用本草三十卷

　　（宋）唐慎微撰　曹孝忠校
　　明隆慶三年（1569 年）刊本　共二十四册
　　京都陽明文庫藏本

（重修政和）經史證類備用本草三十卷

　　（宋）唐慎微撰　曹孝忠校
　　明萬曆七年（1579 年）楊先春歸仁齋刊本　共二十册
　　國會圖書館　東京大學總合圖書館藏本
　　【按】國會圖書館藏此同一刊本共五部。

東京大學總合圖書館藏本，原係森林太郎氏鷗外文庫等舊藏，共二十三册。

（重修政和）經史證類備用本草三十卷

　　（宋）唐慎微撰　曹孝忠校
　　明萬曆九年（1581 年）金陵唐氏富春堂刊本共二十三册
　　國會圖書館藏本

（重修政和）經史證類備用本草三十卷

　　（宋）唐慎微撰　曹孝忠校
　　明萬曆年間（1573—1620 年）刊本　共十册
　　尊經閣文庫藏本　原江户時代加賀藩主前田綱紀等舊藏

（重刊）經史證類大全本草三十一卷

　　（宋）唐慎微撰　（明）王秋捐貲　王大獻　王大成校
　　明萬曆五年（1577 年）尚義堂刊本
　　東洋文庫　天理圖書館藏本
　　【按】每半葉有界十二行，行二十三字。小字雙行，行同正文。白口，四周雙邊，間或單邊（20.0cm × 16.5cm）。版心刻“本草一（——三十一）”，及頁數，並記刻工姓名，如“宣城尤本科刻”。
　　內題次行爲“王秋捐貲命男大獻、大成同校録”。前有明萬曆丁丑歲（1577 年）春中月梅守德《序》，宋大觀二年（1108 年）十月艾晟《序》，此《序》後有原刊本雙邊木記，文曰：“大德壬寅（1302 年）孟春宗文書院刊行。”又有宋政和六年（1116 年）十二月二十八日寇宗奭《劄》，明萬曆丁丑歲（1577 年）春中月王大獻《序》。
　　外題左肩墨書“大觀本草　明萬曆丁丑翻刻元大德壬寅宗文書院本”。又有蓮牌木記曰：“萬曆丁丑春月，重刊於尚義堂。”
　　東洋文庫藏此同一刊本兩部。一部原係藤田豐八等舊藏，此本卷中有明萬曆二十八年（1600 年）藉山書院刊本補葉，又有明萬曆三十八年（1610 年）朱氏藉山書院本補葉，共九册。一部卷中亦有明萬曆二十八年（1600 年）藉山書院刊本補葉，和明萬曆三十八年（1610 年）朱氏藉山書院刊本補葉，又有清順治十四年（1657 年）楊氏藉山書院重補刊葉，共十册。

天理圖書館藏本，卷中有“巴陵方氏傳經堂藏書印”、“方坊惠藏書印”等印記。

（重刊）經史證類大全本草三十一卷

（宋）唐慎微撰　　（明）王大獻　程文銹校
明萬曆二十八年（1600 年）藉山書院刊本
共十册
國會圖書館　内閣文庫　尊經閣文庫　東京大學總合圖書館　東北大學附屬圖書館藏本

【按】國會圖書館藏本，今缺卷八、卷九，實存二十九卷，共十册。

内閣文庫藏本，共十册。

尊經閣文庫藏本，原係江户時代加賀藩主前田綱紀等舊藏，共十册。

東京大學總合圖書館藏本，共二十四册。

東北大學藏本，原係狩野亨吉舊藏，共十一册。

（重刊）經史證類大全本草三十一卷

（宋）唐慎微撰
明刊本　共十册
内閣文庫藏本

（家傳）日用本草八卷

（元）吳瑞撰　（明）吳鎮校補
明嘉靖年間（1522—1566 年）歙西黃氏刊本
共一册
龍谷大學大宮圖書館藏本　原寫字臺文庫等舊藏

【按】每半葉有界十二行，行二十四字左右。白口，上下雙邊（18.9cm × 12.7cm）。前有元天曆二年（1329 年）吳瑞《自序》，又有元至正三年（1343 年）《重刊跋》，又有明嘉靖四年（1525 年）陳企庵《重刊跋》、吳鎮《重刊跋》等。正文頂格署“家傳日用本草卷之一”，第二行上空二十字題署“七世孫鎮校補重刊”。第四行上空三字題署類目“諸水類”，文内各子目用橢圓形陰文表示。

卷八末葉有刊行木記，文曰“歙西川黃錠黃銑”卷中有日人“呼古止”點，此本係存世之唯一刊本。

食物本草七卷　附日用本草三卷

（金）李杲撰　《附》（元）吳瑞撰　（明）錢允治校注
明萬曆四十八年（1620 年）序世慶堂重刊本
共二册
國會圖書館藏本

【按】此本《日用本草》三卷，係明人錢允治依據《家傳日用本草》八卷縮編而成。

【附錄】據《外船載來書目》記載，日本中御門天皇享保二十年（1735 年）中國廣東船“二十五番”（船主黃瑞周）載《食物本草》十一部抵日本。

據《外船書籍元帳》記載，孝明天皇嘉永三年（1850 年）中國商船“戍一番”載《食物本草》一部六册抵日本。售價一匁五分。

日本後光明天皇慶安四年（1651 年）京都山屋治右衛門刊印《食物本草》七卷，並附《日用本草》三卷。

食物本草（食物本草綱目）二十二卷　首一卷

（金）李杲撰　（明）李時珍訂
明崇禎十一年（1638 年）南城翁小麓刊本
共十二册
宮内廳書陵部　國會圖書館　内閣文庫　尊經閣文庫　東京大學總合圖書館　東北大學附屬圖書館藏本

【按】宮内廳書陵部藏本，原係江户時代德山藩三代主毛利元次舊藏，東山天皇寶永三年（1706 年）《御書物目錄》著錄此本，共二十四册。

國會圖書館藏本,共十二册。

內閣文庫藏此同一刊本兩部。一部原係豐後佐伯藩主毛利高標舊藏,仁孝天皇文政年間(1818—1829年)由出雲守毛利高翰獻贈幕府。卷中有"佐伯侯毛利高標字培松藏書畫之印"等印記,共二十一册。一部原係昌平坂學問所舊藏,此本卷首、卷八、卷九、卷十一、卷十四、卷十五、卷十七皆係後人寫補,共二十二册。

尊經閣文庫藏本,原係江戶時代加賀藩主前田綱紀等舊藏,共十四册。

東京大學總合圖書館藏本,今存卷第十一,共一册。

東北大學藏本,共十二册。

食物本草(殘本)一卷

(明)陳繼儒校
明刊本　共一册
內閣文庫藏本　原江戶時代醫學館舊藏
【按】是書全二卷。此本今缺卷上,存卷下。

(新刻)食物本草二卷

(明)胡文焕校
明刊本(《格致叢書》零本)　共二册
內閣文庫藏本

本草發揮四卷

(元)徐彦純撰　(明)薛鎧校
明萬曆年間(1573—1622年)刊本(《薛氏醫案》零本)共二册
內閣文庫藏本　原江戶時代醫學館舊藏

圖經節要補增本草歌括八卷

(元)胡仕可編撰　(明)熊宗立補
明成化元年(1465年)熊氏種德堂刊本　共四册
內閣文庫藏本　原豐後佐伯藩主毛利高標舊藏
【按】此本係仁孝天皇文政年間(1818—

1829年)由出雲守毛利高翰獻贈幕府。卷中有"佐伯侯毛利高標字培松藏書畫之印"等印記。

湯液本草三卷

(元)王好古撰　(明)吳中珩校
明刊本　共三册
國會圖書館藏本
【附録】日本江戶時代初期有元人王好古《新刊湯液本草》三卷和刊活字本。此本十二行二十字,黑口雙邊。

湯液本草六卷

(元)王好古撰　(明)王肯堂校
明刊本(《東垣十書》零本)　共一册
國會圖書館藏本

本草單方十九卷

(明)繆希雍撰　康泓等編
明崇禎六年(1633年)刊本
內閣文庫藏本
【按】內閣文庫藏此同一刊本三部。一部原係楓山官庫舊藏,共六册。一部原係昌平坂學問所舊藏,共八册。一部原係江戶時代醫學館舊藏,共六册。

本草發明切要(本草選)六卷

(明)張三錫纂　王肯堂校
明金閶十乘樓刊本　共六册
龍谷大學大宮圖書館藏本　原寫字臺文庫等舊藏

重證本草單方六卷

(明)鄭道昭重編
明萬曆三十八年(1610年)墨寶齋刊本
內閣文庫藏本
【按】內閣文庫藏此同一刊本兩部。一部原係江戶時代醫學館舊藏,此本今缺卷五,共五册。一部原係楓山官庫舊藏,此本今缺卷六,共五册。

撮要便覽本草蒙筌十二卷　首一卷

（明）陳嘉謨撰　葉槼　胡一貫校

明嘉靖年間（1522—1566 年）劉廷衢崑山堂刊本

國會圖書館　御茶之水圖書館藏本

【按】前有明嘉靖乙丑（1565 年）賜進士翰林院庶吉士許國《序》。卷末有"劉氏本誠書堂"木記。

國會圖書館藏本，共三册。

御茶之水圖書館藏本，原係德富蘇峰成簣堂舊藏，共四册。

【附録】據《商舶載來書目》記載，日本中御門天皇享保十二年（1727 年）中國商船"浦字號"載《本草蒙筌》一部抵日本。

據《會所書籍輸入見帳》記載，仁孝天皇天保十四年（1843 年）中國商船輸入日本《本草蒙筌》一部。投標價爲木下一百二勾，藤屋一百二勾五分，高中一百十勾。

本草蒙筌十二卷　總論一卷

（明）陳嘉謨撰

明萬曆元年（1573 年）周氏仁壽堂刊本　共四册

内閣文庫藏本

（圖像）本草蒙筌十二卷　首一卷

（明）陳嘉謨撰　胡一貫等校　劉孔敦補

明崇禎年間（1628—1644 年）金陵萬卷樓刊本

東京大學總合圖書館　早稻田大學圖書館　龍谷大學大宮圖書館藏本

【按】東京大學總合圖書館藏本，共四册。

早稻田大學圖書館藏本，共二册。

龍谷大學大宮圖書館藏此同一刊本兩部，皆係寫字臺文庫舊藏，各皆五册。

本草發明蒙筌十二卷　首名醫考一卷　總論一卷

（明）陳嘉謨撰　王肯堂校

明金壇王氏刊本　共八册

蓬左文庫藏本　原江戶時代尾陽藩主家舊藏

圖像本草蒙筌十二卷　首一卷

（明）陳嘉謨撰　劉孔敦增補

明崇禎元年（1628 年）萬卷樓周如泉刊本

國會圖書館　内閣文庫藏本

【按】國會圖書館藏本，共四册。

内閣文庫藏本，原係楓山官庫舊藏，共五册。

本草發明六卷

（明）皇甫嵩撰

明萬曆十一年（1583 年）刊本　共六册

德山市毛利家事務所藏本　原德山藩三代主毛利元次舊藏

【按】此本原係江戶時代德山藩主毛利元次廣收"天下秘籍"之一。東山天皇寶永三年（1706 年）《御書物目録》著録此本。

本草權度三卷　圖一卷

（明）黄濟之撰

明嘉靖十四年（1535 年）跋刊本　共二册

内閣文庫藏本　原江戶時代醫學館舊藏

上醫本草四卷

（明）趙星南輯

明趙悦學刊本　共四册

東洋文庫藏本

本草彙言二十卷

（明）倪朱謨撰　沈琯校　湯太素繪

明末有文堂刊本

京都大學人文科學研究所東洋學文獻中心　龍谷大學大宮圖書館藏本

【按】京都大學人文科學研究所東洋文獻中心藏本，共二十六册。

　龍谷大學大宮圖書館藏本，原係寫字臺文庫等舊藏，共二十册。

（新刊官版）本草真詮二卷

　（明）楊崇魁撰

　明萬曆三十年（1602 年）建安余良進刊本
共二册

　內閣文庫　龍谷大學大宮圖書館藏本

【按】內閣文庫藏本，原係豐後佐伯藩主毛利高標舊藏，仁孝天皇文政年間（1818—1829 年）由出雲守毛利高翰獻贈幕府。卷中有“佐伯侯毛利高標字培松藏書畫之印”等印記。

　龍谷大學大宮圖書館藏本，原係寫字臺文庫等舊藏。

分部本草妙用十卷

　（明）顧逢伯撰

　明崇禎三年（1630 年）刊本　共七册

　內閣文庫藏本　原豐後佐伯藩主毛利高標舊藏

【按】本書於仁孝天皇文政年間（1818—1829 年）由出雲守毛利高翰獻贈幕府。卷中有“佐伯侯毛利高標字培松藏書畫之印”等印記。

本草集要（殘本）六卷

　（明）王編輯

　明萬曆三十年（1602 年）刊本　共六册

　龍谷大學大宮圖書館藏本　原寫字臺文庫等舊藏

【按】是書全本八卷，此本今缺卷第七、卷第八。

本草綱目五十二卷　附圖二卷

　（明）李時珍撰　李建中圖

　明萬曆二十一年（1593 年）金陵胡承龍刊本

　國會圖書館　內閣文庫　東洋文庫　東北

大學附屬圖書館藏本

【按】此本乃明李時珍《本草綱目》最初之刊本，人稱“金陵小字本”，傳本極希。

　國會圖書館藏本，共二十七册。

　內閣文庫藏本，原係江戶時代名醫多紀氏家舊藏，明治八年（1874 年）由井口直樹獻出，歸農商務省，後入內閣文庫。

　東洋文庫藏本，原係三菱財團岩崎氏家岩崎文庫等舊藏。此本卷中有後人寫補，共二十册。

　東北大學藏本，共二十册。

【附録】日本東山天皇元禄十五年（1702 年）彌生吉且《倭版書籍考》著録《本草綱目》五十二卷。其識文曰：

　　“此本卷末有《寄經八脈考》一卷，《脈學》一卷。《脈學》之末，附月池翁删補之《四言舉要脈訣考證》。皆爲大明湖廣道蘄州李時珍作也。時珍字東璧，號瀕湖。父李言聞，子李建元，代代儒者而精通醫道。時珍博識廣覽，以醫業爲專門，時封文林郎，知蜀之蓬溪縣。自嘉靖末至萬曆初，歷三十年之功，積而成書。全書立十六部爲綱，出六十類，目擬朱文公《通鑒綱目》，涉九流，達百家，乃希世之好書。李建元上表，萬曆帝御覽，褒爲‘神農後第一人也’。倭點本始於半井家門人駒井桂庵，後有儒醫野間三竹點，有儒醫江村宗珉點。江西本、南京本誤字甚多。”

　據《商舶載來書目》記載，日本東山天皇寶永三年（1706 年）中國商船“智字號”載《重訂本草綱目》一部，共四十八册抵日本。

　中御門天皇寶永七年（1710 年）中國商船“浦字號”載《本草綱目》一部二十四册抵日本。

　據中御門天皇享保四年（1719 年）長崎港《書物改簿》記載，是年中國南京船“二十四番”（船主邵又張）載《本草綱目》一部抵日本。同年，南京船“二十九番”（船主俞枚吉）載《本草綱目》五部抵日本。

中御門天皇享保十年(1725年)長崎港《外船書物大意書草稿》著録《本草綱目》二部。其識文曰"各六帙凡四十八冊。是書係先年渡來,乃李時珍所作《綱目》也"。

據《外船賫來書目》記載,日本中御門天皇享保二十年(1735年)中國廣東船"二十五番"(船主黃瑞周)載《本草綱目》一部抵日本。

據《改濟書籍目録》記載,光格天皇文化元年(1804年)中國商船"亥九番"載《重刊本草綱目》一部十帙抵日本。同年,中國商船"子一番"載《本草綱目》一部四十冊抵日本,並注明"此本因成瀨因州之要求而相渡"。

據《書籍元帳》記載,仁孝天皇天保十二年(1841年)中國商船"寅一番"載《本草綱目》一部四十冊抵日本。

據《會所書籍輸入見帳》記載,孝明天皇安政五年(1858年)中國商船輸入日本《本草綱目》一部二十八冊。投標價爲本屋三十匁六分,書物屋三十一匁九分,日之屋四十匁。同帳記載安政六年(1859年)中國商船輸入日本《本草綱目》一部。投標價爲本屋二十三匁六分,島屋四十一匁,書物屋四十三匁九分。

櫻町天皇元文年間(1736—1740年)有日人相澤玄泉手寫《本草綱目附方分類》十五卷。此本係由日人山脇道立依據李時珍《本草綱目》重編。此本今存東京大學總合圖書館。

明正天皇寬永十四年(1637年)京都野田彌次右衛門刊印《本草綱目》五十三卷並《瀕湖脈學》一卷、《奇經八脈考》一卷。此本有後西天皇承應二年(1653年)重印本。

中御門天皇正德四年(1714年)江户含英堂等刊印《本草綱目》五十二卷、《首》一卷、《附圖》二卷、《瀕湖脈學》一卷、《脈訣考證》一卷、《奇經八脈考》一卷和《結髦居別集》四卷。此本題日人"稻生若水(宣義)補撰"。

本草綱目五十二卷　首一卷　附圖二卷

(明)李時珍撰

明萬曆三十一年(1603年)江西刊本

國會圖書館　内閣文庫　尊經閣文庫　京都大學人文科學研究所東洋文獻中心　東北大學附屬圖書館　早稻田大學圖書館　龍谷大學大宮圖書館藏本

【按】此本並附《瀕湖脈學》一卷,《脈訣考證》一卷,《奇經八脈考》一卷。

國會圖書館藏本,共三十七冊。

内閣文庫藏此同一刊本三部。一部原係江户時代林羅山舊藏,此本今缺卷十七,卷中有"江雲渭樹"印記,共三十七冊。一部共三十六冊。一部共四十八冊。

尊經閣文庫藏本,原係江户時代加賀藩主前田綱紀等舊藏,共三十八冊。

京都大學人文研藏本,共二十冊。

東北大學附屬圖書館藏本,原係狩野亨吉舊藏,共三十六冊。

早稻田大學圖書館藏本,原係服部南郭家服部文庫等舊藏,共二十八冊。

龍谷大學大宮圖書館藏此同一刊本兩部。一部原係寫字臺文庫等舊藏,此本附録無《瀕湖脈學》一卷,《脈訣考證》一卷,《奇經八脈考》一卷,而有《本草綱目品目》一卷,《本草名物附録》一卷,共三十八冊。另一部共四十冊。

本草綱目五十二卷　附圖二卷

(明)李時珍撰

明萬曆年間(1573—1620年)金陵胡承龍刊本　共二十六冊

内閣文庫藏本　原江户時代名醫多紀氏家舊藏

本草綱目(殘本)四十六卷

(明)李時珍撰

明刊本　共三十冊

東京大學總合圖書館藏本　原渡邊信家青洲文庫等舊藏

【按】此本外題"江西本草綱目"。是書全本五十二卷。此本今存卷一(下)、卷二、卷三

（下）、卷四（上中）、卷七至卷十一、卷十四至卷二十五、卷二十七至卷四十九、卷五十一、卷五十二。

（重訂）本草綱目五十二卷　附圖三卷　脈學一卷　奇經八脈考一卷

（明）李時珍撰　錢蔚起校

明崇禎十三年（1640 年）重刊本

內閣文庫　早稻田大學圖書館　東京大學總合圖書館藏本

【按】內閣文庫藏本，共三十八冊。

早稻田大學圖書館藏本，係武林錢衙藏版，共三十二冊。

東京大學總合圖書館藏本，原係江户時代紀州德川家南葵文庫等舊藏，共三十五冊。

【附録】日本靈元天皇寬文九年（1669 年）京都風月莊左衛門刊印《本草綱目》五十二卷《附圖》三卷並《脈學》一卷、《奇經八脈考》一卷。此本係李時珍撰，錢蔚起校。

靈元天皇寬文十二年（1672 年）又有和刊本《本草綱目》五十二卷《附圖》三卷、《脈學》一卷、《奇經八脈考》一卷、《脈訣考證》一卷，並

附《本草綱目品目》一卷、《本草名物附録》一卷。此本題“明李時珍撰，錢蔚起校”。

本草綱目（殘本）四十八卷

（明）李時珍撰

明刊本　共三十二卷

內閣文庫藏本　原江户時代醫學館舊藏

【按】是書全五十二卷。此本今缺卷十八、卷二十六、卷二十七、卷二十八，共四卷。

（新刻）食鑑本草二卷

（明）寧源編　胡文煥校

明刊本　共一冊

內閣文庫　東京大學總合圖書館藏本

【按】內閣文庫藏本，原係楓山官庫等舊藏。

東京大學總合圖書館藏本，原係田中芳男舊藏，由田中美津男獻贈東京大學。

山公醫旨食物類五卷

（明）施永圖編

明刊本　共四冊

內閣文庫藏本　原楓山官庫舊藏

（方集之屬）

葛仙翁肘後備急方八卷

題（晋）葛洪撰　（梁）陶弘景補

明萬曆二年（1574 年）岳州府刊本

內閣文庫　尊經閣文庫藏本

【按】前有明萬曆二年（1574 年）李栻《序》，次有元至元丙子（1336 年）段成己《序》，次有葛仙翁《序》，次華陽隱君《補闕肘後百一方序》，次有鹿鳴山《續古序》，次有金皇統四年（1144 年）楊用道《附廣肘後方序》。

卷末有刊印木記，文曰：“孟冬朔日岳州府知府劉自化奉檄校刊。”

內閣文庫藏此同一刊本兩部。一部原係楓山官庫舊藏，共四冊。江户時代森立之《經籍

訪古志·補遺·醫部》著録此本。其識文曰：“按，是書校之《外台醫心方》、《證類本草》等，所引甚非隱君之真面，恨今世所傳，唯有此本。楊用道《序》曰：‘得乾統間所刊《肘後方》善本，又得唐慎微《證類本草》，摘録其附方，分以類例，而附於《肘後》，隨證之下，目之曰《附廣肘後方》……。’明陳繼儒《序》亦曰：‘外附以趙原陽《外科方》益之。’蓋原陽於洪武間曾請此書入《道藏》，而胡孟晋又慮此書罕流於世，特嚴加校核而廣其傳。繇是考之，用道附廣本，原陽收之《道藏》，而明代更摘出刊行，此本是也。然朝鮮國所輯《醫方類聚》所引，亦係用道附廣本，而今本所無，凡十四門（治手足諸病，

治卒吐血唾血大小便血,治患消渴小便利
數,治卒患諸淋不得小便,治夢交接泄精及
溺白濁,治大便秘澀不通,治卒關格大小便
并不通,治患寸白蚘蟲諸九蟲病,治患五痔
及脱肛,治婦人漏下月水不通,治妊娠諸病,
治産難横生逆生胎死胞不出,治産後諸色諸
患,治小兒諸病諸方是也)。此則附廣本亦
已被後人删汰甚矣哉。是書之厄也。小島
春沂有補輯本。考訂極精。又按,延享丙寅
浪華沼晋校刊本,首載萬曆中陳繼儒、胡孟
晋重鐫《序》,及陳嘉猶《序》。沼又有寶曆
丁丑《跋》,稱得華本再校,蓋指此本也。又
乾隆中,程永培刊《六醴齋叢書》收入是書,
亦據萬曆本。”

楊守敬《日本訪書志》卷九著録明萬曆刊本
《葛仙翁肘後備急方》八卷,即係此本。其識
文曰:

“明萬曆二年李拭刊本。按,李拭刊有
《通鑑紀事本末》,亦好事者。但此書既經
中統楊用道附廣,已非隱居之舊。至元丙子
又刊於烏氏,至拭爲之再刻,又非皇統本之
舊。森立之《訪古志》云,據朝鮮《醫方類
聚》所引,亦是用道附廣本,而今本所無者
十四門,《醫心方》所引,亦時多差互,然則
此爲烏氏所删歟?抑李拭所删歟?今皇統
本不可見,至元本亦不聞有藏者,甚可惜也。
又此書有萬曆三年胡孟晋重刊本。日本延
享丙寅浪華沼晋又據以翻刻,以《外台》、
《千金》、《證類本草》所引校刊於界欄上,頗
爲不苟,唯沼晋不見《醫方類聚》及《醫心
方》,猶未爲盡善也。小島春沂有補輯本,
考訂極精。”

内閣文庫藏另一部,原係野間三竹、小島寶
素、江户醫學館等舊藏。此本今缺卷七、卷八,
實存卷一至卷六,共六卷六册。

尊經閣文庫藏本,原係江户時代加賀藩主前
田綱紀等舊藏,共四册。

【附録】九世紀末日人藤原佐世撰《本朝見
在書目録》,其“醫方家”著録《葛氏肘後方》一

卷,不署撰人姓名。又著録《葛氏肘後方》三
卷,題“陶弘景撰”。又著録《葛氏百方》九卷,
不署撰人姓名。著録《肘後方》九卷,不署撰
人姓名。此爲《葛氏肘後方》傳入日本的最早
記録。

據《商舶載來書目》記載,櫻町天皇延享二
年(1745年)中國商船“智字號”載《肘後方》
一部一帙抵日本。

江户時代有《葛氏方》三卷寫本一種。此本
題署“晋葛洪撰”,原係野口一太郎家寧齋文
庫等舊藏,今存早稻田大學圖書館。

日本櫻町天皇延享三年(1746年)稱觥堂刊
印《葛仙翁肘後百一方》八卷。此本題“晋葛
洪撰,梁陶弘景、金楊用道增修”。

同年,江户西村源六、大阪澁川清右衛門刊
印“晋葛洪撰、梁陶弘景補”《肘後百一方》八
卷并《序目》一卷。此本由日人沼晋角校。

桃園天皇寶曆七年(1757年)刊印《重訂肘
後百一方》八卷。其撰著者署名與“延享本”
同。

劉涓子鬼遺方五卷　　神仙遺論一卷

題(齊)龔慶宣編
古寫本　　周錫瓚手識本　　共一册
静嘉堂文庫藏本　　原陸心源十萬卷樓舊藏
【按】前有齊永明元年(483年)五月龔慶宣
《自序》。

此本有周錫瓚手識文二款。一款曰:

“嘉慶十年二月,偶於湖州書賈得抄本
《劉涓子鬼遺方》五卷,并《治癰疽神仙遺
論》一卷。因取向年所藏照宋抄本《鬼遺
方》校之,行款與此本不同,字句間有脱訛,
亦有脱葉,實不逮所藏本。惟所藏本偶有缺
字,此本有之。首卷‘碎骨’作‘辟骨’。
‘辟’同‘擘’,‘擘’有分義、剖義,碎字似因
字形誤。皆此本之勝於所藏本者。錢述古
《讀書敏求記》所載書二,云同是宋抄,此兩
書合爲一册,或亦祖錢本歟。可知宋刻非
一,不得執彼以議此。凡讀書須博觀衆本,

採集所長,不可因有宋本,它本遂置而不觀也。《鬼遺方》席氏已開雕,而劉涓子《治癰疽神仙遺論》世無傳本。其書十卷,載於陳直齋《書錄解題》。卷或一版,或數行,此本其爲後人所并歟。其論病源、決死生,言之確鑿可據,實堪與《鬼遺方》并傳也。余因校閱所及,略書所見,以質世之讀是書者。香岩居士周錫瓚識。"

又一款曰:

"後借得黃氏士禮居所貯述古堂舊抄《鬼遺方》校勘,補缺正誤,裨益甚多。其原誤者,仍照錢本改,所以留舊抄面目。其書不過正嘉間人所抄,非宋抄也。此本從錢本照錄,頗信余前跋之不妄。不知何日再得舊抄《神仙遺論》一校,成合璧也。錫瓚又識。"

《直齋書錄解題》著錄《劉涓子神仙遺論》十卷。《中興書目》引《崇文總目》曰"宋龔慶宣撰"。《舊唐書·藝文志》著錄龔慶宣《劉涓子鬼方》十卷。未知即此書否。是書《四庫全書》未收。

【附錄】九世紀藤原佐世撰《本朝見在書目錄》,其"醫方家"著錄《劉涓子》十一卷,題"龍(龔)慶宣撰"。此爲《劉涓子鬼遺方》傳入日本的最早記錄。

江戶時代中期有題龔慶宣撰《劉涓子鬼遺方》五卷寫本一種。此本原係寫字臺文庫等舊藏,今缺卷第一、卷第二,實存三卷。此本今存龍谷大學大宮圖書館。

光格天皇文化九年(1812年)有日人《劉涓子鬼遺方》五卷寫本一種。此本今藏中國北京大學圖書館。

日本桃園天皇寶曆六年(1756年)平安文泉堂刊印《劉涓子鬼遺方》五卷。

孫真人備急千金要方三十卷　首一卷

(唐)孫思邈撰　　(宋)林億　錢象先等奉敕校正

宋紹興十七年(1147年)刊紹熙慶元年間(1190—1200年)補刊本　日本重要文化財共三十三冊

米澤市立圖書館藏本　原金澤文庫　興讓館　上杉家米澤文庫等舊藏

【按】每半葉有界十三行,行二十三字。白口,間有小黑口,左右雙邊(22.0cm×14.2cm或20.0cm×14.0cm不等)。版心題"千金方(卷數)"或"千金要方(卷數)",並記字數、干支、葉數、刻工姓名等。

前有宋林億等校正《備急千金要方目錄》、《新校備急千金要方序》、《新校備急千金要方例》,并有孫思邈《備急千金要方序》等。卷三十末有《校定備急千金要方後序》,列名錢象先、林億、孫奇、高保衡、韓琦、曾公亮、歐陽修、趙槩凡八人。

本文卷首題"備急千金要方卷第(幾)",次續小字雙行注綱目。次行低一字半左右署"朝奉郎守太常少卿充秘閣校理判登聞檢院上護軍賜緋魚袋臣林億等校正"。第三行約低六字題每卷之卷數,第四行起爲卷目,後連續正文。每卷末與正文隔一行題"備急千金要方卷第(幾)"。卷二末誤題"備金千金"。

每篇類例首爲"論",續之以"脈",繼之以"大方",更添"單方",末置"針灸"之方。其中卷五、卷六、卷十五,此三卷卷分上下兩篇。

卷中凡版心記干支之各卷,大體皆在"丙寅"與"丁卯",即宋高宗紹興十六年、十七年。此各卷之避諱缺筆,皆至宋仁宗之諱。文字寬裕,欄界闊大。此即宋紹興年間覆刊宋治平年間之本。補刊部分版心記字數,欄界稍窄,文字稍爲緊小。此各卷中避諱至宋孝宗,當爲紹熙、慶元間補刊。

此本爲日本中世時代原金澤文庫外流出漢籍之一種。

江戶時代森立之《經籍訪古志·補遺·醫部》著錄米澤侯藏宋刊本《備急千金要方》三十卷《目錄》一卷,即係此本。其識文曰:

"此本爲上杉氏累世所弄,實係宋治平三年所鏤版施行者。其版心無題記,文字寬裕,欄界長大。玄、匡、貞、殷、癥、恒、敦等字皆有缺筆是也。其原版漫滅,或全紙補刊,或數字填入者,亦往往有之。蓋其款式字樣,仿佛相類,而版心記甲、丙、丁卯、庚午字者,考其干支,殆爲元祐補刊。其版心舉字數者,及欄界狹隘文字緊小者,俱玄、癥等字不缺筆,惟慎字缺筆,是乾道、淳熙間所補刊也。元祐去治平不遠,所以略相類,若乾淳則相距百餘年,展轉模刻,其訛舛亦在所不免也。要之,此本雖非真人之舊,然是宋校原本,實爲醫家不可缺之書。嘉永元年官命刊之醫學,以行於世,實爲曠典。”

卷中有“金澤文庫”墨印,每册首又有“米澤藏書”朱印。

此本已由日本“文化財審議委員會”確定爲“日本重要文化財”。

【附録】九世紀末日本藤原佐世撰《本朝見在書目録》,其“醫方家”著録《千金方》三十一卷,題“孫思邈撰”。此爲《千金方》傳入日本的最早記録。

據《外船賫來書目》記載,中御門天皇享保四年(1719 年)中國商船“第二十八番”南京船(船主施茂公)載《千金方》一部抵日本。

據桃園天皇寬延四年(1751 年)《持渡書物覺書》記載,是年中國商船“午字番”載《千金方》一部十六册抵日本。

據《商舶載來書目》記載,日本中御門天皇享保四年(1719 年)中國商船“比字號”載《備急千金方》一部二帙抵日本。

據《書籍元帳》記載,日本仁孝天皇天保十二年(1841 年)中國商船“子二番”向日本輸入《孫真人備急千金方》一部,凡二帙。

日本室町時代(1393—1573 年)有世代名醫和氣氏家《千金方》寫本一種。每紙無界十六行,行十六字。文字面幅 23.0cm。此本今存卷一凡一卷。首題“千金方第一并序”,下隔四字署“處士孫思邈撰”。卷目接《序》文,題“太醫習業第一,太醫精誠第二,治病略例第三,診候第四,處方第五,用藥第六,合和第七,

服餌第八”。《目》下接本文。卷中有朱墨加點,并有墨書批識。此本文體樣式,與今存宋人校本有異,而與日本十一世紀《醫心方》所引相合。此本今藏宮内廳書陵部。

後西天皇萬治二年(1659 年)大阪敦賀屋久兵衛等刊印《孫真人備急千金要方》九十三卷。此本題署“唐孫思邈撰、宋林億校”。

孝明天皇嘉永元年(1848 年)江户醫學館據金澤文庫藏宋刊本《備急千金要方》三十卷重加影印。此本有多紀元堅《考異》一卷。此本有嘉永二年(1849 年)重印本。後來中國蘇州崇德書業公所又用此本在國内重新影印。

(新雕)孫真人千金方三十卷

(唐)孫思邈撰
宋刊配元明刊本　黃堯圃手識本　共二十四册
静嘉堂文庫藏本　原黃堯圃士禮居　陸心源皕宋樓舊藏

【按】每半葉有界十四行,行二十四字,間或二十五字、二十六字。注文小字雙行。白口,雙黑魚尾,左右雙邊(17.9cm×12.5cm)。

此本卷一至卷五,卷十一至卷十五,卷二十一至卷三十,凡二十卷係北宋刊本。每半葉有界十四行,行二十五字。首行題曰“新雕孫真人千金方”。版心或題“千金方幾”,或題“千金幾”。不記字數,也無刊工姓名。

卷六至卷十,卷十六至卷十九,凡九卷係元刊本。每半葉有界十一行,行二十二字。細黑口,版心題“金方幾”。

卷二十凡一卷係明刊本。題名行款與元刊本同,白口。版心題“千金方　某某類”等字。此乃明慎獨齋刊本之零本。

此書在明代已不復見全本,兹將宋刻二十卷卷目録於此:

卷一,習業第一,精誠第二,理病第三,診候第四,處方第五,用藥第六,合和第七,服餌第八。

卷二,(婦人上)求子方第一,有胎惡阻第

二,養胎第三,有胎病方第四,難産第五,子死腹中第六,逆生第七,胞衣不出第八。

卷三,(婦人中)虛損第一,煩悶第二,中風第三,心腹痛第四,惡露第五,下痢第六,小便第七,難方第八。

卷四,(婦人下)補益第一,不適第二,崩中第三,月水不調第四。

卷五,(小兒)序例第一,初生第二,驚癇第三,客忤第四,癖疝第五,傷寒第六,咳涕第七,癥結第八,雜病第九。

卷十一,肝臟脈論第一,肝虛實第二,肝勞第三,肝筋極第四,癥結癖氣第五。

卷十二,膽腑脈第一,膽虛實第二,咽門第三,髓虛第四,補虛煎第五,吐血方第六,萬病方第七。

卷十三,心臟脈論第一,心虛實第二,心勞第三,脈極第四,脈虛實第五,心腹痛第六,胃痹第七,頭風第八。

卷十四,小腸腑脈論第一,小腸虛實第二,舌論第三,風眩第四,風癲第五,驚悸第六,好忘第七。

卷十五,脾臟脈論第一,脾虛實第二,脾勞第三,肉極第四,肉虛實第五,熱痢第六,冷痢第七。

卷二十一,消渴第一,虛悶不得眠第二,淋閉第三,尿血第四,水腫第五。

卷二十二,序論第一,果實第二,菜蔬第三,穀米第四,鳥獸第五。

卷二十三,丁(疔)腫第一,癰疽第二,發背第三,丹毒第四,瘭疽第五,癭疣第六。

卷二十四,九漏第一,腸癰第二,腸痔第三,癬疥第四,惡疾第五。

卷二十五,解食毒第一,百藥毒第二,五石毒第三,蟲毒第四,胡(狐)臭第五,脫肛第六,瘤瘦第七,癭病第八。

卷二十六,卒死第一,蛇毒第二,被打第三,火瘡第四。

卷二十七,平脈火法第一,五臟脈輕重第二,指下形狀第三,五臟脈所屬第四,分別病狀第五,三關對治法第六,五臟積聚第七,陰陽表里虛實第八,何時得病第九,扁鵲華陀察色第十,五臟六腑氣絕候第十一,四時相反第十二,死期年月第十三,扁鵲診諸反逆死脈第十四,診百病死生第十五。

卷二十八,養性第一,導引養性第二,黃帝雜忌第三,按摩法第四,調氣法第五,居處法第六,房中補益第七,服食法第八。

卷二十九,明堂三人圖第一,三陰三陽流注第二,針灸禁忌法第三,五臟六腑旁通法第四,用針界例第五,灸例第六。

卷三十,(孔穴主對法)頭病第一,舌病第二,膝病第三,風病第四,癲病第五,雜病第六。

卷末有黃蕘圃手識文二款。

其一,清嘉慶己未(1799年)手識文曰:

"嘉慶四年二月十九日,至昭明巷老屋,遇書友邵鍾琳謂余曰:'吾兄酉山堂中有元板《千金方》,中配明板者,曾送閱乎?'余曰:'未也。'因到彼閱之,適主人不在,從其火(伙)取歸。共十四册,内配第六至第十,第十六至十九,仍缺第二十卷。其餘皆宋刻宋印,非元版也。越日,遣人問其價,需錢二兩四錢。遂如值與之。余家舊藏錢述古抄本,云是從宋閣本出者,已自侈爲善本。今得宋刻勘之,鮮有一處符合者。初不解其故,後檢《通考》,知晁所見者爲《千金方》三十卷,陳所見者爲《千金備急方》三十卷本。其前'類例'數條,林億等新纂。則知抄本即從宋閣本出,已是經後人增損,原書故與宋刻原本多所不同也。二本非特文義增減,即藥名分兩法製,殊有不合前人之方。忽經後以意改削,可信不可信乎!矧錢本所據,今以補入宋本之明本參考,同出一原(源)。於明本爛版、抄本皆缺文。宋閣本所出,益未可信其説矣。惟是《千金方》宋刻,昔人無有見及者,所見止《千金備急要方》,故不得不以此爲祖本,而於林億等'纂例'以前之本,反有不信爾。余得此本,雖殘缺,亦自侈爲奇秘矣。特示五柳主人,反以明刻爲勝於舊刻,而宋則斷斷乎其不信。宜酉山堂之以無意得之……而仍以無意去之也。古書難識,於今益信云。歲在己未清明前五日,棘人黃丕烈書於士禮居。

二月廿六洞庭鈕非石楓橋袁綬階訪余。余以書出示,相約以詩記事,用孫字禁押本事。時同觀者有西賓夏方米,謂余宜用杜老明妃詩例,遂遵之,率成五律四首,并不重韵。

千金徧易得,　宋刻儼然存。
備急誠爲要,　重刊未足論。
混淆今世本,　補綴舊時痕。
晁《志》真堪據,　《題》應陋振孫。

開國滎陽鄭,　藏書到子孫。
幾時晦塵土,　頃刻抵瑤琨。
纂例曾經億,　嫌名却避敦。
卅方嗟尚缺,　何處覓仙魂。

鬼遺方塵半,　藏弄認錢孫。
插架分先後,　排籤并弟昆。
世增收駿價,　仙感活龍恩。
從此思明理,　都慚少凤根。

人命千金貴,　方書自古尊。
所嗟求秘笈,　不盡出醫門。
《本草》心徒愛,　《傷寒》眼竟昏。
殘編同《寶要》,　珍重付兒孫。"

其二,有清嘉慶丁丑(1817 年)手識文,文曰:

"余既收得宋刻殘本《千金方》,久藏篋衍,未暇裝潢也。及後收得元刻全本,知從宋閣本出。而錢述古之舊抄以爲出自宋閣本者,據此也。前云此配明本,所見未的。後又收得明翻元刻,宋本缺卷,尚可爲狗尾之續。因合裝之。宋自宋,元自元,明自明,迹不可掩,雖合而仍可分,不致以僞亂真也。

丁丑夏五　復翁。"
卷末又有清同治六年墨跋。文曰:

"千金唱和集　　題宋本千金方
黃丕烈　慎獨生墨跋　丁卯。"

陸心源《儀顧堂題跋》卷七著錄此本,稱"是書全本明初已不可得矣"。其文又曰:

"校以日本覆宋治平本,不但編次先後迥然不同,即字句方藥,幾於篇鮮同章,章尠同句。惟與治平本校勘記所稱唐本多合,洵爲孫真人之真本,非林億既校以後刊本所可同日語也。"

卷中有"滎陽開國世裔鄭氏家藏圖書"、"袁廷檮借觀印"、"汪士鐘藏"、"平陽汪氏藏書印"、"秋浦"、"紫仙審定真迹"、"許烈之印"、"子宣"、"許號僒鑒定印"、"歸安陸樹聲叔桐父印"、"歸安陸樹聲所見金石書畫記"等印記。

(重刊)孫真人備急千金要方三十卷　首一卷

(唐)孫思邈撰　(宋)林億　錢象先等奉敕校正
元建安刊本　共十六册
宮內廳書陵部藏本　原江戶時代醫學館舊藏

【按】每半葉有界十二行,行二十二字。細黑口,左右雙邊(19.5cm×13.8cm)。版心題"金方一(——三十)",下記葉數。左側有耳格。

首題"重刊孫真人備急千金要方"。次行署"朝奉郎守太常少卿充秘閣校理判登聞檢院上護軍賜緋魚袋臣林億等校正"。

前有《重刊孫真人備急千金要方綱目》,次有錢象先等《校正備急千金要方序》,次有《凡例》,次有《重刊孫真人備急千金要方目錄》。

《目錄》尾題之前有唐草識語七行。其文曰:"醫家之書不爲不多,獨孫真人《千金方》決不可闕亡矣。以'千金'名之,則其珍之也明矣。脈證、方論、針灸、孔穴、瘡毒制度,靡所不載。近得前宋西蜀經進官本,不敢私秘,重加校正一新,綉梓與世共之。凡以醫鳴者,將見家扁鵲人叔和。孰不曰衛生之一助云爾。"

卷尾有孫思邈《後序》。《序》末有"治平三年(1066年)正月二十五日進呈迄,至四月二十六日奉聖旨鏤版施行",下有朝奉郎、校正醫書騎都尉賜緋魚袋臣高保衡"及孫奇、林億、錢象先四人列名。

卷中第一册及第二册有"廣壽院架藏記"印記,第六册至末册有"江户醫學藏書記"印記。

【附録】光格天皇天明五年(1785年)刊印《重刊孫真人備急千金要方》三十卷。此本係據元刊本覆刊。天明六年(1786年)有重印本。

光格天皇文化十一年(1814年)刊印《重刊孫真人備急千金要方》三十卷。

(重刊)孫真人備急千金要方(殘本)十八卷　首一卷

(唐)孫思邈撰　(宋)林億　錢象先等奉敕校正

元建安刊本　共六册

静嘉堂文庫藏本　原陸心源皕宋樓等舊藏

【按】每半葉有界十二行,行二十二字。注文雙行,行同正文。細黑口,雙黑魚尾,左右雙邊(18.2cm×11.8cm)。左側有耳格。

首題"重刊孫真人備急千金要方"。次行署"朝奉郎守太常少卿充秘閣校理判登聞檢院上護軍賜緋魚袋臣林億等校正"。

前有《校正備急千金要方序》,次有《凡例》,次有《孫真人備急千金要方序》,次有《重刊孫真人備急千金要方綱目》,次有《目録》。卷末有《經　進校定備急千金要方後序》。

《目録》尾題之前有唐草識語七行。文與宫内廳書陵部所藏元建安本同。

《後序》末題署"治平三年(1066年)正月二十五日進呈迄,至四月二十六日　奉聖旨鏤版施行",後有高保衡、孫奇、林億、錢象先四人官銜列名。

是書全三十卷。此本今缺卷六至卷十二,卷

十九至卷二十三,凡十二卷,實存十八卷。

卷中有"高氏鑒定宋版刻書"、"五岳貞形"、"古杭瑞南高士深藏書記"、"武林高深甫妙賞樓藏書"、"稽瑞樓"、"歸安陸樹聲藏書之記"等印記。

(重刊)孫真人備急千金要方三十卷　首一卷

(唐)孫思邈撰　(宋)林億等校

明正德十六年(1521年)劉氏慎獨齋刊本共十册

内閣文庫藏本　原江户時代醫學館舊藏

千金翼方三十卷　序目一卷

(唐)孫思邈撰　(宋)林億等校

元大德十一年(1307年)梅溪書院刊本　共十二册

宫内廳書陵部藏本　原江户醫學館　帝國博物館等舊藏

【按】每半葉有界十二行,行二十三字。小字雙行,行同正文。黑口,四周雙邊(20cm×12.6cm)。

前有林億等《校正表》,次有孫思邈《千金翼方序》,次有《千金翼方目録》,次有《校正千金翼方後序》。

《後序》後有刊印梓語兩行。其文曰:"大德丁未良月,梅溪書院刻梓。"

卷中有"廣壽院架藏記"、"多紀氏藏書印"、"江户醫學藏書之記"、"帝國博物館圖書"等印記。

【附録】據《商舶載來書目》記載,桃園天皇寶曆四年(1754年),中國商船"世字號"載《千金翼方》一部二帙抵日本。

日本仁孝天皇文政十二年(1829年)刊印《千金翼方》三十卷并《考異》一卷。此本據元大德十一年(1307年)梅溪書院刊本覆刊。楊守敬《日本訪書志》卷九著録校元本《千金翼方》三十卷,即係此本。其識文曰:

"日本文政己酉從元槧摹刻本。其原本係多紀氏聿修堂物,今未知所在。此本係小島尚質以初印本硃校於界欄上。蓋據宋本、元本、明王肯堂校刊本及《新修本草》諸書合校者。自丁亥迄己亥，首尾十二年始成，其精核可想。又按，森立之云《翼方》初擬附《考異》二卷而未成，當即以小島校本爲之也。"

千金翼方三十卷

（唐）孫思邈撰　　（宋）林億等校

元大德丁未（1307 年）梅溪書院刊本　共十二册

宮内廳書陵部藏本

【按】每半葉有界十二行，正文每行分三段，滿行約二十三字。注解小字雙行。四周雙邊（21.5cm×15.0cm）。版心題"翼方一（——三十）"，下有頁數，偶記刻工姓名。

首有林億等《進呈文》，次有孫思邈《千金翼方序》。次有《目録》。《目録》每半葉十三行，行分三段或四段不等。次有無名氏《校正千金翼方後序》。次有刊印木記："大德丁未良月，梅溪書院刻梓"。

正文偶有寫補。

千金翼方三十卷

（唐）孫思邈撰　　（宋）林億等校　　（明）王肯堂重校

明萬曆三十三年（1605 年）刊本　多紀元堅手識本　共二十四册

内閣文庫藏本　原楓山官庫舊藏

千金翼方三十卷

（唐）孫思邈撰　　（宋）林億等校　　（明）王肯堂重校

明刊本　共十册

尊經閣文庫藏本　原江户時代加賀藩主前田綱紀等舊藏

千金翼方（殘本）二卷

（唐）孫思邈撰　　（宋）林億等校　　（明）王肯堂重校

明刊本　共一册

内閣文庫藏本　原江户時代醫學館舊藏

【按】此本今存卷十二、卷十三。

孫真人備急千金要方（殘本）八十七卷　目二卷

（唐）孫思邈撰　　（宋）林億等校

明嘉靖二十三年（1544 年）喬世寧小丘山房刊本　共二十一册

内閣文庫藏本　原江户時代醫學館舊藏

【按】前有馬理喬世寧《序》。版心有"小丘山房"或"喬氏世定刻行"等字。

是書全九十三卷。此本今缺卷八十三至卷八十八，凡六卷，實存八十七卷。其中卷十六至卷二十一、卷四十七，凡此七卷係後人補寫。

江户時代森立之《經籍訪古志·補遺·醫部》著録此本。當時尚係全本九十三卷。森氏語曰："此本據《道藏》本者，故分卷殊多，其文訛脱頗夥。又萬曆甲辰方中聲刊本，以此本爲原，俱非佳刻。"

孫真人備急千金要方九十三卷　目二卷

（唐）孫思邈撰　　（宋）林億等校

明萬曆三十一年（1603 年）方中聲刊本

尊經閣文庫　東京大學總合圖書館　島根縣立圖書館藏本

【按】尊經閣文庫藏本，原係江户時代加賀藩主前田綱紀等舊藏。

東京大學總合圖書館藏本，原係淺田惟常家淺田文庫等舊藏。此本今缺卷第十七至卷第二十四、卷第三十一至卷第三十四，凡十二卷，實存八十一卷，共十四册。

【附録】日本後西天皇萬治年間（1658—1660 年）京都敦賀屋久兵衛刊印《孫真人備急千金要方》九十三卷《目録》二卷。此本據明萬曆三十一年（1603 年）方中聲刊本覆刊。

外臺秘要方四十卷

（唐）王燾撰　　（宋）林億等校

宋紹興年間（1131—1162年）浙東茶鹽司刊本　日本重要文化財　共四十二册

静嘉堂文庫藏本　原明正德時人高瑞南妙賞樓　陸心源皕宋樓等舊藏

【按】每半葉有界十三行，行二十三字或二十四字。小字雙行，行同正文。白口，單黑魚尾，左右雙邊（19.7cm×14.0cm）。版心有刻工姓名，如弓成、林俊、王安、王成、王介、吳江、徐升、徐政、阮于、應權、吳邵、江通、時明、施蘊、朱明、周浩、周皓、葉明、葉邦、徐侃、徐顔、徐彦、徐高、徐杲、陳浩、陳文、陳茂、李忠、李升、李碩、董明、董昕、鄭英、章楷、楊廣、俞昌、余青、余全、張永、趙宗、方彦成、丁圭、丁珪、黄季官、黄季常、婁謹、樓謹等。

首題“唐銀青光禄大夫持節鄴郡諸軍事兼守刺史上柱國清源縣開國伯王燾撰”。次題“宋朝散大夫守光禄卿直秘閣判登聞檢院上護軍臣林億等上進”。

前有《外臺秘要方目録》，題“朝散大夫守光禄卿直秘閣判登聞檢院上護軍臣林億等上進”。次有《外臺秘要方序》，題署“唐銀青光禄大夫使持節鄴郡諸軍事兼守刺史上柱國清源縣開國伯王燾撰　天寶十一載（752年）歲在執徐月之哉生明者也”。次有《校正外臺秘要方序》，題署“前將仕郎守殿中丞同校正醫書臣孫兆謹上”。卷四十末有宋皇祐三年（1051年）五月二十六日《劄子》，卷末有“宋熙寧二年（1069年）五月二日准中書劄子奉聖旨鏤版施行”二行，次有校正林億等銜名三行，中書門下富弼等銜名八行。

卷中避宋諱，凡宋神宗以前帝諱嫌名皆缺避。

每卷有目，連屬正文。每卷後或題“右從事郎充兩浙東路提舉茶鹽司幹辦公事趙子孟校勘”，或題“右迪功郎兩浙東路茶鹽司幹辦公事張寔校勘”。卷九後題“朝奉郎提舉藥局兼太醫令醫學博士臣裴宗元校正”。

陸心源《儀顧堂題跋》卷七著録此本，其識文曰：

“（前略）以崇禎中程衍刊本校之，删削幾及二萬字，妄改處亦復不少。黄蕘圃孝廉宋刊之富甲於東南，僅得《目録》及第廿三兩卷，見《百宋一廛賦注》。日本雖有全書，模印在後，多模糊處，見《經籍訪古志》。

此本宋刊初印，無一斷爛，洵海内外之鴻寶也。書中‘痰’字皆作‘淡’，明本改作‘痰’。‘擔’字皆作‘儋’字，明本改作“擔”。按，《説文》無‘痰’字，《廣韵》始有‘痰’字，云‘胸上水病’，《一切經音義》卷三‘淡飲，胸上液也’，其字作‘淡’，不作‘痰’，與此本合。《説文》亦無‘擔’字，‘人部’有‘儋何也’，即今‘擔’字。《漢書·貨殖傳》‘漿千儋’，《西域傳》‘負水儋糧’，此‘儋’之正字也……明刻改‘淡’爲‘痰’，改‘儋’爲‘擔’，此明人不識字之通病也。是此書不但有功醫學，并可參證小學，宋本之可貴如此。燾書原有雙行夾注，明刊往往於原書夾注上加‘通按’二字，竊爲己説。尤可笑也。”

傅增湘《藏園群書經眼録》卷七亦著録此本。

卷中有“武林高瑞南家藏書畫記”、“曹溶之印”、“蔣氏彦恒子孫保之”、“清寧東閣”、“思濟堂”、“京口世家”、“浙右項篤壽子長藏書”、“季振宜藏書”、“胡惠浮印”、“當湖小重山館胡氏篋江珍藏”、“無事小神仙”、“存齋四十五歲小像戊寅二月某石并刊”、“臣陸樹聲”、“歸安陸樹聲叔桐父印”等印記。

此本已由日本“文化財審議委員會”確定爲“日本重要文化財”。

【附録】據《商舶載來書目》記載，日本東山天皇元禄十二年（1699年），中國商船“計字號”載《外臺秘要》一部二十册抵日本。

據日本桃園天皇寶延四年（1751年）《持渡書物備忘録》記載，是年中國商船輸入日本《外臺秘要》三部，各四帙二十四册。

桃園天皇寶曆四年（1754年）《舶來書籍大意書》著録《外臺秘要》一部四帙三十二册，無脱紙。其識文曰：

"此書係唐王燾編輯。採摭起自炎昊迄於唐代之群書，彙成方六千餘，分千百四門，篇首載先賢之辨論，成四十卷。宋之孫兆校正刊布。以其缺訛多，故程敬道又重校。有疑義者，引類證，録於其側。無文可徵者，則自釋其意。重行刊印。"

日本有《外臺秘要方》四十卷古寫本一部。當是影鈔宋本，卷中有"金澤文庫"印記。此本現藏宮内廳書陵部。

日本仁孝天皇天保二年（1831年）有日人《外臺秘要方》四十卷寫本一種。此本今存卷十二、卷二十二、卷二十三、卷二十五至卷二十八，凡七卷，現藏中國醫學科學院圖書館。

孝明天皇弘化四年（1847年）有日人《唐王燾先生外臺秘要方》四十卷寫本一種。此本今存卷二十三、卷二十四、卷二十六、卷二十九、卷三十，凡五卷，現藏中國北京大學圖書館。

日本櫻町天皇延享三年（1746年）平安養壽院刊印《唐王燾先生外臺秘要方》四十卷。題"王燾著，林億等上進，程敬通訂梓，錫爲昭等校"。前有日人望月三英《序》。此本延享四年（1747年）有重印本。

外臺秘要方（殘本）十卷　　目録一卷

（唐）王燾撰　　（宋）林億等校

宋紹興年間（1131—1162年）浙東茶鹽司刊本　　共十一册

宮内廳書陵部藏本　　原金澤文庫　　楓山官庫等舊藏

【按】每半葉有界十三行，行二十四字。小字雙行，行同正文。白口，左右雙邊（19.7cm×14.0cm）。版心有刻工姓名，名同靜嘉堂文庫藏本。

是書全四十卷。此本與靜嘉堂文庫藏本爲同一刊本，唯僅存卷三、卷六、卷九、卷十一、卷二十一、卷二十三、卷二十五至卷二十八，凡十卷。

卷中避宋諱，凡"玄、眩、痃、懸、敬、驚、徵等字"皆缺避。

此本爲日本中世時代原金澤文庫外流出漢籍之一種。卷中有"金澤文庫"墨色楷書長方印記。

江户時代森立之《經籍訪古志·補遺·醫部》著録紀藩竹純田道藏北宋刊本《外臺秘要方》四十卷時曰："又按，楓山秘府所藏亦與此本同，但所存僅爲第三、第六、第九、第十一及第二十一、二十二、二十三、二十五、二十六、二十七、二十八，凡十一卷。每卷有金澤文庫印記。"森氏所言即係此本。

森氏記竹純田道家藏"北宋本"《外臺秘要方》。今録其識文備考。其文曰：

"每卷首有林億等上進名銜，卷末有裴宗元校正及趙子孟校勘名銜，或有右迪功郎張寔校勘字。每半版高六寸五分，幅四寸八分。十三行，行二十四字。版心有刻手姓名。每卷捺竹田定賢印。目録首有上池印。

按，此本竹田氏奕世所傳，承應間（後光明天皇與後西天皇年號，即公元1652年元月—1654年11月——編著者）《視聽日録》載紀藩醫員藏是書，即此本也。嘉永己酉，官下命郵致使於醫學影鈔（凡二通，一納楓山，一藏醫學）。亦大朝右文之所派及也。蓋宋槧醫籍，存於皇國者頗多，然多南渡以後物。其北宋本，如《千金方》猶有補刻，特此本真爲林億等經進之原刊，明諸家所不夢見者，而首尾完具，毫無缺失，況晋唐經方特賴是書而存，則豈可不謂之天下之至寶也耶！"

楊守敬《日本訪書志》卷九著録影北宋本《外臺秘要方》四十卷《目録》一卷，亦即紀藩竹田氏藏本。其識文曰：

"原本藏日本紀藩竹田氏。森立之《訪古志》曰：此本嘉永己酉官下命郵致使於醫學影鈔，凡二通。一納楓山官庫，一藏醫學。蓋宋槧醫籍，存於日本者頗多，然多南渡以後物，其北宋本如《千金方》猶有補刻，特此本真爲林億等經進之原刊，而首尾完具，毫無缺失，豈可不謂天下之至寶乎！立之又言，當新寫此書時，立之方爲醫學校官，以五人分書之，越三年乃成，其費不貲。余因立之言，先購得小島學古校本，乃知明程衍道刊本舛誤凡千萬言，因訪之杉本仲溫，據言紀藩之宋本不可見，楓山庫之新本亦不可得，維醫學之一部，明治初散出，未知存於誰何之手，余乃囑仲溫物色之。久之，以此本來，缺其末一册。蓋以末册有題識，恐爲其官所覺也。索價殊昂。余以爲此書宋槧，中土久絶，程本僞謬不可據，乃忍痛得之。每卷首有林億等上進名銜，卷末有裴宗元校正及趙子昂校勘名銜，或有右迪功郎張寔校勘字。影摹之精，下真宋刻一等，無怪立之言以五人之力三年乃成也。末一册託書記官巖谷修從楓山庫本補之，仍爲完璧。此書爲古方淵藪，晋唐逸籍賴是以存。當吾世不乏壽世仁民之君子，當覆之以傳也。"

《御書籍來歷志》著録此本。

董康《書舶庸譚》卷三亦著録此本。

（重訂唐王燾先生）外臺秘要方四十卷

（唐）王燾撰　（宋）林億等上進　（明）陸錫明校

明崇禎十三年（1640 年）新安程衍道經餘居刊本

内閣文庫　静嘉堂文庫　東京大學總合圖書館　早稻田大學圖書館藏本

【按】首有吳孔嘉《序》，程衍道（敬通）《序》等。每卷列宋人銜名，并有"新安程衍道敬通父訂梓"一行。

内閣文庫藏本，原係楓山官庫舊藏，共二十册。江户時代森立之《經籍訪古志·補遺·醫部》著録明崇禎庚辰程衍道刊本《重訂唐王燾先生外臺秘要方四十卷》并《目録》一卷即此本。其識語曰：

"此本首卷頁裏題云'此書肇集於唐，再鎸於宋，自元迄今未有刻版。不佞購得寫

本，訛舛頗多，彈力校讎，付諸剞劂'。今以宋本比校，誤字頗多。然宋本漫滅處，此本亦漫滅。則可徵所謂寫本者，蓋取原於宋本，不可與明代諸書謬誤錯出者同日而論也。又此本重刊，凡有數通，行款狹小，文字更陋，仍不著録。"

静嘉堂文庫藏本，原係陸心源十萬卷樓舊藏，共二十册。

東京大學總合圖書館藏本，今存卷第十三至卷第四十，凡二十八卷。卷中有仁孝天皇天保十四年（1843 年）日人與宋人校定之手識文，正文中有後人寫補處，共十二册。

早稻田大學圖書館藏本，原係野口一太郎家寧齋文庫等舊藏，共四十册。

【附録】據光格天皇文化元年（1704 年）《改濟書籍目録》記載，中國商船"亥九番"載《重訂外臺秘要方》一部抵日本。

元和紀用經一卷

（唐）啓元子王冰撰　（明）程永培校

明修敬堂刊本　共一册

東北大學附屬圖書館藏本　原狩野亨吉舊藏

【按】前有許寂《序》，末有程永培《跋》。

太平聖惠方一百卷　目一卷　附正誤二卷

（宋）王懷隱等編纂

宋紹興十七年（1147 年）福建路轉運司刊本

日本重要文化財　共二十四册

蓬左文庫藏本　原金澤貞顯　德川家康　尾張藩主家舊藏

【按】每半葉有界十三行，行二十五字或二十六字不等。白口，左右雙邊（22.4cm × 14.4cm）。版心下方記字數，并有刻工姓名。

第一百卷末有刊印識文曰：

"福建路轉運司今將國子監《太平聖惠方》一部一百卷二十六册，計三千五百三十九版對證，内有用藥分量及脱漏差誤共有一萬餘字，各已修改開版，并無訛舛，於本司公

使庫印行。紹興十七年四月日。"

"識文"後列官銜六行，署邵大寧、朱藻、陳暈、黃訥、范寅秩、馬□，凡六人。

正文中間或有圖。

此本宋紹興原版存五十卷，其餘五十卷及目錄，字體行款全同，蓋係同一時據宋版本寫鈔補足。今錄其紹興版卷數如次：

卷五、卷六、卷七、卷八、卷九、卷十、卷十七、卷十八、卷二十五、卷二十六、卷二十九、卷三十、卷三十三、卷三十四、卷四十五、卷四十六、卷四十九、卷五十、卷五十一、卷五十二、卷五十三、卷五十四、卷五十五、卷五十六、卷五十九、卷六十、卷六十一、卷六十二、卷六十三、卷六十四、卷六十九、卷七十、卷七十五、卷七十六、卷七十七、卷七十八、卷七十九、卷八十、卷八十一、卷八十二、卷八十三、卷八十四、卷八十七、卷八十八、卷九十一、卷九十二、卷九十五、卷九十六、卷九十九、卷一百。

紹興版每卷卷末有"金澤文庫"印記，爲日本中世時代金澤文庫外流出漢籍之一種。全書一百卷，卷首又有"御本"印記。此係金澤貞顯請來本，後歸德川家康幕府所有。尾張藩主以家康之世子，得其父之贈書，此爲"駿河御讓本"。

江戶時代森立之《經籍訪古志·補遺·醫部》著錄尾張藩藏宋刊本《大宋新修太平聖惠方》一百卷，并《目錄》一卷，即係此本。其識文曰：

"（前略）乃駿府秘府舊本也。寬政甲寅，大朝借之尾藩，使於醫庠影模一本，以儲之延閣。噫！是書誠爲經方之淵藪，彼土則明以來失其傳，而特巍存於皇國。世間有鈔本，然訛脱不尠。今此本既幸蒙烈祖之寶愛，遇恭廟好生之心深，遂能發幽光以濟斯民之夭札，其深仁厚澤，豈可不感仰耶。"

楊守敬《日本訪書志》卷十著錄舊鈔本《太平聖惠方》一百卷《目錄》一卷，言及原尾張藩主家藏同書宋本，其識文曰：

"宋王懷隱等奉敕撰。按，《宋史·懷隱傳》，宋州睢陽人，初爲道士，住京城建隆觀，善醫診。太宗尹京，懷隱以湯劑祇事。太平興國初，詔歸俗，命爲尚藥奉御。太宗在藩邸，暇日多留意醫術，藏名方千餘首，皆嘗有驗者。至是詔翰林醫官院，各具家傳經驗方以獻，及萬餘首，命懷隱與副使王祐、鄭奇（《讀書後志》作"彥"）、醫官陳昭遇，參對編類，每部以隋太醫令巢元方《病源候論》冠其首，而方藥次之，成一百卷，太宗御製《序》，賜名《太平聖惠方》，仍令鏤版，頒行天下，諸州各置醫博士掌之。《玉海》稱此書自太平興國三年（陳振孫曰七年）詔撰集，至淳化三年始成。按，森立之《訪古志》稱，尾張藩庫藏宋本，原刊存五十卷，以宋本補鈔。每半葉高六寸五分，廣五寸，十三行，行二十五六字。此本行款悉與之合。每卷首中縫下書'相州圓覺寺第二位周音（或有"首座"二字）書寫'，蓋僧徒之筆。無鈔寫年月，相其紙質筆蹟，當在數百年以前，書法亦簡勁峭直。據自稱'首座'，必非俗僧，惜當時在日本未曾訪之緇流也。第二卷末有'上總國市原郡海保村中道長津神護押'，則藏書人之記也。每卷又有'啓迪院'綠印記。按，日本有翠竹庵一、溪臾道三撰《啓迪集醫書》八卷，《自序》稱天正甲戌，當中國明萬曆二年，是書當經其所藏。與《訪古志》又云，宋本有福建路轉運司，今將國子監《太平聖惠方》一部百卷二十六册計三千五百三十九板對證，内有用藥分兩及脱漏差誤爽，有萬餘字，各已修改開版，并無訛舛，於本司公庫印行，紹興十七年四月，次有邵寧、宋藻、陳暈、黃訥、范寅秩、馬□官銜六行，此本無之。按，此書第九十九、第一百兩卷爲針經，鈔手雖古，稍嫌草率，亦無啓迪院印記。其中本有圖像，皆空位未摹，當是周音鈔本缺末二卷，後人又再爲補鈔也。此書自《書錄解題》著錄後，遂不著於世，唯《愛日精廬藏書志》載有眼齒兩類三卷，其他無聞焉。此本首尾完具，真希世秘笈，計其所採方書,增於《外臺秘要》數倍,唯每方不著所出原書,不如《外臺》之例之善。然是書經諸名醫編類,首尾十三年,頒諸天下以之課士,知其非苟而已也。"

此本并有《附錄》二卷,乃係日本光格天皇寬政年間(1789—1800年)尾張藩醫山崎克明、山崎祖静父子據《太平聖惠方》而作《聖惠方正誤》。

此本已由"日本文化財審議委員會"確定爲"日本重要文化財"。

【附錄】日本後柏原天皇永正十一年(1514年)有日人《太平聖惠方》一百卷寫本一種,題"宋王懷隱等撰"。此本今存卷一至卷二十,凡二十卷,現藏中國北京大學圖書館。

另有永正年間(1504—1521年)寫本一種,今存蓬左文庫。

日本江戶時代有《太平聖惠方》一百卷并《目》一卷寫本。今實存九十八卷,現藏國會圖書館。

光格天皇天明五年(1785年)松浦善兵衛刊印《太平聖惠方》二十卷(卷一至卷二十)并《目》一卷。

太平聖惠方(殘本)四卷

(宋)王懷隱等編纂

宋紹興十七年(1147年)福建路轉運司刊本共二冊

宮內廳書陵部藏本　原金澤文庫　江戶名醫多紀氏家聿修堂　醫學館等舊藏

【按】每半葉有界十三行,行二十五字或二十六字不等。白口,左右雙邊(22.4cm × 14.4cm)。版心下方記字數,并有刻工姓名。

是書與蓬左文庫所藏宋刊本《太平聖惠方》原爲同一本,全一百卷,皆爲日本中世時代金澤文庫之舊藏,後此本外流。此本今存卷七十三、卷七十四、卷七十九、卷八十,凡四卷。此四卷細目如次:

卷七十三:(治婦人病)凡一十六門,病源一十六首,方共計一百九十二道。

卷七十四:(治妊娠)凡一十七門,病源一十七首,方共計一百九十一道。

卷七十九:(治產後)凡一十六門,病源一十六首,方共計三百一道。

卷八十:(治產後)凡一十門,病源九首,方共計一百六十一道。

卷中有"金澤文庫"墨印、"多紀氏藏書印"、"江戶醫學藏書之記"等印記。

江戶時代森立之《經籍訪古志·補遺·醫部》在著錄當年尾張藩藏宋刊《大宋新修太平聖惠方》時又曰:"聿修堂藏有宋本五卷(係第七十三、第七十四、第七十九、第八十、第八十一),亦有'金澤文庫'印。蓋早經紛散者也。"此處所説"聿修堂藏有宋本五卷"者,即係此本。然流傳至今,又佚失卷八十一,實存四卷。

(許學士類證)普濟本事方前集十卷　後集十卷

(宋)許叔微撰

宋刊本　共五冊

宮內廳書陵部藏本　原江戶名醫堅田絨造楓山官庫舊藏

【按】每半葉有界十三行,行二十一字。細黑口,左右雙邊(20.7cm × 15.5cm)。《前集》版心標"本方(幾)"。《後集》版心標"本方後(幾)",并間有記錄字數。

《前集》卷前有《類證普濟本事方序》。《序》後有刊行梓語,文曰"寶祐癸丑良月夏淵余氏重刊於明經堂"。《前集》與《後集》各有《序》。《後集目錄》後又有刊行梓語,文曰"建安余唐卿宅刻梓"。

江戶時代森立之《經籍訪古志·補遺·醫部》著錄楓山秘府藏宋刊本《類證普濟本事方》十卷、《類證普濟本事方後集》十卷,即係此本。其識文曰:

"按,此本寬政中京醫堅田絨造所獻,實爲罕覯之秘笈。懷仙閣藏宋槧《後集》十卷,全與此本同。今歸躋壽館。"

《御書籍來歷志》亦著錄此本。

董康《書舶庸譚》卷三著錄此本。其識文

曰：

"是書《宋史·藝文志》作十二卷，疑數目倒置。《四庫提要》作十卷，云從宋槧鈔出，蓋僅《前集》也。此本宋槧……"

此本一説爲元覆刊宋刻本。

卷中有"獨得"、"絨造"、"回春堂藏"、"一鳥堂"、"堅田絨造"、"田馮之印"等印記。

【附録】四條天皇仁治二年（1241 年）日本東福寺開山聖一國師圓爾辨圓自中國歸，携回漢籍内外文獻數千卷。1353 年東福寺第二十八世大道一以據聖一國師藏書編纂成《普門院經論章疏語録儒書等目録》，其"劍部"著録《本事方》四册。

日本江户時代有日人《普濟本事方》十卷、《類證普濟本事方》十卷寫本一種。此本由日人源惟和奉敕校訂。現藏國會圖書館。

櫻町天皇享保二十一年（1736 年）大阪書林向井八三郎刊印《普濟本事方》十卷并《續集》十卷。

江户時代又有大阪書賈上田卯兵衛等刊印《普濟本事方》十卷并《續集》十卷。

（許學士類證）普濟本事方後集十卷

（宋）許叔微撰

宋建安余氏刊本　共一册

宮内廳書陵部藏本

【按】每半葉有界十三行，行二十一字。白口，左右雙邊（19.3cm×12.8cm）。

卷頭書名題"許學士類證普濟本事方後"，次署"許學士親述"。前有《許學士類證普濟本事方後集目録》。《目》後有抄補"建安□□卿宅刻梓"一行。

卷末有江户時代名醫多紀元堅的墨書識語。其文曰：

"《本事方後集》十卷，《宋史》著録以後，明清諸家書目并不見其名，乾隆《四庫全書》亦漏載之。則彼土早失其傳者無疑也。此宋刊本舊係於懷仙後人越智槧庵正貞所藏，槧庵先世遺書甚夥，皆傳保不失。

但是書以後日所獲，而余垂涎不已，割愛以見饋，余狂喜不知所譬。以槧庵究心《本草》，乃描明人貞白先生《聽松圖》幅於插架中，以爲瓜報焉。蓋南宋名醫，以許學士爲冠。況此實罕購之秘笈，豈可不什襲寶重耶？前方宋刊，浪華木世肅嘗獻之於醫校，惜亟爲祝融氏所奪，然安知世别有其本，而它日得華劍復合，余刮目而俟之。

嘉永辛亥花朝　丹波元堅識。"

卷中有"養安院藏書"、"樂真院"、"江户醫學藏書之記"、"帝國博物館"等印記。

普濟本事方（殘本）六卷

（宋）許叔微撰

宋刊宋印本　黃蕘圃等手識本　共六册

静嘉堂文庫藏本　原陳白陽　陸心源酾宋樓舊藏

【按】每半葉有界八行，行十六字。注文小字雙行，行同正文。白口，雙黑魚尾，左右雙邊（22.8cm×15.3cm）。版心記字數，并有刻工姓名，如丘立、王里、王理、李興、李辛、文受、文奇、曾梃、曾文、辛、理、里等。

前有《普濟本事方序》，次有《目録》。《目録》首題曰"普濟本事方"，次署"儀真許叔微知可述"。

卷中語涉宋朝年號，皆空一格。

是書《前集》全十卷。此本今存卷一至卷六，凡六卷。

首册副頁紙有手識文五款：

其一曰："曾達臣《獨醒雜志》卷第七。"

其二曰："録《夷堅志》明刻本乙集卷之一。光緒元年孟秋之月　陸心源。"

其三曰："《獨醒雜志》卷七一則。"

其四曰："失去七卷至十卷，目録據時刻補録備考。"

其五曰："戊辰季冬，校時刻本一過。誠如余所云，藥名分兩多有差池也。惟此六卷中，時刻多方幾許，未知何所據，而增添抑别有舊本。彼雲間王某《序》，以爲鈔本相傳，亥豕良多,用是取坊賈抄本與家藏善本校訂釐正,鏤版以廣其傳,是未可據矣。此宋刻六卷真本,豈不可寶耶! 已巳立春後一日。復翁。"

卷末又有黃蕘圃手識文二款。其一曰:

"初書坊某云,書船有殘宋本《普濟本事方》。余屬其取閱。久之以書來,僅存三冊。《序》全《目》失,六卷後已遭剜改也。六卷尚完好,第一卷首多治藥制度總例。擬購之,無如索直六十金。既而持物主之札索還,并云中人須酬十金。余未及還價而罷。……昨書船之友,携來各書,俱無愜意者。因詢前書,云尚在某坊,問其直,元易爲洋矣。今日遂與議易。給以番餅二十枚,以他書貼之,合四十兩青蚨。百忙之中,出見銀一斤,置此殘帙,旁人見之,得勿笑其癡耶!……書存六卷,細點葉數,《序》,二葉,《目錄》,存九葉,《治藥制度總例》,四葉,卷一,十九葉,卷二,二十四葉,卷三,二十六葉,卷四,二十四葉,卷五,十九葉,卷六,十七葉,共計一百四十四番。以葉論價,各每葉青蚨一百九十五文。近日書直昂貴,聞有無錫浦姓書賈,即浦二田之後,持殘宋本《孟東野集》,索直每葉元銀二兩,故余戲以葉論價,此書猶賤之至者也。此書亦即出浦姓手。書有'錫山浦氏珍藏'印,又有'浦氏賁菉鑒賞'印,當亦二田家藏者。二田故多宋本書,後人不知,盡皆散失。余向年曾得楊倞注《荀子》、錢佃本《二程遺書》,俱由浦姓賤售於某坊,某坊以之歸余者。此書浦姓賤售於某家,某家又售於書船,獲此厚直。幸余次第得之,俾宋刻勿致失墜。此區區之苦心,雖無錢而必勉强致之者,職是故耳。至於宋刻之可寶,《序》及《治藥制度總例》,時刻所無,其餘卷中錯誤,不可枚舉。莫謂方書雜伎無足重輕,倘藥品缺少分兩差池,致病罔效,猶諸經典缺誤處,足以妨事,所係豈淺鮮哉! 書船友姓邵名寶埔,云其書得諸江陰,即浦姓賤售者。并記。復翁。"(後有"無雙"白文方印)

其二曰:

"跋新得《普濟本事方》後,尚有餘意,詩以盡之。

性嗜奇書及古方,　飄零殘帙亦收藏。
當時事實觀能得,　詩曲由來起孟楊。

十存其六卷猶全,　制度先教治藥先。
版係宋雕何處認,　真珠丸已諱爲圓。

秘笈沉淪孰與求,　人亡人得理周流。
墨林清玩叢殘甚,　萬卷堂章卷尾留。

重裝手澤記僾春,　溯數前朝歲戊辰。
三百年來五甲子,　一書閱過幾家人?
　(復翁自注:宋刻方書都諱"丸"作"圓"。此本開卷"真珠圓"是其證。)

嘉慶戊辰季冬九日　復翁識於百宋一廛。"

陸心源《儀顧堂集》卷一九著録此本,并曰:

"是書罕見舊刻,《四庫全書》祇據影宋本著録。世所通行,有乾隆中雲間王梁陳刊本。夏長無事,與宋本六卷對校,卷首、序文、卷一《治藥總例》,王本皆缺。中間多出二十餘方……皆宋本所無,未知何所據也。……查王梁陳刊本《序》云:'抄本相傳,亥豕良多,余用是取坊賈抄本,與家藏善本校訂釐正,鏤版以傳。'其書之不足據,已自爲供狀矣。"

陸心源《儀顧堂題跋》卷七又著録《王梁陳刊本事方》十卷,并叙其與宋本對校諸事,可資參考。

卷六末有"衡山文璧觀"、"潁川陳淳借觀"兩行題款。并有"明正德戊辰重裝於仙春堂,仲夏十日葛懌記"墨書一行。

卷中有"文璧印"、"陳道復"、"浦氏賁菉鑒賞"、"錫山浦氏珍藏"、"研石"、"瓊靖之印"、"萬卷堂藏書印"、"寶墨齋記"、"黃丕烈印"、"百宋一廛"、"伯卿甫"、"蔡廷相藏"、"金匱蔡氏醉經軒考藏章"、"廷相"、"卓如"、"翰墨緣"、"湖州陸氏所藏"、"陸心源印"、"子剛父"、"嶺南東道兵備使者"、"臣陸樹聲"、"歸安陸樹聲叔桐父印"、"宋本"等印記。

鷄峰普濟方（殘本）二十五卷　首目一卷

（宋）孫兆撰　賈兼重校

宋徽宗時（1101—1125 年）閩中刊本　共二十四册

静嘉堂文庫藏本　原天籟閣　陸心源皕宋樓舊藏

【按】每半葉有界十一行，行二十二字。細黑口，雙黑魚尾，左右雙邊（19.2cm × 12.4cm）。版心記大小字數。

是書全三十卷。此本今缺卷二、卷三、卷五、卷六、卷八，凡五卷，實存二十五卷。

此本無序跋，不署撰者姓名。首行大題之下題署"馮翊賈兼重校定"七字。

卷中語涉宋帝皆提行。"丸"皆作"圓"，而"慎"字不缺筆。

首册副葉紙，有陸心源筆録三款：

其一曰："録張氏《醫説》引《夷堅志》一則。"

其二曰："録《夷堅志》一則辛集卷之一。同治十三年。"

其三曰："録《書録解題》一則，録《幼幼新書》一則。"

陸心源《儀顧堂集》卷一九著録此本，并有識語。其識文曰：

"（前略）相傳以爲張鋭著。前後無序跋，《目録》亦祇存十頁，莫能明也。晁陳二家及《文獻通考》皆不著録，惟張杲《醫説》引其説頗多，皆與今本合。

鋭，仕履不多見。《夷堅志》稱，鋭字子剛，成州團練使，以醫知名。居於鄭州。政和中，蔡魯公之孫婦有娠，及期而病，邀鋭治之，一服而愈。至紹興中，流落入蜀。又《書録解題》載'太醫局教授張鋭撰《鷄峰備急方》'，紹興三年爲《序》。

愚按，書中多自稱其名曰兆，或稱孫兆。

按《書録解題》，尚藥奉御太醫令孫用和，其子殿中丞兆，父子皆以醫知名。自昭陵迄於熙豐，無能出其右者。兆自言爲思邈後。……是書疑是兆著，請列五證以明之……陝西寶鷄縣陳倉山，一名鷄峰，見《雍大記》。兆雖里貫未詳，自稱思邈後人，當是陜人，故以所居自號。若鋭乃鄭州人，與鷄峰風馬牛不相及，其證五也。

卷十五校語有'恐有傳寫之誤'一語，則是書初無刊本，至賈兼始校定付刊可知。……兼自署馮翊，其版恐在關中。意者刊成之後，地入於金，金源文禁甚嚴，故晁陳二家皆不得見歟？卷三十爲'備急單方'，與《解題》所載一卷合。或鋭爲太醫局教授時，取兆書刊之，而陳氏遂屬之鋭耳。卷二十九'奇疾門'三十八方，與夏子益'奇疾方'同，益在兆之後，殆竊取而掩其所出歟？惜乎序跋皆失，無以破此疑團也。"

卷中有"貴我齋"、"墨林山人"、"項子京家藏"、"華亭朱氏"、"天籟閣"、"項元汴印"、"項墨林父秘笈之印"、"宮保世家"、"文石朱象玄氏"、"華齋"、"朱氏"、"昆山徐氏家藏"、"乾學之印"、"健庵"、"汪厚齋藏書"、"子京父印"、"乾學之印"、"三十五峰園主人"、"金匱蔡氏醉經軒考藏章"、"蔡氏卓如"、"梁溪蔡氏"、"濟陽蔡氏"、"子孫世昌"、"蔡廷楨印"、"廷楨私印"、"汪士鐘印"、"士鐘"、"閬源父"、"民部尚書郎"、"湖州陸氏所藏"、"儀顧堂"、"存齋讀過"、"嶺南東道兵備使者"、"臣陸樹聲"、"歸安陸樹聲叔桐父印"、"歸安陸樹聲所見金石書畫記"、"陸心源"等印記。

【附録】宮内廳書陵部別藏清道光八年（1828 年）覆宋刊本，上有江户時代幕府醫官兼醫學館講師丹波元堅 1838 年手識文，詳考此書之復合由來。兹録於此：

"右《鷄峰普濟方》三十卷，宋張鋭子剛著。《宋史》不載其目，世久無傳本。道光戊子，汪閬原士鐘得南宋刊賈兼重校定本，序以印行。惜猶有欠脱焉。按，張季明《醫

說》引《夷堅志》載,成州團練使張鋭子剛,
以醫知名。政和中,療蔡魯公孫婦及刑部尚
書慕容彦逢母。又載紹興中流入蜀。陳伯
玉《書錄解題》曰:'《鷄峰備急方》一卷,太
醫局教授張鋭撰,紹興三年爲序,大抵皆單
方。'陳良甫《管見大全良方》曰:'張子剛名
鋭,居蜀中鷄峰,爲徽廟時御醫,今已二百年
矣。'然即子剛著名於汴都,而其撰是書實
南渡後矣。閻原引《文獻通考》稱産醫教
授,更據《夷堅志》以曲證之。然今參《通
考》,亦稱太醫局教授,且産醫之名,殊無所
見,想閻原據誤本而附會也。閻原曰:'其
云備急者,乃特分門子目之一而已。'又曰:
'《鷄峰普濟方》當是鋭自題之,三十卷亦其
自定無疑也。'考《醫說》引是書曰《鷄峰普
濟方》,而劉方明《幼幼新書》、郭履道《十便
良方》所援,并皆相合。則汪說可從矣。

第一卷爲諸論,而其諸風條取劉子儀
說,它則多出創意,剴切詳明,多所闡發。如
處方及本病中別生滯礙二條,最爲覈的,而
《醫說》反漏載之。第二卷脚氣門,取曹防
御《方論》有云,貫之自少爲此所苦,貫之似
是防御名。又曰名云'脚氣治法總要',詳
董及之所著《脚氣治法總要》。乾隆《四庫
總目》載《永樂大典》採輯本,其所據諸方,
與曹氏約略出入,未知何故。第二十六卷奇
疾門,殆與夏之益書無疑。子益係紹興以後
人,則纂《奇疾》者,當以是書爲藍本。大抵
每卷方藥宜供資用者不鮮,間有孫尚藥治
驗,皆極精妙,足爲標準矣。蓋宋人方書傳
世者罕,此書在許氏《本事》、陳氏《三因》之
前,而其益後學亦在仲伯之間,況湮晦數百
年而一旦發其潛光,則雖不完之帙,何可不
云之杏林瑰寶乎!閻原刊印後十年,吳舶始
齎來而先歸於余插架,喜而不置,識數言於
其後。天保九年戊戌歲上元日　丹波元
堅。"

魏氏家藏方(殘本)九卷　序目一卷

(宋)魏峴撰
宋刊本　共十一册
宮内廳書陵部藏本　　　原普門院　聿修堂
等舊藏

【按】每半葉有界十行,行十九字。注文雙
行,行同正文。白口,左右雙邊(22.7cm ×
16.0cm)。版心記大小字數,并有刻工姓名。
卷首載宋寶慶丁亥(1227 年)魏峴《自序》。
是書全十卷。此本缺卷三,實存九卷。其中
卷二開首缺佚。卷一末有日本文"和歌"一
首:

"此秋は　むそちあまりに　露そお
く　老や夕の　あわれとはなる"

此歌原出日本《續古今和歌集》卷四"秋
上"。卷九末,又有同筆墨書"和歌"一首:

"一夜のほとに行かへるらん"

江户時代森立之《經籍訪古志・補遺・醫
部》著錄聿修堂藏宋刊本《魏氏家藏方》十卷
(内缺卷三),即係此本。其識文曰:

"是書大版大字,楷法端正,真宋版之
絶佳者。卷中有'普門院'朱印,第一卷末
書正三位知家卿所作《嘆齡既至六旬餘歌》
一首,屋代輪池(弘賢)嘗鑒定爲聖一國師
書。普門院爲國師所住,知此本爲其入宋時
所持歸。"

聖一國師圓爾辨圓(1202—1280 年),係日
本禪宗史上之杰出學僧。森立之《經籍訪古
志》又著錄屋代輪池之考定曰:

"按,昔光明峰殿下將創建東福,以居
國師,而未落成。別造普門院,令權住之。
事見《山城名勝志》、《名蹟志》、《元亨釋
書》等書。國師求法於趙宋也,此書刊行已
九年,此蓋自彼土齎來之物,而住普門之時
印記。其後,至弘長、文永之間,師年實六十
餘矣,當時慨然有感,是歌而自書耶!後輪
池西上日到東福寺,覽普門院寶什書畫,中
有國師真蹟數通,書法與此書所題正同。"

此本第一册、第四册、第八册、第十册、第十一册之首,并第五册、第九册之尾,皆有"普門院"印記。第一册、第四册又有"廣壽院架藏記"。卷中又有"多紀氏藏書印"、"江户醫學藏書之印"、"日本政府"等印記。

【附錄】四條天皇仁治二年(1241年)日本東福寺開山聖一國師圓爾辨圓自中國歸,携回漢籍内外文獻數千卷。1353年東福寺第二十八世大道一以據聖一國師藏書編纂成《普門院經論章疏語録儒書等目録》,其"昆部",著録《魏氏家藏方》六册。

江户時代有《魏氏家藏方》十卷寫本一種,凡九册。此本今藏國會圖書館。

江户時代又有《魏氏家藏方》十卷寫本一種。原係寫字臺文庫等舊藏。此本今缺卷第三,共九册,今存龍谷大學大宫圖書館。

嚴氏濟生方十卷

(宋)嚴用和撰

宋刊本　共十一册

宫内廳書陵部藏本　原普門院　楓山官庫等舊藏

【按】每半葉有界十行,行二十字。細黑口,四周雙邊(18.5cm×12.2cm)。版心標"方(幾)"。

前有宋寶祐癸丑(1253年)上巳嚴用和《自序》。次有一《序》,此《序》脱後半頁,故不知撰人姓名。序文皆每半葉四行,行八字至十字不等。

全本十卷中,卷一、卷六、卷八、卷十凡四卷係寫補。其中,卷八書寫最古,且有朱點,卷頭、卷尾皆題書名"嚴氏濟生方"。其餘三卷之卷尾,皆題"增修嚴氏濟生論方"。

江户時代森立之《經籍訪古志·補遺·醫部》著録楓山秘府藏宋刊本《嚴氏濟生方》十卷(卷一、六、八、十係補寫)本,即係此本。其識文曰:

"按,此本序目有缺,懷仙閣亦藏宋本第一卷,宜從而補。

又按,世傳鈔本或有題'增修'字者,未知原刊爲何種,且卷中無有新增論方,知是淺人妄補。"

《御書籍來歷志》著録此本。

董康《書舶庸譚》卷三亦著録此本。

【附錄】日本中御門天皇享保十九年(1734年)江户植村藤治郎刊印《嚴氏濟生方》十卷。此本由日本甲賀通元訓點,安部陸仙補校。光格天皇天明元年(1781年)有大阪河内屋八兵衛重印本。

仁孝天皇文政五年(1822年)刊印《嚴氏濟生續方》八卷,并《補遺》一卷。此本由日人丹波元胤校。

楊氏家藏方二十卷　首一卷

(宋)楊倓撰

宋淳熙年間(1174—1189年)刊本　共二十一册

宫内廳書陵部藏本　原金澤文庫　楓山官庫舊藏

【按】每半葉有界十一行,行二十字。小字雙行,行二十八字左右。版心標"楊氏方(幾)",或"楊氏(幾)",記字數,并有刻工姓名,如王太、王友、周明、周泗、張彦、王仁、王艮、左、昕、成、山、友、申、晃、俊、榮、米、佐、悦、升等。

前有宋淳熙五年(1178年)三月乙未朔代郡楊倓《序》。此《序》每半葉九行,行十六字。末有宋淳熙乙巳(1185年)延璽《跋》。此跋每半葉五行,行十二字。

細目如次:

卷一　諸風(上);

卷二　諸風(下);

卷三　傷寒　中暑　瘧疾　積熱;

卷四　風濕　脚氣　秘澀;

卷五　一切氣積　聚心　腹痛;

卷六　脾胃;

卷七　泄瀉　痢疾　泄痢;

卷八　痰飲　咳嗽;

卷九　補益　痼冷;

卷十　虛勞　心氣　消渴　水氣　蠱脹
　　　小腸疝氣;

卷十一　眼目　咽喉　口齒;

卷十二　瘡腫;

卷十三　腸風　痔漏;

卷十四　傷折　丹藥;

卷十五　婦人(上);

卷十六　婦人(下);

卷十七　小兒(上);

卷十八　小兒(中);

卷十九　小兒(下);

卷二十　雜方。

此本爲日本中世紀時代原金澤文庫外流出
漢籍之一種。

江户時代森立之《經籍訪古志·補遺·醫
部》著録楓山秘府藏宋刊本《楊氏家藏方》二
十卷,即係此本。

《御書籍來歷志》著録此本。

楊守敬《日本訪書志》卷十著録影宋鈔本
《楊氏家藏方》二十卷,即係據此本影寫。其
識文曰:

　　"宋楊倓撰。首有《自序》,又有'殿木
　氏藏書'印記,末有延璽《跋》,又有小島尚
　質硃筆點校。每半葉十一行,行十九字,左
　右雙邊。按,此書《四庫》不著録,本朝諸家
　目録亦無之。宋槧本今藏楓山官庫,此蓋自
　彼影鈔云。據《訪書志》,又有元版,《序》後
　有'阮仲猷刊於種德堂'木記,余未之見。
　據延璽《跋》,此與洪氏《集驗方》、顧氏《經
　驗方》同刻,今洪顧二書亦無著録者。"

董康《書舶庸譚》卷三亦著録此本。

卷中有"金澤文庫"墨色楷書長方印記。

楊氏家藏方二十卷

(宋)楊倓撰

元阮氏種德堂刊本　共七册

宮内廳書陵部藏本　原楓山官庫舊藏

【按】每半葉有界十四行,行二十一字。注
文小字雙行。

前有宋淳熙五年(1178 年)三月乙未朔代郡
楊倓《序》。後有刊行木記曰:"阮仲猷刊於種
德堂。"

卷四至卷十四係後人寫補。

江户時代森立之《經籍訪古志·補遺·醫
部》著録楓山秘府藏元刊本《楊氏家藏方》二
十卷,即係此本。其識文曰:"按,秘府又有元
版。《序》後有阮仲猷刊於種德堂木記。是書
《四庫提要》稱'今未見',益可貴重也。"

《御書籍來歷志》亦著録此本。

(增廣校正)和劑局方(殘本)三卷

(宋)陳師文等撰

宋刊本　共三册

宮内廳書陵部藏本　江户名醫多紀氏家
醫學館等舊藏

【按】每半葉有界十一行,行二十一字。白
口,或黑口,左右雙邊(20.1cm×13.4cm)。版
心有時記字數和刻工姓名。

是書全五卷。此本今存卷二、卷三、卷四,凡
三卷。其中,卷二自"一切氣"至"痼冷";卷三
自"積熱"至"瘡腫傷折";卷四"婦人",卷中
凡藥方名,皆以白文别之。

卷中有"多紀氏藏書印"、"江户醫學藏書之
印"等印記。

【按】江户時代森立之《經籍訪古志·補
遺·醫部》曾著録聿修堂藏《增廣校正和劑局
方》五卷,雖非一本,然屬同版。故録其識文
如次:

　　"按,此本卷第一諸風傷寒;第二一切
　氣至痼冷;第三積熱至瘡瘍傷折;第四婦人;
　第五小兒。柳沜先生跋曰:宋《太平惠民和
　劑局方》,近世通行,止於宋季增添之本,而
　不唯大觀中陳師可等所重修者既致遺佚,則
　併許洪注本不復文睹也。乙丑孟冬,姬路大
　夫川合元昇(鼎)購兹本於西京書坊,千里
　郵致以贈先君子。蓋其書五卷,凡二十一
　門,録方二百九十七道,乃與《宋史·藝文

志》、陳振孫《書録解題》、王應麟《玉海》所
載合。而附紹興續添諸家名方,則雖非汴都
之舊本,其烟楮精潔,實爲南宋初所開雕。
先君子得之球璧,不啻以爲寶櫝之秘矣。

　　按,兹本無《序》及《目録》,不知出於何
人。考許洪注本《序》,稱諸家名方者,爲吳
直閣所附。許作是《序》在於嘉定改元,則
兹本修自吳直閣,而其爲高孝兩朝間人可知
也。陳氏《書録解題》別載諸家名方二卷,
稱福建提舉司所刊,市肆常貨而《局方》所
未收者,然則吳直閣所附,豈即此歟?'牛
黃清心丸'一方,周公謹《癸辛雜識》嘗云與
山芋圓參錯。今徵之通行本,自'牛黃'至
'蒲黃'十九味。兹本則否,前八味爲牛黃、
金箔、麝香、犀角、末雄、黃龍腦、羚羊角、蒲
黃。後廿一味,大與山芋圓同。乃的符乎公
謹之言。夫古人之制方,炮製增損,斟量是
慎,況至於方劑,差謬其所繫不爲細。故是
先君子收儲醫經經方之書,必貴真本者。豈
類藏古玩家僅得柴窑殘器,奉爲至寶耶。今
若兹本,又非徒宋雕可以珍重也。曬曝之
餘,敬識其由,倂述先君子之意,告諸子孫。
子孫其永葆。

　　　　文化十三年　歲次丙子　七夕。"
傅增湘《藏園群書經眼録》卷七著録此本。

　　每冊首有"多紀氏藏書印"、"江户醫學藏
書"等印記。

　　1353 年東福寺第二十八世大道一以據聖一
國師藏書編纂成《普門院經論章疏語録儒書
等目録》,其"玉部"著録《局方》一冊,"出部"
著録《和劑方》五冊。

(增廣太平惠民)和劑局方十卷　目一卷

　　(宋)陳師文等撰　許洪注
　　元盧陵胡氏古林書堂刊本　共十二冊
　　宮内廳書陵部藏本　原江户名醫多紀氏家
醫學館等舊藏
　　【按】每半葉有界十三行,行二十二字。注
文雙行,行同正文。黑口,左右雙邊或四周雙

邊(20.1cm×13.0cm)。版心上題卷名,下記
頁數。

　　封面内頁題"盧陵古林書堂　增廣大全
太平惠民和劑局方"三行。卷首有《進表》,後
有陳承、裴宗元、陳師文列銜。此《進表》旁有
墨書批注。次有《太平惠民和劑局方總目》,
次有《增廣太平惠民和劑局方目録》。

　　卷六首尾及卷八卷尾缺佚。

　　此本附《圖經本草》一卷(缺卷首),《諸品藥
石炮製總論》一卷,《指南總論》三卷(殘缺)。

　　卷中有"多紀氏藏書印"、"江户醫學藏書之
記"、"帝國博物館圖書"等印記。

　　【附録】日本後光明天皇正保四年(1647
年)京都村上平樂寺刊印《重刻太平惠民和劑
局方》十卷。

　　中御門天皇享保十五年(1730 年)刊印《增
廣太平惠民和劑局方》十卷,并《指南總論》三
卷、《和劑圖經本草藥性總論》二卷。此本由
日人橘親顯等校。

　　同天皇享保十七年(1732 年)東都前川權兵
衛等刊印《增廣太平惠民和劑局方》十卷,并
《和劑圖經本草藥性總論》二卷、《指南總論》
三卷、《諸品藥石炮制總論》一卷。此本亦由
日人橘親顯等校。其後,此本於光格天皇寬政
元年(1789 年)由大阪泉本八兵衛等重刊印。

(增注太平惠民)和劑局方(殘本)九卷　目一卷

　　(宋)陳師文等撰　許洪注
　　元大德甲辰(1304 年)余氏勤有堂刊本　共
六冊
　　宮内廳書陵部藏本　原江户名醫多紀氏家
醫學館等舊藏
　　【按】每半葉有界十三行,行二十四字。注
文雙行,行同正文。黑口,四周雙邊(19.7cm
×12.6cm)。邊框左上有耳格。

　　卷首書名題後,署"敕授太醫助教前差充四
川總領所檢察惠民局許洪注"。卷末左一行
有刊行木記,文曰"大德甲辰余志安刊於勤有
堂"。

是書全十卷。此本卷九缺佚。卷二、卷三首部，并卷五尾部亦缺佚。卷中有補寫葉。

卷中有“多紀氏藏書印”、“江户醫學藏書之記”、“帝國博物館圖書”等印記。

（太平惠民）和劑局方（殘本）七卷　目一卷

（宋）陳師文等撰　許洪注

元大德十年（1306 年）高氏日新堂刊本　共四册

宮内廳書陵部藏本　原江户名醫多紀氏家醫學館等舊藏

【按】每半葉有界十四行，行二十三字，或二十四字。注文雙行，行同正文。黑口，左右雙邊（20.5cm×12.9cm）。

卷首有《進表》，後有三行官名列銜：

將仕郎措置藥局檢閱方書　陳承，

奉議郎守太醫令兼措置藥局檢閱方書裴宗元，

朝奉郎守尚書庫部郎中提轄措置藥局陳師文謹上。

次有《太平惠民和劑局方總目》，次有《太平惠民和劑局方目錄》。《目錄》末左側有刊印木記一行，文曰“建安丙午年高氏日新堂刊行”。

是書全十卷。此本卷五至卷七，凡三卷缺佚。卷二尾亦缺佚。卷十及《附錄》，補寫之葉甚多。

此本附《指南總論》三卷，《諸品藥石炮製總論》一卷，《圖經本草藥性總論》一卷。

每册首有“如實庵圖書記”、“多紀氏藏書印”、“江户醫學藏書之記”等印記。

（太平惠民）和劑局方（殘本）九卷

（宋）陳師文等撰　許洪注

元大德十年（1306 年）高氏日新堂刊本　共十二册

宮内廳書陵部藏本　原豐後佐伯藩主毛利高標舊藏

【按】每半葉有界十四行，行二十三字，或二

十四字。注文雙行，行同正文。黑口，左右雙邊（20.5cm×12.9cm）。

是書全十卷。此本卷九缺佚。并缺《目錄》及《附錄》。

此本係仁孝天皇文政年間（1818—1829 年）由出雲守毛利高翰獻贈幕府。明治初期歸内閣文庫。明治二十四年（1891 年）移交宮内省（即今宮内廳書陵部）。

卷中有“佐伯侯毛利高標字培松藏書畫之印”等印記。

（太平惠民）和劑局方十卷　指南總論三卷　序目一卷

（宋）陳師文等撰　許洪注

元建安鄭氏宗文書堂刊本　共七册

宮内廳書陵部藏本　原江户名醫多紀氏家醫學館等舊藏

【按】每半葉有界十四行，行二十三字，或二十四字。注文雙行，行同正文。細黑口，左右雙邊（19.3cm×12.9cm）。

前有《進表》，後有陳承、裴宗元、陳師文列名。次有《總目》，次有《目錄》。《目錄》後有刊印木記一行，文曰“建安宗文書堂鄭天澤新刊”。

首葉有墨書“主明室寶正居士”七字。每册首又有“多紀氏藏書印”、“江户醫學藏書之記”等印記。

（太平惠民）和劑局方（殘本）六卷　序目一卷

（宋）陳師文等撰　許洪注

元建安鄭氏宗文書堂刊本　共七册

宮内廳書陵部藏本　原江户名醫多紀氏家醫學館等舊藏

【按】每半葉有界十四行，行二十三字，或二十四字。注文雙行，行同正文。細黑口，左右雙邊（19.3cm×12.9cm）。

是書全十卷。此本今存卷一至卷四、卷七、卷八，凡六卷。

此本内封有刊印梓文。其文曰：

"本堂舊刊局方已盛行於世,工墨日勤,字畫昏乏,不便觀覽,今謹依官本謄作大字,三復校正,其《藥性總論》,則增入《圖經本草》,重新綉梓,以廣其傳,比視兩方衆本,霄壤不侔。"

每冊尾有墨書"癸卯三月褙補填蝕字"一行,并有花押。

卷中有"小島氏圖書記"、"尚質私印"、"字學古"等印記。

太平惠民和劑局方十卷　圖經本草藥性總論一卷　指南總論三卷

（宋）陳師文等撰　許洪注
明正統九年（1444 年）刊本　共七冊
宮內廳書陵部藏本

太平惠民和劑局方十卷　圖經本草藥性總論一卷　指南總論三卷

（宋）陳師文等撰　許洪注
明成化二年（1466 年）刊本　共五冊
宮內廳書陵部藏本

（重刊）太平惠民和劑局方十卷

（宋）陳師文等撰　（明）袁元熙校
明崇禎十年（1637 年）刊本
內閣文庫　龍谷大學大宮圖書館藏本
【按】內閣文庫藏此同一刊本兩部。一部原係楓山官庫舊藏,共八冊。一部原係江戶時代醫學館舊藏,此本爲後修,共四冊。

龍谷大學大宮圖書館藏本,原係寫字臺文庫等舊藏,共五冊。

（大德重校）聖濟總録（殘本）三十五卷

（宋）徽宗撰　（元）中甫等校
元大德年間（1297—1307 年）覆宋刊本　共三十五冊
宮內廳書陵部藏本　原江戶名醫多紀氏家醫學館等舊藏
【按】每半葉有界八行,行十七字。注文雙

行,行同正文。白口,四周雙邊（21.7cm ×17.8cm）。版心記大小字數,并記刻工姓名。

是書全二百卷。今存卷六十二至卷八十五、卷八十七至卷九十四、卷九十六至卷九十八,共三十五卷。

此本元大德二年（1298 年）七月仿宋本開讀雕造,大德四年（1300 年）二月工畢。

卷中有"隋壽殿書籍記"、"多紀氏藏書印"、"醫學圖書"、"帝國博物館圖書"等印記。

江戶時代森立之《經籍訪古志·補遺·醫部》著録吉田氏稱意館藏原大德四年刊本《大德重校聖濟總録》二百卷并《目録》一卷,與此本爲同一刊本。其識文曰:

"首載大德重校焦養直《序》,次政和《序》。篇末有'大德二年七月開讀雕造'申甫等三人官銜,及'四年二月內畢工'在局提調官梁曾等五人官銜。每半版八行,行十七字。高七寸五分強,幅六寸二分強。版心記字數及刻手姓名。

按,此本吉田宗桂入明時所賫歸。其《家譜》稱,天文八年與遣明使僧策彦同往,留學五年,治驗甚多。至十六年再往,適世宗有疾,宗桂措劑,不日亟愈。帝喜,賞以書畫珍玩,此其一也。子孫能守不失。文政癸酉,醫官子弟捐資活字印行。

又按,聿修堂亦藏零本。櫟窗先生曰,清程雲來撰是書《纂要》云,《大德重校聖濟總録》元朝奉詔頒行者,大版大字,每卷首篇署'元耶律楚材'五字。今吉醫官及予家所藏本,亦大版大字,然無'耶律楚材'字。原文書法端雅,蓋爲宋版之舊。但每卷題目一行,書刻并劣。係於元人改刊無疑矣。今考楚材以元太宗十五年卒,在大德二年前五十二年,則何由得有此五字?知程氏所見本,妄人所加,非刻本之舊也。

又按,雲來稱是書三副湊合,仍缺小兒方五卷。余於秘閣、內府、江浙齊梁諸鑒古家,遍訪無有藏本,欲補全而未能。同學項視菴,搜求小兒今古方論,補全五卷。議論簡要,方法詳明,可稱全璧矣。是知彼土無有足本。又近日吳舶賷來乾隆五十年汪鳴珂刻本。鳴珂稱,得潭濱黃氏,重錄版行,後借鄭虹橋、鮑以文藏本補湊云云。今取撿之,不啻文字頗有刪竄,其篇章亦多有私改,加小兒門,填以後世方論,乃與《纂要》所載相合。則此爲項視菴補本可知矣。

又按,存誠藥室嘗獲皇國二百年前鈔本,一遵元版樣式。或曰是翠竹先生真蹟,雖未知果然否,全部二百卷,大抵一手渾成,正見古人勤苦,非後輩所企及。仍附記之。”

【附録】據《商舶載來書目》記載,中御門天皇享保七年(1722 年)中國商船“佐字號”載《三帝御定聖濟總録》一部抵日本。

日本桃園天皇寶曆四年(1754 年)《舶來書籍大意書》著録《聖濟總録纂要》一部一帙十二冊。其識文曰:“此書係清程雲來所纂。《聖濟總録》一書,卷帙繁重。故於二百卷内,酌損裁成,撮其精要,分諸病五十六門,類從病論證治方藥,爲二十六卷。乾隆五年刊本。”

據《商舶載來書目》記載,中國商船“世字號”載《聖濟總録纂要》一部抵日本。

據日本《長崎官府貿易外船賷來書目》記載,桃園天皇寶曆九年(1759 年)中國商船“一番船”運入日本《聖濟總録》二十五部,每部二帙,凡五十帙。同年,中國商船“十二番船”亦輸入《聖濟總録》五部,每部二帙,凡十帙。

據《書籍元帳》記載,仁孝天皇弘化二年(1845 年)中國商船載《聖濟總録》三部抵日本,由日本商人安田屋吉太郎購得。

據仁孝天皇弘化二年(1845 年)《漢籍發賣投標記録》記載,《聖濟總録》一部投標價爲,松之屋一百八十匁,鐵屋二百三十四匁五分,安田屋三百五十匁二分。

江户時代有日人《大德重校聖濟總録》二百卷寫本一種。原係二百二冊,今合裝一百一冊。現藏國會圖書館。

日本光格天皇文化十年(1813 年)江户醫學館活字版刊印《大德重校聖濟總録》二百卷并《總目》一卷。同天皇文化十三年(1816 年)江户醫學館用木活字版再刊印《大德重校聖濟總録》二百卷并《目録》一卷。此本有宋徽宗《御制序》,其文曰:

“(前略)萬機之餘,著書四十二章,發明《内經》之妙,曰《聖濟經》。其意精微,其旨邁遠,其所言在理,所以探天下之至賾,亦詔天下以方術來上,并御府内所藏頒之,爲《補遺》一卷,《治法》一卷。卷凡二百,方幾二萬,以病分門,門各有論,而叙統附焉。首之以風疾變動,終之以神仙服餌,詳至於俞穴經絡,祝由符禁,無不悉備,名之曰《政和聖濟總録》。(下略)”

光格天皇文化十一年(1814 年)杉本良等刊印《大德重校聖濟總録》二百卷并《總目》一卷。此本有日人杉本良等《序》。封面題簽曰“元大德本　聖濟總録　醫學聚珍版”。

(新刊續添)是齋百一選方二十卷

(宋)王璆撰

元前至元元年(1264 年)刊本　共五冊

宮内廳書陵部藏本　原江户時代醫學館帝國博物館等舊藏

【按】每半葉有界十四行,行二十四字。細黑口,左右雙邊(20.8cm×14.0cm)。版心蛀蝕甚酷,字迹難辨。

前有宋慶元丙辰(1196 年)孟冬初吉郡文學天台章楷《序》。次有《新刊續添是齋百一選方目録》。《目録》首有刊印題識,其文曰:“歲在癸未端陽前一日建安劉承父謹咨”。

此本二十卷,凡三十一門。然《宋史・藝文志》著録《百一選方》二十八卷,而陳氏《書録解題》著録《是齋百一選方》三十卷。又原袁氏五硯樓藏《鄭堂讀書記》寫本,著録《王氏百一選方》則爲八卷,并有識文如次:“是書所用之藥,至爲簡易,而方以類叙,於猝患疾症者最宜。然自明以來,不甚流布,故《四庫全書》不曾著録。”

卷中有"細川氏藏"、"江户醫學"、"帝國博物館"等印記。

【附録】楊守敬《日本訪書志》卷十著録元刊本《新刊續添是齋百一選方》二十卷,行款與今宮内廳藏本異,當爲另一刻本,録以備考,其識文曰:

"宋山陰王璆孟玉撰,首有慶元丙辰天台章楫《序》,《目録》首有筐子云載劉承父咨。每半葉十行,行二十二字。按此書《四庫》不著録,《宋志》二十八卷,《書録解題》三十卷,《曝書亭集》稱所藏元本僅二十卷,遂疑爲後人所選擇。然按劉承父所咨,則此爲是齋全本,《解題》《宋志》皆誤也。"

日本江户時代有《新刊續添是齋百一選方》二十卷寫本一部。此本由日人源惟和奉敕校讀。現藏國會圖書館。

光格天皇寬政年間,醫官千田子敬刊印《新刊續添是齋百一選方》二十卷。

江户時代森立之《經籍訪古志·補遺·醫部》著録京師荻子元藏此書元版時曾説:"是書曩唯傳抄本。寬政己未醫官千田子敬將校刻行世,會子元應召來江户,言藏有元版,因改取此本以刊。且以陳造《序》文冠其首。事載於櫟窗先生《跋》中。"

陸心源《儀顧堂題跋》卷七著録和刊本《新刊續添是齋百一選方》二十卷。其識文曰:

"《新刊續添是齋百一選方》二十卷,宋王璆撰。東洋覆元本。《書録解題》、《宋史·藝文志》皆著於録。《解題》三十卷,《宋志》二十八卷。朱竹垞所藏元本,亦作二十卷,《曝書亭集》有跋,與此本合。《宋志》及《解題》,殆傳寫之訛耳。前有慶元丙辰章楫《序》,及歲在癸未劉承父刊梓木記。《四庫全書》未收,阮元達亦未進呈。案,璆紹興山陰人,字孟玉,號是齋。淳熙中爲淮西幕官,十六年奉檄和州,慶元三年官漢陽守。見本書及《江湖長翁集》。其書分三十一門,方一千有餘。凡方之傳授,治之效驗,記述甚詳。在宋人方書中,足稱善本。非王

衰《博濟方》、嚴氏《濟生方》所能及也。凡續添之方,皆注明'續添'二字。其爲是齋所續,或爲承父所添,則不可考矣。"

【附録】日本光格天皇寬政十一年(1800年)濯纓堂刊印宋人王璆撰《新刊續添是齋百一選方》二十卷。此本由日人千田子敬(千田恭)校。

史載之方二卷

(宋)史堪撰
宋徽宗時刊本　黄蕘圃等手識本　共二册
静嘉堂文庫藏本　原嚴修能芳淑堂　黄蕘圃士禮居　陸心源皕宋樓舊藏

【按】每半葉有界十一行,行十七字。注文小字雙行,行同正文。白口,雙黑魚尾,左右雙邊(19.2cm×14.8cm)。

卷中避宋諱,凡宋徽宗以前名諱皆缺避,而"佶"字依舊,"丸"不改"圓"。

卷二末有黄蕘圃手識文三款:

其一曰:

"向聞白隄錢聽默云,北宋時有名醫,因治蔡京腸秘之症,只用紫苑一味,其病遂愈。醫者由是知名,其人蓋史載之也。後余友顧千里游杭州,遇石冢嚴久能於湖上,出各種古書相質。歸爲余言,中有《史載之方》二卷,真北宋精槧。余心向往之久矣。客歲錢唐何夢華從嚴氏買得,今夏轉歸於余。余檢其方,果有大府秘一門用紫苑者,始信錢丈之言爲不謬。特未知用而見效之説出何書耳,至於版刻之爲北宋,確然可信。字畫斬方,神氣蕭穆,在宋槧中不多覯。其避諱若'昜'字,尤他刻所罕。千里艷稱於前,夢華作合於後,余於此書可云奇遇。余喜讀未見書,若此書,各家書目所未收,惟《宋史新編》有云《史戰之方》二卷。'戰'者以'載'字形近而訛,無可疑者。余重其書之秘,出白金三十兩易得。重加裝潢,遇上方切去原紙處,悉以宋紙補之;尾葉原填闕字,亦以宋紙易去,命工仍録其文,想前人

必非無知妄作者也。上下卷通計一百單七翻，合裝潢費核之，幾幾乎白金三星一葉矣。余之惜書而不惜錢，其真佞宋耶，誠不失爲書魔云爾！

嘉慶丙寅（1806年）立冬後一日　蕘翁黃丕烈識於百宋一廛。”（文後有“蕘翁”朱文方印）

其二曰：

“嘉慶歲在丁卯（1807年）正月二十有九日書，時病後不出户庭，偶檢及之，附録於此。復翁黃丕烈。”（文後有“蕘翁更字復翁”白文方印）

其三曰：

“余喜蓄古籍，苟宋元舊刻，雖方伎必收焉。每得醫書古本，訪求藏書家目證之，辨析同異。頃因收得白沙許學士述《傷寒百證歌》、《傷寒發微論》二書，檢及《直齋書録解題》，有云《指南方》二卷，蜀人史堪載之撰。凡三十一門，各有論，未識即此方否？然兹方爲二卷，雖不名爲‘指南’，卷數却合，載之向不知其何郡人，今《解題》云蜀人，向證諸《宋稗類鈔》所云朱師古眉州人，乃趨郡謁史載之，則其所居之郡可知。向不知其何名，今《解題》云史堪，則載之乃以字行者也。聊著之以見讀書有得乃爾，觸類旁通，其樂又何如耶！己巳（1809年）四月小滿前二日　復翁識。”

黃氏識文之後，又有章綬銜手識文一款，其文曰：

“此吾鄉家修能先生插架奇珍，後歸百宋一廛主人。甲子（1804年）仲春，避迹海上，靜涵尊兄出示展閱，不忍脱手，謹書尾以志幸。　苕上章綬銜。”（文後有“章綬銜印”白文方印、“紫伯”朱文方印）

陸心源《儀顧堂續跋》卷九著録此本，其識文曰：

“（前略）蓋徽宗以前刊本。《直齋書録解題》《指南方》二卷，蜀人史堪撰。凡分三十一門，門各有論。今此書自‘四時正脈’起，至‘治疫毒痢’止，却得三十一門，門各有論。蓋即《直齋》著録之《指南方》也。《四庫》未收，阮文達始進呈。按，載之名堪，四川眉州人。政和進士，官至郡守。彭師古得異疾，食已鼻中必滴血。堪曰：‘疾在《素問》正經，名曰食挂。’投一方服之，宿恙頓除。見《分類夷堅志辛集》。”

傅增湘《藏園群書經眼録》卷七著録此本，并曰：“陸心源記行款爲每葉二十行，則誤矣。”

卷中有“嚴修能”、“元照私印”、“香修”、“芳淑堂印”、“張氏秋月字香修一字幼憐”、“士禮居藏”、“讀未見書齋收藏”、“蕘圃”、“黃丕烈印”、“汪厚齋藏書”、“士鐘”、“三十五峰園主人”、“閬源父”、“翰易鳴鳳”、“敬浮鑒賞”、“紫伯”、“章綬銜印”、“存齋讀過”、“存齋四十五歲小像戊寅二月某石并刊”、“湖州陸氏所藏”、“十萬卷樓”、“臣陸樹聲”、“歸安陸樹聲叔桐父印”、“江夏”、“無雙”、“宋本”等印記。

三因極一病證方論（殘本）七卷

（宋）陳言撰

元刊本　共七册

宮内廳書陵部藏本

【按】每半葉有界十三行，行二十三字。黑口，左右雙邊（17.2cm×11.2cm）。

卷首題曰“三因極一病證方論卷之一”，次署“青田鶴溪陳言無擇編”。

是書全十八卷。此本今存卷一至卷七，凡七卷。

卷一末、卷二首、卷三末、卷六首、卷七首，皆削去書名，版木僅存卷數。卷二末題“類編經驗醫方大”。卷三首與卷五首，題“類編經驗醫方大成”。卷四首題“類編經驗醫方大成”，末有墨書“三因極一病症方論”。卷五末與卷六末，題“三因極一病症方論”。

卷七末有日本孝明天皇嘉永四年（1851年）九月侍醫喜多村直寬的《題跋》。其文曰：

“宋人方書最著者，爲許氏《本事》、嚴氏《濟生》，而陳鶴此書亦其流亞也。宋太宗命王懷隱等撰《太平聖惠方》一百卷，稱方法淵藪，而一代醫流奉爲圭臬。故其撰述特發於試驗，所得議論，著實切近，較之元明以還門户相軋者，自有典型矣。此本版式字樣，絶似元刊，然京師伊良古氏千之堂所藏宋版《三因方》，核其文字，與此全同，則是南宋人所鋟無疑。惟不載題跋，故開雕歲月無復可考。且此刻每卷首删舊題‘三因極一病證方論’字，填‘類編經驗醫方大成’字，刊刻拙劣，與原文不類。又卷一尾，卷二卷三首，删空未鐫，卷三卷五尾，尚存舊題。《新編南北經驗醫方大成》，本爲元孫允賢著書名，今改竄數字，僞冒此書，疑是元末明初，此版尚存，奸巧書賈因托以求售者，而其智淺狹可笑也。予又嘗睹醫官河野氏所藏宋版《三因方》，與千之堂本及此本自别，亦足以見其書宋代流播不一矣。一本首尾完具，而此本僅存六卷（實存七卷——編著者），其當時，版已剜闕，或後來所佚，均不可知。然宋元刊本，日漸湮没，零簡散編，固應拮據什襲焉。況此本卷首有‘伊澤氏酌源堂’及‘弘前醫官澁江氏藏書’二印記，而今歸越智曲直瀨君懷仙樓插架，其授受有自尤可寶愛也。君既得此書，使余跋其卷後，予乃執質之侍醫劉君莒庭，因次所聞之語如右。

嘉永四年辛亥九月既望　江户侍醫法眼喜多村直寬士栗識於還讀齋中”

此《跋語》指稱此本爲宋刊，似不確。《經籍訪古志·補遺·醫部》著錄江户醫官河野氏所藏宋刊本《三因極一病證方論》時曰：“是書更有元刊本京師伊良子氏藏，懷仙閣亦藏……顏爲妄人改易。”即指此本。森氏又曰：“清人所見止傳鈔本，而皇國全然有此秘笈。亦足以貴重矣……又有道光二十三年蔡載鼎刊本，其《序》稱，得舊鈔善本數部，互相校讎，然竟不如皇國所傳之善也。又按，《四庫提要》疑‘太醫習業’中有廿一史之語蔡刻亦作“廿一史”。今閱宋元諸本，俱作‘三史’，益知彼土傳本之不佳矣。”

卷中有“江户醫學藏書之記”、“弘前醫官澁江藏書記”、“養安院藏書”、“正建珍藏”、“士鳥之印”等印記。

【附録】日本室町時代有《三因極一病證方論》十八卷寫本，凡七册。此本現藏宫內廳書陵部。

江户時代有日人《三因極一病證方論》十八卷寫本一種。此本有森立之《跋》。現藏中國北京圖書館。

後西天皇寬文二年（1662 年）刊印宋人陳言撰《三因極一病證方論》十八卷。

東山天皇元禄六年（1693 年）京都野田藤八、兒玉九郎右衛門刊印《三因極一病證方論》十八卷。

中御門天皇享保年間（1716—1735 年）刊印《三因極一病證方論》十八卷。

光格天皇文化十一年（1814 年）石田治兵衛刊印《三因極一病證方論》十八卷。

蘇沈内翰良方十卷

（宋）蘇軾　沈括撰

明刊本

宫內廳書陵部　尊經閣文庫藏本

【按】每半葉有界八行，行十六字。

前有佚名氏《序》，不記鋟梓年月。

宫內廳書陵部藏本，原係楓山官庫舊藏。卷首有“菊潭”朱文印，每册首有“欲使此民躋壽域”朱文印，第五册首有“瑶岡”朱文印等印記。江户時代森立之《經籍訪古志·補遺·醫部》著錄楓山秘府藏《蘇沈内翰良方》十卷，即係此本。其識文曰：

“按，此本享和壬戌十二月平安伊良子氏所獻。殊爲佳刻，但脱林靈素《序》及沈括原《序》。又按，是書乾隆中所刻凡三。其一，程永培《六醴齋醫書》中本，稱從舊刻印本授梓。蓋與此本同種；其一吴省蘭《藝海珠塵》中本,係武英殿《永樂大典》採輯本,從聚珍版重刻者,釐爲八卷,乃非完帙;其一,鮑廷博《知不足齋叢書》中本,參合程本殿本,以刊其誤,最爲精善。"

凡七冊。

尊經閣文庫藏本,原係江戶時代加賀藩主前田綱紀等舊藏,共四冊。

【附錄】日本光格天皇寬政三年(1791年)有日人《蘇沈內翰良方》十卷寫本一種。此本現藏中國大連圖書館。

同天皇寬政十一年(1799年)尾張書肆風月堂刊印《蘇沈良方》十卷。

寬政十二年(1800年)京都林喜兵衛刊印《蘇沈內翰良方》十卷。此本由日人良光通校。千之堂藏版。

千金寶要三卷　附錄四卷

(宋)郭思撰　(明)章學懋補錄

明泰昌元年(1620年)刊本　共二冊

內閣文庫藏本　原楓山官庫舊藏

(新刊黎居士)簡易方論(殘本)一卷

(宋)黎民壽撰

元刊本　共一冊

內閣文庫藏本　原江戶時代醫學館舊藏

【按】是書全二卷。此本今存卷二,凡一卷。

【附錄】四條天皇仁治二年(1241年)日本東福寺開山聖一國師圓爾辯圓自中國歸,携回漢籍內外文獻數千卷。1353年東福寺第二十八世大道一以據聖一國師藏書編纂成《普門院經論章疏語錄儒書》等目錄,其"玉部"著錄《易簡方》一冊,其"出部"著錄《易問》一冊。

日本柏原天皇永正十一年(1514年)有一閑手寫本《簡易方論》一種。此本卷末有鈔錄者識文。原文係和文,文辭通譯如下:

"右若志醫道之輩者可每日拜讀也。雖持萬卷之書而此本則不可或缺,讀此一卷,則調氣靜心,染至誠心,此乃某第一秘藏矣。年已老,期日日拜見。若攔此本,則醫

道可停息矣哉!永正十一年十二月十九日於三澤鎌要宍任本書寫之,一閑筆。"

此本今藏大阪府立圖書館。

東垣先生試効方九卷

(宋)羅天益撰

明刊本　共五冊

宮內廳書陵部藏本

(新刊)仁齋直指附遺方論二十六卷　附(新刊)仁齋直指小兒附遺方論五卷　(新刊)仁齋直指方論醫脈真經二卷　(新刊)傷寒類書活人總括七卷　(新刊)仁齋直指附遺方論藥象二卷

(宋)楊士瀛撰　《附》(明)朱崇正補遺

明嘉靖年間(1522—1566年)刊本

內閣文庫　靜嘉堂文庫　東北大學附屬圖書館　龍谷大學大宮圖書館　京都府立綜合資料館藏本

【按】每半葉有界十四行,行二十四字。四周單邊(18.7cm×12.7cm)。版心題"惠齋附遺",并記卷數、葉數。

首題"宋三山名醫仁齋楊士瀛登父編撰,新安後學惠齋朱崇正宗儒附遺"。

前有明嘉靖庚戌(1550年)夏日余鋆《序》,宋景定甲子(1264年)良月朔《自序》,景定庚申(1260年)開朔《小兒方論自序》,景定壬戌(1262年)既望《醫學真經自序》等。

內封題"萬病回春,仁齋直指",右肩題"楊士瀛先生著",左下題"書林熊咸初重較"。內題"新刊仁齋直指附遺方論卷之一(——二十六)","新刊仁齋直指小兒附遺方論卷之一(——五)","新刊仁齋傷寒類書活人總括卷之一(——七)","新刊仁齋直指方論醫脈真經卷之一(——二)","新刊仁齋直指附遺方論藥象卷之一(——二)"。

日本江戶時代森立之《經籍訪古志·補遺·醫部》著錄《仁齋直指方論》二十六卷。其釋文曰:"宋三山名醫仁齋楊士瀛登父編撰

……又有明朱崇正附遺本,亦以宋槧爲祖。"

内閣文庫藏此同一刊本三部。一部原係江戶時代醫學館舊藏,此本無《附録》,有江戶時代名醫多紀元簡手識文,凡七册。一部原係桂川甫周舊藏,後歸昌平坂學問所,有《新刊仁齋直指小兒附遺方論》五卷,并《新刊仁齋直指方論醫脈真經》二卷,凡十一册。一部原係楓山官庫舊藏,有《新刊仁齋直指小兒附遺方論》五卷、《新刊仁齋直指方論醫脈真經》二卷,并《新刊傷寒類書活人總括》七卷,此本係明正天皇寬永十五年(1638年)前入藏紅葉山文庫,共十八册。

静嘉堂文庫藏本,其中《新刊仁齋直指小兒方論》四卷,爲陸心源《儀顧堂集》卷十七所著録,其識文曰:

"《四庫》未著録。凡分類十二,曰初生、曰變蒸、曰驚、曰中風、曰疳、曰積、曰傷寒、曰痰嗽、曰脾胃、曰丹毒、曰雜證、曰瘡症。每類各分子目。宋以前無以治小兒法勒爲一書者,有之,自錢乙《小兒藥證直訣》始,其書雖存而不全。外此,以《小兒衛生總微論方》爲最古,至晁氏、陳氏所載《小兒靈祕方》等書,今不可見矣。是書成於《總微論方》之後,而論説方劑更爲詳備。崇正所附,間參以圖,頗能補楊氏所未及,誠保嬰之祕笈也。"

全帙共十六册。

東北大學藏本,今缺《藥象》二卷,凡十二册。

龍谷大學大宮圖書館藏此同一刊本兩部,皆原係寫字臺文庫等舊藏,一部共六册,一部共十五册。

京都府立綜合資料館藏本,附《醫脈真經》今缺卷二,實存一卷。《藥象》亦缺卷一,實存卷二。卷中有"登壽院藏"、"三角氏圖書記"等印記,共十三册。

嶺南衛生方三卷　附一卷

(宋)李璆　張致遠原輯　(元)釋繼洪纂修

明萬曆四年(1576年)序刊本　共一册

内閣文庫藏本　原江戶時代醫學館舊藏

【附録】仁孝天皇天保十二年(1841年)江戶須原屋茂兵衛、京都風月莊左衛門外四軒等刊印《領南衛生方》三卷附《募原偶記》一卷。

(新刊)風科集驗名方(殘本)二十七卷　首目一卷

(金)趙大中撰　　(元)趙素補

元大德十年(1306年)劉氏杭州刊本　孫雲翼手識本　共二十八册

静嘉堂文庫藏本　原明人孫雲翼　陸心源皕宋樓舊藏

【按】每半葉有界十行,行二十一字。注文小字雙行,行同正文。小黑口,雙黑魚尾,四周雙邊(22.5cm×15.3cm)。版心記字數,并有刻工姓名,如子良、仁甫、吉甫、何建、邵宗亮、翁榮、古杭張子良、張成、董吉甫、袁玉、君瑞等。

卷首題署"金北京太醫趙大中編修,覃懷儒醫趙子中傳習,大元國特賜皇極道院虛白處士趙素才卿補闕"。

前有元大德壬寅(1302年)陽月初吉翰林學士承旨正奉大夫知制誥兼修國史閻復《風科集驗名方序》。次有大元諸路覆實官安慶光華《序》。次有《風科集驗名方叙》,題署"歲在昭陽赤奮若(1301年)仲夏著雍敦牂朔旦大元國特賜虛白處士河中心庵趙素才卿敬題"。次有《風科集驗名方序》,題署"當塗南谷杜道堅書於錢唐宗陽之玄真館"。次有大德戊戌(1298年)端陽日後學廬陵左斗元辰叟《自叙》。次有遺山先生元好問裕之題《皇極道院銘》。次有大德六年(1302年)鄭滁豫《後序》,題署"大德六年朞月良日息翁鄭滁豫永陽清叟書於集實邸舍以爲後序"。

次有《風科集驗名方目録》。

卷二十八末,有大德甲辰(1304年)季冬中旬狄思聖《後序》。又有大德丙午(1306年)中秋日奉政大夫浙東海右道肅政廉訪副使藏夢解《序》。此序係寫補。

閻復《序》後有刊印梓語,文曰:

"大德十年歲次丙午孟夏上旬有十日,前湖廣官醫提舉頤齋劉世榮寓杭鋟梓。"

是書全二十八卷。此本今缺卷九,凡一卷。卷七、卷八兩卷係寫補。

卷二十八尾題之前,有無住居士孫運翼手識文。其文曰:

"先大夫曲水翁篤嗜古書,所藏甚富。是書雖刻於勝國時,以善鏤精致,又爲醫家言,特珍惜之。嘉靖中,遭島夷兵燹,避亂金壇,百物皆棄,獨携此書。會先慈抱疴,延京口老醫錢霽山者灼艾,無以娛之,因出此書相示。遂不告携去,耿耿往來於懷。後從叔德興,出先祖石雲翁所藏遺書,亦有是編,亟購得之。時外弟王宇泰方留心醫學,復被豪奪,意此書已矣,終不可見矣。後游陽羨市中,復購得是編於周孝侯廟。辛丑上公車,又爲不肖子賣去。訪而贖還,迄今又十五年矣。後之子孫,其永保之。無住居士識。"

文後有"禹見"朱文長方印、"孫雲翼印"白文方印。

卷一第一葉、最末葉有墨書"中山陶旭敬書"六字。卷二第一葉及版心下象鼻有墨書"汴人陶旭中山"六字。卷二末葉、版心下象鼻有墨書"中山陶旭書"五字。卷三第一葉、卷四第一葉。卷五末葉有墨書"陶旭書"三字。卷四末葉有墨書"開尉陶旭書"五字。卷五第一葉有墨書"大德丙午汴人陶旭書"九字。

陸心源《儀顧堂題跋》卷七著錄此本。其識文曰:

"《四庫全書》未收,阮文達亦未進呈。明以來藏書家惟錢遵王《讀書敏求記》著於錄。此本爲明孫雲翼舊藏,後歸同里蔣氏,余以重值得之。第七八兩卷抄補,九卷全缺。日本多藏中國古書,《經籍訪古志》所載福井榕亭藏本,祇存五、六、十二、十四四卷。此本僅缺一卷,誠海內外之孤本也。

趙大中,未詳里貫,金末太醫院官。趙子中,覃懷人。趙素,河中人,字才卿,號心庵,全真教道士也。元初旌車特徵,賜號虛白處士。三年以母老辭歸鎮,發帑築館於迎祥觀之故基,賜名皇極道院。著《爲政九要》,述經世之法。蓋非僅以醫名者。素書分十集,七十七類,六百三十二方。盧陵左斗元,因素門人劉君卿之請,增爲二百四十二類,一千九百七十九方。風科諸方略備於斯矣。"

卷中有"東吳菰蘆中人"、"孫雲翼印"、"禹見"、"歸安陸樹聲叔桐父印"、"歸安陸樹聲藏書之記"等印記。

(新刊惠民)御藥院方二十卷

(元)御藥院編集

元前至元年間(1264—1294 年)刊本　共十冊

靜嘉堂文庫藏本　原張金吾愛日精廬　陸心源皕宋樓舊藏

【按】每半葉有界十二行,行二十二字。注文小字雙行,行同正文。粗黑口,雙黑魚尾,左右雙邊(18.5cm×11.8cm)。

卷首題"新刊惠民御藥院方"。前有元(前)至元丁卯(1267 年)八月九日翰林直學士河東高鳴《御藥院方序》,次有《御藥院方綱目》,次有《目錄》。

《綱目》尾題之下有鐘形木記及鼎形木記"南溪書院"。卷末尾題之前又有四周雙邊刊印梓語二行,其文曰"南溪精舍鼎新繡梓"。

卷中每方以黑質白章標明之。全書凡十六門:

卷一、卷二,諸風門;

卷三至卷六,一切疾門;

卷七、卷八,痰飲門;

卷九至卷十一,虛損門;

卷十二,積熱門;泄瀉門;

卷十三、卷十四,雜病;

卷十五、卷十六,咽喉門;口齒門;

卷十七,眼目門;洗面藥門;

卷十八,瘡腫門;折傷門;正骨藥門;

卷十九,婦人諸疾門;

卷二十,小兒諸疾門。

此本原藏張金吾愛日精廬。張金吾題識曰:

"按,太醫一官,歷代分隸門下、殿中諸省及太常寺、宣徽院。元始別爲一署,無所隸屬。又別置御藥院,掌受各路進獻藥品,修造湯煎等事。高鳴《序》曰,'提點太醫榮禄許公,暨二三僚友,取御藥院壬寅所刊方書版,正其訛,補其闕,求其遺忘而附益之。壬寅爲蒙古太宗皇后尼瑪察氏稱制二年,宋理宗淳祐二年也。越二十五年至元丁卯,而許公爲之增補重刊……。'此書在元代,流布必廣,有明以來,傳本漸希。故自《文淵閣書目》外,儲藏家絶無著録者。此本尚是至元舊刊,首尾完善。洵醫書中不易見之秘籍也。"

陸心源《儀顧堂續跋》卷九著録此本。其識文曰:

"御藥院先有壬寅刊本。至元丁卯,太醫提點許某正其訛,補其缺,求遺亡而附益之。翰林學士河東高鳴爲之《序》。各家書目皆未著録。始見於明《文淵閣書目》,注曰'一部,三册闕'。此本首尾完具,紙墨如新。即愛日精廬所著録者也。"

卷中有"元本"、"汪士鐘藏"、"伯卿甫"、"濟陽蔡氏"、"金匱蔡氏"、"廷相"、"金匱蔡氏醉經軒考藏章"、"卓如"、"蔡廷楨印"、"梁溪蔡氏"、"儀好經舍"、"臣陸樹聲"、"家在暇山鵝水間"、"歸安陸樹聲叔桐父印"等印記。

【附録】日本江户時代有《(癸巳新刊)御藥院方》十一卷并《序目》一卷寫本一種。此本題署"元許國禎編"。今存龍谷大學大宫圖書館。

光格天皇寬政十年(1798年)醫官千賀芳久用活字刊印《癸巳新刊御藥院方》十一卷。此本題"元許國禎校"。

濟生拔粹方十九卷

(元)杜思敬編撰

元延祐年間(1314—1320年)刊本　共八册

宫内廳書陵部藏本　原江户名醫多紀氏家醫學館等舊藏

【按】每半葉有界十二行,行二十四字。小字雙行,行同正文。黑口,四周雙邊(19.4cm×12.5cm)。版心各刊書名,亦記字數。

前有元延祐二年杜思敬《自序》,序文每半葉九行,行十六字。次有《總目》,係後人寫補。

此書係從前人各醫書中,拔粹其要方,彙集而成。各卷被選拔之醫書,列名於次:

卷一,《鍼經節要》;

卷二,《潔古雲歧鍼法》、《竇太師先生流注賦》;

卷三,《鍼經摘英集》;

卷四,《雲歧子注脈訣并方》;

卷五,《潔古珍珠囊》;

卷六,《醫學發明》;

卷七,《脾胃論》;

卷八,《潔古家珍》;

卷九,《此事難知》;

卷十,《醫壘元戎》;

卷十一,《陰證略例》;

卷十二,《傷寒保命集類要》;

卷十三,同卷十二;

卷十四,《癍論粹英》;

卷十五,《治嬰集》;

卷十六,《蘭室秘藏節》;

卷十七,《治法機要》;

卷十八,《衛生寶鑒》;

卷十九,雜方。

日本江户時代森立之《經籍訪古志·補遺·醫部》著録躋壽館藏元刊本《濟生拔粹方》十八卷時曰:"按,楓山秘府向亦有此書,與此同種。而此乃澀江全善所獲以獻於醫學者。"

《御書籍來歷志》亦著録此本。

卷中有"多紀氏藏書印"、"江户醫學藏書之記"、"帝國圖書之章"等印記。

【附録】日本古寫本《濟生拔粹方》(殘本)十六卷一部。缺卷一至卷三。卷中有"醫學校典籍方"、"等喜"、"多紀氏藏書印"、"醫學圖書"、"帝國博物館圖書"等印記。此本現藏宮内廳書陵部。

濟生拔粹方十九卷

(元)杜思敬編撰

元刊本　共十四册

静嘉堂文庫藏本　原陸心源皕宋樓等舊藏

【按】每半葉有界十二行,行二十四字。注文雙行,行同正文。粗黑口,雙黑魚尾,四周雙邊(19.2cm×12.6cm)。

前有元延祐二年(1315年)十月初吉寶善老人銅鞮杜思敬《濟生拔粹方序》。次有《總目》。

陸心源《儀顧堂續跋》卷九著録此本。其識文曰:

"延祐中,杜思敬致政家居,集張元素、張璧、李杲、王好古、羅天益諸家醫書,選其精要爲此書。蓋醫書之選本,亦醫家之叢書也。潔古《珍珠囊》、《醫學發明》、雲歧之《癥論粹英》、《脈訣論》、治田氏《保嬰集》、東垣之《治法機要》,今皆不傳,藉是以存梗概。《四庫》未收,阮文達亦未進呈。杜思敬,銅鞮人。自號寶善老人。元時曾官中書省,退居沁上。延祐二年,年八十一。"

卷中有"臣陸樹聲"、"歸安陸樹聲叔桐父印"等印記。

世醫得效方二十卷　序目一卷

(元)危亦林撰　余賜山校

明正德元年(1506年)刊本　共二十一册

宮内廳書陵部藏本

【附録】日本江户時代有《世醫得效方》二十卷寫本一種。此本今藏國會圖書館,原裝二十册,合訂爲十册。

世醫得效方十九卷　附孫真人養生書節文一卷

(元)危亦林撰　余賜山校　《養生書》(唐)孫思邈撰

明初書林魏家覆元至正五年建寧路官醫提領陳志刊本　共十册

東京大學總合圖書館藏本　原淺田惟常家淺田文庫等舊藏

【按】卷中有後人修補。

【附録】江户時代有從元人危亦林《世醫得效方》中手鈔《小方科》二卷。此本原係淺田惟常家淺田文庫等舊藏,今存東京大學總合圖書館。

(類編南北經驗)醫方大成十卷　卷目一卷

(元)孫允賢編纂

元刊本　共十一册

静嘉堂文庫藏本　原汪士鐘　陸心源舊藏

【按】每半葉有界十四行,行二十四字。注文小字雙行,行同正文。細黑口,雙黑魚尾,四周單邊,間或左右雙邊(17.8cm×12.6cm)。

卷首有《類編南北經驗醫方大成總目》,題署"元文江孫允賢編纂"。

《總目》題後有四周雙邊刊印識語七行,其文曰:

"醫方集成一書,四方尚之久矣。蓋所謂《濟生拔粹》、《宣明論》,端竹堂、張子和、徐同知,針方尤爲切要,所不可遺。本堂今得名醫選取奇方,增入孫氏方中,俾得通貫,名曰《醫方大成》。重新綉梓,以廣真傳。合衆流而歸一源,使覽者便之,不必求之它書可也。明醫之士,幸共鑒之。"

卷中有"荈溪劉文生源泉藏書記"、"閬源甫"、"汪士鐘印"、"臣陸樹聲"等印記。

【附録】日本東山天皇元禄十五年(1702年)彌生吉且《倭版書籍考》卷之五著録《醫方大成論》十卷。

日本正親町天皇天正三年(1575年)刊印明

人孫允賢撰《南北經驗醫方大成鈔》五卷。此本係日人吉田宗恂解。

後陽成天皇慶長三年（1598 年）京都一條道場迎稱寺刊印明人孫允賢撰《醫方大成論》十卷。此本九行行十六字，黑口雙邊。卷首《目録》後鎸"南北經驗醫方大成　宗文書院新刊"，此乃祖本之記。卷末有刊印識文，文曰"山城國上京寺町于一條道場迎稱寺板行焉　慶長第三戊戌年重陽良辰"。

後光明天皇正保四年（1647 年）刊印明人孫允賢撰《南北經驗醫方大成鈔》十卷。

後光明天皇慶安二年（1649 年）刊印明人孫允賢撰《南北經驗醫方大成鈔》七卷。

明正天皇寬永九年（1632 年）刊印明人孫允賢撰《醫方大成論》（不分卷）。

靈元天皇天和二年（1682 年）刊印明人孫允賢撰《醫方大成論》（不分卷）。

靈元天皇貞享二年（1685 年）武林新兵衛刊印《醫方大成論諺解》五卷。

靈元天皇貞享五年（1688 年）江户須原屋懋兵衛刊印元人孫允賢撰《醫方大成論》八卷。此本內封題署"南北經驗醫方大成"。其後，此本有中御門天皇享保七年（1722 年）江户萬屋清兵衛的重印本。

東山天皇元禄十五年（1702 年）京都小紅屋喜兵衛刊印《醫方大成論和語鈔》八卷。此本由日人岡本爲竹（一抱）注。

江户時代又有和刊本明人孫允賢撰《南北經驗醫方大成鈔》十卷。

（類編南北經驗）醫方大成（殘本）八卷

（元）孫允賢編纂
元刊本　共八册
宫内廳書陵部藏本　原養安院　白雲書庫等舊藏

【按】每半葉有界十四行，行二十四字。黑口，四周雙邊，或左右雙邊（17.8cm × 12.4cm）。

是書全十卷。此本今缺卷九、卷十，凡二卷。

實存八卷。序目亦缺。

卷中有"養安院藏書"、"野間氏藏書印"、"與住藏書"、"與住草屋"、"白雲書庫"等印記。

（瑞竹堂）經驗方十五卷

（元）沙圖穆蘇撰　（明）高濂校
明嘉靖年間（1522—1566 年）刊本　共四册
内閣文庫藏本　原桂川甫周　江户時代醫學館舊藏

（伊尹湯液仲景）廣爲大法四卷　皆效方一卷

（元）王好古編撰
明嘉靖十三年（1534 年）跋刊本　共三册
内閣文庫藏本　原豐後佐伯藩主毛利高標舊藏

【按】此本係仁孝天皇文政年間（1818—1829 年）由出雲守毛利高翰獻贈幕府。卷中有"佐伯侯毛利高標字培松藏書畫之印"等印記。

經驗良方十一卷

（明）陳仕賢輯
明刊本　共五册
京都府立綜合資料館藏本

【按】每半葉有界九行，行二十字。四周單邊（19.4cm×13.0cm）。版心題"醫指（脈訣、本草）經驗濟世良方卷一（——十一）"，下記葉數。

題簽左書"經驗良方"，内題（乾集）"醫指"，（元集以下）"經驗濟世良方"。

卷中有"東井文庫"、"三角氏圖書記"等印記。

急救易方（不分卷）

（明）趙季敷編撰
明成化十四年（1478 年）序刊本
内閣文庫　東京大學總合圖書館藏本

【按】内閣文庫藏本，原楓山官庫舊藏，共一册。

東京大學總合圖書館藏本,原係養安院、森枳園等舊藏,後歸土肥慶藏氏鄂軒文庫。此本由上肥氏家獻贈東京大學,共二册。

(新增)急救易方八卷

(明)趙季敷編撰　熊佑編校
明成化二十一年(1485年)序刊本　共二册
內閣文庫藏本　原江户醫學館舊藏

(校增)急救易方二卷

(明)趙季敷撰　李延壽校增
明萬曆二十八年(1600年)刊本
內閣文庫藏本
【按】內閣文庫藏此同一刊本兩部。一部原係楓山館庫舊藏,共四册。一部原係江户時代醫學館舊藏,共一册。

小青囊湯名十卷

(明)王良燦編
明天啓年間(1621—1627年)德聚堂刊本
共十册
早稻田大學圖書館藏本　原野口一太郎氏寧軒文庫等舊藏
【按】前有明天啓二年(1622年)《序》。

衛生簡易方十二卷

(明)胡濙撰
明嘉靖四十一年(1562年)禮部刊本
宮內廳書陵部　內閣文庫藏本
【按】宮內廳書陵部藏本,凡二册。
內閣文庫藏本,原係楓山官庫舊藏,共八册。
【附録】日本東山天皇元禄八年(1695年)有日人紀鶯谷傳寫明嘉靖四十一年刊明人胡濙撰《衛生簡易方》十三卷一種。此本現藏中國醫學科學院圖書館。

袖珍方四卷

(明)李恒等編撰

明成化九年(1473年)熊氏中和堂刊本　共四册
武田科學振興財團杏雨書屋藏本　原內藤湖南(虎次郎)等舊藏

(新刊)袖珍方四卷

(明)李恒等編撰
明弘治五年(1492年)楊氏清江書堂刊本
內閣文庫　龍谷大學大宮圖書館藏本
【按】每半葉有界十六行,行二十六字左右。白口或黑口,四周雙邊(18.0cm×12.2cm)。
正文首頂格兩行題署"袖珍方卷之一",第三行與第四行上空二字有一〇,下題署子目"風"。不題著作者姓名。
全卷末有刊行木記,文曰"皇明弘治壬子仲春楊氏清江書堂重刊"。
內閣文庫藏本,原係豐後佐伯藩主毛利高標等舊藏,仁孝天皇文政年間(1818—1829年)由出雲守毛利高翰獻贈幕府,明治初期歸於內閣文庫。卷中有"佐伯侯毛利高標字培松藏書畫之印"等印記,共八册。
龍谷大學大宮圖書館藏本,原係寫字臺文庫等舊藏,共四册。
【附録】江户時代初期有《袖珍方》寫本一種。此本原係寫字臺文庫等舊藏,今存龍谷大學大宮圖書館。

(新刊京本)袖珍方大全四卷

(明)朱橚編撰
明刊本　共八册
尊經閣文庫藏本　原江户時代加賀藩主前田綱紀等舊藏

(魁本)袖珍方大全四卷

(明)熊宗立等校
明弘治壬戌(1502年)劉氏明德書堂刊本
共四册
內閣文庫　京都府立綜合資料館藏本
【按】每半葉有界十六行,行三十字。四周

雙邊(19.2cm×12.6cm)。版心題"袖珍方大全一(——四)卷",下記葉數。

前有明洪武二十四年(1391年)八月望日《魁本青囊雜纂袖珍方大全序》,明永樂十三年(1415年)《序》,洪武壬子(1372年)長至日瞿祐《後序》,明正統八年(1443年)八月熊宗立《序》。

外題左肩墨書"袖珍方",内題"魁本袖珍方大全",《目録》題"新刊袖珍本大全"。

内閣文庫藏本,原係江户時代醫學館舊藏。此本卷末有日本光格天皇文化九年(1812年)江户名醫多紀元胤(號柳沜)手識文。其文曰:

"壬申季春十又三日,一書估携來《袖珍方》二册。其書首頁有三皇小像并贊辭,而周王《自序》題云,'魁本青囊雜纂袖珍方大全序'。又每卷冠以'魁本'二字,卷末設小欄格,書'皇明弘治壬戌季冬劉氏明德書堂新刊'十字,又有吉氏家藏印記,係於意安法印(即江户初期醫家吉田意安——編著者)藏書。視之此本,鏤版稍楷焉耳。是月是日,聊記於此,以還其書云。"

識文末署"柳沜一痴道人識"。

京都府立綜合資料館藏本,卷中有"三角氏圖書記"等印記,共四册。

(師古齋彙鐫)簡便單方七卷

(明)吳勉學編撰
明刊本　共六册
内閣文庫藏本　原楓山官庫舊藏

程氏釋方四卷

(明)程伊編撰
明嘉靖三十年序(1551年)刊本　共一册
内閣文庫藏本　原江户醫家吉田意庵　醫學館等舊藏

經驗濟世良方六卷

(明)陳仕賢編撰

明嘉靖三十七年(1558年)刊本　共四册
内閣文庫藏本　原江户時代醫學館等舊藏

經驗良方十一卷

(明)陳仕賢輯
明嘉靖三十九年(1560年)刊本
内閣文庫　京都府立綜合資料館藏本
【按】每半葉有界九行,行二十字。四周單邊(19.4cm×13.0cm)。版心題"醫指(脈訣、本草)經驗濟世良方卷一(——十一)",下記葉數。

題籤左書"經驗良方",内題(乾集)"醫指",(元集以下)"經驗濟世良方"。

内閣文庫藏本,原係楓山官庫等舊藏,共四册。卷中有"東井文庫"、"三角氏圖書記"等印記。

【附録】仁孝天皇天保十二年(1841年)中國商船"寅二番"載《經驗良方》一部抵日本。此本售價十匁。

經驗濟世良方(殘本)八卷　首三卷

(明)陳仕賢編撰
明嘉靖四十年(1561年)雲南布政使司刊本　共六册
内閣文庫藏本　原江户時代醫學館等舊藏
【按】是書全十一卷。此本今缺卷一、卷七、卷八,凡三卷。

醫方選要十卷

(明)周文采編
明嘉靖年間(1522—1566年)禮部刊本
宮内廳書陵部　内閣文庫　東北大學附屬圖書館　龍谷大學大宮圖書館　京都府立綜合資料館　武田科學振興財團杏雨書屋　御茶之水圖書館藏本
【按】每半葉有界十行,行二十一字。黑口,四周雙邊(21.3cm×14.6cm)。版心題"選要卷一(——十)",下記葉數。

前有明弘治乙卯(1495年)冬十一月望日申

正齋《序》，弘治八年（1495 年）冬十月吉旦《自序》。

正文首頂格題署"醫方選要卷之一"，第二行頂格題署子目"諸風門"，下空八字題署"良醫副臣周文采編集"（其中"臣"比其它字形體小二號）。正文行文皆上空一字。

卷十末尾題署"外科集驗方卷上目錄"，并有本書"進呈文"十一葉。

宮內廳書陵部藏本，共五冊。

內閣文庫藏本，原係楓山官庫舊藏。依據《御文庫目錄》著錄，此本約在明正天皇寬永十六年（1639 年）入藏紅葉山文庫，共十冊。

東北大學藏本，共五冊。

龍谷大學大宮圖書館藏本，原係寫字臺文庫等舊藏，共六冊。

京都府立綜合資料館藏本，卷中有"竹壯居士"、"三角氏圖書記"等印記，共十冊。

武田科學振興財團杏雨書屋藏此同一刊本三部，皆原係內藤湖南（虎次郎）等舊藏。

御茶之水圖書館藏本，原係江戶時代版本學名家森立之，大正昭和時代德富蘇峰成簣堂等舊藏。此本存原印題籤，卷首稍有損壞，第一冊及第五冊外封係森立之補寫。卷末有森立之手識文。原凡十冊，合裝爲五冊。

【附錄】明人周文采奉明憲宗第四子朱祐杬（興獻王）之命所編《醫方選要》十卷，初刊於明嘉靖二十四年（1545 年）。日本古醫學的中興之祖曲直瀨道三（1507—1574 年）在其名著《啓迪集》（書成於 1574 年）中，曾經六十六回引用《醫方選要》，故《醫方選要》進入日本不會晚於明萬曆元年（1573 年）。

（新刊精選）醫方摘要十二卷

（明）楊拱編撰

明隆慶六年（1572 年）春生堂刊本　共六冊

內閣文庫藏本

【按】內閣文庫藏此同一刊本兩部。一部原係楓山官庫舊藏。一部係明萬曆十四年（1586 年）印，爲江戶醫學館舊藏。

藥性奇方（藥性單方）四卷

（明）許希周編撰　張振先校

明還樸堂刊本　共四冊

內閣文庫藏本　原豐後佐伯藩主毛利高標舊藏

【按】此本係仁孝天皇文政年間（1818—1829 年）由出雲守毛利高翰獻贈幕府。卷中有"佐伯侯毛利高標字培松藏書畫之印"等印記。

簡易普濟良方六卷

（明）彭用光編撰

明嘉靖四十年（1561 年）跋刊本　共六冊

內閣文庫藏本　原楓山官庫舊藏

簡易普濟良方（殘本）四卷

（明）彭用光編撰

明嘉靖四十二年（1563 年）序刊本　江戶名醫多紀元堅手識本　共六冊

內閣文庫藏本　原楓山官庫舊藏

【按】是書全六卷。此本今缺卷五、卷六，凡二卷。

體仁彙編六卷

（明）彭用光編撰

明嘉靖二十八年（1549 年）序刊本　共五冊

內閣文庫藏本

【按】內閣文庫藏此同一刊本兩部。一部原係楓山官庫舊藏，一部原係江戶時代醫學館舊藏。

（重刊）體仁彙編十卷

（明）彭用光編撰

明金陵唐錦池刊本　共六冊

東京大學總合圖書館藏本

【附錄】江戶時代有彭用光撰《體仁彙編》十卷寫本一種。此本原係寫字臺文庫等舊藏，今存龍谷大學大宮圖書館。

攝生衆妙方十一卷

　　（明）張時徹編撰

　　明嘉靖四十一年（1562 年）江西布政使司刊本

　　内閣文庫　御茶之水圖書館藏本

　　【按】每半葉有界十行，行二十字，注文雙行。白口，四周雙邊。

　　内閣文庫藏本，原係江户醫學館舊藏，共七册。

　　御茶之水圖書館藏本，原係德富蘇峰成簣堂等舊藏，卷中有"奚暇齋讀本記"、"青山求精堂藏書畫之印"、"森氏開萬册府之記"等印記，共四册。

攝生衆妙方十一卷

　　（明）張時徹編撰

　　明萬曆三十八年（1610 年）序刊本　　共四册

　　内閣文庫藏本　原楓山官庫舊藏

急救良方二卷

　　（明）張時徹撰

　　明嘉靖年間（1522—1566 年）刊本　　共四册

　　内閣文庫藏本　原江户時代醫學館舊藏

　　【附録】據《書籍元帳》記載，仁孝天皇天保十二年（1841 年）中國商船"子三番"載《急救良方》五部抵日本。售價六匁。

　　日本江户時代有《急救良方》二卷寫本一部。此本今藏國會圖書館。

惠民正方二卷

　　（明）楊四知編撰

　　明萬曆十二年（1584 年）序刊本　　共二册

　　内閣文庫　尊經閣文庫藏本

　　【按】内閣文庫藏本，原係楓山官庫舊藏。

　　尊經閣文庫藏本，原係江户時代加賀藩主前田綱紀等舊藏。

（吴氏家鈔）濟世良方七卷

　　（明）吴惟貞撰　　周紹濂編

　　明萬曆二十五年（1597 年）序刊本　共三册

　　内閣文庫藏本　原豐後佐伯藩主毛利高標舊藏

　　【按】此本係仁孝天皇文政年間（1818—1829 年）由出雲守毛利高翰獻贈幕府，明治初期，歸内閣文庫。卷中有"佐伯侯毛利高標字培松藏書畫之印"等印記。

（萬氏家鈔）濟世良方七卷

　　（明）萬表撰　　萬達甫校　　萬邦孚增補

　　明萬曆年間（1573—1620 年）刊本

　　内閣文庫　京都府立綜合資料館藏本

　　【按】每半葉有界十行，行二十三字。四周單邊（20.2cm×12.8cm）。版心題"萬氏家抄方卷一（——七）"，下記葉數。

　　前有明萬曆己酉（1609 年）暮春旦吉沈儆炌《增定萬氏濟世良方序》，萬曆辛丑（1601 年）長至日洪啓睿《題》，萬曆壬寅（1602 年）八月一日吉旦萬安朱《序》，萬曆己酉春萬邦孚《序》。萬曆著灘涅灘（1608 年）皋月之既望沈儆炌《跋》等。

　　内閣文庫藏此刊本兩部。一部原係楓山官庫舊藏，共七册。一部原係江户醫學館舊藏，共十二册。

　　京都府立綜合資料館藏本，卷中有"三角氏圖書記"等印記，共七册。

　　【附録】日本東山天皇元禄十五年（1702 年）彌生吉旦《倭版書籍考》卷之五著録《萬氏家鈔》七卷。其識文曰：

　　　　"前六卷爲萬表作。萬表乃武官而好信。第七卷係藥性論，乃萬表之孫萬邦孚作。萬表行實，見《龍溪文集》。二人共好醫術，并以醫業爲家職也。"

　　日本明正天皇寬永十年（1633 年）刊印明人萬表纂輯《萬氏家鈔濟世良方》七卷。

（萬氏家鈔）濟世良方六卷

　　（明）萬表撰　萬邦孚增補
　　明萬曆年間（1573—1620 年）萃慶堂刊本
共六冊
　　龍谷大學大宮圖書館藏本　原寫字臺文庫
等舊藏
　　【按】每半葉有界十行，行二十三字。

（重刻萬氏家鈔）濟世良方五卷

　　（明）萬表編撰
　　明刊本　共二冊
　　内閣文庫藏本　原江戶醫學館舊藏

醫學入門良方考六卷

　　（明）萬表編撰　萬邦孚補
　　明刊本　共六冊
　　内閣文庫藏本　原江戶醫學館舊藏

（重梓常山舒元貴先生）醫方啓蒙十八卷

　　（明）吳從周編
　　明崇禎元年（1628 年）吳氏蘭桂堂刊本　共
十冊
　　内閣文庫藏本

（淮南昭陽李氏家藏）奇驗秘方四卷

　　（明）匏庵延道人編撰
　　明刊本　共五冊
　　内閣文庫藏本　原豐後佐伯藩主毛利高標
舊藏
　　【按】此本係仁孝天皇文政年間（1818—
1829 年）由出雲守毛利高翰獻贈幕府。明治
初期，歸内閣文庫。卷中有“佐伯侯毛利高標
字培松藏書畫之印”等印記。

（鼎雕陳氏家傳如宜妙濟）回生捷録二卷

　　（明）陳嘉猷編撰
　　明萬曆三十八年（1610 年）黃廉齋刊本　共
二冊

内閣文庫藏本　原江戶醫學館舊藏
　　【附録】江戶時代有明陳嘉猷編撰《鼎雕陳
氏家傳如宜妙濟回生捷録》二卷寫本一種。
　　此本係據明萬曆三十八年（1610 年）黃廉齋
刊本覆寫，原係寫字臺文庫舊藏，今存龍谷大
學大宮圖書館。

（王氏家傳）濟世碎金方三卷　（繼周秘傳）神仙
　巧術各色奇方一卷

　　（明）王文謨撰　王武烈編
　　明萬曆二十二年（1594 年）陳氏積善堂刊本
共四冊
　　内閣文庫藏本　原楓山官庫舊藏

宦邱便方二卷

　　（明）錢后崔編撰
　　明萬曆三十年（1602 年）刊本　共二冊
　　内閣文庫藏本　原江戶醫學館舊藏

千金簡易方十卷

　　（明）程軌編撰
　　明嘉靖三十八年（1610 年）序刊本　共四冊
　　内閣文庫藏本　原楓山官庫舊藏

奇妙良方六十九卷

　　（明）方賢編撰　楊文翰校
　　明成化年間（1465—1487 年）刊本
　　内閣文庫　東洋文庫藏本
　　【按】前有明成化七年（1471 年）《序》
　　内閣文庫藏本，原係吉田意庵舊藏，後歸江
戶醫學館等，共二十五冊。
　　東洋文庫藏本，共二十八集。

（太醫院經驗）奇效良方大全六十九卷

　　（明）方賢編撰　楊文翰校
　　明正德六年（1511 年）劉氏日新書堂刊本
　　内閣文庫藏本
　　【按】内閣文庫藏此同一刊本兩部。一部原
係江戶醫學館舊藏，共十八冊。一部原係楓山

官庫舊藏,共二十册。

類集試驗良方二卷

（明）潘雲杰編
明萬曆三十三年（1605 年）刊本
内閣文庫藏本
【按】内閣文庫藏此同一刊本三部。兩部原係江户醫學館舊藏,皆凡一册。一部原係豐侯佐伯藩主毛利高標舊藏,仁孝天皇文政年間（1818—1829 年）由出雲守毛利高翰獻贈幕府,明治初期,歸内閣文庫。卷中有"佐伯侯毛利高標字培松藏書畫之印"等印記,共二册。
【附録】江户時代後期有明人潘雲杰撰《類集試驗良方》二卷寫本一種。此本今存龍谷大學大宫圖書館。

（新鋟太醫院秘傳妙訣百發百中）百病回春要緊直方七卷

（明）王大德編撰
明萬曆年間（1573—1620 年）刊本　共一册
内閣文庫藏本　原江户醫學館舊藏

（新鋟太醫院秘傳妙訣百發百中）是病總覽要緊直方七卷

不題撰著者
明黄月泉刊本　共二册
御茶之水圖書館藏本　原寺田望南　德富蘇峰等舊藏
【按】每半葉有界十行,行二十二字左右。
前有《目録》,首題"新鋟秘傳妙訣是病緊要直方卷之目録"。卷末頁正中有刊印木記,雙邊框,内題"書林黄月泉新梓行",下托蓮花座。此頁左邊末一行題"新鋟太醫院秘傳妙訣百發百中是病要緊直方七卷畢"。
封頁及每卷皆有插圖。
卷中有"養安院藏書"等印記。

（新刻太醫院訂正鼇頭）醫方捷徑三卷

（明）王宗顯編著
明萬曆年間（1573—1620 年）余氏怡慶堂刊本　共三册
内閣文庫藏本　原江户醫學館舊藏

（新鋟太醫院校正删補）醫方捷徑指南全書四卷

（明）王宗顯撰　吴文炳編
明萬曆年間（1573—1620 年）熊冲宇刊本　共一册
内閣文庫藏本　原楓山官庫舊藏

醫方捷徑指南全書四卷

（明）王宗顯撰　錢允治校
明末刊本　共一册
内閣文庫藏本　原江户醫學館舊藏

（鼎刻京版太醫院校正增補）青囊醫方捷徑二卷

（明）王宗顯撰
明刊本　共一册
内閣文庫藏本　原江户醫學館舊藏

（鼎鋟太醫院頒行内外諸科方論）百代醫宗十卷

（明）涂紳撰　張文英校
明萬曆三十五年（1607 年）李泉刊本
内閣文庫藏本
【按】内閣文庫藏此同一刊本兩部。一部原係楓山官庫舊藏,共五册。一部原係豐後佐伯藩主毛利高標舊藏,仁孝天皇文政年間（1818—1829 年）由出雲守毛利高翰獻贈幕府,明治初期,歸内閣文庫。卷中有"佐伯侯毛利高標字培松藏書畫之印"等印記,共十册。

（仁文書院）驗集方七卷

（明）鄒元標編著
明天啓二年（1622 年）刊本　共七册
内閣文庫藏本　原楓山官庫舊藏

（新鐫）萬壽丹書六卷

　　（明）龔居中編撰
　　明崇禎年間（1628—1644 年）刊本
　　内閣文庫藏本
　　【按】内閣文庫藏此同一刊本兩部。一部原
係楓山官庫舊藏，共六册。一部原係豐後佐伯
藩主毛利高標舊藏，仁孝天皇文政年間
（1818—1829 年）由出雲守毛利高翰獻贈幕
府。卷中有“佐伯侯毛利高標字培松藏書畫
之印”等印記。此本今缺卷三，共五册。

（王醫官纂輯簡選袖珍）方書（殘本）六卷

　　（明）王永輔編撰
　　明刊本　共三册
　　内閣文庫藏本　原江户醫學館舊藏
　　【按】是書全八卷。此本今缺卷七、卷八，凡
二卷。

（新刊）醫方約説二卷

　　（明）鮑叔鼎編撰
　　明嘉靖三十八年（1610 年）序刊本　共四册
　　内閣文庫藏本　原江户醫學館舊藏

丹臺玉案六卷

　　（明）孫文胤編撰
　　明崇禎十一年（1638 年）仁壽堂刊本
　　内閣文庫　尊經閣文庫　龍谷大學大宮圖
書館藏本
　　【按】内閣文庫藏此刊本三部。一部原係江
户醫學館舊藏，共六册。一部原係曲直瀨氏舊
藏，後歸江户醫學館。今缺卷六，共五册。一
部原係楓山官庫舊藏，共六册。
　　尊經閣文庫藏本，原係江户時代加賀藩主前
田綱紀等舊藏，共六册。
　　龍谷大學大宮圖書館藏本，原係寫字臺文庫
等舊藏，共六册。
　　【附録】日本明正天皇正保二年（1645 年）
刊印明人孫文胤編撰《丹臺玉案》六卷。

（新刊明醫秘傳濟世奇方）萬疴必愈（新刊明醫
　選要萬疴必愈）十一卷

　　（明）沈應暘編
　　明詹氏文樹堂刊本
　　内閣文庫藏本　原江户醫學館舊藏
　　【按】内閣文庫藏此同一刊本兩部。一部原
係江户醫學館舊藏，共十册。一部原係楓山官
庫舊藏，此本十一卷外，别有《首》一卷，共六
册。

（新刊明醫選要）濟世奇方十卷

　　（明）沈應暘編
　　明崇禎七年（1634 年）序刊本　共八册
　　内閣文庫藏本　原江户醫學館舊藏

（新刊彙集完真妙諦捷徑并附）經驗奇方（附圖）
　三卷

　　（明）冥了編撰
　　明天啓五年（1625 年）刊本
　　蓬左文庫藏本　原尾張藩主家舊藏
　　【按】此本係明正天皇寬永六年（1629 年）
從中國購入。
　　卷中有“尾陽内庫”印記。

衆妙仙方四卷

　　（明）馮時可編撰
　　明刊本　共十二册
　　尊經閣文庫藏本　原江户時代加賀藩主前
田綱紀等舊藏

傳信尤易方八卷

　　（明）曹金編撰
　　明隆慶年間（1567—1672 年）刊本　共八册
　　宮内廳書陵部藏本
　　【按】前有明隆慶四年（1570 年）栗永禄
《序》，次有曹金《自序》。
　　每册首有“鳳雲閣印”等印記。

（吳梅坡醫經會元）保命奇方八卷　　（吳梅坡家傳）神效鍼灸原樞二卷

（明）吳嘉言撰　吳學易等校

明萬曆年間（1573—1620 年）刊本　共十册

內閣文庫藏本　原楓山官庫舊藏

濟生內外經驗方六卷

（明）劉倫編撰

明成化年間（1465—1487 年）刊本　共五册

宮內廳書陵部藏本

【按】此本分爲四門，曰"內科"，曰"女科"，曰"小兒科"，曰"外科"。

"內科"前有明成化丁未（1487 年）費宏《序》。

"女科"前有羅洪先《序》。

"小兒科"前有徐階《序》。

"外科"前有明嘉靖丙午（1546 年）費寀《序》。

第一册、第四册、第五册首皆有"姜國粹印"印記。

濟世經驗全方五卷

（明）劉倫編撰

明刊本

內閣文庫藏本　原江户醫學館舊藏

【按】內閣文庫藏此同一刊本兩部。一部爲"內科"三卷，"女科"一卷，"外科"一卷，原係江户醫學館舊藏，共五册。一部僅存"內科"卷上，亦原係江户醫學館舊藏，共一册。

全生類要湖海奇方八卷

（明）許宏編撰

明刊本　共一册

宮內廳書陵部藏本　原江户名醫多濟氏家醫學館等舊藏

【按】卷首題"全生類要湖海奇方"，次署"建安宗道許宏編輯"。

前有明宣德戊申（1428 年）楊壽夫《序》，次

有明永樂二十年（1423 年）許宏《序説》。後有明宣德己酉（1429 年）黃炫《跋》，又有無名氏《跋》。

卷首有"多濟氏藏書印"、"江户醫學藏書之記"、"大學東校典籍局之印"等印記。

金鏡內臺方議十二卷　　內臺用藥性品制用一卷

（明）許宏撰

明刊本　共二册

內閣文庫藏本　原楓山官庫舊藏

備急良方一卷

（明）錢國賓編撰

明天啓七年懸壺齋刊本　共一册

內閣文庫藏本　原楓山官庫舊藏

慈惠方一卷

（明）釋景隆編撰

明正統十三年（1448 年）序刊本　共一册

內閣文庫藏本　原楓山官庫舊藏

（增補）醫貫奇方一卷

（明）陰有瀾編撰

明刊本　共一册

內閣文庫藏本　原楓山官庫舊藏

（新鎸）窮鄉便方一卷

不著編撰者姓名

明刊本　共一册

內閣文庫藏本　原楓山官庫舊藏

集驗良方三卷

不著編撰者姓名

明刊本　共三册

內閣文庫藏本　原江户時代醫學館舊藏

【附録】據《書籍元帳》記載，仁孝天皇弘化四年（1847 年）中國商船"午四番"載《集驗良方》一部抵日本。此本售價三匁五分。

（新鋟千選回生達寶秘傳）明論醫方八卷

（明）謝毓秀編撰　薛文宗校正　余象斗補

明余氏雙峰堂刊本

内閣文庫　龍谷大學大宮圖書館藏本

【按】内閣文庫藏此同一刊本三部。一部原係江戶醫學館舊藏，共八册。一部原係豐後佐伯藩主毛利高標舊藏，仁孝天皇文政年間（1818—1829年）由出雲守毛利高翰獻贈幕府，明治初期，歸内閣文庫。卷中有“佐伯侯毛利高標字培松藏書畫之印”等印記，共五册。一部原係楓山官庫舊藏，共八册。

龍谷大學大宮圖書館藏本，原係寫字文庫等舊藏，共八册。

（新編）商便應急奇方三卷

（明）程守信編撰

明魏氏仁實堂刊本　共二册

内閣文庫藏本　原江戶醫學館舊藏

醫學集要經驗良方八卷

（明）傅懋光編撰

明刊本　共四册

内閣文庫藏本　原江戶時代醫學館舊藏

醫方考六卷　脈語二卷

（明）吳崑編撰　黃基閱

明萬曆年（1573—1620年）刊本

内閣文庫　龍谷大學大宮圖書館藏本

【按】前有明萬曆乙酉（1585年）汪道昆《醫方考引》，次有萬曆丙戌（1586年）江東之《醫方考序》，次有同年方時化《醫方考序》，次有萬曆十二年（1584年）吳氏《自序》。《自序》文曰：

“（前略）余年十五志醫術，逮今十有八捻……取古昔良醫之方七百餘首，揆之於經，酌以心見，訂之於證，發其微義，編爲六卷，題之端曰《醫方考》。蓋以考其方藥，考其見證，考其名義，考其事迹，考其變通，考

其得失，考其所以然之故，非徒苟然誌方。”

楊守敬《日本訪書志》卷十著録明刊本《醫方考》六卷，與此本同。其識文曰：

“明吳崑撰。首萬曆乙酉汪道昆《序》，次《自序》，稱取古昔之良方七百餘首，揆之於經，酌以心見，訂之於證，發其微義，匪徒苟然誌方而已。今觀其所著，皆疏明古方之所以然，非有心得者不及此，信爲醫家巨擘。而傳世甚少，何耶！”

内閣文庫藏此同一刊本兩部。一部原係江戶醫學館舊藏，共三册。一部原係楓山官庫舊藏，共六册。

龍谷大學大宮圖書館藏本，瑯環藏版，原係寫字臺文庫等舊藏，共六册。

【附録】日本東山天皇元禄十五年（1702年）彌生吉且《倭版書籍考》卷之五著録《醫方考》六卷。其識文曰：

“此本六卷，附《脈語》上下一册，合七册。萬曆年間新安儒醫吳崑編，有所發明，乃近世好書也。”

日本後陽成天皇慶長九年（1604年）京都醫德堂木活字刊印《醫方考》六卷。此本十一行二十字，黑口雙邊。卷末有刊印識文曰：“慶長第九甲辰四月十二日　醫德堂刊。”

後水尾天皇元和五年（1619年）梅壽刊印《醫方考》六卷并《序目》一卷。

明正天皇寬永六年（1629年）秋田勘兵衛刊印《醫方考》六卷，并《脈語》二卷。此本覆刊明金陵周弘宇刻本。

後光明天皇慶安四年（1651年）秋田屋平左衛門刊印《醫方考》六卷。

東山天皇元禄十年（1697年）秋田屋平左衛門又刊印《醫方考繩愆》六卷，并《脈語》二卷。此本由日人北山友松子繩訓點。

名醫方論五卷

（明）吳崑撰

明汪拭刊本

東洋文庫藏本　原藤井尚久等舊藏

山谷便方（不分卷）

（明）唐歐編

明崇禎十二年（1639 年）刊本　共一册

内閣文庫藏本　原豐後佐伯藩主毛利高標
舊藏

【按】此本係仁孝天皇文政年間（1818—
1829 年）由出雲守毛利高翰獻贈幕府，明治初
期，歸内閣文庫。卷中有"佐伯侯毛利高標字
培松藏書畫之印"等印記。

治法彙八卷

（明）張三錫撰　王肯堂校

明刊本　共八册

内閣文庫藏本　原楓山官庫舊藏

（刻）醫方集宜十卷

（明）丁鳳文編撰

明萬曆四十六年（1618 年）刊本

内閣文庫　龍谷大學大宮圖書館藏本

【按】内閣文庫藏此同一刊本兩部。一部原
係楓山官庫舊藏，一部原係江户時代醫學館舊
藏，各皆五册。

龍谷大學大宮圖書館藏本，原係寫字臺文庫
等舊藏，共十册。

（新刻全補）醫方便懦二卷

不著編著者姓名

明刊本　共二册

内閣文庫藏本　原係江户時代醫學館舊藏

菉竹堂簡便諸方二卷

（明）徐陟編

明刊本　共二册

内閣文庫藏本　原江户醫學館舊藏

（新集）救急療貧易簡奇方一卷

（明）歐陽植編撰

明萬曆三十一年（1603 年）序刊本　共一册

内閣文庫藏本　原豐後佐伯藩主毛利高標
舊藏

【按】此本係仁孝天皇文政年間（1818—
1829 年）由出雲守毛利高翰獻贈幕府，明治初
期，歸内閣文庫。卷中有"佐伯侯毛利高標字
培松藏書畫之印"等印記。

（續刻）簡易驗方十卷

（明）樊如栢編撰

明刊本　共四册

内閣文庫藏本　原豐後佐伯藩主毛利高標
舊藏

【按】此本係仁孝天皇文政年間由出雲守毛
利高翰獻贈幕府。卷中有"佐伯侯毛利高標
字培松藏書畫之印"等印記。

（新刊太醫院校正京本）珍珠囊藥性賦二卷

（元）李杲撰　（明）熊宗立校

明萬曆年間（1573—1620 年）刊本　共一册

内閣文庫藏本　原吉田意庵　江户時代醫
學館舊藏

（新刻東垣李先生精著）珍珠囊藥性賦二卷

（元）李杲撰　（明）吴文炳考證

明藜光閣刊本　共一册

内閣文庫藏本

珍珠囊指掌補遺藥性賦四卷

（元）李杲撰　（明）錢允治校

明萬曆年間（1573—1620 年）金陵唐翀宇刊
本　共二册

龍谷大學大宮圖書館藏本

珍珠囊指掌補遺藥性賦四卷

（元）李杲撰　（明）錢允治校

明天啓二年（1622 年）潭城世慶堂刊本

内閣文庫　龍谷大學大宮圖書館藏本

【按】内閣文庫藏此同一刊本兩部。一部原
係江户時代醫學館舊藏，共一册。一部原係楓

山官庫舊藏,共二册。

龍谷大學大宮圖書館藏本,原係寫字臺文庫等舊藏。此本與《鎸補雷公炮製藥性解》六卷合訂,共四册。

（新刻京版太醫院校正分類）青囊藥性賦三卷

（元）李杲撰　（明）羅必煊校

明刊本　共一册

内閣文庫藏本　原江户時代醫學館舊藏

（新刊校正李東垣官版）藥性大全二卷

（明）葉文齡撰

明萬曆三十年（1602 年）余蒼泉刊本　共一册

内閣文庫藏本　原江户時代醫學館舊藏

（新鍥）藥性會元三卷

（明）梅得春撰

明萬曆二十三年（1595 年）序刊　共三册

内閣文庫藏本　原楓山官庫舊藏

（新刊）藥性要略大全十卷　太醫院經驗捷效單方一卷

（明）鄭康寧撰

明嘉靖二十四年（1545 年）劉氏明德堂刊本

内閣文庫　早稻田大學圖書館藏本

【按】内閣文庫藏本,原係楓山官庫等舊藏,共四册。

早稻田大學圖書館藏本,原係野口一太郎氏寧齋文庫等舊藏,此本六卷,共一册。

（新刻）藥鑒二卷

（明）杜文燮撰

明萬曆二十六年（1598 年）劉龍田刊本　共一册

内閣文庫藏本　原吉田意庵　江户時代醫學館舊藏

（新編注解）藥性賦一卷　病機賦一卷

（明）劉全備撰

明刊本　共二册

内閣文庫藏本　原江户時代醫學館舊藏

【附錄】據《長崎官府貿易外船賷來書目》記載,桃園天皇寶曆九年（1759 年）中國商船"十番船"載《藥性賦》二十部抵日本。

對症用藥賦三卷

（明）羅青霄撰

明隆慶六年（1572 年）序刊本（《廣嗣全書》零本）　共一册

内閣文庫藏本

（秘傳音制）本草大成藥性賦五卷

（明）徐鳳石撰

明建陽書林安正堂劉元初刊　共二册

國會圖書館藏本

仁壽堂藥鏡十卷

（明）鄭二陽撰

明仁壽堂刊本　共二册

内閣文庫藏本　原楓山官庫舊藏

（太醫院補遺）本草歌訣雷公炮製八卷

（明）余應奎撰

明萬曆三十四年（1606 年）陳氏積善堂刊本

共四册

内閣文庫藏本　原楓山官庫舊藏

（增補）藥性雷公炮製八卷

（明）張光斗編

明刊本

内閣文庫藏本

【按】内閣文庫藏此同一刊本三部,皆係原江户時代醫學館舊藏。其中兩部各四册,一部係殘本,今缺卷三至卷八,實存二卷共一册。

本草原始附雷公炮製十二卷

（明）李中立撰并繪

明刊巾箱本

内閣文庫　蓬左文庫藏本

【按】内閣文庫藏本，共三册。

蓬左文庫藏本，原係尾張藩主家舊藏。共八册。

【附録】日本後西天皇明曆年間（1655—1657 年）有《本草原始附雷公炮製》十二卷。

（鐫補）雷公炮製藥性解六卷

（明）李中梓編　錢允治校

明天啓年間（1621—1627 年）潭城世慶堂刊本　共二册

内閣文庫　龍谷大學大宫圖書館藏本

【按】前有明天啓二年（1622 年）《序》。

内閣文庫藏本，原係楓山官庫等舊藏。

龍谷大學大宫圖書館藏本，原係寫字臺文庫等舊藏。此本與明刊本《珍珠囊指掌補遺藥性賦》四卷合釘。

（新鐫三刻）本草炮製藥性賦十三卷　卷首二卷

（明）李時珍撰　龔信補

明萬曆十八年（1590 年）序刊本　共六册

内閣文庫藏本　原楓山官庫舊藏

炮製大法（不分卷）

（明）繆希雍撰　莊繼光校

明刊本　共一册

内閣文庫藏本　原江戶時代醫學館舊藏

（針灸之屬）

黄帝三部鍼灸甲乙經十二卷

（晋）皇甫謐撰

明藍格寫本　戴霖手校本　朱筠手識本共八册

静嘉堂文庫藏本　原陸心源十萬卷樓舊藏

【按】前有皇甫謐《自序》。次有林億等《表》，次有王安石等列銜。

此本係清乾隆年間（1736—1795 年）戴霖手校。有乾隆三十六年（1771 年）手識文曰：

　　“書内尚有當正之處，因無善本《靈樞》，故俟異日之定。　乾隆辛卯，休寧戴霖校。”

卷中又有朱筠手識文。其文曰：

　　“辛卯亥月六日，休寧戴漁卿詳校一過訖。見還云，此本訛字雖多，然其不訛處，視今本大勝。真古抄本也！暇當更求善本校之。是日蜀河朱筠記。”

【附録】日本聖武天皇天平二十年（1784 年）《寫章疏目録》著録《黄帝針經》一卷。

此爲日本古文獻關於《黄帝針經》之最早目録學著録。此一卷寫本今存皇家正倉院。

楊守敬《日本訪書志》卷九著録明刊本《鍼灸甲乙經》十二卷。其識文曰：

　　“序例後有正統丁巳重刊本記。每半葉九行，行二十四字。按，近世所行《甲乙經》，唯《醫統正脈》刊本，而脱誤宏多，更有以林億等校注作正文者，如第一卷‘心怵惕’條下引楊上善之説，上善隋唐間人，士安何得引之？此本不載楊上善説，凡林億等校語俱不載，亦無林億等《序》，知所原在未校正之前。其他亦多與《千金》、《外臺》所引合，遠勝《醫統》本。惜有殘缺，據張金吾《藏書志》，有明初鈔本，後有熙寧二年鏤版牒，後列富弼、趙抃等銜名。又陸氏《藏書志》亦有正統刊本，則此書善本尚未絶於中土，敬告留心醫籍者，當急爲刻之。”

日本九世紀藤原佐世撰《本朝見在書目録》，其“醫方家”著録《黄帝甲乙經》十二卷，題“玄晏先生撰”。并著録《甲乙經義宗》十卷、《甲乙經私記》二卷。此爲《黄帝甲乙經》傳入日本的最早記録。

日本東山天皇元禄十五年（1702 年）彌生吉且《倭版書籍考》卷之五著録《新校正甲乙經》十二卷。題"晋皇甫謐作。概述鍼灸經絡之書也"。

日本江户時代初期京都八尾勘兵衛刊印《針灸甲乙經》十二卷。此本題"晋皇甫謐撰，明吴勉學校"。

鍼灸甲乙經十二卷

（晋）皇甫謐撰

明萬曆年間（1573—1620 年）刊本　共二册

大東急記念文庫藏本　原脇坂安元　森立之等舊藏

太上黄庭内景玉經一卷　太上黄庭外景經一卷附黄庭内景五臟六腑圖説一卷

（梁）丘子注　《附》（唐）胡愔注

明萬曆十一年（1583 年）刊本　共一册

内閣文庫藏本　原楓山官庫舊藏

（新編西方子）明堂灸經八卷

題西方子撰

明初刊本　共一册

宫内廳書陵部藏本　原躋壽殿　江户時代醫學館等舊藏

【按】每半葉有界十三行，行二十二字，或二十三字。

江户時代森立之《經籍訪古志・補遺・醫部》著録躋壽館藏《黄帝明堂灸經》一卷，即係此本，森氏誤爲宋刊本。其識文曰：

"按，此書并《序》舊係《聖惠方》第一百卷，其實唐以前書，王懷隱等編書時所採入。首行空五字位，蓋是删去《太平聖惠方》字，以單行者耳。至大辛亥，燕山活濟堂所刊《鍼灸四書》中，亦載有此書，分正背側人圖及小兒灸方爲三卷，大失古色。酌源堂亦藏此本，紙墨頗精。"

卷中有"躋壽殿書籍記"、"多紀氏藏書印"、"醫學圖書"等印記。

（新編）明堂灸經八卷

題西方子撰

明山西平陽府刊本

静嘉堂文庫　東洋文庫藏本

【按】静嘉堂文庫藏本，原係陸心源十萬卷樓等舊藏，共一册。

東洋文庫藏本，共二册。

銅人腧穴鍼灸圖經三卷　穴腧都數一卷

（宋）王惟一撰

明萬曆年間（1573—1620 年）官牘紙拓本

宫内廳書陵部　内閣文庫　蓬左文庫藏本

【按】此本係《銅人腧穴針灸圖經》石經拓本之重刊本。

《圖經》每十六字爲一行，一百六十行爲一段，五段爲一卷。每段之首，各標而分之。《都數》一卷，亦爲五段。四邊皆有花草欄格。

前有明正統八年（1443 年）明英宗《御製序》。《序》曰："於今四百餘年，石刻漫滅而不完，銅像昏暗而難辨。朕重民命之所資，念良制之當繼，乃命礱石範銅，仿前重作，加精微焉。"

次有"仰人尺寸之圖"、"伏人尺寸之圖"、"側人尺寸之圖"，并有"周身寸法圖"、"正人伏人臟圖"等，皆爲宋石刻之舊。

宫内廳書陵部藏本，卷子本共四卷。

内閣文庫藏本，原係江户時代小島寶素舊藏，後歸醫學館。共二册。

蓬左文庫藏本，原係尾張藩主家舊藏，共十册。

（新刊）子午流注鍼經三卷

（元）何若愚著　閻明廣注

元葉氏廣勤堂竇氏活濟堂刊本　共一册

宫内廳書陵部藏本

【按】每半葉有界十行，行二十二字。黑口，左右雙邊(16.7cm×10.5cm)。

卷前有閻明廣《序》。《序》尾有刊印木記一行,其文曰:

"廣勤活濟堂鼎新刊"。

次有《新刊子午流注鍼經目録》,題"南唐何若愚撰集,建安竇桂芳校正"。卷目如次:

卷上,子午流注鍼經;

卷中,并榮俞經合部分圖;

卷下,并榮歌訣。

(新刊)子午流注鍼經井榮歌訣二卷　附録三卷

(元)何若愚著　閻明廣注

明成化壬辰(1472年)竹坪書堂刊本　共一册

宮內廳書陵部藏本　原江户時代名醫多紀氏家　醫學館等舊藏

【按】此本《附録》如次:

《新刊竇漢卿編集鍼灸指南》一卷,古肥竇漢卿撰次;

《針灸雜說》一卷,建安後學竇桂芳類次;

《新刊莊季裕編次膏肓腧穴法》一卷,清源莊季裕編。

《針灸雜說》卷尾,有刊印木記曰:"成化壬辰仲秋竹坪書堂新刊"。《膏肓腧穴法》卷尾,有墨書題識曰:"文化十二年(1815年)八月十九日插架,藥草書室。"

江户時代森立之《經籍訪古志·補遺·醫部》著録寶素堂藏明成化年間刊本《鍼灸四書》時有識文曰:"按,聿修堂亦有一本,與此不同。《鍼灸雜說》後有'成化壬辰仲秋竹坪書堂新刊'木記,比此本頗覺古色,惜有脱葉。"即指此本。

卷中有"劉元昕印"、"江户醫學藏書之印"、"與住草屋"、"多紀氏藏書印"等印記。

【附録】日本正親町天皇天正二年(1575年)有《新刊竇漢卿編集鍼經指南》一卷并《鍼灸雜說》一卷、《新刊莊季裕編膏肓腧穴法》一卷寫本一種。《鍼灸雜說》卷末有墨書曰"寫成化壬辰仲秋竹坪書堂新刊"。《膏肓腧穴

法》卷末又有墨書曰"時天正二年甲戌春三月日書大明國王氏月軒書"。卷中有"秘閣圖書之章"。此本今藏宮內廳書陵部。

(新刊)銅人鍼灸經七卷

不著撰人姓名

明山西平陽府刊本

內閣文庫　静嘉堂文庫　東洋文庫藏本

【按】每半葉有界十三行,行二十一字,或二十二字不等。

此本內容即係《聖惠方》第九十九卷,蓋古鍼經之遺文。由王懷隱等編入者,後人分爲七卷,漫名之曰《銅人鍼灸經》。

內閣文庫藏本,原係吉田意庵舊藏,後歸江户時代醫學館。共一册。

静嘉堂文庫藏本,原係陸心源十萬卷樓舊藏。共一册。

東洋文庫藏本,共二册。

鍼灸問對三卷

(明)汪機編撰

明嘉靖年間(1522—1566年)刊本　共一册

龍谷大學大宮圖書館藏本　原寫字臺文庫等舊藏

鍼灸節要三卷　鍼灸聚英四卷

(明)高武編撰

明嘉靖十六年(1537年)序刊本　共十册

內閣文庫藏本　原楓山官庫舊藏

【附録】日本明正天皇寬永十七年(1640年)京都風月二條觀音通刊印明人高武撰《鍼灸聚英發揮》八卷。

明正天皇正保二年(1645年)武村市兵衛刊印《鍼灸聚英發揮》八卷。

桃園天皇寶曆三年(1753年)刊印明人高武撰《鍼灸要旨》三卷。此本由日人岡本爲竹(一抱)重訂。

（鼎雕太醫院校正）徐氏鍼灸大全六卷

　（明）徐鳳編撰　徐三友校
　明萬曆鄭氏宗文堂刊本　共二册
　内閣文庫藏本　原楓山官庫舊藏

（新鋟太醫院參訂）徐氏鍼灸大全六卷

　（明）徐鳳編撰
　明萬曆三十三年（1605年）刊本　共三册
　内閣文庫藏本

（新刊徐氏家傳）鍼灸捷法大全六卷

　（明）徐鳳編撰
　明萬曆十三年（1585年）余氏新安堂刊本
　共二册
　内閣文庫藏本　原江户時代醫學館舊藏

（新刊徐氏家傳）鍼灸捷法大全（殘本）四卷

　（明）徐鳳編撰
　明刊本　共二册

内閣文庫藏本　原楓山官庫舊藏
　【按】是書全六卷。此本今缺卷五、卷六，實
存四卷。

（新鋟鰲頭金絲萬應膏）徐氏鍼灸全書一卷
（新鍥鰲頭加減十三方銅人）針鍼全書二卷
（海上仙方）徐氏鍼灸全書一卷

　（明）朱鼎臣編
　明萬曆十二年（1584年）王氏三槐堂刊本
　内閣文庫藏本
　【按】内閣文庫藏此同一刊本兩部。一部原
係楓山官庫舊藏，共三册。一部原係江户時代
醫學館舊藏，共二册。

（新刊吴氏家傳神醫秘訣遵經奧旨）鍼灸大成四
卷

　（明）吴文炳編
　明萬曆年間（1573—1620年）熊氏種德堂刊
本　共三册
　内閣文庫藏本　原江户時代醫學館舊藏

（六）農　家　類

齊民要術（殘本）二卷

（後魏）賈思勰撰

宋刊本　日本重要文化財　共二册

京都高山寺藏本　原中原師遠等舊藏

【按】每半葉八行，行十七字。注文雙行，行二十五字。

是書全本凡十卷。此本今存卷第五、卷第八，凡二卷。卷第五首題“齊民要術卷第五”，下署“後魏高陽太守賈思勰撰”。

卷第八題籤有匡部，四周雙邊，高16.8cm，幅5.7cm。匡部内大字書寫“齊民要術卷八”。

鎌倉時代（1192—1330年）《高山寺聖教目録》第九十六函著録此本，當時係全本十卷。仁孝天皇天保六年（1835年）修補此書時，已佚失多卷而剩此二卷，并卷第一殘紙二枚。

卷中有“師遠”、“高山寺”等印記。

日本森立之《經籍訪古志》卷四著録“《齊民要術》零本三卷，北宋刊本，高山寺藏”，即係此本。今殘紙二枚已失佚。森氏識文曰：

“按是書善本至稀，世所傳毛晋刊本誤脱滿紙，殆不可快讀。以此本校之，當據以補正者甚多。如一卷首‘《周書》曰：神農之時天雨粟’一條，此本小書夾注，毛本大書，却失舊裁（《讀書敏求記》載，嘉靖甲申湖湘刊本，‘《周書》曰’一條大書，亦與毛本同，知毛本據湘本也）。五卷《桑拓篇》，毛本脱一張，此本完具。其他可訂正誤謬者亦多。考紹興甲子葛祐之刊是書，《後序》有曰，此書乃天聖中崇文院板本，非朝廷要人不可得。今此本通字闕末筆，知是天聖官刊，在當時既爲罕覯之册，豈可不貴重乎？”

楊守敬《日本訪書志》卷七著録北宋天聖官刊本《齊民要術》殘本二卷。其識文曰：

“北宋天聖刊本，高山寺藏，見存卷五、卷八二卷，又卷一殘葉二紙。每卷題‘齊民要術卷第幾’，次行題‘後魏高陽太守賈思勰撰’，次列傳中篇目。每半葉八行，行十七字。注雙行，行二十五字。‘竟’、‘玄’、‘通’字等闕末筆。按胡震亨《祕册彙函》刊本（即毛氏《津逮》本）有紹興甲子葛祐之刊是書《序》云，此書乃天聖中崇文院板本，非朝廷要人不可得。此本‘通’字缺筆，故知是天聖官刊本也。余所得係小島尚質以高山寺本影鈔，精好如宋刻。今以胡刻本校之，乃知胡本謬誤脱漏觸目皆是，不第如錢遵王《敏求記》所云，卷首‘周書曰’云云小字夾注改爲大書也。（錢謂嘉靖甲申湖湘本如是，故知胡刻原於湖湘本）第五卷《桑柘篇》胡本脱一葉，此本亦完具。

又按，森立之《訪古志》稱尾張真福寺藏有卷子本九卷，只缺第三，一卷亦闕，宋諱與前本同。知亦是原於天聖本。若得此本，則賈氏書爲完璧，記以告後之人。

又按，陸氏《藏書記》有張紹仁據士禮居校宋本，亦僅至第七卷，‘作秦州春酒麴法’一段止。又有勞季言校宋本，當亦是黃校本傳録者。

又按，《愛日精廬藏書志》有黃琴六校本。琴六云，士禮居藏有宋本前六卷（據張校本則至第七卷之半止），據以校照曠閣新刊本（亦從胡本出），又據《農桑輯要》互勘，而後四卷無從釐正，因云後四卷脱誤本少。今以此第八卷校之，脱誤亦甚多。余又以聚珍本王禎《農書》校之，補脱釐誤，大有裨益，當出黃校本上。唯未得原書全本照之，終爲恨事。

同治戊辰，高州陳荔秋先生致書何小宋撫軍，薦余入崇文書局，適方刻此書，所據即津逮本，賈氏《自序》偶脱一葉，即注其下方云‘原缺一葉’。其有不可屬讀者，則以意連綴之。校此書者競語余云，余等爲此書費力不少。余微哂之，即辭不赴局。吁！此書宋本固不可得，《津逮》本、《照曠》本非罕見，乃因其所得本偶缺，遂不再求他本以補之，且不照原書行式，以留他日校補，鹵莽如此，真所謂刊刻之功不蔽其僭妄之罪也。”

此本已被日本“文化財審議委員會”確認爲“日本重要文化財”。

【附録】日本九世紀藤原佐世《本朝見在書目録》第三十一“農家”，著録《齊民要術》十卷，題“高陽賈協思撰”（係賈思勰之誤——編著者）。此係本書傳入日本之最早記録。

據《商舶載來書目》記載，櫻町天皇延享四年（1747年）中國商船“世字號”載《齊民要術》一部抵日本。

日本十二世紀至十三世紀，有《齊民要術》十卷寫本一種。此本有六條天皇仁安元年（1166年）手書二則。一則曰：“仁安元年九月晦，於百濟寺以唐本摺本書了。”又一則曰：“仁安元年一校了，同年十月七日又校了。”又有後深草天皇寶治二年（1248年）手書，其文曰：“寶治二年戊申九月十七日辛酉自康樂寺僧正之手傳取之。典藥權助和氣在判。”又有後宇多天皇文永十一年（1274年）嵩時執權家北條實時手筆，其文曰：“此書一部十卷，小川僧正御房自京都令借下本給候間書寫校合了，於時文永十一年三月十八日越州刺史。”（花押）此本已被日本“文化財審議委員會”確認爲“日本重要文化財”，今存蓬左文庫。

日本櫻町天皇延享元年（1744年）向榮堂山田三郎兵衛刊印《齊民要術》十卷。此本由日人山田女子之點。仁孝天皇文政九年（1826年）有補修重刊本。又有大阪河內屋喜兵衛等重印本。

齊民要術十卷

（後魏）賈思勰撰

明嘉靖甲申（1524年）刊本　勞季言校宋本
共二冊
静嘉堂文庫藏本　原勞季言　陸心源十萬卷樓舊藏

【按】前有後魏高陽太守賈思勰《序》。次有宋紹興甲子（1144年）葛祐之《序》。次有明嘉靖甲申（1524年）王廷相《序》。

卷中有“勞格”、“季言”等朱文印記。

齊民要術十卷

（後魏）賈思勰撰　（明）胡震亨注
明萬曆年間（1573—1620年）刊本　共四冊
內閣文庫藏本

農書三卷　蠶書一卷

（宋）陳旉撰　《蠶書》（宋）秦觀撰
古寫本　吳枚庵手校本　共一冊
静嘉堂文庫藏本

【按】《農書》前有陳旉《自序》，并《自跋》。次有江綱《跋》及洪興祖《後序》。

《蠶書》後有宋嘉定甲戌（1214年）孫鏞《跋》。

此本有吳枚庵校書手記識文三則。其一曰：

“陳山人《農書》三卷，秦淮海《蠶書》一卷，乙酉禁煙日得於郡廟書肆。後於友人處借得汲古閣舊鈔，勘正差誤，并補録全真子《自序》一篇，略成善本。其毛鈔本又有於潛令樓璹進《耕織圖詩》四十五首，附《蠶書》之後。異日當別録一冊，茲不鈔附云。七月九日，枚庵吳翌鳳記。”

其二曰：

“丁酉六月六日，又校正數字。枚莽漫士又記。”

其三曰：

“是歲八月三日，付館童裝褙不善，殊悶悶也。漫士。”

【附録】日本仁孝天皇文政十三年（1830年）昌平學官版刊印宋人陳旉《農書》三卷及宋人秦觀《蠶書》一卷。

耕禄稿一卷

（宋）胡錡撰
明刊本　共一册
内閣文庫藏本

（新刻）農桑輯要七卷

元世祖時官撰　（明）陳無私校
明刊本
内閣文庫藏本

【按】内閣文庫藏此同一刊本兩部。一部原係木村蒹葭堂舊藏，共一册。一部原係昌平坂學問所舊藏，共四册。

農書三十六集

（元）王楨撰
明嘉靖年間（1522—1566 年）山東布政使司刊本　共六册
内閣文庫　静嘉堂文庫　尊經閣文庫　蓬左文庫藏本

【按】前有明嘉靖庚寅（1530 年）閻閎《序》。是書《永樂大典》所載，并爲八卷。《讀書敏求記》曰：“《農桑通訣》六、《谷譜》四、《農器圖譜》十二，總名曰《農書》。”《四庫全書》著録此本爲二十二卷。

内閣文庫藏本，原係江户時代醫學館舊藏，共六册。

静嘉堂文庫藏本，原係陸心源十萬卷樓舊藏。陸氏《儀顧堂題跋》卷六著録此本。其識文曰：

　　“《農桑通訣》集六、《穀譜》集十、《農器圖譜》集二十，題曰‘東魯王楨撰’。其書改卷爲集，可稱創格。嘉靖中，山東巡撫邵錫得此本，命布政使顧應祥刊行之。前有嘉靖庚寅臨清閻閎《序》。雖與聚珍本分卷有異，而大旨多同。《農桑通訣》首農事起本，牛耕起本，蠶事起本。三條列於集一之前，上圖下説。《穀譜》集一之前，有‘神農嘗穀圖’、‘黄帝火食圖’。每集之前，各有總目。

《農桑通訣》目首，有雙行注五十餘字，言所以名‘集’不名‘卷’之由。皆聚珍本所無。楨《自序》云‘爲集三十有六，目二百有七十’。則‘集’之名，爲楨原本所有，非明人妄加也。凡遇國家等字，皆頂格，當從元刊翻雕者。”

尊經閣文庫藏本，原係江户時代加賀藩主前田綱紀等舊藏，共六册。

蓬左文庫藏本，原係尾張藩主家舊藏。此本乃明正天皇寬永十四年（1637 年）從中國購入。卷中有“尾陽内庫”印記。此本今存《農器圖譜》二十集。

農書三十六集

（元）王楨撰　（明）鄧渼校
明萬曆年間（1573—1620 年）刊本
内閣文庫　東洋文庫藏本

【按】内閣文庫藏此同一刊本兩部。一部原係黄虞稷舊藏，後歸日本木村蒹葭堂，共四册。一部共十二册。

東洋文庫藏本，芙蓉樓藏版，原係岩崎文庫舊藏，共十四册。

（新刻）田家五行二卷　拾遺一卷　附録三卷

（明）張師説等校
明刊本　共一册
内閣文庫藏本

【按】此本《附録》細目如次：

《田家五行拾遺》一卷，（明）婁元禮撰，張師説訂；

《新刻田家五行紀歷撮要》一卷，（唐）鹿門老人撰，（明）都城訂；

《東方朔探春歷記》一卷，（漢）東方朔撰，（明）沈來聘訂。

内閣文庫藏此同一刊本兩部。一部原係木村蒹葭堂舊藏，一部原係昌平坂學問所舊藏。

（新刻）農圃四書四卷

（明）鍾名臣校

明刊本　共一册

内閣文庫藏本

【按】此本細目如次：

《理生玉鏡稻品》一卷；

《蠶經》一卷；

《養魚經》一卷；

《藝菊書》一卷。

内閣文庫藏此同一刊本兩部，皆原係昌平坂學問所舊藏。

(新刻)種樹書一卷

（明）俞宗木撰　都汴校

明刊本　共一册

内閣文庫藏本

【按】内閣文庫藏此同一刊本兩部，皆原係昌平坂學問所舊藏。

救荒本草(殘本)二卷

（明）朱橚編撰

明嘉靖年間(1522—1566 年)刊本　共二册

静嘉堂文庫藏本　原陸心源十萬卷樓舊藏

【按】是書全十四卷。此本今存草部卷上、木部卷下，共二卷。

【附録】仁孝天皇文政十二年(1829 年)中國商船"丑七番"載《救荒本草》二部抵日本。

日本中御門天皇正德五年(1715 年)刊印《救荒本草》十四卷，并附明人王磐《救荒野譜》二卷。

同天皇享保元年(1716 年)京都柳枝軒等刊印明人徐光啓編《周憲王救荒本草》十四卷，并王磐《救荒野譜》一卷，以及附明人姚可成《補遺》一卷。此本由日人松岡成章點。

光格天皇寬政十一年(1799 年)京都長松堂大路次郎右衛門刊印明人徐光啓編《(周憲王)救荒本草》十四卷、王磐《救荒野譜》一卷，并附明人姚可成《補遺》一卷。此本由日人小野識博(蘭山)點校。

又，京都白松堂刊印明人王磐《救荒野譜》一卷，并姚可成《補遺》一卷。此本後有京都長松堂重印本，又有京都華文軒重印本。

田園經濟十七卷

明人編輯　不著姓名

明存古齋刊本　共四册

蓬左文庫藏本　原德川氏幕府　尾張藩主家舊藏

【按】此本細目如次：

《新刻農桑輯要》七卷，（元）司農司撰，（明）陳無私訂；

《新刻田家五行》二卷，附《田家五行拾遺》一卷，（明）婁元禮撰，張師説訂；

《新刻田家五行紀歷撮要》一卷，附《東方朔探春歷記》一卷，（唐）鹿門老人撰，（明）都城訂。【附】（漢）東方朔撰，（明）沈來聘訂；

《新刻種樹書》一卷，（明）俞宗木撰，都汴校；

《新刻農圃四書》四卷，（明）黄省曾撰，鍾名臣訂。

此本係明正天皇寬永十四年(1637 年)從中國購入。原藏德川家康處，卷中有"御本"印記。後歸尾張藩主家藏。

農政全書六十卷　總目一卷

（明）徐光啓編撰　張國維　方岳貢鑑定　陳子龍編

明崇禎十一年(1638 年)平露堂刊本

宮内廳書陵部　内閣文庫　尊經閣文庫　東洋文庫　東京大學總合圖書館　陽明文庫藏本

【按】宮内廳書陵部藏本，原係江户時代德山藩三代主毛利元次廣收"天下秘籍"之一種。東山天皇寶永三年(1706 年)《御書物目録》著録此本。明治二十九年(1896 年)男爵毛利元功獻贈宮内省圖書寮(即今宮内廳書陵部)，共二十四册。

内閣文庫藏此同一刊本三部。一部共十四册。一部原係木村兼葭堂舊藏，此乃後印本，共十二册。一部原係昌平坂學問所舊藏,亦係後印本,共二十册。

尊經閣文庫藏本,原係江户時代加賀藩主前田綱紀家舊藏,共十六册。

東洋文庫藏本,共二十册。

東京大學總合圖書館藏本,原係田中方郎等舊藏,共十七册。

陽明文庫藏本,原係江户時代近衛家熙等舊藏,共二十册。

【附録】據《商舶載來書目》記載,中御門天皇正德二年(1712 年)中國商船"濃字號"載《農政全書》一部二帙抵日本。

據《外船賫來書目》記載,中御門天皇享保二十年(1735 年)中國廣東商船"二十五番"(船主黄瑞周、楊叔祖)載《農政全書》一部抵日本。桃園天皇寬延四年(1751 年)中國商船載《農政全書》二部各二帙二十册抵日本。

據《書籍元帳》記載,仁孝天皇天保十二年(1841 年)中國商船"子二番"載《農政全書》一部凡六帙抵日本。售價七十五匁。

孝明天皇嘉永二年(1849 年)中國商船"酉三番"載《農政全書》一部凡四帙抵日本。售價一百十匁。

據孝明天皇安政六年(1859 年)《會所書籍輸入見帳》記載,中國商船載《農政全書》二部各四帙抵日本。投標價島屋四十六匁四分,書物屋一百匁七分,本屋一百十匁九分。

日本仁孝天皇文政十年(1827 年)寶善堂刊印明人徐光啓《農政全書》六十卷。

（七）類　書　類

（隋唐五代人編纂之屬）

玉燭寶典（殘本）十一卷

（隋）杜台卿編撰

日本十一世紀及十四世紀寫本　卷子本六軸

尊經閣文庫藏本　原江户時代加賀藩主前田綱紀等舊藏

【按】每半葉九行，注文雙行。卷一正文與注文皆每行二十字，卷二以下正文與注文自十四字至十八字不定。

首有《玉燭寶典序》。

是書全十二卷，此本今缺卷七"秋七月"一卷，實存十一卷。

此本係十一世紀與十四世紀不同寫本的合綴本，卷後有鈔録識語如次：

卷二："貞和五年四月十二日一校了　面山叟。"（編著者注，貞和係日本十四世紀南北朝時北朝崇光天皇之年號，實乃 1349 年）

卷五："嘉保三年六月七日書寫了　并校畢。"（編著者注，嘉保係日本十一世紀時代崛河天皇年號，實乃 1096 年）

卷六："貞和四年八月八日書寫畢。"

卷八："貞和四年十月十六日校合了　面山叟。"

【附録】日本孝謙天皇天平勝寶三年（751年）編纂成日本第一部書面漢詩集《懷風藻》，其收入作品曾徵引《玉燭寶典》中的典故，如第二十九首正一位太政大臣藤原朝臣史《元日應詔》中有句曰："正朝觀萬國，元日臨兆民。"其"正朝"一詞則取自《玉燭寶典》"正月爲端月……其一日爲元日……亦云正朝"之説。

九世紀日本藤原佐世《本朝見在書目録》第三十"雜家"著録《玉燭寶典》十二卷，題"隋著作郎杜臺卿撰"。此爲《玉燭寶典》傳入日本最早之記録。

十八世紀江户時代佐伯侯毛利高翰命工從前田侯家所藏《玉燭寶典》重新鈔録成書，後獻與德川幕府，藏於楓山官庫。森立之《經籍訪古志》卷五著録楓山官庫藏貞和四年鈔本《玉燭寶典》十二卷，即係此本。森氏識文曰：

"隋著作郎杜臺卿撰。缺第九一卷。每册末有'貞和四年某月某日校合畢，面山叟記'。五卷末有'嘉保三年六月七日書寫并校畢'舊跋。按此書元明諸家書目不載之，則彼土蓋已亡佚耳。此本爲佐伯侯毛利氏獻本之一，聞加賀侯家藏卷子本，未見。"

森氏所言此本爲貞和年間寫本，甚誤；所言缺卷九，或字誤。明治中期，黎庶昌、楊守敬編作《古逸叢書》，誤信森氏之言，録入此江户時代之覆寫本，而未審當時日本尚有前田家卷子本。

（新雕中字）雙金一卷

不著撰人姓名

宋熙寧二年（1069 年）刊本　日本重要文化財　共一册

名古屋大須觀音真福寺藏本

【按】每半葉有界十一行，大字一字爲小字四字，小字雙行，行二十八字至三十五字。左右雙邊。

前有宋景德四年（1007 年）《雙金序》。《序》文共半頁，有界十一行，行二十二字。作《序》者姓名被挖版抹去。其文曰：

"夫《雙金》者,不知何許時人所撰集也。觀其創意立規,亦文辭之士,博採經籍,廣摭子史,撮英擷粹,芟蔓存本,以成其志也。開一十八門,立五百餘目,星聯珠貫,逾數萬事,囊括包舉,止盈一編。文略而可詳,類繁而有別。蓋將以備修撰而易檢閲,振綱領而省簡册也。微少爲貴者之言作之有要,俾聞一知十之士用之勿迷。至於從宦遐徼,羈游異域,賷裝之外,書籍難偕,置此巾箱,可覺遺忘,惜其有益時用,而沈在緗帙。爰命刊印,庶傳永久,以其二字而明一事,謂之雙,事有實而理可貴,謂之金,命名之義,其在兹乎!皇宋景德四年閏　五月　日前進(下刮去七字)序。"

封面正中大字題籤"新雕中字雙金一部"。兩側各有小字一行,其文曰:"此本今將經籍子史重加校勘,近五百餘事件錯誤并以改正,甚至精詳,己酉熙寧二年十月望日印行。"

卷末又有刊記五行,其文曰:

"此書曾因檢閲,舛錯較多,蓋是自來遞相摸搭,刊亥爲豕,刻馬爲烏,誤後學之披尋,失先賢之本意。爰將經史逐一詳證,近五百餘事件訛誤,今重新書寫,召工雕刻,仍將一色純皮好紙裝印,貴得悠書君子詳識,此本乃是張家真本矣。時聖宋己酉熙寧二年孟冬十月望日白。"

卷中有"爾王"朱文方印等印記。

此本已被"日本文化財審議委員會"確認爲"日本重要文化財"。

【附録】十二世紀日本藤原信西《通憲入道藏書目録》第二十七匭著録"《大字雙金》上下二帖"。

北堂書鈔一百六十卷

(隋)虞世南撰

明中期寫本　共二十册

静嘉堂文庫藏本　原馬玉堂漢唐齋　陸心源皕宋樓舊藏

【按】每半葉十三行,行二十字左右,小字二十五字或二十六字。全書分爲甲、乙、丙、丁、戊、己、庚、辛、壬、癸,凡十集。其中卷一百三十九,卷一百五十八至卷一百六十,俱係大字無注。

陸心源《儀顧堂集》卷十七著録此本。其識文曰:

"……案《宋史·趙安仁傳》,安仁嗜讀書,所得禄賜多以購書。三館舊缺虞世南《北堂書鈔》,惟安仁家有本,真宗命内侍取之,嘉其好學,手詔褒美。愚謂,唐以前書存於今者甚寡,其幸而得存,宋元以來無不刊行。惟原本《書鈔》,自唐至今,未經刊本。何以明之?五代始有刊板,如《書鈔》刊行於五代,真宗時傳本必多,何至三館缺而安仁家獨有乎?則必無刊板可知。明人陳禹謨所刊,屢改删削,名存實非,猶不刊也。入國朝,原本尤爲難得,嚴氏可均謂,江浙有《書鈔》原本五。一爲孫淵如本,一爲季滄葦《古唐類範》,即朱竹垞《古唐類要》本,一爲張月霄本,一爲汪小米本,一則嚴氏所有也。此本前明舊鈔,又在嚴氏所見五本之外。先師周孝廉校正《書鈔》,用功甚深,自經兵燹,只字不存。惟先師所據之本,乃從嚴氏本影寫,訛誤更多,當時以不得舊鈔爲恨。是本未知較嚴氏所藏何如,惜先師已作古人,不得商量舊學。追念師門,爲之泫然。"

【附録】據瑞溪周鳳《卧雲日件録》中"寬正五年"記載,1464 年,日本建仁寺住持天與清啓受將軍足利義政之委派訪華,向中國開列所需書籍文獻十五種,其中有"《北堂書鈔》全部",明廷照單全部饋贈。

據《商舶載來書目》記載,後桃園天皇安永三年(1772 年)中國商船"浦字號"載《北堂書鈔》一部二帙抵日本。

北堂書鈔一百六十卷

(隋)虞世南撰　(明)陳禹謨校注

明萬曆二十八年(1600 年)海虞陳氏刊本

宮內廳書陵部　內閣文庫　尊經閣文庫
蓬左文庫　静嘉堂文庫　東京大學東洋文化
研究所　東北大學附屬圖書館　廣島大學文
學部　京都陽明文庫藏本

【按】每半葉有界九行,行二十字。白口,左
右雙邊。

前有瞿汝稷《序》,并有陳禹謨《序》。

宮內廳書陵部藏此同一刊本兩部。一部卷
中有"竹半閣"印記,共二十冊。一部原係德
山藩三代主毛利元次舊藏,卷中有缺葉。東山
天皇寶永三年(1706年)《御書物目錄》著錄
此本,明治二十九年(1896年)由男爵毛利元
功獻贈宮內省圖書寮,共六十冊。

內閣文庫藏此同一刊本兩部。一部原係江
户時代林氏大學頭家舊藏,共十八冊。一部共
十六冊。

尊經閣文庫藏本,原係江户時代加賀藩主前
田綱紀等舊藏,共四十冊。

蓬左文庫藏本,原係尾張藩主家舊藏,卷中
有"尾陽內庫"印記。此本係後水尾天皇寬永
四年(1627年)從中國購入,共二十冊。

静嘉堂文庫藏本,原係陸心源十萬卷樓舊
藏,共十二冊。

東京大學藏本,原係大木幹一舊藏。

東北大學藏此同一刊本兩部。一部存附屬
圖書館,共十六冊。一部存教養學部,共二十
四冊。

廣島大學文學部藏本,共二十冊。

陽明文庫藏本,原係江户時代近衛家熙等舊
藏,共十五冊。

藝文類聚一百卷

(唐)歐陽詢奉敕撰
明嘉靖七年(1528年)天水胡纘宗刊本
東洋文庫　京都大學中國語學文學哲學研
究室藏本
【按】每半葉有界十四行,行二十八字。白
口,左右雙邊。

東洋文庫藏此同一刊本兩部。一部原係藤

田豐八等舊藏,共十六冊。一部原係三菱財團
岩崎氏家等舊藏,共十五冊。

【附錄】元正女天皇養老四年(720年)日本
完成了《日本書紀》四十卷的編撰。其中徵引
漢籍文獻八十餘種,依據學者研究,此類引文
大部來自唐初類書《藝文類聚》。若此,則八
世紀時代,《藝文類聚》已東傳日本。

公元751年(中國唐玄宗天寶十年、日本孝
謙天皇天平勝寶三年)日本完成第一部書面
文學集《懷風藻》的編纂,其第四十二首爲大
納言大伴宿禰旅人所作《春日侍宴》。起首詩
句曰:"論道與唐儕,語德共虞鄰;冠周埋屍
愛,駕殷解網仁。"詩中"駕殷解網仁"之典,則
使用的是《藝文類聚·帝王部(殷成湯)》的材
料。原文引《帝王世紀》曰:"(湯)出,見羅者。
方祝曰'從天下者,從地出者、四方來者,皆入
吾羅!'湯曰:'嘻,盡之矣! 非桀其孰能爲此
哉!'乃命解三面而置一面。更教之祝:'欲
左者左,欲右者右,欲高者高,欲下者下,吾取
其犯命者。'漢南諸侯聞之,咸曰'湯之德至
矣! 澤及禽獸,又況於人乎!'"又《懷風藻》第
五十二首爲大學頭山田史三方所作《秋日於
長王宅宴新羅客》的《詩序》中有語句曰:"混
賓主於浮蟻,清談振發;忘貴賤於窗雞,歌臺落
塵。"此中"窗雞"之典,使用的則是《藝文類
聚·鳥部》的材料。原文引《幽明錄》曰:"晋
兗州刺史沛國宋處宗,嘗買得一長鳴雞,愛養
甚至,恒籠著窗間,雞遂作人語,與處宗談論,
極有玄致……"這是關於《藝文類聚》材料最
早浸入日本古代文學的記載。

九世紀藤原佐世《本朝見在書目錄》第三十
"雜家"著錄《藝文類聚》一百卷,不題著作者。
此爲日本古文獻關於《藝文類聚》最早之記
錄。

據《商舶載來書目》記載,櫻町天皇寬保二
年(1742年)中國商船"計字號"載《藝文類
聚》一部四帙抵日本。

據桃園天皇寬延四年(1751年)《持渡書物
覺書》記載,當年中國商船載《藝文類聚》一部

二帙十六册抵日本。

藝文類聚一百卷

（唐）歐陽詢等奉敕撰

明嘉靖十六年（1537 年）宗文堂刊本　共十六册

静嘉堂文庫　大倉文化財團藏本

【按】每半葉有界十四行，行二十八字。白口，左右雙邊。

首題《藝文類聚》一百卷。次行題“唐太子率更令弘文館學士歐陽詢撰”。前有歐陽詢《序》。後有刊印《跋語》。其文曰：“今書坊宗文堂購得是書，即便命工刊行，溥傳海宇，售播四方賢哲士夫，以廣斯文。幸鑒！”

静嘉堂文庫藏本，原係徐㶿、李鹿山、鄭杰、劉筠川、陸心源皕宋樓等舊藏。陸心源《儀顧堂續跋》卷十著録此本，并斷其爲元代刊本。其識文曰：

“（前略）愚案，元刊《劉靜修集》卷一後有墨記云‘至順庚午宗文堂刊’木記。則宗文堂必元代麻沙書坊，是書亦至順中刊本也。書中有‘徐氏興公’白文方印、‘曾在李鹿川處’朱文長印、‘鄭杰之印’白文方印、‘注韓居士’白文方印、‘一名人㶿字昌英’朱文方印、‘侯官鄭氏藏書印’朱文方印、‘注韓居珍藏記’朱文方印、‘劉氏小墨莊藏’朱文方印、‘侯官劉筠川藝文金石記’朱文方印、‘曾經筠川讀’朱文方印。徐興公名㶿，字惟起，閩縣人。萬曆間與曹能始狎主閩中詩盟，聚書至數萬卷，或題其端，或書其尾，見《明詩綜》。李鹿川、鄭杰、劉筠川，皆雍乾間福建藏書家。是書明凡四刊，有蘭雪堂活字本，有聞人銓本，有陸采本，有大字本。元刊則惟見此一種耳。”

傅增湘《藏園群書經眼録》卷十著録静嘉堂藏宗文堂刊本《藝文類聚》，即係此本。其識文曰：

“此書字體及雕工與明刊《宋文鑒》、《文獻通考》相類，極似慎獨齋所刊諸書。

陸心源氏以有宗文堂跋語，定爲元本。不知閩中書坊傳世最長，如翠岩精舍、勤有堂等自宋元迄明，皆世其業。今所刻之書猶可考見。宗文堂明代何獨不存乎？觀書以字體雕工風氣定其時代，可百不失一。若拘拘於紙墨之古舊，牌記之年月，及避諱與否，皆其末焉者也。”

此本共十六册。

大倉文化財團藏本，其中卷首至卷二、卷九十七至卷一百係後人寫補。共三十二册。

藝文類聚一百卷

（唐）歐陽詢奉敕撰

明嘉靖二十八年（1549 年）刊本

東洋文庫　静嘉堂文庫　京都大學中國語學文學哲學研究室　京都陽明文庫藏本

【按】每半葉有界十四行，行二十八字。白口，左右雙邊。

東洋文庫藏本，原係三菱家族岩崎文庫舊藏，共十五册。

静嘉堂文庫藏本，原係竹添光鴻等舊藏，共二十册。

京都大學藏本，共二十四册。

陽明文庫藏本，原係江户時代近衛家熙等舊藏，共十二册。

藝文類聚一百卷

（唐）歐陽詢奉敕撰　（明）王元貞校

明萬曆十五年（1587 年）白下王氏刊本

宮内廳書陵部　國會圖書館　内閣文庫　静嘉堂文庫　大東急記念文庫　東京大學東洋文化研究所　京都大學人文科學研究所東洋文獻中心　名古屋大學附屬圖書館　早稻田大學圖書館　學習院大學附屬圖書館　廣島大學文學部　大阪府立圖書館藏本

【按】每半葉有界十行，行二十字。白口，左右雙邊，間或四周雙邊。

宮内廳書陵部藏本，原係江户時代德山藩三代主毛利元次廣收“天下秘籍”之一種。東山

天皇寶永三年（1706年）《御書物目録》著録
此本。明治二十九年（1896年）男爵毛利元功
將此本獻贈宮内省圖書寮（即今宮内廳書陵
部）。此本卷中有後人寫補，卷中有"德藩藏
書"印記，共二十四册。

　　國會圖書館藏本，原共二十四册，現合爲十
二册。

　　内閣文庫藏此同一刊本兩部。一部原係江
户時代大學頭林氏家舊藏，共二十四册。一部
原係楓山官庫舊藏，共五十册。

　　静嘉堂文庫藏本，原係中村敬宇等舊藏，共
二十四册。

　　大東急記念文庫藏本，原係奥田三角、津藩
有造館等舊藏，共五十二册。

　　東京大學藏本，原係大木幹一舊藏。

　　京都大學藏本，共四十册。

　　名古屋大學附屬圖書館藏本，共二十二册。

　　早稻田大學圖書館藏此同一刊本兩部，各皆
二十册。

　　學習院大學藏本，共二十册。

　　廣島大學藏本，共二十册。

　　大阪府立圖書館藏本，共二十册。

藝文類聚一百卷

　　（唐）歐陽詢奉敕撰　（明）陸采校
　　明萬曆年間（1573—1620年）覆嘉靖刊本
　　内閣文庫　静嘉堂文庫藏本
　　【按】内閣文庫藏此同一刊本三部。一部共
二十册。一部共十册。一部原係昌平坂學問
所舊藏，共十六册。

　　静嘉堂文庫藏本，原係陸心源十萬卷樓舊
藏，凡十二册。

藝文類聚一百卷

　　（唐）歐陽詢奉敕撰
　　明刊本　共二十四册
　　尊經閣文庫　大阪大學懷德堂文庫藏本
　　【按】尊經閣文庫藏本，原係江户時代加賀
藩主前田綱紀等舊藏。

大阪大學懷德堂文庫藏本，原係江户時代，
大阪懷德堂等舊藏。

藝文類聚一百卷

　　（唐）歐陽詢奉敕撰
　　明刊本　共十六册
　　京都大學人文科學研究所東洋文獻中心藏
本

藝文類聚一百卷

　　（唐）歐陽詢奉敕撰
　　明刊本　共三十二册
　　東北大學附屬圖書館藏本

龍筋鳳髓判四卷

　　（唐）張鷟撰　（明）劉允鵬注
　　明萬曆十三年（1585年）序刊本　共二册
　　宮内廳書陵部藏本　原豐後佐伯藩主毛利
高標等舊藏

　　【按】前有明萬曆乙酉（1585年）劉一相
《序》，又有明嘉靖二十七年（1548年）劉允鵬
《序》。卷末有明嘉靖二十七年周對峰《跋》。

　　卷首有讀者陳衍墨書手識文。其文曰：

　　　"唐史稱張鷟早惠絶倫，屬文下筆輒
　　成，八應制舉皆甲科。其撰是書雖有堆垛之
　　誚，然記事殊亦足爲淺學者之助。秦少游採
　　掇古人文句，名《精騎集》，皆文人用心處
　　也。鷟又有《朝野僉載》，尤覺卑瑣。陳衍
　　識。"

　　此本原係豐後佐伯藩主毛利高標舊藏。仁
孝天皇文政年間（1818—1829年）出雲守毛利
高翰獻於幕府。明治初期，歸内閣文庫。明治
二十四年（1891年）移送宮内省圖書寮（即今
宮内廳書陵部）。

　　卷中有"千手眼大士璽寶"、"壽永寺藏書"、
"穎水"、"佐伯侯毛利高標字培松藏書畫之
印"、"玄玄"等印記。

歲華紀麗四卷

（唐）韓鄂撰　（明）沈士龍　胡震亨校

明刊本　共一冊

內閣文庫藏本　原木村兼葭堂舊藏

【附録】日本東山天皇寶永四年（1707 年）
美濃屋右衛門刊印《歲華紀麗》四卷。此本題
"唐韓鄂撰，明沈士龍、胡震亨校"。日人渡邊
通（竹堂）點。

桃園天皇寶曆八年（1758 年）京都玉樹堂刊
印《歲華紀麗》四卷。此本題"唐韓鄂編，明沈
士龍、胡震亨校，日本渡邊通點"。

初學記三十卷

（唐）徐堅等奉敕撰

宋紹興十七年（1147 年）東陽崇川余四十三
郎宅刊本　共十冊

宮內廳書陵部藏本　原金澤文庫　豐後佐
伯藩主毛利高標　楓山官庫等舊藏

【按】每半葉有界十二行或十三行，行二十
二字至二十六字不等。注文雙行，行二十八字
至三十二字不等。白口，左右雙邊（21.2cm
×15.2cm）。版心標"記（幾）"，并記葉數。

前有宋紹興四年（1134 年）歲次甲寅正月上
元日福唐劉本《序》。此《序》文每半葉九行，
行十四字。次有《重雕初學記目録》。《序》後
有刊印識文四行。其文曰：

"東陽崇川余四十三郎宅，今將監本寫
作大字，校正雕開，并無訛謬，收書賢士幸詳
鑒焉。紹興丁卯 季冬日謹題。"

每卷首題《初學記》卷第（幾），下空二字題
"（某）部"，并記"上、下"字。次行署"光祿大
夫右散騎常侍集賢院學士副知院事東海郡開
國公徐堅等奉敕撰"。目録低一字，接續正
文，篇目冠於上，用陰文。卷中凡遇"事對"及
所引詩文等亦用陰文。

此本卷一、卷三、卷四、卷五、卷六、卷八、卷
九、卷十三、卷二十一、卷二十八、卷二十九，共
十一卷，文中有寫補。

此本係日本中世時代金澤文庫外流出漢籍
之一種。

仁孝天皇文政年間（1818—1829 年）出雲守
毛利高翰將此本獻於幕府。明治初期，歸內閣
文庫。明治二十四年（1891 年），移送宮內省
圖書寮（即今宮內廳書陵部）。

卷中有"佐伯侯毛利高標字培松藏書畫之
印"、"龍蘭"、"土屋守楷之印"、"復古堂"、
"虎五郎文庫"等印記。卷一、卷二十一、卷二
十六，凡三卷有"金澤文庫"墨楷長方印記。

森立之《經籍訪古志》卷五著録楓山官庫藏
宋刊本《初學記》三十卷，即此本。

傅增湘《藏園群書經眼録》卷十著録此本。
其識文曰：

"此書刊工精湛，筆迹瘦勁，與余藏百
衲本《通鑒》中十四五行本相類，蓋南宋初
建本也。《初學記》一書，余昔年見嚴鐵橋
校宋本，曾傳録於安國桂坡館本，始知明本
脫失閟多。如卷二十五'火類'一葉，卷二
十六'冠類'、'弁類'一葉，卷二十八'李、
柰、桃、櫻、棗、甘、梅'各類八葉，卷二十九
'狗類'一葉有半，卷三十'鷄類'後半葉，
'鷹類'前半葉，宋本與明本文字大相逕庭，
至改不勝改，余咸手寫以補正之。嚴氏跋稱
依青浦王述庵所藏宋刊大字本校於孫氏冶
城山館，而不言宋本之行款若何。然考《平
津館記》，言元本新刊《初學記》十行二十
字，疑孫氏所見即嚴氏所校也。余又疑嚴氏
所校不獨非宋本，亦非元本，當即明嘉靖時
所刻之宗文堂本也。近時見臨清徐司業家
遺書，有題宋版元修本者，索觀之，則正爲十
行二十字，序後有'謹依古本滎陽鄭氏重刊
印行'一行，當爲出於宋本之一證。以嚴校
比勘之，目後題'重刊大字初學記'，卷首題
'新刊初學記'正同。取卷中考訂之處參
之，亦無不同。然後知徐氏所藏，正宗文堂
本，嚴氏所校即此本也。特以其鐫槧尚精，
文字佳勝，遠出他明本上，真宋本既不可得
見，故皆誤認此爲宋本耳。今獲觀此帙，宋

刊初印,行款既密,標題復異,益信余説之不謬。獨惜島田翰所稱元至正庚子初夏翠巖精舍新刊本,余目所未睹,不審其異同奚若也。"

董康《書舶庸譚》卷三、卷六兩處著録此本。

【附録】日本孝謙天皇天平勝寶三年(751年)編纂成日本第一部書面漢詩集《懷風藻》,其收入作品多處徵引《初學記》中的典故,如第二十一首爲治部卿犬上王所作《遊覽山水》一首。此詩起首曰:"暫以三餘暇,游息瑶池邊;吹臺弄鶯始,桂庭舞蝶新。"詩中"吹臺"之典,則來自《初學記》引《水經注》曰:"陳留縣有倉頡師曠城,上有列仙吹臺。梁王曾築以爲吹臺。"第二十五首大學博士從五位下美努連净麻吕《臨水觀魚》一首,全從六朝張正見《釣竿篇》翻作,此詩即從《初學記·漁部》録出。這是關於《初學記》最早浸入日本古代文學的記載。

九世紀藤原佐世《本朝見在書目録》第三十"雜家"著録《初學記》三卷(疑爲三十卷之誤),題"徐堅撰"。此爲《初學記》傳入日本最早之記録。

據桃園天皇寶曆九年(1759年)《長崎官府貿易外船賫來書目》記載,當年中國商船"一番船"載《初學記》一部抵日本。

據《商舶載來書目》記載,桃園天皇寶曆十一年(1762年)中國商船"志字號"載《初學記》一部一帙抵日本。

據《外船書籍元帳》記載,仁孝天皇弘化五年(1848年)中國商船"未四番"載《初學記》一部二帙抵日本,售價八匁。

初學記三十卷

(唐)徐堅等奉敕撰　　(明)安國重校

明嘉靖十年(1531年)安國桂坡館覆宋紹興十七年東陽余氏刊本

静嘉堂文庫　東洋文庫　京都大學人文科學研究所東洋學文獻中心　天理圖書館　京都陽明文庫藏本

【按】每半葉有界九行,行十八字。小字雙行,行二十四字。白口,左右雙邊(20.5cm×15.0cm)。版心標記"安桂坡館",下記"初學記卷一(——三十)"并葉數,有刻工姓名,如方、可、其、范、球、章、景、華等。

前有明嘉靖辛卯歲(1531年)夏六月吉旦秦金《重刊序》。又有宋紹興四年(1134年)歲次甲寅正月上元日劉本《序》。卷末有俞泰《後記》。《目録》後有"大明嘉靖辛卯錫山安國重校刊"木記一行。各卷内題下皆有"錫山安國校刊"一行。

静嘉堂文庫藏本,係清人嚴可均手校本。此本在《劉序》後有識文一款。其文曰:"嘉慶二十年(1815年)六月初二日,嚴可均依青浦王述庵少寇所藏宋刊大字本校於孫氏冶城山館。"原係陸心源十萬卷樓舊藏,共十冊。

東洋文庫藏本,共二十四冊。

京都大學藏本,共十六冊。

天理圖書館藏本,共十二冊。

陽明文庫藏本,原係江户時代近衛家熙等舊藏,卷中有鈔配,共十冊。

森立之《經籍訪古志》卷五著録多紀氏三松齋藏明嘉靖辛卯刊本《初學記》三十卷,即係此本。

楊守敬《日本訪書志》卷十一著録明宗文堂刊《初學記》三十卷。其識文曰:

"今世行《初學記》,以安國本爲最舊。其書刊於明嘉靖辛卯,其本亦有二。其一邊口書'九洲書屋'者,安氏原刻,即天禄琳琅所載本;其一邊口書'安桂坡館'者,覆安氏本也。其書中墨丁一依安氏,而較多,則刻梓人之爲。書首秦金《序》挖去'郭禾'二字。嘉靖十三年甲午,晋藩又以安本重刻。墨丁一仍其舊,而少劉本一《序》,有晋藩《刻書引》。又至萬曆丁亥,太學徐守銘又以安本覆刻,有茅鹿門《序》,書中墨丁皆補刊,有以所引原書校補者,有憑臆填者。又有陳大科刊本,亦安本之枝流也。又有萬曆丙午虎林沈宗培所刊巾箱本,前亦録鹿門

《序》,而截去'近代錫山'云云以下,蓋借名以行世也。其書分爲三十二卷,每類詩賦有據《藝文類聚》、《太平御覽》增入者,顧誤字差少,蓋沈氏以他書校改也。古香齋本,似以安國之卷第而據沈氏爲底本。然以嚴鐵橋所舉宋本,無不違異者。唯明嘉靖丁酉書林宗文堂刊本,劉本《序》後有《木記》云:'近將監本是正訛謬,重寫雕鏤,校讎精細,并無荒錯,買書君子幸希詳鑒!'其三十卷後有《跋》云:'《初學記》三十卷,宋後刻於麻沙,今歲書林鄭逸叟再購以版。其書上天下地,明陽幽陰,貴人賤物,無不核也;經典史册,方言小説,長賦短詩,無不取也。門分類綴,大且勤矣。以鈔本而贗字殘簡爲多,獻觀於予,予謭陋弗敢讎也。敢求正於識奇字記雜書如揚子雲、鄭康成君子云。時嘉靖丙申冬,壺雲子後跋。'……鐵橋謂安氏所得係殘本,而其館客郭禾輯補之。今按,安氏非殘缺,乃漫漶不可辨,郭君以其不可辨者,以他文補之;其能辨者,仍夾置其中,然已大非東海之舊,若非得宋本發其覆,如此本刊刻之草率,縱有異同,亦將土苴視之。今宋本未知尚在人間否?嚴氏稿本,亦未墨諸版,則此本當什襲藏之,至其誤處,宋本已然,此更加劇,非哀集群書,不能樵也。癸未十月。

　　據森立之《訪古志》稱,其楓山官庫有北宋本。余本擬借出一校,因歸期在邇,故不及。附記於此,俟後之留心古籍者。丁酉赴上海,得歸安陸氏《群書校補》,乃知嚴鐵橋校本尚有傳鈔者,惜近日川中重刻本,未據其校文改訂也。"

初學記三十卷

(唐)徐堅等奉敕撰　　(明)安國重校

明嘉靖十年(1531年)楊氏九洲書屋覆安氏刊本　共十二册

宮内廳書陵部　天理圖書館藏本

【按】每半葉有界九行,行十八字。小字雙行,行二十四字。黑口,左右雙邊(21.0cm × 15.5cm)。版心標記"九洲書屋",下題書名,卷數、葉數,并有刻工姓名,如唐、昂、王、瑞、何鳳等。

前有宋紹興四年(1134年)歲次甲寅正月上元日劉本《序》。次有《目録》。《目録》後有"大明嘉靖辛卯晋陵楊鑪重刊"一行。各卷首有"晋陵楊鑪重刊"六字。

宮内廳書陵部藏本,原係明人戴金舊藏。此本缺卷二十七以下四卷,實存二十六卷。無宋紹興四年劉本《序》。卷首副葉有戴金藏書箴言。文與《重修四川總志》同。卷中有"戴金珍藏圖書"、"戴金圖書印"等印記。

天理圖書館藏本,別紙墨書謄寫《嘉靖甲午歲夏六月吉旦重刊初學記序》三葉,又有《嘉靖十三年歲甲午冬十月吉日晋藩重刊初學記引》一葉。卷中有"炳卿珍藏舊刊古鈔之記"等印記。

初學記三十卷

(唐)徐堅等奉敕撰　　(明)安國重校

明嘉靖十三年(1534年)晋藩刊本

宮内廳書陵部　内閣文庫　尊經閣文庫藏本

【按】每半葉有界九行,行十八字。小字雙行,行二十四字。黑口,左右雙邊(21.0cm × 15.5cm)。版心標記書名,卷數、葉數等。

前有宋紹興四年(1134年)歲次甲寅正月上元日劉本《序》。又有明嘉靖辛卯歲(1531年)夏六月吉旦秦金《重刊序》,并虛益堂《序》。

每卷首葉有"晋府重刊"四字。

宮内廳書陵部藏本,原係德山藩三代主毛利元次廣收"天下秘籍"之一種。東山天皇寶永三年(1706年)《御書物目録》著録此本。明治二十九年(1896年)男爵毛利元功將此本獻贈宮内省圖書寮。卷中有"德藩藏書"印記。又有"秉文"、"縣氏文房圖籍之印"等印記,共十二册。

內閣文庫藏本,共十二册。

尊經閣文庫藏本,原係江户時代加賀藩主前田綱紀等舊藏,共十二册。

初學記三十卷

（唐）徐堅等奉敕撰　（明）安國重校

明嘉靖二十年（1541 年）序刊本　共二十四册

京都大學中國語學文學哲學研究室藏本

初學記三十卷

（唐）徐堅等奉敕撰　（明）安國重校

明嘉靖二十二年（1545 年）潘藩覆嘉靖十年錫山安國刊本

內閣文庫　東京大學總合圖書館藏本

【按】每半葉有界九行,行十八字。小字雙行,行二十四字。版心標記書名,卷數、葉數等。

內閣文庫藏本,原係楓山官庫舊藏,共六册。

東京大學總合圖書館藏本,原係江户時代紀州德川家南葵文庫等舊藏,共十六册。

初學記三十卷

（唐）徐堅等奉敕撰　（明）楊鑰校

明嘉靖年間（1522—1566 年）刊本　竹添光鴻手校本　共十二册

静嘉堂文庫藏本　原養安院　竹添光鴻舊藏

初學記三十卷

（唐）徐堅等奉敕撰　（明）徐守銘校

明萬曆十五年（1587 年）寧壽堂刊本

內閣文庫　東洋文庫　東京大學法學部早稻田大學圖書館　御茶之水圖書館　大阪天滿宮御文庫藏本

【按】每半葉有界九行,行十八字。白口,左右雙邊。版心標"寧壽堂"三字。

前有鹿門茅坤《重刊序》。《目録》首題"大明萬曆丁亥大學生徐守銘重校於寧壽堂梓

行"。每卷首記"三吴徐守銘校刊"。卷末有萬曆十五年丁亥徐壕《跋》。

森立之《經籍訪古志》卷五著録求古樓藏明萬曆丁亥刊本《初學記》三十卷,即係此本。

內閣文庫藏本,原係江户時代林氏大學頭家舊藏,共七册。

東洋文庫藏本,原係三菱財團岩崎氏家族舊藏,卷中有"岩崎文庫"印記,共十二册。

東京大學法學部藏本,共十六册。

早稻田大學圖書館藏本,原係服部南郭家服部文庫等舊藏,共十册。

御茶之水圖書館藏本,原係德富蘇峰成簣堂舊藏,帙外有德富蘇峰氏手題。共八册。

大阪天滿宮藏本,共八册。

【附録】日本桃園天皇寶曆四年（1754 年）長崎港《舶來書籍大意書》著録《初學記》一部一帙八册。其識文曰:

　　"此係唐徐堅等奉敕撰。摘六經諸子百家之言,分天、地、帝王、職官、禮樂、政理、服食、果木、鳥獸等二十三門。每門叙事,標事對詩賦銘贊六目,類從其言,并加分注,合爲三十卷。此本由明徐守銘校正,明萬曆十五年刊行。"

初學記三十卷

（唐）徐堅等奉敕撰　（明）陳大科校

明萬曆二十六年（1598 年）崇川陳大科刊吴陵宫氏岱雲樓補刊本

静嘉堂文庫　東京大學東洋文化研究所京都大學人文科學研究所東洋學文獻中心名古屋大學附屬圖書館藏本

【按】每半葉有界九行,行二十字。白口,左右雙邊。

静嘉堂文庫藏此同一刊本兩部。一部原係陸心源守先閣舊藏,共八册。一部原係中村敬宇舊藏,共十二册。

東京大學藏本,原係大木幹一舊藏。

京都大學藏本,共十六册。

名古屋大學附屬圖書館藏本,共十六册。

初學記三十卷

（唐）徐堅等奉敕撰
明刊本　共十四册
東京大學總合圖書館藏本　原廣東籌賑日
災總會寄贈本

白氏六帖事類集三十卷

（唐）白居易撰
宋仁宗年間（1023—1063 年）刊本　日本重
要文化財　共十二册
静嘉堂文庫藏本　原明文淵閣　陸心源皕
宋樓舊藏

【按】每半葉有界十三行，行二十三至二十
七字不等。小字雙行，行三十三字至三十六
字。白口，左右雙邊（23.5cm×16.2cm）。全
書分十二册即十二貼，版心標記"帖一（——
十二）"。

各帖分卷如次：

帖一，卷一、卷二；　帖二，卷三、卷四；
帖三，卷五、卷六；　帖四，卷七、卷八，
帖五，卷九、卷十；　帖六，卷十一、卷十二；
帖七，卷十三至卷十五；
帖八，卷十六至卷十八；
帖九，卷十九至卷二十一；
帖十，卷二十二至卷二十四；
帖十一，卷二十五至卷二十七；
帖十二，卷二十八至卷三十。

每卷有目連屬篇目。卷中避宋諱，凡"匡、
敬、恒"等字皆缺筆，而"貞"字不缺。

陸心源《儀顧堂題跋》卷八著録此本。其識
文曰：

"（前略）按是書原名《白氏經史事類》，
見《新唐書·藝文志》。六帖者，時人以爲
括帖之用而名之。見《書録解題》引《醉吟
先生墓志》。衢本《郡齋讀書志》：'《六
帖》，白居易撰。凡天地事物分門類爲對
偶，而不載所出書。曾祖父秘閣公爲之
注。'是唐本無注，而注乃公武曾祖秘閣所

爲矣。按王珪《華陽集》《提點東京諸路刑
獄公事兼諸路勸農事朝散大夫行尚書祠部
員外郎充秘閣校理上輕車都尉借紫晁君仲
衍墓志銘》稱：'仲衍以唐白傅所撰事類集，
傳者浸舛，乃參考經史，一以刊是之。仍據
舊目，補考摭新，別爲《後集》三十卷，曰《類
事後集》。'即此書也。宋經注皆別行，故北
宋本經傳有單注單疏本。仲衍注《六帖》
時，本與原書別行，故曰《後集》。至刊版時
乃合爲一。然自宋至今，無人知爲仲衍注
者，可慨也。

按，仲衍，字子長，家開封之昭德坊。祖
迥，父宗愿。《宋史》皆有傳。初以祖任將
作監主簿，召試西掖，賜進士第，七遷至祠部
員外郎，召試禁林，充秘閣校理。乞補外，知
懷州。專屬風節，誅鋤豪强，衆不敢犯法，就
除東京提點刑獄。皇祐五年卒。爲人端粹
嗜學，未嘗一日去書。工文章。丞相章得
象、晏殊箋記，皆出其手。爲《汴陽雜説》一
卷，其言切於規諭。《兩晋文類》五十卷、
《史論》三卷、《文集》二十卷。端方、端稟、
端彦，其子也。見《墓誌》。悦之、詠之、微
之、載之、冲之、覺之、貫之，其孫也。公壽、
公耄、公逸、公留、公鄷、公休、公武、公遜，其
曾孫也。第一册、第六册、第八册、第十册，
有'文淵閣印'四字方印，每册有'臣筠'二
字朱文方印，'三晉提刑'朱文方印。

明永樂十九年，取南京書，儲左順門北
廊。正統十八年，移於文淵閣。楊士奇等編
爲《文淵閣書目》。盈字第二厨有《白氏六
帖》四部。内一部注云'四十册'。此本四
册，有印。明初必訂四册。所云'四十册'，
疑即此本。'十'字乃衍文耳。不然，此書
通計不過五百餘葉，安得有四十册之多耶！
其流入民間也，或爲分宜所竊，或由甲申之
變，則不可考矣。

宋筠，商邱人，犖之子也。官山西按察
使。所藏尚有《孔帖》三十卷，今歸内府，見
《天禄琳瑯書目》。汪氏《藝芸書舍宋刊書

目》，有南宋麻沙本《白氏六帖》，題曰‘新雕添注白氏事類出經六帖’。當是宋季麻沙坊刻。後歸烏程蔣氏。余曾借校一過。妄刪妄增，訛謬奪落，指不勝屈。以視此本，蓋有霄壤之別矣。”

傅增湘《藏園群書經眼錄》卷十著錄靜嘉堂藏宋紹興間刊本《白氏六帖事類集》三十卷，即係此本。其識文曰：

“此本與余藏本行款悉同，惟版心記分冊數作十二冊爲小異。避宋諱實至‘構’字。陸心源定爲北宋本，誤矣。”

卷中有“文淵閣印”、“宋筠”、“臣筠”、“三晉提刑”、“歸安陸樹聲叔桐父印”等印記。

此本於昭和二十五年（1950年）由日本“文化財審議委員會”確定爲“重要文化財”。

【附錄】日本南北朝後光嚴天皇文和二年（1353年）大道一以編輯《普門院經論章疏語錄儒書等目錄》“霜部”記載《白氏六帖》八冊，此係四條天皇仁治二年（1241年）僧人圓爾辯圓（聖一國師）從中國歸國時帶入。

白氏六帖事類集三十卷

（唐）白居易撰

宋刊本　　日本重要文化財　　共十八冊

天理圖書館藏本　原季振宜　徐建庵　傅增湘等舊藏

【按】每半葉有界十三行，行二十六字或二十七字。小字雙行，行三十字至三十五字。白口，左右雙邊（22.5cm×15.0cm）。版心標記“帖冊一（——六）”，并記葉數。有刻工姓名，如陳忠、陳珍、陳高、劉正、劉忠、劉舉、王時、王珍、朱因、方成、施俊、施薀、蔣暉、毛諒、丁珪、徐侃、徐定、徐顏、余正、余坦、胡正、梁濟、李德、洪先、洪新、洪茂、方師顏等。

第一冊首有補紙，係莫棠等手識文。其文曰：

“藏園主人南游吳會，頃自天平看紅葉還，出視新收宋刊《白帖事類集》。……昔陸氏皕宋樓所藏北宋本題曰《類聚》，行款

頗似。疑是書當時詞賦取資，故代有編刻，名異而實質同。然《提要》據《漁隱叢話》謂，白氏之書南渡初，尚無傳本。則此本在當時流傳即鮮，今日安得不稱希世之寶哉矣。亥十月，莫棠讀記。”

又有樊增祥手識文，并附七言詩一首。其文曰：

“余陳縣陝西時，得宋刻《白帖》，寄獻張督部師。師得書喜甚，親筆致謝。閱二十餘年，此書爲沅齋尚書所得。頃間出示，感喟交并。太傅碎金，曾過門生之眼；故人得寶，何傷楚客之弓。聊綴短言，揮諸鄴架。甲子　樊春增祥跋。紙有餘幅，更附一詩。

三月二十一日，沅叔招同春余少樸鐵梅味雲南孫鑒秋子安芝飯。即席賦贈：

軟紅塵里獨蕭閑，　藏篋欣窺豹一般。
自有草堂超秀野，　人言風格似樊山。
學宗從漢先□老，　身上千元百宋間。
口眼今宵同一飽，　魚蔬風味出鄉關。
　沅齋仁兄正和　館愚弟樊增祥”

又有袁克文手識文二款。其一曰：

“癸亥十二月初十日，觀於京師。洹上袁克文。”

其二曰：

“癸亥歲，莫重來都下。楊味雲丈與陳仲騫、閔保之、陸彤士三子，邀集雲在山房。座上，藏園主人出示此冊，歡喜贊嘆，莫能自已，茲吾年來無此樂也。吾□藏北宋刊《周禮》及《北山錄》，行格略似，閱刊工，尤相類近。睹今思往，亦樂亦感，而雲烟過眼，世事都如是耶！主人癖宋刊若性命，所藏精本，不忍或失，今得此重寶，當益珍視愛護矣。克文又記。”

又有附識一款，其文曰：

“同觀者，仁和吳用威、吳縣孫潤宇、無錫侯毅侯、贛縣陳任中、江都閔爾昌、太倉陸增煒、無錫楊壽枬。”

卷中有“玉蘭堂”、“竹塢”、“趙氏家塾藏書”、“滄葦”、“古吳王氏”、“季振宜藏書”、

"中南山人"、"雙鑒樓所藏宋本"、"翼之珍藏"、"藏園秘笈"、"龍龕精舍"等印記。

此本已由日本"文化財審議委員會"確定爲"日本重要文化財"。

白氏六帖事類集(殘本)六卷

(唐)白居易撰

宋紹興間(1131—1162年)刊本　日本重要美術財　共一册

天理圖書館藏本　原金澤文庫　崇蘭館等舊藏

【按】每半葉有界十五行,行二十六字至二十九字。小字雙行,行三十二字或三十五字。白口,左右雙邊(22.1cm×15.0cm)。版心標記"帖十"與"帖十一",并記大小數字、葉數,有刻工姓名,如余才、余全、文立、陳通、魏正、何中、鄭林、宋琳、和、徐、益等。

是書全三十卷。此本今存卷二十二至卷二十七,即帖十至帖十一,凡六卷計五十八葉。(卷二十七僅存第一葉)。

卷中避宋諱,凡"敬、殷、弘、玄、恒"等字皆缺筆。

書箱題"宋版　白氏六帖事類集　零本六卷　一册　崇蘭館藏"。

森立之《經籍訪古志》卷五著録京師伊良子某藏北宋刊本《白氏六帖事類集》零本六卷,即係此本。其識文曰:

"現存二十二至二十七六卷。……卷首有'金澤文庫'印及'子子孫孫其永寶之印'(印文典雅可賞,疑宋時物)。又有'船橋藏書'印,知爲明經清原氏舊物。按,今世所傳併宋孔傳《續帖》爲一,題'白孔六帖'者。此本雖僅僅數卷,然白氏之面目特賴此而存,則不以零殘爲病也。"

此本係日本中世時代金澤文庫外流出漢籍之一種。

卷中有"金澤文庫"墨印,并有"船橋藏書"、"子子孫孫其永寶之印"等印記。

此本由"日本文化財審議委員會"確定爲

"日本重要美術財"。

白氏六帖事類集(殘本)八卷

(唐)白居易撰

宋刊元明修補本　共一册

大阪府立圖書館藏本　原富岡鐵齋等舊藏

【按】是書全三十卷。此本今存帖一至帖四,每帖二卷,凡八卷。

版心有刻工姓名,如陳中、陳亮、嚴閏、吳恭、唐興、余中、高安平、高知平、葉十、湯執中、蔡順、蔡民、蔡迪、蔡莘、伍達、丘仲、蔡達、鄧雲、鄧聰、鄧感、周彦、劉成、蕭祥、毛慶等。

卷中避宋諱,凡"玄、朗、敬、匡、境、恒、貞、徵、樹、讓"等字,或缺筆,或不缺筆。

卷中有"寶"字印記。

唐宋白孔六帖(殘本)三十八卷

(唐)白居易撰　(宋)孔傳編

宋刊本　共十九册

静嘉堂文庫藏本　原傳是樓　陸心源皕宋樓等舊藏

【按】每半葉有界十行,行十六字或十七字。小字雙行,行二十三字至二十五字。細黑口,左右雙邊(20.1cm×13.3cm)。匡格左側外有耳,題記篇名。

每篇先白氏,後孔傳,以黑質白章"白""孔"二字别之。每類子目,亦以黑質白章爲别。

是書全一百卷。此本今存卷一至卷三十八,凡三十八卷。其中卷一、卷二、卷十三、卷十四、卷十七、卷十八、卷二十三、卷二十四、卷二十五、卷二十六、卷三十三、卷三十四、卷三十七、卷三十八,凡十四卷係寫補。

卷中避宋諱,凡遇"玄、朗、匡、筐、貞、徵、樹、讓、桓、慎、敦"等字皆缺筆。

陸心源《儀顧堂續跋》卷十著録此本。其識文曰:

"(前略)白孔本别行。白帖名《白氏六帖類聚》,余藏有之。《孔續六帖》三十卷,前有乾道丙戌韓仲通《序》,今歸内府。此爲南宋合刊本,字體與陸狀元《通鑑》、蔡氏《草堂詩箋》相仿,宋諱或缺或否,蓋南宋光寧以後福建刊本也。"

卷中有"宋本"、"東海"、"傳是樓"、"徐仲子"、"別號自强"、"章仲"、"徐氏章仲"、"壬戌"、"臣炯"、"花谿"、"徐章仲所讀書"、"徐炯珍藏秘笈"、"陳氏秋鴻"、"汪士鐘印"、"閬源真寶"、"友菊軒"、"雅庭"、"駿昌"、"士勗"、"祖庭"、"臣陸樹聲"等印記。

【附録】據《商舶載來書目》記載,櫻町天皇元文元年(1736年)中國商船"波字號"載《白孔六帖》一部十帙抵日本。

據桃園天皇寬延四年(1751年)《持渡書物覺書》記載,當年中國商船載《白孔六帖》一部八帙五十册抵日本。

唐宋白孔六帖一百卷　目二卷

（唐）白居易撰　（宋）孔傳編
明嘉靖年間(1522—1566年)刊本
宮內廳書陵部　東洋文庫　東京大學總合圖書館藏本

【按】前有宋乾道丙戌韓仲通《序》。

宮內廳書陵部藏本,原係德山藩三代主毛利元次廣收"天下秘籍"之一種。東山天皇寶永三年(1706年)《御書物目録》著録此本。明治二十九年(1896年)男爵毛利元功將此本獻贈宮內省圖書寮(即今宮內廳書陵部)。卷中有"德藩藏書"印記,共四十四册。

東洋文庫藏此同一刊本共三部。一部原係藤田豐八等舊藏,共一百一册;一部原係小田切萬壽之助等舊藏,共四十册;一部共六十四册。

東京大學總合圖書館藏本,原係廣東籌賑日災總會寄贈本,共二十二册。

唐宋白孔六帖一百卷　目二卷

（唐）白居易撰　（宋）孔傳編
明刊本
國會圖書館　內閣文庫　尊經閣文庫　蓬左文庫　静嘉堂文庫　大倉文化財團　東京大學東洋文化研究所　京都大學　東北大學附屬圖書館　滋賀大學附屬圖書館　早稻田大學圖書館　京都陽明文庫藏本

【按】每半葉有界十行,行十八字。版心記卷數。

首有韓駒子倉《唐宋白孔六帖序》。序文每半葉八行,行十五字。次有《目録》。

國會圖書館藏本,原共三十二册,現合爲十六册。

內閣文庫藏此同一刊本四部。一部原係明人戴金舊藏,共五十册。一部原係江戸時代林羅山家舊藏,卷中有"江雲渭樹"印記,共五十册。餘二部皆共五十册。

尊經閣文庫藏本,原係江戸時代加賀藩主前田綱紀等舊藏,共五十册。

蓬左文庫藏本,原係江戸時代尾張藩主家舊藏,卷中有"尾陽內庫"印記,共五十一册。

静嘉堂文庫藏本,原係陸心源守先閣舊藏,共四十二册。

大倉文化財團藏本,共四十册。

京都大學藏此同一刊本兩部。一部今存人文科學研究所,共三十六册。一部今存中國語學文學哲學研究室,共六十六册。

東北大學藏本,共二十四册。

滋賀大學藏本,共五十册。

早稻田大學圖書館藏本,共五十册。

陽明文庫藏本,原係江戸時代近衛家熙等舊藏,共二十五册。

雲溪友議十二卷

（唐）范攄撰
古寫本　勞季言手識本　共一册
静嘉堂文庫藏本　原勞季言　陸心源十萬卷樓舊藏

【按】卷中有勞季言識文。其文曰:

"此帙頃在杭買之,嘉禾沈雙湖吏部家書也。以商本校比,誤不勝改。間有是處,所謂賢於商本者,唯每條標目尚存耳。蟫隱。"

又有雲泉手識文。其文曰：

"斯鈔分十二卷，似屬足本。按今叢書各刊，則全無標題。前後既多倒置，字句大有改移，而不分卷目。與晁氏原記三卷亦甚不符。是鈔本亦未足據爲全帙，不解也。雪夜書此，以俟另覓舊刊訂正焉。雲泉識。"

雲溪友議十二卷

（唐）范攄撰
明刊本　共三册
静嘉堂文庫藏本

雲溪友議十二卷

（唐）范攄撰
明刊本　共二册
東北大學附屬圖書館　愛知大學簡齋文庫藏本
【按】愛知大學藏本，原係小倉正恒等舊藏。

雲溪友議三卷

（唐）范攄撰
明刊本　共三册
静嘉堂文庫藏本　原陸心源十萬卷樓等舊藏

元和姓纂十卷

（唐）林寶編
文瀾閣傳寫本　共六册
静嘉堂文庫藏本　原陸心源十萬卷樓舊藏

（附音增廣古注）蒙求三卷

（唐）李瀚撰
日本古寫本　共三册
東京大學總合圖書館藏本　原江户時代紀州德川家南葵文庫等舊藏
【按】卷中有後奈良天皇天文六年（1537年）讀者手識文。
【附録】據瑞溪周鳳《卧雲日件全録》中"寶

德三年（1451年）十一月十七日"記載，是日與天英周賢語。閲《會元蒙求》、《釋氏蒙求》等，天英於近日購得《續蒙求》。

《蒙求》在古代日本具有廣泛的傳播層面：

（一）《重新點校附音增注蒙求》三卷
日本北朝後光嚴天皇應安七年（1374年）刊本，題（唐）李瀚撰，（宋）徐子光注，五山版。

（二）《標題徐狀元補注蒙求》三卷
（唐）李瀚撰　（宋）徐子光補注
①後陽成天皇——後水尾天皇慶長年間（1596—1615年）活字版刊印《標題徐狀元補注蒙求》三卷。
②後水尾天皇——明正天皇元和、寬永年間（1615—1643年）活字版刊印《標題徐狀元補注蒙求》三卷。
③靈元天皇天和二年（1682年）刊印《標題徐狀元補注蒙求》三卷。
④櫻町天皇元文年間（1736—1740年）刊印《標題徐狀元補注蒙求》三卷。此本係日本人服部元喬校。此本有櫻町天皇寬保元年（1741年）江户植村藤三郎、京都梅井藤右衛門重印本。
⑤後櫻町天皇明和四年（1767年）平安書肆河南四郎右衛門刊印《標題徐狀元補注蒙求》三卷，岡白駒箋解。
⑥光格天皇寬政二年（1790年）皇都植村藤右衛門刊印《標題徐狀元補注蒙求》三卷。日人服部南郭訓點。
⑦光格天皇寬政二年（1790年）江户山崎金兵衛刊印《標題徐狀元補注蒙求》三卷。
⑧光格天皇寬政四年（1792年）平安書肆森島吉兵衛刊印《標題徐狀元補注蒙求》三卷，岡白駒箋解。
⑨仁孝天皇天保三年（1832年）平安書肆風月莊左衛門刊印《標題徐狀元補注蒙求》三卷。岡白駒箋解，黑田善校。此本有浪華橋本德兵等後印本。
⑩孝明天皇嘉永二年（1849年）江户一貫堂萬屋忠藏刊印《標題徐狀元補注蒙求》三卷。

岡白駒箋注,平田豐愛增箋,津布久清、濱遠藤成校。

（三）《標題徐狀元補注蒙求》三卷　附《帝王世系》一卷　《地圖》一卷　《官職考略》一卷

（唐）李瀚撰　（宋）徐子光補注

（日本）岡白駒箋注　佐佐木氏疏

孝明天皇安政五年（1559 年）刊印,有大阪河內屋吉兵衛後印本。

（四）《蒙求》三卷（古本蒙求）

（唐）李瀚撰

①光格天皇文紀三年（1806 年）跋,天瀑山人術活字版刊印（《佚存叢書》之一）。

②日本古寫本,高 27cm,三册。國會圖書館藏本。

（五）《蒙求》一卷　附胡曾《咏史》一卷

（唐）李瀚撰　《咏史》（唐）胡曾撰

日本後陽成天皇——後水尾天皇慶長年間（1596—1615 年）活字版刊本。

（六）《蒙求》三卷　附舊注《蒙求考異》三卷　提要一卷

光格天皇寬政十二年（1800 年）江戶若林清兵衛刊本,題（唐）李瀚撰、（日本）龜田興校并考異、提要。

（七）《新刊音釋校正標類蒙求》一卷

京都風月宗智刊印本,題（明）李廷機校輯。

（宋元人編纂之屬）

太平御覽（殘本）三百六十六卷

（宋）李昉等奉敕編纂

南宋刊本　黃蕘圃手識本　共七十六册

靜嘉堂文庫藏本　原明中山王邸　文淵閣汪士鐘　黃蕘圃　吳雲遞　陸心源䜩宋樓等舊藏

【按】每半葉有界十三行,行二十二字。白口,左右雙邊,或四周雙邊（18.6cm × 13.2cm）。雙黑魚尾,版心有記字數,亦有不記字數者。

首題“宋翰林學士承旨正奉大夫守工部尚書知制誥上柱國隴西縣開國伯食邑七百户賜紫金魚袋臣李昉等奉敕纂”。

是書全一千卷。此本今存卷一至卷一百三十三、卷一百七十二至二百、卷二百十二至卷三百六十八、卷四百二十四至卷四百五十五、卷五百三十一至卷五百三十五、卷五百四十一至卷五百四十五、卷七百二十六至卷七百三十,共三百六十六卷。

卷中避宋諱,凡“玄、眩、炫、泫、朗、弘、匡、敬、驚、警、殷、胤、匡、筐、恒、貞、楨、徵、署、桓、講、慎”等字,大多缺筆。

卷末有清嘉慶十一年（1806 年）黃蕘圃手識文。其文曰:

“《太平御覽》爲類書淵藪,近時講實學者尤重之。余於數年前曾蓄三四部,非活字即宋字本。最後得一舊鈔本十三行爲半葉者,較諸本爲佳。然以未見宋刻爲憾。聞郡城香嚴書屋周君錫瓚家有宋刻殘本。遂因友人,獲交周君,并得請觀其書。周君亦知余嗜古之深也,許以是書借校,且相約勿爲外人道。但余之校倩友人任其事,竟漏言於同學中,自是欲轉借於余,余不之允。爰託人往假於周,亦未之允。復藉聲勢以挾制之,周頗憾余,而人更以是憾周。幾年之間,借書者踵相接,周於是書亦轉愛而爲惡矣。歲甲子冬,議直二百四十金,以余所藏他宋刻書抵其半,酬介者以十金,此書遂歸余。余得後,借校者仍來。余惜書癖特甚,朋好多知之。自歸我家,竟未出户。去冬始付裝潢,半年乃就,工費又數十金。凡破損及斷爛處,悉以宋紙補之,可謂好事之至。存卷數目,別紙疏於前,取易覽也。是書出郡中朱丈文游家。朱與惠徵君棟爲莫逆交,惠所著述,大半取材是書,故有‘定宇借觀’圖記。至卷端‘文淵閣印’一方,知是書爲明時内府所藏,不知何時散佚,僅存三分之一有强。然即此殘帙,已足珍奇。昔宋太宗日覽三卷,今存卷可備學者一日一卷之讀,書有云凡三百有六旬有六日,蓋天三百六十五度,此書之存於天壤間者,幾幾乎近之,豈不異哉! 時嘉慶丙寅芒種後九日黄丕烈識。”(識文後有“蕘翁”朱文方印、“黄丕烈印”白文方印)

黄蕘圃别紙録出此本存目乃係卷一至卷一百三十三,卷一百七十二至卷二百,卷二百十二至卷三百六十八,卷四百二十四至卷四百五十五,卷五百三十一至卷五百三十五,卷五百四十一至卷五百四十七,卷七百二十六至卷七百三十,凡三百六十六卷。

陸心源《儀顧堂集》卷十七著録此本。其識文曰:

“宋版《太平御覽》,存卷一至卷一百三十三、卷一百七十二至二百、卷二百十二至卷三百六十八、卷四百二十四至卷四百五十五,計三百五十一卷。初爲中山王邸之物,有‘南州高士東海豪家’印。後入明内府,有‘文淵閣印’。即《文淵閣書目》所載之‘不全本’也。乾嘉間,歸黄蕘圃主事,後歸蘇州富民汪士鐘。今冬,余以白金百朋得之。核以黄氏原目,又佚五百三十一至五百三十五、五百四十一至五百四十五、七百二十六至七百三十,共十五卷。案,書中‘胤、慎、殷、恒、貞’皆缺筆,而‘桓’字不缺,則刊印當在仁宗時,爲是書刊本之祖。宋刊世不多見,北宋刊本,猶如景星慶雲。是書雖殘缺,而卷帙尚富,可據以校群書之訛,豈僅與殘圭斷璧同珍已哉!”

傅增湘《藏園群書經眼録》卷十著録靜嘉堂藏南宋刊本《太平御覽》殘本,即係此本。其識文曰:

“此書避宋諱至‘慎’字止,字體極精整可翫;而古厚之意已失,陸心源氏乃謂爲北宋刊本,景星慶雲,爲此書之祖本,何其疏

耶! 余所見日本帝室圖書寮及西京東福寺藏二部爲慶元刊本,字體疏勁,爲蜀中所刊。此本刻刊或在蜀本之先,而雕工特爲精整,或是浙杭間所鎸耳。”

卷中有“南州高士東海豪家”、“吴雲平齋曾讀過”、“文淵閣印”、“明内府”、“琅琊王氏珍玩”、“雲間朱氏珍玩”、“惠定宇借觀”、“汪士鐘”、“汪士鐘藏”、“黄丕烈”、“黄丕烈印”、“復翁”、“士禮居藏”、“百宋一廛”、“江夏”、“無雙”、“歸安陸樹聲藏書之記”等印記。

【附録】據日本藤原賴長《臺記》“康治二年(1143 年)九月二十九日”記載:“余退出歸家後,見《御覽》卷第一百卅八了。日來以此書入車中見之,將見之間成佐,答云可。又問友業,答云,《御覽》者,臨時見之可也,雖首尾難覺也。全從成佐之議見之,一天覺百卅八卷内不過十,不慎其前悔其後,此之謂乎! 友業之言是也,因廢《御覽》學。”此係日本古文獻中關於《御覽》的最早記録。但是,此處的《御覽》以所記的卷數而言,并非一定是《太平御覽》,或許是《修文殿御覽》等。此事待考。

《山槐記》“治承三年(1179 年)二月十三日”記曰:“算博士行衡來云,入道大相國,可被獻唐書於内云云,其名《太平御覽》,云二百六十帖也,入道書留之,可被獻摺本於内裏云云,此書未被渡本朝也。”此處“摺本”即木板刻印本。這是日本古文獻中關於《太平御覽》的最早記録。

同書“十二月十六日”又記載曰:“東宮行啓於外祖父入道太政大臣(此即平清臣)八太亭有御送物,摺本《太平御覽》。”其注曰:“自大宋國送禪門,未渡本朝書也。”所謂“禪門”,即“入道太政大臣”,“東宮”後即帝位爲安德天皇。

十二世紀日本藤原信西《通憲入道藏書目録》第二十九櫃與第三十櫃著録《御覽》共十四帙,凡一百三十九卷。

四條天皇仁治二年(1241 年)日本東福寺開山聖一國師圓爾辯圓自中國歸,携回漢籍内外

文獻數千卷。1353 年東福寺第二十八世大道以一據聖一國師藏書編纂成《普門院經論章疏語録儒書等目録》，其"劍部"著録《太平御覽》一部，其"號部"著録《太平御覽》一部，并注"一部之内二册"。

龜山天皇文應元年（1260 年）四月二十二日藤原師繼在《妙槐記》中記《太平御覽》事如次："今日或宋客持來《太平御覽》一部千卷，以直錢三十貫買取之。件四五帖有摺過之事，後日以他本可書改歟。直錢者今兩三日之後可下行之由契約了。此書者平家入道（清盛）始渡取之，近高倉院以來連連宋人渡之，方今者我家數十本歟，雖無興予未持文也，依思文道冥加也，雖爲未被施行之書，近年人玩之。"

據瑞溪周鳳《卧雲日件録》中"長禄二年（1458 年）四月十八日"記載："是日和尚以書引閲《五燈會元》、《太平御覽》諸項，頗爲有趣。"

據《外船賫來書目》記載，中御門天皇享保二十年（1735 年）中國商船"第二十五番"廣東船（船主黄瑞周、楊叔祖）載《鈔本太平御覽》一部，共二十四帙抵日本。

據《商舶載來書目》記載，桃園天皇寬延二年（1749 年）中國商船"多字號"載《太平御覽》一部十帙抵日本。

據仁孝天皇天保十五年（1844 年）《會所輸入目録》記載，是年《太平御覽》一部，投標價爲安田屋五百十一匁，三枝五百二十匁，松野屋五百七十匁。

據《外船書籍元帳》記載，孝明天皇嘉永二年（1849 年）中國商船"申三番"載《太平御覽》（疵本）一部二十帙抵日本，售價二百七十匁。

日本孝明天皇安政二年至文久元年（1855—1861 年）日本田口文之、喜多村直寬以昌平學問所藏明人影宋寫本爲底本，木活字版刊印《太平御覽》一千卷。然此本以田口氏等私意，任意删改處較多。其後此本曾重印過二次。楊守敬《日本訪書志》卷十一著録此本，并有識文曰：

"《御覽》一書，明刊本多誤。我朝嘉慶間揚州鮑氏據舊鈔本訂正重刻，始略可讀，顧其所據鈔本，亦非影宋精本，不免有以近刻校改之弊。而世傳宋刻，僅有殘本，今在嘉興陸氏，然不及三之一，固未足以訂全書也。日本文久間喜多村直寬，據其國楓山官庫藏宋本，用活字版印行。自卷一至卷五百六十二，屬田口文之以所引各書勘正，著有《舉訛》。五百六十三卷以後，則直寬即據鮑本校改，世遂以此本爲《御覽》善本。余來日本，即得活字印本，又得柴學士此影宋本，乃知田口文之多臆改，未足憑也。……如是，是則此五百六十三卷爲田口所亂不少矣。余以爲此書本於北齊《修文殿御覽》及唐代《藝文類聚》、《文思博要》等書，而尤以《修文》爲藍本。《目録》前所列書目，多有唐宋《藝文志》所不載者，皆《修文》之舊也，且無論逸文秘册，他無證驗，不能易一字，即見存之書，以各本對勘，亦如隔雲霧，蓋《修文御覽》尤在宋以上近千年也。惜此書卷帙浩博，非大有力者不能精刻；又非好學深思、心知其意者不能校訂。書此以俟，庶幾旦暮遇之。"

太平御覽（殘本）二百九十四卷　目録四卷

（宋）李昉等奉敕編纂

宋刊寫補本　島田翰手校本　共九十六册

静嘉堂文庫藏本　原竹添光鴻等舊藏

【按】此本存宋刊凡二百九十四卷，版式行款與原陸心源藏本同。存目卷數如次：

卷八十五至卷一百

卷一百二十二至卷一百二十八

卷一百三十八至卷一百四十三

卷一百六十至卷一百九十一

卷二百十至卷二百二十

卷二百三十九至二百五十五

卷二百六十六至卷二百八十

卷二百九十二至卷三百八

卷三百三十五至卷三百六十

卷三百七十一至卷三百八十二

卷三百九十一至卷四百

卷四百六十一至卷四百七十

卷四百八十二至卷四百九十二

卷五百六至卷五百二十

卷五百四十一至卷五百五十

卷五百七十一至卷五百八十

卷五百八十三至卷五百九十

卷六百五十一至卷六百六十

卷六百六十五至卷六百七十五

卷六百九十一至卷六百九十九

卷七百六十三至卷七百六十九

卷八百一至卷八百十

卷八百二十一至卷八百三十

卷八百四十七至卷八百六十三

卷八百九十五至卷九百

卷九百十九至卷九百二十六

此外存宋版《目録》卷十二至卷十五。

寫補部分約有三種,皆係十五至十六世紀室町時代人筆。大多無邊無界;又有四周雙邊,每半葉十三行,行二十二字左右。尾題後常有筆者名,如宗筆、有宗筆、儒山筆、孝筆、勗筆、慶秀筆等;又有四周單邊,亦十三行,行二十二字左右。

卷二百十一末有 1209 年安部資家手識文。其文曰:

"承元三年(1209 年)歲次己巳八月二日,此書貳拾捌帖依有要用逢申左京亮相傳或秘書了。散位安部資家。"

卷二百九十三末有島田翰手識文,其文曰:

"以秘府御本、宋蜀本及淳熙乙未尤袤刊本校讀,尤本唯存'太宗曰此以權道迫之'以下二張,及卷第一千末張四頁耳。是可惜。島田翰時年廿二。"

又曰:

"尤本自川越喜多院出,展轉歸於清國出使大臣李君盛鐸插架,予以同好與李君交久,故得借以校讎之。　翰又識。"

卷三百七十二末又有島田翰手識文。文曰:

"以御庫宋本覆校是書,閩本以下訛誤弘多,幾不堪卒讀。金地院昔藏殘宋紹定本,亦不如□御本之佳也。紹定本今收在太田君蘭城所,暇日應借校之。　島田翰記廿二。"

太平御覽(殘本)三百五十二卷

(宋)李昉等奉敕編纂

宋刊寫補本　共一百三册

静嘉堂文庫藏本

【按】此本存宋刊三百五十二卷,版式行款與原陸心源藏本同。存目卷數如次:

卷十六至卷二十四

卷五十一至卷六十

卷一百二十一至卷一百七十二

卷二百一至二百十

卷二百三十一至二百四十

卷二百五十一至二百七十

卷二百九十一至卷三百

卷三百四十

卷三百八十一至卷三百九十

卷四百十一至卷四百二十

卷四百三十五至卷四百五十

卷四百七十一至卷四百八十

卷四百八十七至四百九十

卷五百一至卷五百十

卷五百六十一至卷五百七十

卷六百一至卷六百三十

卷六百六十六至卷六百七十

卷六百八十一至卷六百九十

卷七百十一至七百二十

卷七百八十一至卷八百

卷八百十一至卷八百二十

卷八百四十一至卷八百九十

卷九百二十一至卷九百三十

卷九百七十一至卷九百八十

寫補部分有十四世紀南北朝時代人筆,亦有十五世紀至十六世紀室町時代人筆。有界無界皆有。

卷中有墨書"安明"、"安明軒"等，又有"聖睿"印章，并"鹿王藏書"等印記。

太平御覽一千卷　目録十五卷

（宋）李昉等奉敕編纂

宋慶元年間（1195—1200年）川蜀刊本　共一百十四册

宮內廳書陵部藏本　原金澤文庫　相國寺楓山官庫等舊藏

【按】每半葉有界十三行，行二十二字至二十四不等。白口，左右雙邊，或四周雙邊（25.0cm×18.2cm）。版心標記"太（幾）"、"平（幾）"或"覽（幾）"，皆一字并卷數。有刻工姓名，如王全、王壬、王正、王阿杏、王和、王甲、王阿明、王阿誠、王宜、王庚、王申、王桂、王師甲、王祖、王真、王重一、王重二、王庚、王郭、王朝、王道、王朝四、王福、王慶、王龍四、王郭一、王森、王意、王龜、王驥、張福祖、張元、張丙、張長一、張阿丙、張七、張八、張兌、張高、張丑師、張和、張昌、張彭二、張壽一、張龍、張龜、張感、張瑞、張壽二、張芝、張祖、張福孫、張福祖、田丑、田介、田祖、田繼、田越祖、田劉、田龍、田祖七、楊岳田、楊宜、楊岳、楊五、楊回、楊阿回、楊阿成、楊岳同、亥、全、甲、石、禾九、先、回、任成一、任純、朱阿石、宋阿石、何興、宋正二、宋石、宋圭、宋阿己、宋成小、呈武、呈慶二、成一、李山、李阿頂、李郭、李頂、和一、和九、長一、阿已、阿召、阿石、阿戒、阿剩、胡高、范開、重一、重二、孫剩、孫阿剩、徐壬、桂二、袁次一、袁和一、袁和、袁留、袁定、袁阿子、郭阿召、郭阿趙、郭趙、單回、單亥、單桂二、單壽三、單壽四、單遠、單輪、單論保、程慶二、程慶、程龍、程龍一、程龍二、馮五、道七、壽一、壽二、趙十五、趙福、趙祖、趙福祖、福孫、福祖、劉單和、劉阿戒、劉阿介、劉阿未、龜、謝忠、龍四等。

首題"宋翰林學士承旨正奉大夫守工部尚書知制誥上柱國隴西縣開國伯食邑七百戶賜紫金魚袋臣李昉等奉敕纂"。

卷中避宋諱，凡"玄、眩、炫、泫、驚、敬、弘、殷、胤、匡、筐、恒、貞、溝、遘、講、慎、敦"等字皆缺末畫。

前有《經史圖書綱目》，詳載書中所引用各文獻之書目。尾有說明文字兩行。其文曰："右《經史圖書綱目》計一千六百九十件，外有古律詩古賦銘箴雜書等類不及具錄。"

全書卷末有宋慶元五年（1199年）七月朝請大夫成都府路轉運判官兼提舉學事蒲叔獻《跋》。其文曰：

"祖宗聖學，其書之大者有二，曰《太平御覽》，曰《資治通鑑》。《通鑑》載君臣治道之安危，天人庶證之休咎，威福盛衰之本，規模利害之端，無一不備。而其書公傳於天下久矣。《太平御覽》備天地萬物之理，政教法度之原，理亂廢興之由，道德性命之奧。而獨以載籍繁夥，無復善本。惟建寧所刊，多磨滅舛誤，漫不可考。叔獻每爲三嘆焉。洪惟太宗皇帝，爲百聖立絕學，爲萬世開太平，爲古今集斯文之大成，爲天下括事理之至要。四方既平，修文止戈，收天下圖書典籍，聚之昭文、集賢等四庫。太平興國二年三月戊寅，詔李昉、扈蒙等十有四人編集是書，以便乙夜之覽。越八年十有二月庚辰書成，分爲千卷。以《太平御覽》目之，所以昭我皇度光闡大猷者也。聖學宏博，皆萃此書，宜廣其傳，以幸惠天下。況吾蜀文集，巨細必備，而獨缺此書。叔獻叨遇聖恩，將漕西蜀，因重加校正，勒工鏤版，以與斯世君子共之。以推見太宗聖學之所從，明我宋歷聖相承之家法，補吾蜀文獻之闕，而公萬世之傳云。慶元五年七月日朝請大夫成都府路轉運判官兼提舉學事蒲叔獻謹書。"

蒲《跋》之後，又有迪功郎前閬州閬中縣尉雙流李廷允《跋》。

此本卷首《目錄》十五卷，并卷一至卷一百九十七、卷三百二十一至卷三百二十八、卷四百六十至卷四百六十九、卷五百四十五至卷五百六十六、卷八百二十八至卷八百三十四，凡二百四十九卷,係後人寫補。

卷中除寫補者外,每册首尾皆有"金澤文庫"印記。

此本即係《金澤文庫》外流出漢籍之一種。原係金澤文庫藏本,後由相國寺獻贈德川幕府,歸於楓山官庫。明治時代入藏當時宮内省。

江户時代森立之《經籍訪古志》卷五著録楓山官庫藏宋刊本《太平御覽》一千卷,即係此本。

傅增湘《藏園群書經眼録》卷十著録此本。其識文曰:

　　"此本刊工極爲古雅。後有慶元五年七月成都府路轉運判官蒲叔獻《序》,又前閬中縣尉雙流李廷允《跋》,是知爲慶元五年成都路轉運司刊於蜀中者。惟鈔補之卷森立之《經籍訪古志》記爲四百六十至四百六十八,五百四十五至五百五十五,又,五百六十六,凡二十七卷,與余所記者相差殊鉅。島田翰《古文舊書考》載鈔補者凡二百二十七卷,而别言自五百四十五至五百六十六,凡二十二卷爲元代鈔補,其卷數與余所記正同,知《訪古志》所載未盡審也。"

董康《書舶庸譚》卷三著録此本。

太平御覽一千卷　目録十五卷

(宋)李昉等奉敕編纂

宋慶元年間(1195—1200 年)川蜀刊本　日本國寶　共一百十四册

京都東福寺藏本

【按】每半葉有界十三行,行二十二字至二十四不等。白口,左右雙邊,或四周雙邊。版心標記"太(幾)"、"平(幾)"或"覽(幾)",皆一字并卷數。有刻工姓名,如王全、張福祖、楊岳田、王道七、劉單和等凡一百三十餘人與宮内廳書陵部所藏本同。

首題"宋翰林學士承旨正奉大夫守工部尚書知制誥上柱國隴西縣開國伯食邑七百户賜紫金魚袋臣李昉等奉敕纂"。

《目録》第一册首有李昉《序》,次有本書"刊語"其文曰:

　　"此集川蜀元末刊行,東南惟建寧所刊壹本,然其間舛誤甚多,非特句讀脱略,字畫訛謬,而意義往往有不通貫者,因以别本參考,并從經史及其它傳記校正,凡三萬字有奇,雖未能盡革其誤,而所改正十已八九,庶便於觀覽焉。"

卷中避宋諱,凡"玄、眩、炫、泫、驚、敬、弘、殷、胤、匡、筐、恒、貞、溝、遘、講、慎、敦"等字皆缺末畫。

全書卷末有宋慶元五年(1199 年)七月朝請大夫成都府路轉運判官兼提舉學事蒲叔獻《跋》。又有迪功郎前閬州閬中縣尉雙流李廷允《跋》。

卷中有後人寫補。

此本係公元 1241 年日本僧人聖一國師圓爾辯圓從中國歸國時載歸。1353 年東福寺第二十八世大道一以編撰《普門院經論章疏語録儒書等目録》著録此本。

卷中各册皆有"久遠院"、"普門院"等印記。

傅增湘《藏園群書經眼録》卷十著録此本。

此本已被日本"文化財審議委員會"確認爲"日本國寶"。

太平御覽一千卷　目録十五卷

(宋)李昉等奉敕編纂

明人寫本　共一百十五册

内閣文庫藏本　原人見竹洞　昌平坂學問所舊藏

【按】此本係據宋慶元年間(1195—1200 年)川蜀刊本模寫。

第一帙封蓋内側,有日本江户時代日出藩儒人見友元後人向昌平坂學問所獻書題識,文係草書,曰:

　　"先祖人見友元,嚴有公(此係江户幕府四代大將軍德川家綱之謐號)拜領仕候《太平御覽》全部百五拾册,所持仕候處,右御書は御上江差上度奉存候に付、奉願獻上仕候。

　　明の白綿紙、藍格鈔本百十五册を白木の桐箱二個に收め、そのふたの表面に、それぞれ　獻上　太平御覽　五拾八（七）册

　　　　　　　　人見又兵衛"

卷中有"小野節家藏書"、"宜爾子孫"、"昌平坂學問所"等印記。

太平御覽一千卷　　目録十五卷

　　（宋）李昉等奉敕編纂
　　明隆慶年間（1567—1572年）閩饒世仁等銅活字版刊本　共一百六十一册（合爲八十册）
　　國會圖書館藏本

太平御覽一千卷　　經史圖書綱目一卷　　目十卷

　　（宋）李昉等奉敕編纂
　　明萬曆元年（1573年）晋陽劉衛刊本
　　宮内廳書陵部藏本
　　【按】宮内廳書陵部藏此同一刊本兩部。一部原係德山藩三代主毛利元次舊藏，東山天皇寶永三年（1706年）《御書物目録》著録此本。明治二十九年（1896年）男爵毛利元功獻贈宮内省。共一百六十册。一部卷中有寫補，共一百二册。

太平御覽一千卷　　目録十五卷

　　（宋）李昉等奉敕編纂　　（明）周光宙校
　　明萬曆二年（1574年）活字刊本　共二百册
　　宮内廳書陵部　　御茶之水圖書館藏本
　　【按】每半葉有界十一行，行二十二字。白口，四周單邊。版心下方時有題記"宋版校正閩游氏銅板活字印一百余部"凡十六字。白綿紙印本。
　　前有明萬曆甲戌（1574年）小春吉旦蘇熟後學周堂《序》。卷第一在卷名及李昉題署之後，第六行上空一字，題署"皇明順天解元海虞周光宙重校"。
　　《周序》後有刊印木記二行，文曰："閩中饒世仁游廷桂整擺，錫山趙秉義劉冠印行。"一

千卷卷末又有"閩人饒氏銅版活字印行"題識。
　　宮内廳書陵部藏本，凡二百册。
　　御茶之水圖書館藏本，原係自朝鮮傳入日本，第一册封面有紙乃係日本寬保三年（1743年）日本國對馬州太守拾遺平致朝鮮國東萊釜山兩令公閣下之文書。卷末附大正二年（1912年）十一月德富蘇峰手識文。共一百册。

太平御覽一千卷

　　（宋）李昉等奉敕編纂
　　明刊本　共九十八册
　　静嘉堂文庫藏本　　原陸心源守先閣舊藏

册府元龜（殘本）四百七十四卷

　　（宋）王欽若等奉敕撰
　　北宋初刊本　　日本重要文化財　共一百六十册
　　静嘉堂文庫藏本　　原汪士鐘　陸心源皕宋樓等舊藏
　　【按】每半葉有界十四行，行二十四字。小字雙行，行同正文，單黑魚尾，白口，左右雙邊（18.9cm×12.3cm）。
　　前題"宋推忠協謀同德守正佐理功臣樞密使特進行吏部尚書檢校太尉同中書門下平章事修國史上柱國太原郡開國公食邑七千户食實封二千八百户臣王欽若等奉敕撰"。
　　是書全一千卷。此本今實存四百七十五卷。卷目如次：
　　卷一百二十九至卷一百六十六，計三十八卷；
　　卷一百七十一至卷一百八十，計十卷；
　　卷一百八十二至卷二百四，計二十三卷；
　　卷五百五至卷五百三十八，計三十四卷；
　　卷五百四十五至卷五百六十五，計二十一卷；
　　卷五百六十七至卷五百七十七，計十一卷；
　　卷五百八十三至卷五百九十九，計十七卷；

卷六百一至卷六百六,計六卷;

卷六百八至卷六百六十,計五十三卷;

卷六百六十六至卷七百一,計三十六卷;

卷七百六至七百八,計三卷;

卷七百十七至卷七百二十,計四卷;

卷七百二十六至卷七百三十二,計七卷;

卷七百三十七至卷七百三十九,計三卷;

卷七百四十二至卷七百五十六,計十五卷;

卷七百六十一至卷七百九十一,計三十一卷;

卷七百九十六至卷八百,計五卷;

卷八百三至卷八百六,計四卷;

卷八百十一,計一卷;

卷八百十二,計一卷;

卷八百十五至八百六十五,計五十一卷;

卷八百七十六至卷九百,計二十五卷;

卷九百六至卷九百三十三;計二十八卷;

卷九百三十六至卷九百三十八,計三卷;

卷九百四十至卷九百四十二,計三卷;

卷九百四十四至卷九百四十七,計四卷;

卷九百五十至九百五十六,計七卷;

卷九百六十七至卷一千,計三十四卷。

全部合共四百七十五卷,其中有寫補者。

第一册首有墨書文字“宋刊册府元龜殘本存目”十字。

陸心源《儀顧堂集》卷二〇著録此本。其識文曰:

“(前略)卷首題曰‘册府元龜卷第幾’,版心或曰‘册幾’,或曰‘府幾’。‘胤’字作‘裔’或作‘某’,注曰:‘與太祖廟諱同。’‘匡、敬、恒、禎、貞’缺筆維謹。‘桓’字不缺。蓋是書初刊本也。以明季李如京刊本校之,舛訛幾不可讀。(中略)即此四百七十一卷(實四百七十五卷——編著者),脱文已一萬三千餘字,顛倒改竄者三卷,安得全書復出一二正之也。余又藏有舊抄本一千卷,卷首題曰‘監本新刊册府元龜’,然第五百九十三卷末葉亦缺,卷五百二十顛倒,卷五百五十七改竄,卷七百三十缺文。與今

本同,當從南宋本影寫,則是書在南宋已鮮善本。此本雖殘,殊可貴也。”

傅增湘《藏園群書經眼録》卷十著録此本。其識文曰:

“此書明季李如京刊本奪訛百出。余藏宋本五卷,曾取李本對勘,改定宏多,至爲愉快。然十餘年來就吾國官私所藏宋本多方訪求,寓目而斠校者祇一百八卷。余别藏有明抄本二部,亦從宋本録出者,以卷帙浩穰未及披檢也。因閲《儀顧堂題跋》,據所藏殘宋本舉出補訂脱文者凡六十四條,脱文至一萬三千餘字,心焉嚮往。頃渡海東游,因預檢陸氏所舉各條,或得見宋刊,已經校定者,或爲明鈔本所有,其佳處與陸氏所舉相同者,共得三十七條,而無從校補者尚有二十餘條。遂取李刻各卷携之行篋,高輪華邸再度游觀,荷諸橋轍六、長澤規矩也二君之慨允,盡出此四百七十一卷,按陸氏所摘者逐條抄録。隨行者有田中子隆君與長男忠謨,於是三人者竭半日之力合寫六千餘字,盡補其脱文錯簡以歸,十餘年來隔海相望,神游目想,懸此閎願而不能得者,一旦幸而見償,東行快心之事當以此爲第一矣。”

傅氏著録静嘉堂此本存四百七十一卷,與實存卷目略有差異。其著録存卷“六百四至五”,實爲存卷六百四至卷六百六;其著録存卷“六百六十六至七十五”、“六百七十九至七百一”,實爲存卷六百六十六至卷七百一;其著録存卷“九百八至三十三”,實爲存卷九百六至九百三十三。又缺漏存卷九百四十至九百四十二。

卷中有“汪士鐘”、“汪士鐘印”、“存齋讀過”、“叚君直讀”、“歸安陸樹聲叔桐父印”等印記。

【附録】桃園天皇寶曆四年(1754年)長崎港《舶來書籍大意書》著録《册府元龜》二部,各凡四十帙四百册。其識文曰:“此宋景德年中,王欽若等奉敕撰編。録歷代君臣之事迹、勸懲之法典,類聚三十二部,凡一千九十三門

而成書。"

據日本《商舶載來書目》記載,中御門天皇享保六年(1721 年)中國商船"佐字號"載《册府元龜》一部三十帙抵日本。

據桃園天皇寬延四年(1751 年)《持渡書物覺書》記載,是年中國商船載《册府元龜》五部各三十二帙三百二十册抵日本。

據《長崎官府貿易外船賚來書目》記載,桃園天皇寶曆九年(1759 年)中國商船"己卯一番"船載《册府元龜》一部凡八帙抵日本。

據《書籍元帳》記載,孝明天皇嘉永三年(1850 年)中國商船"戌一番"載《册府元龜》一部凡三十帙抵日本,此書售價三百十匁。

據孝明天皇安政六年(1859 年)《會所書籍入見帳》記載,是年《册府元龜》二部投標價爲島屋四百十匁,紙屋四百八十六匁七分,本屋六百三十六匁九分。

(新刊監本)册府元龜一千卷

（宋）王欽若等奉敕撰
明人寫本　共二百四十册
静嘉堂文庫藏本　原嚴嵩　陸心源十萬卷樓等舊藏

(新刊監本)册府元龜一千卷　卷目十卷

（宋）王欽若等奉敕撰
明人寫本　明人趙琦美手校手跋本　共二百二册
内閣文庫藏本　原嚴嵩　昌平坂學問所舊藏

(新刊監本)册府元龜一千卷

（宋）王欽若等奉敕撰
明人寫本
尊經閣文庫藏本　原江户時代加賀藩主前田綱紀等舊藏
【按】尊經閣文庫藏《新刊監本册府元龜》明人寫本兩部。一部共二百册。一部共二百二十六册。

册府元龜一千卷

（宋）王欽若等奉敕撰
明人寫本　共二百二册
蓬左文庫藏本　原江户時代德川幕府　尾張藩主家舊藏
【按】每半葉十一行,無匡界。
此本蓋明正天皇寬永末年(1643 年)從中國購入。原係德川幕府舊藏,後歸尾張藩主家。卷中有"御本"、"尾陽内庫"等印記。

册府元龜一千卷

（宋）王欽若等奉敕撰
明嘉靖九年至十九年間(1530—1540 年)寫本
京都大學人文科學研究所東洋學文獻中心藏本　原孫星衍等舊藏

册府元龜一千卷

（宋）王欽若等奉敕撰　（明）李嗣京閲　文翔鳳訂　黃國琦校
明崇禎十五年(1642 年)序五綉堂刊本
國會圖書館　静嘉堂文庫　東京大學總合圖書館　東北大學附屬圖書館藏本
【按】前有明崇禎壬子年(1642 年)冬月李嗣京《序》。
國會圖書館藏此同一刊本兩部。一部共三百册。一部有清康熙十一年(1672 年)黃九錫補刊,原共三百二十册,現合爲一百五十册。
静嘉堂文庫藏本,卷中有"棟亭曹氏藏書"朱文長印,原陸心源十萬卷樓舊藏,共三百册。
東京大學總合書館藏本,卷中有清代修補葉,共二百四十册。
東北大學藏本,共三百二册。

册府元龜一千卷

（宋）王欽若等奉敕撰　（明）文翔鳳校　黃國琦注
明崇禎十五年(1642 年)序豫章黃國琦刊本

内閣文庫　尊經閣文庫　東洋文庫　東京大學　京都大學人文科學研究所東洋學文獻中心　關西大學附屬圖書館内藤文庫　大阪天滿宮御文庫　京都陽明文庫藏本

【按】每半葉有界十行,行二十字。白口,四周雙邊(19.2cm×13.6cm)。

首題"册府元龜",次署"淮南李嗣京參閱,西極文翔鳳訂正,豫章黃國崎校釋"。

前有明崇禎十五年(1642年)黃國崎《册府元龜序》,次有文翔鳳《册府元龜叙》,次有李嗣京《册府元龜考據》等。

内閣文庫藏此同一刊本五部。一部原係江户時代林氏大學頭家舊藏,共三百册。一部共二百四十册。一部共三百三册。另二部有清康熙十一年(1672年)黃國琦侄黃九錫修補版頁。其中一部原係楓山官庫舊藏,共二百四十册;一部共三百二十册。

尊經閣文庫藏本,原係江户時代加賀藩主前田綱紀等舊藏,共四百五十册。

東洋文庫藏本,卷中有康熙十一年(1672年)補刊葉,王繡堂藏版,共二百四十册

東京大學藏此同一刊本兩部。一部藏文學部漢籍中心,有清康熙十一年(1672年)補刊。此本今缺卷四十九至卷五十三、卷四百八十五至卷四百九十三,共三百十六册。一部藏東洋文化研究所,原係大木幹一等舊藏。

京都大學藏本,係清康熙十一年(1672年)黃國琦侄黃九錫補刊本,卷末有同年黃九錫《册府元龜後跋》,共三百册。

關西大學藏本,原係内藤湖南舊藏。此本與京都大學藏本同,亦係清康熙十一年黃九錫補刊本。卷末附有内藤湖南手識語一箋。其文曰:"近衛公所藏初印本,卷首有李嗣京序(如別刻本序論所載)、揭帖、考證。每卷首所列訂正者名不同,與黃國崎、文翔鳳、黃九錫諸人序。"卷中有"湖南秘笈"等印記。凡二百四十册。

大阪天滿宮藏本,原係鴻池善右衛門舊藏并捐贈,此本缺卷一百九十至卷一百九十二、卷二百九十七至卷二百九十九,共六卷,實存九百九十四卷,共三百十八册。

陽明文庫藏本,原係江户時代近衛家熙等舊藏,共二百册。

册府元龜序論三十六卷

(宋)王欽若等奉敕撰　(明)王泰徵　張運泰　余元熹編

明末刊本　共二十四册

關西大學附屬圖書館内藤文庫藏本

【按】每半葉有界八行,行二十二字。白口,四周單邊(21.1cm×11.5cm)。

前有錢謙益《册府元龜序論弁言》,次有朱健《册府元龜序論序》,次有王泰徵《册府元龜序論題辭》,次有甲申年(1644年)陳元綸《册府元龜序論引》,次有同年余元熹《紀例》,次有李嗣京《册府元龜進呈序》、《册府元龜考據》、《册府元龜序論姓氏》等。

卷中有"内藤"、"字炳卿"等印記。

重廣會史一百卷

不著編撰者姓名

北宋刊本

尊經閣文庫藏本　原江户時代加賀藩主第五世綱紀(松雲公)等舊藏

【按】每半葉有界十五行,行二十至二十六字不等。小字雙行,二十五字至三十字不等。白口,左右雙邊(16.2cm×12.9cm)。版心標"史(幾)",記葉數,并有刻工姓名,如伊序、人、完、三、余任、序、佺、范佺、姜、秘、柱、范、堆、召等。

每卷有目,目連正文。每類先引諸子,再引諸史。其中,卷十缺"不能進賢"、"賢者匯征"兩類,卷六十二缺"婚姻"一類,卷六十三缺"宦者"一類,卷八十一缺"富"、"不耻貧賤"兩類。

各卷有"經筵"朱文印,又有"高麗國"朱文長方印,印式如次:

高麗國十四葉辛巳
藏書大宋建中靖國
元年大遼乾統元年

此本封面印籤皆高麗舊式。

是書僅見於《宋史・藝文志》，其後晁公武《郡齋讀書志》、陳振孫《直齋書錄解題》及《文獻通考・經籍考》等皆未見著錄。

傅增湘《藏園群書經眼錄》卷十著錄此本。

姓解三卷

（宋）邵思撰

宋仁宗時（1023—1063年）刊本　日本重要文化財　共三册

國會圖書館藏本　原高麗國王府　向黃村養安院等舊藏

【按】每半葉有界十行，每"姓"爲大字，"解文"爲小字，小字四字爲大字一字。解文每行二十六字。白口，左右雙邊。版心標"姓（幾）"，下記葉數。

卷首有宋景祐二年（1036年）上祀圓丘後五日邵思《自序》。《序》後換行題"姓解卷第一，凡三卷，一百七十門二千五百六十八氏"，換行署"雁門邵思纂"。

卷一著錄一至四十五門，凡二十二頁；卷二著錄四十六至九十二門，凡二十三頁；卷三著錄四十七至一百七十門，凡二十三頁。此本文中之"門"，乃係姓氏之部首，諸姓配置於各門之下。如卷一"四十五門"爲"人、口、齒、耳、目、手、足、示、見、肉、力、爪（彡）、彡、頁、心、言、曰、予、我、老、少、女、子、步、辵、走、亍、彳、土、邑、田、里、井、門、戶、宀、穴、山、水、氵、風、雨、日、夕"。而"人"部下又著錄"任、何、何丘、伏、伏侯龍、傅、傅餘、侯、侯史、侯莫陳……"等一百個姓。

卷中避宋諱，凡"敬、殷、匡、弘、恒"等字皆缺筆。

卷二第三葉、第十一葉、第十二葉、第十五葉至第十七葉，卷三第二葉、第九葉至第十一葉、第十七葉，文字被涂抹難辨。

江戶時代森立之《經籍訪古志》卷五著錄懷仙樓藏北宋刊本《姓解》三卷，即係此本。其識文曰：

"（前略）文字端正，紙刻古樸……卷數與《宋志》所載合，元明諸家書目并失載，則其逸既久，引用各書如《何氏姓苑》、《三輔決錄》、《山公集》、《姓書》、《陳留風俗傳》、《潁川棗氏文士傳》、《春秋公子譜》、《世本》、《郭泰傳別傳》、《王僧孺百家譜》、《祖氏家傳》、《呂靜韵譜》、《孝子傳》、《賈執英賢傳》，皆世久失傳，鮮併其名知之者，亦得賴此以存其梗概，洵宋初舊帙也。卷首有經筵印及高麗國十四葉印，即係高麗王府舊物，裝潢亦爲彼國之制。"

楊守敬《日本訪書志》卷十一亦著錄此本，其識文曰：

"《姓解》三卷，刻入《古逸叢書》，宋邵思撰。陳振孫《書錄解題》尚著於錄，以後遂無及之者。此本爲向山黃邨舊藏。雕鏤之精，罕有倫匹。蓋即景祐刊本也……今按，其書詳略失當，有經史著姓而遺之者，有不見經史第就《姓苑》錄出者。其北虜復姓，則連篇累牘不勝其繁。姓下所引名人，往往朝代凌亂（如以吳起置吳芮後之類）；父子乖錯（如以嵇康爲嵇紹子，徐摛爲徐陵子之類，今訂）；分一人爲二（如士會、士季，邢邵、邢子才皆分爲二人之類）；以復爲單（如以申屠嘉爲姓申之類）；以虜爲漢（如云仇尼漢復姓之類）；甚至'郤''郗'不分（如以郗鑒郗超爲郤姓之類）；咸威不辨（如以咸丘蒙爲威丘蒙之類）；又好雜採謬説（如云周武王以萬人服天下，故有萬氏之類），幾於目不睹書傳者之所爲，訂不勝訂，非第不可與《元和姓纂》等書絜長較短也。唯其中所引有逸書，又引《風俗通・姓氏篇》之文最多，或亦好古者之樂觀焉。"

封面內葉及卷二末、卷三首，皆有"寶宋閣珍藏"篆文方印，《序》首有"東京圖書館藏"朱文大方印，下有"向黃村藏印"朱文長印，每卷

皆有"養安院藏書"印記,卷首并有"經筵"印。卷末有朱文長方印,文字依稀可辨者爲:

```
高麗國十四□□□
藏書大□□□□□
元年□□□□□□
```

此本已被日本"文化財審議委員會"確認爲"日本重要文化財"。

事類賦三十卷

(宋)吳淑撰注　(元)王磐校勘

元刊本　共四冊

静嘉堂文庫藏本　原陸心源皕宋樓舊藏

【按】前有宋紹興丙寅(1146 年)邊惇德《序》,并有《進表》。

【附録】日本桃園天皇寶曆四年(1754 年)長崎港《舶來書籍大意書》著録《事類賦》一部二帙十六冊。其識文曰:

"此係宋吳淑爲初學之記誦而備撰。摘録經史百家傳記方外之説,著一字題之賦百篇,分天地、人事、禽獸、果木等十五門,以事爲類。奉太宗之詔,添加注釋,釐爲三十卷,紹興十年刊梓。清人華預原沿續其書,仿其體裁,增其未備者,設一二字或三四字之題,著賦二百九十餘篇,增廣其門爲二十七,并加注釋,題爲《廣事類賦》,康熙三十八年刊梓。"

據《外船齎來書目》記載,中御門天皇享保四年(1719 年)中國商船"第二十四番"南京船(船主邵又張)載《事類賦》一部抵日本。

桃園天皇寶曆九年(1759 年)中國商船"己卯七番"船載《事類賦》八部,共凡四十八帙抵日本。

據《商舶載來書目》記載,桃園天皇寶曆四年(1754 年)中國商船"志字號"載《事類賦》一部二帙抵日本。

據《外船書籍元帳》記載,仁孝天皇天保十二年(1841 年)中國商船"丑六番"載《事類賦》(小本)一部一帙、《廣事類賦》一部二帙、《廣廣事類賦》一部八冊抵日本。其中《事類賦》售價四目,《廣事類賦》售價十匁,《廣廣事類賦》售價三匁。

孝明天皇嘉永二年(1849 年)中國商船"酉三番"載《事類賦》一部、《廣事類賦》一部抵日本。其中《事類賦》售價四匁,《廣事類賦》售價五匁。

孝明天皇嘉永三年(1850 年),中國商船"酉五番"載《廣事類賦》一部抵日本,售價五匁。

事類賦三十卷

(宋)吳淑撰注　(元)王磐校勘

明刊本　共八冊

內閣文庫藏本

事類賦三十卷

(宋)吳淑撰注　(明)華麟祥校

明崇正書院刊本

國會圖書館　静嘉堂文庫　尊經閣文庫關西大學附屬圖書館內藤文庫藏本

【按】每半葉有界十二行,行二十字。黑口,左右雙邊(19.1cm×14.5cm)。版心標"崇正書院"。

首題"事類賦",次署"宋博士渤海吳淑撰注,皇明都事錫山華麟祥校刊"。

前有《進表》,并有宋紹興丙寅(1146 年)邊惇德《序》,并有吳淑《進注事類賦狀》。又有明嘉靖壬辰(1532 年)華雲《刻事類賦叙》。

國會圖書館藏本,原共六冊,現合爲三冊。

静嘉堂文庫藏本,共八冊。

尊經閣文庫藏本,原係江户時代加賀藩主前田綱紀等舊藏,共八冊。

關西大學藏本,原係內藤湖南等舊藏,卷中有"清暈堂藏書記"、"岩崎維壿"(止兼)、"清暈"等印記。

事類賦三十卷

(宋)吳淑撰注　(明)華麟祥校

明嘉靖十三年(1534 年)序開封郡齋刊本共八冊

内閣文庫　京都陽明文庫藏本

【按】每半葉十一行，行二十字。

首題“事類賦卷之一”。次行題“宋博士渤海吳淑撰注”。前有宋紹興丙寅邊惇德《序》，《序》後有邊惇德、陳綬、李端民等校勘官列銜，次有吳淑《進注事類賦狀》等。

京都陽明文庫藏本，原係江户時代近衛家熙等舊藏。

事類賦三十卷

（宋）吳淑撰注　（明）徐守銘校

明萬曆十七年（1589 年）序寧壽堂刊本

蓬左文庫　静嘉堂文庫藏本

【按】每半葉有界十二行，行二十字。白口，左右雙邊。

前有《進表》，并有宋紹興丙寅（1146 年）邊惇德《序》。又有明萬曆十七年（1589 年）范應期《序》。

蓬左文庫藏本，原係江户時代德川幕府舊藏。後賜尾張藩主家。卷中有“御本”印記。共二册。

静嘉堂文庫藏本，原係陸心源守先閣舊藏，共四册。

錦綉萬花谷（殘本）二卷

宋人編撰不著姓名

宋刊本　共一册

宮内廳書陵部藏本　原市橋長昭　昌平坂學問所舊藏

【按】每半葉有界十三行，行二十三字左右。細黑口，左右雙邊（19.3cm×12.8cm）。

是書全一百二十卷（前、後、續凡三集，各四十卷）。此本今存卷三十九、卷四十，共二卷。

卷四十尾有市橋長昭手識文二行。其文曰：

“殘闕中僅得此一本，雖無益考索，以宋刻難獲，遂購歸於插架。”

此本原係市橋長昭舊藏。光格天皇文化五年（1808 年）市橋長昭以所藏三十部宋元版漢籍獻與昌平坂學問所，此爲其一。卷中有附紙

一頁，乃係市橋長昭《寄藏文廟宋元刻書跋》，市河三亥書法。

卷中有“仁正侯長昭黄雪書屋鑒藏圖書之印”、“淺草文庫”、“昌平坂學問所”等印記。

【附錄】據《商舶載來書目》記載，桃園天皇寶曆九年（1759 年）中國商船“幾字號”載《錦綉萬花谷三集》一部三帙抵日本。

據仁孝天皇天保十四年（1843 年）《會所書籍輸入見帳》記載，《錦綉萬花谷》一部三帙十八册，係舊本新本合成，投標價爲藤屋三十匁，村屋三十六匁八分，吉井屋五十匁。

錦綉萬花谷（殘本）九卷　目錄（殘本）一卷

宋人編撰不著姓名

宋刊本　共六册

東洋文庫藏本　原三菱財團岩崎氏家舊藏

【按】每半葉有界十三行，行二十三字左右。細黑口，左右雙邊。

是書全一百二十卷（前、後、續凡三集，各四十卷）。此本今存前集《目錄》（卷一至卷二十五），共殘一卷。并存前集正文卷三十二、卷三十三、卷三十八，後集正文卷十至卷十五，共九卷。

此殘本係日本文求堂主人田中慶太郎從中國攜帶回國，贈與岩崎氏，入藏岩崎文庫。

錦綉萬花谷（殘本）六卷

宋人編撰不著姓名

宋刊本　共二册

東洋文庫藏本　原三菱財團岩崎氏家舊藏

【按】每半葉有界十三行，行二十三字左右。細黑口，左右雙邊。

是書全一百二十卷（前、後、續凡三集，各四十卷）。此本今存續集正文卷十至卷十五，共六卷。

此殘本係日本文求堂主人田中慶太郎從中國攜帶回國，贈與岩崎氏，入藏岩崎文庫。

錦綉萬花谷（殘本）五卷

宋人編撰不著姓名

宋刊本　共二册

大東急記念文庫藏本

【按】此本《前集》每半葉有界十一行，行十九字。《續集》每半葉有界十三行，行二十三字。細黑口，左右雙邊。

是書全一百二十卷（前、後、續凡三集，各四十卷）。此本今存前集正文卷二十六，續集正文卷二十三至卷二十六，共五卷。

此殘本係日本文求堂主人田中慶太郎從中國携帶回國，贈送大東急記念文庫。

錦綉萬花谷續集（殘本）三卷

宋人編撰不著姓名

宋刊本　共一册

御茶之水圖書館藏本　原德富蘇峰成簣堂舊藏

【按】每半葉有界十三行，行十八字左右。細黑口，四周雙邊或左右雙邊（21.0cm×14.2cm）。版心標記“谷　續十四（十五、十六）”。

是書全一百二十卷（前、後、續凡三集，各四十卷）。此本今存續集正文卷十四至卷十六，共三卷。

卷十四　利州路；　卷十五　廣東路；　卷十六　廣西路。

卷十四首頁起首頂格題“錦綉萬花谷續集卷之十四”。次行上空一字題“利州路”。再次行上空二字題“興元府”，下署“南鄭、褒城、廉水、習縣、城固”。

封面係後人裱裝，紙面微黃而整潔。墨書“舊刊錦綉萬花谷　六十一册”。

此殘本係日本文求堂主人田中慶太郎從中國携帶回國，贈送德富蘇峰，入藏成簣堂。首葉有“德富蘇峰”朱文陰文大方印，卷十六末有明治四十三年（1910年）七月五日文求堂主人手識文曰：“宋刊本《萬花谷》一册　拜呈”。

錦綉萬花谷（殘本）二卷

宋人編撰不著姓名

宋刊本　日本重要文化財　共一册

静嘉堂文庫藏本　原金澤文庫　竹添光鴻舊藏

【按】每半葉有界十二行，行十九字。單黑魚尾，白口，左右雙邊（19.4cm×13.7cm）。

是書全一百二十卷（前、後、續凡三集，各四十卷）。此本今存前集正文卷十、卷十二，共二卷。

此殘本與静岡縣龍潭寺所藏之宋本《錦綉萬花谷》（殘本）爲同一刊本，係日本中世時代金澤文庫外流出漢籍之一種。

卷中有“金澤文庫”、“華外”、“新井文庫”、“杉峘篋珍藏記”、“松方文庫”、“島田翰讀書記”等印記。

傅增湘《藏園群書經眼録》卷十著録静嘉堂文庫藏《錦綉萬花谷》宋刊本一卷，從版式行款看，當爲此本。

此本已被日本“文化財審議委員會”確認爲“日本重要文化財”。

錦綉萬花谷（殘本）四卷

宋人編撰不著姓名

宋刊本　共三册

静岡縣萬松山龍潭寺藏本　原金澤文庫舊藏

【按】每半葉有界十二行，行十九字。單黑魚尾，白口，左右雙邊（19.4cm×13.7cm）。

是書全一百二十卷（前、後、續凡三集，各四十卷）。此本今存《目録》上、《前集》卷三十三、卷三十四，卷三十九、卷四十，共四卷。

此殘本與静嘉文庫所藏之宋本《錦綉萬花谷》（殘本）爲同一刊本，係日本中世時代金澤文庫外流出漢籍之一種。

江户時代森立之《經籍訪古志》卷五著録求古樓藏宋刊本《錦綉萬花谷》零本四卷，其行款印章與此殘本一致，唯《經籍訪古志》所記卷目爲卷三、卷四、卷二十一、卷二十二,與此存目有異。

卷中有"金澤文庫"墨印等印記。

錦繡萬花谷(殘本)前集三十四卷　後集三十二卷　續集三十二卷

宋人編撰不著姓名

明弘治七年(1494 年)會通館銅活字刊本

共十六册

內閣文庫藏本　原昌平坂學問所舊藏

【按】每半葉有界九行,行十七字。白口,四周雙邊。版心上方標"弘治歲在閼逢攝提格",下方標"會通館活字銅版印"。

《前集》卷頭附明弘治七年(.1494 年)華燧《會通館翻印錦繡萬花谷序》一葉。

錦繡萬花谷前集四十卷　後集四十卷　續集四十卷　別集三十卷

宋人編撰不著姓名　(明)秦汴校

明嘉靖年間(1522—1566 年)刊本

宮內廳書陵部　內閣文庫　尊經閣文庫　大東急記念文庫　東京大學東洋文化研究所京都大學中國語學文學哲學研究室　廣島市立淺野圖書館　大阪天滿宮御文庫藏本

【按】每半葉有界十二行,行二十一字。白口,左右雙邊。

前有宋淳熙十五年(1188 年)無名氏《序》。卷末又有明嘉靖丙申(1536 年)張愷《跋》,稱"秦子思宋少而岐嶷,博極群覽,閑嘗取是觀之,撫卷興嘆,因叙正其紕繆,刊落其重復,增補其闕遺,鋟梓以傳"。

宮內廳書陵部藏本,此本原係德山藩三代主毛利元次廣收"天下秘籍"之一種,無《別集》三十卷。東山天皇寶永三年(1706 年)《御書物目録》著録此本。明治二十九年(1896 年)男爵毛利元功獻贈當時宮內省圖書寮。卷中有"德藩藏書"印記。

內閣文庫藏此同一刊本兩部。一部原係江戶時代大學頭林氏家舊藏。共十六册。一部原係楓山官庫舊藏,此本係後印,無《別集》三十卷,共三十册。

尊經閣文庫藏本,原江戶時代加賀藩主前田綱紀等舊藏,共二十册。

大東急記念文庫藏本,共二十册。

東京大學藏本,原係大木干一等舊藏。

京都大學藏本,共四十八册。

廣島市藏本,共六十册。

大阪天滿宮藏本,書箱上有日本仁孝天皇天保十五年(1844 年)弘濟題識,文曰:"天保十五年甲辰四月福井榕亭先生遺物,古義堂弘濟。"共二十册。

錦繡萬花谷前集四十卷　後集四十卷　續集四十卷

宋人編撰不著姓名　(明)秦汴校

明嘉靖十四年(1535 年)徽藩崇古書院刊本

蓬左文庫　米澤市立圖書館　大倉文化財團　京都大學人文科學研究所東洋學文獻中心　京都陽明文庫藏本

【按】每半葉有界九行,行十七字。小字雙行。白口,四周單邊(22.7cm×14.8cm)。版心標"敕賜崇古書院刻"七字。

前有宋淳熙十五年(1188 年)無名氏《序》,次有明弘治七年(1494 年)華燧《序》,次有明嘉靖十四年(1535 年)賈咏《序》。

蓬左文庫藏本,係明正天皇寬永六年(1629年)從中國購入。原係尾張藩主家舊藏,卷中有"尾陽內庫"印記。共二十册。

米澤市立圖書館藏本,原係米澤藩主家舊藏,共十四册。

大倉文化財團藏本,原係朱竹君等舊藏。卷中有"大興朱氏竹君藏書"、"青箱樓"等印記。共三十六册。

京都大學藏本,共二十五册。

陽明文庫藏本,原係江戶時代近衛家熙舊藏,卷中有批注,共二十册。

錦繡萬花谷前集四十卷　後集四十卷　續集四十卷

宋人編撰不著姓名　（明）秦汴校

明嘉靖年間（1522—1566年）綉石書堂刊本

內閣文庫　靜嘉堂文庫　御茶之水圖書館

京都大學人文科學研究所東洋學文獻中心

東北大學附屬圖書館　關西大學附屬圖書館

內藤文庫藏本

【按】每半葉有界十二行，行二十一字。白口，左右雙邊（20.2cm×13.9cm）。版心上方標"綉石書堂"四字。

前有宋淳熙十五年（1188年）《錦繡萬花谷序》，次有明嘉靖十五年（1536年）秦汴《考證》等。

內閣文庫藏本，共十六冊。

靜嘉堂文庫藏本，原係陸心源守先閣舊藏，共二十冊。

御茶之水圖書館藏本，原係清代宮內舊藏，後歸德富蘇峰成簀堂插架。每冊首尾有"乾隆御覽之寶"印記，前後封葉內紙有"乾隆帝璽記"四角印三顆，又有"雲臥院"、"天禄琳琅"、"天禄繼鑒"（陰刻）等印記。此本今存《前集》四十卷，共十三冊。

京都大學藏本，共二十冊。

東北大學藏本，共二十冊。

關西大學藏本，原係內藤湖南等舊藏，此本有《別集》三十卷，卷中有"藝叢之印"等印記。共二十六冊。

錦繡萬花谷（殘本）四十八卷

宋人編撰不著姓名

明萬曆年間（1573—1620年）刊本

御茶之水圖書館藏本　原德富蘇峰成簀堂等舊藏

【按】每半葉有界九行，行十七字。白口，四周單邊。

此本今存《前集》四十卷、《後集》卷九至卷十六。

德富蘇峰手題"異本錦繡萬花谷"。

（重修）事物紀原集二十卷　目二卷

（宋）高承編

宋慶元三年（1197年）建安余氏刊本　共八冊

靜嘉堂文庫藏本　原袁廷檮　蔡廷楨醉經軒　汪士鐘　陸心源皕宋樓等舊藏

【按】每半葉有界十三行，行二十一字。雙黑魚尾，白口，左右雙邊（18.0cm×12.5cm）。版心有記字數者，有不記字數者。

首行題曰"重修事物紀原集"。《目録》分上下，上之末有刊行識語，其文曰："此書係求到京本，將出處逐一比校，使無差謬，重新寫作，大版雕開，并無一字誤落。時慶元丁巳之歲，建安余氏刊。"

卷中避宋諱，凡遇"玄、鉉、警、弘、殷、胤、恒、禎、徵、桓、慎、敦"等字皆缺筆，語涉宋朝則上空一格。

卷中有"沈與文印"、"民部藏書印"、"袁廷檮"、"五硯主人"、"汪士鐘"、"平陽汪氏藏書印"、"汪士鐘印"、"伯卿甫"、"宋本"、"顧廣圻"、"廣圻審定"、"廷相"、"思適齋藏"、"金匱蔡氏醉經軒考藏章"、"蔡廷楨"、"蔡廷楨印"、"卓如"、"濟陽蔡氏"、"姑余山人"、"繁露堂圖書印"、"歸安陸樹聲叔桐父印"等印記。

傅增湘《藏園群書經眼録》卷十著録靜嘉堂藏宋慶元三年建安余氏刊本《重修事物紀源》二十六卷，半葉十一行。靜嘉堂藏是書乃宋慶元本唯一的一種，然此録卷數與行款，與藏本皆有出入，不知何故。

【附録】據《商舶載來書目》記載，後櫻町天皇明和二年（1765年），中國商船"志字號"載《事物紀原》一部一帙抵日本。

事物紀原二十卷

（宋）高承編　（明）陳華點　趙弼校

明正統九年（1444年）建安陳華刊本

東京大學東洋文化研究所藏本　原大木幹一等舊藏

【按】每半葉有界九行,行二十字。黑口,四周雙邊。

楊守敬《日本訪書志》卷十一著錄明正統九年刊本《事物紀原》二十卷,其識文曰:

"余所見《紀原》有二通,一爲正統十三年南昌閻敬所刊,一爲胡文煥本,即從閻本出也。皆十卷,分五十五門。此本爲正統九年所刊,首列漢陽教諭南平趙弼《序》,次漢陽府推官建安陳華《序》。據《序》中言,陳華得此本於國子祭酒江西胡頤庵,後以倩趙弼校訂。趙又爲之删削增益,乃使其子繕寫付刊。今核其書分五十門,較簡本頗有省併,其中徵引之文,亦稍有裁削,且有併全條删削者,大非高氏之舊矣。然其分卷仍作二十,與《書錄解題》合,每條題目皆作陰文,下即緊接書之,不別居一格,似仍宋刻之舊,且書中稱《國朝會要》,尚是高氏原本。簡本盡改作《宋朝會要》,良由不知書爲宋高氏所作,故盡改之。又如伍希明《太乙金鏡》,簡本作王希明之類,皆以此本爲是。"

事物紀原集類十卷

(宋)高承編　(明)閻敬校
明正統十三年(1448年)刊本　共四册
京都大學中國語學文學哲學研究室　早稻田大學圖書館藏本

【按】每半葉有界十二行,行二十四字。黑口,四周雙邊。

早稻田大學圖書館藏本,原係下村正太郎家下村文庫等舊藏。

事物紀原集類十卷

(宋)高承編　(明)李果評
明成化八年(1472年)序刊本
內閣文庫　靜嘉堂文庫藏本

【按】每半葉有界十二行,行二十四字。黑口,四周雙邊。

前有明正統十二年(1447年)閻敬《序》,次有明成化八年(1472年)李果《序》。

內閣文庫藏本,原係昌平坂學問所舊藏,共十册。

靜嘉堂文庫藏本,原係陸心源十萬卷樓舊藏,共六册。

(新刻)事物紀原十卷　(新刻)古今事物考八卷

(宋)高承編　《事物考》(明)王三聘輯胡文煥校
明萬曆年間(1573—1620年)錢塘錢氏刊本共四册
蓬左文庫　東京大學文學部漢籍中心藏本

【按】每半葉有界十行,行二十字,注文小字雙行。白口,左右雙邊(19.2cm×12.9cm)。

【附錄】日本後西天皇明曆二年(1656年)京都武村市兵衛刊印《新刻事物紀原》十卷《目》二卷。此本題"宋高承編,明胡文煥校",由日人鵜飼信之(石齋)點。其後有靈元天皇寬文四年(1664年)京都武村三郎兵衛重印本、京都武村新兵衛重印本、仁孝天皇文政元年(1818年)京都菱屋孫兵衛重印本等。孝明天皇弘化三年(1846年)京都五車樓菱屋孫兵衛又補版修訂重印。

(新刻)事物紀原十卷　附錄三卷

(宋)高承編　(明)胡文煥校
明刊本
內閣文庫藏本

【按】每半葉有界十行,行二十字。白口,左右雙邊。

此本有《附錄》三卷,係明人羅頎編《新刻物原》一卷,明人余庭璧編《新刻事物異名》二卷。

內閣文庫藏此同一刊本兩部。一部原係楓山官庫舊藏,共四册。一部原係昌平坂學問所舊藏。此本缺《附錄》三卷,共八册。

【附錄】靈元天皇延寶二年(1674年)京都前川茂右衛門刊印明人余庭璧編《新刻事物

異名》二卷。

（新刻）事物紀原十卷

（宋）高承編　　（明）胡文煥校

明刊本（《格致叢書》零本）　共五册

國會圖書館藏本

（重編詳備）碎金二卷

（宋）張雲翼增編

宋趙氏雙桂書院刊本　共二册

天理圖書館藏本

【按】每半葉有界十行，行十八字。白口，左右雙邊（19.5cm×13.5cm）。版心標"碎金上（下）"，并記葉數。

前有宋嘉熙戊戌（1238年）中秋日雙桂書院《序》。

卷中有避宋諱者，凡遇"貞、徵、敦、墩"等字常缺筆。

序題之下有刊行説明文字："增入正音，其元本注字今作大字，甚便於句讀。"

封面題籤左側，有日人墨書"宋刊　重編詳備碎金"，並另用紅紙貼附"乾"、"坤"二字。

（明本大字應用）碎金二卷

不著編撰人姓名

明初刊本　共一册

內閣文庫藏本　原豐後佐伯藩主毛利高標舊藏

【按】每半葉有界十三行，行二十一字。黑口，左右雙邊。

此本係仁孝天皇文政年間（1818—1829年）出雲守毛利高翰獻贈幕府。明治初期，歸內閣文庫。

卷中有"佐伯侯毛利高標字培松藏書畫之印"等印記。

類説六十卷

（宋）曾慥編

明天啓六年（1626年）序刊本　共三十册

內閣文庫藏本　原楓山官庫舊藏

敏求機要一卷

（宋）劉芳實撰　　劉茂實注

古寫本　鮑淥飲手識本　共一册

靜嘉堂文庫藏本　原鮑淥飲知不足齋　陸心源十萬卷樓舊藏

【按】前有月梧劉芳實《序》。

卷中有鮑淥飲手識文二則：

一、清乾隆四十年（1775年）手識文曰："乾隆乙未閏十月，傳錢唐吳氏瓶花齋本，初十畢。知不足齋識。"

二、清乾隆四十一年（1776年）手識文曰："丙申四月二十八日校一過。溯皇初終趙宋，類事成韵語，兔園册之流也。"

卷中有"鮑以文藏書記"、"知不足齋藏書"等印記。

（新刊）歷代制度詳説十五卷

（宋）呂祖謙編撰

古寫本　馬玉堂手識本　共二册

靜嘉堂文庫藏本　原馬玉堂笏齋　陸心源十萬卷樓舊藏

【按】每半葉十四行，行二十五字。

前有元泰定三年（1326年）彭飛《序》。

此本有清道光十五年（1835年）馬玉堂手識文。其文曰：

"《歷代制度詳説》十五卷，宋呂祖謙撰。考《東萊年譜》，不載此書，蓋家塾課子弟之本也。伏讀《欽定四庫全書總目》云，'此凡分十三門，一曰科目，二曰學校，第三門原本缺逸，佚其標題，所言乃考課之事，四曰賦役，五曰漕運，六曰鹽法，七曰酒禁，八曰錢幣，九曰荒政，十曰田畝，十一曰屯田，十二曰兵制，十三曰馬政。皆前列制度，叙述簡賅，後爲詳説，議論明切。元泰定三年嘗刊行。前有廬陵彭飛序'云云。此本凡十五卷。每卷分一門，首科目，次學校，次賦役，次漕運，次鹽法，次酒禁，次錢幣，次荒政,次田制,次屯田,次兵制,次馬政,次考績,次宗室,次祭祀,凡十五類。與《四庫》本分卷叙次多有先後。又分門止有十三,而此本所載宗室祀事不與焉,俱足以資考訂。是書向爲郡城陳君蘅皋珍藏,割愛歸余。前缺彭飛原序,并補錄之,遂爲全璧。時當夏季,溽暑蒸人,揮汗寫此,一志一時真賞。大清道光十五年旃蒙協洽之歲閏且月,海鹽後學馬玉堂書於庚申閣上。”

《四庫全書》“子部”著錄呂祖謙《歷代制度詳説》十二卷,并曰“刊本久佚,此本輾轉傳寫,又多訛缺,其錢幣門中脱二頁,荒政門中脱二葉”云云。

陸心源《儀顧堂續跋》卷十一著錄此本,並曰:“考績門之首,及錢幣、荒政兩門亦無缺葉,乃是此書完本。考績列卷十三,不列第三,其分卷亦不同矣。”

書叙指南二十卷

(宋)任廣編

明嘉靖六年(1527 年)刊本　共二册

静嘉堂文庫藏本　原陸心源十萬卷樓舊藏

【按】每半葉有界十行,行二十字。黑口,四周雙邊。

首題“書叙指南”,次署“宋浚水任廣德儉甫編次”。

前有明嘉靖六年(1527 年)巡按山西監察御史沈松《序》。後有呂柟《後序》。

《目錄》分爲“元、亨、利、貞”四集,每集分五卷,合爲二十卷。

【附錄】日本東山天皇元禄十五年(1702年)《倭版書籍考》卷六“諸子百家之部”著錄《書叙指南》二十卷八册。其識文曰:

“浚水任廣作也。分門別類集諸碎語,爲文章尺牘之便。《文獻通考》記《書叙指南》二十卷,任廣撰,崇寧中人也。崇寧乃宋徽宗之年號。倭版有儒士永田道慶《跋》。”

後光明天皇慶安二年(1649 年)京都中野小

左衛門刊印《重刊書叙指南》二十卷。此本題“宋任廣編,明喬應甲校”。其後有京都中川彌兵衛與中川茂兵衛重印本,又有天王寺屋市郎兵衛重印本等。

(新刻呂涇野先生校正)中秘元本二十卷

(宋)任廣編　(明)呂柟校

明金陵王世茂刊本

東京大學東洋文化研究所藏本　原大木幹一等舊藏

【按】每半葉有界九行,行十九字。白口,四周雙邊。

海錄碎事二十二卷

(宋)葉廷珪編　(明)劉鳳校

明萬曆二十七年(1599 年)沛國劉氏刊本

尊經閣文庫　静嘉堂文庫　大倉文化財團京都大學人文科學研究所東洋學文獻中心藏本

【按】每半葉有界十二行,行二十一字。白口,左右雙邊。

前有宋紹興十九年(1149 年)十一月傅自得《序》,次有同年葉氏《自序》。又有明萬曆戊戌(1598 年)劉鳳《序》。

尊經閣文庫藏本,原係江户時代加賀藩主前田綱紀等舊藏,共二十册。

静嘉堂文庫藏本,原係陸心源十萬卷樓舊藏,共十册。

大倉文化財團藏本,卷中有“葉滋棠”、“寶硯齋楊氏”、“古閩葉氏芾南”、“觀國”、“楊拜冕”、“華亭梅氏”等印記,共六册。

京都大學藏本,共十二册。

【附錄】據《商舶載來書目》記載,光格天皇寬政八年(1796 年),中國商船“加字號”載《海錄碎事》一部五帙抵日本。

日本光格天皇文化十五年(1818 年)肥後松崎氏據明萬曆本翻刊《海錄碎事》二十二卷。此本由日本松崎復校。

仁孝天皇文政十三年(1830 年)刊印《海錄

碎事》二十二卷。

（永嘉止齋陳先生）八面鋒八卷

（宋）陳傅良編
明萬曆元年（1573 年）朱氏吳山精舍刊本
東京大學東洋文化研究所藏本　原大木幹
一等舊藏

（永嘉先生）八面鋒十三卷

（宋）陳傅良編
明萬曆九年（1581 年）序刊本
東京大學東洋文化研究所藏本
【按】每半葉有界九行，行十八字。白口，四
周雙邊。
【附録】日本仁孝天皇天保十四年（1842
年）壬生自成堂刊印《永嘉先生八面鋒》十三
卷。此本由日本山家博言等校。其後有天保
十五年江户須原屋茂兵衛、福田屋勝藏外八軒
重印本等。

（東萊先生分門）詩律武庫前集十五卷　後集十五卷

（宋）吕祖謙編
宋末元初建安刊本　共八册
静嘉堂文庫藏本　原陸心源皕宋樓舊藏
【按】每半葉有界十一行，行十九字。雙黑
魚尾，細黑口，四周雙邊（18.2cm × 12.3cm），
又有左右雙邊（18.0cm × 12.2cm）。有耳格記
門名。
《前集》與《後集》前皆有《東萊先生詩武庫
目録》，題署“東萊吕氏編於麗澤書院”。《前
集目録》編者題署之次，有四周雙邊刊印木
記，其文曰：
　　“今得吕氏家塾手抄《武庫》一帙，用是
爲詩戰之具，固可以掃千軍而降勍敵，不欲
秘藏，刻梓以淑諸天下，收書君子伏幸詳鑒
謹咨。”
傅增湘《藏園群書經眼録》卷十著録此本，
其識文曰“汲古閣、藝芸精舍遞藏……宋末閩

中刊本”。
卷中有“汪”、“平陽汪氏藏書印”、“汪士鐘
印”、“民部尚書印”、“高子敬家圖書記”、“華
夏”、“高麒”、“真賞”、“宋本”、“歸安陸樹聲
叔桐父印”、“歸安陸樹聲所見金石書畫記”等
印記。

（天台陳先生類編）花果卉木全芳備祖（殘本）四十一卷

（宋）陳景沂編輯　祝穆訂正
宋刊本　共八册
宮内廳書陵部藏本　原豐後佐伯藩主毛利
高標舊藏
【按】每半葉有界十三行，行二十四字。細
黑口，左右雙邊（18.3cm × 11.7cm）。
是書全《前集》二十七卷，《後集》三十一卷，
共五十八卷。卷目如次：
《前集》卷一至卷二十七，花部。
《後集》卷一至卷九，果部；
卷十至卷十一，卉部；
卷十二至卷十三，草部；
卷十四至卷十九，木部；
卷二十至卷二十二，農桑部；
卷二十三至卷二十七，蔬部；
卷二十八至卷三十一，藥部。
此本今存《前集》卷十四至卷二十七，《後
集》卷一至卷十三，卷十八至卷三十一，共四
十一卷。
卷前題“江淮肥遁愚一子陳景沂編輯”，又
一行題“建安祝穆訂正”。《後集》書題下有橢
圓陰文“後集”二字。《後集》卷一前有《新編
花果卉木全芳備祖總目》，次有《目録》。
卷中所記每一物，皆分“事實祖”與“歌咏
祖”二大類。“事實祖”又分爲“碎録”、“紀
要”、“雜著”三子目；“歌咏祖”又分爲“五言
散句”、“七言散句”等十子目。所載内容，以
南宋爲最詳，兼及前代。
傅增湘《藏園群書經眼録》卷十著録日本帝
室圖書寮藏元刊本《天台陳先生類編花果卉

木全芳備祖》即係此本。其識文曰："此書中國藏書家向無著録元本者,此雖殘帙,勝於習見宋刊多矣。"此備一説。

董康《書舶庸譚》卷二著録元刊本《天台陳先生類編花果卉木全芳備祖》十四卷《後集》二十七卷,即係此本。其識文曰："此書吾國藏書家未見刻本。昔年余得勞氏校鈔本,今歸大倉圖書館,校亦不全,未識所據,即此本否耶?"

此本原係江户時代豐後佐伯藩主毛利高標舊藏。仁孝天皇文政年間(1818—1829 年)出雲守毛利高翰獻贈幕府。明治初期,歸内閣文庫。明治二十四年(1891 年)移送宮内省圖書寮(即今宮内廳書陵部)。

卷中有"佐伯侯毛利高標字培松藏書畫之印"等印記。

(天台陳先生類編)花果卉木全芳備祖前集二十七卷　後集三十一卷

(宋)陳景沂編輯　祝穆訂正
明人寫本　共二十四册
大倉文化財團藏本　原葉樹廉等舊藏

【按】此本有朱墨識語,曰"丁氏鈔"、曰"曝書亭鈔"、曰"昌綏手注"等。

卷中有"子宣"、"重光"、"葉樹廉"、"石君"等印記。

自號録一卷

(宋)徐光溥編
古寫本　共一册
静嘉堂文庫藏本　原陸心源十萬卷樓舊藏

【按】此本據錢遵王所藏元人孫道明寫本過録。前有宋淳祐丁未(1247 年)譚友聞《序》。凡宋時墨客騷人,以及名公巨卿之號,彙爲一編,分爲三十六類,并附"雜類"於卷末。

【附録】光格天皇享和三年(1803 年)刊印《自號録》一卷。

(新編)古今事文類聚前集六十卷　後集五十卷　續集二十八卷　別集三十二卷　新集三十六卷　外集十五卷

(宋)祝穆編　《新集》《外集》(元)富大用編
元泰定三年(1326 年)武溪書院刊本　共六十册
内閣文庫藏本　原江户時代林羅山舊藏

【按】每半葉有界十三行,行二十四字。雙黑魚尾,小黑口,左右雙邊(18.0cm × 12.5cm)。版心記大小字數,偶記刻工姓名。

前有祝穆《自序》,署"淳祐丙午(1246 年)蠟月望日晚進祝穆伯和父謹識"。次有《新編古今事文類聚前集總目》,次有《新編古今事文類聚前集目録》(前集),并署"建安祝穆和父編"。此《目録》題署之次,有刊語三行,文曰:"是編告成,惟本朝諸賢所著之文不敢僭書其諱,謹以《文選》各以字書,又有不以字顯者,未免直以諱直之,并志篇端,庶知凡例云。"《目録》末有雙邊刊印木記二行,其文曰:"泰定丙寅廬陵武溪書院新刊"。

【附録】據瑞溪周鳳《卧雲日件録》中"長録四年(1460 年)二月七日"記載,是日和尚讀《法苑珠林》、《太平廣記》、《梅溪文集》等,并品評《事文類聚》中宋庠詩。

東山天皇元禄十五年(1702 年)《倭版書籍考》卷六"諸子百家之部"著録《古今事類全書》七集三十一册(原書前集、後集、續集、別集、新集、外集外,又附雜集——編著者)。

桃園天皇寶曆四年(1754 年)長崎港《舶來書籍大意書》著録《事文類聚》一部十二帙一百册,并注"脱紙五張"。其識文曰:

"此係宋祝和父採起自三皇迄於宋代之事實之要、詩文之尤,分天道、地道、人道等十三門,類聚而爲《前集》六十卷;又分人倫、穀菜、毛鱗、羽蟲等十四門,類聚而爲《後集》五十卷;又分居處、食物、器用等十二門,類聚而爲《續集》二十八卷;又分儒學、書法、人事等八門,類聚而爲《別集》三十二卷。共凡四集。此外,又有宋富時可亦採三皇至於宋代之事實之要、詩文之尤,分三師、六曹、諸監等十四門,類聚而爲《新集》三十六卷;又分東宮官、王府官等九門,類聚而爲《外集》十五卷。共凡二集。淳祐六年,由鄒可張等合編梓行。"

據《商舶載來書目》記載,中御門天皇正德二年(1712年)中國商船"志字號"載《事文類聚》一部十二帙抵日本。櫻町天皇元文四年(1739年)中國商船"智字號"載《重刻古今事文類聚》一部四帙抵日本。

據《外船賷來書目》記載,桃園天皇寶曆九年(1759年)中國商船"己卯七番船"載《事文類聚》一部十二帙抵日本。

據光格天皇天明六年(1786年)《寅十番船持渡書改目録寫》記載,該船載《事文類聚》共六集,凡六帙四十八册抵日本,并注曰:"古本,有朱點,脱紙三張。"

日本靈元天皇寬文六年(1665年)洛陽(京都)八尾勘兵衛刊印《新編古今事文類聚》。此本係《前集》六十卷、《後集》五十卷、《續集》二十八卷、《別集》三十二卷、《目》一卷,并附《新集》三十六卷、《外集》十五卷,并有《遺集》十五卷。此本有寬文十二年(1671年)重印本。

靈元天皇延寶五年(1677年)紀伊國屋石橋源兵衛刊《新編古今事文類聚全書》。此本係《前集》六十卷、《後集》五十卷、《續集》二十八卷、《別集》三十二卷、《新集》三十六卷、《外集》十五卷,并有《遺集》十五卷、《雜集》二卷。

靈元天皇延寶六年(1678年)昌平坂學問所官刊《新編古今事文類聚全書》。此本係《前集》六十卷、《後集》五十卷、《續集》二十八卷、《別集》三十二卷、《新集》三十六卷、《外集》十五卷,并有《遺集》十五卷、《雜集》二卷。

(新編)古今事文類聚前集六十卷　後集五十卷續集二十八卷　別集三十二卷　新集三十六卷　外集十五卷

(宋)祝穆編　《新集》《外集》(元)富大用編

元泰定三年(1326年)武溪書院刊本

静嘉堂文庫藏本

【按】每半葉有界十三行,行二十四字。雙黑魚尾,小黑口,左右雙邊(18.0cm × 12.5cm)。版心記大小字數,偶記刻工姓名。

此本版式行款與内閣文庫所藏元泰定三年武漢書院本相同。

静嘉堂文庫藏此同一刊本兩部。一部原係竹添光鴻舊藏,此本有配補,惟《新集》及《外集》目録後有"武溪書院新刊"識語。卷中有"松方文庫"、"島田翰讀書記"、"竹添井井舊藏書"等印記。共六十八册。一部原係島田篁村舊藏,此本有寫補。卷中有"島田氏雙桂樓所藏"、"篁村島田氏家藏圖書"、"金地院"、"島田篁村舊藏書"等印記,共三十一册。

(新編)古今事文類聚前集六十卷　後集五十卷續集二十八卷　別集三十二卷　新集三十六卷　外集十五卷

(宋)祝穆編　《新集》《外集》(元)富大用編

元泰定三年(1326年)武溪書院刊本　共十册

大東急記念文庫藏本

【按】每半葉有界十三行,行二十四字。雙黑魚尾口,小黑口,左右雙邊(18.3cm × 12.5cm)。版心記大小字數,偶記刻工姓名。

此本版式行款與内閣文庫所藏元泰定三年武溪書院本相同。

此本今存《外集》十五卷,其中卷四至卷六係後人寫補。

卷中有"金地院"印記。

（新編）古今事文類聚前集六十卷　後集五十卷
　續集二十八卷　別集三十二卷　新集三十
六卷　外集十五卷

　　（宋）祝穆編　《新集》《外集》（元）富大用
編
　　元泰定三年（1326年）武溪書院刊本　共四
十册
　　京都大學人文科學研究所東洋學文獻中心
藏本
　　【按】每半葉有界十三行，行二十四字。雙
黑魚尾，小黑口，左右雙邊（18.0cm×
12.5cm）。版心記大小字數，偶記刻工姓名。
　　此本版式行款與內閣文庫所藏元泰定三年
武溪書院本相同。
　　卷中有“謝肇淛”印記。

（新編）古今事文類聚前集六十卷　後集五十卷
　續集二十八卷　別集三十二卷　新集三十
六卷　外集十五卷

　　（宋）祝穆編　《新集》《外集》（元）富大用
編
　　元泰定三年（1326年）武溪書院刊本　共六
十二册
　　御茶之水圖書館藏本　原岡本閻魔庵　德
富蘇鋒成簣堂等舊藏
　　【按】每半葉有界十三行，行二十四字。雙
黑魚尾，小黑口，左右雙邊（18.0cm×
12.5cm）。
　　版心記大、小字數，偶記刻工姓名。
　　此本版式行款與內閣文庫所藏元泰定三年
武溪書院本相同。
　　此本約日本室町時期傳入。存於禪院，爲岡
本閻魔庵等舊藏，正大年間（1912—1925年）
歸德富蘇峰。今缺《前集》十九卷、《後集》六
卷，卷中有後人寫補處。

（新編）古今事文類聚前集六十卷　後集（殘本）
　四十八卷　續集二十八卷　別集三十二卷
　新集三十六卷

　　（宋）祝穆編　《新集》（元）富大用編
　　元西園精舍刊明修本　共五十册
　　大東急記念文庫藏本
　　【按】每半葉有界十三行，行二十四字。細
黑口，左右雙邊（18.1cm×12.5cm）。
　　《前集》、《後集》、《別集》的內封，皆有刊印
木記“西園精舍刊行”一行。《前記》內封，有
“古今事文類聚”二行書名，其上橫書“前集”
二字。其左右兩旁，又有刊印識文各一行，一
曰“是書板行久矣（以下缺）”，一行曰“增廣校
正重新鋟梓以便觀覽幸鑒”。《新集》係用元
武溪書院本補足，《目錄》後有刊印木記二行，
文曰“泰定丙寅廬陵武溪書院新刊”。
　　《前集》卷四十末有日本五山學僧一丘一豁
手識一葉，其文曰：
　　“一篇兩落之字，人笑之，余窘矣，不能
　改。
　　　榑桑影落海東洲，零落袈裟只白頭，
　　　得喪由來有天分，檮蒲人世不如游。
　　　前七月在峰下壽松庵，與景先老談及
　《事文類聚》。因以餘暇，分句於其間，人皆
　以桔里之游岩窟之歸想像，余讀此集，以謂
　生而在三代足矣。不然，漢唐宋士大夫；不
　然，一丘一豁。丙子九月六日。”
　　《後集》卷七末，有自明赴日歸化僧慧鳳（字
翶之，其詩文集名《竹居清事》）手識文，其文
曰：
　　“咏鄒魯聖賢《竹居釋集》：
　　　晚周孫孟曉天星，　光在下民言在經。
　　　堯舜禹湯文武道，　目如親睹耳如聽。
　　　文之苦至精到者，莫詩之若也。詩也
　者，以律爲難曉之尤也。吾讀彼諸長短律，
　戲作短律并長律，平平仄仄平，能以活機
　紓，隨手衆形成。　丙子十月五日
鳳。”

《新集》卷十七末，又有慧鳳手識文，其文曰：

"丁丑八月十日，是歲不雨者自仲夏涉諸仲秋。竹居道人鳳（印記）。"

《新集》卷三十六末，又有慧鳳手識文，其文曰：

"丁丑十一月念八日，天晴氣和，如二三月，花鶯之天呪丁冬至。諸方之大梵寺動鼓鳴法，予方擁日而覽此書，可謂僧中罪人也。仍自誦於此云。是歲月日　鳳。"

此本《前集》卷六十末係據朝鮮高麗刊本寫補，其左側有識語曰："自此以下以高麗本昏加之"。《後集》卷二十至卷二十四、卷三十三至卷三十七，係用明正德刊本補足。《續集》卷十二、《別集》卷十三，係用它本明刊本補足。

（新編）古今事文類聚前集六十卷　後集五十卷　續集二十八卷　別集三十二卷　新集三十六卷

（宋）祝穆編　《新集》（元）富大用補編
元刊本　共二十册
大阪天滿宮御文庫藏本
【按】卷末有後奈良天皇天文癸丑（1553年）日釋壽光讀書識文。其文曰：

"右此全部朱批圈并標題，借前住南禪梅屋香和尚之尊本，於法嗣鍊甫純首座而寫了矣。蓋此予全部者，天文乙巳予入明國之日，求此歸朝。吁！予殘齡，今春乃七八日將西山頹，自去秋八月資始，今日天文癸丑暮春十一日功了矣。　釋壽光。"

卷中有"崇蘭館藏"、"施政堂藏書記"等印記。

（新編）古今事文類聚（殘本）外集十五卷

（元）富大用編
元泰定丙寅年（1326年）武溪書院刊本　共十册
大東急記念文庫藏本

【按】每半葉有界十三行，行二十四字。細黑口，左右雙邊（19.3cm×12.7cm）。

首有《總目》，次有《目録》。末有刊行木記，文曰"泰定丙寅盧陵武溪書院新刊"。

此本今存《外集》十五卷，卷四至卷六係寫補。

（新編）古今事文類聚前集六十卷　後集五十卷　續集二十八卷　別集三十二卷　新集三十六卷　外集十五卷

（宋）祝穆編　《新集》《外集》（元）富大用編
明刊本　共八十四册
米澤市立圖書館藏本　原妙心寺　江戶時代米澤藩主家舊藏

【按】每半葉有界十三行，行二十四字。小字雙行。白口，左右雙邊（17.3cm×11.5cm）。版心有標集名卷數者，間有刻字數者。

《前集》首有宋淳祐丙午（1246年）臘月望日晚進祝穆伯和父《序》。各卷有《總目》與《細目》。每卷題"建安祝穆和父編"。《新集》與《外集》題"南江富大用時可編"。

卷中有"應珠三昧"、"寶珠庵常住"等印記。

（新編）古今事文類聚前集六十卷　後集五十卷　續集二十八卷　別集三十二卷　新集三十六卷　外集十五卷

（宋）祝穆編　《新集》《外集》（元）富大用編
明嘉靖年間（1522—1566年）刊本　共五十册
静嘉堂文庫藏本　原小越幸介舊藏
【按】此本有配補及寫補。

〔新編〕古今事文類聚前集六十卷　後集五十卷　續集二十八卷　別集三十二卷　新集三十六卷　外集十五卷　目六卷

（宋）祝穆編　《新集》《外集》（元）富大用編

明經廠刊本

內閣文庫　東京大學總合圖書館　大倉文化財團　御茶之水圖書館藏本

【按】內閣文庫藏本，原係昌平坂學問所舊藏，共一百二十七冊。

東京大學總合圖書館藏此同一刊本兩部。一部原係江戶時代紀州德川家等舊藏，此本今存《後集》卷三十五凡一卷，共一冊。一部原係渡邊信氏青洲文庫等舊藏，此本今存《續集》卷第二十五、卷第二十六凡二卷，共二冊。

大倉文化財團藏本，今缺別集三十二卷、外集十五卷。此本包背裝，各集首冊有"廣運之寶"印記。共一百冊。

御茶之水圖書館藏本，原係德富蘇峰成簣堂舊藏，共一百三十冊。

（新編）古今事文類聚前集六十卷　後集五十卷　續集二十八卷　別集三十二卷　新集三十六卷　外集十五卷

（宋）祝穆編　《新集》《外集》（元）富大用編

明刊本

靜嘉堂文庫　早稻田大學圖書館藏本

【按】靜嘉堂文庫藏本　原係陸心源十萬卷樓舊藏，共一百冊。

早稻田大學圖書館藏本，原係服部南郭氏服部文庫等舊藏。此本《外集》卷中有缺損，共二十三冊。

（新編）古今事文類聚前集六十卷　後集五十卷　續集二十八卷　別集三十二卷　新集三十六卷　外集十五卷　遺集十五卷　卷目七卷

（宋）祝穆編　《新集》《外集》（元）富大用編　《遺集》（元）祝淵編

明萬曆年間（1573—1620年）唐氏德壽堂刊本

內閣文庫　尊經閣文庫　靜嘉堂文庫　東京大學東洋文化研究所　京都大學人文科學研究所東洋學文獻中心　早稻田大學圖書館

藏本

【按】每半葉有界十一行，行二十四字。白口，四周單邊。

內閣文庫藏此同一刊本兩部。一部原係昌平坂學問所舊藏，共八十冊。一部今存《遺集》十五卷，共八冊。

尊經閣文庫藏本，原係江戶時代加賀藩主前田綱紀等舊藏，共四十四冊。

靜嘉堂文庫藏本，原係陸心源守先閣舊藏，共四十四冊。

東京大學藏本，原係大木幹一等舊藏，卷中《續集》卷六至卷八、《外集》卷十四至卷十五、《遺集》卷二至卷三，係後人寫補。

京都大學藏本，共四十冊。

早稻田大學圖書館藏本，今缺《前集》六十卷，共四十冊。

【附錄】日本靈元天皇寬文六年（1666年）刊印《新編古今事文類聚》前集六十卷、後集五十卷、續集二十八卷、別集三十二卷、新集三十六卷、外集十五卷、遺集十五卷。題"（宋）祝穆編，《新集》《外集》（元）富大用編，《遺集》（元）祝淵編"。

靈元天皇延寶五年至六年（1677—1678年）洛陽（京都）伊紀國屋源兵衛刊印《新編古今事文類聚》前集六十卷、後集五十卷、續集二十八卷、別集三十二卷、新集三十六卷、外集十五卷、遺集十五卷。題"（宋）祝穆編，《新集》《外集》（元）富大用編，《遺集》（元）祝淵編"。并附《雜集》二卷。

（新編）古今事文類聚前集六十卷　後集五十卷　續集二十八卷　別集三十二卷　新集三十六卷　外集十五卷　卷目六卷

（宋）祝穆編　《新集》《外集》（元）富大用編

明萬曆三十五年（1607年）安正書堂刊本

內閣文庫　東洋文庫　東北大學附屬圖書館藏本

【按】每半葉有界十四行，行二十八字。白

口,四周單邊。

内閣文庫藏本,原係楓山官庫舊藏,共五十册。

東洋文庫藏本,《前集》、《續集》、《別集》、《外集》係明萬曆三十五年(1607 年)安正書堂刊本,《後集》、《新集》係明萬曆三十二年(1604 年)唐富春德壽堂刊本。共四十二册。

東北大學藏本,原係狩野亨吉舊藏,共四十册。

記纂淵海一百卷

(宋)潘自牧編　(明)王嘉賓補　陳文燧等編

明萬曆七年(1579 年)刊本

宮内廳書陵部　内閣文庫　尊經閣文庫　東洋文庫　静嘉堂文庫藏本

【按】每半葉有界十二行,行二十二字。白口,四周雙邊。

宮内廳書陵部藏本,共二十五册。

内閣文庫藏此同一刊本三部。一部原係江戸時代林氏大學頭家舊藏,共四十一册。一部原係楓山官庫舊藏,共四十册。一部卷中有寫補(卷五十一、卷五十二、卷六十二、卷六十三、卷六十四),共八十二册。

尊經閣文庫藏本,原係江戸時代加賀藩主前田綱紀等舊藏,共四十册。

東洋文庫藏本,原係藤田豐八等舊藏。此本卷第八十三至卷第八十五係後人寫補,共六十四册。

静嘉堂文庫藏本,原係陸心源守先閣舊藏,共四十册。

歷代名賢氏族言行類稿六十卷

(宋)章定編

明人寫本　共三十二册

静嘉堂文庫藏本　原陸心源十萬卷樓舊藏

【按】每半葉有界十三行,行二十二字。

前有宋嘉定己巳(1209 年)端陽日章定《序》。

陸心源《儀顧堂續跋》卷十一著録此本。其識文曰:

"(前略)《提要》云定建安人,仕履無考。愚按《福建通志・職官志》,章定,嘉泰四年以承務郎知仙游縣。嘉定己巳,上距嘉泰四年僅五年,時代相合,當即其人。所載多五代以前事迹,宋以後採録寥寥。《自序》謂文籍不備,多所遺缺,良不誣也。"

此説與《四庫提要》之論正相逆反,《四庫提要》"子部"著録此書曰"所録前代諸人,時有顛倒漏略……然於有宋一代,紀述頗詳,其人其事往往爲史傳所不載,頗足以補闕核異"云云。

(新編通用啓劄)截江網六十八卷

(宋)熊晦仲編

宋刊本　共三十二册

静嘉堂文庫藏本　原陸心源皕宋樓舊藏

【按】每半葉有界十四行,行二十四字。注文雙行,雙黑魚尾,細黑口,左右雙邊(15.3cm×10.3cm)。卷五以下有耳格。

前有元延祐六年(1319 年)陳元善《新編通用啓劄截江網目録》,署"歲在己未正月元旦前進士陳元善序"。

此本分十集,爲甲集八卷,乙集八卷,丙集八卷,丁集八卷,戊集八卷,己集六卷,庚集六卷,辛集六卷,壬集五卷,癸集五卷。

陸心源《儀顧堂續跋》卷十一著録此本。其識文曰:

"(前略)凡古今前輩之事實,近日名公之啓劄,皆網羅而得之。自甲至癸,分爲十集。甲集則專舉諸式之大綱,乙至癸,則旁分品類之衆目云云。案,熊晦仲無考,陳元善建安人,開慶元年己未進士。自署'前進士'者,元延祐六年己未作也。所採表箋奏狀書啓稟劄贊頌序記賦文箴銘歌詩詞曲,皆載全文。宋人詩集之不傳者,如丁黼……(下載數十人名)之類,今皆不傳,可藉是以得其梗概……按王聞遠,號蓮涇,蘇州人,藏書極富,有《孝慈堂書目》。"

傅增湘《藏園群書經眼録》卷十著録此本,并曰:

"此爲巾箱本,亦坊賈陋書,如《中州啓劄》之類,第收羅較爲閎富耳。據陳元善《序》,稱熊晦仲裒集是書,凡古今前輩之事實,近日名公之啓劄,皆網羅而得之。甲集專舉諸式之大綱,乙至癸則旁分品類之衆目云云。所采表奏啓劄序記諸體咸備載全文,其中,宋末諸人文集不傳者皆賴是以存焉,固不徒供幕掾撏撦之用也。此書《四庫》未收,故記於此。"

卷中有"太原叔子藏書記"、"子孫保之"、"歸安陸樹聲叔桐父印"等印記。

(太學重新增修決科)截江網三十五卷

(宋)熊晦仲編

元至正四年(1344 年)刊寫補本　共二十四册

静嘉堂文庫藏本　原陸心源十萬卷樓舊藏

【按】每半葉有界十二行,行二十六字。雙黑魚尾,大黑口,四周雙邊(19.8cm × 12.3cm)。版心標"決科截江網"五字。

前有胡助《序》,《序》後有刊印篆文識語一行,曰"至正四年仲春刊"。次有《太學重新增修決科截江網目録》。

卷三十三至卷三十五,係後人寫補。

卷中有"陶松南字壽辰"、"恭實"、"平陽汪氏藏書記"、"士鐘"、"閬源父"等印記。

(太學重修)群書會元截江網(殘本)二十九卷

編者不詳

明弘治年間(1488—1505 年)刊本　共十册

静嘉堂文庫藏本　原陸香圃　陸心源十萬卷樓舊藏

【按】是書全三十五卷,此本今缺卷二十四至卷二十六、卷三十三至卷三十五,實存二十九卷。

山堂先生群書考索二百十二卷

(宋)章如愚編

元延祐庚申(1320 年)圓沙書院刊明修配本共六十四册

静嘉堂文庫藏本　原胡爾埔　陸心源酈宋樓等舊藏

【按】每半葉有界十五行,行二十四字。黑口,雙黑魚尾,左右雙邊(15.9cm × 10.1cm)。

此本分編爲四集,係《前集》六十六卷,《後集》六十五卷,《續集》五十六卷,《別集》二十五卷。

《前集》前有《山堂先生群書考索綱目》、《山堂先生群書考索目録》等,并題署"宋山堂宫講章如愚卿俊編"。

陸心源《儀顧堂續跋》卷十一著録此本。其識文曰:

"(前略)標目別以黑質白章。以明正德戊辰劉洪慎獨齋刊本互勘,明本頗有删削移易處。如卷五'中庸大學',元本經下有注,明本存經删注;卷八'六經門'、卷三十二'文章門',明刊先後顛倒。《後集》、《續集》、《別集》如此類者亦多。此爲初刊祖本,不久即毁於火,故流傳甚少,見慎獨齋鄭京《叙》。勝慎獨本遠甚。"

卷中有"胡氏豫波家藏圖書"、"胡爾埔印"、"豫波"、"胡氏廉石"、"阮嗣宗白不論人過吾每師之而未能及"、"胡惠孚印"、"藤蔭館"、"趙賢"、"竹景廬"、"歸安陸樹聲藏書之記"等印記。

山堂先生群書考索(殘本)一百六十二卷

(宋)章如愚編

元刊本　共二十一册

内閣文庫藏本　原皆川淇園　昌平坂學問所等舊藏

【按】是書分編爲四集。

《前集》全六十六卷,今存卷七至卷六十六,凡六十卷;

《後集》全六十五卷,今存卷一至卷二十一、卷四十六至卷四十八、卷五十二至卷六十五,凡三十八卷;

《續集》全五十六卷,今存卷一至卷七、卷十至卷十九、卷二十一至卷三十二、卷五十至卷五十三,凡三十九卷;

《別集》全二十五卷,今存二十五卷。

此本今實存共一百六十二卷。

山堂先生群書考索二百十二卷

(宋)章如愚編

明正德三年間(1508 年)刊本

大倉文化財團　東京大學東洋文化研究所京都大學人文科學研究所東洋學文獻中心御茶之水圖書館藏本

【按】每半葉有界十四行,行二十八字。下黑口,四周雙邊。

卷首題"宋山堂先生章俊卿編輯"。前有明正德戊辰(1508 年)鄭京《序》。

每卷首題"建陽知縣區玉刊行",每集末有"皇明正德三年慎獨書齋刊行",或"皇明正德戊辰慎獨書齋刊行"木記。《前集》首有山堂先生畫像。

大倉文化財團藏本,其中卷五十八至卷六十六以元圓沙書院刊巾箱本配補。共六十四冊。

東京大學藏此同一刊本兩部。一部原係大木幹一等舊藏,今存《後集》二十一卷。一部係全本。

京都大學藏本,係《前集》六十六卷,《後集》六十五卷,《續集》五十六卷,《別集》二十五卷。卷中有正德十六年(1521 年)補刊頁,共二十四冊。

御茶之水圖書館藏本,原係德富蘇峰大正三年(1913 年)購得。《別集》係正德十六年刊本補入,共六十二冊。

山堂先生群書考索二百十二卷

(宋)章如愚編

明正德戊寅年(1518 年)建陽劉氏慎獨齋重刊本

宮內廳書陵部　静嘉堂文庫　東洋文庫藏本

【按】前有明正德戊辰(1508 年)鄭京《序》。《目録》後有刊行木記,文曰"皇明正德戊寅(1518 年)慎獨書齋刊行"。

此本分編爲四集,係《前集》六十六卷,《後集》六十五卷,《續集》五十六卷,《別集》二十五卷。

宮內廳書陵部藏本,原係江户時代豐後佐伯藩主毛利高標舊藏,仁孝天皇文正文年間(1818—1829 年)出雲守毛利高翰獻於幕府。明治初期,歸內閣文庫。明治二十四年(1891 年)移送宮內省圖書寮(即今宮內廳書陵部)。卷中有寫補。并有"新安胡氏家藏"、"佐伯侯毛利高標字培松藏書畫之印"等印記,共五十冊。

静嘉堂文庫藏本,原係陸心源十萬卷樓舊藏。此本《前集》今缺卷三十二至卷三十九、卷四十三至卷六十五,實存三十二卷。共五十五冊。

東洋文庫藏此同一刊本兩部。一部卷中有補刻葉,共六十四冊。一部共八十二冊。

山堂先生群書考索二百十六卷

(宋)章如愚編

明正德十六年(1521 年)刊本　共二十九冊

京都陽明文庫藏本　原江户時代近衛家熙等舊藏

古今合璧事類備要二百六卷　附別集九十四卷

(宋)謝維新編　《別集》(宋)虞載編

明嘉靖年間(1522—1566 年)錫山安國校銅活字刊本　共八十冊

大倉文化財團藏本

【按】每半葉有界八行,行十六字。白口。版心標"錫山安氏館",下記刻工姓名。

前有宋寶祐丁巳(1257 年)謝維新《序》等。

此本謝氏編正文三集,係《前集》六十九卷,

《後集》八十一卷,《續集》五十六卷。又附虞
氏補《別集》九十四卷,然缺《外集》六十六卷。

卷中有"資江陶氏雲汀"、"賜書樓陶氏"、
"浦玉田"、"印心石室主人"、"留與軒浦氏"、
"浦揚烈"、"浦祺"、"去非先生"、"汪元成"等
印記。

【附録】日本桃園天皇寶曆四年(1754 年)
長崎港《舶來書籍大意書》著録《古今合璧事
類備要》一部五帙四十册,并注"脱紙二十一
張,古本,磨滅甚多"。其識文曰:

"此乃謝去咨編次,秦少山曾得此書之
舊刻,欲廣其傳,既没,束置高閣。長男文
成,慨然於先志未成,遂搜遺補缺,復爲全
册。其分爲天文、地理、時令、帝屬、師友、釋
道、冠婚、哀挽、鬼神等四十一門凡九十一
目,每目内標事類詩集并書所輯類名,分注
古今事實詩句,而爲《前集》六十九卷;又分
君道、臣道、三公、執政、樞屬、府屬、翰苑、經
筵、六部、九卿、東宮官、王府官、州官、監當
等五十四門凡四百十五目,每目内紀古今源
流歷代沿革,標事類詩集,體裁同前,而爲
《後集》八十一卷;又分氏族、姓名、家世、類
姓、性行、事爲等十五門凡七十目,每目内紀
古今源流歷代沿革,於事類詩集之目外,又
有要目者,則標加其目,書其類名,分注事
實,而爲《續集》五十六卷。又有虞子厚者,
續編其書,分國都、居處、草木、花卉、鳥獸、
蟲魚等二十四門凡四百十目,每目標事類,
有要目者則加標其目,有詩句者則標詩集,
體裁以前爲準,而爲《別集》九十四卷;至於
州縣等門,既已詳於《方輿勝覽》,故略而除
之,又分禮樂、刑法、征役、服飾、器用、錢楮
等三十七門凡四百三十二目,體裁準前,而
爲《外集》六十六卷。上計共凡五集合編,
萬曆三十七年刊。"

古今合璧事類備要二百六卷　附別集九十四卷 外集六十六卷

(宋)謝維新編　《別集》《外集》(宋)虞載

編

明嘉靖三十一年至三十三年(1552—1556
年)三衢夏相仿宋刊本

宮内廳書陵部　國會圖書館　内閣文庫
尊經閣文庫　蓬左文庫　東京大學總合圖書
館　大倉文化財團　静嘉堂文庫　大阪大學
懷德堂文庫　京都陽明文庫　御茶之水圖書
館藏本

【按】每半葉有界八行,小字雙行,行二十四
字。

前有宋寶祐丁巳(1257 年)謝維新《序》等。

此本謝氏編正文三集,係《前集》六十九卷,
《後集》八十一卷,《續集》五十六卷。又附虞
氏補《別集》九十四卷,《外集》六十六卷。

宮内廳書陵部藏本,《前集》卷目、卷一至卷
二十六,皆係寫補。共五十一册。

國會圖書館藏本,原共八十册,現合四十册。

内閣文庫藏此同一刊本五部。一部原係淺
野梅堂等舊藏,共一百二十册。一部原係楓山
官庫舊藏,共五十册。一部原係昌平坂學問所
舊藏,共五十三册。一部共一百册。一部缺
《外集》六十六卷,共六十四册。

尊經閣文庫藏本,原係江户時代加賀藩主前
田綱紀等舊藏,共五十四册。

蓬左文庫藏本,明正天皇寬永五年(1628
年)從中國購入,原係江户時代尾張藩主家舊
藏,《前集》缺卷七至卷九,卷中有"尾陽内庫"
印記。共四十册。

東京大學總合圖書館藏本。原係市村瓚次
郎買入本覺廬文庫舊藏。此本今存《外集》六
十六卷。共六册。

大倉文化財團藏本,共九十九册。

静嘉堂文庫,原係陸心源十萬卷樓舊藏,共
三十二册。

懷德堂藏本,計《前集》三十一卷,《後集》八
十一卷,《續集》五十六卷,《別集》八十四卷,
共六十四册。

陽明文庫藏本,原係江户時代近衛家熙等舊
藏,共一百册。

御茶之水圖書館藏本,原係德富蘇峰成簣堂舊藏,此本今缺卷七十九至卷九十四,實存九十四卷。封面係德富蘇峰用新紙補綴。

(新箋決科)古今源流至論四十卷

(宋)林炯編　《別集》(宋)黃履成編
元刊本　共四册
宫内廳書陵部藏本

【按】每半葉有界十五行,行二十五字。注文小字雙行。細黑口,四周雙邊(20.5cm×12.9cm)。版心標"至論續(別)",下記卷數、葉數。

是書原分三集,係《前集》十卷,《後集》十卷,《續集》十卷。後又有黃履成編《別集》十卷。

《前集》、《別集》首皆有宋嘉熙丁酉(1237年)黃履翁《序》。

(新箋決科)古今源流至論(殘本)二十卷

(宋)林炯編　《別集》(宋)黃履成編
元刊明修本　共八册
武田科學振興財團杏雨書屋藏本

【按】每半葉有界十五行,行二十五字。注文小字雙行。細黑口,四周雙邊(20.5cm×12.9cm)。版心標"至論續(別)",下記卷數、葉數。

是書原分三集,係《前集》十卷,《後集》十卷,《續集》十卷。後又有黃履成編《別集》十卷。此本今存《續集》十卷、《別集》十卷,共二十卷。

卷中《續集》卷之一首葉至第八葉前半脱落,《別集》卷之十第九葉以下亦脱落。

(新箋決科)古今源流至論四十卷

(宋)林炯編　《別集》(宋)黃履翁編
元刊明嘉靖補修本　共十二册
静嘉堂文庫藏本　原陸心源十萬卷樓舊藏

【按】每半葉有界十二行,行二十一字。粗黑口,四周或雙邊,或單邊。

此本原分三集,係《前集》十卷,《後集》十卷,《續集》十卷。後又有黃履翁編《別集》十卷。

首有明嘉靖六年(1527年)四月李濂《序》。又有宋嘉熙丁酉(1237年)黃履翁《序》。《前集目録》末有元時刊印木記曰"延祐丁巳孟冬圓沙書院刊行"。

(新箋決科)古今源流至論四十卷

(宋)林炯編　《別集》(宋)黃履翁編
明初刊本
大倉文化財團　御茶之水圖書館藏本

【按】每半葉有界十二行,行二十一字。粗黑口,四周或雙邊,或單邊。

此本原分三集,係《前集》十卷,《後集》十卷,《續集》十卷。後又有黃履翁編《別集》十卷。

大倉文化財團藏本,卷中有朱墨批點,并有"三山陳氏居敬堂"、"澄江黃氏茀續堂"、"缶選"等印記。共八册。

御茶之水圖書館藏本,原係德富蘇峰成簣堂舊藏,第一帙内有大正三年(1913年)德富蘇峰購書手記一頁。共十六册。

(新箋決科)古今源流至論四十卷

(宋)林炯編　《別集》(宋)黃履成編
明宣德二年(1427年)朱士同刊本　共八册
内閣文庫藏本　原楓山官庫舊藏

【按】是書原分三集,係《前集》十卷,《後集》十卷,《續集》十卷。後又有黃履成編《別集》十卷。

(新箋決科)古今源流至論(殘本)二十卷

(宋)林炯編
明弘治二年(1489年)梅隱書院本　共四册
京都大學人文科學研究所東洋學文獻中心藏本

【按】每半葉有界十二行,行二十二字。黑口,四周單邊,雙黑魚尾。

是書原分三集,係《前集》十卷,《後集》十卷,《續集》十卷。後又有黃履成編《別集》十卷。此本今存《前集》十卷、《後集》十卷,共二十卷。

（新箋決科）古今源流至論四十卷

（宋）林炯編　《別集》（宋）黃履成編

明嘉靖年間（1522—1566 年）刊本　共八冊

尊經閣文庫藏本　原江戶時代賀藩主前田綱紀等舊藏

【按】是書原分三集,係《前集》十卷,《後集》十卷,《續集》十卷。後又有黃履成編《別集》十卷。

（新箋決科）古今源流至論四十卷

（宋）林炯編　《別集》（宋）黃履翁編

明萬曆十八年（1590 年）建陽鄭氏宗文堂刊本

宮內廳書陵部　內閣文庫　蓬左文庫　大東急記念文庫　東京大學總合圖書館　京都大學人文科學研究所東洋學文獻中心　早稻田大學圖書館藏本

【按】每半葉有界十三行,行二十七字。黑口,四周雙邊。

此本原分三集,係《前集》十卷,《後集》十卷,《續集》十卷。後又有黃履翁編《別集》十卷。

宮內廳書陵部藏本,原係德山藩三代主毛利元次廣收"天下漢籍"之一種。東山天皇寶永三年（1706 年）《御書物目錄》著錄此本。明治二十九年（1896 年）男爵毛利元功將此本獻贈宮內省圖書寮。卷中有"德藩藏書"印記。

內閣文庫藏本,共八冊。

蓬左文庫藏本,原係江戶時代幕府大將軍德川家康舊藏,後贈賜尾張藩主家。卷中有"御本"印記,係駿河御讓本。共四冊。

大東急記念文庫藏本,共八冊。

東京大學總合圖書館藏本,原係江戶時代紀州德川家南葵文庫等舊藏,共八冊。

京都大學藏本,卷中有寫補,共十四冊。

早稻田大學圖書館藏本,原係下村正太郎家下村文庫等舊藏,共四冊。

（新箋決科）古今源流至論四十卷

（宋）林炯編　《別集》（宋）黃履翁編

明刊本

東京大學東洋文化研究所藏本

（新箋決科）古今源流至論四十卷

（宋）林炯編　《別集》（宋）黃履翁編

明刊本　共四十冊

京都大學人文科學研究所東洋學文獻中心藏本

（新箋決科）古今源流至論四十卷

（宋）林炯編　《別集》（宋）黃履翁編

明刊本　共二十冊

東洋文庫藏本

（新編分門標題）皇鑒箋要六十卷

（宋）林炯編

明人寫本　共四冊

靜嘉堂文庫藏本　原張月霄　陸心源十萬卷樓舊藏

【按】前有宋嘉定丙子（1216 年）孟夏林炯《自序》。

陸心源《儀顧堂集》卷一七著錄此本,其識文曰:

"是書取宋一祖十一宗事迹,分門編纂。凡分君德、君政、官制、貢舉、科目、用人、臣道、儒學、兵制、賦役、財用、荒政、時弊十三門,每門又各分子目（以下列舉子目,此略）。每目各爲一篇,而自注之。雖爲場屋而設,所採宋一朝事迹,足以參訂宋史,亦考史者之資料也。《宋史·藝文志》不載其名,張月霄《藏書記》始著於錄,此即張氏舊物。前有愛日精盧藏書印,後歸汪士鐘,余從金閶書估得之,恐世無第二本矣。"

〔新編纂圖增類群書類要〕事林廣記（殘本）四十八卷

〔宋〕陳元靚編

元西園精舍刊本　共八册

内閣文庫藏本　原妙覺寺僧日興　豐後佐伯藩主毛利高標舊藏

【按】是書全係《前集》十三卷，《後集》十三卷，《續集》十三卷，《別集》十一卷。此本今缺《續集》卷五、卷九，實存共四十八卷。

此本於日本親町天皇永禄九年（1566 年）至後陽成天皇天正十九年（1591 年）間，原係京都妙覺寺森日興舊藏。江户時代歸豐後佐伯藩主毛利高標，仁孝天皇文政年間（1818—1829 年）出雲守毛利高翰獻於幕府。明治初期，歸内閣文庫。卷中有"妙覺寺常住日興"、"佐伯侯毛利高標字培松藏書畫之印"等印記。

【附録】日本東山天皇元禄十二年（1699 年）京都山岡市兵衞刊印《新編群書類要事林廣記》。此本帶圖，分甲集十二卷、乙集四卷、丙集五卷、丁集至壬集各十卷、癸集十三卷，題"宋陳元靚撰"。其後此本有京都山岡市兵衞重印本，又有今井七郎兵衞等重印本。

楊守敬《日本訪書志》卷十一著録日本元禄十二年《新編群書類要事林廣記》九十四卷。其識文曰：

"元西潁元靚編，凡分十集，甲集十二卷、乙集四卷、丙集五卷、丁至壬各十卷、癸集十三卷。元靚著有《歲時廣記》。《提要》因有朱鑒一《序》，定爲宋人。今此書乙集録元初州郡，壬集録至元雜令，則元靚逮元代猶存也。其書體例彷彿《居家必要》，而搜採較博，雖少遠大雅，而實有便於日用。其中所採蒙古篆百家姓及地理禮儀，猶足考元代之制度。時令一門，與所撰《歲時廣記》不相復，彼爲考古，此爲便俗故也。書首尾無序跋，唯甲集《目録》後有'木記'云：'此書因印匠漏失版面，已致有誤君子，今

再命工修補外，新增添六十餘面，以廣其傳，收書君子幸垂鑒焉。泰定乙丑仲冬增補。'此書著録罕載，雖爲日人重翻，尚不失元刊之舊，可喜也。"

〔新編纂圖增類群書類要〕事林廣記三十五卷

〔宋〕陳元靚編

明洪武二十五年（1329 年）梅溪書院刊本　共六册

慶應義塾大學附屬圖書館藏本　原安田竹莊　河本立軒　田中萃一郎等舊藏

【按】每半葉有界十八行，行三十字左右。細黑口，四周雙邊（21.2cm × 13.9cm）。版心標"事（或林）"，并記集名、卷數、葉數。

此本全係《前集》五卷，《後集》、《續集》、《別集》、《新集》、《外集》各六卷。

總目大題標《增新類聚事林廣記》，各集目録并各集大題標《纂圖增新群書類要事林廣記》。《前集目録》尾有刊印木記曰"洪武壬申仲春梅溪書院重印"。

卷中有"龍眠"、"秋閑"、"春島書庫之記"、"安田玄藏圖書記"、"備前河本氏藏書記"、"和鳳"、"令膽"等印記。

〔纂圖增新群書類要〕事林廣記十集二十卷

〔宋〕陳元靚編

元至元庚辰（1340 年）鄭氏積誠堂刊本　共十册

宮内廳書陵部藏本

【按】每半葉有界十六行，行二十五字左右。黑口，左右雙邊（18.0cm × 12.0cm）。

前有《總目》。《目》後有刊印木記，文曰："至元庚辰良月鄭氏積誠堂刊"。

此本自"甲"至"癸"分爲十集，每集又分爲上下二卷，每卷各分子類。細目如次：

《甲集》：

天文類　曆候類　節序類　農桑類　花果類　竹木類

《乙集》：

人紀類　人事類　家禮類　翰墨類

《丙集》：

帝系類　紀年類　歷代類　聖賢類　先賢
類

《丁集》：

儒教類　幼學類　文房類　禪教類　道教
類　修真類

《戊集》：

官制門　官員禄稟俸給　刑法類　公理類
貨寶類　醫學類

《己集》：

文籍類　辭章類　卜史類　星命括例　演
禽秘訣　人倫風鑒　選擇類　百怪斷經
雜術類

《庚集》：

風月錦囊（上）　音樂類　音譜類　文藝類

《辛集》：

風月錦囊（下）　打雙陸例　三錦門庭　算
法類　風月笑林　神仙伎術類

《壬集》：

茶果類　酒麴類　飲饌類　獸畜類

《癸集》：

地輿類　郡邑類　方國類　仙境類　勝迹
類

（纂圖增新群書類要）事林廣記十二卷

（宋）陳元靚編

元刊本　共八册

尊經閣文庫藏本　原江户時代加賀藩主前
田綱紀等舊藏

【按】每半葉十九行，行三十一字。黑口，雙
黑魚尾，四周雙邊（18.8cm×12.9cm）。版心
標“事前（後、續、別、新、外）”，下記卷數，并有
葉數。

此本分六集，係《前集》二卷，《後集》二卷，
《續集》二卷，《別集》二卷，《新集》二卷，《外
集》二卷。

首頁《總目》題《增新類聚事林廣記》，《後
集》題《新編纂圖增類群書事林廣記》。

各集細目如次：

《前集》：

天象　曆候　節序　地輿　郡邑　方國
勝迹　仙境

《後集》：

人紀　人事　家禮　儀禮　農桑　花卉
果實　竹木

《續集》：

帝系　紀年　歷代　聖貢　先賢　文籍
辭章　字學　儒教　學校　幼學　書法
文房　翰墨　道教　雜術　修真　佛教
圖畫

《新集》：

官制　俸給　貨寶　算法　醫學　卜史
選擇　文藝　武藝　伎術

《外集》：

宮室　衣服　器用　音樂　音譜　閨裝
茶果　酒麴　飲饌　麴食　牧養　禽獸

此本紙質極粗，墨色稍淡，亦有印迹爛漫之
處。

每册首有“前田氏尊經閣圖書記”朱文大方
印，又有“尊經閣章”朱文方印等。

【附録】日本東山天皇元禄十二年（1699
年）京都中野五郎左衛門刊印《新編群書類要
事林廣記》十二卷。前有日本靈元天皇貞享
元年（1684年）宇都宮遁庵《序》。

（纂圖增新群書類要）事林廣記十二卷

（宋）陳元靚編

明永樂年間（1403—1424年）刊本　共六册

静嘉堂文庫藏本　原毛晉汲古閣　陸心源
皕宋樓舊藏

【按】每半葉有界十九行，行三十二字左右。

此本分六集，係《前集》二卷，《後集》二卷，
《續集》二卷，《別集》二卷，《新集》二卷，《外
集》二卷。

《前集目録》後有刊印木記，文曰“永樂戊戌
孟春翠岩精舍新刊”。《外集》末又有刊印人
形木記，文曰“吴氏玉融堂刊”。

此本雖題宋人編纂,然《前集》卷下"地理類"則有《大明混一圖》,"郡邑類"又有"直省布政司"之名。蓋自元而明,是書取流俗通用,屢刊屢增,其子目分類,疑亦有所變。

是書《四庫》未收。陸心源《儀顧堂續跋》卷十一著錄此本。其識文曰:

"書雖明刊,流傳極少。各家書目皆未著錄,《汲古閣秘本書目》有其名,注曰:'明硃格抄本。'當即從此本鈔出者。"

卷中有"汲古主人"、"東吳毛氏圖書"、"子晉"、"毛晉"、"汲古閣"、"毛氏子晉"、"毛晉私印"、"子晉書印"等印記。

(纂圖增新群書類要)事林廣記十二卷

(宋)陳元靚編

明弘治辛亥(1491 年)雲衢菊莊刊本　共六冊

天理圖書館藏本

【按】每半葉有界十六行,行三十八字左右。黑口,四周雙邊(21.0cm×13.0cm)。

此本分六集,係《前集》二卷,《後集》二卷,《續集》二卷,《別集》二卷,《新集》二卷,《外集》二卷。版心標"事林前集(——外集)",下記葉數。

《前集目錄》末有刊行木記,其文曰"弘治辛亥季秋雲衢菊莊新刊"。題籤左肩有日本室町時代人墨書"事林廣記前集(——後集、續集、別集、新集、外集)"。

(纂圖增新群書類要)事林廣記十二卷

(宋)陳元靚編

明弘治九年(1496 年)詹氏進德精舍刊本
內閣文庫　米澤市立圖書館藏本

【按】每半葉有界十八行,行三十字左右。黑口,四周雙邊(20.6cm×13.4cm)。

此本分六集,係《前集》二卷,《後集》二卷,《續集》二卷,《別集》二卷,《新集》二卷,《外集》二卷。版心標"事前(後、續、別、新、外)上(下)"。

前有《增新類聚事林廣記總目》,列六集十二卷五十七類目錄。次有《纂圖增新群書類要事林廣記前集目錄》。末有刊行木記,其文曰"弘治壬子孟冬吉旦詹氏進德精舍新刊"。

內閣文庫藏本,原係木村兼葭堂舊藏,共四冊。

米澤市藏本,原係江戶時代米澤藩主家舊藏,卷中有"米澤藏書"印,匡底有墨書"元禄十二年六月　矢尾板三印改之"。共十二冊。

(新刻纂圖群書類要)事林廣記(殘本)一卷

(宋)陳元靚編

明刊本　共一冊

東京大學東洋文化研究所藏本

【按】此本今存《別集》卷四。

(新編纂圖增類群書類要)事林廣記(五集)二十九卷

(宋)陳元靚編

明初刊本　共十冊

東洋文庫藏本

【按】此本分五集,係《前集》五卷,《後集》六卷,《續集》六卷,《別集》六卷,《外集》六卷。

【附錄】日本東山天皇元禄十二年(1699年)京都山岡市兵衛刊印《新編纂圖增類群書類要事林廣記》。此本據元泰定二年刊本翻刻,分《甲集》十二卷,《乙卷》四卷,《丙集》五卷,《丁集》十卷,《戊集》十卷,《己集》十卷,《庚集》十卷,《辛集》十卷,《壬集》十卷,《癸集》十三卷,共十集九十四卷。

書言故事大全十卷

(宋)胡繼宗編　(明)李廷機校

明天順年間(1457—1464 年)刊本　共四冊
静嘉堂文庫藏本

【附錄】日本後光明天皇正保三年(1646年)刊印《京本音釋注解書言故事大全》十二卷。此本題"宋胡繼宗編,明陳元直解,明李廷機校”。其後此本有林甚右衛門重印本、伊吹權兵衛重印本、田中文内重印本等。

（新刊明解音釋校正）書言故事大全十卷

（宋）胡繼宗編　（明）陳元直解　熊大木校
明萬曆十六年（1588 年）熊氏種德堂刊本　共二冊
茨城大學附屬圖書館菅文庫藏本　原江户時代史學家菅政友舊藏

（考正古本注釋）書言故事十卷

（宋）胡繼宗編　（明）陳元直解
明萬曆二十六年（1598 年）鄭雲竹刊本　共四冊
内閣文庫藏本　原江户時代林氏大學頭家舊藏

（新刻類編注釋便考大魁）書言故事十卷

（宋）胡繼宗編　（明）王稚登注
明萬曆二十八年（1600 年）余明臺刊本　共三冊
内閣文庫藏本　原江户時代林氏大學頭家舊藏

書言故事大全十二卷

（宋）胡繼宗編
明萬曆十七年（1589 年）跋刊本　共十二冊
尊經閣文庫　東京大學東洋文化研究所藏本
【按】每半葉有界九行，行二十字。白口，四周單邊。
尊經閣文庫藏本，原係江户時代加賀藩主前田綱紀等舊藏。
【附錄】日本東山天皇元祿十五年（1702 年）《倭版書籍考》卷六“諸子百家之部”著錄《書言故事》十二卷。其識文曰：
　　“此乃宋末廬陵繼宗所作。分門類採集故事，而爲初學之便也。”

（新鋟增補萬錦）書言故事大全八卷

（宋）胡繼宗編　（明）饒正卿校
明萬曆年間（1573—1620 年）閩建黃直齋刊本
東京大學東洋文化研究所藏本　原仁井田陞舊藏

（精刻校正注釋分類雲梯）書言正宗六卷

（宋）胡繼宗編
明萬曆四十年（1612 年）跋刊本　共一冊
東京大學總合圖書館藏本
【按】此本題籤曰《書言故事》。

（新編）三場文海一百卷　圖説二十卷

不著撰人姓名
明人寫本　共十冊
大倉文化財團藏本
【按】卷首有宋慶元己未（1199 年）武夷桂林主人《序》。
卷中有“東明”、“萬古同心之學”、“予佳時其遷居西爾”、“鄞徐時棟柳泉氏甲子以來所得書畫藏在城西草堂及小北閣中”等印記。

聖宋千家名賢表啓翰墨大全（殘本）十七卷

（宋）吳焕然輯
宋慶元年間（1195—1200 年）刊本　共三冊
天理圖書館藏本　原室町時代初期南禪寺僧惟肖得岩等舊藏
【按】每半葉有界十四行，小字雙行，行二十三字左右。大字占小字四位分。白口，間或有黑口，左右雙邊（19.5cm × 12.6cm）。有耳格題篇名。
前有宋慶元庚申（1200 年）孟冬之月吳焕然《序》。《序》後有雙邊木記刊語，其文曰：
　　“嘗謂名實貴相副，徒矜其名而亡其實者，世之所忌也。書肆前後所刊，例於帙首鋪叙賢哲之名，張大經史之目，姑欲眩人耳目，以爲華飾之具，今思無補，一切撤而去之。君子開卷,幸毋以烏有先生爲詭譎者。
可不審諸。”

是書全一百四十卷,分爲賀表、賀牋、謝表、
陳表、賀啓、謝啓、上啓、回啓、類郡、州郡事迹,
凡十門。此本今存卷一至卷八、卷十八至卷二
十六,凡十七卷,爲賀表、謝表、謝陳之一部分。

卷中有“惟肖”、“不忍文庫”、“溪迷堂”、
“阿波國文庫”等印記。

聖宋名賢四六叢珠一百卷

(宋)建安葉蕡子實編
仿宋古寫本　共二十册
静嘉堂文庫藏本　原兼牧堂　陸心源舊藏
【按】前有宋慶元丙辰(1196 年)吴焕然
《序》。

此本細目如次:
卷一至卷十六,表箋;
卷十七至卷七十三,啓;
卷七十四至卷七十五,諸式;
卷七十六至卷八十一,内簡;
卷八十二,劄子;畫一稟目;
卷八十三,長書;
卷八十四,婚啓;
卷八十五至卷八十七,青詞;
卷八十八至卷九十二,講疏;
卷九十三至卷九十四,祝文;
卷九十五至卷九十七,樂語;
卷九十八,勸農;上梁文;
卷九十九,挽詩;
卷一百,祭文。

每門之中。又分子目。每子目先總説,次故
事,次四六全篇,次四六摘句,間有七律摘句。
卷首列引用書目,約五百餘種。

此本録影宋本。《目》後有“建安陳彦甫刻
梓於家塾”二行。

此書藏書家罕見著録,惟《天一閣書目》及
《元賞齋書目》有之。《四庫全書》著録《四六
叢珠彙選》十卷,亦未見全書。

玉海二百卷　附辭學指南四卷　附刻十三種

(宋)王應麟編
元至元六年(1340 年)慶元路儒學刊本　共
八十册
國會圖書館　内閣文庫　京都建仁寺兩足
院藏本
【按】每半葉有界十行,行二十字左右。黑
口,四周單邊。

前有元至元六年(1340 年)李恒《玉海序》,
并有王應麟跋語,及至元六年王厚孫識語等。

此本有附刻十三種,細目如次:
《詩考》一卷;
《詩地理考》六卷;
《漢藝文志考證》十卷;
《通鑒地理通釋》十四卷;
《周書王會補注》一卷;
《漢制考》四卷;
《踐阼篇集解》一卷;
《急就篇》四卷;
《小學紺珠》十卷;
《姓氏急就篇》二卷;
《六經天文篇》二卷;
《周易鄭康成注》一卷;
《通鑒答問》五卷。

【附録】據日本《商舶載來書目》記載,中御
門天皇寶永七年(1710 年)中國商船“幾字
號”載《玉海》一部一百六十册抵日本。

據桃園天皇寬延四年(1751 年)《持渡書物
覺書》記載,是年中國商船載《玉海》一部十帙
百册抵日本。

據《長崎官府貿易外船賫來書目》記載,桃
園天皇寶曆九年(1759 年)中國商船“己卯一
番”船載《玉海》一部十帙抵日本。

據仁孝天皇天保十四年(1843 年)《漢籍發
賣投標記録》記載,《玉海》一部,標價爲永見
屋二百三匁,松之屋二百廿匁,同人二百八十
匁一分。

日本仁孝天皇文政十年(1827 年)大阪河内

屋吉兵衛等刊印《小學紺珠》十卷。此本由日人赤竂榮校點。

同年，又有江戶岡村莊助刊印《小學紺珠》十卷。

玉海二百卷　附刻十三種

（宋）王應麟編

元至元六年（1340年）慶元路儒學刊元至正十一年（1351年）修補本刊本　共二百四十冊

靜嘉堂文庫藏本　原陸心源皕宋樓舊藏

【按】每半葉有界十行，行二十字。注文雙行，行同正文。雙黑魚尾，白口，左右雙邊（21.8cm×12.8cm）。版心記大小字數，并有刻工姓名，如王子義、子義、王德明、德明、文甫、茅修、梁順、茅雪舟、雪舟、上佛生、胡泰之、泰之、阮德中、德中、胡克明、克明、胡仲玉、仲玉、胡仲珪、徐仲裕、仲裕、范雙評、余伯清、胡玉、戶子、胡仲、行可、江厚、谷中、士良、子安、子堅、師善、仕良、王玉、可大、魏海、居正、景先、彥明、阮叔、仲實、德章、德忠、范太、楊青、任子敬等。

有耳格記篇目，并有句點、墨綫、圈點。

前有元至元四年（1338年）龍集戊寅四月初吉前翰林國史院編修官東陽胡助《序》，次有婺郡文學中山李桓《序》，次有元至正十一年（1351年）六月初吉嘉議大夫慶元路總管阿殷圖野堂《序》，次有元至正辛卯（1351年）七月既望儒學正王介《序》，次有元至元三年（1337年）浙東道宣慰使《刊書牒文》。後有元至元六年（1340年）四月朔日鄞郡文學正東嘉薛元德《後序》。後有《玉海目錄》。

《刊書牒文》末有元至元三年十一月列銜，名錄如次：

日令史：王良知、武維周、劉榮、朱貴、蔡彬；

經歷司典史：馮天祐、阮謙、李澤、相弼、李忽都答兒；

副使：郭德誠、忽剌忽兒、安童、鎖南班、也乞里不花。

《目錄》尾題後有列銜，名錄如次：

慶元路儒學刊造《玉海》書籍提調官：教授王弘、桂克忠，學正虞師道、薛元德；學錄汪興、王壽明，直學陳眉壽，學吏岑立道；校正對讀：厚齋孫王厚孫、王寧孫；書寫：王秉、王升、楊德載；刊字生：張周士等三十人。翁洲書院山長曹性之重校正，紹興路高節書院山長金止善監督。

陸心源《儀顧堂續跋》卷十一著錄此本。其識文曰：

"《玉海》二百卷、《詞學指南》四卷，題浚儀王應麟伯厚。前有胡助、李桓《序》、至元三年宣慰使公文、阿殷圖埜堂《序》、王介《跋》、薛元德《後序》、伯厚《自序》、王厚孫《跋》。每葉二十行，每行二十字。《目錄》後有慶元路儒學王茲、桂克忠，學正虞師道、薛元德，學錄汪興、王壽朋，直學陳眉壽、學吏岑立道銜名五行。校正對讀伯厚孫王厚孫、王寧孫一行。書寫王秉、王陞、楊德載一行。刊字生張周士等三十人一行。翁洲書院山長曹性之重校正一行。紹興路高節書院山長金止善監督一行。至元三年乞里不花爲浙東道宣慰使，據國子博士趙承德呈請，刊於慶元路學。至正九年阿殷圖爲總管，修補六萬字，始成完書。明初，版歸南京國子監。正德元年缺五十餘版，正德二年缺二百餘版，續修至萬曆止，而元刊十不存一。其存者多模糊不能辨，又缺二百餘葉，亦未補完。乾隆中，康基田爲江寧布政使，以萬曆本重刊，缺葉如故。世不得見全本者久矣！此本元刊元印，無一缺葉，字皆趙體，無一斷爛，誠天地間有一無二之本。杭州書局重刻，姚蓮槎主政就皕宋樓校對補完，三百年後復見完書，賴有此耳。有'張寬德宏之印'朱文方印、'張任文房之印'朱文圓印、'士峰張氏世恩堂圖書'朱文方印、'徐氏家藏'白文方印。張任，蓋昆山人，後歸傳是樓者。先是道光中，上海郁泰峰茂才（松年）以六百金得書於揚州鹽商家。同治初，豐潤丁雨生（日昌）開府江蘇，余過其官舍，出以相誇,并載入《澹静齋書目》。所稱'墨光燭天'者也。及余自閩中罷歸,有以郁氏書求售者,余閲其目,是書在焉!因以善價得之,詢其何以仍歸郁氏之由,知雨生介紹應敏齋廉訪至郁氏閲書,自取架上宋元刊本五十餘種,令材官騎士擔負而趨。時泰峰已故,家已中落,諸孫尚幼,率其媾婦追及於門,雨生不能奪,取其卷帙少者,自置輿中;其卷帙多者,僅携首帙而去。後經應敏齋調停,以宋刊世綵堂《韓文》、程大昌《禹貢論》、《九朝編年》、《毛詩要義》、《儀禮要義》、金刊《地理新書》等十種爲贈,餘仍返璧。余始恍然。因念同治元年,余隨李筱泉制府權務廣東,始與雨生共事。時方以盧陵令失守免罪,尚未開復也。及余備兵南韶,雨生亦權蘇松道篆。余奉諱歸田,則渠已開府矣。余以訪書至蘇,雨生必先屏車騎過訪,相見若平生。後竟以争搜古書成隙,念古人懷璧之戒,因并識於此。"

此本《附刻》十三種,細目如次:

1.《周易鄭康成注》一卷,元刊本。

2.《詩考》一卷,元泰定單刊本。

3.《詩地理考》六卷,元刊元印本。

4.《急就篇》四卷,元刊元印本。

5.《通鑑地理通釋》十四卷,元刊本。陸心源《儀顧堂續跋》卷七著録此本。

6.《踐阼篇集解》一卷,元刊元印本。

7.《漢制考》四卷,元刊元印本。陸心源《儀顧堂續跋》卷七著録此本。

8.《漢藝文志考證》十卷,元刊元印本。陸心源《儀顧堂續跋》卷六著録此本。

9.《通鑑答問》五卷,元刊元印本。陸心源《儀顧堂續跋》卷七著録此本。

10.《六經天文篇》二卷,元刊元印本。

11.《小學紺珠》十卷,元刊元印本。陸心源《儀顧堂續跋》卷十一著録此本。

12.《姓氏急就篇》二卷,元刊元印本。陸心源《儀顧堂續跋》卷十一著録此本。

13.《周書王會補注》一卷。

卷中有"徐氏家藏"、"張寬德宏之印"、"張任文房之印"、"子孫寶之"、"玉峰張氏世恩堂圖書"、"曾藏汪閬源家"、"汪振勛印"、"郭松年印"、"歸安陸樹聲叔桐父印"等印記。

玉海二百卷　附辭學指南四卷　附刻十三種

（宋）王應麟編

元至元六年(1340年)慶元路儒學刊明萬曆修補本

國會圖書館藏本

【按】每半葉有界十行,行二十字。黑口或白口。版心記字數并刻工姓名。

卷中有元至正年間(1341—1368年)修補葉,并有明正德至嘉靖年間(1506—1566年)遞修葉。

此本今缺卷一百五十二至卷一百五十五,實存二百卷。

玉海二百卷　附辭學指南四卷

（宋）王應麟編

元至元六年(1340年)慶元路儒學刊明萬曆修補本　共七十四册

大倉文化財團藏本

【按】每半葉有界十行,行二十字。黑口或白口。版心記字數并刻工姓名。

卷中有元至正年間(1341—1368年)修補葉,并有明正德至嘉靖年間(1506—1566年)遞修葉。

此本今缺卷一百十一,又《辭學指南》今缺卷一,實存二百二卷。

玉海二百卷　附辭學指南四卷　附刻十三種

（宋）王應麟編

元至元六年(1340年)慶元路儒學刊明萬曆修補本

出雲大社日隅宮御文庫藏本

【按】每半葉有界十行,行二十字。黑口或白口。版心記字數并刻工姓名。

卷中有元至正年間(1341—1368年)修補

頁,并有明正德至嘉靖年間(1506—1566 年)遞修葉。

此本今缺卷四、卷五、卷五十三至卷五十五,共一百九十九卷。"附刻"十三種中,《詩考》前有元至元六年王厚禄《序》。

玉海二百卷　附辭學指南四卷　附刻十三種

(宋)王應麟編

元至元六年(1340 年)慶元路儒學刊明正德年間修補本

尊經閣文庫藏本

【按】每半葉有界十行,行十九字至二十一字。白口,左右雙邊。版心標"玉海卷(幾)",并記葉數、大小字數,并有刻工姓名。

前有李桓《序》,王應麟《跋語》,元至元六年王厚孫《刊語》,明正德二年(1507 年)南京國子監監丞戴鏞《補刻刊語》。

此《補刻刊語》曰"右《玉海》凡二百四卷,合五千板。歲久漫漶殘欠,觀者病焉。鏞董修群籍,次第及是。補遺、易腐新刻總四百三十五板,庶完其舊,將欲盡茸,諸史第無善本校讎,而未暇及也"云云。

《目録》後有慶元路儒學刊造《玉海》書籍提調官銜名。卷尾有元至元六年薛元德《後序》等。

尊經閣文庫藏此同一刊本兩部,皆原係江戶時代加賀藩主前田綱紀等舊藏,一部共十八冊,一部共八十一冊。

玉海二百卷　附辭學指南四卷

(宋)王應麟編

元至元六年(1340 年)慶元路儒學刊明正德年間(1506—1521 年)修補本　共一百冊

蓬左文庫藏本　原江戶時代尾張藩主家等舊藏

【按】每半葉有界十行,行十九字至二十一字。白口,左右雙邊。版心標"玉海卷(幾)",并記葉數,大小字數,并有刻工姓名。

本書李桓《序》、王應麟《跋語》、王厚孫《刊語》,戴鏞《補刻刊語》,《目録》後慶元路儒學刊造《玉海》書籍提調官銜名,卷尾薛元德《後序》等,皆同前書。

卷中有明正德二年修補葉。卷一百十一至卷一百十三、卷一百五十三至卷一百五十五爲後人寫補。

此本係明正天皇寬永七年(1630 年)由當時日本書商從中國購得後贈送尾張藩主。

卷中有"尾陽内庫"印記。

玉海二百卷　附辭學指南四卷

(宋)王應麟編

元至元六年(1340 年)慶元路儒學刊明正德年間(1506—1521 年)修補本　共八十冊

慶應義塾大學附屬圖書館藏本

【按】每半葉有界十行,行十九字至二十一字。白口,左右雙邊。版心標"玉海卷(幾)",并記葉數、大小字數,并有刻工姓名。

本書李桓《序》、王應麟《跋語》、王厚孫《刊語》、戴鏞《補刻刊語》、《目録》後慶元路儒學刊造《玉海》書籍提調官銜名,卷尾薛元德《後序》等,皆同前書。

慶應義塾大學附屬圖書館藏本,無附刻十三種。

玉海二百卷　附辭學指南四卷

(宋)王應麟編

元至元六年(1340 年)慶元路儒學刊明正德年間(1506—1521 年)修補本　共一百十冊

東京都立圖書館藏本　原諸橋徹次等舊藏

【按】每半葉有界十行,行十九字至二十一字。白口,左右雙邊。版心標"玉海卷(幾)",并記葉數、大小字數,并有刻工姓名。

本書李桓《序》、王應麟《跋語》、王厚孫《孫語》、戴鏞《補刻刊語》、《目録》、後慶元路儒學刊造《玉海》書籍提調官銜名、卷尾薛元德《後序》等,皆同前書。

玉海二百卷　附辭學指南四卷（殘本）

（宋）王應麟編

元至元六年（1340 年）慶元路儒學刊明正德間修補本　共一册

大東急記念文庫藏本　原千葉掬香等舊藏

【按】每半葉有界十行,行十九字至二十一字。白口,左右雙邊。版心標"玉海卷（幾）",并記葉數、大小字數,并有刻工姓名。

本書李桓《序》、王應麟《跋語》、王厚孫《刊語》、戴鏞《補刻刊語》、《目録》後慶元路儒學刊造《玉海》書籍提調官銜名,卷尾薛元德《後序》時,皆同前書。

此本今有卷八十五、卷八十九,共二卷。

玉海二百卷　附辭學指南四卷　附刻十三種

（宋）王應麟編

元刊明修本　共八十册

小如舟屋藏本

【按】每半葉有界十行,行二十字。小字雙行。黑口,四周單邊（23.7cm×15.2cm）。版心標記"正德元年"、"正德二年"、"嘉靖庚戌年"、"嘉靖乙卯年"、"萬曆四年"、"萬曆癸未年"、"萬曆丁亥年"、"萬曆十六年"、"萬曆十七年"等。

前有元至元六年（1340 年）李桓《玉海序》,次有王應麟《跋語》,次有元至元六年王厚孫《識語》,次有明正德二年（1507 年）戴鏞《識語》,次有元至元六年薛元德《玉海後序》,次有元至元四年（1338 年）胡助《玉海序》,次有元至正十一年（1351 年）阿殷圖《序》,次有元至辛卯（1351 年）王介《序》,次有王應麟《辭學指南序》。

《目録》後列"慶元路儒學刊造《玉海》書籍提調官"銜名。

玉海二百卷　附辭學指南四卷　附刻十三種

（宋）王應麟編

元至正年間（1341—1368 年）刊明遞修本

共一百二十册

武田科學振興財團杏雨書屋藏本　原内藤湖南（虎次郎）等舊藏

【按】每半葉有界十行,行二十字。小字雙行。白口,雙邊或單邊（23.8cm×13.9cm）。原版標"玉海",記卷數并字數,原版版心有刻工姓名。

此本原版係元至元六年（1340 年）慶元路儒學刊本。元至正十一年（1351 年）校讎舊版,補訂誤漏,重行刊印,即係此本。後明代數次修版,爲本書補闕。卷中有明正德元年。正德二年、嘉靖二十九年、嘉靖三十年等補刊紀年。

卷首有元至元四年（1338 年）胡助《序》,次有元至正十一年（1351 年）阿殷圖《再刊序》,次有同年王介《序》,次有李桓《序》,次有明正德二年（1507 年）戴鏞《補刻識語》,次有《目録》。卷末有元至元六年（1340 年）薛元德《後序》,又有同年王應麟之孫王厚孫《跋》。

卷中有"王家璧孝鳳氏"、"武庫大夫"、"仁穌朱氏珍藏"、"唐棲朱氏結一廬圖書記"等印記。

玉海二百卷　附刻十三種

（宋）王應麟編

元刊明正德至崇禎年間（1506—1644 年）補刊清康熙二十六年（1687 年）吉水李振裕修補本

内閣文庫藏本

【按】内閣文庫藏此同一刊本五部。一部原係江户時代林氏大學頭家舊藏,卷中有明嘉靖年間修補,共五十八册。一部係明萬曆年間修補,此本今缺卷一,共九十九册。一部係清康熙二十六年李振裕修補,共一百二十册。一部係清乾隆三年修補,共一百二十一册。一部原係豐後佐伯藩主毛利高標舊藏,此本係清乾隆三年修補,仁孝天皇文政年間（1818—1829 年）出雲守毛利高翰獻贈幕府。明治初期,歸内閣文庫。卷中有"佐伯侯毛利高標字培松藏書畫之印"等印記,共一百册。

玉海二百卷　附刻十三種

（宋）王應麟編
元刊明清補刊本
東洋文庫藏本
【按】東洋文庫藏此同一刊本兩部。一部原係藤田豐八等舊藏。此本卷中有自明正德年間至清康熙二十七年（1688 年）修補葉，共一百冊。一部卷中有自明正德年間至清乾隆五十六年（1791 年）修補葉，共一百二十冊。

玉海二百卷　附刻十三種

（宋）王應麟編
元刊明正德至崇禎年間（1506—1644 年）補刊本　共一百二十冊
静嘉堂文庫藏本　原係色川三中等舊藏

玉海二百卷　附刻十三種

（宋）王應麟編
元刊明清補刊本
東京大學東洋文化研究所藏本
【按】東京大學東洋文化研究所藏此同一刊本兩部。皆原係大木幹一舊藏。一部爲清康熙二十六年（1687 年）、乾隆三年（1738 年）修補本。一部係萬曆十一年（1583 年）、十七年（1589 年）補刊本，此本今缺卷九十二至卷九十七，實存一百九十四卷。

玉海二百卷　附刻十三種

（宋）王應麟編
元刊明清補刊本　共八十冊
東京大學總合圖書館藏本　原江戶時代紀州德川家南葵文庫等舊藏
【按】此本元刊，卷中有明清修補葉多處，其刊印年代如次：
明正德元年（1506 年）、二年（1507 年）
明嘉靖二十九年（1550 年）、三十一年（1552 年）、三十二年（1553 年）、三十四年（1555 年）、三十六年（1557 年）

明萬曆六年（1578 年）、十一年（1583 年）、十五年（1587 年）、十七年（1589 年）
明崇禎九年（1636 年）、十一年（1638 年）
清康熙十四年（1675 年）、十六年（1677 年）、二十年（1681 年）、二十二年（1683 年）、二十三年（1684 年）、二十五年（1686 年）、二十六年（1687 年）
清乾隆元年（1736 年）、三年（1738 年）

玉海二百卷　附刻十三種

（宋）王應麟編
元刊本明崇禎年間（1506—1644 年）補刊本
共一百冊
足利學校遺蹟圖書館藏本　原足利學校等舊藏
【按】此本卷中有明崇禎年間修補葉。

玉海二百四卷　雜著六十一卷

（宋）王應麟編　（明）趙用賢等校
明正德年間（1506—1521 年）刊本
宮內廳書陵部　名古屋大學附屬圖書館藏本
【按】宮內廳書陵部藏本，原係江戶時德山藩主家舊藏，爲德山藩三代主毛利元次廣收“天下秘籍”之一。東山天皇寶永三年（1706 年）《御書物目録》著録此本。明治二十九年（1896 年）男爵毛利元功獻贈宮內省圖書寮（即今宮內廳書陵部）。
此本卷中有缺葉，卷中有“德藩藏書”印記，共一百二冊。
名古屋大學附屬圖書館藏本，卷中有明嘉靖年間、明萬曆年間、明崇禎年間及清康熙年間、清乾隆年間的補刊頁，共一百冊。

玉海二百四卷　雜著六十一卷

（宋）王應麟編　（清）李振裕補校
明刊清修本　共一百二十冊
宮內廳書陵部　京都陽明文庫藏本
【按】宮內廳書陵部藏本，共一百二十冊。

陽明文庫藏本,原係江户時代近衛家熙等舊藏,卷中有寫補,共一百册。

玉海(殘本)二卷

(宋)王應麟編

明刊本　共一册

御茶之水圖書館藏本　原德富蘇峰成簣堂舊藏

【按】此本今存卷一百一、卷一百二,共二卷。

版心有補刻字樣,標"正德元年"、"正德二年"等。并有明嘉靖癸丑年(1553年)及丙辰年(1556年)監生谷有恒《補刻記》。

此本版木磨滅處甚多。白綿紙印本。

内封有德富蘇峰手識。

(璧水群英待問)會元選要八十二卷

(宋)劉可達編　(明)沈子淮精選　王子謙沈錫校　查仲儒　徐珩批

明正德四年(1509年)建陽劉氏慎獨齋刊本

内閣文庫　東北大學附屬圖書館　陽明文庫藏本

【按】每半葉有界十三行,行二十六字。黑口,四周雙邊。

内閣文庫藏本,原係楓山官庫舊藏,共二十册。

東北大學藏本,原係狩野亨吉舊藏,共十册。

陽明文庫藏本,原係江户時代近衛家熙等舊藏,此本卷中有讀者手識文,共二十七册。

(新編)翰苑新書(殘本)十卷

宋人編撰不著姓名

宋刊本　共一册

大阪府立圖書館富岡文庫藏本　原富岡鐵齋舊藏

【按】每半葉有界十四行,行二十二字左右。篇中標目占二行,左右雙邊。

是書《前集》七十卷、《後集》三十二卷、《續集》四十二卷、《别集》十二卷。此本今存《後集》卷一至卷十,共十卷。

避宋諱,凡"玄、慎、徵、敦、貞、匡、朗"等字皆缺筆。

卷中有"椿庭"、"詩仙堂"等印記。

江户時代森立之《經籍訪古志》卷五著録寶素堂藏宋刊本《新編翰苑新書》零本四十卷,與此本爲同一種。其識文曰:

"按,《四庫全書提要》載是書云,不著撰人名氏。據明陳文燭《序》,亦但稱爲宋人。今别有刊本題宋謝枋得撰者,坊賈所贗託也。文燭《序》稱是書舊無傳本,慈溪袁煒爲大學士時,始從内閣録出,而日久佚〔其首卷〕。據此,是書彼土明以來流傳不多。此本雖零殘不完,係宋時原刻,亦爲可珍。……每册首尾有'椿庭'印。"

【附録】日本桃園天皇寶曆四年(1754年)長崎港《舶來書籍大意書》著録《翰苑新書》一部二帙十六册,并注"古本,但脱紙二張"。其識文曰:

"此係宋人編撰,明人書肆得周曰校宋人全本而梓行。《前集》十二卷,自三公九列百司庶府起,迄於事契慶賀頌德薦舉等,分列七十九門,每門内標官制、歷代事實、皇朝事實。群書精語、前賢詩詞、四六警語凡六目,其關官制、事實者,則類編其稱呼成語,并分注其事實;其詩詞警語者,則類摘其句。《後集》七卷,分表箋事實、表箋新式、賀太上皇帝表式、賀太上皇后太皇后皇太后表式、上表式、辭表式、謝表式、賀箋式、謝箋式、賀皇后箋式及類姓,凡十一門。表箋事實門内,又分登極、郊社、明堂、藉田、進封、詔獎等四十八目,各目内又標歷代事實、皇朝新事、前賢詩詞、四六警句四目,其體裁準同《前集》。次由表箋新式迄於賀皇后箋式,分置登極、聖節、册后、奏請、辭免、轉等七十六目,類輯諸家表箋二百十餘篇,題下記作者姓名。次類姓門,分百二十四姓,於各姓標姓纂,分注其姓之源流,并標事實,又摘録與姓相關之諸人故事,分注其事實,後又分發舉、詞科、法科、入學四目，體裁準同《歷代事實》、《王朝新事》等，發舉中又略叙歷代建置沿革。《續集》八卷，輯賀諸官之進升、佳節并及第之札子，或惠贈詩文凡九百五十餘篇，分文武職官賀慶、謝惠等六十三門，題下記作者姓名。《別集》二卷，類輯上札子、別札子、通札子、與札子、謝札子、回札子共六十餘篇，并類輯奏狀、申省狀、致語、朱表、表文、青詞、疏語、冊文、祝文、焚黃祝文、祭文等共百三十餘篇。前後合爲四集，萬曆十九年刊梓。"

據《商舶載來書目》記載，桃園天皇寶曆四年（1754 年），中國商船"加字號"載《翰苑新書》一部二帙抵日本。

（新鍥簪纓必用）翰苑新書前集十二卷　後集七卷　續集八卷　別集二卷

宋人編撰不著姓名

明萬曆十九年（1591 年）序金陵書肆刊本

國會圖書館　內閣文庫　尊經閣文庫　東京大學東洋文化研究所藏本

【按】國會圖書館藏本，共二十五冊。

內閣文庫藏此同一刊本兩部。一部原係昌平坂學問所舊藏。江戶時代森立之《經籍訪古志》卷五著錄昌平學藏明刊本《翰苑新書》即此本。其識文曰："萬曆辛卯金陵周對峰刊本。按舊本前集七十卷，後集上二十六卷，後集下六卷，別集十二卷，續集四十二卷。此本妄并合卷帙，殆俗刻也。"此本共三十二冊。一部原係楓山官庫舊藏，共二十五冊。

尊經閣文庫藏本，原係江戶時代加賀藩主前田綱紀等舊藏，共二十六冊。

（新鍥簪纓必用）增補秘笈新書十三卷　別集三卷

（宋）謝枋得編撰　（明）吳道南增補

明萬曆年間（1573—1620 年）刊本

宮內廳書陵部　國會圖書館　內閣文庫　尊經閣文庫　東京大學東洋文化研究所　京都大學人文科學研究所東洋學文獻中心　關西大學附屬圖書館內藤文庫藏本

【按】每半葉有界十一行，行二十二字。白口，四周雙邊（21.7cm×14.0cm）。

首題"新鍥簪纓必用增補秘笈新書，宋先賢謝叠山公編次，明翰林吳曙谷公增補"。

前有明萬曆三十六年（1608 年）吳道南《秘笈新書弁言》。

宮內廳書陵部藏本，共六冊。

國會圖書館藏本，共六冊。

內閣文庫藏此同一刊本四部。一部原係楓山官庫舊藏，共十二冊。一部原係人見竹洞舊藏，共七冊。一部原係江戶時代林氏大學頭家舊藏，此本今缺《別集》三卷，共七冊。一部共六冊。

尊經閣文庫藏本，原係江戶時代加賀藩主前田綱紀等舊藏，共十五冊。

東京大學藏此同一刊本兩部。其中一部原係大木幹一等舊藏。

京都大學藏本，共八冊。

關西大學藏本，原係富岡鐵齋、內藤乾吉等舊藏，卷前有識文曰："《秘笈新書》共十六本，富岡鐵齋翁舊藏，戊寅（即昭和十三年，1938 年）春購，十二月改裝。乾吉。"卷中有"讀耕齋之家藏"、"掃葉山房藏書"、"內藤乾藏書"、"富岡氏藏書記"等印記。共十六冊。

【附錄】日本桃園天皇寶曆四年（1754 年）長崎港《舶來書籍大意書》著錄《增補秘籍新書》一部一帙八冊，并注"別集卷之二、卷之三并目錄缺"。其識文曰：

"此係宋謝叠山等編次，明人吳曙公等增補。自三公九列百司庶府起，迄於事契慶賀頌德薦舉等，分爲八十二門，每門內標官制、歷代事實、皇朝事實、群書精語、前賢詩詞、四六警語、名公全啓諸目。其關官制、事實者，則類編其稱呼成語，并分注其故事；其詩詞警語者，則類摘其與官事相關之句。全啓亦類錄有關其官其事諸家賀啓之全文，題下記作者姓名，凡爲十三卷。

又有《別集》三卷,分道君、爵禄、類姓三門,道君、爵禄門中,標本集諸目,類輯其故事詞文,體裁以本集爲準,類姓門内,分百二十五姓,以各姓標姓纂,分注其姓之源流,標事實,類摘關於其姓諸人之故事,分注其事實。合爲二編,萬曆三十六年重刊。"

據光格天皇天明六年(1786 年)《持渡書改目録寫》記載,是年中國商船"寅十番"載《增補秘笈新書》一部六册抵日本,并注曰:"宋謝叠山編次,明李九我增補。古本,蟲蝕,脱紙三十三張。"

(類編秘府圖書)畫一元龜(殘本)七十八卷

不著編撰人姓名
宋刊本　共十八册
宮内廳書陵部藏本　原近江西大路藩主市橋長昭等舊藏

【按】是書全二百三十二卷。此本共七十八卷,殘卷如次:
《乙部》(存五門十卷)
　"操履門"(卷十六至卷十八)
　"剛柔門"(卷十八至卷十九)
　"寬簡門"(卷十九)
　"剛斷門"(卷二十)
　"器用門"(卷七十六至卷八十)
《丙部》(存二十四門三十九卷)
　"列國門"(卷三至卷五)
　"兩漢門"(卷六)
　"古聖賢門"(卷十一至卷十五)
　"漢臣門"(卷十六至卷十七)
　"三國臣門"(卷十八)
　"唐臣門"(卷十九)
　"天文門"(卷二十)
　"人君門"(卷三十一)
　"君德門"(卷三十一至卷三十二)
　"勢位門"(卷三十三至卷三十四)
　"人臣門"(卷三十四至卷三十五)
　"百官門"(卷三十六至卷四十)
　"治效門"(卷四十六至卷四十七)

　"恩德門"(卷四十八)
　"選任門"(卷四十九至卷五十)
　"功勛門"(卷六十一)
　"人品門"(卷六十二)
　"人民門"(卷六十二)
　"形體門"(卷六十四)
　"言行門"(卷六十五)
　"詩門"(卷八十一至卷八十二)
　"周禮門"(卷八十三)
　"禮記門"(卷八十三)
　"子史門"(卷八十四至卷八十五)
《丁部》(存三十三門二十九卷)
　"地理門"(卷七至卷十)
　"樂門"(卷二十一至卷二十三)
　"歌舞門"(卷二十四)
　"祭祀門"(卷二十五至卷二十八)
　"祭器門"(卷二十九)
　"金玉門"(卷三十至卷三十一)
　"壇壝門"(卷三十二)
　"衣服門"(卷三十三至卷三十四)
　"冠冕門"(卷三十五)
　"車輿門"(卷三十五)
　"易門"(卷四十一)
　"詩門"(卷四十二至卷四十四)
　"周禮門"(卷四十五)
　"百官門"(卷五十一)
　"治要門"(卷五十二)
　"會計門"(卷五十三)
　"税賦門"(卷五十三)
　"刑罰門"(卷五十四)
　"科目門"(卷五十四)
　"兵制門"(卷五十五)
　"農門"(卷五十六)
　"工門"(卷五十六)
　"權衡門"(卷五十七)
　"器用門"(卷五十七至卷五十八)
　"飲食門"(卷五十九至卷六十)
　"燕宴門"(卷六十一)
　"賓客門"(卷六十一)

“卜筮門”（卷六十二）

“身體門”（卷六十二）

“祥瑞門”（卷六十三）

“鳥獸門”（卷六十三至卷六十四）

“草木門”（卷六十五）

“拾遺門”（卷六十六）

各部書名、行款皆异。

《乙部》題名《類編秘府圖書畫一元龜》。每半葉有界十五行，行二十四字，或二十五字。有耳格，匡郭爲 18.5cm×13.0cm。欄眉有頭書“節以制度不傷財”等。

《丙部》題名《大學新編畫一元龜》。每半葉有界十三行，行二十五字。匡郭爲 19.5cm×12.5cm。各卷末題署“國學進士余仁仲校正”、“仁仲校正訖”、“仁仲比校訖”等。

《丁部》題名《類編群書畫一元龜》。每半葉有界十三行，行二十五字。無耳格，匡郭爲 19.5cm×12.5cm。

此本係日本中世時代金澤文庫外流出漢籍之一種。江户時代歸近江西大路藩主市橋長昭收藏，光格天皇文化五年（1808 年）市橋長昭獻贈文廟。卷中有“金澤文庫”、“仁正侯長昭黄雪書屋鑒藏圖書之印”、“昌平坂學問所”、“淺草文庫”等印記。卷末附有文化五年二月市橋長昭《寄藏文廟宋元刻書跋》一紙（市河三亥筆）。有學者認爲，諸印記中之“金澤文庫”印，恐係贋鼎耳。

傅增湘《藏園群書經眼録》卷十著録此本，其識文曰：“刀法險峭，是建本。丙、丁部則建安余仁仲萬卷堂本。”

【附録】日本中御門天皇享保年間（1716—1735 年）有《畫一元龜》寫本一種，此本今殘存一百五十四卷，現藏京都陽明文庫。

（類編秘府圖書）畫一元龜（殘本）一百十七卷

不著編撰人姓名

宋刊本

大東急記念文庫藏本　　原京都天龍寺塔中鹿王院等舊藏

【按】是書全二百三十二卷。此本凡一百十七卷，殘卷如次：

《甲部》（存三十二門六十九卷）

“唐臣門”（卷二十一至卷二十二）

“太極門”（卷二十三）

“天地門”（卷二十四）

“天門”（卷二十五至卷三十）

“時序門”（卷三十一至卷三十二）

“五行門”（卷三十三）

“地理門”（卷三十四）

“天下門”（卷三十五）

“邦國門”（卷三十六）

“都邑門”（卷三十七）

“帝王門”（卷三十八至卷四十）

“君臣門”（卷四十一）

“百官門”（卷四十二至卷四十八）

“勢位門”（卷四十九）

“詔令門”（卷五十）

“政門”（卷五十）

“刑法門”（卷五十二至卷五十四）

“賞罰門”（卷五十五至卷五十六）

“任用門”（卷五十七至卷五十八）

“文武門”（卷五十九）

“纂紹門”（卷六十）

“恩德門”（卷六十）

“文治門”（卷六十二）

“道德門”（卷七十四至卷七十七）

“人倫門”（卷七十八至卷八十）

“英俊門”（卷八十一至卷八十二）

“諫諍門”（卷八十三至卷八十五）

“奏議門”（卷八十六）

“朝覲門”（卷八十七至卷八十八）

“祭祀門”（卷八十九至卷九十四）

“祭器門”（卷九十五）

“宮室門”（卷九十六至卷一百）

《乙部》（存四門八卷）

“文學門”（卷一至卷四）

“數學門”（卷五）

“七情門”（卷六至卷七）

"心志門"(卷八)

《丙部》(存二十門四十卷)

"功勛門"(卷六十至卷六十一)

"人品門"(卷六十二)

"人民門"(卷六十三)

"形體門"(卷六十四)

"言行門"(卷六十五至卷六十六)

"道德門"(卷六十七至卷六十九)

"學問門"(卷七十至卷七十二)

"學校門"(卷七十三)

"易門"(卷七十四至卷七十六)

"書門"(卷七十七)

"詩門"(卷七十八至卷八十二)

"周禮門"(卷八十三)

"子史門"(卷八十四至卷八十五)

"文章門"(卷八十六)

"數門"(卷八十七之卷八十九)

"事偶門"(卷九十)

"祭祀門"(卷九十一)

"宮室門"(卷九十二至卷九十七)

"器用門"(卷九十八)

"兵備門"(卷九十九)

《甲部》與《乙部》每半葉十五行,行大字二十四字或二十五字,小字雙行,行二十五字。《丙部》每半葉十三行,行大字二十四字或二十五字,小字雙行,行二十五字。《丙部》卷中有"仁仲校正訖"、"國學進士余仁仲校正訖"、"仁仲比校訖"等刊語。

卷中有"不二庵"、"天龍金剛藏"、"海文堂主印"、"鹿王院"等印記,并有"靈雲院"等墨書。

(類編秘府圖書)畫一元龜(殘本)十八卷

不著編撰人姓名

宋刊本

東洋文庫藏本　原石田幹之助　三菱財團岩崎氏家等舊藏

【按】每半葉有界十五行,行二十五字。黑口,左右雙邊。

此本今存《甲部》卷七至卷十三、《乙部》卷二十一至卷三十一,共十八卷。

傅增湘《藏園群書經眼録》卷十著録此本,其識文曰:

"此書乙部與帝室圖書寮殘本同,甲部寫刻工緻,左闌外有耳,是別一刻也。"

(宋方狀元)名物蒙求(不分卷)

(宋)方逢辰編纂

明萬曆年間(1573—1620 年)檇李周氏駢異堂刊本　共一冊

早稻田大學圖書館藏本

【按】前有明萬曆三十三年(1605 年)《序》。

(鐫宋黃繼善)史蕞蒙求二卷

(宋)王繼善撰

明萬曆年間(1573—1620)李周從重刊本共二冊

早稻田大學圖書館藏本

(新編)事文類聚翰墨大全一百三十四卷

(元)劉應李編

元大德年間(1297—1307 年)刊本

宮內廳書陵部　武田科學振興財團杏雨書屋　靜嘉堂文庫藏本

【按】每半葉有界十二行至十五行不等,行二十四字。注文小字雙行,行同正文。黑口,四周雙邊(15.3cm×10.4cm)。外側有耳。

前有元大德年間(1297—1307 年)熊禾《序》。此《序》末題署"歲在丁未月正元日是爲大德三十有一年",然元大德紀年僅十一年,歲在丁未。疑此大德"三十有一年"即大德十一年之誤。

《序》後有《總目》,并有《混一諸道之圖》等輿圖。

此本分《前集》共一百卷,《後集》共三十四卷。

《前集》係甲集十二卷、乙集九卷、丙集五卷、丁集五卷、戊集五卷、己集七卷、庚集二十四卷、辛集十卷、壬集十二卷、癸集十一卷。

《後集》係甲集八卷、乙集三卷、丙集六卷、丁集八卷、戊集九卷。

宮内廳書陵部藏本，卷中有"竺隱"等印記，共三十二册。

杏雨書屋藏本，卷中有"怡府世寶"、"恩福堂藏書印"、"隨意秘笈"等印記，共六十四册。

静嘉堂文庫藏本，原係宮島藤吉等舊藏，共二十三册。

楊守敬《日本訪書志》卷十一著録元刊本《事文類聚翰墨全書》（殘本），其識文曰：

"元劉應李撰，《四庫提要存目》題爲宋人，誤也。首有大德十一年熊禾《序》，行書，當是熊氏手寫，稱應李與之講學武夷洪源山中十有二年，然則應李爲閩人。書分前后二集。此本今存前集甲集十二卷，乙集九卷，丁集全缺，丙集十一卷，戊集十三卷，己集七卷，庚集二十四卷，辛集十卷，壬集十二卷，癸集十一卷。後集存乙集上中下三卷，丙集十二卷，戊集九卷。餘俱缺。卷中凡事實，每半葉十二行；凡文類，每半葉十行。按，此爲劉氏原書，惜缺數集，未知原本總若干卷，大約一百三十卷以上。此後坊本所刻，多竄亂，又并合卷數，有稱爲《啓制》、《天章》者，改題爲《翰墨大全》者，不可究結。余别藏明嘉靖丁巳清白堂楊氏歸仁齋刊本，則通前後爲一百十七卷，後集至戊集而止。據此則原書後集似僅至戊集，其分卷與此不同者，前丙集併爲五卷，戊集亦併爲五卷，後丙集併爲六卷。首題爲李古冲古本，其實亦改竄之本也。而《四庫存目》題爲一百二十五卷，則所據亦一本矣。此書對聯套語入録，誠爲穢瑣，然搜採經傳，宋元人遺文獨存於此册者不少，當援祝穆《事文類聚》之例存録之。又按，後乙集《聖朝混一方輿勝覽》上中下三卷仿祝穆《方輿勝覽》，詳於古迹而略於因革，然《元一統志》既不傳，《元史·地理志》又多脱誤，則此册尤考元地理者所不廢也。《潛研堂文集》及《拜經樓藏書題跋》皆載此書，而不知爲劉氏書中之一種，且吴氏所載每葉二十四行，行二十字，一一與此本相應，則所見非有别本矣。"

【附録】據瑞溪周鳳《卧雲日件録》中"長録二年（1457 年）正月八日"記載，日僧瑞訢咲雲在中國時，以折扇一把對换《翰墨全書》一套。

（新編）事文類聚翰墨大全（殘本）一百一十六卷

（元）劉應李編

元刊配補本　共四十七册

静嘉堂文庫藏本　原竹添光鴻等舊藏

【按】每半葉有界十二行，行二十四字。注文雙行，行同正文。雙黑魚尾，粗黑口，四周雙邊，或左右雙邊（15.4cm × 10.0cm）。偶有耳格。

前有元大德十一年（1307 年）《序》，署"丁未月正元日是爲大德之十有一年前進士考亭熊禾去非父序"。次有《事文類聚翰墨大全總目》。

《甲集》十二卷，題署書名爲《新編事文類聚翰墨大全》；

《乙集》九卷，題署書名爲《新編事文類聚翰墨全書》；

《丙集》五卷，題署書名爲《新編事文類聚翰墨全書》；

《丁集》五卷，題署書名爲《新編事文類聚翰墨全書》；

《戊集》五卷，題署書名爲《新編事文類聚翰墨全書》；

《己集》存卷七（第一葉至第十七葉）；

《庚集》存卷八至卷二十四；

《辛集》十卷，題署書名爲《新編事文類聚翰墨全書》；

《壬集》存卷七至卷十二；

《癸集》存卷一至卷六，題署書名爲《新編事文類聚翰墨全書》；

《後甲集》八卷；《後乙集》三卷；《後丙集》六卷；《後丁集》八卷；《後戊集》九卷。

其中《乙集》、《壬集》、《癸集》及《後甲集》、《後乙集》爲明刊本補入。如《後乙集》録《方輿勝覽》三卷,首題"聖朝混一"、末題"大明混一"即是。

卷中有"永嘉儒學世家"、"權氏正卿"、"鄭温唐仲"、"菊齋之後陽村之孫止齋我嗣"、"李氏拙顯"、"廣陵後裔"、"增島氏圖書記"、"蘭園圖書"、"黑澤氏圖書記"、"森氏"、"松方文庫"等印記。

（新編）事文類聚翰墨全書（殘本）六十九卷

（元）劉應李編
元刊本　共三十一册
東洋文庫藏本　原藤田豐八等舊藏
【按】此本今存丙集十七卷(全十九卷,缺卷第十一、卷第十二),丁集九卷、戊集五卷(全十卷,缺卷第六至卷第十)、辛集二十一卷(全二十四卷,缺卷第九至卷第十一)、癸集十七卷,共五集六十九卷。

（新編）事文類聚翰墨全書一百三十四卷

（元）劉應李編
元末明初刊本
大東急記念文庫　神宮文庫藏本
【按】每半葉有界十四行,行二十四字,又有半葉十二行,行二十字,又有半葉十五行,行二十四字。注文雙行,行同正文。黑口,四周雙邊(16.0cm×11.2cm)。

卷中有以"元"爲國號者,又有《大明混一方輿勝覽》等,其刻刊約在元明之間。

是書以十干命集,分甲集十二卷、乙集九卷、丙集五卷、丁集五卷、戊集五卷、己集七卷、庚集二十四卷、辛集十卷、壬集十二卷、癸集十一卷。又有後甲集八卷、後乙集三卷、後丙集六卷、後丁集八卷、後戊集九卷,共一百三十四卷。

大東急記念文庫藏本,原係島田翰等舊藏。此本今缺甲集卷一至卷五、壬集十二卷、後乙集卷一、卷二、後丙集卷一,實存一百八卷。卷

中有"島田翰讀書記"等印記。共三十七册。

神宮文庫藏本,此本今缺後丁集八卷,實存一百二十六卷。卷中各册末皆有古黑印三種,并有"明治二十九年(1896年)五月購入,金三圓"墨書,共二十七册。

（新編）事文類聚翰墨全書一百三十四卷

（元）劉應李編
元末明初刊本
青山文庫藏本　原田中光顯舊藏
【按】每半葉有界十二行,行二十四字。黑口,四周雙邊。

卷中有以"元"爲國號者,又有《大明混一方輿勝覽》等,其刻刊約在元明之間。

是書以十干命集,分甲集十二卷、乙集九卷、丙集五卷、丁集五卷、戊集五卷、己集七卷、庚集二十四卷、辛集十卷、壬集十二卷、癸集十一卷。又有後甲集八卷、後乙集三卷、後丙集六卷、後丁集八卷、後戊集九卷,共一百三十四卷。

（新編）事文類聚翰墨全書（殘本）一百八卷

（元）劉應李編
明正統元年(1436年)善敬書堂刊本　共二十八册
米澤市立圖書館藏本　原江户時代米澤藩主家舊藏
【按】每半葉有界十二行,行二十字,又有半葉十四行,行二十四字,又有半葉十五行,行二十四字。注文雙行,行同正文。黑口,四周雙邊(15.3cm×10.1cm)。匡郭外常有耳格,刻分類門名。

前有元大德十一年(1307年)正月元日前進士考亭熊禾去非《序》,次有《混一諸道之圖》等圖録十四葉,次有《總目》。

熊禾《序》後有刊印木記,其文曰:"正統元年丙辰善敬書堂新刊"。

正文首葉題"新編事文類聚翰墨全書甲集卷之一",次行署"前鄉貢進士省軒劉應李希

泌編"。

是書以十干命集,分甲集十二卷、乙集九卷、丙集五卷、丁集五卷、戊集五卷、己集七卷、庚集二十四卷、辛集十卷、壬集十二卷、癸集十一卷。又有後甲集八卷、後乙集三卷、後丙集六卷、後丁集八卷、後戊集九卷,共一百三十四卷。此本今缺甲集卷七至卷十二、後甲集卷八、後乙集三卷、後戊集九卷,實存一百八卷。

卷中有"米澤藏書"等印記。

(新編)事文類聚翰墨全書(殘本)一百二十八卷

(元)劉應李編

明正統十一年(1446年)翠岩精舍刊本　共二十二册

内閣文庫藏本　原江户時代林羅山家等舊藏

【按】正文首頁題"新編事文類聚翰墨全書甲集卷之一",次行署"前鄉貢進士省軒劉應李希泌編"。

是書以十干命集,分甲集十二卷、乙集九卷、丙集五卷、丁集五卷、戊集五卷、己集七卷、庚集二十四卷、辛集十卷、壬集十二卷、癸集十一卷。又有後甲集八卷、後乙集三卷、後丙集六卷、後丁集八卷、後戊集九卷,共一百三十四卷。此本今缺辛集卷七至卷十、後乙集卷一、卷二,實存一百二十八卷。

卷中有"江雲渭樹"等印記。

(新編)事文類聚翰墨大全一百三十四卷

(元)劉應李編

明正德元年(1506年)王氏善敬書堂刊本共二十一册

内閣文庫　大阪天滿宮御文庫藏本

【按】正文首葉題"新編事文類聚翰墨全書甲集卷之一",次行署"前鄉貢進士省軒劉應李希泌編"。

是書以十干命集,分甲集十二卷、乙集九卷、丙集五卷、丁集五卷、戊集五卷、己集七卷、庚集二十四卷、辛集十卷、壬集十二卷、癸集十一

卷。又有後甲集八卷、後乙集三卷、後丙集六卷、後丁集八卷、後戊集九卷,凡一百三十四卷。

内閣文庫藏本,今缺庚集卷十九至卷二十四,實存一百二十八卷。共二十一册。

大阪天滿宮藏本,卷中有寫補,共三十一册。

(新編)事文類聚翰墨大全(殘本)前集八十八卷

(元)劉應李編

明刊本　共十二册

宮内廳書陵部藏本

(新編)事文類聚翰墨大全一百三十四卷

(元)劉應李編

明刊本

東京大學東洋文化研究所藏本　原大木幹一舊藏

【按】此本以十干命集,分甲集十二卷、乙集九卷、丙集五卷、丁集五卷、戊集五卷、己集七卷、庚集二十四卷、辛集十卷、壬集十二卷、癸集十一卷。又有後甲集八卷、後乙集三卷、後丙集六卷、後丁集八卷、後戊集九卷,凡一百三十四卷。

(新編)事文類聚翰墨大全(殘本)四十八卷

(元)劉應李編

明刊本

東京大學東洋文化研究所藏本　原大木幹一舊藏

【按】是書以十干命集,分甲集十二卷、乙集九卷、丙集五卷、丁集五卷、戊集五卷、己集七卷、庚集二十四卷、辛集十卷、壬集十二卷、癸集十一卷。又有後甲集八卷、後乙集三卷、後丙集六卷、後丁集八卷、後戊集九卷,凡一百三十四卷。此本今存甲集卷二至卷十二、乙集卷一至卷五、丙集卷一至卷三、戊集卷三至卷五、庚集卷十四至卷十七、辛集卷一至卷十、壬集卷一至卷十二,實存共四十八卷。

(新編)事文類聚翰墨全書一百三十四卷

(元)劉應李編

明刊配補本　共三十二册

内閣文庫藏本　原木村兼葭堂舊藏

【按】此本以十干命集,分甲集十二卷、乙集九卷、丙集五卷、丁集五卷、戊集五卷、己集七卷、庚集二十四卷、辛集十卷、壬集十二卷、癸集十一卷。又有後甲集八卷、後乙集三卷、後丙集六卷、後丁集八卷、後戊集九卷,凡一百三十四卷。

(新編)事文類聚翰墨大全一百三十四卷

(元)劉應李編

明嘉靖年間(1522—1566年)刊本　共三十册

尊經閣文庫藏本　原江户時代加賀藩主前田綱紀等舊藏

【按】此本以十干命集,分甲集十二卷、乙集九卷、丙集五卷、丁集五卷、戊集五卷、己集七卷、庚集二十四卷、辛集十卷、壬集十二卷、癸集十一卷。又有後甲集八卷、後乙集三卷、後丙集六卷、後丁集八卷、後戊集九卷,共一百三十四卷。

事文類聚翰墨大全一百三十四卷

(元)劉應李編

明萬曆三十九(1611年)劉氏安正堂刊本共三十九册

宮内廳書陵部　蓬左文庫　神户大學附屬圖書館文學部分館藏本

【按】每半葉有界大字十二行,行二十六字。中字每半葉十四行,行二十八字。黑口,四周單邊。

宮内廳書陵部藏本,卷中有缺葉,共三十九册。

蓬左文庫藏本,共二十六册。

神户大學藏本,共三十册。

(新編)事文類聚翰墨全書一百三十四卷

(元)詹友諒編

元泰定元年(1324年)吴氏友於堂刊本　共二十三册

東京大學總合圖書館藏本　原渡邊信青州文庫等舊藏

【按】每半葉有界十四行,行二十四字。注文小字雙行,行同正文。黑口,四周雙邊(18.2cm×11.2cm)。

前有元泰定甲子(1324年)毛直方《序》,次有《混一諸道之圖》等圖録,次有《總目》。

卷一末有刊印木記,文曰"泰定甲子麻沙吴氏友於堂刊"。

是書以十干命集,分甲集十卷、乙集十二卷、丙集十九卷、丁集九卷、戊集十卷、己集十二卷、庚集十卷、辛集二十四卷、壬集十一卷、癸集十七卷,凡一百三十四卷。

此本乙集今缺卷九至卷十二,壬集今缺卷一至卷三,癸集今缺卷六至卷十一,實存一百二十五卷。

卷中有後人寫補。

(新編)事文類聚翰墨全書(殘本)七卷

(元)詹友諒編

元泰定元年(1324年)吴氏友于堂刊本　共二册

石井積翠軒文庫藏本

【按】每半葉有界十四行,行二十四字。注文小字雙邊,行同正文。黑口,四周雙邊(18.2cm×11.2cm)

此本版式行款與東京大學總合圖書館所藏元泰定元年吴氏友于堂刊本相同。

是書全本凡一百三十四卷。此本今存乙集卷十二、辛集卷三至卷八。

卷中有"靈松院"印記,另有壺形古朱印,不辨字迹。

（新編）事文類聚翰墨全書（殘本）七十四卷

（元）詹友諒編

元泰定元年（1324 年）吴氏友于堂刊本　共二十四册

米澤市立圖書館藏本　原江户時代米澤藩主家舊藏

【按】每半葉有界十四行，行二十四字。注文小字雙行，行同正文。黑口，四周雙邊（18.2cm×11.2cm）。

此本版式行款與東京大學總合圖書館所藏元泰定元年吴氏友于堂刊本相同。

是書全本凡一百三十四卷，此本今存甲集卷一、卷二，乙集卷十、卷十二，丙集卷一至卷八、卷十六至卷十九，丁集全九卷，戊集卷一至卷八，己集卷四至卷十二，庚集全十卷，辛集卷一至卷六、卷十至卷十八，壬集卷一至卷三，癸集卷五至卷八，共七十四卷。其中乙集"州郡門"以下，行款稍異，係每半葉十二行，小字雙行，行二十字。卷中有後人依據明刊本配補者。

卷末有墨書題識，其文曰："元禄十二年六月矢尾板三印改之。"

卷中有"米澤藏書"、"官世家"等印記。

（新編）事文類聚翰墨全書（殘本）一百三十卷

（元）詹友諒編

元泰定元年（1324 年）吴氏友于堂刊本　共三十册

御茶之水圖書館藏本　原德富蘇峰成簣堂等舊藏

【按】每半葉有界十四行，行二十四字。注文小字雙行，行同正文。黑口，四周雙邊（18.2cm×11.2cm）。

此本版式行款與東京大學總合圖書館所藏元泰定元年吴氏友于堂刊本相同。

是書全本其一百三十四卷。此本今缺乙集卷九至卷十二，實存一百三十卷。

各册封面皆係日本室町時期後期用黄色楮紙裱裝。

卷中有"德富"等印記。

（新編）事文類聚翰墨全書一百三十四卷

（元）詹友諒編

元泰定元年（1324 年）吴氏友于堂刊本　共三十册

御茶之水圖書館藏本　原琳琅閣　德富蘇峰成簣堂舊藏

【按】每半葉有界十四行，行二十四字。注文小字雙行，行同正文。黑口，左右雙邊（16.5cm×10.9cm）。

是書以十干命集，分集與元泰定元年吴氏友于堂刊本同，然友于堂本辛集卷十至卷十七，則爲此本庚集卷十至卷十七。

各册封面皆係日本江户時代初期改裝。內封有明治三十九年（1906 年）五月德富蘇峰得自琳琅閣手識文。

卷中有"德富"等印記。

（新刊增修類編）書林廣記二十四卷

不著編撰人姓名

元至元年間（1335—1340 年）刊本　共九册

尊經閣文庫藏本　原江户時代加賀藩主前田綱紀等舊藏

【按】每半葉十四行，正文每行二十三字左右。上下單邊，左右雙邊（16.2cm×11.2cm）。版心上記集名，如"前一"、"後二"等，下記葉數。

是書分爲六集，凡《前集》二卷，《後集》五卷，《續集》五卷，《別集》五卷，《新集》三卷，《外集》四卷。

每集首有《目録》。《目録》分爲三級，門類名稱如"朝制門"、"官制門"等，獨占二行，"門"下以"類"入編，如"人君類"、"聖壽類"等，類名獨占一行。"類"下分細目，如"人君類"下又分"大元至元"、"皇帝"、"天子"、"官家"等。一行之內，每目之間，皆隔二字。每一細目皆用陰文標著。

《目録》後即爲正文。

此本已重新裱裝。《前集》與《後集》破損嚴重，且印迹已爛漫，有數葉不可卒讀。

每集首有“松月庵”墨文長印、“尊經閣章”朱文方印等。

萬卷會元（殘本）十八卷

元人編撰

元刊本　共三十九册

陽明文庫藏本　原江戸時代近衛家熙等舊藏

韻府群玉二十卷

（元）陰時夫編輯　陰中夫編注

元元統二年（1334年）梅溪書院刊本　共六册

尊經閣文庫藏本　原江戸時代加賀藩主前田綱紀等舊藏

【按】每半葉有界十行，正文小字雙行，行二十九字左右，序文行十六字。凡例行十六字。黑口，四周雙邊（20.8cm×13.6cm）。雙黑象鼻，版心標“勻玉”，記卷數、葉數。

首有滕玉霄《韻府群玉序》，元至大庚戌（1310年）牘姚江村《韻府群玉序》，同年翰林承旨趙孟頫《韻府群玉題》，元大德丁未年（1307年）春前進士陰竹埜《韻府群玉序》，元延祐改元申寅秋鄉試後五日（1314年）陰幼達（中夫）、陰時遇（時夫）等《韻府群玉序》。次有《增修韻府群玉凡例》，共十三則。次有《韻下類目》，共十八類。次有《韻府群玉該載事目》，自“天文”起止於“數目”，共三十目。次有《韻府群玉目録》，依“上平聲”、“上聲”、“去聲”、“入聲”，凡爲二十卷。

《目録》末有刊印木記，文曰：“元統甲戌春梅溪書院刊”。

正文第一葉起首頂格題“韻府群玉卷之一”，下空4.5cm，有陰文“上平聲”。第二行上空六字，署“晚學陰時夫勁弦編輯”。第三行亦上空六字，署“新吳陰中夫復春編注”。

第四行上空二字，題“一東”，下有小字“獨用”。第五行起，頂格題“東”，圓圈圍住。文中引文獻用細黑框，凡人名、姓氏、綽號、年號等，則用粗黑框。

卷中多處有“島田翰讀書記”朱文陰文長方印，又有“蘭（？）堂圖書之章”朱文方印等。卷首姚江村《序》“至大庚戌”葉天頭，有墨書“至大庚戌，元武宗年號丁第三年”。刊印木牌葉天頭，又有墨書“元統，元順帝年號，甲戌丁第二年”。

江戸時代森立之《經籍訪古志》卷五著録求古樓藏元刊本《韻府群玉》二十卷，即係是書。

【附録】日本桃園天皇寶曆四年（1754年）長崎港《舶來書籍大意書》著録《韻府群玉》一部二帙十六册，并注曰：“脱紙一張，古本，但磨滅甚多。”其識文曰：

“此係元人陰時夫、陰中夫兄弟因以宋時王百禄等書林所增之《事類韻會》、錢諷《史韻》等，會粹附益，以事系韻，以韻摘事，凡經史子傳之事無不備，以便檢閱。明洪武八年，宋景濂又依《洪武正韻》七十六韻序次變改重刊。”

據《商舶載來書目》記載中御門天皇寶永七年（1710年）中國商船“尊字號”載《增補韻府群玉》一部二十册抵日本。中御門天皇正德元年（1711年）中國商船“以字號”載《韻府群玉》一部十册抵日本。桃園天皇寶曆四年（1754年）中國商船“曾字號”載《增删韻府群玉定本》一部二帙抵日本。

據《外船賷來書目》記載，中御門天皇享保二十年（1735年）中國商船第二十五番廣東船（船主黄瑞周、楊叔祖）載《韻府群玉》二部抵日本。同年，中國商船第二十番寧波船載《韻府群玉》一部抵日本。

據桃園天皇寬延四年（1751年）《持渡書物覺書》記載，中國商船當年載《韻府群玉》一部二十册抵日本。

據光格天皇天明六年（1786年）《寅十番船持渡書改目録寫》記載，該船當年載《韻府群玉》一部一帙六册抵日本。此本注明：“古本，無脱紙。明善堂重梓。”

據《外船書籍元帳》記載，仁孝天皇天保十二年（1841 年）中國商船“寅二番”載《韵府群玉》一部抵日本，售價十勾。

仁孝天皇弘化四年（1847 年）中國商船“午二番”載《韵府群玉》二部抵日本，售價同 1841 年。

孝明天皇嘉永二年（1849 年）中國商船“申三番”載《韵府群玉》一部十五册抵日本，售價同 1841 年。

孝明天皇嘉永五年（1852 年）中國商船“亥四番”載《韵府群玉》一部二十册抵日本，售價同 1841 年。

日本南北朝應永年間（1394—1428 年）有覆刊元元統二年（1334 年）梅溪書院刊《韵府群玉》二十卷刻本。卷中有滕賓、姚雲、趙孟頫、陰竹垫、陰幼達（中夫）、陰時遇（時夫）等《韵府群玉序》。并有《增修韵府群玉凡例》、《韵府群玉該載事目》、《韵府群玉目録》。卷末頁正中有“元統甲戌梅溪書院刊”二行。卷一至卷六框郭外下方間有“長有”、“明”等日本南北朝刊本常見之刻工名。

後水尾天皇寬永二年（1625 年）洛陽（京都）玉屋町田中長左衛門刊印《增廣會通韵府群玉》三十八卷。

靈元天皇延寶三年（1675 年）京都八尾勘兵衛覆刊古本《增續會通韵府群玉》三十八卷。

韵府群玉二十卷

（元）陰時夫編輯　陰中夫編注
元元統二年（1334 年）梅溪書院刊本　共二十册
大東急記念文庫藏本
【按】每半葉有界十行，正文小字雙行，行二十九字左右。《序文》行十六字。《凡例》行十六字。黑口，四周雙邊（20.8cm × 13.6cm）。雙黑魚尾，版心標“勻玉”，記卷數、葉數。
此本行款格式與尊經閣文庫所藏元元統梅溪書院本同。

韵府群玉二十卷

（元）陰時夫編輯　陰中夫編注
元元統二年（1334 年）梅溪書院刊本　共二十册
東北大學附屬圖書館藏本
【按】每半葉有界十行，正文小字雙行，行二十九字左右。《序文》行十六字。《凡例》行十六字。黑口，四周雙邊（20.8cm ×13.6cm）。雙黑魚尾，版心標“勻玉”，記卷數，葉數。
此本行款格式與尊經閣文庫所藏元元統梅溪書院本同。
卷一與卷二。朱點滿篇，卷三以後則較少。

韵府群玉二十卷

（元）陰時夫編輯　陰中夫編注
元元統二年（1334 年）梅溪書院刊本　共二十册
米澤市立圖書館藏本　原江户時代米澤藩主家等舊藏
【按】每半葉有界十行，正文小字雙行，行二十九字左右，《序文》行十六字。《凡例》行十六字。黑口，四周雙邊（20.8cm × 13.6cm）。雙黑魚尾，版心標“勻玉”，記卷數、葉數。
此本行款格式與尊經閣文庫所藏元元統梅溪書院本同。
卷中各册有“米澤藏書”、“洪山”等印記。每册首又有“妙心寺兀生寺極上座”墨書署名。

韵府群玉二十卷

（元）陰時夫編輯　陰中夫編注
元元統二年（1334 年）梅溪書院刊本　共十册
御茶之水圖書館藏本　原德富蘇峰成簣堂等舊藏
【按】每半葉有界十行，正文小字雙行，行二十九字左右,《序文》行十六字。《凡例》行十六字。黑口,四周雙邊(20.8cm × 13.6cm)。雙黑魚尾,版心標"勻玉",記卷數、葉數。

此本行款格式與尊經閣文庫所藏元元統梅溪書院本同。

此本卷八、卷九、卷十一、卷十二共四卷,係用別本元刊補足。

卷中有"菓萊鄭氏"印記。知爲朝鮮傳入日本。又有"養安院藏書"、"淺草文庫"、"懷仙後人"等印記。

韵府群玉二十卷

(元)陰時夫編輯　　陰中夫編注

元至正二十八年(1368 年)東山秀岩書堂刊本　共十册

静嘉堂文庫藏本　原陸心源守先閣舊藏

【按】每半葉有界十行,行十六字。小字雙行,行二十九字左右。黑口,四周雙邊(20.8cm × 12.6cm)。版心標"勻玉",記卷數、葉數。

首有滕賓《韵府群玉序》,元至大庚戌臘(1310 年)姚江村《韵府群玉序》,同年趙孟頫《韵府群玉序》,元大德丁未年(1307 年)春陰竹埜《韵府群玉序》,元延祐改元申寅秋鄉試後五日(1314 年)陰幼達(中夫)、陰時遇(時夫)等《韵府群玉序》。次有《增修韵府群玉凡例》,次有《韵府群玉該載事目》,次有《韵府群玉目録》。

《目録》末有刊印木記二行,文曰:"戊申春東山秀延書堂刊"。

卷中有"樂安藏記"、"歸安陸氏守先閣書籍稟請奏定立案歸公不得盜賣盜買"等印記。

韵府群玉二十卷

(元)陰時夫編輯　　陰中夫編注

元至正二十八年(1368 年)東山秀岩書堂刊本　共二十册

京都府立綜合資料館藏本

【按】每半葉有界十行,行十六字。小字雙行,行二十九字左右。黑口,上周雙邊(20.8cm × 12.6cm)。版心標"勻玉",記卷數、葉數。

此本行款版式,皆與静嘉堂文庫所藏東山秀岩書堂刊本同。

韵府群玉二十卷

(元)陰時夫編輯　　陰中夫編注

元至正二十八年(1368 年)東山秀岩書堂刊本　共二十册

日光輪王寺藏本　原天海大僧正舊藏

【按】每半葉有界十行,行十六字。小字雙行,行二十九字左右。黑口,四周雙邊(20.8cm × 12.6cm)。版心標"勻玉",記卷數、葉數。

此本行款版心,皆與静嘉堂文庫所藏東山秀岩書堂刊本同。

卷中有"雲興庵書院公用"墨書,并有朱筆圈點。

韵府群玉(殘本)八卷

(元)陰時夫編輯　　陰中夫編注

元刊本　共四册

御茶之水圖書館藏本　原德富蘇峰成簣堂舊藏

【按】每半葉有界十行。小字雙行,行二十九字左右。黑口,四周雙邊。版心標"勻玉",記卷數、葉數。

全書時有夾入日本讀者增補鈔録之片紙,紙質係室町時期後期。卷中有朱點。韵別之外側時有手記,係補筆修改者所爲。

《序》首處有 1907 年德富蘇峰手識文,曰:"明治四十年九月念三於仙臺東昌寺獲焉,蘇峰學人。"

韵府群玉三十二卷

(元)陰時夫　　陰中夫編注

明嘉靖年間(1522—1566 年)刊本　共二十册

宮内廳書陵部藏本　　原德山藩三代主毛利
元次舊藏

【按】此本原係德山藩三代主毛利元次廣收
"天下漢籍"之一種。東山天皇寶永三年
(1706 年)《御書物目録》著録此本。明治二
十九年(1896 年)男爵毛利元功將此本獻贈宮
內省圖書寮。卷中有"德藩藏書"印記。

(新增説文)韵府群玉二十卷

(元)陰時夫編撰　　陰中夫編注
元至正十六年(1356 年)劉氏日新堂刊本
共十册
　國會圖書館藏本

【按】每半葉有界十一行。注文小字雙行,
行二十九字左右。黑口,四周雙邊(22.1cm ×
14.6cm)。版心標"匀玉",記卷數、葉數。

首有翰林滕玉霄《韵府群玉序》,次有姚江
村《序》,次有翰林承旨趙子昂《題引》,次有陰
竹埜《序》,次有陰復春《自序》,次有陰勁弦
《自序》。

序文後爲《韵府群玉目録》,分"上平聲"四
卷(卷一至卷四)、"下平聲"四卷(卷五至卷
八)、"上聲"四卷(卷九至卷十二)、"去聲"四
卷(卷十三至卷十六)、"入聲"四卷(卷十七至
卷二十)。《目録》後另起葉爲《韵府群玉事類
總目》,第二行題"韵下事目",起於"天文",止
於"樂名",共爲四十八目。其中"散事"標"新
增","地理"、"人名"、"姓氏"、"草木"、"樂
名"有注爲"附"。《總目》後另起葉爲《韵府
群玉凡例》,共九則,末一則爲"活套以便爲
學,或可化腐爲奇"。後另行低六字曰:"以上
凡例九條,并依元本所書,今增修大意續見於
後。"另起頁有《續見》四則。此《續見》之後翻
轉半葉,自二行至九行,有刊印木記八行,其文
曰:

　　　"瑞陽陰君所編輯《韵府群玉》,以事繫
韵,以韵摘事,乃韵書而兼類書也。檢閱便
益,觀者無不稱善。本堂今將元本重加校
正,每字音切之下,續增許氏《説文》以明

之,間有事未備者以補之,韵書之編誠爲盡
美矣。敬刻梓行,嘉與四方學者共之。至正
丙申莫春劉氏日新堂謹白。"

木牌之後空一行,署"韵府群玉凡例畢"。
換頁起行,題"新增説文韵府群玉卷之一",下
署"上平聲"。二行題署"晚學陰時夫勁弦編
輯,新吳陰中夫復春編注"。

正文起自"一東",止於"十七洽"。

此本,陰竹埜《序》文共二十九行中有二十
二行係寫補。在《韵下事目》中,自三十一目
"音切"起至末尾,皆爲墨筆寫補。卷二十之
末葉有 1394 年墨書二行,文曰:"天龍三閒寮
公用,應永十三年龍集丙戌閏六月廿九日,周
明置之。"

【附録】據《商舶載來書目》記載,中御門天
皇享保七年(1722 年)中國商船"志字號"載
《新增説文韵府群玉》一部二十册抵日本。

(新增説文)韵府群玉(殘本)十八卷

(元)陰時夫編撰　　陰中夫編注
元至正十六年(1356 年)劉氏日新堂刊本
共九册
　東京大學總合圖書館藏本　原渡邊信青州
文庫等舊藏

【按】每半葉有界十一行。注文小字雙行,
行二十九字左右。黑口,四周雙邊(22.1cm ×
14.6cm)。

版心標"匀玉",記卷數、葉數。首有翰林滕
玉霄《韵府群玉序》,次有姚江村《序》,次有翰
林承旨趙子昂《題引》,次有陰竹埜《序》,次有
陰復春《自序》,次有陰勁弦《自序》。

此本行款版式與國會圖書館所藏元至正劉
氏日新堂刊本同。

卷中有配補。其中卷第九、卷第十用明萬曆
十八年金陵徐智刊本配補,卷第十三、卷第十
四、卷第十五用元刊《韵府群玉》十行本配補。

此本今缺卷第十一、卷第十二,共二卷,實存
十八卷。

（新增説文）韵府群玉二十卷

　（元）陰時夫編撰　陰中夫編注
　元至正十六年（1356 年）劉氏日新堂刊本
　共十册
　大谷大學附屬圖書館藏本　原悠然樓等舊藏
　【按】每半葉有界十一行。注文小字雙行，行二十九字左右。黑口，四周雙邊（22.1cm × 14.6cm）。版心標"勻玉"，記卷數葉數。
　首有翰林滕玉霄《韵府群玉序》，次有姚江村《序》，次有翰林承旨趙子昂《題引》，次有陰竹埜《序》，次有陰復春《自序》，次有陰勁弦《自序》。此本行款版式與國會圖書館所藏元至正劉氏日新堂刊本同。

（新增説文）韵府群玉二十卷

　（元）陰時夫編撰　陰中夫編注
　元至正十六年（1356 年）劉氏日新堂刊本
　共十册
　御茶之水圖書館藏本　原島田翰德富蘇峰成簣堂等舊藏
　【按】每半葉有界十一行。注文小字雙行，行二十九字左右。黑口，四周雙邊（22.1cm × 14.6cm）。版心標"勻玉"，記卷數、葉數。
　首有翰林滕玉霄《韵府群玉序》，次有姚江村《序》，次有翰林承旨趙子昂《題引》，次有陰竹埜《序》，次有陰復春《自序》，次有陰勁弦《自序》。
　此本行款版式與國會圖書館所藏元至正劉氏日新堂刊本同。
　此本原係島田翰舊藏，後歸德富蘇峰成簣堂。卷中有室町時期人施之朱點。封面係日本寬永年間（1624—1644 年）改裝。

（新增説文）韵府群玉二十卷

　（元）陰時夫編撰　陰中夫編注
　元清江書堂刊本　共十册
　静嘉堂文庫藏本　原寺田盛業讀杜艸堂等舊藏
　【按】每半葉有界十行。注文小字雙行，行二十九字左右。大黑口，四周雙邊，或左右雙邊（21.0cm × 12.6cm）。雙黑魚尾，版心標"勻玉"，記卷數、葉數。
　首有翰林滕玉霄《韵府群玉序》，次有元至大庚戌（1310 年）姚江村《序》，次有翰林承旨趙孟頫《題引》，次有元大德丁未（1307 年）春八十四歲陰竹埜《序》，次有元延祐改元甲寅（1314 年）陰復春《自序》，次有陰勁弦《自序》。後有《增修韵府群玉凡例》、《韵府群玉該載事目》、《韵府群玉目録》。
　卷中有"宗薛"、"伏櫪館藏"、"小越本"、"讀杜艸堂"、"東京溜池靈南街第四號讀杜艸堂主人寺田盛業印記"等印記。

（新增説文）韵府群玉二十卷

　（元）陰時夫編撰　陰中夫編注
　明天順六年（1462 年）葉氏南山書堂刊本
　共十册
　天理圖書館藏本
　【按】每半葉有界十一行。小字雙行十八字。四周雙邊（20.0cm × 13.5cm）。版心標"勻玉"，記卷數、葉數。
　前有《凡例》。《凡例》後有刊印木記八行，其文曰：
　　"瑞陽陰君所編輯《韵府群玉》，以事繫韵，以韵摘事，乃韵書而兼類書也。檢閱便益，觀者無不稱善。本堂今將元本重加校正，每字音切之下，續增許氏《説文》以明之，間有事未備者以補之，韵書之編誠爲盡美矣。敬刻梓行，嘉與四方學者共之。天順壬午孟冬葉氏南山書堂謹白。"
　卷一及卷二十末，有雙邊刊行木記，文曰："天順壬午孟冬南山書堂新刊"。卷六末有刊行木記，文曰："書林葉氏南山堂新刊"。卷七末有雙邊刊行木記，文曰："天順壬午年孟冬葉氏南山堂重刊"。
　天理圖書館藏此同一刊本兩部。一部卷中

有"常樂"、"西莊文庫"、"桂窗"等印記。一部卷中有多處寫補,卷二十九"艷"以下四葉係用明刊別本補之。

（新增説文）韵府群玉二十卷

（元）陰時夫編撰　陰中夫編注
明弘治六年（1403 年）劉氏日新堂刊本　共十册
京都大學附屬圖書館藏本

（新增説文）韵府群玉二十卷

（元）陰時夫編撰　陰中夫編注　（明）王元貞校
明萬曆十八年（1590 年）金陵徐智督刊本
國會圖書館　内閣文庫　尊經閣文庫　東京大學總合圖書館　京都大學附屬圖書館　愛知大學簡齋文庫　東北大學附屬圖書館　大阪大學懷德堂文庫　神户大學附屬圖書館教養學部分館　大阪天滿宮御文庫藏本
【按】每半葉有界十一行,行二十二字。白口,左右雙邊。
國會圖書館藏本,原共十册,現合爲五册。
内閣文庫藏此同一刊本三部。一部原係楓山官庫舊藏。三部皆共二十册。
尊經閣文庫,原係江户時代加賀藩主前田綱紀等舊藏,共十册。
東京大學總合圖書館藏此同一刊本兩部。一部原係森公泰槐文庫等舊藏,共十册;一部原係渡邊信青州文庫等舊藏,此本卷中有批注甚多,共十册。
京都大學藏本,共十册。
愛知大學藏本,共十册。
東北大學藏本,共十册。
大阪大學藏本,共二十册。
神户大學藏本,共十册。
大阪天滿宮藏本,共十二册。

（新增説文）韵府群玉（殘本）一卷

（元）陰時夫編撰　陰中夫編注
明刊本　共一册
東京大學東洋文化研究所藏本　原大木幹一等舊藏
【按】此本今存卷第八,共一卷。

（新增説文）韵府群玉（殘本）二卷

（元）陰時夫編撰　陰中夫編注
明刊本　共二册
天理圖書館藏本
【按】每半葉有界十一行。小字雙行,行二十九字。黑口,四周單邊（20.5cm × 13.5cm）。版心標"勻玉",記卷數、葉數。
此本今存卷七、卷九,共二卷。其中卷七第二十五頁以下亦缺頁。

（新增直音説文）韵府群玉二十卷

（元）陰時夫編撰　陰中夫編注
元末明初刊本
宮内廳書陵部　内閣文庫　京都大學文學部中國語學文學哲學研究室　大阪女子大學附屬圖書館藏本
【按】每半葉有界十一行。小字雙行,行二十九字。黑口,四周雙邊,間有四周單邊（21.0cm × 12.9cm）。版心標"勻玉",記卷數、葉數。
首有滕玉霄、姚雲、趙孟頫、陰竹埜、陰時夫等《序》。又有《韵府群玉事類總目》,《韵府群玉目録》等。
宮内廳書陵部藏本,卷中有"宵陶齋主人"等印記,共十册。
内閣文庫藏本,共二十册。
京都大學藏本,共二十册。
大阪女子大學藏本,今缺卷一,實存十九卷,共十九册。

（類聚讀今）韵府群玉續編二十八卷

（元）陰時夫編撰　陰中夫編注　（明）包瑜續編
明弘治十二年（1499 年）序日新書堂刊本

東京大學東洋文化研究所藏本　原大木幹一舊藏

【附録】日本後水尾天皇寬永二年（1625年）洛陽（京都）玉屋町田中長左衛門銅活字刊印《增續會通韵府群玉》三十八卷。此本題署"陰時夫編，陰中夫編注，包瑜續編"。

靈元天皇延寶三年（1675年）京都八尾勘兵衛刊印《增續會通韵府群玉》三十八卷。此本題署與寬永本同。

（新編排韵增廣事類）氏族大全十集

不著編撰人姓名
元刊本　共十册
静嘉堂文庫藏本　原陸心源皕宋樓等舊藏
【按】每半葉有界十七行，小字雙行，行二十八字。雙黑魚尾，大黑口，左右雙邊，或四周雙邊（18.4cm×12.3cm）。

前有《新編排韵增廣事類氏族大全綱目》。
此本自"甲"至"癸"分爲十集，集内不再分卷。
陸心源《儀顧堂續跋》卷十一著録此本。其識文曰：

"《新編排韵增廣事類氏族大全》，分甲至癸十集，不分卷。癸集末夾谷姓下注曰：'大金支裔'，其爲元人所撰無疑。前爲《綱目》，一東至十虞爲甲集，十二齊至二十七删爲乙集，一先至九麻爲丙集，十陽爲丁集，十二庚至二十七咸爲戊集，一董至九麌爲己集，十一薺至五十三豏爲庚集，一送至五十四闞爲辛集，一屋至三十二洽爲壬集，覆姓爲癸集。與《簡明目録》合……元代麻沙本也，所採宋事比章定書爲多。"

卷中有"金陵放客"、"歸安陸樹聲叔桐父印"、"歸安陸樹聲所見金石書畫記"、"歸安陸樹聲藏書之記"等印記。

【附録】日本後小松天皇明德四年（1393年）五山僧人圓成刊印《新編排韵增廣事類氏族大全》十卷。此本十六行，行二十八字。卷尾有刊記曰："明德癸酉八月開版　圓成"。

楊守敬《日本訪書志》卷十一著録日本"五山版"《新編排韵增廣事類氏族大全》十卷。其識文曰：

"不著撰人名氏，無序跋，書中所引事，迨宋末元人所編。與《四庫》著録本體例皆同，惟彼以十干分集，每一集爲二卷，末二卷爲覆姓，合二十二卷。此亦以十干分集，而每干爲一卷，覆姓一卷爲癸集，不别出，未知誰爲原書。每半版十六行，行二十八字，鐫刻精好，的是從元本出。相傳日本應永年間（1394—1427年）所刻，謂之'五山版'。五山者，佛寺所建之地名也。（此處言五山爲佛寺所建之地名，甚誤。五山乃禪宗五座大本山之總稱，詳見本書編者所撰《漢籍在日本流布的研究》，江蘇古籍出版社刊——編著者。）"

明正天皇元和五年（1628年）有活字版刊印《新編排韵增廣事類氏族大全》十卷。此本十三行，行二十四字。有刊記曰："元和五己未年九月日"。

江户時代有京都風月莊左衛門刊印《新編排韵增廣事類氏族大全》十卷，并《增補》一卷。

（新編排韵增廣事類）氏族大全十卷

不著編撰人姓名
明永樂十七年（1419年）日新書堂刊本　共五册
天理圖書館藏本
【按】每半葉有界十七行，小字雙行，行二十八字。黑口，四周單邊（18.5cm×13.0cm）。版心標"氏目（甲一癸）"，并記葉數。

《目録》末有雙行刊印木記，文曰："永樂己亥孟春日新書堂新刊"。

卷中有"披齋"、"西莊文庫"、"桂窗"等印記。

（新編排韵增廣事類）氏族大全十卷

不著編撰人姓名

明初刊本　共四册

静嘉堂文庫藏本　原陸心源等舊藏

【按】每半葉有界二十行,小字雙行,行二十八字。

卷中有"可中"等印記。

(增廣事聯)詩學大成三十卷

(元)毛直方編撰

元至正十四年(1354 年)鄞江書院刊本　共十二册

慶應義塾大學附屬圖書館藏本

【按】每半葉有界十四行,注文小字雙行,行約三十二字。細黑口,四周雙邊(21.2cm × 14.2cm)。版心標"詩學大成",或標"詩大成",下記卷數、葉數。

前有毛直方《增廣事聯詩學大成引》二葉,末署"皇慶第一(1312 年)中秋建安毛直方引"。次有《目錄》,題"新編增廣事聯詩學大成"。《目錄》後占正文五行位置有長形雙行方框刊印木記,文曰:"至正甲午中秋鄞江書院重刊"。

卷一首行頂格題"增廣事聯詩學大成卷之一",次行上空一字題"天部",三行上空二字題"天文類",四行上空四字題"天　附晴空"。正文標題如"叙事"、"故事"等皆墨圈,釋文小字,引書如《說文》、《爾雅》等皆陰文。

是書見於《宋史藝文志補》,題"毛直方《詩學大成》三十卷"。然未見流傳。

【附錄】日本南北朝時期有五山詩僧刊印《聯新事備詩學大成》三十卷。此爲五山寺院生活中研讀與創作漢詩之必備教本。

(聯新事備)詩學大成(殘本)二十七卷

(元)林楨編撰

元至正十五年(1355 年)翠岩精舍刊明印本共九册

大東急記念文庫藏本

【按】每半葉有界十三行,行十八字左右,小字約二十五字。細黑口,四周雙邊(20.0cm ×

13.5cm)。

前有元至正己丑(1349 年)朱文霆《序》,次有《詩學大成綱目》,次有《聯新事備詩學大成目錄》。《綱目》、《目錄》及卷一之末,皆有刊印木記,其文曰:"至正乙未孟春翠岩精舍新刊"。

是書全三十卷。此本今缺卷二十五至卷二十七,實存二十七卷。

卷中有明治十四年(1881 年)市島謙吉從京都出雲寺購得墨書二行,并有"津山退藏院"等印記。

【附錄】據《外船齎來書目》記載,光格天皇文化二年(1805 年)中國商船"丑五番"載《聯新事備詩學大成》一部六册抵日本。

(聯新事備)詩學大成三十卷

(元)林楨編撰

明初刊本　共五册

内閣文庫　東京大學總合圖書館藏本

【按】東京大學總合圖書館藏本,原係渡邊信青州文庫等舊藏。此本今缺卷第十五至卷第十九,凡五卷,實存二十五卷。卷中有後人寫補。

(聯新事備)詩學大成三十卷

(元)林楨編撰

明經廠刊本　共十册

内閣文庫藏本　原明人戴金　江户時代林氏大學頭家舊藏

【按】每半葉有界八行。黑口,四周雙邊。

詩學大成三十卷

(元)林楨編

明刊本　共十册

静嘉堂文庫藏本　原陸心源守先閣等舊藏

(聯新事備)詩學大成三十卷

(元)林楨編撰

明刊本　共十册

尊經閣文庫藏本　原江户時代加賀藩主前田紀綱等舊藏

(聯新事備)詩學大成三十卷

（元）林楨編撰
明弘治十三年（1500 年）劉氏明德堂刊本共八册
早稻田大學圖書館藏本

(新刊京本分類標題大字)詩學大成全補三十卷

（元）林楨編撰
明刊本　共八册
尊經閣文庫藏本　原江户時代加賀藩主前田綱紀等舊藏

詩學集成押韵淵海二十卷

（元）嚴毅編撰
元後至元六年（1340 年）蔡梅軒刊本　共十册
内閣文庫藏本　原鹿苑寺　昌平坂學問所舊藏
【按】每半葉有界十二行。黑口，四周雙邊。

事文類聚啓札青錢(事文青錢)五十一卷

不著撰人姓名

元泰定元年（1324 年）建安劉氏日新堂刊本
宫内廳書陵部藏本　原德山藩毛利氏家舊藏
【按】此本分《前集》十卷,《後集》十卷,《續集》十卷,《别集》十卷,《外集》十一卷。
此本原係德山藩三代主毛利元次所收"天下秘籍"之一種,東山天皇寶永三年（1706 年）《御書物目録》著録此本。明治二十九年（1896 年）男爵毛利元功將此本獻贈宫内省圖書寮。卷中有"德藩藏書"印記。

(新編)事文類聚啓札青錢十卷

不著撰人姓名
明初建安書堂刊本　共三册
内閣文庫藏本　原昌平坂學問所舊藏
【按】此本版式與元代建安刊本近似,然卷八本文中有"大明"字樣,約爲明初所刊。
日本光格天皇文化九年（1812 年）,此本入藏昌平坂學問所。

(新編)事文類聚啓札天章十集

不著撰人姓名
元刊本　共十八册
尊經閣文庫藏本　原江户時代加賀藩主前田綱紀等舊藏

（明人編纂之屬）

永樂大典(殘本)六十三卷

（明）解縉等奉敕編撰
明嘉靖年間（1522—1566 年）重新謄録本共一千四百零二葉
東洋文庫藏本
【按】今存卷目如次：
卷 554　　/一東/2 1 葉/庸
　（中庸十三）
卷 555　　/一東/1 8 葉/庸
　（中庸十四）

卷 556　　/一東/2 3 葉/庸
　（中庸十五）
卷 849　　/一支/1 3 葉/詩
　（詩帖十八、王狀元八詩六帖）
卷 850　　/一支/2 6 葉/詩
　（詩帖十九、王狀元八詩六帖）
卷 851　　/一支/2 4 葉/詩
　（詩帖二十、王狀元八詩六帖）
卷 1056　　/二支/2 4 葉/池
　（池名。第 3 葉、第 4 葉後葉、第 8 葉前葉、第 18 葉前葉、第 22 葉、第 23 葉前葉

缺）

卷 1188　/二支/３０葉/辭

（易繫辭四十二。第 17 葉缺）

卷 1192　/二支/３４葉/辭

（易繫辭四十六。今存第 5—18 葉、第

22—23 葉、第 25—32 葉，另有半葉者葉

數不明）

卷 1200　/二支/２３葉/辭

（易繫辭五十四。第 14 葉前缺）

卷 2254　/六模（五九）/18 葉/壺

（壺圖一。第 5 葉缺）

卷 2255　/六模（五九）/19 葉/壺

（壺圖二）

卷 2282　/六模/１４葉/湖

（湖州府八）

卷 2283　/六模/１４葉/湖

（湖州府九）

卷 2610　/七皆（六五）/29 葉/臺

（御史臺五、元南臺備要）

卷 2611　/七皆（六五）/23 葉/臺

（御史臺六、元南臺備要　烏臺筆補）

卷 5199　/十二先（三八九）/30 葉/原

（太原府一）

卷 5200　/十二先（三九○）/28 葉/原

（太原府二）

卷 5201　/十二先（三九○）/22 葉/原

（太原府三）

卷 5202　/十二先（三九一）/20 葉/原

（太原府四）

卷 5203　/十二先（三九一）/26 葉/原

（太原府五）

卷 5204　/十二先（三九二）/21 葉/原

（太原府六）

卷 5205　/十二先（三九二）/27 葉/原

（太原府七，鎮原縣，平原縣，三原縣，姓

氏）

卷 5268　/十三簫/38 葉/祆祆祅祆

（事韵，詩周南桃篇）

卷 6826　/十八陽（四四五）/16 葉/王

（姓氏十一，王湛乃至王敦）

卷 6827　/十八陽（四四五）/18 葉/王

（姓氏十二，王敦乃至王卓）

卷 7237　/十八陽/20 葉/堂

（堂名二十三）

卷 7238　/十八陽/36 葉/堂

（堂名二十四）

卷 7511　/十八陽（七五五）/16 葉/倉

（京諸倉一）

卷 7512　/十八陽（七五五）/24 葉/倉

（諸州倉二）

卷 9561　/二十二覃（一三）/36 葉/南

（河南布政司）

卷 10539　/四濟/２３葉/啓

（謝啓四）

卷 10540　/四濟/２０葉/啓

（賀啓一）

卷 10812　/六姥/１９葉/母

（事韵三）

卷 10813　/六姥/２１葉/母

（事韵四）

卷 10814　/六姥/１８葉/母

（事韵五）

卷 11412　/十一産/32 葉/眼

（眼目證治十八）

卷 11413　十一産/19 葉/眼

（眼目證治十九）

卷 11598　/十四巧/19 葉/草

（市糴糧草三）

卷 11599　/十四巧/22 葉/草

（本草）

卷 11602　/十四巧/25 葉/藻

（事韵一）

卷 11603　/十四巧/20 葉/藻

（事韵二）

卷 11615　/十四巧/16 葉/老

（養老一）

卷 11616　/十四巧/20 葉/老

（養老二）

卷 11848 ／十八養／24 葉／享
（燕享一）

卷 11849 ／十八養／16 葉／享
（燕享二）

卷 13219 ／一送（三八九）／後 20 葉／宋
（宗室二十。此卷共四十三葉，前 23 葉
藏北京圖書館）

卷 13139 ／一送（四五○）／26 葉／夢
（事韵七）

卷 13140 ／一送（四五○）／26 葉／夢
（事韵八）

卷 14947 ／六暮／2 0 葉／婦
（婦人證治二十三）

卷 15948 ／九震（二一六）／22 葉／運
（宋漕運六）

卷 15949 ／九震（二一六）／22 葉／運
（金漕運、元漕運一、經世大典）

卷 19416 ／二十二勘（一○）／14 葉／蘸霙站
（站赤一、元史兵志、經世大典一）

卷 19417 ／二十二勘（一○）／16 葉／站
（站赤二、經世大典二）

卷 19418 ／二十二勘（十一）／16 葉／站
（站赤三、經世大典三）

卷 19419 ／二十二勘（十一）／18 葉／站
（站赤四、經世大典四）

卷 19420 ／二十二勘（十二）／17 葉／站
（站赤五、經世大典五）

卷 19421 ／二十二勘（十二）／19 葉／站
（站赤六、經世大典六）

卷 19422 ／二十二勘（十三）／21 葉／站
（站赤七、經世大典七）

卷 19423 ／二十二勘（十三）／26 葉／站
（站赤八、經世大典八）

卷 19424 ／二十二勘（十四）／23 葉／站
（站赤九、元朝典章）

卷 19425 ／二十二勘（十四）／29 葉／站
（驛站一、成憲綱要）

卷 19426 ／二十二勘（十四）／18 葉／站
（驛站二、析津志、詩、斬等字）

永樂大典（殘本）十六卷

（明）解縉等奉敕編撰

明嘉靖年間（1522—1566 年）重新謄録本

日本重要美術財　共三百七十四葉

天理圖書館藏本

【按】每半葉有界八行，大字十五字，小字二十八字至三十字。四周雙邊（35.0cm × 22.0cm）。版心標“永樂大典”，下記卷數，葉數。封面係茶黄色綾紙，正文用白綿紙，朱色行界。書卷幅高 50.5cm，寬 30.0cm。

今存卷目如次：

卷 908 ／二支（九五）／22 葉／詩
（諸家詩目四）

卷 909 ／二支（九五）／25 葉／詩
（諸家詩目五）

卷 2398 ／六模（一二七）／19 葉／蘇
（姓氏九、蘇轍）
（此卷原係富岡鐵齋舊藏）

卷 2399 ／六模（一二七）／19 葉／蘇
（姓氏十、蘇穎濱年表）

卷 2737 ／八灰／1 9 葉／崔
（姓氏五）

卷 2738 ／八灰／2 5 葉／崔
（姓氏六）
此二卷原係山本悌次郎舊藏，後歸古屋幸太郎，終藏天理圖書館

卷 5455 ／十四爻（一七）／25 葉／郊
（郊祀配侑）

卷 5456 ／十四爻（一七）／19 葉／郊
（郊祀配侑）

卷 7303 ／十八陽（六五七）／21 葉／郎
（户部侍郎一）
（此卷原係富岡鐵齋舊藏）

卷 7304 ／十八陽（六五七）／23 葉／郎
（户部侍郎二）

卷 13451 ／二真（一○三）／22 葉／士
（事類）

卷 13452 ／二真（一○三）／19 葉／士

（學士、處士、博士）

卷 14124　／四霽（五〇）／29 葉／嚏　柢　氏
　　等字

卷 14125　／四霽（五〇）／30 葉／剃梯涕禧

卷 14628／六暮（七八）／27 葉／部
　　（吏部十五、吏部條法。此卷原係富岡鐵
　　齋舊藏）

卷 14629　／六暮（七八）／30 葉／部
　　（吏部十六、吏部條法）

卷中引用書名及圈點皆用朱筆。各冊末有
補紙記纂修列銜名。

“二支（九五）”後列名：

重録總校官　侍郎臣高拱
　　　　　　　學士臣瞿景淳
分校官　　　編修臣陶大臨
書寫　　　　儒士臣杜美
圈點　　　　監生臣叢仲楫
　　　　　　　臣徐璜

“十四爻（一七）”後列名：

重録總校官　侍郎臣高拱
　　　　　　　學士臣瞿景淳
分校官　　　諭德臣張居正
書寫　　　　監生臣章仲京
圈點　　　　監生臣蔣洲
　　　　　　　臣蘇泰

“二真（一百三）”後列名：

重録總校官　侍郎臣秦鳴雷
　　　　　　　學士臣胡正蒙
分校官　　　修撰臣諸大綬
書寫　　　　儒士臣胡邦寧
圈點　　　　監生臣林汝松
　　　　　　　臣董仲輅

“四霽（五十）”後列名：

重録總校官　侍郎臣秦鳴雷
　　　　　　　學士臣王大任
分校官　　　編修臣張四維
書寫　　　　儒士臣章必進
圈點　　　　監生臣傅立道
　　　　　　　臣許汝孝

卷五千四百五十五、卷五千四百五十六，皆
附清乾隆三十八年（1773 年）輯録箋二葉。

　天理圖書館所藏此三百七十四葉《永樂大
典》寫本，已由日本文化財審議委員會確認爲
“日本重要美術財”。

永樂大典（殘本）十五卷

（明）解縉等奉敕編撰
明嘉靖年間（1522—1566 年）重新謄録本
共三百五十七葉
静嘉堂文庫藏本
【按】今存卷目如次：

卷 2256　／六模（六〇）／21 葉／壺
　　（壺圖三）

卷 2337　／六模（九八）／26 葉／梧
　　（事韵、詩文、梧州府一）

卷 2338　／六模（九八）／16 葉／梧
　　（梧州府二）

卷 2339　／六模（九八）／17 葉／梧
　　（梧州府三）

卷 2806　／八灰／31 葉／卑痹裨
　　（事韵、姓氏、鮮卑國、占卑國）

卷 3582　／九真／18 葉／樽　尊等字
　　（尊名一）

卷 3583　／九真／27 葉／尊
　　（尊名二）

卷 6697　／十八陽／27 葉／江
　　（九江府九）

卷 6698　／十八陽／20 葉／江
　　（九江府十）

卷 6699　／十八陽／21 葉／江
　　（九江府十一）

卷 6828　／十八陽（四四六）／22 葉／王
　　（姓氏十三）

卷 6829　／十八陽（四四六）／19 葉／王
　　（姓氏十四）

卷 6830　／十八陽（四四七）／24 葉／王
　　（姓氏十五）

卷 17084　／十三嘯（九五）／33 葉／廟

（國朝宗廟）

卷 17085 ／十三嘯（九五）/35 葉/廟

（歷代原廟、寢廟、親廟）

永樂大典（殘本）三卷

（明）解縉等奉敕編撰

明嘉靖年間（1522—1566 年）重新謄録本

國會圖書館藏本

【按】今存卷目如次：

卷 2279

卷 2280

卷 2281

永樂大典（殘本）二卷

（明）解縉等奉敕編撰

明嘉靖年間（1522—1566 年）重新謄録本
共三十六葉

大阪府立圖書館藏本

【按】今存卷目如次：

卷 8647 ／十九庚/１２葉/衡

（衡州府九）

卷 8648 ／十九庚/２４葉/衡

（衡州府十）

永樂大典（殘本）五卷

（明）解縉等奉敕編撰

明嘉靖年間（1522—1566 年）重新謄録本
共九十九葉

京都大學附屬圖書館藏本

【按】今存卷目如次：

卷 910 ／二支（九六）/32 葉/尸

（總叙）

卷 911 ／二支（九六）/32 葉/尸

（洞玄靈寶滅度五煉生尸經、太帝制鬼伏
尸法）

卷 912 ／二支（九六）/32 葉/尸

（二尸中經、治三尸法）

卷 12929 ／一送/２２葉/宋

（高宗百七十一、中興聖政草。此卷原係

谷村順藏氏舊藏）

卷 12929 ／一送/２２葉/宋

（高宗百七十二、西垂筆略。此卷原係谷
村順藏氏舊藏）

永樂大典（殘本）二卷

（明）解縉等奉敕編撰

明隆慶年間（1567—1572 年）吕鳴瑒重新謄
録本　共四十二葉

京都大學人文科學研究所東洋學文獻中心
藏本　原上野精一舊藏

【按】今存卷目如次：

卷 665 ／一東（二八八）/28 葉/雄

（南州府二　山川）

卷 666 ／一東（二八八）/14 葉/雄

（南州府三　人物）

永樂大典（殘本）二卷

（明）解縉等奉敕編撰

明嘉靖年間（1522—1566 年）重新謄録本
共四十三葉

武田科學財團杏雨書屋藏本　原董康　内
藤湖南等舊藏

【按】每半葉有界八行，行二十八字，一行内
雙行。朱標紅格，四周雙邊（35. 0cm ×
22. 0cm）。版心標“永樂大典”，下記卷數，葉
數。封面係茶黄色綾紙，正文用白綿紙，朱色
行界。書卷幅高 50. 5cm，寬 30. 0cm。

今存卷目如次：

卷 2608/七皆（六四）/25 葉/臺

（御史臺三　元憲臺通紀）

卷 2609 ／七皆（六四）/18 葉/臺

（御史臺四　元憲臺通紀續集）

卷末有重録總校官侍郎臣高拱等六人列銜。

此二卷係日本大正年間（1911—1925 年）董
康客居京都時，將從北京書肆中購得《永樂大
典》之零本，贈送内藤虎次郎，存於恭仁山莊。

永樂大典（殘本）二卷

（明）解縉等奉敕編撰
明嘉靖年間（1522—1566 年）重新謄録本
共三十六葉
石黑傳六氏藏本
【按】今存卷目如次：
卷 9765　／二十二覃/14 葉/嚴
（嚴名三）
卷 9766　／二十二覃/22 葉/嚴
（嚴名四）

永樂大典（殘本）二卷

（明）解縉等奉敕編撰
明嘉靖年間（1522—1566 年）重新謄録本
共四十五葉
小川廣己氏藏本
【按】今存卷目如次：
卷 2236　／六模/18 葉/奴
（匈奴四　東漢書、晉書、南齊書）
卷 2237　／六模/27 葉/奴
（匈奴五　通鑑紀事本末）

永樂大典（殘本）二卷

（明）解縉等奉敕編撰
明嘉靖年間（1522—1566 年）重新謄録本
黑川古文化研究所藏本
【按】今存卷目如次：
卷 8569
卷 8570

永樂大典（殘本）零葉

（明）解縉等奉敕編撰
明嘉靖年間（1522—1566 年）重新謄録本
共一葉
慶應大學斯道文庫藏本
【按】今存卷 8094，係第 11 葉前半葉。
此半葉八行紅格，注文小字雙行，行二十八
字。大紅口，四周雙邊（34.0cm×21.7cm）。

版面高 50.0cm，幅寬 30.0cm。版心標“永樂
大典八千九十四　十一”。

群書類編故事二十四卷

（明）王螢編集　　梁輅校正
明宣德年間（1426—1435 年）刊本　共八册
静嘉堂文庫藏本　原陸心源皕宋樓舊藏
【按】每半葉有界十二行，行二十四字。
陸心源《儀顧堂題跋》卷八著録此本。其識
文曰：
“《群書類編故事》二十四卷，題曰‘四
明王螢集，泰和梁輅校正’。明宣德刊本。
半葉十二行，行廿四字。《孴經室外集》云
‘螢姓名見《寧波府志》，明初曾任廣東肇慶
太守。事迹無考。其書《明史·藝文志》及
藏書家均未著録，此本從明莫雲卿家藏元刊
影寫。’愚按，螢字宗器，號樂淡，家貧，積學
自立。中永樂六年鄉試，明年授睢寧教諭，
擢禮科給事中，改刑科。宣德五年十一月，
擇廷臣二十五人爲郡守，以螢守肇慶。奉敕
行，增修水利，作興學校，令行政舉，境内帖
然。居九年，進秩二等，徙治西安，如治肇
慶。越三年，致仕卒，年七十。見《明史·
李驥傳》、《寧波府（成化）志》、《肇慶府志》
以宣德五年守肇慶，居九年調西安，又三年
卒，年七十推之，當終於正統六年辛酉，生於
洪武五年壬子，其非元人明矣。《孴經》題
爲‘元人’，不免爲門客所欺耳。卷首有宣
德時序，書賈抽去末葉，以充元刊。以序中
‘肇慶守四明王公’一語證之，則必宣德中
刊也。卷中有‘莫雲卿印’四字白文印，前
明曾爲莫是龍藏，知阮文達所進呈，即從此
本出矣。”
又，《明史·循吏傳》、《寧波府志》、《律詩類
編》中，“王螢”皆作“王螢”。學頭家舊藏，此
本無《首》一卷，共八册。

（新刻）群書纂數十二卷

（明）張九韶編　　袁均哲集纂

明成化七年(1471 年)跋刊本　共二册

内閣文庫藏本　原豐後佐伯藩主毛利高標舊藏

【按】此本係仁孝天皇文政年間(1818—1829 年)出雲守毛利高翰獻贈幕府。明治初年,歸内閣文庫。

卷中有"佐伯侯毛利高標字培松藏書畫之印"等印記。

群書備數(殘本)三卷

(明)張九韶編

明刊本　共四册

尊經閣文庫藏本　原江户時代加賀藩主前田綱紀等舊藏

【按】是書全十二卷。

群書集事淵海四十七卷

不著撰人姓名

明弘治十八年(1505 年)序賈性捐貲刊本

内閣文庫　尊經閣文庫　蓬左文庫　東京大學總合圖書館　御茶之水圖書館　京都陽明文庫藏本

【按】每半葉有界十二行,行二十四字。黑口,四周雙邊。

前有明弘治十八年(1505 年)洛陽劉健《序》。後有長沙李東陽《後序》、會稽謝遷《後序》等。

内閣文庫藏本,共四十八册。

尊經閣文庫藏本,原係江户時代加賀藩主前田綱紀等舊藏,共四十八册。

蓬左文庫藏此同一刊本兩部。一部原係尾張藩主家舊藏,明正天皇寬永五年(1628 年)從中國購入,卷中有"尾陽内庫"印記。此本今缺卷四十七,實存四十六卷,共四十册。一部卷四十七係後人寫補,共四十八册。

東京大學總合圖書館藏本,原係江户時代紀州德川家南葵文庫等舊藏,共四十八册。

御茶之水圖書館藏本,原係德富蘇峰舊藏,卷中有大正丙辰(1915 年)德富蘇峰手識文,

共三十二册。

陽明文庫藏本,原係江户時代近衛家熙等舊藏,共二十二册。

【附録】日本光格天皇天明六年(1786 年)《寅十番船持渡書改目録寫》記載,當年該船載《群書集事淵海》一部六十四册抵日本。此本注明"古本,脱紙十頁。蟲蛀損甚"。

群書集事淵海四十七卷

不著撰人姓名

明正德八年(1513 年)慎獨齋刊本

國會圖書館　内閣文庫藏本

【按】每半葉有界十二行,行二十四字。黑口,四周雙邊,雙黑魚尾。

國會圖書館藏本,原共四十二册,現合爲二十一册。

内閣文庫藏本,原係楓山官庫舊藏,共五十册。

春窗對偶一卷　窗聯偶一卷

(明)曾氏編撰

明正德十四年(1519 年)悔軒堂刊本　共二册

内閣文庫藏本　原豐後佐伯藩主毛利高標舊藏

【按】此本係仁孝天皇文政年間(1818—1829 年)出雲守毛利高翰獻贈幕府。明治初期,歸内閣文庫。卷中有"佐伯侯毛利高標字培松藏書畫之印"等印記。

對類會海大全二十卷

(明)陳明卿編

明嘉靖二十九年(1550 年)序刊本

東京大學東洋文化研究所藏本

對類會海大全二十卷　首一卷

(明)陳明卿編

明嘉靖四十三年(1564 年)勿齋重刊本

蓬左文庫藏本　原德川家康　尾張藩主家

舊藏

　　【按】此本原爲江户第一代大將軍德川家康所有，後賜與起子尾張藩主家。

　　卷中有"御本"印記。

對類會海大全二十卷　首一卷

　　（明）陳明卿編　吳勉學考注
　　明新安吳勉學重刊本　共八册
　　國會圖書館藏本

對類會海大全二十卷　首一卷

　　（明）陳明卿編
　　明中期經廠刊本　共一册
　　御茶之水圖書館藏本　原德富蘇峰成簣堂等舊藏

　　【按】是書全二十卷，今存卷之二（地理門）一卷。

　　此本係白綿紙本，初印原裝。卷帙有德富蘇峰題識。

　　卷首有"廣運之寶"大型朱文印記。

對類會海大全二十卷　首一卷

　　（明）陳明卿編
　　明吳門四知堂刊本
　　宮内廳書陵部藏本　原德山藩三代主毛利元次舊藏

　　【按】此本原係德山藩三代毛利元次廣收"天下漢籍"之一種。東山天皇寶永三年（1706年）《御書物目録》著録此本。明治二十九年（1896年）男爵毛利元功將此本獻贈宮内省圖書寮。卷中有"德藩藏書"印記。

（新鐫京板全補源流）引蒙發明附鳳對類二十四卷

　　明人編纂不著姓名
　　明萬曆年間（1573—1620年）建陽熊玉屏種德堂刊本書林余鶴鳴後印本　共四册
　　東京大學總合圖書館藏本　原永峰秀樹等舊藏

修辭指南二十卷

　　（明）浦南金編撰
　　明嘉靖三十六年（1557年）浦氏五樂堂刊本
　　宮内廳書陵部　内閣文庫　尊經閣文庫　大阪大學懷德堂文庫藏本

　　【按】每半葉有界九行，行十八字。白口，左右雙邊。

　　宮内廳書陵部藏此同一刊本兩部，一部卷中有寫補，皆共十册。

　　内閣文庫藏此同一刊本兩部。一部原係江户時代林羅山舊藏，卷中有"江雲渭樹"印記，共八册。一部原係德山藩三代主毛利元次廣收"天下漢籍"之一種。東山天皇寶永三年（1706年）《御書物目録》著録此本，明治二十九年（1896年）男爵毛利元功將此本獻贈宮内省圖書寮，後歸楓山官庫。卷中有"德藩藏書"印記，共六册。

　　尊經閣文庫藏本，原係江户時代加賀藩主前田綱紀等舊藏，共十二册。

　　大阪大學懷德堂文庫藏本，原係江户時代懷德堂等舊藏，共九册。

　　【附録】日本桃園天皇寶曆四年（1754年）長崎港《舶來書籍大意書》著録《修辭指南》一部六册。其識文曰：

　　　　"此係明人浦南金編次。浦氏曰，雖有《通典》、《玉海》，然篇帙浩瀚，讀者甚苦。故取《爾雅》、《左腴》、《漢雋》、《書叙》四種，其言皆經籍之粹，依子史之英，而彙此四種之言，以爲一家之説。自天文地理，至於草木鳥獸，今二十門四十目，爲二十卷。嘉靖三十六年刊梓。"

　　據《商舶載來書目》記載，桃園天皇寬延二年（1749年）中國商船"志字號"載《修辭指南》一部一帙抵日本。

　　據《外船齎來書目》記載，光格天皇文化七年（1810年）中國商船"未九番"載《修辭指南》一部二帙抵日本。

修辭指南二十卷

（明）浦南金編撰

明嘉靖年間（1522—1566 年）五樂堂刊本
共十册

早稻田大學圖書館藏本

【按】卷後有明嘉靖三十六年（1557 年）《後序》。

修辭指南二十卷

（明）浦南金編撰

明刊本　共十册

内閣文庫藏本

修辭指南十五卷

（明）浦南金編撰

明萬曆六年（1578 年）刊本　共九册

無窮會織田文庫藏本　原織田小覺舊藏

何氏語林三十卷

（明）何良俊編

嘉靖三十年（1551 年）刊本

宫内廳書陵部藏本

【按】宫内廳書陵部藏此同一刊本三部。一部共三十册，一部共七册。

一部原係德山藩三代主毛利元次廣收“天下漢籍”之一種。東山天皇寶永三年（1706 年）《御書物目録》著録此本。明治二十九年（1896 年）男爵毛利元功將此本獻贈宫内省圖書寮（即今宫内廳書陵部）。卷中有“德藩藏書”印記。共十五册。

【附録】日本桃園天皇寶曆四年（1754 年）長崎港《舶來書籍大意書》著録《何氏語林》一部十册，并注明曰“此本有朱點及朱墨書寫文字，内有一册係寫本，全書無脱紙。”其識文曰：

“此係明人何良俊撰注。書仿劉義慶《世説新語》，列自兩漢至元之正史傳記，漁獵文學行義之淵緒者，除劉氏既採者之外，

輯爲二千七百八十餘事，分德行、政事、方正、識鑒、自新、寵禮、排調、仇隙等三十八門，并加注解，厘爲三十卷。”

據《商舶載來書目》記載，東山天皇元禄九年（1696 年）中國商船“加字號”載《何氏語林》一部二帙抵日本。

據桃園天皇寬延四年（1751 年）《持渡書物覺書》記載，是年中國商船載《何氏語林》一部二帙十二册抵日本。

據《外船書籍元帳》記載，仁孝天皇弘化二年（1845 年）中國商船載《何氏語林》一部二帙五册抵日本。此本投標價爲菱屋八匁六分，安田屋十匁二分，永見屋半兵衛二十五匁。

何氏語林三十卷

（明）何良俊撰并注

明嘉靖年間（1522—1566 年）刊本

早稻田大學圖書館藏本

【按】此本前有明嘉靖四十二年（1563 年）《序》。

考古辭宗二十卷

（明）况叔祺編

明嘉靖四十一年（1562 年）序刊本　共十二册

内閣文庫藏本

【按】每半葉有界九行，行二十一字。白口，左右雙邊。

内閣文庫藏此同一刊本兩部。一部原係楓山官庫舊藏，一部原係昌平坂學問所舊藏。

三才圖會一百六卷

（明）王圻編　王思義續編

明萬曆二十八年（1600 年）刊本　共一百六十册

宫内廳書陵部　尊經閣文庫藏本

【按】宫内廳書陵部藏本，原係德山藩三代主毛利元次廣收“天下漢籍”之一種。東山天皇寶永三年（1706 年）《御書物目録》著録此

本。明治二十九年（1896 年）男爵毛利元功將此本獻贈宮内省圖書寮（即今宮内廳書陵部）。此本卷中有缺葉，并有後人寫補，卷中有“德藩藏書”印記。

尊經閣文庫藏本，原係江户時代加賀藩主前田綱紀等舊藏。

【附録】日本桃園天皇寶曆四年（1754 年）長崎港《舶來書籍大意書》著録《三才圖會》一部十帙八十册。其識文曰：

“此乃明王圻所編，分天文、地理、人物之門，并圖解其形象。王允明續編此書，自時令宮室，至鳥獸草木，分門歸類，體裁類正編。”

據《商舶載來書目》記載，中御門天皇寶永七年（1710 年）中國商船《佐字號》載《三才圖會》一部二十帙抵日本。光格天皇寬政十二年（1800 年）中國商船“利字號”載《類書三才圖會》一部六十四册抵日本。

據《外船賚來書目》記載，中御門天皇正德五年（1715 年）中國商船“第四十九番”寧波船（船主游如義）載《三才圖會》一部十二帙一百八册抵日本。

據中御門天皇享保三年（1718 年）長崎港《外船書物大意書稿》記載，《三才圖繪》二部，各二十帙凡一百六十册，“乃先年渡來，分天文地理以下十三門，并圖解其形象”。

又據《享保四亥年書物改簿》記載，中御門天皇享保四年（1719 年）中國商船“第二十四番”南京船（船主邵又張）載《三才圖會》一部抵日本。

據中御門天皇享保十年（1725 年）長崎港《外船書物大意書稿》記載，中國商船“巳四番”載《三才圖繪》三部，各二十帙，一部凡一百二十册，兩部凡一百十九册抵日本。

日本中御門天皇正德年間（1711—1715 年）有《和漢三才圖會略》一百五卷。此本係日人寺島良安據明人王圻《三才圖會》重編本。

江户時代又有《三才圖會》“草木類”卷七至卷九寫本一種，此本現藏國會圖書館。

三才圖會一百六卷

（明）王圻編　王思義續編
明萬曆三十五年（1607 年）序刊本
内閣文庫　東京都立圖書館　東京大學總合圖書館　大阪天滿宮御文庫藏本
【按】前有明萬曆三十五年（1607 年）王衙《序》。

此本細目如次：

天文四卷、地理十六卷、人物十四卷、時令四卷、宮室四卷、器用十二卷、身體七卷、衣服三卷、人事十卷、儀制八卷、珍寶二卷、文史四卷、鳥獸六卷、草木十二卷。

内閣文庫藏此同一刊本八部。一部原係清人璜川吳氏舊藏，清人修補，共六十册。一部係清人修補，共九十三册。一部係清人修補，共八十册。一部原係楓山官庫舊藏，此本缺“衣服類”三卷，共一百卷。一部原係昌平坂學問所舊藏，此本僅存“器用類”卷一、卷二，“人事類”卷四，共二册。一部原係楓山官庫舊藏，清人修補，此本今缺“鳥獸類”六卷，共一百一册。一部全係明刻，共八十一册。一部亦係全明刻，共六十四册。

東京都立圖書館藏本，原係諸橋徹次舊藏，共一百七册。

東京大學總合圖書館藏本，原係田中芳郎等舊藏。此本卷中有清代修補葉，今存“鳥獸部”六卷，共八册。

大阪天滿宮藏本，共六十册。

三才圖會一百六卷

（明）王圻編　王思義續編　王爾賓等校補
明萬曆年間（1573—1620 年）金陵吳雲軒刊本
國會圖書館　東洋文庫　静嘉堂文庫　京都大學人文科學研究所東洋學文獻中心　東北大學附屬圖書館　早稻田大學圖書館　佛教大學附屬圖書館　京都陽明文庫　大倉文化財團　廣島市立淺野圖書館藏本

【按】每半葉有界九行,行二十二字。白口,四周單邊。

前有明萬曆三十七年(1609 年)《序》。

國會圖書館藏本,原共八十册,現合爲三十册。

東洋文庫藏本,金閶寶翰樓藏版,原係三菱財團岩崎氏家舊藏,共一百二十册。

静嘉堂文庫藏此同一刊本兩部。一部原係陸心源守先閣舊藏,共五十册。一部卷中有缺,共九十九册。

京都大學藏本,共一百册。

東北大學藏本,原係狩野亨吉舊藏,共六十四册。

早稻田大學圖書館藏本,原係下村正太郎家下村文庫等舊藏,共八十册。

佛教大學藏本,原係平中令茨舊藏,今存"器用類"十二卷。

陽明文庫藏本,原係江户時代近衛家凞等舊藏,《目録》係寫補,共五十三册。

大倉文化財團藏本,共一百六册。

廣島市藏本,今缺"人物部"十四卷,及"人事部"卷三,共十五卷,實存九十一卷,共六十八册。

三才圖會一百六卷

(明)王圻編　王思義續編

明刊本

宫内廳書陵部藏本

【按】宫内廳書陵部藏明刊本《三才圖會》兩部。一部共五十册;一部共八十册。

三才圖會(殘本)六卷

(明)王圻編　王思義續編

明刊本　共二册

東北大學附屬圖書館藏本　原狩野亨吉舊藏

【按】是書全一百六卷。此本今存"人物類"六卷。

三才圖會(殘本)十七卷

(明)王圻編　王思義續編

明刊本　共二册

御茶之水圖書館藏本　原德富蘇峰舊藏

【按】是書全一百六卷。此本今存"人物八卷","人物又八卷"并"人物卷七",共十七卷。

三才考略十三卷

(明)莊元臣撰

明萬曆四十四年(1616 年)松陵莊氏森桂堂刊本

内閣文庫　尊經閣文庫　蓬左文庫藏本

【按】每半葉有界十行,行二十字。白口,四周單邊。

内閣文庫藏本,原係豐後佐伯藩主毛利高標舊藏,仁孝天皇文政年間(1818—1829 年)出雲守毛利高翰獻贈幕府。明治初期,歸内閣文庫。卷中有"佐伯侯毛利高標字培松藏書畫之印"等印記,共一册。

尊經閣文庫藏本,原係江户時代加賀藩主前田綱紀等舊藏,共二册。

蓬左文庫藏本,共四册。

(新刊唐荆川先生)稗編一百二十卷　目三卷

(明)唐順之編　左烝等校

明萬曆年間(1573—1620 年)吳興茅氏文霞閣刊本

宫内廳書陵部　國會圖書館　内閣文庫　尊經閣文庫　静嘉堂文庫　東京大學　早稻田大學圖書館　愛知大學簡齋文庫　神宫文庫　東京都立圖書館　大阪天滿宫御文庫　京都陽明文庫　福井市立圖書館藏本

【按】每半葉有界十行,行二十字。四周雙邊,間或有左右雙邊。版心有刻工姓名,并記字數。

前有明萬曆九年(1581 年)《序》。

宫内廳書陵部藏本,卷中有寫補,共七十册。

國會圖書館藏本,係茅氏版清印本,原共四

十册。現合爲二十一册。

内閣文庫藏此同一刊本三部。一部原係楓山官庫舊藏，共六十二册。一部原係江户時代大學頭林氏家舊藏，共六十册。一部共六十册。

尊經閣文庫藏本，原係江户時代加賀藩主前田綱紀等舊藏，共六十册。

静嘉堂文庫藏此同一刊本兩部。一部原係陸心源守先閣舊藏，共二十四册。一部原係中村敬宇舊藏，共五十八册。

東京大學藏此同一刊本兩部。一部原係大木幹一等舊藏，現藏東洋文化研究所。一部現藏總合圖書館，共十五册。

早稻田大學圖書館藏本，原係小倉金之助家小倉文庫等舊藏，共二十四册。

愛知大學藏本，原係小倉正恒舊藏，共六十册。

神宮文庫藏本，原係高平隆長、内藤耻叟等舊藏，卷中有"鵬從庵記"等印記，共六十四册。

東京都立圖書館藏本，原係諸橋徹次舊藏，共四十册。

大阪天滿宮藏本，卷中有"葉君錫藏書印"、"永井氏藏書"等印記，共三十册。

陽明文庫藏本，原係江户時代近衛家熙等舊藏，卷中有鈔配，共五十册。

福井市藏本，卷中有"圖書寮"朱文長方印，又有"越國文庫"朱文方印，共五十二册。

四六雕龍四卷

（明）游日章編撰　王世貞選　林世勤注

明萬曆十六年（1588 年）京陵周竹潭刊本

宮内廳書陵部　尊經閣文庫　蓬左文庫東京大學總合圖書館藏本

【按】宮内廳書陵部藏本，原係德山藩三代主毛利元次廣收"天下漢籍"之一種。

東山天皇寶永三年（1706 年）《御書物目録》著録此本。明治二十九年（1896 年）男爵毛利元功將此本獻贈宮内省圖書寮（即今宮内廳書陵部）。卷中有"德藩藏書"印記，共四册。

尊經閣文庫藏本，原係江户時代加賀藩主前田綱紀等舊藏，共四册。

蓬左文庫藏本，原係江户時代尾張藩主家舊藏，明正天皇寬永六年（1629 年）從中國購入，卷中有"尾陽内庫"印記，共二册。

東京大學藏本，共二册。

【附録】據《商舶載來書目》記載，中御門天皇正德元年（1711 年）中國商船"志字號"載《四六全書》一部二十册抵日本。桃園天皇寶曆四年（1754 年）中國商船"志字號"載《四六菁華》、《四六争奇》、《四六新函》、《四六新書廣集》各一部一帙抵日本。

四六雕龍（騈語雕龍）四卷

（明）游日章編撰　王世貞選　林世勤注王稺登校

明三山藝林李文軒刊本　共四册

東京大學總合圖書館　早稻田大學圖書館藏本

【按】東京大學總合圖書館藏本，原係渡邊信青州文章等舊藏。

（新選）古今類腴十八卷

（明）陳世寳等編

明萬曆九年（1581 年）刊本　共八册

内閣文庫　東京大學東洋文化研究所　早稻田大學圖書館藏本

【按】每半葉有界九行，行二十字。白口，四周雙邊。版心記刻工姓名。

（新選）古今類腴（麟洲先生舉業古今類腴）十八卷

（明）陳世寳等編

明萬曆十九年（1591 年）舒氏石泉集賢書舍刊本

内閣文庫　蓬左文庫藏本

【按】每半葉有界九行，行二十字。白口，四周雙邊。版心記刻工姓名。

前有明萬曆十九年（1591 年）吴之鵬《序》。

内閣文庫藏本，原係楓山官庫舊藏，共六册。

蓬左文庫藏本，原係琅琊王氏舊藏，共十册。

（新選）古今類腴十八卷

（明）錢槌編

明萬曆年間（1573—1620 年）刊本　共十六册

尊經閣文庫藏本　原江户時代加賀藩主前田綱紀等藏

喻林八十卷

（明）徐元太編撰

明萬曆十七年（1589 年）序刊本　共二十四册

京都大學文學部中國語學文學哲學研究室藏本

【按】每半葉有界十一行，行二十四字。白口，四周雙邊。

【附録】據《商舶載來書目》記載，中御門天皇正德元年（1711 年）中國商船“留字號”載類書《喻林》一部二十五册抵日本。同年中國商船“由字號”載《喻林》一部二帙抵日本。

據《外船齎來書目》記載，桃園天皇寶曆九年（1759 年）中國商船“七番船”載《喻林》一部二帙抵日本。

喻林一百二十卷　首一卷

（明）徐元太編撰　徐胥慶校

明萬曆四十三年（1615 年）宣城徐氏刊本

宮内廳書陵部　内閣文庫　尊經閣文庫　蓬左文庫　静嘉堂文庫　東京大學　京都大學人文科學研究所東洋學文獻中心　大阪大學懷德堂文庫　廣島大學文學部　京都陽明文庫藏本

【按】每半葉有界十行，行二十字。白口，四周單邊。

宮内廳書陵部藏此同一刊本兩部。一部有

後人寫補，共三十册。一部共四十册。

内閣文庫藏此同一刊本四部。一部原係昌平坂學問所舊藏，共五十册。一部原係岸本由豆流舊藏，共四十册。一部共三十册。一部原係楓山官庫舊藏，共二十册。

尊經閣文庫藏本，原係江户時代加賀藩主前田綱紀等舊藏，共三十二册。

蓬左文庫藏本，原係江户時代尾張藩主家舊藏，共二十四册。

静嘉堂文庫藏此同一刊本兩部。一部原係陸心源守先閣舊藏，共三十二册。一部原係中村敬宇舊藏，共二十册。

東京大學藏此同一刊本兩部。一部現藏東洋文化研究所，一部現藏總合圖書館，此本原係廣東籌賑日災寄贈本，共十四册。

京都大學藏本，共二十四册。

大阪大學藏本，原係懷德書院等舊藏，共四十八册。

廣島大學藏本，共三十二册。

陽明文庫藏本，原係江户時代近衛家熙等舊藏，共三十二册。

圖書編一百二十七卷

（明）章潢編撰

明萬曆十七年（1589 年）刊本

宮内廳書陵部藏本

【按】宮内廳書陵部藏此同一刊本兩部。一部卷中有寫補，共七十册。一部共六十四册。

【附録】據《商舶載來書目》記載，中御門天皇正德元年（1711 年）中國商船“須字號”載《圖書編》一部八帙抵日本。

日本江户時代有日人松岡玄達《圖書編拔粹》寫本一種，共三册。此本現藏國會圖書館。

圖書編一百二十七卷

（明）章潢編撰

明萬曆四十一年（1613 年）新建萬尚烈刊本

國會圖書館　東洋文庫　東京大學東洋文

研究所　京都大學人文科學研究所東洋學文獻中心藏本

【按】國會圖書館藏本,共六十冊。

東洋文庫藏本,原係藤田豐八等舊藏,共六十五冊。

京都大學藏本,共六十四冊。

圖書編一百二十七卷

(明)章潢編撰　岳元聲校

明萬曆四十一年(1613年)涂鏡源等刊天啓三年(1623年)岳元聲印本

國會圖書館　蓬左文庫藏本

【按】每半葉有界十行,行二十二字。白口,四周單邊。

國會圖書館藏本,共六十四冊。

蓬左文庫藏本,原係江户時代尾張藩主家舊藏,此本係明正天皇寬永六年(1629年)從中國購入。卷中有"尾陽内庫"印記。共一百冊。

圖書編一百二十七卷　年譜一卷　行狀一卷

(明)章潢編撰

明天啓三年(1623年)序金陵孫氏刊本

宮内廳書陵部　尊經閣文庫　静嘉堂文庫東洋文庫　東京大學東洋文研究所　京都大學人文科學研究所東洋學文獻中心藏本

【按】宮内廳書陵部藏本,原係德山藩三代主毛利元次廣收"天下漢籍"之一種。東山天皇寶永三年(1706年)《御書物目録》著録此本,明治二十九年(1896年)男爵毛利元功將此本獻贈宮内省圖書寮(即今宮内廳書陵部)。卷中有"德藩藏書"印記。此本卷中有後人寫補。共八十冊。

尊經閣文庫藏本,原係江户時代加賀藩主前田綱紀等舊藏,共八十一冊。

静嘉堂文庫藏此同一刊本兩部。一部原係陸心源守先閣舊藏,共六十八冊。一部共九十六冊。

東洋文庫藏本,共九十六冊。

東京大學藏本,係忠武堂藏板,此本今缺卷一至卷十二,卷二十五至卷三十七,卷五十四至卷五十七,卷六十至卷六十四,卷六十七,卷六十八,卷一百十六,卷一百十七,合四十六卷,實存八十一卷。

京都大學藏本,共六十一冊。

圖書編一百二十七卷　附章斗津先生年譜一卷

(明)章潢編撰　《年譜》(明)丘曰敬撰

明刊本

内閣文庫藏本

【按】内閣文庫藏此同一刊本四部。一部原係江户時代林羅山舊藏,卷中有"江雲渭樹"印記,共六十四冊。一部原係楓山官庫舊藏,共六十四卷。一部原係松平定信舊藏,此本無《年譜》,有清人修補,共八十冊。一部亦無《年譜》,清人再修補,共九十六冊。

圖書編一百二十七卷

(明)章潢編撰

明刊本　共六十冊

京都陽明文庫藏本　原江户時代近衛家熙等舊藏

天中記六十卷

(明)陳耀文編撰　屠隆校

明萬曆年間(1573—1620年)刊本

宮内廳書陵部　國會圖書館　内閣文庫尊經閣文庫　静嘉堂文庫　東洋文庫　京都大學人文科學研究所東洋學文獻學中心　東北大學附屬圖書館　廣島大學文學部　早稻田大學圖書館　大阪天滿宮御文庫　京都陽明文庫藏本

【按】每半葉有界十一行,行二十一字。白口,左右雙邊。

前有明萬曆二十三年(1595年)《序》。

宮内廳書陵部藏此同一刊本兩部。一部原係德山藩三代主毛利元次舊藏。東山天皇寶永三年(1706年)《御書物目録》著録此本。

明治二十九年(1896年)由男爵毛利元功獻贈宮内省圖書寮(即今宫内廳書陵部)。共三十册。另一部共四十八册。

國會圖書館藏本,原共六十册,現合爲二十册。

内閣文庫藏此同一刊本三部。一部原係江户時代林羅山舊藏,卷中有"江雲渭樹"印記。一部原係楓山官庫舊藏。一部係後印本。三部皆共三十册。

尊經閣文庫藏本,原係江户時代加賀藩主前田綱紀等舊藏,共三十册。

静嘉堂文庫藏此同一刊本兩部。一部原係陸心源守先閣舊藏,共三十册。一部原係竹添井井(光鴻)舊藏,共四十八册。

東洋文庫藏本,卷中有後人寫補,并有增益,共六十册。

京都大學藏本,共六十册。

東北大學藏本,共三十册。

廣島大學藏本,共二十四册。

早稻田大學圖書館藏本,原係服部南郭家服部文庫等舊藏,共二十册。

大阪天滿宫藏本,今缺卷一至卷十、卷四十一至卷五十,共二十卷,實存四十卷,共三十二册。

陽明文庫藏本,原係江户時代近衛家熙等舊藏卷中有鈔配,共六十册。

【附錄】據《商舶載來書目》記載,中御門天皇享保十一年(1726年)中國商船"天字號"載《天中記》一部六帙抵日本。

據桃園天皇寬延四年(1751年)《持渡書物覺書》記載,是年日本自中國輸入《天中記》三部。其中一部四帙四十册,兩部各六帙六十册。

據光格天皇寬政六年(1794年)《南京船書籍名目》記載,是年中國商船"寅二番"載《天中記》一部六帙抵日本。

據《外船書籍元帳》記載,仁孝天皇弘化三年(1846年)中國商船載《天中記》一部五帙抵日本,售價四十匁。

據孝明天皇安政七年(1860年)《會所書籍輸入見帳》記載,是年《天中記》投標價爲島屋三十五匁,本屋三十八匁九分,八藤屋五十八匁。

江户時代丸山氏手寫《天中記》一卷。此本今存東京大學總合圖書館。

天中記六十卷

(明)陳耀文編撰
　明古閩林氏刊本　共六十册
　京都大學人文科學研究所東洋學文獻學中心藏本

五車韻瑞一百六十卷　附洪武正韻一卷

(明)凌稚隆編　《正韻》(明)樂韶鳳等奉敕編撰
　明萬曆年間(1573—1620年)凌氏刊本
　内閣文庫　静嘉堂文庫　福井縣立大野高等學校藏本

【按】内閣文庫藏本,原係楓山官庫舊藏,共三十二册。

静嘉堂文庫藏本,共五十册。

福井縣立大野高等學校藏本,有清水茂堂修補。

【附錄】日本桃園天皇寶曆四年(1754年)《長崎港舶來書籍大意書》著錄《五車韻瑞》一部四帙三十二册。其釋文曰:

"明凌以棟(稚隆)編輯。以事繫字,以字統百六韻,分注其事實。此本係古本,然脱紙一張。"

據《商舶載來書目》記載,中御門天皇正德二年(1712年)中國商船"不字號"載《五車韻瑞》一部四帙三十二册抵日本。

據《外船賫來書目》記載,中御門天皇正德四年(1714年)中國商船第一番南京船(船主費元齡)載《五車韻瑞》一部四帙三十二册抵日本。

中御門天皇享保二十年(1735年)中國商船第二十五番廣東船(船主黃瑞周、楊叔祖)載

《五車韻瑞》二部抵日本。

桃園天皇寶曆九年(1759年)，中國商船(己卯)十番船載《五車韻瑞》十五部，一部四帙，共六十帙抵日本。

據仁孝天皇文化十二年(1829年)《書籍直組帳》記載，四年中國商船"丑七番"載《五車韻瑞》一部抵日本。

據《外船書籍元帳目》記載，仁孝天皇天保十二年(1841年)中國商船"子一番"載《五車韻瑞》二部各四帙抵日本。其中一部歸坂上領作，一部求售。

同年，中國商船"丑二番"載《五車韻瑞》三部各四帙抵日本。

據仁孝天皇天保十四年(1643年)《會所書籍見帳》記載，是年《五車韻瑞》一部四帙投標價爲吉井屋三十四匁，村藤四十四匁一分，安田屋四十五匁二分。

孝明天皇安政六年(1859年)《五車韻瑞》一部投標價爲島屋四十匁，本屋四十七匁，本屋五十匁九分。

日本後西天皇明歷三年(1657年)有翻刊明萬曆年間凌氏刊本《五車韻瑞》一百六十卷，并附《洪武正韵》一卷。此本有日人菊池東《序》。

五車韻瑞一百六十卷　附洪武正韵一卷

(明)凌稚隆編　《正韵》(明)樂韶鳳等奉敕編撰

明萬曆年間(1573—1620年)全閩葉瑤池天保堂刊本　共十七册

東京大學總合圖書館藏本　原森林太郎鷗外文庫等舊藏

五車韻瑞一百六十卷

(明)凌稚隆編

明謝肇淛刊本　共二十三册

京都大學文學部中國語學文學哲學研究室藏本

五車韻瑞一百六十卷

(明)凌稚隆編

明刊本

東京大學東洋文化研究所藏本　原大木幹一等舊藏

五車韻瑞一百六十卷

(明)凌稚隆編

明刊本

尊經閣文庫　早稻田大學圖書館藏本

【按】尊經閣文庫藏本，原係江戶時代加賀藩主前田綱紀等舊藏，共二十六册。

早稻田大學圖書館藏本，原係服部南郭家服部文庫等舊藏。此本今缺卷第十一至卷第十四，共二十五册。

(新刊)姓源珠璣六卷

(明)楊信民輯

明萬曆年間(1573—1620年)刊本　共六册

内閣文庫　尊經閣文庫藏本

【按】每半葉有界十行，行二十字。白口，四周單邊。

内閣文庫藏本　原楓山官庫舊藏

尊經閣文庫藏本　原江戶時代加賀藩主前田綱紀等舊藏

【附錄】據《商舶載來書目》記載，後櫻町天皇明和二年(1765年)中國商船"世字號"載《姓源珠璣》一部六册抵日本。

經濟類編一百卷

(明)馮琦編撰　周家棟等校

明萬曆三十二年(1604年)淮南門人吳光義等浙虎林郡南屏山校刊本

宫内廳書陵部　國會圖書館　内閣文庫　尊經閣文庫　蓬左文庫　東洋文庫　東京大學東洋文化研究所　京都大學人文科學研究所東洋學文獻中心　早稻田大學圖書館　愛知大學簡齋文庫　京都陽明文庫　福井市立

圖書館藏本

【按】每半葉有界十行,行二十字。白口,四周單邊。

宮內廳書陵部藏本,卷中有寫補,共八十冊。

國會圖書館藏本,原共三十二冊,現合爲十七冊。

內閣文庫藏此同一刊本四部。一部原係江戶時代林氏大學頭家舊藏,共四十二冊。一部原係楓山官庫舊藏,共一百冊。一部共五十冊。一部共八十冊。

尊經閣文庫藏本,原係江戶時代加賀藩主前田綱紀等舊藏,共一百冊。

蓬左文庫藏本,原係江戶時代尾張藩主家舊藏,明正天皇寬永十三年(1636年)從中國購入,卷中有"尾陽內庫"印記,共一百冊。

東洋文庫藏本,共八十冊。

東京大學藏本,原係大木幹一等舊藏,卷五十二、卷九十四、卷九十五係寫補。

京都大學藏此同一刊本兩部,皆共五十冊。

早稻田大學圖書館藏本,共二十八冊。

愛知大學藏本,原係小倉正恒舊藏,共八十冊。

陽明文庫藏本,原係江戶時代近衛家熙等舊藏,卷中有批點圈注,共五十二冊。

福井市藏本,今缺卷四十一至卷五十、卷五十五、卷五十六、卷六十八、卷七十三、卷七十四、卷九十五、卷九十六,共十七卷,實存八十三卷,卷中有"明道館圖書記"等印記,共四十三冊。

劉氏鴻書一百八卷

(明)劉仲達纂輯　湯賓尹刪正

明萬曆三十九年(1611年)宣城劉氏刊本

宮內廳書陵部　蓬左文庫　東洋文庫　東京大學總合圖書館藏本

【按】每半葉有界十行,行二十一字。白口,四周單邊。

宮內廳書陵部藏本,原係德山藩三代主毛利元次舊藏。東山天皇寶永三年(1706年)《御書物目錄》著錄此本,明治二十九年(1896年)由男爵毛利元功獻贈宮內省圖書寮(即今宮內廳書陵部)。卷中有"德藩藏書"印記,共三十冊。

蓬左文庫藏本,原係江戶時代尾張藩主家舊藏,明正天皇寬永十年(1633年)從中國購入,卷中有"尾陽內庫"印記,共二十冊。

東洋文庫藏本,共二十四冊。

東京大學總合圖書館藏本,樂志齋藏版,原係廣東籌賑日災總會寄贈本,卷中有後人寫補,共二十冊。

【附錄】據《商舶載來書目》記載,中御門天皇享保十一年(1726年)中國商船"利字號"載《劉氏鴻書》一部三十冊抵日本。

劉氏鴻書一百八卷

(明)劉仲達纂輯　湯賓尹刪正

明萬曆三十九年(1611年)序古吳陳長卿刊本

國會圖書館　內閣文庫　東京大學　愛知大學簡齋文庫　京都陽明文庫藏本

【按】每半葉有界十行,行二十一字。白口,四周單邊。

國會圖書館藏本,共二十冊。

內閣文庫藏此同一刊本四部。一部原係江戶時代林羅山舊藏,卷中有"江雲渭樹"印記,共二十冊。一部卷一至卷四係寫補,共二十四冊。一部原係楓山官庫舊藏,卷中有寫補,共二十冊。一部共二十冊。

東京大學藏此同一刊本兩部。一部現藏東洋文化研究所,一部現藏總合圖書館,皆共十冊。

愛知大學藏本,原係小倉正恒舊藏,共三十冊。

陽明文庫藏本,原係江戶時代近衛家熙等舊藏,共二十四冊。

劉氏鴻書一百八卷

(明)劉仲達纂輯

明刊本　共三十二册

尊經閣文庫藏本　原江户時代加賀藩主前田綱紀等舊藏

劉氏類山十卷

（明）劉胤昌編撰

明萬曆三十三年（1605 年）序刊本　共八册

内閣文庫　尊經閣文庫藏本

【按】每半葉有界八行，行十六字。白口，四周單邊。

内閣文庫藏本，原係楓山官庫舊藏。

尊經閣文庫藏本，原係江户時代加賀藩主前田綱紀等舊藏。

卓氏藻林八卷

（明）卓明撰　王世懋校

明萬曆年間（1573—1620 年）刊本

宮内廳書陵部　内閣文庫　静嘉堂文庫　東京大學東洋文化研究所　早稻田大學圖書館　大阪大學懷德堂文庫藏本

【按】前有明萬曆九年（1581 年）《序》。

宮内廳書陵部藏本，卷中有寫補，共八册。

内閣文庫藏此同一刊本三部。一部原係楓山官庫舊藏，共六册。一部原係昌平坂學問所舊藏，共四册。一部卷中有寫補，共八册。

静嘉堂文庫藏本，共五册。

早稻田大學圖書館藏本，共七册。

大阪大學懷德堂文庫藏本，共八册。

【附録】據日本《外船書籍元帳》記載，孝明天皇嘉永二年（1849 年）中國商船“申三番”載《卓氏藻林》一部一帙六册抵日本，售價三匁。

日本東山天皇元禄九年（1696 年）京都村上平樂寺刊印《卓氏藻林》八卷。此本由日人三雲義正點。元禄十一年（1698 年）有重印本。其後又有大阪名倉翰林堂重印本。

（新刻）何氏類鎔三十五卷

（明）何三畏撰

明萬曆年間（1573—1620 年）刊本　共十三册

尊經閣文庫　筑波大學附屬圖書館藏本

【按】每半葉有界十行，行二十字。白口，四周單邊。《序》文版心有刻工姓名，如士昌刻、孫士英刻、孫士昌刻等。

前有明萬曆乙未歲（1619 年）孫應昆《序》等。

尊經閣文庫藏本，原係江户時代加賀藩主前田綱紀等舊藏，共十三册。

筑波大學藏本，共十二册。

【附録】日本桃園天皇寶曆四年（1754 年）長崎港《舶來書籍大意書》著録《何氏類鎔》一部二帙十二册。其識文曰：

“此係明人何三畏輯著。其涉獵六籍史子稗官雜説，并梵笈仙經諸本，採五百三十餘則，自天文地理至花木鳥獸，分爲三十一門，因事類從，因類陶鎔，得三十五卷。萬曆四十七年刊梓。”

據《商舶載來書目》記載，桃園天皇寶曆四年（1754 年）中國商船“加字號”載《何氏類鎔》一部二帙抵日本。

據《外船書籍元帳》記載，孝明天皇嘉永二年（1849 年）中國商船“酉三番”載《何氏類鎔》一部一帙抵日本，售價十八匁。

（新刻）何氏類鎔三十五卷

（明）何三畏撰

明刊本　共十册

愛知大學簡齋文庫藏本　原小倉正恒舊藏

（新刻）何氏類鎔三十五卷

（明）何三畏撰　劉有容等校

明刊本

國會圖書館　内閣文庫藏本

【按】國會圖書館藏本，原共十二册，現合爲四册。

内閣文庫藏此同一刊本三部。一部原係江户時代林氏大學頭家舊藏，共十二册。一部原係楓山官庫舊藏,共十三册。一部共十三册。

(新刻)彭氏類編雜説六卷

（明)彭好古編　彭遵古等校
明萬曆十九年(1591 年)刊本　共十二册
宫内廳書陵部藏本

經傳類編四卷

（明)徐待揚編
明萬曆十五年(1587 年)刊本　共四册
内閣文庫藏本
【按】内閣文庫藏此同一刊本兩部。一部原係江户時代林氏大學頭家舊藏,一部原係楓山官庫舊藏。

(新鎸赤心子彙編)四民利觀翰府錦囊八卷

（明)赤心子撰
明萬曆十三年(1585 年)閩建明雅堂刊本
東京大學東洋文化研究所藏本　原仁井田陞舊藏
【按】版面分上下二欄。上欄每半葉十二行,行十一字。下欄每半葉十一行,行十六字。黑口,四周雙邊。

(新刊翰苑傳芳步雲捷徑)會元心法三場活套四卷

（明)袁煒精撰　茅瓚同撰　袁文煥抄録
明嘉靖萬曆年間(1522—1620 年)刊本　共二册
筑波大學附屬圖書館藏本　原曲直賴正琳養安院舊藏
【按】每半葉有界十二行,行二十一字。白口,四周雙邊。
卷中有"養安院藏書"等印記。

(新編)博物策會十七卷

（明)戴璟撰
明萬曆年間(1573—1620 年)刊本　共八册
尊經閣文庫藏本　原江户時代加賀藩主前田綱紀等藏
【按】每半葉有界十二行,行二十一字。白口,四周單邊。

群書備考六卷

（明)袁黄撰　袁儼注釋
明刊本
尊經閣文庫藏本　原江户時代加賀藩主前田綱紀等舊藏
【按】每半葉有界十二行,行二十一字。白口,四周單邊。

群書備考六卷　(續)二三場群書備考三卷

（明)袁黄撰　袁儼注釋　《續》袁儼撰
明萬曆年間(1573—1620 年)袁儼校編本
宫内廳書陵部　蓬左文庫　東京大學東洋文化研究所　茨城大學附屬圖書館藏本
【按】每半葉有界八行,行二十一字。白口,四周單邊。
前有明萬曆辛亥(1611 年)韓敬《序》。
宫内廳書陵部藏本,原係德山藩三代主毛利元次廣收"天下漢籍"之一種。
東山天皇寶永三年(1706)《御書物目録》著録此本。明治二十九年(1896 年)男爵毛利元功將此本獻贈宫内省圖書寮(即今宫内廳書陵部)。卷中有"德藩藏書"印記,共四册。
蓬左文庫藏本,共六册。
東京大學藏本,原係大木幹一等舊藏。
茨城大學藏本,原係江户時代史學家菅政友舊藏,共四册。

群書備考六卷

（明)袁黄撰
明崇禎十五年(1642 年)刊本　共五册
國學院大學梧蔭文庫藏本　原井上毅舊藏

(增訂)二三場群書備考六卷

（明)袁黄撰　袁儼注釋　沈昌世增
明崇禎五年(1632 年)序刊本　共四册

京都陽明文庫藏本　　原江户時代近衛家熙等舊藏

【附録】日本桃園天皇寶曆四年（1754 年）長崎港《舶來書籍大意書》著録《增訂群書備考》一部四册，并注明曰："本内有朱點，無脱紙。"其識文曰：

"此係明人袁了凡輯著，袁若思作注，沈伯文增訂。大凡如典故經濟之事，既有《通典》、《元龜》、《會典》、《類編》等，添古今之宜，窮始終之妙，而習制科者，病其博洽而疏於本業，爲此之故，自聖制迄於邊防，分爲諸門，採經史子集及當代典故，列刊百代。袁若思又加注解，沈伯文補其遺漏，……通爲四卷，崇禎五年刊。"

（增訂）二三場群書備考四卷

（明）袁黄撰　袁儼注釋　沈昌世增
明崇禎年間（1628—1644 年）大觀堂刊本
國會圖書館　東京大學東洋文化研究所京都大學人文科學研究所東洋學文獻中心早稻田大學圖書館藏本
【按】每半葉有界九行，行二十一字。白口，四周單邊。
前有明崇禎十五年（1642 年）《序》
國會圖書館藏本，共四册。
東京大學東洋文化研究所藏本，共四册。
京都大學人文科學研究所東洋學研究中心藏本，共四册。
早稻田大學圖書館藏本，共八册。

類選苑詩秀句十二卷

（明）顧起編輯
明萬曆年間（1573—1620 年）刊本　共八册
尊經閣文庫藏本　原江户時代加賀藩主前田綱紀等舊藏

六經類聚四集

（明）徐常吉編
明刊本　共八册

尊經閣文庫藏本　原江户時代加賀藩主前田綱紀等舊藏

（新纂）事詞類奇三十卷

（明）徐常吉編撰　焦竑訂校　陸伯元注并編
明萬曆癸巳（1591 年）綉谷周曰校刊本
内閣文庫　蓬左文庫　東洋文庫藏本
【按】每半葉有界十行，行二十字。白口，四周單邊。
内閣文庫藏此同一刊本兩部。一部原係江户時代林羅山舊藏，卷中有"江雲渭樹"印記，共七册。一部原係楓山官庫舊藏，共十二册。
蓬左文庫藏此同一刊本兩部。一部原係江户時代尾張藩主家舊藏，明正天皇寬永六年（1629 年）從中國購入，卷中有"尾陽内庫"印記，共十册。一部共十六册。
東洋文庫藏本，共四十册。

（新鐫王緱山先生摘纂）懸壺故事（天梯故事）五卷

（明）王衡編　張以誠校
明萬曆年間（1573—1620 年）熊氏種德堂刊本　共五册
内閣文庫藏本　原昌平坂學問所舊藏

（新鐫劉雲嶠先生摘纂）然然故事五卷

（明）王衡編　張以誠校
明萬曆四十年（1612 年）李氏聚奎樓刊本共五册
内閣文庫藏本
【按】每半葉有界十行，行十九字。白口，四周單邊。
此本係《懸壺故事》改題本。

駢志二十卷

（明）陳禹謨編撰
明萬曆三十四年（1606 年）刊本
内閣文庫　尊經閣文庫　静嘉堂文庫藏本

【按】每半葉有界十行,行二十字。白口,四周單邊。

內閣文庫藏本,原係楓山官庫舊藏,共十册。

尊經閣文庫藏本,原係江户時代加賀藩主前田綱紀等舊藏,共二十一册。

靜嘉堂文庫藏本,原係陸心源十萬卷樓舊藏,共六册。

【附録】日本桃園天皇寶曆四年(1754 年)長崎港《舶來書籍大意書》著録《駢志》一部八册,并注明曰:"卷二十第六十九張以下脱。"其識文曰:

"此係明人陳錫玄編輯。凡閲史者,於古今人物事變相肖處甚多,故易混記。是書摘録歷史及諸子稗官之語,如'恒産'、'經産'、'禹得玉歷於河際之岩'、'禹發金簡於宛委之山'、'先主王漢中'、'沛公王漢中'等,凡千六百九十餘聯,取本書之語,并加注釋,厘爲二十卷。萬曆三十四年刊梓。"

據《商舶載來書目》記載,後櫻町天皇寶曆十三年(1763 年)中國商船"邊字號"載《駢志》一部一帙抵日本。

事物紺珠四十六卷

(明)黃一正撰　吳中珩校

明萬曆十九年(1591 年)序刊本

國會圖書館藏本

【附録】據《商舶載來書目》記載,後桃園天皇安永八年(1779 年)中國商船"志字號"載《事物紺珠》一部六帙抵日本。

事物紺珠四十六卷

(明)黃一正撰　吳中珩校

明萬曆三十二年(1604 年)新安吳氏校刊本

內閣文庫　尊經閣文庫　蓬左文庫藏本

【按】每半葉有界十行,行二十字。白口,四周單邊。

內閣文庫藏此同一刊本兩部。一部原係木村蒹葭堂舊藏,共十册。一部原係明人戴金舊藏,共十册。

尊經閣文庫藏本,原係江户時代加賀藩主前田綱紀等舊藏,共十六册。

蓬左文庫藏本,原係江户時代尾張藩主家舊藏,明正天皇寬永十一年(1634 年)從中國購入,共十册。

山堂肆考二百四十卷

(明)彭大翼撰輯　熊瑞等校閲

明維揚彭氏刊本　共四十册

蓬左文庫藏本　原江户時代尾張藩主家舊藏

【按】前有明萬曆二十三年(1595 年)焦竑《序》。

此本按傳統五聲音階分集,係《宮集》四十八卷,《商集》四十八卷,《角集》四十八卷,《徵集》四十八卷,《羽集》四十八卷。卷中有寫補。

此本乃日本明正天皇寬永五年(1428 年)從中國購入。

卷中有"尾陽内庫"印記。

【附録】據《商舶載來書目》記載,中御門天皇正德二年(1712 年)中國商船"佐字號"載《山堂肆考》一部十帙抵日本。

據日本桃園天皇寶曆九年(1759 年)《長崎官府貿易外船賫來書目》記載,當年中國商船"一番船"載《山堂肆考》十部共一百帙抵日本。

據桃園天皇寶曆十年(1760 年)《唐船持渡商賣書物目録并大意書》記載,是年中國商船"辰一番"載《山堂肆考》一部八帙五十册抵日本。此本題"明彭雲舉纂著,張儀伯編輯"。

據光格天皇天明六年(1786 年)《寅十番船持渡書改目録寫》記載,當年該船載《山堂肆考》一部十帙五十册抵日本,并注曰"古本,無脱紙"。

據《外船賫來書目》記載,光格天皇文化二年(1805 年)中國商船"丑五番"載《山堂肆考》一部十帙抵日本。

山堂肆考(五集)二百四十卷

（明）彭大翼撰輯　張幼學編輯

明萬曆年間(1573—1620 年)刊本

宮內廳書陵部　國會圖書館　尊經閣文庫
静嘉堂文庫　學習院大學附屬圖書館　大
阪大學懷德堂文庫　京都陽明文庫　大阪天
滿宮御文庫藏本

【按】前有明萬曆二十三年(1595 年)焦竑
《序》。

此書分爲《宮集》四十八卷,《商集》四十八
卷,《角集》四十八卷,《徵集》四十八卷,《羽
集》四十八卷,凡二百四十卷。

宮內廳書陵部藏此同一刊本兩部,皆共六十
册。

國會圖書館藏本,原共五十册,現合爲二十
五册。

尊經閣文庫藏本,原係江户時代加賀藩主前
田綱紀等舊藏,共四十册。

静嘉堂文庫藏本,原係陸心源守先閣舊藏,
卷中有十二卷爲後人補寫,共四十册。

學習院大學藏本,共八十册。

大阪大學懷德堂文庫藏本,原係江户時代懷
德堂等舊藏,共八十六册。

陽明文庫藏本,原係江户時代近衛家熙等舊
藏,共四十册。

大阪天滿宮藏本,卷中有清代修補,共八十
册。

山堂肆考(四集)一百九十二卷

（明）彭大翼撰輯　張幼學編輯

明萬曆年間(1573—1620 年)古楊張幼學刊
本　共四十八册

東京大學總合圖書館藏本　原渡邊信青洲
文庫等舊藏

【按】前有明萬曆四十七年(1619 年)《序》。

此書今存《宮集》四十八卷,《商集》四十八
卷,《角集》四十八集,《羽集》四十八卷,共一
百九十二卷。今缺《徵集》四十八卷。

山堂肆考(五集)二百四十卷

（明）彭大翼撰輯　張幼學編輯　馮任等校

明竹筠軒刊本　共五十册

東北大學附屬圖書館藏本

山堂肆考(五集)二百四十卷

（明）彭大翼撰輯　張幼學編輯　馮任等校

明刊本(梅墅石渠閣藏版)共六十册

早稻田大學圖書館藏本　原下村正太郎家
下村文庫等舊藏

山堂肆考(五集)二百四十卷

（明）彭大翼撰輯　張幼學編輯

明刊本

內閣文庫藏本

【按】內閣文庫藏此同一刊本四部。其中兩
部原係昌平坂學問所舊藏,一部卷中《宮集》
及《商集》係寫補,共五十六册;一部亦有寫
補,共八十册。一部原係楓山官庫舊藏,卷中
有寫補,共八十册。一部共四十册。

(鼎鐫校增評注)五倫日記故事大全四卷

（明）吳宗札校增

明萬曆年間(1573—1620 年)刊本　共四册

尊經閣文庫藏本　原江户時代加賀藩主前
田綱紀等舊藏

【按】每半葉有界十行,行二十字。白口,四
周雙邊。

群書考索古文玉屑二十四卷

（明）楊淙編　濮陽傳校閱

明萬曆二十五年(1597 年)南閩建溪葉貴刊
本

國會圖書館　內閣文庫　蓬左文庫藏本

【按】每半葉有界八行,行十八字。白口,四
周雙邊。

前有明萬曆二十五年(1597 年)新安汪廷訥
《序》。

國會圖書館藏本,原共二十四册,現合爲十三册。

内閣文庫藏此同一刊本兩部。一部原係昌平坂學問所舊藏,共十册。一部原係楓山官庫舊藏,共十二册。

蓬左文庫藏本,凡八册。

彊識略(殘本)二十二卷

(明)吳楚才編

明刊本　共十一册

國會圖書館藏本

【按】是書全四十卷。此本今存卷五至卷十、卷十三、卷十四、卷十七至卷二十、卷二十三、卷二十四、卷三十三至卷四十。

【附録】日本江户時代有《彊識略》四十卷寫本一種。題"明吳楚才編,明劉日孚校",共十册。今藏國會圖書館。

彊識略三十二卷

(明)吳楚才編

明萬曆十七年(1589 年)陽春園刊本　共八册

内閣文庫藏本

(新鐫)古今事物原始全書三十卷

(明)徐炬編撰

明刊本　共八册

内閣文庫藏本　原楓山官庫舊藏

(新鍥燕臺校正天下通行)文林聚寶萬卷星羅(附圖)四十卷

(明)徐會瀛編

明萬曆年間(1573—1620 年)書林静觀堂詹聖謨刊本

蓬左文庫藏本　原德川家康　尾張藩主家舊藏

【按】每半葉分上下兩欄,行字不等。白口,四周雙邊。

前有明萬曆二十八(1600 年)雲豪士天樂生《序》。

此本原係江户幕府第一代大將軍德川家康所有,後贈賜其子尾張藩主家。

卷中有"御本"印記。

(新鍥燕臺校正天下通行)文林聚寶萬卷星羅(殘本)三十三卷

此本缺卷首無編撰人姓名

明萬曆年間(1573—1620 年)刊本

東京大學東洋文化研究所藏本

【按】每半葉分上下兩欄,行字不等。白口,四周雙邊。

是書全三十六卷。此本今缺卷一、卷二十、卷二十一,實存三十三卷。

説略三十卷

(明)顧起元編撰

明萬曆四十一年(1613 年)刊本

内閣文庫　尊經閣文庫　静嘉堂文庫　早稻田大學圖書館　國學院大學梧蔭文庫藏本

【按】每半葉有界九行,行二十字。白口,四周單邊。

内閣文庫藏此同一刊本兩部。一部共十册。一部原係楓山官庫舊藏,卷中有後人修補,共十册。

尊經閣文庫藏本,原係江户時代加賀藩主前田綱紀等舊藏,共十二册。

静嘉堂文庫藏本,原係陸心源十萬卷樓舊藏,共八册。

早稻田大學圖書館藏本,卷中有後人寫補,共十二册。

國學院大學藏本,原係井上毅舊藏,共十册。

雅餘八卷

(明)羅曰褧編

明萬曆二十五年(1597 年)序滋藍館刊本

内閣文庫藏本　原楓山官庫舊藏

【按】每半葉有界十行,行二十字。白口,左右雙邊。

（新編）古今品彙故事啓牘二十卷

（明）余應虬撰　陳繼儒等訂

明武林讀書坊刊本　共四册

蓬左文庫藏本　原江戶時代尾張藩主家舊藏

【按】此本係明正天皇寬永六年（1629 年）從中國購入。

（新鋟翰林校正鰲頭合并古今名家）詩學會海大成三十卷

（明）焦竑編撰　余應虬校

明萬曆二十六年（1598 年）序刊本

内閣文庫藏本　原豐後佐伯藩主毛利高標舊藏

【按】每半葉有界十一行，行字不等。白口，四周單邊。

此本係仁孝天皇文政年間（1818—1829 年）出雲守毛利高翰獻贈幕府。明治初期，歸内閣文庫。

卷中有"佐伯侯毛利高標字培松藏書畫之印"等印記。

（新鋟翰林校正鰲頭合并古今名家）詩學會海大成二十八卷　首一卷

不著編撰人姓名　（明）焦竑校

明刊本

東京大學東洋文化研究所藏本

讀書考略四卷

（明）徐鑒編撰

明萬曆年間（1573—1620 年）刊本　共四册

東洋文庫藏本　原三菱財團岩崎氏家舊藏

【按】每半葉有界九行，行二十字。白口，四周雙邊。

諸經紀數十八卷　諸史紀數十四卷

（明）徐鑒編撰

明萬曆四十五年（1627 年）序刊本　共九册

内閣文庫藏本　原楓山官庫舊藏

【按】每半葉有界十行，行二十三字。白口，四周單邊。

諸經纂注三十四卷

（明）楊聯芳編撰

明萬曆四十一年（1613 年）序刊本

内閣文庫　尊經閣文庫藏本

【按】每半葉有界七行，行二十字。白口，左右雙邊。

内閣文庫藏此同一刊本三部。一部原係楓山官庫舊藏，十二册。一部原係昌平坂學問所舊藏，共十四册。一部原係豐後佐伯藩主毛利高標舊藏，仁孝天皇文政年間（1818—1829 年）出雲守毛利高翰獻贈幕府。明治初期，歸内閣文庫。卷中有"佐伯侯毛利高標字培松藏書畫之印"等印記，共八册。

尊經閣文庫藏本，原係江戶時代加賀藩主前田綱紀等舊藏，共十六册。

類雋三十卷

（明）鄭若庸編撰　呂珩等校正

明萬曆六年（1578 年）汪氏刊本

宮内廳書陵部　内閣文庫　尊經閣文庫　蓬左文庫藏本

【按】每半葉有界九行，行十八字。白口，左右雙邊。

卷尾有明萬曆五年（1577 年）西蜀王用楨《跋》。

宮内廳書陵部藏本，卷中有缺葉，共二十八册。

内閣文庫藏本，今缺卷一，實存二十九卷，共二十九册。

尊經閣文庫藏本，原係江戶時代加賀藩主前田綱紀等舊藏，共三十册。

蓬左文庫藏本，原係江戶時代尾張藩主家舊藏，明正天皇寬永十三年（1636 年）從中國購入。卷中有"尾陽内庫"印記。共十三册。

【附錄】據《商舶載來書目》記載，櫻町天皇

元文四年（1739 年）中國商船"利字號"載《類
雋》一部二帙抵日本。

據《外船書籍元帳》記載，仁孝天皇弘化三
年（1846 年）中國商船載《類雋》一部二帙抵
日本，售價二十五匁。

古雋考略六卷

（明）顧充　李承勛輯　李大生校

明萬曆十四年（1586 年）跋刊本　共四册

國會圖書館　尊經閣文庫　東京大學東洋
文化研究所藏本

【按】尊紀閣文庫藏本，原係江户時代加賀
藩主前田綱紀等舊藏。

典籍便覽八卷

（明）范泓編　范沫注

明萬曆三十一年（1603 年）序刊本

内閣文庫　尊經閣文庫　静嘉堂文庫藏本

【按】内閣文庫藏此同一刊本兩部。一部原
係楓山官庫舊藏，共四册。一部原係昌平坂學
問所舊藏，共十六册。

尊經閣文庫藏本，原係江户時代加賀藩主前
田綱紀等舊藏，共四册。

静嘉堂文庫藏本，共四册。

【附録】據《商舶載來書目》記載，後櫻町天
皇寶曆十三年（1763 年）中國商船"天字號"
載《典籍便覽》一部一帙抵日本。

日本江户時代有《典籍便覽》八卷寫本一
種，題"明范泓纂輯范沫補注"。此本現藏國
會圖書館。

江户時代中期又有《典籍便覽》八卷寫本一
種，卷中有傍訓，凡八册。此本現藏京都陽明
文庫。

孝明天皇安政五年（1858 年）有《典籍便
覽》卷八"物類部（下）"寫本殘本一種，題"明
范泓輯"。此本現藏國會圖書館。

五車霏玉三十四卷

（明）吳昭明編撰

明刊本　共十册

尊經閣文庫藏本　原江户時代加賀藩主前
田綱紀等舊藏

唐類函二百卷　目二卷

（明）俞安期編　徐顯卿等校

明萬曆三十一年（1603 年）東吳俞氏刊本

宫内廳書陵部　國會圖書館　内閣文庫
蓬左文庫　東洋文庫　東京大學　京都大學
東北大學附屬圖書館　關西大學附屬圖書
館内藤文庫　足利學校遺蹟圖書館　青山文
庫　京都陽明文庫　德山市毛利家事務所藏
本

【按】前有明萬曆三十一年（1603 年）申時
行《刻唐類函序》，次有同年沈思孝《唐類函
序》，次有同年李維楨《唐類函序》。

宫内廳書陵部藏此同一刊本三部，兩部皆共
四十册。一部原係德山藩三代主毛利元次廣
收"天下漢籍"之一種。東山天皇寶永三年
（1706 年）《御書物目録》著録此本。明治二
十九年（1896 年）男爵毛利元功將此本獻贈宫
内省圖書寮（即今宫内廳書陵部）。卷中有
"德藩藏書"印記，共一百册。

國會圖書館藏本，原共四十册，現合爲二十
册。

内閣文庫藏此同一刊本四部。一部共四十
册。一部原係昌平坂學問所舊藏，此本乃同版
後印本，共八十册。一部亦係同版後印，共八
十册。一部同版後印，今缺卷八十一至卷一百
十八，共八十册

蓬左文庫藏本。原係江户時代尾張藩主家
舊藏，明正天皇寬永四年（1627 年）從中國購
入，共四十册。

東洋文庫藏本，共四十册。

東京大學藏此同一刊本四部。三部今藏總
合圖書館，其中一部原係江户時代紀州德川家
南葵文庫等舊藏，共八十二册；一部原係渡邊
信青洲文庫舊藏，共九十册；一部原係岡千仞
岡文庫等舊藏，共六十四册。另一部今藏東洋

文化研究所，係養正堂藏版。

京都大學藏此同一刊本兩部。一部原係鈴木虎雄舊藏，現藏文學部中國語學文學哲學研究室。一部現藏人文科學研究所東洋學文獻中心，共五十册。

東北大學藏本，共八十册。

關西大學藏本，原係内藤湖南舊藏，共四十册。

足利學校遺蹟圖書館藏本，原係足利學校舊藏，共一百册。

青山文庫藏本，原係田中光顯舊藏。

陽明文庫藏本，原係江户時代近衛家熙等舊藏，共四十一册。

【附録】據《商舶載來書目》記載，東山天皇寶永七年（1710 年）中國商船"多字號"載《唐類函》一部六帙抵日本。

據桃園天皇寬延四年（1751 年）《持渡書物覺書》記載，中國商船載《唐類函》一部六帙六十册抵日本。

據《長崎官府貿易外船賫來書目》記載，桃園天皇寶曆九年（1759 年）中國商船"一番船"載《唐類函》九部，每部凡八十四帙抵日本。同年，中國商船"七番船"載《唐類函》四部，"十番船"載《唐類函》六部（其中，二部各六帙，三部各二十帙，一部八帙）抵日本。

據桃園天皇寶曆十年（1760 年）《唐船持渡商賣書物目録并大意書》記載，是年中國商船"辰一番"載《唐類函》一部八帙四十一册抵日本。此本題"明俞安期彙纂"，并注曰："古本，然多處蟲蝕，脱紙二十張。"

據光格天皇文化七年（1810 年）《唐船持渡書物目録留》記載，是年中國商船"五番船"載《唐類函》四部抵日本。其中，二部各六帙，二部各四帙。同年"九番船"載《唐類函》一部抵日本，此本《目録》傍注"御用"二字。

據《外船書籍元帳》記載，仁孝天皇天保十二年（1841 年）中國商船"子一番船"（船主劉念國）載《唐類函》一部八帙抵日本，同年中國商船"子三番船"（船主鄭行）亦載《唐類函》一部八帙抵日本，售價皆三十匁。

仁孝天皇弘化二年（1845 年）中國商船輸入《唐類函》一部八帙八册。此本投標價爲安田屋四十匁，鐵屋四十八匁，菱屋平吉六十匁五分。

仁孝天皇弘化三年（1846 年）中國商船載《唐類函》二部抵日本。其中，一部十帙，一部八帙。售價共六十匁。

仁孝天皇弘化四年（1847 年）中國商船"午一番"、"午四番"各載《唐類函》一部抵日本，售價皆爲三十匁一部。

孝明天皇嘉永三年（1850 年）中國商船"酉五番"載《唐類函》一部八帙抵日本。售價爲三十五匁。

據《漢籍發賣投標記録》記載，孝明天皇安政七年（1860 年），《唐類函》一部投標價爲八河屋二十匁，本啓三十一匁一分，島屋四十匁。

唐類函二百卷　目二卷

（明）俞安期編　徐顯卿等校

明萬曆四十六年（1618 年）新都程氏序刊本

國會圖書館　尊經閣文庫　東洋文庫　東京大學東洋文化研究所　早稻田大學圖書館　愛知大學簡齋文庫藏本

【按】是書係明萬曆四十六年（1618 年）新都程氏用萬曆三十一年（1603 年）東吳俞氏刊本之刻版，加序補刻之重印刊本。

國會圖書館藏本，共六十四册。

尊經閣文庫，原係江户時代加賀藩主前田綱紀等舊藏，共六十册。

東洋文庫藏本，原係小田切萬壽之助等舊藏，共八十册。

東京大學藏本，原係大木幹一等舊藏。

早稻田大學圖書館藏本，原係下村正太郎家下村文庫等舊藏，共八十册。

愛知大學藏本，原係小倉正恒舊藏，共五十册。

唐類函二百卷　目二卷

（明）俞安期編　徐顯卿等校
明刊本　共四十五冊
東北大學附屬圖書館藏本　原狩野亨吉舊藏

唐類函二百卷　目二卷

（明）俞安期編　徐顯卿等校
明刊本（文盛堂藏版）　共八十冊
大阪天滿宮御文庫　廣島市立淺野圖書館藏本

詩雋類函一百五十卷

（明）俞安期編　梅鼎祚補　曹學佺校
明萬曆三十七年（1609 年）序刊本
內閣文庫　東京大學總合圖書館藏本
【按】每半葉有界十行，行二十字。白口，四周單邊。
內閣文庫藏此同一刊本兩部。一部原係昌平坂學問所舊藏，共四十冊。一部原係楓山官庫舊藏，共五十冊。
東京大學總合圖書館藏本，原係廣東籌賑日災寄贈本。此本卷中有清人寫補，共三十六冊。
【附録】日本長崎港桃園天皇寶曆四年（1754 年）《舶來書籍大意書》著録《詩雋類函》一部四帙四十册。其釋文曰：
　　“此本係明俞安期彙編。凡詩之類編，若以世與人爲綱者，則有《唐詩紀》；若以詞爲綱者，則有《唐詩品彙》；若以事爲綱者，則有《唐詩類苑》等。此書自皇古迄於李唐，選歌謠時諺樂府古今諸體之詩而雋永有味者，凡二萬三百二十餘首，分天文、地理、居處、服食、果木、鳥獸、人事等爲三十八門七百六十目。各首題之下，記作者姓名，冠以國號。唐人又標‘初、盛、中、晚’字，分名於下。凡一百五十卷，明萬曆三十七年刊本。”

據《商舶載來書目》記載，桃園天皇寶曆四年（1754 年）中國商船“志字號”載《詩雋類函》一部四帙抵日本。

啓雋類函一百七卷　目九卷

（明）俞安期　李國祥編　曹學佺等校
明萬曆年間（1573—1620 年）刊本
內閣文庫　蓬左文庫藏本
【按】前有明萬曆四十六年（1618 年）李維貞《序》。
此本細目如次：
《啓雋近體》一百卷；
《啓雋古體》二卷；
《啓雋職官考》五卷。
內閣文庫藏此同一刊本兩部。一部原係楓山官庫等舊藏，共五十冊。一部原係江户時代林氏大學頭家等舊藏，共四十八冊。
蓬左文庫藏此同一刊本兩部。一部共四十四册；一部共四十冊。

啓雋類函一百二十卷

（明）俞安期編
明萬曆年間（1573—1620 年）刊本　共五十册
尊經閣文庫藏本　原江户時代加賀藩主前田綱紀等舊藏

啓雋類函一百卷

（明）俞安期編　李國祥輯　曹學佺訂定
明萬曆四十五年（1617 年）序刊本　共三十二册
宮內廳書陵部　京都大學文學部中國語學文學哲學研究室藏本
【按】宮內廳書陵部藏本，原係德山藩三代主毛利元次廣收“天下漢籍”之一種。東山天皇寶永三年（1706 年）《御書物目録》著録此本。明治二十九年（1896 年）男爵毛利元功將此本獻贈宮內省圖書寮。卷中有“德藩藏書”印記，共五十冊。

京都大學藏本,凡三十二册。

【附録】桃園天皇寶曆四年(1754年)《舶來書籍大意書》著録此書,并注"脱紙三張,《啓》十一缺,卷二卷之末脱"。其識文曰:

"此書明人俞安期彙編。先《職官考》五卷,次輯後漢至明代牋、啓、奏、記等百三十餘篇,次古體二卷,次録唐代至明之啓、表、奏等四千三百四十二篇,自諸王、宰相、至丞簿、教職,分門別類,依次編録,通爲百卷。"

據《商舶載來書目》記載,櫻町天皇寬保二年(1742年)中國商船"計字號"載《啓雋類函》一部四帙抵日本。

據桃園天皇寬延四年(1751年)《持渡書物覺書》記載,是年中國商船"午字號"載《啓雋類函》一部四十六册抵日本。

辟寒部四卷

(明)陳繼儒著

明刊本　共二册

早稻田大學圖書館藏本

(鐫)五侯鯖十二卷

(明)彭儼編

明萬曆三十一年(1603年)序刊本　共六册

内閣文庫藏本　原豐後佐伯藩主毛利高標舊藏

【按】每半葉有界九行,行十八字。白口,四周雙邊。

此本係仁孝天皇文政年間(1818—1829年)出雲守毛利高翰獻贈幕府。明治初期,歸内閣文庫。

卷中有"佐伯侯毛利高標字培松藏書畫之印"等印記

(新刻重校增補)圓機活法詩學全書二十四卷圓機活法韵學全書十四卷

(明)王世貞校　楊淙校

明萬曆年間(1573—1620年)刊本

静嘉堂文庫　熊本大學附屬圖書館藏本

【按】每半葉有界十二行,行十五字。白口,四周雙邊,單黑魚尾。

静嘉堂文庫藏本,共十九册。

熊本大學藏本,原係落合爲誠(東郭)舊藏,此本今存《圓機活法詩學全書》(殘本)八卷。

【附録】日本東山天皇元禄十五年(1702年)《倭版書籍考》卷七"詩文尺牘"著録《圓機活法》二十四卷,《詩韵活法》十四卷。其識文曰:"此二本俱明人王世貞校正,不具編者之名。本邦點者乃菊池東匀。"

據《商舶載來書目》記載,中御門天皇享保六年(1721年)中國商船"志字號"載《詩學圓機活法大成》一部二十册抵日本。同天皇享保十一年(1726年)中國商船"江字號"載《圓機活法》一部二帙抵日本。

據中御門天皇享保二十年(1735年)《第二十番船寧波船書目》記載,當年該船載《圓機活法》二部抵日本。

據桃園天皇寶曆九年(1759年)《長崎官府貿易外船賫來書目》記載,當年中國商船"一番船"載《詩學圓機》十部二十帙抵日本。

據《外船書籍元帳》記載,仁孝天皇天保十二年(1841年)中國商船"丑二番船"載《圓機活法》大本一部四帙抵日本。售價三十匁。

據《漢籍發賣投標記録》記載,仁孝天皇天保十四年(1843年)《袖珍圓機活法詩學全書》當年投標價爲永井屋四十一匁,安田屋四十三匁,入來屋五十匁。

據《會所書籍輸入元帳》記載,仁孝天皇天保十五年(1844年)《圓機活法詩學全書》當年投標價爲安田屋三十二匁三分,永見屋三十二匁五分,三支屋三十五匁二分。

日本後西天皇明曆二年(1656年)京都八尾勘兵衛刊印《新刻重校增補圓機活法詩學全書》二十四卷,并附刊《新刻重校增補圓機活法詩韵全書》十二卷。此本由日本菊池東匀(耕齋)句點。其後有文榮堂前川善兵衛重印本。又有光格天皇寬政十二年(1800年)重印本。光格天皇文化十五年(1818年)大阪秋田屋太右衛門等修補原版,重印此書。孝明天皇元治元年(1864年)大阪秋田屋又重印此本。

靈元天皇延寶元年(1673年)洛陽(京都)積德堂刊印《新刻重校增補圓機活法詩學全書》二十四卷,并附刊《新刻重校增補圓機詩韵活法全書》十二卷。題"明王世貞校正,楊淙參閱"。

【附刊】題"明王世貞增校"。

靈元天皇寬文十二年至十三年(1672—1673年)京都八尾甚四郎刊印《新刻重校增補圓機活法詩學全書》二十四卷,并附刊《新刻重校增補圓機詩韵活法全書》十二卷。此本亦有後印本。

彙苑詳注三十六卷

(明)王世貞編　鄒道元訂

明萬曆年間(1573—1620年)邵陵車大任捐貲晋江鄒氏刊本

宫内廳書陵部　國會圖書館　尊經閣文庫　蓬左文庫　東洋文庫藏本

【按】前有明萬曆二十三年(1595年)車大任等《序》。

宫内廳書陵部藏本,原係德山藩三代主毛利元次廣收"天下漢籍"之一種。東山天皇寶永三年(1706年)《御書物目録》著録此本,明治二十九年(1896年)男爵毛利元功將此本獻贈宫内省圖書寮。卷中有"德藩藏書"印記。卷中有寫補,共二十四册。

國會圖書館藏本,原共三十册,現合爲十册。

尊經閣文庫藏本,原係江户時代加賀藩主前田綱紀等舊藏,共三十三册。

蓬左文庫藏本,原係江户時代尾張藩主家舊藏,明正天皇寬永四年(1627年)從中國購入。卷中有"尾陽内庫"印記。共三十册。

東洋文庫藏本,共三十一册。

彙苑詳注(王氏彙苑)三十六卷

(明)王世貞編　鄒道元訂

明萬曆二十三年(1595年)序梅野石渠閣刊本

東京大學東洋文化研究所藏本

彙苑詳注(彙書詳注)三十六卷

(明)王世貞編　鄒道元訂

明刊本

内閣文庫藏本

【按】内閣文庫藏此同一刊本三部。一部原係楓山官庫舊藏,共三十册。一部原係昌平坂學問所舊藏,共二十卷。一部原係明人戴金舊藏,缺卷三十二至卷三十六,共十四册。

【附録】據《外船書籍元帳》記載,仁孝天皇天保十二年(1841年)中國商船"子一番"(船主劉念國)載《彙苑詳注》一部四帙抵日本,售價十五匁。

博物異苑四卷

(明)王世貞編

明刊本　共三册

内閣文庫藏本　原昌平坂學問所舊藏

文苑豹斑十二卷

(明)沈永思撰

明萬曆三十四年(1606年)男沈禎重校刊本

東京大學東洋文化研究所藏本

【按】每半葉有界九行,行二十一字。白口,四周單邊。

文苑彙雋二十四卷

(明)孫丕顯編撰　屠隆參定　劉朝箴校

明萬曆三十六年(1608年)繡賢堂刊本

宫内廳書陵部　國會圖書館　内閣文庫　尊經閣文庫　東京大學東洋文化研究所　早稻田大學圖書館　無窮會織田文庫藏本

【按】每半葉有界十一行,行二十一字。白口,四周單邊。

宫内廳書陵部藏本,原係德山藩三代主毛利元次廣收"天下漢籍"之一種。東山天皇寶永三年(1706 年)《御書物目録》著録此本。明治二十九年(1896 年)男爵毛利元功將此本獻贈宮內省圖書寮。卷中有"德藩藏書"印記。共六冊。

國會圖書館藏本,共十冊。

內閣文庫藏本,原係昌平坂學問所舊藏,共六冊。

尊經閣文庫藏本,原係江戶時代加賀藩主前田綱紀等舊藏,共六冊。

早稻田大學圖書館藏本,原係下村正太郎家下村文庫等舊藏,共十八冊。

無窮會藏本,原係織田小覺舊藏,共十冊。

文苑彙雋二十四卷

(明)屠隆參訂　孫丕顯彙纂
明萬曆年間(1573—1620 年)文萃堂刊本
共六冊
廣島大學文學部藏本
【按】前有明萬曆三十六年(1608 年)《序》。

事言要玄集(五集)三十二卷　引用諸書源流一卷

(明)陳茂學　唐希顏編撰
明萬曆四十六年(1618 年)閩福唐陳氏刊本
宮內廳書陵部　國會圖書館　內閣文庫尊經閣文庫　静嘉堂文庫　蓬左文庫　東京大學總合圖書館　廣島大學文學部　早稻田大學圖書館　足利學校遺蹟圖書館　京都陽明文庫藏本
【按】前有明萬曆四十六年(1618 年)按察司魏濬《序》。

是書共五集,凡《天集》三卷,《地集》八卷,《人集》十四卷,《事集》四卷,《物集》三卷。

宮內廳書陵部藏本,原係德山藩三代主毛利元次廣收"天下漢籍"之一種。東山天皇寶永三年(1706 年)《御書物目録》著録此本。明治二十九年男爵毛利元功將此本獻贈宮內省圖書寮。卷中有"德藩藏書"印記。卷中有缺頁,并有寫補。共四十三冊。

國會圖書館藏本,共三十二冊。

內閣文庫藏此同一刊本三部。一部原係昌平坂學問所舊藏,首卷寫補,共四十冊。一部原係江戶時代林氏大學頭家舊藏,今存《人集》卷八至卷十四、《事集》四卷、《物集》三卷,合十四卷。共二十一冊。一部原係楓山官庫舊藏,卷中有修補。共四十冊。

尊經閣文庫藏本,原係江戶時代加賀藩主前田綱紀等舊藏,共四十二冊。

静嘉堂文庫藏本,原係中村敬宇等舊藏,共四十六冊。

蓬左文庫藏本,原係江戶時代尾張藩主家舊藏,明正天皇寬永五年(1638 年)從中國購入,卷中有"尾陽內庫"印記,共五十冊。

東京大學總合圖書館藏本,原係渡邊信青洲文庫等舊藏,凡四十三冊。

廣島大學藏本,共四十冊。

早稻田大學圖書館藏本,共七十六冊。

足利學校遺蹟圖書館藏本,原係足利學校舊藏,共四十三冊。

陽明文庫藏本,卷中有批點,原係江戶時代近衛家熙等舊藏,共四十一冊。

學海二百十卷　目八卷

(明)茅綯輯
明萬曆三十六年(1608 年)序茅氏捐貲刊本
共九十五冊
蓬左文庫藏本　原江戶時代尾張藩主家舊藏
【按】此本係日本明正天皇寬永五年(1628 年)從中國購入。

卷中有"尾陽內庫"印記。

學海君道部二百四十卷　目八卷

(明)饒伸輯
明萬曆三十六年(1608 年)序刊本　共五十冊
國會圖書館　內閣文庫　東京大學東洋文化研究所藏本

【按】國會圖書館藏本,共五十册。

内閣文庫藏此同一刊本三部。一部原係豐後佐伯藩主毛利高標舊藏,此本係仁孝天皇文政年間(1818—1829年)出雲守毛利高翰獻贈幕府。明治初期,歸内閣文庫。卷中有"佐伯侯毛利高標字培松藏書畫之印"等印記。共八十册。一部共六十四册。一部原係江户時代林羅山舊藏,卷中有"江雲渭樹"印記,共八十册。

東京大學藏本,原係大木幹一等舊藏。此本今存卷一百五十五至卷一百五十七,共三卷。

玉堂故事大全十卷

(明)鍾惺演集　張嘉和訂正
明刊本　共四册
國會圖書館藏本

(新刻京板全像釋注解明)初學日記故事四卷

(明)蟻渡橋編
明正德年間(1506—1521年)刊本　共二册
御茶之水圖書館藏本　原德富蘇峰成簣堂舊藏

【按】每半葉無界十三行,行二十七字左右。四周雙邊。

此本全像,每頁正中爲圖像,兩傍有釋文。文字一行或二行不等。

第一册首《目録》一頁係寫補,末書"寶永乙酉(1705年)七月補修殘欠"。卷三末題署《新刻全像京板釋注詳明初學日記故事》,卷四首題署《新刻京板全像釋注詳明初學日記故事》。

(分類合像)登雲日記故事四卷

不著編撰人姓名
明刊本　共一册
京都陽明文庫藏本　原江户時代近衛家熙等舊藏

【按】此本有傍訓、批識等。

(鍥音注藝林)故事白眉三十六卷

不著編撰者姓名
明萬曆三十五年(1607年)刊本　共十二册
御茶之水圖書館藏本　原江户時代林氏大學頭家　德富蘇峰成簣堂舊藏

【按】此本分"漢、晋、唐"故事白眉各十二卷。"唐白眉"卷末有仁孝天皇文政十年丁亥(1827年)墨書,其文曰:"丁亥秋末,書肆青山堂所携讀耕齋藏印本三種之一也。諱識'林煇'。"據此則知此本原係江户時代大學頭讀耕齋主林春德舊藏,文政十年又爲大學頭林煇再收。

大正三年(1913年)四月十日文行堂將此本贈送與德富蘇峰。

各册首有"讀耕齋之家藏"印等印記。

故事白眉三十四卷

不著編撰人姓名
明刊本　共十一册
京都陽明文庫藏本　原江户時代近衛家熙等舊藏

【按】此本卷中有寫補,并有傍訓、批識等。

【附録】據《日本外船賚來書目》記載,中御門天皇享保二十年(1735年)中國商船"第二十五番"廣東船(船主黄瑞周、楊叔祖)載《白眉故事》一部抵日本。

據《商舶載來書目》記載,桃園天皇寶曆五年(1755年)中國商船"波字號"載《白眉故事》一部一帙抵日本。同天皇寶曆六年(1756年)中國商船"曾字號"載《增補白眉故事》一部一帙抵日本。

(新刻注釋)故事白眉十卷

(明)許以忠輯　鄧志謨校
明崇文堂刊本　共五册
内閣文庫　東京大學總合圖書館　神户大學附屬圖書館教養學部分館藏本

【按】每半葉有界十行,行二十字。白口,四周單邊。

東京大學總合圖書館藏本。世紀堂藏版,原係渡邊信青州文庫等舊藏。

故事白眉(白眉故事)十二卷

(明)鄧志謨編
明萬曆年間(1573—1620 年)刊本　共六册
静嘉堂文庫藏本　原中村敬宇等舊藏

(精選)黃眉故事十卷

(明)鄧志謨撰
明三槐堂刊本
國會圖書館　静嘉堂文庫　堺市立中央圖書館藏本
【按】國會圖書館藏本,原本共六册,現合爲三册。
静嘉堂文庫藏本,共三册。
堺市立中央圖書館藏本,共三册。
【附録】據《商舶載來書目》記載,光格天皇寬政六年(1794 年)中國商船"久字號"載《黃眉故事》一部一帙抵日本。

(精選)黃眉故事十卷

(明)鄧志謨彙編
明萬曆四十四年(1616 年)序刊本　共五册
東洋大學附屬圖書館哲學堂文庫藏本　原井上円了舊藏

(精選)黃眉故事十卷

(明)鄧志謨撰
明崇禎十年(1637 年)經濟堂重刊本　共六册
早稻田大學圖書館藏本

(精選)故事黃眉十卷

(明)鄧志謨撰
明余氏萃慶堂刊本　共五册
内閣文庫藏本　原江户時代林氏大學頭家舊藏

【按】每半葉無界九行,行二十一字。白口,四周單邊。

蘭雪堂古事苑定本十二卷

(明)鄧志謨輯
明蘭雪堂刊本　共四册
早稻田大學圖書館藏本

(藝林增補詳注)書言故事全本十卷

(明)許以忠輯　鄧志謨補
明刊本　共二册
東京大學東洋文化研究所　無窮會織田文庫藏本
【按】無窮會藏本,原係織田小覺舊藏。

(精選)故事採眉十卷

(明)余昌祚撰　鄧志謨校閲
明古臨丘兆麟序刻本　共四册
蓬左文庫藏本　原江户時代尾陽藩主家舊藏
【按】此本係明正天皇寬永五年(1628 年)從中國購入。
卷中有"尾陽内庫"印記。

(鍥注釋增補書言)魚倉故事十卷

(明)趙師聖撰
明萬曆元年(1573 年)陳奇泉刊本　共五册
尊經閣文庫　東京大學東洋文化研究所藏本

(新刻太倉藏版全補合像注釋大字)日記故事四卷　首一卷

(明)楊喬撰
明閩建劉君麗刊本
東京大學東洋文化研究所藏本　原仁井田陞舊藏

（新鍥重訂補遺音釋大字）日記故事大成（殘本）
四卷

不著編撰人姓名

明萬曆年間（1573—1620 年）熊氏口吾書舍
刊本

東京大學東洋文化研究所藏本　原仁井田
陞舊藏

【按】此本今存卷五至卷八，共四卷。

（重刻聯對便蒙圖像）七寶故事大全二十卷

（明）吳道周撰　周載道補

明萬曆三十二年（1604 年）黃氏集義堂重刊
本

東京大學東洋文化研究所藏本　原仁井田
陞舊藏

（重刻）初穎日記故事四卷

不著編撰人姓名

明刊本　共一册

尊經閣文庫藏本　原江户時代加賀藩主前
田綱紀等舊藏

（忠信堂四刻分類注釋合像）初穎日記故事四卷

不著編撰人姓名

明忠信堂刊本　共一册

東京大學東洋文化研究所藏本

（新刻類輯）故事通考傍訓十卷

（明）屠隆撰

明萬曆三十一年（1603 年）詹聖澤重刊本

東京大學東洋文化研究所藏本　原仁井田
陞舊藏

幼學須知便讀故事二卷

（明）程登吉撰

明金閶楊瑞卿刊本

東京大學東洋文化研究所藏本

（便覽聯輝）日記故事（上層附千家詩）三卷

不著編撰人姓名

明刊本　共一册

内閣文庫藏本　原江户時代林氏大學頭家
舊藏

（躍劍山房校刻）故事狐白解（殘本）五卷

不著編撰人姓名

明刊本　共一册

内閣文庫藏本　原豐後佐伯藩主毛利高標
舊藏

【按】此本係仁孝天皇文政年間（1818—
1829 年）出雲守毛利高翰獻贈幕府。明治初
期，歸内閣文庫。

卷中有"佐伯侯毛利高標字培松藏書畫之
印"等印記。

（鍥傍注）事類捷録十五卷

（明）鄧志謨撰　鄧士龍校

明萃慶堂余彰德刊本

蓬左文庫　東京大學東洋文化研究所　關
西大學附屬圖書館内藤文庫藏本

【按】每半葉有界十行，行十八字。白口，四
周單邊（20.4cm×11.9cm）。

首題《鍥傍注事類捷録》，署"饒安百拙生鄧
志謨著　宗人濟寰士龍校　書林萃慶堂余彰
德梓"。

蓬左文庫藏本，原係江户時代尾張藩主家舊
藏，明正天皇寬永九年（1632 年）從中國購入，
卷中有"尾陽内庫"印記。共四册。

東京大學藏本，原係仁井田陞舊藏。

關西大學藏本，原係内藤湖南舊藏，卷中有
"内藤乾藏書"、"乾吉"、"紹本"等印記。共
五册。

人品捷録十卷

（明）鄧志謨編撰

明刊本　共二册

尊經閣文庫藏本　原江戶時代加賀藩主前田綱紀等舊藏

奇姓通十四卷

（明）夏樹芳輯

明天啓年間（1621—1627 年）刊本　共七册

尊經閣文庫藏本　原江戶時代加賀藩主前田綱紀等舊藏

【按】每半葉有界七行，行十六字。白口，四周單邊。

奇姓通十二卷

（明）夏樹芳輯　陳繼儒校

明刊本　共六册

內閣文庫藏本　原楓山官庫舊藏

潛確居類書一百二十卷

（明）陳仁錫纂輯

明刊本

國會圖書館　內閣文庫　尊經閣文庫　東京大學東洋文化研究所　大阪天滿宮御文庫藏本

【按】國會圖書館藏此同一刊本兩部。一部共六十册，一部原共五十册，現合爲十五册。

內閣文庫藏此同一刊本六部。一部原係昌平坂學問所舊藏，共六十四册。一部原係楓山官庫舊藏，共一百册。一部原係岸本由豆流舊藏，共八十册。一部原係野間省三舊藏，共六十册。一部共八十册。一部共四十册。

尊經閣文庫藏本，原係江戶時代加賀藩主前田綱紀等舊藏，共四十册。

東京大學東洋文化研究所藏本，原係大木幹一等舊藏。

大阪天滿宮藏本，共八十二册。

【附錄】據《商舶載來書目》記載，中御門天皇享保四年（1719 年）中國商船"世字號"載《潛確類書》一部十帙抵日本。

據《外船賫來書目》記載，中御門天皇享保四年（1719 年）中國商船"第二十九番"南京船（船主俞枚吉）載《潛確類書》三部抵日本。享保二十年（1735 年）中國商船"第二十五番"廣東船（船主黃瑞周、楊叔祖）載《潛確類書》三部抵日本。

據桃園天皇寬延四年（1751 年）《持渡書物覺書》記載，是年中國商船載《潛確類書》一部六帙四十八册抵日本。

據《外船書籍元帳》記載，仁孝天皇天保十二年（1841 年）中國商船"子二番"載《潛確類書》一部八帙抵日本，售價四十匁。孝明天皇嘉永三年（1850 年）中國商船"酉五番"載《潛確類書》一部五帙抵日本，售價三十三匁。

據《漢籍發賣投標記錄》記載，仁孝天皇天保十五年（1844 年）《潛確類書》一部八帙投標價爲安田屋七十匁六分，三枝屋七十一匁九分，永見屋八十匁。

潛確居類書一百二十卷

（明）陳仁錫纂輯

明崇禎三年至五年（1630—1632 年）長洲陳氏刊本

蓬左文庫　東京大學東洋文化研究所　京都大學人文科學研究所東洋學文獻中心　東北大學附屬圖書館　大阪大學懷德堂文庫　關西大學附屬圖書館泊園文庫藏本

【按】每半葉有界十行，行二十字。白口，四周單邊。

蓬左文庫藏本，原係江戶時代尾張藩主家舊藏，明正天皇寬永十三年（1636 年）從中國購入，共六十七册。

京都大學藏本，共五十册。

東北大學藏本，原係狩野亨吉舊藏，共五十册。

大阪大學藏本，原係懷德書院等舊藏，共六十册。

關西大學藏本，原係江戶時代藤澤東畡、南陽、黃鵠、黃彼三世四代"泊園書院"舊藏，王泰源三槐堂藏版，共六十册。

潛確居類書一百二十卷　首一卷

（明）陳仁錫纂輯

明崇禎三年至五年（1630—1632 年）潭城徐
觀我刊本

東洋文庫　東京大學總合圖書館藏本

【按】東洋文庫藏本，原係藤田豐八等舊藏，
共六十四册。

東京大學總合圖書館藏此同一刊本兩部。
一部原係廣東籌賑日災寄贈本，共四十八册，
一部共六十七册。

潛確居類書一百二十卷

（明）陳仁錫纂輯

明崇禎十五年（1642 年）陳氏繼志堂刊本

内閣文庫　福井市立圖書館藏本

【按】每半葉有界九行，行二十字。白口，四
周單邊。

内閣文庫藏本，共五十一册。

福井市藏本，卷中有"明道館圖書記"朱文
方印等印記，共三十册。

潛確居類書一百二十卷　目二卷

（明）陳仁錫纂輯

明刊本　共四十册

静嘉堂文庫藏本

八編類纂二百八十五卷　序一卷　卷外圖二卷
目一卷

（明）陳仁錫編纂

明萬曆年間（1573—1620 年）刊本　共五十
八册

宮内廳書陵部藏本

【按】此本細目如次：

丘濬撰《大學衍義補》；

唐順之撰《史纂左編》、《右編》、《稗編》；

章潢撰《圖書編》；

鄧元錫撰《函史論》；

馮應京撰《實用編》；

馮琦撰《經濟類編》。

【附録】桃園天皇寶曆四年（1754 年）《舶來
書籍大意書》著録此書，并注"一部百册，有朱
青墨點，脱紙二張，卷末脱落"。其識文曰：
"此書明人陳仁錫評纂。卷首載《大易》《尚
書》《毛詩》《春秋》《周禮》《禮記》諸圖，本編
以易經、書經、詩經、春秋、禮記、樂、户、禮、兵、
刑、工、天、地、人、君、儲宗、公主、臣、將等三十
七門，重編類纂《大學衍義補》、《史纂左編》、
《右編》、《稗編》、《圖書編》、《函史論》、《實用
編》、《經濟類編》八書，并加評語，取八編之
説，通爲二百八十五卷。"

八編類纂二百八十五卷　六經圖六卷　卷外圖
二卷　目二卷

（明）陳仁錫編纂

明刊本

内閣文庫藏本

【按】内閣文庫藏此同一刊本三部。一部原
係江户時代林氏大學頭家舊藏，共一百二十
册。一部原係楓山官庫舊藏，共一百二十册。
一部共九十九册。

八編類纂二百八十五卷　序一卷　卷外圖二卷
目一卷

（明）陳仁錫編纂

明萬曆年間（1573—1620 年）刊本　共五十
八册

宮内廳書陵部藏本

經世八編類纂（八編類纂）二百八十五卷　序一
卷　六經圖六卷　卷外圖二卷　目一卷

（明）陳仁錫編纂　顔季亨訂正

明天啓六年（1626 年）序長洲陳氏刊本

宮内廳書陵部　國會圖書館　尊經閣文庫
静嘉堂文庫　東洋文庫　蓬左文庫　東京大
學　早稲田大學圖書館　京都陽明文庫　廣
島市立淺野圖書館　福井市立圖書館　御茶
之水圖書館藏本

【按】每半葉有界十行，行二十字。白口，四周單邊。

宮內廳書陵部藏本，原係德山藩三代主毛利元次廣收"天下漢籍"之一種。東山天皇寶永三年(1706年)《御書物目録》著録此本。明治二十九年(1896年)男爵毛利元功將此本獻贈宮內省圖書寮(即今宮內廳書陵部)。此本卷中有後人寫補，卷中又有"德藩藏書"等印記，共一百冊。

國會圖書館藏本，今存卷一至卷一百三十四、卷一百四十四、卷二百八十二，共一百三十六卷。又有《六經圖》六卷、《卷外圖》二卷。原共一百十七冊，現合爲三十九冊。

尊經閣文庫藏本，原係江户時代加賀藩主前田綱紀等舊藏，此本今存正文二百八十五卷，并《卷外圖》二卷，餘皆缺。

静嘉堂文庫藏此同一刊本兩部。一部共一百六卷，一部共九十八卷。

東洋文庫藏本，共一百冊。

蓬左文庫藏本，原係江户時代尾張藩主家舊藏，明正天皇寬永十二年(1635年)從中國購入，卷中有"尾陽内庫"印記，共一百二十八冊。

東京大學藏此同一刊本四部，兩部今存總合圖書館，兩部今存東洋文化研究所。總合圖書館藏本中，一部原係廣東籌賑日災寄贈本，此本今缺卷第一百至卷第一百十三，凡十三卷，實存二百七十二卷；另一部今存卷第七至卷第十二、卷第十七至卷第二十、卷第四十一至卷第四十四、卷第四十九至卷第五十二、卷第五十七至卷第六十、卷第一百四十九至卷第一百五十二，凡三十二卷共九冊。東洋文化研究所藏本中，一部原係大木幹一等舊藏。

陽明文庫藏本，原係江户時代近衛家熙等舊藏，共一百六十冊。

廣島市藏本，共一百八冊。

福井市藏本，卷中有"明新館圖書記"朱文方印等印記，共一百一冊。

御茶之水圖書館藏本，原係德富蘇峰成簣堂等舊藏。此本係用朝鮮産黄色紋樣紙作封面，外題亦係朝鮮人手筆。本文共八十五冊，序目共六冊。

(新刊翰苑廣記補訂四民捷用)學海群玉(殘本)十七卷

(明)武緯子撰

明萬曆三十五年(1607年)序潭陽熊氏種德堂刊本

東京大學東洋文化就所藏本　原仁井田陞舊藏

【按】是書原二十三卷。此本今存卷一至卷十四、卷二十一至卷二十三。

稗史彙編一百七十五卷

(明)王圻編

明萬曆年間(1573—1620年)刊本　共五十八冊

尊經閣文庫藏本　原江户時代加賀藩主前田綱紀等舊藏

【附録】據《外船書籍元帳》記載，仁孝天皇天保十二年(1841年)中國商船"寅二番"載《稗史彙編》一部二帙抵日本，售價三十匁。仁孝天皇弘化二年(1845年)日本輸入《稗史彙編》三部，各二帙。弘化四年(1847年)中國商船"午二番"載《稗史彙編》三部各二帙，"午四番"載一部一帙同抵日本，售價每部三十匁。孝明天皇嘉永二年(1849年)中國商船"酉三番"載《稗史彙編》三部各十二冊抵日本。

據仁孝天皇天保十四年(1843年)《會所書籍輸入見帳》記載，《稗史彙編》二部，注曰"二部四帙，内一部三帙。古本十六冊茶色封紙，中小文字。"售價吉井屋四十五匁，三支四十六匁，村藤四十六匁九分。

(新刻發蒙)故事便覽二卷

(明)陳繼儒輯

明天啓崇禎年間(1621—1644年)王德明刊

本 共一册

　　大谷大學附屬圖書館藏本 原神田鬯庵等舊藏

（新刻眉公陳先生編輯諸書備採萬卷）搜奇全書三十七卷

　　（明）陳繼儒編輯
　　明崇禎元年（1628 年）存仁堂陳懷軒刊本 共六册
　　國會圖書館 關西大學附屬圖書館内藤文庫藏本
　　【按】首題《新刻眉公陳先生編輯諸書備採萬卷搜奇全書》，次署"華亭眉公明陳繼儒編輯，書林懷軒陳恭敬梓行"。
　　前有《萬寶全書題詞》。
　　關西大學藏本，原係内藤湖南舊藏。卷中有"内藤乾藏書"等印記，封面題"徐筆調先生精纂 萬寶全書 存仁堂梓"。

茹古略集三十卷

　　（明）程良孺撰 董其昌訂
　　明崇禎六年（1633 年）序刊本 共十二册
　　國會圖書館藏本

是路集十八卷

　　（明）余昌宗撰 鄧志謨釋
　　明刊本 共八册（現合爲四册）
　　國會圖書館藏本

古今議論參五十五卷

　　（明）林德謀纂輯 施有翼校訂
　　明崇禎七年（1634 年）刊本
　　宮内廳書陵部 國會圖書館 内閣文庫 早稻田大學圖書館 關西大學附屬圖書館 廣島市立淺野圖書館藏本
　　【按】前有董應舉《序》等。
　　宮内廳書陵部藏本，共十五册。
　　國會圖書館藏本，原共二十册，現合爲七册。
　　内閣文庫藏此同一刊本三部。一部原係江

户時代林氏大學頭家舊藏，共十六册。一部原係楓山官庫舊藏，共十六册。一部共十九册。
　　早稻田大學圖書館藏此同一刊本兩部，一部共二十四册，一部共十一册。
　　關西大學藏本，原係藤澤東畡、南陽、黄鵠、黄陂三世四代泊園書院舊藏。共二十册。
　　廣島市藏本，共二十册。
　　【附録】江户時代有明人林德謀輯《古今議論參》寫本一種。此本今存卷第七、卷第十、卷第十三，凡三卷，存早稻田大學圖書館。

古今議論參五十五卷

　　（明）林德謀纂輯 施有翼訂閲
　　明崇禎年間（1628—1644 年）閩中林氏刊本 共二十册
　　蓬左文庫藏本 原江户時代尾張藩主家等舊藏
　　【按】前有明崇禎七年（1634 年）董應舉《序》。
　　此本係明正天皇寬永十三年（1636 年）從中國購入。
　　卷中有"尾陽内庫"印記。

廣古今議論參二十九卷

　　（明）陳卧子編 吳中龍等評
　　明崇禎年間（1628—1644 年）刊本 共十二册
　　静嘉堂文庫藏本

廣古今議論參三十卷

　　（明）陳卧子編
　　明末刊本 共十册
　　内閣文庫藏本 原豐後佐伯藩主毛利高標舊藏
　　【按】此本係仁孝天皇文政年間（1818—1829 年）出雲守毛利高翰獻贈幕府。明治初期，歸内閣文庫。
　　卷中有"佐伯侯毛利高標字培松藏書畫之印"等印記。

（新鍥三才備考）萬象全編不求人（殘本）二十二卷

　　不著編撰人姓名
　　明萬曆三年（1575 年）陳耀吾刊本　共十一册
　　東北大學附屬圖書館藏本　原狩野亨吉舊藏
　　【按】是書全二十五卷。此本今缺卷十至卷十二，實存共二十二卷。

（龍頭一覽）學海不求人二十卷

　　（明）朱鼎臣編撰
　　明潭邑書林前溪熊氏刊本　共四册
　　國會圖書館藏本

（龍頭一覽）學海不求人（殘本）十七卷

　　不著編撰人姓名
　　明刊本
　　東京大學東洋文化研究所藏本　原仁井田陞舊藏
　　【按】是書全二十二卷。此本今缺卷九至卷十三。

（新刻四民便用）不求人博覽全書十二卷

　　不著編撰人姓名
　　明潭邑書林熊前溪刊本　共四册
　　蓬左文庫藏本　原江户時代大將軍德川家康舊藏
　　【按】此本係後水尾天皇元和二年（1616 年）從中國購入，原係江户幕府大將軍德川家康所有，後贈賜其子尾張藩主。
　　卷中有“御本”印記。

（鼎鍥崇文閣彙纂）士民捷用分類學府全編三十五卷

　　（明）龍陽子輯
　　明萬曆三十五年（1607 年）潭陽劉太華刊本共十四册（現合爲七册）

國會圖書館藏本

（鼎鍥崇文閣彙纂）士民萬用正宗不求人全編（學府全編）三十五卷

　　（明）陽龍子編撰
　　明萬曆三十五年（1607 年）潭陽余文臺刊本
　　内閣文庫　尊經閣文庫　東京大學東洋文化研究所　京都陽明文庫藏本
　　【按】内閣文庫藏本，原係豐後佐伯藩主毛利高標舊藏。仁孝天皇文政年間（1818—1829 年）出雲守毛利高翰獻贈幕府。明治初期，歸内閣文庫。卷中有“佐伯侯毛利高標字培松藏書畫之印”等印記，共十册。
　　尊經閣文庫藏本，原係江户時代加賀藩主前田綱紀等舊藏，共十册。
　　東京大學藏本，原係仁井田陞舊藏。
　　陽明文庫藏本，原係江户時代近衛家熙等舊藏，共十二册。

士民萬用正宗不求人全編三十五卷

　　（明）陽龍子編撰
　　明萬曆三十七年（1609 年）崇文閣繪圖刊本共十一册
　　東北大學附屬圖書館藏本　原狩野亨吉舊藏

（刻）五車彙覽切要不求人二十五卷

　　不著編撰人姓名
　　明萬曆年間（1573—1620 年）刊本
　　廣島市立淺野圖書館藏本

（新刻天下四民便覽）三臺萬用正宗四十三卷

　　（明）余象斗編撰
　　明萬曆二十七年（1599 年）潭邑書林余文臺氏雙峰堂刊本　共八册
　　蓬左文庫　東京大學東洋文化研究所藏本
　　【按】蓬左文庫藏本，原係江户時代尾張藩主家舊藏，係明正天皇寬永末年（1643 年）從中國購入，卷中有“尾陽内庫”印記。

東京大學藏本,原係仁井田陞等舊藏。

（新刻藝窗彙爽）萬錦情林六卷

（明）余象斗編撰

明萬曆二十六年（1598 年）潭邑書林余文臺雙峰堂刊本　共六册

東京大學文學部漢籍中心藏本

【按】此本每葉分上下二欄。上欄每半葉有界十四行,行十二字左右;下欄每半葉有界十三行,行二十字左右。黑口,間或有白口,四周雙邊,雙魚尾。邊框尺碼上欄爲（7.4cm ×11.8cm）,下欄爲（12.5cm ×11.8cm）。

正文附有繪畫。

（新刊理氣詳辯纂要）三臺便覽通書正宗（三臺通書正宗）十八卷　首一卷　附三卷

（明）林紹周輯　林維松重編

明三臺館刊本　共十六册

廣島市立淺野圖書館藏本

【按】前有林維松等《序》。

《附録》題"柯佩編集,林紹周校正,林維松補遺"。

（新刻全補天下四民利用便觀）五車拔錦三十三卷

不著編撰人姓名　（明）徐三友校

明萬曆二十五年（1597 年）書林閩建雲齋刊本

東京大學東洋文化研究所藏本　原仁井田陞舊藏

（新刻注釋）氏族對聯名家世紀四卷

（明）姜安編撰

明萬曆二十一年（1593 年）金陵富春堂刊本　共八册

東京大學東洋文化研究所藏本

（新刻天下民家便用）萬錦全書十卷

不著編撰人姓名

明萬曆年間（1573—1620 年）刊本

東京大學東洋文化研究所藏本　原仁井田陞舊藏

【按】此本卷首題名《新刻天下民家便用萬錦全書》,卷三、卷四、卷六、卷九、卷十,凡此五卷首皆題《萬事全書類聚文林摘錦》。

（新刻全補士民便覽便用文林彙錦）萬書淵海四十卷

不著編撰人姓名

明萬曆四十年（1610 年）閩建楊欽齋刊本　共十册

大谷大學圖書館藏本　原神田鬯庵舊藏

（新刻全補士民便覽便用文林彙錦）萬書淵海三十七卷

（明）徐企龍編撰

明萬曆年間（1573—1620 年）刊本　共六册

尊經閣文庫藏本　原江户時代加賀藩主前田綱紀等舊藏

（新刻鄴架新裁）萬寶全書三十四卷

（明）徐企龍　冲懷編撰

明萬曆四十二年（1614 年）序刊本

宮内廳書陵部　東京大學東洋文化研究所藏本

【按】宮内廳書陵部藏本,共八册。

東京大學藏本,原係仁井田陞舊藏。此本今缺卷十至卷十七、卷三十三、卷三十四,共十卷,實存二十四卷。

（新板全補天下便用文林妙錦）萬寶全書三十八卷

（明）劉子明輯

明萬曆四十年（1612 年）建陽劉氏安正堂重刊本　共十册

東京大學總合圖書館藏本　原江户時代紀州德川家南葵文庫等舊藏

（全補文林妙錦）萬寶全書三十八卷

　　（明）劉雙松編撰
　　明萬曆四十年（1612 年）序劉氏安正堂刊本
　　神户大學附屬圖書館文學部分館藏本

（新刻艾先生天祿閣彙編採精便覽）萬寶全書三十五卷

　　（明）艾南英編撰
　　明三槐堂王泰源刊本
　　内閣文庫　蓬左文庫　東京大學東洋文化研究所　早稻田大學圖書館　關西大學附屬圖書館藏本
　　【按】内閣文庫藏本，原係江户時代林氏大學頭家舊藏，共六册。
　　蓬左文庫藏本，原係江户時代尾張藩主家舊藏，共六册。
　　東京大學藏本，此本今缺卷二十至卷二十九，共十卷，實存二十五卷。
　　早稻田大學圖書館藏本，内封題署"五車聚璧"，原係下村正太郎家下村文庫等舊藏，共八册。
　　關西大學藏本，原係江户時代藤澤東畡、南陽、黄鵠、黄坡三世四代泊園書院舊藏，共五册。
　　【附錄】據《外船書籍元帳》記載，仁孝天皇文化十二年（1829 年）日本輸入《萬寶全書》三十九部。

（新刻艾先生天祿閣彙編採精便覽）萬寶全書三十七卷

　　（明）艾南英編撰
　　明崇禎元年（1628 年）潭邑陳氏存仁堂刊本　共四册
　　東京大學藏本
　　【按】東京大學藏此同一刊本兩部。一部今存總合圖書館，原係江户時代紀州德川家南葵文庫等舊藏。一部今存東洋文化研究所，原係仁井田陞等舊藏。

萬寶全書四民不求人十一卷

　　（明）江三汲編撰
　　明存慶堂余翊明刊本　共二册
　　廣島大學附屬圖書館斯波文庫藏本　原斯波六郎舊藏

（新鍥天下便覽）文錦類記萬書萃寶（殘本）九卷

　　不著編撰人姓名
　　明萬曆二十四年（1596 年）刊本
　　東京大學東洋文化研究所藏本　原仁井田陞舊藏
　　【按】此本今存卷十二至卷十四、卷十六至卷二十一，共九卷。

（新刻諸名家批評分類注釋）百子抄奇四卷

　　（明）郭偉編著
　　明刊本　共二册
　　尊經閣文庫藏本　原江户時代加賀藩主前田綱紀等舊藏

（新鍥分類評注文武合編）百子金丹十卷

　　（明）郭偉編著
　　明刊本　共十二册
　　尊經閣文庫藏本　原江户時代加賀藩主前田綱紀等舊藏

（新鍥京臺輯訂全書）便用一覽大宗三十二卷

　　（明）生白道人校定
　　明萬曆元年（1573 年）文崇堂刊本　共十二册
　　廣島市立淺野圖書館藏本
　　【按】前有生白室主人《序》。
　　版心標"一覽全書"，封面題籤曰"便用一覽"。

（新刻人瑞堂訂補）全書備考三十四卷

　　不著編撰人姓名　　（明）鄭尚玄訂
　　明崇禎十四年（1641 年）富沙鄭氏人瑞堂刊

本

蓬左文庫　京都大學人文科學研究所東洋學文獻中心藏本

【按】蓬左文庫藏本,共六册。

京都大學藏本,共五册。

（新鍥屠先生依韵）萃璧故事五卷

（明）屠隆撰　俞啓相輯

明萬曆三十七年（1609 年）澤邑書林熊振宇刊本　共五册（現合爲二册）

國會圖書館藏本

標緗對類大全二十卷

（明）屠隆撰

明刊本　共十二册（現合爲四册）

國會圖書館藏本

（新刊）古今類書纂要二卷

（明）璩昆玉集纂

明天啓元年（1621 年）序錢國焕刊本　共二册

内閣文庫藏本　原木村兼葭堂舊藏

【附録】據《商舶載來書目》記載,中御門天皇享保十二年（1727 年）中國商船"利字號"載《類書纂要》一部抵日本。

古今類書纂要增删十二卷

（明）璩昆玉集纂

明崇禎七年（1634 年）序刊本　共四册

國會圖書館　内閣文庫藏本

【按】國會圖書館藏本,共四册。

内閣文庫藏本,原係楓山官庫舊藏,共六册。

【附録】日本靈元天皇寛文九年（1669 年）山形屋刊印《新刊古今類書纂要》十二卷。此本題"明璩昆玉纂,明葉文懋校"。

江户時代又有《新刊古今類書纂要》十二卷和刊本一種,亦題"明璩昆玉纂,明葉文懋校"。

（經史子集）合纂類語三十一卷　附一卷

（明）魯重民輯

明刊本

内閣文庫藏本

【按】内閣文庫藏此同一刊本兩部。一部原係木村兼葭堂舊藏,此本今缺卷一至卷十四、卷十六、卷十七、卷十九并《附録》一卷,實存十四卷,共十三册。一部共二十五册。

（經史子集）合纂類語三十二卷　首一卷

（明）魯重民輯

明崇禎十七年（1644 年）序武林輝山堂金陵汪復初同刊本

宮内廳書陵部　國會圖書館　東京大學總合圖書館藏本

【按】宮内廳書陵部藏本,共二十四册。

國會圖書館藏本,共十二册。

東京大學總合圖書館藏本,原係江户時代紀州德川家南葵文庫等舊藏。此本今缺卷第二十二至卷第三十一,凡十卷,實存二十二卷,共二十二册。

十三經類語十四卷

（明）羅萬藻輯　魯重民纂注

明崇禎年間（1628—1644 年）金閶東觀閣臣古齋刊本

京都大學文學部日本史研究室　早稻田大學圖書館藏本

【按】前有明崇禎十三年（1640 年）《序》。

京都大學文學部日本史研究室藏本,共八册

早稻田大學圖書館藏本,共十三册。

十三經類語十四卷　附十三經序論選一卷

（明）羅萬藻輯　魯重民纂注　《序論選》（明）何兆聖輯

明崇禎十三年（1640 年）序金閶東觀閣臣古齋刊本

國會圖書館　内閣文庫　尊經閣文庫　東

京大學藏本

【按】每半葉有界八行,行二十二字,注文小字雙行。白口,四周單邊(19.9cm×11.4cm)。

國會圖書館藏本,原共八册,現合爲四册。

内閣文庫藏此同一刊本兩部。一部原係江户時代林氏大學頭家舊藏,共八册。一部原係楓山官庫舊藏,共十四册。

尊經閣文庫藏本,原係江户時代加賀藩主前田綱紀等舊藏,共六册。

東京大學藏此同一刊本兩部。一部藏文學部漢籍中心,共八册。一部藏東洋文化研究所,原係大木幹一等舊藏。

子史類語二十卷　首一卷

(明)魯重民編輯

明刊本

宮内廳書陵部　内閣文庫　静嘉堂文庫藏本

【按】宮内廳書陵部藏本,共十册。

内閣文庫藏此同一刊本兩部。一部原係江户時代大學頭林氏家舊藏,共十册。一部共十四册。

静嘉堂文庫藏本,此本今缺卷二十,實存十九卷,共五册。

子史碎語二十四卷

(明)胡尚洪輯

明天啓年間(1621—1627年)刊本　共十二册

東洋文庫藏本　原小田切萬壽之助等舊藏

【按】前有明天啓六年(1626年)《序》。

子史詳摘備題通會大全

(明)郝孔昭編撰

明隆慶年間(1567—1572年)刊本　共六册

尊經閣文庫藏本　原江户時代加賀藩主前田綱紀等舊藏

(新鐫編集)人生八寶故事注釋精象二卷

(明)朱悾侗撰

明萬曆三十四年(1606年)閩潭邑書林鄭素吾刊本　共二册

國會圖書館藏本

(新刊類纂天下利用通俗集成)錦綉萬花谷文林廣記十四卷

(明)唐士登撰　熊大木集成

明萬曆三十五年(1607年)陳氏積善堂刊本

宮内廳書陵部　國會圖書館藏本

【按】宮内廳書陵部藏本,卷中有缺葉,共十册。

國會圖書館藏本,共二册。

(新刻)物原一卷

(明)羅頎撰　胡文焕校

明成化十年(1474年)序刊本

東京大學東洋文化研究所藏本

博物典彙二十卷　首一卷

(明)黃道周編撰

明崇禎年間(1628—1644年)刊本

宮内廳書陵部　内閣文庫　東洋文庫　尊經閣文庫　東京大學　東北大學附屬圖書館　早稻田大學圖書館　京都陽明文庫藏本

【按】每半葉有界九行,行十九字。白口,左右雙邊。

前有明崇禎八年(1635年)《序》。

宮内廳書陵部藏此同一刊本兩部。一部共六册。一部卷中有寫補,原係德山藩三代主毛利元次廣收"天下漢籍"之一種,東山天皇寶永三年(1706年)《御書目目録》著録此本。明治二十九年(1896年)男爵毛利元功將此本獻贈宮内省圖書寮(即今宮内廳書陵部)。卷中有"德藩藏書"印記,共四册。

内閣文庫藏此同一刊本兩部。一部原係江户時代林氏大學頭家舊藏,一部原係楓山官庫舊藏,皆共六册。

東洋文庫藏本,共八册。

尊經閣文庫藏本,原係江户時代加賀藩主前田綱紀等舊藏,共十册。

東京大學藏此同一刊本兩部。一部今存總合圖書館,共八册,一部原係大木幹一等舊藏。

東北大學藏本,原係狩野亨吉舊藏,共六册。

早稻田大學圖書館藏本,原係服部南郭家服部文庫等舊藏。此本今缺卷第十六、第十七,實存十八卷,共七册。

陽明文庫藏本,原係江户時代近衛家熙等舊藏,共八册。

【附録】日本桃園天皇寶曆四年(1754 年)長崎港《舶來書籍大意書》著録《博物典彙》一部八册,并注曰:“脱紙三張。”其識文曰:

“此係黄參玄纂輯。凡古今之大經大法,既有杜氏《通典》、鄭氏《通志略》、馬氏《文獻通考》等具備,然卷帙浩繁,貧士難購。此斟酌三書,述自唐虞至於明代之往事,詳於今制,證於舊事,分天文、禮制、建宫、封建、九邊等七十一門,類從四百九十餘條,天文、九邊,各有附圖,爲二十卷。崇禎八年刊行。”

據《商舶載來書目》記載,東山天皇元録十五年(1702 年)中國商船“吕字號”載《博物彙典》一部六册抵日本。中御門天皇享保八年(1723 年)中國商船“智字號”載《重訂博物彙典》一部一帙抵日本。

異物彙苑十八卷

（明）閔文振編撰

明萬曆十八年(1590 年)三河東瀛居士跋活字版刊本　共六册

蓬左文庫　尊經閣文庫藏本

【按】蓬左文庫藏本,原係江户時代尾張藩主家舊藏,係後水尾天皇寬永四年(1627 年)從中國購入,卷中有“尾陽内庫”印記。

尊經閣文庫藏本,原係江户時代加賀藩主前田綱紀等舊藏。

群書典彙十四卷

（明）黄道周編撰

明崇禎十六年(1643 年)潭陽余氏敦古堂刊本　共十四册

宫内廳書陵部　尊經閣文庫　東京大學東洋文化研究所藏本

【按】每半葉有界九行,行二十四字。白口,四周單邊。

讀書類（事類賦）三十卷　卷首一卷

（明）馬士斐編

明崇禎十四年(1641 年)序刊本　共六册

内閣文庫藏本　原楓山官庫舊藏

昭代選屑三十卷

（明）李本緯等編

明刊本　共六册

内閣文庫藏本　原楓山官庫舊藏

【附録】日本仁孝天皇文政三年(1820 年)昌平坂學問所官刊明人李本緯等編《昭代選屑》三十卷。

夏氏淑玉彙編十卷

（明）夏宏編

明萬曆十七年(1589 年)序刊本　共十册

内閣文庫　尊經閣文庫藏本

【按】内閣文庫藏本,原係楓山官庫舊藏。

尊經閣文庫藏本,原係江户時代加賀藩主前田綱紀等舊藏。

事典考略六卷

（明）徐袍編撰

明婺州孫學聚校刊本　共六册

内閣文庫　尊經閣文庫　蓬左文庫藏本

【按】内閣文庫藏本,原係楓山官庫舊藏。

尊經閣文庫藏本,原係江户時代加賀藩主前田綱紀等舊藏。

蓬左文庫藏本,原係江户時代尾張藩主家舊

藏,明正天皇寬永九年(1632 年)從中國購入。

(新刻分類)江湖紀聞前集一卷　後集一卷

（明）郭霄鳳編著
明弘治年間(1488—1505 年)刊本
尊經閣文庫藏本　原江戶時代加賀藩主前
田綱紀等舊藏

奠麗編十四卷

（明）藍溽編
明萬曆三十二年(1604 年)序刊本　共八冊
内閣文庫藏本　原昌平坂學問所舊藏

黏壁警語三卷

（明）郭良翰編
明萬曆年間(1573—1620 年)刊本　共三冊
尊經閣文庫藏本　原江戶時代加賀藩主前
田綱紀等舊藏

問奇類林三十五卷　續問奇類林三十卷

（明）郭良翰編
明萬曆年間(1573—1620 年)刊本　共三冊
尊經閣文庫藏本　原江戶時代加賀藩主前
田綱紀等舊藏

問奇類林三十五卷

（明）郭良翰編撰　陳禹謨校
明萬曆三十七年(1609 年)序刊本　共二十
四冊
内閣文庫藏本　原楓山官庫舊藏

經世奇謀八卷

（明）俞林編撰
明萬曆年間(1573—1620 年)刊本　共三冊
尊經閣文庫藏本　原江戶時代加賀藩主前
田綱紀等舊藏

鏡古錄八卷

（明）毛調元編撰

明萬曆年間(1573—1620 年)刊本　共四冊
尊經閣文庫藏本　原江戶時代加賀藩主前
田綱紀等舊藏

鏡古錄八卷

（明）毛調元撰　毛生輝校
明萬曆庚申(1620 年)紫陽書院刊本
宮内廳書陵部　内閣文庫　蓬左文庫藏本
【按】宮内廳書陵部藏本,共八冊。
内閣文庫藏本,原係楓山官庫舊藏,共四冊。
蓬左文庫藏本,係明正天皇寬永六年(1629
年)從中國購入,原係尾張藩主家舊藏,卷中
有"尾陽内庫"印記。共八冊。

考古群玉二十三卷

（明）楊采編
明嘉靖年間(1522—1566 年)刊本　共六冊
尊經閣文庫藏本　原江戶時代加賀藩主前
田綱紀等舊藏

稽古彙編十卷

（明）林光華撰
明萬曆五年(1577 年)活字版刊本　共十冊
京都大學人文科學研究所東洋學文獻中心
藏本　原松本文三郎等舊藏

事類通考十卷

（明）劉葉編撰
明萬曆三十一年(1603 年)鄭雲竹刊本　共
五冊
尊經閣文庫　東京大學東洋文化研究所
京都陽明文庫藏本
【按】尊經閣文庫藏本,原係江戶時代加
賀藩主前田綱紀等舊藏,共五冊。
東京大學藏本,共五冊。
陽明文庫藏本,原係江戶時代近衛家熙等舊
藏,卷中有傍訓,共六冊。

玉林摘粹八卷

（明）唐生延編
明萬曆年間（1573—1620 年）刊本　共四冊
尊經閣文庫藏本　原江戶時代加賀藩主前
田綱紀等舊藏

詞叢類采八卷

（明）林溚輯
明萬曆三十三年（1605 年）玉田林氏自刊本
共四冊
京都大學人文科學研究所東洋學文獻中心
藏本

（鼎鍥四民便用）翰海瓊濤（詞林武庫）四卷

（明）童養中撰
明萬曆年間（1573—1620 年）雲明江氏刊本
東京大學東洋文化研究所藏本

（新刻注釋四民交際）錦翰英華四卷

不著編撰人姓名
明萬曆年間（1573—1620 年）刊本　共四冊
尊經閣文庫藏本　原江戶時代加賀藩主前
田綱紀等舊藏

（五刻注釋）雅俗便用廣折梅箋七卷

（明）馮猶龍編
明刊本　共二冊
尊經閣文庫藏本　原江戶時代加賀藩主前
田綱紀等舊藏

（增定）雅俗稽言四十卷

（明）張存紳編撰
明天啓三年（1623 年）序刊本　共十二冊
愛知大學附屬圖書館簡齋藏本　原小倉正
恒等舊藏

損齋備忘録二卷

（明）梅純撰

明人藍格寫本　共一冊
大倉文化財團藏本
【按】此本係《四庫全書》底本。書封面有
"范懋柱家藏軍機處"木記。
卷中有"翰林院"、"教經堂錢氏"、"畿輔譚
氏"、"篤生"等印記。

（新鐫增補類纂摘要）鰲頭雜字五卷

不著編撰人姓名
明刊本　共三冊
內閣文庫藏本　原鹿苑寺　豐後佐伯藩主
毛利高標舊藏
【按】此本分爲《新鐫增補鰲頭雜字類纂摘
要》二卷、《新鐫增補鰲頭雜字類纂摘要巧對
聯句婚書祭文》一卷、《近聖居新鐫古本音釋
注解雜字大全》二卷。
仁孝天皇文政年間（1818—1829 年）出雲守
毛利高翰獻贈幕府。明治初期歸內閣文庫。
卷中有"佐伯侯毛利高標字培松藏書畫之
印"等印記。

（新刊廣輯）居家緊要日用雜字（不分卷）

不著編撰人姓名
明余松軒刊本　共一冊
內閣文庫藏本　原楓山官庫舊藏

（莆曾太史彙纂鰲頭）琢玉雜字三卷　首一卷

（明）曾楚卿編
明刊本　共一冊
內閣文庫藏本　原楓山官庫舊藏

（增補音釋）世事通考雜字萬花谷八卷　首一卷

（明）曹銘　徐三省編
明崇禎年間（1628—1644 年）刊本　共二冊
內閣文庫藏本　原木村兼葭堂舊藏
【按】此本係《新刻訂補直音雜字世事通考》
二卷、《萬花谷》六卷。

（精選舉業切要百子粹言分類注釋）文海波瀾二卷

　　（明）李廷機編　吳龍徵注
　　明萬曆二年（1574年）序楊應春刊本　共三冊
　　内閣文庫藏本　原昌平坂學問所舊藏

（翰林院校閱訓釋）南北正音附相法官制算制法二卷

　　（明）蔣孟育撰　翁正春校
　　明萬曆二十三年（1595年）澄邑李碧峰刊本
　　東京大學東洋文化研究所藏本

（類編古今重訂）策學衍義十二卷

　　不著編撰人姓名
　　明嘉靖年間（1522—1566年）刊本　共十冊
　　尊經閣文庫藏本　原江户時代加賀藩主前田綱紀等舊藏

古今萬姓統譜（萬世統譜）一百五十卷

　　（明）凌迪知編撰
　　明汲古閣刊本　共四十冊
　　宮内廳書陵部藏本
　　【附錄】靈元天皇延寶九年（1681年）京都秋田屋山本平左衛門刊印《古今萬姓統譜》一百四十卷，并附《歷代帝王世系統譜》六卷、《氏族博考》十四卷。此本由日人鵜飼敬順訓點。

氏族博考十四卷

　　（明）凌迪知編纂　吳京校
　　明萬曆年間（1573—1620年）刊本
　　内閣文庫　早稻田大學圖書館藏本
　　【按】内閣文庫藏此同一刊本兩部。一部原係楓山官庫舊藏，共四冊。一部原係江户時代大學有林氏家舊藏，共二冊。
　　早稻田大學圖書館藏本，共三冊。

儒函數類六十二卷　目四卷

　　（明）汪宗姬編
　　明萬曆年間（1573—1620年）刊本　共二十四冊
　　内閣文庫　静嘉堂文庫　尊經閣文庫藏本
　　【按】内閣文庫藏本，原係昌平坂學問所舊藏，共十二冊。
　　静嘉堂文庫藏本，共二十四冊。
　　尊經閣文庫藏本，原係江户時代加賀藩主前田綱紀等舊藏，共十二冊。
　　【附錄】據《商舶載來書目》記載，光格天皇寬政七年（1795年）中國商船"志字號"載《儒函數類》一部四帙抵日本。

（新鋟萬軸樓選刪補天下捷用）諸書便覽（殘本）三十一卷

　　（明）承明甫編
　　明萬曆三十二年（1604年）楊欽齋刊本　共七冊
　　内閣文庫藏本
　　【按】是書全三十七卷。此本今缺卷二十二至卷二十七，實存三十一卷。

（新鋟搜羅萬卷合并利用）便覽全書（不分卷）

　　（明）饒順欽編撰
　　明萬曆年間（1573—1620年）福林黃耀宇刊本　共九冊
　　大谷大學圖書館藏本　原神田鬯庵舊藏

（新刻施會元彙纂）士民捷用四卷

　　不著編撰人姓名
　　明萬曆三十九年（1612年）刊本
　　東京大學東洋文化研究所藏本

臆見彙考五卷　目一卷

　　（明）游日陞編　傅宗孔等校
　　明萬曆四十年（1612年）刊本　共四冊
　　宮内廳書陵部藏本

詞林海錯十六卷

（明）夏樹芳撰　陳繼儒校

明萬曆四十六年（1618 年）序刊本

内閣文庫　尊經閣文庫藏本

【按】每半葉有界七行，行十六字。白口，四周單邊。

内閣文庫藏本，原係楓山官庫舊藏，共三册。

尊經閣文庫藏本，原係江户時代加賀藩主前田綱紀等舊藏，共十六册。

詞林海錯（殘本）十卷

（明）夏樹芳撰　陳繼儒校

明萬曆四十六年（1618 年）序刊本

東京大學東洋文化研究所藏本

【按】是書全十二卷。此本今缺卷十一、卷十二，實存十卷。

尚友録二十二卷

（明）廖用賢撰

明萬曆四十五年（1617 年）序撫臺商氏刊本

共十册

早稻田大學圖書館藏本　原服部南郭家服部文庫等舊藏

尚友録二十二卷

（明）廖用賢撰

明天啓年間（1621—1627 年）會稽商周祚刊本

宮内廳書陵部　内閣文庫　蓬左文庫　尊經閣文庫　静嘉堂文庫　東京大學　京都大學人文科學研究所東洋學文獻中心　陽明文庫藏本

【按】前有明天啓元年（1621 年）《序》。

宮内廳書陵部藏本，原係江户時代德藩主毛利氏家舊藏，爲德山藩三代主毛利元次廣收“天下秘籍”之一種，東山天皇寶永三年（1706 年）《御書物目録》著録此本。明治二十九年（1896 年）男爵毛利元功獻宮内省，卷内有寫

補，共十六册。

内閣文庫藏此同一刊本三部，皆各十二册。

一部原係昌平坂學問所舊藏，卷中目録係寫補；一部原係楓山官庫舊藏。

蓬左文庫藏本，係明正天皇寬永十一年（1634 年）從中國購入，原係江户幕府大將軍德川氏家舊藏，卷中有“御本”印記，後歸尾張藩主家，共十六册。

尊經閣文庫藏此同一刊本兩部，皆原係江户時代加賀藩主前田綱紀等舊藏，各十二册。

静嘉堂文庫藏本，共十二册。

東京大學藏此同一刊本兩部。一部現存總合書館，原係渡部信家渡部文庫舊藏，共十一册。一部現存東洋文化研究所，原係大木幹一等舊藏。

京都大學藏本，共二十二册。

陽明文庫藏本，原係江户時代近衛家熙等舊藏，共十二册。

【附録】桃園天皇寶曆四年（1754 年）《舶來書籍大意書》著録《尚友録》一部帙十二册。其釋文曰：

“此書記述自上古至宋代之人物姓氏事實，依《萬姓統譜》體裁，考姓問族。非僅資於詩文，凡由《世説新語》、《氏族大全》等子史諸書記其芳行懿軌者，單言片語亦必取而録之。高僧逸氏姓氏，其平生友善者，亦就人附其後。此本天啓元年刊行。”

據《商舶載來書目》記載，中御門天皇享保六年（1721 年）中國商船“志字號”載《尚友録》一部二帙抵日本。

據光格天皇寬政六年（1794 年）《寅二番南京船書籍名目》記載，是年，該船載《尚友録》三部抵日本。

據《書籍元帳》記載，仁孝天皇弘化四年（1847 年）中國商船“午二番”載《尚友録》一部二帙抵日本，售價十五匁。同書記孝明天皇嘉永三年（1850 年）中國商船“酉七番”載《尚友録》一部二帙抵日本，售價十匁。

皇明尚友録十六卷

（明）張璽撰　沈謨參評
明萬曆十六年（1588 年）錢塘錢士鰲序刊本
共五冊
蓬左文庫藏本

士商類要四卷

（明）程春宇編
明天啓年間（1621—1627 年）刊本　共四冊
尊經閣文庫藏本　原江戶時代加賀藩主前
田綱紀等舊藏

麗句集六卷

（明）許之吉撰
明天啓五年（1625 年）序刊本　共六冊
內閣文庫　東京大學東洋文化研究所藏本
【按】每半葉有界九行，行十九字。白口，四
周單邊。
【附錄】日本桃園天皇寶曆四年（1754 年）
長崎港《舶來書籍大意書》著錄《麗句集》一部
六冊。其識文曰：
　　“此係明人許伯隆彙選。摘輯諸集中
　　四六之句，分爲天象、山岳、仕進、家倫、游
　　筵、珍玩、卉木、羽族等三十九目，合爲六
　　卷。”

後場備考彙典六卷

不著編撰人姓名
明崇禎元年（1628 年）刊本　共四冊
尊經閣文庫藏本　原江戶時代加賀藩主前
田綱紀等舊藏

海録二卷

（明）葉得蕃輯
明崇禎十七年（1645 年）澹軒刊本　共二冊
早稻田大學圖書館藏本

海録二卷

（明）葉益藩編撰
明崇禎十七年（1644 年）刊本　共四冊
內閣文庫藏本　原楓山官庫舊藏

五福全書（六種）七卷

（明）龔居中編
明崇禎年間（1628—1644 年）刊本　共五冊
內閣文庫藏本　原楓山官庫舊藏
【按】此本細目如次：
《修真要圖》一卷；
《修真至説》一卷；
《修真秘訣》一卷；
《修真金丹》一卷；
《修真種玉》一卷；
《食物宜忌》二卷。

五福全書（不分卷）

（明）龔居中編
明崇禎年間（1628—1644 年）刊本　共七冊
尊經閣文庫藏本　原江戶時代加賀藩主前
田綱紀等舊藏

文竿彙録二十四卷

（明）傅作興編
明崇禎年間（1628—1644 年）刊本　共十六
冊
靜嘉堂文庫藏本

紀事珠（不分卷）

不著編撰人姓名
明周藩定祖汝陽恭禧三世敬德齋刊本　共
四冊
蓬左文庫藏本　原江戶時代尾張藩主家舊
藏
【按】此本係後水尾天皇元和末年（1624
年）從中國購入。
卷中有“尾陽內庫”等印記。

廣博物志五十卷

（明）董斯張編
明萬曆四十三年（1615年）刊本
宮內廳書陵部　静嘉堂文庫藏本

【按】宮內廳書陵部藏本，原係德山藩三代主毛利元次廣收"天下漢籍"之一種。東山天皇寶永三年（1706年）《御書物目録》著録此本，明治二十九年（1896年）男爵毛利元功將此本獻贈宮內省圖書寮（即今宮內廳書陵部）。卷中有"德藩藏書"印記。共四十册。

静嘉堂文庫藏本，原係陸心源守先閣舊藏，共二十四册。

【附録】日本桃園天皇寶曆四年（1754年）長崎港《舶來書籍大意書》著録《廣博物志》一部四帙二十四册。其識文曰：

> "此係明人董斯張廣晋人張華之書，博涉經史子傳，分天道、時序、地形、斧扆、靈异、職官、人倫、高逸、方伎、閨户、形體、藝苑、武功、聲樂、居處、珍寶、服飾、器用、飲食、草木、鳥獸、蟲魚，凡二十二門，分類纂輯。各條之後，皆注出處，爲五十卷。萬曆四十三年刊行。"

據《商舶載來書目》記載，中御門天皇享保十一年（1726年）中國商船"久字號"載《廣博物志》一部四帙抵日本。

據《外船書籍元帳》記載，仁孝天皇弘化三年（1846年）中國商船"巳字號"載《廣博物志》一部四帙抵日本。孝明天皇嘉永二年（1849年）中國商船"西三番"載《廣博物志》一部六帙抵日本售價二十五匁。嘉永三年（1850年）中國商船"西三番"載《廣博物志》一部四帙，"西六番"載《廣博物志》一部六帙同抵日本。

廣博物志增删二十卷

（明）陳一彭編撰
明崇禎年間（1628—1644年）刊本　共四册
宮內廳書陵部藏本

稗存（説類）六十二卷

（明）葉向高撰　林茂槐增定
明書林余氏刊本　共十四册
蓬左文庫藏本　原江户時代尾張藩主家舊藏

【按】此本係明正天皇寬永十年（1633年）從中國購入。

卷中有"尾陽內庫"等印記。

稗存（説類）六十二卷

（明）葉向高撰　林茂槐增定
明萬曆年間（1573—1620年）福唐葉氏刊本
內閣文庫　蓬左文庫　東京大學總合圖書館　愛知大學簡齋文庫藏本

【按】每半葉有界十行，行二十一字。白口，左右雙邊。

內閣文庫藏此同一刊本兩部。一部原係江户時代林羅山舊藏，卷中有"江雲渭樹"印記，共十册。一部原係楓山官庫舊藏，共十四册。

蓬左文庫藏本，原係尾張藩主家舊藏，卷中有"尾陽內庫"印記，共十册。

東京大學藏本，共三册。

愛知大學藏本，原係小倉正恒舊藏，共十六册。

稗存（説類）六十二卷

（明）葉向高撰　林茂槐删補
明刊本
宮內廳書陵部藏本

【按】宮內廳書陵部藏此同一刊本兩部。一部原係江户時代德山藩三代主毛利元次廣收"天下漢籍"之一種。東山天皇寶永三年（1706年）《御書物目録》著録此本。明治二十九年（1896年）男爵毛利元功將此本獻贈宮內省國書寮（即今宮內廳書陵部）。卷中有"德藩藏書"印記，共十册。一部共五册。

警語類抄八卷

（明）程達撰
明萬曆二十五年（1597年）序刊本　共八册
宮內廳書陵部　內閣文庫藏本
【按】每半葉有界八行，行十七字。白口，左右雙邊。
內閣文庫藏本，原係楓山官庫等舊藏。

警語類抄八卷

（明）程達撰
明萬曆四十四年（1616年）山陰周氏新安汪氏後序刊本　共四册
蓬左文庫藏本　原尾張藩主家舊藏
【按】每半葉有界八行，行二十字。白口，四周單邊。

資治通鑑獨制三十卷

（明）曹胤昌編撰
明末刊本
宮內廳書陵部　內閣文庫　東京大學東洋文化研究所藏本
【按】每半葉有界九行，行二十二字。白口，四周單邊。
宮內廳藏本，共四十八册。
內閣文庫藏此同一刊本兩部。一部原係尾藤二洲舊藏，後歸昌平坂學問所，共十六册、一部共二十二册。
【附錄】據《商舶載來書目》記載，後櫻町天皇明和二年（1765年）中國商船"佐字號"載《資治通鑑獨制》一部二十册抵日本。

便於蒐檢四卷

（明）朱允燿編撰
明刊本　共八册
尊經閣文庫藏本　原江戶時代加賀藩主前田綱紀等舊藏

福壽全書六卷

（明）陳繼儒編撰
明刊本　共十六册
宮內廳書陵部藏本　原德山藩三代主毛利元次舊藏
【按】此本原係江戶時代德山藩三代主毛利元次廣收"天下秘籍"之一。東山天皇寶永三年（1706年）《御書物目錄》著錄此本。明治二十九年（1896年）男爵毛利元功獻贈宮內省。

福壽全書六卷

（明）陳繼儒編
明刊本　共六册
尊經閣文庫藏本　原江戶時代加賀藩主前田綱紀等舊藏

（新刻唐采臣先生）對學彙編十六卷　首一卷

（明）唐采臣編撰
明人瑞堂刊本　共六册
內閣文庫藏本　原豐後佐伯藩主毛利高標舊藏
【按】此本係仁孝天皇文政年間（1818—1829年）出雲守毛利高翰獻於幕府。明治初年，歸內閣文庫。
卷中有"佐伯侯毛利高標字培松藏書畫之印"等印記。

（刻）藝局秘書十二卷

（明）湯賓尹編撰
明刊本　共五册
內閣文庫藏本　原楓山官庫舊藏

（新編歷代懸鑑）古事雋（古今懸鑑）七卷

（明）吳從先撰
明師儉堂蕭少衢刊本　共三册
蓬左文庫藏本　原江戶時代尾張藩主家舊藏

【按】此本上下二欄。上欄每半葉十四行，行八字。下欄每半葉十行，行十八字。

前有明天啓元年（1621 年）臨川茅氏《序》

此本係日本明正天皇寬永六年（1629 年）從中國購入。

卷中有"尾陽内庫"印記。

群書類雋二卷　附音釋一卷

（明）程自明撰

明崇禎十年（1637 年）刊本

東京大學東洋文化研究所藏本

【按】每半葉有界九行，行二十字。白口，左右雙邊。

欣賞編八卷

（明）沈津輯　茅一相等續輯

明刊本　共十册

宮内廳書陵部　東京大學文學部漢籍中心藏本

【按】每半葉有界九行，行二十字。注文小字雙行。白口，左右雙邊（19.6cm×13.5cm）。

宮内廳書陵部藏本，原係德山藩三代主毛利元次廣收"天下漢籍"之一種。東山天皇寶永三年（1706 年）《御書物目録》著録此本。明治二十九年（1896 年）男爵毛利元功將此本獻贈宮内省圖書寮（即今宮内廳書陵部）。卷中有"德藩藏書"印記。

【附録】據《商舶載來書目》記載，日本後櫻町天皇寶曆十二年（1762 年）中國商船"世字號"載《正續欣賞編》一部二帙抵日本。明和二年（1765 年）中國商船"幾字號"載《欣賞編》一部一帙抵日本。

欣賞編十卷

（明）沈津輯　茅一相等續輯

明刊本　共五册

廣島市淺野圖書館藏本

欣賞續編十卷

（明）沈津輯　茅一相等續輯

明刊本　共七册

廣島市淺野圖書館藏本

【按】前有徐中竹《序》等。

此本有圖繪。

大備對宗十九卷　首一卷

（明）張士俊編

明刊本　共八册

内閣文庫　早稻田大學圖書館藏本

【按】内閣文庫藏本，原係木村蒹葭堂等舊藏，共八册。

早稻大學圖書館藏本，爲秋實堂藏板，原係下村正太郎家下村文庫等舊藏，共十册。

【附録】據《商舶載來書目》記載，中御門天皇享保十一年（1726 年）中國商船"多字號"載《大備對宗》一部八册抵日本。

事物别名三卷

（明）盧一元撰

明刊本　共三册

内閣文庫藏本　原楓山官庫舊藏

時物典彙二卷

（明）李日華撰　魯重民補訂

明刊本　共二册

内閣文庫藏本　原楓山官庫舊藏

（新鐫雅俗通用）珠璣藪八卷

（明）西湖散（山）人輯

明崇禎年間（1628—1644 年）刊本

内閣文庫　尊經閣文庫　東京大學總合圖書館藏本

【按】每半葉有界九行，行二十字。白口，四周單邊。

内閣文庫藏本，原係楓山官庫舊藏，共五册。

尊經閣文庫藏本，原係江戶時代加賀藩主前

田綱紀等舊藏,共四册。

東京大學總合圖書館藏本,原係廣東籌賑日災寄贈本,共四册。

(新鐫雅俗通用)珠璣藪八卷

題(明)方某編

明刊本　共八册

宮內廳書陵部藏本

(新鍥京板正訛音標提頭大字)明心寶鑑正文二卷

(明)王衡校

明刊本　共一册

內閣文庫藏本　原豐後佐伯藩主毛利高標舊藏

【按】此本係仁孝天皇文政年間(1818—1829年)出雲守毛利高翰獻於幕府。明治初期,歸內閣文庫。

卷中有"佐伯侯毛利高標字培松藏書畫之印"等印記。

庶物異名疏三十卷

(明)陳懋仁撰

明崇禎年間(1628—1644年)刊本

東京大學總合圖書館藏本　原廣東籌賑日災寄贈本

(新刻分類摘聯)四六積玉二十卷

(明)章斐然編

明刊本

內閣文庫　尊經閣文庫藏本

【按】每半葉有界九行,行十八字。白口,四周單邊。

內閣文庫藏本,原係豐後佐伯藩主毛利高標舊藏,仁孝天皇文政年間(1818—1829年)出雲守毛利高翰獻贈幕府。明治初期,歸內閣文庫。卷中有"佐伯侯毛利高標字培松藏書畫之印"等印記。共四册。

尊經閣文庫藏本,原係江戶時代加賀藩主前田綱紀等舊藏,共六册。

(鼎鍥崇文閣彙纂四民捷用分類)學府全編三十五卷

(明)龍陽子輯

明萬曆三十五年(1607年)劉太華刊本　共八册

御茶之水圖書館藏本　原德富蘇峰成簣堂等舊藏

【按】每半葉有界十二行,版面分上下二層,上層每行約十五字,下層每行約十八字。白口,四周雙邊,間或左右雙邊、上下雙邊等。

卷首題"京南龍陽子精輯、藝林劉太華梓行"。

前有明萬曆丁未(1607年)仲秋《引》。

卷中圖繪甚多。

卷末全頁刊行蓮牌木記二行,其文曰:

"萬曆歲次丁未

潭陽劉太華梓"

各册首有"由學館"朱文印記。

居家必備十卷

不著編撰人姓名

明心遠堂刊本

內閣文庫　尊經閣文庫　東京大學總合圖書館　廣島市立淺野文庫

【按】前有瞿祐《居家必備引》,次有《目錄》。

內閣文庫藏此同一刊本兩部,皆共十册。一部原係江戶時代林氏大學頭家舊藏。

尊經閣文庫藏本,原係江戶時代加賀藩主前田綱紀等舊藏,共八册。

東京大學總合圖書館藏本,原係谷干城谷文庫等舊藏,卷中有後人寫補,共十一册。

廣島圖書館藏本,共十册。

【附錄】日本東山天皇元祿十五年(1702年)《倭版書籍考》卷六"諸子百家部"著錄《居家必備》十集二十。其識文曰:

"此本編者失其名,約爲元朝人所纂輯,

有田汝成《序》。此《居家必備》者,集居家處
世要事,實爲好書。此本出静軒三竹翁處。"

居家必備一百二卷

不著編撰人姓名
明末武林讀書坊刊本　共八册
蓬左文庫藏本
【按】此本分八部,細目如次:
一,家儀
《宗法考》一卷,《冠禮考》一卷,
《婚禮考》一卷,《喪禮考》一卷,
《祭禮考》一卷,《祠堂考》一卷,
《敦倫要道》一卷,《居家懿訓》一卷,
《論相》一卷,《論陽宅》一卷,
《女戒》一卷,《女孝經》一卷,
《刺綉圖》一卷。
二,懿訓
《真靈寶訓》一卷,《座上箴言》一卷,
《拈屏語》一卷,《攝生要語》一卷,
《長者言》一卷,《韋弦佩》一卷,
《視履約》一卷,附《酒鑑》一卷,
《模世語》一卷,《大藏治病葉》一卷,
《饌客約》一卷。
三,趨避
《紀歷撮要》一卷,《探春歷紀》一卷,
《田家五行》一卷,《四時宜忌》一卷,
《選擇歷説》一卷,《相宅要説》一卷,
《燈花占》一卷,《噴嚏占》一卷,
《眼跳占》一卷,《心驚占》一卷,
《耳鳴占》一卷,《鴉鳴占》一卷,
《納貓法》一卷,《神咒志》一卷,
《俗事方》一卷,《俗考》一卷,
《袖中錦》一卷。
四,撮要
《四時攝生消息論》一卷,
《治萬病坐功訣》一卷,
《三才避忌》一卷,《守庚申法》一卷,

《丹葉箋》二卷,《絶三尸符咒》一卷,
《按摩導引訣》一卷,
《太上肘後玉經八方》一卷,
附《黄帝四時神方》一卷,
《四時修合法》一卷,
《服食方》一卷,《解百毒方》一卷,
《珍异葉品》一卷。
五,治生
《農説》一卷,《稻品》一卷,
《種樹書》一卷,《種果蔬》一卷,
《種藥蔬》一卷,《藝花譜》一卷,
《種蔬疏》一卷,《瓜蔬疏》一卷,
《蠶經》一卷,《養魚經》一卷,
《田牧志》一卷,《田家歷》一卷。
六,飲饌
《醖造品》一卷,《湯品》一卷,
《□□品》一卷,《粥糜品》一卷,
《粉麵品》一卷,《脯鮓品》一卷,
《製蔬品》一卷,《野蔌品》一卷,
《甜食品》一卷。
七,才藝
《古玩品》一卷,《詩訣》一卷,
《詞評》一卷,《曲藻》一卷,
《書箋》一卷,《帖箋》一卷,
《畫箋》一卷,《學古編》一卷,
《琴箋》一卷,《棋經》一卷,
《投壺格》一卷,《蹴鞠圖譜》一卷,
《五木經》一卷,《葉子譜》一卷,
《宣和牌譜》一卷,《姆陣譜》一卷。
八,清課
《文房器具箋》一卷,
《游具箋》一卷,
《香箋》一卷,《茶疏》一卷,
《金魚品》一卷,《盆玩品》一卷,
《瓶花譜》一卷,《觴政》一卷,
《樂志編》一卷,《林下盟》一卷。

（八）雜　家　類

（先秦漢魏晉人著作之屬）

鶡子一卷

舊題（周）鶡熊撰　　（明）歐陽清校
明嘉靖年間（1522—1566 年）刊本　共一册
静嘉堂文庫藏本　原陸心源十萬卷樓等舊藏

【附録】九世紀日本藤原佐世《本朝見在書目録》二十五"道家類"著録"《鶡子》一卷，周文王師鶡熊撰"。這是日本古文獻關於《鶡子》的最早之記録。

鶡子一卷

舊題（周）鶡熊撰　　（明）楊慎評注
明天啓五年（1625 年）横秋閣刊本　共一册
内閣文庫藏本

墨子十六卷

（周）墨翟撰
明萬曆年間（1573—1620 年）刊本　　共六册
尊經閣文庫藏本　原江户時代加賀藩主前田綱紀等舊藏

【按】每半葉十行，行二十三字左右。版心刻"萬曆四年"或"萬曆五年"，并記字數和刻工姓名。

首有（明萬曆）丁丑（1577 年）夏日潛庵子《志語》。

【附録】據《商舶載來書目》記載，中御門天皇享保十六年（1731 年）中國商船"浦字號"載《墨子》一部二册抵日本。

日本後櫻町天皇寶曆七年（1757 年）江户須原屋平左衛門須原屋茂兵衛刊印《墨子》六卷。係（明）人茅坤校，日人秋山儀再校。封面題籤《墨子全書》。此本後有日本城東書房翻刊本。

光格天皇寬政十年（1798 年）箕林書房木活字刊印《墨子》十五卷。此本係據明嘉靖壬子芝城銅活字版重刊，日人吉田漢官校。

仁孝天皇天保六年（1835 年）有覆刊清人畢沅注《墨子》六卷，題籤《經訓堂本墨子》。此本有松本氏後印本。

墨子批選（殘本）四卷

（明）李贄撰
明刊本　共二册
内閣文庫藏本　原昌平坂學問所舊藏

【按】是書全十五卷。此本今存卷十一至卷十五。

尹文子一卷

舊題（周）尹文撰　　（明）歐陽清校
明嘉靖年間（1522—1566 年）刊本　共一册
静嘉堂文庫藏本

【附録】日本光格天皇文化年間（1804—1817 年）有《尹文子》刊印本。此本由日本高橋閎慎點，并有文化十四年《序》。

尹文子一卷

舊題（周）尹文撰
明人寫本　共一册
静嘉堂文庫藏本

公孫龍子一卷

舊題（周）公孫龍撰　　（明）歐陽清校
明嘉靖年間（1522—1566 年）刊本　共一册
静嘉堂文庫藏本

公孫龍子一卷

舊題（周）公孫龍撰　　（明）楊慎評注

明刊本　共一册

内閣文庫藏本　原楓山官庫舊藏

鬼谷子三卷

舊題(周)鬼谷子撰

明刊本　共一册

内閣文庫藏本　原昌平坂學問所舊藏

【附録】九世紀日本藤原佐世《本朝見在書目録》二十九"縱橫家類"著録"《鬼谷子》三卷,鬼谷子周世隱於鬼谷,皇甫謐注"。這是日本古文獻關於《鬼谷子》的最早之記録。

十二世紀日本左大臣藤原賴長在《臺記》"康治二年(1143 年)九月二十九日"中記録所讀書目録一千又三十卷,其中有《鬼谷子》一種。

日本後桃園天皇安永三年(1774 年)京都武村新兵衛、金澤鹽與屋三兵衛外二軒等刊印《鬼谷子》二卷。此本唐尹知章注,日人皆川願(淇園)校。其後,此本有大阪青木恒三郎重印本。光格天皇文化十年(1813 年),大阪河内屋太助、京都野田嘉助以此版補刻重印。

鬼谷子一卷

舊題(周)鬼谷子撰　(梁)陶弘景注

明人寫本　共一册

静嘉堂文庫藏本　原陸心源十萬卷樓等舊藏

鬼谷子一卷

舊題(周)鬼谷子撰　(漢)劉向注　(明)李言恭校

明刊本　共三册

内閣文庫藏本

【按】内閣文庫藏此同一刊本兩部。一部原係楓山官庫舊藏,一部原係江户時代林氏大學頭家舊藏。

呂氏春秋二十六卷

(秦)呂不韋撰　(漢)高誘注

元嘉興路儒學刊本　共十册

静嘉堂文庫藏本　原張月霄愛日精廬　陸心源皕宋樓等舊藏

【按】每半葉有界十行,行二十字。注文雙行,行同正文。左右雙邊(21.8cm × 14.8cm)。細黑口,雙黑魚尾。上魚尾下題"呂氏春秋(幾)"。版心記大小字數,并有刻工姓名,如林茂、謝茂、楊青等。

前有鄭元祐《序》(此係補寫),次有《呂氏春秋總目》(第一葉係寫補),次有高誘撰《呂氏春秋序》。

《總目》之後有宋人鏡湖遺老賀鑄《跋文》八行。其文曰:

"右《呂氏春秋》總二十六卷凡六十篇。餘杭鏤本,亡三十篇而脱句漏字合三萬餘言。此本傳之於東牟王氏,今四明使君元豐初奉詔修書於資善堂,取太清樓所藏本校定。元祐壬申(1092 年)余卧病京師,喜得此書,每藥艾之間手校之。自秋涉冬,朱黃始就,即爲一客挾之而去。後三年見歸,而頗有欲得色,余亦心許之,得官江夏,因募筆工録之,竟以手改本寄欲得者云。鏡湖遺老記。"

陸心源《儀顧堂續跋》卷十著録此本,其識文曰:

"(前略)北宋時餘杭有刊本,亡三十篇,脱漏三萬餘言。元豐初,東牟王氏奉詔修書於資善堂,取太清樓藏本校定。元祐壬申,鏡湖遺老賀方回得此本於京師,手爲校定。元初,其本歸於海岱人劉克式字居敬號節軒者,其子名貞字廷幹。至正中爲嘉興路總管,刊之嘉禾學宫,此則嘉禾刊之初印者。畢氏經訓堂刊,祖弘治李瀚本。李本及嘉靖許宗魯本亦從此本出。"

卷中有"愛日精廬藏書"、"張月霄印"、"元本"、"歸安陸樹聲叔桐父印"、"臣陸樹聲"等印記。

【附録】孝謙女天皇天平勝寶三年(751 年)編纂成日本第一部書面漢詩集《懷風藻》,其收入作品多處徵引《吕氏春秋》之典故。如第四十二首爲大納言大伴宿禰旅人所作《春日侍宴》。起首詩句曰："論道與唐儕,語德共虞鄰;冠周埋屍愛,駕殷解網仁。"詩中"冠周埋屍愛"之典,則來自《吕氏春秋·異用》。原文曰:"周文王使人(抇)池,得死人之骸,吏以聞於文王。文王曰:'更葬之。'吏曰:'此無主矣。'文王曰:'有天下者,天下之主也;有一國者,一國之主也。今我非其主也?'遂令吏以衣棺更葬之。天下聞之曰:'文王賢矣! 澤及髊骨,又況於人乎!'"這是關於《吕氏春秋》最早浸入日本古代文學的記載。

九世紀末日人藤原佐世《本朝見在書目録》第三十"雜家"著録《吕氏春秋》二十六卷,并題"吕不韋撰,高誘注"。這是《吕氏春秋》傳入日本的最早的文獻記録。

據《商舶載來書目》記載,中御門天皇享保十七年(1732 年)中國商船"利字號"載《吕氏春秋》一部一帙抵日本。

日本江户時代初期有京都文泉堂林權兵衛《吕氏春秋》二十六卷刊印本,係覆刊明人徐益孫等訂本。此本後有大阪伊丹屋善兵衛等重印本。又有櫻町天皇寬保三年(1743 年)京都錢屋忠兵衛重印本,及梶川七郎兵衛重印本,并有京都秋田屋平左衛門重印本等。

吕氏春秋二十六卷

(秦)吕不韋撰　(漢)高誘注　(明)朱圖龍校

明弘治十一年(1498 年)開封府許州刊本共八册

内閣文庫藏本　原豐後佐伯藩主毛利高標舊藏

【按】每半葉有界十行,卷一行十八字,其餘皆二十字。白口,四周雙邊(22.0cm × 14.5cm)。版心上記大小字數,下記刻工姓名。

前有鄭元祐《序》,次有高誘《序》,次有《吕氏春秋總目》,次有鏡湖遺老《記》。

首題"吕氏春秋卷第一,孟春紀第一　本生　重己　貴公　去私,吕氏春秋訓解　高氏"。卷二十六標題名有"弘治十一年秋河南開封府許州重刊"。後有弘治戊午(1498 年)李瀚《重刊序》。

此本係仁孝天皇文政年間(1818—1829 年)出雲守毛利高翰獻贈幕府。明治初期,歸内閣文庫。卷中有"佐伯侯毛利高標字培松藏書畫之印"。森立之《經籍訪古志》卷四著録昌平學藏明弘治十一年刊本與此本爲同一刊本。

吕氏春秋二十六卷

(秦)吕不韋撰　(漢)高誘注

明嘉靖十七年(1538 年)刊本　共六册

内閣文庫藏本　原昌平坂學問所舊藏

【按】每半葉有界十行,行十八字。白口,左右雙邊(19.2cm × 13.9cm)。

首有明嘉靖戊子(1528 年)許宗魯《吕氏春秋序》。

森立之《經籍訪古志》卷四著録求古樓藏明嘉靖戊子年刊本與此本爲同一刊本。

吕氏春秋二十六卷

(秦)吕不韋撰　(漢)高誘注

明刊本　共四册

御茶之水圖書館藏本　原草山瑞光蘭若德富蘇峰成簀堂等舊藏

【按】每半葉有界十行,行二十一字。白口,左右雙邊。

卷中有蘇峰深草等手識文。全卷有朱筆圈點。

每册末有"草山瑞光蘭若"等印記。

吕氏春秋二十六卷

(秦)吕不韋撰　(漢)高誘注

明萬曆七年(1579 年)覆嘉靖七年(1528 年)刊本共六册

御茶之水圖書館藏本　原尾張藩主家　德富蘇峰成簀堂等舊藏

【按】每半葉有界十行,行十八字。注文雙行,行同正文。白口,左右雙邊。

《目録》末有重刊者姓名,并有刊行木記,文曰:"萬曆己卯孟夏梓於維揚資政左室。"

第一册内封墨書題曰:"源敬樣吕氏春秋唐本六册"。書帙有德富蘇峰手識文。

卷中有尾張藩主家藏書記,又有"拂"朱文印記。

吕氏春秋二十六卷

(秦)吕不韋撰　(明)劉如寵　林曜校

明萬曆二十四年(1596年)序刊本　共八册

内閣文庫藏本　原昌平坂學問所舊藏

【按】每半葉有界十行,行十九字。白口,四周雙邊。

吕氏春秋二十六卷

(秦)吕不韋撰　(明)汪一鸞校

明萬曆三十三年(1605年)刊本　共四册

内閣文庫　陽明文庫藏本

【按】每半葉有界九行,行十八字。白口,四周單邊。

内閣文庫藏本,原係昌平坂學問所等舊藏。陽明文庫藏本,原係江户時代近衛家熙等舊藏。

吕氏春秋二十六卷

(秦)吕不韋撰　(明)吳勉學校

明萬曆年間(1573—1620年)刊本　共六册

内閣文庫　足利學校遺蹟圖書館藏本

【按】足利學校遺蹟圖書館藏本,原係足利學校"阿"匧舊藏,卷四至卷十四爲後人寫補。

吕氏春秋二十六卷

(秦)吕不韋撰　(明)王鐸訂　李鳴春評　陳繼儒校

明天啓七年(1627年)刊本

内閣文庫　御茶之水圖書館藏本

【按】每半葉有界十行,行二十字。注文雙行,行同正文。白口,左右雙邊,間有單邊。

卷首題"高氏訓解"。

内閣文庫藏此同一刊本兩部,皆共四册。一部原係豐後佐伯藩主毛利高標舊藏。仁孝天皇文政年間(1818—1829年)出雲守毛利高翰獻於幕府。明治初期,歸内閣文庫。卷中有"佐伯侯毛利高標字培松藏書畫之印"。一部原係昌平坂學問所舊藏。

御茶之水圖書館藏本,原係德富蘇峰成簣堂等舊藏。此本封面係用朝鮮紙爲之,卷中有朝鮮讀者手識文。每册首有"讀杜草堂"等印記,共五册。

吕氏春秋二十六卷

(秦)吕不韋撰　(漢)高誘注　(明)黄甫龍　沈兆廷訂

明朱夢龍刊本　共五册

内閣文庫　龍谷大學大宮圖書館藏本

【按】龍谷大學大宮圖書館藏本,原係寫字臺文庫等舊藏。

吕氏春秋二十六卷

(秦)吕不韋撰　(漢)高誘注　(明)黄甫龍　沈兆廷訂

明朱夢龍刊本

内閣文庫　廣島市立淺野圖書館藏本

【按】内閣文庫藏此同一刊本三部。一部原係江户時代林氏大學頭家舊藏,共五册。一部原係木村兼葭堂舊藏,共四册。一部共六册。

廣島市藏本,共五册。

吕氏春秋二十六卷

(秦)吕不韋撰　(漢)高誘注　(明)黄甫龍　俞圖龍校

明刊本　共十八册

内閣文庫藏本　原豐後佐伯藩主毛利高標舊藏

【按】此本仁孝天皇文政年間(1818—1829年)出雲守毛利高翰獻贈幕府。明治初期,歸内閣文庫。

卷中有"佐伯侯毛利高標字培松藏書畫之印"。

呂氏春秋二十六卷

（秦）呂不韋撰　（漢）高誘注　（明）黃甫龍　唐琳校

明刊本　共四冊

愛知大學簡齋文庫藏本　原小倉正恒等舊藏

呂氏春秋二十六卷

（秦）呂不韋撰　（漢）高誘注

明光裕堂刊本　共二冊

内閣文庫藏本　原豐後佐伯藩主毛利高標舊藏

【按】此本仁孝天皇文政年間（1818—1829年）出雲守毛利高翰獻於幕府。明治初期歸内閣文庫。

卷中有"佐伯侯毛利高標字培松藏書畫之印"。

呂氏春秋二十六卷

（秦）呂不韋撰　（漢）高誘注

明刊本　共八冊

宮内廳書陵部　尊經閣文庫　東北大學附屬圖書館藏本

【按】宮内廳書陵部藏本，原係德山藩三代主毛利元次廣收"天下秘籍"之一。東山天皇寶永三年（1706年）《御書物目錄》著錄此本。明治二十九年（1896年）男爵毛利元功獻贈宮内省。每冊有"德藩藏書"印。

尊經閣文庫藏本，原係江戶時代加賀藩主前田綱紀等舊藏。

呂氏春秋二十六卷

（秦）呂不韋撰　（漢）高誘注　（明）宋邦徐益孫校

明雲間宋氏刊本

内閣文庫　京都大學人文科學研究所東洋學文獻中心　早稻田大學圖書館藏本

【按】每半葉有界十行，行二十字。白口，左右雙邊。

内閣文庫藏本，原係楓山官庫等舊藏，共八冊。

京都大學藏本　共四冊

早稻田大學圖書館藏本，原係服部南部家服部文庫等舊藏，共八冊。

（新刊批點）呂覽（新刻名家校正呂氏春秋題評）六卷

（秦）呂不韋撰　（明）萬國欽批釋　王胤麟訂正

明萬曆九年（1581年）金陵唐廷仁校刊本　共二冊

蓬左文庫藏本　原德川家康　尾張藩主家舊藏

【按】每半葉有界十一行，行二十二字。白口，四周雙邊。

此本外題"呂氏春秋"，内題"新刊批點呂覽"。其内容則把原二十六卷分別爲六卷，各卷以"新刊批點呂覽卷之某"爲標題。

卷六末頁有豎刻雙行木記，其文曰：

```
萬　曆　辛　巳　孟　春　月　吉
金　陵　唐　龍　泉　氏　綉　梓
```

此本原係江戶幕府第一代大將軍德川家康舊藏，後贈予其子尾張藩主家，此即爲"駿河御讓本"。

卷中有"御本"印記。

淮南鴻烈解二十一卷

（漢）劉安撰　高誘注　（明）張象賢等校

明刊本　共四冊

内閣文庫　御茶之水圖書館　龍谷大學大宮圖書館藏本

【按】每半葉有界九行，行十九字。白口，四周雙邊。

每卷首行頂格題"淮南鴻烈解卷第幾",第二行上空十二字題署"漢淮南王劉安著",第三行上空十二字題署"漢河東高誘注",第四行上空十二字題署"明姑蘇張象賢訂",第五行上空二字題署篇訓之名,下有雙行解題。

内閣文庫藏本,原係昌平坂學問所舊藏,共六册。

御茶之水圖書館藏本,原係小島成齋、島田篁村、德富蘇峰成簣堂等舊藏。此本全卷由小島成齋以《道藏》本校過,有日本仁孝天皇天保十四年(1843 年)校刊識文二則。一則係寫於第二卷,文曰:"癸卯孟夏下浣,照《道藏》本句讀一過,是正誤刊,沂志於考古齋南軒。"另一則寫於第二十一卷末,文曰:"天保十四歲次癸卯冬十二月,據莊達吉校刊《道藏》本,與田澤親民(周任)同校乞。時在於練要樓中,是日□雪未消。"在此則識文前一行,又有墨書一行曰:"辛亥夏月再讀乞尚真"(此"辛亥"即係孝明天皇嘉永四年)。共十册。

龍谷大學大宫圖書館藏本,原係寫字臺文庫等舊藏,共五册。

【附録】日本元正女天皇養老四年(720 年)編纂成《日本書紀》,該書卷第一"神代(上)"叙天地形成之説,其理念與文字全襲《淮南子·天文訓》。如是,《淮南子》於八世紀初期已東傳日本。

九世紀日本藤原佐世《本朝見在書目録》三十"雜家類"著録《淮南子》三十一卷,漢淮南王劉安撰,高誘注";又著録"《淮南子》二十一卷,許慎注"。這是日本古文獻關於《淮南子》的最早之記録。

東山天皇元禄十五年(1702 年)彌生吉且《倭版書籍考》卷之四著録《淮南子》二十一卷。其識文曰:

"本名《淮南鴻烈解》,前漢淮南王所作也。淮南王諱安,高祖之孫也。此書之大旨,以老莊之心爲本,論述天文地形之狀態,人事之得失,國家之理亂。多有古語名言。後漢高誘爲之注。洛人鵜飼石齋訓點。"

據《商舶載來書目》記載,桃園天皇寶曆四年(1754 年)中國商船"和字號"載《淮南鴻烈解》一部一帙抵日本。

據《外船書籍元帳》記載,仁孝天皇弘化三年(1846 年)中國商船"巳字號"載《淮南鴻烈解》一部抵日本,售價十匁。孝明天皇嘉永二年(1849 年)中國商船"酉二番"載《淮南子》一部抵日本,售價七匁。

日本靈元天皇寬文四年(1664 年)京都前川權兵衛刊印《淮南鴻烈解》二十一卷。此本題署"漢劉安撰、漢高誘注、明茅坤批評、鵜飼石齋點"。此本後有京都額田勝兵衛、額田正三郎等重印本。

光格天皇寬政十年(1798 年)皇都額田正三郎刊印《改正淮南鴻烈解》二十一卷。此本題署"漢劉安撰、漢高誘注、明茅坤批評、宇野成之(東山)等校"。

淮南鴻烈解二十一卷

(漢)劉安撰　高誘注　(明)茅坤批評
明萬曆年間(1573—1620 年)朱墨套印刊本
内閣文庫　東洋文庫　尊經閣文庫藏本
【按】每半葉有界九行,行二十字。白口,四周單邊。

内閣文庫藏此同一刊本兩部。一部原係楓山官庫舊藏,共六册。一部原係豐後佐伯藩主毛利高標舊藏,仁孝天皇文政年間(1818—1829 年)出雲守毛利高翰獻贈幕府。明治初期,歸内閣文庫。卷中有"佐伯侯毛利高標字培松藏書畫之印",共六册。

東洋文庫藏本,原係三菱岩崎氏家族舊藏,共八册。

尊經閣文庫藏本,原係江户時代加賀藩主前田綱紀等舊藏,共十二册。

淮南鴻烈解二十一卷

(漢)劉安撰　高誘注　(明)茅坤批評
明刊本　光啓堂藏版　共八册
東洋文庫藏本　原藤田豐八等舊藏

淮南鴻烈解二十一卷

（漢）劉安撰　高誘注　（明）汪一鸞訂
明萬曆十九年（1591 年）潁陽許國刊本
内閣文庫　蓬左文庫藏本

【按】每半葉有界九行，行十九字。注文雙行。白口，四周雙邊。

前有明萬曆辛卯（1591 年）許國《刻淮南鴻烈解序》，次有萬曆庚寅（1590 年）汪一鸞《重刻淮南鴻烈解小引》，次有高誘《淮南鴻烈解叙》。

内閣文庫藏本，原係豐後佐伯藩主毛利高標舊藏，仁孝天皇文政年間（1818—1829 年）出雲守毛利高翰獻贈幕府。明治初期，歸内閣文庫。卷中有"佐伯侯毛利高標字培松藏書畫之印"，共四册。

蓬左文庫藏本，原係江户幕府第一代大將軍德川家康舊藏，後贈予其子尾張藩主家，此即爲"駿河御讓本"。此本今缺卷第六至卷第十三，實存十三卷。卷中有"御本"印記，共二册。

淮南鴻烈解二十一卷　附錄一卷

（漢）劉安撰　高誘注　（明）汪一鸞訂
明萬曆二十二年（1594 年）吳郡張維城家塾刊本　共四册
國會圖書館　内閣文庫藏本

淮南鴻烈箋釋二十一卷

（漢）劉安撰　高誘注
古寫本　竹添光鴻手校本　共六册
靜嘉堂文庫藏本　原竹添光鴻等舊藏

淮南鴻烈解二十八卷

（漢）劉安撰　高誘注　（明）劉績補注
明弘治年間（1488—1505 年）王氏刊本　共十册
蓬左文庫藏本　原德川家康　尾張藩主家舊藏

【按】每半葉有界九行，行十七字。黑口，四周雙邊。

此本係日本明正天皇寬永十七年（1638 年）從中國購入，原爲江户幕府第一代大將軍德川家康舊藏，後贈予其子尾張藩主家，此即爲"駿河御讓本"。

卷中有"御本"印記。

淮南鴻烈解二十八卷

（漢）劉安撰　（明）劉績補注
明延平黄焯校刊本
御茶之水圖書館　早稻田大學圖書館藏本

【按】每半葉有界十行，行十八字。白口，四周單邊。

御茶之水圖書館藏本，原係江户時代澁江抽齋等舊藏，後歸德富蘇峰成簣堂等。此本卷二十四至卷二十八，係澁江抽齋寫補。卷末有澁江抽齋墨筆題記曰："以韓本補寫"。卷中又有澁江抽齋藍筆、墨筆書寫之校語。

自卷一至卷十六，有光格天皇文化年間（1804—1817 年）日人市野迷庵朱筆校正文字，卷二之末有市野迷庵墨筆識文曰："以莊逵吉校《十子全書》一校，文化丁丑六月十二日。"

每册首"迷庵藏書"、"澁江抽齋藏書"、"奚暇齋讀書記"等印記。共十三册。

早稻田大學圖書館藏本，原係服部南郭家服部文庫等舊藏。

此本卷一至卷六，係後人依據明人茅坤批評《淮南鴻烈解》二十一卷本之卷一至卷三抄錄補入，共六册。

淮南鴻烈解二十八卷

（漢）劉安撰　許慎記　高誘注　（明）朱東光訂
明刊本　共十二册
東北大學附屬圖書館藏本

淮南鴻烈解二十八卷

（漢）劉安撰　許慎記　（明）茅一桂等校

明萬曆九年（1581 年）葉近山刊本

内閣文庫　龍谷大學大宮圖書館藏本

【按】每半葉有界十二行，行二十五字。白口，四周雙邊。

内閣文庫藏此同一刊本兩部。一部原係昌平坂學問所舊藏，共六册。一部原係江户時代林氏大學頭家舊藏，共四册。

龍谷大學大宮圖書館藏本，共五册。

淮南子二十八卷

（漢）劉安撰　高誘注　（明）吳勉學校

明刊本　共四册

東洋文庫藏本　原藤田豐八等舊藏

淮南子二十八卷

（漢）劉安撰　（明）王瑩等校

明嘉靖九年（1530 年）跋刊本

内閣文庫　尊經閣文庫　御茶之水圖書館藏本

【按】每半葉有界九行，行十七字。白口，四周單邊。

前有《淮南子序略》，卷末有王瑩《後序》，其題署曰：“嘉靖上章攝提格（1530 年）玄月既望後學閩中王瑩書於仕學堂之龍宵窟”。

各卷卷首皆題“閩中王瑩重刊”。

内閣文庫藏本，原係昌平坂學問所舊藏，共八册。

尊經閣文庫藏本，原係江户時代加賀藩主前田綱紀等舊藏，共六册。

御茶之水圖書館藏本，原係德富蘇峰成簣堂舊藏，各册首有“龍眼”朱文印，共六册。

淮南子二十八卷

（漢）劉安撰　（明）吳仲等校

明吳仲刊本　共六册

内閣文庫藏本　原昌平坂學問所舊藏

【按】每半葉有界十行，行十九字。白口，左右雙邊。

白虎通德論（白虎通義）十卷

（漢）班固撰

元大德年間（1297—1307 年）刊本　共三册

静嘉堂文庫藏本　原毛氏汲古閣　顯親王府　陸心源皕宋樓等藏本

【按】每半葉有界九行，行十七字。細黑口，雙黑魚尾，四周雙邊（22.2cm×15.0cm），版心有刻工姓名，如署“平江何永言刊”等。

前有元大德九年（1305 年）《序》，題署“大德乙巳四月望日中奉大夫雲南諸路行中書省參知政事東平嚴度恪齋題”。次有《白虎通序》，題署“大德九年四月旦日東平克齋張楷序”。

卷中有無名氏《跋文》二則。

其一曰：“謹按漢章帝紀曰，建初四年（79 年）十一月壬戌詔諸儒會白虎觀，講議五經同異，使五官中郎將魏應承制問，侍中淳于恭奏，帝親稱制臨決，如孝宣甘露石渠故事，作《白虎奏議》，注云今《白虎通》。”

其二曰：“班固傳曰，天子會諸儒，講論五經，作《百虎通德論》，令固撰集其事，此書所作之因也。書肆舊嘗鋟木，歲久磨滅，竟亡此書，學者欲見而不可得。邇者朝廷崇尚實學，敬以家藏監本刊行，與衆共之。”

陸心源《儀顧堂續跋》卷十著録此本。其識文曰：

“《白虎通德論》十卷，題臣班固纂。前有大德乙巳中奉大夫雲南諸路行中書省參知政事東平嚴度恪齋《題》，下摹刊度字陽文方印、恪齋陽文方印、魯台陽文方印。大德九年克齋張楷《序》，下摹刻東平張楷陽文方印、衛寧陽文方印、克齋陽文方印。後有缺名兩跋。每葉十八行，行十七字。每篇文相連屬不分章。（下列卷目，略）凡四十四篇。與《崇文總目》、《郡齋讀書志》、《直齋書録解題》合，爲宋以後相傳之本，闕名跋所謂監本者也。是本爲大德九年無錫學者儒李顯翁晦借州守劉平父藏本所重雕。嘉靖傅鑰本雖從此出，間有改易，併爲二卷。盧抱經校刊是書，初亦未見元刊，後始於蘇州朱文游家借得，著其説於補遺。然（下列校文，略）異文之未校者，尚百十處。或以刊成在先，雖借文游元本，并未詳校耶！元本於逆子釗之誤爲迎子，劉尚存其舊，特著其説於跋，可謂慎之又慎。餘皆仍舊，斷無改易，可知盧校盡依群書所引增改，且有諸本所無、群書無證而改易者，未免篤於信旁證，果於疑原書矣。毛氏《秘本書目》：《大字元版白虎通》三本，今仍訂三册，蓋猶毛氏舊裝。每册有‘毛晉之印’、‘毛氏子晉’朱文兩方印，‘毛扆之印’、‘斧季’朱文兩方印，‘宋本’朱文橢圓印，‘甲’字朱文方印，‘毛晉’朱文連珠印，‘毛晉私印’、‘子晉’朱文兩方印，‘宋筠’朱文方印，‘蘭揮’白文方印。張楷《序》前有‘顯親王府圖書之印’，白文方印。案宋筠爲商邱宋犖之子，汲古閣《秘本書目》爲潘稼堂開值議價不諧，其書多爲商邱宋氏所得，故有‘蘭揮’兩印。此流傳源委之可考者。平父名世常，許衡弟子，收書不啻萬卷。”

傅增湘《藏園群書經眼録》卷八“子部”著録此本。

卷中有“毛晉”、“毛氏子晉”、“毛晉之印”、“子晉”、“毛晉私印”、“汲古主人”、“斧季”、“元本”、“蘭揮”、“宋筠”、“顯親王府圖書之印”、“葉氏家藏”、“清德世家”、“歸安陸樹聲叔桐父印”、“臣陸樹聲”等印記。

【附録】據《商舶載來書目》記載，光格天皇安永九年（1780年）中國商船“波字號”載《白虎通德論》一部一帙抵日本。

據仁孝天皇弘化二年（1845年）《漢籍發賣投標記録》記載，是年《白虎通》一部一帙二册，標價三枝四匁，藤屋五匁五分，永見屋六匁八分。

日本後西天皇寬文二年（1662年）飯田忠兵衛等刊印《白虎通德論》四卷。此本後有寬文十三年（1673年）重印本，并有美濃屋伊六、文次郎等重印本。

白虎通德論二卷

（漢）班固撰
明嘉靖元年（1522年）傅鑰刊本　共二册
靜嘉堂文庫藏本　原陸心源十萬卷樓等舊藏

【按】每半葉有界十行，行十八字。白口，左右雙邊。

前有明嘉靖元年（1522年）冷宗元《序》，次有元大德九年（1305年）張楷《序》，次有大德乙巳（1305年）嚴度《序》，次有《目録》。

首行題“白虎通德論卷之上”，次行題“漢玄武司馬班固纂集”。

白虎通德論二卷

（漢）班固撰
明刊本　共一册
尊經閣文庫藏本　原江户時代加賀藩主前田綱紀等舊藏

白虎通德論（殘本）一卷

（漢）班固撰　（明）俞元符校
明刊清修本　共一册
島根縣立圖書館藏本
【按】是書全二卷，此本今存卷上一卷。

白虎通德論四卷

（漢）班固撰　（明）郎奎校
明天啓六年（1626年）郎氏策檻堂刊本　共二册
佛教大學平中文庫藏本　原平中苓次等舊藏

【附録】《倭板書籍考》卷二著録“《白虎通》四卷”，并曰：“此後漢班固所撰，助經學之書也”云云。

日本後西天皇寬文二年（1662年）美濃屋文

次郎等刊印《白虎通德論》四卷。此本據明天啓年間刊本覆刊,由日人鵜飼信之點。

白虎通德論二卷

（漢）班固撰　（明）俞元符校

明吴氏刊本

東京大學東洋文化研究所大木文庫藏本

白虎通德論四卷

（漢）班固撰　（明）郎壁金校

明天啓六年（1626 年）序刊本　共二册

内閣文庫藏本　原楓山官庫舊藏

【附録】日本靈元天皇寬文四年（1664 年）翻刊明天啓六年郎氏自序刊本。此本題"漢班固撰,明郎壁金訂",由日人鵜飼信之訓點。

白虎通二卷

（漢）班固撰　（明）鍾惺評

明刊本　共一册

大阪女子大學附屬圖書館藏本

論衡（殘本）二十五卷

（漢）王充撰

宋刊本　共十二册

宮内廳書陵部藏本　原狩谷掖齋　岡本况齋　木村正辭　細川十洲等舊藏

【按】每半葉有界十行,行十九字至二十一字不等,小字雙行。白口,左右雙邊（22.0cm×15.0cm）。版心標卷數,并記刻工姓名,如劉文、李文、李昌、李憲、陳明、陳俊、高俊、洪悦、洪新、毛奇、毛昌、王存、王永、王林、王政、宋端、朱章、周彦、徐彦、徐亮、徐顔、張謹、許中、趙通、楊昌、梁濟、潘亨、卓宥、卓究、王存中、方祐、卓祐、王璃等。

是書全三十卷。此本今缺卷二十六至卷三十凡五卷,實存二十五卷。

書名題"論衡卷第幾",卷尾亦同。目録二排,與正文連,上排低二字,下排低十一字,亦有作一排者。篇名低四字。

卷中避宋諱,凡遇"玄、泫、弦、朗、敬、驚、弘、殷、匡、筐、竟、境、胤、恒、貞、徵、樹、竪、讓、桓、構、購、慎"等字皆缺筆。

卷中有江户時代狩谷掖齋手識文,其文曰：

"是本第二卷第十三葉脱逸,以昌平官本校合之亦復同,卷摺之時版失而爾,非後來逸者也。"

又有明治二十六年（1893 年）細川十洲（潤次郎）手識文二則,其一則文曰：

"宋版《論衡》十二卷（實爲十二册——編著者）本爲狩谷掖齋求古樓藏書,其後歸木村正辭所有,終爲宮内省所購入。本書止於二十五卷,二十六卷以下全缺。又第一卷之《累害篇》中有錯簡一葉,誤入《命禄篇》中。"

其另一則文曰：

"坊本脱此一簡,幸有此書可據以訂正,擔當在《累害篇》中耳。明治癸巳。"

森立之《經籍訪古志》卷四著録求古樓藏宋刊本《論衡》三十卷,即係此本。森氏識文曰：

"文字遒勁,筆畫端正,絶有顔公筆法。加之鎸刻鮮朗,紙質净緻,墨光焕發,若法帖然,實宋槧中之絶佳者。"

董康《書舶庸譚》卷三、傅增湘《藏園群書經眼録》卷八亦著録此本。

卷中有"木村"等印記。

【附録】九世紀末日人藤原佐世《本朝見在書目録》第三十"雜家"著録《論衡》三十卷,并題"後漢徵士王充撰"。這是《論衡》傳入日本的最早的文獻記録。

十二世紀藤原通憲《通憲入道藏書目録》第三十三匭著録《論衡》一帙十卷,又著録《論衡》二帙十卷。

據《商舶載來書目》記載,中御門天皇寶永七年（1710 年）中國商船"以字號"載《論衡》一部八册抵日本。中御門天皇正德元年（1711 年）中國商船"和字號"載《論衡》一部八册抵日本。

日本櫻町天皇延享五年（1748 年）平安（京

都）弘簡堂刊行《論衡》三十卷。

桃園天皇寬延三年（1750 年）皇都（京都）三田三郎兵衛外二軒等刊行《論衡》三十卷，由日人三浦衛興（石陽）點。此本後有京都若山屋喜右衛門重印本。

論衡三十卷

（漢）王充撰

明嘉靖十四年（1535 年）蘇獻可通津草堂刊本

內閣文庫　静嘉堂文庫藏本

【按】每半葉有界十行，行二十字。白口，左右雙邊（21.1cm×15.5cm）。版心有"通津草堂"四字。

首題"論衡卷第一"，下題"王充"，次三行列篇目。後有宋慶曆五年（1045 年）二月前進士楊文昌《序》。

卷三十末署"周慈寫"、"陸奎刻"小字兩行。

內閣文庫藏本，原係楓山官庫舊藏，共十册。

静嘉堂文庫藏本，原係陸心源十萬卷樓等舊藏，共六册。

森立之《經籍訪古志》卷四著錄求古樓藏明刊本《論衡》三十卷，其版本與此本同。其識文曰：

"考嘉靖中袁褧刻《六家文選》亦題周慈寫，則知此本亦嘉靖間所刊也。《累害篇》內一張，此本脱之。蓋其所據本亦偶逸此一張，文句不屬，故意增一毫字以接前後，程榮已下諸本，沿而不改，遂致不可讀，此本作之俑也。"

論衡三十卷

（漢）王充撰　（明）程榮校

明嘉靖年間（1522—1566 年）刊本（明刻《漢魏叢書》零本）　共六册

静嘉堂文庫　福井縣立大野高等學校藏本

【按】每半葉有界九行，行二十字。白口，左右雙邊。

静嘉堂文庫藏本，原係陸心源守先閣等舊藏。

福井縣立大野高等學校藏本，原係岡田宗則、宮澤氏等舊藏。

論衡三十卷

（漢）王充撰

明萬曆年間（1573—1620 年）刊本　共九册

静嘉堂文庫藏本　原竹添光鴻等舊藏

風俗通義十卷　附錄一卷

（漢）應劭撰

明初刊本

静嘉堂文庫　大阪大學懷德堂文庫藏本

【按】每半葉有界九行，行十七字。黑口，左右雙邊。

前有元大德丁未（1307 年）中和節李果《序》，又有宋嘉定十三年（1220 年）丁黼《跋》。

静嘉堂文庫藏本，原係陸心源十萬卷樓等舊藏，共二册。

懷德堂文庫藏本，共一册。

【附錄】九世紀日本藤原佐世《本朝見在書目錄》三十"雜家類"著錄"《風俗通》三十二卷，應劭撰"。這是日本古文獻關於《風俗通義》的最早之記錄。

據《商舶載來書目》記載，光格天皇寬政十一年（1799 年）中國商船"不字號"載《風俗通義》一部一帙抵日本。

日本孝明天皇萬治三年（1866 年）飯田忠兵衛刊印《風俗通》十卷。此本後有美濃屋伊六、美濃屋文次郎重印本，又有中川藤四郎重印本。

風俗通義十卷

（漢）應劭撰　（明）程榮校

明刊本（明刻《漢魏叢書》零本）

內閣文庫　御茶之水圖書館藏本

【按】每半葉有界十行，行二十字。白口，左右雙邊。

内閣文庫藏本,原係江户時代林氏大學頭家等舊藏,共一册。

御茶之水圖書館藏本,原係德富蘇峰成簣堂等舊藏,卷中有"伊澤氏酌源堂圖書記"、"弘前醫官澀江氏藏書記"等印記,共二册。

風俗通義十卷

(漢)應劭撰　　(明)郎壁金校

明天啓六年(1626 年)堂策檻刊本　共二册

内閣文庫　御茶之水圖書館藏本

【按】每半葉有界十行,行二十字。白口,四周單邊。

内閣文庫藏本,原係楓山官庫等舊藏。

御茶之水圖書館藏本,原係江户時代醫官澀江氏家舊藏,後歸德富蘇峰成簣堂。卷中有"伊澤氏酌源堂圖書記"、"弘前醫官澀江氏藏書記"等印記。

秘傳天禄閣寓言外史八卷

題(漢)黄憲撰　　(宋)韓洎贊

明嘉靖二年(1523 年)序刊本

内閣文庫　東京大學東洋文化研究所　御茶之水圖書館藏本

【按】内閣文庫藏本,原係楓山官庫舊藏,共二册。

東京大學藏本,原係大木幹一等舊藏,共二册。

御茶之水圖書館藏本,原係德富蘇峰成簣堂等舊藏,共四册。

人物志三卷

(魏)劉劭撰　　(北魏)劉昞注

明正德年間(1506—1522 年)刊本　共一册

静嘉堂文庫　東北大學附屬圖書館藏本

【按】每半葉有界八行,行十六字。白口,四周單邊。

前有阮逸《序》。又有王三省《跋》、文寬夫《跋》、宋庠《跋》等。

静嘉堂文庫藏本,原係陸心源十萬卷樓等舊藏。

東北大學藏本,原係狩野亨吉等舊藏。

【附録】九世紀日本藤原佐世《本朝見在書目録》二十七"名家類"著録"《人物志》三卷,劉劭撰"。這是日本古文獻關於《人物志》的最早之記録。

人物志三卷

(魏)劉劭撰　　(北魏)劉昞注

明嘉靖年間(1522—1566 年)刊本　共三册

尊經閣文庫藏本　原江户時代加賀藩主前田綱紀等舊藏

劉子十卷

(北齊)劉晝撰

明覆宋刊本　共十册

宮内廳書陵部藏本

【附録】十二世紀日本左大臣藤原賴長在《臺記》"康治二年(1143 年)九月二十九日"中記録自己所讀書目,凡一千又三十卷。其中有《劉子》一種。

十二世紀少納言藤原通憲有藏書目録《通憲入道藏書目録》,其中第二十六櫃中著録《劉子》一部十卷。

桃園天皇寶曆八年(1758 年)京都山田三郎兵衛、西村平八刊印《新雕劉子》五卷。

劉子二卷

(北齊)劉晝撰

明萬曆五年(1577 年)刊本(明刻《子彙》零本)　共四册

内閣文庫藏本　原昌平坂學問所等舊藏

劉子二卷

(北齊)劉晝撰　　(唐)袁孝政注　　(明)孫鑛評

明泰和堂刊本　共一册

東洋文庫藏本　原藤田豐八等舊藏

劉子二卷

（北齊）劉晝撰

明刊本　共一册

内閣文庫藏本　原江户時代林氏大學頭家舊藏

古今注三卷

（晋）崔豹撰

明刊本（明刊《漢魏叢書》零本）　共一册

國會圖書館藏本

【附録】九世紀日本藤原佐世《本朝見在書目録》三十"雜家類"著録"《古今注》三卷，崔豹撰"。這是日本古文獻關於《古今注》的最早之記録。

十二世紀日本左大臣藤原賴長在《臺記》"康治二年（1143 年）九月二十九日"中記録自己所讀書目，凡一千又三十卷。其中有崔豹《古今注》一種。

日本桃園天皇寬延二年（1749 年）平安（京都）山田三郎兵衛、丸屋市兵衛刊行《古今注》三卷。題署"晋崔豹撰、明唐琳校、山縣子祺點"。

顏氏家訓七卷

（北齊）顏之推撰

明刊本　共一册

静嘉堂文庫藏本　原陸心源十萬卷樓等舊藏

【按】前有明嘉靖三年（1524 年）張壁《序》。

【附録】九世紀日本藤原佐世《本朝見在書目録》三十"雜家類"著録"《顏氏家訓》七卷"，不著撰人。這是日本古文獻關於《顏氏家訓》的最早之記録。

據《商舶載來書目》記載，光格天皇天明三年（1783 年）中國商船"加字號"載《顏氏家訓》一部一帙抵日本。

日本仁孝天皇天保三年（1832 年）刊行《顏氏家訓》七卷，并《傳》一卷、《壬子年重校》一卷、《汪補并重校》一卷、《汪補正》一卷。

顏氏家訓二卷

（北齊）顏之推撰　（明）冷宗元校

明傅鑰刊本　共一册

内閣文庫藏本　原楓山官庫等舊藏

【按】每半葉有界十行，行二十字。白口，四周單邊。

前有明嘉靖三年（1524 年）張壁《序》。

【附録】十二世紀日本左大臣藤原賴長在《臺記》"康治二年（1143 年）九月二十九日"中記録自己所讀書目，凡一千又三十卷。其中有《顏氏》一種。

日本後西天皇寬文二年（1662 年）京都高前忠兵衛刊行顏之推撰《顏氏家訓》二卷。

顏氏家訓二卷

（北齊）顏之推撰

明萬曆三年（1675 年）刊本　共一册

東京大學東洋文化研究所藏本　原大木幹一等舊藏

【按】每半葉有界十行，行十九字。白口，四周單邊。

首有明萬曆甲戌（1574 年）翰林修撰新安張一桂《序》，次有萬曆乙亥（1575 年）翰林博士六十四世孫顏慎《序》等。

上卷題"建寧府同知績溪程伯祥刊"，下卷題"建寧府通判廬陵羅春刊"。

顏氏家訓二卷

（北齊）顏之推撰　（明）李燁然評點

明天啓三年（1623 年）序刊本　共一册

東京大學東洋文化研究所藏本　原大木幹一等舊藏

【按】每半葉有界十行，行十八字。白口，四周單邊。

（隋唐五代宋人著作之屬）

群書治要（殘本）十三卷

（唐）魏徵等奉敕撰

日本平安時代（794—1185 年）寫本　日本國寶　卷子本　共十三卷

東京國立博物館藏本　原室町時代（1393—1573 年）九條尚經等舊藏

【按】卷子本，各卷縱 6.9cm，長 721cm—1509cm 不等。每行字數在十二字至十八字之間。

是書全本凡五十卷。此本今存卷第二十二、卷第二十六、卷第三十一、卷第三十三、卷第三十五、卷第三十六、卷第三十七、卷第四十二、卷第四十三、卷第四十五、卷第四十七、卷第四十八、卷第四十九，共十三卷。卷中避唐太宗李世民諱，凡遇“民”字皆缺筆。此本則是從唐寫本轉寫。

各卷所使用的紙張有淡紫色、淡茶色、淡黄色，中有飛雲紋樣，并施以金色。

【附録】此書在古代日本爲歷代天皇必讀之書。仁明天皇承和五年（838 年）天皇命直道廣公於朝廷清凉殿開設《群書治要》的講筵。其後，醍醐天皇昌壽元年（898 年）天皇命紀長谷雄於朝廷再開《群書治要》的講筵。

九世紀藤原佐世編纂《本朝見在書目録》，於“雜家第卅”中著録“《群書治要》五十卷，魏徵撰”。

群書治要（殘本）四十七卷

（唐）魏徵等奉敕撰

日本鐮倉時代（1192—1330 年）寫本　共四十七卷

宫内廳書陵部藏本

【按】是書全本凡五十卷。此本今缺卷第四、卷第十三、卷第二十一，凡三卷，實存四十七卷。

卷第一至卷第十凡十卷，係後深草天皇建長

年間（1249—1255 年）清原教隆受執權北條氏家（北條實時）之委托而施點校勘。卷第十一以下，係北條實時本人在京都時寫成，由藤原茂範、藤原俊國加點。其中，卷第十四、卷第二十八、卷第二十九、卷第三十，凡四卷，爲北條實時之孫北條貞顯以左衛門權佐光之藏本及左大弁三位經雄之藏本重書寫點校（此二本現今皆已失逸）。卷三十二至卷第五十，凡十九卷，則係後深草天皇正元元年（1259 年）至文應元年（1260 年）間以京都蓮華王院本（現今失逸）校勘施點。

群書治要五十卷

（唐）魏徵等奉敕撰

日本後水尾天皇元和二年（1616 年）銅活字本　共四十八册

東京大學總合圖書館藏本　原江户時代紀州德川家南葵文庫等舊藏

【按】後水尾天皇元和二年（1616 年）幕府大將軍德川家康命以鐮倉時代寫本爲底本、以銅活字刊印《群書治要》，即係此本。

依據《本光國師日記》“元和二年之紀”，則此書於同年正月十九日開排，“二人切木、三人雕手、十人植手、五人折手、三人校合”，共用二十三人，歷半年而書成。

【附録】據《有德院殿御實紀附録》的記載，元和二年銅活字印本印成之時，德川家康已經去世，故此書未得以受命流布，而幕府家將印本與印書之銅活字分賜其子紀伊家與尾張家。

後桃園天皇天明元年（1781 年）尾張藩主家大納言宗睦，有感於《群書治要》雖刊印百餘年而終未得流行，於是，與原寫本再相校合，重版梓行，歷五年而成書，此謂“天明版”。

光格天皇寬政八年（1796 年）尾張藩主家有感於《群書治要》在中國國内已經失傳，便以五部送達長崎祇役近藤重藏，托其轉送中華。近藤氏以一部存長崎聖堂（孔廟），一部存諏訪社,三部托唐商館轉中國國内。

　　清嘉慶七年(1802 年)鮑廷博編刻《知不足齋叢書》,於第二十一集《孝經鄭注序》中言及《群書治要》,并曰:"此書久佚,僅見日本天明刻本。"由此,則知道日本尾張藩主家所刻此本已經在中國國内流傳,時距尾張藩主家托近藤重藏將印本轉中國商人僅有六年的時間。稍後,阮元編輯《宛委別藏》,即將《群書治要》編入其中。其題曰:"《群書治要》五十卷。原缺卷四、卷十三、卷二十。唐魏徵等撰,日本天明刊本。"此時,日本尾張藩主家刊本已經爲阮元所得了。後來,《連筠簃叢書》、《粤雅堂叢書(三編)》等皆從《宛委別藏》中輯入了《群書治要》,此爲清人的校刊典籍,起了不少的作用。

化書六卷

　　(南唐)譚景升撰
　　古寫本　共一册
　　静嘉堂文庫藏本　原曹倦圃等舊藏
　　【按】前有宋嘉祐五年四月碧虚子《跋》。卷中有"曹溶"、"鑑躬氏"等印記。
　　【附録】據《商舶載來書目》記載,中御門天皇享保八年(1723 年)中國商船"多字號"載《譚子化書》一部六卷抵日本。

化書六卷

　　(南唐)譚峭撰　(明)陳繼儒訂
　　明刊本　共二册
　　東京大學東洋文化研究所藏本　原大木幹一等舊藏
　　【附録】日本桃園天皇寶曆十年(1760 年)大阪星文堂刊印《化書》六卷,題署"五代譚峭撰,明陳繼儒訂"。此本後有吹田屋多四郎、藤屋彌兵衛重印本,又有孝明天皇嘉永六年(1853 年)京都文泉堂重印本。

化書(齊丘子)六卷

　　(南唐)譚峭撰

明嘉靖六年(1527 年)跋刊本　共一册
内閣文庫藏本　原昌平坂學問所等舊藏

齊丘子一卷

　　(五代)譚峭撰
　　明刊本　共一卷
　　静嘉堂文庫藏本　原陸心源十萬卷樓等舊藏
　　【附録】日本桃園天皇寶曆十年(1760 年)京都中西卯兵衛等刊行南唐人譚峭撰《化書》六卷。此本係明人陳繼儒校,日人新井白蛾再校。

稽神録六卷　拾遺一卷

　　(宋)徐鉉撰
　　明人寫本　有姚舜咨　黄丕烈手識文　共一册
　　静嘉堂文庫藏本　原姚舜咨舊藏
　　【按】此本有南湖精舍主姚舜咨手識文,其文曰:
　　　"《稽神録》七卷,南唐徐鉉撰。記神怪之事,序稱乙未歲至乙卯,凡二十年僅得百五十事,楊大年云:'江東布衣蒯亮,好大言夸誕,鉉喜之,館於門下。《稽神録》中事,多亮所言。'余按馬端臨《經籍考》,其爲説如此。今《録》七卷,共一百九十一條,與端臨數不合。然事雖神怪,多口該實,非他小説駕空者比也。故命館童學者榻之,藏之茶夢閣,以備老境消遣之具。其原本蓋得諸陸修吉氏云。嘉靖癸卯春三月初吉,勾吴姚舜咨識於南湖精舍。"
　　卷中又有黄丕烈手識,其文曰:
　　　"此舊鈔本《稽神録》二册,嘉靖時姚舜咨家藏書也。其源流載姚《跋》語中,兹不贅。余以白金五星,易諸書友郁姓。郁姓喜甚,以爲此字簏中物,而竟有出銀易之者,且其同伴亦以爲此五星意外得來,遂拉往飯鋪,爲沽酒市脯計。蓋書友視此書字迹惡劣,紙墨污敝,決非有用物也。而余則喜甚,

非但姚舜咨《跋》可證書之源流,且取校向
藏秦西巖鈔本,復經蔣揚孫校補者,知此爲
祖本。彼猶有傳寫臆改之病,而此則原書面
目,纖悉具在,勝於前所收者多矣。但不加
裝潢,仍恐後之見是書者,復爲書友之續,因
重裝之。工費較書直,奚啻數倍。旁觀有竊
笑者,余曰:'余獨非爲字簍中物起見耶,特
惜字分金過重耳。'相與一笑而罷,因書諸
卷尾,乙丑小春五日,蕘翁丕烈。"

清異錄二卷

(宋)陶穀撰
明隆慶六年(1568年)刊本　共四册
内閣文庫藏本　原楓山官庫舊藏
【按】每半葉十行,行十八字。白口,四周單
邊。

江表志三卷

(宋)鄭文寶撰
明人寫本　共一册
大倉文化財團藏本　原吳玉墀等舊藏
【按】此本有朱筆校改,墨筆校語附箋。
書皮有"吳玉墀家藏軍機處"木記。
卷中有"翰林院"、"彝尊"、"吳焯"、"吳
城"、"吳蘭林西齋"、"篤生"、"畿輔譚氏"等
印記。

南唐近事三卷

(宋)鄭文寶撰　(明)陳繼儒等校
明刊本(卷上清初補寫)　共一册
内閣文庫藏本　原昌平坂學問所舊藏

樂善錄十卷

(宋)李昌齡編
宋紹定年間(1228—1233年)會稽郡齋刊本
共五册
東洋文庫藏本　原日本入宋僧圓爾辯圓
石田幹之助　三菱財團岩崎氏家等舊藏
【按】每半葉有界九行,行十八字。版心記

書名。

每卷首行題"樂善録卷幾",尾同。次行題
"李昌齡編",姓及名下俱空格。

此本前有宋隆興甲申(1164)七夕日蒙垫何
榮孫《序》、隆興二年(1164)十月日陳郡胡晋
臣《跋》、宋淳熙二年(1175年)正月初三日李
石詩、紹定二年(1229年)三月望日郡人趙汝
讜《識語》。

卷葉中有補鈔,如下:

卷一	十四葉	卷二	十五葉
卷三	十四葉	卷四	十八葉
卷五	十六葉	卷六	二十三葉
卷七	十七葉	卷八	二十七葉
卷九	十八葉	卷十	二十二葉

四條天皇仁治二年(1241年)日本東福寺開
山聖一國師圓爾辯圓自中國歸,携回漢籍内外
文獻數千卷。1353年,東福寺第二十八世大
道一以據聖一國師藏書編纂成《普門院經論
章疏語録儒書目録》,其"吕部"著録《樂善録》
一部,即係此本。

卷中有日本東福寺開山圓爾辯圓署名,并有
"普門院"、"鹿王院"等印記。

傅增湘《藏園群書經眼録》卷八"子部"著録
此本。

樂善録二卷

(宋)李昌齡編
明刊本　共一册
東洋文庫　島根縣立圖書館藏本

昭德新編三卷

(宋)晁迥撰
明刊本　共三册
静嘉堂文庫藏本　原陸心源十萬卷樓等舊
藏
【按】此本前有宋景祐三年(1036年)七月
李遵勗《後序》并《自序》。

宋景文公筆記三卷

（宋）宋祁撰
古寫本　吾竹房校本　共一册
静嘉堂文庫藏本
【按】此本卷端有"庚戌秋日竹房吾進校勘"
十字。

南部新書十卷

（宋）錢易撰
明刊本　共十册
尊經閣文庫藏本　原江户時代加賀藩主前
田綱紀等舊藏

試筆一卷

（宋）歐陽修撰
明刊本（明刻《百川學海》零本）　共一册
東北大學附屬圖書館藏本　原狩野亨吉等
舊藏

春明退朝録三卷

（宋）宋敏求撰
明刊本（明刻《唐宋叢書》零本）　共一册
内閣文庫藏本

耆舊續聞十卷

（宋）陳鵠撰
古寫本　黄丕烈手校手識本　共一册
静嘉堂文庫藏本　原黄丕烈等舊藏
【按】此本有黄丕烈手識三處，言其校讎顛
末。其文曰：
　　"余始獲此本於滋蘭堂朱氏，幾二十餘
年，苦無善本可校。頃新知吳枚庵自楚中
歸，從渠借善本書，遂出四種示余。一爲
《吳越備史》、一爲《文房四譜》、一爲《耆舊
續聞》、一爲《近事會元》。《備史》五硯樓有
鈔本，在余案頭；《四譜》與《續聞》舊有之，
遂次第手校之。《備史》五硯本已善。《四
譜》、《續聞》兩種，勝舊藏多矣。然《續聞》

近刻於知不足齋，亦借吳本助校，故尚可緩。
若《四譜》，世既鮮傳布，吳校尤勝，竟非吳
本，則余本猶未盡善也。《會元》絶不見其
書，託友人手録。近日校讎之樂，見聞之廣，
皆我新知所賜矣。癸酉二月初八日，復翁
記。"
黄氏手識文又曰：
　　"癸酉二月，借吳枚庵本校。吳本出余
仲林本，此本出朱敬輿，爲仲林門人，其本同
出一源也。枚庵於余本重閲改正，用紅筆；
又别用汪西亭立名鈔本校定，用雌黄筆，故
多是正。今借以録校語，竭一二日而畢。近
鮑丈刊入知不足齋，謂亦見枚庵本，未知有
異同否也。復翁。"
黄氏手識文又曰：
　　"乙亥初夏，有侄婿施棣齋之業師某，
介棣齋以舊書一單示余，多不全者。唯《老
學庵筆記》、《耆舊續聞》二種獨全。詢其
價，曰'無之'。須還問其可售與否，久而未
得覆。《老學庵筆記》，向有臨毛斧季校本，
取勘之多同，蓋照宋抄本也。《耆舊續聞》
亦佳，與汪本爲近。此朱本殊不逮，因手校
一過。鈔本字迹不工，驗其風氣，當在康雍
間。分二卷，未識何據。此時校勘，以墨筆
識之，稱之曰兩卷本云一至四爲上，五至十爲
下。復翁。"

西塘集耆舊續聞十卷

（宋）陳鵠撰
明人寫本　共一册
大倉文化財團藏本　原錢曾等舊藏
【按】此本卷中有朱筆校點，并有"虞山錢曾
遵王藏書"、"宛委山房"、"静妙齋"、"一六淵
海"等印記。

夢溪筆談二十六卷

（宋）沈括撰
宋乾道年間（1165—1173年）刊初印本　共
六册

静嘉堂文庫藏本　原沈民則　許季誦　胡笛江　陸心源皕宋樓等舊藏

【按】每半葉有界十二行,行十八字。黑口,左右雙邊。

此本首有沈括《自序》,末有乾道二年(1166年)六月揚州教授湯修年《跋》。

首題"夢溪筆談卷第一",次行題"沈括存中",三行低四字題"故事一"。卷中語涉宋帝皆空格,凡"瑋"、"慎"、"完"字,皆避諱。

卷中有"許元方印"白文方印,"季誦氏"朱文方印,"曾在李鹿山處"、"楚卿"、"當湖小重山館胡氏篛江珍藏"等朱文長印。

楊守敬《日本訪書志》卷七,曾著録《夢溪筆談》二十六卷,宋乾道本。其識文曰:"明崇禎間馬元調刊本,即從此本出也。"然楊氏所見之乾道本,非静嘉堂文庫藏本,今不知散落於何處。

此本亦有學者斷爲"元刊本"者。

【附録】據《商舶載來書目》記載,桃園天皇寶曆九年(1759年)中國商船"浦字號"載《夢溪筆談》一部一帙抵日本。

據《外船書籍元帳》記載,仁孝天皇天保十二年(1841年)中國商船"子三番"(船主鄭行)載《夢溪筆談》一部抵日本,售價十二匁。

日本江户時代有採珍堂木活字刊印《夢溪筆談》二十六卷。

夢溪筆談二十六卷

(宋)沈括撰

明覆宋刊本　共六册

大倉文化財團藏本　原董康等舊藏

【按】此本行款同宋乾道二年刻本。末有乾道二年(1166年)六月湯修年《跋》。卷十、卷二十三、卷二十六仍避宋諱。

卷中有"勾吳曹氏"、"董康宣統元年以後所得書"等印記。

夢溪筆談二十六卷

(宋)沈括撰

明萬曆中會稽商氏半埜堂刊本

東京大學東洋文化研究所藏本

【按】每半葉九行,行二十字。白口,四周單邊。

夢溪筆談二十六卷　補三卷　續一卷

(宋)沈括撰

明刊本　共四册

静嘉堂文庫藏本　原陸心源守先閣等舊藏

夢溪筆談全編二十六卷

(宋)沈括撰

明萬曆三十年(1602年)刊本　共三册

内閣文庫藏本　原楓山官庫等舊藏

【按】每半葉十行,行二十字。白口,四周雙邊。

續墨客揮犀十卷

(宋)彭乘撰

明正德年間(1506—1521年)寫本　共一册

静嘉堂文庫藏本　原葉石君等舊藏

【按】此本卷後有題識,其文云:

"正德己巳歲夏日,舊刻本摹於志雅齋。"

仇池筆記二卷　附漁樵閑話二卷

題(宋)蘇軾撰

明萬曆壬寅(1602年)趙進美刊本　共一册

静嘉堂文庫藏本　原陸心源十萬卷樓等舊藏

東坡先生志林五卷

(宋)蘇軾撰

明萬曆年間(1573—1620年)刊本　共四册

尊經閣文庫藏本　原江户時代加賀藩主前田綱紀等舊藏

【按】每半葉九行,行十八字。白口,左右雙邊。

【附録】光格天皇文化六年(1809年)窪木

氏息耕堂用木活字刊印《東坡先生志林》五卷。文化九年（1812 年）江户西宮彌兵衞等加補《宋史·蘇文忠公傳》後重印刊行。

（新刊）履齋示兒編二十三卷

（宋）孫奕撰
顧千里校宋胡楷刊本　共六册
静嘉堂文庫藏本

【按】此本前有開禧元祀（1205 年）九月孫奕《自序》。《目》後有嘉定癸未（1223 年）正元日胡楷《重刊跋》。

是編係《總説》一卷、《經説》五卷、《文説》、《詩説》四卷、《正誤》三卷、《雜記》四卷、《字説》六卷。

卷末有"嘉慶庚辰顧千里借觀"九字。

青箱雜記十卷

（宋）吳處厚撰
明刊本　共一册
尊經閣文庫藏本　原江户時代加賀藩主前田綱紀等舊藏

晁氏客語一卷

（宋）晁説之撰
明刊本　共一册
静嘉堂文庫藏本

【附録】日本仁孝天皇天保三年（1832 年）昌平坂學問所官刊印行《晁氏客語》一卷。

續談助五卷

（宋）晁載之撰
古寫本　有姚舜咨手識文　共二册
静嘉堂文庫藏本　原陸心源十萬卷樓等舊藏

【按】此本有嘉靖四十一年（1562 年）姚舜咨手識，其文曰：

　　"《續談助》五卷，宋刻本爲故友秀水令江陰徐君子寅家藏。子寅没後，其家人售於秦汝立氏。汝立迺余門人，汝操之弟，青年

癖古，儲蓄甚富，亦友於余。假而手録，閱三踰月始訖事。惜乎斷簡缺文，未敢謬補。藏之茶夢閣，以俟善本云。嘉靖壬戌之秋八月二日，皇山人姚舜咨識，時年六十有八。"

據《宋史·藝文志》，晁載之有《談助》一卷，故此名《續談助》。

珩璜新論一卷

（宋）孔平仲撰
古寫本　有黃丕烈手識文　共一册
静嘉堂文庫藏本　原秀野草堂等舊藏

【按】此本有黃丕烈手識，其文曰：

　　"去冬於坊間見插架有寄賣之書，偶檢三四種，與易家刻書，歲莫議成。雨窗無事，因取舊藏七檜山房鈔本，經立齋相國手校者。手校此册原本載毛《汲古珍藏秘本書目》。此册出顧秀野藏，故與毛本相近云。甲申春正月十有八日。老蕘記。"

卷中有"嗣立之印"、"顧俠君"及"秀埜堂顧氏藏書印"等印記。

澠水燕談録十卷

（宋）王闢之撰
古寫本　有李北苑手識文　共二册
静嘉堂文庫藏本　原趙清常等舊藏

【按】此本前有宋紹聖二年（1095 年）正月王闢之《自序》，宋元祐四年（1089 年）十二月同年進士滿中行《題語》。卷中有李北苑手識，其文曰：

　　"《稗海》所刻《澠水燕談録》十卷，缺第十卷《談謔》一則，以第四卷分作兩卷，以符十卷之數；又缺卷目，非足本也。是册乃虞山趙清常家藏本。前有王聖塗《自序》，同年進士滿中行《題語》。其第十卷從宋雕録出，每卷較《稗海》又多三十一條，粲然完備，亦可喜也。癸丑季春雨窗，李北苑題於京邸之鷗舫。"

玉壺野史十卷

（宋）釋文瑩撰

古寫本　繡谷亭主手識本　陸心源手校本
共一冊

靜嘉堂文庫藏本　原繡谷亭等舊藏

【按】此本前有宋元豐戊午（1078 年）八月
文瑩《自序》。

卷中有繡谷亭主吳氏手識，其文曰：

"晁氏《讀書志》：‘皇朝僧文瑩撰《玉壺
清話》十卷，自敘作書之由。玉壺者，其隱
居之潭也。’今觀前叙，可得其大概矣。吳
氏繡谷亭藏書，康熙丙申九月紀。"

又有陸心源手識，其文曰：

"同治十二年冬十月，以五硯樓鈔本校
過。卷八後缺七、八葉，須別鈔補入；卷七
‘嘗謂文老不衰者’一條，爲五硯樓無；‘唐
彥詢’一條，五硯本缺後半；‘徐常侍鉉’一
條，五硯本缺前半。惜行篋無守山閣、知不
足齋兩本，無以校正耳。陸心源識。"

玉壺清話（玉壺野史）十卷

（宋）釋文瑩撰

古寫本　吳枚庵手校手識本　共一冊

靜嘉堂文庫藏本　原吳枚庵舊藏

【按】此本卷中有吳枚庵手識兩處，其文曰：

"右書一名《玉壺野史》，前名止傳五
卷。吳人吳岫訪得後五卷，四明范欽又從岫
借鈔，始成完書。乾隆丙申夏日，借江藩本
錄之，未竟閲。明年目疾大作，勾友人王凝
足成之。脱句誤字，幾於十之五、六，俟得善
本正之。丁酉中元，枚庵漫士吳翌鳳書。"

吳氏手識又曰：

"此書訛脱，傳本皆然。己亥春二月，
借朱文游丈藏本，凡用原筆塗改校補一千六
百餘字，雖未詳盡，亦頗精允。若其底本，則
與此無一不同也。暇閲錢遵王《讀書敏求
記》，載有其從祖榮木樓校本，凡行間脱字，
一一補綴完好，殆即是本之祖乎？書以志

幸。翌鳳又記。"

卷中有"翌鳳鈔藏"朱文方印。

湘山野録三卷

（宋）釋文瑩撰

古寫本　黃丕烈手校手識本　共一冊

靜嘉堂文庫藏本　原黃丕烈舊藏

【按】卷中有黃丕烈手識，其文曰：

"《湘山野録》，余家有宋刻元人補鈔
本，又有毛斧季校宋本，實同出一源。而毛
校失宋刻元鈔之真，但云校宋，非原書之舊
矣。外間傳本，除毛氏《津逮》本外，鮮有他
本。此册近從坊友易得，始欲手校宋刻元鈔
面目於其上，後檢藏本證之，知是本非出毛
刻，與宋刻元鈔本時合時不合，必别有據依，
未敢輕改，且録之下卷自潘逍遥聞有詩名下
□□□□□□□留此爲別本之證。壬申二
月，丕烈識。"

搜神秘覽三卷

（宋）章炳文撰

宋刊本　日本重要文化財　袋裝共一冊

天理圖書館藏本　原京都東福寺普門院圓
爾辯圓（聖一國師）　崇蘭館等舊藏

【按】每半葉有界九行，行十八字，小字雙
行。白口。左右雙邊（18.5cm×12.5cm）。版
心上部記字數，下部有刻工姓名，如吳升、浩、
李、允等。

前有宋政和癸巳（1113 年）著者《自序》。
序文首頁頂格題署"搜神秘覽序"，次行上空
七字題署"京兆章炳文　叔虎"，三行起正文，
頂格書寫。

卷中避宋諱，闕筆至"敦"字（南宋光宗）。

《目録》末有空頁，第二行上空七字有刊行
木記曰"臨安府太廟前尹家書籍鋪刊行"。

三卷一冊，袋綴。書箱版面右下題"宋板搜
神秘覽"，左下題"崇蘭館"。

四條天皇仁治二年（1241 年）日本東福寺開
山聖一國師圓爾辯圓自中國歸，携回漢籍內外

文獻數千卷。1353 年東福寺第二十八世大道一以據聖一國師藏書編纂成《普門院經論章疏語録儒書等目録》，其"露部"著録《搜神秘覽》一部三册，即係此本。

卷中有"即宗院"、"普門院"等印記。

此本已被日本"文化財審議委員會"確定爲"日本重要文化財"。

【附録】日本江户時代有《搜神秘覽》三卷寫本一種。係從宋刻本鈔出。

石林燕語十卷

（宋）葉夢得撰

明正德元年（1606 年）刊本

内閣文庫　倉敷市立圖書館貪泉文庫藏本

【按】每半葉有界九行，行十八字。黑口，四周單邊。

内閣文庫藏本，原係楓山官庫等舊藏，共二册。

貪泉文庫藏本，共二册。

石林避暑録四卷

（宋）葉夢得撰　　（明）項得棻校

明項氏宛委堂刊本　共二册

内閣文庫藏本

避暑録話二卷

（宋）葉夢得撰

明刊本　共二册

尊經閣文庫藏本　原江户時代加賀藩主前田綱紀等舊藏

巖下放言三卷

（宋）葉夢得撰

古寫本　季錫疇手校手識本　共一册

静嘉堂文庫藏本

【按】此本卷中有季錫疇手識文，其文曰：

"虞山瞿氏藏有魚元傳鈔本《巖下放言》三卷，以之校覆。改訛二字，填注一字，補脱一葉，餘悉相同，蓋均出袁氏本也。大

抵此書以漢陽葉氏本爲最善，依之校定，可無遺憾矣。心耘詞史囑爲襄校，爰書數語以質之。丁巳小春上旬，婁東季錫疇記。"

蒙齋筆談（巖下放言鈔録）二卷

（宋）葉夢得撰

明刊本　共一册

内閣文庫藏本　原昌平坂學問所舊藏

【按】此本與明刻宋人趙彦衛《雲麓漫鈔》合綴一册。又《四庫總目》卷一二一"子部·雜家類五"所收《巖下放言》三卷之提要云"明商濬《稗海》中别有《蒙齋筆談》二卷，題曰湘山鄭景望撰，其文全與此同，但删去數十條耳……然則爲《蒙齋筆談》剿此書而作……。"

蒙齋筆談二卷

（宋）鄭景望撰　　（明）商濬校

明刊本（《博古存什》零本）

静嘉堂文庫藏本　原竹添光鴻等舊藏

元城先生語録（劉元城語録）三卷

（宋）馬永卿編

明刊本　共三册

静嘉堂文庫藏本　原陸心源十萬卷樓等舊藏

【按】此本前有宋紹興丙子（1156 年）八月張九成《序》，紹興五年（1135 年）八月馬永卿《序》。

元城先生語録解三卷

（宋）馬永卿編　　（明）王崇慶解

明嘉靖年間（1522—1566 年）刊本　共一册

静嘉堂文庫藏本

【按】每半葉有界十行，行二十四字。白口，四周單邊。

前有張九成《序》，馬永卿《序》，又有明嘉靖丁酉（1537 年）高金《序》，嘉靖八年（1529 年）顧鐸《跋》，嘉靖七年吕柟《序》等。

元城語録解三卷　附一卷

（明）王崇慶撰

明嘉靖年間（1522—1566 年）刊本　共一册

静嘉堂文庫藏本　原陸心源十萬卷樓等舊藏

曲洧舊聞十卷

（宋）朱弁著

明嘉靖三十四年（1555 年）刊本　共二册

倉敷市立圖書館貪泉文庫藏本

【按】每半葉九行，行十九字。白口，左右雙邊。

侯鯖録二卷

（宋）趙德麟撰

古寫本　鮑廷博　盧文弨手校手識本　共一册

静嘉堂文庫藏本

【按】此卷中有鮑以文手識，其文曰：

"《侯鯖録》刻於商氏《稗海》者凡八卷，此則通爲二卷，行次不甚相遠，惟首尾差有更易。間取商氏本校之，其訛誤不下七八百處。尤可笑者，第二卷《黄魯直讀太真外傳詩》一條，所云'扶風喬木，斜谷鈴聲'云云，全然脱去，而以下條《滕達道省試詩》'寒日邊聲斷，春風塞草長'接入，令人讀之不知所謂。第八卷《東坡水府賦詩》一則，前'入夢'一段凡二百言，俱脱去，竟從'天地雖虚廓'刻起，有尾無頭。不得此本，疑團竟不得破也。惟第六一卷所載俱'王性之傳奇辨正'，凡十八頁，此本缺之。又第一卷末《盧秉題汴河驛詩》以下四則，七卷末《東坡守杭》一則，俱此本所無，而此本上卷白樂天《琵琶行》云云以下七則，及下卷某某八則，則又商本所缺也。校勘畢，因取其缺失者補之，而一二誤字，商本有可從者，悉據改正，便稱善本矣。惜無力刊布，竟使商本單行。後人或有刻者，訛以傳訛，無從正其謬

誤，爲可恨耳。此本得之吴門，其初亦不以爲異也。"

又有盧文弨手校識語，其文曰：

"前題聊復翁德麟，則著書之人也。德麟者，宋宗室，名令時，太祖子燕懿王德昭之五世孫也。黄魯直爲宫教，德麟受業焉。與蘇子瞻同官穎州，故其所交多一時名士。後從高宗南渡，襲封安定郡王。紹興四年薨，貧至無以爲殮。《宋史》有其傳。此書分上下兩卷，而明商氏梓於《稗海》中者，則爲八卷，與趙希弁《讀書附志》所載卷數合。蓋在當時，外間或有二本，傳者不同，而以《志》相校，則此本爲勝。商本第五一卷全載《王性之辨會真記事》，而演其事爲鼓子詞十二章，全類俳優，此書不載，蓋本不當載也。餘商本有而此本無者，僅五條，附録於後。商本訛舛甚多，而舊鈔本亦復不免，雖屢經校勘，仍有一二誤脱不能强補者，故闕之，然已大異乎舊所傳鈔本矣。其商本余亦爲補正云。乾隆四十有六年五月八日，東里盧文弨在晋陽須友堂書。"

卷中有"抱經堂寫校本"朱文長印。

北窗炙輠録二卷

（宋）施得操撰

古寫本　存齋手識本　共一册

静嘉堂文庫藏本

【按】此有存齋手識，其文曰：

"《關子開令蔣姓匠開圖書》一條，《荆公温公最得中制》一條，《奇晋齋叢書》刻本無，想以其殘缺而并删之耳。明人刻書，往往如此。奇晋齋乃乾隆初人，所刊猶有明人習氣。書貴舊鈔，良有以也。光緒六年，存齋記。"

鷄肋編不分卷

（宋）莊綽撰

古寫本　吴尺鳧校　周人誌手識　陸心源手校手識　共二册

静嘉堂文庫藏本　原吴尺凫等舊藏

【按】每半葉有界十一行,行二十一字。凡二册,不分卷,計一百二十頁。

前有宋紹興三年(1133年)二月莊季裕《自序》,後有元至元己卯(1279年)仲春陳孝先《跋》。

卷中有周人詒手識文,其文曰:

"庫本所收《鷄肋編》作三卷,題莊季裕撰。此爲杭州吴氏藏本,首册表題猶是繡谷手迹。既不分卷,又曰'莊綽撰',皆與庫本有殊。繡谷藏書甲於東南,又與樊謝諸先輩撰《南宋雜事詩》,收輯兩宋遺文佚事極博,所題當必有據也。末附陳孝先題跋,知爲賈相録入悦生堂隨鈔。按周弁陽嘗稱'悦生堂隨鈔中,最多秘籍'。是此書在不旹亦爲希見矣。癸巳,人詒。"

又有清人陸心源校識,其文曰:

"同治十二年孟冬,用穴硯齋鈔本校。陸心源識。"

卷中有"敦夙好齋珍藏書畫印"朱文長印、"繡谷"朱文長印。

【附録】據《商舶載來書目》記載,東山天皇元禄七年(1694年)中國商船"久字號"載《鷄肋編》一部十册抵日本。

東觀餘論十卷

(宋)黄伯思撰

明萬曆甲午(1594年)項氏覆宋刊本　共二册

静嘉堂文庫藏本

【按】每半葉九行,行十八字。

前有"萬曆甲午項篤壽重刊引",後有宋紹興丁卯(1147年)黄訥《跋》,嘉定年間樓鑰《跋》,後有莊夏《跋》,無名氏《跋》。

東軒筆録十五卷

(宋)魏泰撰

明嘉靖年間(1522—1566年)刊本　共四册

静嘉堂文庫藏本　原陸心源十萬卷樓等舊

藏

【按】此有宋元祐九年(1094年)上元日魏泰《自序》。

冷齋夜話十卷

(宋)僧惠洪撰

元至正癸未(1343年)三衢石林葉敦刊本共二册

静嘉堂文庫藏本　原鄭杰　陸心源皕宋樓等舊藏

【按】每半葉有界九行,行十七字。白口,雙黑魚尾,四周雙邊(14.9cm×9.7cm)。

前有《冷齋夜話目録》,《目》後有跋,其文曰:

"是書僧惠洪所編也。洪本筠州彭氏子,祝髮爲僧,以詩名聞海内,與蘇黄爲方外交。是書古今傳記,與夫騷人墨客多所取用。惜舊本訛謬,且兵火散失之餘,幾不傳於世。本堂家藏善本,與舊本編次大有不同,再加訂正,以繡諸梓,與同志者共之。幸鑒。"

跋後有"至正癸未春旹新刊,三衢石林葉敦印"一行。

卷中有"鄭杰之印"、"昌英珍秘"、"鄭氏注韓居珍藏記"、"注韓居士"、"歸安陸樹聲叔桐父印"、"臣陸樹聲"等印記。

【附録】日本東山天皇元禄十五年(1702年)彌生吉且《倭板書籍考》卷之六著録《冷齋夜話》十卷。其識文曰:"此書記詩文評論、禪門雜事。一説宋名僧洪覺範所作,一説未詳。"

日本十五世紀有《冷齋夜話》十卷。每半葉九行,行十八字。白口。

明正天皇寬永年間(1624—1644年)京都櫻町有活字刊印本《冷齋夜話》十卷。每半葉九行,行十八字,黑口。此本序文末有刊記曰:"癸未孟春新刊",卷末有"於下京櫻町開版"等。

明正天皇正保二年(1645年)刊印《冷齋夜

《話》十卷。此本有靈元天皇寬文六年（1666年）及八年（1668年）後印本。

光格天皇文化年間（1804—1817年）刊印《冷齋夜話》十卷。

聞見近録一卷

（宋）王鞏撰

明刊本（明刊《唐宋叢書》零本）　共一册

内閣文庫藏本　原木村兼葭堂舊藏

潮溪先生捫虱新話十五卷

（宋）陳善撰

明刊本　有黄丕烈等手識文　共三册

静嘉堂文庫藏本　原陸心源十萬卷樓等舊藏

【按】此本前有無名氏《序》，爲《四庫》不載，兹鈔録於後。其文曰：

"陳善字子兼，福州羅源縣人。玉温（二字未詳，姑仍原文）天資穎悟，九齡能暗誦五經，甫弱冠游郡庠泮，教得其所爲文，大驚異之，曰：'崔蔡不足多也。'時閩文學甲他郡，歲大比，試者至十萬人，子兼獨步稱雄場屋中，名震一時，老師鉅儒，皆爲之傾動。紹興間爲太學生，所與游者，天下名士。時秦檜當國，子兼慷慨言論，慕何蕃陳東之爲人，嘗力詆和議爲非是，不徇俗俯仰浮湛。有司心鴉子兼，畏權臣，卒不敢取，以故不屑效一官。子兼亦不以得喪喜戚動其心，拂衣竟歸，杜門讀書。自孔孟氏至子史百家、佛老、陰陽、卜筮、農圃之説，無不精詣。或焚香默坐，日不出户，無幾微見於顔面，宦情世故淡如也。所居有小溪，與潮合流，因自號曰潮溪。所著書，詩文甚多，經殘毁散逸，惟《捫虱新話》行於世。子兼嘗墮圍城中，有談《新話》者，子兼因與謂言，而不知其爲子兼也，遂得脱。然此特其小小者耳。若子兼之所口，彼惡知之，彼惡知之！"

卷中有黄丕烈手識四處，其一文曰：

"此《捫虱新話》三本，余得諸書友處，

取其尚是明代舊刻，因收之。隨取《津逮》中本，略爲對勘，亦覺此刻居前，稍勝毛本。而潮溪先生小傳，惟此猶存，洵善本也。余考《敏求記》所載，云有二本。其一是影宋本，標題云《潮溪先生捫虱新話》。釐爲十五卷。今檢此標題，獨多'潮溪先生'四字，而毛刻猶無，殆自宋本翻雕者乎。嘉慶二年歲在丁巳，秋日書於讀未見書齋，黄丕烈。"

其二曰：

"述古所藏，向有二本。一是宋鈔本，不分卷帙，末有羅源陳善子兼《跋》。云丙寅歲，余由海道將抵行在所。云戊辰秋，余觀書濂溪坊蔣氏，見所謂宋鈔者，果與述古所藏合，而子兼之《跋》，較《敏求記》所載爲詳。此書余友秋塘張君爲余借出，因得見之，遂屬其校於此册上。陳《跋》及所多二則，用别紙録之附考焉。本書甚古雅，宋鈔之説，兹所校者，皆秋塘筆，余未及親校也，秋塘近始檢還，因記。庚午夏五月十九坐雨書，復翁。"

其三曰：

"此宋鈔本，蔣韻濤故後已經散失，然巧爲余友蔣懷堂所收。一蔣失而一蔣得，儻容借閲，仍可手自讎校一過。秋塘已於昨歲化去，後韻濤歿焉。而余年較兩君尚小，幸而獨留。藏書之家，識古之友，亦漸少矣。丁丑夏，張訒庵借校，因其還書而書此。復翁。"

其四曰：

"後從訒庵借其手校宋鈔本，覆勘一過。其書一百則，通作一卷，不分類，無子目。訒庵一一跋出，因照臨於此。丁丑秋白露前四日記。復翁。"

捫虱新話十五卷

（宋）陳善撰　（明）毛晋校

明崇禎年間（1628—1644年）毛氏汲古閣校刊本

東京大學文學部漢籍中心　愛知大學中央

圖書館簡齋文庫藏本

【按】每半葉有界八行，行十九字。白口，左右雙邊。注文小字雙行。無魚尾，版心有刊行者名。

東京大學藏本，共五册。

愛知大學藏本，原係小倉正恒等舊藏，共四册。

嬾真子五卷

（宋）馬永卿撰　陳汝元校

明刊本　共二册

静嘉堂文庫　國士館大學楠本文庫藏本

【按】静嘉堂文庫藏本。原係竹添光鴻等舊藏，共一册。

國士館大學藏本，原係楠本正繼等舊藏，共二册。

嬾真子録五卷

（宋）馬永卿撰

胡珽手鈔手校本　共一册

静嘉堂文庫藏本　原陸心源十萬卷樓等舊藏

【按】此本係胡珽手鈔手校本，卷中有識文三處。其一曰：

“己未冬，借恬裕齋瞿氏所藏明緑絲闌鈔本録副，行款悉同。復用《稗海》本校勘，凡十日而畢。十一月二十二日，誌於琳琅秘室之北窗下。胡珽。”

其二曰：

“庚申正月，勞季言先生寄來手校本一册，因竭半月之功，用藍筆度校。三月十一日覆校畢。心耘。”

其三曰：

“閏三月初七日，借得《説郛》第四十号内所載《嬾真子録》校一過。”

春渚紀聞十卷

（宋）何薳撰

明人寫本　毛子晉據宋本校本　共一册

静嘉堂文庫藏本　原汲古閣　錢曾述古堂　孫慶增　陸心源十萬卷樓等舊藏

【按】此本末有明“嘉靖丙戌菊月望日謄録”一行，又有“崇禎庚寅以宋本校一過。潛在”一行。“潛在”即毛子晉號。

卷中有“錢曾之印”白文方印，“遵王”朱文方印，“孫從沾印”白文方印，“慶增氏”朱文方印，“孫慶增家藏”朱文方印，“錢曾”朱文腰圓印，“述古堂圖書記”朱文長印等。

墨莊漫録十卷

（宋）張邦基撰　（明）商濬校

明刊本

静嘉堂文庫　愛知大學簡齋文庫藏本

【按】静嘉堂文庫藏本，原係竹添光鴻等舊藏，共二册。

愛知大學藏本，原係小倉正恒等舊藏，共四册。

西溪叢語二卷

（宋）姚寬撰　（明）俞憲校

明嘉靖戊申（1562 年）鵁鳴館刻本　共二册

静嘉堂文庫　慶應義塾大學附屬圖書館藏本

【按】每半葉有界十行，行二十一字。白口。版心象鼻下有“鵁鳴館刻”四字。

静嘉堂文庫藏本，原係陸心源十萬卷樓等舊藏。卷中有從祥符周氏藏本録出之黄丕烈手識文，其文曰：

“此鵁鳴館刻《西溪叢語》，余亦有之，但貯諸家塾中，不以爲難得之書。迨後見蔣壽松收顧氏書中有錢遵王家鈔本并手校者，始知即從是刻鈔出，遂重之。錢本缺失多同，因視鵁鳴館刻爲難得，而登諸舊刻之列。後余得嘉魚館鈔本，取刻本相校，鈔固勝刻，而刻亦有勝鈔之處，鈔因與刻并藏，惜刻有缺失并糊塗處，復借張訒庵藏本補鈔寫全，可云盡美矣。頃湖估來説新開環經閣有舊刻《西溪叢語》，甚完全清爽。余曰‘是必鵁

鳴館刻本也’。屬爲取閱,果然實勝向來所
有之本。奈遭俗子評點,瑜不掩瑕。余以難
得,故卒收之,易以家刻書三種。今而後鈔
刻皆爲善本,可無遺憾。癸未四月十有三
日,蕘夫記。”

黃氏識文後,又有魏錫曾手識文,其文曰:

“右黃蕘圃先生跋語,從祥符周氏藏本
録出。此本下卷舊缺四頁,行書鈔補。近更
磨損序文前半,今皆影寫,以還舊觀。其原
鈔四頁,撲拙可習玩,仍附於後。惟周本眉
評俚鄙,誠出俗手,不以累紙墨云。同治己
巳三月,魏錫曾識。”

靜嘉堂文庫藏本卷中有“鄭竭之印”、“塔林
小隱”、“笠樵”、“林溥之印”、“怡泉”、“鄭藩”
等印記。

慶應義塾藏本,原係相原理作捐贈。

西溪叢語二卷

（宋）姚寬撰

明崇禎年間（1628—1644 年）虞山毛氏汲古
閣刊本　共二册

愛知大學簡齋文庫　佛教大學平中文庫藏
本

【按】每半葉有界八行,行十九字。白口,左
右雙邊。

愛知大學藏本,原係小倉正恒等舊藏。

佛教大學藏本,原係平中苓次等舊藏。

西溪叢語二卷

（宋）姚寬撰

明刊本　共一册

關西大學附屬圖書館内藤文庫藏本

【按】每半葉有界九行,行二十字。白口,四
周單邊（20.1cm×13.4cm）。

西溪叢語二卷

（宋）姚寬撰

明刊本　共二册

東北大學附屬圖書館藏本

容齋隨筆十六卷　二筆十六卷　三筆十六卷　四筆十六卷　五筆十卷

（宋）洪邁撰

明弘治年間（1488—1505 年）刊本

靜嘉堂文庫　慶應義塾大學附屬圖書館藏
本

【按】每半葉有界十行,行二十一字。版心
下象鼻下有刻工名姓。黑口。

前有洪邁《自序》,并有宋嘉定壬申（1212
年）仲冬何異《序》。

靜嘉堂文庫藏本,原係錢謙益、陸心源十萬
卷樓等舊藏。首葉有某氏東塘貼付,其文曰:

“明太祖既定天下,取各路儒學所庋藏
宋元以來經籍刻板書南雍。有破損殘缺者,
皆修補印行。是以今所見宋元舊槧,多有明
紙摹印者。此《容齋隨筆》五集,亦其一也。
中凡諱字避書,帝王跳格,可以據爲宋本,灼
然無疑。而其中寫刊凡劣,與他有異者,皆
明初補板耳。卷首并有葛震父、錢牧齋二藏
印,可見持書珍貴已久。又每卷所鈐‘句曲
山房王克明印’,則未考其爲何人,且俟異
日云。東塘手誌。”

卷中有“蒙叟”、“酉陽山人顧飛卿氏”、“一
龍”朱文方印。共十四册。

慶應義塾大學藏本,原係相原理作舊藏。今
缺《五筆》十卷。共十二册。

【附録】據《外船賣來書目》記載,光格天皇
寬政十二年（1800 年）中國商船“申一番”載
《容齋五筆》五部、“丑八番”載《容齋五筆》同
抵日本。

據日本仁孝天皇天保十四年（1843 年）《漢
籍發賣投標記録》記載,是年《容齋五筆》三
部,標價爲安田屋三十五匁五分,奧屋三十六
匁五分,長岡屋四十五匁六分。

據《外船書籍元帳》記載,仁孝天皇弘化四
年（1847 年）中國商船“午二番”載《容齋五
筆》二部抵日本,售價每部十八匁。孝明天皇
嘉永三年（1850 年）中國商船“酉六番”載《容

齋五筆》二部各二帙抵日本，售價與 1847 年同。

日本仁孝天皇天保二年（1831 年）京都石田治兵衛刊印《容齋隨筆》十六卷。此本後有錢屋惣四郎重印本。

容齋隨筆十六卷　二筆（闕）　三筆十六卷　四筆十六卷　五筆十卷

（宋）洪邁撰

明弘治八年（1495 年）錫山華燧會通館銅活字刊本　共十一册

大倉文化財團藏本

【按】每半葉九行，行十七字。版心有"弘治歲在旃蒙單闕"，"會通館活字銅板印"等字。此本一、二、三、四筆皆有《自序》，分別題署"淳熙庚子（七年）"、"紹熙三年三月"、"慶元二年六月"及"慶元三年九月"。《五筆》後有嘉定壬申（五年）子月丘橚《跋》，嘉定十六年六月洪仮《跋》，并紹定二年重九周某刊板《跋》。

《初筆》前有嘉定壬申（1212 年）何异《序》，并弘治華燧《序》。

此本悉照宋紹定刻本摹寫，故語涉宋帝或提行，或空格，宋諱多缺筆。

卷中有"古潭州袁卧雪盧"、"埽塵齋積書記"、"萬卷山房王輅圖書"、"蒼霞"、"句曲楊東士"、"皖江丁氏"等印記。

容齋隨筆十六卷　續筆十六卷　三筆十六卷　四筆十六卷　五筆十卷

（宋）洪邁撰

明嘉靖年間（1522—1566 年）刊本　共十四册

御茶之水圖書館藏本　原德富蘇峰成簣堂等舊藏

【按】每半葉有界九行，行十八字。白口，左右雙邊。

此本於日本明正天皇寬永年間（1624—1643 年）用日本朱色樣紙重新補裝，然印刷題籤仍

保留其原本。

卷中有"有造館記"、"樸堂學人"、"德富"、"大江太圖書"等印記。

容齋隨筆十六卷　續筆十六卷　三筆十六卷　四筆十六卷　五筆十卷

（宋）洪邁撰　（明）馬調元校

明崇禎三年（1630 年）嘉定馬調元刊本

内閣文庫　蓬左文庫　静嘉堂文庫　早稻田大學圖書館　愛知大學中央圖書館簡齋文庫　關西大學附屬圖書館内藤文庫　無窮會織田文庫藏本

【按】每半葉有界九行，行十八字。白口，間有黑口，左右雙邊（19.1cm × 13.1cm）。

前有明弘治十一年（1498 年）李瀚《容齋隨筆五集舊序》，又有宋嘉定五年（1212 年）何异《容齋隨筆五集總序》，又有明崇禎三年（1630年）馬元調《重刻容齋隨筆紀事》。

《容齋續筆》卷前有宋紹熙三年（1192 年）洪邁《自序》。

《容齋三筆》卷前有宋慶元二年（1196 年）《容齋三筆序》。

《容齋四筆》卷前有宋慶元三年（1197 年）《容齋四筆序》。

内閣文庫藏此同一刊本兩部。一部原係昌平坂學問所舊藏，共二十册；一部共十册。

蓬左文庫藏本，係明正天皇寬永十二年（1635 年）從中國買入本，有"尾陽内庫"印記。此本今僅存《初筆》十六卷，餘皆散佚。

静嘉堂文庫藏本，原係陸心源守先閣等舊藏。

早稻田大學圖書館藏本，《隨筆》、《續筆》、《三筆》皆係後人寫補，共十三册。

愛知大學簡齋文庫藏本，原係小倉正恒等舊藏，共十四册。

關西大學藏本，原係内藤湖南等舊藏。卷中有"金氏竹籤"、"近藤氏藏"、"嬪雲草堂藏本"等印記。共十二册。

無窮會織田文庫藏本，原係織田小覺等舊

藏,共二帙。

【附錄】日本桃園天皇寶曆四年(1754 年)《舶來書籍大意書》著錄此本一部十二冊,并注"無脱紙"。其識文曰:

"此書乃宋人洪景盧纂著。洪氏徧閲群籍,悉搜異聞,考覆經史,捃拾典故。凡言之重者、事之奇者,則必入此札也。詩詞文翰曆讖卜醫,皆拘系不殘;評訂品藻議論雌黄,或加辯證,或系贊辭。條析爲《隨筆》十六卷,三百二十餘則;《續筆》十六卷,二百五十餘則;《三筆》十六卷,二百四十餘則;《四筆》十六卷,二百五十餘則;《五筆》十六卷,百三十餘則。明崇禎三年重刻本。"

容齋隨筆十六卷　二筆十六卷　三筆十六卷　四筆十六卷　五筆十卷

(宋)洪邁撰

明刊本　共十四冊

尊經閣文庫藏本　原江户時代加藩主前田綱紀等舊藏

容齋一筆十六卷

(宋)洪邁撰

明嘉靖年間刊本　共三冊

大東急記念文庫藏本　原東井文庫舊藏

夷堅志(甲志—丁志)八十卷

(宋)洪邁撰

南宋建寧刊元修元印本　共二十四冊

静嘉堂文庫藏本　原文衡山　嚴久能　黄丕烈　汪閬源　胡心耘等舊藏

【按】每半葉有界九行,行十八字。白口,雙黑魚尾,左右雙邊(20.0cm × 14.6cm)。版心有刻工名姓,如上官佐、丘才、付成、余如川、周祥、范仁、游元、黄歸、蔡方、余川、余周、官太、徐山、黄中、葉伸、羅定、丘文、余元、吴從、余文、徐中、黄仲、劉盈、羅明、丘永、余光、阮正、傅成、黄昌、蔡才。

此本係《甲志》二十卷、《乙志》二十卷、《丙志》二十卷、《丁志》二十卷。前有古杭一齋沈天祐《序》。次有《夷堅甲志目録》;次有《夷堅乙志序》,題著"乾道二年(1166 年)十二月十八日番陽洪景盧叙",次有《夷堅乙志目録》;次有《夷堅丙志序》,題署"乾道七年(1171 年)五月十八日洪景盧叙"。次有《夷堅丙志目録》;次有《夷堅丁志序》,題署"紹興二十七年(1157)也。後五年予聞之於知君向仲德士俊云。"次有《夷堅丁志目録》。

"目録"後有文衡山弟子陸師道手録之《賓退録》一條,小楷極精。

《乙志序》後有刻書刊語,其文曰"八年夏五月,以會稽本别刻於贛,去五事易二事,其它亦頗有改定處。淳熙七年(1180 年)七月又刻於建安。"

各志有讀者手識文,姓名如次:

《甲志目録》末、卷第三末、卷第七末、卷第十四末有陸師道手識文;

《甲志目録》末、卷第三末、卷第十四末、《乙志序》末、《丙志》卷第十四末、《丁志》卷末有嚴元照手識文(末一條題署乾隆五十有七年七月二十六日);

《甲志》卷第一末有顧廣圻手識文(嘉慶壬戌十二月二十三日);

《丁志》卷末有錢大昕手識文(嘉慶丙辰九月);

《丁志》卷末有瞿中溶手識文(嘉慶改元秋季);

《丁志》卷末有丁寶手識文,(光緒己卯年);

《丁志》卷末有黄丕烈墨書手識文,其文曰:

"此書出郡中故家,爲白堤錢聽默所得。余其時識未老,膽未大,僅請一觀而已。後知爲嚴姓買去,亦遂置弗問也。事隔數年,嚴氏書畫爲余友錢塘何夢華買得,是書將歸浙中中丞阮雲臺。夢華知余愛此書,影鈔副本以贈,向酬其筆墨之費朱提二十金,謂可贖昔年交臂失之之過。及戊辰歲,阮中丞借余齋中未見書録其副,遂輟所得《夷堅志》甲乙丙丁四集宋刊本贈余,余向所失者，一旦得之，可爲萬幸，而影鈔本仍爲筌蹄。適都中顧太史南雅致書於余，因有同館洪公名占銓者欲購其先世所著書籍，余謂此書世鮮流傳，當可備錄，急郵寄去。閱半截仍還余，蓋洪公係寒素出身，即館選亦囊無錢，雖二十金亦不能置也。事之可嘆如此！頃郡中忽有如洪太史者，長篇累牘盡是洪姓人所著書名目，此却未錄入，以書本不經見也。書賈竟以是進，余猶恐其殘缺太甚，未必當意，乃越日而還價矣，又越日而交銀矣。向日余之得此，人以爲痴者，今忽有類余痴絕之人，還余原直，不亦異哉！噫，同一洪姓，同一購先世著述之心也，而都中之洪公，但有其心；郡中之洪公，并有其力。歐陽子所云力足以副所好者，真篤論哉！惟余邀朋友之贈而寶真本，又非分之福矣。”

卷中有“季振宜藏書”朱文長印，“芳椒堂印”白文方印，“竹塢”朱文長印，“玉蘭堂”白文方印，“辛夷館印”朱文方印，“元照之印”白文方印，“嚴氏久能”朱文方印，“張氏秋月字香修一字幼鄰”朱文方印，“香修”朱文方印，“梅溪精舍”白文方印，“阮氏伯元”朱文方印，“錢塘嚴杰借閱”白文方印，“何元錫借觀記”白文方印，“江左”朱文方印，“厚氏”朱文方印，“元照私印”朱文方印，“嚴氏修能”朱文方印等。

《丁志》末，有乾隆五十七年（1792 年）嚴元照手識，并瞿中溶、錢大昕手識，及黃丕烈手識。

【附錄】據《商舶載來書目》記載，光格天皇寬政八年（1796 年）中國商船“以字號”載《夷堅志》一部二帙抵日本。

日本東山天皇元祿六年（1693 年），中村孫兵衛刊行《夷堅志和解》八卷。（宋）洪邁撰，（日本）釋齊賢和譯解。

（新編分類）夷堅志五十一卷

　　（宋）洪邁撰　　（宋）葉祖榮編
　　明清平山堂刊本

內閣文庫　靜嘉堂文庫藏本

【按】此本分甲集五卷、乙集五卷、丙集五卷、丁集五卷、戊集五卷、己集六卷、庚集五卷、辛集五卷、壬集五卷、癸集五卷，共五十一卷，與朱國楨《湧幢小品》所載卷數相合。各卷分門，每門又各爲子目。版心有“清平山堂”四字。

內閣文庫藏此同一刊本兩部。一部有“江雲渭樹”藏書印，原係林羅山舊藏，共十冊。一部原係紅葉山文庫舊藏，共十冊。

靜嘉堂文庫藏本，其中己集五卷，係五十卷本，共五冊。

（新訂增補）夷堅志五十卷

　　（宋）洪邁撰　　（明）鍾惺增評　鍾人杰校訂
　　明武林讀書坊刊本
　　蓬左文庫　早稻田大學圖書館藏本

【按】蓬左文庫藏本，係明正天皇寬永十二年（1635 年）從中國購入。此本卷中有“尾陽內庫”印記，共八冊。

早稻田大學圖書館藏本，原係下村正太郎家下村文庫等舊藏。此本卷中有後人寫補，共十三冊。

（新訂增補）夷堅志五十卷

　　（宋）洪邁撰
　　明刊本　共八冊
　　尊經閣文庫藏本　原江戶時代加賀藩主前田綱紀等舊藏

（新刻）夷堅志十卷

　　（宋）洪邁撰　　（明）呂胤昌校
　　明萬曆二十九年（1601 年）唐氏世德堂刻本　共十冊
　　內閣文庫藏本　原楓山官庫舊藏

程氏演繁露十六卷　續集六卷

　　（宋）程大昌撰
　　明嘉靖年間刊本

宮内廳書陵部　尊經閣文庫藏本

【按】此本前有明嘉靖己酉（1525 年）陳塏《序》，尾有嘉靖辛亥（1551 年）族裔孫煦《跋》。

宮内廳書陵部藏本，原係文衡山舊藏，後歸日本江户時代豐後佐伯藩主毛利高標收儲。仁孝天皇文政年間（1818—1829 年）出雲守毛利高翰獻贈幕府。明治初期，歸内閣文庫。明治二十四年（1891 年）移送宮内省圖書寮（即今宮内廳書陵部）。卷中有“梅溪精舍”、“玉蘭堂”、“辛夷館”“季振宜藏書”、“古吳王氏”、“林昌純印”、“佐伯侯毛利高標字培松藏書畫之印”，等印記。森立之《經籍訪古志》卷四著錄楓山官庫藏明嘉靖刻本《演繁露》十六卷即此本。共八册。

尊經閣文庫藏本，原係江户時代加賀藩主前田綱紀等舊藏，共六册。

程氏演繁露十四卷　續六卷

（宋）程大昌撰
明人寫本　顧千里據宋本校本　共六册
静嘉堂文庫藏本　原陸心源十萬卷樓等舊藏

【按】此本前有淳熙庚子（1180 年）正月程大昌《自序》。

卷中有顧千里手識兩處。其文曰：

“此書新有刻本，極其紕繆。舊鈔又苦多魯魚。長洲汪閬原告我云，家藏宋槧，并許借勘。唯惜祇存前十卷，尚少其半耳。道光甲申立夏後三日，顧千里記。”

又曰：

“馮鈍吟於此書多所掊擊，其言雖或過當，然程氏泛博而不精確，其可議亦自有以致之也。一雲散人記。”

南窗紀談一卷

（宋）徐度撰
明人寫本　共一册
静嘉堂文庫藏本　原勞季言舊藏

能改齋漫録十八卷

（宋）吳曾撰
明人寫本　共八册
静嘉堂文庫藏本　原陳眉公　陸心源十萬卷樓等舊藏

【按】此本卷中有“陳繼儒印”朱文方印。

【附録】據《外船書籍元帳》記載，仁孝天皇天保十二年（1841 年）中國商船“丑六番”載《能改齋漫録》一部十二册抵日本，售價二十四匁。

能改齋漫録十八卷

（宋）吳曾撰
明人藍格寫本　石渠手校手識本　共六册
大倉文化財團藏本

【按】此本《目》及卷八，係後人寫補。卷中有據王氏藏本所作朱墨校補，卷末有“辛卯稗齋石渠校過”朱筆識語。

卷中有“謙牧堂藏書記”、“淡翁”等印記。

寓簡十卷

（宋）沈作喆撰
明嘉靖中期寫本　有姚咨漫手識文　共二册
静嘉堂文庫藏本　原謝肇淛等舊藏

【按】卷末有“嘉靖己酉春正月館童凌定摹、門生秦汝操鈔本”一行。

卷中有姚咨漫手識，其文曰：

“此編鈔之已二十三年矣。始借門生華水部所得宋刻本，讎校一過。記其誤舛數百字，方爲全書，藏之茶夢閣上，爲老境消閒之具。同志者見之，必嘉余清癖也。書已一筆。隆慶辛未冬十月二十三日，皇山七十七翁姚咨漫志。”

卷首有“晉陵謝氏家藏圖記”印記。

紺珠集十三卷

（宋）朱勝非撰

明天順七年（1463 年）刊本　共五冊
內閣文庫藏本　原楓山官庫等舊藏
【按】每半葉十二行，行二十四字。黑口，四
周雙邊。

紺珠集十三卷

（宋）朱勝非撰
古寫本　有尤貞起手識文　共六冊
靜嘉堂文庫藏本
【按】此本有宋紹興丁巳（1137 年）中元日
王宗哲《序》，天順庚辰（1460 年）賀榮《重刊
序》。
卷中有尤貞起手識，其文曰：
　　“《紺珠集》十三卷，乃宋朱勝非編百家
小說成此書。又有《自序》云：‘張燕公有紺
珠，見之則能記事不忘，書之名以此’。王
宗哲，乃紹興時人。而曰‘不知起自何代’，
豈詹寺丞所得本，不著姓氏邪？康熙甲午春
仲花朝，鹽官尤貞起記。”

續博物志十卷

（宋）李石撰
明弘治十八年（1505 年）賀氏刊本　共一冊
米澤市立圖書館藏本
【按】每半葉有界十行，行十八字。黑口，左
右雙邊。卷末有後記，其文曰：
　　“是書在宋嘗有板刻，而今罕傳。予同
年賀君志同，近刻《博物志》訖工，復取而刻
之，俾與前志并行，好古之士，知其一染指
也。弘治乙丑春三月，工部主事姑蘇都穆
記。”
封葉內及內封側面，各有七言律詩一首。
卷中有“米澤藏書”等印記。
【附録】日本東山天皇元禄十五年（1702
年）彌生吉且《倭板書籍考》卷之六著録《續
博物志》十卷。其識文曰：
　　“《博物志》正十卷，張華《博物志》之拔
粹也，有大明都穆《跋》。續十卷，隴西李石
編，有都穆《序》。”

臥游録一卷

（宋）吕祖謙撰
明萬曆三十年（1620 年）刊本　共一冊
內閣文庫藏本　原楓山官庫等舊藏

臥游録一卷

（宋）吕祖謙撰
明刊本（明刊《續百川學海》零本）　共一冊
國會圖書館藏本

野客叢書三十卷　附一卷

（宋）王楙撰　（明）王穀祥輯校
明嘉靖四十一年（1613 年）長洲王氏刊本
內閣文庫　靜嘉堂文庫　御茶之水圖書館
東京大學東洋文化研究所　愛知大學簡齋
文庫藏本
【按】每半葉十行，行二十字。白口，左右雙
邊。
此本有慶元改元（1195 年）三月王楙《自
序》、嘉泰二年（1202 年）十月王楙《自記》，嘉
泰壬戌（1202 年）四月陳造《識記》，并王穀祥
《跋》。
內閣文庫藏本，原係昌平坂學問所舊藏。
靜嘉堂文庫藏此同一刊本兩部。一部原係
陸心源十萬卷樓舊藏，共八冊。一部原係竹添
光鴻等舊藏，共十二冊。
御茶之水圖書館藏本，原係德富蘇峰成簣堂
舊藏。此本原爲人見竹洞所有，後又歸狩谷掖
齋。卷中有狩谷氏文化甲戌（1814 年）手識文
一處。其文曰：
　　“余嘗好讀宋人説部，無若《野客叢書》
博洽精校者。吾邦舊有刻本，蓋翻雕陳氏
《秘笈》中所收也。如夫《秘笈》，非獲諸善
本而彙刻者，如此書亦刪略殆半，至令初學
者終不得見其全，豈不哀哉！此本王楙十世
孫穀祥以諸家藏本，校正其家所藏宋鈔本以
鋟梓也。穀祥《跋》云：‘嘗辱文徵明、陸師
道、袁尊尼前後讎校再三。’又每卷衙書人

刻手之名,此非草草附梓之類也。後之獲是書者,勿以坊間俗本視之。文化甲戌年二月,掖齋狩谷望之記。"

又有文化丙子(1816年)狩谷氏手識:

"是本每卷有'小野節家藏書'及'宜爾子孫'之圖章,知竹洞先生之舊藏也。

丙子七夕,暴此書因記之。望之。"

森立之《經籍訪古志》卷四著録求古樓藏明刻本《野客叢書》三十卷,著者曰:"未見",即今御茶之水圖書館藏本。共八冊。

愛知大學簡齋文庫藏本,原係小倉正恒等舊藏,共五冊。

【附録】據《商舶載來書目》記載,光格天皇寬政五年(1793年)中國商船"也字號"載《野客叢書》一部抵日本。

野客叢書三十卷　附一卷

(宋)王楙撰

明萬曆年間(1573—1620年)刊本　清人修補　共六冊

内閣文庫藏本　原昌平坂學問所舊藏

野客叢書三十卷

(宋)王楙撰

明刊本

東京大學東洋文化研究所藏本　原大木幹一等舊藏

(陳眉公重訂)野客叢書十二卷　附一卷

(宋)王楙撰　(明)張昹校

明萬曆三十一年(1603年)刊本　共六冊

内閣文庫藏本　原楓山官庫等藏

【附録】日本東山天皇元禄十五年(1702年)彌生吉且《倭板書籍考》卷之六著録《野客叢書》十二卷。其識文曰:

"此書乃宋人王楙所作,考事物出處由來之書也。正本係三十卷,今此本乃抄本也。"

日本後光明天皇承應二年(1653年)中野是

誰據陳氏《寶顔堂秘笈》本重刊《陳眉公重訂野客叢書》十二卷,并附《野老紀聞》一卷。

又,同年京都風月莊左衛門,與尾張風月孫助同刻《陳眉公重訂野客叢書》十二卷。

厚德録(殘本)三卷

(宋)李元綱撰

明刊本　共一冊

内閣文庫藏

【按】此本全四卷,今卷四缺。

經鉏堂雜志八卷

(宋)倪思撰

明萬曆年間(1573—1620年)刊本

静嘉堂文庫　尊經閣文庫藏本

【按】每半葉有界九行,行二十字。白口,四周單邊。

此本有萬曆庚子(1600年)潘大復《序》,并同年金有華《跋》。

静嘉堂文庫藏本,原係陸心源十萬卷樓舊藏,卷中有鮑渌飲手校文,共一冊。

尊經閣文庫藏本,原係江户時代加賀藩主前田綱紀等舊藏,共四冊。

緯略十二卷

(宋)高似孫撰

明人寫本　何義門校黃丕烈手識本　共四冊

静嘉堂文庫藏本　原柳大中　黃丕烈　陸心源十萬卷樓等舊藏

【按】每卷有目,連續篇目,尚存宋本舊式。每卷之首及版心,皆用朱筆題曰"卷幾",卷中有墨筆批校。

有黃丕烈手識文,其文曰:

"高似孫續古集諸略,今惟《子略》刻入《百川學海》中,餘不多見。《緯略》但見鈔本,然亦希有。向曾見明人唐詩手鈔本,在角直嚴二西家。又見一鈔本,出柱國坊王氏,後爲郡人吳有堂所收。聞禾中一殘鈔本,亦歸吳處。去春有京師謝姓,托友購此書,余轉商諸吳,索八金,并欲鈔還所缺者,未諧而止。今兹余欲購之,屬坊友之與吳稔者詢之,必如數而始付閲,屢議不果。頃忽有高姓書賈,持此示余,其居奇之心遜於吳多矣。索直十二番,無可减者。余嘉其留心代購,并見書付銀,意差雅,猶市道之近情理者,遂如數與之。此書舊藏不知誰氏,鈔手半爲柳大中筆;校勘評閲,硃筆審是何義門。此又賈人所不及知,而余所知者。此余雖善價,而猶以爲可喜者也。甲戌秋白露後一日,復翁。"

卷中有"甯山記"白文長印,"甯山翁書畫印"朱文長印等。

緯略十二卷

(宋)高似孫撰　　(明)沈士龍校
明刊本　共四册
内閣文庫藏本　原楓山官庫等舊藏
【按】每半葉九行,行十八字。白口,左右雙邊。

東園叢説二卷

題(宋)李如箎撰
文瀾閣傳鈔本　共一册
静嘉堂文庫藏本　原陸心源十萬卷樓等舊藏

古今考三十八卷

(宋)魏了翁撰　　(元)方回續著
明萬曆十二年(1584年)上海王圻刊本
東京大學東洋文化研究所藏本　原大木幹一等舊藏
【按】此本卷第二十三至卷第三十二,係後人寫補。

古今考三十八卷

(宋)魏了翁撰　　(元)方回續著
明崇禎年間(1628—1644年)刊本

内閣文庫　静嘉堂文庫　尊經閣文庫　京都大學文學部中國語學哲學文學研究室藏本
【按】每半葉有界九行,行二十字。白口,四周單邊。

前有魏了翁《自序》并方回《自序》,後有元至正二十年(1342年)十一月周南《跋》。

内閣文庫藏本,原係楓山官庫舊藏。共十六册。

静嘉堂文庫藏本,原係陸心源十萬卷樓等舊藏,共六册。

尊經閣文庫藏本,原係江户時代加賀藩主前田綱紀等舊藏共十册。

京都大學藏本,共二十四册。

經外雜鈔二卷

(宋)魏了翁撰　　(明)陳繼儒校
明刊本　共一册
内閣文庫　静嘉堂文庫藏本

(鶴山渠陽)讀書雜鈔二卷

(宋)魏了翁撰
明刊本
内閣文庫　早稻田大學圖書館藏本
【按】内閣文庫藏本,原係木村蒹葭堂等舊藏,共二册。
早稻田大學圖書館藏本,共二册。

密齋筆記六卷

(宋)謝采伯撰
文瀾閣傳鈔本　共二册
静嘉堂文庫藏本　原陸心源十萬卷樓等舊藏

芥隱筆記一卷

(宋)龔頤正撰　　(明)毛晋訂
明汲古閣刊本　共一册
愛知大學簡齋文庫藏本

琴堂諭俗編二卷

（宋）鄭至道撰　彭仲剛續　應俊補
文瀾閣傳鈔本　共一册
静嘉堂文庫藏本　原陸心源十萬卷樓等舊藏

愧郯録十五卷

（宋）岳珂撰
宋嘉定年間明修補本　共六册
静嘉堂文庫藏本　原朱卧庵　周季貺　陸心源皕宋樓等舊藏

【按】每半葉有界九行，行十七字。白口，左右雙邊（20.4cm×14.7cm）。版心記大小字數，并有刻工姓名，如丁良、王寶、吴彬、李仁、馬祖、劉昭、丁松、石昌、宋、金滋、蔣榮祖、蔣榮、曹冠宗、高文、宋蓁、王顯、王遇、朱春、王禧、吴椿、李涓、董澄、繆恭、曹冠英等。

前有宋嘉定焉逢淹茂歲（1214 年）圉月既望岳珂《自序》，後有《後序》，題“是歲後三月望岳珂”。書中語涉宋帝皆空一格。

卷一、卷五、卷七有缺葉，乃由周季貺之子屺思鈔補。

卷首副葉紙有識文曰：“同治丙寅（1866 年）皋月華延年室主人持贈，桃華聖解庵主癸日識。”後有“桃華聖解庵主小印”朱文長方印。卷十第十五葉係寫補，有識文曰：“此葉静嘉書庫陸本原缺，謹以附贈，重其尚出舊鈔也，乞察存。”

卷中《前序》有“朱卧庵考藏印”朱文長方印，“延陵吴氏家藏”朱文長印。《目録》前有“白舫”朱文印，“華茇廎藏”朱文印。卷一有“朱之赤鑒賞”朱文長印。卷七後有“世美堂印”朱文方印，“休甯千秋里人”白文方印，“沈辨之印”白文方印。卷中另有“祥符周氏瑞石堂圖書”白文方印，“星貽”朱文小方長印，“屺思”朱文小楷印，“澧印”白文小方印，并有“臣陸樹聲”“歸安陸樹聲叔桐父印”等印記。

桯史十五卷　附一卷

（宋）岳珂撰　（明）岳元聲等校
明刊本　共四册
内閣文庫藏本

【按】内閣文庫藏此同一刻本兩部。一部原係紅葉山文庫舊藏。一部有“江雲渭樹”印記，原係林羅山舊藏。

桯史十五卷

（宋）岳珂撰
明覆宋刊本　共六册
静嘉堂文庫藏本

【按】此本有岳珂《自序》。卷中有“董玄宰”白文方印，“宗伯學士”朱文方印。

岳氏四種

（宋）岳珂撰
明刊本　共八册
尊經閣文庫藏本　原江户時代加賀藩主前田綱紀等舊藏

【按】此書共包括岳珂下列四種著作：
《讀史備忘捷覽》六卷；
《愧郯録》十五卷；
《桯史》十五卷并附録；
《玉楮詩藁》八卷。

梁溪漫志十卷

（宋）費衮撰
明刊本　共四册
静嘉堂文庫藏本　原豐對樓　陸心源十萬卷樓等舊藏

【按】此本有宋紹熙三年（1192 年）十二月費衮《自序》，并宋嘉泰改元（1201 年）中秋施濟《跋》，中元日樓鑰《跋》。

卷中有“竹泉珍秘圖籍”白文方印，“謏聞齋”白文方印，“五硯樓”朱文方印，“甘潤堂”朱文長印等。

皇朝仕學規範四十卷

（宋）張鎡編

明刊本

內閣文庫　尊經閣文庫藏本

【按】內閣文庫藏本，原係林氏大學頭家舊藏。共六冊。

尊經閣文庫藏本，原係江户時代加賀藩主前田綱紀等舊藏，共六冊。

【按】日本仁孝天皇天保十三年（1842年）昌平坂學問所官版刊印《仕學規範》四十卷。

（重刊）仕學規範四十卷

（宋）張鎡編

明嘉靖四年（1525年）刊本　共四冊

內閣文庫藏本　原人見竹洞　昌平坂學問所舊藏

鶴林玉露十六卷

（宋）羅大經撰

明萬曆十二年（1584年）仁實堂刻本

內閣文庫　靜嘉堂文庫　米澤市立圖書館藏本

【按】每半葉有界十一行，行二十一字。四周單邊。

前有明萬曆十二年（1584年）閏後學黃貞升撰《重梓鶴林玉露題詞》，後有蓮牌木記“萬曆甲申年仁實堂新刊”。

內閣文庫藏此同一刻本兩部。一部有“江雲渭樹”印記，原係林羅山舊藏，共四冊。一部乃萬曆二十七年榻印，原係紅葉山文庫舊藏，共六冊。

靜嘉堂文庫藏此同一刊本三部。一部原係陸心源十萬卷樓等舊藏，共八冊。一部原係竹添光鴻等舊藏，共三冊。一部共八冊。

米澤市立圖書館藏本，每冊有“興讓館藏書”、“麻谷藏書”等印記，共四冊。

【附録】十六世紀日本僧人策彦周良在中國學法，有《初渡集》與《再渡集》，其中記載明嘉

靖十八年七月九日“以銀二匁換《鶴林玉露》四冊”。

東山天皇元禄十五年（1702年）彌生吉且《倭板書籍考》卷之六著録《鶴林玉露》。其識文曰：

“此乃晚宋之人羅大經所作也。大經之傳，《宋史》等不載，乃小官之人也。此書尊朱文公，寓趣事於古今評論中。書分天集六卷，地集六卷，人集六卷，合部十八卷九冊。《經籍志》有《玉露》十六卷，不審也。編者之志意在八十集，此書止天地人三集，未成之書。和訓首作於五山，古語也。”

後陽成天皇慶長（1596—1615年）元和（1615—1624年）年間，有活字刊本《新刊鶴林玉露》十八卷（天地人各六卷），九行十九字，黑口雙邊。

又，後光明天皇慶安元年（1648年）林甚右衛門刊印《鶴林玉露》十八卷（甲乙丙各六卷）

又，後西天皇寬文二年（1662年）中野市右衛門刊印《新刊鶴林玉露》十八卷（天地人各六卷）此本有萬曆十二年黃貞升題語。此本當年即有京都出雲寺和泉據重印本。

鶴林玉露十六卷　補八卷

（宋）羅大經撰　　（明）謝天瑞校　《補》謝天瑞補　謝偉校

明萬曆二十九年（1601年）謝天瑞刊本　共五冊

大倉文化財團藏本

【按】此本封面題“復古齋藏板”五字。

鶴林玉露十六卷

（宋）羅大經撰

明萬曆年間（1573—1620年）會稽商氏半埜堂刊本

東京大學東洋文化研究所藏本

鶴林玉露十七卷

（宋）羅大經撰

明末敦古齋刊本　共三册

東洋文庫　御茶之水圖書館藏本

【按】每半葉有界十一行，行二十一字。白口，左右雙邊。

前有《自引》。每半葉有界四行，行九字。

卷首內封右側頂格題署"羅景綸先生著"，左側下方題署"敦古齋繡梓"，中間大字題署"鶴林玉露"。

每卷首行頂格題"鶴林玉露卷之幾"，第二行上空十字至十二字不等題"盧陵羅大經景綸"，第三行上空三字左右題卷中篇名，第四行起頂格記叙正文。

卷十七之版式與各卷皆不同。

御茶之水圖書館藏本，原係丹波大雄山常照寺、德富蘇峰成簣堂等舊藏。此本卷六末有德富蘇峰手記文，卷帙係德富氏題籤。

卷中有"丹波州大雄山常照寺"、"德富"、"善本"等印記。

蘆浦筆記十卷

（宋）劉昌詩撰

明萬曆年間（1573—1620 年）謝兆申寫本　有周季貺　陸心源手識文　共一册

靜嘉堂文庫藏本　原馬寒中等舊藏

【按】此本有宋嘉定癸酉（1213 年）中和節劉昌詩《自序》。

卷中有謝兆申鈔校識文，其文曰：

"是書藏丹陽賀進士烺家，予借得，命桂父是錄，以備稗官一種，萬曆三十有九年辛亥十二月，綏安大弋山樵謝兆申寓清涼寺之唯心庵校。朔後三日書。"

又有周季貺手識文，其文曰：

"近於帶經堂陳氏，見穴硯齋鈔本《趙清獻日記》中，比鮑刻多九行，其他足正鮑刻之誤亦甚多，惜匆匆携去，未得校補。附記於此。季貺。"

又有陸心源手識文，其文曰：

"穴硯鈔本後亦歸季貺，遂以此本贈余。因借穴硯本校一過。中間批注數條，未

知何人之筆，亦并錄之。同治十二年冬月，陸心源識。"

卷中有"馬寒中"朱文方印，"衍齋"朱文葫蘆印，"華山馬氏"白文方印，"紅藥山房考藏私印"朱文長印等。

善誘文一卷

（宋）陳錄撰

明刊本（明刻《重刊百川學海》零本）

東京大學東洋文化研究所藏本　共一册

困學紀聞二十卷

（宋）王應麟撰

元泰定年間慶元路儒學刊本　共六册

宮內廳書陵部藏本

【按】每半葉十行，行十八字。黑口，四周雙邊。

前有元至治二年（1322 年）秋八月壬辰隆山牟應龍《序》，其下有印文三，曰"牟應龍"、曰"牟伯成父"、曰"儒林世家"。次有元泰定二年（1324 年）門人袁桷《序》。末有泰定二年十二月癸卯慶元路儒學教授吳郡陸晋之《後叙》。

二十卷後有"孫厚孫寧校正"一行，并有"慶元路儒學正胡禾監刊"一行。

宮內廳書陵部藏本，每册首有"孝經樓"、"求古樓"、"浪華藏"等印記。卷一、卷三、卷五、卷七、卷九、卷十一、卷十四、卷十八各卷卷首又有"君子堂川柳"、"不舍晝夜"兩印記。

森立之《經籍訪古志》卷四所載求古樓藏槧本《困學紀聞》二十卷，即今宮內廳書陵部藏本。

【附錄】日本東山天皇元祿十五年（1702 年）彌生吉且《倭板書籍考》卷之六著錄《困學紀聞》二十卷。其識文曰：

"此書乃宋末王厚齋名應麟字伯厚之儒者所作也。評定經史諸家，添加考據評注，以助稽古。此書之作者，有博識雄文之名，一生作書計凡七百二十餘卷。"

據《商舶載來書目》記載,後櫻町天皇明和五年(1768 年)中國商船"古字號"載《困學紀聞》一部抵日本。

據《外船書籍元帳》記載,仁孝天皇弘化四年(1847 年)中國商船"午二番"載《困學紀聞》一部抵日本,售價十五匁。

靈元天皇寬文元年(1661 年)京都中野道也刊印《困學紀聞》二十卷。此本翻刻元泰定本,卷二十末亦刻印有"孫厚孫寧孫校正,慶元路儒學學正胡禾監刊"。又有刊記曰"寬文辛丑九月望日,路吻三條辨慶石町,書林中野道也新刊"。

困學紀聞二十卷

(宋)王應麟撰
明萬曆三十一年(1603 年)刊本共六册
內閣文庫　静嘉堂文庫藏本
【按】每半葉十行,行二十字。白口,四周雙邊。

內閣文庫藏本,原係楓山官庫等舊藏。

静嘉堂文庫藏本,原係陸心源皕宋樓等舊藏。此本陸氏等原斷爲元本。

楊守敬《日本訪書志》卷七著錄元刊本《困學紀聞》二十卷,實即內閣文庫藏此明翻刊元慶元路本。

賓退錄十卷

(宋)趙與峕撰
宋臨安陳宅經籍鋪刊本　共五册
尊經閣文庫藏本　原江户時代加賀藩主前田綱紀等舊藏
【按】每半葉十行,行十八字。白口,左右雙邊。

前有趙與峕《自序》,每半葉五行,行七字。後有宋寶祐五年(1257 年)陳宗禮《後序》。

卷中凡遇宋諸帝及皇后等,皆空一格。

十卷末有"臨安府睦親坊陳宅經籍鋪印"一行。

【附錄】據瑞溪周鳳《卧雲日件錄》中"寬正

五年"記載,1464 年日本建仁寺住持天與清啓受將軍足利義政之委派訪華,向中國開列所需書籍文獻十五種,其中有"《賓退錄》全部",明廷照單全部饋贈。

據《外船書籍元帳》記載,仁孝天皇天保十二年(1841 年)中國商船"丑二番"載《賓退錄》一部抵日本,售價八匁。

賓退錄十卷

(宋)趙與峕撰
清人朱竹垞摹寫宋刊本　有張燕昌手識
静嘉堂文庫藏本
【按】每半葉十行,行十八字。前有趙與峕《自序》,每半葉五行,行七字,是摹趙與峕手書。後有寶祐五年(1257 年)陳宗禮《後序》。

卷末有摹寫宋刻"臨安府睦親坊陳宅經籍鋪印"木記一行。

卷中有張燕昌手識,其文曰:

"右大梁趙與峕《賓退錄》十卷,竹垞先生早年依宋刊本手錄。卷中間有訛筆而無俗禮,書卷之氣盎然。先生中年後,益留心《説文》之學,便下筆不苟,點畫繁簡,皆有來歷。此可見先輩學問與年偕老矣。癸亥春日,燕昌書於娛老書巢。"

此鈔本皆照宋刻摹寫,卷中凡遇"本朝"、"皇朝"、"國朝"及"聖旨"等,并宋諸帝、諸皇后、"太上皇"、"太子"等字,皆空一格。

賓退錄十卷

(宋)趙與峕撰
清人盧文紹手寫本　共四册
東洋文庫藏本　原三菱財團岩崎氏家等舊藏

賓退錄十卷

(宋)趙與峕撰
舊鈔摹影宋本　有何義門　顧廣圻校識
静嘉堂文庫藏本　共二册
【按】每半葉十行,行十八字。前有趙與峕

《自序》,後有寶祐五年(1257 年)陳宗禮《後序》。

卷中有何義門手識二則,其一曰:

"康熙庚寅之春,桐城方扶南見贈,此書從竹垞先生家傳録,其中闕一葉云。焯記。"

其二曰:

"三月借汲古閣所藏研北孫翁傳本,屬學徒金生儼深補鈔。又記。癸丑秋日憩閑主人。"

卷中又有顧廣圻手識,其文曰:

"右影宋本《賓退録》,其行間疏密,殊不失舊觀。何校亦頗有發明。所惜原本後二葉有損字處耳。然較近刻自勝。顧廣圻記。"

十卷末有摹寫"臨安府睦親坊陳宅經籍鋪印"。

游宦紀聞十卷

(宋)張世南撰

宋紹定年間刊本　共二册

宮內廳書陵部藏本　原昌平坂學問所舊藏

【按】每半葉十行,行十八字。左右雙邊。版心有刻工名姓,如李、凌、徐仁、晁、劉等。魚尾下題"紀聞幾"。

此本首行題"游宦紀聞卷第幾",次行低七字題"鄱陽張世南"。卷尾有紹定壬辰(1232 年)李發先跋。欄眉間有墨書"玉雲常住公用"六字。兩册首皆有"淺草文庫"印記,末又有"昌平坂學問所"印記。

森立之《經籍訪古志》卷四載昌平學藏宋槧本《游宦紀聞》十卷,即此本。

董康《書舶庸譚》卷三、卷六皆著録此本。

齊東野語二十卷

(宋)周密撰

明正德十年(1515 年)鳳陽胡文璧刊本

靜嘉堂文庫　大倉文化財團　尊經閣文庫 東京大學東洋文化研究所大木文庫藏

【按】每半葉十六行,行十六字至十八字不等。黑口,四周雙邊。

前有周密《自序》,元至元辛卯(1291 年)戴表元《序》,明正德十年(1515 年)胡文璧《跋》,及正德乙亥(1515 年)盛杲《跋》。

靜嘉堂文庫藏本,原係陸心源十萬卷樓等舊藏,共四册。

大倉文化財團藏本,共八册。

尊經閣文庫藏本,原係江户時代加賀藩主前田綱紀等舊藏,共六册。

癸辛雜識前集一卷　後集一卷　續集二卷　別集二卷

(宋)周密撰

明汲古閣刊本

東京大學東洋文化研究所　大阪天滿宮御文庫藏本

雲烟過眼録二卷

(宋)周密撰

古寫本　張青甫校　有林村手識文　共一册

靜嘉堂文庫藏

【按】此本有林村手識,其文曰:

"弁陽老人所著《雲烟過眼録》中,附葉森、文璧二氏所見,與湯允謨《續録》數葉,非盡周公之書也。世所傳鈔刻本,皆譌舛不可讀。此爲張青甫所校,猶有未盡。余復重加考正,然其中錯亂無序者尚多。聊且録出,以備遺亡。戊午三月廿二日,京師橫街。時余病口糜,食粥一月矣。林村題。"

【附録】日人木村孔恭有《雲烟過眼録》四卷寫本一種。此本題籤中央曰"雲烟過眼録",内題"宋周公謹雲烟過眼録,卷之一(——四,雲烟過眼續録)",内題次行"華亭陳繼儒仲醇父訂,秀州沈德先天生父校"。卷末有日人木村孔恭手識文,文曰:"右宋人周公謹《雲烟過眼録》一部,繕寫奉遺仲和賢兄,庶爲汲古之資。浪速木孔恭識。"此本現存大阪府立圖書館。

自警編（不分卷）

（宋）趙善璙撰

宋端平年間（1234—1236 年）九江郡齋刊本
共四冊

靜嘉堂文庫藏　原項子京　朱卧庵　陸心
源皕宋樓等舊藏

【按】每半葉有界十行，行二十字，小字雙
行，白口，左右雙邊（21.6cm×15.8cm）。雙黑
魚尾。版心記刻工名姓，如人中、子秀、文民、
必文、旱目、文恕、志才、旱成、王必文、志中、文
祇、周宗、梅保、朱、何、吳、帥、恕、苟、葛道民、
道岷、興才、謝友、陳矛、翠龍、苟道民、苟民、道
珉、友民等。又有明人補刻者唐乙民、唐乙子、
唐乙史等。

前有嘉定甲申（1224 年）正月望漢國趙善璙
《序》，卷末有《自跋》，題署“端平元年（1234
年）三月善璙再書”，其曰：“客有好事者，從予
鈔錄，遂鋟木於九江郡齋”云云。

此本語涉宋帝皆提行，避宋諱，凡“胤、耿、
講、完”等皆爲字不成。

卷中有“神游心賞”、“子子孫孫保之”、“項
子京家珍藏”、“項墨林父秘笈之印”、“子京父
印”、“項叔子”、“墨林山人”、“墨林玩秘”、
“欈李”、“項元汴印”、“方氏世昌”、“天籟
閣”、“朱方真逸”、“錢琨之印”、“含暉堂”、
“臣陸樹聲”、“歸安陸樹聲叔桐父印”等印記。

【附錄】日本光格天皇享和二年（1802 年）
昌平坂學問所官刊《自警編》九卷。仁孝天皇
文政六年（1823 年）堀野屋儀助等以官版重
印。

自警編九卷

（宋）趙善璙撰　（明）戴洵注
明弘治年間刊本
内閣文庫　靜嘉堂文庫　愛知大學中央圖
書館簡齋文庫藏本

【按】每半葉十行，行二十字。

内閣文庫藏本，有“江雲渭樹”藏書印，原係
林羅山舊藏。共六冊。

靜嘉堂文庫藏本，原係陸心源十萬卷樓等舊
藏，共六冊。

愛知大學簡齋文庫藏本，原係小倉正恒等舊
藏，共四冊。

自警編八卷

（宋）趙善璙撰
明嘉靖年間刊本
足利學校遺蹟圖書館藏本　共五冊

【按】每半葉十行，行二十一字。黑口，四周
雙邊。

吹劍錄一卷

（宋）俞文豹撰
古寫本　鮑以文手識文本　共一冊
靜嘉堂文庫藏本

【按】此本有淳祐三年（1243 年）人日俞文
豹《自序》。卷中有鮑以文手識，其文曰：

“嘉慶丁卯三月，通介叟錄於菜市橋舟
次。”

玉峰先生脚氣集二卷

（宋）車若水撰
古寫本　孫道明　吳焯手識文本　共二冊
靜嘉堂文庫藏　原吳尺鳬等舊藏

【按】此本有著者從子惟一跋文。

卷中有孫道明手識文，其文曰：

“此書乃管而敏家藏本，借錄於城南寓
舍映雪竹齋。時吳元年歲在丁未臘月廿八
日庚午。華亭孫道明叔父年七十有一。”

卷中又有吳焯手識文兩處，其一曰：

“案《文獻通考續》，祗載浙人車若水
《玉峰冗稿》及《道統錄》二種，獨無此目。
觀是編從子惟一後跋，蓋若水晚年所著，故
有‘絕麟’之語。想當時未刻，故別書目都
不載。余考《臺郡志》，若水，黃巖人。祖似
慶，潛心理學，號隘軒，著有《五經論》、《閒

居録》、《隘軒文集》。杜清獻範、陳篔窗耆卿爲之序。若水學古文於篔窗,後從清獻游,尋往來王魯齋之門,深得晦翁緒論,著《大學沿革論》,魯齋謂其洞照千古錯簡,使朱子聞之,當爲莞爾。所著有《道統録》、《宇宙紀略》、《世運録》、《玉峰冗稿》,亦不題此目,洵爲當時所未刻。是編之傳,真幸也。康熙乙未清和二十又一日。"

又一則曰:

"此編刻於陳眉公《秘笈》中,又得乘暇檢校,互有錯字,今成完書。又記。"

卷中有"吳焯"白文方印、"尺鳧"朱文方印、"繡谷"白文方印等。

東谷所見一卷

(宋)李之彦撰
明刊本(明刊《重編百川學海》零本)　共一册
東京大學東洋文化研究所藏本

隨隱漫録五卷

(宋)陳世崇撰
明人寫本　明人俞弁手識本　共一册
静嘉堂文庫藏本
【按】此本卷中有俞弁手識文,其文曰:

"《漫録》五卷,從柳大中氏借歸。始録七月癸未,畢於庚寅。是日秋暑稍退,小雨送凉,殊可人意。遂口占絶句以記之:
心愛奇編雨計流,山妻笑我不封侯。
偷閑八日閑中寫,一筆看來直到頭。
嘉靖丙戌巧夕後七日,守納居士俞弁志。"

隨隱漫録五卷

(宋)陳世崇撰
明刊本　共一册
愛知大學簡齋文庫藏本　原小倉正恒等舊藏

玉照新志五卷

(宋)王明清撰
酉岩山人手寫　葉石君　顧千里手識文本共二册
静嘉堂文庫藏本　原葉石君等舊藏
【按】此本有宋慶元年間(1195—1200 年)王明清《自序》。

卷中有酉岩山人手識,其文曰:

"數載前偶得吳門袁别駕陶齋遺書,不下數十册。内有《玉照新志》後三卷,以其不全,久置高閣。丙戌秋,顧山周見心來,爲設榻留宿,因話及前書,遂獲全本,乃手録足成之。内《廣汴都賦》,文多訛舛,至不可讀,聊以存疑耳。是歲臘月朔日雨窗,酉岩山人漫識。"

卷中又有葉石君識文,其文曰:

"曾見宋刻明清《揮塵録》於賈人,後爲毛子晋□□刻□《津逮秘書》集中,無力得之,至今爲耿。近得此《新志》,愈思《揮塵》之不可少也。康熙戊子之秋,葉石君識。"

卷中又有顧千里手識,其文曰:

"小讀書堆收得宋刻《揮塵録》,在乾隆末年,今又歸於長洲汪氏矣。此《玉照新志》,余見諸揚州市上,讀石君跋,爲之憮然,遂質錢買焉。道光壬午,顧千里記。"

物異考一卷　夷俗考一卷

(宋)方鳳撰
明萬曆年間(1573—1620 年)繡水沈氏亦政堂刊本　共一册
京都大學人文科學研究所東洋學文獻中心藏本　原松本文三郎等舊藏

鼠璞二卷

(宋)戴埴撰
明刊本　共一册
龍谷大學大宫圖書館藏本

鼠璞二卷

（宋）戴埴撰
明刊本（明刊《唐宋叢書》零本）　共一册
内閣文庫藏本　原昌平坂學問所舊藏

（新編）醉翁談録二十卷

（宋）羅燁撰
南宋刊本　日本重要文化財　共二册
天理圖書館藏本
【按】每半葉十一行，行二十字。黑口，左右雙邊。

此書分甲、乙、丙、丁、戊、己、庚、辛、壬、癸十集，每集二卷。宋諱"構、觀、溝"等，皆爲字不成。

卷首内題"新編醉翁談録卷之幾"，占二行。下有陰刻"某集"。第三行題"廬陵羅燁編"。柱刻黑口"炎幾（甲一癸）"、"卷數"、"葉數"。

卷中有"伊達伯觀瀾閣圖書印"等印記。

此本一九五九年（昭和三十四年）被日本"文化財審議委員會"確認爲日本重要文化財。

青瑣高議前集十卷　後集十卷　別集七卷

（宋）劉斧撰
古寫本　黄丕烈手校手識文本　共三册
靜嘉堂文庫藏本
【按】此本有孫副樞《序》，并黄丕烈識文五處。

《前集》後有黄丕烈手識文，其文曰：
"此《前集》，鈔胥至今春始完，適養痾内室西厢，手校其誤。内有原本誤，而鈔胥已據文義改正，輒用朱筆識於旁，以存其舊。甲戌閏月，復翁。"
又曰：
"是書《後集》先鈔成，因手校一過。中多空白，或係原來缺文，或係剜去有字處，或係墨塗難辨處，聊存此梗概已耳。癸酉除夕前二日校訖，復翁記。"

《後集》卷尾，又有黄丕烈手識，其文曰：
"甲戌孟夏，友人收得《青瑣高議》下册，乃《後集》十卷完具者。先以書名告余，余曰：'爲何時鈔本？'友人云：'楮墨古拙，是爲前明朝鈔。'因遣足取之，手校於臨寫張訒庵本上，實有勝是者。且疑張藏鈔本，亦出是前明朝鈔，特傳時又多一番脱誤校改耳。書以最先者爲佳，信然。復翁。"
又曰：
"所收舊鈔本，覆校至再，可云精審。向有朱墨兩筆校字，兹悉標記；其不標記者，皆舊鈔本字，而非由校改也。朱墨校殊不足信，兹就其文理優者標記之，俟讀者領會之斯可耳。原本多方格闕疑字，案文義似無闕，不知所據云何古書。無舊刻，但從鈔本作證，究未可臆定也。此本雖止《後集》一種，然所獲良多，不僅在補闕數條也。不經見之書，見非一本，殊自幸耳。四月廿有四日，復翁覆校記。"

《別集》卷尾，又有黄丕烈手識，其文曰：
"説部舊本難得，即如《青瑣高議》，世鮮傳者。客歲玄妙觀前冷攤獲此，藍格綿紙舊鈔本，卷尾有正德年間鈔録字，且爲松崖惠先生藏本。惜已歸友人處，遂借歸，分手録之。此《別集》乃又一人鈔也。復翁。"
末有松崖手録《王士禎跋》一條。
《後集》卷首，有"黄丕烈復翁"、"蕘圃手校"等印記。

採石瓜洲斃亮記一卷　附録一卷

（宋）蹇駒撰
明人寫本　鮑廷博手校文本　共一册
大倉文化財團藏本
【按】此本有朱筆校點，係鮑廷博手校。
封葉有鮑士恭家藏軍機處木記。
卷中有"翰林院"、"教經堂錢氏"、"犀庵"、"篤生"等印記。

袪疑説一卷

（宋）儲泳撰

明刊本　共一册

尊經閣文庫藏本　原江户時代加賀藩主前田綱紀等舊藏

雲麓漫鈔四卷

（宋）趙彦衛撰　（明）商濬校

明刊本

静嘉堂文庫藏本

【按】此本與明刻宋人鄭景望《蒙齋筆談》合綴一册。

（寶顔堂訂正）靖康緗素雜記十卷

（宋）黄朝英撰　（明）陳繼儒校

明刊本（明刊《陳眉公訂正秘笈》零本）　共三册

静嘉堂文庫藏本

宋人百家小説（一百四十六種）

（明）佚名輯

明刊五朝小説本

東洋文庫　京都大學人文科學研究所東洋學文獻中心　蓬左文庫　尊經閣文庫　東北大學附屬圖書館教養學部分館藏本

【按】是集子目如次：

偏録家

錢氏私志一卷　（宋）錢愐著

家王故事一卷　（宋）錢惟演著

家世舊聞一卷　（宋）陸游著

玉堂逢辰録一卷　（宋）錢惟演著

澠水燕談録一卷　（宋）王闢之著

括異志一卷　（宋）魯應龍著

紹熙行禮記一卷　（宋）周密著

御寨行程一卷　（宋）趙彦衛著

茅亭客話一卷　（宋）黄休復著

幕府燕閒録一卷　（宋）畢仲詢著

洛中紀異録一卷　（宋）秦再思著

熙豐日曆一卷　（宋）王明清著

上壽拜舞記一卷　（宋）陳世崇著

太清樓侍宴記一卷　（宋）蔡京著

高宗幸張府節次略一卷　（宋）周密著

從駕記一卷　（宋）陳世崇著

東巡記一卷　（宋）趙彦衛著

異聞記一卷　（宋）何先著

白獺髓一卷　（宋）張仲文著

清夜録一卷　（宋）俞文豹著

梁溪漫志一卷　（宋）費袞著

暘谷漫録一卷　（宋）洪巽著

春渚記聞一卷　（宋）何薳著

曲洧舊聞一卷　（宋）朱弁著

摭青雜説一卷　（宋）王明清著

玉壺清話一卷　（宋）釋文瑩著

儒林公議一卷　（宋）田況著

友會談叢一卷　（宋）上官融著

閒燕常談一卷　（宋）董棻著

桯史一卷　（宋）岳珂著

默記一卷　（宋）王銍著

談藪一卷　（宋）龐元英著

鐵圍山叢談一卷　（宋）蔡絛著

江南野録一卷　（宋）龍袞著

談淵一卷　（宋）王陶著

話腴一卷　（宋）陳郁著

貴耳録一卷　（宋）張端義著

聞見雜録一卷　（宋）蘇舜欽著

傳載略一卷　（宋）釋贊寧著

該聞録一卷　（宋）李畋著

洞微志一卷　（宋）錢易著

芝田録一卷　（唐）丁用晦著

哈噂集一卷　（宋）宋无著

吹劍録一卷　（宋）俞文豹著

碧雲騢一卷　（宋）梅堯臣著

投轄録一卷　（宋）王明清著

東軒筆録一卷　（宋）魏泰著

陶朱新録一卷　（宋）馬純著

倦游雜録一卷　（宋）張師正著

東皋雜録一卷　（宋）孫宗鑒著

行都紀事一卷　（宋）陳晦著

彭蠢小龍記一卷　（元）王惲著

虛谷閑鈔一卷　（元）方回著

蓼花洲閑錄一卷　（元）高文虎著

忘懷錄一卷　（宋）沈括著

對雨編一卷　（宋）洪邁著

軒渠錄一卷　（宋）呂本中著

中山狼傳一卷　（宋）謝良著

清尊錄一卷　（宋）廉布著

昨夢錄一卷　（宋）康與之著

拊掌錄一卷　（宋）元懷著

調謔編一卷　（宋）蘇軾著

艾子雜説一卷　（宋）蘇軾著

仇池筆記一卷　（宋）蘇軾著

暌車志一卷　（宋）郭彖著

玉澗襍書一卷　（宋）葉夢得著

石林燕語一卷　（宋）葉夢得著

巖下放言一卷　（宋）葉夢得著

避暑錄話一卷　（宋）葉夢得著

避暑漫鈔一卷　（宋）陸游著

席上腐談一卷　（宋）俞琰著

游宦紀聞一卷　（宋）張世南著

悦生隨鈔一卷　（宋）賈似道著

嬾真子錄一卷　（宋）馬永卿著

豹隱紀談一卷　（宋）周遵道著

東谷所見一卷　（宋）李子彦著

讀書隅見一卷　（宋）□□著

齋東埜語一卷　（宋）周密著

野人閒話一卷　（宋）景煥著

西溪叢語一卷　（宋）姚寬著

植杖閒譚一卷　（宋）錢康功著

道山清話一卷　（宋）王□著

深雪偶談一卷　（宋）方岳著

船窗夜話一卷　（宋）顧文薦著

茸航紀談一卷　（宋）蔣津著

雲谷雜記一卷　（宋）張淏著

東齋紀事一卷　（宋）許觀著

澹山雜識一卷　（宋）錢功著

楊文公談苑一卷　（宋）楊億著（宋）黃鑑錄

（宋）宋庠重訂

老學庵筆記一卷　（宋）陸游著

三柳軒雜識一卷　（宋）程棨著

鷄肋編一卷　（宋）莊綽著

泊宅編一卷　（宋）方勺著

暇日記一卷　（宋）劉跂著

隱窟雜記一卷　（宋）温革著

韋居聽輿一卷　（宋）陳直著

鷄林類事一卷　（宋）孫穆著

坦齋通編一卷　（宋）邢凱著

臆乘一卷　（宋）楊伯嵒著

鷄肋一卷　（宋）趙崇絢著

鑒戒錄一卷　（後蜀）何光遠著

釋常談二卷　（宋）□□著

事原一卷　（宋）劉孝録著

續釋常談一卷　（宋）龔熙正著

瑣記家

乾道庚寅奏事錄一卷　（宋）周必大著

艮嶽記一卷　（宋）張淏著

登西臺慟哭記一卷　（宋）謝翺著

于役志一卷　（宋）歐陽修著

六朝事迹一卷　（宋）張敦頤著(?)

錢塘瑣記一卷　（宋）于肇著

古杭夢游錄一卷　（宋）耐得翁著

汴都平康記一卷　（宋）張邦基著

侍兒小名錄一卷　（宋）洪遂著

侍兒小名錄一卷　（宋）王銍著

侍兒小名錄一卷　（宋）温豫著

侍兒小名錄一卷　（宋）張邦基著

思陵書畫記一卷　（宋）周密著

琴曲譜錄一卷　（宋）釋居月著

本朝茶法一卷　（宋）沈括著

宣和北苑貢茶錄一卷　（宋）熊蕃著

北苑別錄一卷　（宋）趙汝礪著

品茶要錄一卷　（宋）黃儒著

茶錄一卷　（宋）蔡襄著

酒名記一卷　（宋）張能臣著

蔬食譜一卷　（宋）陳達叟著

藥議一卷　（宋）沈括著

麗情集一卷　（宋）張君房著

花經一卷　（宋）張翊著

禪本草一卷　（宋）釋慧日著

耕禄藁一卷　（宋）胡錡著

水族加恩簿一卷　（宋）毛勝著

感應經一卷　（元）陳櫟著

土牛經一卷　（宋）向孟著

物類相感志一卷　（宋）蘇軾著

雜纂續一卷　（宋）王君玉著

雜纂二續一卷　（宋）蘇軾著

傳奇家

游仙夢記一卷　（宋）蘇軾著

龍壽丹記一卷　（宋）蔡襄著

惠民藥局記一卷　（宋）沈括著

鬼國記一卷　（宋）洪邁著

鬼國續記一卷　（宋）洪邁著

海外怪洋記一卷　（宋）洪芻著

閩海蠱毒記一卷　（宋）楊朏著

福州猴王神記一卷　（宋）洪邁著

鳴鶴山記一卷　（宋）洪邁著

韓奉議鸚歌傳一卷　（宋）何蘧著

東洋文庫藏本，共四十四册。

蓬左文庫藏本，原係尾張藩主家舊藏，係明正天皇寬永十一年（1634 年）從中國購入，卷中有“尾陽内庫”印記。共三十册。

尊經閣文庫藏本，原係江戸時代加賀藩主前田綱紀等舊藏，共十册。

東北大學藏本，共二十九册。

（元明人著作之屬）

閒居録一卷

（元）吾丘衍撰

明人寫本　共一册

静嘉堂文庫藏本　原丁秋水　陸心源十萬卷樓等舊藏

【按】前有元至正五年（1345 年）正月陸友仁《序》。

卷中有“丁溶私印”等印記。

研北雜志二卷

（元）陸友仁撰

明萬曆年間（1573—1620 年）項氏宛委堂刊本　共二册

静嘉堂文庫藏本　原陸心源十萬卷樓等舊藏

【按】每半葉有界八行，行十八字。白口，四周雙邊。

前有徐獻忠《跋》、錢叔寶《跋》、林應楨《跋》、陳繼儒《跋》等。

南村輟耕録三十卷

（元）陶宗儀撰

元至正年間（1341—1368 年）刊本

御茶之水圖書館藏本　原江戸時代林氏大學頭家　昌平坂學問所　島田翰　德富蘇峰成簣堂等舊藏

【按】每半葉有界十二行，行二十五字。黑口，四周雙邊。

前有元至正丙午（1366 年）夏六月孫作《序》等。

封面係德富蘇峰朱筆題識“元板輟耕録”。卷十末有明治三十六年（1903 年）島田翰墨書識文。

卷中有“弘文學士院”、“林氏藏書”、“島田重禮”、“昌平坂學問所”等印記。

【附録】日本東山天皇元禄十五年（1702 年）彌生吉且《倭板書籍考》卷之六著録《輟耕録》三十卷。其識文曰：

“此書係元陶宗儀九成作也。採摭經史百家之事，考索故事事物之處，附以圖記。作者乃元初之隱者，博覽能書。此書倭點，錯訛甚多。陶氏又有《書史會要》九卷、《説郛》百卷。其行狀載《輟耕録》之卷首。"

據《商舶載來書目》記載,後桃園天皇安永元年(1772 年)中國商船"世字號"載《輟耕録》一部抵日本。

江户時代有元人陶宗儀《輟耕録》三十卷和刊本兩種。一種爲八册刊本,一種附元人孫作撰《南村先生傳》,爲十册本。

南村輟耕録三十卷

(元)陶宗儀撰

明嘉靖年間(1522—1566 年)玉蘭草堂刊本

東京大學東洋文化研究所　京都大學人文科學研究所東洋學文獻中心　愛知大學附屬圖書館　天理圖書館　御茶之水圖書館藏本

【按】每半葉有界十行,行二十一字,小字雙行,行同正文。白口,左右雙邊(19.0cm × 12.5cm)。版心上柱刻"輟耕録",下柱刻"玉蘭草堂",并記卷數、葉數,有刻工姓名,如子文、子承、陳、馮、楊淳、楊子厚等。

前有元至正丙午(1366 年)六月孫作《序》等。

京都大學藏本,原係松本文三郎等舊藏,共八册。

愛知大學藏本,原係小倉正恒等舊藏,共四册。

天理圖書館藏本,原係江户時代林氏大學頭家、多紀氏家及崇蘭館等舊藏。卷中有"讀耕齋之家藏"、"多紀氏藏書印"、"崇蘭館藏"、"實齋家藏"、"松島氏藏"等印記,共八册。

御茶之水圖書館藏本,原係德富蘇峰成簣堂等舊藏。此本今缺卷十五至卷十七。封帙及第一册末有德富蘇峰手識文。共九册。

南村輟耕録三十卷

(元)陶宗儀撰

明刊本　共六册

尊經閣文庫藏本　原江户時代加賀藩主前田綱紀等舊藏

南村輟耕録三十卷

(元)陶宗儀撰

明萬曆年間(1573—1620 年)玉蘭草堂刊本

東洋文庫　御茶之水圖書館藏本

【按】每半葉有界十行,行二十一字。白口,左右雙邊。

前有明萬曆六年(1578 年)《序》。

東洋文庫藏本,共十二册。

御茶之水圖書館藏本,原係德富蘇峰成簣堂等舊藏,每册首有圓覺寺塔頭"佛日藏書"朱文印記,共六册。

輟耕録三十卷　附南邨先生傳一卷

(元)陶宗儀撰　《傳》(明)孫作撰

明末毛氏汲古閣刊本

東洋文庫　御茶之水圖書館藏本

【按】每半葉有界十行,行二十一字。白口,左右雙邊。

東洋文庫藏本,共五册。

御茶之水圖書館藏本,原係德富蘇峰成簣堂等舊藏。

此本係初印本,封面係朝鮮紙張改裝。

第十册末有"蘇峰學人京城所獲"朱文印記,共十册。

古言二卷　今言四卷

(明)鄭曉撰

明嘉靖四十五年(1566 年)鄭氏刊本

內閣文庫　東京大學東洋文化研究所　京都大學人文科學研究所東洋學文獻中心　御茶之水圖書館藏本

【按】每半葉有界八行,行十六字。白口,四周雙邊。

前有明嘉靖乙丑(1565 年)鄭曉《自序》。

內閣文庫藏此同一刊本兩部。一部原係楓山官庫舊藏,共六册。一部原係江户時代林氏大學頭家舊藏,缺《今言》四卷,共一册。

東京大學藏本,今缺《今言》四卷。

京都大學藏本,今缺《今言》四卷,共二册。

御茶之水圖書館藏本,原係德富蘇峰成簣堂舊藏,《今言》四卷係明治四十三(1910 年)自朝鮮傳入日本。《古言》卷二末有德富蘇峰手識文記明治四十四年(1911 年)六月近藤生北清採訪書目之由。卷中有朱筆校文,共二册。

【附録】據《商舶載來書目》記載,後櫻町天皇明和二年(1765 年)中國商船"古字號"載《古今言》一部八册抵日本。

古今言六卷

(明)鄭曉撰

明萬曆四十二年(1614 年)刊本

宮内廳書陵部藏本　原江户時代德藩主毛利氏家舊藏

【按】此本係《古言》二卷,《今言》四卷之合本。

東山天皇寶永三年(1706 年)德山藩三代藩主毛利元次撰《御書物目録》著録此本。明治二十九年(1896 年)男爵毛利元功獻贈宮内省。卷中有"德藩藏書"等印記。

(鄭瑞公)古今言六卷

(明)鄭曉撰

明萬曆年間(1573—1620 年)刊本　共六册

尊經閣文庫藏本　原江户時代加賀藩主前田綱紀等舊藏

草木子四卷

(明)葉子奇撰

明嘉靖年間(1522—1566 年)刊本

内閣文庫　静嘉堂文庫藏本

【按】每半葉有界九行,行二十一字。白口,四周單邊。

前有明嘉靖八年(1529 年)《序》。

内閣文庫藏本,原係江户時代林氏大學頭家舊藏,卷中有林鵝峰手校手跋文,共三册。

静嘉堂文庫藏本,原係竹添光鴻等舊藏,共二册。

【附録】日本東山天皇元禄十五年(1702 年)彌生吉旦《倭板書籍考》卷之六著録《草木子》四卷。其識文曰:"此乃洪武年間葉子奇於獄中所作之書也,分天地、人物等門,論而發明之。"

日本靈元天皇寬文九年(1669 年)京都婦屋仁兵衛刊行《草木子》四卷。

江户時代有《草木子》二卷寫本一種,題"明葉子奇撰"。此本今存大阪天滿宮御文庫。

草木子四卷

(明)葉子奇撰　林大黼校

明萬曆八年(1580 年)刊本

内閣文庫藏本　原楓山官庫等舊藏

蜩笑外稿六卷

(明)鄭瑗撰

明嘉靖年間(1522—1566 年)刊本　共二册

静嘉堂文庫藏本　原陸心源十萬卷樓等舊藏

【按】此《稿》含《井觀瑣言》四卷、《詩話》二卷。

【附録】静嘉堂文庫尚有竹添光鴻鈔寫明人鄭瑗撰《井觀瑣言》三卷。

(燕泉何先生)餘冬序録六十卷　閏五卷

(明)何孟春撰　何仲方輯

明嘉靖年間(1522—1566 年)郴江家塾刊本

國會圖書館　内閣文庫　静嘉堂文庫　尊經閣文庫　東洋文庫　京都大學　早稻田大學圖書館　足利學校遺蹟圖書館　神宮文庫藏本

【按】每半葉有界十一行,行二十一字。白口,左右雙邊。版心標"序録卷幾"。

前有明嘉靖七年(1528 年)《序》。

每卷卷首之首行上方標明卷數(卷一至卷六十),下方標注"内篇"、"外篇",并注卷數。

國會圖書館藏本,共十三册。

内閣文庫藏此同一刊本兩部。一部原係楓

山官庫舊藏,共十三册。一部原係江户時代林氏大學頭家舊藏,共二十册。

静嘉堂文庫藏本,共十二册。

尊經閣文庫藏本,原係江户時代加賀藩主前田綱紀等舊藏,共二十册。

東洋文庫藏本,共十二册。

京都大學藏此同一刊本兩部。一部藏人文科學研究所東洋學文獻中心,共二十四册。一部藏文學部中國語學哲學文學研究室,共十三册。

早稻田大學圖書館藏本,卷中有後人寫補,共十三册。

足利學校藏本,共十三册。

神宮文庫藏本,原係古川小三郎舊藏,全書有朱文批點。每册首有"弘道館圖書印",每册尾有"如鷗家藏"等印記。共十三册。

(燕泉何先生)餘冬序録六十卷　附陽關五卷

（明）何孟春撰

明萬曆年間(1573—1620年)衡州府推官黄齊賢、郴州知府張汝賢等校刊本　共十三册

蓬左文庫　陽明文庫　大阪天滿宮御文庫藏本

【按】每半葉有界十一行,行二十一字。白口,左右雙邊。

蓬左文庫藏本,原係尾張藩主家等舊藏,此本乃日本明正天皇寬永五年(1628年)從中國購入。卷中有"尾陽内庫"等印記。

陽明文庫藏本,原係江户時代近衛家熙等舊藏,共十三册。

天滿宮藏本,卷中有"長堅收藏"、"庚寅歲晚賜韶"等印記。

丹鉛總録二十七卷

（明）楊慎撰　陸彌校

明嘉靖二十一年(1542年)刊本　共二册

東京大學總合圖書館藏本

【附録】據光格天皇天明六年(1786年)《寅十番船持渡書改目録寫》記載,是年中國商船"寅十番"載《丹鉛總録》一部十册抵日本,并注"無脱紙"。

據《外船賫來書目》記載,光格天皇寬政十二年(1800年)中國商船"申一番"載《丹鉛總録》一部抵日本。享和元年(1801年)中國商船"酉四番"載《丹鉛總録》十部抵日本。

據《外船書籍元帳》記載,仁孝天皇天保十二年(1841年)中國商船"丑三番"載《丹鉛總録》三部抵日本,售價每部十二匁。孝明天皇嘉永二年(1849年)中國商船"酉三番"載《丹鉛總録》一部抵日本,售價同1841年。

丹鉛總録二十七卷

（明）楊慎撰　梁佐校

明嘉靖三十三年(1554年)福建梁佐刊本

宮内廳書陵部　國會圖書館　内閣文庫　尊經閣文庫　東洋文庫　東京大學文學部漢籍中心　京都大學　龍谷大學大宮圖書館　陽明文庫　御茶之水圖書館　廣島市立淺野圖書館　福井市立圖書館　大阪天滿宮御文庫藏本

【按】每半葉有界十一行,行二十四字,間或有二十五字。白口,四周雙邊(21.4cm × 15.7cm)。

卷首題"慎南心泉梁佐應臺校刊",前有明嘉靖壬寅(1542年)楊慎《序》,并有嘉靖三十三年(1554年)梁佐《序》等,次有《丹鉛總録目録》。

宮内廳書陵部藏本,原係德山藩三代主毛利元次舊藏。東山天皇寶永三年(1706年)《御書物目録》著録此本,明治天皇二十九年(1896年)由男爵毛利元功獻贈宮内省。每册首有"德藩藏書"印,第十七册有"閩中鄧道居藏書印"等印記。共八册。

國會圖書館藏本,原共十册,今合裝爲五册。

内閣文庫藏此同一刊本兩部。一部原係江户時代林氏大學頭家舊藏,共二十册。一部原係昌平坂學問所舊藏,共十册。

尊經閣文庫藏本,原係江户時代加賀藩主前

田綱紀等舊藏,此本係藍印本,共十冊。

東洋文庫藏本,係滇南梁佐校刊,縣丞章應奎補刊,共十冊。

東京大學藏本,共五冊。

京都大學藏此同一刊本兩部。一部藏文學部中國語學哲學文學研究室,此本卷一缺第一葉至第三葉。一部藏人文科學研究所東洋學文獻中心,共十冊。

龍谷大學大宮圖書館藏本,原係寫字臺文庫等舊藏,共十冊。

陽明文庫藏本,原係江户時代近衞家凞等舊藏。此本有九卷係後人寫補,共十冊。

御茶之水圖書館藏本,原係德富蘇峰成簣堂等舊藏,卷中有明人書寫文字。此本係江户時代初期傳入,天頭地邊稍加切截,卷帙有德富蘇峰手識文,共十冊。

廣島市藏本,共十冊。

福井市藏本,卷中有"圖書寮"朱文長方印、"越國文庫"朱文方印等印記,共十冊。

天滿宮藏本,共五冊。

丹鉛總録二十七卷

（明）楊慎撰　　梁佐校
明嘉靖年間（1522—1566 年）刊本　　共四冊
宮內廳書陵部藏本　　原德山藩三代主毛利元次舊藏

【按】前有張素《序》,後有王廷表《跋》。

此本原係德山藩三代主毛利元次舊藏。東山天皇寶永三年（1706 年）《御書物目録》著録此本,明治天皇二十九年（1896 年）由男爵毛利元功獻贈宮內省。每冊首有"德藩藏書"印記,共四冊。

丹鉛總録二十七卷

（明）楊慎撰　　汪宗尼校
明萬曆年間（1573—1620 年）刊本　　共十冊
內閣文庫藏本　　原楓山官庫等舊藏

（寶顏堂訂正）丹鉛總録八卷

（明）楊慎撰
明刊本　　共三冊
尊經閣文庫藏本　　原江户時代加賀藩主前田綱紀等舊藏

丹鉛餘録十七卷

（明）楊慎撰
明嘉靖年間（1522—1566 年）刊本　　共四冊
宮內廳書陵部藏本　　原德山藩三代主毛利元次舊藏

【按】此本原係德山藩三代主毛利元次廣收"天下秘籍"之一種,東山天皇寶永三年（1706 年）《御書物目録》著録此本,明治天皇二十九年（1896 年）由男爵毛利元功獻贈宮內廳。每冊有"德藩藏書"印。

【附録】日本江户時代有《丹鉛餘録》十七卷寫本一種,題署"明楊慎撰,丘文舉論,李世芳、楊富春校"。此本今存福井市立圖書館,卷中有"圖書寮"朱文長方印,并有"越國文庫"朱文方印。

丹鉛續録十二卷

（明）楊慎撰
明嘉靖年間（1522—1566 年）昆山周復俊校刊本　　共四冊
蓬左文庫　　陽明文庫　　御茶之水圖書館藏本

【按】前有明嘉靖十六年（1537 年）新都楊氏《序》。

蓬左文庫藏本,原係尾張藩主家舊藏。

陽明文庫藏本,原係江户時代近衞家凞等舊藏。

御茶之水圖書館藏本,原係德富蘇峰成簣堂舊藏。

丹鉛續録經説十二卷

（明）楊慎撰

明刊本　共四册
　　陽明文庫藏本　原江戸時代近衛家熙等舊藏

秇林伐山二十卷

　　（明）楊慎撰
　　明萬曆三年（1575 年）許少崖蒼梧重刊本
共四册
　　蓬左文庫藏本　原尾張藩主家舊藏
　　【按】每半葉有界九行，行二十一字。白口，
四周雙邊。
　　此本係日本明正天皇寬永五年（1628 的）從
中國購入。
　　卷中有"尾陽内庫"等印記。

秇林伐山二十卷

　　（明）楊慎編
　　明萬曆三十四年（1606 年）刊本　共四册
　　宫内廳書陵部藏本　原德山藩三代主毛利
元次舊藏
　　【按】日本東山天皇寶永三年（1706 年）《御
書物目録》著録此本。
　　【附録】日本中御門天皇正德六年（1716
年）京師積善堂刊印《重刻楊狀元匯選藝林伐
山故事》四卷。此本題"明楊慎撰黄克興編"。
　　江户時代中期有《藝林伐山》寫本一種，卷
中有傍訓，又有批識，此本現藏京都陽明文庫。

秇林伐山二十卷

　　（明）楊慎撰
　　明萬曆三十四年（1606 年）序刊本　共四册
　　内閣文庫藏本　原楓山官庫等舊藏

秇林伐山二十卷

　　（明）楊慎撰
　　明萬曆年間（1573—1620 年）刊本　共四册
　　尊經閣文庫　京都大學文學部中國語學哲
學文學研究室藏本
　　【按】尊經閣文庫藏本，原係江户時代加賀

藩主前田綱紀等舊藏。

升庵雜刻十八種

　　（明）楊慎編著
　　明萬曆三十四年（1606 年）刊本　共十八册
　　御茶之水圖書館藏本　原德富蘇峰成簣堂
等舊藏
　　【按】此書子目如次：
　　《詞品》六卷
　　《古雋》八卷
　　《經子難字》二卷
　　《雜字韵寶》五卷
　　《轉注古音》五卷
　　《夏小正解》一卷
　　《莊子闕誤》一卷
　　《山海經補注》一卷
　　《春秋地名考》一卷
　　《滇程記》一卷
　　《滇載記》一卷
　　《詩話補遺》三卷
　　《謝華啓秀》六卷
　　《古音略例》一卷
　　《古文韵語》三卷
　　《古風今謡》一卷
　　《古今諺》一卷
　　《遺集》二十六卷
　　其中《滇程記》卷末有明萬曆乙巳（1605
年）跋，《遺集》卷首有明萬曆丙午（1606 年）
《序》。此本係本版初印本，原印刷題籤。書
帙内有大正丁巳（1917 年）德富蘇峰手識文。

郁離子二卷

　　（明）劉基撰　鄭能校
　　明萬曆年間（1573—1620 年）刊本　共二册
　　内閣文庫藏本　原江户時代林羅山等舊藏
　　【按】前有明萬曆十八年（1590 年）鄭能
《序》。
　　卷中有"江雲渭樹"等印記。
　　【附録】日本中御門天皇享保十七年（1732

年)皇都(京都)梅村三郎兵衛等刊行明人劉基撰、鄭能校《郁離子》二卷。此本由日人松室式部少輔點。此本後有京都安田萬助重印本、京都梅村三郎兵衛重印本、京都勝村治右衛門等重印本、以及文化九年(1812年)大阪加賀屋善藏重印本等。

(重刊)郁離子二卷

(明)劉基撰

明萬曆年間(1573—1620年)刊本(明刊《括蒼二子》零本)　共二册

内閣文庫藏本　原楓山官庫等舊藏

【按】每半葉有界十行,行二十一字左右。白口,四周雙邊。

前有明萬曆八年(1580年)《序》。

説儲八卷　二集八卷

(明)陳禹謨撰

明刊本　共四册

静嘉堂文庫藏本　原陸心源守先閣等舊藏

千一疏二十二卷

(明)程涓撰　范懈校

明萬曆年間(1573—1620年)黄如松閩中刊本

宫内廳書陵部　國會圖書館　内閣文庫　静嘉堂文庫　東洋文庫　蓬左文庫　京都大學文學部中國語學哲學文學研究室　東北大學附屬圖書館　出雲大社日隈宫御文庫藏本

【按】前有明萬曆三十七年(1609年)《序》。

宫内廳書陵部藏本,原係德山藩三代主毛利元次廣收"天下秘籍"之一種。東山天皇寶永三年(1706年)《御書物目録》著録此本,明治天皇二十九年(1896年)由男爵毛利元功獻贈宫内省。每册有"德藩藏書"印,共六册。

國會圖書館藏本,原共六册,今合裝爲三册。

内閣文庫藏此同一刊本兩部,皆共六册。一部原係楓山官庫舊藏。

静嘉堂文庫藏本,原係中村敬宇等舊藏,共

四册。

東洋文庫藏本,原係三菱財團岩崎氏家族舊藏,共八册。

蓬左文庫藏本,原係尾張藩主家舊藏。此本係日本明正天皇寬永十六年(1639年)從中國購入。卷中有"尾陽内庫"等印記。共六册。

京都大學藏本,共三册。

東北大學藏本,原係狩野亨吉等舊藏,共六册。

出雲大社藏本,原係高力隆長等舊藏。

格古要論不分卷

(明)蒼筠老叟校

明人寫本　共一册

内閣文庫藏本　原楓山官庫舊藏

【附録】據《商舶載來書目》記載,光格天皇天明三年(1783年)中國商船"加字號"載《格古要論》一部一帙抵日本。

(新增)格古要論十二卷

(明)曹昭撰

明天順三年(1459年)刊本　共十册

御茶之水圖書館藏本　原山中静逸　德富蘇峰成簣堂等舊藏

【按】前有明洪武二年(1369年)《序》。

《凡例》之末有刊行梓語,其文曰:

"是編自景泰七年丙子夏四月中旬得李孫二公舊本,至其秋七月考校增完,又至天順三年己卯夏四月上旬欲命工鋟梓,點校始完。"

卷帙内有題識曰:"山中静逸舊藏",又有大正乙卯德富蘇峰手識文。

卷中有"南宋里井氏圖書之記"、"無礙庵藏書"等印記。

【附録】據《商舶載來書目》記載,後桃園天皇安永八年(1779年)中國商船"志字號"載《新增格古要論》一部一帙抵日本。

據光格天皇天明六年(1786年)《寅十番船持渡書改目録寫》記載,是年中國商船"寅十番”載《新增格古要論》一部六册抵日本。

江户時代有《新增格古要論》寫本一種。此本原係江户時代近衛家熙等舊藏，今存卷第二至卷第四凡三卷，現藏陽明文庫。

（新增）格古要論十三卷

（明）曹昭撰　舒敏輯　王佐校增　黄增位重校

明天順三年（1459 年）刊本　共四册

内閣文庫　東京大學文學部漢籍中心藏本

【按】每半葉有界十行，行二十字，間有至二十三字者，注文小字雙行。白口，四周單邊（19.5cm×12.1cm）。版心有刻工姓名，如吴雁之等。

内閣文庫藏本，原係江户時代林羅山等舊藏。卷中有“江雲渭樹”等印記。

東京大學藏本，原係明天順版清代印本，淑躬堂藏版。

（新增）格古要論十三卷

（明）曹昭撰　王佐補

明刊本　共六册

静嘉堂文庫藏本　原小越幸介等舊藏

（新增）格古要論十三卷

（明）曹昭撰　舒敏編　黄正位重校

明刊清印本

内閣文庫藏本

【按】每半葉有界十行，行二十字左右。白口，四周單邊。

内閣文庫藏此同一刊本兩部。一部原係木村兼葭堂舊藏，共二册。一部共四册。

水東日記三十八卷

（明）葉盛撰

明刊本　徐時棟手識本　共四册

大倉文化財團藏本　原徐時棟等舊藏

【按】每半葉有界十行，行二十字。黑口，四周單邊。

卷中有清同治四年（1865 年）徐時棟收書手識文及校語，并有“甬上”、“柳泉書畫”等印記。

【附録】據《商舶載來書目》記載，後櫻町天皇安永元年（1772 年）中國商船“須字號”載《水東日記》一部抵日本。

光格天皇天明六年（1786 年）《寅十番船持渡書改目録寫》記載，是年該船載《水東日記》一部四册抵日本，并注明：“明葉盛著。古本。此書專於記事，覆古綜今，閱諸軍國書，遂成於淞水之東，名爲《水東日記》。”

仁孝天皇天保十二年（1841 年）《書籍元帳》記載，是年中國商船“丑六番”載《水東日記》一部六册抵日本，售價十五匁。

呼桓日記三卷

（明）項鼎鉉撰

明刊本　共三册

尊經閣文庫藏本　原江户時代加賀藩主前田綱紀等舊藏

古今書抄（殘本）三十一卷

（明）屠本畯編　袁宏道選

明萬曆四十四年（1616 年）序刊本　共七卷

蓬左文庫藏本　原尾張藩主家舊藏

【按】是書全三十二卷，此本今缺卷三十二，實存三十一卷。

此本係日本明正天皇寬永年間（1624—1643 年）從中國購入。

卷中有“尾陽内庫”印記。

（雅尚齋）遵生八牋二十卷

（明）高濂撰

明萬曆十九年（1591 年）刊本

東洋文庫　陽明文庫　御茶之水圖書館　大阪天滿宮御文庫藏本

【按】前有明萬曆十九年（1591 年）五月高濂深甫《序》。

封頁内側係藍色印刷，有圖繪。

東洋文庫藏此同一刊本兩部,各皆十册。其中一部係心遠堂藏版。

陽明文庫藏本,原係江户時代近衞家熙等舊藏,共十一册。

御茶之水圖書館藏本,原係德富蘇峰成簣堂等舊藏。卷首扉葉有德富蘇峰題識:"明治四十年購入"。卷六係後人寫補,卷帙外封亦係德富蘇峰題識。

大阪天滿宮藏本,共二十册。

【附録】據《商舶載來書目》記載,中御門天皇正德元年(1711 年)中國商船"禮字號"載《遵生八牋》一部八册抵日本。桃園天皇寶曆八年(1758 年)中國商船"曾字號"載《增補遵生八牋》一部二帙抵日本。

據《外船書籍元帳》記載,仁孝天皇弘化四年(1847 年)中國商船"午五番"載《遵生八牋》四部各二帙抵日本,售價每部五匁。

遵生八牋十九卷

(明)高濂撰　鍾惺校

明萬曆年間(1573—1620 年)刊本

宮内廳書陵部　内閣文庫　静嘉堂文庫尊經閣文庫藏本

【按】每半葉有界九行,行十八字。黑口,四周單邊。

前有明萬曆十九年(1591 年)五月高濂深甫《序》。

宮内廳書陵部藏本,原係德山藩三代主毛利元次廣收"天下秘籍"之一種。東山天皇寶永三年(1706 年)《御書物目録》著録此本,明治天皇二十九年(1896 年)由男爵毛利元功獻贈宮内省。每册有"德藩藏書"印,共二十册。

内閣文庫藏此同一刊本三部。一部原係江户時代林羅山等舊藏,卷中有"江雲渭樹"等印記,共十一册。一部爲後人修補,并附明人洪自誠撰《菜根譚》二卷,原係楓山官庫等舊藏,共十八册。一部亦係後人修補,并附明人洪自誠撰《菜根譚》二卷,共十一册。

静嘉堂文庫藏本,原係小越幸介等舊藏,共十二册。

尊經閣文庫藏本,原係江户時代加賀藩主前田綱紀等舊藏,共八册。

(弦雪居重訂)遵生八牋十九卷

(明)高濂撰　鍾惺重訂

明刊本(課花書屋藏版)　共二十册

蓬左文庫藏本

遵生八牋八種

(明)高濂撰

明心遠堂刊本　共六册

福井市立圖書館藏本

【按】此本内封及《序》中,"遵"字作"尊"。

卷中有"圖書寮"朱文長方印、"越國文庫"朱文方印等印記。

(静虚齋)惜陰録十二卷

(明)顏應祥撰

明嘉靖四十三年(1564 年)序刊本　共八册

内閣文庫藏本　原豐後佐伯藩主毛利高標舊藏

【按】此本於仁孝天皇文政年間(1818—1829 年)出雲守毛利高翰獻於幕府。明治初期,歸内閣文庫。卷中有"佐伯侯毛利高標字培松藏書畫之印"等印記。

揮塵新譚二卷

(明)王兆雲撰

明刊本　共二册

尊經閣文庫藏本　原江户時代加賀藩主前田綱紀等舊藏

揮塵迂談(不分卷)

(明)郭一經撰

明萬曆四十一年(1613 年)刊本　共四册

蓬左文庫藏本　原江户時代尾張藩主家舊藏

【按】此本係明正天皇寬永六年(1629 年)

從中國購入。

卷中有"尾陽内庫"印記。

智囊（知囊全集）二十八卷

（明）馮夢龍編纂

明刊本

内閣文庫　尊經閣文庫　蓬左文庫　大阪
天滿宮御文庫藏本

【按】内閣文庫藏本，原係楓山官庫等舊藏，
共七册。

尊經閣文庫藏本，原係江户時代加賀藩主前
田綱紀等舊藏，共六册。

蓬左文庫藏本，原係江户時代尾張藩主家舊
藏。此本係明正天皇寬永九年（1632 年）從中
國購入，卷中有"尾陽内庫"印記，共八册。

大阪天滿宮藏本，共十四册。

【附録】日本仁孝天皇文政四年（1821 年）
京都大谷仁兵衛、楠見甚左衛門等刊印（大谷
津逮堂藏版）《智囊》十卷三册。題署"明馮夢
龍撰，猪飼彦博校"。其後，此本有吉野屋仁
兵衛等重印本。

智囊補二十八卷

（明）馮夢龍編纂

明大興堂刊本

宮内廳書陵部　内閣文庫　東京大學東洋
文化研究所　大阪大學懷德堂文庫藏本

【按】宮内廳書陵部藏本，原係德山藩三代
主毛利元次廣收"天下秘籍"之一種。東山天
皇寶永三年（1706 年）《御書物目録》著録此
本。明治天皇二十九年（1896 年）由男爵毛利
元功獻贈宮内省。每册有"德藩藏書"印，共
八册。

内閣文庫藏此同一刊本兩部。一部原係楓
山官庫舊藏，共十册。一部共八册。

大阪大學懷德堂藏本，原係江户時代懷德堂
等舊藏，共十二册。

【附録】桃園天皇寶曆四年（1754 年）《舶來
書籍大意書》著録是書二部，并注"每部十二

册，但皆脱紙二頁"。其識文曰：

"此書乃馮夢龍編纂，由原本增至二十
八卷。其書採諸家之説，論定品騭古今君臣
處士女流之智。分上智、明智、察智、膽智、
術智、捷智、語智、兵智、閨智、雜智凡十門，
附加評語，每門之首載總叙。"

據《商舶載來書目》記載，中御門天皇享保
十六年（1731 年）中國商船"智字號"載《智囊
補》一部二帙抵日本。

據《外船書籍元帳》記載，仁孝天皇弘化二
年（1845 年）中國商船"辰字號"載《智囊補》
三部各二帙抵日本。弘化四年（1847 年）中國
商船"午七番"載《智囊補》五部各二帙抵日
本，售價每部十二匁。孝明天皇嘉永三年
（1850 年）中國商船"酉七番"載《智囊補》一
部抵日本，售價十二匁。

盱壇直詮二卷

（明）羅近溪撰

明萬曆年間（1573—1620 年）楊起元刊本
共二册

蓬左文庫藏本　原尾張藩主家舊藏

【按】此本係明正天皇寬永十二年（1635
年）從中國購入。

卷中有"尾陽内庫"印記。

閑情小品十一卷

（明）華淑編輯

明天啓年間（1621—1627 年）刊本

内閣文庫　尊經閣文庫藏本

【按】内閣文庫藏本，原係木村蒹葭堂舊藏，
共一册。

尊經閣文庫藏本，原係江户時代加賀藩主田
綱紀等舊藏，共四册。

青蓮露六棧六卷

（明）葉華撰

明樹德堂刊本　共六册

蓬左文庫藏本　原尾張藩主家舊藏

【按】此本係明正天皇寬永九年(1632 年)從中國購入。

共賞編(奇文共賞)八卷

(明)石虛中　曾雲鸞編

明萬曆二十四年(1596 年)刊本　共八冊

宮內廳書陵部藏本　原德山藩三代主毛利元次舊藏

【按】此本係江戶時代德山藩三代主毛利元次廣收"天下秘籍"之一。東山天皇寶永三年(1706 年)《御書物目錄》著錄此本。明治天皇二十九年(1896 年)由男爵毛利元功獻贈宮內省。每冊有"德藩藏書"印。

清秘藏二卷

(明)張應文撰

明刊本　共一冊

靜嘉堂文庫藏本　原陸心源十萬卷樓等舊藏

華夷花木考六卷

(明)慎懋官撰

明刊本　共四冊

靜嘉堂文庫藏本　原陸心源守先閣等舊藏

華夷花木鳥獸珍玩考十二卷

(明)慎懋官撰

明萬曆九年(1581 年)刊本

國會圖書館　內閣文庫　尊經閣文庫　東洋文庫藏本

【按】國會圖書館藏本,原共五冊,今合裝爲三冊。

內閣文庫藏此同一刊本兩部。一部原係楓山官庫舊藏,共十冊。一部原係木村兼葭堂舊藏,共四冊。

尊經閣文庫藏本,原係江戶時代加賀藩主前田綱紀等舊藏,共十冊。

東洋文庫藏本,原係岩崎氏家族舊藏,共十冊。

【附錄】日本江戶時代有明人慎懋官撰《華夷花木鳥獸珍玩考》十二卷寫本三種,一種幅寬 27cm,原共十冊,今合裝爲五冊;一種幅寬 24cm,原共六冊,今合裝爲二冊;一種幅寬 27cm,共八冊。此三種寫本皆存國會圖書館。

菜根譚前集一卷　後集一卷

(明)洪自誠撰　汪乾初校

明刊本　共二冊

尊經閣文庫藏本　原江戶時代加賀藩主前田綱紀等舊藏

【按】日本仁孝天皇文政五年(1822 年)知不及齋刊印《菜根譚》前後集各一卷。其後此本有文政八年(1825 年)江戶層山堂西村宗七重印本、元治元年(1864 年)大阪秋田屋太右衛門重印本,并有京都川勝德次郎重印本,又有江戶須原屋茂兵衛、京都田中屋專助外九軒等重印本。

一咨三奇八卷

(明)鄧志謨撰　吳天毓校

明刊本　共三冊

宮內廳書陵部藏本　原德山藩三代主毛利元次舊藏

【按】此本係江戶時代德山藩三代主毛利元次廣收"天下秘籍"之一種。東山天皇寶永三年(1706 年)《御書物目錄》著錄此本。明治天皇二十九年(1896 年)由男爵毛利元功獻贈宮內省。每冊有"德藩藏書"印。

妮古錄四卷

(明)陳繼儒撰　沈孚光校

明刊本　共一冊

靜嘉堂文庫藏本　原竹添光鴻等舊藏

巖栖幽事一卷

(明)陳繼儒撰

明刊本(明《廣百川學海》零本)　共一冊

國會圖書館藏本

群碎錄一卷　偃曝談餘二卷

（明）陳繼儒編　王體元等校
明刊本　共一册
静嘉堂文庫藏本

陳眉公先生爽心笑談集十四卷

（明）陳繼儒撰
明後期刊本　共二册
御茶之水圖書館藏本　原德富蘇峰成簣堂
等舊藏
【按】此本係本版初印本。封面係用江户時
代産藍色紋樣紙重裝。
每册首尾皆有"奚疑齋藏書"朱文印記，又
有德富蘇峰手識文。

長物志十二卷

（明）文震亨撰
明刊本　共一册
静嘉堂文庫藏本　原陸心源十萬卷樓等舊
藏

兩山墨談十八卷

（明）陳霆撰
明嘉靖年間（1522—1566 年）刊本
内閣文庫　尊經閣文庫藏本
【按】内閣文庫藏本，原係木村蒹葭堂等舊
藏。此本卷一至卷十、卷十五至卷十八，係後
人寫補。共四册。
尊經閣文庫藏本，原係江户時代加賀藩主前
田綱紀等舊藏，共二册。

琅琊代醉編四十卷　目一卷

（明）張鼎思編　陳性學等校
明萬曆年間（1573—1620 年）刊本
内閣文庫　静嘉堂文庫　尊經閣文庫　東
京大學東洋文化研究所　神户大學附屬圖書
館文學部分館　早稻田大學圖書館　龍谷大
學大宮圖書館　陽明文庫　御茶之水圖書館

出雲大社日隅宮御文庫藏本
【按】每半葉有界十行，行二十一字。白口，
四周雙邊。
前有明萬曆二十五年（1597 年）《序》。
内閣文庫藏此同一刊本三部。一部原係楓
山官庫舊藏，共二十四册。一部共十册。一部
原係江户時代林羅山等舊藏，有林羅山手校跋
文，卷中有"江雲渭樹"等印記。共二十册。
静嘉堂文庫藏本，共二十一册。
尊經閣文庫藏本，原係江户時代加賀藩主前
田綱紀等舊藏，共十六册。
早稻田大學圖書館藏此同一刊本兩部。一
部原係服部南郭家服部文庫等舊藏，共十二
册。一部原係下村正太郎家下村文庫等舊藏，
共二十册。
龍谷大學大宮圖書館藏本，今缺卷第一、卷
第五、凡二卷，實存三十八卷，共十册。
陽明文庫藏本，原係江户時代近衛家熙等舊
藏。此本《目録》係後人寫補，共二十四册。
御茶之水圖書館藏本，原係江户時代林羅山
等舊藏，卷中有林羅山手識文，後由洒竹文庫
收藏，大正年間（1911—1924 年）歸德富蘇峰
成簣堂。卷中各册基本保持原印原裝樣，其中
第七册、第十一册、第十二册、第十五册，凡四
册之原題籤逸。第一册内封有"江雲渭樹"印
記，第十一册封面有墨書"祭酒林信充所讀
本"。卷中有朱筆圈點，共十六册。
出雲大社藏本，今缺卷二十五至卷四十，實
存二十四卷。卷中有後人寫補。
【附録】日本靈元天皇延寶三年（1675 年）
刊行明張鼎思撰、陳性學等校《琅琊代醉編》
四十卷，《序目》一卷。

焦氏類林八卷

（明）焦竑撰　王元貞校
明萬曆年間（1573—1620 年）秣陵王氏刊本
内閣文庫　静嘉堂文庫　蓬左文庫　東洋
文庫　東京大學東洋文化研究所藏本
【按】每半葉有界十行，行二十字。白口，左

右雙邊。

前有明萬曆十五年（1587 年）王元貞《序》。

內閣文庫藏此同一刊本兩部。一部原係楓山官庫舊藏，共六冊。一部原係江戶時代林羅山舊藏，卷中有"江雲渭樹"等印記，共八冊。

靜嘉堂文庫藏本，共七冊。

蓬左文庫藏本，原係尾張藩主家舊藏。此本係明正天皇寬永五年（1628 年）從中國購入，卷中有"尾陽內庫"印記，凡六冊。

東洋文庫藏本，原係藤田豐八等舊藏，共四冊。

東京大學藏本，原係大木幹一等舊藏。

焦氏類林八卷

（明）焦竑編　王元貞校

明萬曆十五年（1587 年）刊本　共四冊

宮內廳書陵部　東洋文庫藏本

【按】宮內廳書陵部藏本，原係德山藩三代主毛利元次廣收"天下漢籍"之一種。東山天皇寶永三年（1706 年）《御書物目錄》著錄此本。明治二十九年（1896 年）男爵毛利元功將此本獻贈宮內省圖書寮。卷中有"德藩藏書"印記。

東洋文庫藏本，原係藤田豐八等舊藏。

【附錄】據《商舶載來書目》記載，光格天皇寬政九年（1795 年）中國商船"世字號"載《焦氏類林》一部二帙抵日本。

焦氏筆乘六卷　續集八卷

（明）焦竑撰　謝與棟　焦尊生校

明萬曆三十四年（1606 年）序謝與棟刊本

內閣文庫　東京大學文學部漢籍中心藏本

【按】每半葉有界九行，行十九字左右，注文小字雙行。白口，四周單邊（20.7cm × 13.0cm）。

前有明萬曆三十四年（1606 年）《序》。

內閣文庫藏此同一刊本三種。一部原係明人徐𤊹及日本木村蒹葭堂等舊藏，共八冊。一部原係江戶時代林氏大學頭家舊藏，共四冊。

一部原係豐後佐伯藩主毛利高標舊藏，仁孝天皇文政年間（1818—1829 年）出雲守毛利高翰獻贈幕府。明治初期，歸內閣文庫。卷中有"佐伯侯毛利高標字培松藏書畫之印"等印記，共五冊。

東京大學藏本，共二冊。

【附錄】日本東山天皇元祿十五年（1702 年）彌生吉且《倭板書籍考》卷之六著錄《焦氏筆乘》六卷。其識文曰：

"此書乃明焦弱侯所作也。考事物之出處，補諸書萬一之訛。焦氏爲博覽之儒者，迷於新學，而又諮於真道學也。"

據《外船書籍元帳》記載，後櫻町天皇寶曆十三年（1763 年）中國商船"世字號"載《正續焦氏筆乘》一部抵日本。

日本後光明天皇慶安二年（1649 年）京都林甚右衛門等刊行《焦氏筆乘》六卷。此本後有京都伊勢屋額田正三郎重印本。

江戶時代又有《焦氏筆乘續集》八卷寫本一種，幅寬 28cm。今存國會圖書館。

焦氏筆乘六卷　續六卷

（明）焦竑撰

明刊本　共六冊

靜嘉堂文庫　尊經閣文庫　神戶大學附屬圖書館文學部分館藏本

【按】每半葉有界九行，行十九字左右。白口，四周單邊。

前有明萬曆三十四年（1606 年）《序》。

靜嘉堂文庫藏本，原係中村敬宇等舊藏，共六冊。

尊經閣文庫藏本，原係江戶時代加賀藩主前田綱紀等舊藏，共七冊。

神戶大學藏本，共六冊。

焦氏筆乘六卷

（明）焦竑撰　李登校

明刊本　共四冊

東北大學附屬圖書館藏本　原狩野亨吉等

舊藏

（焦氏類選）漫金苔四卷

（明）焦竑撰

明萬曆二十五年（1597年）緑葵堂刊本　共四册

内閣文庫藏本

【按】内閣文庫藏此同一刊本兩部。一部原係楓山官庫舊藏，一部原係昌平坂學問所舊藏。

焦氏説楛七卷

（明）焦周撰

明萬曆年間（1573—1620年）刊本

内閣文庫藏本

【按】每半葉有界十一行，行二十二字。白口，四周單邊。

前有明萬曆四十一年（1613年）《序》。

内閣文庫藏此同一刊本兩部。一部原係昌平坂學問所舊藏，共七册。一部原係楓山官庫舊藏，共二册。

五雜俎十六卷

（明）謝肇淛撰

明萬曆年間（1573—1620年）刊本

國會圖書館　内閣文庫　尊經閣文庫　蓬左文庫　東京大學總合圖書館　京都大學人文科學研究所東洋學文獻中心　東北大學附屬圖書館　陽明文庫　御茶之水圖書館藏本

【按】每半葉有界九行，行十八字。白口，四周單邊。

國會圖書館藏本，原共十二册，今合裝爲六册。

内閣文庫藏此同一刊本三部。一部共八册。一部原係江户時代林羅山舊藏，卷中有“江雲渭樹”印記，共十五册。一部原係楓山官庫舊藏，共十二册。

尊經閣文庫藏本，原係江户時代加賀藩主前田綱紀等舊藏，共十一册。

蓬左文庫藏本，共五册。

東京大學總合圖書館藏本，原係江户時代紀州德川家南葵文庫等舊藏，卷中有後人寫補，共八册。

京都大學藏本，原係松本文三郎舊藏，共八册。

東北大學藏本，原係狩野亨吉舊藏，共八册。

陽明文庫藏本，原係江户時代近衛家熙等舊藏，共八册。

御茶之水圖書館藏本，原係德富蘇峰成簀堂舊藏，共八册。

【附録】日本後西天皇寬文元年（1661年）刊行明人謝肇淛撰《五雜俎》十六卷。此本靈元天皇寬文十一年（1671年）有京都植樹玉枝重印本。

光格天皇寬政七年（1795年）松梅軒中川藤四郎等刊印《五雜俎》十六卷。此本後有文政五年（1822年）大阪前川原七郎等重印本，又有大阪秋田屋太右衛門等重印本。

五雜俎十六卷

（明）謝肇淛撰　潘應祉校

明聚德堂刊本　共十册

國會圖書館藏本

文海披沙八卷

（明）謝肇淛撰

明刊本

内閣文庫　尊經閣文庫藏本

【按】每半葉有界九行，行十八字。白口，左右雙邊。

前有明萬曆三十七年（1609年）《序》。

内閣文庫藏此同一刊本兩部。一部原係江户時代林氏大學頭家舊藏，共四册。一部原係楓山官庫舊藏，共二册。

尊經閣文庫藏本，原係江户時代加賀藩主前田綱紀等舊藏，共四册。

【附録】日本桃園天皇寶曆九年（1759年）皇都（京都）山形屋傳右衛門、唐本屋吉左衛門外二軒等刊行明人謝肇淛撰、魯目道人校點《文海披沙》八卷。

智品十三卷

（明）樊玉衡撰　于倫增編

明刊本　共十册

静嘉堂文庫藏本　原中村敬宇等舊藏

智品十三卷

（明）樊玉衡撰　于倫增編

明萬曆年間（1573—1620 年）刊本

國會圖書館　内閣文庫　東洋文庫藏本

【按】國會圖書館藏本，原共十册，現合爲五册。

内閣文庫藏此同一刊本兩部。一部原係楓山官庫舊藏，共十册。一部原係豐後佐伯藩主毛利高標舊藏。此本係仁孝天皇文政年間（1818—1829 年）出雲守毛利高翰獻贈幕府。明治初期歸内閣文庫。卷中有“佐伯侯毛利高標字培松藏書畫之印”等印記，共八册。

東洋文庫藏本，原係三菱財團岩崎氏家族舊藏，共十册。

（中玄子）本語六卷

（明）高拱（中玄山人）撰

明萬曆四年（1576 年）刊本

内閣文庫　静嘉堂文庫　御茶之水圖書館藏本

【按】每半葉有界八行，行十六字。白口，四周雙邊。

前有明萬曆丙子（1576 年）五月中玄山人《自序》。

内閣文庫藏本，原係江户時代豐後佐伯藩主毛利高標舊藏，共三册。其流傳及印記情況同前書。

静嘉堂文庫藏本，原係陸心源十萬卷樓等舊藏，共一册。

御茶之水圖書館藏本，原係森立之舊藏，後歸德富蘇峰成簀堂。第一册内封有孝明天皇

慶應二年（1866 年）森立之手識文。各册首有“森氏”朱文印記。封帙係大正三年（1913 年）十月德富蘇峰手題。共三册。

娑羅園清語（不分卷）

（明）屠隆撰

明萬曆年間（1573—1620 年）刊本　共一册

内閣文庫藏本　原楓山官庫舊藏

【按】每半葉有界七行，行二十字。白口，四周雙邊。

冥寥子游二卷　外三種

（明）屠隆編撰

明刊本　共一册

東北大學附屬圖書館　早稻田大學圖書館藏本

【按】東北大學附屬圖書館藏本，係明刊《寶顔堂秘笈》零本。

早稻田大學圖書館藏本，無“外三種”。

從先維俗議五卷

（明）管志道撰

明萬曆三十年（1602 年）序刊本　共八册

内閣文庫藏本　原豐後佐伯藩主毛利高標等舊藏

【按】此本於仁孝天皇文政年間（1818—1829 年）出雲守毛利高翰獻贈幕府。明治初期歸内閣文庫。卷中有“佐伯侯毛利高標字培松藏書畫之印”等印記。

（東溟管夫子與楚中名賢）析理書一卷　步朱吟一卷

（明）管志道撰

明萬曆三十一年（1603 年）刊本　共一册

内閣文庫藏本　原豐後佐伯藩主毛利高標等舊藏

【按】此書流傳及印記情況同前書。

名義考十二卷

（明）周祁撰

明萬曆十七年（1589年）黃氏刊本　共六册

静嘉堂文庫　愛知大學簡齋文庫藏本

【按】每半葉有界十行，行二十三字。白口，四周雙邊。

前有明萬曆十一年（1583年）袁昌祚《序》，次有萬曆己丑（1589年）黃中色《序》等。

静嘉堂文庫藏本，原係陸心源十萬卷樓等舊藏。

愛知大學藏本，原係小倉正恒等舊藏。

三餘贅筆一卷

（明）都卬撰　胡文焕校

明刊本（明刊《格致叢書》零本）　共一册

静嘉堂文庫藏本　原竹添光鴻等舊藏

振世希聲二卷

（明）吳孔雍撰

明萬曆三十三年（1605年）序刊本

内閣文庫　尊經閣文庫藏本

【按】内閣文庫藏本，原係木村兼葭堂等舊藏，共二册。

尊經閣文庫藏本，原係江户時代加賀藩主前田綱紀等舊藏，共一册。

金罍子四十四卷

（明）陳絳撰　陳顯編輯

明萬曆三十四年（1606年）序刊本

内閣文庫　尊經閣文庫　東京大學東洋文化研究所藏本

【按】是書上篇二十卷，中篇十二卷，下篇十二卷。

内閣文庫藏此同一刊本兩部。一部原係木村兼葭堂舊藏，共十二册。一部共六册。

尊經閣文庫藏本，原係江户時代加賀藩主前田綱紀等舊藏，共十二册。

【附録】據《商舶載來書目》記載，光格天皇天明三年（1783年）中國商船"幾字號"載《金罍子》一部抵日本。

據光格天皇天明六年（1786年）《寅十番船持渡書改目録寫》記載，是年中國商船"寅十番"載《金罍子》一部十册抵日本，并注曰"古本，脱紙二張"。

（新刻批點）金罍子四十四卷

（明）陳絳撰　陶望齡編　李維楨批點

明泰昌年間（1620年）刊本　共十册

東洋文庫藏本　原三菱財團岩崎家舊藏

【附録】日本江户時代有《新刻批點金罍子》四十四卷寫本一種。此本今存國會圖書館。

震澤長語四卷

（明）王鏊撰　王周俊校

明萬曆十九年（1591年）曾孫王周俊刊本　共一册

静嘉堂文庫藏本　原陸心源十萬卷樓等舊藏

震澤長語紀聞合刻

（明）王鏊撰

明刊本　共四册

尊經閣文庫藏本　原江户時代加賀藩主前田綱紀等舊藏

西峰字説三十三卷　附録五種

（明）曹學佺編撰

明刊本

内閣文庫　蓬左文庫藏本

【按】是書《附録》五種細目如次：

《詩經合論》六卷，

《春秋總論》一卷，

《春秋例義大略》一卷，

《夏小正解》一卷，

《月令廣義》一卷。

内閣文庫藏此同一刊本三部。一部原係昌平坂學問所舊藏，此本《附録》有《詩經合論》

六卷一種,共三十册。一部原係楓山官庫舊藏,此本《附録》五種,共三十二册。一部無《附録》,共二十九卷。

蓬左文庫藏本,原係尾張藩主家舊藏。此本今缺卷三,實存三十二卷,并《附録》五種。共三十一册。

百家類纂四十卷

（明）沈津編撰

明隆慶元年（1567 年）含山縣儒學刊本

內閣文庫　蓬左文庫　陽明文庫藏本

【按】每半葉有界十一行,行二十二字。白口,左右雙邊。

內閣文庫藏此同一刊本兩部,皆凡三十八册,其中一部原係楓山官庫舊藏。

蓬左文庫藏本,原係尾張藩主家舊藏。此本係日本明正天皇寬永七年（1630）從中國購入,卷中有“尾陽內庫”印記。

陽明文庫藏本,原係江戸時代近衛家熙等舊藏,共三十八册。

百家類纂（殘本）十三卷

（明）沈津輯

明隆慶元年（1567 年）刊本　共十三册

御茶之水圖書館藏本　原德富蘇峰成簣堂等舊藏

【按】每半葉有界十一行,行二十二字。

前有古肥張思忠《序》,又有《凡例》、《總叙》等。

是書全本共四十卷。此本今存卷第一、卷第三、卷第九、卷第十、卷第十三、卷第十五、卷第十八、卷第二十七、卷第三十一、卷第三十五、卷第三十六、卷第四十,共十三卷。

本版初印,白綿紙本。封面係用朝鮮産白色紋樣紙。

百家類纂（殘本）九卷

（明）沈津編

明隆慶元年（1567 年）刊本　共九册

静嘉堂文庫藏本

【按】《百家類纂（儒家類）》全十卷。此本今存九卷,缺卷十。

四友齋叢説三十八卷

（明）何良俊編撰

明隆慶三年（1569 年）序刊本　共六册

內閣文庫藏本　原楓山官庫舊藏

【附録】據《商舶載來書目》記載,東山天皇元禄七年（1694 年）中國商船“志字號”載《四友齋叢説》一部八册抵日本。

四友齋叢説三十八卷

（明）何良俊編撰

明萬曆七年（1579 年）龔元成使從侄倩張仲頤重校刊本　雲間陳氏藏版　共十二册

東洋文庫藏本

四友齋叢説三十八卷

（明）何良俊編撰

明天啓元年（1621 年）刊本　共十六册

內閣文庫藏本　原昌平坂學問所舊藏

【按】每半葉有界九行,行十八字。白口,左右雙邊。

聽雨紀談一卷

（明）都穆撰　胡文焕校

明刊本　日本入明僧策彦手識本　共一册

御茶之水圖書館藏本　原策彦　上村閑堂　德富蘇峰成簣堂等舊藏

【按】每半葉有界八行,行十六字。白口,左右雙邊（20.2cm×15.2cm）。

前有明成化丁未年（1487 年）虎丘山人都穆《序》。

卷首貼附有日本楮紙一頁,係日本入明僧策彦手識文。其文曰:

　　“嘉靖年中南游,初得此一册於寧波書肆中,載於歸船之帶來聽雨紀談。　謙齋家乘。”（花押。此處又有“妙智禪院”朱文方

印）

卷中有朱墨句點，卷末又有策彥墨書曰：
"除空素三十一張　謙齋"（有"策彥"朱印）。

封面又德富蘇峰題識，卷帙又潛山題籤。

卷首有"妙智禪院"等印記。

【附錄】日本東山天皇元禄二年（1689年）
京都志水長兵衞、久保田長兵衞刊行《新刻聽
雨紀談》一卷。

聽雨紀談一卷

（明）都穆撰　胡文煥校
明刊本　共一册
靜嘉堂文庫藏本

玉壺冰（不分卷）

（明）都穆撰
明萬曆三十年（1602年）跋刊本　共一册
内閣文庫藏本　原楓山官庫舊藏

困學纂言六卷

（明）李栻撰
明萬曆二年（1574年）序刊本　共六册
内閣文庫藏本　原豐後佐伯藩主毛利高標
舊藏

【按】每半葉有界九行，行二十字。白口，左
右雙邊。

仁孝天皇文政年間（1818—1829年）出雲守
毛利高翰獻贈幕府。明治初期歸内閣文庫。

卷中有"佐伯侯毛利高標字培松藏書畫之
印"等印記。

續自警編十六卷

（明）黄希憲纂集　張問達等校閱　劉如大
漆元中同校
明萬曆五年（1577年）嘉興府刊本
内閣文庫　尊經閣文庫　蓬左文庫藏本

【按】每半葉有界十行，行二十字。白口，左
右雙邊。

内閣文庫藏本，原係楓山官庫舊藏，共十六
册。

尊經閣文庫藏本，原係江户時代加賀藩主前
田綱紀等舊藏，共十六册。

蓬左文庫藏本，日本明正天皇寬永十年
（1633年）從中國購入。原係江户幕府第一代
大將軍德川家康舊藏，後贈與其子尾張藩主
家。卷中有"御本"印記，共八册。

趙氏連城十八卷

（明）趙世顯撰
明萬曆年間（1573—1620年）刊本　共六册
東洋文庫藏本　原三菱財團岩崎家族舊藏

【按】是書分爲三種，即《客窗隨筆》、《芝圃
叢談》、《松亭晤語》。

灼艾集二卷　續集二卷　餘集二卷　別集二卷

（明）萬表編
明嘉靖二十八年（1549年）序刊本　共六册
關西大學附屬圖書館内藤文庫藏本　原北
山七僧居士　内藤湖南等舊藏

【按】每半葉有界十行，行十八字。白口，四
周單邊（16.6cm×12.1cm）。

前有明嘉靖二十八年（1549年）李登《題灼
艾集引》。

封面外題"灼艾集，北山七僧居士同桔庵藏
本演爲遺書之内"。

卷中有"橘庵"、"北山彰印"、"貴適齋藏書
記"、"定武孫子真永保之"等印記。

灼艾集二卷　續集二卷　別集二卷　餘集二卷

（明）萬表編
明萬曆二十九年（1601年）序刊本　共八册
内閣文庫藏本　原楓山官庫舊藏

【按】每半葉有界十行，行二十字。白口，四
周單邊。

露書十四卷

（明）姚旅撰
明刊本　共六册

尊經閣文庫藏本　原江户時代加賀藩主前田綱紀等舊藏

沈氏弢彀十六卷

（明）沈堯中撰

明萬曆二十九年（1601年）序刊本

内閣文庫藏本

【按】每半葉有界八行，行十九字。白口，四周單邊。

内閣文庫藏此同一刊本兩部。一部原係楓山官庫舊藏，共四册。一部原係昌平坂學問所舊藏，共十六册。

沈氏弋説六卷

（明）沈長卿撰　黃可師等評

明刊本　共六册

内閣文庫　東洋文庫　蓬左文庫　静嘉堂文庫　尊經閣文庫藏本

【按】每半葉有界八行，行十八字。白口，四周單邊。

前有明萬曆四十三年（1615年）《序》。

内閣文庫藏此同一刊本兩部。一部原係楓山官庫舊藏，一部原係江户時代林羅山等舊藏，卷中有“江雲渭樹”等印記。

東洋文庫藏本，原係三菱財團岩崎氏家族舊藏，共十二册。

静嘉堂文庫藏本，原係白河文庫、中村敬宇等舊藏。

尊經閣文庫藏本，原係江户時代加賀藩主前田綱紀等舊藏，共六册。

堯山堂外記一百卷

（明）蔣一葵編　白世雍校

明萬曆三十四年（1606年）刊本

宮内廳書陵部　國會圖書館　蓬左文庫　御茶之水圖書館　廣島市立淺野圖書館藏本

【按】每半葉有界八行，行十九字。注文雙行，行同正文。白口，四周單邊。

前有龔三益《序》等，次有《堯山堂外記目録》等。

此本附刻批點。

宮内廳書陵部藏本，原係德山藩三代主毛利元次廣收“天下秘籍”之一種。東山天皇寶永三年（1706年）《御書物目録》著録此本，明治天皇二十九年（1896年）由男爵毛利元功獻贈宮内省。每册有“德藩藏書”印，共二十册。

國會圖書館藏本，原共五十册，今合裝爲二十五册。

蓬左文庫藏本，原係尾張藩主家舊藏。此本係明正天皇寬永十三年（1636年）從中國購入，卷中有“尾陽内庫”印記。共十五册。

御茶之水圖書館藏本，原係德富蘇峰成簣堂等舊藏，封面爲朝鮮白色紙裝潢。此本原共二十六册，今缺第六册至第十五册，實存十五册。

廣島市藏本，共三十五册。

【附録】據《商舶載來書目》記載，桃園天皇寶曆四年（1754年）中國商船“計字號”載《堯山堂外記》一部二帙抵日本。

同年，《舶來書籍大意書》著録此書，并注“古本，有朱點，脱紙一張”。其識文曰：

> “此書乃明人蔣仲舒編輯，採録自黃帝迄於明代之人物，凡君臣庶士隱逸閨秀千二百二十餘人。其人物皆見諸史傳諸書，其事實則逸缺，散於稗官野史，見之者則希。末卷録日本、安南、占城人明時於彼土所咏之詩句，通爲百卷。萬曆年間刊。”

堯山堂外記（殘本）五十八卷

（明）蔣一葵編

明末刊本　共六册

御茶之水圖書館藏本　原德富蘇峰成簣堂等舊藏

【按】是書全一百卷，此本今存卷四十三至卷一百。

卷中附刻批點。

各册有“珊瑚閣珍藏印”等印記。

雪庵清史五卷

（明）樂純撰
明萬曆四十二年（1614 年）書林余氏刊本
內閣文庫　蓬左文庫　尊經閣文庫藏本
【按】每半葉有界八行，行十八字。白口，四周單邊。
內閣文庫藏本，原係楓山官庫等舊藏，共四冊。
蓬左文庫藏本，原係尾張藩主家舊藏。此本係日本明正天皇寬永六年（1629 年）從中國購入，共四冊。
尊經閣文庫藏本，原係江戶時代加賀藩主前田綱紀等舊藏，共五冊。
【附錄】日本江戶時代有明人樂純撰《雪庵清史》五卷寫本一種，幅寬 28cm。今藏國會圖書館。

秕言四卷

（明）鄭明選撰
明萬曆二十四年（1596 年）刊本　共四冊
御茶之水圖書館藏本　原德富蘇峰成簣堂等舊藏
【按】每半葉有界八行，行十八字。白口，四周單邊。
第一冊封面有大正丁巳年（1916 年）德富蘇峰手識文。文曰：“大正丁巳支那再游の際請來中の尤物の一なる由。”封帙亦係德富蘇峰手題。

益智篇四十一卷

（明）孫能傳撰
明萬曆四十一年（1613 年）序刊本　共十冊
內閣文庫　尊經閣文庫藏本
【按】每半葉有界十行，行二十一字。白口，四周單邊。
內閣文庫藏本，原係楓山官庫舊藏。
尊經閣文庫藏本，原係江戶時代加賀藩主前田綱紀等舊藏。

千百年眼十二卷

（明）張燧撰
明萬曆四十三年（1614 年）瀟湘張氏稽古樓刊本
內閣文庫　蓬左文庫　尊經閣文庫　御茶之水圖書館藏本
【按】每半葉無界八行，行十九字。白口，四周單邊。
前有《目錄》。《錄》後有“稽古堂藏板”五字。
卷中附刻句讀點及批點。
內閣文庫藏本，原係江戶時代林氏大學頭家舊藏，後歸昌平坂學問所。卷中有林鵝峰手校文字。共四冊。
蓬左文庫藏本，共六冊。
尊經閣文庫藏本，原係江戶時代加賀藩主前田綱紀等舊藏，共六冊。
御茶之水圖書館藏本，原係德富蘇峰成簣堂舊藏，共十二冊。
【附錄】江戶時代有明人張燧纂《千百年眼》十二卷本之寫本一種，此本共六冊，今存早稻田大學圖書館。
後櫻町天皇明和四年（1767 年）若狹擴充堂刊印《千百年眼》十二卷。此本後有京都海老屋善七等重印本。

異林十六卷

（明）朱謀㙔撰
明萬曆年間（1573—1620 年）臨川帥廷鎮桐城刊本　共二冊
內閣文庫　蓬左文庫藏本
【按】每半葉有界十行，行二十字。白口，四周單邊。
前有明萬曆四十六年（1618 年）汪應婁《序》。
內閣文庫藏本，原係楓山官庫舊藏。
蓬左文庫藏本，原係尾張藩主家舊藏。此本係日本明正天皇寬永四年（1627 年）從中國購入,卷中有"尾陽内庫"印記。

問奇一覽三十卷

（明）郭良翰編撰
明萬曆四十七年（1619 年）序刊本　共六冊
内閣文庫藏本　原楓山官庫舊藏
【按】每半葉有界九行,行二十字。白口,四周單邊。

疑耀七卷

（明）李贄撰　張萱訂
明萬曆年間（1573—1620 年）刊本　共二冊
静嘉堂文庫藏本　原陸心源十萬卷樓等舊藏
【按】此書實張萱撰,書賈僞題李贄,見張萱《疑耀新序》、王士禎《古夫於亭雜録》卷七及屈大均《廣東新語》卷十一。
【附録】據《商舶載來書目》記載,中御門天皇享保十二年（1727 年）中國商船"計字號"載《疑耀》一部六册抵日本。
日本江户時代有明人李贄撰、張萱訂《疑耀》七卷寫本一種,幅寬 27cm,今存國會圖書館。

（大雅堂訂正）枕中書十集十卷

（明）李贄撰　袁宏道校
明刊本
宮内廳書陵部　尊經閣文庫　東洋文庫藏本
【按】是書細目如次:
第一卷《精騎録》,
第二卷《筭窗筆記》,
第三卷《賢奕選》,
第四卷《文字禪》,
第五卷《異史》,
第六卷《博識》,
第七卷《尊重口》,
第八卷《養生醒醐》,
第九卷《理譚》,

第十卷《騷壇千金訣》。
宮内廳書陵部藏本,流傳及印記情況同前書。
尊經閣文庫藏本,原係江户時代加賀藩主前田綱紀等舊藏,共十七冊。
東洋文庫藏本,原係三菱財團岩崎氏家族舊藏,共十冊。

三教妙述四卷

（明）李贄撰
明萬曆四十六年（1618 年）序刊本　共八冊
國會圖書館藏本

讀書一得四卷

（明）黄訓撰
明嘉靖四十一年（1562 年）刊本　共四冊
内閣文庫藏本　原楓山官庫等舊藏

蓬底浮談十五卷

（明）張元諭撰
明隆慶四年（1570 年）序刊本　共二冊
内閣文庫藏本　原楓山官庫等舊藏

林子聖學統宗三教歸儒集

（明）林兆恩編撰
明隆慶年間（1567—1572 年）刊本　共四十冊
尊經閣文庫藏本　原江户時代加賀藩主前田綱紀等舊藏

林子三教會編要略九卷

（明）林兆恩編撰　游萬儁　袁希朱等校
明嘉靖年間（1522—1566 年）游氏等刊本　共四冊
東洋文庫藏本
【按】前有明嘉靖四十二年（1563 年）《序》。

林子一百十五卷

（明）林兆恩編撰
明萬曆年間（1573—1620 年）刊本
尊經閣文庫　廣島市立淺野圖書館藏本
【按】是書細目如次：
《三教會編要略》九卷，
《心聖直指》一卷，
《四書正義纂》六卷，
《道德教釋略》六卷，
《夏一》二卷，
《夏語》一卷，
《林子》一卷，
《金剛經統論》四卷，
《玄宗大道》二卷，
《性空宗旨》二卷，
《常道篇》一卷，
《道統中一經》三卷，
《心經釋略》一卷，
《心經概論》一卷，
《常清静經釋略》一卷，
《先衍》一卷，
《元神實義》一卷，
《夢中人》一卷，
《佛菩薩義》一卷，
《直我昌言》一卷，
《權實》一卷，
《見性篇》一卷，
《教外別傳》一卷，
《性命仁丹》一卷，
《心本虛編》一卷，
《無生篇》二卷，
《三教無遮大解》一卷，
《豫章答語》一卷，
《豫章續語》一卷，
《宗孔心要》二卷，
《寓言》一卷，
《破迷》一卷，
《持齋辯惑》一卷，

《念經辯惑》一卷，
《分摘自序》一卷，
《心聖教言》一卷，
《欲仁篇》一卷，
《明經堂》一卷，
《立本》一卷，
《須識真心》一卷，
《三峰先生》一卷，
《彌勒尊經》一卷，
《寱言録》三卷，
《存省規條》一卷，
《三綱卦》一卷，
《導河迂談》一卷，
《六美條答》一卷，
《井田》一卷，
《酌古文武禮射》一卷，
《著代禮祭圖説》一卷，
《崇禮堂》一卷，
《儒教》一卷，
《詩文浪談》一卷，
《歌學解》一卷，
《信難篇》一卷，
《醒心詩》一卷，
《醒心詩摘注》一卷，
《聯句》一卷，
《九序摘言》一卷，
《頌章》一卷，
《疏天文稿》一卷，
《倡道大旨》一卷，
《原宗圖説》一卷，
《三教經略》一卷，
《心經指迷》一卷，
《説夏》一卷，
《常明教》一卷，
《本體經》二卷，
《系銀喻》一卷，
《七竅答問》一卷，
《何思何慮解》一卷，
《性命答語》一卷，

《心身性命圖説》一卷，

《心聖圖説》一卷，

《舊稿》三卷，

《續稿》七卷。

尊經閣文庫藏本，原係江户時代加賀藩主前田綱紀等舊藏，共四十册。

廣島市藏本，共三十八册。

林子全書

（明）林兆恩編撰

明刊本　共三十二册

國會圖書館藏本

【按】是書細目如次：

第一册：

《夏語》一卷，

《林子五切不可示戒諸生》一卷，

《林子》一卷，

第二册：

《心經釋略》一卷，

《心經概論》一卷，

《常清静經釋略》一卷，

第三册：

《金剛經統論》四卷，

第四册：

《心聖直指》一卷，

《心本虛篇》一卷，

第五册：

《醒心詩》一卷，

《醒心詩摘注》一卷，

《聯句》一卷，

第六册—第八册：

《道德經釋略》六卷，

第九册：

《夏一》二卷，

第十册：

《倡道大旨》一卷，

《原宗圖説》一卷，

《三教經略》一卷，

《心鏡指迷》一卷，

《説夏》一卷，

《常明教》一卷，

《本體教（經）》一卷，

《絲銀喻》一卷，

《七竅答問》一卷，

《何思何慮解》一卷，

《性命答語》一卷，

《心身性命圖説》一卷，

《心聖圖説》一卷，

第十一册：

《林子分内集分摘便覽自序》一卷，

《心聖教言》一卷，

《欲仁篇》一卷，

第十二册：

《無生篇》二卷，

《三教無遮大會》一卷，

第十三册：

《元神實義》一卷，

《夢中人》一卷，

《佛菩薩義》一卷，

《真我昌言》一卷，

《權實》一卷，

第十四册：

《見性篇》一卷，

《教外別傳》一卷，

《性命仁丹》一卷，

第十五册：

《存省規條》一卷，

《三綱卦》一卷，

《道河迂談》一卷，

《六美條答》一卷，

《井田》一卷，

《酌古文武禮射圖説》一卷，

《著代禮祭圖説》一卷，

《崇禮堂》一卷，

第十六册：

《明經堂》一卷，

《立本》一卷，

《儒經》一卷，

《詩文浪談》一卷，

《歌學解》一卷，

《信難篇》一卷，

第十七册：

《須識真心》一卷，

《常道篇》一卷，

《林子三教道統中一經》三卷，

第十八册：

《寓言》一卷，

《破迷》一卷，

《持齋辯惑》一卷，

第十九册：

《先衍》一卷，

第二十册：

《九序》一卷附《初學諸生告頌章》一卷，

《疏天文稿》一卷，

第二十一册：

《分摘玄宗大道》二卷，

《分摘性空宗旨》二卷，

第二十二册：

《豫章答語》一卷，

《豫章續語》一卷，

《分摘宗孔心要》二卷，

第二十三册：

《舊稿》三卷，

第二十四册—第二十五册：

《續稿》七卷，

第二十六册—第三十一册：

《三教會編要略》九卷，

第三十二册：

《三峰先生玄歌玄譚》一卷，

《三一教主説彌勒尊佛寶經》一卷，

《三一教主夏午尼本體經》一卷，

《寱言錄》三卷。

林子全集

（明）林兆恩編撰　游萬僑等校

明刊本

宮内廳書陵部　内閣文庫藏本

【按】宮内廳書陵部藏本，原係德山藩三代主毛利元次廣收"天下秘籍"之一種。東山天皇寶永三年（1706 年）《御書物目錄》著錄此本。明治天皇二十九年（1896 年）由男爵毛利元功獻贈宮内省。每册有"德藩藏書"印，共四十册。

内閣文庫藏此同一刊本四部。一部原係江户時代林羅山舊藏，卷中有"江雲渭樹"印記，共二十册。另三部分别爲四十册、三十九册、四十册。

三教正宗統論（不分卷）

（明）林兆恩撰

明萬曆年間（1573—1620 年）洪文卿等刊本

共四册

早稻田大學圖書館藏本

經世實用編二十八卷

（明）馮應京編

明萬曆三十一年（1603 年）刊本　共十册

御茶之水圖書館藏本　原德富蘇峰成簣堂等舊藏

【按】每半葉有界十二行，行二十二字。白口，四周雙邊。

卷中文字有句點，封面係水色原裝紙。

蓬牕日錄八卷

（明）陳全之撰

明嘉靖年間（1522—1566 年）刊本　共九册

東洋文庫藏本

【按】前有明嘉靖四十四年（1565 年）《序》。

蓬牕日錄八卷

（明）陳全之撰

明萬曆十八年（1590 年）陳邦範重刊本　共八册

宮内廳書陵部　國會圖書館　内閣文庫尊經閣文庫　京都大學人文科學研究所東洋學文獻中心　早稻田大學圖書館　陽明文庫

御茶之水圖書館藏本

【按】每半葉有界十一行,行二十一字。白
口,四周單邊。

宮内廳書陵部藏本,原係德山藩三代主毛利
元次廣收"天下秘籍"之一種。東山天皇寶永
三年(1706 年)《御書物目録》著録此本。明
治天皇二十九年(1896 年)由男爵毛利元功獻
贈宮内省。每册有"德藩藏書"印,共十六册。

國會圖書館藏本,共八册。

内閣文庫藏此同一刊本兩部。一部原係楓
山官庫舊藏,共八册。一部原係江户時代林羅
山等舊藏,卷中有"江雲渭樹"等印記。

尊經閣文庫藏本,原係江户時代加賀藩主前
田綱紀等舊藏,共十四册。

京都大學藏本,共八册。

早稻田大學圖書館藏此同一刊本兩部。一
部係明萬曆十九年(1591 年)重印本,共八册。
一部爲後印本,前有明萬曆十八年(1590 年)
《序》,此本今缺卷第六,共七册。

陽明文庫藏本,原係江户時代近衛家熙等舊
藏,共八册。

御茶之水圖書館藏本,原係掃葉山房、德富
蘇峰成簣堂等舊藏。各册首有"掃葉山房藏
書"、"不羈齋圖書記"等印記。卷末有大正三
年(1913 年)德富蘇峰題識此本購入之由。共
八册。

昨非庵日纂二十卷

(明)鄭瑄撰
明刊本　共六册
内閣文庫藏本　原楓山官庫等舊藏

昨非庵日纂二十卷

(明)鄭瑄撰
明刊本　共十册
内閣文庫藏本　原昌平坂學問所等舊藏

昨非庵日纂二十卷

(明)鄭瑄撰

明刊本
東京大學東洋文化研究所藏本

昨非庵日纂二十卷

(明)鄭瑄撰
明崇禎年間(1628—1644 年)刊本　共十二
册
東洋文庫藏本　原三菱財團岩崎氏家族舊
藏

【按】前有明崇禎十三年(1640 年)《序》。

昨非庵日纂二十卷　二集二十卷

(明)鄭瑄撰
明末刊本
京都大學中國語學哲學文學研究室　慶應
義塾大學附屬圖書館藏本

【按】每半葉有界八行,行十八字。白口,四
周單邊(21.8cm × 15.0cm)。第一集版心題
"昨非庵纂",第二集版心題"日纂二集"。

第一集卷前有顧錫疇《序》、喻思恂《序》、徐
石麒《序》,并有鄭瑄《自序》及《凡例》等。

第二集卷前有何如寵《序》、馬鳴起《序》、顧
錫疇《序》、陳繼儒《序》、侯峒曾《序》、余煌
《序》等。

京都大學藏本,共二十册。

慶應義塾大學藏本,原係高平隆長、佐佐木
哲太郎等舊藏,共十二册。

昨非庵日纂二十卷　二集二十卷　三集二十卷

(明)鄭瑄撰
明末刊本
宮内廳書陵部　尊經閣文庫　東京大學東
洋文化研究所藏本

【按】每半葉有界八行,行十八字。白口,四
周單邊。

是書二集有明崇禎十三年(1640 年)《序》,
三集有明崇禎十六年(1643 年)《序》。

宮内廳書陵部藏本,原係德山藩三代主毛利
元次廣收"天下秘籍"之一種。東山天皇寶永

三年（1706 年）《御書物目録》著録此本。明治天皇二十九年（1896 年）由男爵毛利元功獻贈宫内省。每册有"德藩藏書"印，共十八册。

尊經閣文庫藏本，原係江户時代加賀藩主前田綱紀等舊藏，共十八册。

東京大學藏本，第三集卷十五至卷二十係後人寫補。

考槃録四卷

（明）龍道立撰　錢一本校
明萬曆年間（1573—1620 年）刊本　共四册
慶應義塾大學附屬圖書館藏本
【按】每半葉有界十行，行二十字。白口，左右雙邊（20.5cm×13.4cm）。版心題"考槃録"，上記卷數，下記葉數。

此本内題卷一爲"考槃記言一卷"，卷二爲"附今言二卷"。卷三爲"考槃記事一卷"，卷四爲"附今人四卷"。

卷前有明萬曆戊寅（1578 年）龍道立《自序》。

各册首有"河北"朱文印記。

錢子測語二卷

（明）錢琦撰
明萬曆年間（1573 年—1620 年）刊本　共二册
早稻田大學圖書館藏本　原下村正太郎家下村文庫等舊藏
【按】卷中有明萬曆四十三年（1615 年）《跋》。

近溪子明道録八卷

（明）羅汝芳撰
明萬曆十一年（1583 年）刊本　共二册
内閣文庫藏本　原楓山官庫等舊藏
【按】每半葉有界十行，行二十字。白口，四周單邊。

禪寄筆談十卷

（明）陳師撰
明刊本　共十册（今合裝爲四册）
國會圖書館藏本

全一道人日記勸懲故事八卷

（明）汪廷訥編撰
明後期刊本　共二册
御茶之水圖書館藏本　原德富蘇峰成簣堂等舊藏
【按】前有《序》，附圖。

全書分爲八綱目，以"序"、"不孝"、"耻"、"無耻"等組織故事。

第一册封面有德富蘇峰手識文。

天都載六卷

（明）馬大壯撰
明萬曆年間（1573—1620 年）刊本
尊經閣文庫　蓬左文庫藏本
【按】每半葉有界八行，行二十字。白口，四周單邊。

前有明萬曆三十二年（1614 年）秣陵顧起元《序》。

尊經閣文庫藏本，原係江户時代加賀藩主前田綱紀等舊藏，共六册。

蓬左文庫藏本，原係尾張藩主家舊藏。此本係日本明正天皇寬永十二年（1635 年）從中國購入，卷中有"尾陽内庫"印記，共三册。

見聞搜玉八卷

（明）高鶴撰　陳汝元校
明萬曆二十一年（1593 年）序刊本　共四册
内閣文庫藏本　原楓山官庫舊藏

楊氏塾訓六卷

（明）楊兆坊撰
明萬曆三十一年（1610 年）序刊本
内閣文庫　尊經閣文庫藏本

【按】每半葉有界十行,行二十字。白口,四周單邊。

内閣文庫藏本,原係楓山官庫舊藏,共六册。

尊經閣文庫藏本,原係江户時代加賀藩主前田綱紀等舊藏,共八册。

七修類稿五十一卷

(明)郎瑛編撰

明刊本　共十册

内閣文庫藏本　原豐後佐伯藩主毛利高標舊藏

【按】此本流傳及印記情況同前册。

【附録】據《商舶載來書目》記載,後桃園天皇安永八年(1779 年)中國商船"志字號"載《七修類稿》一部四帙抵日本。

據光格天皇天明六年(1786 年)《寅十番船持渡書改目録寫》記載,是年中國商船"寅十番"載《七修類稿》一部十六册抵日本,并注"無脱紙"。

據《外船書籍元帳》記載,仁孝天皇天保十二年(1841 年)中國商船"子二番"(船主王雲)載《七修類稿》二部抵日本,每部售價各十二匁。

墅談六卷

(明)胡侍撰

明刊本　共四册

内閣文庫藏本　原楓山官庫舊藏

明辨類函六十四卷

(明)詹景鳳撰　朱維蕃訂　鍾惺校

明刊本　共二十七册

内閣文庫藏本　原木村蒹葭堂　豐後佐伯藩主毛利高標舊藏

【按】此本於仁孝天皇文政年間(1818—1829 年)出雲守毛利高翰獻贈幕府。明治初期歸内閣文庫。卷中有"佐伯侯毛利高標字培松藏書畫之印"等印記。

(新刻)藝圃球琅集注四卷

(明)蔣以忠　蔣以化同撰

明萬曆年間(1573—1620 年)直隸永年知縣張氏刊本　共四册

蓬左文庫藏本

【按】每半葉有界十行,行二十字。白口,四周雙邊。

藝圃球琅二卷

(明)蔣以忠　蔣以化同撰

明刊本　共四册

尊經閣文庫藏本　原江户時代加賀藩主前田綱紀等舊藏

王氏意雅四卷

(明)王志遠編

明萬曆四十四年(1616 年)序刊本

内閣文庫　東北大學附屬圖書館藏本

【按】每半葉有界九行,行十七字。白口,四周單邊。

内閣文庫藏本,原係楓山官庫舊藏,共八册。

東北大學藏本,原係狩野亨吉舊藏,共五册。

田居乙記四卷

(明)方大鎮撰

明木活字刊本　共二册

内閣文庫藏本　原楓山官庫等舊藏

田居乙記四卷

(明)方大鎮撰

明萬曆年間(1573—1620 年)刊本　共四册

東洋文庫藏本　原三菱財團岩崎氏家族舊藏

【按】前有明萬曆三十五年(1607 年)《序》。

留青日札三十九卷　首一卷

(明)田藝蘅撰　徐懋升校

明萬曆年間(1573—1620 年)徐氏刊本

宮内廳書陵部　内閣文庫　蓬左文庫　尊
經閣文庫藏本

【按】每半葉有界十行,行二十字。白口,左
右雙邊。

宮内廳書陵部藏本,原係德山藩三代主毛利
元次廣收"天下秘籍"之一種。東山天皇寶永
三年(1706年)《御書物目録》著録此本。明
治天皇二十九年(1896年)由男爵毛利元功獻
贈宮内省。每册有"德藩藏書"印,共十八册。

内閣文庫藏此同一刊本三部,皆共八册。一
部原係江戶時代林氏大學頭家舊藏,一部原係
楓山官庫舊藏。

蓬左文庫藏本,原係尾張藩主家舊藏,共十
册。

尊經閣文庫藏本,原係江戶時代加賀藩主前
田綱紀等舊藏,共十四册。

諸經品節八卷

(明)楊起元編
明萬曆年間(1573—1620年)刊本
内閣文庫　静嘉堂文庫藏本

【按】内閣文庫藏此同一刊本兩部。一部原
係昌平坂學問所舊藏,共十册。一部共十二
册。

静嘉堂文庫藏本,共六册。

諸經品節二十卷

(明)楊起元編
明萬曆年間(1573—1620年)秣陵周宗孔刊
本　共二十册
東洋文庫藏本　原小田切萬壽之助等舊藏

【按】前有明萬曆二十三年(1594年)《序》
卷第十六有後人寫補。

閱古隨筆二卷

(明)穆文熙撰
明萬曆九年(1581年)長州縣知縣劉懷恕刊
本　共一册
國會圖書館藏本

【附録】日本江戶時代有明人穆文熙編撰
《閱古隨筆》二卷刊本一種。

古史海樓七卷

(明)韓敬撰　林世選詮次
明書林盟雲鄭以厚刊本　共四册
國會圖書館藏本

穀山筆麈十八卷

(明)于慎行撰　郭應寵輯
明萬曆年間(1573—1620年)于緯刊本
國會圖書館　内閣文庫　尊經閣文庫　東
洋文庫　早稻田大學圖書館藏本

【按】每半葉有界九行,行十八字。白口,四
周單邊。

前有明萬曆四十一年(1613年)《序》。

國會圖書館藏本,原共六册,今合裝爲三册。

内閣文庫藏本,原係楓山官庫舊藏,共四册。

尊經閣文庫藏本,原係江戶時代加賀藩主前
田綱紀等舊藏,共四册。

東洋文庫藏此同一刊本兩部。一部原係藤
田豐八等舊藏,共四册。一部卷中有清康熙十
六年(1677年)補刊葉,共四册。

早稻田大學圖書館藏本,原係野口一太郎寧
齋文庫等舊藏,共四册。

穀山筆麈十八卷

(明)于慎行撰
明天啓四年(1624年)序刊本　共六册
京都大學文學部中國語學哲學文學研究室
藏本

【按】每半葉有界八行,行十八字。白口,四
周單邊。

歸有園麈談一卷

(明)徐學謨撰
明刊本(明刊《廣百川學海》零本)　共一册
國會圖書館藏本

偶譚一卷

（明）李鼎撰

明刊本（明刊《廣百川學海》零本）　共一册

國會圖書館藏本

遁世編十四卷

（明）錢一本撰

明刊本　共六册（今合裝爲三册）

國會圖書館藏本

子勺（不分卷）

（明）郁起麟輯　金桂森訂

明天啓元年（1621 年）序刊本　共四册（今合裝爲一册）

國會圖書館藏本

皇明自警編九卷

（明）連士英撰　瞿汝説等校

明天啓二年（1622 年）序刊本　共四册

内閣文庫　尊經閣文庫藏本

【按】每半葉有界十行，行二十字。白口，四周雙邊。

内閣文庫藏本，原係楓山官庫舊藏。

尊經閣文庫藏本，原係江户時代加賀藩主前田綱紀等舊藏。

湧幢小品三十二卷

（明）朱國楨撰

明天啓二年（1622 年）刊本

國會圖書館　静嘉堂文庫　尊經閣文庫　東洋文庫　京都大學人文科學研究所東洋學文獻中心　東北大學附屬圖書館藏本

【按】每半葉有界九行，行二十字。白口，左右雙邊。

前有明天啓二年（1622 年）《序》。

國會圖書館藏本，共十六册。

静嘉堂文庫藏本，共十六册。

尊經閣文庫藏本，原係江户時代加賀藩主前田綱紀等舊藏，共十五册。

東洋文庫藏本，清美堂藏版，原係藤田豐八等舊藏，共十二册。

京都大學藏本，共十二册。

東北大學藏本，原係狩野亨吉等舊藏，共十六册。

【附録】桃園天皇寶曆四年（1754 年）《舶來書籍大意書》著録此書，并注：“一部十二册，脱紙二張。”其識文曰：

“明人朱國楨造湧幢亭，山居無事，作隨筆一千三百九十餘事，編爲三十二卷。天啓二年刊本。”

據《商舶載來書目》記載，桃園天皇寶曆十二年（1762 年）中國商船“加字號”載《湧幢小品》一部二帙抵日本。

據《外船書籍元帳》記載，光格天皇文化元年（1804 年）中國商船“丑五番”載《湧幢小品》三部抵日本。仁孝天皇弘化四年（1847 年）中國商船“午二番”載《湧幢小品》一部抵日本。

江户時代有明人朱國楨《湧幢小品》三十二卷本之寫本一種，此本共十六册，今存早稻田大學圖書館。

湧幢小品三十二卷

（明）朱國楨撰

明刊本　共十册

宮内廳書陵部　内閣文庫藏本

【按】宮内廳書陵部藏本，原係德山藩三代主毛利元次廣收“天下秘籍”之一種。東山天皇寶永三年（1706 年）《御書物目録》著録此本。明治天皇二十九年（1896 年）由男爵毛利元功獻贈宮内省。每册有“德藩藏書”印。

内閣文庫藏本，原係楓山官庫等舊藏。

湧幢小品三十二卷

（明）朱國楨撰

明刊本　林述齋手校本　共二十册

内閣文庫藏本　原江户時代林氏大學頭家

舊藏

湘烟録十六卷

（明）閔元京　凌義渠編

明天啓年間（1621—1627 年）刊本　共四册
東洋文庫　尊經閣文庫藏本

【按】每半葉有界九行，行十九字。白口，四周單邊。

東洋文庫藏本，原係三菱財團岩崎氏家族舊藏。

尊經閣文庫藏本，原係江户時代加賀藩主前田綱紀等舊藏。

快書五十卷

（明）閔景賢　何偉然編

明天啓六年（1626 年）刊本　共十二册
內閣文庫　静嘉堂文庫　尊經閣文庫　東洋文庫藏本

【按】每半葉有界八行，行十八字。白口，四周單邊。

前有明天啓六年（1626 年）《序》。

內閣文庫藏此同一刊本兩部。一部原係楓山官庫舊藏，一部原係木村蒹葭堂舊藏。

静嘉堂文庫藏本，共十二册

尊經閣文庫藏本，原係江户時代加賀藩主前田綱紀等舊藏，共十二册。

東洋文庫藏本，共十六册。

【附録】桃園天皇寶曆四年（1754 年）《舶來書籍大意書》著録此書一部，并注：“一部十二册，脱紙六張，脱文二篇。卷三十九卷末脱紙，故張數不知。”其識文曰：

“此書明人閔士行等纂著。閔氏山居，考古之餘，撿得時倫零星之雜記，薈粹而成。其中有從梅聖俞《會心編》、倪永昌《醒言》、雙清子《清談》等書中輯録之者，凡五十種，合爲五十卷。天啓六年刊。”

據《商舶載來書目》記載，東山天皇元録十五年（1702 年）中國商船“久字號”載《快書》一部抵日本。

據光格天皇天明六年（1786 年）《寅十番船持渡書改目録寫》記載，是年中國商船“寅十番”載《快書》一部十六册抵日本，并注曰：“古本，蟲蝕。第三十四種全缺，并脱紙八張。”

廣快書五十卷

（明）何偉然編

明崇禎年間（1628—1644 年）刊本　共十二册

尊經閣文庫藏本　原江户時代加賀藩主前田綱紀等舊藏

紀愚稿（紀愚録）（不分卷）

（明）何喬遠撰

明萬曆年間（1573—1620 年）刊本　共三册
內閣文庫藏本　原豐後佐伯藩主毛利高標舊藏

【按】此本於仁孝天皇文政年間（1818—1829 年）出雲守毛利高翰獻贈幕府。明治初期歸內閣文庫。卷中有“佐伯侯毛利高標字培松藏書畫之印”等印記。

學範二卷　讀書日記一卷

（明）趙撝謙撰

明崇禎二年（1629 年）序刊本　共四册
內閣文庫藏本

【按】內閣文庫藏此同一刊本兩部。一部原係楓山官庫舊藏，一部原係昌平坂學問所舊藏，此本缺《讀書日記》一卷。

【附録】日本後西天皇明曆二年（1656 年）上村次郎右衛門刊印《學範》二卷。

迪吉録八卷　首一卷

（明）顔茂猷撰

明崇禎四年（1631 年）序刊本（武林好生館藏版）

國會圖書館　內閣文庫　尊經閣文庫藏本

【按】國會圖書館藏本，原共十二册，今合裝爲四册。

內閣文庫藏本,原係楓山官庫舊藏,共八册。

尊經閣文庫藏本,原係江戶時代加賀藩主前田綱紀等舊藏,共十六册。

【附録】據《商舶載來書目》記載,中御門天皇享保八年(1723 年)中國商船"天字號"載《迪吉録》一部一帙抵日本。

據《外船賷來書目》記載,光格天皇文化二年(1805 年)中國商船"丑五番"載《迪吉録》一部抵日本。

幾亭外書九卷

(明)陳龍正撰

明崇禎四年(1631 年)序刊本　共六册

內閣文庫藏本　原楓山官庫舊藏

【按】每半葉有界九行,行十八字。白口,四周單邊。

徐氏筆精八卷

(明)徐𤊹撰　邵捷春訂　黃居中編

明崇禎五年(1632 年)晋安邵捷春刊本

宮內廳書陵部　國會圖書館　內閣文庫靜嘉堂文庫　蓬左文庫　尊經閣文庫　愛知大學簡齋文庫　龍谷大學大宮圖書館　陽明文庫　廣島市立淺野圖書館　大阪天滿宮御文庫藏本

【按】每半葉有界九行,行十八字。白口,左右雙邊。

前有黃居中《徐氏筆精序》。

宮內廳書陵部藏本,原係德山藩三代主毛利元次廣收"天下秘籍"之一種。東山天皇寶永三年(1706 年)《御書物目録》著録此本。明治天皇二十九年(1896 年)由男爵毛利元功獻贈宮內省。每册有"德藩藏書"印。

國會圖書館藏本,原共六册,今合裝爲三册。

內閣文庫藏此同一刊本三部。一部原係昌平坂學問所舊藏,共八册。一部原係楓山官庫舊藏,共四册。一部係後印本,共五册。

靜嘉堂文庫藏此同一刊本兩部。一部原係竹添光鴻等舊藏,共四册。一部原係陸心源十

萬卷樓等舊藏,此本卷中有清人修補,共八册。

蓬左文庫藏本,原係尾張藩主家舊藏,共六册。

尊經閣文庫藏本,原係江戶時代加賀藩主前田綱紀等舊藏,共六册。

愛知大學藏本,原係小倉正恒等舊藏,共五册。

龍谷大學大宮圖書館藏本,原係寫字臺文庫等舊藏,共六册。

陽明文庫藏本,原係江戶時代近衛家熙等舊藏,此本卷中有後人寫補,共八册。

廣島市藏本,共六册。

天滿宮藏本,卷中有伊藤東涯手識文,共四册。

【附録】日本江戶時代有明人徐𤊹撰《徐氏筆精》八卷本之寫本一種,此本依崇禎五年序刊本抄録,今存早稻田大學圖書館。

徐氏筆精八卷

(明)徐𤊹撰

明崇禎六年(1633 年)刊本　共四册

早稻田大學圖書館藏本　原下村正太郎家下村文庫等舊藏

徐氏筆精八卷

(明)徐𤊹撰

古寫本　共七册

靜嘉堂文庫藏本　原中村敬宇等舊藏

小窗四紀二十七卷

(明)吳從先撰　張榜編　陳繼儒校

明萬曆年間(1573—1620 年)刊本　共二十册

內閣文庫　尊經閣文庫藏本

【按】是書細目如次:

《小窗自紀》四卷,

《小窗艷紀》十四卷,

《小窗清紀》五卷,

《小窗別紀》四卷。

尊經閣文庫藏本,原係江户時代加賀藩主前田綱紀等舊藏。

【附錄】日本東山天皇元禄十五年(1702年)彌生吉且《倭板書籍考》卷之六著錄《小窗別紀》四卷。其識文曰:"此書乃大明末吳從先所作,吳氏迺寧野之人也。"

據《商舶載來書目》記載,桃園天皇寶曆四年(1753年)中國商船"世字號"載《小窗清艷紀》一套二帙抵日本。

(新刻)小窗清箋四卷

(明)吳從先撰
明刊本　共四册
尊經閣文庫藏本　原江户時代加賀藩主前田綱紀等舊藏

穀詒匯十四卷

(明)陶希皋等輯
明崇禎七年(1634年)刊本　共六册(今合裝爲二册)
國會圖書館藏本

謨觴隨筆(静可一刻)二卷

(明)周詩雅撰
明刊本　共二册
東洋文庫藏本　原三菱財團岩崎氏家等舊藏

小紫桑喃喃錄二卷

(明)陶奭齡撰
明崇禎八年(1633年)吳寧李氏校刊本
東京大學東洋文化研究所藏本
【按】每半葉有界九行,行二十字。白口,四周雙邊。

枕書二十卷

(明)李九標評
明崇禎十三年(1640年)序刊本
國會圖書館　内閣文庫藏本

【按】國會圖書館藏本,原共十册,今合裝爲五册。

内閣文庫藏此同一刊本兩部,皆共十册。一部原係楓山官庫舊藏。

玉梅館漫錄十八卷

(明)徐來鳳撰　芮質田編
明萬曆年間(1573—1620年)刊本
内閣文庫藏本　原楓山官庫等舊藏

玉梅館漫錄十八卷

(明)徐來鳳撰
明萬曆年間(1573—1620年)刊本　共十五册
尊經閣文庫藏本　原江户時代加賀藩主前田綱紀等舊藏

會心言三卷

(明)王納諫撰
明萬曆四十四年(1617年)序刊本　共一册
内閣文庫藏本　原楓山官庫等舊藏

玉芝堂談薈三十六卷

(明)徐應秋撰
明信安徐氏刊本　共三十册
東洋文庫藏本

諸子彙函二十六卷

(明)歸有光蒐輯　文震孟等參訂
明天啓年間(1628—1644年)刊本
東洋文庫　早稻田大學圖書館藏本
【按】前有明天啓五年(1632年)《序》。
東洋文庫藏本,達古堂藏版,原係小田切萬壽之助等舊藏,共二十八册。
早稻田大學圖書館藏本,立達堂藏版,有《首》一卷,共三十册。

諸子彙函二十六卷　附談藪一卷

(明)歸有光蒐輯　文震孟等參訂

明天啓年間（1628—1644 年）刊本

東洋文庫　早稻田大學圖書館藏本

【按】東洋文庫藏本，共二十册。

早稻田大學圖書館藏本，共三十二册。

諸子奇賞前集五十一卷　後集六十卷

（明）陳仁錫評選

明天啓年間（1628—1644 年）刊本

早稻田大學圖書館　龍谷大學大宮圖書館藏本

【按】前有明天啓六年（1633 年）《序》。

早稻田大學圖書館藏本，共十六册。

龍谷大學大宮圖書館藏本，原係寫字臺文庫等舊藏。此本今無《後集》六十卷，共十二册。

（于于樓）會心編二卷

（明）徐昭慶編　梅鼎祚校

明刊本　共二册

内閣文庫藏本　原楓山官庫等舊藏

自得語三十二卷

（明）朱懷吴撰　朱宗吴編

明刊本　共六册

内閣文庫　早稻大學圖書館藏本

【按】内閣文庫藏此同一刊本兩部。一部原係楓山官庫等舊藏。一部原係吉田意庵舊藏，後歸昌平坂學問所。

閱耕餘録六卷

（明）張所望撰

明天啓六年（1621 年）刊本　共三册

東洋文庫藏本　原三菱財團岩崎氏等舊藏

賓榻悠談八卷

（明）葉繼熙撰

明萬曆四十年（1612 年）序刊本

宮内廳書陵部　内閣文庫藏本

【按】宮内廳書陵部藏本，原係德山藩三代主毛利元次廣收“天下秘籍”之一種。東山天

皇寶永三年（1706 年）《御書物目録》著録此本。明治天皇二十九年（1896 年）由男爵毛利元功獻贈宮内省。每册有“德藩藏書”印，共四册。

内閣文庫藏本，原係楓山官庫等舊藏，共二册。

清賞録十二卷

（明）包衡撰

明萬曆二十九年（1601 年）序刊本　共二册

内閣文庫藏本　原楓山官庫等舊藏

戒庵老人漫筆八卷

（明）李詡撰

明刊本　共八册

内閣文庫藏本　原楓山官庫等舊藏

河上楮談三卷

（明）朱孟震撰

明萬曆七年（1579 年）序刊本　共三册

内閣文庫藏本

古今評録四卷

（明）商維濬撰

明萬曆四十七年（1619 年）序刊本　共四册

内閣文庫　東洋文庫藏本

【按】東洋文庫藏本，原係三菱財團岩崎氏家舊藏。

古今名喻八卷

（明）吴仕期輯　蔡逢時等校

明刊本　共八册

早稻田大學圖書館藏本

古學彙纂十卷

（明）周時雍撰

明崇禎十五年（1642 年）愛日齋刊本

國會圖書館　内閣文庫　東京大學東洋文化研究所　東北大學附屬圖書館藏本

【按】國會圖書館藏本,原共十六册,今合裝爲八册。

内閣文庫藏本,原係江户時代林氏大學頭家舊藏,共二十册。

東北大學藏本,共十一册。

古學彙纂十卷　首一卷

(明)周時雍編　錢謙益評定

明崇禎十五年(1642年)刊本　共十五册

宮内廳書陵部藏本

嶲區八卷

(明)鄭仲夔撰

明崇禎三年(1630年)刊本　共二册

東洋文庫藏本　原三菱財團岩崎氏家等舊藏

學古適用編九十一卷

(明)吕如純編　黄紹羲校

明崇禎年間(1628—1644年)刊本

内閣文庫　尊經閣文庫　蓬左文庫藏本

【按】每半葉有界九行,行二十字。白口,四周單邊。

前有明崇禎四年(1631年)《序》。

内閣文庫藏本,原係楓山官庫等舊藏,共十六册。

尊經閣文庫藏本,原係江户時代加賀藩主前田綱紀等舊藏,共二十册。

蓬左文庫藏本,原係瑞龍院(德川光友)等舊藏,共十六册。

吹景集十四卷

(明)董斯張撰　韓昌箕校

明崇禎年間(1628—1644年)刊本

内閣文庫　静嘉堂文庫藏本

【按】前有明崇禎二年(1629年)《序》。

内閣文庫藏本,原係昌平坂學問所舊藏,共六册。

静嘉堂文庫藏本,原係陸心源守先閣等舊藏,共一册。

天工開物三卷

(明)宋應星撰

明崇禎年間(1628—1644年)刊本　共六册

静嘉堂文庫藏本　原中村敬宇等舊藏

【附録】據《商舶載來書目》記載,中御門天皇正德二年(1712年)中國商船"天字號"載《天工開物》一部一帙抵日本。

日本後桃園天皇明和八年(1771年)大阪菅生堂刊行《天工開物》三卷,由日人江田益英校。此本後由大阪河内屋茂八等重印,又有秋田屋太右衛門重印本等。

江户時代有《天工開物》三卷寫本一種,卷中有伊藤東涯校釋文。此本今存大阪天滿宮御文庫。

江户時代有《天工開物》三卷寫本一種,共三册。此本今存東京大學總合圖書館。

筆疇一卷

明人不題著者

明刊本　共一册

關西大學附屬圖書館内藤文庫藏本　原内藤湖南等舊藏

【按】每半葉有界八行,行十六字。黑口,四周雙邊(19.4cm×11.7cm)。

前有《筆疇序》,又有《重刊筆疇序》。

扉頁有日本大正六年(1917年)内藤湖南題識,文曰"丁巳(1917年)五月,工學博士和田君持贈,炳卿"。

卷中有"酒竹文庫"等印記。

説郛裏四卷

(明)陳時撰　陳崍等校

明崇禎十六年(1643年)刊本　共四册

國會圖書館　内閣文庫藏本

（九）術　數　類

（數學之屬）

太玄經十卷

（漢）揚雄撰　（晋）范望解贊　（明）郝梁校刊

明嘉靖三年（1524 年）覆宋刊本

宮內廳書陵部　静嘉堂文庫　御茶之水圖書館藏本

【按】每半葉有界十行，行十八字。白口，左右雙邊。

正文卷一頂格題“太玄經第一”。第二行上空七字題署“晋范　望　叔明　解贊”，第三行上空七字題署“明郝　梁　子高　校刊”。

卷首附錄陸績《述玄》并《説玄》五篇，題署“唐宰相王涯廣津纂，明江都郝梁子高刊”。

卷末有明嘉靖甲申（1524 年）郝梁《刊語》。

宮內廳書陵部藏本，共一冊。

静嘉堂文庫藏本，原係陸心源十萬卷樓舊藏，共十冊。

御茶之水圖書館藏本，原係德富蘇峰成簣堂舊藏。第一冊封面有德富蘇峰手記。言其從朝鮮京城第一書肆購入之由。

日人森立之《經籍訪古志》卷四著錄“《太玄經》十卷，明嘉靖甲申郝梁刊本，求古樓藏”。其識文曰：

“卷首題‘《太玄經》第一，晋范望叔明解贊，明都梁子高校刊’。每半板十行，行十八字，界長五寸六七分，幅四寸一分。《説玄》已下附刻同前本（森氏把“嘉靖甲申刊本”與“萬玉堂刊本”的先後時間搞錯了，故此處説的“前本”，即指明末萬玉堂刊本——編著者）。卷末有嘉靖甲申江都郝梁《跋》，稱‘《太玄經》近世鮮有重刊者，余得有宋善本於建業黃氏，即命工刊之’云云，則此本亦原

宋本也。卷端副葉題云：‘漢揚子一經，自晋朝范叔明作注解，明朝郝子高校刊是書，明板已蝕，書幾無存，甚至不傳，真儒罕覯。即藏書一二，蟲蛀難堪，覽者厭棄闕文。獨此集珍之最久，爲儒林一秘寶矣。珍之珍之！長邑馬大倫并識。’行草秀勁，撫文衡山。又有謝道承印、古某翰墨二印。考杭世駿《榕城詩話》，謝編修道承，字又紹，別號古梅，閩縣人。”

太玄經十卷　附陸績述玄　説玄五篇　司馬文正公説玄　太玄經釋文

（漢）揚雄撰　（晋）范望解贊　（明）楊爾賢校

明玉鏡堂刊本

內閣文庫　尊經閣文庫　蓬左文庫藏本

【按】每半葉有界八行，行十七字。白口，四周雙邊。

內閣文庫藏此同一刊本兩部。一部原係昌平坂學問所舊藏，共五冊。一部原係楓山官庫舊藏，此本今缺卷九、卷十，實存八卷，并缺《附錄》中《司馬文正公説玄》一種，共五冊。

尊經閣文庫藏本，原係江户時代加賀藩主前田綱紀等舊藏，《附錄》今存《太玄經釋文》一種，共六冊。

蓬左文庫藏本，原係江户時代幕府第一代大將軍德川家康舊藏，後贈送其子尾張藩主家。此本無《附錄》，卷中有“御本”印記，共二冊。

太玄經十卷　釋文一卷

（漢）揚雄撰　（晋）范望解贊　（明）郝梁校

明嘉靖年間（1522—1566 年）萬玉堂刊本

共四冊

静嘉堂文庫藏本

【按】每半葉有界八行，行十七字，注文小字雙行。版心刻"萬玉堂"三字。前有吳陸績《述元》，次有題署"唐宰相王涯廣津纂《説元》五篇，一曰《明宗》，二曰《立例》，三曰《揲法》，四曰《占法》，五曰《辨首》。《説元》後有列名校刊記一行，其文曰："右迪功郎充兩浙東路提舉茶鹽司幹辦公事張寔校勘"。

《釋文》一卷注曰："此本自侯芭、虞翻、宋衷、陸績，互相增損，傳行于世，非後人之作也。"

陸心源《儀顧堂續跋》卷九著録"明仿北宋本太元經"，即係此本。其《釋文》曰：

"（此係）明嘉靖甲申郝梁覆宋本。考熙寧本《外臺秘要》，亦有張寔校勘銜名，與此同，則是本當從北宋本翻雕者。卷十後有無名氏跋云，宋衷《解詁》，陸績《釋元》，共爲一注；范望采二君之業，折衷長短，或加新意，就成此注。仍將《元首》一篇，加經贊之上；《元則》一篇，附逐贊之末；餘自《元衝》以至《元告》九篇，列爲四卷。三家義訓，互有得失，以待賢者詳而正焉云云。"

日人森立之《經籍訪古録》卷四著録"《太玄經》十卷，明代覆宋本，松碕氏石經山房藏。"其識文曰：

"卷首題晋范望字叔明解贊，末附《説玄》五篇、《釋文》一卷、《述玄》一篇。《説玄》末題右迪功郎充兩浙東路提舉茶鹽司幹辦公事張寔校勘。每半面八行，行十七字。字大如錢，筆畫端正，玄貞等字闕筆。板心有'萬玉堂'三字，審是明代覆刻宋本也。每卷有'傳是樓'印，知是清康熙間健庵徐尚書舊藏。往歲，小島學古見吳舶載來書目於名山堂中有此本，仍（乃）囑堂名徵求，無幾郵來，俾慊老購之云。"

（集注）太玄經（殘本）六卷

（漢）揚雄撰　（宋）司馬光注

明正德年間（1506—1521 年）刊本　共三册

内閣文庫藏本　原江户時代林氏大學頭家

舊藏

【按】每半葉有界九行，行二十一字。黑口，左右雙邊。

是書全本共十卷。此本今缺卷七至卷十，實存六卷。

太玄經十卷　圖一卷

（漢）揚雄撰　（明）王道焜　朱欽明校

明天啓年間（1621—1627 年）武林趙世楷刊本

國會圖書館　内閣文庫　静嘉堂文庫　關西大學附屬圖書館藏本

【按】每半葉有界九行，行十八字。白口，四周單邊（19.6cm×13.7cm）。

卷首題署"揚子太玄經　錢塘趙如源濟直甫閲　同社王道焜昭平甫、朱欽明堯心甫校"。

前有明天啓五年（1625 年）朱欽明《合刻繁露太玄叙》，又有宋元豐五年（1082 年）司馬光《揚子太玄經序》，明天啓六年（1626 年）張元徵《太玄經序》。

國會圖書館藏本，係讀書坊藏版，原共五册，現合爲二册。

内閣文庫藏此同一刊本兩部。一部原係江户時代林氏大學頭家舊藏，共三册。一部共二册。

静嘉堂文庫藏本，共三册。

關西大學藏本，原係内藤湖南恭仁山莊舊藏，共三册。

揚子太玄經十卷

（漢）揚雄撰　（明）鍾惺訂　劉弘祖注

明末刊本（金閶擁萬堂藏版）　共四册

東京大學總合圖書館　東洋文庫藏本

【按】東京大學總合圖書館藏本，原係谷幹城谷文庫等舊藏。

揚子太玄經二卷

（漢）揚雄撰　（明）楊起元注

明刊本　共四册

内閣文庫藏本　原昌平坂學問所舊藏

【按】每半葉有界九行,行二十字。白口,四周單邊。

太玄經不分卷

(漢)揚雄撰　(明)陳仁錫評輯

明刊本　共一册

東洋文庫藏本

【按】此本即係《奇賞齋古文彙編》卷第三十三至卷第三十六。

皇極經世書十二卷　觀物外篇二卷　漁樵對問一卷　遺文一卷

(宋)邵雍撰

明刊本

國會圖書館　内閣文庫　静嘉堂文庫　蓬左文庫藏本

【按】每半葉有界十行,行二十字。白口,四周雙邊。

國會圖書館藏本,無《漁樵對問》與《遺文》,共十一册。

内閣文庫藏本,原係楓山官庫舊藏,無《漁樵對問》一卷及《遺文》一卷,共十二册。

静嘉堂文庫藏本,原係陸心源十萬卷樓舊藏,共十二册。

蓬左文庫藏本,此本今無《漁樵對問》一卷及《遺文》一卷,共十二册。

皇極經世書十二卷

(宋)邵雍撰

明刊本(《道藏》本)　共六十四册

静嘉堂文庫藏本　原陸心源守先閣等舊藏

皇極經世書觀物内篇十二卷　皇極經世觀物外篇衍義三卷

(宋)邵雍撰　《外篇衍義》(宋)張行成撰

明刊本　共八册

尊經閣文庫藏本　原江户時代加賀藩主前田綱紀等舊藏

皇極經世索隱二卷

(宋)張行成撰

文瀾閣傳寫本　共一册

静嘉堂文庫藏本　原陸心源十萬卷樓舊藏

皇極經世觀物外篇衍義九卷

(宋)張行成撰

文瀾閣傳寫本　共四册

静嘉堂文庫藏本　原陸心源十萬卷樓舊藏

皇極經世觀物篇解

(宋)祝泌撰

古寫本　共七册

静嘉堂文庫藏本

【按】卷首題署"宋承直郎充江淮荆浙福建廣南路都大提點坑冶鑄錢司幹辦公事祝泌述"。

前有己亥立秋祝泌《跋》,又有丙午日《又跋》。又有淳祐辛丑(1241年)長至後二渼《聲音韵譜序》,又有端平乙未(1235年)《皇極起數例序》,又有戊戌金晶滿鼎日《觀物外篇斷訣發題》。

此本細目如次:

《康節先生觀物篇解》十一卷;

《皇極經世起數訣》一卷;

《皇極經世鈐》一卷;

《皇極起數例》一卷;

《康節先生觀物篇斷訣》一卷《附錄》二卷。

陸心源《儀顧堂題跋》卷九著錄此本。其識文曰:

"《皇極經世觀物篇解》五卷,《皇極經世鈐》一卷,《指掌圖》一卷,《聲音韵譜》一卷,《起例》一卷,《附錄》二卷(此著錄之篇名與卷數,與實物略有出入——編著者),宋祝泌撰。按,祝泌字子涇,江西德興人。第進士,歷官承直郎充江淮荆浙福建廣南路都大提點坑冶鑄錢司幹辦公事,饒州路三司提領所幹辦公事,傳邵氏皇極之學于廖應淮,年老乞休,御書'觀物樓'扁額賜之。自號觀物老人。元世祖詔徵不赴,見《饒州府志》。《聲音韵譜》者,以皇極起數皆祖于聲音二百六十四字之姥,取德清縣丞方淑《韵心》,當塗刺史楊俊《韵譜》,金人聰《明韵》,參合較定四十八韵,冠以三百六十四姥。以定康節音韵之學。《經世鈐》者,爲圖九,有圖無文。《指掌圖》者,自夏禹八年爲七會之始,三千六百年爲十二月圖。起例爲目七。曰先天圓圖,算歷代數,先天方圖,算人物數。起挂一,卦曰四象,斷法曰變卦,爻法曰引用斷卦。《附録》二卷,前爲諸家論説,後爲數學流傳諸人傳也。"

潛虛一卷

(宋)司馬光撰
明刊本(明刊《説郛》零本)　共一册
内閣文庫藏本　原昌平坂學問所舊藏

天原發微五卷　首一卷

(宋)鮑雲龍撰　方回校正　(元)鮑寧辨證
明天順五年(1461年)鮑氏耕讀書堂刊本
内閣文庫　御茶之水圖書館藏本

【按】每半葉有界十一行,行二十二字。黑口,四周雙邊。

卷首題署"宋魯齋鮑雲龍景翔編著,虛谷方回萬里校正,謐齋鮑寧廷謐辨證"。

内閣文庫藏本,原係江户時代林羅山舊藏,卷中有"江雲渭樹"印記,共四册。

御茶之水圖書館藏本,原係德富蘇峰成簣堂舊藏,卷中有朱筆,封面係明治四十四年(1911年)德富蘇峰手題,共七册。

【附録】日本明正天皇寬永九年(1632年)京都唐本屋田中清兵衛據明天順五年鮑氏耕讀書堂刊本,刊印《天原發微》五卷并《圖》一卷。

天原發微五卷　首一卷

(宋)鮑雲龍撰　方回校正　(元)鮑寧辨證
明嘉靖二十九年(1550年)秦藩刊本
内閣文庫　静嘉堂文庫藏本

【按】每半葉有界十一行,行二十二字。白口,左右雙邊。

卷首題署"宋魯齋鮑雲龍景翔編著,虛谷方回萬里校正,謐齋鮑寧廷謐辨證"。

前有鮑寧《序》,元至元辛卯(1291年)三月方回《序》。又有元元貞二年(1296年)十二月方回《序》。庚寅歲長至日鮑雲龍《序》。又有明嘉靖庚戌(1550年)《秦藩掌中道人刊版序》。

内閣文庫藏本,原係楓山官庫舊藏,共四册。

静嘉堂文庫藏本,原係陸心源十萬卷樓舊藏,共六册。

【附録】日本靈元天皇寬文九年(1669年)唐本屋清兵衛等刊印《天原發微》五卷并《首》一卷,題署"宋鮑雲龍撰,明鮑寧辨正"。此本由日人中橋道室訓點。

大衍索隱三卷

(宋)丁易東撰
文瀾閣傳寫本　共一册
静嘉堂文庫藏本　原陸心源十萬卷樓舊藏

(新刻合并官版音義評注)淵海子平(子平淵海音義)五卷

(宋)徐彥升編　(明)楊淙校
明崇禎七年(1634年)重刊黑潤堂刊本　共二册
關西大學附屬圖書館泊園文庫藏本　原江户時代藤澤氏三世四代泊園書院舊藏

太玄本旨九卷

(明)葉子奇撰
明正德年間(1506—1521年)刊本　共二册
静嘉堂文庫藏本　原陸心源十萬卷樓舊藏
【按】首題"明括蒼龍泉葉子奇世杰本旨"。
前有明洪武二年(1369年)盛景季《序》,次有同年宋濂《序》,次有洪武元年(1368年)葉子奇《自序》,次有明正德九年(1514年)劉斐《重刊跋》。

（新刊博覽古今經史）皇極經世書説十二卷　下編五卷

（明）朱隱老撰

明嘉靖十四（1535 年）劉氏永德堂刊本

内閣文庫　尊經閣文庫　静嘉堂文庫藏本

【按】内閣文庫藏本，原係吉田意庵舊藏，後歸昌平坂學問所。此本今缺下篇五卷，共六册。

尊經閣文庫藏本，原係江户時代加賀藩主前田綱紀等舊藏，共九册。

静嘉堂文庫藏本，原係陸心源守先閣等舊藏，共九册。

皇極經世書傳八卷

（明）黄畿撰

明嘉靖年間（1522—1566 年）刊本　共八册

尊經閣文庫藏本　原江户時代加賀藩主前田綱紀等舊藏

【按】每半葉有界十行，行二十字。白口，四周單邊。

古論玄著

不題撰人姓名

明萬曆四十年（1612 年）刊本　共八册

御茶之水圖書館藏本　原德富蘇峰成簣堂舊藏

【按】前有明萬曆壬子（1612 年）傅振商《序》。

卷中批點，隨文刻印。

卷末有刊印木記，文曰：“萬曆壬子孟冬刻于順得之國士書院”。

封面由德富蘇峰手題。

（占候之屬）

通占大象曆星經二卷

（漢）石申撰

明常熟毛氏汲古閣刊本（明刊《津逮秘書》零本）　共二册

國會圖書館　新城文庫藏本

【附録】日本江户時代有漢時人石申撰《星經》二卷寫本兩種。一種今存國會圖書館，一種今存早稻田大學圖書館。

通占大象曆星經二卷

舊題（漢）甘公石申撰　（明）程榮校

明刊本　共一册

内閣文庫藏本　原昌平坂學問所等舊藏

元包經傳五卷　附元包數總義二卷

舊題（周）衞元嵩撰　（唐）蘇源明傳　李江注　（明）吕茂良校　《附録》（宋）張行成撰

明天啓年間（1621—1627 年）刊本　共一册

内閣文庫藏本　原楓山官庫等舊藏

【按】每半葉有界九行，行二十字。白口，四周單邊。

前有明天啓六年（1626 年）《序》。

乙巳占十卷

（唐）李淳風撰

明人寫本　黄蕘圃手識本　共四册

静嘉堂文庫藏本

【按】首題“唐朝議郎行秘閣郎中護軍昌樂縣開國男李淳風撰”。

前有李淳風《自傳》。

卷中有清嘉慶八年（1803 年）黄蕘圃手識文。其文曰：

“《乙巳占》一書，《曝書亭集跋》僅云七卷，竹坨以爲非完書，而陳氏《書録解題》作十卷，惟錢遵王《讀書敏求記》所載與之合。錢云始自天象，終于風氣，凡爲十卷。則首尾固全備矣。余于數年前，聞長善浜程氏有此書，久未得一見。近年程氏有宦游江右者，因以所藏書售諸伊親毛榕坪，余探知此書在其中，遂從榕坪購得，用八金白銀易之。書係舊鈔，卷首總目外，每卷各有子目，此舊式。卷一卷六末，皆有官銜三行，竹垞跋未之及，宜著之，俾讀者有考焉。一云太史局直長主管刻漏臣成衎書；一云太史局中官正判太史局提點曆書賜緋魚袋臣李繼宗校；一云寧海軍承宣使提舉祐神觀博陵郡開國公食邑二千二百戶食封二百戶提舉臣邵諤。嘉慶癸亥季冬月七日蕘翁黃丕烈識。"

觀象玩占五十卷

舊題(唐)李淳風撰

明人紅格寫本　共二十冊

宮內廳書陵部藏本

【按】卷中有"秘閣圖書之章"印記。

觀象玩占五十卷

舊題(唐)李淳風撰

明人寫本　共十冊

尊經閣文庫藏本　原江戶時代加賀藩主前田綱紀等舊藏

觀象玩占四十八卷　拾遺一卷

舊題(唐)李淳風撰

明人寫本　共十冊

蓬左文庫藏本　原江戶時代幕府大將軍德川家康舊藏

【按】此本原係江戶時代幕府第一任大將軍德川家康舊藏，乃明正天皇寬永十一年(1634年)從中國購入，後贈其子尾張藩主家。

卷中有"御本"印記。

觀象玩占四十九卷

不題撰者

明吳士安泑穆齋寫本　共十六冊

京都大學人文科學研究所東洋學文獻中心藏本

開元占經一百二十卷

(唐)瞿曇悉達編撰

明人寫本　共十六冊

靜嘉堂文庫藏本　原嚴豹人等舊藏

【按】首題"唐銀青光祿大夫太史監事門下同三品瞿曇悉達等奉敕撰"。

卷中有"二酉齋藏書"朱文方印，又有"嚴豹人"白文方印等印記。

(新編評注通玄先生張果)星宗大全十卷

(唐)張果撰　　(明)陸位校

明蘇州綠蔭堂書莊刊本　共十冊

新城文庫藏本

(新鍥希夷陳先生)紫微斗數全書七卷

(宋)陳摶撰　　(明)潘希尹補

明刊本　共二冊

內閣文庫藏本　原楓山官庫舊藏

【附錄】日本桃園天皇寶曆四年(1754年)中國商船"志字號"載《紫微斗數全書》一部二冊運抵日本。

三辰通載三十卷

(宋)錢如璧撰

影寫宋刊本　共八冊

靜嘉堂文庫藏本

【按】陳氏《書錄解題》著錄《三辰通載》係三十四卷。其文曰："《三辰通載》三十四卷，嘉禾錢如璧編，集五星命術。"《文獻通考》、《讀書敏求記》等著錄皆爲三十四卷。此本乃三十卷，首尾未有缺損。《四庫》未收。

泄天機纂要二卷

(元)董德彰撰　　(明)吳勉學　胡之衍校

明萬曆年間(1573—1620年)新安吳氏刊本

蓬左文庫藏本　原江戶時代尾張藩主家舊藏

【按】此本係日本明正天皇寬永九年(1632

年)尾張藩主家從中國購入。卷中有"尾陽内庫"印記。

大明清類天文分野之書（天文清類）二十四卷

(明)劉基撰

明洪武年間(1368—1398 年)刊本

静嘉堂文庫　尊經閣文庫藏本

【按】静嘉堂文庫藏本,原係陸心源十萬卷樓舊藏,共八册。

尊經閣文庫藏本,原係江户時代加賀藩主前田綱紀等舊藏,共十二册。

天象玄機八卷

(明)姚廣孝編　徐有貞重訂

明人寫本　共八册

宫内廳書陵部藏本

【按】前有明永樂四年(1406 年)姚廣孝《序》,又有明天順七年(1463 年)徐有貞《序》。

首題"榮國公姚廣孝斯道父原編,武功伯徐有貞元玉父重訂"。

卷中有"秘閣圖書之章"等印記。

(重刻)天文秘略二卷

(明)胡獻忠撰

明萬曆年間(1573—1620 年)刊本

内閣文庫　蓬左文庫藏本

【按】每半葉有界十一行,行二十四字左右。白口,四周單邊。

前有明萬曆四十三年(1615 年)胡氏《序》。

内閣文庫藏此同一刊本兩部。一部原係林氏大學頭家舊藏,共一册。一部原係楓山官庫舊藏,共二册。

蓬左文庫藏本,共二册。

天機會元三十五卷

(明)顧乃德編　徐之謨重編删補

明萬曆四十三年(1615 年)刊本　共十四册

宫内廳書陵部藏本　原江户時代德山藩主毛利元次舊藏

【按】此本原係江户時代德山藩三代主毛利元次廣收"天下秘籍"之一種。東山天皇寶永三年(1706 年)《御書物目録》著録此本。明治二十九年(1896 年)男爵毛利元功獻贈宫内省圖書寮(即今宫内廳書陵部)。

天文圖象玩占（不分卷）

不著撰者姓名

明人寫本(精鈔彩圖)　共四册

蓬左文庫藏本

圖學心轉天經内篇一卷　外篇一卷

(明)鄭汝礪編撰

明萬曆二十三年(1595 年)序刊本　共二册

内閣文庫藏本　原楓山官庫等舊藏

(新編分類)當代名公文武星案六卷

(明)陸位編撰　余應虬閲

明萬曆年間(1573—1620 年)刊本　共六册

蓬左文庫藏本　原江户時代尾張藩主家舊藏

【按】前有明萬曆四十四年(1616 年)陸位《序》。

此本係日本明正天皇寬永六年(1629 年)從中國購入。

(新刻)五星玉鏡七卷

(明)華善繼編撰

明萬曆二十四年(1596 年)序刊本　共三册

内閣文庫藏本　原楓山官庫舊藏

範衍九卷　疇問一卷　首一卷

(明)錢一本撰

明萬曆年間(1573—1620 年)刊本　共四册

内閣文庫藏本　原楓山官庫等舊藏

【按】每半葉有界九行,行二十字。白口,四周單邊。

前有明萬曆三十四年(1606 年)《序》。

範衍曠問十卷

（明）錢一本撰
明萬曆年間（1573—1620年）刊本　共六冊
尊經閣文庫藏本　原江戶時代加賀藩主前田綱紀等舊藏

太微經二十卷

（明）文翔鳳編撰
明刊本　共十冊
尊經閣文庫藏本　原係江戶時代加賀藩主前田綱紀等舊藏

（相宅相墓之屬）

地理天機會元三十五卷

（唐）卜則巍撰　（明）徐之謨重編刪補
明萬曆四十三年（1615年）刊本　共十四冊
宮內廳書陵部藏本

青囊天機奧旨（不分卷）

（唐）楊益傳　（明）劉基注　楊文明校
明刊本　共一冊
內閣文庫藏本　原昌平坂學問所舊藏

（金精寥公秘授地學心法正傳畫筴）扒砂經四卷

（宋）寥禹撰　彭大雄編
明刊本　共四冊
內閣文庫藏本　原江戶時代豐後佐伯藩主毛利高標舊藏
【按】此本係日本仁孝天皇文政年間（1818—1829年）出雲守毛利高翰獻贈幕府。
明治初期歸內閣文庫。卷中有"佐伯侯毛利高標字培松藏書畫之印"等印記。

玉髓真經三十卷　玉髓真經後二十一卷

（宋）張洞玄撰　劉允中注
明嘉靖二十九年（1550年）陳少嶽刊本
內閣文庫　靜嘉堂文庫　尊經閣文庫　京都大學人文科學研究所東洋學文獻中心藏本
【按】前有宋紹興丙辰（1136年）劉允中《序》，又有宋紹熙年間（1190—1194年）蔡季宗《序》。
《玉髓真經》卷前題署："宋國師張洞玄子微

秘傳，劉允中注，蔡元定發揮。"
《玉髓真經後》卷前題署："門人天宋國房正一君、邯鄲蘇居簡子敬、通州朱明仲煥叟、絳川裴安國、武林朱景文華甫、大梁甘榮長茂清、臺散吏大梁吳從龍、上蔡司城已城夫、太原王宗望子聲、九江豐耘耕叟、古絳裴誠敬仲、酉陽家瓊君寶、壽陽周伯大洪卿、秦川樵安道常卿、雪川胡直諒、漢中金大雅正卿述。"
內閣文庫藏本，原係楓山官庫舊藏，共十四冊。
靜嘉堂文庫藏本，原係陸心源十萬卷樓舊藏，共二十八冊。
尊經閣文庫藏本，原係江戶時代加賀藩主前田綱紀等舊藏，共二十八冊。
京都大學藏本，凡十五冊。

地理葬書集注一卷　附葬書問對一卷

（元）吳澂刪定　（明）鄭謐注
明初刊本　共一冊
靜嘉堂文庫藏本　原陸心源皕宋樓舊藏

四神秘訣四卷

（元）董德彰撰　（明）吳勉學校　陳夢和訂
明萬曆年間（1573—1620年）新安吳氏刊本　共四冊
蓬左文庫藏本　原江戶時代尾張藩主家舊藏
【按】此本係日本明正天皇寬永九年（1632年）尾張藩主家從中國購入，卷中有"尾陽內庫"印記。

(新刻石函平沙)玉尺經六卷　後集四卷

舊題(元)劉秉忠撰　(明)劉基注
明刊本　共二册
内閣文庫藏本　原楓山官庫舊藏

(新刊)地理五經圖解六卷

(明)陳正言解　方明偉校　譚澤輯
明萬曆二年(1574年)序刊本　共三册(現合爲二册)
國會圖書館藏本
【按】此本細目如次:
卷之一　《葬經》　(漢)青烏撰;
卷之二　《撼龍經》　(唐)楊益撰;
卷之三　《疑龍經》　(唐)楊益撰;
卷之四　《疑龍十問》　(唐)楊益撰;
卷之五　《胎腹經》　(唐)楊益撰;
卷之六　《青囊經》　赤松子述　黃石公傳
　　陳希夷文　陳石門正。

地理一貫(不分卷)

(明)陳正言撰
明萬曆年間(1573—1620年)刊本　共一册
尊經閣文庫藏本　原江户時代加賀藩主前田綱紀等舊藏

地理發微論集注二卷　附地理囊金説一卷

(明)蔡發撰　謝昌注　《附》(明)劉謙撰
明弘治年間(1488—1505年)刊本　共三册
静嘉堂文庫藏本　原陸心源十萬卷樓舊藏

(人子須知資孝)地理心學統宗三十九卷

(明)徐善繼等撰
明萬曆二年(1574年)刊本　共十四册
宮内廳書陵部藏本

(人子須知資孝)地理心學統宗八卷

(明)徐善繼等撰

明萬曆十一年(1583年)刊本　共九册
内閣文庫藏本　原豐後佐伯藩主毛利高標舊藏

【按】此本係日本仁孝天皇文政年間(1818—1829年)由出雲守毛利高翰獻贈幕府。明治初期歸内閣文庫。卷中有"佐伯侯毛利高標字培松藏書畫之印"等印記。

(人子須知)地理心學三十卷　首一卷

(明)徐善繼等撰
明萬曆十二年(1584年)刊本　共十二册
内閣文庫藏本　原高野山釋迦文殊院舊藏

(重訂校正魁板句解消砂經節圖)地理訣要雪心賦五卷

(明)卜應天撰　謝志道注
明萬曆三十年(1602年)余氏怡慶堂刊本
共一册
内閣文庫藏本　原江户時代林羅山舊藏
【按】卷中有"江雲渭樹"印記。

地理參贊玄機仙婆集十二卷

(明)張鳴鳳輯　金達評選　吕元　杜詩同校
明萬曆二十二年(1594年)金陵唐龍泉(廷仁)刊本　共六册
蓬左文庫藏本　原江户時代尾張藩主家舊藏
【按】此本係日本明正天皇寬永九年(1632年)從中國購入。
卷中有"尾陽内庫"印記。

地理參贊玄機仙婆集(殘本)六卷

(明)張鳴鳳輯　吕原等評選　萬國隆校
明刊後修本　共六册
東京大學總合圖書館藏本　原覺廬文庫等舊藏
【按】是書全本十三卷。此本今缺卷七至卷十三,實存六卷。

地理參贊玄機仙婆集十三卷

（明）張鳴鳳輯　張希堯補
明刊清印本　共八册
内閣文庫藏本　原高野山釋迦文殊院舊藏

（新刊）地理天機會元正傳　（新刊）地理天機會元五經外傳　（新刊）地理天機會元續傳二十八卷

（明）顧乃德編撰
明萬曆年間（1573—1620 年）刊本　共十册
尊經閣文庫藏本　原江户時代加賀藩主前田綱紀等舊藏

地理正傳八卷

明人編撰不著姓名
明刊本　共四册
内閣文庫藏本　原野間竹三等舊藏
【按】此本原係江户時代野間竹三舊藏，後歸豐後佐伯藩主毛利高標所有。仁孝天皇文政年間（1818—1829 年）出雲守毛利高翰獻贈幕府。明治初期歸内閣文庫。卷中有"佐伯侯毛利高標字培松藏書畫之印"等印記。

地理玄珠二十二卷　地理陽宅玄珠四卷

（明）夏世隆編撰　華善繼校
明萬曆四十三年（1615 年）刊本　共十册
内閣文庫　尊經閣文庫藏本

（刻仰止子參定正傳）地理統一全書十二卷　首一卷

（明）余象斗編撰
明崇禎五年（1632 年）刊本
内閣文庫藏本
【按】内閣文庫藏此同一刊本兩部。一部原係江户時代林羅山舊藏，卷中有"江雲渭樹"印記，共十四册。一部共十六册。

（重鐫官版天機會元增補）地學剖秘萬金琢玉斧三卷

（明）徐之謨編撰
明萬曆四十一年（1613 年）序刊本　共三册
内閣文庫藏本　原高野山釋迦文殊院舊藏

（重鐫官版天機會元增補）地學剖秘萬金琢玉斧三卷

（明）徐之謨編撰
明覆明萬曆四十一年（1613 年）序刊本　共三册
内閣文庫藏本　原豐後佐伯藩主毛利高標舊藏
【按】此本係日本仁孝天皇文政年間（1818—1829 年）出雲守毛利高翰獻贈幕府。明治初期歸内閣文庫。卷中有"佐伯侯毛利高標字培松藏書畫之印"等印記。

（新鐫徐氏家藏）羅經頂門針二卷　附（重鐫）羅經頂門針簡易圖解一卷　南寓狂吟一卷

（明）徐之謨撰　李挺秀校　《附》（明）徐之謨定式　朱之相圖解　《狂吟》（明）徐之謨撰
明天啓三年（1623 年）書林積善堂陳孫賢刊本　共四册
國會圖書館　内閣文庫　東京大學東洋文化研究所藏本
【按】前有明天啓三年（1623 年）《序》。
國會圖書館藏本，共四册。
内閣文庫藏本，原係楓山官庫舊藏，共二册。
東京大學藏本，共二册。

（新著）地理獨啓玄關十卷　羅經秘旨四卷

（明）徐世彥撰
明崇禎年間（1628—1644 年）閩建書林刊本
東京大學東洋文化研究所藏本

地理大全一集三十卷　二集十五卷

（明）李國木輯　大觀參訂　李國禮校

明武林崇善堂刊本　共二十四册

早稻田大學圖書館藏本

陽宅真訣四卷

(明)陳時暘撰　陳泰運補

明天啓四年(1624年)刊本　共二册

内閣文庫藏本　原楓山官庫舊藏

(新鐫京版工師雕斲正式魯班)經匠家鏡三卷

(明)午榮編撰

明刊本

尊經閣文庫　御茶之水圖書館藏本

【按】每半葉有界十一行,行二十字。白口,四周單邊。

正文首行題"新鐫京版工師雕斲正式魯班經匠家鏡題卷之一"。第二行上空十字題署"北京提督工部御匠司司正午榮匯編",第三行上空十二字題署"局匠所把總章嚴同集",第四行上空十二字題署"南京□匠司司承周言校正",第五行上空十二字題署"藝林四知館麗泉唐金綉梓"。

卷中有圖,有整版圖頁者,有半版圖,半版文字解説者。

尊經閣文庫藏本,原係江户時代加賀藩主前田綱紀等舊藏,共四册。

御茶之水圖書館藏本,原係德富蘇峰成簣堂舊藏,共一册。

(重訂)相宅造福全書五種

(明)黃一鳳等編撰

明刊本　共五册

内閣文庫藏本　原楓山官庫舊藏

【按】此本細目如次:

《宅法全書》二卷　(明)黃一鳳編撰;

《新鐫京版工師雕斲正式魯班經匠家鏡》三卷　(明)午榮編撰;

《秘訣仙機》　(明)黃一鳳編撰;

《新刻許真君玉匣記》一卷　(明)黃一鳳編撰;

《新鐫甬東王先生陽宅大全》十卷　(明)王元鼎編撰。

三元通天照水經二卷

(明)張丸一編撰

明萬曆元年(1573年)刊本　共一册

内閣文庫藏本　原江户時代豐後佐伯藩主毛利高標舊藏

【按】此本仁孝天皇文政年間(1818—1829年)由出雲守毛利高翰進獻幕府。明治初期歸内閣文庫。

卷中有"佐伯侯毛利高標字培松藏書書之印"印記。

葬經翼一卷　葬圖一卷　古本葬經内篇一卷　難解二十四篇

(明)繆希雍編撰

明綠君亭刊本　共四册

内閣文庫藏本　原昌平坂學問所舊藏

堪輿真詮十卷

(明)陳時暘撰　陳泰運補

明刊本　共四册

内閣文庫藏本　原楓山官庫舊藏

堪輿宗旨(七種)

(明)吳勉學編

明萬曆年間(1573—1620年)刊本　共十册

内閣文庫藏本　原豐後佐伯藩主毛利高標舊藏

【按】前有明萬曆三十一年(1603年)《序》。

此本細目如次:

第一册至第三册:

《堪輿宗旨》三卷;

《堪輿續論》一卷;

第四册至第五册:

《泄天機纂要》二卷《附》一卷　(元)董德彰撰;

第六册至第八册:

《四神秘訣》四卷　（元）董德彰撰　（明）
　　吳中珩校；

第九册：

《陰陽正源堪輿至秘旅寓集》一卷　（宋）
　　賴克俊撰；

《堪輿秘傳》一卷；

第十册：

《堪輿管見》一卷　（明）謝廷柱撰。

此本係日本仁孝天皇文政年間（1818—1829
年）由出雲守毛利高翰獻贈幕府。明治初期歸
内閣文庫。

卷中有“左伯侯毛利高標字培松藏書畫之
印”等印記。

堪輿十一種書

（明）李思聰編

明天啓年間（1621—1627年）刊本　共四册

内閣文庫藏本　原豐後佐伯藩主毛利高標
舊藏

【按】前有明天啓二年（1622年）《序》。

此本細目如次：

第一册：

《青烏經》二卷　（秦）樗里子撰；

《葬書真本》一卷　（晋）郭璞撰；

《博山篇》一卷；

《青囊奧旨控龍制水神經》一卷　（唐）楊
　　筠松撰；

第二册：

《總索》一卷　（明）維楊沮撰；

《五星捉脈正變明圖》一卷；

第三册：

《十二杖法》一卷　（唐）楊筠松撰；

《十六葬法》一卷　（宋）寥禹撰；

《楊公金剛鑽本形法葬圖訣》一卷；

《堪輿漫輿》一卷　（明）劉基撰；

第四册：

《堪輿雜著》一卷　（明）李思聰撰。

此本係日本仁孝天皇文政年間（1818—1829
年）出雲守毛利高翰獻贈幕府。明治初期歸内
閣文庫。

卷中有“左伯侯毛利高標字培松藏書畫之
印”等印記。

（占卜之屬）

靈棋經二卷

舊題（漢）東方朔撰　（晋）顏幼明注　（宋）
何承天注　（元）陳師凱解　（明）劉基解

明萬曆元年（1573年）刊本

内閣文庫　新城文庫舊藏

【按】内閣文庫藏本，原係楓山官庫舊藏，共
一册。

新城文庫藏本，共二册。

焦氏易林二卷

（漢）焦延壽撰

明覆宋刊本　共六册

静嘉堂文庫藏本　原陸心源十萬卷樓舊藏

【按】前有唐會昌□年王俞《序》，又有宋人錄

《上表》。後有明成化癸巳（1473年）彭華
《跋》，明嘉靖四年（1525年）姜恩《跋》。

焦氏易林二卷

（漢）焦延壽撰

明嘉靖年間（1522—1566年）刊本（明辨疑館
本）　共二册

静嘉堂文庫藏本　原陸心源十萬卷樓舊藏

焦氏易林四卷

（漢）焦延壽撰

明嘉靖十三年（1534年）刊本　共四册

蓬左文庫藏本　原江户時代幕府大將軍家
等舊藏

【按】前有長安馬麟《序》。

此本原係江戶時代德川幕府第一代大將軍德川家康舊藏,後賜贈其子尾張藩主家。

卷中有"御本"、"尾陽內庫"等印記。

焦氏易林四卷

(漢)焦延壽撰　　(明)鍾惺評

明刊本　共四册

內閣文庫藏本　原楓山官庫舊藏

焦氏易林四卷

(漢)焦延壽撰

明末汲古閣刊本

內閣文庫　靜嘉堂文庫　東北大學附屬圖書館藏本

【按】內閣文庫藏本,原係昌平坂學問所藏本,共四册。

靜嘉堂文庫藏本,原係陸心源皕宋樓舊藏,共六册。

東北大學藏本,共四册。

焦氏易林四卷

(漢)焦延壽撰

明刊清廣文堂印本　共六册

東北大學附屬圖書館藏本　原狩野亨吉舊藏

焦氏易林十六卷　首一卷

(漢)焦延壽撰　　(明)唐琳校

明天啓六年(1626年)序刊本　共八册

內閣文庫藏本　原楓山官庫舊藏

卜筮書(殘卷)一卷

初唐之前人編纂

初唐時期寫本　日本重要文化財　共一卷二葉

神奈川縣稱名寺藏本(金澤文庫代爲保管)

【按】此卷紙本。幅寬28.0cm,全卷總長101.0cm。每行約十七字至十九字不等。

此書全書卷數不明,此殘卷爲《卜筮書》卷二

十三之斷簡,現存二葉凡四十九行。首行爲中間斷葉,文字起於"生俱死於辰故四益之日……"。卷末文字後空一行,題署"卜筮書卷第廿三　式三"。其中,"卜筮書卷第廿三"七字文字書寫滿行格,下空二字左右,在同行格之偏右側書寫"式三"二字。"卜筮書"三字上鈐有"龍"字朱文方印文。

卷中文字如"丙丁"之"丙",避唐高祖祖昞諱而作"景";"白虎"之"虎",避唐高祖祖虎諱而作"白獸"。然"隆"字不避諱,則可以推斷此卷寫成於唐玄宗李隆基時代之前。

寫本楷書端正,書風古樸。

此殘卷紙背爲《授菩薩戒儀》之文。此《戒儀》文乃唐荊溪湛然所撰,日本陽成天皇元慶五年(881年)爲日僧慧稠抄録於此卷《卜筮書》之紙背。此可證在九世紀八十年代之前,此書已經傳入日本。

隋唐以來中國公私著書目録皆未著録此本《卜筮書》。日本中世紀時代稱名寺二代主持鈕阿,在其所編著《產生類聚鈔》中,曾經引用《卜筮書》卷第九之文字。可以推測當年稱名寺所收藏的《卜筮書》,即使不是全本,亦至少在二卷以上。羅振玉在《吉石盦叢書》中,曾經著録在日本所見唐人寫本《卜筮書》殘卷一種,言此殘卷標題爲"卜筮書卷第廿三式三課用法第三"。據此推測,羅氏所見之本,即爲此殘卷之前半部分。1915年,羅氏所見部分歸己所得,今下落不明。故稱名寺所藏之本殘卷,爲《卜筮書》在世間之唯一存本。

此本已被日本"文化財審議委員會"確認爲"日本重要文化財。"

卜筮書(殘本)一卷

初唐之前人編纂

初唐時期寫本　日本重要文化財　改裝卷子本　共一卷

金澤文庫藏本

【按】原紙縱28.0cm,全長116cm,烏絲欄界高25.5cm,界幅2cm。每行十七字。

本文末一行題署"卜筮書卷第廿三　式三"。

紙背係天臺第六祖唐釋荆溪湛然（妙樂大師）所撰《授菩薩戒儀》文字，羅振玉判定此爲日本僧人慧稠寫於陽成天皇元慶五年（881年）。

原封面右側有"太政官印"朱文大紅印，文末尾題旁有"龍"朱文大字印。羅振玉在《吉石盫叢書》中爲本書殘卷所作的《跋》中說：

> "隋唐諸志泊宋以來，官私諸家目錄皆無之，此書之佚殆已久矣。卷中別構字甚多，與六朝碑版合，凡丙丁之丙皆作景。白虎作白獸，而隆字不欠筆，乃初唐寫本之證。撰者不可知，文字爾雅條達，其出隋唐以前無疑。"

此本已被日本"文化財審議委員會"確認爲"日本重要文化財"。

（新刊圖解）玉靈聚義占卜龜經四卷

（宋）王洙撰　（元）陸森類編
元刊本　共二册
静嘉堂文庫藏本　原陸心源皕宋樓舊藏

圖南先生河洛理數七卷

（宋）邵雍述
明人寫本　共七册
尊經閣文庫藏本　原係江户時代加賀藩主前田綱紀等舊藏

河洛理數七卷

（宋）陳搏撰　邵雍述　（明）史應選重訂
明崇禎年間（1628—1644年）刊本
國會圖書館　内閣文庫　尊經閣文庫　蓬左文庫　東京大學文學部漢籍中心藏本
【按】前有明崇禎五年（1632年.）陳仁錫《序》。
國會圖書館藏本，共六册。
内閣文庫藏本，原係江户時代林氏大學頭家舊藏，共五册。
尊經閣文庫藏本，原係江户時代加賀藩主前

田綱紀等舊藏，共七册。
蓬左文庫藏此同一刊本兩部。一部原係松平定信舊藏，共四册。一部係後印本，此本今缺陳仁錫《序》，共七册。
東京大學藏本，共八册。

麻衣道者正易心法一卷

（宋）陳搏傳并消息
明毛氏汲古閣刊本　共一册
東京大學東洋文化研究所　東北大學附屬圖書館狩野文庫　大阪大學文學部懷德堂文庫藏本

夢林玄解二十三卷　原集二卷　論集二卷　穰集二卷

（宋）邵雍纂輯　（明）陳士元增删
明崇禎年間（1628—1644年）刊本
内閣文庫　尊經閣文庫藏本
【按】内閣文庫藏此同一刊本兩部。一部原係江户時代林氏大學頭家舊藏，共十册。一部原係楓山官庫舊藏，共十册。
尊經閣文庫藏本，原係江户時代加賀藩主前田綱紀等舊藏，共三十册。

周易古占法二卷

（宋）程迥撰　（明）范欽校
明嘉靖年間（1522—1566年）四明范氏天一閣刊本　共二册
東京大東洋文化研究所藏本

周易古占法二卷

（宋）程迥撰　（明）范欽校
明刊本　共二册
東京大學東洋文化研究所藏本

（新編日用）涓吉奇門五總龜四卷

（宋）郭子晟撰
明刊本　共三册
蓬左文庫藏本　原江户時代尾張藩主家舊

藏

【按】此本係日本明正天皇寬永十年(1633年)尾張藩主家從中國購入。

戎事類占二十一卷

(元)李克家編撰

明萬曆二十五年(1597年)厭原山館刊本

内閣文庫　尊經閣文庫藏本

【按】每半葉有界十行,行二十二字。白口,左右雙邊。

内閣文庫藏本,原係楓山官庫舊藏,共五册。

尊經閣文庫藏本,原係江户時代加賀藩主前田綱紀等舊藏,共五册。

(新刊類編)禽遁易見大全四卷　補一卷

(明)池本理編撰

明弘治九年(1601年)進賢書舍刊本

宫内廳書陵部　内閣文庫藏本

【按】宫内廳書陵部藏本,共六册。

内閣文庫藏本,原係江户時代林氏大學頭家舊藏,共三册。

(新刻官版)禽奇盤例定局造化神樞五卷

(明)徐之謨撰　李挺秀校

明萬曆元年(1573年)建邑書林積善堂陳孫賢刊本　共三册

蓬左文庫藏本

周易占林四卷

(明)王宇撰　徐燉編

明木活字刊本　共八册

内閣文庫藏本　原豐後佐伯藩主毛利高標舊藏

【按】此本係日本仁孝天皇文政年間(1818—1829年)由出雲守毛利高翰獻贈幕府。明治初期歸内閣文庫。

卷中有"佐伯侯毛利高標字培松藏書畫之印"等印記。

易占經緯四卷

(明)韓邦奇編撰

明刊本　共四册

尊經閣文庫藏本　原江户時代加賀藩主前田綱紀等舊藏

(新刻元龜會解)斷易神書三卷

(明)汪之顥編撰

明萬曆年間(1573—1620年)劉氏喬山堂刊本　共三册

内閣文庫藏本　原江户時代林羅山舊藏

【按】卷中有"江雲渭樹"印記。

(新鍥纂集諸家全書大成)斷易天機六卷　圖一卷

(明)劉世捷撰　徐紹錦校正

明萬曆三十五年(1607年)閩書林鄭氏雲齋寶善堂刊本

蓬左文庫　東京大學東洋文化研究所　京都大學文學部中國語學文學哲學研究室藏本

【按】此本又名《鬼谷源流斷易天機》。

蓬左文庫藏本,原係種村肖推寺舊藏。明正天皇寬永十二年(1635年)獻贈尾張藩主家。卷中有"尾陽内庫"印記,共五册。

東京大學藏本,共四册。

京都大學藏本,卷中有後人寫補,共四册。

【附錄】日本後光明天皇正保二年(1645年)京都藤田長年吉刊印《新鍥纂集諸家全書大成斷易天機》六卷并《圖》一卷。其後,此本有重印本。

江户時代又有寶善堂刊印《新鍥纂集諸家全書大成斷易天機》六卷。

易隱九卷

(明)曹九錫編撰

明刊本　共四册

内閣文庫藏本　原楓山官庫舊藏

(鼎鍥卜筮啓蒙便讀)通玄斷易大全三卷　首一卷

明人編撰不著姓名
明萬曆年間(1573—1620年)刊本　共三册
內閣文庫藏本　原江戶時代林羅山舊藏
【按】前有明萬曆四十四年(1616年)《序》。
卷中有"江雲渭樹"印記。

易林補遺十二卷

(明)張世寶撰
明萬曆年間(1573—1620年)刊本　共四册
尊經閣文庫藏本　原江戶時代加賀藩主前田綱紀等舊藏

易林補遺十二卷

(明)張世寶編撰
明刊清印本　共二册
內閣文庫藏本　原豐後佐伯藩主毛利高標舊藏
【按】此本係日本仁孝天皇文政年間(1818—1829年)出雲守毛利高翰獻贈幕府。明治初年歸內閣文庫。
卷中有"佐伯侯毛利高標字培松藏書畫之印"等印記。

(新刊應驗天機)易卦通神四卷

(明)凌霄鳳編撰
明刊本　共一册
內閣文庫藏本　原江戶時代荷田春滿等舊藏
【按】此本原係荷田春滿舊藏,後歸豐後佐伯藩主毛利高標所有。其承傳及印記情況同上册。

(新鐫)周易數七卷

(明)喻有功編撰
明萬曆年間(1573—1620年)刊本
內閣文庫　尊經閣文庫藏本

【按】內閣文庫藏本,原係楓山官庫舊藏,共六册。
尊經閣文庫藏本,原係江戶時代加賀藩主前田綱紀等舊藏,共四册。

筮籤理數日抄二十卷

(明)昆侖山都統匯次　一壺天俱道人校删
萬年山人柯佩録梓
明嘉靖四十四年(1564年)刊本　共十二册
國會圖書館　內閣文庫藏本

筮籤理數日抄二十卷

明人編撰
明嘉靖年間(1522—1566年)刊本　共十二册
陽明文庫藏本　原係江戶時代近衛家熙等舊藏

(新刻)筮林總括斷易心鏡大成三卷

(明)夏青山撰
明萬曆三十五年(1607年)積善堂陳奇泉刊本　共三册
蓬左文庫藏本　原種村肖推寺等舊藏
【按】此本原係種村肖推寺舊藏。明正天皇寬永十二年(1635年)寺院獻贈尾張藩主家。
卷中有"尾陽內庫"印記。

(新鐫)肘後經一卷

(明)朱權撰
明萬曆二十四年(1596年)序刊本　共一册
內閣文庫藏本　原楓山官庫舊藏

大明天元玉曆祥異圖説七卷

(明)余文龍撰
明萬曆四十七年(1619年)晋安余氏刊本
內閣文庫　蓬左文庫藏本
【按】每半葉有界九行,行十一字。白口,四周單邊。
內閣文庫藏本,原係楓山官庫舊藏,共二册。

蓬左文庫藏本,原係江户時代幕府第一任大將軍德川家康舊藏,係德川氏于明正天皇十三年(1636年)從中國購入,後贈其子尾張藩主家,卷中有"御本"印記,共二册。

史異編十七卷　大明天元玉曆祥異圖説七卷

(明)余文龍撰
明萬曆四十七年(1619年)序刊本
内閣文庫　東京大學東洋文化研究所藏本
【按】内閣文庫藏本,原係楓山官庫舊藏,共六册。東京大學藏本,原係大木幹一等舊藏。此本無《祥異圖説》。
【附録】據《商舶載來書目》記載,東山天皇元禄六年(1693年)中國商船"志字號"載《史異編》一部六册抵日本。

史異編十七卷　大明天元玉曆祥異圖説七卷

(明)余文龍撰
明萬曆四十七年(1619年)晋安余氏刊本
蓬左文庫藏本　原江户時代尾張藩主家舊藏
【按】此本原係尾張藩主家于明正天皇寬永五年(1628年)從中國購入。卷中有"尾陽内庫"印記。共六册。

天元玉曆祥異賦一卷　附風角總占一卷

(明)仁宗皇帝撰
明人寫本　共十册
内閣文庫藏本　原昌平坂學問所等舊藏

(新刻)天元玉曆祥異賦一卷　附風角總占一卷

(明)仁宗皇帝撰　胡文焕校
明刊本　共一册
内閣文庫藏本　原楓山官庫等舊藏

玉洞金書靈課一卷

明人編撰不著姓名
明人寫本　共一册
蓬左文庫藏本　原江户時代尾張藩主家舊藏

【按】此本係日本明正天皇寬永六年(1629年)尾張藩主家從中國購入,由松平秀雲題籤。
卷中有"尾陽内庫"印記。

佐玄直指圖解十卷　佐玄直指賦一卷　上官出行一卷

(明)劉基編撰　汪元標訂　江之棟輯
明天啓年間(1621—1627年)問奇齋刊本
内閣文庫　蓬左文庫藏本
【按】前有明天啓七年(1627年)江之棟《序》。
内閣文庫藏本,原係江户時代豐後佐伯藩主毛利高標舊藏。仁孝天皇文政年間(1818—1829年)出雲守毛利高翰獻贈幕府,明治初年歸内閣文庫。
卷中有"佐伯侯毛利高標字培松藏書畫之印"等印記,共四册。
蓬左文庫藏本,原係江户時代尾張藩主家舊藏。此本係尾張藩主于明正天皇寬永十二年(1635年)從中國購入。共二册。

(金臺類編)曆法通書大全三十卷

(明)熊宗立編
明萬曆年間(1573—1620年)刊本
内閣文庫藏本
【按】内閣文庫藏此同一刊本兩部。一部原係楓山官庫舊藏,共八册。一部原係高野山釋迦文殊院舊藏,共十册。

大通皇曆經世三卷

(明)胡獻忠編
明菉竹堂刊本　共三册
内閣文庫藏本　原江户時代豐後佐伯藩主毛利高標舊藏
【按】此本係日本仁孝天皇文政年間(1818—1829年)出雲守毛利高翰獻贈幕府。明治初期歸内閣文庫。卷中有"佐伯侯毛利高標字培松藏書畫之印"等印記。

（新鐫臺監曆法增補）應福通書（全備通書）三十七卷　首三卷

（明）熊秉懋編纂
明萬曆年間（1573—1620 年）熊衢宇刊本
共十冊
內閣文庫藏本　原高野山釋迦文殊院舊藏

（新刻天經地緯人統全曆）三元歸正通書二十六卷

（明）于逸民編纂
明萬曆年間（1573—1620 年）刊本　共十四冊
內閣文庫　尊經閣文庫藏本
【按】內閣文庫藏本，原係高野山釋迦文殊院舊藏。此本附《下元甲子未來流年》一卷，共十冊。
尊經閣文庫，原係江戶時代加賀藩主前田綱紀等舊藏，共十四冊。

（區景南伯甫選）甲子年全備通書（區伯甫真書）一卷

（明）區景南撰
明刊本　共一冊
內閣文庫藏本　原木村兼葭堂舊藏

三曆撮要一卷

明人編纂不著姓名
古寫本　錢竹汀等手識本　共一冊
靜嘉堂文庫藏本
【按】卷中有錢竹汀、黃蕘圃、孫星衍三人手識文。
一、清嘉慶四年（1799 年）錢竹汀文曰：
　　“此書不題撰人姓名，亦無刊刻年月，所引《萬通百忌》、萬年具注《集聖》《廣聖》諸書，皆選擇家言，司天監據以補注頒朔者也。劉德成、方操仲、汪德昭、倪和甫，蓋當時術數之士，今無能舉其姓名者矣。書中引沈存中《筆談》，當是南宋所刊。嘉慶己未十月十

有四日，竹汀居士假讀。時年七十有二。”
二、清道光四年（1825 年）黃蕘圃文曰：
　　“是書載《百宋一廛賦》中，所謂《曆要》矜于所獨，洵屬奇秘之本……此書影寫本，又爲人取去，長孫尚欲留其副，復倩人錄此。其中每月諸事宜用，如嫁娶至耕種等吉日，以及萬通曆吉凶各説凶星等字，皆作白文，又各説中，吉凶星下，寅酉丑申等字，亦皆作白文。今鈔胥憚煩，悉空之。余取而手補，僅作方圍；又于寅酉等字上下，各以筆鉤之，旁不著墨，以別于原本之有圓圈者，後之人亦可得其大概矣。他日或欲照宋本面目，仍雙勾郭填可爾。道光乙酉孟夏月望日雨窗，蕘夫書。”
三、孫星衍文曰：
　　“舊本陰陽書甚少，由術士秘其書而毀之。遁甲六壬占法，猶見于《太白陰經》及《武經總要》，而歸忌、反支、天倉諸説，載在經史者，轉無成書。今蕘圃得此本，存宋以前古法，亟屬影寫傳世。嘗考夏正以平旦爲朔，則日辰宜起寅時，以子丑時入前一日。術人不知，故一切遁甲六壬多不驗，書此以質知者。陽湖孫星衍書。”

夢占類考十二卷

（明）張鳳翼編纂
明萬曆十三年（1585 年）刊本　共六冊
內閣文庫藏本　原江戶時代林氏大學頭家舊藏

解夢全書二卷

明人不著姓名
明楊玉琳刊本　共一冊
宮內廳書陵部藏本　原江戶時代德山藩主毛利元次舊藏
【按】此本原係江戶時代德山藩三代主毛利元次廣收“天下秘籍”之一。東山天皇寶永三年（1706 年）《御書物目録》著録此本。明治二十九年（1896 年）男爵毛利元功獻贈宮內省圖

書寮(即今宮內廳書陵部)。

大六壬課經集四卷　畢法賦二卷

(明)郭載騋編

明末刊本　共六册

內閣文庫藏本　原昌平坂學問所舊藏

【附録】日本東山天皇元禄十三年(1700年)中國商船"多字號"載《大六壬指南》一部運抵日本。

光格天皇享和元年(1801年)中國商船"多字號"載《大六壬大全》一部運抵日本。

卜筮全書十四卷

(明)姚際隆編

明崇禎年間(1628—1644年)刊本

內閣文庫藏本

【按】前有明崇禎三年(1630年)《序》。

內閣文庫藏此同一刊本兩部。一部原係楓山官庫舊藏,共六卷。一部原係江戶時代林氏大學頭家舊藏。此本今缺卷一至卷八,實存卷九至卷十一凡三卷,共二册。

(命書相書之屬)

演禽鬥數三世相書一卷

(唐)袁天綱撰

宋刊本　共一册

內野五郎三氏藏本　原田中光顯等舊藏

【按】此本以圖配文字。無圖葉每半葉十四至二十行不等,行二十三字至二十八字不等。有圖葉則上圖下文。

有碩峰山人所書之《序》文,其開首曰:"夫演禽鬥數三世相書者,非公卿大夫之爲也。昔唐朝國師袁天綱先生之作也。"《序》在其第五十一葉。

此本今缺卷末。卷中使用簡體文字甚多,亦無唐宋避諱,版式擁擠,當爲宋末坊刻。

【附録】日本後水尾天皇元和年間(1615—1624年)有和刊本《三世相》四卷印行,題署"唐袁天綱撰"。其後,此本在江戶初期有重印本。

明正天皇寬永十二年(1635年)江戶中野市右衛門刊印《重撰三世相》二卷,題署"唐袁天綱撰"。

後西天皇萬治二年(1659年)京都福市右衛門刊印唐人袁天綱撰《三世相》二卷。

寶元天人祥異圖(殘本)九卷

(宋)仁宗趙禎撰

明藍格寫本　共九册

宮內廳書陵部藏本　原江戶時代豐後佐伯藩主毛利高標舊藏

【按】前有宋寶元二年(1039年)宋仁宗《御製序》。

是書全本十卷。此本今缺卷九,實存九卷。

此本仁孝天皇文政年間(1818—1829年)出雲守毛利高翰獻贈幕府。明治初期歸內閣文庫。

卷中有"佐伯侯毛利高標字培松藏書畫之印"、"盧昌睦印"、"子和"、"米閣圖書之印"等印記。

神相全編十二卷　首一卷　目録一卷

舊題(宋)陳摶撰　(明)袁忠徹校

明刊本

宮內廳書陵部　內閣文庫　尊經閣文庫
蓬左文庫　靜嘉堂文庫藏本

【按】宮內廳書陵部藏本,原係江戶時代德山藩三代主毛利元次廣收"天下秘籍"之一種。東山天皇寶永三年(1706年)《御書物目録》著録此本。明治二十九年(1896年)男爵毛利元功獻贈宮內省圖書寮(即今宮內廳書陵部)。
共八冊。

內閣文庫藏本,原係楓山官庫舊藏,共四冊。

尊經閣文庫藏本,原係江戶時代加賀藩主前
田綱紀等舊藏,共六冊。

蓬左文庫藏本,原係江戶時代尾張藩主家舊
藏。此本係日本明正天皇寬永十年(1633 年)
從中國購入,卷中有"尾陽內庫"印記,共六冊。

靜嘉堂文庫藏本,原係小越幸助等舊藏,共
五冊。

【附錄】日本後光明天皇慶安三年(1650 年)
有《神相全編正義》三卷和刊本。此本題署"宋
陳摶秘傳,明袁忠徹校,日本石龍子法眼改
誤"。其後,此本有京都梅村三郎兵衛重印本,
又有江戶須原屋茂兵衛重印本,又有京都勝村
治右衛門與江戶須原屋茂兵衛重印本,又有光
格天皇文化三年(1806 年)文林堂重印本。

日本中御門天皇享保六年(1721 年)中國商
船"志字號"載《神相全編》一部六冊運抵日本。

集七十二家相書二卷

(宋)張紫芝編撰

日本鎌倉時代(1192—1330 年)寫本　黏葉
裝　共一冊

金澤文庫藏本

【按】每半折七行,行十六字或二十二字不
等。界高 18.5cm,幅寬 10.7cm。此本卷第一
今缺卷首。卷下之卷首起署"集七十二家相書
卷下",次行低一字題署"江臨府超然觀道士張
紫芝庭瑞集",卷末題署"集七十二家相書卷
下"。

是書全本凡二卷抑或三卷,即此"卷下"爲上
中下之"卷下",抑或上下之"卷下",實難推考。
《宋史·藝文志》在"五行類"中著錄《十七家
集衆相書》一卷,《崇文總目》在"五行類"中著
錄《一十七家集衆相書》一卷。古今官私目錄
中未見有此《集七十二家相書》者,恐爲天壤間
孤本了。

麻衣神相(麻衣先生秘傳相法)一卷

(明)雲林子編

明刊本　共一冊

宮內廳書陵部藏本　原係江戶時代德山藩
主毛利元次舊藏

【按】此本原係江戶時代德山藩三代主毛利
元次廣收"天下秘籍"之一。東山天皇寶永三
年(1706 年)《御書物目錄》著錄此本。明治二
十九年(1896 年)男爵毛利元功獻贈宮內省圖
書寮(即今宮內廳書陵部)。共四冊。

【附錄】日本後桃園天皇安永七年(1778 年)
江戶須原屋茂兵衛、京都梅村三郎兵衛刊印
《麻衣先生人相編》五卷。其後,此本有京都勝
村治右衛門與江戶須原屋茂兵衛重印本。

(新刻袁柳莊先生)秘傳相法二卷

(明)袁忠徹撰　雲林子校

明刊本　共二冊

內閣文庫藏本　原昌平坂學問所舊藏

(新刊)諸葛武侯秘演禽書十二卷

(明)何動編撰

明刊本　共六冊

尊經閣文庫藏本　原江戶時代加賀藩主前
田綱紀等舊藏

(全補司臺曆數)袖裏璇璣十一卷　首一卷

(明)李翀編

明楊氏清白堂刊本　共四冊

內閣文庫藏本　原楓山官庫等舊藏

(新校司臺曆數)命理璇璣五卷　視掌圖一卷　首一卷

(明)胡鳴鳳編

明余氏三臺館刊本　共三冊

內閣文庫藏本　原楓山官庫舊藏

命理正宗四卷

(明)張楠撰

明萬曆三年(1575年)鄭繼華宗文堂刊本
共一冊

蓬左文庫藏本　原種村肖推寺等舊藏

【按】此本係明正天皇寬永十二年(1635年)
由種村肖推寺進獻尾張藩主家。卷中有"尾陽
内庫"印記。

(新刊京本厘正總括天機)星學正傳(星學綱目正傳)二十一卷　首二卷　圖三卷

(明)楊淙撰　舒守清校閱

明萬曆十年(1582年)金陵饒氏聚奎齋刊本

宮内廳書陵部　國會圖書館　内閣文庫
尊經閣文庫　蓬左文庫　新城文庫藏本

【按】前有明萬曆十年(1582年)清江楊氏
《序》。

宮内廳書陵部藏本,原係江户時代德山藩三
代主毛利元次廣收"天下秘籍"之一。東山天
皇寶永三年(1706年)《御書物目録》著録此
本。明治二十九年(1896年)男爵毛利元功獻
贈宮内省圖書寮(即今宮内廳書陵部),共十二
冊。

國會圖書館藏本,共十冊。

内閣文庫藏此同一刊本三部。一部原係楓
山官庫舊藏,兩部皆原係高野山釋迦文殊院舊
藏。三部皆共八冊。

尊經閣文庫藏本,原係江户時代加賀藩主前
田綱紀等舊藏,共八冊。

蓬左文庫藏本,共六冊。

新城文庫藏本,有《附録》四卷,即《玉井奧訣
注解》二卷(唐李虛中撰,明楊淙校)、《玉照神
應神經》一卷(晋郭璞撰,宋徐子平注,明楊淙
校)、《珞琭子天元秀氣巫咸經》一卷(明楊淙
校)。共十冊。

【附録】日本東山天皇寶永六年(1709年)中
國商船"世字號"載《星學綱目正傳》一部二帙
運抵日本。

(新刻三臺館仰止子會并諸命辯玄評注)三臺命書正宗十二卷

(明)余象斗撰　周可知增校

明萬曆二十六年(1598年)余象斗雙峰堂刊
本　共十二冊

國會圖書館　新城文庫藏本

(新刻)統會諸家風鑒補圖心傳相法十二卷

(明)葆和子撰

明崇禎十七年(1644年)潭陽積善堂陳玉我
刊本　共四冊

國會圖書館藏本

三命通會十二卷

(明)育吾山人撰

明萬曆年間(1573—1620年)刊本　共十二
冊

宮内廳書陵部　静嘉堂文庫藏本

【按】前有明萬曆六年(1578年)前進士楚江
易水萬民英《序》。此《序》乃撰者自述之詞,則
育吾山人即萬民英也。

宮内廳書陵部藏本,每冊封面有"家在九峰
高處"印記,每冊首又有"玩易樓藏書印"印記。

静嘉堂文庫藏本,原係陸心源十萬卷樓舊
藏。

(新刊圖像)人相篇十二卷

(明)陸位崇編

明萬曆十三年(1585年)清江書堂刊本　共
四冊

内閣文庫藏本　原昌平坂學問所舊藏

造命宗鏡集十二卷

(明)吳國仕撰　胡德輝校

明崇禎年間(1628—1644年)搜奇齋刊本
共十二冊

内閣文庫藏本　原楓山官庫舊藏

（一貫齋輯刻三元選擇）丹書三卷

（明）温差穀秘訣　何景祥曆法　宋魯彦通書　王尚果會纂

明天啟年間（1621—1627年）金谿王氏刊朱墨套印本　共三册

蓬左文庫藏本　原江戶時代幕府大將軍德川家康等舊藏

【按】此本原係江戶時代幕府第一代大將軍德川家康舊藏，乃明正天皇寬永十六年（1639年）從中國購入，後贈其子尾張藩主家。

卷中有“御本”印記，又有“尾陽内庫”印記。

參籌秘書十卷

（明）汪三益編撰

明崇禎年間（1629—1644年）刊本　共十六册

内閣文庫　尊經閣文庫藏本

【按】前有明崇禎十二年（1640年）汪氏《序》。

内閣文庫藏本，卷十首有缺損。

尊經閣文庫藏本，原係江戶時代加賀藩主前田綱紀等舊藏。

（知人風鑑原理）相法全書

明人編撰

明萬曆二十七年（1599年）刊本　共五册

陽明文庫藏本　原江戶時代近衞家凞等舊藏

（五行之屬）

（新刻玉函全奇五氣朝元斗首合節三臺）通書正宗三卷　附（五刻理氣纂要詳辯三臺便覽）通書正宗十八卷　附二卷

（唐）楊救貧秘旨　（明）劉基重述　吳圖南輯　《附》（明）林紹周撰　林維松輯

明崇禎十年（1637年）三臺余仲止重刊本

國會圖書館　新城文庫藏本

【按】國會圖書館藏此同一刊本兩部。一部共十二册；一部存《附録》，即（五刻）理氣纂要詳辯三臺便覽通書正宗》十八卷，并《附》二卷，亦共十二册。

新城文庫藏本，無《理氣纂要詳辯三臺便覽通書正宗》十八卷，共十二册。

五行類事占七卷

（宋）張正之編

明人寫本　黃蕘圃手識本　共三册

静嘉堂文庫藏本　原朱竹垞　陸心源十萬卷樓舊藏

【按】卷首題署“宋司天臺張正之輯”。

前有無名氏《序》。

卷中有黃蕘圃手識文。其文曰：

“嘉慶辛酉秋，坊間收得汪秀峰家書，内有《五行類事占》三册，因憶《讀書敏求記》曾有是書，歸檢之，卷數卻合，知爲舊本，且卷中有‘秀水朱氏潛采堂圖書’，又知爲竹垞藏本。第一二册部面上猶爲竹垞手書，洵可寶也。第三册部面既失，册尾多破損痕，字間有傷殘者，命工重加補綴，俟覓善本足之。其紙皆明代嘉靖時册籍，紙背間可辨識，蓋猶是嘉靖年間人所抄也。蕘圃黃丕烈。”

（寶顏堂訂正）丙丁龜鑒四卷

（宋）柴望輯　（明）顧雲鵬　李肇亨校

明刊本　共二册

國會圖書館藏本

陰陽備用選擇成書十二卷

不著編著者姓名

元至正十七年（1357年）建安玉融書堂刊本

廣島市立中央圖書館藏本

陰陽辯異二卷

　　(明)羅青霄撰
　　明隆慶二年(1568年)刊本　共二冊
　　內閣文庫藏本　原楓山官庫舊藏

陰陽寶筏三卷

　　(明)搜玄子撰　汪坦　汪仁度校
　　明崇禎年間(1628—1644年)刊藍印本　共
　三冊
　　蓬左文庫藏本　原江戶時代幕府大將軍德
　川家康等舊藏
　　【按】前有明崇禎七年(1634年)《序》。
　　此本原係江戶時代幕府第一代大將軍德川
　家康舊藏,後賜贈其子尾張藩主家。
　　卷中有"御本"印記。

(新刊理氣纂要詳辯三臺便覽)通書正宗二十卷

　　(明)林紹周　林維松輯
　　明刊本
　　尊經閣文庫　蓬左文庫藏本
　　【按】尊經閣文庫藏本,原係江戶時代加賀藩
　主前田綱紀等舊藏,共十四冊。
　　蓬左文庫藏本,原係江戶時代尾張藩主家舊
　藏。此本係明正天皇寬永六年(1629年)從中
　國購入。卷中有"尾陽內庫"印記,共十四冊。

五行類應九卷

　　(明)錢春編撰
　　明萬曆年間(1573—1620年)刊本　共十四
　冊
　　尊經閣文庫藏本　原係江戶時代加賀藩主
　前田綱紀等舊藏

陰遁書九卷　　陽遁書九卷

　　明人編撰不著姓名
　　明藍格寫本　共十八冊
　　蓬左文庫藏本

(新刻)皇明司臺曆法立福通書大全十四卷

　　(明)熊宗立撰　熊秉懋重訂
　　明萬曆年間(1573—1620年)潭邑書林種德
　堂熊秉宸刊本　共五冊
　　國會圖書館藏本

遁甲演義二卷

　　(明)程道生撰
　　文瀾閣傳寫本　共四冊
　　靜嘉堂文庫藏本　原陸心源十萬卷樓舊藏

選擇叢書集要(五種)

　　(明)江之標編
　　明崇禎年間(1628—1644年)刊本　共十冊
　　靜嘉堂文庫藏本
　　【按】此本細目如次:
　　第一冊至第三冊
　　　《元經》十卷　(晋)郭璞撰;
　　第四冊至第五冊
　　　《陽明按索》五卷　不題撰者;
　　第六冊
　　　《尅擇璇璣經》一卷　(晋)趙載撰;
　　第七冊至第八冊
　　　《佐玄直指圖解》九卷　(明)劉基撰;
　　第九冊至第十冊
　　　《陰陽寶海三元玉鏡奇書》三卷　(元)釋
　　　幕講。

（十）天文算法類

（紹聖新添）周易神煞曆一卷

> 不著編著者姓名
> 宋紹聖年間（1094—1097 年）刊本　卷子本
> 共一軸
> 名古屋真福寺藏本

天文略二卷

> （宋）鄭樵撰
> 明刊本　共二册
> 國會圖書館藏本

六經天文編二卷

> （宋）王應麟編撰
> 元刊本（元刊《玉海》附刻十三種之一）　共一册
> 東京大學東洋文化研究所藏本

六經天文編二卷

> （宋）王應麟編撰
> 明刊本（明萬曆刊《玉海》附刻十三種之一）
> 共一册
> 東京大學東洋文化研究所藏本

（重刻）革象新書二卷

> （元）趙友欽撰　（明）王禕校
> 明正德年間（1506—1521 年）刊本
> 靜嘉堂文庫　尊經閣文庫藏本
> 【按】前有明正德十五年（1502 年）許瓚《序》，又有宋濂《序》，王禕《序》。後有岳正《後序》。
> 靜嘉堂文庫藏本，原係明人徐𤊹（興公）舊藏，卷中有 1634 年徐氏手識文。其文曰：
> > "宋學士作《革象新書序》曰，趙緣督先生著也。先生鄱陽人，隱遁自晦，不知其名

若字。或曰名敬字子恭，或曰友欽其名，弗能詳也。王待制子充校正，其書《序》曰，先生名友某字子公，其先于宋為屬籍云。予家蓄是書久矣。輒因二公之言，而疑先生之名字。近見一雜書，先生名友欽字敬夫，饒之德興人。則知名敬字子恭，及字公者皆非也。右見吳郡都印《三餘贅筆》。印，弘正間隱君子，稱博雅云。崇禎甲戌季夏之望　徐興公識。"
> 卷中有"徐𤊹"、"興公印"等印記。此本後歸陸心源十萬卷樓。共一册。
> 尊經閣文庫藏本，原係江戶時代加賀藩主前田紀綱舊藏，共二册。

（重刻）革象新書（殘本）一卷

> （元）趙友欽撰　（明）貝琳等校
> 明嘉靖十五年（1536 年）序刊本
> 内閣文庫藏本　原昌平坂學問所舊藏
> 【按】是書全本凡二卷。此本今存卷下，實存一卷。

皇明天文述一卷　皇明地理述二卷

> （明）鄭曉撰
> 明刊本　共一册
> 國會圖書館藏本

古今律曆考七十二卷　戊申立春考證一卷　庚戌冬至正訛一卷

> （明）邢雲路撰
> 明萬曆三十六年（1608 年）總理紫荆保定右參政雁門張崇禮刊本
> 靜嘉堂文庫　京都大學人文科學研究所東洋學文獻中心藏本
> 【按】每半葉有界九行，行十八字。白口，四周單邊。

静嘉堂文庫藏本,原係陸心源守先閣舊藏。此本今無《戊申立春考證》一卷及《庚戌冬至正訛》一卷,共十二册。

京都大學藏本,共四十册。

戊申立春考證一卷

(明)邢雲路撰
明萬曆三十六年(1608 年)刊本　共一册
國會圖書館　新城文庫藏本
【按】每半葉有界八行,行十六字。白口,四周單邊。

學曆小辯一卷

(明)魏文魁撰
明崇禎年間(1628—1644 年)刊本　共一册
國會圖書館藏本

宋寶祐四年丙辰歲會天萬年具注曆一卷

(宋)荊執禮等算造具注頒行
古寫本　錢大昕等手識本　共一册
静嘉堂文庫藏本
【按】卷中有清嘉慶八年(1803 年)錢大昕手識文。其文曰:

"寶祐會天曆,予訪之十年不可得。今春聞吳門吳君錦峰有此書,亟望假讀,而錦峰又令賢子錄其副見貽,真衰年快事也。朱錫鬯《跋》引農家諺,以元日立春爲百年罕遇。予考元世祖三十一年甲午歲正月一日立春,見于周密《癸辛雜識》、陶九成《輟耕錄》兩書,距宋理宗寶祐四年僅三十又八年耳。夫元日立春,猶之天正朔旦冬至也,以古法十九年一章之率推之,本非希覯之事,田家不諳推步,故有此,固可信爲實然也……。嘉慶八年歲在昭陽大淵獻皋月甲午朔,竹汀居士錢大昕書于紫陽書院之春風亭。"

又有清嘉慶十九年(1814 年)李銳手識文。其文曰:

"……歲壬戌,與甘泉江鄭堂上舍,同寓

阮雲臺中丞武林節院,談及《曝書亭集》所云《寶祐會天書》,見藏吾郡吳君錦峰家。越明年,介家子仙孝廉向錦峰借觀,錦峰令哲嗣伊人上舍鈔一本見貽,即先師錢詹事所跋者也……。嘉慶十有九年歲在甲戌七月十日處暑中日在七星,元和李銳書于觀妙居。"

又有清嘉慶二十年(1815 年)沈欽裴手識文。其文曰:

"嘉慶二十年歲在乙亥六月廿三日,沈欽裴書于松風閣。"

又有清嘉慶二十五年(1820 年)蔡復午手識文。其文曰:

"嘉慶二十五年塗月癸未朔,蔡復午佇蘭甫跋。"

又有 1842 年陳静庵手識文。其文曰:

"道光壬寅重九日,烏程陳悉静庵氏書于巳日乃孚之齋。"

宋寶祐四年會天曆一卷

(宋)鄧宗文等撰
朱彝尊用昆山徐閣老公肅甫藏本摹寫本　共一册
新城文庫藏本

大明正統十一年歲次丙寅大統曆一卷

(明)倪忠等編撰
明正統十年(1435 年)刊本　共一册
御茶之水圖書館藏本　原德富蘇峰成簣堂舊藏

大明成化八年歲次壬辰大統曆一卷

(明)臧銘等編撰
明成化七年(1471 年)刊本　共一册
國會圖書館　新城文庫藏本

大明弘治二年歲次己酉大統曆一卷

明司曆官編撰不著姓名
明弘治二年(1489 年)刊本　共一帖
國會圖書館　新城文庫藏本

大明嘉靖二十二年歲次癸卯大統曆一卷

（明）劉鎧等編撰
明嘉靖二十一年（1542 年）刊本　共一册
國會圖書館　新城文庫藏本

大明萬曆三十四年歲次丙午大統曆一卷

（明）戈承科等編撰
明萬曆年間（1573—1620 年）刊本　共一册
國會圖書館　新城文庫藏本

大明萬曆四十五年歲次丁巳大統曆一卷

（明）戈承科等編撰
明萬曆四十四年（1616 年）刊本　共一册
國會圖書館　新城文庫藏本

大明天啓四年歲次甲子大統曆一卷

（明）戈承科等編撰
明天啓三年（1623 年）刊本　共一册
國會圖書館　新城文庫藏本

（駐依北京武定侯郭府藏銅版）七政臺曆（殘本）八卷　首一卷

（明）李欽撰　羅邦彦校
明刊本　共八册
内閣文庫藏本　原楓山官庫舊藏
【按】是書係明嘉靖四十三年至崇禎十三年之臺曆，全本凡十二卷。此本今缺卷二至卷五。

七政全曆（新刻七政歸垣下元流斗年全曆）二卷

不著編撰人姓名
明三臺館刊本　共一册
内閣文庫藏本　原楓山官庫舊藏
【按】是書係明嘉靖二十七年至明崇禎九年之臺曆。

（新鍥）司天綜括十一曜行便覽臺曆六卷

（明）劉朝瑞編撰

明萬曆二十五年（1597 年）閩建劉氏安正堂刊本
國會圖書館　新城文庫藏本
【按】國會圖書館藏本，共三册。
新城文庫藏本，共二册。

（新鍥全補）曆法便覽時用通書大全四十卷

（明）劉朝瑞編撰
明萬曆三十五年（1607 年）閩建安正堂劉雙松刊本　共十二册
蓬左文庫藏本

（新鐫司臺選輯）應驗全曆發明通書十二卷

（明）劉釪撰
明萬曆三十七年（1609 年）刊本　共十册
國會圖書館藏本

（新刊臺司選捷）便民曆法通書一提金四卷

（明）鄰比編撰
明刊本　共二册
蓬左文庫藏本　原江户時代尾張藩主家舊藏
【按】此本係明正天皇寬永十二年（1635 年）種村肖推寺進獻本。
卷中有“尾陽内庫”印記。

回回曆法一卷　經度立成一卷　緯度立成一卷　附大明大統曆法一卷

（明）吳伯宗等譯　《附》（明）周相等編撰
明刊本　共六册
内閣文庫藏本　原楓山官庫舊藏

渾蓋通憲圖説二卷

（明）李之藻演　鄭懷魁訂
明萬曆三十五年（1607 年）刊本　共二册
御茶之水圖書館藏本　原德富蘇峰成簣堂等舊藏
【按】每半葉有界九行，行十八字。左右單邊。

卷首有明萬曆彊圉葉恰之歲（丁未・1607年）李之藻《序》，又有同年李之藻《跋》。

　　卷首頂格題“渾蓋通憲圖説首卷”，第二行上空二格題署“浙西李之藻振之演”，第三行與第二行取齊，題署“漳南鄭懷魁輅思訂”，第四行上空一字題署“渾象圖説”，第五行頂格正文，起曰“天體渾圓，運而不息……”。

　　卷中有句點，并保存原印刷之水色題籤。

渾天儀説五卷

　　（明）德國湯若望撰　　意國羅雅谷校

　　明崇禎九年（1636年）序刊本　　共五册

　　内閣文庫藏本　　原豐後佐伯藩主毛利高標舊藏

　　【按】此本係日本仁孝天皇文政年間（1818—1829年）出雲守毛利高翰獻贈幕府。明治初期歸内閣文庫。卷中有“佐伯侯毛利高標字培松藏書畫之印”等印記。

　　【附録】日本江户時代有明代西洋人湯若望撰《渾天儀説》五卷寫本一種。此本今存國會圖書館。

泰西水法六卷　　附簡平儀説一卷

　　（明）西洋熊三拔説　　徐光啓筆記

　　明萬曆四十年（1612年）刊本　　共一册

　　御茶之水圖書館藏本　　原德富蘇峰成簣堂舊藏

天學初函器編十一種

　　（明）李之藻輯

　　明萬曆年間（1573—1620年）刊本　　共二十二册

　　京都大學人文科學研究所東洋學文獻中心藏本

　　【按】此本細目如次：

　　《泰西水法》六卷　　（明）西洋熊三拔説　　徐光啓筆記　　萬曆四十年刊

　　《渾蓋通憲圖説》二卷《首》一卷　　不著編著者姓名

　　《同文算指前編》二卷（明）西洋利馬竇授　　李之藻演　　萬曆四十二年刊

　　《簡平儀説》一卷　　（明）西洋熊三拔説　　徐光啓札記　　萬曆三十九年刊

　　《天問略》一卷　　（明）西洋陽瑪若條答　　萬曆四十三年刊

　　《圜客較義》一卷　　（明）西洋利馬竇授　　李之藻演　　萬曆四十二年刊

　　《表度説》一卷　　（明）西洋熊三拔説　　周子愚　　卓爾康筆記　　萬曆四十二年刊

　　《測量法義》一卷　　（明）西洋利馬竇口譯　　徐光啓筆授

　　《測量異同》一卷　　（明）徐光啓撰

　　《句股義》一卷　　（明）徐光啓撰

　　《幾何原本》六卷《首》一卷　　（明）西洋利馬竇口譯　　徐光啓筆授　　萬曆三十九年重校

曆體略三卷

　　（明）王英明撰

　　明崇禎年間（1628—1644年）汲古閣刊本共一册

　　静嘉堂文庫藏本　　原陸心源十萬卷樓舊藏

交食曆指七卷　　五緯曆指九卷

　　（明）西洋湯若望撰　　西洋羅雅谷訂　　徐光啓修正

　　明崇禎年間（1628—1644年）工部虞衡清吏司郎中楊惟一刊本

　　御茶之水圖書館　　新城文庫藏本

　　【按】卷首題署“修正曆法極西耶穌會士羅雅谷撰，湯若望訂”。

　　御茶之水圖書館藏本，原係朝鮮舊藏，封面係朝鮮所産紙裝裱，書帙爲朝鮮工匠所作，後歸德富蘇峰成簣堂，共十六册。

　　新城文庫藏本，無《五緯曆指》九卷，共七册。

坤輿圖説二卷

　　（明）西洋南懷仁撰

明末刊本　共二册

御茶之水圖書館藏本　原德富蘇峰成簣堂舊藏

【按】每半葉有界九行，行二十字。白口，左右雙邊。

卷首三頁乃係後人寫補。卷中印入句點，封面係用朝鮮產紙裝裱，并用朝鮮小型活字印刷目次。

封面由德富蘇峰手題。

西洋新法曆書

(明)徐光啓　李天經督修

明崇禎年間(1628—1644 年)工部虞衡清吏司郎中楊惟一刊本　共八十册

京都大學人文科學研究所東洋學文獻中心藏本

【按】此本細目如次：

《渾天儀説》五卷　(明)西洋湯若望撰　西洋羅雅谷訂

《測天約説》二卷　(明)西洋鄧玉函撰　西洋湯若望訂

《大測》二卷　(明)西洋鄧玉函撰　西洋湯若望訂

《測食》二卷　(明)西洋湯若望訂

《比例規解》一卷　(明)西洋羅雅谷撰　西洋湯若望訂

《測量全義》十卷　(明)西洋羅雅谷撰　西洋湯若望訂

《學曆小辯》一卷　闕名編撰

《新法曆引》一卷　(明)西洋湯若望删定

《曆法西傳》一卷　(明)西洋湯若望撰

《新法表異》二卷　(明)西洋湯若望撰

《日躔表》二卷　(明)西洋羅雅谷撰　西洋湯若望訂

《日躔曆指》一卷　(明)西洋羅雅谷撰　西洋湯若望訂

《月離表》四卷　(明)西洋羅雅谷撰　西洋湯若望訂

《月離曆》四卷　(明)西洋羅雅谷撰　西洋

湯若望訂

《古今交食考》一卷　(明)西洋湯若望撰　西洋羅雅谷訂

《交食曆指》七卷　(明)西洋湯若望撰　西洋羅雅谷訂

《交食表》九卷　(明)西洋湯若望撰　西洋羅雅谷訂

《五緯表》十卷《首》一卷　(明)西洋羅雅谷撰　西洋湯若望訂

《五緯曆指》九卷　(明)西洋羅雅谷撰　西洋湯若望訂

《黄赤道距度表》一卷　(明)西洋鄧玉函撰　西洋龍華民訂

《割圓八綫表》一卷　(明)西洋羅雅谷　鄧玉函　湯若望撰

《籌算》一卷　(明)西洋羅雅谷撰　西洋湯若望訂

《遠鏡説》一卷　(明)西洋湯若望撰

《新曆曉或》一卷　(明)西洋湯若望撰

《幾何要法》一卷　(明)西洋艾儒略口述　(明)瞿式穀　筆受

【附録】日本江户時代有明代西洋人羅雅谷撰《五緯曆指》八卷寫本一種。此本今存國會圖書館。

江户時代有明代西洋人羅雅谷撰《曆引》一卷寫本兩種。一種紙幅寬 17cm；一種紙幅寬 28cm。此兩種寫本今皆存國會圖書館。

革節卮言五卷

(明)戴庭槐撰

明萬曆年間(1573—1620 年)刊本　共二册

静嘉堂文庫藏本　原中村敬宇等舊藏

諏擇曆眼十二卷　諏擇秘典二卷

(明)黄汝和撰

明天啓年間(1621—1627 年)刊本

國會圖書館　内閣文庫　静嘉堂文庫　尊經閣文庫藏本

【按】前有明天啓三年(1623 年)《序》。

國會圖書館藏本,無《諏擇秘典》二卷,共六册。

內閣文庫藏本,原係江户時代林羅山舊藏,卷中有"江雲渭樹"印記,共八册。

静嘉堂文庫藏本,原係中村敬宇等舊藏,共八册。

尊經閣文庫藏本,原係江户時代加賀藩主前田紀綱舊藏,共八册。

周髀算經二卷　音義一卷

(漢)趙君卿注　周甄鸞重述　(唐)李淳風釋　《音義》(宋)李籍撰

明刊本

內閣文庫　静嘉堂文庫藏本

【按】內閣文庫藏本,原係江户時代林氏大學頭家舊藏,共二册。

静嘉堂文庫藏本,共一册。

楊輝算法五種

(宋)楊輝編集

明汲古閣摹寫宋本　共二册

静嘉堂文庫藏本

【按】每半葉有界十六行,行二十六字。

卷首題署"錢塘楊輝編"(《算法取用本末》題署"錢塘楊輝、史向榮編集")。前有宋德祐元年(1275年)楊輝《序》。

此本細目如次:

《田畝比類乘除捷法》二卷;

《算法通變本末》一卷;

《乘除通變算寶》一卷;

《算法取用本末》一卷;

《續古摘奇算法》一卷。

卷中有"晚山書院"、"毛晉私印"、"子晉"等印記。

陸心源《儀顧堂題跋》著錄此本。

測圓海鏡十二卷

(元)李冶撰

元人寫本　共六册

宮內廳書陵部藏本

【按】前有戊申秋九月李冶《序》,後有至元二十四年(1287年)王德淵《跋》。

九章比類算法大全十卷　乘除開方起例二卷

(明)吳敬撰

明刊本　共十六册

静嘉堂文庫藏本　原陸心源守先閣等舊藏

弧矢算術一卷

(明)顧應祥撰

明刊本　共一册

静嘉堂文庫藏本　原陸心源十萬卷樓舊藏

句股算術二卷

(明)顧應祥撰

明刊本　共一册

静嘉堂文庫藏本　原陸心源十萬卷樓舊藏

(新編)直指算法統宗十七卷

(明)程大位撰

明萬曆年間(1573—1620年)刊本

尊經閣文庫　早稻田大學圖書館藏本

【按】前有明萬曆二十一年(1593年)《序》。

尊經閣文庫藏本,原係江户時代加賀藩主前田綱紀等舊藏,共十册。

早稻田大學圖書館藏本,係文盛堂藏版,共六册。

【附錄】日本靈元天皇延寶四年(1676年)江户唐本屋太兵衛與京都唐本屋清兵衛刊印《新編直指算法統宗》十七卷,題署"明程大位撰",由日人湯淺得之考訂。其後,此本有京都唐本屋忠兵衛重印本,又有京都河南四郎右衛門重印本,又有大阪田原平兵衛重印本,又有大阪河內屋八兵衛重印本。

(新編)直指算法統宗(殘本)九卷

(明)程大位撰

明刊本　共九册

早稻田大學圖書館藏本

【按】是書全本十卷。此本今缺卷第二，實存九卷。

幾何原本五卷

（西洋）歐幾里得（Eukleides）撰　（明）西洋利馬竇（Ricei，Matteo）譯　徐光啓筆受

明萬曆年間（1573—1620 年）刊本　共四册

早稻田大學圖書館藏本　原小倉金之助家小倉文庫等舊藏。

【按】前有明萬曆三十五年（1607 年）《序》。卷第五係後人寫補。

【附録】江户時代有 Eukleides 撰、Ricei，Matteo 漢譯、徐光啓筆受《幾何原本》五卷之寫本一種。此本係依據明萬曆三十五年（1607 年）序刊本抄録，今存早稻田大學圖書館。

幾何原本（殘本）四卷

（西洋）歐几里得撰（Eukleides）　（明）西洋利馬竇（Ricei，Matteo）譯

明末刊本　共二册

御茶之水圖書館藏本　原德富蘇峰成簣堂舊藏

【按】是書全本六卷。此本今缺卷一、卷二，實存四卷。

幾何要法四卷

（明）西洋艾儒略（Aleni，Giulio）口述　瞿式穀筆受

明刊本　共二册

早稻大學圖書館藏本　原小倉金之助家小倉文庫等舊藏

測量法義（不分卷）　附勾股義　測量異同

（明）西洋利馬竇（Ricei，Matteo）譯　徐光啓筆受　《附》徐光啓撰

明刊本　共二册

早稻田大學圖書館藏本　原小倉金之助家小倉文庫等舊藏

【附録】江户時代另有利馬竇（Ricei，Matteo）所授、李之藻筆記《圜容較義》之寫本一種。此本係依據明萬曆四十二年（1614 年）序刊本抄録，今存早稻田大學圖書館。

割圓八線表一卷

（明）西洋羅雅谷（Jacobus，Rho）等撰　徐光啓編

明刊本　共一册

早稻田大學圖書館藏本　原小倉金之助家小倉文庫等舊藏

【附録】江户時代有羅雅谷（Jacobus，Rho）等撰　徐光啓編《割圓八線之表用法》之寫本一卷。此本原係小倉金之助家小倉文庫等舊藏，今存早稻田大學圖書館。

（新刻訂正家傳秘訣）盤珠算法士民利用二卷

（明）徐新魯編校

明萬曆年間（1573—1620 年）熊臺南刊本共一册

内閣文庫藏本　原楓山官庫舊藏

（十一）譜　録　類

（器物之屬）

鼎録一卷

（梁）虞荔撰
明刊本（明刊《廣漢魏叢書》零本）　共一册
國會圖書館藏本

鼎録一卷

（梁）虞荔撰　（明）吕胤昌校
明刊本　共一册
内閣文庫藏本　原楓山官庫舊藏

古今刀劍録一卷

（梁）陶弘景撰　（明）程榮校
明刊本（明刊《漢魏叢書》零本）　共一册
内閣文庫藏本　原昌平坂學問所舊藏

古今刀劍録一卷

（梁）陶弘景撰
明刊本（明刊《廣漢魏叢書》零本）　共一册
國會圖書館藏本

銅劍贊一卷

（梁）江淹撰　（明）沈士龍　胡震亨校
明刊本（明刊《秘册彙函》零本）　共一册
内閣文庫藏本　原楓山官庫舊藏

泉志十五卷　首一卷

（宋）洪遵撰　（明）胡震亨　毛晉訂
明萬曆三十一年（1603 年）跋刊本　共一册
國會圖書館藏本
【附録】日本東山天皇元禄十年（1697 年）京
都林九兵衛刊印《泉志》十五卷，并《首》一卷，
題署“宋洪遵撰，明胡震亨、毛晉校”。此本由

日人一色時棟（東溪）訓點。

考古圖十卷

（宋）吕大臨撰　（元）羅更翁考訂
元大德年間（1297—1307 年）刊本　共二册
静嘉堂文庫藏本
【按】前有吕大臨《序》，又有元大德己亥
（1299 年）茶陵陳才子《題識》，又有同年陳翼
子《題識》。
陸心源《儀顧堂續跋》卷十著録此本。其識
文曰：
　　“每卷有目，題‘默齋羅更翁考訂’。據
才子《序》，書本巨編，翼子屬更翁臨刻始縮
小，證以《提要》所舉，卷一、卷四、卷六、卷
八、卷九、卷十缺文顚倒皆同，蓋明泊如齋、
寶古堂皆從此出也。遵王明季人，藏有完
善宋刻。大德在遵王前幾四百年，完本必易
求，乃以不全之本付梓，殊爲可惜。繪圖亦
不及明刻之精，惟葉數缺處皆留空葉，尚有
形迹可尋。明刻連屬，以泯其迹，則謬矣。”

考古圖十卷

（宋）吕大臨撰　（元）羅更翁考訂
元大德三年（1299 年）刊本　共二册
大阪府立圖書館富岡文庫藏本
【按】此本與静嘉堂文庫藏本爲同一刊本。

考古圖十卷

（宋）吕大臨撰　（元）羅更翁考訂
明初刊本　共八册
静嘉堂文庫藏本　原陸心源皕宋樓舊藏

考古圖十卷

（宋）呂大臨撰　　（元）羅更翁考訂　　（明）鄭璞校

明萬曆年間（1573—1620 年）刊本

國會圖書館　靜嘉堂文庫　大東急紀念文庫藏本

【按】國會圖書館藏本，原共十册，現合爲五册。

靜嘉堂文庫藏此同一刊本兩部，皆共十册。其中一部原係竹添光鴻舊藏，卷中有竹添光鴻手校文字。

大東急紀念文庫藏本，附有《亦政堂重考古玉圖》二卷，共十四册。

（重修）考古圖十卷

（宋）呂大臨撰　　（明）鄭宏經重修

明崇禎七年（1634 年）序刊本　共六册

内閣文庫藏本　原中國明人戴金　江戶時代林氏大學頭家舊藏

續考古圖五卷　釋文一卷

（宋）趙九成撰

古影摹宋本　翁方綱手識文本　共三册

靜嘉堂文庫藏本

【按】前有趙九成《釋文序》。

卷中有翁方綱手識文。其文曰：

"宋翟耆年伯壽《籀史》下卷，有趙九成著《呂氏考古圖釋》，據此，則《釋文》一卷，是趙九成撰。其卷前題詞，蓋九成所爲也。壬寅夏六月六日，方綱識。"

陸心源《儀顧堂續跋》卷十著錄此本。其識文曰：

"《續考古圖》五卷，始見于《讀書敏求記》，不著撰人。《四庫》及《天禄琳琅》所著錄，即遵王藏本。余借潘伯寅尚書藏本付梓，僅據翟耆年《籀史》，知《釋文》爲趙九成所撰，心疑《續圖》或亦出九成，而無證據。近讀李邴《嘯堂集古錄序》，有云鼎器款識絕

少，字劃復多漫滅。及得呂大臨、趙九成二家《考古圖》，雖有典刑，辨識不容無舛。據此則《續圖》亦九成所輯也。"

（至大重修）宣和博古圖錄三十卷

（宋）王黼等奉敕編撰

元刊本　共十六册

靜嘉堂文庫藏本　原海鹽馬玉堂　陸心源皕宋樓舊藏

【按】每半葉八行，行十七字。白口，左右雙邊（28.9cm × 22.8cm）。版心間有字數，偶記刻工姓名。

版頁摹印之圖，凡依原樣描製者，則旁注"依元樣製"四字；凡比原樣縮小者，則旁注"減小樣製"四字。

陸心源《儀顧堂續跋》卷十著錄此本。其識文曰：

"書爲徽宗時撰，元人不加一字，'至大重修'之名，殊不可解。蓋靖康之亂，金人盡攜汴京圖籍書版而北，見《靖康要錄》及《北盟會編》。自金入元，版已殘缺。竊意前後必有王黼等進表及纂修校勘銜名，元人修補刊完，惡其人而去之。故改題'至大重修'之名，其版則猶宋刊居多也。首行'至大'二字，或小或大，或疏或密，與'重修宣和博古圖錄卷第幾'各字，氣既不貫，字之工拙懸殊，亦以宋刊挖補之一證也。據蔡絛説，書成于大觀初，《容齋隨筆》又稱政和中置局。疑宋本中已有'政和重修'字樣，元人改'政和'爲'至大'，惜無確證耳。"

卷中有"馬玉堂印"、"笏齋"、"漢唐齋印"、"歸安陸樹聲所見金石書畫記"、"歸安陸樹聲叔桐父印"等印記。

【附錄】日本中御門天皇享保四年（1721 年）中國商船"世字號"載《宣和博古圖》一部二帙運抵日本。

宣和博古圖錄三十卷

（宋）王黼等奉敕編撰

元至大（1308—1311 年）重修刊本　共三十
冊
　　大阪府立圖書館藏本
　　【按】此本與静嘉堂文庫藏本爲同一刊本。
　　日人森立之《經籍訪古志》卷四著録“《宣和
博古圖》三十卷，元刊本，求古樓藏”。其識文
曰：
　　　　“卷首題‘至大重修宣和博古圖録’。按
　　《讀書敏求記》云，是書雕造精工，字法俱撫
　　歐陽，乃當時名手所書，非草草付諸剞劂者。
　　此本書法圖式精善，一與錢氏之言符，蓋即
　　元印宋板也。卷端題目一行，當是元人妄改
　　者。”

（至大重修）宣和博古圖録三十卷

　　（宋）王黼等奉敕編撰
　　明嘉靖年間（1522—1566 年）覆元刊本
　　静嘉堂文庫　大東急紀念文庫　御茶之水
圖書館藏本
　　【按】前有明嘉靖七年（1528 年）蔣暘《序》。
　　静嘉堂文庫藏本，原係陸心源十萬卷樓舊
藏，共三十冊。
　　大東急紀念文庫藏本，共十五冊。
　　御茶之水圖書館藏本，原係德富蘇成簣堂舊
藏，此本係原印原裝本，共十五冊。

（泊如齋重修）宣和博古圖録三十卷

　　（宋）王黼等奉敕編撰　　（明）程子莊校
　　明萬曆年間（1573—1620 年）刊本
　　內閣文庫　静嘉堂文庫　陽明文庫藏本
　　【按】前有明萬曆十六年（1588 年）《序》。
　　內閣文庫藏本，原係江戶時代林氏大學頭家
舊藏，共十五冊。
　　静嘉堂文庫藏本，共三十冊。
　　陽明文庫藏本，原係江戶時代近衛家凞等舊
藏，共三十冊。

（重修）宣和博古圖録三十卷

　　（宋）王黼等奉敕編撰

明萬曆二十七年（1599 年）廣陵于氏刊本
共三十二冊
　　京都大學藏本
　　【按】京都大學藏此同一刊本三部。一部今
存人文科學研究所東洋學文獻中心，共三十二
冊。一部今存文學部史學研究室，共十六冊。
一部今存工學部建築學科研究室，共十六冊。

（寶古堂重修）宣和博古圖録三十卷

　　（宋）王黼等奉敕編撰
　　明萬曆三十一年（1603 年）序刊本　共十二
冊
　　內閣文庫藏本

（重修）宣和博古圖録三十卷

　　（宋）王黼等撰　　（明）于承祖編
　　明崇禎年間（1628—1644 年）刊本　共十八
冊
　　静嘉堂文庫　東北大學附屬圖書館藏本
　　【按】静嘉堂文庫藏本，共十八冊。
　　東北大學藏本，共十二冊。

嘯堂集古録二卷

　　（宋）王俅撰
　　明刊本
　　內閣文庫　静嘉堂文庫藏本
　　【按】前有李邴《序》。又有宋淳熙丙申（1176
年）曾機《跋》，又有元元統改元（1333 年）十一
月于文傅《跋》。
　　內閣文庫藏本，原係木村兼葭堂舊藏，共四
冊。
　　静嘉堂文庫藏本，原係陸心源十萬卷樓舊
藏，共二冊。

硯箋四卷

　　（宋）高似孫撰
　　明人寫本并校宋本　黃蕘圃手識本　共一
冊
　　静嘉堂文庫藏本　原陸心源十萬卷樓舊藏

【按】卷末有黄堯圃手識文六則。

其一曰：

"甲戌秋九月十九日，爲長孫秉剛授室榮陽，心力交瘁，不獲觀書者幾日矣。越一日，適五柳陶君來道喜，留之飯，座間談及新收一舊抄本《硯箋》，上鈐吴岫圖記，不問而知爲嘉靖時鈔本矣。即遣力請取，晨夕稍暇，即手校一過，内卷一第十三葉脱誤，與陳録吴槎客本同。知此葉之亡來已久矣。而其中佳處，足證毛本之誤者，亦復不少。古書傳抄，豈能無誤，得此證彼，可定去取，所謂三人占則從二人之言也。余既得此陸本，又得顧本，并得陶本，是三本也。以三本參之，而誤可證，書之貴多者以此。日來俗冗敗我清興，此《硯箋》一本又引我觀書之興，良朋之既爲何如耶！復翁書于陶陶室之北窗。

半是書房半卧房，　晨昏作伴有青箱。

閑來磨墨親揮翰，　一硯隨身友最良。

日來避囂，移榻書齋，晨昏起坐，校勘尤便。聊筆諸《硯箋》尾，以紀一時樂事。復翁。"

其二曰：

"此《硯箋》四卷，舊鈔本，西賓陸東蘿得諸臨頓里冷攤以遺余者。插架無此書，揚州本以時刻未之收。昨歲于陳仲魚案頭見一抄本，思假録，未暇及此，今適有此，遂假歸，手爲之勘一過，而又以陳本之勝此，及疑似者，疏諸卷首素紙，是册舊有跋云從宋版出，未敢以别本擅改，故别以校語附于前，俾此册仍存净本云。儻天壤間尚有宋版在，或續遇之以折衷其是非，豈不更快乎。辛未秋七月中元前二日，書于學耕堂，復翁。"

其三曰：

"凡古書非的見舊本，不可擅改。此書雖有陳本，未敢定其是非。即如吴淑《硯賦》'成墨海于一細'，此及陳本皆作'細'，按文義殊不通，因五硯樓藏影鈔宋本《事類賦》適在余所，取閲之，果不謬，蓋'紐'字也。《注》引《文房四譜》曰：'昔黄帝得玉一紐，治爲墨海焉。'由此推之，書之字以形似而誤者，可勝言哉！此賦全文具載本書，并校異文于左。"

其四曰：

"壬申夏五月，從試飲堂顧氏藏舊抄本校。顧氏本出汲古，當是照宋録本，行款與陳録吴本同，更有勝處者。卷一中脱第十三葉，唯顧本有之。復翁記。"

其五曰：

"余于古書，每見必收，故一書竟有重復至三四本者，旁人笑之，謂書足以備觀覽而已，何誇多鬬靡若是。余曰，取其書之盡美又盡善也。即如此《硯箋》，大榘置揚州近刻而已矣。余卻未之蓄，爲無舊本也。見有海寧陳録吴本矣，擬鈔之，未果也。見有陸收鈔本矣，因借陳本勘之，又借近本勘之，知陳善矣，又知陸善矣，而近本無取焉。此陸本即校陳本者，因陸本善，未敢污之，僅録校語於副紙，適又遇顧本，乃知更善于陳陸兩家本。今後得宋本，乃真善耳！可見余之重復收書者無它，期于盡美又盡善也。旁觀者勿以爲笑。復翁。"

其六曰：

"顧氏試飲堂本，仍復歸余。余謂顧本同陳傳鈔吴本，惟卷一多一葉爲勝，此陸收舊鈔本，亦謂書係宋版，對本精繕，則未可全非矣。前因無舊本，故未敢輕污，後因有舊本，遂重經校改，今顧本歸余，自應各存兩本面目。況世無宋本，未容過爲軒輊，顧本居甲，陸本居乙，斯可耳！癸酉元夕重裝記，知非子又識。"

卷中又有無名氏手識文一則。其文曰：

"《硯箋》四卷，南宋高似孫澹廬輯，舉凡天下古今之硯，無不備載，而以石品辯之極詳。書係宋版，近今罕有。對本精繕，以供博雅之一助云。"

【附録】日本仁孝天皇文政五年（1822年）昌平坂學問所刊印《硯箋》四卷，題署"宋高似孫撰"；并同時刊印《墨經》一卷，題署"宋晁説之撰"。其後,此本有文政六年(1823年)崛野屋儀助、岡田屋嘉七重印本。

博古圖録考正三十卷

(明)蔣暘撰
明萬曆年間(1573—1620年)遂州鄭樸刊本
國會圖書館　静嘉堂文庫藏本
【按】前有明萬曆二十四年(1596年)《序》
國會圖書館藏本,共十五册。
静嘉堂文庫藏本,共十六册。

醉古堂劍掃十二卷

(明)陸紹珩撰
明天啓年間(1621—1627年)刊本　共二册
尊經閣文庫藏本　原江户時代加賀藩主前田綱紀等舊藏

大禹九鼎圖述一卷　歷代帝王鼎類一卷

(明)王希旦撰　林翰校
明刊本　共一册
內閣文庫藏本　原木村蒹葭堂舊藏

(新刻)古器具名二卷　古器總説一卷

(明)胡文焕撰
明萬曆二十一年(1593年)刊本
國會圖書館　內閣文庫藏本
【按】國會圖書館藏本,原共六册,現合爲三册。
內閣文庫藏此同一刊本兩部。一部原係昌平坂學問所舊藏,共三册。一部原係木村蒹葭堂舊藏,共二册。

古奇器録一卷

(明)陸深撰
明刊本(明刊《廣百川學海》零本)　共一册
東京大學東洋文化研究所藏本

劍筴二十七卷

(明)錢希言撰　馮時可訂正

明晉安陳訏謨刊本　共十四册(現合爲七册)
國會圖書館藏本

劍筴二十七卷

(明)錢希言撰　馮時可訂正
明翠幄草堂刊本　共三十六册
內閣文庫藏本

龍乘六卷

(明)胡世安撰
明崇禎十一年(1638年)序刊本　共四册
內閣文庫藏本　原昌平坂學問所舊藏

天下金石志十五卷　附一卷

(明)于奕正編纂
明刊本　共四册
內閣文庫藏本　原木村蒹葭堂舊藏

石品二卷

(明)郁濬撰
明萬曆四十五年(1617年)序刊本　共二册(現合爲一册)
國會圖書館藏本

墨藪二卷　附法帖音釋刊誤

(唐)韋續撰
明刊本　共二册
尊經閣文庫藏本　原江户時代加賀藩主前田綱紀等舊藏

方氏墨譜六卷

(明)方于魯撰
明萬曆十一年(1583年)序刊本
國會圖書館　陽明文庫藏本
【按】國會圖書館藏本,共三册。
陽明文庫藏本,原係江户時代近衛家凞等舊藏,共八册。
【附録】日本中御門天皇享保二年(1717年)

中國商船"呂字號"載《方氏墨譜》一部一帙運抵日本。

中御門天皇享保二十年（1735 年）中國寧波商船"二十番"載方于魯《墨譜》一部二帙，運抵日本。

光格天皇文化元年（1804 年）中國商船"亥十番"載《方氏墨譜》一部運抵日本。

仁孝天皇弘化三年（1846 年）中國商船"巳字號"載《方氏墨譜》一部運抵日本，售價三十匁。

方氏墨譜六卷

（明）方于魯撰

明萬曆十七年（1589 年）美蔭堂刊本

静嘉堂文庫　東洋文庫　京都大學人文科學研究所東洋學文獻中心　國立長崎大學附屬圖書館　早稻田大學圖書館　大阪府立圖書館　御茶之水圖書館藏本

【按】前有明萬曆癸酉（1573 年）汪道坤《序》，又有李維楨《序》，又有萬曆己丑（1589 年）王穉登《序》，又有方宇《序》等。

静嘉堂文庫藏本，原係陸心源十萬卷樓舊藏，共八册。

東洋文庫藏本，原係三菱財團岩崎氏家等舊藏，共八册。

京都大學藏本，原係松本文三郎舊藏，共六册。

長崎大學藏本，今存經濟學部圖書館。此本今缺卷二至卷四，實存三卷，共一册。

早稻田大學圖書館藏本，共八册。

大阪府立圖書館藏本，卷中有"淑躬堂藏書印"、"雪苑宋氏蘭揮藏書記""有竹軒"等印記，共八册。

御茶之水圖書館藏本，原係德富蘇峰成簣堂等舊藏。此本卷末有明治四十三年（1910 年）手識文，叙從朝鮮京城購入之由，共七册。

程氏墨苑十二卷　墨苑姓氏爵里一卷　墨苑人文八卷

（明）程大約編撰

明萬曆三十四年（1606 年）滋蘭堂刊本

國會圖書館　静嘉堂文庫　早稻田大學圖書館　大谷大學附屬圖書館藏本

【按】前有明萬曆壬午（1582 年）葉向高《序》，又有萬曆甲辰（1604 年）程大約《自序》。後有柯之來《跋》，又有魏允貞《跋》，又有明萬曆癸卯（1603 年）錢允治《跋》等。

此本論述諸墨，并摹畫成圖，分爲"元工"、"輿地"、"人官"、"物華"、"儒箴"、"緇黃"凡六類，每類又分上下二卷。雕鏤題識，頗爲精巧。

國會圖書館藏本，共二十册。

静嘉堂文庫藏本，原係陸心源十萬卷樓舊藏。此本無《墨苑姓氏爵里》一卷及《墨苑人文》八卷，共二十四册。

早稻田大學圖書館藏本，共八册。

大谷大學藏本，原係神田喜一郎（邕庵）舊藏，昭和四十九年（1984 年）由神田氏家族捐贈大學，共三十一册。

【附錄】日本中御門天皇享保二十年（1735 年）中國寧波商船"二十番"載《程氏墨苑》一部二帙，運抵日本。

墨海六卷

（明）方瑞生輯

明萬曆年間（1573—1620 年）刊本　共八册

東洋文庫藏本　原三菱財團岩崎氏家等舊藏

墨海（不分卷）

（明）方瑞生編

明刊本　共一册

静嘉堂文庫藏本　原陸心源守先閣舊藏

墨海書（殘本）三卷　墨暈一卷

（明）方瑞生編

明萬曆年間(1573—1620 年)刊本　共五册

內閣文庫藏本　原豐後佐伯藩主毛利高標舊藏

【按】是書全本四卷。此本今缺卷一。

此本係仁孝天皇文政年間(1818—1829 年)出雲守毛利高翰獻贈幕府。明治初期歸內閣文庫。卷中有"佐伯侯毛利高標字培松藏書畫之印"等印記。

石墨鎸華八卷

(明)趙崡編纂

明刊本

內閣文庫　京都大學文學部史學科藏本

【按】內閣文庫藏本,原係楓山官庫舊藏,共三册。

京都大學藏本,共四册。

(雪香庵)美人鏡一卷　怪石供一卷

(明)許如蘭撰

明刊本　共四册

內閣文庫藏本　原豐後佐伯藩主毛利高標舊藏

【按】此本係仁孝天皇文政年間(1818—1829 年)出雲守毛利高翰獻贈幕府。明治初期歸內閣文庫。卷中有"佐伯侯毛利高標字培松藏書畫之印"等印記。

遠西奇器圖説録最三卷　新制諸器圖説一卷

(明)瑞國鄧玉函撰　王徵譯繪　汪應魁校

明崇禎元年(1628 年)序刊本　共二册

內閣文庫藏本　原楓山官庫舊藏

【按】內閣文庫藏此同一刊本兩部。一部原係楓山官庫舊藏,共二册。一部係後印本,由吴懷古校,共六册。

【附録】日本桃園天皇延享二年(1745 年)中國商船"江字號"載《遠西奇器圖説録最》一部一帙運抵日本。

桃園天皇寬延四年(1751 年)中國商船"午字號"載《奇器圖説》一部六册運抵日本。其

《持渡書物覺書》識文曰:"此書乃西洋人鄧玉函所輯,爲奇巧妙用運轉重物、或節省人力之水利等奇器圖説。"

藝窗清玩三十五卷

(明)胡文焕編

明萬曆二十一年(1593 年)錢塘胡氏刊本共十二册

蓬左文庫藏本　原江户時代尾張藩主家舊藏

【按】此本細目如下:

《新刻文房清事》一卷　□闕名撰　(明)胡文焕校;

《新刻文房四譜摘要》四卷　(宋)蘇易簡撰(明)胡文焕選;

《新刻文房圖贊》一卷　(宋)林洪撰;

《新刻古器具名》一卷附《古器總説》一卷(明)胡文焕編;

《新刻辟塵珠》一卷　(明)胡文焕選輯;

《新刻古今碑帖考》一卷　(明)朱晨撰;

《新刻山家清事》一卷　(宋)林洪撰;

《新刻山房十友圖贊》一卷　(明)顧元慶撰;

《新刻香譜》一卷　(宋)洪芻撰;

《新刻茶經》二卷　(唐)陸羽撰;

《新刻茶譜》一卷　(明)顧元慶撰;

《新刻茶具圖贊》一卷　(明)茅一相編;

《新刻茶録》一卷　(宋)蔡襄撰;

《新刻東溪試茶録》一卷　(宋)宋之安撰;

《新刻茶集》一卷附《附説》四篇　(明)胡文焕撰;

《新刻格古要論》五卷　(明)曹昭撰　舒敏編　胡文焕選;

《新刻歲時廣記》四卷《圖説》一卷　(宋)陳元靚編纂　(明)胡文焕校;

《新刻洞天清録》一卷　(宋)趙希鵠撰;

《新刻保生新鑒》一卷　(明)鐵峰居士撰　胡文焕校正。

群芳清玩（不分卷）

　（明）李璵編　毛晉校
　明刊本　共七册
　宮内廳書陵部藏本
　【按】此本原係江户時代德山藩三代主毛利元次廣收"天下秘籍"之一，東山天皇寶永三年（1706年）《御書物目録》著録此本。明治二十九年（1896年）由男爵毛利元功獻贈宮内省圖書寮（即今宮内廳書陵部）。

清儀閣所藏古器物文十卷

　（清）張廷濟編撰
　手稿本　共十册
　京都大學人文科學研究所東洋學文獻中心藏本

（食譜之屬）

飲食書六卷

　（明）宋公玉撰
　明刊本　共二册
　内閣文庫藏本　原楓山官庫舊藏

蔬食譜一卷

　（宋）陳達叟撰
　明刊本（明刊《百川學海·辛集》零本）　共一册（與《菌譜》合訂）
　國會圖書館藏本

蔬食譜一卷

　（宋）陳達叟撰
　明刊本（明刊《百川學海·癸集》零本）　共一册（與《荔枝譜》合訂）
　國會圖書館藏本

蔬食譜一卷

　（宋）陳達叟撰
　明刊本（明刊《廣百川學海·癸集》零本）　共一册（與《學圃雜疏》合訂）
　國會圖書館藏本

食品集二卷　附録一卷

　（明）吳禄輯
　明嘉靖十六年（1537年）刊本　共二册
　國會圖書館藏本

茶經三卷　附陸文學自傳一卷

　（唐）陸羽撰
　明嘉靖七年（1528年）序刊本　共一册
　愛知大學附屬圖書館簡齋文庫藏本　原小倉正恒等舊藏
　【按】此本今缺卷首及卷末。
　【附録】後櫻町天皇寶曆十三年（1763年）中國商船"佐字號"載《茶經》一部一帙運抵日本。
　日本桃園天皇寶曆三年（1753年）刊印唐人陸羽《茶經》三卷，并附明人孫大綬輯《茶經外集》一卷、《茶經水辨》一卷、明人顧元慶輯《茶譜》一卷。此本由仁孝天皇天保十五年（1844年）京都佐佐木惣四郎、辻本仁兵衛等修訂重印。

茶經三卷　附茶具圖贊一卷　茶譜一卷　茶集一卷

　（唐）陸羽撰　《圖贊》（明）茅一相撰　《茶譜》（明）顧元慶輯　《茶集》（明）喻政輯
　明萬曆十六年（1588年）刊本　共二册
　國會圖書館藏本
　【附録】日本江户時代春秋館刊印《茶經》三卷，并附刊《茶具圖贊》、《茶經水辯》、《茶經外集》、《茶譜》、《茶譜外集》。此本題署"唐陸羽撰，明鄭熜校"，《圖贊》題署"明茅一相編"，《茶譜》題署"明顧元慶編"，《茶譜外集》題署"明孫大綬編"。

桃園天皇寶曆八年（1758 年）京都佐佐木平八等再刊印《茶經》三卷，并附《茶具圖贊》、《茶經水辯》、《茶經外集》、《茶譜》、《茶譜外集》。各卷題署同上。其後，此本有仁孝天皇天保十五年（1844 年）京都佐佐木惣四郎、辻本仁兵衛修訂重印本，又有京都林喜兵衛等重印本，又有孝明天皇弘化三年（1846 年）京都錢屋惣四郎補正重印本。

　　光格天皇文化四年（1807 年）京都小川源兵衛、佐佐木惣四郎刊印《茶譜》一卷，題署"明顧元慶編"。并附刊《茶譜外集》一卷，題署"明孫大綬編"。其後，此本有小川源兵衛後印本。

　　光格天皇文化元年（1804 年）京都小川源兵衛刊印《茶集》三卷，題署"明喻政撰，林靖校"。其後，此本有名古屋藤屋宗助重印本。

茶經三卷

　　（唐）陸羽撰
　　明刊本（明刊《百川學海·辛集》零本）　共一冊（與《試茶錄》合訂）
　　國會圖書館藏本

茶經三卷

　　（唐）陸羽撰
　　明刊本（明刊《百川學海·壬集》零本）　共一冊（與《試茶錄》合訂）
　　國會圖書館藏本

茶經三卷

　　（唐）陸羽撰　（明）程榮校
　　明刊本（明刊《漢魏叢書》零本）　共一冊
　　東京大學東洋文化研究所藏本

茶錄一卷

　　（宋）蔡襄撰
　　明刊本（明刊《百川學海·辛集》零本）　共一冊
　　國會圖書館藏本

試茶錄一卷

　　（宋）宋子安撰
　　明刊本（明刊《百川學海·辛集》零本）　共一冊（與《茶經》合訂）
　　國會圖書館藏本

試茶錄一卷

　　（宋）宋子安撰
　　明刊本（明刊《百川學海·壬集》零本）　共一冊（與《茶經》合訂）
　　國會圖書館藏本

荈茗錄一卷

　　（宋）陶穀撰
　　明刊本　共一冊
　　静嘉堂文庫藏本
　　【按】卷首題署"宋幽國陶穀清臣著"。

茶董四卷

　　（明）芳茂卿輯
　　明刊本　共一冊
　　御茶之水圖書館藏本　原德富蘇峰成簣堂舊藏
　　【按】每半葉有界七行，行十六字。白口，四周單邊。
　　卷中刻印句點。
　　封面乃朝鮮産黃色紋樣紙裝裱，卷末有明治四十二年（1909 年）德富蘇峰手識文。

茶董二卷　補二卷

　　（明）夏樹芳輯　陳繼儒補
　　明刊本　共二冊
　　東洋文庫藏本

茶具圖贊一卷

　　（明）茅一相撰
　　明刊本　共一冊
　　静嘉堂文庫藏本

【按】前有茅一相《序》。次葉記茶具十二先生姓名字號,題"(宋)咸淳己巳五月夏至後五日審安老人書"。

卷末有長州朱存理《後序》。

茶集二卷

(明)喻政編

明刊本　共一册

東京大學東洋文化研究所藏本

【按】此書分"文類"、"賦類"、"詩類"、"詞類"凡四類,載宋代自蘇軾以下詩文繫於茶事者。

【附錄】光格天皇文化元年(1804 年)尾張(今名古屋)藤屋宗助刊印明人喻政輯《茶集》三卷。其後,此本有京都林伊兵衛、小川原兵衛外二軒等重印本。

茶書十六種

(明)喻政編纂

明刊本　共四册

静嘉堂文庫藏本　原陸心源十萬卷樓舊藏

【按】此本細目如次:

1. 《茶經》三卷,題署(唐)竟陵陸羽鴻漸撰。前有宋人陳師道《序》,又有明萬曆戊子(1588 年)陳文燭《序》,又有李維楨《序》,又有魯彭《序》,又有張睿卿《跋》,又有童承《叙》。

2. 《茶録》一卷,題署(宋)朝奉郎右正言同起居注臣蔡襄上進。前有《自序》、《自跋》,又有宋治平甲辰(1064 年)歐陽修《後序》。

3. 《東溪試茶録》一卷。題署(宋)宋子安撰。

4. 《品茶要録》一卷,題署(宋)建安黃儒道父著。此本有明人徐𤊹《跋》。

5. 《宣和北苑貢茶録》一卷,題署(宋)熊蕃撰。前有宋淳熙九年(1182 年)男熊克《跋》及《又跋》,又有明人徐𤊹《跋》。

6. 《北苑別録》一卷,題署(宋)建陽熊克子復著。前有《自序》,并有徐𤊹《跋》。

7. 《茶集》二卷,題署(明)喻政編。此書分

"文類"、"賦類"、"詩類"、"詞類"凡四類,載宋代自蘇軾以下詩文繫於茶事者。

8. 《茶寮記》一卷,題署(明)陸樹聲撰。

9. 《煎茶水記》一卷,題署(唐)張又新撰。

10. 《湯品》一卷,題署(唐)蘇廙元明著。此書分茶湯十六品。首爲"煎法",以老嫩言者凡三品;次爲"煮法",以緩急言者凡三品;次以器標者,凡五品;次以薪論者,凡五品。

11. 《水品》三卷,題署(明)徐獻忠撰。

12. 《茶話》一卷,題署(明)陳繼儒撰。

13. 《茗笈》二卷,題署(明)角東屠本畯撰。前有薛岡《序》,又有徐𤊹《序》,又有《自序》,又有范大遠《跋》。

14. 《品茗名藻》一卷,題署(明)王嗣奭撰。

15. 《煮泉小品》一卷,題署(明)田藝蘅撰。

16. 《茶譜》一卷,題署(明)顧元慶輯。前有吳郡顧元慶《自序》,後有茅一相《後序》。

茶書四部十八種

(凝)喻政編

明萬曆年間(1573—1620 年)刊本

内閣文庫藏本

【按】前有明萬曆四十年(1612 年)《序》。

此本以"元、亨、利、貞"四部分類。細目如次:

元部:

《茶經》三卷　(唐)陸羽撰;

《茶録》一卷　(宋)蔡襄;

《東溪試茶録》一卷　(宋)宋子安撰;

《宣和北苑貢茶録》一卷　題署(宋)熊蕃撰;

《北苑別録》一卷　(宋)熊克撰;

《品茶要録》一卷　(宋)黃儒撰;

亨部:

《茶譜》一卷　(明)顧元慶撰;

《茶具圖贊》一卷　(明)茅一相撰;

《茶寮記》一卷　(明)陸樹聲撰;

《荈茗録》一卷　(宋)陶穀撰;

《煎茶水記》一卷　（唐）張又新撰；

《水品》二卷　（明）徐獻忠撰；

《湯品》一卷　（唐）蘇廙撰；

《茶話》一卷　（明）陳繼儒撰；

利部：

《茗芨贊評》二卷　（明）屠本畯撰；

《茗芨品藻》一卷；

《煮泉小品》一卷　（明）田藝蘅撰；

貞部：

《茶集》二卷　（明）喻政撰。

茶書三十二卷

（明）喻政輯

明萬曆四十一年（1613 年）刊本　共十册
（現合爲五册）

國會圖書館　内閣文庫藏本

【按】此本依“仁、義、禮、智、信”分爲五部，細
目如次：

仁部：

《茶經》三卷　（唐）陸羽撰；

《張伯淵茶録》一卷　（明）張源撰；

《東溪試茶録》一卷　（宋）宋子安撰；

《宣和北苑貢茶録》一卷　（宋）熊藩撰；

《北苑别録》一卷　（宋）熊克撰；

《品茶要録》一卷　（宋）黄儒撰；

義部：

《茶譜》一卷　（明）顧元慶撰；

《茶具圖贊》一卷　（明）茅一相撰；

《茶寮記》一卷　（明）陸樹聲撰；

《荈茗録》一卷　（宋）陶穀撰

《煎茶水記》一卷　（唐）張又新撰；

《水品》二卷　（明）徐獻忠撰；

《湯品》一卷　（唐）蘇廙撰；

《茶話》一卷　（明）陳繼儒撰；

禮部：

《茗笈贊評》二卷　（明）屠本畯撰；

《茗芨品藻》一卷　不著撰者姓名；

《煮泉小品》一卷　（明）田藝蘅撰；

智部：

《茶考》一卷　（明）陳師撰；

《茶説》一卷　（明）屠隆撰；

《（許然明）茶疏》一卷　（明）許次紓撰；

《茶解》一卷　（明）羅廩撰；

《茶史》二卷　（明）屠隆撰；

《蔡瑞明别紀》（摘録）一卷　（明）徐𤊻撰；

《茗譚》一卷　（明）徐𤊻撰；

信部：

《茶集》二卷　（明）喻政撰；

《烹茶圖集》一卷　（明）喻政撰。

國會圖書館藏本，原共十册，現合爲五册。

内閣文庫藏此同一刊本兩部。一部原係楓
山官庫舊藏，共二册。一部原係江户時代林羅
山舊藏，卷中有“江雲渭樹”印記，共五册。

茶經全集（不分卷）

明人編纂不著姓名

明刊本　共二册

尊經閣文庫藏本　原江户時代加賀藩主前
田綱紀等舊藏

酒譜一卷

（宋）竇蘋撰

明刊本（明刊《百川學海·辛集》零本）　共一
册

國會圖書館藏本

酒譜一卷

（宋）竇蘋撰

明刊本（明刊《百川學海·壬集》零本）　共一
册

國會圖書館藏本

酒經一卷

（宋）蘇軾撰

明刊本（明刊《百川學海·辛集》零本）　共一
册

國會圖書館藏本

酒顛二卷　補三卷

（明）夏樹芳輯　陳繼儒增正　《補》陳繼儒輯

明刊本　共一册

慶應義塾大學附屬圖書館藏本　原渡邊刀水等舊藏

【按】每半葉有界七行，行十六字。白口，四周單邊（19.8cm×12.5cm）。版心上記"酒顛"，并記"卷上（下）"及字數。

前有夏樹芳《序》、陳繼儒《序》。二《序》後還

有一《序》，因署名葉脱落而不知作者。

酒顛二卷　附酒顛補三卷

（明）夏樹芳撰　陳繼儒增正

明萬曆四十年（1612年）刊本

國會圖書館　内閣文庫　早稻田大學圖書館藏本

【按】國會圖書館藏本，共二册。

内閣文庫藏本，共二册。

早稻田大學圖書館藏本，共四册。

（群芳及其它之屬）

麥志七卷　觴政一卷

（明）蘇化雨撰　《觴政》（明）袁宏道撰

明萬曆年間（1573—1620年）刊本　共四册

早稻田大學圖書館藏本

二如亭群芳譜（十二種）二十八卷

（明）王象晉撰　毛鳳苞等校

明天啓年間（1621—1627年）刊本　沙村草堂藏版

國會圖書館　内閣文庫　尊經閣文庫　東京大學　陽明文庫藏本

【按】有明天啓元年（1621年）好生居士《跋》。

此本按"元、亨、利、貞"分爲四部，細目如次：

元部：

《天譜》三卷，

《歲譜》四卷；

亨部：

《穀譜》一卷，

《蔬譜》二卷，

《果譜》四卷；

利部：

《茶菊譜》一卷，

《桑麻葛棉譜》一卷，

《藥譜》三卷，

《木譜》二卷；

貞部：

《花譜》四卷，

《卉譜》二卷，

《鶴魚譜》一卷。

國會圖書館藏本，原共二十四册，現合爲十册。

内閣文庫藏本，原係楓山官庫舊藏。此本"利部"之《茶菊譜》一卷，分爲《茶譜》一卷，《菊譜》一卷。"貞部"之末有《首》一卷，共合三十卷，共二十四册。

尊經閣文庫藏本，原係江户時代加賀藩主前田綱紀等舊藏，共二十册。

東京大學藏此同一刊本五部。其中四部存總合圖書館，一部存東洋文化研究所。存總合圖書館的四部中，一部原係田中芳郎等舊藏，共二十四册；一部原係市村瓚次郎買入本覺廬文庫等舊藏，共十六册。一部原係渡邊信青洲文庫等舊藏，共三十册；一部共三十二册。

陽明文庫藏本，原係江户時代近衛家凞等舊藏，共二十四册。

二如亭群芳譜二十九卷

（明）王象晉撰　毛晉等校

明刊本　共三十二册

國會圖書館藏本

【按】此本細目如次：

《天譜》三卷，　《歲譜》四卷，

《穀譜》一卷，　《蔬譜》二卷，

《果譜》四卷，　《茶菊譜》一卷，

《桑麻葛棉譜》一卷，　《藥譜》三卷，

《木譜》二卷，　《花譜》四卷，

《卉譜》二卷，　《鶴魚譜》一卷，

《首》一卷。

【附錄】據日本仁孝天皇天保十四年（1843年）十月《漢籍發賣投標記錄》的記載，《二茹亭群芳譜》一部四帙二十册，標價三枝屋二十五匁，安田屋二十八匁，永井屋三十三匁七分。

二茹亭群芳譜三十卷

（明）王象晉撰　陳繼儒校

明沙村草堂刊本　共十六册

蓬左文庫藏本

【按】此本細目如次：

《天譜》三卷，　《歲譜》四卷，

《穀譜》一卷，　《蔬譜》二卷，

《果譜》四卷，　《茶譜》一卷，

《竹譜》一卷，　《桑麻葛棉譜》一卷，

《藥譜》三卷，　《木譜》二卷，

《花譜》四卷，　《卉譜》二卷，

《鶴魚譜》一卷，　《首》一卷。

二茹亭群芳譜三十二卷

（明）王象晉撰　陳繼儒校

明刊清初印本　共十六册

蓬左文庫藏本

【按】此本細目如次：

《天譜》三卷，　《歲譜》四卷，

《穀譜》一卷，　《蔬譜》二卷，

《果譜》四卷，　《茶譜》一卷，

《竹譜》一卷，　《桑譜》一卷，

《麻譜》一卷，　《葛譜》一卷，

《棉譜》一卷，　《藥譜》三卷，

《木譜》二卷，　《花譜》四卷，

《卉譜》二卷，　《鶴魚譜》一卷，

《首》一卷。

學圃雜疏三卷

（明）王世懋撰

明刊本（明刊《百川學海·癸集》零本）　共一册

國會圖書館藏本

【按】國會圖書館藏此同一刊本兩部。

【附錄】江户時代有《學圃雜疏》三卷江户兼葭堂寫本一種。此本原係田中芒郎等舊藏，今存東京大學總合圖書館。

江户時代有《寄齋訂正學圃雜疏》一卷，題署“明王世懋撰，明陳繼儒、沈浮先校”。此本今存國會圖書館。

野菜品一卷

（明）高濂撰

明刊本（明刊《百川學海·癸集》零本）　共一册

國會圖書館藏本

【按】國會圖書館藏此同一刊本兩部。

菌譜一卷

（宋）陳仁玉撰

明刊本（明刊《百川學海·辛集》零本）　共一册

國會圖書館藏本

【附錄】日本江户時代有《菌譜》一卷寫本一種，題署“宋陳仁玉撰”。此本今存國會圖書館。

菌譜一卷

（宋）陳仁玉撰

明刊本（明刊《廣百川學海·癸集》之零本）　共一册

國會圖書館藏本

橘録三卷

（宋）韓彦直撰
明刊本　共一册
國會圖書館藏本

【按】國會圖書館藏此同一刊本兩部。一部爲明刊《百川學海·辛集》之零本，與《茶經》等合爲一册。一部爲明刊《百川學海·癸集》之零本，與《荔枝譜》等合爲一册。

【附録】江户時代有《橘録》二卷并《牡丹榮辱志》寫本一種。此本題署“宋韓彦直撰，《附》丘璿撰”。此本今存國會圖書館。

荔枝譜一卷

（宋）蔡襄撰
明刊本　共一册
國會圖書館藏本

【按】國會圖書館藏此同一刊本兩部。一部爲明刊《百川學海·辛集》之零本，與《茶經》等合爲一册。一部爲明刊《百川學海·癸集》之零本，與《橘録》等合爲一册。

閩中荔枝通譜六卷

（明）屠本畯撰
明萬曆二十五年（1597 年）序刊本　共二册
國會圖書館藏本

閩中荔枝通譜八卷

（明）屠本畯撰
明萬曆年間（1573—1620 年）刊本　共二册
尊經閣文庫藏本　原江户時代加賀藩主前田綱紀等舊藏

閩中荔枝通譜十六卷

（明）鄧慶寀撰　吳師古校
明崇禎二年（1629 年）序刊本　共三册
内閣文庫藏本

草花譜一卷

（明）高濂撰
明刊本（明刊《廣百川學海·癸集》之零本）共一册
國會圖書館藏本

花史左編二十七卷　花塵一卷

（明）王路撰
明萬曆二十六年（1598 年）序刊本
國會圖書館　内閣文庫　陽明文庫藏本

【按】圖會圖書館藏本，原共五册，現合爲三册。

内閣文庫藏此同一刊本兩部。一部原係楓山官庫舊藏，共八册。一部原係江户時代林氏大學頭家舊藏。此本卷二十五至卷二十七爲後人寫補，共四册。

陽明文庫藏本，原係江户時代近衛家熙等舊藏，共八册。

【附録】日本江户時代有《花史左編》二十七卷并《花塵》一卷寫本一種，又有《花史左編》二十七卷寫本一種。此二本今存國會圖書館。

花史左編二十七卷

（明）王路編撰
明刊本　共八册
尊經閣文庫藏本　原江户時代加賀藩主前田綱紀等舊藏

花史左編（花國平章）二十四卷

（明）王路編撰
明刊本　共六册
蓬左文庫藏本　原江户時代尾張藩主家舊藏

【按】前有明天啓元年（1621 年）李日華《序》。

此本係日本明正天皇寬永十年（1633 年）從中國購入。

【附録】據《商舶載來書目》記載，桃園天皇寶曆元年(1751 年)中國商船"久字號"載《花史編》一部抵日本。

據同年《持渡書物覺書》記載,是年中國商船"午字號"載《花史左編》一部六册抵日本。

花史左編二十四卷

(明)王路編撰

明萬曆年間(1573—1620 年)刊本

宮内廳書陵部　尊經閣文庫藏本

【按】宮内廳書陵部藏本,原係德山藩三代主毛利元次廣收"天下漢籍"之一種。東山天皇寶永三年(1706 年)《御書物目録》著録此本。明治二十九年(1896 年)男爵毛利元功將此本獻贈宮内省圖書寮(即今宮内廳書陵部)。卷中有"德藩藏書"印記。共八册。

尊經閣文庫藏本,原係江户時代加賀藩主前田綱紀等舊藏,共四册。

花史左編二十四卷

(明)王路撰

明崇禎十一年(1638 年)序刊本

東京大學總合圖書館藏本　原廣東籌賑日災總會寄贈本

海棠譜三卷

(宋)陳思撰

明刊本

國會圖書館藏本

【按】國會圖書館藏此同一刊本四部。一部爲明刊《百川學海·壬集》之零本,與《洛陽牡丹記》等合爲一册。一部爲明刊《百川學海·壬集》之零本,與《梅譜》等合爲一册。一部爲明刊《百川學海·癸集》之零本,與《菊譜》等合爲一册。一部爲明刊《百川學海·癸集》之零本,與《梅品》等合爲一册。

揚州芍藥譜一卷

(宋)王觀撰

明刊本

國會圖書館藏本

【按】國會圖書館藏此同一刊本四部。一部爲明刊《百川學海·壬集》之零本,與《洛陽牡丹記》等合爲一册。一部爲明刊《百川學海·壬集》之零本,與《梅品》等合爲一册。一部爲明刊《百川學海·壬集》之零本,與《梅譜》等合爲一册。一部爲明刊《百川學海·癸集》之零本,與《菊譜》等合爲一册。

洛陽牡丹記一卷

(宋)歐陽修撰

明刊本

國會圖書館藏本

【按】國會圖書館藏此同一刊本四部。一部爲明刊《百川學海·壬集》之零本,與《天彭牡丹譜》等合爲一册。一部爲明刊《百川學海·壬集》之零本,與《梅品》等合爲一册。一部爲明刊《百川學海·壬集》之零本,與《梅譜》等合爲一册。一部爲明刊《百川學海·癸集》之零本,與《菊譜》等合爲一册。

【附録】日本江户時代有《洛陽牡丹記》一卷并附《天彭牡丹記》一卷寫本一種。題署"宋歐陽修撰,《附》宋陸游撰"。此本今存國會圖書館。

天彭牡丹記一卷

(宋)陸游撰

明刊本

國會圖書館藏本

【按】國會圖書館藏此同一刊本三部,皆係明刊《百川學海·壬集》之零本。一部與《梅品》等合爲一册,一部與《梅譜》等合爲一册,一部與《菊譜》等合爲一册。

牡丹榮辱志一卷

(宋)丘璿撰

明刊本

國會圖書館藏本

【按】國會圖書館藏此同一刊本三部。一部

爲明刊《百川學海·壬集》之零本,與《梅品》等合爲一册。一部爲明刊《百川學海·壬集》之零本,與《梅譜》等合爲一册。一部爲明刊《百川學海·癸集》之零本,與《菊譜》等合爲一册。

梅譜一卷

(宋)范成大撰

明刊本

國會圖書館藏本

【按】國會圖書館藏此同一刊本三部。一部爲明刊《百川學海·壬集》之零本,與《梅品》等合爲一册。一部爲明刊《百川學海·癸集》之零本,與《荔枝譜》等合爲一册。一部爲明刊《百川學海·癸集》之零本,與《菊譜》等合爲一册。

【附録】日本仁孝天皇文政十三年(1830 年)巴菽園刊印《梅譜》一卷,并《菊譜》一卷,題署"宋范成大撰",此本由日人阿部喜任校。其後,此本有仁孝天皇天保二年(1831 年)江户和泉屋吉兵衛重印本。又有仁孝天皇天保九年(1838 年)重印本,又有堺屋定七重印本。

梅品一卷

(宋)張功甫撰

明刊本

國會圖書館藏本

【按】國會圖書館藏此同一刊本兩部,皆係明刊《百川學海·壬集》之零本。一部與《洛陽牡丹記》等合爲一册,一部與《梅譜》等合爲一册。

菊譜一卷

(宋)劉蒙撰

明刊本

國會圖書館藏本

【按】國會圖書館藏此同一刊本四部。其中三部皆係明刊《百川學海·壬集》之零本。一部與《洛陽牡丹記》等合爲一册;一部與《梅品》等合爲一册;一部與《梅譜》等合爲一册。另一部爲明刊《百川學海·癸集》之零本,與《梅譜》等合爲一册。

【附録】日本江户時代有宋人劉蒙《菊譜》一卷寫本一種。此本今存國會圖書館。

菊譜一卷

(宋)范成大撰

明刊本

國會圖書館藏本

【按】國會圖書館藏此同一刊本三部。兩部爲明刊《百川學海·壬集》之零本。其中,一部與《梅譜》等合爲一册;一部與劉氏《菊譜》等合爲一册。另一部爲明刊《百川學海·癸集》之零本,與《梅譜》等合爲一册。

菊譜一卷

(宋)史正志撰

明刊本

國會圖書館藏本

【按】國會圖書館藏此同一刊本四部。其中,三部爲明刊《百川學海·壬集》之零本。一部與《洛陽牡丹記》等合爲一册;一部與《梅品》等合爲一册;一部與《梅譜》等合爲一册。另一部爲明刊《百川學海·癸集》之零本,與《梅譜》等合爲一册。

【附録】日本江户時代有《菊譜》一卷寫本一種,題署"宋史正志撰"。此本今存國會圖書館。

藝菊一卷

(明)黃省曾撰

明刊本　共一册

國會圖書館藏本

香乘二十八卷

(明)周嘉胄編輯

明崇禎十四年(1641 年)刊本　共六册

愛知大學附屬圖書館簡齋文庫藏本　原小倉正恒等舊藏

玉蕊辨證一卷

（宋）周必大撰
明毛氏汲古閣刊本　共一册
國會圖書館藏本
【附録】日本江户時代有宋人周必大《玉蕊辨證》一卷寫本一種。此本今存國會圖書館。

蘭譜一卷

（明）高濂撰
明刊本（明刊《廣百川學海·癸集》之零本）
共一册
國會圖書館藏本

竹譜一卷

（晋）戴凱之撰
明刊本（明刊《廣漢魏叢書》之零本）　共一
册
國會圖書館藏本

竹譜一卷

（晋）戴凱之撰
明刊本（明刊《百川學海·癸集》之零本）　共
一册
國會圖書館藏本

竹譜一卷

（晋）戴凱之撰
明刊本　共一册
國會圖書館藏本

花品（不分卷）

（明）曹蕃撰
明萬曆年間（1573—1620 年）刊本　共一册
内閣文庫藏本　原木村兼葭堂舊藏

汝南圃史十二卷

（明）周文華撰
明萬曆年間（1573—1620 年）書帶齋刊本

共六册
内閣文庫藏本　原楓山官庫舊藏

魚品一卷

（明）遜園居士撰
明刊本（明刊《廣百川學海·癸集》零本）　共
一册
國會圖書館藏本

蟹譜二卷

（宋）傅肱撰
明刊本
國會圖書館藏本
【按】國會圖書館藏此同一刊本三部，皆係明
刊《百川學海·癸集》之零本。一部與《岳陽風
土記》合爲一册；兩部分别與《禽經》各合爲一
册。
【附録】日本江户時代有宋人傅肱《蟹譜》二
卷寫本兩種。此二本今皆存國會圖書館。

禽經一卷

（晋）張華撰
明刊本　共一册
國會圖書館藏本
【按】國會圖書館藏此同一刊本兩部，皆係爲
明刊《百川學海·癸集》之零本，且皆與《蟹經》
各合爲一册。
【附録】日本桃園天皇延享四年（1747 年）中
國商船"幾字號"載《禽經》一部一帙運抵日本。

獸經一卷

（明）黄省曾撰
明刊本（明刊《廣百川學海·癸集》零本）　共
一册
國會圖書館藏本

禽經一卷　獸經一卷

《禽經》（晋）張華撰　（明）吕茂良訂　《獸
經》（明）黄省曾撰　吕茂良訂

明天啓年間（1621—1627 年）蔭方園刊本
蓬左文庫藏本　原江户時代尾張藩主家舊
藏

【按】前有明天啓六年（1626 年）雙溪馮玄鑒
《序》。

此本係明正天皇寬永十一年（1634 年）尾張
藩主家從中國購入。

卷中有"尾陽内庫"印記。

相鶴經一卷

（宋）王安石修　浮丘公撰
明刊本
國會圖書館藏本

【按】國會圖書館藏此同一刊本兩部，皆係爲
明刊《百川學海·癸集》之零本，且皆與《蟹譜》
各爲一册。

虎苑二卷

（明）王穉登撰

明刊本（明刊《廣百川學海·癸集》零本）　共
一册
國會圖書館藏本

相牛經一卷

（齊）寧漆撰
明刊本
國會圖書館藏本

【按】國會圖書館藏此同一刊本兩部，皆係明
刊《百川學海·癸集》之零本，且皆與《蟹譜》各
爲一册。

【附錄】日本中御門天皇正德元年（1711 年）
中國商船"幾字號"載《牛馬經》一部四册運抵
日本。

（十二）藝 術 類

（書畫之屬）

二王帖二卷　目録評釋二

（晋）王羲之　王獻之書

明萬曆十三年（1585 年）吳江董漢策刊本
共八帖

國會圖書館藏本

【附録】日本江户時代有安井彌兵衛摹刊王羲之書《晋王少逸十七帖》一帖，又有中御門天皇正德五年（1715 年）書林栗山摹刊王羲之書《晋王少逸十七帖》一帖。

蘭亭叙下一卷

（晋）王羲之書

明萬曆二十年（1592 年）益王潢南道人刊本
國會圖書館藏本

【附録】日本江户時代有中根賢友親筆臨摹王羲之書《蘭亭帖》一卷，由帆足萬里撰寫跋文。此卷原係大槻家舊藏，後歸岡村千曳等，今存早稻田大學圖書館。

草訣百韵歌一卷

題（晋）王羲之撰

明嘉靖十九年（1540 年）石刻拓本　共一帖
國會圖書館　新潟縣立新潟圖書館藏本

古畫品録一卷

（南齊）謝赫撰
明刊本　共一册
静嘉堂文庫藏本　原陸心源十萬卷樓舊藏

古書品録一卷

（南齊）謝赫撰　（明）毛晋訂
明崇禎年間（1628—1644 年）虞山毛氏汲古

閣刊本　共一册
東洋文庫藏本　原藤田豐八等舊藏

續畫品一卷

（陳）姚最撰
明刊本　共一册
静嘉堂文庫藏本　原陸心源十萬卷樓舊藏

續畫品一卷

（陳）姚最撰　（明）毛晋訂
明崇禎年間（1628—1644 年）虞山毛氏汲古

閣刊本　共一册
東洋文庫藏本　原藤田豐八等舊藏

後畫録一卷

（唐）釋彦悰撰
明刊本　共一册
静嘉堂文庫藏本　原陸心源十萬卷樓舊藏

後畫録一卷

（唐）釋彦悰撰　（明）毛晋訂
明崇禎年間（1628—1644 年）虞山毛氏汲古

閣刊本　共一册
東洋文庫藏本　原藤田豐八等舊藏

貞觀公私畫史一卷

（唐）裴孝源撰
明刊本　共一册
静嘉堂文庫藏本　原陸心源十萬卷樓舊藏

畫譜一卷　續一卷

（唐）孫過庭撰　《續》（宋）姜夔撰
明刊本　共一册

静嘉堂文庫藏本

【附録】日本後櫻町天皇明和四年（1767年）京都林伊兵衛、吉村吉左衛門同刊唐人孫過庭《畫譜》一卷、宋人姜夔《續畫譜》一卷，日人細井并庸校刊并訓點。

日本桃園天皇寶曆九年（1759年）中國商船"十番船"載《畫譜》八部運抵日本。同年，中國商船"十二番"載《畫譜》五部，凡一部一帙，運抵日本。

光格天皇寬政六年（1794年）中國南京商船"寅二番"載《畫譜》十部十帙，運抵日本。

歷代名畫記十卷　附録二卷

（唐）張彥遠撰　（明）毛晉校

明崇禎年間（1628—1644年）虞山毛氏汲古閣刊本

内閣文庫　静嘉堂文庫　東洋文庫　東京大學東洋文化研究所　京都大學人文科學研究所東洋學文獻中心　神戸大學附屬圖書館藏本

【按】内閣文庫藏本，原係楓山官庫舊藏，共四册。

静嘉堂文庫藏本，原係陸心源十萬卷樓等舊藏，共二册。

東洋文庫藏本，原係藤田豐八等舊藏，共一册。

東京大學藏本，原係大木幹一等舊藏。

京都大學藏本，原係松本文三郎等舊藏，共二册。

神戸大學藏本，存于文學部分館，共四册。

法書要録（殘本）二卷

（唐）　張彥遠撰

明崇禎年間（1628—1644年）虞山毛氏汲古閣刊本　共一册

東京大學總合圖書館藏本

【按】此本今存卷第一、卷第二，共二卷。

筆法記（即《畫山水録》）一卷　附王維山水論一卷

（唐）荆浩撰　《山水論》（唐）王維撰

明刊本　共一册

静嘉堂文庫藏本　原陸心源十萬卷樓等舊藏

續畫品録一卷

舊題（唐）李嗣真撰

明刊本　共一册

静嘉堂文庫藏本

續畫品録一卷

舊題（唐）李嗣真撰　（明）毛晉訂

明汲古閣刊本　共一册

東洋文庫藏本　原藤田豐八等舊藏

金壺記三卷

（宋）釋適之撰

宋臨安書棚刊本　共三册

静嘉堂文庫藏本　原錢謙益　徐乾學　馬玉堂　陸心源皕宋樓等舊藏

【按】每半葉有界十一行，行二十字。白口，左右雙邊。版心記字數，有記刻工姓名者，如吳陞、馬松等，亦有不記刻工姓名者。

首行頂格題署"金壺記上"。此行上空十字，題署"釋適之撰"。第三行頂格墨書"龍書"，第四行上空一格墨書"庖犧氏獲景龍之瑞始作龍書"。下同。

行文避宋諱至宋孝宗。

卷中有"宋本"、"翰墨奇緣"、"乾學"、"馬玉堂"、"錢受之"、"牧翁"、"徐健庵"、"子孫保之"、"傳是樓印記"、"季振宜印"、"滄葦"、"御史振宜之印"、"孫氏志周"、"錢天樹印"、"曾藏錢夢廬家"、"嘉興錢夢廬所藏宋本"、"笏齋"、"漢唐齋"、"歸安陸樹聲叔桐父印"、"歸安陸樹聲所見金石書畫記"等印記。

宣和書譜二十卷　畫譜二十卷

(宋)闕名撰

明嘉靖十九年(1540 年)序刊本　共八册

國會圖書館藏本

【附錄】日本江戸時代有宋人《宣和畫譜》二十卷寫本一種,題署"明毛晋訂",今缺卷第十八至卷第二十。此本今存東京大學總合圖書館。

宣和書譜二十卷　畫譜二十卷

(宋)闕名撰

明刊本　共十二册(現合爲六册)

國會圖書館藏本

圖畫見聞志六卷

(宋)郭若虚撰　(明)毛晋訂

明崇禎年間(1628—1644 年)毛氏汲古閣刊本

尊經閣文庫　東洋文庫　大谷大學附屬圖書館藏本

【按】尊經閣文庫藏本,原係江戸時代加賀藩主前田綱紀等舊藏,共三册。

東洋文庫藏本,原係藤田豐八等舊藏,共四册。

大谷大學藏本,原係神田喜一郎(邕庵)舊藏,昭和四十九年(1984 年)由神田氏家捐贈大學,共二册。

畫史一卷

(宋)米芾撰

明汲古閣刊本　共二册

静嘉堂文庫　愛知大學附屬圖書館簡齋文庫藏本

【按】静嘉堂文庫藏本,與《唐朝名畫錄》、《五代名畫補遺》合綴爲一册。愛知大學藏本,原係小倉正恒舊藏,共二册。

聖朝名畫評三卷

(宋)劉道純撰

明刊本　共二册

静嘉堂文庫藏本　原陸心源十萬卷樓等舊藏

益州名畫錄三卷

(宋)黄休復撰

明刊本　共二册

静嘉堂文庫藏本

廣川畫跋六卷

(宋)董逌撰

元人沈晴川手寫手識本　共一册

静嘉堂文庫藏本　原鮑以文　陸心源等舊藏

【按】卷中有孫道明 1365 年寫畢後手識文一則,文曰:

"《文獻通考》云,《廣川畫跋》五卷,《陳直齋書目》云董逌撰。今所錄之本,乃宋末書生傳寫,誤字甚夥,如'於'作'相','德'作'浙',不可枚舉。自一陽節日寫起,至丙午日輟卷。華亭孫道明　明叔謹識,年六十又九,時至正乙巳十一月廿三日書于泗北村居映雪齋。"

卷中又有明嘉靖年間玉川居士手識文一則,文曰:

"五川精舍藏有《廣川書跋》而無《畫跋》,嘉靖丙寅,過廣陵,在葛東之家借得之。八月朔錄成,俟校正後重謄善本。後四日,玉川居士燈下記。"

卷中又有明萬曆年間胤枊手識文一則,文曰:

"萬曆甲寅端午日,假得瞿氏惜庵藏本,校讎一過,亦十得其四矣。此本比之他本差勝。胤枊書。"

卷中又有無名氏手識文一則,文曰:

"此書已刻于《王氏書畫苑》,然王刻疑

多缺失,此則校足耳。"

廣川畫跋六卷

（宋）董逌撰

明萬曆年間(1573—1620 年)刊本　明人趙琦美手校手跋本　共三册

御茶之水圖書館藏本　原狩谷掖齋　德富蘇峰成簣堂等舊藏

（德隅齋)畫品一卷　附明誠意伯連珠一卷

（宋）李薦撰　《附》(明)陳繼儒校補

明刊本　共一册

静嘉堂文庫　東京大學東洋文化研究所藏本

【按】静嘉堂文庫藏本,原係杉原平助綠絲堂等舊藏。

畫繼十卷

（宋）鄧椿撰

明刊本　共一册

静嘉堂文庫藏本

墨池編六卷

（宋）朱長文編

明萬曆八年(1580 年)刊本　共六册

内閣文庫　静嘉堂文庫　尊經閣文庫　陽明文庫藏本

【按】内閣文庫藏本,原係楓山官庫等舊藏。

尊經閣文庫藏本,原係江戶時代加賀藩主前田綱紀等舊藏。

陽明文庫藏本,原係江戶時代近衛家凞等舊藏。

【附録】日本桃園天皇寶曆九年(1759 年)中國商船"浦字號"載《墨池編》一部一帙運抵日本。

光格天皇文化二年(1805 年)中國商船"丑三番"載《墨池編》一部,運抵日本。

孝明天皇嘉永三年(1850 年)中國商船"西七番"載《墨池編》十部運抵日本。每部一帙,售價十一匁。

據孝明天皇安政六年(1859 年)《會所書籍入札(輸入)見帳》記録,是年《墨池編》一部,標價爲本屋二十一匁、紙屋二十一匁九分、島屋二十八匁九分。

書小史十卷

（宋）陳思撰

宋刊本　共二册

静嘉堂文庫藏本　原陸心源皕宋樓舊藏

【按】每半葉有界十一行,行二十字。注文雙行,行同正文。白口,單黑魚尾,左右雙邊(20.1cm×13.9cm)。

前有後人寫補《小史序》,題署"咸淳丁卯重九天臺謝獄修至于西湖寓舍,時年七十有四"。又有《書小史目録》,亦係後人寫補。

卷中避宋諱,凡遇"玄、懸、朗、殷、匡、胤、恒、貞、禎、徵、署、桓、構、慎、敦"等,皆爲字不成。

卷一至卷五依毛氏汲古閣覆南宋本影寫,卷六至卷十各卷卷首與卷尾有挖改痕迹。

卷中有"毛晋"、"毛晋之印"、"毛晋私印"、"子晋書印"、"毛氏子晋"、"汲古主人"、"汲古閣"、"卓爲霜下傑"、"平陽汪氏藏書"、"汪士鐘印"、"文琛"、"厚齋"、"民部尚書郎"、"仲雅"、"衡勝之印"、"王欽私印"、"重司馬印"、"重武將軍印"、"太常卿圖書"、"折漸將軍韋"、"讀古人之書見天地性"、"歸安陸樹聲所見金石書畫記"等印記。

書苑菁華二十卷

（宋）陳思撰

明人寫本　共四册

静嘉堂文庫藏本　原陸心源十萬卷樓等舊藏

【按】前有鶴山翁(即魏了翁)《題識》。卷中有"馬王堂印"、"笏齋"等印記。

書史會要九卷　補遺一卷

（元）陶宗儀撰

明人寫本　共三册

關西大學附屬圖書館藏本　原内藤湖南恭仁山莊等舊藏

【按】每半葉有界十一行,行二十字。

前有明洪武九年(1376 年)宋濂《書史會要叙》,次有同年陶宗儀《書史會要序》,又有同年鄭真《書史會要後序》。

卷中有内藤湖南手識文,其文曰:"共三本,庚子(1900 年)十一月一日。炳卿。"

卷中有"内藤"、"字炳卿"、"赤穗城下南三木氏"等印記。

【附録】據瑞溪周鳳《卧雲日件録》中"康正二年(1456 年)三月十六日"記載,是日和尚謂外記清原業忠曰:"近年自大明曰《書史會要》者來。"此係《書史會要》東傳日本之較早記録。

書史會要九卷　補遺一卷　續編一卷　附南邨先生傳一卷

(元)陶宗儀撰　《續編》(明)朱謀垔撰

明崇禎年間(1628—1644 年)朱氏寒玉館刊本

静嘉堂文庫　東洋文庫藏本

【按】前有明崇禎庚午(1630 年)朱謀垔《序》。

此本載古來能書之人,上起三皇,下至元代,編爲八卷,末爲書法一卷,凡九卷。

静嘉堂文庫藏本,原係陸心源十萬卷樓等舊藏,共六册。

東洋文庫藏本,卷中有清順治年間(1644—1661 年)補刊葉,共四册。

【附録】日本櫻町天皇寬保三年(1743 年)有元人陶宗儀《書史會要》九卷并《補》一卷寫本一種。此本今存静嘉堂文庫。

江户時代又有元人陶宗儀《書史會要》九卷并《補遺》一卷寫本一種。此本今存東京大學總合圖書館。

江户時代又有元人陶宗儀《書史會要》六卷并《補》一卷寫本一種。此本今存國會圖書館。

書法鈎玄四卷

(元)蘇霖編

明嘉靖三十六年(1612 年)序刊本　共二册

内閣文庫藏本　原楓山官庫舊藏

學古編一卷

(元)吾丘衍撰

明刊本(明刊《廣百川學海》零本)　共一册

東京大學東洋文化研究所藏本

【附録】仁孝天皇天保十二年(1841 年)江户須原屋茂只衛、大阪堺屋新兵衛外五軒刊印元人吾丘衍著明人王世貞校《學古編》一卷。此本由日人山田好之(羅谷)訓點。

衍極五卷

(元)鄭构撰　劉有定注

明刊本　共二册

静嘉堂文庫藏本　原陸心源十萬卷樓舊藏

【按】前有元延祐七年(1320 年)李齊《序》,次有明萬曆戊午(1618 年)沈率《小序》,次有元至治壬戌(1322 年)劉有定《序》。末有元泰定元年(1324 年)江應孚《後序》。

此本末又附陳旅、孟惟誠《尺牘》二首。

圖繪寶鑒五卷　補遺一卷

(元)夏文彦編纂

元刊本　共四册

静嘉堂文庫藏本　原璜川吳氏家　陸心源十萬卷樓舊藏

【按】前有元至正乙巳(1365 年)吳興夏文彦士良《自序》。

【附録】日本有元人夏文彦《圖繪寶鑒》五卷古寫本一種,原係江户時代林氏大學頭家舊藏,今存静嘉堂文庫。

江户時代初期刊印《圖繪寶鑒》五卷,并《圖繪寶鑒補遺》、《圖繪寶鑒續補》,題署"元夏文彦,《續》明韓昂",版心通作"五卷"。其後,此本有京都吉野屋權兵衛重印本,又有後光明天皇承應元年（1652 年）重印本，又有光格天皇寬政八年（1796 年）大阪河内屋喜兵衛重印本等。

《續編》一卷，并附《明書畫考》，此本有桃園天皇寶曆二年（1742 年）淺野彌兵衛刊印本，題署"明韓昂撰，毛晋訂"。其後，此本有野田彌兵衛重印本，又有京都福井正寶堂重印本等。

日本後櫻町天皇明和二年（1765 年）中國商船"須字號"載《圖繪寶鑒》一部一帙運抵日本。

圖繪寶鑒六卷　補遺續補一卷　續編一卷

（元）夏文彦編　《續編》（明）韓昂輯

明毛氏汲古閣刊本　共三册

内閣文庫藏本

【附録】日本東山天皇元禄八年（1695 年）京都細井廣澤手寫《圖繪寶鑒續編》一卷，并《國朝吴郡丹青志》一卷。題署《續編》（明）韓昂撰、吴麟録，《丹青志》（明）王穉登撰。此本今存東京大學總合圖書館。

日本桃園天皇寶曆二年（1752 年）大阪藤屋淺野彌兵衛刊印明人韓昂《圖繪寶鑒續編》一卷，并附《皇明書畫考》一卷。此本有光格天皇寬政八年（1796 年）浪華書林河内屋喜兵衛重印本。

六如唐先生畫譜（唐伯虎畫譜）三卷

（明）唐寅編　何大良校

明刊本　共一册

内閣文庫藏本　原豐後佐伯藩主毛利高標等舊藏

【按】此本係日本仁孝天皇文政年間（1818—1829 年）出雲守毛利高翰獻贈幕府。明治初期歸内閣文庫。卷中有"佐伯侯毛利高標字培松藏書畫之印"等印記。

【附録】日本仁孝天皇天保二年（1831 年）昌平坂學問所刊印明人唐寅《唐伯虎畫譜》三卷。

唐解元仿古今畫譜八卷

（明）唐寅編

明萬曆四十八年至天啓元年（1620 — 1621 年）清繪齋集雅齋刊本

東京大學東洋文化研究所藏本

顧氏畫譜（不分卷）

（明）顧炳編

明刊本　共二册

内閣文庫藏本　原豐後佐伯藩主毛利高標舊藏

【按】此本係仁孝天皇文政年間（1818—1829 年）由出雲守毛利高翰獻贈幕府。明治初期歸内閣文庫。卷中有"佐伯侯毛利高標字培松藏書畫之印"等印記。

歷代名公畫譜（不分卷）

（明）顧炳編

明萬曆年間（1573—1620 年）武林余叔回刊本　共四册

蓬左文庫　大阪府立圖書館富岡藏本

【按】前有明萬曆三十一年（1603 年）金陵朱之蕃《序》。

蓬左文庫藏本，原係江户時代尾張藩主家舊藏。

大阪府立圖書館藏本，原係富岡鐵齋等舊藏。

圖繪宗彝八卷

（明）楊爾曾撰　蔡汝佐繪圖

明萬曆年間（1573—1620 年）武林夷白堂刊本

宫内廳書陵部　内閣文庫　蓬左文庫　東京大學東洋文化研究所藏本

【按】前有明萬曆三十五年（1607 年）錢塘楊氏《序》。

宫内廳書陵部藏本，原係江户時代德山藩三代主毛利元次廣收"天下秘籍"之一。東山天

皇寶永三年（1706年）《御書物目録》著録此
本。明治二十九年（1896年）男爵毛利元功獻
贈宮内省圖書寮（即今宮内廳書陵部），共四
册。

　　内閣文庫藏本，原係昌平坂學問所舊藏，共
四册。

　　蓬左文庫藏本，原係江户時代尾張藩主家舊
藏，共一册。

　　【附録】日本東山天皇元禄十五年（1702年）
京都唐本屋吉左衛門等刊印《圖繪宗彝》七卷。
其後，此本有靈元天皇享保二十年（1735年）
江户嵩山房小林新兵衛修訂重印本。

畫家要訣五卷

　　（明）鄭慰編
　　明刊本　　共三册
　　内閣文庫藏本　　原楓山官庫等舊藏
　　【按】此本細目如次：
　　《禽經》一卷　　（周）師曠撰；
　　《中峰禪師梅花百咏》一卷　　（元）中峰禪師
　　　　撰；
　　《春谷嚶翔》一卷　　（明）周履靖撰；
　　《羅孚幻質》一卷　　不題著者；
　　《天形道貌》一卷　　不題著者。

唐詩畫譜（殘本）五卷

　　（明）黄鳳池編纂
　　明天啓年間（1621—1627年）刊本　　共五册
　　蓬左文庫藏本
　　【按】此本殘存卷次如下：
　　《新鐫五言唐詩畫譜》一卷；
　　《新鐫六言唐詩畫譜》一卷；
　　《新鐫唐詩畫譜》一卷；
　　《鐫梅竹蘭菊譜》一卷；
　　《新鐫草》一卷。

八種畫譜八卷

　　（明）黄鳳池編輯
　　明萬曆天啓年間（1573—1627年）新安黄鳳

池集雅齋刊本（其中《仿古今畫譜》《扇譜》爲萬
曆末古吴書林清繪齋刊本）　　共八册
　　内閣文庫　　東京大學總合圖書館　　陽明文
庫　　足利學校遺迹圖書館藏本
　　【按】此本細目如次：
　　《唐詩五言畫譜》一卷；
　　《唐詩七言畫譜》一卷；
　　《新鐫六言唐詩畫譜》一卷；
　　《梅竹蘭菊四譜》一卷；
　　《新鐫木本花鳥譜》一卷；
　　《新鐫草本花詩譜》一卷；
　　《唐解元仿古今畫譜》一卷；
　　《張白雲選名公扇譜》一卷。
　　内閣文庫藏此同一刊本兩部，其中一部原係
楓山官庫舊藏。
　　東京大學藏本，原係江户時代紀州德川家南
葵文庫舊藏。
　　陽明文庫藏本，原係江户時代近衛家熙等舊
藏。
　　足利學校遺蹟圖書館藏本，原係足利學校舊
藏。
　　【附録】日本江户時代有唐本屋太兵衛刊印
明人黄鳳池編輯《八種畫譜》。其後此本有靈
元天皇寬文十二年（1672年）江户唐本屋清兵
衛等重印本，又有中御門天皇寶永七年（1710
年）京都山本藤兵衛、文臺屋惣助重印本，又有
中川茂兵衛重印本等。
　　日本桃園天皇寶曆九年（1759年）京都山本
藤兵衛又從《八種畫譜》中抽印《梅菊蘭竹四
譜》一卷。

金氏畫譜（殘本）二卷

　　（明）武林金氏編纂
　　明杭城豹變齋藏版刊行　　共四册
　　蓬左文庫藏本
　　【按】此本殘存卷次如下：
　　《孫雪居百花蘭竹譜》一卷　　明清繪齋藏版；
　　《選刻扇譜》一卷　　（明）張成龍編。

丹青志一卷

(明)王穉登撰

明刊本(明刊《廣百川學海》零本)　共一册

東京大學東洋文化研究所藏本

張白雲選名公扇譜一卷

(明)張成龍選編

明刊本　共一册

內閣文庫藏本　原昌平坂學問所舊藏

十竹齋箋譜四帖

(明)胡正言畫

明刊彩色本　共四帖

大阪府立圖書館富岡文庫藏本　原富岡鐵

齋等舊藏

【按】前有明崇禎甲申(1644 年)《序》。

岸圃大觀

(明)彭汝南輯

明崇禎十一年(1638 年)刊本　共二册

國會圖書館藏本

王氏畫苑十卷　補益四卷

(明)王世貞輯　《補益》(明)詹景鳳輯

明萬曆十八年(1590 年)王氏淮南書院重刊

本(金陵徐智督刊本)

國會圖書館　內閣文庫　蓬左文庫　東洋

文庫　靜嘉堂文庫　早稻田大學圖書館　大

谷大學附屬圖書館　關西大學附屬圖書館藏

本

【按】每半葉有界十行,行二十字。白口,左

右雙邊(19.9cm×13.0cm)。

卷內刻"皇明朱衣姚汝循同校","皇明新安

詹景鳳秣陵王元貞同校","金陵徐智督刊"。

前有王世貞《重刻古畫苑選小序》,又有王世

貞《古今名畫苑序》,又有明萬曆十九年(1591

年)陳文燭《王氏續畫苑序》。

此本細目如次:

卷一

《古畫品録》一卷　　(南齊)謝赫撰;

《續畫品録》一卷　　(唐)李嗣真撰;

《後畫録》一卷　　　(唐)釋彥悰撰;

《續畫品》一卷　　　(陳)姚最撰;

《貞觀公私畫史》一卷　(唐)裴孝源撰;

《沈存中圖畫歌》一卷　(宋)沈括撰;

《筆法記》一卷　　　(後梁)荊浩撰;

《王維山水論》一卷　(唐)王維撰;

卷二至卷四

《歷代名畫記》十卷　(唐)張彥遠撰;

卷五

《聖朝名畫評》三卷　(宋)劉道純撰;

卷六

《唐朝名畫録》一卷　(唐)朱景玄撰;

《五代名畫補遺》一卷　(宋)劉道純撰;

卷七至卷八

《畫繼》十卷　(宋)鄧椿撰;

卷九

《益州名畫録》三卷　(宋)黃休復撰;

卷十

《米海嶽畫史》一卷　(宋)米芾撰;

補益

卷一

《梁元帝山水松石格》一卷　(梁)元帝撰;

《畫學秘訣》一卷　(唐)王維撰;

《豫章先生論畫山水賦》一卷　(後梁)荊

浩撰;

《李成山水訣》一卷　(宋)李成撰;

《林泉高致》一卷　(宋)郭熙撰;

《郭若虛畫論》一卷　(宋)郭若虛撰;

《紀藝》一卷　(宋)郭若虛撰;

卷二

《宣和論畫雜評》一卷　(宋)徽宗撰;

《山水純全論》一卷　(宋)韓拙撰;

《畫山水訣》一卷　(宋)李澄叟撰;

《畫山水歌》一卷　闕名撰;

《李薦畫品》一卷　(宋)李薦撰;

《華光梅譜》一卷　(宋)釋仲仁撰;

《竹譜詳録》一卷　（元）李衎撰；

《張退公墨竹記》一卷　（?）張退公撰。

卷三至卷四

《廣川畫跋》六卷　（宋）董逌撰

國會圖書館藏本，共十二册。

内閣文庫藏此同一刊本兩部。一部原係江戸時代林氏大學頭家舊藏；一部原係楓山官庫舊藏皆共六册。

蓬左文庫藏本，共六册。

東洋文庫藏本，原係三菱財團岩崎氏家等舊藏。此本《補益》今存卷第一，共十六册。

静嘉堂文庫藏本，原係陸心源十萬卷樓舊藏，共六册。

早稻田大學圖書館藏本，原係會津八一家會津文庫等舊藏，共八册。

大谷大學藏本，原係神田鬯庵舊藏，昭和四十九年（1984 年）由神田氏家捐贈大學。此本與《王氏書苑》合裝，共三十六册。

關西大學藏本，原係内藤湖南恭仁山莊舊藏。此本有明治三十三年（1900 年）内藤湖南手識文，文曰："《王氏畫苑》十四本，當缺一本，其第十一本亦屬殘缺，他日當得足本補校也。庚子十一月初澣，炳卿。"卷中有"歐陽閣圖書記"、"藤虎"、"字炳卿"等印記，共十四册。

【附録】日本桃園天皇寶曆六年（1756 年）京都林伊兵衛刊印《竹譜詳録》二卷，題署"元李衎撰"。其後，此本有京都袋屋佐七重印本，又有京都錢屋惣四郎重印本等。

日本桃園天皇寶曆十二年（1762 年）中國商船"和字號"載《王氏書畫苑》一部二帙運抵日本。

仁孝天皇天保十二年（1841 年）中國商船"子二番"（船主趙氏）載《王氏書畫苑》四部運抵日本。每部各四帙，一部售價十四匁。同年，"子三番"（船主鄭行）載《王氏書畫苑》四部運抵日本。每部各四帙，售價同"子二番"船。同年，"丑二番"（船主沈萍）載《王氏書畫苑》二部運抵日本。每部各四帙，售價亦同"子二番"船。

孝明天皇嘉永六年（1853 年）中國商船"子二番"載《王氏書畫苑》一部四帙運抵日本。售價十四匁。

畫苑補益二卷

（明）詹景鳳編

明萬曆年間（1573—1620 年）刊本　共五册

御茶之水圖書館藏本　原明人趙琦美　狩谷掖齋　德富蘇峰成簀堂舊藏

【按】此本卷中有明人趙琦美萬曆年間（1573—1620 年）與江戸時代日人狩谷掖齋天保年間（1830—1843 年）手識文。

畫苑十五種三十七卷

（明）王世貞編

明郎陽原刊彙刊本　共十册

蓬左文庫藏本

【按】此本細目如次：

《古畫品録》一卷　（南齊）謝赫撰；

《續畫品録》一卷　（唐）李嗣真撰；

《後畫録》一卷　（唐）釋彦悰撰；

《續畫品》一卷　（陳）姚最撰；

《貞觀公私畫史》一卷　（唐）裴孝源撰；

《沈存中圖畫歌》一卷　（宋）沈括撰；

《筆法記》（即《畫山水録》）一卷　（後梁）荆浩撰；

《王維山水論》一卷　（唐）王維撰；

《歷代名畫記》十卷　（唐）張彦遠撰；

《聖朝名畫評》三卷　（宋）劉道純撰；

《唐朝名畫録》一卷　（唐）朱景玄撰；

《五代名畫補遺》一卷　（宋）劉道純撰；

《畫繼》十卷　（宋）鄧椿撰；

《益州名畫録》三卷　（宋）黄休復撰；

《米海嶽畫史》一卷　（宋）米芾撰。

畫苑（殘本）十二種三十四卷

（明）王世貞編

明刊本　共八册

御茶之水圖書館藏本　原島田翰　德富蘇

峰成寶堂舊藏

【按】是書全十五種三十七卷。此本今缺唐人朱景玄《唐朝名畫録》一卷、宋人劉道純《五代名畫補遺》一卷、宋人米芾《米海嶽畫史》一卷，凡三種三卷。餘目與蓬左文庫藏本同。

卷中有明人趙琦美萬曆年間（1573—1620年）手識文。《聖朝名畫評》卷末又有日本仁孝天皇天保年間（1830—1843年）狩谷掖齋手識文。

畫史會要五卷

（明）朱謀垔撰

明刊本　共六册

静嘉堂文庫　東京大學東洋文化研究所藏本

【按】前有明崇禎庚午（1630年）朱謀垔《序》。

静嘉堂文庫藏本，原係陸心源十萬卷樓舊藏。

畫禪一卷

（明）釋蓮儒撰

明刊本（明刊《廣百川學海》零本）　共一册

東京大學東洋文化研究所藏本

王氏書苑十卷　補益十二卷

（明）王世貞輯　詹景鳳補益

明萬曆十九年（1591年）王元貞金陵刊本

國會圖書館　蓬左文庫　早稻田大學圖書館　大谷大學附屬圖書館　關西大學附屬圖書館藏本

【按】每半葉有界十行，行二十字。白口，左右雙邊（19.8cm×13.2cm）。

卷內刻“皇明朱衣姚汝循同校”，“皇明詹景鳳王元貞同校”。

前有王世貞《古法書苑小序》，又有王世貞《古今法書苑序》，又有詹景鳳《書苑補益題辭》。

此本細目如次：

卷一至卷五

《法書要録》十卷　（唐）張彥遠輯

卷六

《米海嶽書史》一卷　（宋）米芾撰；

卷七至卷八

《書法鈎玄》四卷　（元）蘇霖撰；

卷九至卷十

《東觀餘論》二卷《附録》一卷　（宋）黃伯思撰；

補益

卷一至卷五

《書譜》一卷　（唐）孫過庭撰；

《續書譜》一卷　（宋）姜夔撰；

《寶章待訪録》一卷　（宋）米芾撰；

《試筆》一卷　（宋）歐陽修撰；

《高宗皇帝御製翰墨志》一卷　（宋）高宗撰；

卷六至卷八

《法帖譜系》一卷　（宋）曹士冕撰；

《學古編》一卷　（元）吾丘衍撰；

《字學新書摘抄》一卷　（元）劉惟志撰；

卷九至卷十二

《廣川書跋》十卷　（宋）董逌撰。

國會圖書館藏本，共十二册。

蓬左文庫藏本，今缺《書苑》卷九、卷十凡二卷，實存八卷。

早稻田大學圖書館藏本，原係會津八一家會津文庫等舊藏，共十二册。

大谷大學藏本，原係神田鬯庵舊藏，昭和五十九年（1984年）由神氏家族捐贈大學。此本與《王氏畫苑》合裝，共三十六册。

關西大學藏本，原係内藤湖南恭仁山莊舊藏。此本有明治三十三年（1900年）内藤湖南手識文，文曰：“《王氏書苑》二十三本，庚子十一月初澣，炳卿。”卷中有“存雅樓弘農氏珍藏”、“歐陽閣圖書記”、“雲間”、“藤虎”、“字炳卿”等印記，共二十三册。

【附録】日本櫻町天皇元文四年（1739年）京都松華堂藤屋甚兵衛等刊印《王氏書苑補益》，

題署"明詹景鳳、王元貞校"。

又,日本江户時代有木活字刊本《學古編》,題署"元吾丘衍"。

櫻町天皇寬保三年(1743年)山田三郎兵衛、唐本屋惣兵衛刊印《學古編》,題署"元吾丘衍,明王世貞校",日人山田好之點。其後,此本有大阪嵩高堂河内屋八兵衛重印本,又有仁孝天皇天保二年(1831年)大阪堺屋新兵衛等重印本。

王氏書苑十二卷　補益八卷

(明)王世貞輯　詹景鳳補益

明萬曆年間(1573—1620年)刊本

内閣文庫　静嘉堂文庫　御茶之水圖書館藏本

【按】内閣文庫藏此同一刊本三部。一部原係江户時代林氏大學頭家舊藏,共六册。一部原楓山官庫舊藏,共六册。一部另附《王氏畫苑》八卷、《畫苑補益》四卷,共二十二册。

静嘉堂文庫藏本,原係陸心源十萬卷樓舊藏。此本卷中有後人寫補,共十册。

御茶之水圖書館藏本,原係狩谷掖齋舊藏,後歸德富蘇峰成簣堂。此本今缺卷一至卷五,實《書苑》七卷,其中卷十後半部、卷十一、卷十二系後人寫補,共七册。

古今法書苑七十六卷

(明)王世貞編　王乾昌校

明刊本　共四十册

内閣文庫　陽明文庫藏本

【按】内閣文庫藏本,原係楓山官庫等舊藏,共四十册。

陽明文庫藏本,原係江户時代近衛家熙等舊藏。此本首七卷係後人寫補,共八十一册。

【附録】江户時代有明人王世貞編王乾昌校《古今書法苑》七十六卷并《目》一卷寫本一種。此本原係下村正太郎家舊藏,今存早稻田大學圖書館。

江户時代又有《古今法書苑》七十六卷寫本一種。此本原係江户時代近衛家熙等舊藏,今存陽明文庫。

王氏書苑十卷　補益十二卷　王氏畫苑十卷補益四卷

(明)王世貞輯　詹景鳳補益

明刊本

東洋文庫　早稻田大學圖書館　陽明文庫藏本

【按】此本係覆明萬曆十八年(1590年)王氏淮南書院重刊本。

東洋文庫載本,原係三菱財團岩崎氏家等舊藏,共二十四册。

早稻田大學圖書館藏本,今存《書苑》卷九與卷十,《書苑補益》卷一至卷八、卷十二,《畫苑》卷一至卷九,共十九册。

陽明文庫藏本,原係江户時代近衛家熙等舊藏,共二十七册。

歷代名書要論(即《内閣秘傳字府》)一卷

闕名編輯　(明)黃鏊　黃鉞同校

明萬曆元年(1573年)閩書林屏山堂劉亨重刊本　共一册

蓬左文庫藏本　原江户時代尾張藩主舊藏

【按】卷中有"尾陽内庫"印記。

【附録】江户時代初期刊印《重刻内閣秘傳字府》四卷,題署"明黃鏊、黃鉞編"。其後,此本有靈元天皇寬文四年(1644年)京都吉野屋權兵衛重印本。又有脇田小兵衛、河南四郎右衛門重印本。仁孝天皇文政七年(1824年)大阪秋田屋太右衛門、江户須原屋茂兵衛修訂重印。

日本東山天皇元禄九年(1696年)栗山宇兵衛刊印《内閣秘傳字府》四卷。其後,此本有江户山城屋佐兵衛重印本,又有淺倉屋久兵衛重印本。

文字會寶(不分卷)

(明)朱文治輯

明萬曆三十六年(1618年)序刊本

國會圖書館　内閣文庫　東京大學總合圖書館　早稻田大學圖書館藏本

【按】國會圖書館藏本,共十册,今合爲四册。

内閣文庫藏本,原係楓山官庫舊藏,共十册。

東京大學藏本,原係渡邊信青洲文庫舊藏,共九册。

早稻田大學圖書館藏本,原係津田左右吉之津田文庫等舊藏,共十册。

廣文字會寶(不分卷)(即《思白董太史廣文字會寶》)

(明)朱文治撰

明萬曆年間(1573—1620年)閩建葉氏刊本(近世居藏版)

國會圖書館　静嘉堂文庫　蓬左文庫藏本

【按】前有沈懋孝《序》,又有明萬曆三十六年(1608年)錢塘朱文治《序》。

國會圖書館藏本,原共十册,現合爲五册。

静嘉堂文庫藏本,卷中有後人寫補,共十二册。

蓬左文庫藏此同一刊本兩部。一部原係江户時代德川幕府第一代大將軍德川家康舊藏,後贈送其子尾張藩主家。此本係明正天皇寬永六年(1629年)從中國購入。卷中有"御本"印記,共十册。另一部亦十册。

【附録】中御門天皇享保六年(1721年)中國商船"不字號"載《文字會寶》一部十册抵日本。

後櫻町天皇寶曆十二年(1762年)中國商船"久字號"載《廣文字會寶》一部二帙抵日本。

廣文字會寶(不分卷)

(明)朱文治輯

明萬曆三十六年(1618年)建陽書林葉見遠序刊本　共十册

内閣文庫　東京大學總合圖書館藏本

【按】内閣文庫藏本,原係楓山官庫舊藏。

東京大學總合圖書館藏此同一刊本兩部。一部原係江户時代紀州德川家南葵文庫舊藏。

一部今缺第一册、第二册。

歷代鐘鼎彝器款識法帖二十卷

(宋)薛尚功編纂

明萬曆年間(1573—1620年)刊本　共十册

尊經閣文庫藏本　原江户時代加賀藩主前田綱紀等舊藏

(新刻彙選古名家)五雲字法四卷

(明)吳亮校

明萬曆三十六年(1608年)余應興刊本　共四册

内閣文庫藏本

寶賢堂集古法帖十二帖

(明)宋灝　劉瑀摹勒

明刊本　共十二册

静嘉堂文庫藏本

響琴齋晉唐宋元明帖五帖

(明)郭憲詹輯

明天啓七年(1627年)刊本　共五帖

國會圖書館藏本

絳帖十二帖

(明)潘師且奉敕勒

明刊本　共十二册

静嘉堂文庫藏本

停雲館法帖十二帖

(明)文徵明摹勒

明刊本　共十二册

静嘉堂文庫藏本　原中村敬宇等舊藏

玉烟堂法帖(殘本)二十一卷

(明)陳元瑞編纂

明刊本　共二十三帖

國會圖書館藏本

【按】是書全二十四卷,此本今存卷一至卷二十一,共二十一卷。

【附錄】日本江户時代有明人陳元瑞《玉烟堂法帖》二十四卷寫本一種。此本今存國會圖書館。

日本中御門天皇享保十一年(1726年)中國商船"幾字號"載《玉烟堂法帖》一部四帙運抵日本。

玉烟堂董帖(即《小玉烟堂帖》)四卷

(明)董其昌輯

明崇禎三年(1630年)刻拓本　共四册

東京大學總合圖書館藏本　原江户時代紀州德川家南葵文庫舊藏

【附錄】據日本光格天皇文化十二年(1815年)《書籍直組帳》記載,是年中國商船"丑五番"載《玉烟堂董帖》二部運抵日本。

據《外船書籍元帳》記載,仁孝天皇天保十二年(1841年)中國商船"子一番"(船主劉念國)載《玉烟堂董帖》二部運抵日本。一部四帖,一部六帖。同年中國商船"丑二番"載《玉烟堂董帖》二帙運抵日本。

據仁孝天皇天保十五年(1844年)《會所請込物(進貨)書籍見帳》與《漢籍發賣投標記錄》記載,《玉烟堂董帖》一部標價爲村户六十二匁四分、長岡六十四匁、木下六十七匁三分。

玉烟堂董帖(即《小玉烟堂帖》)(殘本)二卷

(明)董其昌輯

明末刻拓本　共二册

東京大學總合圖書館藏本　原江户時代紀州德川家南葵文庫舊藏

【按】此本今存卷第三、卷第四,共二卷。

戲鴻堂法帖十六帖

(明)董其昌摹勒

明刊本　共十六册

静嘉堂文庫藏本

燕喜堂法帖四帖

(明)陳繼儒摹勒

明刊本　共四册

静嘉堂文庫藏本

瑞芝堂法帖(不分卷)

(明)洪世翰輯

明崇禎三年(1630年)宛陵洪世翰刻拓本共三册

東京大學總合圖書館藏本　原江户時代紀州德川家南葵文庫舊藏

鐵網珊瑚書品十卷　畫品六卷

(明)朱存理編撰

明萬曆二十八年(1600年)序刊本

大谷大學附屬圖書館　關西大學附屬圖書館藏本

【按】每半葉有界十行,行二十一字。白口,左右雙邊(20.6cm×13.8cm)。

《書品》卷首原題"鐵網珊瑚書品　吴郡朱存理性父集錄"。

《畫品》卷首原題"鐵網珊瑚畫品　吴郡朱存理性父集錄"。

大谷大學藏本,原係神田喜一郎(㟙庵)舊藏,澄鑒堂藏版,昭和五十九年(1984年)由神田氏家族捐贈大學,共十六册。

關西大學藏本,原係内藤湖南恭仁山莊舊藏。此本封面題署"欣賞齋原編鐵網珊瑚",并附《鐵網珊瑚書畫品鈔版本異同記》十二葉。卷中有"此君軒"印記等,共八册。

（棋琴之屬）

玄玄碁經集二卷　首一卷

（宋）晏天章撰　　（元）虞集編

元刊本　共一册

内閣文庫藏本　原近江西大路藩主市橋長昭舊藏

【按】光格天皇文化五年（1808 年）二月，江户幕府下總守市橋長昭舉其所藏之宋元舊刊本三十種與明本數種獻諸文廟，此本爲其中之一。卷中貼附《獻書跋文》一篇。其文如次：

　　　“寄藏文廟宋元刻書跋

　　　長昭夙從事斯文，經十餘年，圖籍漸多。意方今藏書家不乏於世，而其所儲大抵屬輓近刻書，至宋元槧蓋或罕有焉。長昭獨積年募求，乃今至累數十種。此非獨在我之爲難，而即在西土亦或不易，則長昭之苦心可知矣。然而物聚必散，是理數也，其能保無散委於百年之後乎？孰若舉而獻之廟學，獲藉聖德以永其傳，則長昭之素願也。虔以宋元槧三十種爲獻，是其一也。

　　　文化五年二月下總守市橋長昭謹誌

　　　河三亥書”

自《周易》至《山谷集》十四種一函，自《淮海集》至《國朝名臣事略》十六種一函，右二函。文化五年戊辰五月市橋下總守寄藏。

玄玄碁經十三篇

（元）張擬撰

明初刊本　共六册

宫内廳書陵部藏本

【按】前有元至正七年（1347 年）虞集《序》，次有至正九年（1349 年）歐陽玄《序》，并有晏天章《序》。

此本分爲十三篇，篇目如次：

《論局》、《得算》、《權輿》、《合戰》、《虚實》、《自知》、《審局》、《度情》、《邪正》、《洞微》、《名數》、《品格》、《雜志》。

卷中有“東路招討鐵山之章”、“白淵洞”、“秘閣圖書之章”等印記。

圍棋機軸（即《圍棋》）一卷　首一卷

（明）朱機編

明刊本　共一册

内閣文庫藏本　原江户時代豐後佐伯藩主毛利高標舊藏

【按】此本係日本仁孝天皇文政年間（1818—1829 年）出雲守毛利高翰獻贈幕府。明治初期歸内閣文庫。卷中有“佐伯侯毛利高標字培松藏書畫之印”等印記。

爛柯經四卷

（明）朱權編

明嘉靖年間（1522—1566 年）刊本　共二册

内閣文庫藏本　原江户時代林羅山等舊藏

【按】卷中有“江雲渭樹”印記。

弈律一卷

（明）王思任撰

明刊本（明刊《廣百川學海·癸集》零本）　共一册

國會圖書館藏本

玉局藏機二卷

（明）邵棟編

明萬曆十五年（1587 年）序刊本　共一册

内閣文庫藏本　原楓山官庫舊藏

坐隱先生訂譜全集八卷

（明）汪廷訥編撰

明萬曆三十七年（1609 年）環翠堂刊本　共八册

内閣文庫藏本

【按】内閣文庫藏此同一刊本兩部。一部原係楓山官庫舊藏；一部原係豐後佐伯藩主毛利高標舊藏,此本係後印本。仁孝天皇文政年間(1818—1829年)出雲守毛利高翰獻贈幕府。明治初期歸內閣文庫。卷中有"佐伯侯毛利高標字培松藏書畫之印"等印記。

坐隱先生訂棋譜(坐隱先生精訂捷徑弈譜)(不分卷)

(明)汪廷訥編撰

明萬曆年間(1573—1620年)海陽汪氏環翠堂刊本　共五冊

蓬左文庫藏本　原江户幕府大將軍德川家康等舊藏

【按】此本係日本明正天皇寬永十二年(1635年)從中國購入。原爲江户時代德川幕府第一代大將軍德川家康所有,後饋贈其子尾張藩主家。

卷中有"御本"、"尾陽內庫"印記。

石室秘傳十卷　首一卷

(明)焦竑等編撰

明修竹堂刊本　共十冊

內閣文庫　尊經閣文庫藏本

【按】內閣文庫藏本,原係江户時代豐後佐伯藩主毛利高標舊藏。仁孝天皇文政年間(1818—1829年)由出雲守毛利高翰獻贈幕府。明治初期歸內閣文庫。卷中有"佐伯侯毛利高標字培松藏書畫之印"等印記。

尊經閣文庫藏本,原係江户時代加賀藩主前田綱紀等舊藏。

仙機武庫八卷

題署(明)陸玄宇輯

明崇禎二年(1629年)序刊本　共八冊

國會圖書館藏本

仙機武庫(不分卷)

題署(明)李伯闓　過百齡編輯

明崇禎二年(1629年)序刊本　共四冊

內閣文庫藏本　原江户時代豐侯佐伯藩主

毛利高標舊藏

【按】此本係仁孝天皇文政年間(1818—1829年)由出雲守毛利高翰獻贈幕府。明治初期歸內閣文庫。卷中有"佐伯侯毛利高標字培松藏書畫之印"等印記。

適情雅趣十卷

(明)徐芝編輯

明隆慶四年(1570年)序刊本　共六冊

內閣文庫藏本　原昌平坂學問所舊藏

(新刻手譚秘局)四譜真訣四卷

不署編纂者姓名

明萬曆三十七年(1609年)誠德堂刊本　共二冊

內閣文庫藏本　原楓山官庫舊藏

碣石調(殘本)幽蘭(倚蘭)第五

(梁)丘明編撰

唐人寫本　日本國寶　共一帖

東京國立博物館藏本　原京都神光院等舊藏

【按】此帖紙本墨書,卷長432.1cm,寬27.4cm。

首有《碣石調幽蘭序》。第一行頂格墨書"碣石調幽蘭序一名倚蘭",第二行頂格墨書序文,凡四行,文曰:

"丘公字明,會稽人也。梁末隱于九嶷山,妙絕楚調,于《幽蘭》一曲,尤□精絕,以其聲微而志遠而不堪授人。以陳禎明三年,授宜都王叔明。隨(一原字)開皇十年於丹陽縣(疑漏一"卒"字),年□□九十七。無子傳之,其聲遂簡耳。"

《序》後頂格墨書"幽蘭第五",另換行頂格叙正文。正文凡二百十五行,行二十二字左右。正文後空一行頂格墨書"碣石調幽蘭第五",下有雙行墨書"此弄宜緩,消息彈之"。

後列調名琴曲如次:

楚　調　　千金調　　胡茄調　　感神調

楚明光	鳳歸林	白　雪	易　水
幽　蘭	游　春	淥　水	幽　居
坐　愁	秋　思	長　青	短　青
長　側	短　側	上上舞	下上舞
上間絃	下間絃	登　隴	望　秦
竹吟風	哀松路	悲漢月	辭　漢
跨　鞍	望　鄉	奔　雲	入　林
華口十遊	史明五弄	董揩五弄	
鳳延五路	流　波	雙　流	
三挾流泉	石上流泉	蛾　眉	
悲風拂隴頭	風入松	遊　弦	
楚客吟秋風	東武太山	招　賢	
反　顧	閑居樂	鳳游園	蜀　側
古　側	龍　吟	千金清	屈原嘆
烏夜啼	瑟　調	廣陵心息	楚妃嘆

此帖于 1954 年(昭和二十九年)3 月 20 日被日本國家"文化財審議委員會"確定爲"日本國寶"。

臞仙神奇秘譜三卷

(明)朱權編輯

明洪熙元年(1425 年)序刊本　共三冊

內閣文庫藏本　原江戶時代豐後佐伯藩主毛利高標舊藏

【按】此本係仁孝天皇文政年間(1818—1829年)由出雲守毛利高翰獻贈幕府。明治初期歸內閣文庫。明治二十四年(1891 年)移送宮內省圖書寮(即今宮內廳書陵部)。卷中有"佐伯侯毛利高標字培松藏書畫之印"等印記。

(行書)琴操十首

(明)王寵　書法

明嘉靖四年(1525 年)寫本　共一帖

東京國立博物館藏本　原高島菊次郎等舊藏

【按】此帖紙本墨書,每葉幅高 25.2cm,寬14.2cm。

清河琴譜二卷　續集一卷

(明)惠棟校正

明嘉靖四十三年(1564 年)宜陽嚴鵠重刊本共四冊

國會圖書館藏本

步虛仙譜九卷　首一卷

(明)顧挹江編輯

明嘉靖三十五年(1556 年)序刊本　共二冊

內閣文庫藏本　原豐後佐伯藩主毛利高標舊藏

【按】此本係日本仁孝天皇文政年間(1818—1829 年)出雲守毛利高翰獻贈幕府。明治初期歸內閣文庫。卷中有"佐伯侯毛利高標字培松藏書畫之印"等印記。

(新刊正文對音捷要)琴譜真傳六卷

(明)楊表正撰

明萬曆元年(1573 年)金陵三山書肆唐富春刊本

國會圖書館　蓬左文庫　東京大學東洋文化研究所　關西大學附屬圖書藏本

【按】每半葉十行,行二十四字。白口,四周雙邊(20.7cm×13.7cm)。

前有《刻太古琴序》,又有明萬曆元年(1573年)劉御《琴譜真傳序》,同年楊表正《刻真傳琴譜序》。

原題"新刊正文對音捷要琴譜真傳　閩延平貢川西峰山人楊表正撰　金陵三山街書肆對溪唐富春梓"。

國會圖書館藏本,共六冊。

蓬左文庫藏此同一刊本兩部。一部原係江戶時代德川幕府第一代大將軍德川家康舊藏,卷中有"御本"印記,共三冊。一部原係日本明正天皇寬永六年(1629 年)從中國購入本,尾張藩主家舊藏,卷中有"尾陽內庫"印記,共六冊。

東京大學藏本,此本今缺卷第一。

關西大學藏本,原係内藤湖南恭仁山莊舊藏。此本封面題署"金陵楊掄輯　琴譜合璧　太古遺音　白牙心法　文林閣唐錦池梓"。卷中有"蹇廬病夫"等印記,共六册。

【附録】日本江户時代有明人楊表正撰《新刊正文對音捷要真傳》六卷寫本一種。此本今存國會圖書館。

(重修正文對音捷要真傳)琴譜大全十卷

(明)楊表正撰

明萬曆年間(1573—1620 年)金陵三山書坊唐富春刊本

尊經閣文庫　關西大學附屬圖書館藏本

【按】每半葉十行,行二十四字。白口,四周雙邊(19.7cm×13.4cm)。

前有明萬曆十三年(1585 年)楊表正《重修正文對音捷要真傳琴譜大全序》,又有《刻太古琴譜叙》,《刻琴譜真傳序》。後又有明萬曆十三年陳書箴《重修真傳琴譜大全後跋》,同年姚士畏《重修真傳琴譜大全後跋》。

原題"重修正文對音捷要真傳琴譜大全　閩延平永安貢川西峰山人楊表正撰　金陵三山街綉谷對溪書坊唐富春梓"。

尊經閣文庫藏本,原係江户時代加賀藩主,前田綱紀等舊藏,共十册。

關西大學藏本,原係内藤湖南恭仁山莊舊藏。此本封面題署"楊西峰先生著　琴譜合璧大全　重修正文對音　歷代名賢真傳　梅墅石渠閣藏版",共十册。

【附録】日本桃園天皇寶曆四年(1754 年)《舶來書籍大意書》著録《琴譜大全》一部六册,其識文曰:

"此書系楊表正所撰。延來學琴褻玭古人之高雅者,皆由出自授受之錯誤。故楊氏索諸聖源流曲操之秘譜,精撰古意,對正音文,理明指要,撮成類名,詳備細注,闡明指法,編爲《大全》,於萬曆元年梓行。復又增新曲數十操,依'聖賢名録'、'琴學須知'、'辨琴雜説'、'五徽調弄'等次爲《通紀》二

卷;又輯《宮意》、《遇仙吟》、《陽春》、《梅花》、《澤畔吟》、《清江引》等百一餘曲,釐爲八卷。共合爲十卷,命其名爲《重修正文對音捷要真傳琴譜大全》,萬曆十三年梓行。"

琴譜合璧(不分卷)

(明)楊掄編輯

明萬曆年間(1573—1620 年)刊本　共六册

尊經閣文庫藏本　原江户時代加賀藩主前田綱紀等舊藏

太古遺音(不分卷)

(明)楊掄輯

明刊本　共六册

關西大學附屬圖書館藏本　原内藤湖南恭仁山莊舊藏

【按】每半葉八行,行十六字。白口,四周雙邊(22.7cm×14.2cm)。

前有《琴序》。

卷中有"陳瑚藏閱"、"絨參"、"逢軒私印"等印記。

琴經十四卷

(明)張大命纂集

明萬曆三十七年(1609 年)序刊本

國會圖書館　内閣文庫藏本

【按】國會圖書館藏本,共四册。

内閣文庫藏此同一刊本兩部。一部原係楓山官庫舊藏,共二册。一部原係江户時代林羅山等舊藏。此本卷一至卷八係清人補寫,卷中有"江雲渭樹"印記,共二册。

【附録】日本江户時代有《琴經》十四卷寫本一種,題署"明張大命纂集"。此本今存國會圖書館。

江户時代又有《琴經》十四卷寫本兩種,題署"明張大命纂集、沈音等校",皆係原渡邊信青洲文庫舊藏。今存東京大學總合圖書館。

江户時代又有《琴經》十四卷寫本一種,原係渡部信渡部文庫舊藏。今存東京大學總合圖

書館。

琴經十四卷

（明）張大命纂集
明人寫本　共三册
關西大學附屬圖書館藏本　原内藤湖南恭仁山莊舊藏
【按】每半葉十行，行二十字。
原題"琴經　閩潭城右袞張大命纂集　浙武林太韶沈音校閲"。
前有明萬曆三十七年（1609 年）葉向高《太古正音琴經序》，又有同年張大命《自序》。
卷中有"環山樓藏書記"等印記。

陽春堂琴譜（即《琴譜》）四卷　續一卷

（明）張大命撰　吳彦錫等校
明刊本
内閣文庫藏本
【按】内閣文庫藏此同一刊本兩部。一部原係江户時代林羅山等舊藏，卷中有"江雲渭樹"印記，共二册。一部原係楓山官庫舊藏，此本無《續》一卷，共二册。

青蓮舫琴雅四卷

（明）林有麟編輯
明人寫本　共二册
關西大學附屬圖書館藏本　原内藤湖南恭仁山莊舊藏
【按】每半葉有界九行，行二十字。白口，四周單邊（20.4cm×13.8cm）。
前有李紹箕《青蓮舫琴雅小引》，又有明萬曆四十二年（1614 年）周裕度《青蓮舫琴雅小引》，同年林有麟《青蓮舫琴雅序》。

封面題署"松韵澗響　五清周所藏"。

青蓮舫琴雅四卷

（明）林有麟編輯
明萬曆年間（1573—1620 年）刊本　共四册
尊經閣文庫藏本　原江户時代加賀藩主前田綱紀等舊藏

（新傳）理性元雅四卷

（明）張廷玉輯
明刊本
國會圖書館　内閣文庫藏本
【按】國會圖書館藏本，原共十二册，現合爲四册。
内閣文庫藏本，原係江户時代豐後佐伯藩主毛利搞標舊藏，此本有清人修補，仁孝天皇文政年間（1818—1829 年）出雲守毛利高翰獻贈幕府。明治初期歸内閣文庫。卷中有"佐伯侯毛利高標字培松藏書畫之印"等印記。共六册。

松絃館琴譜二卷

（明）嚴澂撰　趙應良輯
明萬曆四十二年（1614 年）序刊本　共二册（現合爲一册）
國會圖書館藏本

琴適四卷

（明）孫丕顯輯　王基校
明刊本　共二册
東京大學東洋文化研究所藏本
【按】此本爲《燕閑四適》之一種。

（篆刻之屬）

楊氏集古印譜（集古印譜）六卷

（明）王常輯　顧從德校

明萬曆三年（1575 年）顧氏藝芸閣朱印刊本
宫内廳書陵部　國會圖書館　内閣文庫
蓬左文庫　東洋文庫　静嘉堂文庫　御茶之

水圖書館藏本

【按】版心刻"顧氏藝芸閣"。

前有明萬曆三年顧從德《序》,又有王穉登《序》。

宮内廳書陵部藏本,原係江户時代德山藩三代主毛利元次廣收"天下秘籍"之一。東山天皇寶永三年(1706 年)《御書物目録》著録此本。明治二十九年(1896 年)男爵毛利元功獻贈宮内省國書寮(即今宮内廳書陵部)。卷中有"德藩藏書"印記,共六册。

國會圖書館藏本,原共六册,現合爲三册。

内閣文庫藏此同一刊本三部。一部原係昌平坂學問所舊藏,今缺卷五、卷六,實存四卷,共八册。一部亦係昌平坂學問所舊藏,卷名題署《集古印藪》,此本今缺卷五、卷六,實存四卷,共四册。一部共六册。

蓬左文庫藏本,原係田安家舊藏,共六册。

東洋文庫藏此同一刊本兩部,原皆係三菱財團岩崎氏家舊藏。一部共十册,一部共六册。

静嘉堂文庫藏本,原係栖原陳政舊藏,共六册。

御茶之水圖書館藏本,原係德富蘇峰成簣堂等舊藏。此本由朝鮮轉傳入日本,卷中有"蘇峰學人京城所獲"朱文印記,帙内又有德富蘇峰手題"大正乙卯十月十九日鮎貝君贈,蘇峰生"。共六册。

集古印藪四卷

(明)王常編　顧從德校

明萬曆年間(1573—1620 年)武陵顧氏藝芸閣朱刊印本

早稻田大學圖書館藏本

【按】早稻田大學圖書館藏此同一刊本兩部,版式相同,且皆各四册。

集古印正五卷　印正俯説一卷

(明)甘暘旭編

明萬曆二十四年(1596 年)序刊本　共五册

内閣文庫藏本　原楓山官庫舊藏

集古印範四卷

(明)潘雲傑輯

明萬曆三十五年(1607 年)序刊本　共四册(合二册)

國會圖書館藏本

秦漢印統八卷

(明)羅王常輯　吳元維　顧晉亨同校

明萬曆三十四年(1606 年)新都吳元維樹滋堂朱墨刊印本

内閣文庫　東京大學總合圖書館藏本

【按】内閣文庫藏本,原係楓山官庫等舊藏,共八册。

東京大學總合圖書館藏本,原係江户時代紀州德川家南葵文庫舊藏,共十六册。

秦漢印範六卷

(明)潘雲傑　陸鑨編輯　楊當時　蘇爾宣摹鑴

明萬曆年間(1573—1620 年)蘭印鈐拓本

蓬左文庫　東洋文庫藏本

【按】前有明萬曆三十四年(1606 年)張所敬《序》。

蓬左文庫藏本,原係江户時代尾張藩主家舊藏,共五册。

東洋文庫藏本,原係三菱財團岩崎氏家舊藏,共十册。

皇明印史四卷

(明)邵潛撰

明刊本　共四册

蓬左文庫藏本

古今印史一卷

(明)徐官編

明刊本(明刊《説郛續編》零本)　共一册

内閣文庫藏本　原昌平坂學問所舊藏

【附録】日本江户時代中期有松平秀雲手寫

明人徐官《古今印史》一卷。此本今存蓬左文庫。

東山天皇元禄十年（1697年）京都武村新兵衛刊印《古今印史》一卷，并《附》一卷，題署"明徐官撰"，由日人前田時棟（一色東溪）校。《附》一卷題署"前田時棟編"。其後，此本有京都梅村三郎兵衛重印本，又有林久次郎重印本等。

鴻棲館印選二卷

（明）吳忠篆　汪清校
明萬曆四十三年（1615年）新安吳氏鴻棲館鈐拓本　共二冊
蓬左文庫藏本　原江戶幕府大將軍德川家康舊藏
【按】此本係日本明正天皇寬永十二年（1635年）書商善左衛門獻贈江戶幕府大將軍家，後德川家康贈與其子尾張藩主家。
卷中有"御本"印記。

鴻棲館印選二卷

（明）吳忠撰
明晋陵孟純禮鈐拓本　共二冊
大谷大學附屬圖書館藏本　原神田喜一郎（鬯庵）舊藏
【按】前有明萬曆四十三（1615年）《序》。
此本係昭和四十九年（1984年）由神田氏家族捐贈大谷大學。

古今印則八卷

（明）程遠摹選
明萬曆年間（1573—1620年）刊本　共四冊
宮內廳書陵部藏本　原豐後佐伯藩主毛利高標等舊藏
【按】前有朱之蕃《序》、屠隆《序》、張納陛《序》、丁元薦《序》、董其昌《序》、顧起元《序》、沈灝《序》、馮夢禎《序》、何淳之《序》、虞淳熙《序》等。
此書分"春、夏、秋、冬"四集，每集二卷，二卷爲一冊。

"夏冊"卷末有校記一行，文曰："萬曆辛亥秋日羨長俞安期校定於宛委堂"。

仁孝天皇文政年間（1818—1829年）出雲寺毛利高翰獻贈幕府。明治初期歸內閣文庫。明治二十四年（1891年）移送宮內省圖書寮（即今宮內廳書陵部）。

卷中有"玉荀堂圖書記"、"施兆昂印"、"佐伯侯毛利高標字培松藏書畫之印"等印記。

【附錄】日本光格天皇安永九年（1780年）中國商船"古字號"載《古今印則》一部一帙運抵日本。

江戶時代有明人程遠摹選《古今印則》十一卷之寫本一種，并有明人朱之蕃等撰《古今印則序》與《古今印則跋》之朱墨筆寫本一種，今皆存早稻田大學圖書館。

古今印則十一卷

（明）程遠摹選　項夢原校正
明項氏宛委堂刊本　共四冊
蓬左文庫藏本　原江戶幕府大將軍德川家康等舊藏
【按】此本細目如次：
《玉印》一卷；
《官印》一卷；
《私印》五卷；
《名印》四卷。
此本係日本明正天皇寬永十四年（1637年）從中國購入。原係江戶幕府第一代大將軍德川家康所藏，後贈與其子尾張藩主家。
卷中有"御本"印記。

古今印則（不分卷）

（明）程遠摹選
明萬曆三十九年（1611年）識鈐本　共五冊
東洋文庫藏本

古今印選四卷

（明）方用光編　錢應曾校

明刊朱印本　共四册

内閣文庫藏本　原豐後佐伯藩主毛利高標舊藏

【按】此本係日本仁孝天皇文政年間(1818—1829 年)出雲守毛利高翰獻贈幕府。明治初期,歸内閣文庫。卷中有"佐伯侯毛利高標字培松藏書畫之印"等印記。

蘇氏印略四卷

(明)蘇宣篆

明萬曆四十五年(1617 年)序朱墨套印刊本　共二册

國會圖書館藏本

蘇氏印略(不分卷)

(明)蘇宣篆刻并輯

明萬曆年間(1573—1620 年)鈐印本　共八册

東洋文庫藏本　原三菱財團岩崎氏家等舊藏

酣古集印譜四卷

(明)蘇曉　黃宸篆

手稿本　共四册

早稻田大學圖書館藏本

印旨一卷

(明)程遠撰

明刊本　共一册

蓬左文庫藏本　原江户幕府大將軍德川家康舊藏

【按】此本係日本明正天皇寬永十四年(1637 年)從中國購入,原係江户幕府第一代大將軍德川家康舊藏,後贈與其子尾張藩主家。

卷中有"御本"印記。

【附錄】江户時代有明人程遠撰《印旨》一卷之寫本一種,此本今存早稻田大學圖書館。

印文二卷

(明)周應麐篆

明天啓元年(1621 年)刊本　共二册

國會圖書館藏本

印史五卷

(明)何通撰

明刊朱綠套印本

國會圖書館　内閣文庫藏本

【按】國會圖書館藏本,原共六册,現合爲三册。

内閣文庫藏本,原係楓山官庫等舊藏。

【附錄】日本中御門天皇享保十三年(1728 年)中國商船"以字號"載《印史》一部一帙運抵日本。

印苑八卷　印說一卷

(明)徐而北編　馮時寧閱

明藍印鈐拓本　共八册

蓬左文庫藏本

【按】前有明天啓元年(1621 年)朱國祚《序》。

此本第一卷爲朱墨套印本。

秋閑戲鋏十卷

(明)釋嚴乘臨摹　羅公權續彙

明刊朱綠套印本

國會圖書館　内閣文庫　蓬左文庫　東洋文庫　足利學校遺迹圖書館藏本

【按】前有明陳常夏《序》。

國會圖書館藏本,原共十册,現合爲四册。

内閣文庫藏本,共十册。

蓬左文庫藏本,原係江户時代德川光友瑞龍院等舊藏,共五册。

足利學校遺迹圖書館藏本,原係足利學校舊藏。此本今缺卷一、卷二,共八册。

秋閑戲鋏十卷

（明）釋嚴乘臨摹并輯　羅公權續彙
明刊本　共十冊
內閣文庫　東洋文庫藏本

【按】內閣文庫藏本，原係昌平坂學問所等舊藏。

東洋文庫藏本，原係三菱財團岩崎氏家舊藏。

（雜技之屬）

譜雙五卷　附六博譜等五篇

（宋）洪遵撰
明刊本　共一冊
早稻田大學圖書館藏本

【按】此本有《附錄》五篇，細目如次：
《六博譜》　（明）潘之恒撰；
《除紅譜》　（明）楊維楨撰；
《宣和牌譜》　（明）瞿祐撰；
《牌經十三篇》　（明）龍子猶撰；
《姆陣譜》　（明）袁福徵撰。

馬弔譜二卷　附打馬圖譜　陞官圖譜

明人撰不著姓名
明刊本　共二冊
陽明文庫藏本　原係江戶時代近衛家熙等舊藏

瓶史一卷

（明）袁宏道撰
明刊本（明刊《廣百川學海·癸集》零本）　共一冊
國會圖書館藏本

【附錄】日本光格天皇天明元年（1781年）江戶青藜閣刊印《瓶史》一卷，題署"明袁宏道撰"，此本由日人望月義想校。其後，此本有須原屋伊八等重印本。

瓶花譜一卷

（明）張丑撰
明刊本（明刊《廣百川學海·癸集》零本）　共一冊
國會圖書館藏本

紙箋譜一卷　牋譜銘一卷

《譜》（元）鮮于樞撰　《銘》（明）屠隆撰
江戶時代寫本
東京大學總合圖書館藏本

石室仙儀（殘本）三卷

（明）許穀輯
明金陵世德堂朱墨套印刊本　共三冊
國會圖書館藏本

葉子譜一卷

（明）潘子恒撰
明刊本（明刊《廣百川學海·癸集》零本）
國會圖書館藏本

觴政一卷　附贖刑一卷

（明）袁宏道撰
明刊本（明刊《廣百川學海·癸集》零本）　共一冊
國會圖書館藏本

燕閑四適二十卷

（明）孫丕顯編　王基校正
明潭邑書林余氏三臺館刊本
內閣文庫　蓬左文庫藏本

【按】前有明萬曆三十九年（1611年）瓠落生劉氏《序》。

內閣文庫藏此同一刊本三部。一部原係楓

山官庫舊藏,共六册。一部原係江户時代林羅
山等舊藏,卷中有"江雲渭樹"印記,共四册。

一部共八册。

蓬左文庫藏本,共三册。

（十三）小説家類

山海經十八卷

撰者不署姓名　（晋）郭璞注

明嘉靖年間（1522—1566 年）潘氏前山書屋覆宋刊本　共二册

静嘉堂文庫　日光輪王寺藏本

【按】每半葉十一行，行二十字，注文小字雙行。白口，四周單邊（21.8cm×16.5cm）。

前有郭璞《序》，劉秀《校上表》，又有明嘉靖十五年（1536 年）馮世雍《序》，同年潘侃《跋》。

静嘉堂文庫藏本，原係陸心源十萬卷樓等舊藏。

輪王寺藏本，原係天海大僧正舊藏。

【附録】九世紀日本藤原佐世撰《本朝見在書目録》著録中央臺省之漢籍，其"土地家"著録《山海經》二十一卷，題署"郭璞注"，旁有小注曰："見十八卷"。此爲日本古文獻關於《山海經》的最早著録。同《目録》又著録《山海經贊》二卷，題署"郭璞注"；又著録《山海經抄》一卷、《山海經略》一卷等。

十二世紀少納言藤原通憲有藏書目録《通憲入道藏書目録》，其中"第二十四匱"著録《山海經注》四帙。

東山天皇寶永六年（1709 年）中國商船"佐字號"載《山海經釋義》一部運抵日本。

櫻町天皇元文四年（1739 年）中國商船"世字號"載《山海經廣義》一部運抵日本。

桃園天皇寶曆四年（1754 年）《舶來書籍大意書》著録《山海經》一部四册，并注曰："脱紙一張。"

桃園天皇寶曆六年（1756 年）中國商船"世字號"載《山海經》一部運抵日本。

據《漢籍發賣投標記録》，仁孝天皇弘化二年（1845 年）《增補山海經》一部，標價爲安田屋六匁、鐵屋十匁、菱屋十四匁八分。

山海經十八卷

撰者不署姓名　（晋）郭璞注　（明）鄭熅校

明萬曆二十八年（1600 年）格古齋刊本

内閣文庫藏本

【按】内閣文庫藏此同一刊本兩部。一部原係楓山官庫舊藏，共二册。一部原係江户時代林羅山舊藏，卷中有"江雲渭樹"印記，共一册。

山海經十八卷

撰者不署姓名　（晋）郭璞傳

明中葉刊本　共一册

御茶之水圖書館藏本　原江户時代多紀氏家　野間三竹　德富蘇峰成簣堂等舊藏

【按】卷中有德富蘇峰手識文。

卷首有"多紀氏藏書印"、"古田家藏"等印記。卷末有"白雲書庫"等印記。

山海經（山海經圖）十八卷

撰者不署姓名　（晋）郭璞傳　（明）蔣應鎬畫

明刊本　共四册

國會圖書館　内閣文庫藏本

【附録】日本江户時代河内屋吉兵衛刊印《山海經》十八卷，題"晋郭璞傳，明蔣應鎬畫"。其後，此本有光格天皇文化八年（1811 年）重印本。

山海經圖贊二卷　附補遺

題（晋）郭璞撰　（明）沈士龍　胡震亨校

明刊本　共一册

内閣文庫藏本　原野見三竹　豐後佐伯藩主毛利高標舊藏

【按】此本係仁孝天皇文政年間（1818—1829 年）出雲守毛利高翰獻贈幕府。明治初年歸内閣文庫。卷中有"佐伯侯毛利高標字培松藏書畫之印"等印記。

山海經釋義十八卷

(明)王崇慶撰

明嘉靖十七年(1538 年)序刊本　共三册

内閣文庫藏本　原江户時代豐後佐伯藩主毛利高標舊藏

【按】此本傳承及印章情況同前册。

山海經釋義十八卷　圖一卷

(明)王崇慶釋義　董漢儒校定

明萬曆年間(1573—1620 年)刊本　共四册

關西大學附屬圖書館藏本　原内藤湖南恭仁山莊舊藏

【按】每半葉有界九行,行十九字。白口,四周單邊(22.1cm×14.0cm)。

前有郭璞《序》(第一葉缺),蔣一葵《序》,又有王崇慶《序山海經釋義》,董漢儒《重刻山海經釋義序》。後有明萬曆四十七年(1619 年)趙維垣《山海經釋義跋》。

神異經一卷

舊題(漢)東方朔撰　(明)程榮校

明刊本(明刊《漢魏叢書》零本)　共一册

内閣文庫藏本　原江户時代林氏大學頭家舊藏

【附録】九世紀日本藤原佐世撰《本朝見在書目録》著録中央臺省之漢籍,其"土地家"著録《神異經》一卷,題署"東方朔撰、晉張華注"。此爲日本古文獻關于《神異經》的最早著録。

日本靈元天皇貞享五年(1688 年)中村孫兵衛刊印《神異經》一卷。其後,此本有河南四郎右衛門重印本。

趙飛燕外傳一卷

舊題(漢)伶玄撰　(明)程榮校

明刊本(明刊《漢魏叢書》零本)　共一册

内閣文庫藏本　原昌平坂學問所舊藏

漢武帝内傳一卷　外傳一卷

舊題(漢)班固撰

古寫本　共一册

静嘉堂文庫藏本　原陸心源等舊藏

【按】卷中有 1820 年黄琴六校讀手識文。其文曰:

"《漢武帝内傳》一書,凡《太平廣記》所録,及明《漢魏叢書》諸刻,皆非完帙。向稱汲古閣刊《道藏》本爲最善,惜傳本亦希。今春從陳子準處借得舊鈔足本,讀之知俗本皆刪節過半,即毛刻亦多脱落,益見舊本之足貴矣。爰倩表弟陳竹亭影寫一帙藏之,復取宋人《續談助》中節本彙諸刻,細校一過,間有舊鈔訛脱而他刻得之者,附注與旁,以備參考。又《談助》卷末跋中載有唐道士跋,詳淮南八公姓氏,爲它書所未經見,與《玉海》中所印合,并録之。又内外傳本一書,如《吴越春秋》之例,外傳即内傳之下卷,自刪本僅存内傳,不知者遂以外傳爲别一書,觀《談助》跋語自見。然不得此本,又孰從而證之耶!嘉慶庚辰立夏後三日,拙經居士黄廷鑒乞識。"

【附録】九世紀日本藤原佐世撰《本朝見在書目録》著録中央臺省之漢籍,其"雜傳家"著録《漢武内傳》二卷,題署"葛洪撰"。在"舊事家"中又著録有《漢武帝故事》二卷,不著撰人姓名。

桃園天皇延享四年(1747 年)京都田中市兵衛刊印《漢武帝内傳》一卷,并附刊《穆天子傳》一卷,題署"漢班固撰"。此本由日人太神貫道校。

别國洞冥記一卷

舊題(漢)郭憲撰　(明)程榮校

明刊本(明刊《漢魏叢書》零本)　共一册

内閣文庫藏本　原昌平坂學問所舊藏

【附録】九世紀日本藤原佐世撰《本朝見在書目録》著録中央臺省之漢籍,其"雜傳家"著録

《漢武洞冥記》四卷,題署"郭子横撰"。

日本近衛天皇康治二年(1143年)九月二十九日,後來成爲左大臣的藤原賴長在其《臺記》中記載在該日之前讀過的書目,其中有《洞冥記》一種。

西京雜記六卷

(漢)劉歆撰　(晋)葛洪録　(明)毛晋校

明崇禎年間(1628—1644年)毛氏汲古閣刊本　共二册

早稻田大學圖書館　新潟縣新潟圖書館藏本

【按】早稻田大學圖書館藏本,原係會津八一家會津文庫等舊藏。

【附録】九世紀後期日本藤原佐世撰《本朝見在書目録》著録中央臺省所藏之漢籍,其"舊事家"著録《西京雜(記)》二卷,題署"葛洪撰"。這是日本古文獻關于《西京雜記》的最早記録。

近衛天皇康治二年(1143年)九月二十九日,後來成爲左大臣的藤原賴長在其《臺記》中記載在該日之前讀過的書目凡一千三十卷,其中有《西京雜記》一種。

東山天皇元禄三年(1690年)唐本屋又兵衛刊印《西京雜記》六卷。其後此本有東都須原屋市兵衛重印本。光格天皇寬政八年(1796年)由川口宗兵衛修訂重印。其後,又有河内屋茂兵衛重印本。

雜事秘辛一卷

(漢)闕名撰

江户時代寫本一種　幅寬22cm

國會圖書館藏本

(新刻出像增補)搜神記六卷

(晋)干寶撰

明金陵書林唐氏富春堂刊本

内閣文庫　蓬左文庫藏本

【按】内閣文庫藏本,原係江户時代林羅山舊藏,卷中有"江雲渭樹"印記,共三册。

蓬左文庫藏本,原係江户時代尾張藩主家舊藏。此本係明正天皇寬永六年(1629年)從中國購入,卷中有"尾陽内庫"印記,共六册。

【附録】九世紀後期日本藤原佐世撰《本朝見在書目録》著録中央臺省所藏之漢籍,其"雜傳家"著録《搜神記》四十卷,題署"干寶撰"。這是日本古文獻關於《搜神記》的最早記録。

搜神記二十卷

(晋)干寶撰　(明)胡震亨　毛晋校

明崇禎年間(1628—1644年)毛氏汲古閣刊本

國會圖書館　静嘉堂文庫藏本

【按】國會圖書館藏本,今存卷一至卷十四,缺卷十五至卷二十,共四册。

静嘉堂文庫藏本,原係中村敬宇等舊藏,共二册。

【附録】日本東山天皇元禄十二年(1699年)井上忠兵衛、林正五郎刊印《搜神記》二十卷,并《搜神後記》十卷,題署"晋干寶撰,明胡震亨、毛晋校"。其後,此本有光格天皇寬政八年(1796年)大阪河内屋喜兵衛重印本,又有北村佐兵衛重印本等。

搜神後記十卷　附録異記八卷

舊題(晋)陶潛撰　(明)胡震亨　毛晋訂
《附》(五代)杜光庭撰

明毛氏汲古閣刊本　共一册

静嘉堂文庫藏本　原中村敬宇等舊藏

【附録】九世紀後期日本藤原佐世撰《本朝見在書目録》著録中央臺省所藏之漢籍,其"雜傳家"著録《搜神後記》十卷,題署"陶潛撰"。這是日本古文獻關於《搜神後記》的最早記録。

十二世紀少納言藤原通憲有藏書目録《通憲入道藏書目録》,其中"第二十四櫃"中著録《搜神後記》,并注明"九卷,欠三"。

東山天皇元禄十二年(1699年)井上忠兵衛、林正五郎刊印《搜神後記》十卷。

博物志十卷

（晉）張華撰

明刊本（明刊《漢魏叢書》零本）　共一册

國會圖書館藏本

【附録】日本孝謙天皇太平勝寶三年（751年）編纂成日本第一部書面漢詩集《懷風藻》，其收入作品曾徵引《博物志》中的典故。如第三十二首正一位太政大臣藤原朝臣史《游吉野》有句曰"靈仙駕鶴去，星客乘槎逖"，其"星客乘槎"一典則取自《博物志》。如是，八世紀時代《博物志》則已傳入日本。

靈元天皇天和三年（1683年）京都伏見屋藤右衛門刊印《博物志》十卷。其後，此本有浪華柳原喜兵衛等重印本。

世説新書（殘本）一卷

（劉宋）劉義慶撰　　（梁）劉孝標注

唐人寫本　　日本國寶　　共一卷

小川家藏本　　原日本中世時代呆寶　　東寺等舊藏

【按】此本爲劉義慶《世説新書》卷第六《規箴》篇之殘卷，起自"孫休好射雉，至其時，晨去夕反，群臣莫不上諫"，止于"張愧謝曰，小人有此始不及知，即已毀壞"。凡正文六十五行，注文八十六行。

正文後有清光緒辛巳（1881年）八月楊守敬手識文十行。

全卷紙本墨書，正文每行十二字至十五字，注文小字雙行，行十五字至十八字。幅寬27.1cm，全長254.7cm。

1881年日人山田永年在《過眼餘唱》中詳記本卷發現之經過。明治十年（1877年）京都東寺之寺持西村兼文，在整理該寺寶庫中諸種典籍時，發現了祖上傳下的唐人寫本《世説新書》卷第六的殘文，即《規箴》篇之一部，并《捷悟》篇、《夙慧》篇、《豪爽》篇之全文。當時，西村兼文應好友山添快堂、神田香岩、北村文石、桑川清蔭、山田永年之請，將此卷割裂爲五份，分藏

于此五家。後幾經流轉，合爲四份，保存于今。

紙背爲《金剛頂蓮花部心念誦儀規》。

楊守敬《日本訪書志》卷八著録古鈔卷子本《世説新語》殘卷，即係此卷。其識文曰：

"是卷書法精妙，雖無年月，以日本古寫佛經照之，其爲唐時人所書無疑。余從日下部東作借校之，其卷首尾殘缺，自《規箴》篇'孫休好射雉'起，至張闓毀門止，其正文異者數十字，其注異文尤多，所引《管輅別傳》多出七十餘字。竊謂此卷不過十一條，而差異若此，聞此書尚存二卷在西京，安得盡以較録，以還臨川之舊，則宋本不足貴矣。"

此本已被日本"文化財審議委員會"確認爲"日本國寶"。

【附録】公元751年（中國唐玄宗天寶十年、日本孝謙天皇天平勝寶三年）日本完成第一部書面文學集《懷風藻》的編纂，其第九首爲日本僧人智藏所作《秋日言志》一首。此詩結句曰："因兹竹林友，榮辱莫相驚。"此詩中"竹林友"之説，源自《世説新語·任誕篇》。其原文："陳留阮籍、譙國嵇康、河内山濤、沛國劉伶、陳留阮咸、河内向秀、琅邪王戎，七人集于竹林之下，肆意酣暢，故世謂'竹林七賢'。"又《懷風藻》第七十七首爲但馬守百濟公和麻呂所作《秋日於長王宅宴新羅客》一首。此詩結句曰："人是雞林客，曲即鳳樓詞；青海千里外，白雲一相思。"此詩中"一相思"之典，則來自《世説新語·簡傲篇》。其原文曰："嵇康與吕安善，每一相思，千里命駕"。又《懷風藻》第八十九首爲式部卿藤原朝臣宇合所作《在常陸贈倭判官留在京》一首。此詩中有句曰："無由何見李將郭，有別何逢奎與猷。"此詩中"奎與猷"之典，則來自《世説新語·任誕篇》。其原文曰："王子猷居山陰，夜大雪。眠覺開室，命酌酒。四望皎然，因起彷徨，詠左思《招隱詩》，忽憶戴安道（戴逵——編著者）。時戴在剡，即便夜乘小船就之。經宿方至，造門不前而返。人問其故，王曰：'吾本乘興而行，興盡而返，何必見戴。'"這是關於《世説新語》最早浸入日本古代文學

的記載。

九世紀日本藤原佐世撰《本朝見在書目録》著録中央臺省之漢籍,其"小説家"著録《世説》十卷,題署"宋臨川王劉義慶撰、劉孝標注"。此爲日本古文獻目録關於《世説新語》的最早著録。

世説新書（殘本）一卷

（劉宋）劉義慶撰　（梁）劉孝標注
唐人寫本　日本國寶　共一卷
京都國立博物館藏本　原日本中世時代呆寶　東寺等舊藏
【按】此爲劉義慶《世説新書》卷第六《規箴》篇之殘卷,并《捷悟》篇之全文。首起《規箴》篇之"郗太守晚節好談",止于《捷悟》篇之末。凡正文一百二十五行,注文九十三行。

全卷紙本墨書,正文每行十二字至十五字,注文小字雙行,行十六字至十八字。幅27.1cm,全長398.7cm。

紙背爲《金剛頂蓮花部心念誦儀軌》。

此本已被日本"文化財審議委員會"確認爲"日本國寶"。

世説新書（殘本）一卷

（劉宋）劉義慶撰　（梁）劉孝標注
唐人寫本　日本國寶　共一卷
小西家藏本　原日本中世時代呆寶　東寺等舊藏
【按】此爲劉義慶《世説新書》卷第六之殘卷,即《夙慧》篇之全文。首行頂格墨書"夙慧第十二",止于此篇篇末。凡正文四十九行,注文十行。

全卷紙本墨書,正文每行十二字至十五字,注文小字雙行,行十六字至十八字。幅27.1cm,全長124.0cm。

紙背爲《金剛頂蓮花部心念儀軌》。

此本已被日本"文化財審議委員會"確認爲"日本國寶"。

世説新書（殘本）一卷

（劉宋）劉義慶撰　（梁）劉孝標注
唐人寫本　日本國寶　共一卷
神田家藏本　原日本中世時代呆寶　東寺等舊藏
【按】此爲劉義慶《世説新書》卷第六之殘卷,即《豪爽》篇之全文。

首行頂格墨書"豪爽第十三",止于全篇篇末。凡正文六十四行,注文三十行。與篇末正文隔二行,頂格墨書"世説新書卷第六",其中,"第"字已經磨損。全卷紙本墨書,正文每行十二字至十五字,注文小字雙行,行十六字至十八字。幅27.1cm,全長196.0cm。

紙背爲《金剛頂蓮花部心念儀軌》。

此本已被日本"文化財審議委員會"確認爲"日本國寶"。

世説新語三卷

（劉宋）劉義慶撰　（梁）劉孝標注
宋刊本　共三册
宮內廳書陵部藏本　原金澤文庫　楓山官庫等舊藏
【按】每半葉有界十行,行二十字,注文小字雙行。魚尾標"世説幾",版心記刻工姓名,如方中、石昌、王延、王禧、吳春、吳中、陳潤、陳彬、宋通、宋道、沈定、李正、鄭春、陳皓、楊明、張明、張榮、劉賓、劉昭、陳壽、陳良、方通、方逵、嚴忠、顧永、蔣榮、金祖、范允、凌宗、孫春、徐經、羊思、王改、求裕、曹鼎、曹興祖、江泉等。

首行題署"世説新語上",次行題署"宋臨川王義慶撰,梁劉孝標注"。

卷中避宋諱,凡"徵、敬、恒、殷、貞、構、匡、胤、竟"等字皆缺畫。

此本係日本中世紀時代金澤文庫外流出漢籍之一種。

每册首有"金澤文庫"、"秘閣圖書之章"等印記。

森立之《經籍訪古志》卷五著録楓山官庫藏

北宋刊本《世説新語》三卷,即系此本。森氏識文曰:

> "此係劉義慶真本,未經後來增損者。字句卷數,校之元明諸本,夐然不同。文字端正,欽宗以上諱字嫌名皆缺筆,其爲北宋槧本無疑。每卷有金澤文庫印記。"

《御書籍來歷志》、《古文舊書考》、董康《書舶庸譚》卷二著錄此本。

【附錄】仁孝天皇天保三年(1832 年)昌平坂學問所官刊明人袁褧校《世説新語》三卷。

日本桃園天皇寶曆四年(1754 年)中國商船"世字號"載《世説新語》一部運抵日本。

據《長崎官府貿易外船賚來書目》記載,桃園天皇寶曆九年(1759 年),中國商船"一番船"載《世説新語》十部運抵日本。

據光格天皇天明六年(1786 年)《寅十番持渡書改目錄寫》記載,是年此船載《世説新語》二部運抵日本。一部四册,《目錄》注曰:"古本,脱紙一葉。"一部八册,《目錄》注曰:"明人王次公批點,無脱紙。"

世説新語三卷　附叙錄一卷　人名譜一卷

(劉宋)劉義慶撰　　(梁)劉孝標注　　《附》(宋)汪藻撰

宋刊本　共五册

尊經閣文庫藏本　原金澤文庫　江户時代加賀藩主前田綱紀等舊藏

【按】版心記刻工姓名,如徐忠、陳盛、方逵、方通、宋道、李正、汪文、何又、通、思、正、明、迁、方、盛、楊思、楊明、劉賓、鄭敏、嚴定、嚴忠、鄧英、葛珍、葉巳、葉明、陳榮、江泉、羊思、王子正、王榮、方遷等。

此本係日本中世時代金澤文庫外流出漢籍之一種。

卷中有訓讀標點,并有"金澤文庫"印記。

世説新語八卷

(劉宋)劉慶義撰　　(梁)劉孝標注　　(宋)劉辰翁評

元刊本　共四册

内閣文庫藏本　原河本立軒　昌平坂學問所等舊藏

【按】森立之《經籍訪古志》卷五著錄昌平學藏元刊本《世説新語》八卷,即此本,其識文曰:"劉辰翁批點本删略注文。"

世説新語六卷

(劉宋)劉義慶撰　　(梁)劉孝標注

明嘉靖十四年(1535 年)三畏堂刊本

東京大學東洋文化研究所藏本　原大木幹一等舊藏

世説新語三卷

(劉宋)劉義慶撰　　(梁)劉孝標注

明嘉靖年間(1522—1566 年)覆宋刊本

静嘉堂文庫　京都大學　御茶之水圖書館藏本

【按】每半葉有界十行,行十二字。左右雙邊,白口。

有宋紹興八年(1138 年)四月董棻《跋》,又有宋淳熙戊申(1188 年)宋人陸游《跋》。

静嘉堂文庫藏本,原係陸心源十萬卷樓等舊藏,共三册。

京都大學藏此同一刊本兩部。一部存人文科學研究所東洋學文獻中心,共六册。一部存文學部中國語學文學哲學研究室,此本有盧文弨以傳是樓宋本校刊之手批文,共六册。

御茶之水圖書館藏本,原係德富蘇峰成簣堂等舊藏,係德富蘇峰從朝鮮京城白書肆"蟲入本狼藉亂堆中"檢得,大正四年(1914 年)修補。第一册首有"晚齋藏書"陰刻朱文印記。共六册。

【附錄】日本桃園天皇寶曆四年(1754 年)《舶來書籍大意書》著錄《世説新語》一部六册。其識文曰:

> "此書係宋人劉義慶采漢晋間事,分爲'德行'、'文學'、'品藻'、'文正'等三十六

門。梁劉孝標爲之作注,後又有宋人劉辰翁、明人王世懋爲之作評。原本八卷。明人王世貞從《何氏語林》之内,采其雅馴者,全從《新語》之部目,名曰《世説新語補》,釐爲四卷。二書合本,明人張懋辰爲之校訂,明嘉靖三十五年刊行。"

世説新語八卷

(劉宋)劉義慶撰　(梁)劉孝標注　(明)王世懋評　凌濛初校

明刊本　共四册

内閣文庫藏本　原江户時代林氏大學頭家舊藏

【按】此本有林鵝峰手識文。

世説新語八卷

(劉宋)劉義慶撰　(梁)劉孝標注　(明)王世懋校

明刊三色套印本

内閣文庫　東洋文庫藏本

【按】内閣文庫藏本,原係昌平坂學問所舊藏,共十六册。

東洋文庫藏本,原係三菱財團岩崎氏家舊藏,共八册。

世説新語八卷　補二卷

(劉宋)劉義慶撰　(梁)劉孝標注　《補》(明)何良俊撰

明萬曆八年(1580年)序刊本

愛知大學附屬圖書館藏本　原小倉正恒等舊藏

【按】愛知大學藏此同一刊本兩部,皆係小倉正恒舊藏。一部共六册,一部共四册。

世説新語三卷

(劉宋)劉義慶撰　(梁)劉孝標注

明萬曆八年(1580年)刊本　共三册

東京大學東洋文化研究所藏本　原大木幹一等舊藏

世説新語三卷

(劉宋)劉義慶撰　(梁)劉孝標注

明萬曆三十八年(1615年)博古堂刊本　共六册

早稻田大學圖書館藏本　原柳田泉家柳田文庫等舊藏

述異記二卷

(梁)任昉撰　(明)程榮校

明刊本(明刊《漢魏叢書》零本)　共一册

内閣文庫藏本　原昌平坂學問所舊藏

【附録】日本中御門天皇享保元年(1716年)美濃屋右衛門、京都川勝五郎右衛門刊印《述異記》二卷。其後,此本有桃園天皇寬延二年(1749年)京都植村藤右衛門重印本,又有桃園天皇寶曆三年(1753年)大阪淺野彌兵衛修訂刊本,又有後桃園天皇安永四年(1775年)修訂刊本。

魏晉小説十二卷

編撰人不著姓名

明刊本　共十二册

尊經閣文庫藏本　原江户時代加賀藩主前田綱紀等舊藏

唐世説新語(大唐新語)十三卷

(唐)劉肅撰

明刊本　共三册

内閣文庫　静嘉堂文庫　尊經閣文庫藏本

【按】内閣文庫藏本,原係楓山官庫舊藏,共三册。

静嘉堂文庫藏本,原係中村敬宇等舊藏,共三册。

尊經閣文庫藏本,原係江户時代加賀藩主前田綱紀等舊藏,共六册。

【附録】日本仁孝天皇天保三年(1832年)昌平坂學問所官刊《唐世説新語》十三卷,題署"唐劉肅撰,明俞安期校"。

南北史續世説(續世説新語)十卷

(唐)李垕撰　　(明)俞安期校
明萬曆三十七年(1609年)序刊本　共五册
内閣文庫藏本　原楓山官庫舊藏
【附録】日本仁孝天皇天保三年(1832年)昌平坂學問所刊印《南北史續世説》即《續世説新語》十卷。此本題署"唐李垕撰，明俞安期校"。

博異志一卷

(唐)鄭還古撰
明刊本(明刊《續百川學海》零本)　共一册
國會圖書館藏本

集異記二卷

(唐)薛用弱撰
明人寫本　共一册
静嘉堂文庫藏本　原陸心源十萬卷樓等舊藏

集異志一卷

(唐)薛用弱撰
明刊本(明刊《續百川學海》零本)　共一册
國會圖書館藏本

劇談録二卷

(唐)康駢述
古寫本　盧弓父手校本　共一册
静嘉堂文庫藏本
【按】前有唐乾寧四年(897年)康駢《自序》。卷中有盧弓父手識文二則。1792年文曰：

"乾隆壬子鈔，十一月二十五日以刻本校。盧弓父次年七月十日重校竟，兩本各有得失，取長棄短，俱成善本矣。七十七叟記。"

1793年文曰：

"乾隆癸丑七月九日，盧弓父以明高承埏刻本校正。是日答彭允初書。"

唐段少卿酉陽雜俎前集二十卷　續集十卷

(唐)段成式撰　　(明)李雲鵠校
明萬曆三十六年(1608年)四川李雲鵠校刊本

國會圖書館　内閣文庫　東京大學總合圖書館　早稻田大學圖書館藏本
【按】國會圖書館藏本，共六册(今合爲三册)。

内閣文庫藏本，共五册。

東京大學總合圖書館藏本，原係渡邊信青洲文庫舊藏。此本卷第十至卷第十五係據明人汪士賢重校本補寫。卷中有日本後光明天皇正保三年(1646年)手識文。共六册。

早稻田大學圖書館藏此同一刊本兩部，一部共四册，一部共五册。

【附録】日本中御門天皇正德元年(1711年)中國商船"世字號"載《正續酉陽雜俎》一部運抵日本。

酉陽雜俎二十卷　續集十卷

(唐)段成式撰　　(明)汪士賢校　《續》(明)毛晉校
明末常熟毛晉汲古閣刊本
内閣文庫　静嘉堂文庫　東洋文庫　東京大學總合圖書館　早稻田大學圖書館　關西大學附屬圖書館内藤文庫　堺市立中央圖書館藏本
【按】每半葉有界九行，行十九字。白口，左右雙邊(18.4cm×13.2cm)。

卷首題署"酉陽雜俎，唐臨淄段成式柯古撰，明古虞毛晉子晉訂"。

有段成式《酉陽雜俎序》，又有毛晉《跋》。

内閣文庫藏本，原係中國明人戴金舊藏，後轉入日本，歸楓山官庫，共三册。

静嘉堂文庫藏本，原係陸心源十萬卷樓等舊藏。共八册。此本爲清人勞巽卿手校本，卷中有勞氏手識文五則。其一曰：

"此米莃舊藏鈔本，少末一卷，又卷二三

及後二卷，凡少四十七則。雖多傳寫之誤，以勘刊本，有絕勝處。刊本多所校改，有不得其語而妄改者，非此本未由正之。米荙間有校正處，且分《金剛經·鳩異》作上下，則不知其何所據。今姑注於邊欄之下。此本米荙定爲宋鈔，殆未必然，乃從宋刻傳鈔爾。丹鉛精舍主人書。"

其二曰：

"初八日將午校畢，鈔本有嘉定癸未鄧復《後序》，影寫增入。宋刻雖未得見，實亦坊本耳。羿卿權識于拂塵埽葉之樓。"

其三曰：

"閏月中曾經復校，茲再校一過，又補正一二字，比校之難且如此。十月初八日燈下記。"

其四曰：

"舊刻藏據缺第二葉，故前后兩葉未改原本行款，乃二十行十九字也。薄暮校畢。"

其五曰：

"是書聞有元刻本，此舊刻雖非佳書，顧尚出宋刊，據以是正。此本補《諾皋記》二百四十餘字，廣動植木篇'比閭'一條，凡十九字。它亦多所補正。其差謬亦校注之，非無持擇，以其本之不易覯也。篋中尚有張青父舊藏續集，今亦隨校一本，倘能更以《太平廣記》讎比一過，彌復佳耳。以俟好事而有餘力者。丁巳閏五月初六日清晨，勞權識于丹鉛精舍。"

東洋文庫藏本，共五册。

東京大學總合圖書館藏本，共六册。

早稻田大學圖書館藏本，原係服部南部家服部文庫等舊藏，共六册。

關西大學藏本，原係內藤湖南舊藏。封面題識"臨淄段成式柯古撰，正續《酉陽雜俎》，廣文堂藏版"。卷中有"小紅鴉館"、"吉林索綽絡氏"、"海粟園藏書"、"桐城姚伯昂氏藏書記"等印記。共六册。

堺市立中央圖書館藏本，共六册。

【附錄】日本東山天皇元祿十年（1697 年）京

都井上忠兵衛等刊印《酉陽雜俎》二十卷，并《續集》十卷。此本題署"唐段式成撰，明毛晉校"。其後，此本有京都弘簡堂須磨勘兵衛重印本。

酉陽雜俎二十卷

（唐）段成式撰
明刊本（明刊《稗海》零本）　共四册
新潟縣立新潟圖書館藏本

諾皋記一卷

（唐）段成式撰
明刊本　共一册
東京大學東洋文化研究所藏本

雲仙雜記十卷

舊題（唐）馮贄撰
明刊本（明刊《說郛》零本）　共一册
靜嘉堂文庫藏本　原竹添光鴻等舊藏

甘澤謠一卷　附錄一卷

（唐）袁郊撰
明崇禎年間（1628—1644 年）虞山毛氏汲古閣刊本　共一册
國立熊本大學附屬圖書館藏本　原落合爲誠（東郭）舊藏

開元天寶遺事三卷

（後周）王仁裕撰
日本明正天皇寬永十六年（1639 年）京都風月宗智刊本　共一册
國會圖書館藏本

錄異記八卷

（蜀）杜光庭編纂
明萬曆年間（1573—1620 年）刊本　共一册
尊經閣文庫　靜嘉堂文庫藏本
【按】前有杜光庭《自序》。
尊經閣文庫藏本，原係江戶時代加賀藩主前

田綱紀等舊藏。

静嘉堂文庫藏本,原係項藥師等舊藏,卷中有"檇李項藥師藏"朱文長印。

虞初志八卷

明人不署姓名

明嘉靖年間(1522—1566 年)刊本　共八册

内閣文庫藏本　原楓山官庫舊藏

【按】此本所收各篇,有題作者姓名,有不題作者姓名者。其細目如次:

第一册

　卷一:

　《續齊諧記》一卷　(梁)吳均撰

　《集異記》一卷　(唐)薛用弱撰

　《離魂記》一卷

第二册

　卷二:

　《虬髯客傳》一卷　(唐)張説撰

　《柳毅傳》一卷

　《紅綫傳》一卷

　《長恨傳》一卷

第三册

　卷三:

　《韋安道傳》一卷

　《周秦行記》一卷

　《枕中記》一卷

　《南柯記》一卷

第四册

　卷四:

　《嵩岳嫁女記》一卷

　《廣陵妖亂志》一卷

　《崔少玄傳》一卷

　《南岳魏夫人傳》一卷

第五册

　卷五:

　《無雙傳》一卷

　《謝小娥傳》一卷　(唐)李公佐撰

　《楊娼傳》一卷

　《李娃傳》一卷

第六册

　卷六:

　《鶯鶯傳》一卷　(唐)元稹撰

　《霍小玉傳》一卷　(唐)蔣防撰

　《柳氏傳》一卷

　《非烟傳》一卷

第七册

　卷七:

　《高力士外傳》一卷　(唐)郭湜撰

　《東城老父傳》一卷

　《古鏡記》一卷

　《冥音録》一卷

第八册

　卷八:

　《任氏傳》一卷

　《蔣琛傳》一卷

　《東陽夜怪録》一卷

　《白猿傳》一卷

虞初志八卷

題(明)湯顯祖輯　(明)黄正位校

明萬曆三十四年(1606 年)序刊本　共四册

内閣文庫藏本　原江户時代林氏大學頭家舊藏

【按】此本所收各篇,皆題署作者姓名。其細目如次:

第一册

　卷一:

　《續齊諧記》一卷　(梁)吳均撰

　《集異記》一卷　(唐)薛用弱撰

　《離魂記》一卷　(唐)韋壯撰

　卷二:

　《虬髯客傳》一卷　(唐)張説撰

　《柳毅傳》一卷　(唐)李朝威撰

　《紅綫傳》一卷　(唐)楊巨源撰

　《長恨傳》一卷　(唐)陳鴻撰

第二册

　卷三:

　《韋安道傳》一卷　(唐)張泌撰

《周秦行記》一卷　（唐）牛僧孺撰

《周秦行記論》一卷　（唐）李德裕撰

《枕中記》一卷　（唐）李泌撰

《南柯記》　（唐）李公佐撰

卷四：

《嵩岳嫁女記》一卷　（唐）施兼吾撰

《廣陵妖亂志》一卷　（唐）羅隱撰

《崔少玄傳》一卷　（唐）王建撰

《南岳魏夫人傳》一卷　（唐）顔真卿撰

第三册

卷五：

《無雙傳》一卷　（唐）裴説撰

《謝小娥傳》一卷　（唐）李公佐撰

《楊娼傳》一卷　（唐）李群玉撰

《李娃傳》一卷　（唐）白行簡撰

卷六：

《鶯鶯傳》一卷　（唐）元稹撰

《霍小玉傳》一卷　（唐）蔣防撰

《柳氏傳》一卷　（唐）許堯佐撰

《非烟傳》一卷　（唐）皇甫放撰

第四册

卷七：

《高力士外傳》一卷　（唐）郭湜撰

《東城老父傳》一卷　（唐）陳鴻撰

《古鏡記》一卷　（隋）王度撰

《冥音録》一卷　（唐）朱慶餘撰

卷八：

《任氏傳》一卷　（唐）沈既濟撰

《蔣氏傳》一卷　（唐）張泌撰

《東陽夜怪録》一卷　（唐）王洙撰

《白猿傳》一卷　（唐）江惣撰

虞初志八卷　續虞初志四卷

（明）湯顯祖評選　《續》（明）湯顯祖撰

明末錢塘鍾人杰刊本

　内閣文庫　蓬左文庫　東京大學文學部漢
籍中心　京都大學人文科學研究所東洋學文
獻中心藏本

　【按】此本正編八卷所收各篇，皆題署作者姓

名，續編四卷所收各篇，皆不題作者姓名。其
細目如次：

卷一：

《續齊諧記》一卷　（梁）吳均撰

《集異記》一卷　（唐）薛用弱撰

《離魂記》一卷　（唐）韋壯撰

卷二：

《虬髯客傳》一卷　（唐）張説撰

《柳毅傳》一卷　（唐）李朝威撰

《紅綫傳》一卷　（唐）楊巨源撰

《長恨傳》一卷　（唐）陳鴻撰

卷三：

《韋安道傳》一卷　（唐）張泌撰

《周秦行記》一卷　（唐）牛僧孺撰

《枕中記》一卷　（唐）李泌撰

《南柯記》（唐）李公佐撰

卷四：

《嵩岳嫁女記》一卷　（唐）施兼吾撰

《廣陵妖亂志》一卷　（唐）羅隱撰

《崔少玄傳》一卷　（唐）王建撰

《南岳魏夫人傳》一卷（唐）顔真卿撰

卷五：

《無雙傳》一卷　（唐）裴説撰

《謝小娥傳》一卷　（唐）李公佐撰

《楊娼傳》一卷　（唐）李群玉撰

《李娃傳》一卷　（唐）白行簡撰

卷六：

《鶯鶯傳》一卷　（唐）元稹撰

《霍小玉傳》一卷　（唐）蔣防撰

《柳氏傳》一卷　（唐）許堯佐撰

《非烟傳》一卷　（唐）皇甫枚撰（萬曆本題
“皇甫放”）

卷七：

《高力士外傳》一卷　（唐）郭湜撰

《東城老父傳》一卷　（唐）陳鴻撰

《古鏡記》一卷　（隋）王度撰

《冥音録》一卷　（唐）朱慶餘撰

卷八：

《任氏傳》一卷　（唐）沈既濟撰

《蔣氏傳》一卷　（唐）張泌撰

《東陽夜怪錄》一卷　（唐）王洙撰

《白猿傳》一卷　（唐）江惣撰

續卷一：

《杜牧傳》一卷　《王遠傳》一卷

《雷民傳》一卷　《紫花梨記》一卷

《月支使者傳》一卷　《李蕚傳》一卷

《薛弘機傳》一卷

續卷二：

《聶隱娘傳》一卷　《蘭陵老人傳》一卷

《裴越客傳》一卷　《崔玄微傳》一卷

《薛靈藝傳》一卷　《柳積中傳》一卷

《獨孤遐叔傳》一卷　《賈人妻傳》一卷

續卷三：

《許漢陽傳》一卷　《劉景復傳》一卷

《東方朔傳》一卷　《歐陽詹傳》一卷

《一行傳》一卷　《崔汾傳》一卷

《陶峴傳》一卷　《許雲峰傳》一卷

續卷四：

《昆侖奴傳》一卷　《韋皋傳》一卷

《裴沆傳》一卷　《士人傳》一卷

《颭風傳》一卷　《張和傳》一卷

《却要傳》一卷　《韋斌傳》一卷

《吕生傳》一卷

內閣文庫藏本，原係豐後佐伯藩主毛利高標等舊藏。此本係仁孝天皇文政年間（1818—1829年）由出雲守毛利高翰獻贈幕府，明治初期歸內閣文庫。卷中有"佐伯侯毛利高標字培松藏書畫之印"等印記，共四册。

蓬左文庫藏本，共四册。

東京大學藏本，共八册。

京都大學藏本，此本今缺《續卷》，共八册。

唐人百家小説一百二十種

編撰人不著姓名

明刊本　共十册

尊經閣文庫藏本　原江户時代加賀藩主前田綱紀等舊藏

太平廣記（殘本）五百卷　目録十卷

（宋）李昉奉敕監修

明嘉靖四十五年（1566年）談愷刊本

蓬左文庫　東洋文庫　静嘉堂文庫　京都大學人文科學研究所東洋學文獻中心　早稻田大學圖書館　陽明文庫　天理圖書館　御茶之水圖書館藏本

【按】每半葉有界十一行或十二行，行二十二字。白口，四周單邊（20.5cm×15.0cm）。版心題署"太平廣記"，并記卷數、葉數。

首有宋太平興國三年（978年）八月十三日李昉等《上表》，又有明嘉靖丙寅（1566年）正月上元日談愷《序》等。

《目録》卷一有校刊署名，首行題"明資善大夫都察院右都御史談愷校刊"，次行題"姚安府知府秦汴德州知州强仕石東山人唐詩同校"。

蓬左文庫藏本，爲明正天皇寬永十五年（1638年）從中國購入，原係江户時代幕府第一代大將軍德川家康舊藏，後贈與其子尾張藩主家。卷中有"御本"印記，并有"尾陽內庫"印記，共二十册。

東洋文庫藏本，共九十六册。

静嘉堂文庫藏本，原係陸心源十萬卷樓等舊藏，共八十册。

京都大學藏本，共六十四册。

早稻田大學圖書館藏本，原係下村正太郎家下村文庫等舊藏。此本今缺卷一至卷一百一十卷，共三十八册。

陽明文庫藏本，原係江户時代近衛家熙等舊藏，共一百册。

天理圖書館藏本，共四十册。

御茶之水圖書館藏本，原係朝鮮宣祖朝洪桂元舊藏，後歸德富蘇峰成簣堂。此本今缺卷一至卷三十九，卷三百九十至四百，卷四百七十一至卷四百八十，凡六十卷，實存四百四十卷，爲白綿紙印本。第一册内封及第一册卷首、卷末、并卷中添加之游紙，皆有德富蘇峰手識文。共四十五册。

【附錄】據瑞溪周鳳《臥雲日件錄》中"享德三年（1454 年）十月十五日"記載，是日和尚讀解《東坡詩注》中"龜兹板"一語，便引《太平廣記》、《文獻通考》以爲解。同書"長祿四年（1460 年）二月七日"記載，是日和尚讀《法苑珠林》、《太平廣記》、《梅溪文集》等，并品評《事文類聚》中宋庫詩。

太平廣記五百卷　目錄十卷

（宋）李昉等奉敕編纂　（明）許自昌等校

明許自昌校刊本

內閣文庫　東洋文庫藏本

【按】內閣文庫藏此同一刊本四部。一部原係江户時代林羅山等舊藏，卷中有"江雲渭樹"印記，共五十二册。一部原係楓山官庫舊藏，共四十册。另兩部各共五十二册。

東洋文庫藏本，共四十七册。

楊守敬《日本訪書志》卷八著錄"《太平廣記》五百卷、明刊本"。其識文曰：

"《太平廣記》世無宋槧本，明嘉靖丙寅，談愷始得鈔本刻之。長洲許氏又據以重刻，又有活字本，亦原于鈔本。至國朝乾隆十八年，天都黃氏縮爲巾箱本，邇來書坊又即黃本重刊。此本每卷題明長洲許自昌玄祐甫校（許氏喜刊書，余所得《李》《杜》集、《次山集》、《皮子文藪》，皆有許氏刊本，疑是書估也）。據談氏《自序》，尚有闕文闕卷。胡應麟《二酉綴遺》稱其闕'嗤鄙類'二卷、'無賴類'二卷，'輕薄類'一卷，'酷暴類'闕胡渭等五事，'婢女類'闕李誕女等七事。談謂遍閱諸藏書家悉然，疑宋世已亡。又言'輕薄類'談已考補。今以許本總目所注闕卷闕條較之，頗與胡說合。顧卷中則皆已考補，唯'輕薄類'朝士使朔方一條、劇燕一條，'酷暴類'李紳一條仍闕而未補（黃許二本皆同）。'嗤鄙類'王智興一條、韋氏子一條、崔育一條、宇文翃一條、道流一條，仍斷爛不全（二本皆同）。又許本'嗤鄙類'王播一條、姓嚴人一條、楊鉦一條、輕薄士流一條，皆有斷爛，黃

本皆補填（其他字句爲黃本所補者不少）。'婦人類'兩本皆補全。黃本於此類前尚有記云：'此卷宋板原闕，余考家藏諸書，得十一人補之，其餘闕文尚俟他日。十山談愷志。'然則黃氏既據許本補足，則不應載談氏說而別無考補之語，且許氏本所補，每條注出處（間有數條未注），而黃本於前十一條皆不注，則又甚不可解也。許氏此卷亦有記云：'此卷宋板原闕，舊刻復贅一卷，今訂取其一，倘有謬戾，不妨更駁。'其語亦不甚了。竊意此數卷中固有習見之條，亦有甚隱秘者，不知其從何書補入。若以許氏重刊此書時得別本補之，而其中不應復有斷爛；若以爲按目據他書補入，則用力亦自不少，何以許黃二氏皆不自標，且何以又多不注出處？《提要》著錄但引胡氏之說，以爲仍是不完之本，而未即許黃二本互勘。余又未見談氏原刻，第就許黃二本著其參錯如此，他日俟得談本再覈焉。

又按，胡應麟云，《太平廣記》引用書凡三百四十餘種。此就《廣記·總目》前所標引用書目數之也。今以全書逐條核之，其書所有而《目錄》未標者又五十二種。雖其中不無傳刻之誤，然爲前《目》所遺正自不少。余別爲補目於後，俟再詳考焉。

《傳記》六十九

《松川錄》七十八

《廣德神異記》七十九

《傳異記》七十九

《西京記》九十七

《廣宮異記》一百十一

《傳神錄》一百十六

《南楚新聞》一百二十三

《祥異集驗》一百三十七　二百八十

《幽冥錄》一百六十

《李膺家錄》一百六十四

《沈亞之馮燕傳》一百九十五

《胡綜別傳》一百九十七

《嶺表錄異》二百五　四百九

《鄭玄別傳》二百十五

《陳留耆舊傳》二百卅四

《楊貴妃傳》二百四十

《樊川集》二百七十

《要録》二百七十二

《陸氏神告録》二百九十七

《田布傳》三百十一

《劉山甫自序》三百十二

《吳興掌故録》二百十六

《窮怪録》三百二十六　　四百六十九

《靈怪集》三百二十八　　三百六十五
　　　三百七十一

《孫相録》三百二十八

《玉笥山録》三百七十五

《史遺》三百八十七

《祥驗集》三百九十六

《東甌後記》三百九十六

《外國事》四百二十三

《傳奇》四百三十　　四百四十一　　四百
　　七十

《鄱陽記》四百四十三

《瑞應編》四百四十七

《奇事記》四百五十五

《建安記》四百六十二

《感應經》四百七十三　　四百七十八

《神異録》四百八十　　四百八十二

《南海異事》四百八十三

《許堯佐柳氏傳》四百八十五

《東城老父傳》(陳鴻)四百八十五

《陳鴻長恨傳》四百八十六

《薛調無雙傳》四百八十六

《蔣魴霍小玉傳》四百八十七

《元稹鶯鶯傳》四百八十八

《牛僧孺周秦行記》四百八十八

《東陽夜怪録》四百九十

《謝小娥傳》(李公佐)四百九十一

《房千里楊倡傳》四百九十一

《皇甫枚非煙傳》四百九十一

《靈應傳》四百九十二

《騰聽異志録》四百五十三”

江鄰幾雜志二卷　補遺一卷

(宋)江休復撰

明人寫本　孫慶增　羅素門校補本　共一冊

靜嘉堂文庫藏本　原玉峰緑竹堂等舊藏

【按】此本前有孫慶增《題語》,後有羅正季素門《跋》。

卷中有孫慶增據醴泉筆録之宋本,朱筆校補二十條。又有羅素門借天一閣本,朱筆校補七條。

此本卷首頁有“趙輯熙印”白文方印,并“素門”、“陸魚珍藏閱書”二朱文方印,并有“玉峰緑竹堂珍藏”七字。

江鄰幾雜志(嘉祐雜志)二卷

(宋)江休復撰

明人寫本　共一冊

靜嘉堂文庫藏本　原陸心源十萬卷樓等舊藏

畫墁録一卷

(宋)張舜民撰

明人寫本　何焯手校手識本　共一冊

靜嘉堂文庫藏本　原何焯等舊藏

【按】此本卷中有何焯手識文,其文曰:

“康熙壬辰,蔣生從崑山葉氏得此本,予適借汲古毛氏舊鈔本,稍正其訛謬。然其中向有不可讀者,特比新刻,庶差勝爾。何焯記。”

【附録】據瑞溪周鳳《臥雲日件録》中“寬正五年”記載,1464年日本建仁寺住持天與清啓受將軍足利義政之委派訪華,向中國開列所需書籍文獻十五種,其中有張舜民《畫墁録》全部,明廷照單全部饋贈。

畫墁録一卷

(宋)張舜民撰

明人寫本　共一册

静嘉堂文庫藏本　原陸心源十萬卷樓等舊藏

後山談叢四卷

(宋)陳師道撰　　(明)陳繼儒　李日華校

江户時代寫本

國會圖書館藏本

唐語林二卷

(宋)王讜撰

明嘉靖年間(1522—1566年)刊本　共二册

静嘉堂文庫藏本

【按】静嘉堂文庫藏此同一刊本兩部。一部原係陸心源十萬卷樓等舊藏；一部原係宫島藤吉等舊藏。

唐語林八卷

(宋)王讜撰

明嘉靖年間(1522—1566年)桐城齊之鸞刊本　共二册

静嘉堂文庫藏本　原朱彝尊舊藏

【按】此本有齊之鸞《序》。

卷中有"秀水朱氏潛采堂圖書"朱文方印。

隨隱漫録五卷

(宋)陳世崇撰

明人寫本　共一册

静嘉堂文庫藏本　原陸心源十萬卷樓等舊藏

揮麈録前録四卷　後録(殘本)二卷　三録三卷

(宋)王明清撰

宋刊本　共五册

静嘉堂文庫藏本　原陸心源皕宋樓等舊藏

揮麈前録四卷　後録二卷　三録三卷

(宋)王明清撰

宋理宗年間(1125—1264年)刊本　共五册

静嘉堂文庫藏本　原葉文莊公菉竹堂等舊藏

【按】每半葉十一行,行二十字或二十一字。小字雙行。黑口,左右雙邊(19.0cm × 12.5cm)。版心刻工名姓有無不定,如丁益之、危洽等。

每卷第二行題曰"朝請大夫主管臺州崇道觀汝陰王明清編次"。《前録》有慶元元年(1195年)七月九日實録院兩牒,後有乾道丙戌(1166年)長至日明清《自跋》,乾道己丑(1169年)八月左文林郎饒州德興縣丞沙隨程迥可久《跋》,迪功郎高郵軍教授臨汝郭九惠《跋》,并李壆《復簡》,淳熙乙巳(1185年)王明清《自跋》。《三録》後有慶元初元(1195年)仲春王明清《跋》。

卷中避宋諱,文中有語涉宋帝,皆空一格。如遇"弦、弘、胤、偵、徵、桓、構、慎、惇、敦"等,皆爲字不成。凡宋高宗諱,如《後録》卷二"芬芳馥郁結構山根"、"跨水横橋麗構新"、"魏然適構千齡運"等句中的"構"字,皆注"高宗廟諱"以代之。

前録首十葉,係後人鈔補。

卷首及卷中有"葉氏菉竹堂藏書"、"三十五峰園主人"、"陳氏匡侯家藏"、"平陽汪氏藏書印"、"葉盛"、"汪士鐘"、"王憲奎印"、"陳枋"等印記。

【附録】據瑞溪周鳳《卧雲日件録》中"寬正五年"記載,1464年日本建仁寺住持天與清啓受將軍足利義政之委派訪華,向中國開列所需書籍文獻十五種,其中有"《揮麈録》全部附《後録》十一卷并《餘録》一卷",明廷照單全部饋贈。

揮麈前録四卷　後録二卷　三録三卷　餘話二卷

(宋)王明清撰　　(明)毛晋校

明汲古閣刊本　共八册

内閣文庫藏本　原楓山官庫舊藏

揮塵録前録四卷　後録十一卷　三録三卷　餘話二卷

（宋）王明清撰　（明）毛晉校
明人寫本　共十二册
静嘉堂文庫藏本　原中村敬宇等舊藏

五朝小説三百六十七卷

不著編撰人姓名
明刊本　共四十八册
德山市毛利家事務所藏本　原江户時代德山藩主家舊藏

【按】此本收録魏晋小説十二卷、唐人小説一百四卷、宋人小説一百四十三卷、明人小説一百八卷。

此本原係德山藩第三代主毛利元次廣收"天下秘籍"之一。東山天皇寶永三年（1706 年）《御書物目録》著録此本。

五朝小説（殘本）一册

不署編撰人姓名
明刊本　共一册
關西大學附屬圖書館藏本　原内藤湖南恭仁山莊舊藏

【按】每半葉有界九行,行二十字。白口,左右雙邊（19.0cm×13.4cm）。

是書全本二册,此本今存上册七卷。其細目如次:

《鷄林類事》一卷　（宋）孫穆撰;
《虜廷事實》一卷　（宋）文惟簡撰;
《燕北録》一卷　（宋）王易撰;
《北邊備對》一卷　（宋）程大昌撰;
《蒙韃備録》一卷　（宋）孟琪撰;
《睽車志》一卷　（宋）郭彖撰;
《睽車志》一卷　（元）歐陽玄撰。

卷中有"高平隆長"、"湖南秘籍"等印記。

世説新語補四卷

舊題（明）何良俊撰補　王世貞删定　張文柱校注
明嘉靖三十五年（1556 年）刊本　共四册
御茶之水圖書館藏本　原寺田盛業讀杜艸堂　德富蘇峰成簣堂舊藏

【按】卷首題"明何良俊撰補、王世貞删定、張文桂校注、凌濛初考定"。

前有明嘉靖丙辰（1556 年）王世貞《序》等。

第一册卷末有德富蘇峰手識文,題"大正乙卯霜月念五蘇峰病客志"。

卷中有"讀杜艸堂"、"東京溜池靈南街第四號讀杜艸堂主人寺田盛業印記"等朱文印記。

【附録】日本桃園天皇寶曆四年（1754 年）《舶來書籍大意書》著録《世説新語補》一部四册。其識文曰:"此書係王世貞取劉孝標所注劉義慶原本,删定其内容,又從《何氏語林》之内,録其雅馴者,類增而成。此本上部録劉辰翁、李卓吾、王世懋等評語。萬曆八年刊印。"《識文》前注曰:"無脱紙,有朱筆圈點。"

桃園天皇寶曆十年（1760 年）中國商船"世字號"載《世説新語補》一部運抵日本。

仁孝天皇弘化二年（1845 年）中國商船"辰字號"載《世説新語補》一部運抵日本。

世説新語補二十卷

（明）何良俊撰　王世貞删定　張文柱校注
明刊本　共十二册
東京大學東洋文化研究所　京都大學人文科學研究所東洋學文獻中心藏本

（李卓吾批點）世説新語補二十卷　首一卷

舊題（明）何良俊撰　王世貞校　張文柱注
明萬曆年間（1573—1620 年）書林余氏刊本
内閣文庫　静嘉堂文庫　東京大學東洋文化研究所藏本

【按】内閣文庫藏本,原係楓山官庫舊藏,共十册。

静嘉堂文庫藏本,共八册。

【附録】日本東山天皇元禄七年（1694 年）京都林九兵衛刊印《李卓吾批點世説新語補》二

十卷附《釋名一卷》。此本題"(劉宋)劉義慶撰,(梁)劉孝標注,(宋)劉辰翁批,(明)何良俊增,(明)王世貞删定,(明)王世懋批釋,(明)李贊批點,(明)張文柱校注"。其後,此本有後桃園天皇永安八年(1779 年)重印本。

後桃園天皇安永八年(1779 年)京都林九兵衛刊印《李卓吾批點世説新語補》二十卷。此本由日人户崎允明校,無《叙録》二卷。其後,此本有京都石田治兵衛重印本。

仁孝天皇文政九年(1826 年)大阪河内屋茂兵衛刊印明人李贊《世説箋本》二十卷。此本由日人秦鼎(滄浪)校讀。

(鍾伯敬批點)世説新語補二十卷

(明)何良俊撰　鍾惺評　王世貞校
明刊本　共八册
内閣文庫藏本

世説補菁華四卷

(明)狄期進撰　狄期遴校
明萬曆二十九年(1601 年)序刊本　共二册
東京大學東洋文化研究所藏本

高奇往事十卷

(明)何鏜撰
明萬曆年間(1573—1620 年)刊本
國會圖書館　内閣文庫藏本
【按】前有明萬曆八年(1580 年)《序》。
國會圖書館藏本,原共六册,現合爲三册。
内閣文庫藏本,原係豐後佐伯藩主毛利高標等舊藏,仁孝天皇文政年間(1818—1829 年)由出雲守毛利高翰獻贈幕府,明治初期,歸内閣文庫。卷中有"佐伯侯毛利高標字培松藏書畫之印"等印記。共六册。

群譚採餘十卷

(明)倪縉撰　林繼衡　鄧思啓校　孫範重訂
明萬曆二十年(1592 年)刊本

國會圖書館　内閣文庫　愛知大學附屬圖書館簡齋文庫　龍谷大學大宮圖書館藏本
【按】前有明萬曆二十年(1592 年)《序》。
國會圖書館藏本,原共十册,現合爲五册。
内閣文庫藏此同一刊本兩部,皆共十册。一部原係楓山官庫舊藏;一部原係江户時代林羅山舊藏,卷中有"江雲渭樹"印記。
愛知大學藏本,原係小倉正恒等舊藏,共五册。
龍谷大學大宮圖書館藏本,原係寫字臺文庫等舊藏,共十册。

群譚採餘十卷

(明)倪縉纂輯
明萬曆年間(1573—1620 年)刊本
早稻大學圖書館　陽明文庫藏本
【按】有明萬曆二十年(1592 年)《跋》。
卷中有後人寫補。
早稻田大學圖書館藏本,共十册。
陽明文庫藏本,原係江户時代近衛家熙等舊藏,共二册。

初潭集三十卷

(明)李贊撰
明萬曆年間(1573—1620 年)西吴閔邁朱墨套印刊本
國會圖書館　内閣文庫　蓬左文庫藏本
【按】國會圖書館藏本,共六册。
内閣文庫藏此同一刊本兩部。一部原係楓山官庫等舊藏,共六册。一部原係江户時代林羅山等舊藏,卷中有"江雲渭樹"印記。此本爲後印本,共八册。
蓬左文庫藏本。原係江户時代尾張藩主家舊藏。此本係明正天皇寬永六年(1629 年)從中國購入,今缺卷一并《序》,實存二十九卷,卷中有"尾陽内庫"印記,共六册。

初潭集三十卷

(明)李贊撰

明萬曆年間(1573—1620 年)刊本

東洋文庫　廣島市立淺野圖書館藏本

【按】前有李贄《序》等,次有《初潭集目録》。

東洋文庫藏本,原係藤田豐八等舊藏,共四册。

廣島市立淺野圖書館藏本,共十册。

初潭集十卷

(明)李贄撰　王克安校

明末刊本　共五册

内閣文庫藏本　原昌平坂學問所等舊藏

亘史九十三卷

(明)潘之恒撰

明天啓年間(1621—1627 年)刊本

内閣文庫　尊經閣文庫藏本

【按】此本分《内紀》十二卷,《内篇》二十三卷,《外紀》四十五卷,《外篇》二卷,《雜紀》五卷,《雜篇》六卷。

内閣文庫藏本,原係楓山官庫舊藏,共十六册。

尊經閣文庫藏本,原係江戶時代加賀藩主前田綱紀等舊藏,共十八册。

亘史外紀(亘史鈔)四十五卷

(明)潘之恒撰

明刊本　共四册

内閣文庫藏本　原江戶時代林氏大學頭家舊藏

【附録】江戶時代有《亘史外紀》寫本一種四册,今存國會圖書館。

太平清話二卷

(明)陳繼儒撰

孝明天皇慶應元年(1865 年)昌平坂學問所官刊本　共二册

國會圖書館藏本

皇明世説新語八卷

(明)李紹文撰　(日人)那波祐昌點

桃園天皇寶曆四年(1754 年)刊　後桃園天皇明和八年(1771 年)皇都菊屋喜兵衛印本共八册

國會圖書館藏本

【附録】日本桃園天皇寶曆十年(1760 年)中國商船"久字號"載《皇明世説新語》一部運抵日本。

(新刊增補)出像夢解三卷

(明)雲間子撰　雲楊子增補

明末書林五雲子刊本　共一册

東京大學總合圖書館藏本　原渡部信渡部文庫舊藏

情史類略二十四卷

(明)詹詹外史撰

明末刊本(東溪堂藏版)

東京大學總合圖書館　御茶之水圖書館藏本

【按】東京大學總合圖書館藏本,原係岡千仞岡文庫舊藏。此本今存殘本九卷,共五册。

御茶之水圖書館藏本,原係德富蘇峰成簣堂舊藏,共十六册。

二俠傳二十卷

(明)徐廣撰　黃國士校

明萬曆四十一年(1613 年)序刊本　共三册

内閣文庫藏本　原楓山官庫舊藏

【按】此本爲《男俠傳》十二卷、《女俠傳》八卷。

艷異編(五十一種)五十二卷

(明)王世貞編

明讀書坊刊本　共八册

蓬左文庫藏本　原江戶時代尾張藩主家舊藏

【按】此本細目如次:

《女仙傳》一卷，《龍女傳》一卷，
《稽神錄》一卷，《漢武帝内傳》一卷，
《飛燕外傳》一卷，《趙后遺事》一卷，
《漢宫故事》一卷，《雜事秘辛》一卷，
《西京雜記》一卷，《大業拾遺記》一卷，
《南部烟花記》一卷，《迷樓記》一卷，
《海山記》一卷，《開河記》一卷，
《鄴中記》一卷，《開元天寶遺事》一卷，
《梅妃傳》一卷，《楊太真外傳》二卷，
《焚椒錄》一卷，《元氏掖庭記》一卷，
《寵倖傳》一卷，《高力士傳》一卷，
《侍兒小名錄》一卷，《釵小志》一卷，
《比紅兒詩》一卷，《女俠傳》一卷，
《劍俠傳》一卷，《續劍俠傳》一卷，
《豪客傳》一卷，《義妓傳》一卷，
《名姬傳》一卷，《北里志》一卷，
《青樓集》一卷，《教坊記》一卷，
《會真記》一卷，《冥感記》一卷，
《冥音錄》一卷，《長恨歌傳》一卷，
《本事詩》一卷，《夢游錄》一卷，
《離魂記》一卷，《再生記》一卷，
《幻異志》一卷，《博異志》一卷，
《集異記》一卷，《才鬼記》一卷，
《靈鬼志》一卷，《物怪錄》一卷，
《椿樓記》一卷，《錦裙記》一卷，
《女紅餘志》一卷。

此本係明正天皇寬永十四年(1637年)從中
國購入。

卷中有"尾陽内庫"等印記。

(新鐫玉茗堂批選王弇州先生)艷異編四十卷
續艷異編十九卷

(明)王世貞編纂　湯顯祖評
明刊本　共十六册
内閣文庫　尊經閣文庫　東京大學東洋文
化研究所藏本
【按】内閣文庫藏本,共十六册。
尊經閣文庫藏本,原係江戶時代加賀藩主前

田綱紀等舊藏,共十三册。

(玉茗堂摘評王弇州先生)艷異編十二卷

(明)王世貞編纂　湯顯祖評
明朱墨套印刊本　共六册
内閣文庫藏本　原楓山官庫舊藏

艷異編(安雅堂重校古艷異編)十二卷

(明)王世貞編
明刊本　共八册
宫内廳書陵部藏本
【附錄】江戶時代大阪商賈編纂《小説字匯》,
《艷異編》字匯爲其中之一種。

(新鐫玉茗堂批選王弇州先生)艷異編四十卷
續艷異編十九卷

(明)王世貞編纂　湯顯祖評
明刊本
宫内廳書陵部　内閣文庫藏本
【按】宫内廳書陵部藏本,此本今存《續艷異
編》十九卷,共四册。
内閣文庫藏本,共十六册。

廣艷異編三十五卷

(明)印月軒主人(吳大震)彙次
明刊本　共十册
内閣文庫藏本　原楓山官庫舊藏
【按】前有吳大震《自序》。末署"東宇山人吳
大震書於印月軒"。《序》後有"長孺氏"、"印月
主人"印記。每卷題"印月軒主人彙次"。
孫楷第《日本東京所見小説書目》卷六著錄
此本。

花陣綺言十二卷

(明)儡叟石公編　翰史茂生評
明刊本　共七册
内閣文庫藏本　原楓山官庫舊藏

風月争奇三卷

　　(明)鄧志謨編
　　明萃慶堂刊本　　共一册
　　内閣文庫藏本　原江户時代林氏大學頭家
舊藏

梅雪争奇三卷

　　(明)鄧志謨編
　　明萃慶堂刊本　　共一册
　　内閣文庫藏本
　　【按】内閣文庫藏此同一刊本三部。其中,一
部原係楓山官庫舊藏,一部原係江户時代林氏
大學頭家舊藏。
　　【附録】日本後櫻町天皇明和四年(1767 年)
大阪星文堂藤屋孫兵衛、梧桐館吹田屋多四良
刊印《梅雪争奇》三卷,題署"明鄧志謨(武夷蝶
庵主)編",由日人新井白蛾校。其後,此本有
仁孝天皇文政六年(1823 年)大阪岡田群玉堂
河内屋茂兵衛重印本。

花鳥争奇三卷

　　(明)鄧志謨編
　　明萃慶堂刊本　　共一册
　　内閣文庫藏本　原江户時代林羅山舊藏
　　【按】卷中有"江雲渭樹"印記。

山水争奇三卷

　　(明)鄧志謨編
　　明天啓年間(1621—1627 年)刊本　　共二册
　　東北大學附屬圖書館藏本　原狩野亨吉舊
藏

山水争奇三卷

　　(明)鄧志謨編
　　明萃慶堂刊本　　共二册
　　内閣文庫藏本　原江户時代林羅山舊藏
　　【按】卷中有"江雲渭樹"印記。

蔬果争奇三卷

　　(明)鄧志謨編
　　明萃慶堂刊本　　共一册
　　内閣文庫藏本　原江户時代林氏大學頭家
舊藏
　　【附録】日本光格天皇天明七年(1787 年)刊
印《蔬果争奇》三卷。此本題署"明鄧志謨(竹
溪風月主人)編"。其後,此本有仁孝天皇文政
十二(1829 年)年京都文曉堂林喜兵衛重印
本,又有京都弘文堂重印本。孝明天皇嘉永四
年(1851 年)又有修訂重印本。

蔬果争奇三卷

　　(明)鄧志謨撰
　　明天啓四年(1624 年)序萃慶堂刊本　　共二
册
　　關西大學附屬圖書館内藤文庫藏本　原内
藤湖南舊藏
　　【按】每半葉有界六行,行二十字。白口,四
周單邊(20.1cm×11.6cm)。
　　前有明天啓四年(1624 年)醉中浪史《蔬果
争奇叙》。原題"蔬果争奇　竹溪風月主人新
編"。封面題"百拙生鄧志謨纂　蔬果争奇
萃慶堂梓"。
　　【附録】光格天皇天明七年(1787 年)刊印
《蔬果争奇》三卷。此本題"明鄧志謨竹溪風月
主人撰"。

七種争奇(未足本)

　　(明)鄧志謨編
　　明刊本　　共十一册
　　尊經閣文庫藏本　原江户時代加賀藩主前
田綱紀等舊藏

豐韻情書六卷

　　(明)豫章竹溪主人(鄧志謨)彙編　南陽居
士評閲
　　明萬曆四十六年(1618 年)萃慶堂刊本　共

二册

　　内閣文庫藏本　原楓山官庫舊藏

　　【按】有萬曆戊午(1618年)夏坦然生《小引》。

　　此本分室家、金蘭、青樓、幽閨、情詞、情詩六門,卷中夾圖甚精。

　　坦然生《小引》評本書各門曰:

　　　　"尺牘情致綿邈,詞與詩皆習見者,語有云,詞達而已矣,曷嘗言情哉!書以情名者,予鏡諸古矣,咏白頭而歌庶廖,非室家之情耶?思雲樹而懷梁月,非金蘭之情耶?憶章臺柳枝、戀吳江鱸魚,非青樓之情耶?炎祆廟之火,贈溱洧之蘭,非幽閨之情耶?顧情而不達以書,何以語情?書而不表以情,何以語情?兹編室家寄好矣,金蘭遞悃矣,青樓與閨幃通殷勤矣。一紙素箋,露出五衷丹悃,寸心微意,寫來滿眼孄詞,其豐韵之灑灑,真如蝶之戀花,魚之樂水矣。是用殺青之,以怡風流者眸睫。萬曆戊午夏戩穀之吉,坦然生漫題。"

　　董康《書舶庸譚》卷六著錄此本。

聽子二卷

　　(明)趙仁甫撰
　　明萬曆三十二年(1604年)序刊本　共一册
　　内閣文庫藏本　原楓山官庫等舊藏

獅山掌錄二十八卷

　　(明)吳之俊撰
　　明萬曆四十四年(1616年)新都吳氏序刊本
　　共八册
　　蓬左文庫藏本

笑林評二卷　續一卷

　　(明)楊茂謙撰
　　明萬曆三十九年(1611年)序刊本　共三册
　　内閣文庫藏本　原楓山官庫舊藏

開卷一笑二集十四卷

　　(明)李贄編　屠隆校
　　明刊本
　　内閣文庫藏本
　　【按】此本分上集與下集,各七卷。
　　内閣文庫藏此同一刊本兩部。一部原係楓山官庫舊藏,共五册。一部原係江戶時代林羅山舊藏,卷中有"江雲渭樹"印記,共六册。
　　【附錄】日本桃園天皇寶曆五年(1754年)大阪楊芳堂大賀惣兵衛、稱觥堂澀川清右衞門刊印《開卷一笑》。此本由日本江戶時代著名作家都賀庭鐘(鹿鳴野人)訓譯。

山中一夕話(開卷一笑)上下集十四卷

　　(明)李贄編　笑笑先生增補　哈哈道士校閱
　　明梅墅石渠閣刊本　共六册
　　内閣文庫　東京大學東洋文化研究所　早稻田大學圖書館　足利學校遺迹圖書館藏本
　　【按】早稻田大學圖書館藏本,原係下村正太郎家下村文庫等舊藏。

山中一夕話(開卷一笑)七卷

　　(明)李贄編　笑笑先生增補
　　明梅墅石渠閣刊本　共四册
　　早稻田大學圖書館藏本
　　【按】此本内封題署"開卷一笑"。

(大雅堂訂正)異史(不分卷)

　　(明)李贄撰　袁宏道校
　　明刊本　共一册
　　内閣文庫藏本　原豐後佐伯藩主毛利高標舊藏
　　【按】此本係仁孝天皇文政年間(1818—1829年)由出雲守毛利高翰獻贈幕府。明治初期歸内閣文庫。卷中有"佐伯侯毛利高標字培松藏書畫之印"等印記。

爽心笑談集十四卷

(明)陳繼儒編集　屠隆參閲

明刊本　共六册

蓬左文庫藏本　原江户時代尾張藩主家舊藏

【按】此本係明正天皇寬永十一年(1634 年)從中國購入。

卷中有"尾陽内庫"印記。

古今奇聞三篇四十四卷

(明)陳繼儒編纂　郭偉校

明天啓元年(1621 年)刊本　共八册

内閣文庫藏本　原楓山官庫藏本

瑯嬛史唾十六卷

(明)徐象梅撰　陳繼儒校

明萬曆年間(1573—1620 年)刊本

内閣文庫　尊經閣文庫藏本

【按】前有明萬曆四十七年(1619 年)《序》。

内閣文庫藏本,原係野間三竹舊藏,後歸豐後佐伯藩主毛利高標。仁孝天皇文政年間(1818—1829 年)由出雲守毛利高翰獻贈幕府,明治初期歸内閣文庫。卷中有"佐伯侯毛利高標字培松藏書畫之印"等印記,共八册。

尊經閣文庫藏本,原係江户時代加賀藩主前田綱紀等舊藏,共六册。

閑情雅笑言(不分卷)

明人編撰不著姓名

明刊本　共八册

尊經閣文庫藏本　原江户時代加賀藩主前田綱紀等舊藏

玉堂叢話八卷

(明)焦竑撰　劉必達校

明萬曆四十六年(1618 年)錢塘徐氏曼山館刊本，共四册

内閣文庫　東京大學東洋文化研究所藏本

【按】内閣文庫藏此同一刊本兩部。一部原係楓山官庫舊藏;一部原係江户時代林羅山舊藏,此本係后修,方拱乾等校,卷中有"江雲渭樹"印記。

秀異事榷(殘本)一卷

(明)傅振商撰

明崇禎元年(1628 年)序刊本　共一册

内閣文庫藏本　原楓山官庫舊藏

【按】是書全本二卷。此本今存卷一。

駸粟日鈔四卷

(明)鄭奎撰

明崇禎年間(1628—1644 年)刊本　共四册

内閣文庫　尊經閣文庫藏本

湖海搜奇一卷　漱石閑談集一卷

(明)王兆雲編　王世貞校

明刊本

内閣文庫　尊經閣文庫藏本

【按】内閣文庫藏本,原係木村兼葭堂舊藏,共一册。

尊經閣文庫藏本,原係江户時代加賀藩主前田綱紀等舊藏,共二册。

霞房搜異二卷

(明)袁中道編

明刊本　共四册

内閣文庫藏本　原楓山官庫舊藏

藥房偶記四卷

(明)魏榘斌編纂

明刊本　共二册

内閣文庫　原楓山官庫舊藏

耳譚(新刻耳談)十五卷

(明)王同撰　王嗣經校

明萬曆三十年(1602 年)刊余泗泉後印本

内閣文庫　陽明文庫藏本

【按】内閣文庫藏此同一刊本兩部。一部原係楓山官庫舊藏；一部原係江戶時代林羅山舊藏，卷中有"江雲渭樹"印記。皆共三册。

陽明文庫藏本，原係江戶時代近衛家熙等舊藏，共四册。

續耳譚六卷

（明）李言等撰　戴君賜訂

明萬曆年間（1573—1620 年）繡谷唐氏刊本　共三册

早稻田大學圖書館藏本　原服部南郭家服部文庫等舊藏

（新刻）續耳譚六卷

（明）沈遴奇撰　戴君賜校

明萬曆三十一年（1603 年）刊本　共六册

内閣文庫藏本　原江戶時代林羅山舊藏

【按】卷中有"江雲渭樹"印記。

才鬼記十六卷

（明）梅鼎祚撰

明萬曆三十二年（1604 年）自序刊本　共四册

東洋文庫藏本　原藤田豐八等舊藏

【按】此係《三方靈記》第一種。

（新刻增補全相）燕居筆記十卷

（明）林近陽編

明余泗泉刊本

内閣文庫　早稻田大學圖書館藏本

【按】内閣文庫藏本，原係楓山官庫等舊藏，共四册。

早稻田大學圖書館藏本，原係津田左右吉家津田文庫等舊藏。此本今缺卷四至卷十，實存三卷，共一册。

（新刻增補全相）燕居筆記十卷

（明）林近陽增編

明余氏萃慶堂刊本　共五册

早稻田大學圖書館藏本

（增補批點圖像）燕居筆記上集（殘本）八卷　下集（殘本）六卷　首一卷

（明）馮夢龍增編　余公仁批補

明刊本　共十三册

早稻田大學圖書館藏本

【按】是書全本上集凡九卷，下集凡十三卷。此本上集今缺卷九，實存八卷。下集今缺卷三至卷六、卷十一至卷十三，實存六卷。

（新鐫全像評釋）古今清談萬選（萬選清談）四卷

（明）泰華山人選

明周近泉刊本　共六册

内閣文庫藏本　原楓山官庫舊藏

甲乙剩言（不分卷）

（明）胡應麟撰　姚士粦校

明刊本　共一册

早稻田大學圖書館藏本

（心日山房評釋公餘欣賞）金谷奇芳四卷

（明）赤心子撰　周近泉編

明刊本　共四册

内閣文庫藏本　原豐後佐伯藩主毛利高標舊藏

【按】此本係仁孝天皇文政年間（1818—1829 年）由出雲守毛利高翰獻贈幕府。明治初期歸内閣文庫。卷中有"佐伯侯毛利高標字培松藏書書畫之印"等印記。

三教源流搜神大全七卷

明人編纂不著姓名

明刊本　共二册

内閣文庫藏本

狐媚藂談五卷　説狐一卷

明人編纂不著姓名

明萬曆年間（1573—1620 年）草玄居刊本

共二册

　　内閣文庫藏本　原楓山官庫舊藏

見聞紀訓二卷　董漢陽碧里雜存六事一卷

　　(明)陳良謨編

　　明萬曆四年(1576 年)刊本　共一册

　　内閣文庫藏本　原楓山官庫舊藏

見聞雜記十一卷

　　(明)李樂撰　朱國禎校

　　明刊本　共六册

　　内閣文庫藏本　原江户時代豐後佐伯藩主毛利高標舊藏

　　【按】此本係仁孝天皇文政年間(1818—1829 年)由出雲守毛利高翰獻贈幕府。明治初年歸内閣文庫。卷中有"佐伯侯毛利高標字培松藏書畫之印"等印記。

繡榻野史二卷

　　不著撰人姓名

　　明江籬館刊本　共四册

　　德山市毛利家事務所藏本　原江户時代德山藩主家舊藏

　　【按】此本原係德山藩第三代主毛利元次廣收"天下秘籍"之一。東山天皇寶永三年(1706 年)《御書物目録》著録此本。

(梨雲館)廣清紀四卷

　　(明)吳從先　王緣督編纂

　　明刊本

　　内閣文庫藏本

　　【按】内閣文庫藏此同一刊本兩部。一部原係楓山官庫舊藏,共四册。一部原係木村兼葭堂舊藏,此本今缺卷四,共三卷三册。

廣諧史十卷

　　(明)陳邦俊編　陳詩教校

　　明萬曆年間(1573—1620 年)陳氏刊本

　　内閣文庫　蓬左文庫藏本

　　【按】前有明萬曆四十三年(1615 年)嘉興李日華《序》。

　　内閣文庫藏此同一刊本兩部。一部原係楓山官庫舊藏,共六册。一部原係江户時代林羅山舊藏,卷中有"江雲渭樹"印記,共十册。

　　蓬左文庫藏本,原係江户時代尾張藩主家舊藏。此本係明正天皇寬永十年(1633 年)從中國購入,卷中有"尾陽内庫"印記,共五册。

清閑供八卷

　　(明)程羽文編

　　明刊本　共二册

　　内閣文庫藏本　原楓山官庫舊藏

太平廣記鈔八十卷

　　(明)馮夢龍編

　　明天啓六年(1626 年)序大來堂刊本　共二十四册

　　日光輪王寺天海藏藏本　原天海大僧正等舊藏

　　【按】每半葉有界十行,行二十二字,注文小字雙行。白口,左右雙邊,前有明天啓六年(1626 年)李長庚《序》,又有馮夢龍《小引》。

　　内封題署"馮友夢龍先生評纂太平廣記",下有"南城沈衙藏版"朱印。

明人小説

　　不署編纂者姓名

　　明末刊本　共十册

　　御茶之水圖書館藏本　原德富蘇峰成簣堂舊藏

　　【按】此本封面題署"明人小説",輯録《中洲緑野》、《長安客語》等雜記。卷中有德富蘇峰手識文。

古今譚槩三十六卷

　　(明)馮夢龍撰

　　明刊本(明閶門葉昆池發行)

　　尊經閣文庫　蓬左文庫藏本

【按】尊經閣文庫藏本,原係江户時代加賀藩主前田綱紀等舊藏,共十三册。

蓬左文庫藏本,原係江户時代尾張藩主家舊藏。此本係明正天皇寬永十年(1633年)從中國購入,卷中有"尾陽内庫"印記,共十二册。

古今譚槩三十三卷

(明)馮夢龍編纂

明末刊本　共十册

内閣文庫藏本　原昌平坂學問所舊藏

（十四）釋　家　類

（經律論疏之屬）

菩薩處胎經

魏大統十六年（550 年）陶仵虎願寫本　日本國寶　共五帖

京都知恩院藏本　原知恩院門主鵜飼徹定等舊藏

【按】每半折五行，行十七字左右。各帖縱 23.9cm，幅寬 9.1cm。

此本五帖中，卷第二、卷第三、卷第四凡三帖，即係西魏古寫本，卷第一、卷第五凡二卷，係日本古寫經本。

西魏古寫本中，各卷皆有當時寫經者“願文”，其文曰：

“大統十六年，歲次鶉火，律在夾鐘，八日丙寅佛弟子陶仵虎卅人等，資光偏懿，體耀乘門，敬崇玄範。淵敷靈教於陶蘭寺，契遵冲業，□（報？）大魏國内一切乘藏，搜訪盡録，至二年功訖。洪基創峙，福映三千，鏡闢惛枕，遐圖萬乘，願法界四生，無復六塵，依尋□部，俱融覺道。”

此文中“歲次鶉火”，即“庚午”之年，“夾鐘”乃“二月”之異名。卷第四“願文”後，有日人手寫文字“爲諸衆生房迴向無上道拜瞻佛船”十四字，約爲室町時代（1393—1573 年）人所寫。卷第一經文，約係平安時代（794—1185 年）後期人所寫《金峰山寺一切經》之一卷；卷第五經文，約係奈良時代（701—794 年）人所寫，卷首十三行爲江户時代人寫補，卷末有知恩院門主鵜飼徹定《跋》。

各帖皆有“徹定珍藏”朱文方印。

此本已被日本“文化財審議委員會”確認爲“日本國寶”。

大樓炭經

唐咸亨四年（673 年）寫本　日本國寶　共一帖

京都知恩院藏本　原知恩院門主鵜飼徹定等舊藏

【按】卷子本改裝爲折本、每半折五行，行十七字左右。各帖縱 24.7cm，幅寬 9.4cm。是經全本凡六卷。此經今存卷第三，凡一卷。

卷三末有墨筆細字手識文一行，其文曰：“咸亨四年章武郡公蘇慶節爲父邢國公敬造一切經”。

卷首十四行係江户時代人寫補。

此本已被日本“文化財審議委員會”確認爲“日本國寶”。

釋摩訶衍論（殘本）五卷

龍樹菩薩造

唐人寫本　日本國寶　共五帖

滋賀石山寺藏本

【按】每半折行二十九字至三十二字左右。各帖縱 24.3cm，幅寬 8.9cm。文中疑難字用反切注音，注音小字雙行。首葉前空一行，第二行頂格墨書“釋摩訶衍論序”，下空八字，題署“天回（册）鳳威姚興皇帝製”，《序》文共連目二十二行。第二十四行頂格墨書“釋摩訶衍論卷第一”，下空六字，題署“龍樹菩薩造”。

卷一文首有偈語八句，文曰：“頂禮圓覺滿，覺行證法藏，并造論大士，及諸賢聖衆，欲開隔檀門，權顯往向位，利益諸衆生，分報師恩故。”《偈語》後接“論曰，今造此論，重釋摩訶衍，爲顯自師。其體深玄，其窮微妙”云云。

是經全本凡十卷。此經今存卷第一至卷第

五。

此本已被日本"文化財審議委員會"確認爲"日本國寶"。

【附錄】四條天皇仁治二年（1241 年）日本東福寺開山聖一國師圓爾辯圓自中國歸，携回漢籍內外文獻數千卷。1353 年東福寺第二十八世大道一以據聖一國師藏書編纂成《普門院經論章疏語錄儒書等目錄》，其"水部"著錄《釋摩訶衍論記》一帖。

入楞伽經（殘本）一卷

宋刊本（湖州版《大藏經》零本）　折本裝　共一帖

御茶之水圖書館藏本　原德富蘇峰成簣堂等舊藏

【按】每半折六行。初刊初印。

此本今存卷第八，凡一卷一帖。卷末有缺損。

蘭盆經疏會古通今記（殘本）一卷

宋刊本（湖州版《大藏經》零本）　折本裝　共一帖

御茶之水圖書館藏本　原德富蘇峰成簣堂等舊藏

【按】每半折無界六行。初刊初印。

此本今存卷上，凡一卷一帖。

卷末附刻"嫡孫梵近謹書"一行。

【附錄】1353 年東福寺第二十八世大道一以所纂《普門院經論章疏語錄儒書等目錄》，其"盈部"著錄《蘭盆顯正》一卷。

蘭盆疏鈔餘義一卷

宋刊本　折本裝　共二帖

御茶之水圖書館藏本　原德富蘇峰成簣堂等舊藏

【按】每半折有界五行，行十八字。注文小字雙行，行二十六字左右。

此書一卷分爲二帖。文以釋義爲主，如"董永"條，其釋文曰：

"青州千乘人，父亡無以葬，乃以身質錢一萬。永謂主曰：'若無錢還，當以爲奴。'葬訖，將之中路，逢女求爲永婦，乃爲織絹，還錢主。畢，女即去，曰：'吾天女也，見君至孝，天使爲君償債也。'"

此釋文可與敦煌文字相參照。

卷末大題"蘭盆疏鈔餘義"。

卷首有"十無盡院"朱文印記。

盂蘭盆經疏一卷

宋刊本　折本裝　共一帖

御茶之水圖書館藏本　原京都高山寺　德富蘇峰成簣堂等舊藏

【按】每半折無界六行，上下天地單邊。

卷中有日本室町時代（1393—1573 年）人所施之朱墨點。

卷首有"高山寺"朱文印記。

【附錄】1353 年東福寺第二十八世大道一以撰《普門院經論章疏語錄儒書等目錄》，其"盈部"著錄《盂蘭盆經疏》一卷；"昃部"著錄《盂蘭盆經疏鈔科》四冊。

優婆夷净行法門經（殘本）二卷

宋刊本　折本裝　共二帖

慶應義塾大學附屬圖書館藏本　原渡邊刀水等舊藏

【按】每半折六行，上下天地單邊，高約 25.5cm。有刻工姓名方升等。

此經今存卷七、卷八，凡二卷二帖。

經題之下，刻一"行"字，此系依《千字文》序列函字號。

善見毗婆沙律（殘本）一卷

（?）蕭齊伽跋陀羅譯

宋末元初刊本　折本裝　共一帖

慶應義塾大學附屬圖書館藏本　原幸田文庫等舊藏

【按】每半折六行，行十七字。上下天地單邊，高約 26.8cm。

經文題目下,刻一"伯"字。此系依《千字文》序列函字號。

根本説一切有部毗奈耶頌(殘本)一卷

宋刊本(湖州版《大藏經》零本)　折本裝共一帖

御茶之水圖書館藏本　原德富蘇峰成簣堂等舊藏

【按】此本今存卷下,凡一卷一帖。卷首有缺損。

卷末大題下有"施入法華寺　時顯"墨書一行。

佛説法華三昧經一卷

宋刊本(福州東禪寺版《大藏經》零本)　折本裝　共一帖

御茶之水圖書館藏本　原能仁寺　德富蘇峰成簣堂等舊藏

【按】每半折六行,上下天地單邊。

卷首有宋元豐八年(1085 年)助緣者刊語。

卷首與卷末皆有"能仁禪寺大藏"墨印。

佛説阿彌陀經鈔四卷

袾宏撰

明天啓二年(1622 年)刊本　共四册

御茶之水圖書館藏本　原德富蘇峰成簣堂等舊藏

【按】内封有圖。卷末有助緣者列名。

卷中有"海譽大僧正御牌所書籍不許出門"、"無礙道人藏書"等印記。

三寶章一卷

宋刊本　折本裝　共一帖

御茶之水圖書館藏本　原德富蘇峰成簣堂等舊藏

【按】每半折七行,行小字二十八字左右。

卷首已缺損,版頁右外側有書名曰"三寶章",略稱也。

卷末一句"是故,無障無礙,多即多,一即一,

隨智取捨思之。"下有四邊單框小黑印記文二行,曰:"嘉禾武川習教比丘普聞謹識"。

【附録】據日本聖武天皇天平二年(746 年)六月一日的《寫章疏目録》記載,當時存於"寫經所"的漢籍佛典與外典中有《三寶章》一卷。

金剛般若經依天親菩薩論贊略釋秦本義記(殘本)一卷

宋刊本　折本裝　共一帖

御茶之水圖書館藏本　原德富蘇峰成簣堂等舊藏

【按】每半折有界四行大字本。

此本今存卷上,凡一卷一帖。

文殊師利問菩薩署經

(後漢)沙門支婁迦懺譯

明萬曆十五年(1587 年)刊本(與《諸菩薩求佛本業經》等四種合刊)

静嘉堂文庫藏本

佛説兜沙經

(後漢)沙門支婁迦懺譯

明萬曆二十六年(1598 年)刊本(與《大方廣入如來智德不思議經》等合刊)

静嘉堂文庫藏本

八大人覺經略解一卷

(後漢)沙門安世高譯　　(明)釋智旭解

明刊本　共一册

静嘉堂文庫藏本　原中村敬宇等舊藏

萍沙王五願經　琉璃王經

(吳)釋支謙譯　《琉璃王經》(晋)釋竺法護譯

宋刊本　折本裝　共一帖

慶應大學附屬圖書館藏本　原渡邊刀水等舊藏

【按】每半折六行,天地單邊,界高約25.4cm,幅寬 12.2cm。版心記葉數,並有刻工姓名,如

昂造等。

第一行題"二經同卷",下署"安"字,係依《千字文》序列之函字號。第二行與第三行各低三字題署經題。

須麻堤長者經一卷

（吳）釋支謙譯

日本奈良時代聖武年間（724—749 年）手寫本　共一帖

大東急記念文庫藏本

【附録】大東急記念文庫另外還藏有後白河天皇久壽三年（1156 年）吳朝僧人支謙譯《佛説五母子經》一卷一帖。此經原係鵜飼徹定等舊藏。

佛説菩薩本業經

（吳）優婆塞支謙第一譯

明萬曆二十六年（1598 年）刊本（與《大方廣入如來智德不思議經》等合刊）

静嘉堂文庫藏本

佛説阿難四事經

（吳）支謙譯

日本稱德女天皇神護景雲二年（768 年）寫本　卷子本　共一卷

早稻田大學圖書館藏本

善住意天子所問經三卷

（元魏）三藏毘目仙智等譯

明萬曆年間（1573—1620 年）刊本　共一冊

静嘉堂文庫藏本

法雲經（殘本）一卷

（元魏）菩提流支譯

日本聖武天皇天平十二年（740 年）手寫本卷子本　共一卷

大東急記念文庫藏本

【按】此《經》爲日本光明光後"願經"之一。今存卷第五,凡一卷。

信力入印法門經五卷

（元魏）三藏曇摩流支譯

明萬曆十九年（1591 年）刊本　共一冊

静嘉堂文庫藏本

大方廣菩薩十地經

（元魏）三藏吉迦野共曇曜譯

明萬曆二十六年（1598 年）刊本（與《大方廣入如來智德不思議經》等合刊）

静嘉堂文庫藏本

【附録】據日本聖武天皇天平二十年（746 年）六月一日的《寫經疏目録》記載,當時存於"寫經所"的漢籍佛典與外典中有《十地論義記》二卷,又有《疏》四卷。

漸備一切智德經五卷

（西晋）沙門竺法護譯

明萬曆三十六年（1608 年）刊本　共一冊

静嘉堂文庫藏本

等目菩薩所問三昧經三卷

（西晋）沙門竺法護譯

明萬曆十五年（1587 年）刊本（與《諸菩薩求佛本業經》等合刊）

静嘉堂文庫藏本

度世品經（殘本）四卷

（西晋）竺法護譯

宋刊本　共四帖

大東急記念文庫藏本　原清音寺等舊藏

【按】此經今存卷第一,卷第三,卷第四,卷第五,凡四卷。

生經（殘本）二卷

（西晋）竺法護譯

宋刊本（宋刊磧砂版零本）　折本裝　共三帖

東洋文庫藏本　原三菱財團岩崎家舊藏

【按】此經今存卷第三(卷尾)、卷第四(首尾缺)、卷第五(首尾缺)。

如來興顯經四卷

(西晋)沙門竺法護譯

明萬曆十九年(1591 年)刊本(與《佛華思入如來德智經》等合刊)

静嘉堂文庫藏本

菩薩十住行道品經

(西晋)沙門竺法護譯

明萬曆十五(1587 年)刊本(與《諸菩薩求佛本業經》等合刊)

静嘉堂文庫藏本

佛説濟諸方等學經一卷

(西晋)竺法護譯

元刊本　共一册

京都大學人文科學研究所東洋學文獻中心藏本　原松本文三郎等舊藏

諸菩薩求佛本業經

(西晋)清信士聶道真譯

明萬曆十五(1587 年)刊本(與《菩薩十住行道品經》等合刊)

静嘉堂文庫藏本

佛説菩薩十住經

(東晋)三藏祇多蜜譯

明萬曆十五年(1587 年)刊本(與《諸菩薩求佛本業經》等合刊)

静嘉堂文庫藏本

大方廣佛華嚴經八十卷

(東晋)三藏佛陀跋陀羅譯

宋刊本　折本裝　共二十帖

宮内廳書陵部藏本　原拇尾高山寺等舊藏

【按】前有唐武則天《御製序》。《序》後曰："此經依紹興府廣教院舊本校勘,傳寫有闕略

差錯處,依清涼國師疏文添入改正。"

卷末有宋紹興十二年(1142 年)僧清了《跋》。

每卷末記喜捨列名或其識語。

每册首有"高山寺"印記等。

【附録】日本奈良時代有《大方廣佛華嚴經》寫本一種。紺紙銀字,約爲聖武天皇天平年間(729—748 年)寫本。此本原存東大寺二月堂,江户時代寬文七年(1667 年)遭遇大火,存本散逸。東京根津美術館現存卷第四十六,此卷係天平年間原裝,已被指定爲"日本重要文化財"。

奈良時代(701—794 年)又有《大方廣佛華嚴經》寫本一種。此本卷子本,今存卷六,凡一卷一軸,現存國會圖書館。

奈良時代又有《大方廣佛華嚴經》寫本一種。此本折本裝,今存卷十九、卷二十,凡二卷一帖,現存國會圖書館。

奈良時代又有《大方廣佛華嚴經》寫本一種。此本折本裝,今存卷三十殘簡,凡一帖,現存國會圖書館。

奈良時代又有《大方廣佛華嚴經》寫本一種。此本卷子本,今存卷第十四。此卷用茶黄色紙,紙高 30.2cm,淡墨施界,上下天地高約 23.3cm,每行寬 2.3cm,行十七字左右。卷中有"東大寺"大方朱印。此卷現存慶應大學附屬圖書館。

平安時代(794—1185 年)初期有《大方廣佛華嚴經》寫本一種。此本折本裝,今存卷第四十三,凡一帖。用香色櫧紙,上下天地高約 24.0cm。此本現存奈良縣阪本龍門文庫。

平安時代有《大方廣佛華嚴經》寫本一種。此經今存卷第四十凡一卷。卷子本,匡高 19.5cm,上欄 2.2cm,下欄 2.6cm,全長 689.5cm。外題書寫"普賢□□",其右下側題書"華嚴經第四十"。内題二行:"大方廣佛華嚴經卷第四十　入不思議解脱境界普賢行願品。"卷末有書寫者心覺題跋,文曰:"多少廣劫深宿緣,隨喜信心由不淺。出血身以盡寫力,

必得普賢願同我。壽永二年（1183年）六月十九日書寫了，同月廿四日點了。此文自造讚經，一反文誦，一反人必迴向二親，法界衆生同一佛，净土可成因。生年五十七比丘尼　心覺住處楊柳寺。"此經今存宮内廳書陵部。

日本鎌倉時代（1192—1330年）初期有《大方廣佛華嚴經》寫本一種。此本折本裝，今存卷第四十一，凡一卷一帖。每半折七行，行十七字。内封有墨書"奉安置　法隆學間寺　五部大乘經内"，卷末有同筆墨書"應永二十一年甲午（1414年）六月日儲之"。卷末又有另筆墨書："一本書云貞應元年壬午（1223年）迄今天保六乙未（1835年）六百十四年也（此爲六百十二年之誤——編著者）。"此本現存奈良縣阪本龍門文庫。

鎌倉時代中期有《大方廣佛華嚴經》寫本一種。此本卷子本，今存卷第四十三、卷第四十八，凡二卷二軸。紙質微黄，高約21.3cm，每紙幅寬27.9cm。此本現存奈良縣阪本龍門文庫。

鎌倉時代有《華嚴經》六十卷寫本一種，存五十四帖。此本用黄紙鈔寫，小粘葉本。現存京都高山寺，已被指定爲"日本重要文化財"。

日本南北朝時代北朝後光嚴天皇貞治二年（1363年）至後圓融天皇應安七年（1374年）立川普濟寺刊印《大方廣佛華嚴經》，折本裝。無邊無界，每半折五行，行十七字。版心有助緣者名。

後小松天皇應永六年（1399年）有東晋佛陀跋陀羅譯《大方廣佛華嚴經》寫本一種。此本今存卷第十，現存早稻田大學圖書館。

北朝後圓融天皇應永六年（1373年）門司崇聖寺刊印《大方廣佛華嚴經》，折本裝。無邊無界，每半折六行，行十七字。

靈元天皇寬文年間（1661—1672年）有和刊本《大方廣佛華嚴經》六十卷一種刊行。

日本中御門天皇享保四年（1719年）中國南京商船"第二十四番"（船主邵又張）載《華嚴經》一部運抵日本。

中御門天皇享保七年（1722年）中國商船"多字號"載《大方廣佛華嚴經》一部八十二帖運抵日本。

大方廣佛華嚴經（殘本）二十一卷

（東晋）三藏佛陀跋陀羅譯

宋刊本　折本裝　共二十一帖

御茶之水圖書館藏本　原德富蘇峰成簣堂等舊藏

【按】每半折五行，附刻句點，大字本。

此經全本六十卷。此本今存卷二十三、卷二十五至卷三十、卷四十三、卷四十七、卷五十三至卷五十五、卷五十七、卷六十二、卷六十四、卷六十五、卷七十二至卷七十五、卷七十七，凡二十一卷。

此本用紙黄色，初刻初印。

卷七十三之末，有明治三十八年（1905年）德富蘇峰購書手識文，叙述分三次購入本帖之經過。

大方廣佛華嚴經（殘本）三卷

（東晋）三藏佛陀跋陀羅譯

宋刊本　折本裝　共一帖

大谷大學附屬圖書館藏本　原神田邕庵（喜一郎）等舊藏

【按】此經今存卷七十一、卷七十二、卷七十三（缺卷尾），凡三卷。

此本係神田喜一郎家族于昭和五十九年（1084年）捐贈大谷大學圖書館。

大方廣佛華嚴經（殘本）二卷

（東晋）三藏佛陀跋陀羅譯

宋刊本　折本裝　共二帖

御茶之水圖書館藏本　原拇尾高山寺　德富蘇峰成簣堂等舊藏

【按】每折有界四行，有刻工姓名，精刻大字本。

是經全本八十卷。此本今存卷四十一、卷四十五，凡二卷。

卷四十一有"高山寺"朱文印記,卷四十五有"十無盡院"朱文印記。

大方廣佛華嚴經(殘本)一卷

(東晋)三藏佛陀跋陀羅譯

宋紹興年間(1131—1162年)刊本　折本裝共一帖

大東急記念文庫藏本　原京都三聖寺等舊藏

【按】此經今存卷十四,凡一卷。

大方廣佛華嚴經(殘本)一卷

(東晋)三藏佛陀跋陀羅譯

宋刊本　折本裝　共一帖

大東急記念文庫藏本

【按】此經今存卷七十一,凡一卷。

大方廣佛華嚴經八十卷

(東晋)三藏佛陀跋陀羅譯

明永樂十七年(1419年)刊本　共八十一帖

大東急記念文庫藏本

【按】卷中有明萬曆年間寫補。

大方廣佛華嚴經(殘本)一卷

(東晋)三藏佛陀跋陀羅譯

明成化年間(1465—1487年)刊本　折本裝共一帖

御茶之水圖書館藏本　原德富蘇峰成簣堂等舊藏

【按】每半折六行。封面係絹織,題籤原印,白綿紙本。

是經全八十卷。此本今存卷二十八,凡一卷。

卷末有墨書"下生寺"三字。

大方廣佛華嚴經六十卷

(東晋)三藏佛陀跋陀羅譯

明萬曆十八年(1610年)刊本　共十二册

静嘉堂文庫藏本　原僧人鐵牛　中村敬宇

等舊藏

大方廣佛華嚴經六十卷

(東晋)三藏佛陀跋陀羅譯

明萬曆二十一年至二十五年(1593—1597年)刊本　折本裝　二十一帖

御茶之水圖書館藏本　原德富蘇峰成簣堂等舊藏

大方廣佛華嚴經六十卷

(東晋)三藏佛陀跋陀羅譯

明萬曆三十六年至萬曆三十八年(1608—1610年)刊本　共十二册

内閣文庫藏本

摩(訶)僧祇律四十卷　附音釋

(東晋)三藏佛陀跋羅　(東晋)釋法顯同譯

明崇禎七年(1634年)金沙顧龍山刊本　共九册

東京大學總合圖書館藏本

大涅槃經三卷

(東晋)釋法顯譯

明萬曆三十四年(1606年)刊本　共一册

静嘉堂文庫藏本

【附録】順德天皇承久元年(1219年)有日僧正弁、隆弁等手寫《大涅槃經》三卷。此經卷第一內封題署"承久元年十二月廿二日用唐本書了"。下面另一筆迹文字:"并一交了"。此經今存京都拇尾高山寺。

中阿含經(殘本)九卷

(晋)釋瞿曇　僧伽提婆譯

宋刊本　共九册

京都大學人文科學研究所東洋學文獻中心藏本　原松本文三郎等舊藏

【按】此本今存卷第四、卷第七、卷第十四、卷第十六、卷第十九、卷第二十、卷第二十二、卷第二十七,凡九卷。

佛説苦陰因事經一卷

（晉）釋法炬譯

宋刊本　共一册

京都大學人文科學研究所東洋學文獻中心藏本　原松本文三郎等舊藏

（晉僧肇法師）寶藏論一卷

（晉）僧肇撰

明嘉靖十八年（1539 年）刊本　共一册

御茶之水圖書館藏本　原德富蘇峰成簣堂等舊藏

【按】每半葉有界十行，行十八字，黑口，左右單邊，上下雙邊。

卷首頂格題署“晋僧肇法師寶藏論”，次行上空二字，題篇名“廣照空有品第一”，次行頂格正文。文起首曰“空可空，非真空；色可色，非真色……”其文仿《老子》也。卷末有明弘治甲子（1504 年）春《跋》。《跋》後全書最末行頂格刊曰：“嘉靖己亥（1539 年）夏四月古杭朝天門弈津堂姚氏（？）坊重刊”。

增壹阿含經（殘本）三卷

（苻秦）釋曇摩難提譯

宋刊本　共三册

京都大學人文科學研究所東洋學文獻中心藏本　原松本文三郎等舊藏

【按】此本今存卷二十四、卷二十七、卷二十八，凡三卷。

【附録】日本奈良時代有《增壹阿含經》寫本一種，今存殘本卷第三十六凡一卷，此卷内書“天平寶字二年（758 年）四月十二日藥師寺僧善牢勘經、元興寺善覺對讀”等，卷首尾題下有“善光”印記。此本現存神奈川縣游行寺。

佛説羅摩伽經四卷

（姚秦）釋聖堅譯

明萬曆三十八年（1610 年）刊本　共一册

静嘉堂文庫藏本

妙法蓮華經七卷

（姚秦）釋鳩摩羅什譯

唐長壽三年（694 年）李元惠寫本　日本國寶　卷子本　共一卷

東京國立博物館藏本　原法隆寺等舊藏

【按】每紙五十六行，行細字三十二字左右。一紙幅寬 26.7cm，全卷凡麻紙三十九枚，全長 2150cm。封面原裝，爲質地較厚之麻紙，幅 34.5cm，卷軸付紙 16.7cm。此經裝香木經箱一盒。

卷一首空一行，第二行頂格墨書“妙法蓮華經七卷一部成”。次空一行，第四行頂格墨書“妙法蓮華經序品第一”，下空五字，再書“卷之一”。

卷尾墨書“妙法蓮華經一部”，末有寫經人識文，其文曰：“長壽三年六月一日抄訖，寫經人雍州長安縣人李元惠于揚州敬告此經。”

此經于日本奈良時代（701—794 年）經由海路進入日本，最初保存于法隆寺。法隆寺古書目《古今目録抄》著録此經。

昭和三十三年二月（1958 年）被日本“文化財審議委員會”確認爲“日本國寶”。

【附録】相傳七世紀初聖德太子極重《法華經》，故世上稱“法華”爲“御同朋經”。《上宮太子菩薩傳》稱聖德太子爲慧思禪師之後身，遣使將《法華經》傳入日本，并爲太子所撰《法華義疏》四卷之依據。

據日本聖武天皇天平二十年（746 年）六月一日的《寫章疏目録》記載，當時存于寫經所的漢籍佛典與外典中有《法華經》十卷、《法華論疏》五卷。

日本聖武天皇天平年間（729—748 年）有右大臣藤原南家手寫之《法華經》一部，今存卷第五凡一卷，世稱“藤南家經”。現存東京五島美術館，已被指定爲“日本重要文化財”。

奈良時代後期有大字《法華經》寫本一種。此經有平安時代中期高野山僧人明算解點，世稱“明算白點本”。今缺卷第三，凡七卷，現存和歌山縣龍光院,已被指定爲"日本國寶"。

平安時代前期《法華經序品》手寫本一種。此經一行十字,每一行間有圓相佛像一座,佛衣朱色,座爲緑青,世稱"一字一佛法華經"。現存香川縣善通寺,已被指定爲"日本國寶"。

平安時代有《法華經》手寫本一種。此經金色匡郭,每紙背影爲緑、黄、朱、黑四色蓮臺,經文抄寫於上,世稱"一字蓮臺法華經"。今存九卷,現存福島縣龍興寺,已被指定爲"日本國寶"。

平安時代有《法華一品經》三十卷手寫本一種。此經銀色匡郭,每紙背影爲彩色蓮臺,經文書寫其上,一行十二字,每頁抄寫後,又用金銀切箔揮灑於上,世稱"一字蓮臺法華經(普賢勸發品)"。現存奈良縣大和文華館,已被指定爲"日本國寶"。

平安時代中期有《法華經》十卷手寫本一種,此經封面、内頁與經文用紙,皆爲一色茶紙,并揮灑金箔,内頁上有用金銀泥描繪之"經意圖",世稱"茶紙《法華經》",現存東京淺草寺,已被指定爲"日本國寶"。

平安時代中期有《法華經》手寫本一種。此經用紙,皆用金銀泥繪制花草、鳳凰、蝶鳥等,并以金絲做匡郭,每一紙二十八行,行十七字,正楷書寫。此本早期存於琵琶湖竹生島上之寶嚴寺,世稱"竹生島經"。現存東京國立博物館,今存三十七葉,已被指定爲"日本國寶"。

平安時代後期有《法華經》手寫本一種。此經抄寫於緑、黄、白、紫、鶯茶、淡紫等色紙上,每紙施以金絲匡郭,又用金銀雪箔揮灑其上,上下欄及紙背,繪有飛雲、蝶鳥、花草等圖案。此系"色紙蝶表經"之代表,今存卷第六凡一卷。現存和歌山縣金剛峰寺,已被指定爲"日本國寶"。

平安時代後期有《法華經》手寫本一種,此經與《開結經》合爲三十卷。金絲匡郭,上下欄外有用金銀泥及緑青塗料描繪之花鳥蟲草,内封有彩色"經意繪"等,各卷末有結緣者名,其中有島羽上皇、待賢門院中宫及天皇近侍。此經原藏静岡縣久能山,世稱"久能寺經",現存静岡縣鐵舟寺,已被指定爲"日本國寶"。

平安時代《妙法蓮華經》寫本一種。此本今存卷五"提婆達多品第十二品"中二十六行。紙本一軸。淡香色斐紙,金泥施邊。華貴雅致。經文旁有"乎古止點",此件原爲幸田成友舊物,現藏慶應義塾圖書館。

十一世紀書法家藤原定信手寫《法華經》八卷。此經抄寫成一字寶塔型。今存卷第一、卷第二、卷第四,其中卷第一分爲二卷,故計爲四卷,現存長野縣户隱神社,世稱"户隱切",已被指定爲"日本重要文化財"。

日本六條天皇仁安二年(1167年)宫廷重臣平清盛,爲求來世往生,爲一門三十二人平安而手寫《法華經》等凡三十三卷,此經用紙爲平安時代"裝飾經"之最高峰。封面與内封用茶紙,上用金銀泥及彩色描繪"大和繪",經文用棐紙,金絲匡郭,揮灑金銀雪箔,卷軸用水晶制成,此經世稱"平家納經",現存廣島縣嚴島神社,已被指定爲"日本國寶"。

平安時代有扇面型《法華經》手寫本一種。每半葉十二行,每行字體由大漸小,封面乃手繪之十二單衣貴女,經文上灑金銀錫箔。此經今存卷第一、第六、第七,并開經與結經,凡五帖九十八葉。現存大阪四天王寺,已被指定爲"日本國寶"。

日本後鳥羽天皇壽永三年(1183年)以大佛師運慶爲願主,由康圓主誦,由珍賀、榮印二人潔齋書寫《法華經》一部。書寫時,由快慶等五十名僧人高唱"法華經"之名,總計約十萬遍,其書寫墨汁用水,取自睿山横川,經軸用木取自治承四年(1180年)東大寺失火餘燼之殘木,世稱"運慶願經",此經今缺卷第一,其中卷第二至卷第七,現存京都真正極樂寺;第八卷現存上野氏家。兩處共藏七卷,皆已被指定爲"日本國寶"。

平安時代有瓦制《法華經》一種。此經由倉敷市安養寺經冢中出土,系用篦子鏤刻在泥瓦片上,燒制而成。瓦片縱 25.50cm,横

21.27cm,厚 2.40cm。今存一百九十六枚,現存岡山縣安養寺,已被指定爲"日本重要文化財"。

日本鎌倉時代有《法華經》、《阿彌陀經》、《般若心經》手寫本一種,此經爲裝飾一品經,每頁經文,皆有金絲綫兩條,上下欄外,皆噴灑金銀錫箔,封面金銀裝飾,配以菊花與鳳凰圖案,展現鎌倉時代初期貴族書風。此三經今存三十四卷,現存奈良縣長谷寺,已被指定爲"日本國寶"。

日本鎌倉時代有《法華經》、《阿彌陀經》、《般若心經》手寫本一種。此經爲裝飾一品經,每頁經文,皆有金絲綫兩條,上下欄外,皆噴灑金銀錫箔。此經系後鳥羽天皇之皇后宜秋門院,與其父親月輪關白九條兼實爲首的貴族與高僧之結緣供養經。它與上述奈良縣長谷寺藏經,爲鎌倉時代裝飾經之雙璧。今存三十三卷,現存埼玉縣慈光寺,已被指定爲"日本國寶"。

四條天皇仁治二年(1241 年)日本東福寺開山聖一國師圓爾辯圓自中國歸,携回漢籍內外文獻數千卷。1353 年東福寺第二十八世大道一以據聖一國師藏書編纂成《普門院經論章疏語録儒書等目録》,其"天部"著録《法華經》一部七卷、《法華經全部》一卷、《科法華經》一部七卷;"黄部"著録《科法華經》七卷。 ·

後光明天皇慶安三年(1650 年)松永貞德刊印《妙法蓮華經》七卷,折本裝。

靈元天皇寬文十三年(1673 年)的僧□眼刊印《妙法蓮華經》七卷。

據日本光格天皇天明六年(1786 年)《寅十番船持渡書改目録寫》記載,是年此船載《妙法蓮華經》十四帖運抵日本。此帖由明人董其昌楷書書寫。

妙法蓮華經七卷

(姚秦)釋鳩摩羅什譯
宋刊本　折本裝　共一帖
武田科學振興財團杏雨書屋藏本　原內藤

湖南恭仁山莊等舊藏

【按】每半折十二行,行二十九字至三十四字不等。界高約21.2cm。

卷首有佛像,佛像下有刻工名,鐫刻"沈敦刀"。次有《妙法蓮華經弘傳序》,《序》後連續本文。

封面乃江戶時代初期人補裝,赤地金泥描山水草花。

卷末有刊印木記,文曰:"臨安府修文坊相對王八郎家經鋪"。

此經原係江戶時代狩谷掖齋求古樓舊藏,後歸西園寺陶庵公。昭和六年(1931 年)西園寺氏送贈內藤湖南,卷中有內藤湖南手識文叙及此經緯。

其卷首文曰:"昭和辛未神嘗祭日,見陶庵老公于清風莊,公以此經見貽,爲志歲月藏諸恭仁山莊書庫　虎　。"

其卷末文曰:"此經首二開佛畫有刻手名曰沈敦刀(原文如此,此刻工名應爲沈敦——編著者),宋經佛畫有刻手之名者不多見,亦足珍也。慶安間松永貞德付覆刻此經,獨缺佛畫及《弘傳序》未刻,卷尾經鋪木記亦失載。此經曾藏狩谷氏求古樓,書皮署檢乃掖齋書也。"

卷首及箱帙有"狩谷望之"、"陶庵圖書"等印記。

妙法蓮華經七卷

(姚秦)釋鳩摩羅什譯
南宋刊本　折本裝　共二帖
大東急紀念文庫藏本

妙法蓮華經七卷

(姚秦)釋鳩摩羅什譯
明萬曆二十三年(1595 年)刊本　共三冊
静嘉堂文庫　京都大學人文科學研究所東洋學文獻中心藏本

【按】静嘉堂文庫藏本,共三冊。
京都大學藏本,原係松本文三郎舊藏,共七冊。

妙法蓮華經八卷

（姚秦）釋鳩摩羅什譯

唐人寫本　卷子本　共八軸

宮内廳書陵部藏本

【按】唐代寫經，書法精美，似開元（713—741年）天寶（742—756年）年間名手所寫。

卷八末有墨書一行曰："永德二年（1382年，此係日本北朝後円融天皇年號）壬戌四月念五日修復畢"。

【附録】日本奈良時代（701—794年）有《妙法蓮華經》八卷寫本一種。卷子本，第一卷全長894.5cm，第二卷全長1125cm，第三卷全長1112cm，第四卷全長923.7cm，第五卷全長905.9cm，第六卷全長929.6cm，第七卷全長865.4cm，第八卷全長760.9cm。紙質係麻紙，卷中有當時讀經人使用的朱點訓點、白點訓點和切點訓點。此經今存宮内廳書陵部。

鎌倉時代（1192—1330年）中期有"春日版"《妙法蓮華經》八卷刊行，卷子本。

南北朝末期北朝光嚴天皇正慶元年（1332年）有《妙法蓮華經》八卷和刊本一種，卷子本，此屬"消息經"之一種。

仁孝天皇天保六年（1835年）刊印《妙法蓮華經》八卷，折本裝。

妙法蓮華經（殘本）一卷

（姚秦）釋鳩摩羅什譯

唐人寫本　卷子本　共一軸

御茶之水圖書館藏本　原德富蘇峰成簣堂等舊藏

【按】每葉二十八行，行約十七字，上下單邊，每葉界高21.94cm，天頭寬2.16cm，折本全高25.58cm。

此《經》全本七卷。此本今存卷七，凡三葉，每葉二十八行，卷末有墨書大題《妙法蓮華經卷七》；并存《普賢菩薩勸發品》第二十八，凡一葉，此葉十八行。

此卷紙本，紙質稍厚，卷軸紅漆，仍係原物。

紙背爲古維文。

妙法蓮華經（殘本）一卷

（姚秦）釋鳩摩羅什譯

唐乾元二年（759年）唐人寫本　卷子本　共一軸

大阪府立圖書館藏本　原富岡桃華等舊藏

【按】此本今存卷第三，凡一卷。

十住經六卷

（姚秦）三藏鳩摩羅什譯

明萬曆年間（1573—1620年）刊本　共一册

静嘉堂文庫藏本

【附録】靈元天皇寬文六年（1666年）京都丁字屋長兵衛刊印龍樹造、鳩摩罪什譯《十位毗沙論》十七卷。

維摩詰經（殘本）一卷

（姚秦）三藏鳩摩羅什譯

唐人寫本　卷子本　共一卷

御茶之水圖書館藏本　原德富蘇峰成簣堂等舊藏

【按】此卷紙本，黄麻紙，全紙高約30.0cm。界高22.5cm，字幅寬約2cm左右。

是經全本三卷，此經今存卷中，凡一卷。

每行二十二字至二十四字不等。文字稍小，而筆捺有致，字風柔和。

【附録】據日本聖武天皇天平二十年（746年）六月一日的《寫章疏目録》記載，當時存於"寫經所"的漢籍佛典與外典中有《維摩經疏》八卷。

奈良時代（701—794年）有《維摩詰經》寫本一種。用黄色櫧紙，全紙高約27.7cm，界高約22.2cm，字幅寬約2.14cm。卷中有三井寺公胤手記。此本今存卷中一卷，已被指定爲"日本重要美術財"。此經現存御茶之水圖書館。

江户時代刊印《維摩詰經》釋義文本多種：

靈元天皇貞享三年（1686年）京都永田調兵衛、村上勘右衛門刊印後秦僧肇撰《注維摩詰經》十卷。

　　桃園天皇寶曆十一年（1761 年）刊印隋僧智顗撰、隋僧灌頂續補《維摩羅詰經文疏》二十八卷。此本題籤曰《維摩詰經廣疏》。

　　光格天皇天明八年（1788 年）江戶和泉莊次郎刊印隋僧智顗撰《維摩詰經三觀玄義》二卷。

維摩詰所説經三卷

　　（姚秦）三藏鳩摩羅什譯
　　唐人寫本　卷子本　共一卷
　　大阪府立圖書館藏本　原富岡桃華等舊藏
　　【按】此經紙本，幅寬 27．72cm。全本共三卷，此本今存卷上，凡一卷。卷末有“丁未寫記”墨書一行。
　　【附錄】日本中御門天皇享保七年（1722 年）中國商船“幾字號”載《維摩詰經所説經》一部一册運抵日本。

維摩詰所説經三卷

　　（姚秦）三藏鳩摩羅什譯
　　明刊本　共一册
　　内閣文庫藏本　原楓山官庫等舊藏

莊嚴菩提心經

　　（姚秦）三藏鳩摩羅什譯
　　明萬曆二十六年（1598 年）刊本（與《大方廣入如來智德不思議經》等合刊）
　　静嘉堂文庫藏本

金剛般若波羅蜜經

　　（姚秦）三藏鳩摩羅什譯
　　日本鎌倉時代（十三世紀）中國僧人蘭溪道隆在日本寫本　日本國寶　折本裝　共一帖
　　京都龍光院藏本
　　【按】每半折金泥作界一面六行，行十三字。紙幅高 32.6cm，寬 14.0cm。上下單邊，邊距 20.1cm。全三十七折半。
　　首折頂格墨書“金剛般若波羅蜜經”，下空二字，墨書“寶深口常住”。第二行上空二字，題

署“姚秦三藏法師鳩摩羅什奉詔譯”。第三行上空二字，題經文子目“法會因由分第一”，經文始于第四行頂格“如是我聞……”。

　　是經全本凡二卷。此經今存自《法會因由分第一》至《應化非冥分第三十二》，凡手書一帖。大覺禪師者，即中國西蜀僧人蘭溪道隆。曾師事無準師範、痴絶道冲、北磵居簡諸高僧，宋淳祐六年，即日本後嵯峨天皇寬元四年（1246 年）渡海前往日本普法，爲日本建長國禪寺開山第一世。此經係蘭溪道隆在日本時所寫，其書法似南宋書家張即之。

　　卷末有後水尾天皇寬永二年（1625 年）澤庵和尚手識文。其文曰：

　　　　“此一卷者，建長大覺禪師之寶筆也。非是爲備讀誦之用，若果備讀誦之用，則不當議五部、十部乃至三十部、二十部隨意即寫之，功不隔多白而成矣。古德之意，唯在施力於此道。然則一點一字、一句一偈，皆出自其志者也，孰不尚之乎！矧又此經自別部見，則給孤獨一園之所説也。自惣部見，則盡天地唯此一會，盡天地唯此一經，最爲第一，是第一也。行般若菩薩皆入此門，凡此經注解迨八百餘家，拔其左者，亦視大鑑禪師、雙林人士、圭峰宗密禪師、冶父川禪師、豫章鏡禪師，此五家也。且中黄梅夜半傳衣，以此經爲證，且道‘德山底事燒疏鈔，大覺底事書此經’，燒與書雖是別事，其道一也。牽車推車皆要其遣車而已。不即經，不離經、佛法在其中歟！寬永二年乙丑小春中浣組陰野老宗彭。”

文後有“宗彭”、“澤庵”朱文印記二枚。

　　卷中有“寶珠庵常住”等印記。

　　【附錄】據日本聖武天皇天平二十年（746 年）六月一日的《寫章疏目錄》記載，當時存於“寫經所”的漢籍佛典與外典中有《金剛般若論》一帙、《金剛般若經疏》十三卷。

　　四條天皇仁治二年（1241 年）日本東福寺開山聖一國師圓爾辯圓自中國歸，携回漢籍内外文獻數千卷。1353 年東福寺第二十八世大道

一以據聖一國師藏書編纂成《普門院經論章疏語録儒書等目録》，其"玄部"著録《金剛經》一卷，《金剛經》又一卷；"荒部"著録《金剛經》一卷、《金剛經頌》一册、《金剛般若論》三册、《金剛經刊定記》七册、《金剛經集解》一册。

此經文乃係大覺禪師親筆。

金剛般若波羅蜜經二卷

（姚秦）三藏鳩摩羅什譯

宋寶祐元年（1253 年）張即之寫本　日本國寶　折本裝　共一帖

京都智積院藏本

【按】每半折無界四行，行十字。折本縱 32.2cm，全長 1781cm。

首折第一行題"金剛般若波羅蜜經"，不題譯者鳩摩羅什，經文也不分子目，僅以另起一行爲分段之標識。

内封有宋寶祐元年（1253 年）七月十三日本經書家張即之手識文，其文曰：

"寶祐元年七月十三日，張即之奉爲顯妣楚國夫人韓氏五九娘子冥忌，以天臺教僧宗印所校本，親書此經，施僧看轉，以資冥福。即之謹題，時年六十八歲。"

卷中有"智積院"墨色長方印。

金剛般若波羅蜜多經一卷

（姚秦）三藏鳩摩羅什譯

明洪武八年（1375 年）杭州徐道圓刊本　共一册

宫内廳書陵部藏本

金剛般若波羅蜜經二卷　附大方廣圓覺修多羅了義經二卷

（姚秦）三藏鳩摩羅什譯　（唐）釋慧能注

《附》（唐）釋宗密略疏

明刊本　共一册

内閣文庫藏本　原楓山官庫等舊藏

金剛般若波羅蜜經一卷　附（元注）金剛般若波羅蜜經一卷　般若波羅蜜多心經一卷

（姚秦）三藏鳩摩羅什譯　（唐）釋慧能注

《附》《金剛般若》（元）釋明本注　《心經》（唐）釋玄奘譯　（明）釋如玘注

明刊本　朱墨套印　共六册

國會圖書館藏本

注真三十二篆體金剛經四卷

（姚秦）鳩摩羅什譯　（宋）釋道肯集篆

（明）采素先詮注

明崇禎年間（1628—1644 年）綱川許丕據萬曆本重刊本　共六册

東京大學總合圖書館藏本　原市村瓚次郎買入本覺廬文庫等舊藏

集注金剛般若波羅蜜經四卷

（姚秦）鳩摩羅什譯

明萬曆元年——二年（1573—1574 年）刊本　共四册

御茶之水圖書館藏本　原德富蘇峰成簣堂等舊藏

【按】每半葉有界六行，行大字九字。小字每半葉十二行，行二十字左右。

卷首有《題記》，其文曰：

"此經全部共計二百二十五葉，分爲四卷，以成書式，大字楷書，方便老眼。外《心經節要》一部附兹，統施印板。見儲三山南臺後浦復初庵，十方有緣法者，或求印者，聽其自便。萬曆元年題記。"

又有《發願文》，其文曰：

"稽首三界尊，皈命十萬佛。我今發宏願，持此《金剛經》。上報四重恩，下濟三途苦。若有見聞者，悉發菩提心……云云。"

封面外加衆菩薩像圖繪。圖末有"萬曆元年"題記。

卷末有萬曆甲戌（1574 年）《後序》。此《序》後有施財者列名，首曰："閩龍臺發心捐金募梓,善信芳名謹題于兹,便看經者知其來之有源,而施財者福有攸關矣。"

集注金剛般若波羅蜜經四卷

(姚秦)鳩摩羅什譯

明刊本　共一册

早稻田大學圖書館藏本

【按】卷第三今缺損第一頁至第十頁。

持世經(殘本)一卷

(姚秦)三藏鳩摩羅什譯

元刊本　共一册

京都大學人文科學研究所東洋學文獻中心藏本　原松本文三郎等舊藏

【按】此本今存卷三,共一卷。

大智度論一百卷

(姚秦)三藏鳩摩羅什譯

宋刊本　折本裝　共一百帖

御茶之水圖書館藏本　原德富蘇峰成簣堂等舊藏

【按】每半折六行,行十七字左右。上下天地24.6cm,幅寬11.4cm。中縫後人重新切裱。

前有釋僧睿述《大智度論序》。《序》文起首於"夫萬有本於生,而生生者無生;變化兆於物始,而始始者無始。然則無生無始,物之性也……。"終於"委殊途於一致,理固然矣,進欲停筆爭是,則交鏡中日,卒無所成;退欲簡而便之,則負傷於穿鑿之譏,以二三唯案譯而書都不備飾,幸冀明悟之賢,略其文而挹其玄也。"

《序》文中有朱筆改字。若文中"有之田或",朱筆改"或"爲"惑";又若"以言求之,則怪其染",朱筆改"染"爲"深"等。

《序》後空一行,刊題"摩訶般若波羅蜜經釋論",下方刊一"聖"字,此係依《千字文》序列函字號。

第五行頂格刊題"大智度論卷第一"。第六行上空二字題署"龍樹菩薩造",接下空三字,題署"姚秦三藏法師鳩摩羅什譯"。換葉第一

行起刊題"緣起論第一",即爲正文。各卷同。

各卷本文末,節本卷難字注音表,凡反切、難音,皆用雙行刊刻。

【附録】據日本聖武天皇天平二十年(746年)六月一日的《寫章疏目録》記載,當時存於"寫經所"的漢籍佛典與外典中有《大智度論章門》六卷、《大智度論釋》一卷。

平安時代(794—1185年)後期有《大智度論》寫本一種。此本今存卷第二十二,凡一卷。紺紙銀界金字,銀杏型塗金軸,卷首有"神護寺"朱文印記,係"神護持經"之一種。此本現存奈良縣阪本龍門文庫。

日本明正天皇寬永十七年(1640年)有天海活字刊本《大智度論》一百卷。

後西天皇寬文元年(1661年)京都野田莊右衛門刊印《大智度論》一百卷并《條目》三卷。

大智度論(殘本)一卷

(姚秦)三藏鳩摩羅什譯

宋刊本(宋刊磧砂版零本)　折本裝　共一帖

東洋文庫藏本　原三菱財團岩崎家舊藏

【按】此本今存卷第九,首尾殘缺,共一卷。

大智度論(殘本)一卷　附音釋

(姚秦)三藏鳩摩羅什譯

宋刊本(宋刊磧砂版零本)　折本裝　共一帖

東洋文庫藏本　原三菱財團岩崎家舊藏

【按】此本今存卷八十,卷首有殘缺,共一卷。

大智度論(殘本)一卷

(姚秦)三藏鳩摩羅什譯

宋末元初刊本　折本裝　共一帖

慶應大學附屬圖書館藏本　原幸田文庫等舊藏

【按】此本今存卷三十五,共一卷。

每半折六行,行十七字左右。上下天地單邊,高約25.7cm,幅寬12.2cm。刻工姓名署一

"徐"字。

此卷依《千字文》函字號刻刊一"名"字。

十住毗婆沙論(殘本)一卷

(姚秦)三藏鳩摩羅什譯

元刊本　共一帖

大東急記念文庫藏本

【按】此卷係《十住毗婆沙論》卷第五。

成實論(殘本)一卷

(姚秦)鳩摩羅什譯

南宋刊本　共一帖

大東急記念文庫藏本

【按】《成實論》全本凡二十卷。此本係《成實論》卷第二十,凡一帖。

此本原係日本中世紀時代田城介時所有。後醍醐天皇元亨四年(1324年)作爲"施入經"贈送法華寺。

成實論二十卷

(姚秦)三藏鳩摩羅什譯

明萬曆四十三年(1615年)迮應年刊本　共四冊

内閣文庫藏本　原楓山官庫等舊藏

戒因緣經(殘本)一卷

(姚秦)釋竺佛念譯

元大德十年(1306年)刊本(元刊磧砂延聖寺版《大藏經》零本)　折本裝　共一帖

大谷大學附屬圖書館藏本　原神田邕庵(喜一郎)等舊藏

【按】此經今存卷第一,共一卷。

卷首有"施入法華寺　時顯"墨書一行。

此係神田喜一郎家族于昭和五十九年(1984年)捐贈大谷大學。

阿毗曇八揵度論(殘本)一卷

(姚秦)伽提婆　竺佛念共譯

北宋元符二年(1099年)東禪寺刊本　共一

帖

大東急記念文庫藏本　原三聖寺等舊藏

出曜經(殘本)一卷

(姚秦)釋竺佛念譯

元刊本　共一册

京都大學人文科學研究所東洋學文獻中心藏本　原松本文三郎等舊藏

佛説長阿含經(殘本)四卷

(姚秦)釋竺佛念　釋佛陀耶舍同譯

宋刊本　共四册

京都大學人文科學研究所東洋學文獻中心藏本　原松本文三郎等舊藏

【按】此本今存卷四、卷七、卷九、卷十八,共四卷。

四分戒本一卷

(姚秦)釋佛陀耶舍譯

宋刊本　共一册

京都大學人文科學研究所東洋學文獻中心藏本　原松本文三郎等舊藏

【附録】四條天皇仁治二年(1241年)日本東福寺開山聖一國師圓爾辯圓自中國歸,携回漢籍内外文獻數千卷。1353年東福寺第二十八世大道一以據聖一國師藏書編纂成《普門院經論章疏語録儒書等目録》,其"昃"部著録《四分戒本》一册。

阿毗曇毗婆沙論(殘本)三卷

(北涼)三藏浮陀跋摩　道泰共譯

宋刊本　　(宋刊磧砂版零本)折本裝　共三帖

東洋文庫藏本　原三菱財團岩崎氏家舊藏

【按】此本今存卷七(尾缺)、卷七十二、卷七十五,共三卷。

【附録】平安時代(794—1185年)有《阿毗曇毗婆沙論》寫本一種。此本今存大東急記念文庫。首尾皆缺,卷中有"龍王寺五輪塔"朱文印記。

阿毗曇毗婆沙論（殘本）一卷

（北涼）三藏浮陀跋摩　道泰共譯
宋刊本（湖州思溪版《大藏經》零本）　折本裝　共一帖
御茶之水圖書館藏本　原德富蘇峰成簣堂等舊藏
【按】此本今存卷第二十《雜揵度人品》之四》，共一卷一帖。
卷首大題破損，卷尾亦缺。
德富蘇峰手識文曰：“宋刊古經，破損頗多。”

阿毗曇毗婆沙論（殘本）二卷

（北涼）三藏浮陀跋摩　道泰共譯
元刊本　共二冊
京都大學人文科學研究所東洋學文獻中心藏本　原松本文三郎等舊藏

阿毗曇毗婆沙論（殘本）五卷

（北涼）三藏浮陀跋摩　道泰共譯
元刊本　折本裝　共五帖
御茶之水圖書館藏本　原德富蘇峰成簣堂等舊藏
【按】此本今存卷四、卷二十一、卷六十五、卷六十六、卷七十一，共五卷五帖。
卷中有刻工姓名，如“明證”（卷四）、“徐玉刊”（卷四、卷二十一）、“禮刊”（卷六十五）、“俞刊”（卷六十六）、“朋有”、“宥刊”、“明定刊”（卷七十一）。
卷四有大題“阿毗曇毗婆沙論”。

阿毗曇毗婆沙論（殘本）一卷

（北涼）三藏浮陀跋摩　道泰共譯
元沈崇因刊本　折本裝　共一帖
國會圖書館藏本
【按】此本今存卷第六十一，共一卷一帖。

金光明經四卷

（北涼）三藏曇無讖譯
明萬曆年間（1573—1620 年）刊本　共一冊
静嘉堂文庫藏本
【附録】日本聖武天皇天平十三年（741 年）寫經所用紫紙金字手寫《金光明最勝王經》十卷數本，於天平十四年（742 年）二月十四日奉天皇敕命分贈各地國分寺，世稱“國分寺經”。原尾道西國寺之藏本，現存奈良國立博物館，已被指定爲“日本國寶”。

淳仁天皇天平寶字六年（762 年）有在日本的百濟人豐蟲，爲祈禱兩親冥福，手寫《金光明最勝王經》十卷。此本用黄麻紙，一紙十九行，一行十七字，書法謹嚴，世稱“百濟豐蟲願經”。現存奈良縣西大寺，已被指定爲“日本國寶”。

平安時代初期，奈良東大寺僧人明一，手寫《金光明最勝王經注釋》十卷，用黄穀紙，墨色匡格，一行十四、十五字。此本後來傳入比叡山飯室別所，被切斷散逸，日本古筆史上稱之爲“飯室切”。今殘本卷第二，現存大阪藤田美術館，已被指定爲“日本重要文化財”。又殘本卷第四，現存京都國立博物館，也已被指定爲“日本重要文化財”。

平安時代後期近衛天皇久安元年（1145 年）有紺紙金字《金光明經》四卷寫本一種。此本紺紙銀色匡格，内封有金銀泥繪《釋迦説法圖》，一紙二十八行。此本現存京都長福寺，已被指定爲“日本重要文化財”。

平安時代有《金光明最勝王經》寫本一種。此經今存卷第六、卷第九，共二軸，今存宫内廳書陵部。

鐮倉時代後鳥羽天皇建久三年（1192 年）有《金光明經》四卷寫本一種。此本卷中有王朝貴族風俗的白描繪畫。今殘本卷第三現存兵庫縣武藤家，已被指定爲“日本重要文化財”；殘本卷第四現存京都國立博物館，也已被指定爲“日本重要文化財”。

鐮倉時代後宇多天皇于二十一歲退位，二十

八歲之時(1294年)獨筆手寫《金光明最勝王今年感》四卷,紫紙金字,安置於各國的國分寺中,以求鎮國安民。卷末有金字"佛子太上天皇世仁",此爲後宇多天皇之御名。此經世稱"後宇多天皇宸翰"。此本今存卷第一,現存京都北野天滿宮,已被指定爲"日本重要文化財"。

東山天皇寶永二年(1705年)中國商船"佐字號"載《最勝金光明經》一部十冊運抵日本。

中御門天皇正德二年(1712年)中國商船"不字號"載《金光明最勝王經》一部二冊運抵日本。

大般涅槃經四十卷　附後分二卷

(北涼)三藏曇無讖譯　《附》(唐)釋若那跋陀羅等譯

明嘉靖三十六年(1557年)重刊本　共四十二冊

京都大學人文科學研究所東洋學文獻中心藏本　原松本文三郎等舊藏

【附錄】日本後桃園天皇安永三年(1774年)中國商船"多字號"載《大般涅槃經》一部二帙運抵日本。

大般涅槃經(殘本)三卷

(北涼)三藏曇無讖譯

明萬曆二十八年(1600年)刊本　共三冊

愛知大學附屬圖書館藏本　原東亞同文會霞山文庫舊藏

【按】此本今存卷十六、卷三十一、卷三十六,凡三卷。

大般涅槃經四十卷　後分二卷

(北涼)三藏曇無讖譯

明萬曆三十三年(1605年)刊本　共九冊

静嘉堂文庫藏本

注仁王護國般若經(殘本)一卷

(劉宋)釋净源譯

宋刊本　折本裝　共一帖

大谷大學附屬圖書館藏本　原神田嵒庵(喜一郎)等舊藏

【按】此經今存卷第一,共一卷。

此係神田喜一郎家族于昭和五十九年(1984年)捐贈大谷大學。

佛説聖觀自在菩薩梵讀一卷　佛一百八名贊一卷　佛説布施經一卷　佛説聖曜母陀羅尼經一卷

(劉宋)釋法賢譯

元刊本　共一冊

京都大學人文科學研究所東洋學文獻中心藏本　原松本文三郎等舊藏

佛説妙吉祥菩薩所問大乘法螺經一卷　佛説八大菩薩經一卷　佛説八大金剛香陀羅尼經一卷

(劉宋)釋法賢譯　《香陀羅尼經》(劉宋)釋施護譯

元刊本　共一冊

京都大學人文科學研究所東洋學文獻中心藏本　原松本文三郎等舊藏

【附錄】日本天武天皇十四年(686年)有《金剛場陀羅尼經》手寫本一種。此經卷末有手識文曰:"歲次丙戌年哦月川内國志貴評内知識"。由書風考"丙戌",推爲天武天皇年間;"川内國志貴評",係《大寶令》(700年確立)之前大阪府下河内地方之舊稱;"知識"者,乃佛教之信仰者。此經爲日本有記年經的最古的遺品。現存京都府私人之家,已被指定爲"日本國寶"。

聖武天皇天平十一年(739年),入唐僧人玄昉歸國後輾罹疾病。聖武天皇爲求其早日康復,立願手寫《佛頂尊勝陀羅尼經》一千卷。此經卷首有"佛頂尊勝陀羅尼經序",卷末有手識文曰:"天平十一年五月四日奉救爲玄昉僧正瘀疾,敬寫此經一千卷。"卷中經文附平安時代之假名。此經世稱"聖武天皇救願經",今存一卷。現存和歌山縣正智院，已被指定爲"日本重要文化財"。

　　聖武天皇天平十三年(741 年)七月十五日，入唐歸國玄昉大僧正爲求聖武天皇與光明皇后聖壽無疆，并祝皇太子、諸親王、文武百官與萬民安寧、天下太平，立願手寫《千手千眼陀羅尼經》一千卷，世稱"玄昉願經"。此經今存一卷，現存京都國立博物館，已被指定爲"日本國寶"。

　　鎌倉時代初期有願主元覺，立願手寫《千手千眼陀羅尼經》一卷。此經經文用紙係緑、紫、藍、白、茶等有色紙組成，版面金絲綫。并噴灑金銀錫箔。卷首有元覺《奉納記》，卷末有元久二年(1205 年)盛嚴加點之手識文。現存和歌山縣道成寺，已被指定爲"日本重要文化財"。

佛説妙吉祥最勝根本大教經三卷

　　(劉宋)釋法賢譯
　　宋人寫本　折本裝　共三帖
　　國會圖書館藏本

佛説妙吉祥最勝根本大教經(殘本)一卷

　　(劉宋)釋法賢譯
　　宋刊本(宋刊磧砂版零本)　折本裝　共一帖
　　東洋文庫藏本　原三菱財團岩崎家等舊藏
　　【按】此本今存卷下(即卷三)，共一卷

佛説妙吉祥最勝根本大教經三卷

　　(劉宋)釋法賢譯
　　元刊本　共一册
　　京都大學人文科學研究所東洋學文獻中心藏本　原松本文三郎等舊藏

佛説衆許摩訶帝經(殘本)一卷

　　(劉宋)釋法賢譯
　　元刊本　共一册
　　京都大學人文科學研究所東洋學文獻中心藏本　原松本文三郎等舊藏

　　【按】此本今存卷第十二，共一卷。

佛説衆許摩訶帝經(殘本)二卷

　　(劉宋)釋法賢譯
　　元刊本　共一册
　　京都大學人文科學研究所東洋學文獻中心藏本　原松本文三郎等舊藏

　　【按】此本今存卷二、卷三，共二卷。

金剛薩埵説頻那夜迦天成就儀軌經(殘本)一卷

　　(劉宋)釋法賢譯
　　元至正年間(1341—1367 年)刊本　折本裝　共一帖
　　大谷大學附屬圖書館藏本　原神田鬯庵(喜一郎)藏本

　　【按】此經今存卷第一，共一卷。
　　此係神田喜一郎家族于昭和五十九年(1984年)捐贈大谷大學。

大方廣總持寶光明經一卷　附音釋

　　(劉宋)釋法天譯
　　宋刊本(宋刊磧砂版零本)　折本裝　共一帖
　　東洋文庫藏本　原三菱財團岩崎家等舊藏

　　【按】此本今存卷二、共一卷。

　　【附録】日本平安時代有紺紙金字《光明經》四卷寫本一種。此本係除紺紙金字《法華經》之外，日本現存極少金字經之一種。此本一紙二十八行，經軸爲鍍金撥型軸，卷四尾有金字記日"久安元年(1145 年)八月二十九日"。此本現存京都長福寺，已被指定爲"日本重要文化財"。

佛説大乘聖吉祥持世陀羅尼經一卷

　　(劉宋)釋法天譯
　　宋刊本　折本裝　共一帖
　　國會圖書館藏本

佛説大三摩惹經一卷　佛説月光菩薩經一卷

（劉宋）釋法天譯　《月光》（劉宋）釋法賢譯

元刊本　共一册

京都大學人文科學研究所東洋學文獻中心藏本　原松本文三郎等舊藏·

毗婆尸佛經（殘本）一卷

（劉宋）釋法天譯

元刊本　共一册

京都大學人文科學研究所東洋學文獻中心藏本　原松本文三郎等舊藏

【按】此本今存卷上（即卷一），共一卷。

楞伽阿跋多羅寶經四卷

（劉宋）求那跋陀羅譯

宋刊本　共四册

京都大學人文科學研究所東洋學文獻中心藏本　原松本文三郎等舊藏

楞伽阿跋多羅寶經四卷

（劉宋）求那跋陀羅譯

明萬曆十九年（1591 年）跋刊本　共一册

内閣文庫藏本　原楓山官庫等舊藏

雜阿含經（殘本）七卷

（劉宋）求那跋陀羅譯

宋刊本（湖州思溪版《大藏經》零本）　折本裝　共七帖

御茶之水圖書館藏本　原净妙寺　圓覺寺　建長寺　德富蘇峰成簣堂等舊藏

【按】此本各帖末皆有手記，言日本東山天皇元禄十年（1679 年）伊東氏寄進佛書典籍二千餘卷之顛末。

卷中有日本元禄年間（1688—1704 年）讀者寫補。

各卷有"净妙寺"墨書手記，又有"圓覺寺"黑印記，并有"建長書藏"朱文印記。

雜阿含經（殘本）十一卷

（劉宋）求那跋陀羅譯

宋刊本　共二册

京都大學人文科學研究所東洋學文獻中心藏本　原松本文三郎等舊藏

【按】此本今存卷十一、卷十四至卷十六、卷二十一、卷二十二、卷二十四、卷二十七、卷三十六、卷四十二、卷四十五，共十一卷。

雜阿含經（殘本）一卷

（劉宋）求那跋陀羅譯

宋刊本（宋刊思溪版《大藏經》零本）　折本裝　共一帖

大谷大學附屬圖書館藏本　原神田鬯庵（喜一郎）等舊藏

【按】此經今存卷第六，共一卷。

卷中有日本後深草天皇建長七年（1255 年）墨書一則。

此經係神田喜一郎家族于昭和五十九年（1984 年）捐贈大谷大學圖書館。

雜阿含經（殘本）

（劉宋）求那跋陀羅譯

宋刊本（宋刊磧砂版零本）折本裝　共一帖

東洋文庫藏本　原三菱財團岩崎家等舊藏

【按】此經今存卷第四十七，共一卷。

過去現在因果經（殘本）一卷

（劉宋）求那跋陀羅譯

宋紹聖四年（1097 年）刊本（宋刊福州東禪寺版《大藏經》零本）　折本裝　共一帖

大谷大學附屬圖書館藏本　原神田鬯庵（喜一郎）等舊藏

【按】此經今存卷第四，共一卷。

此係神田喜一郎家族于昭和五十九年（1984 年）捐贈大谷大學。

阿育王經十卷

(梁)三藏伽婆羅譯

明萬曆三十八年(1610年)刊本　共二册

静嘉堂文庫藏本

大寶積經(殘本)二卷

(梁)釋曼陀羅仙譯

元刊本　共二册

京都大學人文科學研究所東洋學文獻中心藏本　原松本文三郎等舊藏

【按】此本今存卷一百十五、卷一百十六,共二卷。

其中,卷一百十五乃係唐代僧人菩提流志重譯本。

【附録】四條天皇仁治二年(1241年)日本東福寺開山聖一國師圓爾辯言自中國歸,携回漢籍内外文獻數千卷。1353年東福寺第二十八世大道一以據聖一國師藏書編纂成《普門院經論章疏語録儒書等目録》,其"玄"部,著録《寶積經》十卷。

五分比丘戒本一卷

(梁)釋明徽撰

元刊本　共一册

京都大學人文科學研究所東洋學文獻中心藏本　原松本文三郎等舊藏

大乘起信論一卷

(梁)天竺釋真諦譯

宋刊本　共一册

京都大學人文科學研究所東洋學文獻中心藏本　原松本文三郎等舊藏

【附録】據日本聖武天皇天平二十年(746年)六月一日的《寫章疏目録》記載,當時存於"寫經所"的漢籍佛典與外典中有《起信論》三卷、《起信論疏》七卷。

大乘起信論一卷

(梁)天竺釋真諦譯

明萬曆四十一年(1613年)刊本　共一册

内閣文庫藏本

佛説解節經一卷

(梁)天竺釋真諦譯

宋刊本　共一册

京都大學人文科學研究所東洋學文獻中心藏本　原松本文三郎等舊藏

金七十論三卷

(梁)天竺釋真諦譯

宋崇甯元年(1102年)刊本　折本裝　共三帖

御茶之水圖書館藏本　原德富蘇峰成簣堂等舊藏

【按】每半折無界六行,上下天地單邊。

各帖末有"福州東禪經生林祐印造"黑印。此本係福州等覺禪寺版《大藏經》之零本。

各卷中皆有"東禪"朱文印記。

【附録】日本明正天皇寬永十四年(1637年)林氏幸宿花溪居士用活字版刊印《金七十論》三卷。

東山天皇元禄十年(1697年)京都村上勘兵衛刊印《金七十論》三卷。

舍利佛阿毗曇(殘本)一卷

(梁)天竺釋真諦譯

日本平安時代(794—1185年)初期寫寫本共一卷

大東急記念文庫藏本

【按】此本推測爲八世紀末期寫本。今存卷四論文八行。

摩科止觀(殘本)一卷

(隋)釋智顗述

宋刊本　折裝本　共一帖

大東急記念文庫藏本

【按】此本係宋刊本《一切經》之零本。今存卷第八,共一卷。卷末有缺。

無所有菩薩經(殘本)一卷

(隋)闍那崛多譯

日本聖武天皇天平十二年(740 年)手寫本

卷子本　共一卷

大東急記念文庫藏本

【按】此《經》爲日本光明光後"願經"之一。今存卷第二,凡一卷。

無所有菩薩經(殘本)一卷

(隋)三藏闍那崛多譯

宋刊本　共一冊

京都大學人文科學研究所東洋學文獻中心藏本　原松本文三郎等舊藏

【按】此經今存卷第四,共一卷。

大威德陀羅尼經(殘本)一卷

(隋)三藏闍那崛多譯

元刊本　共一冊

京都大學人文科學研究所東洋學文獻中心藏本　原松本文三郎等舊藏

【按】此經今存卷第十二,共一卷。

起世經五卷

(隋)三藏闍那崛多譯

明萬曆年間(1573—1620 年)刊本　共一冊

静嘉堂文庫藏本

佛華嚴入如來德智經一卷

(隋)三藏闍那堀多譯

明萬曆十九年(1591 年)刊本　共一冊

静嘉堂文庫藏本

起世因本經(殘本)一卷

(隋)三藏達摩笈多等譯

宋刊本　折本裝　共一帖

東洋文庫藏本　原三菱財團岩崎氏家舊藏

【按】是經全本十卷。此經今存卷第三,并缺卷首,共一卷。

起世因本經十卷

(隋)三藏達摩笈多等譯

明萬曆年間(1573—1620 年)刊本　共二冊

静嘉堂文庫藏本

緣生初勝分法本經(殘本)一卷

(隋)三藏達摩笈多等譯

宋刊本　共二冊

京都大學人文科學研究所東洋學文獻中心藏本　原松本文三郎等舊藏

(添品)妙法蓮華經八卷　分別緣起初勝法門經二卷　佛説緣生初勝份法本經二卷

(隋)三藏達摩笈多等譯　《法門經》(唐)三藏玄奘譯

明萬曆三十六年(1608 年)刊本　《法門經》清順治十七年(1660 年)刊本　共二冊

内閣文庫藏本

妙法蓮華經玄義(法華玄義)十卷

(隋)釋智顗撰

明刊本　共三冊

内閣文庫藏本　原楓山官庫等舊藏

本事經(殘本)一卷

(唐)三藏玄奘譯

日本聖武天皇天平十二年(740 年)手寫本

卷子本　共一卷

大東急記念文庫藏本

【按】此《經》爲日本光明光後"原經"之一。今存卷第七,凡一卷。卷中有崇德天皇大治二年(1127 年)寫補

大般涅槃經集解(殘本)一卷

(唐)三藏玄奘譯

唐人寫本　卷子本　日本重要美術財　共一軸

御茶之水圖書館藏本　原德富蘇峰成簣堂舊藏

【按】此軸紙本，幅寬 30.03cm，界高 22.11cm。每行有界十七字，注文小字，每行二十一字。

此卷本有軸，軸係原漆，鈕爲後補。原封面封紙與正文紙質相同，唯感稍厚，有水迹污損，左上側題曰"注大般涅槃經第卅二"，則此卷爲第四十二。

卷末題署：

"大唐龍翔二年五月廿日

於玉華吉加寺殿三藏法師玄奘奉　詔譯翻經沙門基受旨執筆"

此本已被日本"文化財審議委員會"確認爲"日本重要美術財"。

大般若波羅蜜多經（殘本）一卷

（唐）三藏玄奘譯

唐貞觀年間（627—649 年）寫本　卷子本　共一卷

早稻田大學圖書館藏本

【按】此《經》全本六百卷，今存卷第一百四十二，共一卷。

此卷首尾皆缺損。

【附錄】日本歷代有唐僧玄奘譯《大般若波羅蜜多經》寫本與刊本多種。日本奈良時代（701—794 年）有《大般若波羅蜜多經》寫本多種：

1. 元明天皇和銅年間（708—714 年）天武天皇之孫長屋王手寫《大般若波羅蜜多經》一種，世稱《長屋王願經》，亦稱"和銅經"。此經今殘本存于各處。其中，殘本卷第二百四十，凡一帖，有書寫者北宮識文曰："藤原宮御寓，天皇以慶雲四年六月四日登遐，三光慘染，四海遏密。長屋殿下，地極天倫。情深福報，乃爲天皇敬寫《大般若經》六百卷，用盡酸割之誠焉。和銅五年歲次壬子十一月十五日庚辰竟，用紙一十九紙　北宮。"此經已被確認爲"日本國寶"，今存宮內廳書陵部。此經又有殘本卷第一百四十二，凡一帖，已被確認爲"日本國寶"，今存滋賀縣甲賀郡太平寺。此經又有殘本卷二百四十八、卷四百八十二，凡二帖，今存大東急記念文庫。此經又有殘本卷四百九，凡一帖，今存國會圖書館。此經又有殘本凡四十三帖，已被確認爲"日本國寶"，今存滋賀縣見性庵。又有殘本二十七帖，已被確認爲"日本國寶"，今存滋賀縣常明寺。

2. 稱德天皇神護景雲元年（767 年）有《大般若波羅蜜多經》寫本一種。此本今存卷四十二，此卷缺卷首。現存大東急記念文庫。

3. 奈良時代（701—794 年）又有《大般若波羅蜜多經》寫本一種。此經今存卷四百六十，折本裝，共一帖，每折五行。原係寺田望南舊藏，後歸德富蘇峰，現存御茶之水圖書館。

4. 奈良時代又有《大般若波羅蜜多經》寫本一種。此經今存卷四百六十八，卷子本，共一卷。現存大東急記念文庫。

5. 奈良時代又有《大般若波羅蜜多經》寫本一種。此經今存卷三十七，卷子本，共一卷。現存大東急記念文庫。

6. 奈良時代又有《大般若波羅蜜多經》寫本一種。此經今存卷三百四十，卷子本，共一卷。現存大東急記念文庫。

7. 奈良時代法隆寺僧人行信發願書寫《大般若波羅蜜多經》、《金光時最勝王經》、《妙法蓮華經》等，神護景雲元年（767 年）弟子孝仁，爲其師結願，世稱"行信經"。今存《大般若波羅蜜多經》卷五百七十一，共楮紙十七葉，銀杏型原軸一卷。此卷現存奈良縣阪本龍門文庫。

8. 奈良時代孝謙天皇天平勝寶六年（754 年）有錦織君麻呂手寫《大般若波羅蜜多經》卷第三百五十五，共一帖。内有手識文曰"天平勝寶六年歲次甲子九月廿三日，錦織君麻呂爲父母奉寫《大般若經》一卷，一校了，又重校了"。

9. 奈良時代有《大般若波羅蜜多經》寫本一

種,今存殘本卷第三,卷子本,共一軸,卷首缺佚,今存宮內廳書陵部。

10.奈良時代有《大般若波羅蜜多經》寫本一種,今存殘本卷第三百五十,卷子本,共一軸,今存宮內廳書陵部。

11.奈良時有《大般若波羅蜜多經》寫本一種,今存殘本卷第四百十二,卷子本,共一軸。卷首缺佚,今存宮內廳書陵部。

12.奈良時代有《大般若波羅蜜多經》寫本一種,今存殘本卷第五百七十五,卷子本,共一軸。今存宮內廳書陵部。

平安時代(794—1185 年)有《大般若波羅蜜多經》寫本多種:

1.清和天皇貞觀十三年(871 年)有安倍小水麻吕手寫《大般若波羅蜜多經》一種。此本卷子本,其中,卷一百四十(功德品第三十之三十八)原係三菱財團岩崎氏家舊藏,現存東洋文庫;卷一百四十一,凡末尾二紙,現存大谷大學附屬圖書館;卷二百八十六,凡一軸,現存國會圖書館;卷四百五十二,卷六百,凡二軸,現存大東急記念文庫。

2.崛河天皇承德三年(1099 年)有《大般若波羅蜜多經》寫本一種,折本裝。此經今存卷三十八,共一帖。現存大東急記念文庫。

3.六條天皇永萬二年(1166 年)法隆寺相慶作《大般若波羅蜜多經》寫本一種,折本裝。此經今存卷二百九十三、卷四百三十八,共二帖,現存大東急記念文庫。

4.安德天皇治承五年(1181 年)僧人義心手寫《大般若波羅蜜多經》一種,折本裝。此經今存卷三百九十七,共一帖,現存大東急記念文庫。

5.平安時代又有譽田八幡《大般若波羅蜜多經》寫本一種。此經今存卷五十二、卷五百三十、卷五百四十二、卷五百四十四、卷五百五十九、卷五百七十四、卷五百七十五、卷五百七十六、卷五百七十九,折本裝,共九帖,現存國會圖書館。

6.平安時代末期有《大般若波羅蜜多經》寫

本一種。此經今存五百九十九卷,獨缺卷十七,折本裝,共五百八十三帖。現存大東急記念文庫。

五山時代有《大般若波羅蜜多經》寫本和刊本多種:

1.鎌倉時代(1192—1330 年)初期有讚岐國僧人源空手寫《大般若波羅蜜多經》一種。此經今存卷第一百七,原係三菱財團岩崎氏家舊藏,現存東洋文庫。

2.順德天皇承久二年(1220 年)日僧圓長手寫《大般若波羅蜜多經》一種。此本今存卷七十,共一帖,現存早稻田大學圖書館。

3.正親町天皇天正元年(1573 年)八月日僧玄法手寫《大般若波羅蜜多經》一種。此本今存卷三百二十二,共一卷,現存早稻田大學圖書館。有"春日版"和刊《大般若波羅蜜多經》一種。(國會圖書館存)南北朝(北朝)後光嚴天皇應安七年(1374 年)比丘智感刊印《大般若波羅蜜多經》一種。其後,此本有(北朝)後圓融天皇永和二年(1376 年)重印本,又有(北朝)後松天皇至德年間(1384—1386 年)重印本。

4.後小松天皇應永三年(1396 年)比丘法龜刊印《大般若波羅蜜多經》和刊本一種。

江戶時代有《大般若波羅蜜多經》和刊本多種:

1.靈元天皇延寶七年(1679 年)刊印《大般若波羅蜜多經》六百卷。

2.仁孝天皇文政八年(1825 年)刊印《大般若波羅蜜多經》六百卷。

3.日本中御門天皇享保七年(1722 年)中國商船"多字號"載《大般若波羅蜜多經》一部十五帙運抵日本。

大般若波羅蜜多經(殘本)一卷

(唐)三藏玄奘譯
唐僧善意寫本　日本重要文化財　共一卷
東京根津美術館藏本
【按】此經係日本聖武天皇天平十九年(747

年)中國唐代渡日僧侶善意,爲報恩大和尚一周忌日,發願抄寫《大船若經》一部之殘本。

此卷已被日本"文化財審議委員會"確認爲"日本重要文化財"。

【附錄】日本古代有《大般若波羅蜜多經》寫本多種:

1.奈良時代又有《大般若經》五百十五帖寫本一種。此本係靈龜、養老、神龜年間(715—728年)寫得,卷首有"藥師寺印"二種,紙背有"藥師寺金堂"黑印。此本現存京都圓福寺,已被確認爲"日本重要文化財"。

2.奈良時代又有《大般若經》寫本一種,今存卷第二百六十七。此卷卷末有記時文字曰"神龜五年(728年)歲次戊辰五月十五日佛弟子長王"。此卷書風模擬初唐寫經模樣,世稱"神龜經"。現存東京根津美術館,已被確認爲"日本重要文化財"。

3.奈良時代又有《大般若經》寫本一種,今存卷第五百二十二。此本寫于天平二年(730年)二月上旬,寫經師署名"黃君滿侶",忠實于初唐書風。此本現存京都國立博物館。

4.奈良時代又有《大般若經》寫本一種,今存三百八十七卷。此本卷中有寫經校合者"真繼"署名,各卷首上方,有"藥師寺印",紙背下方有"藥師寺金堂"墨印。此本曾傳爲"朝野魚養"手書,故稱"魚養經",實乃推測之詞,當今日本文獻學界稱之爲"藥師寺經"。

5.鳥羽天皇天永三年至永久四年(1112—1116年)以僧侶永順爲願主,僧人隆快、永尋、永深等抄寫《大般若經》一部,今存五百三十卷。此本現存奈良縣滿願寺,已被確認爲"日本重要文化財"。

6.高倉天皇安元二年至治承三年(1176—1179年)僧侶研意智爲四恩(父母、衆生、國王、三寶)得道成佛,一人獨筆抄寫《大般若經》一部。此本今存五百七十五卷,世稱"研意智一筆經",現存愛知縣兔足神社,已被確認爲"日本重要文化財"。

7.鐮倉時代自順德天皇建曆元年(1211年)至建保六年(1218年)足利鷄足寺住僧慶弁,以八年之功獨筆手寫《大般若經》六百卷。據傳,書寫時净身净衣,斷戒鹽(非烟——編著者)酒,每寫一行,則口誦"南無釋迦釋迦牟尼佛、南無須菩提、南無十六善神"。此本世稱"慶弁一筆經",今存四百五十六卷(帖),現存埼玉縣高麗神社,已被確認爲"日本重要文化財"。

大般若波羅蜜多經(殘本)五百七十九卷

(唐)三藏玄奘譯

宋嘉定十五年至宋端平元年(1222—1234年)刊本　折本裝　共五百七十九帖

宮內廳書陵部藏本　原大和西大寺等舊藏

【按】每半面無界六行,行十七字左右。上下單邊,欄高 25.7cm,幅寬 12.0cm。折本全高 30.3cm。版心下方記經名、卷數、葉數、函數等。

此《經》全本六百卷,今缺卷一、卷二百八十至二百八十二、卷三百一、卷三百二、卷三百三十、卷三百八十三、卷三百八十四、卷三百八十六、卷五百十一至五百十三、卷五百八十一至五百八十七、卷六百,凡二十一卷,實存五百七十五卷。

卷五十六、卷三百六十九、卷三百九十四,此三卷中有缺葉。

卷五百五十二中有二折半係後人寫補。

每卷首有經名及譯者名,如卷二第一行頂格題署"大般若波羅蜜多經卷第二",下空四字,署一"天"字。第二行上空三字,題署"大唐三藏法師玄奘奉詔譯"。

卷末有時記施主并刻工姓名,如:

卷二末曰:"幹造比丘了懃捨梨板三十片,刊《般若經》第一二三卷,并看藏入式及序,祈求佛天護佑,令大藏經律論版速得圓滿　方信刊。"

卷十二末曰:"沈榛刊一佰字,保安合家平善;金勝刊貳佰五十字,追薦亡妻陳氏一娘子;孫杞刊貳佰五十字,追薦亡考孫十九郎;計用

和刊五佰字,追薦亡妣劉氏一娘子超升佛界;
鄭敏德刊五佰字,追薦亡考鄭一承事亡妣郭氏
二娘子,住中瓦南大街西岸;戊寅七十二歲刊
一佰字,保扶身宫康泰。"

卷十三末曰:"大檀越成忠郎趙安國一力刊
經一部六百卷"。

卷十四末曰:"浙右庾臺奉佛弟子陸居仁敬
書,平江金忠刊";又一行曰:"大檀越保義郎趙
安國一力雕經一部六百卷"。

卷二十三末曰:"延聖院比丘惟拱敬書";又
一行曰:"嘉定縣朱梓刊"。

卷末又記刻刊年月,并記用紙數等,如:

卷二末曰:"嘉定十五年十二月　日刊第二
卷八千八百九十五字十八紙"。

卷三末曰:"嘉定十七年正月"。

卷五第七葉曰:"寶慶元年九月十三日"。

卷十一第八葉曰:"紹定二年正月二十日"。

卷三百六十五末曰:"端平甲午歲"。

大般若波羅蜜多經六百卷

(唐)三藏玄奘譯

宋人謝復生寫本　日本重要文化財　共六
百帖

廣島縣正法寺藏本

【按】此本係宋代建康府人謝德改字復生者,
時居日本周防國(今山口縣)柳井上品寺,爲感
念施主藤原盛信,願其安寧延命,并爲其全家
和平而一人獨筆書寫。

卷第六百末有記時文字,起自後宇多天皇弘
安七年(1284年)五月十五日,終于弘安十年
(1287年)正月十八日,費時三十三個月。

此本原爲卷子本,近世改裝爲折本,世稱"宋
人謝復生一筆經"。

後水尾天皇寬和七年(1621年)由小川家的
家臣八幡原元延捐贈正法寺。

此本已被日本"文化財審議委員會"確認爲
"日本重要文化財"。

大般若波羅蜜多經(殘本)五卷

(唐)三藏玄奘譯

宋刊本　折本裝　共五帖

宫内廳書陵部藏本

【按】此《經》全本六百卷。今存卷四百九十
三、卷四百九十六、卷四百九十七、卷五百四
十、卷五百七十八,凡五卷。

前三卷每卷末有施主刊記,文曰:"大檀越成
忠郎趙安國　一力刊經一部六百卷。"此則三
卷與宫内廳書陵部藏宋嘉定、端平年間刊本爲
同版之經。後二卷卷首譯者題署無"大唐"二
字,單曰"三藏法師玄奘奉詔譯",版心無卷數、
葉數、函數等,亦不出刻工姓名。

大般若波羅蜜多經(殘本)一帖

(唐)三藏玄奘譯

宋刊本(福州本《一切經》零本)　折本裝
共一帖

宫内廳書陵部藏本　原八幡寶青庵等舊藏

【按】卷首題署"三藏法師玄奘奉　詔譯"。

此《經》全本六百卷,今存卷三百六十六,凡
一帖。此屬宋刊福州本,右有"廣東運使寺正
曾噩捨"一行注文。

卷末有墨書兩行,文曰:"明治元巳九月八幡
宫之《一切經》之餘本也,八幡寶青庵説禪護持
本也。"

1927年(昭和二年)中村氏將此《經》獻贈宫
内省。

大般若波羅蜜多經(殘本)一卷

(唐)三藏玄奘譯

宋延聖院刊本　折本裝　共一帖

慶應大學附屬圖書館藏本

【按】每半折六行,行十七字。天地單邊,界
高約26.0cm。有刻工姓名高桂等。

此經今存卷五百十一,凡一卷。

卷首經題之下有"闕"字,此係依《千字文》序
列之函字號。

卷後釋音之末有《刊記》一行,其文曰:"大檀越成忠郎趙安國一力刊經一部六百。"

大般若波羅蜜多經(殘本)一卷

(唐)三藏玄奘譯

宋刊本　折本裝　共一帖

奈良縣阪本龍門文庫藏本

【按】每半折六行,行十七字。界高約27.7cm。

此經今存卷五百四十六,凡一卷。

卷末有本經募緣者刊語,其文曰:"明州奉化縣忠義鄉瑞雲山參政太師王公祠堂《大藏經》永充四衆看轉莊嚴報地。紹興壬午五月朔,男左朝請郎福建路安撫司參議官賜緋魚袋王伯序題勸緣住持清涼禪院傳法賜紫慧海大師清憲。"

大般若波羅蜜多經(殘本)一卷

(唐)三藏玄奘譯

金刊本　共一册

京都大學人文科學研究所東洋學文獻中心藏本

【按】此本今存卷第四百十七。

大般若波羅蜜多經(殘本)一卷

(唐)釋玄奘譯

元刊本　折本裝　共一帖

御茶之水圖書館藏本　原德富蘇峰成簣堂等舊藏

【按】每半折六行,上下天地單邊。

卷首初端有墨書曰:"大正戊午十一月十九日於奈良黑板君贈蘇峰生"。

卷首有"防州國清寺"朱文印記。

大般若波羅蜜多經(殘本)二卷

(唐)三藏玄奘譯

元至正年間(1341—1368年)刊本　折本裝共二帖

御茶之水圖書館藏本　原德富蘇峰成簣堂

舊藏

【按】每折六行,行十七字。

此本今存卷二十二、卷二百七十六,凡二卷。

大般若波羅蜜多經六百卷

(唐)三藏玄奘譯

明萬曆天啓年間(1573—1627年)　共一百二十册

静嘉堂文庫藏本

顯無邊佛土功德經

(唐)三藏玄奘譯

明萬曆二十六年(1598年)刊本(與《大方廣入如來智德不思議經》等十種合刊)

静嘉堂文庫藏本

大寶積經(殘本)一卷

(唐)三藏玄奘譯

宋刊本(宋刊磧砂版零本)　折本裝　共一帖

東洋文庫藏本　原三菱財團岩崎氏家舊藏

【按】此本今存卷第四十《菩薩寶藏會》第十二之六,凡一卷。

阿毗達磨大毗婆沙論(殘本)一卷

(唐)三藏玄奘譯

宋刊本(宋刊磧砂版零本)折本裝　共一帖

東洋文庫藏本　原三菱財團岩崎氏家舊藏

【按】此本今存卷第六十二,首尾皆缺,共一卷。

阿毗達磨發智論(殘本)一卷

(唐)三藏玄奘譯

宋刊本　折本裝　共一帖

東洋文庫藏本　原三菱財團岩崎氏家舊藏

【按】此本今存卷十四,凡一卷。

阿毗達磨發智論(殘本)一卷

(唐)三藏玄奘譯

金刊本　卷子本　共一軸

天理圖書館藏本

【按】此卷紙本，一紙二十三行，行十四字。紙長48.5cm，天地單邊，幅寬22.5cm。此卷全長約147.0cm，全高30.1cm。柱刻"阿毗達摩發智論卷第九"，下署"第二(——二十三)張孔字號"。

卷首題署"趙城縣廣勝寺"，并有一紙畫頁。

卷末尾題"說一切有部發智論卷第九"。

卷中有1157年施主馬氏"刊語"曰："解州夏縣郭下女弟子馬氏于《大藏經》所施金三十兩，爲報答先宗婆父祖父母見存家眷及法界衆生，惣願早生(升?)天界者。正隆二年三月十五日。"

阿毗達摩顯宗論(殘本)一卷　附高麗舟雕版(殘本)一卷

(唐)三藏玄奘譯

宋刊本(宋刊磧砂版零本)　折本裝　共一帖

東洋文庫藏本　原三菱財團岩崎氏家舊藏

【按】此本今存卷二十四，卷尾有殘缺，凡一卷。

高麗再雕版今存卷第八第二十三張，凡一卷。

阿毗達磨大毗婆沙論(說一切有部大毗婆沙論)(殘本)二卷

(唐)三藏玄奘譯

宋紹興十八年(1148年)開元寺刊本　折本裝　共二帖

静嘉堂文庫藏本　原寺田盛業讀杜艸堂陸心源皕宋樓舊藏

【按】每半折無界六行，行十七字。上下天地單邊，高約24.1cm，一紙幅寬67.5cm，爲六折，每半折幅寬11.0cm。折目處記卷數、折數，并有刻工姓名，其中卷七十三有鄭受、丘受、吳光、吳升、王旬、阮生、鍾才、鍾文、羊茂、張和、張季等；卷八十有李贊、陳生、陳文、王浩、江

俊、高中、張和等。

此本今存卷七十三、卷八十，凡二卷。

二卷卷首皆有宋紹興十八年(1148年)開元禪寺刻刊《刊語》。其文曰：

"福州開元禪寺住持傳法賜紫慧通大師了一，謹募衆緣，恭爲今上皇帝祝延聖壽。文武官僚，資崇禄位，圓成雕造《毗盧大藏》經板一副。時紹興戊辰閏八月日謹題。"

卷七十三之末有比丘尼妙賢施財識語，其文曰：

"《說一切有部發智大毗婆沙論》第七十三，'廉'，觀音院住持比丘尼妙賢，抽捨長財，雕造廉字經板一函，攢乎勝善，上答四恩，下資三有，晋願法界含靈，齊登覺地。"

卷八十之末有《廉字函音釋》一紙。

此本原係日本東京溜池寺田盛業所有，明治初寺田氏所藏之古版經全部歸中國陸心源皕宋樓收購。1907年，日本三菱財團岩崎氏家族從中國低價購得陸心源全部藏書，舶載東瀛，此本則入于静嘉堂文庫。

卷中有"寺田盛業"、"黃絹幼婦"、"讀杜艸堂"、"東京溜池靈南街第四號讀杜艸堂主人寺田盛業印記"等印記。

阿毗達摩大毗婆沙論(殘本)一卷

(唐)三藏玄奘譯

宋刊本　折本裝　共一帖

京都大學人文科學研究所東洋學文獻中心藏本　原松本文三郎等舊藏

【按】此本今存卷第六，凡一卷。

阿毗達摩大毗婆沙論(殘本)一卷

(唐)三藏玄奘譯

元刊本　共一册

京都大學人文科學研究所東洋學文獻中心藏本　原松本文三郎等舊藏

【按】此本今存卷第十六，凡一卷。

阿毗達摩大毗婆沙論（殘本）一卷

（唐）三藏玄奘譯

元刊本　共一册

京都大學人文科學研究所東洋學文獻中心藏本　原松本文三郎等舊藏

【按】此本今存卷第三十三，凡一卷。

大毗婆沙論（殘本）一卷

（唐）三藏玄奘譯

元刊本　共一册

京都大學人文科學研究所東洋學文獻中心藏本　原松本文三郎等舊藏

【按】此本今存卷第十二，凡一卷。

阿毗達摩大毗婆沙論（殘本）一卷

（唐）釋三藏玄奘譯

元至正年間（1341—1368 年）刊本　折本裝　共一帖

國會圖書館藏本

阿毗達摩順正理論（殘本）一卷

（唐）釋三藏玄奘譯

日本平安時代（794—1185 年）手寫本　共一卷

大東急記念文庫藏本

【按】此寫本爲紺紙金字經文。

此卷係《阿毗達摩順正理論》卷第六十九，凡一卷。

阿毗達俱宿論（殘本）四卷

（唐）釋三藏玄奘譯

日本平安時代（794—1185 年）手寫本　共一卷

大東急記念文庫藏本

【按】此寫本爲《阿毗達俱宿論》卷第三，卷第四，卷第五，卷第六，凡四卷。

各卷爲紺紙金銀字經文。封面内側有“説法圖”。

阿毗達摩品類足論（殘本）一卷

（唐）釋三藏玄奘譯

日本崇德天皇大治四年（1126 年）手寫本共一卷

大東急記念文庫藏本

【按】此卷係《阿毗達摩品類足論》卷第十二，凡一卷。

【附録】日本南北朝時代（1331—1392 年）又有《阿毗達摩品類足論》寫本一種。此本爲“尊氏願經”，有五行跋文。今存卷六殘本一帖，存大東急記念文庫。

瑜伽師地論（殘本）一卷

（唐）三藏玄奘譯

唐大中十二年（858 年）唐人寫本　卷子本共一軸

大阪府立圖書館藏本　原富岡桃華等舊藏

【按】此經紙本，幅寬 27.4cm。

此本今存卷第五十三，凡一卷。

【附録】奈良時代（701—794 年）有《瑜伽師地論》寫本一種。此經論今存卷第五，卷子本，共一軸。紙本墨罫，罫高 20.8cm，上欄 2.8cm，下欄 3.7cm，全長 803cm。卷中有當時讀書者施加的朱筆訓點和白筆訓點。此經論今存宮内廳書陵部。

奈良時代又有《瑜伽師地論》寫本一種。此經論今存卷第二十六、卷三十凡二卷。其中卷第二十六首尾皆缺，卷中有朱筆訓點。此經論今存大東急記念文庫。

平安時代（794—1185 年）有《瑜伽師地論》寫本一種，爲法隆寺僧行信“發願經”。此經今存殘本卷第八，卷子本，共一軸。紙本墨罫。罫高 20.4cm，上欄 3.1cm，下欄 3.5cm，全長 795cm。卷中有手識文曰：“若夫法海淵曠，譬彼滄波，慧日高明，等斯靈曜，受持丁戴，福利無邊，讀誦書寫，勝業難測。是以大法師諱行信平年之日，至心發願，敬寫法華一乘之宗，金鈹減罪之文，般若真空之教，瑜伽五分之法，合貳仟柒佰卷經論,奉翊聖朝,退報四恩,兼救群品。然假□如浮雲,革命似電光,未畢其事,含玉從化。弟子孝仁等,不勝風樹之傷,敬弁先願,仰願掛畏。聖朝金輪之花,與乾坤□動;長遠之壽,爭劫石彌遠,退願篤蒙四思,枕涅槃之山,座菩提之樹,位成灌頂,力奮降魔。廣及法界,六道有識,離苦得樂,齊登覺道。神護慶雲元年(767年)九月五日敬奉寫竟。"行信的"發願經"在身前未能完成,直至二條天皇長寬年間(1163—1164年)同寺(法隆寺)僧相慶承其志願而完成二千七百卷經文的書寫,也稱"法隆寺一切經"。今此殘經卷中有"法隆寺一切經"墨印,即爲其一種。此經今存宮内廳書陵部。

　　鎌倉時代(1192—1330年)初期,又有《瑜伽師地論》寫本一種。此經論今存卷第四,卷第十三,凡二卷。卷中有土御門天皇建永二年(1207年)朱筆校點。此經論今存大東急記念文庫。

瑜伽師地論(殘本)六卷

　　(唐)三藏玄奘譯
　　元刊本　共一册
　　京都大學人文科學研究所東洋學文獻中心藏本　原松本文三郎等舊藏
　　【按】此本今存卷第五十二至卷第五十七,凡六卷。

瑜伽師地論(殘本)十卷

　　(唐)三藏玄奘譯
　　元刊本　共一册
　　京都大學人文科學研究所東洋學文獻中心藏本　原松本文三郎等舊藏
　　【按】此本今存卷第九十一至卷第一百,凡十卷。

大乘掌珍論二卷

　　(唐)三藏玄奘譯
　　宋刊本　共二册

京都大學人文科學研究所東洋學文獻中心藏本　原松本文三郎等舊藏

攝大乘論釋(殘本)一卷

　　(唐)三藏玄奘譯
　　元刊本　共一册
　　京都大學人文科學研究所東洋學文獻中心藏本　原松本文三郎等舊藏
　　【按】此本今存卷第二,凡一卷。

因明入正理論直疏一卷　附三支比量義鈔　八識規矩補注證義

　　(唐)三藏玄奘譯　(明)釋明昱鈔并證義
　　明萬曆年間(1573—1620年)刊本　共一册
　　静嘉堂文庫藏本　原中村敬宇等舊藏
　　【附録】據日本聖武天皇天平二十年(746年)六月一日的《寫章疏目録》記載,當時存於"寫經所"的漢籍佛典與外典中有《大因明論疏》二帙、《小因明論疏》三卷、《鈔》一卷。

分別緣起初勝法門經(殘本)一卷

　　(唐)三藏玄奘譯
　　宋刊本　共一册
　　京都大學人文科學研究所東洋學文獻中心藏本　原松本文三郎等舊藏
　　【按】此經全本二卷。此本今存卷上(即卷一),凡一卷。

般若燈論(殘本)一卷

　　(唐)三藏波羅頗迦羅蜜多羅譯
　　宋刊本　折本裝　共一帖
　　静嘉堂文庫藏本　原色川三中等舊藏
　　【按】每半折無界六行,行十七字。注文小字雙行。上下單邊,高約24.6cm,一紙五半葉,每半葉幅寬11.3cm。
　　此本今存卷第十三,凡一卷。
　　尾題後附音義。
　　卷中有"一切經南都善光院"、"色川三中藏書"等印記。

菩薩藏阿毗達摩古迹之記（殘本）一卷

唐人寫本　日本重要美術財　卷子本　共一軸

御茶之水圖書館藏本　原青木信寅　德富蘇峰成簣堂藏本

【按】此軸紙本，幅寬30.3cm，界高25.8cm。此卷本有軸，軸係原漆。

卷中附明治三十三年島田蕃根觀卷書箋，又有大正五年（1916年）十月四日德富蘇峰手記。

此本已被日本"文化財審議委員會"確認爲"日本重要美術財"。

四分律删補隨機羯磨疏（殘本）二卷

（唐）釋道宣撰

宋刊本　折本裝　共一帖

静嘉堂文庫藏本　原十無盡院　寺田盛業讀杜艸堂　陸心源皕宋樓舊藏

【按】每半折無界六行，行二十一字。上下單邊，高約24.8cm，一紙幅寬58.0cm，爲五折，每半折幅寬11.0cm。

此本今存卷三上第一紙至第四紙，卷四下第一紙至第十九紙，凡二卷殘本。

此本原係日本東京溜池寺田盛業所有，明治初寺田氏所藏之古版經全部歸中國陸心源皕宋樓收購。1907年，日本三菱財團岩崎氏家族從中國低價購得陸心源全部藏書，舶載東瀛，此本則入于静嘉堂文庫。

卷中有"十無盡院"、"寺田盛業"、"讀杜艸堂"、"東京溜池靈南街第四號讀杜艸堂主人寺田盛業印記"、"字士弘號望南"等印記。

【附録】據日本聖武天皇天平二十年（746年）六月一日的《寫章疏目録》記載，當時存於"寫經所"的漢籍佛典與外典中有《四分羯磨疏》一卷。

四分律删補隨機羯磨疏（殘本）一卷

（唐）釋道宣撰

宋刊本　折本裝　共一帖

京都拇尾高山寺藏本

【按】此帖欄外有墨筆書寫"四分律删補隨機羯磨疏"卷第三上。本文下欄外又有文字"禪智房"（即高山寺善財院第二代證淵上人）。卷後有"刊記"，文曰："明洲定海縣崇丘鄉長山管沿江里江橋頭居住弟子周譚妻季氏十三娘家等謹施净財，鏤十一版，功德奉谷恩有乞懺罪根，莊嚴净報。"

卷中有日本鎌倉時代（1192—1330年）角筆書寫之訓點。

四分律比丘尼鈔

（唐）釋道宣撰

宋開禧三年（1207年）刊本　日本重要文化財　折本裝　共六帖

京都東福寺藏本

【按】四條天皇仁治二年（1241年）日本東福寺開山聖一國師圓爾辯圓自中國歸。携回漢籍内外文獻數千卷。1353年東福寺第二十八世大道一以據聖一國師藏書編纂成《普門院經論章疏語録儒書等目録》，其"月部"著録《比丘尼鈔》七卷，即係此本。

此本已被"日本文化財審議委員會"確認爲"日本重要文化財"。

華嚴一乘分齊章義苑疏（殘本）一卷

（唐）釋道亨撰

宋刊本　折本裝　共一帖

静嘉堂文庫藏本　原拇尾高山寺　東京寺田盛業讀杜艸堂　陸心源皕宋樓舊藏

【按】每半折無界六行，行十八字。上下單邊，框郭高23.6cm，一紙幅寬57.0cm，爲五折，一折幅寬11.0cm。

前有《華嚴一乘分齊章義苑疏序》，題署"朝散郎尚書主客員外郎輕車都尉賜紫金魚袋楊傑撰"。

此本今存卷第一第一頁至第二十九折頁。

此本原係日本東京溜池寺田盛業所有，明治

初寺田氏所藏之古版經全部歸中國陸心源皕宋樓收購。1907 年，日本三菱財團岩崎氏家族從中國低價購得陸心源全部藏書，舶載東瀛，此本則入于静嘉堂文庫。

卷中有"讀杜艸堂""東京溜池靈南街第四號讀杜艸堂主人寺田盛業"等印記。

大方廣佛華嚴經疏（殘本）三卷

（唐）釋澄觀撰　　（宋）釋净源疏注

宋兩浙轉運司刊本　折本裝　共三帖

御茶之水圖書館藏本　原拇尾高山寺　德富蘇峰成簀堂等舊藏

【按】每半折四行，經文每行十五字左右，疏文雙行，每行二十字左右。宋刊大字本。上下天地高約 24.2cm，幅寬 11.0cm。此本由後人重新裝裱，中縫被多處切割，文字模糊。有三處可見"浙西運使開　注華嚴經四十一"，有一處見"注華嚴經四十一　浙西運使開　九"。

此經今存卷五、卷四十一、卷四十五，凡三卷。

卷第四十一之首葉第一行，頂格題刊"大方廣佛華嚴經疏第四十一"，下有雙行文字曰："入第口十四經下半"，凡八字。

第二行上空一字，題署"清涼山沙門澄觀述，晋水沙門净源録疏注經"。

第三行起爲卷第四十一之正文，首有雙行文字："（口四至一切處迴向長行亦／　二先位行三口初牒名徵起）佛子云何爲菩薩"。

卷中蠹蝕較多，且此本之卷五，紙質、墨色與字體等，皆與其它二卷有異，似爲它本雜入。

卷首有"高山寺"朱文長印。封面有"天下之公寶須愛護"朱文長印。

【附録】後掘河天皇貞永三年（1232 年）有日本比丘尼真覺、明達、性明、戒先、明行、禪惠、信戒七位爲在"承久之役"中喪夫婦人合寫之《大方廣佛華嚴經》五十四帖。此寫經俗稱"尼經"，書風柔和，經中朱筆句切照，又有墨筆所施之假名音點（使用的是"吳音系"）。此經今存京都拇尾高山寺。

大方廣佛華嚴經疏（殘本）十七卷

（唐）釋澄觀撰　　（宋）釋净源疏注

宋兩浙轉運司刊本　折本裝　十三世紀日僧喜海手識本　共五帖

静嘉堂文庫藏本　原拇尾高山寺　寺田盛業讀杜艸堂　陸心源皕宋樓舊藏

【按】每半折有界四行，經文每行十五字，疏文雙行每行二十字。雖記刻工姓名，然卷文内襯修補甚多，文字模糊，可辨認者如毛諫等。

此經今存卷二十一、卷二十二、卷三十、卷三十一、卷四十七、卷五十四、卷五十六、卷五十七、卷六十三、卷六十五、卷八十四、卷八十五、卷八十六、卷九十、卷一百一、卷一百四、卷一百五，凡十七卷。各卷皆非完卷，殘文差次不齊。

卷中有十三世紀日本僧人喜海手識文多處，記喜海作爲明惠上人"華嚴教學"之高足，於晚年在京都拇尾講授《華嚴經》之狀況：

卷四十七末："寶治三年（1249 年）己酉子正月一日始之八日，此卷講了。沙門喜海七十二。"

卷一百五末："建長二年（1250 年）四月十三日於木、拇尾講了，喜海。此日參六條卿，下夏季爲講讚八會了，第二會之講讚參上被入寺之次第，近衛卿被入寺了。"

此本原係日本東京溜池寺田盛業所有，明治初寺田氏所藏之古版經全部歸中國陸心源皕宋樓收購。1907 年，日本三菱財團岩崎氏家族從中國低價購得陸心源全部藏書，舶載東瀛，此本則入于静嘉堂文庫。

卷中有"高山寺"、"讀杜艸堂"、"東京溜池靈南街第四號讀杜艸堂主人寺田盛業印記"、"静節山房宋本齋鑒藏之印"等印記。

大方廣佛華嚴經疏（殘本）二十卷

（唐）釋澄觀撰　　（宋）釋净源疏注

宋兩浙轉運司刊後印本　折本裝　共二十帖

静嘉堂文庫藏本　原拇尾高山寺　寺田盛業讀杜艸堂　陸心源皕宋樓舊藏

【按】每半折有界四行，經文每行十五字，疏文雙行每行二十字。上下單邊，高約23.5cm，幅寬10.9cm。接縫處記卷數、并記刻工姓名，如董明、黃常、王洪、吳詢、陳全、李度等。

此經今存卷四十七、卷四十九、卷五十、卷六十一、卷六十二、卷六十三、卷六十八、卷六十九、卷七十四、卷七十八、卷七十九、卷八十、卷九十三、卷九十四、卷九十五、卷九十七、卷九十九、卷一百十、卷一百十一、卷一百十八，凡二十卷。其中卷五十、卷六十一、卷六十三、卷六十九、卷七十四、卷七十八、卷九十三、卷一百十等，卷中皆有缺葉。

卷中有刊印機關名，如署"兩浙轉運司"，或"浙西轉運司"，或"浙西運司"等。卷末題署有校正者名，如卷六十一末列名："錢塘講《華嚴經》明義大師曇慧詳校，雲間講《華嚴經》興教大師常炬重校"。

此本原係日本東京溜池寺田盛業所有，明治初寺田氏所藏之古版經全部歸中國陸心源皕宋樓收購。1907年，日本三菱財團岩崎氏家族從中國低價購得陸心源全部藏書，舶載東瀛，此本則入于静嘉堂文庫。

卷中有"十無盡院"、"讀杜艸堂"、"東京溜池靈南街第四號讀杜艸堂主人寺田盛業印記"等印記。

大方廣佛華嚴經疏（殘本）十三卷

（唐）釋澄觀撰　　（宋）釋净源疏注

宋紹興十六年（1146年）刊本　折本裝　共十二帖

静嘉堂文庫藏本　原十無盡院　寺田望南　陸心源皕宋樓舊藏

【按】每半折無界六行，行二十字左右。上下單邊，高約23.8cm，一紙幅寬56.0cm，爲五半折，每半折幅寬11.3cm。接縫處有刻工姓名，如林俊、沈義、陳良、瞿顏、周通、沈安、趙宗、駱升、駱良等。

此經今存卷一、卷二、卷三、卷四、卷五、卷七、卷八、卷九、卷十一、卷十八、卷二十、卷二十九、卷三十，凡十三卷。

卷一末有宋紹興十六年（1146年）施主發願文。其文曰：

"湖州烏程縣移風鄉烏墪鎮市北保居住清信崇奉佛弟子張長福，與母親沈氏一娘、妻室陸氏三娘、長男立、次男文祐、文質與家眷等，捨錢伍拾貫文，開《華嚴經大疏》第一卷，功德奉爲母親沈氏一娘，行年七十八歲，三月十三日降生，懺悔罪尤，莊嚴净報者。時紹興丙寅孟夏望日謹題。　烏墪鎮普静寺習教比丘　守能　募捐。"

卷二末有宋紹興十五年（1145年）施主發願文。其文曰：

"平江府吳江法喜院比丘法忠，施長財，命工刊此第二卷《華嚴經大疏》一軸，所鳩功德，資薦考宋六郎、妣朱氏六娘、兄七郎、妹二娘、四娘，伏願衆魂圓修三觀，頓悟一乘，不離娑婆，即歸華藏。皇宋紹興乙丑季春一日題寄。　華亭善住教院習教比丘　妙琪　勸緣。"

卷三末有宋紹興十五年（1145年）施財者發願文。其文曰：

"平江府吳江法喜院比丘法忠，施錢刊此《華嚴經大疏》第三一卷，所□福善，洗滌無始黑業，仍懺見爲僧受具破毀律儀，咸希清净，然後莊嚴報謝種智圓成，廣及衆生，同歸華藏。皇宋紹興乙丑清明日題，華亭善住習教比丘。"

卷二十九末有施財者發願文。其文曰：

"常州無錫縣新安鄉去私里水平大王天子管界居住弟子過元，施錢三貫文足，刊疏一板，薦亡翁廿八承事、亡婆錢氏七娘子、亡考五十一郎、亡妣皋氏十八娘子，願速生净土。　比丘曇秀，施錢一貫文；弟子徐夤同妻陳氏四十八娘，施錢一千；弟子高頵同妻徐氏四十娘，共施錢一千；女弟子徐氏五十娘、徐氏四十八娘，共施錢一千；女弟子詹氏三娘、朱氏八娘,各人施錢一千。"

此本原係日本東京溜池寺田盛業所有,明治初寺田氏所藏之古版經全部歸中國陸心源皕宋樓收購。1907 年,日本三菱財團岩崎氏家族從中國低價購得陸心源全部藏書,舶載東瀛,此本則入于靜嘉堂文庫。

卷中有"天下無雙"、"十無盡院"、"讀杜艸堂"、"東京溜池靈南街第四號讀杜艸堂主人寺田盛業印記"、"寺田盛業"、"字士弘號望南"等印記。

大方廣佛華嚴經疏(殘本)三卷

(唐)釋澄觀撰

宋刊本　共三帖

大東急記念文庫藏本

【按】此《經疏》係卷第九十一,卷第九十四,卷第一百三,凡三卷卷中有日本後深草天皇建長二年(1250 年)日本名僧喜海手識文。

華嚴經疏科(殘本)七卷

不著疏者姓名

宋嘉泰年間(1201—1204 年)刊本　折本裝　共七帖

静嘉堂文庫藏本　原拇尾高山寺　寺田望南　陸心源皕宋樓舊藏

【按】一紙幅寬 57.5cm,爲五半折,每半折幅寬 10.9cm。圖表版式不定。

此本今存卷第三至卷第六、卷第九、卷第十一、卷第十七,凡七卷。

卷第九尾題下有"第六迴向境經盡二十八卷疏盡十九卷第二十六紙"印文,卷第十一尾題下有"二地竟經至卅五卷上半疏廿四卷終"印文,卷第十七尾題下有"疏盡三十七卷十二㫄"印文。

卷中有施主發願文字。

卷四末有發願文曰:"刊《華嚴疏鈔》,出家男僧文藻刊此科文一卷,功德追薦先考陸九郎、先妣浦氏十一娘,超生净土。"

卷五末有發願文曰:"文藻續刊科文,謹將亡

徒弟契中闍梨、法孫德容闍梨遺下道具唱賣,刊此科文一卷,用薦覺靈。竊恐濫膺教序,不明觀旨,虚消信施,伏願根塵消脱,性地開明,當來彌勒下生。俱契龍華,上會智通,宿命忍悟,無生再闡真猷,咸偕聖果。利樂三有,悲濟四生,登普賢玄門,證遮那性海。時嘉泰改元結夏前一日文藻謹題。"

卷六末有發願文曰:"嘉興府能仁院傳教比丘妙明,施官會柒仟;比丘思道,助官會伍仟;比丘宗直,官會四仟;南林寺思蘭若比丘道圓,助官會八仟,共刊此卷流通,各遂願心,功德圓滿者。"

卷十一末有發願文曰:"前住持平江府崑山華藏教院傳賢者宗教比丘文表,付睹重刊《華嚴》科文。施長財叁拾仟官會,鏤此科文一卷。功德式薦圓寂本講和尚圓觀寶《華嚴》大師,用酬法乳提訓之恩,然冀法燈永耀、祖道長芳,使人人入普賢玄門,處處證遮那妙體。"

卷中有"高山寺"、"讀杜艸堂"、"東京溜池靈南街第四號讀杜艸堂主人寺田盛業印記"、"寺田盛業"、"天下無雙"、"字士弘號望南"等印記。

此本原係日本京都高山寺舊藏,爲東京溜池寺田盛業所有,明治初寺田氏所藏之古版經全部歸中國陸心源皕宋樓收購。1907 年,日本三菱財團岩崎氏家族從中國低價購得陸心源全部藏書,舶載東瀛。此本則入於靜嘉堂文庫。

大方廣佛華嚴經隨疏演義鈔(殘本)二十六卷

(唐)釋澄觀撰

宋紹熙元年(1190 年)開元寺刊本　折本裝　共二十五帖

静嘉堂文庫藏本　原拇尾高山寺　寺田望南　陸心源皕宋樓舊藏

【按】每半折無界六行,行二十字左右。上下單邊,高約 24.5cm,一紙幅寬 55.0cm,爲五半折,每半折幅寬 10.6cm。

此經今存卷三、卷四、卷五、卷六、卷七、卷

八、卷九、卷十、卷十一、卷十二、卷十三、卷十四、卷十五、卷十六、卷十七、卷十八、卷十九、卷二十、卷二十二、卷二十三、卷二十四、卷二十五、卷四十一、卷四十二、卷四十三、卷四十四，凡二十六卷。其中，卷五、卷十七、卷四十一、卷四十二、卷四十三，各卷中有缺葉。

卷三末有施財者發願文。其文曰：

"大宋國平江府吳縣利娃鄉吉利橋西街北居住女弟子過氏十娘，法名口（墨丁），施净財叁拾千官會，助刊鈔文一卷，功德上薦亡夫張六將仕，超生净土，仍乞過氏懺悔罪冤，保扶身位安寧，臨命終時，求生安養。"

卷四末有施財者發願文。其文曰：

"大宋國平江府吳縣鳳凰鄉黃牛坊橋北街東居住奉佛女弟子孟氏三娘，法號妙信，自身行年五十九歲，十月二十四日亥時建生，施財陸拾千足，刊《華嚴》鈔文第四一卷，所集功德，上薦考孟八府幹、妣宜人楊氏一娘，超生净土，仍乞懺悔妙信無始今生一切罪尤，感乞清净現世，福壽圓滿，百年報終，莊嚴安養。"

卷六末有施財者發願文。其文曰：

"開元寺尊衆前管內僧正賜紫文□，施財七貫五佰足；并募緣趙氏道堅，施財六貫；賜紫比丘義實，施財十千足；比丘蘊修、妙澄、净妙、祖超，各施財三貫足；已上各報答四恩三宥。前管內都僧正傳教賜紫法燈，施財十千足。"

卷八末有宋紹熙元年（1190 年）施財者發願文。其文曰：

"大宋國平江府長州縣樂安下鄉西藏家橋東街面南居住奉三寶弟子忠訓郎差監重華宮平江府官莊沈宋祖并妻葉氏妙堅，施捧資伍拾千足，刊此鈔文一卷，永助流通，所冀圓明一性，了悟三空，現生福壽，退昌他世，功德足具，永超諸妄，長托九蓮，三有四恩，同登華藏。紹熙元年七月日題。"

卷十末有施財者發願文。其文曰：

"前住崇福教院傳教了性，施財十千足；真如教院住持傳教戒月，施財十千足；前住持普慈、觀堂傳教行堅，施財十五千足；前住持華藏教院傳教思賢，施財十千足；約州定善教院住持另了悟，施財二十千足，共刊此卷，各報三恩四宥。"

卷第十一末有施財者發願文。其文曰：

"前住持華藏教院傳教了心，施財二十千省；前住持迎福教院傳教了空，施財三十千足；前住持善住教院傳教元皎，施財二十千足，共刊此卷，永助流通，隨彼心願。"

卷第十四末有施財者發願文。其文曰：

"平江府景德寺賜紫師瑩，施財六千足，薦先和尚神鑒講主覺靈，歸生華藏；賜紫道堅，施財六千足，薦考馬廿三郎、妣趙氏六娘超生；比丘慧徹，施財三千足，薦先和尚無礙講主超生；臨安府住持舍利教院妙觀施財五千省、寶積上方院住持妙居三千足、前住持上方教院善譽三千足，前住持開善、宗一三千足，各報答四恩三宥。"

卷第十六末有施財者發願文。其文曰：

"大宋國平江府長州縣道義鄉守節里臨頓橋西街北面南居住奉三寶弟子孝夫王永年，并孝男瑃、孝媳婦趙氏百十四娘、孝女七十娘與家眷等，謹書《華嚴》鈔文第十六一卷，仍施財五十千足，刊雕流通，所集功德，追薦亡妻魏氏千九娘子法名妙意，莊嚴净土，伏願真心，不昧妄習，法登華藏玄門，證一乘妙果。"

卷第十九末有施財者發願文。其文曰：

"諸葛五娘子，施財五千足；張杲施財五千足；曹氏十二娘、沈氏三娘、周氏四娘、陳氏大娘、金頡陳氏妙真、趙氏十一娘，各刊一板，隨彼願心圓滿。守福州助教周栲施財十千足，薦亡外嫁女周氏七五娘，超生净土。"

卷第二十五末施財者發願文。其文曰：

"大宋國平江府吳縣鳳凰鄉黃牛坊橋西面東居住奉三寶弟子袁氏五七娘，法名妙明，施財三拾貫足，刊此鈔半卷，所冀懺悔罪尤，解釋冤業，更乞保扶身位，早獲安痊，吉祥如意者。大宋國平江府長州縣樂安下鄉故市巷内面南居住奉三寶女弟子錢氏五十娘,法名圓信,謹施净財三拾貫足,刊此鈔文半卷,永助流通,報答四恩三宥,冀錢氏圓信,銷融安業,了悟真常,身位康寧,福壽圓滿。"

此本原係日本京都高山寺舊藏,爲東京溜池寺田盛業所有,明治初寺田氏所藏之古版經全部歸中國陸心源皕宋樓收購。1907年,日本三菱財團岩崎氏家族從中國低價購得陸心源全部藏書,舶載東瀛,此本則入于静嘉堂文庫。

卷中有"讀杜艸堂"、"東京溜池靈南街第四號讀杜艸堂主人寺田盛業印記"、"高山寺"、"寺田盛業"、"字士弘號望南"、"天下無雙"等印記。

【附録】日本伏見天皇永仁三年(1295年)有《華嚴經隨經演義鈔》寫本一種。

大方廣佛華嚴經隨疏演義鈔(殘本)七卷

(唐)釋澄觀撰

宋刊本　折本裝　共七帖

静嘉堂文庫藏本　原十無盡院　寺田盛業讀杜艸堂　陸心源皕宋樓舊藏

【按】每半折無界七行,行二十一字。注文小字雙行。上下天地單邊,高約24.3cm,一紙幅寬57.7cm,爲五半折,每半折幅寬10.9cm。

此本今存卷五十一、卷五十二、卷五十三、卷五十六、卷五十七、卷五十八、卷六十,凡七卷。除卷五十一之外,所存各卷皆有缺葉。

卷五十一、卷五十三、卷五十六、卷五十八之卷末,皆有校對者署名曰:"對讀　慧因寺僧首座宗德西堂普聞"。

此本原係日本東京溜池寺田盛業所有,明治初寺田氏所藏之古版經全部歸中國陸心源皕宋樓收購。1907年,日本三菱財團岩崎氏家族從中國低價購得陸心源全部藏書,舶載東瀛,此本則入于静嘉堂文庫。

卷中有"十無盡院"、"讀杜艸堂"、"東京溜池靈南街第四號讀杜艸堂主人寺田盛業印記"、

"寺田盛業"、"字士弘號望南"、"天下無雙"等印記。

大方廣佛華嚴經科(殘本)一卷

不著撰人姓名

宋刊本　折本裝　共一帖

御茶之水圖書館藏本　原德富蘇峰成簣堂等舊藏

【按】首尾皆缺損,有補修。

卷末有"蘇峰護持"墨書四字。

華嚴綱要(殘本)二十一卷

(唐)釋澄觀撰

明刊本　共六册

静嘉堂文庫藏本　原中村敬宇等舊藏

【按】此本今存卷一至卷二十一。

華嚴綱要(殘本)七十五卷

(唐)釋澄觀撰

明刊本　共二十二册

静嘉堂文庫藏本　原僧人鐵牛　中村敬宇等舊藏

【按】此本今存卷五至卷八十。

華嚴經疏科(殘本)七卷

不著編撰者姓名

宋熙寧四年(1071年)刊後修配本　折本裝共七帖

静嘉堂文庫藏本　原拇尾高山寺　寺田盛業讀杜艸堂　陸心源皕宋樓舊藏

【按】此本因採用圖表形式,其版式不定,每半折幅寬約10.9cm。

此本今存卷三、卷四、卷五、卷六、卷九、卷十一、卷十七,凡七卷。

此本原係日本東京溜池寺田盛業所有,明治初寺田氏所藏之古版經全部歸中國陸心源皕宋樓收購。1907年,日本三菱財團岩崎氏家族從中國低價購得陸心源全部藏書,舶載東瀛,此本則入于静嘉堂文庫。

卷中有"高山寺"、"寺田盛業"、"字士弘號望南"、"讀杜艸堂"、"東京溜池靈南街第四號讀杜艸堂主人寺田盛業印記"、"天下無雙"等印記。

華嚴懺儀四十二卷

（唐）釋慧覺録

明崇禎年間（1628—1644 年）刊本　共四十二册

靜嘉堂文庫藏本　原僧人鐵牛　中村敬宇等舊藏

大方廣佛華嚴經續入法界品

（唐）三藏地婆訶羅譯

明萬曆二十六年（1598 年）刊本（與《大方廣入如來智德不思議經》等十種合刊）

靜嘉堂文庫藏本

大方廣佛華嚴經修慈分

（唐）于闐三藏提雲般若等譯

明萬曆二十六年（1598 年）刊本（與《大方廣入如來智德不思議經》等十種合刊）

靜嘉堂文庫藏本

大方廣佛華嚴經不思議佛境界分

（唐）于闐三藏提雲般若等譯

明萬曆二十六年（1598 年）（與《大方廣入如來智德不思議經》等十種合刊）

靜嘉堂文庫藏本

華嚴三昧章

（唐）釋法藏撰

宋刊本　日本重要文化財　折本裝　共一帖

京都拇尾高山寺藏本

【按】每半折七行，行二十三字。上下天地單邊。版心有"□掌三昧章"字樣。

内題"華嚴三昧章　魏國西寺沙門　法藏述"。

卷首有斷簡一紙，墨書"宋版華嚴三昧章"。卷中有"高山寺"朱文印記。

一切如來心秘密全身舍利寶篋陀羅尼經一卷

（唐）釋不空譯

唐人寫本　卷子本　共一軸

天理圖書館藏本　原吳越西關磚塔藏經

【按】此卷紙本，原幅高 7.2cm，全長 209.0cm。現已經後人重新裝裱，幅高10.0cm，全長 450.0cm。每一紙長 49.5cm，約七十三行，行十字。上下天地單邊，幅高 6.0cm。

卷頭有佛像。後有題署三行，文曰："天下兵馬大元帥吳越國王錢俶造此經八萬四千卷，捨入西關磚塔，永充供養。乙亥八月日記。"

題籤後有補墨"吳越西關磚塔藏經"，後署"陳曾壽題籤"，并有印記。

此經卷首接別紙，有 1923 年朱景彝長文題識，叙此經發現之經緯。其文曰：

"吾杭西湖南屏雷峰塔，爲吳越錢氏王妃所建，載于志乘，故名王妃塔。因築于雷峰峰上，以雷峰得名。建築年月渺不可考。相傳是塔飛桷丹楹，金鈴寶蓋，備極莊嚴。累毀于火，僅留塔之中心磚木所砌之基礎，約略可辨五層。前人詩有云'雷峰如老衲'者是也。清聖祖題《西湖十景》，其一即《雷峰夕照》，蓋塔基既經火灼，統體赭色，每當夕陽返照，宛似赤城霞起，誠仰觀也。自來四方鄉人之進香天竺者，輒取土以歸，作祈年之舉，塔基遂月鑿日削。清光緒間，地方人士築圍墻于塔外，禁止挖磚，以防傾倒。然數十年來，墻潮坍塌，取磚如故，而無人加察也。今歲甲子八月二十七日，時加未，天氣晴朗，有人見是處雲陵起，轟然一聲，塔遂下陷，而傾圮矣。士女聞之，傾城往觀，拾磚撮土，謂可袪疫避火。其磚或有孔者，孔不甚深，藏經一卷，外仍封以土，名《寶篋印經》，以魯尺度之，高二寸五分，長七尺六寸，係綿紙印，字計二百七十一行，都二千七百餘字。經前有佛圖一方，圖前有字三行，文曰：'天下兵馬大元帥吳越國王錢俶造此經八萬四千卷，捨入西關磚塔，永充供養。乙亥八月日記'等字，外裹以黃絹，束以錦帶，惟年代久遠，霉爛者多，完整者少。考吳越王錢俶，爲武肅王之孫，後納土于宋，封忠懿王，乙亥爲北宋藝祖開寶八年，歷宋元明清四朝，至今歲甲子，實九百五十年矣。至是始知建築年月，但以八月造，以八月塌，其成其毀，殆亦偶然遇合耶！其時，江浙戰禍發生變化，和平希望行將實現，東北風雲日益緊張，而此塔突然崩倒，豈即佛説衆生業果因緣，以示隱現耶？吉凶禍福，故所不計，但從此西子湖邊少一巋然之影像，成一千年之土皁矣。騷人墨客躑躅其間者，覽古興懷，能無感嘆？吁，可慨已！泉唐朱景彝撰，山陰王雲書。"

經卷末有"寶篋印陀羅尼經"一行。

大方廣如來不思議佛境界經

（唐）三藏實叉難陀第二譯

明萬曆二十六年（1598 年）（與《大方廣入如來智德不思議經》等十種合刊）

静嘉堂文庫藏本

大方廣普賢所説經

（唐）三藏實叉難陀第二譯

明萬曆二十六年（1598 年）（與《大方廣入如來智德不思議經》等十種合刊）

静嘉堂文庫藏本

大方廣佛華嚴經（殘本）二卷

（唐）實叉難陀譯

唐人寫本（一説宋末元初人寫本）　折本共一册

關西大學綜合圖書館藏本　原明阿魯臺大和國　明人邵蕃　清人李兆洛　日本内藤湖南等舊藏

【按】此本爲唐僧實叉難陀所譯八十卷本《大方廣佛華嚴經》之殘卷，今存卷第三十九，卷第四十，凡二卷。

第一折面縱 28.5cm，幅寬 22.7cm。每行十七字。此二卷書法不一，卷第三十九略顯潦草，而卷四十則楷書端莊，内具唐人寫經筆致。卷首頂格書寫"大方廣佛華嚴經卷第三十九（卷第四十）"，次行頂格書寫"十地品第二十六之六（十定品第二十七之一）"，第三行起頂格書寫經文。二卷共有外裝板帙，題署"華嚴經第二十册"，左側有小字兩行，低一格題署"十地品第廿之六"，"十定品第廿七之一"。皆魏碑體。

卷第四十卷首大標題下，有"大和寧國藏"墨書五字。

卷末有"跋文"貼紙，一爲明正德八年（1513年）八月邵蕃（邵庶仲）"跋文"，一爲清道光十一年（1831 年）秋李兆洛（李申耆）"跋文"，一爲日本昭和三年（1928 年）十二月内藤湖南"淺野氏藏古寫華嚴經殘卷跋"，凡三則。

邵蕃"跋文"言此本《華嚴經》乃明代趙子昂爲供奉門弟顧善夫而書，首置於淮雲寺，後移至徑山萬壽寺，後又移至天童寺。天童寺將該經卷典質他處，邵蕃於明正德年間以重金購得，然卷帙失落。於是囑人寫補。今殘卷第三十九，即爲明人寫補之一，卷四十即爲趙子昂原筆。

李兆洛"跋文"云："道光中，兆洛於朱秀水處得此經殘卷。以卷四十與唐人寫本《兜沙經》、《四十二章經》比勘，墨色筆致皆同，言此經出趙子昂筆，無證可據。則此經殘卷二卷，卷三十九出自明人寫補，卷四十實爲唐人寫本。"

内藤湖南"跋文"言明治、大正年間（二十世紀初期），日本好事者於清廷瓦解之時，從中國購得此部《華嚴經》，湖南又從日本人手中買到此本殘卷第三十九、第四十。昭和初年（二十世紀二十年代中期），友人淺野長武於奈良古董商處購得同版《華嚴經》卷第十五，兩相對勘，史興勃發，因淺野長武之請，草就跋文一則。寫經書法自唐代以來，已成世代沿襲之風格。後世寫經生，大凡皆模仿此體。湖南所藏宋元（祐）五年（1090 年）李（訥）所寫《涅槃經》殘卷，大阪田村太兵衛所藏《法華經》等，於書法筆致而言，皆類唐人所寫。若清人李兆洛言，其比勘所用之《兜沙經》，相傳出唐人鍾紹京之手，實則此卷卷尾内書"延（祐）四年"，卷首又有"趙氏子昂"及"松雪道人"二方印，則爲元人趙子昂所寫無疑。此殘本卷第四十首標題之下有"大和寧國藏"墨書。内藤考定此"大和寧國"，實爲明永樂十年（1412 年）明成祖朱棣所册封韃靼（蒙古族一部）首領阿魯臺所建之國，國都喀喇和林，漢名"和寧"。後瓦剌（蒙古族一部）脱歡興起，於明宣宗九年（1434 年）滅殺阿魯臺，"和寧國"亡，前後存續二十餘年。"和寧國"承襲元朝遺風，遠求江南僧俗，書寫《大藏經》，然尚未完成，國家已亡。此本《華嚴經》殘卷，當原爲"和寧國"之藏經云云。

大方廣佛華嚴經八十卷　附入不思議解脱境界普賢行願品一卷

（唐）三藏實叉難陀譯

宋紹興九年至十二年（1139—1142 年）紹興府華嚴會刊本　折本裝　共二十帖

宫内廳書陵部藏本　原拇尾高山寺等舊藏

【按】每半面無界九行，行十九字左右。上下單邊，欄高 14.1cm，幅寬 8.6cm，折本全高 19.4cm。

前有天册金輪聖神皇帝制《大周新譯大方廣佛華嚴經序》。

《序》尾左側有"校語"曰："此經依紹興府廣教院舊本校勘，傳寫有闕略差訛處，依清涼國師疏文添入改正。"

經文卷首頂格題"大方廣佛華嚴經卷第一"，次行上空二字題署"于闐國三藏沙門實叉難陀譯"。

各卷卷末列開卷者官銜并姓名，如：

卷一末記：

　　"右朝奉大夫新差權知處州軍州事王然，左朝請大夫主管台州崇道觀褚唐舉，共此一卷。

右朝請大夫直秘閣新知嚴州軍州事陸宰。"

卷十三末記：

　　"華嚴都會首保義郎姚景純，謹施財開此經一卷，用報四恩三宥，法界有情俱霑利樂，紹興十年六月一日謹願。"

卷十六末記：

　　"大宋國紹興府第二厢鄭敦，謹施净財，入華嚴會，開此經一卷，計十一版，所將功德并用追薦考鄭三郎、妣陳氏五娘子，伏願乘兹妙果，早超净界，誓同法界群生，俱悟華嚴性海。紹興十年仲夏廿五日男敦謹願。"

卷十八末記：

　　"大宋國常州晋陵縣萬安坊杞實里居住張駕部安人吕氏，捨錢開此一卷，所集功德，用酬意願，仍冀普同一切，俱成正果。紹興九年十二月廿三日。"

卷末有烏荼國王致大唐國王的《獻經文》，及大宋紹興壬午二月七日佛子清了《大方廣佛華嚴經後序》。又有紹興府"華嚴會"會首普證大師《發願文》，叙述《大方廣佛華嚴經》首雕之由，其文曰：

　　"紹興府華嚴會謹書寫是經，徧請公卿貴人士大夫道俗善友，結緣開版，以廣流通，所集功勛，并用迴施法界虚空界，具舍佛性，一切衆生，普願各各離苦獲安，見佛聞法，悟華嚴妙旨，證法界唯心，乘文殊智舟，游普賢願海。次冀在會道俗，不昧正音，劫劫生生，同歸佛會。壽聖院住持傳賢首祖教主華嚴會普證大師擇交謹願。"

大方廣佛華嚴經（殘本）一卷

（唐）三藏實叉難陀譯

宋刊本　共一帖

早稻田大學圖書館藏本

【按】是經全本凡八十卷。此本今存卷第四十二。

大方廣佛華嚴經八十卷　附入不思議解脱境界普賢行願品一卷

（唐）三藏實叉難陀譯
明嘉靖三十六年（1608 年）大隆寺重刊本
共八十一册
京都大學人文科學研究所東洋學文獻中心藏本　原松本文三郎等舊藏

大方廣佛華嚴經八十卷

（唐）三藏實叉難陀譯
明萬曆十八年（1590 年）刊本　共十六册
内閣文庫　静嘉堂文庫藏本　原僧人鐵牛中村敬宇等舊藏
【按】静嘉堂文庫藏本，原係僧人鐵牛舊藏，後歸中村敬宇等。

大方廣入如來智德不思議經

（唐）三藏實叉難陀譯
明萬曆二十六年（1598 年）（與《大方廣佛華嚴經修慈分》等十種合刊）　共一册
静嘉堂文庫藏本

根本説一切有部目得迦（殘本）一卷

（唐）釋義净譯
宋刊本（宋刊磧砂版零本）　折本裝　共一帖
東洋文庫藏本　原三菱財團岩崎氏家舊藏
【按】此本今存卷六，凡一卷。

根本説一切有部毗奈雜事（殘本）一卷

日本奈良時代（701—794 年）僧心覺寫本
卷子本　共一卷
宮内廳書陵部藏本
【按】罫高 20.5cm，上欄 2.3cm，下欄 2.5cm，界幅 2cm，全長 887cm，象牙軸。
此經今存卷第廿一。内書“太平二年庚午（730 年）七月七日，爲上酬慈蔭，下救衆生，謹書寫畢。泰澄題籤，越大德泰登真筆”。紙背

有“法隆寺一切經”墨印。泰澄和尚係奈良時代名僧，養老六年（722 年）元正天皇賜號“神融禪師”，天平年間（729—748 年）聖武天皇賜號“大和尚”。

根本説一切有部苾芻毗奈耶（殘本）一卷

日本奈良時代（701—794 年）寫本　卷子本
共一卷
宮内廳書陵部藏本
【按】罫高 19.5cm，上欄 3.2cm，下欄 3.5cm，界幅 1.8cm，全長 859cm。
此經爲殘本卷第十四。

一字佛頂輪王經（五佛頂經）（殘本）一卷

（唐）釋菩提流志譯
元刊本　共一册
京都大學人文科學研究所東洋學文獻中心藏本　原松本文三郎等舊藏

大佛頂如來密因修證了義諸菩薩萬行首楞嚴經十卷

（唐）釋般刺密帝譯
明萬曆十二年（1584 年）序刊本　共二册
内閣文庫藏本　原楓山官庫等舊藏
【附録】四條天皇仁治二年（1241 年）日本東福寺開山聖一國師圓爾辯圓自中國歸，携回漢籍内外文獻數千卷。1353 年東福寺第二十八世大道一以據聖一國師藏書編纂成《普門院經論章疏語録儒書等目録》，其“地部”著録《首楞嚴經》二部各十卷、《首楞嚴經》一部二册。
東山天皇元禄十四年（1701 年）中國商船“利字號”載《楞嚴經講義》一部五册運抵日本。
中御門天皇寶永元年（1709 年）中國商船“利字號”載《楞嚴經正觀疏》一部二帙運抵日本。
中御門天皇享保四年（1719 年）中國商船“志字號”載《楞嚴經》一部二册運抵日本。
中御門天皇享保七年（1722 年）中國商船“利字號”載《楞嚴經》一部一帙運抵日本。

同年，中國商船"多字號"載《大佛頂諸菩薩萬行首楞嚴經》一部五帖運抵日本。同船運抵的還有《大佛頂諸菩薩萬行首楞嚴經纂注》一部五册。

中御門天皇享保十年（1725 年）中國商船"多字號"載《大佛頂如來密因修了義諸菩薩萬行首楞嚴經》一部十册運抵日本。

中御門天皇享保二十年中國廣東商船"第二十五番"（船主黄瑞周）載《大佛頂如來密因修了義諸菩薩萬行首楞嚴經》二部運抵日本。

櫻町天皇元文元年（1736 年）中國商船"利字號"載《楞嚴經疏》一部二帙運抵日本。

桃園天皇寶曆八年（1758 年）中國商船"利字號"載《楞伽經楞嚴經（合集）》一部運抵日本。

大佛頂如來密因修證了義諸菩薩萬行首楞嚴經十卷

（唐）釋般剌密帝譯

明萬曆四十六年（1618 年）吴興凌氏朱墨套印刊本

京都大學人文科學研究所東洋學文獻中心

愛知大學附屬圖書館藏本

【按】京都大學藏本，共五册。

愛知大學藏本，原係東亞同文會霞山文庫舊藏，共十册。

首楞嚴經（殘本）一卷

（唐）釋般剌密帝譯

唐末人手寫本　卷子本　共一卷

大東急記念文庫藏本

【按】是經全本凡十卷，此本係卷第八，凡一卷。

大方廣圓覺修多羅了義經一卷

（唐）釋宗密譯

元至正十二年（1352 年）釋大延刊本　折本裝　共一帖

大谷大學附屬圖書館藏本　原神田鬯庵（喜一郎）等舊藏

【按】此經乃元代書家趙孟頫書法。

此係神田喜一郎家族于昭和五十九年（1984 年）捐贈大谷大學。

【附録】四條天皇仁治二年（1241 年）日本東福寺開山聖一國師圓爾辯圓自中國歸，携回漢籍内外文獻數千卷。1353 年東福寺第二十八世大道一以據聖一國師藏書編纂成《普門院經論章疏語録儒書等目録》，其"地部"著録《圓覺經》二部；"洪部"著録《圓覺經略疏》二部，《圓覺直覽》五册、《圓覺集解》八册；"昃部"著録《圓覺經略疏》四帖。

中御門天皇享保七年（1722 年）中國商船"多字號"載《大方廣圓覺修多羅了義經》一部一帖運抵日本。

日本後水尾天皇寬永元年（1624 年）京都平樂寺刊印唐釋宗密《大方廣圓覺修多羅了義經疏注》四卷。此經有東山天皇元禄七年（1694 年）重印本。

靈元天皇寬文十年（1670 年）京都平樂寺刊印唐釋宗密《大方廣圓覺修多羅了義經疏注》二卷。

大方廣圓覺修多羅了義經二卷

（唐）釋宗密譯

明刊本　共一册

内閣文庫藏本　原江户時代林羅山舊藏

【按】卷中有"江雲渭樹"等印記。

大修行菩薩性門諸經要集三卷

（唐）釋智嚴譯

明萬曆十二年（1584 年）刊本　共一册

静嘉堂文庫藏本

臨濟録一卷

（唐）釋義玄撰

古寫本　共一册

静嘉堂文庫藏本　原宫島藤吉等舊藏

摩訶止觀（殘本）五卷

（唐）天台智者大師説

宋刊本（湖州思溪版《大藏經》零本）　折本裝　共五帖

御茶之水圖書館藏本　原德富蘇峰成簣堂等舊藏

【按】此本今存卷第三、卷第七、卷第八、卷第九、卷第十，凡五卷五帖。

卷第三缺首尾；卷第八缺卷首；卷第九、卷第十皆缺卷尾。

卷第七卷末之左側有墨書手識文，其文曰：

“本云應德二年（1085 年）九月一日午時走井房一反計見了　忠一；”

“寬治三年（1089 年）十月九日於法成寺學頭御房大事小小尋習之了　忠忠”；

“長承二年（1133 年）六月八日於白川房爲口讀了”；

“弘安十年（1287 年）七月廿七日於本師點寫了　全寬”。

在“弘安十年”的識文之後，又有別筆手識文一則。其文曰：

“延德二年（1490 年）五月廿二日以圓輪坊（房）和本默之畢”。

法華文句（殘本）四卷

（唐）智者大師説

宋刊本（湖州思溪版《大藏經》零本）　折本裝　共四帖

御茶之水圖書館藏本　原德富蘇峰成簣堂等舊藏

【按】此本今存卷第一、卷第三、卷第四、卷第八，凡四卷四帖。

宋刊初印本，卷中有日本鎌倉時代（1192—1330 年）人朱墨訓點。

【附録】日本中御門天皇享保十二年（1727年）中國商船“波字號”載《法華文句》一部三帙運抵日本。

妙法蓮花經玄義十卷

（唐）智者大師説

宋刊本（湖州思溪版《大藏經》零本）　折本裝　共十帖

御茶之水圖書館藏本　原德富蘇峰成簣堂等舊藏

【按】此本卷一、卷三皆缺卷首；卷五、卷八、卷十皆缺卷尾。

卷三、卷四、卷六、卷七、卷九之末，其左側皆有墨書。

卷三末墨書曰：

“以北林房本和點畢”；

卷四末墨書曰：

“延德三年（1491 年）閏八月廿七日以北林坊（房）唐本寫點訖　邏舜”；

卷六末墨書曰：

“延德二年（1490 年）七月七日以北林房點本移之畢”；

卷七末墨書曰：

“延德二庚戌年三月晦日以北林房本和點功畢　邏舜”；

卷八末墨書曰：

“延德二年卯月四日以北林坊（房）本和點功訖　邏舜”。

法華玄義釋籤（殘本）三卷

（唐）釋天台沙門湛然述

宋刊本（湖州思溪版《大藏經》零本）　折本裝　共三帖

御茶之水圖書館藏本　原德富蘇峰成簣堂等舊藏

【按】此本今存卷第三、卷第五、卷第六，凡三卷三帖。

卷三首尾皆缺，卷六缺卷首。

卷中有鎌倉時代（1192—1330 年）人朱墨訓點。

法華文句記（殘本）三卷

（唐）釋天台沙門湛然述
宋刊本（湖州思溪版《大藏經》零本）　折本
裝　共三帖
御茶之水圖書館藏本　原德富蘇峰成簣堂
等舊藏
【按】每半折六行，行十七字左右。卷尾有刻
工姓名，如張成、傳上、虞文、余元功等。
此記今存卷第一、卷第五、卷第十，凡三卷三
帖。
卷中有鐮倉時代（1192—1330 年）人朱墨訓
點。

法華文句科（殘本）二卷

（唐）釋天台沙門湛然述
宋刊本（湖州思溪版《大藏經》零本）　折本
裝　共二帖
御茶之水圖書館藏本　原德富蘇峰成簣堂
等舊藏
【按】此本今存卷第一、卷第五，凡二卷二帖。
卷第五首尾皆缺。

妙法蓮華經意語一卷

（唐）釋湛然説
明崇禎三年（1630 年）刊本　共一册
静嘉堂文庫藏本　原中村敬宇等舊藏
【附録】後光明天皇慶安三年（1650 年）京都
中野是誰刊印《妙法蓮華經意語》二卷，題籤曰
"法華意語"。此本由日僧圓海訓點并校。

止觀輔行傳弘決（殘本）六卷

（唐）釋天台沙門湛然述
宋刊本（湖州思溪版《大藏經》零本）　折本
裝　共六帖
御茶之水圖書館藏本　原德富蘇峰成簣堂
等舊藏
【按】此本今存卷第一下、卷第二下、卷第三
下、卷第五下、卷第七下、卷第八下，凡六卷六

帖。
卷第一下首之末，與卷第八下之末，合綴一
起。卷第五下之末缺佚。卷第七下之末有施
財者識文，文曰："臨安府顯慶教寺住持比丘如
坦刊此一卷"。
卷末有日本讀者校點識文。
卷第一下之末有墨書曰：
"點本云
寬治三年（1089 年）正月廿七日爲他讀
了；
寬治三年九月十一日於法成寺學頭御
房大事如型傳習了　忠一；
弘安十年（1287 年）九月一日點了　寂
玄。"
卷第二下之末有墨書曰：
"以上概要略注了
寬治三年九月十二日於法成寺學頭御
房大論義傳習了；
同五年（1091 年）六月十五日爲他請
（讀）了；
弘安十年七月廿七日於大師房點寫了
□玄。"
卷七下之末有墨書曰：
"延德二年（1490 年）五月三日以北林
坊（房）唐本加點毕（原文如此）。"
卷八下之末有墨書曰：
"點本云
應德二年（1085 年）内論義一返讀了；
寬治元年（1086 年）内論義加了私見
了；
嘉保二年（1095 年）十月十六日爲他讀
了
僧忠尋之本。"
此本各卷皆有朱墨點。

摩訶止觀科文（殘本）一卷

（唐）釋天台沙門湛然述
宋刊本（湖州思溪版《大藏經》零本）　折本
裝　共一帖

御茶之水圖書館藏本　原德富蘇峰成簣堂
等舊藏

十門辨惑論二卷

（唐）釋復禮撰
宋刊本（福州開元寺《大藏經》零本）　折本
裝　共二帖
東北大學附屬圖書館藏本

【按】每半折無界六行，行十七字。上下天地
單邊。中縫已重新裝裱過，版心有時有刻工姓
名，如辰和等；有時記名在頁內，如江俊等。

二卷卷首皆先《開版刊語》三行，版式略有不
同。文曰：

　　　“福州開元禪寺住持傳法賜紫慧通大師
了一，謹募衆緣，恭爲今上皇帝祝延聖壽，文
武官僚，資崇禄位，圓成雕造《毗盧大藏》經
板一副，時紹興戊辰閏八月日　謹題。”

《刊語》後次行，頂格題署篇名《十門辨惑論
卷上（下）》，下空八字，刻一“既”字，此依《千字
文》序列函號。

卷上篇名後次行題署“大慈恩寺釋沙門復禮
撰”，次行署“答太子文學權無二釋典稽疑”。

卷下篇名後次行題署“答太子文學權無二釋
典稽疑”，次行署“沙門釋復禮”。

大毗盧遮那成佛經疏（殘本）二卷

（唐）釋一行編
日本鎌倉時代（1192—1330 年）高野山刊本
粘葉裝　共二册
宮內廳書陵部藏本

【按】每半葉無界七行，行十七字左右。全紙
高 25.2cm，橫 25.2cm，文字面高 21.1cm。

是書全本凡二十卷。此本今存卷第九、卷第
二十，共二卷。

卷第九首題署“大毗盧遮那成佛經疏卷第九
沙門一行阿闍梨記”，卷末有文字一行曰：“建
治四年（1278 年）正月八日於金剛峰寺信藝
書”。

卷第二十末有“校語刊記”兩則。

一則曰：“爲續三寶慧命於三會之出世，廣施
一善，利益於一切之衆生，是則守大師之遺誡，
偷令遂小臣之心願，謹以開印板矣。”文尾題署
“弘安二年（1279 年）四月日，從五位上行秋田
城介藤原朝臣泰盛。”

另一則曰：“《大經疏》一部廿卷，招學侶十許
輩，廣考覆其文字，於是願主尊閣啓，仁和寺二
品大王賜證本兩帙，兼得當山中院明等闍梨書
本，今彼兩本，以爲準的。若致有疑，則問披諸
本，審決差當。第九疏翻梵文‘博吃叉義援’
字，諸本有異，兩魯難辨。第十二疏（此處訛
文，應爲二十疏——編著者）引線定方位‘拼’
字，可用‘絣’歟，加之龜注相濫，迴文紛綸，并
用證本，不得自由。又至文字，作者以《切韵》
及《玉篇》所勘載也，但‘軶’字獨載和書，猶指
當疏亦復準多本，比例稍非一，依深謹慎之，思
不顯加顯之功者也。”文末題署“弘安元年
（1278 年）十一月十一日，金剛佛子良和記
之。”

據此則知日本建治、弘安年間從五位上秋田
城介泰盛（法名覺心）於高野山金剛三昧院開
板刊印唐釋一行《大毗盧遮那城佛經疏》，當時
所刊印僅是《經疏》卷第九及卷第廿，共二卷。

瞿（醯）壇多羅經三卷

（唐）釋不空譯
日本崇德天皇大治二年（1127 年）運覺手寫
本　卷子本　共三卷
大東急記念文庫藏本

金剛頂經大瑜伽秘密心地法門義訣（殘本）一卷

（唐）釋不空編
日本鎌倉時代（1192—1330 年）高野山刊本
粘葉裝　共一册
宮內廳書陵部藏本

【按】每半葉無界七行，行十七字左右。一紙
高 24.3cm，橫 15.6cm，文字面高 19.6cm。此
本今存卷上，共一卷。

卷末左側有“刊印識語”。文曰：

"爲報佛恩酬祖德，謹開印板傳之來葉矣。高野山於往生院。正應四年（1291 年）七月十八日，沙門慶賢　寶藏院開板云。"

大方廣圓覺修多羅了義經心鏡（殘本）二卷

（宋）釋智聰撰

宋刊本　折本裝　共二帖

御茶之水圖書館藏本　原拇尾高山寺　德富蘇峰成簣堂等舊藏

【按】此經紙本，每折五行，行十七字左右，注文低一字。行體大字，上下單邊，高約25.4cm，幅寬 13.0cm。相傳此乃張即之書法。

卷首題"前住臺州赤城山崇善教寺釋智聰述"。前有宋寶慶丁亥（1227 年）智聰《自序》，末有宋紹定改元（1228 年）智聰《題銘》。

此本今存卷一、卷六，凡二卷。

【附錄】前有宋寶慶丁亥（1227 年）《圓覺經心鏡序》。《序》末題署"時皇宋寶慶丁亥夏六月立秋，前往臺州赤城山崇善教寺釋智聰序"。

末有宋紹定改元（1228 年）智聰《題銘》。

此本今存卷一、卷六，共二卷。

卷一正文首行題"大方廣圓覺修多羅了義經心鏡卷第一"，第二行題署"前住臺州赤城山崇善教寺釋智聰述"。

此書乃佛學之百科手册，解釋相關經文中諸事。所謂正文，即"詞（釋）條"之義；所謂注文，即"釋文"之意。第一卷首起五字"大方廣圓覺"，頂格刊印，後隔行起低一字即爲"注文"，文曰："此經乃窮理盡性之書，潔靜精微之教，部雖屬于方等，教味唯歸一圓……"共二百三十一字。凡此爲詞條者，凡六十五。卷末又有"偈語"二十句，凡一百字。

此本係原刻，文中有斷句句讀，語斷處盡一"○"，一圈到底。卷中有"高山寺"、"德富豬一郎印章"、"德富文庫"等印記，又有"須愛護蘇峰囑"、"天下公寶須愛護蘇峰囑"朱文印。

鎌倉時代中期，金澤文庫第三代主金澤顯貞在自盡之前兩個月（1333 年 3 月）爲祭奠父親顯時三十三周年忌日，手寫《大方廣圓覺修多

羅了義經》二卷。此經現存神奈川縣稱名寺，已被指定爲"日本重要文化財"。

大方廣圓覺修多羅了義經心鏡（殘本）一卷

（宋）釋智聰撰

宋刊本　折本裝　共二帖

大谷大學附屬圖書館藏本　原神田嘂庵（喜一郎）等舊藏

【按】此經今存卷第四，共一卷。

此係神田喜一郎家族于昭和五十九年（1984 年）捐贈大谷大學。

金光明文句護國記四卷

（宋）釋如湛撰

宋紹興六年（1136 年）刊本　日本重要文化財　折本裝　共四帖

京都拇尾高山寺藏本

【按】每半折六行，行二十三字至二十六字不等。版心題署"光明護國"，并記卷數。

卷第一今缺首二行，卷尾有刊行記語曰："金光明文句護國記卷第一丙辰十月刊揍計四版"；

卷第二內題"愼江沙門　如湛述"，本文第三十三紙以下皆缺損；

卷第三內題"愼江沙門　如湛述"，本文第三十三葉以下亦皆缺損；

卷第四缺逸卷尾。

此本已被日本"文化財審議委員會"確認爲"日本重要文化財"。

妙法蓮華經要解七卷

（宋）釋戒環解

明永樂年間（1403—1424 年）刊本　共二册

静嘉堂文庫藏本

注妙法蓮華經（殘本）二卷

（宋）釋守倫撰

元大德十年（1306 年）刊本　折本裝　共二帖

御茶之水圖書館藏本　原德富蘇峰成簣堂等舊藏

【按】每半折四行,行約十五字。注文雙行,行二十字左右。上下天地單邊,約高 25.8cm。

此經今存卷三、卷七,凡二卷二帖。

卷三末有助緣者"元大德十年平江路崑山州惠安鄉二十七保太倉市興德大王土地境界寓居奉佛女弟子顧氏四二娘"等《刊語》。

各册内封有"洛東禪林教寺藏本"墨印,卷末又有"西山地藏院"印記。

【附錄】靈元天皇延寶八年(1680 年)京都村上勘兵衛刊印宋僧守倫注、明僧法濟參訂《科注妙法蓮華經》八卷。

注妙法蓮華經(殘本)一卷

(宋)釋守倫撰

元大德十年(1306 年)刊本　折本裝　共一帖

石井積翠軒文庫藏本

【按】每半折無界四行,行約十五字。注文雙行,行二十字左右。上下天地單邊,約高 25.8cm。

此經今存卷四,凡一卷一帖。

卷末有元大德四年《刊語》。

注妙法蓮華經(殘本)一卷

(宋)釋守倫撰

元大德十年(1306 年)刊本　折本裝　共一帖

慶應義塾大學附屬圖書館藏本　原西山地藏院　幸田文庫等舊藏

【按】每半折無界四行,行約十五字。注文雙行,行二十字左右。上下天地單邊,約高 25.8cm。

此經今存卷十二,凡一卷一帖。

卷首天頭有墨書曰:"西山地藏禪院常住不可出他所者也"。卷末又有墨書曰:"西山地藏院"。

卷中有"洛東禪林教寺藏本"印記。

注妙法蓮華經(殘本)一卷

(宋)釋守倫撰

元大德十年(1306 年)刊本　折本裝　共一帖

東京上野圖書館藏本

【按】每半折四行,行約十五字。注文雙行,行二十字左右。上下天地單邊,約高25.8cm。

此經今存卷第十八"囑累品"第二十二至"菩薩品"第二十四,凡一卷殘本,合爲一帖。

此卷有助緣者《刊語》,然僅存"母胡氏千三娘子與妻許氏細五娘子以中統鈔七十兩奉納經局"等數字。

注妙法蓮華經(殘本)一卷

(宋)釋守倫撰

元大德十年(1306 年)刊本　折本裝　共一帖

國會圖書館藏本

【按】每半折無界四行,行約十五字。注文雙行,行二十字左右。上下天地單邊,約高 25.8cm。

此本今存卷第十八,凡一卷一帖。

大般若波羅蜜多經關法六卷

(宋)釋永隆撰

宋淳熙七年(1180 年)四明鄞縣沃氏刊本　折本裝　共四帖

宮内廳書陵部藏本　原拇尾高山寺　寺田盛業讀杜艸堂等舊藏

【按】每半折無界七行,行二十三字左右,小字雙行。上下雙邊,欄高 21.5cm,幅寬10.7cm,折本全高 27.0cm。

卷首頂格題"大般若波羅蜜多經關法卷第一",次行上空八字題署"天臺石梁邏月堂釋永隆排定"。

前有諸景《贊》。後有嘉祐八年(1063 年)諸珣《後序》,又有政和乙未(1115 年)住長水壽山法真大師守一《重開大般若經關要序》。

卷末有刊記三行，文曰：

"四明鄞縣太原沃承璋、男景珉、新婦搆
廿二娘、孫會汝、賢汝、弼汝，合家等開版，印
施流通。太歲淳熙有七庚子仲夏望日，謹
題。"

卷六末卷數下方處，有刊印人姓名，文曰：
"慈水印摺經人葉苟、方伯祐、洪澄、方迪刊。"

帙紙內側，有日本中御門天皇正德三年
（1713 年）安居日加修補手識文。其文曰：

"般若與關法會移口授

夫關念此經者，須細尋題目起盡及將前
《贊》用爲標關首也，先看指法注然後曉本
法，位有添削移改入關上下始末一一有次，
約三百卷，分爲六策，向下五策，須尋上卷贊
文，字字標目指法准此，奘法師八十卷，當此
部第五策流行。

時正德三癸巳年　安居日加修補畢。"

卷中有"高山寺"、"向黃邨珍藏印"、"讀杜艸
堂"、"東京溜池靈南街第四號讀杜艸堂主人寺
田盛業印記"、"静乾山房宋本鑒藏之印"、"寶
宋閣珍賞"等印記。

首楞嚴義疏注經（殘本）十卷

（宋）釋子璿撰
宋淳祐九年（1249 年）刊本　折本裝　共十
三帖
静嘉堂文庫藏本　原十無盡院　寺田盛業
讀杜艸堂　陸心源皕宋樓舊藏

【按】每半折有界四行，行十五字，間或十六
字。注文雙行，行二十字左右。上下單邊，高
約 24.2cm，幅寬 11.2cm。

此本今存卷一、卷二、卷三、卷四、卷五、卷
六、卷八、卷九、卷十，凡九卷。

卷一之末有宋淳祐九年（1249 年）沈元晟
《識文》，其文曰：

"《楞嚴義疏注經》板開歲久，湮没者四
十有九，旁搜注本，命工刊凑，復成部帙，用
廣其傳，惟願教海恢張法門鎣徹者。時淳祐
己酉上元日器皿后湖沈元晟謹識。"

又有同年僧人德雲《跋》，其文曰：

"七澂八辨之文，實如來直指衆生立地
成佛之要。佛世比丘，已子望洋，況後來淺
智者乎！……淳祐己酉中和節瑞嚴住山比
丘德雲跋。"

此本原係日本東京溜池寺田盛業所有，明治
初寺田氏所藏之古版經全部歸中國陸心源皕
宋樓收購。1907 年，日本三菱財團岩崎氏家
族從中國低價購得陸心源全部藏書，舶載東
瀛，此本則入于静嘉堂文庫。

卷中有"十無盡院"、"寺田盛業"、"字士弘號
望南"、"讀杜艸堂"、"東京溜池靈南街第四號
讀杜艸堂主人寺田盛業印記"等印記。

【附録】日本鎌倉時代（1192—1330 年）末年
刊印宋釋子璿編撰的《首楞嚴經疏注經》二十
卷。此本係復刊宋刊本。其後，後醍瑚天皇曆
應二年（1339 年）重新梓行，此爲"師直版"。
室町時代（1393—1573 年）又有五山禪寺刊本。
後水尾天皇—明正天皇元和—寬永年間
（1615—1643 年）又有活字刊印本。

首楞嚴義疏注經（殘本）一卷

（宋）釋子璿撰
宋刊本　折本裝　共十三帖
御茶之水圖書館藏本　原德富蘇峰成簣堂
等舊藏

【按】每半折有界四行，行十六字。注文雙行
小字。上下天地單邊，界高約 26.4cm。

卷首有缺，初刊初印本。

大佛頂首楞嚴會解十卷

（宋）釋子璿集　（明）錢謙益會解
明刊本　共五册
御茶之水圖書館藏本　原德富蘇峰成簣堂
等舊藏

【按】每半葉無界十一行，行二十一字。白
口，左右雙邊。

卷中有明人批點。封面係江戸時代初期重
新裝裱。

卷中有"秋月春風樓礒氏印"等印記。

圓覺經鈔辨疑誤一卷

(宋)釋觀復撰

宋人寫本　共一帖

國會圖書館藏本

金剛記外別解四卷

(宋)釋笑庵觀復撰

宋刊本　日本重要文化財　折本裝　共四帖

京都拇尾高山寺藏本

【按】每半折七行,行二十一字。上下天地單邊。版心題"金剛別記",記刻工姓名,如朱春、朱杲、高文、高寅、繆恭、丁松年等。

第一卷内題"金剛記外別解卷第一　笑庵觀復述"。

卷第二今存第十七張至第四十五張。卷第三内題"金剛記外別解　三　丁松年　笑庵觀復述"。

卷第四内題與卷第一同。

此本已被日本"文化財審議委員會"確認爲"日本重要文化財"。

金剛經纂要刊定記(殘本)三卷

(宋)釋子璿撰

宋刊本　折本裝　共一帖

静嘉堂文庫藏本　原拇尾高山寺　寺田盛業讀杜艸堂　陸心源皕宋樓舊藏

【按】每半折無界六行,行二十一字。上下單邊,高約 24.3cm,幅寬 11.2cm。

此本今存卷一、卷三、卷四,凡三卷。然卷一僅存第一紙至第三紙,一紙五半折,凡七折有半;卷三僅存第一紙,凡二折有半。

此本原係日本東京溜池寺田盛業所有,明治初寺田氏所藏之古版經全部歸中國陸心源皕宋樓收購。1907 年,日本三菱財團岩崎氏家族從中國低價購得陸心源全部藏書,舶載東瀛,此本則入于静嘉堂文庫。

卷中有"高山寺"、"寺田盛業"、"字士弘號望南"、"讀杜艸堂"、"東京溜池靈南街第四號讀杜艸堂主人寺田盛業印記"、"天下無雙"等印記。

楞伽阿跋多羅寶經通義六卷

(宋)釋柏庭善月撰

宋四明方氏刊本　日本重要文化財　共三册

京都東福寺藏本

【按】卷一、卷二、卷三,係後人寫補。

此本爲四明方禮、方信等刊印。

1353 年東福寺第二十八世大道一以所纂《普門院經論章疏語録儒書等目録》"荒部"著録《楞伽通義》六册,即係此本。

此本已被日本"文化財審議委員會"確認爲"日本重要文化財"。

金剛般若經會解

(宋)釋善月撰

宋四明方氏刊本

宫内廳書陵部藏本

【按】此本係四明方禮、方信刊印。

台宗十類因革論四卷

(宋)釋善月撰

宋刊本　日本重要文化財　共四册

京都東福寺藏本

【按】每半葉有界十行,行二十字。

1353 年東福寺第二十八世大道一以所纂《普門院經論章疏語録儒書等目録》"戾部"著録《十類因革論》四册",即係此本。

卷中有"普門院"印記。

此本已被"日本文化財審議委員會"確認爲"日本重要文化財"。

四分律含注戒本疏行宗記(殘本)三卷

(宋)釋元照撰

宋刊本　折本裝　共四帖

静嘉堂文庫藏本　原寺田盛業讀杜艸堂
陸心源皕宋樓舊藏

【按】每半折無界七行,行二十二字,注文小字雙行。上下天地單邊,高約 23.3cm,幅寬 11.0cm。記刻工姓名,如田、明、陳、宋、由、良、亮、然、先、章、彥、江、宏、高、政等。

此本今存卷一上下、卷三上、卷四上,凡三卷四篇。卷一下之末有宋嘉定六年(1213 年)校對者署名,文曰:"前文第十紙釋仲尼字文悮嘉定癸酉夏安居日四明滄州首座比丘德森校正。"

此本原係日本東京溜池寺田盛業所有,明治初寺田氏所藏之古版經全部歸中國陸心源皕宋樓收購。1907 年,日本三菱財團岩崎氏家族從中國低價購得陸心源全部藏書,舶載東瀛,此本則入于静嘉堂文庫。

卷中有"高山寺"、"寺田盛業"、"字士弘號望南"、"讀杜艸堂"、"東京溜池靈南街第四號讀杜艸堂主人寺田盛業印記"、"天下無雙"等印記。

四分律含注戒本疏行宗記(殘本)一卷

(宋)釋元照撰

宋刊本(開元禪寺《大藏經》零本)　折本裝共一帖

御茶之水圖書館藏本　原德富蘇峰成簣堂等舊藏

【按】每半折七行,行二十一字。

卷末有宋紹興府崇福寺住持比丘等施財助印刊語。

卷中有"十無盡院"等印記。

四分律行事鈔資持記(殘本)一卷

(宋)釋元照撰

宋刊本　折本裝　共一帖

静嘉堂文庫藏本　原拇尾高山寺　寺田盛業讀杜艸堂　陸心源皕宋樓舊藏

【按】每半折無界七行,行二十二字,注文小字雙行。上下天地單邊,高約 24.0cm,幅寬

11.0cm。有刻工姓名,如江通等。

此本今存卷上第三篇、第四篇,凡一卷二篇。惟卷上之三存第一紙至第六紙,一紙五半折,凡十五折;卷上之四存第三十三紙至第三十六紙,凡十折。

此本原係日本東京溜池寺田盛業所有,明治初寺田氏所藏之古版經全部歸中國陸心源皕宋樓收購。1907 年,日本三菱財團岩崎氏家族從中國低價購得陸心源全部藏書,舶載東瀛,此本則入于静嘉堂文庫。

卷中有"高山寺"、"寺田盛業"、"字士弘號望南"、"讀杜艸堂"、"東京溜池靈南街第四號讀杜艸堂主人寺田盛業印記"、"天下無雙"等印記。

涅槃經疏三德指歸(殘本)七卷

(宋)釋智圓撰

宋刊本　折本裝　共七帖

静嘉堂文庫藏本　原拇尾高山寺　陸心源皕宋樓舊藏

【按】每半折無界六行,行二十二字,注文小字雙行。上下天地單邊,高約 23.8cm,幅寬 11.0cm。

此本今存卷二、卷七、卷八、卷九、卷十七、卷十八、卷二十,凡七卷。文中避宋諱,凡"玄、敬、驚、弘"等,皆爲字不成。

此本原係日本東京溜池寺田盛業所有,明治初寺田氏所藏之古版經全部歸中國陸心源皕宋樓收購。1907 年,日本三菱財團岩崎氏家族從中國低價購得陸心源全部藏書,舶載東瀛,此本則入于静嘉堂文庫。

卷中有"高山寺"、"寺田盛業"、"字士弘號望南"、"讀杜艸堂"、"東京溜池靈南街第四號讀杜艸堂主人寺田盛業印記"、"静節山房宋本齋鑒藏之印"等印記。

華嚴法相槃節一卷

宋僧編纂　不著撰人姓名

宋刊本　折本裝　共一帖

御茶之水圖書館藏本　原京都高山寺　德富蘇峰成簣堂等舊藏

【按】每半折六行。上下天地單邊。卷首有"高山寺"朱文印記。

佛説除蓋障菩薩所問經（殘本）一卷

（宋）釋法護等譯
北宋開元寺本　折本裝　共一帖
大東急紀念文庫藏本
【按】今存經卷第三,凡一卷。

首楞嚴經義海三十卷

（宋）釋咸輝撰
宋淳祐十年（1250 年）湖州刊本　日本重要文化財　折本裝　共三十帖
京都東福寺藏本
【按】1353 年日本東福寺第二十八世大道一以所編《普門院經論章疏語録儒書等目録》,其"宙部"著録《楞嚴義海》一部三十卷,即係此本。
此本已被日本"文化財審議委員會"確認爲"日本重要文化財"。

首楞嚴經會解十卷

（元）釋惟則撰
明刊本　共三册
静嘉堂文庫藏本　原中村敬宇等舊藏
【附録】日本南北朝時代後小松天皇康應二年（1390 年）刊印元釋惟則編撰的《首楞嚴經會解》十卷。

肇論新疏三卷

（元）釋文才撰
明刊本　共三册
静嘉堂文庫藏本

肇論新疏游刃三卷

（元）釋文才撰
明刊本　共三册

静嘉堂文庫藏本

扶宗顯正論一卷

（元）釋善慶撰
元刊本　共一卷
石井積翠軒文庫藏本

明太宗御製觀音贊一卷

（明）釋法天　施護等贊
明萬曆三十六年（1608 年）刊本　共一册
静嘉堂文庫藏本　原中村敬宇等舊藏

佛説四十二章經解一卷

（明）沙門智旭撰
明刊本　共一册
静嘉堂文庫藏本　原中村敬宇等舊藏

佛遺教經解一卷

（明）沙門智旭撰
明刊本（與《佛説四十二章經解》等合刊）
静嘉堂文庫藏本　原中村敬宇等舊藏

諸經品節二十卷

（明）釋道藏纂
明萬曆年間（1573—1620 年）刊本　共十六册
静嘉堂文庫藏本　原中村敬宇等舊藏

圓覺經要解二卷

（明）釋寂正解
明萬曆年間（1573—1620 年）刊本　共二册
静嘉堂文庫藏本　原中村敬宇等舊藏

圓覺經直解二卷

（明）釋德清撰
明天啓二年（1622 年）刊本　共二册
静嘉堂文庫藏本　原中村敬宇等舊藏

大佛頂如來密因修證了義諸菩薩萬行首楞嚴經玄義二卷　文句十卷

（明）釋智旭撰　（明）釋道昉參訂

明崇禎十七年（1644年）序刊本　共一册

東京大學總合圖書館藏本

【附錄】唐代僧人般剌密帝所譯《大佛頂如來密因修證了義諸菩薩萬行首楞嚴經》十卷，其後有多種"經解"和"音釋"。解釋者如唐僧房融，唐時烏萇國僧彌伽乾參，明僧智旭，清人錢謙益等。

日本南北朝時代北朝後小松天皇康應二年（1390年）京都臨川寺有覆刊元至正二年（1342年）沙門克立平江姑蘇獅子林所刊印的唐僧般剌密帝譯，唐僧房融筆受，元僧惟則會解《大佛頂如來密因修證了義諸菩薩萬行首楞嚴經》十卷附《經解音釋》。

金剛感應錄三卷

（明）陸其志編

明刊本　共一册

静嘉堂文庫藏本　原中村敬宇等舊藏

皇明金剛新異錄一卷

（明）王起隆撰

明刊本　共一册

静嘉堂文庫藏本　原中村敬宇等舊藏

金剛經筆記一卷

（明）釋如觀注

明崇禎年間（1628—1644年）刊本　共一册

静嘉堂文庫藏本　原中村敬宇等舊藏

寶王三昧念佛直指二卷

（明）沙門妙葉集

明刊本　共一册

静嘉堂文庫藏本　原中村敬宇等舊藏

大陀羅尼末法中一字心咒經一卷

元刊本　折本裝　共一帖

御茶之水圖書館藏本　原德富蘇峰成簣堂等舊藏

【按】每半折六行，上下天地單邊。

（語錄古則之屬）

江西馬祖道禪師語錄一卷

（唐）釋道一撰

明刊本　共一册

内閣文庫藏本　原楓山官庫等舊藏

趙州真際和尚語錄一卷

（唐）從諗撰

元刊本　共一册

岸部武利藏本

雲門匡真禪師廣錄三卷

（唐）釋文偃撰　守堅編

宋刊本　共三册

建仁寺兩足院藏本

【附錄】日本南北朝時期（1331—1392年）有和刊本《雲門匡真禪師廣錄》三卷。此本每半葉十一行，行二十字。白口，左右雙邊。卷首題"雲門匡真禪師廣錄并序"，有宋熙寧丙辰（1076年）蘇澥《序》，《序》後接"對機"三百二十則。卷末有"住福州皷山圓覺　宗演校勘"文字一行。卷中避宋諱。

後水尾天皇慶長十八年（1613年）宗鐵用活字版刊行《雲門匡真禪師廣錄》三卷。

龐居士語錄一卷　龐居士詩二卷

（唐）龐蘊撰　于頔編

明崇禎十年（1938年）刊本　共一册

内閣文庫藏本　原楓山官庫等舊藏

鎮州臨濟慧照禪師語録（臨濟録）一卷

（唐）釋義玄撰　（宋）釋惠（慧）然編

宋末元初刊本

御茶之水圖書館藏本　原德富蘇峰成簣堂等舊藏

【按】每半葉十一行，行二十字。

【附録】日本後土御門天皇延德三年（1491年）正法棲雲院刊印《鎮州臨濟慧照禪師語録》一卷，此爲“五山版”。

後水尾天皇元和九年（1623年）有活字版刊印《鎮州臨濟慧照禪師語録》一卷。

江戸時代有小川多左衛門刊印《鎮州臨濟慧照禪師語録》一卷。

另，東山天皇元禄十二年（1699年）京都永田調左衛門刊印《臨濟慧照禪師語録》，共二册。

鎮州臨濟慧照禪師語録

（唐）釋義玄撰　（宋）釋惠然編

元刊本　共一册

東洋文庫藏本　原三菱財團岩崎氏家舊藏

金園集三卷

（宋）釋慈雲撰　釋慧觀重編

宋刊本　共一册

宮内廳書陵部藏本　原江戸時代豐後佐伯藩主毛利高標等舊藏

【按】每半葉十一行，行二十一字。白口，左右雙邊（22.4cm×15.7cm）。卷中避宋諱，凡“縣、懸、敬、驚、弘、殷、竟、貞、樹、院、講”等，皆爲字不成。

各卷有目，下卷末具録懴主所撰教卷題目，其後有刊記五行，文曰：

“聖宋紹興辛酉孟秋元日刊版

郡人李嘉謀刊字

弟子沈　玠　助緣

法孫　　子宣助緣

法孫　　師普敬書”

此本分上中下三卷，各卷收文如次：

上卷：《授菩薩戒儀式十科》、《授五戒法》、《示人念佛方法并悔苑問》、《每日念佛懺悔法願文》、《修盂蘭盆方法九門》。

中卷：《放生慈濟法門并序》、《梁朝高僧放生文》、《施食正名》、《施食法》、《施食文》、《施食觀想苔崔育材職方所問》。

下卷：《戒酒肉慈雲法門并序》、《戒五星篇》、《熾盛光道場念誦儀中戒勸檀越文》、《改祭修齋疏文并序》、《野廟志》、《三衣辯惑篇》。

此本係仁孝天皇文政年間（1818—1829年）出雲守毛利高翰獻贈幕府。

是書首葉欄外，有“芳春常住全一册”墨書一行。卷中又有“吟風弄月”、“佐伯侯毛利高標字培松藏書畫之印”等印記。

慈受深和尚陞堂頌古（上）

（宋）釋普紹撰

宋刊本　共一册

宮内廳書陵部藏本

【按】每半葉十一行，行二十字。白口，左右雙邊（16.8cm×10.9cm）。

卷首書名題署“東京慧林禪寺慈受深和尚陞堂頌古上”。

前有宋紹興乙卯（1135年）盛霖《東京慧林慈受廣録序》。

卷中有“金地院”、“興雲庵常住”等印記。

佛海瞎堂禪師語録（靈隱佛海禪師語録）（殘本）一卷

（宋）釋慧遠撰

宋刊本　共二册

宮内廳書陵部藏本

【按】每半葉十一行，行二十字。白口，左右雙邊（17.3cm×11.1cm）。版心有刻工姓名。

是書有上下二卷。此本今存卷下一卷。

卷末有宋淳熙丙申（1176年）道能《跋》，又有拙庵《後序》。然在此兩《跋》中間,又有宋淳熙四年(1177 年)顏度撰《靈隱佛海禪師語録序》。

下卷首有"伊勢國多氣郡上野寓薗安養寺常住"墨書一行。

【附録】1353 年日本東福寺第二十八世大道一以所編《普門院經論章疏語録儒書等目録》其"光部"著録《佛海(語)録》三册,其"收部"著録《佛海(語)録》三册。

黃梅東山語録一卷

(宋)釋惟慶編
宋刊本　共一册
宮內廳書陵部藏本

【按】每半葉十一行,行二十字。白口,左右雙邊(18.0cm×11.4cm)。

此本在《東山語録》之前,有人鈔綴編入《滁州琅琊山覺和尚語録》、《舒州白雲山海會演和尚語録》兩種。《海會演和尚語録》末,有"四明胡昶刊"五字。

《東山語録》全宋刊紙十七葉,卷末有宋慶元六年(1200 年)墨書題識二行,文曰:"依雲居本續添《東山録》,慶元庚申正月上日識。"

卷中有"金地院"等印記。

慈受廣録(殘本)一卷

宋刊本　共一册
宮內廳書陵部藏本

【按】每半葉十一行,行二十字左右。

前有宋紹興乙卯(1135 年)盛霖《序》。

此本今存《陞堂頌古》上卷,共一册。

首頁有墨書曰:"興雲庵常住"。

卷中有"金地院"印記等。

石田薰和尚語録(殘本)一卷

(宋)釋了覺師坦等編
宋淳祐七年(1247 年)刊本　共一册
宮內廳書陵部藏本

【按】每半葉十一行,行二十字。白口,左右雙邊(18.3cm×11.6cm)。版心記葉數。

前有鈔補宋淳祐六年(1246 年)程公許《序》,又有宋淳祐丁未年(1247 年)心月《序》。

是書全本二卷。此本今存卷上一卷,此卷收録石田法薰(眉山彭氏之子)在高峰禪院、普明禪寺、興國禪寺、光孝禪寺、靈隱禪寺等處諸《語録》,并《請因緣普說》、《拈古》等。卷末刻有"石田薰和尚語録上　丁未"一行。

卷首首葉欄外有"瑞松庵常住"墨書一行,其下方又有"文明(日本後土御門天皇年號,1469—1485 年——編著者)中改作聽松院"朱書一行。

卷末有"劉建寄進"墨書一行,并有"妙安"墨印一方。

【附録】1353 年日本東福寺第二十八世大道一以所編《普門院經論章疏語録儒書等目録》其"收部"著録《石田語(録)》一册。

佛鑑禪師語録三卷

(宋)釋師範撰　釋宗會　智新等編
宋刊本　共三册
宮內廳書陵部藏本

【按】每半葉十一行,行二十字。白口,左右雙邊(17.9cm×11.4cm)。版心記葉數。

第一卷係後人寫補,前有宋淳祐辛亥(1251 年)程公許《序》,并收録佛鑑禪師(蜀地梓潼雍氏)在清涼禪寺、普濟禪寺、資聖禪寺、廣利禪寺、葉壽禪寺等處諸《語録》。又有別筆寫補《雪竇語録》、《育王語録》、《徑山語録》。

第二卷收録《佛鑑禪師五會録》、《普說》、《拈古》等。

第三卷收録"頌古"、"贊佛祖"、"自贊"、"小佛事"等文篇。此卷卷末有施主刻刊木記,文曰:

"右武大夫閤門宣贊舍人沿邊溪洞都巡檢使節制忠勝軍馬田興隆、武翼郎宣差知思州軍州事管內勸農事兼四川制置司參議田應寅,各施俸資刊行,以祈禄算增崇者;小師比丘德潛助版。淳祐辛亥六月初五日謹記。"

此《木記》之後,存大丞相游公《祭文》一葉,次又寫補《徑山無準和尚入内引對陞座語録》。其末則鈔録日本後光嚴天皇應安庚戌(1370年)天龍寺和尚妙葩刻刊此《語録》(即"臨川寺版")時的題識,其文曰:

> "此録舊版已漫滅,兹者命工重刊,置于龜山金剛禪院,伏願佛種不斷,世世建光明幢,祖印親傳,人人開無盡藏。應安庚戌季夏天龍東堂比丘妙葩題。"

卷中有"環中"、"月潭"、"常光文庫"等印記。

【附録】1353 年日本東福寺第二十八世大道一以所編《普門院經論章疏語録儒書等目録》,其"光部"著録《無準語(録)》三册;其"冬部"著録《無準和尚語録》二部,各三册。

南北朝時期(1331—1392 年)有和刊《佛鑒禪師語録》,此屬"五山版"。

明正天皇寬永十九年(1642 年)京都吉野屋權兵衛刊印《佛鑒禪師語録》,内籤曰《無準師範禪師語録》。此本題署"宋師範撰,宋宗會、智新編"。

佛鑒禪師語録三卷

(宋)釋師範撰　釋宗會　智新等編
宋刊本　日本重要文化財　共三册
京都東福寺藏本
【按】每半葉十一行,行二十字。白口,左右雙邊(17.9cm×11.4cm)。版心記葉數。
此本已被日本"文化財審議委員會"確認爲"日本重要文化財"。

佛眼(禪師)語録二卷　附塔銘

(宋)釋清遠撰·釋善悟編
宋刊本　共二册
宮内廳書陵部藏本
【按】每半葉十一行,行二十二字。白口,左右雙邊(17.3cm×11.2cm)。版心記葉數,偶記刻工姓名。
前有徐俯《佛眼禪師語録序》。卷末有"福州

鼓山白雲峰涌泉禪院住持嗣法士珪重勘"墨書一行。

卷中有"金地院"等印記。

【附録】1353 年日本東福寺第二十八世大道一以所編《普門院經論章疏語録儒書等目録》,其"收部"著録《佛眼語(録)》二册。

北磵語録一卷

(宋)釋居簡撰
宋刊本　共一册
宮内廳書陵部藏本
【按】每半葉十行,行二十字。白口,左右雙邊(19.6cm×12.3cm)。版心記葉數。
前有宋淳祐十二年(1252 年)劉震孫《序》,淳祐戊申(1248 年)靈隱心月《序》,又有淳祐辛亥(1251 年)大川普濟《序》等。
此卷收録北磵和尚在般若禪院、光孝禪寺、觀音禪寺、大覺禪寺、圓覺禪寺、彰教禪寺、顯慶禪寺、崇明禪寺、惠日禪寺、萬歲禪院等處諸《語録》,并有"告香普説"、"小佛事"、"法語"、"小參"、"秉拂"、"頌古"、"偈頌"、"佛事"等文篇。
卷首有"巢杏"等印記。

靈峰東山和尚語録一卷

(宋)釋惠空撰
宋慶元年間(1195—1200 年)刊本　共一册
宮内廳書陵部藏本

物初剩語二十五卷　物初和尚語録(不分卷)

(宋)釋大觀撰
宋刊本　日本重要美術財　共十册
御茶之水圖書館藏本　原德富蘇峰成簣堂等舊藏
【按】每半葉十一行,行二十字。左右雙邊(19.4cm×12.6cm)。版心記事不統一,如第一卷作"一　　十二",此爲卷一第十二葉;第二卷作"二十一　十",此爲從第一葉起至此爲第二十一葉,"十"即爲第二卷之第十葉。

《物初剩語》無目録葉,如卷一著録五七言詩三十三首,詩目如次:

1.聽一琴師(五言);
2.喜雨次北硐老人賀王百里韵(七言);
3.崔中書家藏閻立本醉道士圖北硐老人命同賦(七言);
4.送鏡潭返蜀(五言);
5.次韵酬陳上舍(五言);
6.春日雜書以"紅入桃花嫩,青歸柳葉新"爲韵十首(時寓琴川)(五言);
7.爲崔學士賦梅山(五言);
8.除夜雪至人日(五言);
9.庵居寄友(五言);
10.芟松行(七言);
11.中庭榴花盛開(五言);
12.苦旱效昌黎詩(七言);
13.送梅山赴温州支鹽(七言);
14.聽僧彈獨清(五言);
15.酬虞府判(七言);
16.次韵山行(五言);
17.次錢槐隱索麵韵(七言);
18.茨雪爲槐隱作(五言);
19.安牧夜住玉岡長慶(七言);
20.壽直院應侍郎(七言);
21.呈劉秘書(五言);
22.積陰(五言);
23.枯木行(七言);
24.茨寶(五言);
25.定齋(五言);
26.喜雨(七言);
27.桃源行(五言);
28.重九後二日宿頤蒙庵十五韵呈頤蒙講師兼簡李雪林(五言);
29.至徑山會安危峰(七言);
30.東山(五言);
31.贈醫工姚樞幹(七言);
32.送瑩玉澗再游廬山(七言);
33.剡源住華亭延慶(七言)。

物初之詩,風氣樸實,如七言《苦旱效昌黎詩》,所述題材更貼近民生,且爲民俗學、生物學、宗教學等提供了諸多的材料。此詩曰:

"五日不雨憂無麥,　十日不雨憂無禾;
十日五日叵無雨,　奈此一晴半歲何;
種不入土期已矣,　已種而槁還蹉跎;
高田低田漲黃埃,　早稻晚稻如束莎;
湖通人行成徑路,　舟無口蕩空摩沙;
井口轆轤久斷汲,　水争升斗嚴相訶;
未憂饑死憂渴死,　有生窘急侔蚩蛾;
雷公鞭車電搖幟,　秋來雲氣頻遮羅;
須臾風伯掃無迹,　赫赫火傘升羲和;
蝗螟交孳方坌集,　蔽天漫壠何其多;
在處齋心走群望,　金碧觀闕開峨峨;
一蹄涔湫龍所蟄,　但見蜥蜴與蝌蚪;
牲肥酒香竭誠敬,　有靈不閟理則那;
暴尪之説尤誕口,　頸血濺俎悲刑鵝;
彼蒼降酷何太甚,　執豐口柄終無頗;
所感召者既若此,　不知何以消薦瘥;
救饑無及且救渴,　安得十日連滂沱;
弗須淬劍血妖魔,　但看挂壁蜚陶梭。"

卷中有朱筆句點,若干漢字旁有假名注音。

此本傳爲佛國禪師從中國攜帶歸國。

卷中有"寶珠庵常住"等印記。

此本於1932年(昭和八年)被日本"文化財審議委員會"確認爲"日本重要美術財"。

【附録】日本南北朝時期(1331—1392年)有和刊本《物初和尚語録》(《觀物初録》)印行,此本屬"五山版"。

東山天皇寶永三年(1706年)常信用木活字刊印《物初和尚語録》。

虎丘隆和尚語録一卷

(宋)釋紹隆撰　釋嗣端等編
明崇禎七年(1634年)刊本　共一册
内閣文庫藏本　原楓山官庫等舊藏
【附録】日本南北朝時期(1331—1392年)有和刊本《虎丘隆和尚語録》一卷印行,此本屬"五山版"。

圜悟禪師語録十卷

（宋）釋克勤撰　釋紹隆等輯

宋紹興年間（1131—1162 年）刊本　日本重要文化財

京都東福寺藏本

【按】每半葉十一行，行二十字。

東福寺藏此同一刊本兩部，版式一同，并皆被指定爲"日本重要文化財"。

卷中皆有"普門院"印記等。

【附録】1353 年東福寺第二十八世大道一以所編《普門院經論章疏語録儒書等目録》其"光部"，著録《圜悟語（録）》五册、《圜悟心要》二册；其"冬部"著録《圜悟語（録）》二部各五册。

圜悟禪師語録十卷

（宋）釋克勤撰　釋紹隆等輯

元大德二年（1298 年）僧侶普南杭州刊本共四册

大谷大學附屬圖書館藏本　原神田邕庵（喜一郎）等舊藏

【按】此本係昭和五十九年（1984 年）神田喜一郎家族捐贈大谷大學。

佛果圜悟真覺禪師心要二卷

（宋）釋克勤撰　釋紹隆　子文編

宋嘉熙二年（1238 年）刊本　日本重要文化財　共二册

伊東祐淳藏本

【按】每半葉十一行，行二十字。

此本已被日本"文化財審議委員會"確認爲"日本重要文化財"。

【附録】日本南北朝時代後醍醐天皇嘉曆三年（1328 年），日本臨川寺刊印《佛果圜悟真覺禪師心要》二卷。此本每半葉無界十一行，行二十字，左右雙邊。

江戸時代京都中村次郎兵衛、小川多左衛門刊印《佛果圜悟真覺禪師心要》二卷。此本題署"宋克勤撰、宋子文編"。

佛果圜悟真覺禪師心要二卷

（宋）釋克勤撰　釋紹隆　子文編

宋嘉熙二年（1238 年）刊本　共二册

安田文庫藏本

【按】每半葉十一行，行二十字。

卷中有後人寫補。

佛果圜悟真覺禪師心要二卷

（宋）釋克勤撰　釋子文編

宋刊本　共四册

東洋文庫藏本　原三菱財團岩崎氏家舊藏

【按】此本係宋釋文侃於徑山化城接待院據宋嘉熙二年（1238 年）跋刊本重新梓行本。

佛果圜悟真覺禪師心要二卷

（宋）釋克勤撰　釋紹隆　子文編

宋嘉熙二年（1238 年）刊本　共二册

大谷大學附屬圖書館藏本　原神田邕庵（喜一郎）等舊藏

【按】此書宋刊本僅爲卷二《心要》下册，卷一係用日本北朝光明天皇曆應四年（1341 年）臨川寺刊本補替。

此本係昭和五十九年（1984 年）神田喜一郎家族捐贈大谷大學。

佛果圜悟禪師碧巖録十卷

（宋）釋克勤撰

日本後土御門天皇明應年間（1492—1500 年）美濃瑞龍寺　元杭州刊本　共十册

武田科學財團杏雨書屋　宮内廳書陵部藏本

【按】每半葉有界十一行，行二十一字左右。小黑口，四周雙邊或左右雙邊。版心題署"碧巖（卷數）（葉數）"。

此本完全保存元刊本形態。

前有宋建炎戊申（1128 年）比丘普照《序》，元大德四年（1300 年）方回萬里《序》，大德九年（1305 年）玉岑休休居士《序》，大德甲辰

（1304 年）三教老人《序》。全書卷末又有宋宣和乙巳（1125 年）關友無黨《序》，《重刊圜悟禪師碧巖集（錄）序》，元大德壬寅（1302 年）比丘净日《跋》，元延祐丁巳（1317 年）比丘希陵《跋》，同年馮子振《跋》。

武田科學財團杏雨書屋藏本，原係内藤湖南恭仁山莊等舊藏。此本扉頁正中題署“佛果圜悟禪師碧巖錄”，右側題署“杭州北橋北街東峴中張氏書隱印行”，左側題署“本朝濃州路瑞龍禪寺新刊”。

宫内廳書陵部藏本，原係雲林寺等舊藏。全本有訓點，并有朱墨注記，卷中有“一桂”印記，又有“雲林寺什物”附箋。

【附錄】《佛果圜悟禪師碧巖錄》爲日本“五山版”禪籍中刻刊較多的文本之一。除本刊本之外，重要的刊本還有：

京都建仁寺天潤庵玉峰版；

京都東福寺正宗庵版；

京都妙心寺正眼庵版；

日向真幸寺版；

能登總持寺版；

越後蒲原本源寺版等。

後水尾天皇寬永三年（1626 年）又有活字版十卷本刊印。

（圜悟禪師評唱雪竇和尚頌古）碧巖錄十卷

（宋）釋重顯頌古　釋克勤評唱

明徐大莅刊本　共四册

内閣文庫藏本　原楓山官庫等舊藏

【附錄】日本室町時代有《佛果圜悟禪師碧巖錄》十卷本的寫本一種，分裝十册。此本現存大東急紀念文庫。

室町時代後土御門天皇明應年間（1492—1500 年）瑞龍寺刊印《佛果圜悟禪師碧巖錄》十卷。此本依杭州北橋北街東峴中張氏書隱刊本覆刊。

此本完全保存元刊本形態，前有宋建炎戊申（1128 年）比丘普照《序》，元大德四年（1300 年）方回萬里《序》，大德九年（1305 年）玉岑休

休居士《序》，大德甲辰（1304 年）三教老人《序》。全書卷末有宋宣和乙巳（1125 年）關友無黨《後序》，又有《重刊圜悟禪師碧巖集序》，元大德壬寅（1302 年）比丘净日《後序》，元延祐丁巳（1317 年）比丘希陵《跋》，同年馮子振《跋》。

前三教老人《序》之末行下，有“古杭朱子成刊”一行。各卷卷末（除卷五、卷六外）又有“峴中張子書隱刻梓”雙行木記（卷九爲陰刻）。卷五卷末有“峴中書隱刊記”，其文曰：

“此集自大慧一炬之後，而又重罹兵燹，世鮮善刻。今得蜀本，板正頗完，猶恐中間亥豕魯魚不無一二，四方具眼高人，爲是正之妙錄見教，當復改□俾成金美，禪宗幸甚！峴中書隱白。”

第六卷卷末又有“峴中書隱告白”，其文曰：

“峴中書隱鼎刊《圜悟碧巖錄》幸已訖事，四方禪友，或收得祖庭事苑萬善同歸錄及禪宗文字世罕刊本者，幸乞見木當爲繡梓，以廣禪學，此亦方便接引之一端也。告母舍玉幸甚！　稟白。”

室町時代初期有能登總持寺刊行《佛果圜悟禪師碧巖錄》十卷。

室町時代中期有妙心寺刊行《佛果圜悟禪師碧巖錄》十卷。同期又有美濃瑞龍寺刊行《佛果圜悟禪師碧巖錄》十卷的重印本。又有越後本源禪院刊行《佛果圜悟禪師碧巖錄》十卷。

後水尾天皇寬永三年（1626 年）有活字版《佛果圜悟禪師碧巖錄》十卷本。

開福寧禪師語錄一卷

（宋）釋道寧撰　善果編

日本南北朝年間（1331—1329 年）刊本　共一册

宫内廳書陵部藏本

【按】每半葉十一行，行二十字。白口，左右雙邊（17.5cm×11.5cm）。

首有宋大觀三年（1109 年）譚章《潭州開福禪寺寧禪師語錄序》。《序》後有文字二行，曰

"朝請郎充徽猷閣待制知潭州軍州事兼荆湖南路安撫鈐轄席震皇叔節度使華原郡王三京"。

《語録》末有日本南北朝時代北朝後圓融天皇應安六年(1373 年)僧人貞柏手識文字五行,其文曰:

"此録禪徒至□吾家青氈,本朝未有鋟梓者,七世孫比丘彦貞募緣雕刻,欲使眼中有筋衲子,一覽而知臨濟正宗在此耳!應安癸丑仲春同幹比丘貞柏。"

卷中有"金地院"等印章。

雪峰空和尚外集(東山外集)二卷

(宋)釋雪峰慧空撰

日本南北朝年間(1331—1392 年)刊本　共二册

宫内廳書陵部藏本

【按】每半葉十行,行二十字。白口,左右雙邊(17.3cm×11.9cm)。版心上魚尾下刻"東"字。

卷末有宋淳熙五年(1178 年)比丘當然《跋》,次有日本北朝光明天皇貞和丁亥(1347 年)建長寺僧人梵僛《跋》。(梵僛爲中國元代僧侣,於日本後醍醐天皇元年即 1329 年渡海赴日,貞和三年即 1347 年入鎌倉建長寺——編著者)

卷中有"孤陋庵"、"蓮華庵"等印記。

【附録】據瑞溪周鳳《卧雲日件録》中"享德元年(1452 年)八月九日"記載,是日和尚閲《雪峰空和尚外集》。

虚堂和尚語録三卷　續輯一卷

(宋)釋智愚轉磨

宋刊本　共四册

御茶之水圖書館藏本　原一休和尚　德富蘇峰成簀堂等舊藏

【按】每半葉有界十一行,行二十字。白口,左右雙邊(19.6cm×12.5cm)。

卷末有宋咸淳五年(1269 年)新差住持福州鼓山嗣法小師妙源《跋》。《跋》後有《刊記》一

行,其文曰:"小師楚蘋清塞謹抽衣資命工刊行"。

此《録》收輯虚堂和尚在嘉興府興聖禪寺、報恩光孝禪寺、慶元府顯孝禪寺、瑞嵒開善禪寺、萬松山延福禪寺、婺州雲黃山寶林禪寺、慶元府阿育王山廣利禪寺、柏巖慧照禪寺、臨安府净慈報恩光孝禪寺、徑山興聖萬壽禪寺等禪寺之《語録》,并《法語》、《序》《跋》等。

此本由日本入宋僧携歸,卷中有朱墨點,係日本室町時代僧人所施。

卷中有"天下能藏司"、"真珠庵"、"蟠桃院"、"樂亭文庫"、"桑名"、"古川氏之記"等印記。

【附録】花園天皇正和二年(1313 年)僧人宗哲等刊印《虚堂和尚後録》一卷。此屬"五山版"。每半葉十一行,行二十字。白口,左右雙邊。《續輯》之尾有刊記六行,其文曰:

"祖翁在世,《語録》二帙刊流天下。宋咸淳五年(1269 年)晉之《續録》後集,已成三卷,而本朝未刊行之。先師常爲言,而未果成也。爲人之後者,曷無勇爲乎!仍搜遺逸,新添數紙於後録之尾,鋟梓於龍翔。正和癸丑(1313 年)開爐日,拙孫宗卓敬書,沙彌宗哲等施財開版。"

日本室町時代有和刊本《虚堂和尚語録》三卷,此屬"五山版"。

後陽成天皇、後水尾天皇慶長年間(1596—1615 年)有活字刊本《虚堂和尚語録》三卷,并《後録》一卷。

後光明天皇正保四年京都中野小左衛門刊印《虚堂和尚語録》三卷并《後録》一卷。此本題署"宋智愚撰,宋妙源編"。

虚堂和尚語録三卷　續輯一卷

(宋)釋智愚轉磨

宋刊本　共四册

宫内廳書陵部藏本

大慧普覺禪師普説(殘本)一卷

(宋)釋宗杲撰

宋刊本(開元寺《大藏經》零本)　折本裝
共一帖

　　御茶之水圖書館藏本　原三聖寺　德富蘇
峰成簣堂等舊藏

　　【按】此本今存卷第十六,凡一卷一帖。

　　卷首有日本大正六年(1917 年)大狂子贈送
手記,并有德富蘇峰收手記。

　　卷末有久能山鐵舟寺什寶手記,并有前净土
門主松翁手記。

　　卷中有"三聖寺"、"華頂山"、"古經堂藏"等
印記。

　　【附録】1353 年日本東福寺第二十八世大道
一以所編《普門院經論章疏語録儒書等目録》
其"藏部"著録《大慧普説》四册,又《普説》一
册。

　　南北朝時期(1331—1392 年)有和刊本《大慧
普覺禪師普説》四卷,此爲"五山版"。

大慧普覺禪師法語一卷

　　(宋)釋宗杲撰

　　元泰定二年(1325 年)福州越山禪寺刊本
共一册

　　西尾市圖書館岩瀨文庫藏本

　　【附録】同前條《普門院經論章疏語録儒書等
目録》其"藏部"著録《大慧法語》一册。

大慧普覺禪師語録三十卷

　　(宋)釋宗杲撰　釋法宏(道謙)編録

　　宋淳熙十五年(1188 年)序刊本

　　早稻田大學圖書館藏本　原中村進午文庫
等舊藏

　　【附録】同前條《普門院經論章疏語録儒書等
目録》其"藏部"著録《大慧語(録)》十册,又《語
録》一册。

大慧普覺禪師語録三十卷

　　(宋)釋道謙録　釋文昌編

　　明萬曆十三年(1585 年)刊本　共六册

　　御茶之水圖書館藏本　原德富蘇峰成簣堂

等舊藏

　　【按】首有《年譜》,次有助緣者木記。

　　卷末有明萬曆乙酉(1585 年)施財者木記。

　　卷中有繪圖。初印原裝。

大慧普覺禪師語録三十卷　附録三卷

　　(宋)釋宗杲撰　蘊聞編

　　明萬曆十三年(1585 年)周汝登刊本　共八
册

　　内閣文庫藏本　原楓山官庫等舊藏

　　【按】《附録》三卷細目如下:

　　《大慧普覺禪師宗門武庫》一卷;

　　《雪堂行和尚拾遺録》一卷,釋道謙編;

　　《大慧普覺禪師年譜》一卷,釋祖咏編。

明州雪竇明覺大師開堂語録一卷　雪竇和尚後録一卷　雪竇和尚拈古一卷　雪竇顯和尚明覺大師頌古集一卷

　　(宋)釋重顯撰

　　元刊本　共二册

　　御茶之水圖書館藏本　原狩谷掖齋　德富
蘇峰成簣堂等舊藏

　　【按】每半葉有界十一行,行二十字。白口,
左右雙邊(19.6cm×13.2cm)。

　　《開堂語録》首有宋開禧元年(1205 年)雪竇
住山德雲《序》,次有元泰定甲子(1324 年)禾
城本覺寺比丘如芝《序》(《序》末題署"泰定甲
子佛成道日禾城本學末學比丘如芝拜書"),又
有宋天聖四年(1026 年)九月一日朝奉大夫尚
書刑部郎中充集賢殿修撰知明州兼市舶管内
勸農事上柱國賜紫金魚袋曾會述《明州雪竇明
覺大師開堂語録并序》。

　　《序》末換行,上空十字有《刊記》,其文曰:
"門人文軫録,杭州承天寺住持賜紫嗣法弟子
傅宗校勘立板。"

　　《頌古集》末有"參學仙都沙門簡能校勘"一
行。

　　上册末有日本後奈良天皇天文十一年(1542
年)日人讀書墨書手記,其文曰:"天文十一壬

寅三月初四於善慧軒下一覽之次叨加朱句耳。瓢山人五十三齡。"下册末又有墨書手記曰："天文十一年壬寅暮春初六於善慧室内披覽之次信筆朱句矣。瓢闇山人五十三齡。"

　　卷中有"善慧軒"、"彦洞"、"彦梁"、"掖"、"齋"等印記。

　　【附録】同前條《普門院經論章疏語録儒書等目録》其"收部"著録《雪竇明覺語(録)》一部二册。《明覺語(録)》一部三册。

雪竇和尚語録(殘本)一卷

　　(宋)釋重顯撰

　　元刊本　共一册

　　御茶之水圖書館藏本　原洒竹文庫　德富蘇峰成簣堂等舊藏

　　【按】此本爲《雪竇和尚語録》之上卷,凡一卷。第四葉係後人寫補。

　　卷中有"大通"等印記。

明州雪竇明覺大師開堂語録一卷　雪竇和尚後録一卷　雪竇和尚拈古一卷

　　(宋)釋重顯撰

　　元刊本　共一册

　　御茶之水圖書館藏本　原德富蘇峰成簣堂等舊藏

　　【按】每半葉有界十一行,行二十字。白口,左右雙邊。

　　此本今缺《雪竇顯和尚明覺大師頌古集》一卷。

(萬松老人評唱天童覺和尚頌古)從容庵録三卷

　　(宋)釋正覺撰

　　明萬曆年間(1573—1620年)升升道人刊本　共三册

　　内閣文庫藏本　原楓山官庫等舊藏

(萬松老人評唱天童覺和尚拈古)請益録二卷

　　(宋)釋正覺撰

　　明萬曆年間(1573—1620年)升升道人刊本

　　共二册

　　内閣文庫藏本　原楓山官庫等舊藏

正法眼藏三卷

　　(宋)釋宗杲撰

　　元刊本　共三册

　　國會圖書館藏本

　　【按】每半葉十一行,行二十字。白口,左右雙邊(18.3cm×11.2cm)。版心記刻工姓名。

　　此本卷二自第十葉起至卷末,凡七十四葉係後人寫補。此卷卷末有日本土御門天皇延德三年(1491年)寫補者墨書一行,文曰:"延德三辛亥六月初八日懌書"。

　　卷中有"天龍金剛藏海印文常住"、"金地院"等印記。

高峰和尚語録(不分卷)

　　(宋)釋原妙編撰

　　元刊本　共一册

　　御茶之水圖書館藏本　原鐮倉時代圓覺寺歸源院　德富蘇峰成簣堂等舊藏

　　【按】每半葉有界十一行,行二十字。細黑口,左右雙邊(18.5cm×12.2cm)。

　　此本今存上卷,缺下卷,凡一卷。上卷收輯《湖州雙髻禪庵語録》、《杭州西天目山師子禪院語録》,及《示禪人語》等,共存四十五頁。

　　《示禪人語》末有"室中垂三語"六行,語曰:

　　　　"大徹底人本脱生死因其命根不斷

　　　　佛祖公案祇是一個道理因甚有明與不明

　　　　大修行人當遵佛行因甚不守毗尼

　　　　杲日當空無所不照因甚被片雲遮卻

　　　　人人有個影子寸步不離因甚踏不着

　　　　盡大地是個火坑得何三昧不被燒卻"

　　書葉上欄有"正受庵常州路高岡(大雲山)法雲正受庵公用"等墨書。

　　【附録】日本南北朝時期(1331—1392年)有和刊本《高峰和尚語録》,此屬"五山版"。

高峰大師語録（不分卷）

（宋）釋原妙編撰
明萬曆二十七年（1599 年）序刊本　共一册
内閣文庫藏本　原楓山官庫等舊藏

石林和尚語録二卷

（宋）釋可寧　清澈等編
元至正八年（1348 年）刊初印本　共二册
御茶之水圖書館藏本　原德富蘇峰成簣堂
等舊藏

【按】每半葉有界十一行，行二十字。左右雙
邊（21.5cm × 12.3cm）。上卷收輯石林和尚在
上方禪寺、思溪禪寺、黄龍禪寺、承天禪寺、净
慈禪寺之《語録》、《法語》、《贊佛祖》、《自贊》
等。

下卷收輯《普說》、《小參》、《拈古》、《頌古》、
《偈頌》、《佛事》與《序》《跋》等。

卷末一行有《刊記》，文曰：“歲在戊子（1348
年）小師慧昰命工刊”。

卷中有江户時代墨書“佛日庵藏”，又有“佛
日藏書”等印記。

横川行珙禪師語録一卷

（宋）釋横川行珙撰
元至正十九年（1359 年）刊本　共一册
天理圖書館藏本
【按】每半葉十二行，行二十一字。

鏡堂和尚語録一卷

（宋）釋鏡堂覺圓撰
元至正年間（1341—1368 年）鄞縣寶慶寺刊
本　共一册
天理圖書館藏本
【按】每半葉十行，行二十字。

如如居士三教大全語録二卷

（宋）釋顔丙編
明前期刊本　共一册

京都大學附屬圖書館谷村文庫藏本

禪宗頌古聯珠通集（殘本）七卷

（宋）釋法應編
宋刊本　共七册
宮内廳書陵部藏本
【按】每半葉十行，行二十字。白口，左右雙
邊（18.3cm × 11.8cm）。版心記施主姓名，如
“月岩葉覺明助刊”、“紹興朱道堅助刊”、“積庵
徐善祖助刊”等。

前有宋淳熙己亥（1179 年）《序》，此《序》僅
存末尾半葉，末署“淳熙歲在屠維大淵獻”。又
有淳熙二年（1175 年）法應《舊集本序》，此
《序》曰：

“法應自昔南游，訪道禪燕之暇，集諸頌
古資參知識，隨所聞，持同學討論去取，校定
三十餘年，採摭機緣三百廿五則，頌二千一
百首，宗師一百廿二人，編排成帙，命名《禪
宗頌古聯珠集》……”

是書全本十卷。此本今缺卷三、卷五、卷八，
凡三卷，實存七卷。

卷一末曰：“西天目山幻住比丘明本助統鈔
貳定”。

卷二末曰：“西天目山幻住比丘明本中峰有
助統鈔一定”；“崇德州市居陳文彬質夫助統鈔
一定”。

卷四末曰：“西天目（山）幻住比丘明本中峰
又助中統貳定”。

卷六末曰：“杭居王德懋勉卿助緣統鈔一
定”。

卷中有“金地院”等印記。

禪宗頌古聯珠通集（殘本）一卷

（宋）釋法應編　（元）釋普會續編
明代初期本　共一卷
大東急記念文庫藏本
【按】是書全本凡十卷，此本係卷第一，凡一
卷。

古尊宿語録前集四策　續集六策

（宋）釋渭頤編　《續集》　釋師明編

宋嘉熙二年（1238年）福州鼓山寺刊本　共九册

宮内廳書陵部藏本

【按】每半葉十二行，行二十二字。白口，左右雙邊（16.6cm×11.3cm）。版心記葉數。

《前集》之首有宋淳熙丁卯（宋淳熙無丁卯之年，疑爲“丁酉”之訛，即公元1177年——編著者）阿育王山住持大觀《重刊古尊宿語録序》，又有淳熙戊戌（1178年）師明《序》。《續集》末有宋嘉熙戊戌（1238年）宗源《跋》。

《前集》列一至四，凡四策，收録二十家《語録》；《後集》列天地日月星辰，凡六策，收録八十家《語録》（與前重出一楊歧家）。

各卷中偶有刊記，如：

《大觀序》末，有“奉水章震刊”一行。

《前集》一策《趙州真際禪師語録并行狀》末，有“廬山棲賢覺禪院住持傳法賜紫沙門澄諟重詳定”、“福州鼓山重刊印行”二行。

《續集》卷末，有“三山傳詔刻”一行。

《前集》一策《睦州和尚語録》末，又有“丙申仲夏初七日看過了”墨書一行。

卷中有“金地院”等印記。

古尊宿語録（殘本）五集（不分卷）

（宋）晦室老人編集

宋紹興九年（1139年）刊宋淳熙五年（1178年）宋嘉熙二年（1238年）遞修刊本　共五册

國會圖書館藏本

【按】每半葉十二行，行二十二字。上下單邊，左右雙邊。版心有上下象鼻。上象鼻下刻“南院”等和尚法名，下象鼻下刻葉數，間有刻工姓名，如時任、付任、昭、傅詔、印、詔等。每一葉後半葉左邊框外上方有外耳，題本節語録作者名，如“雲門”、“法昌”等。

此書全本六册。此本今存五册，缺第三集。一集一册，每册外封皆墨書題識“古尊宿語録”。

第一册内封右側上角手書“語録”，下書“壹笈”。第一集無目録，起首係爲本集所輯諸和尚紹介。其文曰：

“南院和尚（亦名寶慶），名慧顒，鄉貫姓氏受業不載，得法於興化蔣和尚。臨濟第三世，後唐莊宗、明宗時人。

首山和尚，名省念，萊州人，姓狄氏。南禪院受業，得法於風穴昭和尚，壽六十八。臨濟第五世，本朝太宗淳化中示寂。

葉縣和尚，名歸省，冀州人，姓賈氏。易州保壽院受業，得法於首山和尚。臨濟第六世，本朝太宗、真宗時人。

神鼎和尚，名洪諲，襄水人。姓氏受業不載，得法於首山念和尚，年八十餘。臨濟第六世。與葉縣同。

承天和尚，名智嵩（亦云三交嵩，亦云鐵佛嵩。三交即唐明嵩，亦承天也。）鄉貫、姓氏、受業皆不載，得法於首山念和尚。臨濟第六世，與葉縣同。

石門和尚（亦住谷隱，號慈照），名蘊聰，南海人，姓張氏。受業不載，得法於首山念和尚，壽六十八。臨濟第六世，本朝仁宗天聖中示寂。”

（以上每半葉十行，行十五字）

次有《汝州南院顒和尚語要》，題目頂格。下空三字書“嗣興化蔣和尚“。換行起爲正文。《語要》尾題“南院和尚語録終”。全文凡十版。

次有《汝州首山念和尚語録》，版式同前。在“汝州首山語録終”後，有《次住廣教語録》及《次住寶應語録》，末後又有“首山念和尚語録終”，并内有施財者《刊語》三行，其文曰：

“新興院比丘尼興覺，捨財一十五貫文足，敬刊《首山念和尚語録》一帙，發明心地，同證菩提。紹興九年端午日題。”

次有《汝州葉縣廣教省禪師語録》，第二行上空九字，題署“參學小師智親重録”，凡二十一版。

次有《潭州神鼎山第一代諲禪師語録》，尾題

"神鼎諲禪師語要終"。此葉第十二行,上空三字,有施財者《刊語》。其文曰:"福州城旬女弟子韓八娘,捨錢一十貫刊刻。"轉葉換行,續刻"《神鼎禪師語錄》一編,報答恩友同圓種智",全文凡十五版。

次有《并州承天嵩禪師語錄》,版式同前。尾題"唐明嵩禪師語畢",全文凡二十五版。

次有《石門山慈照禪師鳳巖集并序》。此《序》曰:"師既露於詞鋒,禪子常親於語要,編成二卷,集號鳳巖。"然查檢行文,未見有卷數之分。全文共十七版。

第二冊即第二集,首題"續刊古尊宿語要第二集目錄",下空五字,有一"地"字。次行起載《目錄》如次:

法眼益一板;　　　雲門偃一十一板;
法昌遇五板;　　　雪寶顯四板;
天衣懷四板;　　　曹山寂五板;
投子青八板;　　　芙蓉楷六板;
真歇了三板;　　　宏智覺九板;
古巖璧八板;　　　天章楚一板;
真净文一十四板;　隱山璨四板;
妙湛慧二板;　　　金粟智二板。

《目錄》後有"施主尊銜",其文曰:

"前住府城開元寺比丘惟黨,捨楊梅板貳佰元。

前住懷安長生寺雲屋道濟、住台州明因寺立庵道杰,各肆貫肆佰足。住閩清石圳寺比丘尼崇顯、台州明因寺比丘尼如湜,各壹貫壹佰足。住神安寺禪鑒大師慧觀等,共貳貫貳佰足。烏石山崇福寺比丘尼寶懿募衆緣,共捌貫三佰足。府城净業景星諸寺比丘尼善信等二十三人,共陸貫捌佰貳拾足。長邑禪林寺普崇,肆佰肆拾足。已上共施財,刊此乙集,流通報資恩有者。"

　　　　　（以上每半葉九行,行二十一字）

第三冊爲第四集,首題"續刊古尊宿語要第四集目錄"。下空四字,刻一"月"字。次行起載《目錄》如次:

佛心才六板;　　山堂洵九板;

別峰珍九板;　　　雲蓋本六板;
虎丘隆二板;　　　應庵華十八板;
密庵杰五板;　　　松源岳九板;
曹源生四板;　　　鐵鞭韶四板;
破庵光六板;　　　笑庵悟二板;
無示諶三板;　　　心聞賁四板;
慈航朴二板。

《目錄》之後有"施主尊銜",列名如次:

"住寧德支提寺比丘處英,壹拾貫足。住黄江觀音寺比丘正定、住桃枝林洋寺祖榮,各貳貫叁伯足。住西鹿寺比丘惠曄貳貫貳佰足。住府城羅山法海寺比丘法義、住補山萬歲寺比丘法琪、住九仙文殊寺比丘道方,各貳貫足。住乾元寺比丘師月,玖佰伍拾足。鼓山寺比丘日崇,肆佰陸拾足。萬歲寺比丘惟俊,肆佰足。萬歲寺比丘紹楠,貳佰足。已上共施財,刊此乙集,流通報資恩有者。"

第四冊爲第五集,首題"續刊古尊宿語要第五集目錄",下空四字刻一"星"字。次行起載《目錄》如次:

大慧杲七板;　　　晦庵光四板;
此庵净九板;　　　懶庵需二十五板;
佛照光八板;　　　誰庵演四板;
遁庵演七板;　　　竹原元四板;
蒙庵岳三板;　　　石庵玿六板;
退庵先六板;　　　混源密五板;
空叟印四板;　　　木庵汞五板;
柏堂雅五板。

此葉第七行全行塗黑,第八行起有"施主尊銜",列名如次:

"住城北安國寺比丘德嘉,肆貫陸佰足。住長邑天王寺比丘興如,貳貫貳佰足。住懷安五雲寺比丘大椿,捨漣水古畫觀音乙軸,抽拈到壹拾陸貫足。住林洋寺比丘仁清,壹貫足。住清凉寺比丘師瑛、前住幽居寺比丘道邇,各陸佰叁拾足。住江南瑞遠寺比丘有守,陸佰陸拾足。長生寺比丘愈明、白鹿寺比丘覺了,各肆佰肆拾足。鼓山寺比丘貳佰貳拾足。已上共施財,刊此乙集,流通報資恩有者。"

第五册爲第六集,首題"續刊古尊宿語要第六集目録",下空四字刻一"辰"字。次行起載《目録》如次:

雪堂行十一板;　　竹庵珪八板;

晦庵光三板;　　別峰印一十三板;

退庵奇一十板;　　東山空七板;

廣鑿瑛九板;　　水庵一十三板;

　　或庵體七板(下);　　別峰雲一十六板(上)。

此葉第八行起,有"施主尊銜",列名如次:

"住鼓山晦室比丘師明,伍貫足。住方山寺志通,伍貫足。住翠微寺比丘清玖,貳貫柒拾足,并壽山石佛抽拈錢貳貫足。住百丈比丘祖燈,貳貫壹佰足。閩縣董塘方山居士項宗焕,肆貫足。滬嶼信士諸以寧,貳貫貳佰足。城南道友林智悟,貳貫叁佰足。信士林日彰、林安宅,各肆佰肆拾足。大義道友陳明智、府城林氏永芳,各肆佰肆拾足。府城道友祖謙、法日、道人達真,各貳佰叁拾足。陳氏七娘貳佰貳拾足。已上共施財,刊此乙集,流通報資恩有者。"

此集末又有宋嘉熙二年(1238年)比丘宗源《跋》,其文曰:

"敬覽晦室老人所集前輩諸大尊宿語要,深爲叢林之助。宗源募金鋟木,分爲六策,并假藏主元集四策,合成一部,以廣其傳。因憶飲光微笑破顔,而吾佛爲之斂衽;神光三拜依立,而吾祖爲之倒戈。是皆表顯心行處滅言語道斷者之所作也。苟欲揭示如來正法眼藏撈漉人,天不假筌蹄亦難矣。此録乃真筌蹄也。其或智過二光,氣吞佛祖者,知我罪我,總不離是録。嘉熙戊戌臘月佛成道日,比丘宗源再拜書于卷末。"

此"卷末"二字下有花押,微有塗黑,下刻"三山傅韶刊"五字。

此本《語録(語要)》中,偈誦詩作極爲豐富。

(重刊)古尊宿語録(不分卷)

(宋)釋渭頤編

宋刊本　　日本重要美術財　共二十二册

御茶之水圖書館藏本　原狩谷掖齋　新見賜廬　淺野梅堂　德富蘇峰成簣堂等舊藏

【按】每半葉有界十一行,間或十二行,行二十字至二十二字不等。白口,左右雙邊(20.1cm×12.6cm)。

前有宋咸淳丁卯(1267年)阿育王山住持嗣祖大觀《序》,又有釋德最撰《略傳》。

此本各册細目如次:

第一册　《池州南泉普願和尚語要》《投子和尚語録》《睦州和尚語録》;

第二册　《鎮州臨濟慧照禪師語録》;

第三册　《趙州真際禪師語録　并行狀》;

第四册　《大隋開山神照禪師語録》《衢州子湖山定葉禪院第一代神力禪師語録》《皷山先興聖國師和尚法堂玄要廣集》;

第五册　《襄州洞山第二代初禪師語録》;

第六册　《汝州南院顒和尚語録》《汝州葉縣廣教省禪師語録》;

第七册　《潭州神鼎山第一代諲禪師語録》《并州承天嵩禪師語録》《石門山慈照禪師鳳岩集》;

第八册　《舒州法華山覺和尚語要》《筠州大愚芝和尚語録》;

第九册　《雲峰悦禪師語録(初住　次住)》《袁州楊歧會老語録》《潭州道吾真禪師語要》;

第十册至第十二册《雲門匡真禪師廣録》(三卷);

第十三册　《東林和尚雲門庵主頌古》;

第十四册　《滁州琅琊山覺和尚語録》四卷;

第十五册　《舒州白雲山海會和尚語録》;

第十六册至第十九册　《黄梅東山語録》《寶峰雲庵真净禪師語録》三卷;

第二十册至第二十二册　《佛眼禪師語録》。

卷中有淺野梅堂手識文,其文曰:"元治首載甲子槐夏於葛西樂是園柏拱樓一閱蔣潭鯢侶。"

此本於 1932 年(昭和八年)被日本"文化財審議委員會"確認爲"日本重要美術財"。

古宿尊語要四策　續集六策

(宋)釋渭頤編　《續集》(宋)釋師明編

日本室町時代(1393—1573 年)覆宋刊本

共五冊

宮內廳書陵部藏本

【按】每半葉十二行,行二十字至二十二字不等。白口,左右雙邊(17.4cm×11.8cm)。版心有宋本原刻工姓名,如傅詔刻等。

卷中有後人寫補。第一冊尾附貼小札一條,文曰:"玉舟和尚賜之,五冊之內。"每冊首葉欄眉處,皆有"妙覺寺常住日典"朱書七字。卷中有"吟風清月"等印記。

續開古尊宿語要集六卷

(宋)釋師明編

宋刊本　共六冊

大東急紀念文庫藏本　原東福寺山叟舊藏

無門語錄一卷

(宋)釋普敬等編

日本室町時代(1393—1573 年)覆元刊本

共一冊

宮內廳書陵部藏本

【按】每半葉十行,行二十字。白口,左右雙邊(17.2cm×12.1cm)。前有宋淳祐己酉(1249年)程公許《序》。

卷末有元至元五年(1339 年)"募緣刊語",文曰:

　　"參學比丘慧廣化到寶鈔五兩,參學弟子程普覺丁、堅顧覺通、女弟子朱氏妙慧,共拾寶鈔五兩,少師嗣源、嗣本,募緣重新刊行,庶廣流通。至元己卯中秋日謹識。"

卷中有"釋道誠"、"北固山西禪院堂卍字堂"等印記。

【附錄】四條天皇仁治二年(1241 年)日本東福寺開山聖一國師圓爾辯圓自中國歸,携回漢籍內外文獻數千卷。1353 年東福寺第二十八世大道一以據聖一國師藏書編纂成《普門院經論章疏語錄儒書等目錄》,其"光部"著錄《無門語(錄)》一冊。

五家語錄二十一卷

編者不著姓名

明隆慶三年(1569 年)刊本　共十五冊

御茶之水圖書館藏本　原朝鮮江州龍潭寺德富蘇峰成簣堂等舊藏

【按】此本收輯宋僧三人五種語錄。細目如次:

1.《佛果圜吾禪師壁嚴錄》十卷。

此本卷三末、卷四末、卷五末、卷六末、卷七末、卷九末,皆有施財信士信女列名;卷十除此助緣者列名外,又有"洪武二十四年四川重慶府比丘原亮募緣重刊"之木記、"永樂十三年苑必用校正"并助緣列名。最末有"大明隆慶三年歲次屠維大荒落元日梓行"刊記一行。

2.《萬松老人從容錄(離知錄)》三卷。

上卷有繪圖二葉,中卷有助緣僧人列名。

3.《萬松老人請益錄(從隆錄)》二卷。

下卷有蓮牌木記,助緣者列其名。

4.《林泉老人虛堂習聽錄》三卷。

中卷有助緣者列名。

5.《林泉老人空谷傳聲集(義聰錄)》三卷。

中卷有施財信士列名,下卷末有《刊記》,文曰:"大明隆慶三年七月望日比丘祖質募衆刊梓,校正流行,版留南京清凉寺。弟子真呑、普心、普光、普□、□高。"

卷帙題識係明治四十三年(1910 年)五月德富蘇峰手書。

慈明四家錄

不著撰人姓名

元覆宋紹興刊本

天理圖書館藏本

【按】每半葉十二行,行二十七字。

此本收錄《慈明圓禪師》、《揚歧會禪師》、《白雲端禪師》、《五祖演禪師》,凡四家之言。

師子林語錄二卷　　別錄五卷　　剩語集二卷

(元)釋惟則撰　釋善遇編

元刊本　共四册

静嘉堂文庫藏本　原蓮涇王聞遠　陸心源皕宋樓舊藏

【按】每半葉有界十一行,行二十一字。細黑口,單黑魚尾,左右雙邊(19.2cm × 12.6cm)。版心偶記刻工姓名,如何可大等。

《語錄》卷首有元至正九年(1349 年)四月翰林學士資善大夫知制誥同修國史長沙楊宋瑞《序》,又有至正十四年五月(1354 年)歐陽玄《獅子林菩提正宗寺記》。

此《語錄》乃元僧天如禪師惟則和尚語錄,"獅子林"(師子林)在姑蘇城中。

《別錄》卷首有至正九年(1349 年)十二月李祁《序》,又有同年夏元者圖《序》。此《錄》五卷,係詩一卷,文四卷。

《剩語集》卷首有元至正壬辰(1352 年)暮春遂昌鄭元祐《序》。

卷中有"蓮涇"、"太原叔子藏書記"、"愛間居士"、"士禮居藏"、"泰峰"、"郁松年印"、"留爲永寶"、"桐軒主人藏書畫印"、"臣陸樹聲"、"歸安陸樹聲所見金石書畫記"等印記。

師子林天如和尚語錄四卷

(元)釋惟則撰　釋善遇編

明雲棲寺重刊本　共四册

御茶之水圖書館藏本　原德富蘇峰成簣堂等舊藏

【按】每半葉有界十行,行二十字。白口,左右雙邊。

卷首刻印"雲棲寺重刊"五字。

書帙有德富蘇峰 1914 年四月朱筆題識。

卷中有"清净精舍"、"情景堂之圖記"等印記。

雪巖和尚語錄二卷　　追補一卷

(元)釋祖欽撰　釋昭如　希陵等編

元大德年間(1297—1307 年)刊本　共三册

御茶之水圖書館藏本　原德富蘇峰成簣堂等舊藏

【按】每半葉有界十一行,行二十字。細黑口,左右雙邊(18.2cm × 12.2cm)。

有元大德二年(1230 年)家之巽《序》,又有净旦(東岩)《跋》等。

上卷首係雪巖和尚住潭州龍興禪寺、浙西道林禪寺、處州南明佛日禪寺、台州仙居護聖禪寺、湖州光孝禪寺、袁州仰山禪寺等之《語錄》、《普說》等。

下卷係《法語》、《舉古》、《書》、《贊佛祖》、《自贊》、《題跋》、《小佛事》等。

第三册中有日本東山天皇元禄年間(1688—1704 年)讀者補記和校誰等。

卷中有"大通"等印記。

雪巖和尚語錄二卷

(元)釋祖欽撰　昭如等編　(明)釋袾宏校

明刊本　共二册

内閣文庫藏本　原楓山官庫等舊藏

海印禪師三會語一卷

(元)釋昭如撰

元至治年間(1321—1323 年)刊本　共一册

御茶之水圖書館藏本　原德富蘇峰成簣堂等舊藏

【按】每半葉有界十一行,行二十字。黑口,左右雙邊。

天目中峰和尚廣錄(殘本)二卷

(元)釋明本撰　釋慈寂編

元刊初印本　共二册

御茶之水圖書館藏本　原靈龜瑞雲山大喬祥岩寺　德富蘇峰成簣堂等舊藏

【按】每半葉有界十一行,行二十一字。四周單邊(20.5cm×13.5cm)。

是書全本四卷。此本今存卷三、卷四,凡二卷。

卷三末有"施財信官共刊一卷",并有"黄易"以下凡十二人列名;卷四末也有"施財信官共刊一卷",并有"回生"以下十九人列名。

卷四"施財信官"列名之後,有江户時代人墨書兩則。

一則墨書曰:"靈龜瑞雲山大崙祥岩寺"。

一則墨書曰:"此兩卷在大崙書院,餘卷不足矣。近大龜棄捨,廣承全部依之,此兩卷有餘,蒙買之,而受持不侵,大崙常住。"

卷三末有1907年德富蘇峰手識文。其文曰:"明治四十年九月廿三日於燕澤善應寺獲焉。青山仙客共二。"

卷帙外手題"元刊山房夜話外一册蘇峰秘笈"。

【附録】日本南北朝時期(1331—1392年)有和刊本《天目中峰廣慧禪語録》四卷刊印,此屬"五山版"。

天目中峰和尚録三十卷

(元)釋明本撰　釋慈寂編

明刊本　共六册

内閣文庫藏本　原楓山官庫等舊藏

【附録】日本室町時代初期有和刊本《天目中峰和尚廣録》三十卷本刊印,此屬"五山版"。

後水尾天皇寬永四年(1627年)有活字刊本《天目中峰和尚廣録》三十卷刊印。

明正天皇寬永二十年(1643年)村上平樂寺刊印《天目中峰和尚廣録》三十卷。

後櫻町天皇明和四年(1767年)京都小川源兵衛刊印《天目中峰和尚東語西話》二卷,《續集》二卷,元僧明本中峰撰。

參禪要訣一卷

(明)王肯堂撰

明萬曆三十二年(1604年)刊本　共一册

静嘉堂文庫藏本　原中村敬宇等舊藏

隱元禪師語録二卷

(明)釋隆琦撰

明刊本　共一册

内閣文庫藏本　原楓山官庫等舊藏

黄檗無念禪師復問并醒昏録六卷

(明)釋西影撰

明天啓五年(1625年)刊本　共一册

静嘉堂文庫藏本　原中村敬宇等舊藏

黄檗山密雲禪師語録一卷

(明)釋圜悟撰　釋道忞編

明刊本　共一册

内閣文庫藏本　原楓山官庫等舊藏

博山無異和尚語録六卷

(明)釋元來撰　釋成正編

明崇禎年間(1628—1644年)刊本　共二册

静嘉堂文庫藏本　原中村敬宇等舊藏

博山和尚信地説(無異禪師語録)二卷

(明)釋元來撰　釋成正編

明萬曆四十五年(1617年)刊本　共一册

内閣文庫藏本　原楓山官庫等舊藏

博山無異大師語録一卷

(明)釋元來撰

明刊本　共一册

内閣文庫藏本　原楓山官庫等舊藏

博山和尚歸正録二卷　附一卷　緣起一卷

(明)釋元來撰　陳旦衷等編

明刊本　共二册

内閣文庫藏本　原楓山官庫等舊藏

博山和尚參禪警語一卷

(明)釋元來撰

明萬曆三十九年(1611年)序刊本　共一册

内閣文庫藏本　原楓山官庫等舊藏

博山大師別古一卷

(明)釋元來撰

明刊本　共一册

内閣文庫藏本　原楓山官庫等舊藏

博山和尚信地復吴太史書一卷

(明)釋元來撰

明天啓七年(1627年)刊本　共一册

内閣文庫藏本　原楓山官庫等舊藏

萬峰和尚語録一卷

(明)釋時蔚撰　釋普壽編

明天啓五年(1625年)刊本　共一册

内閣文庫藏本　原楓山官庫等舊藏

密雲禪師語録(天意密雲禪師語録)(殘本)一卷

(明)釋圜悟撰　釋行其編

明刊本　共一册

内閣文庫藏本　原楓山官庫等舊藏

【按】是書全本二卷。此本今存卷第二,凡一卷。

三峰禪師語録(五宗原)一卷　濟宗頌語一卷

(明)釋法藏撰

明崇禎元年(1628年)序刊本　共一册

内閣文庫藏本　原楓山官庫等舊藏

費隱禪師語録七卷

(明)釋通容撰　龔士龍編

明崇禎年間(1628—1644年)刊本　共二册

内閣文庫藏本　原楓山官庫等舊藏

祖庭鉗鎚録二卷　附宗門雜録四條

(明)釋通容撰

明刊本　共一册

内閣文庫藏本　原楓山官庫等舊藏

了心録二卷

(明)池上客編

明刊本　共一册

内閣文庫藏本　原楓山官庫等舊藏

指月録三十二卷

(明)瞿汝稷撰

明崇禎三年(1630年)釋海明重刊本

内閣文庫　京都大學人文科學研究所東洋學文獻中心　愛知大學附屬圖書館藏本

【按】内閣文庫藏本,原係楓山官庫等舊藏,共十二册。

京都大學藏本,原係松本文三郎等舊藏,共十册。

愛知大學藏本,原係霞山會舊藏,共十八册。

香巖古溪和尚語録(雨華集)十二卷　續編三卷

(明)釋覺徵撰　釋明炬等編

明萬曆三十四年(1606年)刊本　共五册

内閣文庫藏本　原楓山官庫等舊藏

鼓山頌古十卷

(明)釋元來撰

明崇禎二年(1629年)刊本　共一册

内閣文庫藏本　原楓山官庫等舊藏

錫類法檀十卷

(明)釋元來撰

明刊本　共一册

内閣文庫藏本　原楓山官庫等舊藏

天真毒峰禪師要語一卷　附天寧法舟禪師剩語一卷

(明)釋悟深編　《附》釋如淵編

明刊本　共一册

静嘉堂文庫藏本　原中村敬宇等舊藏

慨古録一卷

（明）釋圓澄撰
明刊本　共一册
内閣文庫藏本　原楓山官庫等舊藏

南詢録一卷

（明）豁渠撰
明萬曆二十七年（1599 年）跋刊本　共一册
内閣文庫藏本　原楓山官庫等舊藏

道餘録一卷

（明）姚廣孝撰
明萬曆四十七年（1619 年）刊本　共一册
内閣文庫藏本　原昌平坂學問所等舊藏

半峰録二卷

（明）馮昌曆編
明清響齋刊本　共一册
内閣文庫藏本　原江户時代林羅山舊藏
【按】卷中有"江雲渭樹"印記。

禪關策進二卷

（明）釋袾雲撰

明崇禎八年（1635 年）刊本　共一册
内閣文庫藏本　原楓山官庫等舊藏

禪林寶訓二卷

（明）釋净善撰
明正統年間（1436—1449 年）刊本　共二册
内閣文庫　御茶之水圖書館藏本
【按】每半葉有界十行，行二十字。黑口。
内閣文庫藏本，原係楓山官庫等舊藏。
御茶之水圖書館藏本，原係德富蘇峰成簣堂等舊藏。

禪林寶訓二卷

（明）釋净善編
明嘉靖二十七年（1548 年）沙門圓經刊本
共二册
御茶之水圖書館藏本　原德富蘇峰成簣堂等舊藏
【按】每半葉無界十行，行十字左右。四周雙邊。
前有明正統八年（1443 年）《後序》，又有明成化壬寅（1482 年）《跋》，又有明嘉靖戊申（1548 年）明玄《跋》。書帙内有德富蘇峰手識文。

（史傳之屬）

六祖惠能傳一卷

不著撰人姓名
唐貞元十九年（803 年）寫本　日本國寶
卷子本　共一軸
滋賀縣延曆寺藏本　原日本第十七次遣唐使團僧最澄等舊藏
【按】一紙二十五行，行二十六至二十八字不等。縱 25.7cm，本文用紙九枚，首尾二枚，凡用紙十一枚，全長 3810cm。
卷首頂格墨書"唐韶州曹溪寶龍山國寧寺六祖惠能大師傳法宗旨并高宗大帝　敕書兼賜

物改寺額、及大師印可門人、并滅度時六種瑞相及智藥三藏懸記等傳"，文共三行。
卷末有手記，其文曰："貞元十九年二月十三日畢。"
傳文文字偶有避諱，凡"唐"字，皆缺"口"，爲字不成。
此本係日本第十七次遣唐使團僧最澄在中國所得之寫本。第十七次遣唐使團係恒武天皇延曆二十三年（804 年）到達中國，最澄於翌年（805 年）六月即歸國，帶回"經疏"三十部四百六十餘卷，其中有《六祖慧能傳》一卷。今此各紙連接處有最澄自加親筆簽封"天臺第一

（至第九）澄封”。

卷中有“比叡寺印”，“延曆寺印”等印記。

此本已被日本“文化財審議委員會”確認爲“日本國寶”。

馬鳴菩薩傳　龍樹菩薩傳　提婆菩薩傳　合一卷

不著撰人姓名

宋末元初刊本　折本裝　共一帖

慶應義塾大學附屬圖書館藏本　原幸田文庫等舊藏

【按】每半折六行，行十七字。上下天地單邊，高約 26.5cm。

此三傳外題分別墨書“馬鳴菩薩傳”、“龍樹菩薩傳”、“提婆菩薩傳”。各題之下，皆刻有一“畫”字，此係依《千字文》序列函字號。

卷首第一行題“三經同卷一”，下部又刻一“畫”字。此《千字文》序列號之右下側，有刻工姓名，如虞集等。

第二行至第四行，上空四字題刻經題。

【附錄】九世紀日本藤原佐世撰《本朝見在書目録》著録中央臺省所藏之漢籍，其“五行家”著録《龍樹菩薩五明論秘要隱法》一卷，不著撰人姓名；其“醫方家”著録《龍樹菩薩和香方》一卷，不著撰人姓名；又著録《龍樹菩薩眼經》一卷，亦不著撰人姓名；又著録《龍樹菩薩□（此字不識——編著者）法》一卷，亦不著録撰人姓名。

又《本朝見在書目録》在“醫方家”著録《龍樹菩薩馬鳴菩薩秘法》一卷，題署“沙門善提造”。

這是日本古文獻關於龍樹菩薩與馬鳴菩薩的最早記録。

法顯傳一卷

（東晉）釋法顯撰

宋紹興年間（1131— 1162 年）福州開元禪寺刊本　折本裝　共一帖

御茶之水圖書館藏本　原金澤文庫　德富蘇峰成簣堂等舊藏

【按】每半折六行，行十七字左右。上下天地高約 24.9cm，幅寬 11.2cm（此本因重新裝裱過，每折匡郭并不一致——編著者）。版心上記一“通”字，此係依《千字文》序列函字號。“通”字下記“法顯一卷”，下記葉數，末記刻工姓名，如丁保、鄧匀、付中、陳仁、姚才、林日、丘受等。

卷首有宋紹興十八年（1148 年）《刊記》三行，其文曰：

“福州開元禪寺住持傳法賜紫慧通大師了一謹募衆緣，恭爲今上皇帝祝延聖壽，文武官員資崇禄位，圓成雕造《毗盧大藏》經版一副。時紹興戊辰閏八月日謹題。”

第四行頂格刻“法顯傳一卷”，下署一“通”字。

第五行上空四字，刻“東晉沙門　法顯自記游天竺事”。

第六行頂格起文，文曰：“法顯者在長安，慨律藏殘缺，於是遂以弘治二年歲在己亥，與慧景、道整、慧應、慧嵬等，同契至天竺，尋求戒律……”，止於卷末“於是，感嘆斯（世？）人，以爲古今罕有。自大教東流，未有忘身求法如顯之比，然後知識之所感，無窮否而不通，志之所將，無功業而不成，成夫功業者，豈不由忘失所重，重夫所忘者哉！”卷末正文之後，有本卷施財者《刊語》，其文曰：“閩縣崇賢里弟子潘師文，與（原文簡體——編著者）室中薛氏十一娘，謹施净財，開通字經版一函，流通聖教，各爲自身祈保平安，願延壽算者。”

卷中有日本後宇多天皇弘安年間（1278—1287 年）日本金澤稱名寺入宋僧圓種讀書標點。

此卷内封有德富蘇峰朱筆題識，其文曰：

“予曾於英國牛津大學刊行英漢兩文之《法顯傳》一部矣，而欲得《法顯傳》之支那口日本版，念頗切也。頃見此帖，欣然不能，措以《狂雲集》四十部及金十圓交換，文昌堂主人酬以此帖及《佛道論衡》四帖焉。明治四十四年十一月廿三夕，蘇峰學人。”

此《題識》後有"蘇峰學人"朱文陰文方印。封頁有"青山草堂"、"蘇峰"等印記。

此卷用杉木長盒盛之。木盒蓋墨書題識：

　　　"昭和十三年六月十四日於平泉中尊寺得古杉材，以作書盒，此爲十四個之一，蘇峰老人。"（原識文係用日本假名書寫——編著者）

法顯傳一卷

（東晉）釋法顯撰

日本二條天皇長寬二年（1164 年）釋信寶寫本　卷子裝　共一卷

天理圖書館藏本　原石山寺等舊藏

【按】全卷紙高 23.8cm，正文有界，上下雙邊，邊匡高 19.3cm。全卷有三十枚紙相接，一紙幅約 55.0cm，但自第二十三紙後，紙幅變窄，全長 1568cm。

卷末有手記曰："一交了。"後有書寫者手識文，其文曰：

　　　"長寬二年十一月十四日於勸修寺東院書寫了。奉爲先師聖靈，殊致丹心染紫毫信寶。"

卷中有"石山寺一切經"墨印。

法顯傳一卷

（東晉）釋法顯撰

日本鎌倉時代（1192—1330 年）初期寫本

日本重要美術財　卷子裝　共一卷

天理圖書館藏本

【按】全卷紙高 25.2cm，正文有界，上下單邊，邊匡高 19.4cm。全卷由二十七枚紙相接，一紙幅約 52.0cm，全長 950cm。

卷首脫落，卷末有手記曰："一交了，願主院曉。"

卷中有"上野藏書"等印記。

此本已被日本"文化財審議委員會"確認爲"日本重要美術財"。

高僧傳（殘本）十二卷

（梁）釋慧皎撰

宋紹興年間（1131—1162 年）開元寺刊本

折本裝　共十二帖

御茶之水圖書館藏本　原德富蘇峰成簣堂等舊藏

【按】每半折六行，行十七字左右。各帖行款尺寸不盡一致。

是書全本十四卷。此本今存卷二至卷十一、卷十三、卷十四，凡十二卷。

卷二每半折上下天地高約 25.4cm，幅寬 12.0cm。版心題一"通"字，此係依《千字文》序列函字號。次刻"二卷"，次刻葉數，次記刻工姓名，如吳兵、王生、孫生、孫受、陳文、付中、王旬、陳章等。

卷二卷首有宋紹興十八年（1148 年）《刊記》三行，其文曰：

　　　"福州開元禪寺住持傳法賜紫慧通大師了一謹募衆緣，恭爲今上皇帝祝延聖壽，文武官員資崇禄位圓成，雕造《毗盧大藏》經版一副。時紹興戊辰閏八月日謹題。"

第四行頂格刻"高僧傳卷第二"，下有一"通"字。第五行上空六字，題署"梁會稽嘉祥寺沙門　慧皎撰"。第六行題"譯經中"。其正文起於"鳩摩羅什傳"，止於"曇無讖傳"。卷末有本卷施財者《刊記》，其文曰：

　　　"閩縣崇賢里弟子潘師文，與室中薛氏十一娘，謹施净財，雕造通字經版一函，廣流聖教，祈保各身平安，願延壽算者。"

卷十三每半折上下天地高約 25.6cm，幅寬 12.3cm。版心上題一"廣"字，此係依《千字文》序列函字號。次刻十三卷，次刻葉數，次記刻工姓名，如丘受、荆偉、鄭受、鄭濤、丁保、邵保等。

卷十三首有雕版識文四行，其文曰：

　　　"敷文閣直學士左朝議大夫潼州府路都鈐轄安撫使知瀘州軍州提舉學事兼管内勸農使賜紫金魚袋馮檝，恭爲今上皇帝祝延聖壽,舍俸添鏤經版三十函,補足《毗盧大藏》,永冀流通。勸緣福州開元禪寺住持慧通大師了一題。"

第五行頂格題"高僧傳卷第十三　興福寺經師道師",下有一"廣"字,此係依《千字文》序列函字號。第六行題署"梁會稽嘉祥寺沙門慧皎撰"。

卷十三末之空葉,有日本後宇多天皇弘安十一年(1288年)孟春金澤稱名寺入宋僧人圓種手識文。其文曰:

"予爲擊蒙昧,比舊沉思僧傳,夙夜耽玩,殆忘寢食,雖無能改之爲貴,信知景行之可仰,伏願藉鑽仰之功,延信順之力,忘煩惑於一念,證覺悟於刹那,救拔四態,渡濟六劫,兼又欲資後生之披尋,猥黷朱墨之愚點,但備初學,豈望賢達諸有不逮見者改正耳。

弘安十一年歲次戊子孟春十一日圓種叙。"

此卷中多有朱點句讀,墨點訓讀,并間有批文,如第九頁在"説法"一節中,一二行之間有墨筆批文,曰"夜有輕雲,偏上微雨,沾澤僧佑,經行像所係念天氣,遥見像耳"。

【附録】九世紀日本藤原佐世撰《本朝見在書目録》著録中央臺省所藏之漢籍,其"雜傳家"著録《高僧傳》十四卷,題署"釋僧祐撰"。此爲《高僧傳》在日本古文獻中最早之記録。

後光明天皇慶安四年(1651年)京都西村又左衛門刊印梁釋慧皎《高僧傳》十三卷,共六册。

高僧傳十四卷

(梁)釋慧皎撰
宋刊本　共十四册
京都大學人文科學研究所東洋學文獻中心藏本　原松本文三郎等舊藏

高僧傳十四卷

(梁)釋慧皎撰
古寫本　共六册

静嘉堂文庫藏本

【按】卷首題署"梁會稽嘉祥寺沙門慧皎撰"。前有慧皎《自序》。慧皎學通内外,精研經律,著有《涅槃疏》十卷等,并此《高僧傳》及《序》共十四卷。梁承聖二年(553年)因避侯景之難,至溢城。其間,少時講説。翌年二月(554年)圓寂,歲凡五十有八。時江洲僧正慧恭,出力將其營葬于廬山禪閣寺墓。

是書《四庫》未收。

高僧傳十四卷

(梁)釋慧皎撰
明萬曆三十九年(1611年)徑山寂照庵刊本
東洋文庫　京都大學人文科學研究所東洋學文獻中心藏本

【按】東洋文庫藏本,原係藤田豐八等舊藏。此本卷第九係後人寫補,共三册。

京都大學人文科學研究所東洋文獻中心藏本,共六册。

高僧傳十三卷

(梁)釋慧皎撰
明萬曆三十九年(1611年)吳用先刊本　共三册
内閣文庫藏本　原楓山官庫等舊藏

歷代三寶紀(殘本)八卷

(隋)費長房撰
宋紹興十八年(1148年)福州開元禪寺住持了一刊本　共八册
京都大學人文科學研究所東洋學文獻中心藏本　原松本文三郎等舊藏

【按】是書全本凡十五卷。此本今存卷三、卷五、卷六、卷七、卷九、卷十、卷十四、卷十五,凡八卷。

【附録】江户時代有隋人費長房撰《歷代三寶記》十五卷和刊本一種。

續高僧傳（殘本）九卷

（唐）釋道宣撰

宋紹興年間（1131—1162年）開元寺刊本折本裝　共九帖

尊經閣文庫藏本　原金澤文庫等舊藏

【按】每半折六行，行十七字左右。上下天地高約25.0cm，幅寬11.2cm。中縫被切割，偶見卷數、葉數與刻工姓名。刻工姓名有在中縫，也有在版葉內，今可辨認者如林侃、王力（以上卷六）、林日、付中、石孝、吳兵、阮中（以上卷十三）、鄭行、邵保、鄭昌、蔣遠（以上卷十五）、林口（卷二十四）、辰宗、江俊、丘受、楊文、王保（以上卷三十）、李贊、李生（以上卷三十一）。

是書全本凡四十卷。此本今存卷一、卷六、卷十三、卷十五、卷十七、卷二十一、卷二十四、卷三十、卷三十一，共九卷。

卷首有《刊記》三行。其文曰：

“福州開元禪寺住持傳法賜紫慧通大師了一，謹募衆緣，恭爲今上皇帝祝延聖壽，文武官僚，資崇禄位圓成，雕造《毗盧大藏》經版一副。時紹興戊辰閏八月日謹題。”

第四行題“續高僧傳序”，署“唐釋道宣撰”。此《序》後連接正文。

各卷卷首題名如次：

續高僧傳卷第一　譯經篇初　本傳六人　附見二十七人。

續高僧傳卷第六　義解篇二　正傳二十一　附見一十八人。

續高僧傳卷第十三　義解篇九　本傳十七　附見八。

續高僧傳卷第十五（篇目缺佚）本篇起自“釋慧休，姓樂氏，瀛州人也”。

續高僧傳卷第十七　習禪篇之三　本傳十四人　附見九人。

續高僧傳卷第二十一　習禪六（無“篇之”二字）本傳二十人　附見三人。

續高僧傳卷第二十四（篇目缺佚）本篇起自“久遠迷惑，妄倒所使，喪失善根，畜生同死”。

續高僧傳卷第三十　興福篇第九　正紀十二人　附見五人。

續高僧傳卷第三十一　雜科聲德篇第十　正傳十二　附見八人（按此“人”字係朱筆添寫）。

卷中有日本後宇多天皇弘安年間（1278—1288年）僧人圓種手識文多處，摘錄如次：

卷一末用朱筆批識曰：“夫以生在邊土，亦屬未法，非但漏於一代之化，亦不□於四依之益。悔罪！”

卷六末用朱筆批識曰：“弘安丁亥之歲，仲冬初二之朝，忍寒加點，結緣正法。後□披讀之者，應削蕪穢之謬耳。”

卷十三末用朱筆批識曰：“弘安十年，仲冬之朝，力疾口加點，於疏略舛錯者，并寄後哲耳。釋子同紇叙。”

卷十五末用朱筆批識，但見“弘安十年”數字，朱墨褪色，蠹注小孔甚多，字迹已不可辨。

卷十七末用朱筆批識曰：“仰願南岳天臺慈悲，接受弟子圓種令住佛家，深入法門，生世不失菩提之道，身心共游法界之空耳。丁亥歲仲冬月也。”

卷二十一末用朱筆批識曰：“弘安丁亥之歲，仲冬十二之夜，不勝仰慕之心，妄□□而加點了願。”

卷二十四末用朱筆批識曰：“弘安十年丁亥之歲，仲冬十三之日，爲資後學之惠□□寒，把筆而逐句致點。”

卷三十末有朱筆批識曰：“夫以斯論，統括佛教之大綱，學者屬（矚？）目，莫陷輪回之海。弘安十年仲冬之日清教士敬。”

此本卷十三之卷首與卷末　皆有“金澤文庫”朱文長印。各卷首尾皆有“尊經閣章”等印記。

【附録】九世紀日本藤原佐世撰《本朝見在書目録》著録中央臺省所藏之漢籍，其“雜傳家”著録《續高僧傳》四十卷，不題撰人姓名。此爲《續高僧傳》在日本古文獻中最早之記録”。

【附録】日本白河天皇大治二年（1127年）僧

人經真手書《續高僧傳》六卷,凡一軸。此本今存國會圖書館。

後光明天皇應安四年(1651年)京都西村又左衛門刊印唐釋道宣《續高僧傳》四十卷,凡十六册。此本又有同年京都美濃屋彦兵衛等重印本。

續高僧傳(殘本)一卷

(唐)釋道宣撰

宋紹興年間(1131—1162年)開元寺刊本　折本裝　共一帖

御茶之水圖書館藏本　原德富蘇峰成簣堂等舊藏

【按】每半折六行,行十七字左右。上下天地高約25.0cm,幅寬12.0cm。版心上題一"左"字,此係依《千字文》序列函字號。次刻"十二卷"卷數,次刻葉數,次記刻工姓名,如荆偉、鄭受、林侃、王旬、付言等。

是書全本凡四十卷。此本今存卷十二,凡一卷。

此卷卷首有《刊記》四行,其文曰:

"敷文閣直學士左朝議大夫潼州府路都鈐轄安撫使知瀘州軍州提舉學事兼管内勸農使賜紫金魚袋馮檝,恭爲今上皇帝祝延聖壽,舍俸添鏤經版三十函,補足《毗盧大藏》,永冀流通。勸緣福州開元禪寺住持慧通大師了一題。"

第五行頂格曰"續高僧傳卷第十二",下有一"左"字。第六行上空七字,題署"唐釋　道宣撰"。第七行題"義解篇八　本傳十五　附見四"。

卷末有日本後宇多天皇十年(1287年)金澤稱名寺入宋僧圓種朱筆手識文。今文字模糊,其依稀可辨者,文曰:

"弘安十年仲冬五日,屬病之餘,口致點於當卷者也。顔回何人乎,予亦何人乎,唯在行與不行,改與不改耳。雖見古賢縱迹,不悛自己之心行,雖多奚爲?何煩讀爲?祖師垂筆,一言一句,悉要行之,豈但目想口談

而已。幸諸法友,莫空光陰耳。佛子圓種述。"

續高僧傳(殘本)一卷

(唐)釋道宣撰

宋刊本(宋版磧砂版零本)　折本裝　共一帖

東洋文庫藏本　原三菱財團岩崎氏家等舊藏

【按】此本今存卷第五,首尾皆缺。

續高僧傳四十卷

(唐)釋道宣撰

明萬曆三十八年(1610年)福安徑山寂照庵刊本　共八册

静嘉堂文庫　東洋文庫　京都大學人文科學研究所東洋學文獻中心藏本

【按】前有道宣《自序》。

静嘉堂文庫藏本,原係陸心源十萬卷樓舊藏,此本之卷三十一至卷三十五(即第七册)係後人寫補。

東洋文庫藏本,原係藤田豐八等舊藏,共八册。

京都大學藏本,原係松本文三郎等舊藏。

大唐大慈恩寺三藏法師傳(殘本)一卷

(唐)釋慧立撰　釋彦悰箋

日本平安時代(794—1185年)寫本　卷子本　共一卷

天理圖書館藏本　原高山寺　寺田盛業讀杜艸堂　浙江烏程蔣學藻等舊藏

【按】全卷紙高29.5cm,正文有界,上下單邊,邊匡高27.5cm。全卷由十四枚紙相接,一紙幅約57.0cm,全長860cm。

是書全本凡十卷。此本今存卷第一,卷中有破損,正文自"進城後入阿□尼國"以下闕文。

卷中有"高山寺"、"讀杜艸堂"、"東京溜池靈南街第四號讀杜艸堂主人寺田盛業印記"、"烏程蔣祖詒藏"等印記。

【附録】日本白河天皇大治三年（1128 年）有唐釋慧立撰并有釋彦悰箋《大慈恩寺三藏法師傳》傳（殘本）卷三手寫本，凡一軸。此本今存國會圖書館。

中御門天皇享保四年（1719 年）京都宗野宗左衛門、大阪淺野彌兵衛刊印唐僧慧立撰、唐僧彦悰箋《大慈恩寺三藏法師傳》十卷并附《音釋》。

大唐大慈恩寺三藏法師傳十卷

（唐）釋慧立撰　釋彦悰箋
日本後三條天皇延久二年（1070 年）寫本
卷子本　共一卷
興福寺藏本

大慈恩寺三藏法師傳十卷

（唐）釋慧立撰　釋彦悰箋
宋崇寧二年（1103 年）刊本（宋東禪寺版《大藏經》零本）折本裝
醍醐三寶院藏本

大慈恩寺三藏法師傳（殘本）四卷

（唐）釋慧立撰　　釋彦悰箋
宋崇寧二年（1103 年）刊本（宋東禪寺版《大藏經》零本）　折本裝　共四帖
大谷大學附屬圖書館藏本　原神田鬯庵（喜一郎）等舊藏
【按】此本今存卷二、卷六（缺卷首）、卷七（缺卷首）、卷八（缺卷尾）。
此係神田喜一郎家族于昭和五十九年（1984 年）捐贈大谷大學。

大慈恩寺三藏法師傳（殘本）二卷

（唐）釋慧立撰　釋彦（悰）箋
日本崇德天皇大治元年（1126 年）法隆寺僧人覺印寫本　日本重要文化財　卷子本　共二卷
武田科學財團杏雨書屋藏本　原法隆寺聖靈院　内藤湖南恭仁山莊等舊藏

【按】此二卷係《大慈恩寺三藏法師傳》之卷第七與卷第九，每卷紙高 20.8cm，上下單邊。每行十八字，行書端正。各卷卷首空一行，頂格墨書題署“大慈恩寺三藏法師傳卷第七（卷第九）”，下有占半行位置之小字“沙門慧立本　釋彦悰箋”。

卷第七内有朱筆手書“大治元年丙午三月廿三日寫點畢　法隆寺僧覺印之”。

卷第九内有朱筆手書“大治元年丙午三月卅日移點已了　法隆寺僧覺印爲令法久住往聲極樂爲之”。

二卷皆用朱筆施以“古訓”和“乎古止點”，又標記有“清濁點”，“反切”，“音義”和“旁注”等。

卷第七裝幀系原狀，卷第九内稍有脱落。

各卷卷首標題右側，皆有朱文長方印“法隆寺聖靈院”。

此本已被日本“文化財審議委員會”確認爲“日本重要文化財”。

大慈恩寺三藏法師傳十卷

（唐）釋慧立撰　釋彦悰箋
宋紹興十八年（1148 年）刊本（宋開元寺版《大藏經》零本）　折本裝
京都知恩院藏本

大慈恩寺三藏法師傳（殘本）四卷

（唐）釋慧立撰　　釋彦悰箋
宋紹興十八年（1148 年）刊本（宋開元寺版《大藏經》零本）　折本裝　共四帖
大谷大學附屬圖書館藏本　原神田鬯庵（喜一郎）等舊藏
【按】此本今存卷二（缺卷尾）、卷六、卷七、卷九。
此係神田喜一郎家族于昭和五十九年（1984 年）捐贈大谷大學。

大唐西域求法高僧傳二卷

（唐）釋義净撰
宋紹興十八年（1148 年）福州開元禪寺住持

了一刊本　共二册

京都大學人文科學研究所東洋學文獻中心安田文庫藏本

【按】京都大學藏本，原係松本文三郎舊藏。

【附録】九世紀日本藤原佐世撰《本朝見在書目録》著録中央臺省所藏之漢籍，其"雜傳家"著録《西域求法高僧傳》一卷，不題撰人姓名。又著録《西域求法高僧傳要抄》二卷，亦不署撰者姓名。此爲《西域求法高僧傳》在日本古文獻中最早之記録。

南海寄歸内法傳（殘本）二卷

（唐）釋義净撰

日本奈良時代（701—794 年）寫本　日本國寶　卷子本　共二帖

天理圖書館藏本　原石山寺等舊藏

【按】第一卷封已經收裝，栗色麻紙，今缺卷首，後人外題"南海寄歸内法傳卷第一"此卷用黄麻紙書寫，紙高 26.2cm，正文有界，上下單邊，邊匡高 21.7cm。全卷由十七枚紙相接，一紙幅約 56.8cm，全長 855cm，《序》文今存三分之一。卷末有"僧成禪之本"五字手記。

第二卷封係牡丹襯底茶色麻紙，上噴灑金銀薄粉，題籤"南海寄歸内法傳卷第二"，題籤後散塗金泥。此卷用黄麻紙書寫，全卷紙高行寬，與卷第一相同。全卷由十八枚紙相接，全長 1010cm。卷末有明治廿六年（1893 年）日僧智滿手識文，其文曰：

"明治廿六年夏日江州石山寺法輪院主之所贈。卷首有知足庵印，是同寺中好古之師也云。隨心院門迹智滿誌。"

文後又有手記一行，文曰：

"此卷蓋亦同寺一切經中之零卷也已。"

卷中有"知足庵"、"滿"等印記。

此本已被日本"文化財審議委員會"確認爲"日本國寶"。

南海寄歸内法傳（殘本）二卷

（唐）釋義净撰

宋紹興十八年（1148 年）刊本（福州開元禪寺《大藏經》零本）　折本裝　共二帖

御茶之水圖書館藏本　原德富蘇峰成簣堂等舊藏

【按】版式與開元禪寺《大藏經》本同。

此本今存卷一、卷三，凡二卷。

各卷末有施財者列名。卷中有日本室町時代人所施訓點。

南海寄歸内法傳（殘本）一卷

（唐）釋義净撰

宋紹興十八年（1148 年）刊本（福州開元禪寺《大藏經》零本）　折本裝　共一帖

京都大學人文科學研究所東洋學文獻中心藏本　原松本文三郎舊藏

【按】此本今存卷第二，凡一卷。

南海寄歸内法傳（殘本）一卷

（唐）釋義净撰

宋刊本　折本裝　共一帖

早稻田大學圖書館藏本

【按】是書全本凡四卷。此本今存卷第一。

開元釋教録（殘本）十三卷

（唐）釋智升撰

宋紹興十八年（1148 年）刊本（福州開元禪寺《大藏經》零本）　折本裝　共十三帖

京都大學人文科學研究所東洋學文獻中心藏本　原松本文三郎等舊藏

【按】此本今存卷一、卷三、卷六、卷八、卷十一、卷十二、卷十三、卷十四、卷十六、卷十七、卷十八、卷十九、卷二十，凡十三卷。

開元釋教録（殘本）一卷

（唐）釋智升撰

宋紹興十八年（1148 年）刊本（福州開元禪寺《大藏經》零本）　折本裝　共一帖

御茶之水圖書館藏本　原京都三聖寺　久能山鐵舟寺　德富蘇峰成簣堂等舊藏

【按】版式與福州開元禪寺《大藏經》同。

卷首有 1917 年（大正六年）德富蘇峰手記，叙大狂子贈送之由。卷末有 1887 年（明治廿年）前净土門主松翁手記，言此本原係久能山鐵舟寺物。

卷中有"三聖寺"、"華頂山"、"古經堂藏"等印記。

開元釋教錄略出（殘本）三卷

（唐）釋智升撰

宋湖洲刊本（思溪圓覺禪院《大藏經》零本）

折本裝　共三帖

御茶之水圖書館藏本　原德富蘇峰成簣堂等舊藏

【按】版式與湖洲歸安縣思溪圓覺禪院《大藏經》同。

此本今存卷二、卷三、卷四，凡三卷。

唐大薦福寺故寺主翻譯大德法藏和尚傳一卷

（新羅）崔致遠撰

宋紹興十九年（1149 年）平江府吳縣覆刊高麗刊本　日本重要文化財　折本裝　共一帖

京都拇尾高山寺藏本

【按】卷中"刊記"曰："□（紹）興十九年孟冬一日平江府吳江縣華嚴寶塔教院嗣講住持圓證大師義和謹題。"

卷中有朱筆批點，并有角筆句切點。欄外有墨書音義。

佛國禪師文殊指南圖讚一卷

題（宋）釋惟白述

宋臨安府開經書鋪賈官人宅刊本　卷子本

羅振玉手識本　共一軸

大谷大學附屬圖書館藏本　原神田邕庵（喜一郎）等舊藏

【按】一紙高 28.1cm 至 24.7cm 不等，幅寬 67.8cm 左右。每紙有界六十行，每行二十七字至二十九字。全卷有圖，凡十紙。

前有張商英《序》，題"中書舍人張商英述"。

其文曰：

"《華嚴》性海，納香水之百川；法界義天，森寶光之萬象。極佛陀之真智，盡舍識之靈源。故世主妙嚴文殊，結集龍宮，誦出鷄嶺，傳來繼踵流通，普聞華夏。李長者，合論四十軸，觀國師疏鈔一百卷，龍樹尊者二十萬偈，佛國禪師五十四讚。四家之説，學者所宗，乃撮大經之要樞，舉法界之綱目，標知識之儀相，述善財之悟門，人境交參，事理俱顯，則意詳文簡，其圖讚乎！信受奉行，爲之序引。"

此《序》後有刊印牌記一行，其文曰：

"臨安府衆安橋南街東開經書鋪賈官人宅印造"。

卷末有 1916 年 10 月羅振玉手識文四行，其文曰：

"有宋刊刻書籍，杭州推第一，然今世所傳睦親坊陳氏刊本而已。此賈官人宅刊《文殊圖讚》，尤精好，則世所未知也。香嚴先生嗜古，有鑒裁，文庫所儲片語只字，皆爲至寶，此卷其一也。丙辰十月上虞永豐鄉人羅振玉，借觀題記，以志眼福。"

此卷于 1916 年選入《吉石盦叢書》（影印）中。此影印本後又有羅振玉《跋》。其文曰：

"宋代刊版，蜀最盛，杭精。南渡以後，吾杭書籍鋪雕版，若陳道人鋪、尹家書籍鋪、張官人宅文籍鋪，可知者寥寥此數家耳。此書爲衆安橋南街東開經書鋪賈官人宅印造，爲近人治版本學者所未知。其雕造畫像甚精，我國乃無傳本。丙辰秋，神田香嚴翁出此見示，予請附影印，慨然許諾。東京三浦（觀樹——編著者）將軍亦藏一本，不獲借觀，疑亦賈官人宅刊本也。予往昔撰《兩宋杭州雕本考》，苦前籍所記甚略。今得此書，知又有賈官人宅刊本，且藉知宋世卷軸之式雖廢，而刊本有尚存卷軸式者，亦以前考版本諸家所罕知也。影印既成，爰書其後。十月九日永豐鄉人羅振玉，記于海東寓居之大雲書庫。"

此係神田喜一郎家族于昭和五十九年(1984年)捐贈大谷大學。

【附録】江户時代有宋釋惟白《佛國禪師文殊指南圖(讚)》一卷手寫本,此本係京都洛西槙尾平等心王院住持手寫,共一册。此本今存國會圖書館。

中御門天皇正德六年(1716年)京都百萬三郎刊印《佛國禪師文殊指南圖(讚)》一卷。

佛國禪師文殊指南圖讚一卷

題(宋)張商英撰

宋臨安府開經書鋪賈官人宅刊本　　卷子本共一軸

御茶之水圖書館藏本　　原德富蘇峰成簣堂等舊藏

【按】前有張商英《自序》。然序葉爛漫,首不可見,僅見"商英"二字。《序》文可識之文如次:

"……寶光之萬象,極佛陀之真智,盡舍識之靈源,故世主妙嚴文殊,結集龍官,誦出鷄嶺,傳來繼踵流通,普聞華夏,李長者合論四十軸,觀國師疏鈔一百卷,龍樹尊者二十萬偈,佛國禪師五十四讚,四家之説,學者所宗,若乃撮大經之要樞,舉法界之綱目,標知識之儀相,述善財之悟門,人境交參,事理俱顯,則意詳文簡,其圖讚乎!信受奉行,爲之序引。"

全本圖文并茂。每版先有文字二行,行二十八字左右。第二行末有"讚曰"二字,第三行起有圖,圖占八行的三分之二,下有八句讚文。全本圖凡五十四幅,列名如次:

第一葉,娑羅林中;

第二葉,妙峰山;

第三葉,海門圖;

第四葉,楞伽道旁;

第五葉,達里(見提)茶國;

第六葉,住林城;

第七葉,摩利伽落國;

第八葉,海潮處園林;

第九葉,那羅素國;

第十葉,伊沙聚落;

第十一葉,師子奮迅城;

第十二葉,三眼國;

第十三葉,名聞河渚中;

第十四葉,海住城中;

第十五葉,大興城;

第十六葉,師子宮城;

第十七葉,藤根國;

第十八葉,多羅幢國;

第十九葉,妙光城;

第二十葉,安住城;

第二十一葉,都薩羅城;

第二十二葉,廣大國中;

第二十三葉,樓閣城中;

第二十四葉,可樂城中;

第二十五葉,輸那國中;

第二十六葉,嶮難國中;

第二十七葉,善度城中;

第二十八葉,補陁落迦山;

第二十九葉,即此空中;

第三十葉,墮羅鉢底城;

第三十一葉,菩提場(參安住地神);

第三十二葉,迦毗羅城;

第三十三葉,菩提場(參普德净光主夜神);

第三十四葉,不離菩提場;

第三十五葉,衆會聚;

第三十六葉,道場中;

第三十七葉,如來會中;

第三十八葉,佛會中;

第三十九葉,(又)道場中;

第四十葉,毗嵐園中;

第四十一葉,法界講堂;

第四十二葉,此世界中;

第四十三葉,三十三天上;

第四十四葉,迦毗羅城;

第四十五葉,不離當處;

第四十六葉,婆咀那城;

第四十七葉,三天田城;

第四十八葉,即此城中;

第四十九葉,出生城;

第五十葉,即此城南聚落;

第五十一葉,妙意花城;

第五十二葉,毗盧藏樓閣;

第五十三葉,佛會中;

第五十四葉,昔居佛會中,現在佛會中。

其中,第一葉爲起首,文曰:"善財童子初詣婆羅林中,參文殊師利菩薩。象王顧盼,師子嚬呻,六千比丘言下成道,五衆益友頓啓初心,得根本智難指南法門證十信心。讚曰:

出林還又入林中,　便是婆羅佛廟東;

師子吼時芳草緑,　象王回處落化紅。

六千乞士十心滿,　五衆高人一信通;

珍重吾師向東去,　百城烟水渺無窮。

其中,第五十四葉爲結尾,文曰:"佛國禪師昔居龜寺,今在鳳城,觀善財童子參諸知識,未有休期,咄旨下承,當豁然休歇,大用眼前。讚曰:

時光已是覺磋跎。　嗟爾平生跋涉多;

五十餘人皆問訊,　百重城郭盡經過。

而今到此休分別,　旨下承當得也麼;

忽如耕耘南北去,　分明鷂子過新羅。

卷中有"德富蘇峰珍藏記"等印記。

佛國禪師文殊指南圖讚一卷

題(宋)張商英撰

宋臨安府開經書鋪買官人宅刊本　折本裝
共一帖

武田科學技術振興財團杏雨書屋藏本　原
京都萬年山相國承天禪寺　内藤湖南恭仁山
莊等舊藏

【按】每半折有界十行,前二行爲二十八至三
十二字不等,第三行起上爲圖,圖下爲讚文,每
行爲七字。若卷末一折圖讚曰:"時光已是覺
蹉跎,嗟爾平生跋涉多;五十餘人皆問訊,百重
城郭盡經過。而今到此休分別,直下承當得也
麼;忽若耕耘南北去,分明鷂子過新羅。"

前有張商英《序》,後有刊印牌記一行,其文

曰:

"臨安府衆安橋南街東開經書鋪買官人
宅印造。"

此書大谷大學藏本爲卷子本,杏雨書屋藏本
爲折本,不知孰先孰後,抑或買官人書鋪同出
兩種版式。

卷首有"北禪書院"印記,卷末有"慈雲庵"印
記,又有"京都萬年山相國承天禪寺中北禪慈
雲禪寺"墨書二行。

佛國禪師文殊指南圖讚一卷

(宋)釋惟白述

宋臨安開經書鋪買官人宅刊本　卷子本
共一卷

天理圖書館藏本　原石井積翠軒文庫等舊
藏

佛國禪師文殊指南圖讚一卷

(宋)釋惟白述

宋臨安開經書鋪買官人宅刊本　卷子本
共一卷

大東急記念文庫藏本　原高山寺等舊藏

續清凉傳二卷

(宋)張商英述

明洪武年間(1368—1398年)刊本　共一册

静嘉堂文庫藏本

【按】卷首題署:"宋朝奉郎權發遣河東路提
點刑獄公事張商英述"。

《清凉傳》凡三種,即唐釋慧祥所撰之《古清
凉傳》二卷,宋釋延一所撰之《廣清凉傳》二卷,
宋人張商英所撰之《續清凉傳》二卷。其中,
《廣清凉傳》與《續清凉傳》,藏書家多數未曾著
録,惟《古清凉傳》始見于《宋史·藝文志》。

陸心源《儀顧堂集》著録此本,其識文曰:

"《清凉傳》二卷,題曰唐朝藍谷沙門慧
祥撰。前有大定辛丑二月十七日永安崇壽
禪院雪堂中隱沙門廣英《序》。《廣清凉傳》
二卷,題曰清凉山大華嚴寺壇長妙濟大師賜

紫沙門延一重編,前有嘉祐庚子正月朝奉郎尚織局員外郎守太原府大通監兼兵馬都監上騎都尉賜緋魚袋前勾當五臺山寺司公事都濟川撰《序》。《續清涼傳》二卷,題曰朝奉郎權發遣河東路提點刑獄公事張商英述。前有大定四年九月十七日古豐姚錫《序》。每葉廿二行,行廿字。舊爲何夢華元錫藏書,即阮文達進呈本所從出,《揅經室外集》所謂'或以爲金大定藏版者'也。按,《續傳》末一葉有'大明洪武歲次丙子正月十有五日山西崇善禪寺住山雁門野衲了庵性徹洞然,勸緣率衆,重刊《釋迦賦》、《帝教事迹》、《成道記》、《補陀傳》、《清涼傳》,合部印施'云云數百字,則爲洪武翻刊,而非大定本明矣。但近來藏書家,如長塘鮑氏、振綺堂汪氏、文瑞樓金氏、月霄張氏、恬裕齋瞿氏著録,祇有鈔本,則刻本之罕覯可知,況洪武距今五百餘年,仍當以宋元舊刊同觀也。"

景德傳燈録三十卷

(宋)釋道原輯

元延祐丙辰(1316 年)湖州禪幽庵僧人希渭刊本　共十册

東洋文庫藏本　原三菱財團岩崎氏家舊藏

【按】每半葉有界十三行,行二十三字至二十五字不等。白口,黑魚尾,左右雙邊(23.8cm×16.6cm)。版心記字數,并有刻工姓名。

首有楊億《景德傳燈録序》,并有《西來年表》。後有宋紹興四年(1134 年)劉棐《景德傳燈録後序》等。

此本係湖州路道場山禪幽庵藏版。

卷一末有刊印《刊記》,其文曰:"延祐丙辰重刊于道場山禪幽之庵。"

【附録】據《參天臺五臺山記》的記載,日本延曆寺阿闍梨成尋於後三條延久四年(1072 年)由杭州登陸入宋,巡遊汴京、天臺、五臺等,并謁見宋神宗。成尋將從中國得到的經藏,委托給隨行的五位弟子,陸續携帶歸國,本人於宋神宗元豐四年(1081 年)卒於汴京開寶寺。宋

神宗曾贈送成尋經藏四百十三卷,已被送回日本。其中有《景德傳燈録》一部共三十三卷。

四條天皇仁治二年(1241 年)日本東福寺開山聖一國師圓爾辯圓自中國歸,携回漢籍内外文獻數千卷。1353 年東福寺第二十八世大道一以據聖一國師藏書編纂成《普門院經論章疏語録儒書等目録》。其"宿部"著録《傳燈録》一部三十;其"張部"著録《傳燈録》一部五册。

南北朝時北朝光明天皇貞和四年(1348 年)刊印宋釋普濟《景德傳燈録》三十卷。此本乃覆元延祐丙辰刊本,屬"五山版"。每半葉有界十三行,行二十四字。白口,雙黑魚尾,左右雙邊。前有楊億《景德傳燈録序》二葉,又有《西來年表》八葉,延祐三年臈月一日耆舊僧希渭撰《重刊景德傳燈録狀》一頁。卷末有紹興二年鄭昂《跋》,天童宏智和尚《疏》,并有日本貞和四年刊語曰"貞和戊子八月廿五日南禪乾翠士曇謹志"。

南北朝時又有北朝後光嚴天皇延文三年(1358 年)和刊本《景德傳燈録》三十卷。此本亦屬"五山版"。

明正天皇寬永十七年(1640 年)有京都田原仁左后衛刊印《景德傳燈録》三十卷。

景德傳燈録(殘本)二卷

(宋)釋道原輯

元延祐丙辰(1316 年)湖州禪幽庵僧人希渭刊本　共一册

御茶之水圖書館藏本　原德富蘇峰成簣堂等舊藏

【按】每半葉有界十三行,行二十三字至二十五字不等。白口,黑魚尾,左右雙邊(23.8cm×16.6cm)。版心記字數,并有刻工姓名。

此本今存卷一、卷二,實存二卷。

卷中有日本室町時代人所施朱墨訓點,内封中尚留元人手書墨迹。

此本係 1905 年(明治三十八年)德富蘇峰從琳琅閣以五十錢購入,又費二圓錢裝訂。

景德傳燈録（殘本）一卷

（宋）釋道原輯

元延祐丙辰（1316 年）湖州禪幽庵僧人希渭刊本　共一册

東京淺草寺藏本

【按】每半葉有界十三行，行二十三字至二十五字不等。白口，黑魚尾，左右雙邊（23.8cm × 16.6cm）。版心記字數，并有刻工姓名。

此本今存卷四，凡一卷。

景德傳燈録（殘本）二卷

（宋）釋道原輯

元延祐丙辰（1316 年）湖州禪幽庵僧人希渭刊本　共二册

京都大學附屬圖書館谷村文庫藏本

【按】每半葉有界十三行，行二十三字至二十五字不等。白口，黑魚尾，左右雙邊（23.8cm × 16.6cm）。版心記字數，并有刻工姓名。

此本今存卷十四、卷二十九，凡二卷。

景德傳燈録三十卷

（宋）釋道原輯

元至正二十五年（1365 年）慶元路太白山天童景德禪寺重刊本　共八册

大谷大學附屬圖書館藏本　原神田邑庵（喜一郎）等舊藏

【按】每半葉有界十三行，行二十五字，小字雙行，字數不等。細黑口，黑魚尾，左右雙邊（21.5cm × 15.4cm）。版心有刻工姓名如王允元、王景輝、蔣子寧、公犖、國祥、張繼道等。

第一册首有楊億《景德傳燈録序》，并有《西來年表》八葉。第八册末有宋紹興四年（1134 年）劉棐《景德傳燈録後序》，并有紹興二年（1132 年）鄭昂《跋》、天童宏智《疏》、無愠《太白山天童禪寺重刊景德傳燈録化緣疏》等。

各卷有捐資刊記：

卷一至卷六、卷八至卷十六、卷二十至卷二十九末：“至正乙巳（1365 年）比丘寶生募緣重

刊，板留太白名山祇桓精舍流通。”

卷一末：“慶元路太白山天童景德禪寺住持嗣祖比丘元良施錢五佰貫。”

卷七至卷九末：“慶元路大慈禪寺住持比丘宗迪施財刊此一卷。”

卷十末：“應夢名山雪竇禪寺住持比丘永懷助錢叁佰文。”

卷十一末：“慶元路天寧禪寺主持比丘若信助錢陸拾貫。”

卷十二末：“昌國州吉祥禪寺住持比丘施錢刊此一卷。”

卷十三末：“慶元路前天寧禪寺住持比丘唯一助錢貳拾貫文。”

卷十四末：“台州路天寧禪寺住持比丘廣慧助錢壹佰貫文。”

卷十五末：“大梅山保福禪寺住持比丘智昌助錢貳佰五拾貫文。”

卷十七末：“至正乙巳（1365 年）比丘寶生募緣，刊於太白山祇桓庵流通。”

卷二十末：“寶陀比丘師睿、回峰比丘自勉、仗錫比丘彌安、梨州比丘可興、定水比丘來復、佛隴比丘行丕、白雲比丘智珠、安隱比丘景雲、普慈比丘慕聯、護聖比丘志聯，各助錢伍拾貫文。”

卷二十一末：“清涼比丘太虛穀貳石。”

卷二十三末：“比丘道隆助錢壹拾貫文。”

卷二十五末：“比丘曇静、持節，各刊字壹千五佰個；比丘尼净圓，助錢壹拾貫文；五磊比丘大徹，助錢貳拾伍貫；比丘慶禄，助錢陸拾兩；天正比丘大昕、比丘正勤、士森，各助錢壹拾伍貫文。”

卷二十六末：“比丘如凱、文亭、一濟，各助錢壹貫伍錢；比丘曇鉁、正昴、子猷，各助錢貳貫文；比丘大易助伍貫；比丘道隆助壹貫。”

卷二十七末：“東山比丘文俊、安嚴比丘德璋、禪寂比丘慧煦、白雲比丘宗昊、雲頂比丘行滿、栖真比丘普聞、崇果比丘本中，比丘惟敬、净場、雲岑、文美、天錫、正玄、子韶、文寶、一聞、光志、介祉、正宗、志忻，信士沈文中，各助

錢貳拾伍貫文。"

卷二十八末："應夢名山雪竇禪寺住持比丘元達,元達二十五兩。"(原文如此——編著者)。此卷最末五行,又有《刊記》曰:"各助錢貳拾伍貫文:惟謙、曇鎧、景祚、志省、雲澹、普上、法奧、行净、明宗、道凝、可永、清歷、心印、仁沐、永禄、如玠、宗古、思賢、曇苑、戒纓、文秩、文膚、前温州太平比丘法興、比丘性常、文咨、義如、子潛、可儔。"

卷二十九末："衍慶比丘天用,助錢伍拾貫文;比丘宗謙,助錢拾貫;清汴助伍貫。"此卷最末二行,又有《刊記》曰:"雪竇資聖禪寺住持比丘原達,助錢伍拾兩;前天太山國清禪寺住持比丘元勛,助錢壹定。"

卷三十末："比丘祖杲、心拱、無異點對;比丘寶生募緣;慶元路太白名山天童景德禪寺住持嗣祖、比丘元良勸緣。"

每冊卷末有花押"三州曒叟",卷中有"三井家"朱文長方印,又有"寶玲文庫"墨色長方印、"佞古書屋"朱文方印等。

此本係神田喜一郎家族于昭和五十九年(1984年)捐贈大谷大學。

景德傳燈録三十卷

(宋)釋道原輯

元至正二十五年(1365年)慶元路太白山天童景德禪寺重刊本　共十五册

大東急紀念文庫藏本

【按】每半葉有界十三行,行二十五字,小字雙行,字數不等。細黑口,黑魚尾,左右雙邊(21.5cm×15.4cm)。版心有刻工姓名如王允元、王景輝、蔣子寧、公舉、國祥、張繼道等。

景德傳燈録三十卷

(宋)釋道原輯

明萬曆三十四年(1606年)賀學禮刊本　共八册

内閣文庫藏本　原楓山官庫等舊藏

萬僧問答景德傳燈全録三十卷

古汴道原太師纂集　　(明)新安汪士賢校

明代中期刊本　共八册

御茶之水圖書館藏本　原德富蘇峰成簣堂等舊藏

【按】每半葉有界九行行二十字。左右雙邊。版心刻"傳燈録"。

前有楊億《序》。

卷帙外德富蘇峰手題"異本景德傳燈録"。

嘉泰普燈録三十卷

(宋)釋正受撰

宋刊本　共十五册

宮内廳書陵部藏本

【附録】日本南北朝時代(1331—1392年)刊印宋釋正受《嘉泰普燈録》三十卷。此爲"五山版"《嘉泰普燈録》之首印,其後有重印者。

五燈會元(殘本)十八卷

(宋)釋普濟撰

宋刊本　共十八册

宮内廳書陵部藏本

【按】每半葉十三行,行二十四字,小字雙行,行同正文。白口,左右雙邊(22.7cm×14.8cm)。版心記葉數,并有刻工姓名。

是書取《景德傳燈録》、《天聖廣燈録》、《建中靖國續燈録》、《聯燈會要》、《嘉泰普燈録》五《燈》之要,編爲二十卷。此本今缺卷八、卷九,凡二卷,實存十八卷。

每卷之首有《目》,本文接《目》,文中不署編撰者姓名。

卷中避宋諱,凡"玄、朗、弘、匡、恒、貞、樹、構"等,皆爲字不成。

卷三、卷十五、卷十六、卷十八、卷十九、卷二十,各卷中有缺葉。

卷中有"新宫城書藏"等印記。

【附録】據《參天臺五臺山記》的記載,日本延曆寺阿闍梨成尋於後三條延久四年(1072年)

由杭州登陸入宋,巡游汴京、天臺、五臺等,并謁見宋神宗。成尋將從中國得到的經藏,委托給隨行的五位弟子,陸續携帶歸國,本人於宋神宗元豐四年(1081年)卒於汴京開寶寺。宋神宗曾贈送成尋經藏四百十三卷,已被送回日本。其中有《景德傳燈録》一部共三十三卷、《天聖廣燈録》一部共三十卷。

1353年東福寺第二十八世大道一以所編《普門院經論章疏語録儒書等目録》,其"寒部"著録《五燈會元》一部十册;其"宿部"著録《廣燈録》一部三十册,又著録《續燈録》一部三十册;其"列部"著録《普燈録》一部十册,又《聊燈録》一部十册;其"張部"著録《普燈録》一部。

據瑞溪周鳳《卧雲日件録》中"寶德三年(1451年)十一月十七日"記載,是日與天英周賢語,閲《會元蒙求》、《釋氏蒙求》、《五燈會元》等。同書"長禄二年(1458年)四月十八日"又記載,是日以書引閲《五燈會元》、《太平御覽》中的"面部"諸項。

日本南北朝時代北朝後光嚴天皇貞治五年(1365年)建仁寺靈洞院刊印宋釋普濟《五燈會元》二十卷。此本係覆刊南宋刊本。每半葉有界十三行,行二十四字。白口,版心題署"五燈(卷數)(標目)(葉數)"。全書卷首有(宋)淳(祐)壬子(1252年)撰者普濟《自序》,全書卷末有寶(祐)元年(1253年)沈净明《尾題》。各卷卷首皆有目次。

貞治七年(1367)年有重印本。

明正天皇寬永十二年(1635年)京都中村宗遵用活字刊印宋釋普濟《五燈會元》二十卷。

日本中御門天皇享保二十年(1735年)中國商船"古字號"載《五燈會元》一部二帙運抵日本。

五燈會元(殘本)十五卷

(宋)釋普濟撰

宋刊本　共十五册

宮内廳書陵部藏本

【按】每半葉十三行,行二十四字,小字雙行,

行同正文。白口,左右雙邊(22.7cm × 14.8cm)。版心記葉數,并有刻工姓名。

是書全本二十卷。此本今缺卷一、卷四、卷五、卷八、卷九,凡五卷,實存十五卷。

每卷首皆有墨書二行,文曰:"吉祥寺常住公用","五燈會元二十卷之内大州寄進之者也。"

每卷末又有日本正親町天皇永禄十年(1567年)安充墨書一行,文曰:"于時永禄拾年(丁卯)霜月吉日,安充"(有花押)。

森立之《經籍訪古志》卷五著録容安書院藏宋刊本《五燈會元》零本二卷(卷八、卷九),即此本軼失之二卷。

卷中有"大州"、"滿翁"、"佛法僧寶"等印記。

五燈會元(殘本)十二卷

(宋)釋普濟撰

宋刊本　共十五册

小汀利得藏本　原東福寺　崇蘭館等舊藏

【按】此本今缺卷七至卷十二,實存十二卷。

卷中有"普門院"印記。

五燈會元二十卷

(宋)釋普濟撰

明嘉靖年間(1522—1566年)刊本　共十册

東北大學附屬圖書館藏本　原狩野氏舊藏

五燈會元二十卷

(宋)釋普濟撰

明萬曆年間(1573—1620年)刊本　共二十册

静嘉堂文庫藏本　原陸心源守先閣等舊藏

五燈會元二十卷

(宋)釋普濟撰

明崇禎年間(1628—1644年)刊本

内閣文庫　尊經閣文庫　蓬左文庫　静嘉堂文庫　足利學校遺迹圖書館　御茶之水圖書館藏本

【按】每半葉有界十三行,行二十八字。黑

口,四周雙邊。

卷首有明崇禎七年(1634 年)《序》。

各卷末有助緣者列名。

内閣文庫藏本,原係楓山官庫等舊藏,共二十册。

尊經閣文庫藏本,原係江户時代加賀藩主前田綱紀等舊藏,共二十册。

蓬左文庫藏本,原係江户時代尾張藩主家舊藏。此本係明正天皇寬永十二年(1635 年)從中國購入,卷中有“尾陽内庫”印記,共二十四册。

静嘉堂文庫藏本,原係中村敬宇等舊藏,共二十册。

足利學校遺迹圖書館藏本,原係足利學校舊藏,共二十册。

御茶之水圖書館藏本,原係錢遵王、德富蘇峰等舊藏。此本今缺卷一至卷八,實存十二卷,卷中有“遵王氏”、“錢曾”等印記,共十二册。

宗門統要集十卷

(宋)釋宗永撰

宋刊本　日本重要文化財　共十册

京都東福寺藏本

【按】每半葉十行,行二十字。

1353 年東福寺第二十八世大道一以所編《普門院經論章疏語録儒書等目録》,其“珍部”著録《宗門統要》二部各五册。此本即其中之一部。

此本已被日本“文化財審議委員會”確認爲“日本重要文化財”。

宗門統要集十卷

(宋)釋宗永撰

宋淳熙年間(1174—1189 年)刊本　共十册

東洋文庫藏本　原三菱財團岩崎氏家舊藏

佛祖統紀五十四卷

(宋)釋志磐編撰

明萬曆四十二年(1614 年)序刊本　共十册

内閣文庫藏本　原楓山官庫等舊藏

禪林僧寶傳(殘本)七卷

(宋)釋惠洪撰

元刊本　共一册

御茶之水圖書館藏本　原德富蘇峰成簣堂等舊藏

【按】每半葉有界十一行,行二十三字,間或二十四字。黑口,左右雙邊(21.8cm × 13.6cm)。

是書全本凡三十卷,此本今存卷六至卷十二,凡七卷。

各卷有朱點,又有日本室町時代人所施墨書頭注。

1923 年(大正二年)九月德富蘇峰手題“的是宋刊”。然從版刻、紙張等考之,約爲元代刊本。

【附録】1353 年東福寺第二十八世大道一以所撰《普門院經論章疏語録儒書等目録》,其“收部”著録《僧寶傳》三册。

伏見天皇永仁四年(1296 年)刊印《禪林僧寶》三十卷。此本覆宋刊本。每半葉無界十三行,行二十五字。白口,單黑魚尾,左右雙邊。卷首有宋寶慶三年張宏《序》,次有宋宣和六年僧人延慶《禪林僧寶傳引》。卷末有《臨濟宗旨》,并有永仁四年刊印識文。此識文曰:

“甞觀八十餘員老惡跡,那堪向外揚底事,傳爲希世寶,重新拈出在博桑,義心禪者募緣,將唐本《僧寶傳》抄寫重新鋟梓,以廣其傳,貴後之來者,如獲司南之車,可以追配古人于萬一,庶真風之不墜也。時永仁乙未孟秋蜀苾蒭鏡堂叟覺圓書,結緣書寫比丘敏泰。”

其後,此本有多次重刊本。

僧寶正續傳七卷

(宋)釋祖琇撰

日本室町時代(1393—1573 年)刊本　共一

册

宮内廳書陵部藏本

【按】每半葉十行。行二十字。白口或黑口，四周單邊或左右雙邊(16.8cm×11.2cm)。

前有《僧寶正續傳目録》，末有《古禪師與洪覺範書》一篇。

此書記自羅漢南禪師，終於臨濟金剛王，凡係三十僧之別傳。

聯燈會要三十卷

(宋)釋悟明編撰

元刊本　　共十册

宮内廳書陵部藏本　　原寺田盛業讀杜艸堂等舊藏

【按】每半葉十一行，行二十字。白口，左右雙邊(17.8cm×11.8cm)。

前有宋淳熙己酉(1189年)李泳《序》，次有元至元辛卯(無考)比丘思忠《序》，次有宋淳熙十年(1183年)悟明《自序》。

卷末有刊記二行，文曰：

“至元辛卯歲重刊　于育王松庵
　　　　三山鄭　子埜栞”

此本刊刻錯誤甚多，此處題署“至元辛卯”，然元至元年間卻無“辛卯”之年；又此本卷中分三十卷，而版心分全本自“甲”至“癸”，祇有十集。

卷中有“清月山房”、“金地院”、“古山”、“寺田盛業”、“緣山慧照院常住物”、“字士弧號望南”、“讀杜艸堂”、“東京溜池靈南街第四號讀杜艸堂主人寺田盛業印記”、“天下無雙”等印記。

書中附貼“門外不出三緣山慧照院常住物”藏書標籤。

宋高僧傳三十卷

(宋)釋贊寧等撰

明萬曆三十九(1611年)項維翰刊本

內閣文庫　靜嘉堂文庫　早稻田大學附屬圖書館藏本

【按】首題“宋左街天壽寺通慧大師賜紫沙門贊寧等奉敕撰”。

前有贊寧《自序》。

此書中所録僧傳，起于唐高宗時，係正傳五百三十三人，又有附見一百三十人。《傳》後附加論斷，并述傳授源流。

內閣文庫藏本，原係楓山官庫等舊藏，共六册。

靜嘉堂文庫藏本，原係陸心源十萬卷樓舊藏，此本卷三十係後人寫補，共八册。

早稻田大學藏本，共八册。

【附録】日本南北朝北朝崇光天皇文和二年(1353年)東福寺第二十八世住持大道一以編纂《普門院經論章疏語録儒書等目録》，其中“歲部”著録《宋高僧傳》七卷，此係1241年(中國宋理宗淳祐元年，日本四條天皇延應三年)日本高僧聖一國師圓爾辯圓從中國携帶歸國。

日本後光明天皇慶安四年(1651年)京都西村又左衞門刊印《宋高僧傳》三十卷。

其後，此本有京都美濃屋參兵衞等重印本。

大宋僧史略三卷

(宋)釋贊寧撰

宋紹興十四年(1144年)序刊本

名古屋真福寺藏本　　原大須觀音等舊藏

【按】每半葉十二行，行二十五字。

【附録】日本南北朝北朝崇光天皇文和二年(1353年)東福寺第二十八世住持大道一以編纂《普門院經論章疏語録儒書等目録》，其中“律部”著録《僧史略》一卷，此係1241年(中國宋理宗淳(祐)元年，日本四條天皇延應三年)日本高僧聖一國師圓爾辯圓從中國携帶歸國。

後光明天皇慶安四年(1651年)京都堤六左衞門刊印宋釋贊寧奉敕所編撰《大宋僧史略》三卷并附《紹興朝旨改正僧道班列文字》一集。

其後，此本有靈元天皇延寶八年(1681年)淺野久兵衞重印本。

明州阿育王山如來舍利寶塔靈鰻傳一卷　　附護塔靈鰻菩薩傳一卷

（宋）釋贊寧撰

宋刊本　共二册

天理圖書館藏本　原安田文庫等舊藏

【按】卷中有後人寫補。

（歷代編年）釋氏通鑑十二卷　　首目一卷

（宋）釋本覺編集

宋刊本　共十六册

静嘉堂文庫藏本　原陸心源皕宋樓等舊藏

【按】每半葉有界十一行，行二十二字，注文雙行，行同正文。小黑口，雙黑魚尾。左右雙邊（18.1cm×11.2cm）。版心記大小字數。

卷首第一行題書名曰"歷代編年釋氏通鑑采摭經傳錄"，次第二行題署編撰者曰"宋括山一庵釋本覺編集"。

卷中避宋諱，凡"朗、匡、恒、禎、貞、桓、構、慎"等，皆爲字不成。

卷四缺第十七葉、第二十葉，卷六缺第十八葉、第十九葉，卷八缺第四葉，卷十缺第二十三葉，卷十二缺第十五葉等。

卷中有"朱文石象玄氏"、"季振宜藏書"、"汪士鍾印"、"平陽汪氏藏書印"、"唐繼能"、"衣奚玄谷"、"潘允端印"、"閬源真賞"、"歸安陸樹聲叔桐父印"、"歸安陸樹聲所見金石書畫記"等印記。

陸心源《儀顧堂續跋》卷十一著錄此本，其識文曰：

"《歷代編年釋氏通鑑》十二卷，次行題'括山一庵釋本覺編集'。首爲《采摭經傳錄》，次《目錄》，起周昭王甲寅，至五代周世宗止。每條各注所出書。每葉二十二行，每行二十二字。宋諱有缺有不缺。宋季麻沙刊本。《宋史·藝文志》、《元史·補藝文志》，皆不著錄，惟見于明《文淵閣書目》、季滄葦《宋元板書目》。《四庫》未收，阮文達亦未進呈。按，本覺，龍泉人。博學能詩文，士大夫

多與之游，見《兩浙名賢外錄》。其書始于佛生之年，既不若《釋氏稽古略》之侈談邃古，遠引洪荒；唐昭宗後，亦不妄增濮王紃一代，記載頗爲核實。又不若釋念常《佛祖通載》，列楊璉僧伽于禪宗，去取亦尚平允。卷中有'朱文石象玄氏'陰陽文方長印。按，朱大韶字象玄，又字文石，松江華亭人。嘉靖二十六年進士，官至南國子司業。家有文園，收藏異書法書名畫彝鼎罍洗甚富。又有'季振宜藏書'朱文方長印，'汪士鍾印'白文方印，與《延陵季氏書目》、《藝芸精舍書目》合。"

佛祖宗派圖

（宋）釋汝達編

宋建炎年間（1127—1130 年）刊本　日本重要文化財　折本裝

京都東福寺藏本

【按】1353 年東福寺第二十八世大道一以所撰《普門院經論章疏語錄儒書等目錄》，其"張部"著錄《宗派圖》二册，即係此本。

此本已被日本"文化財審議委員會"確認爲"日本重要文化財"。

隆興佛教編年通論二十八卷

（宋）釋祖琇撰

日本室町時代（1393—1573 年）刊本　共五册

宮内廳書陵部藏本

【按】每半葉十一行，行二十一字。白口，左右雙邊（21.4cm×15.5cm）。

前有《隆興佛教編年通論目錄》，目錄末題"刊頭法眼宗應助雕此目錄一卷并御製七紙"。卷末附《太宗聖教序》、《真宗述聖教序》、《仁宗廣燈錄》、《徽宗續燈序》四文。

禪林類聚二十卷

（元）釋善俊撰

元刊本　共二十册

宮内廳書陵部藏本

【按】每半葉十二行，行二十二字。小黑口，左右雙邊（19.2cm×12.7cm）。版心記葉數，并有刻工姓名。

前有元大德丙午（1306 年）比丘妙坦《序》，次有《禪林類聚目録》，次有大德十一年（1307年）比丘善俊《識語》。此《識語》述本書編撰之由曰：

"《五燈》及諸祖師《語録》，采集機緣，貫聯拈頌，隨得隨收，故不以前後次第爲拘，托事標門，列成一百二類，分爲二十卷，目之曰《禪林類聚》，編寫既辦，善俊遂抽衣資中統寶鈔參拾錠，白米貳拾碩，天寧常住助米肆拾碩，發揚鏤版印行……。"

卷二、卷五、卷六、卷八、卷九、卷十、卷十一、卷十三之末，皆有施主捐助之名，如卷二末有施主名二行：

"揚州雍熙禪寺住持嗣祖比丘道泰　施中統鈔壹拾錠

上方禪寺主持嗣祖比丘紹龍　施中統鈔伍錠"

卷十五係寫補。此卷末有日本仁孝天皇天保八年（1837 年）越後詩人館柳灣手識文墨書二行，文曰：

"舊藏《禪林類聚》二十卷，闕此卷，借龍興雄禪師藏本，繕寫補之。于時天保八年丁酉歲（1837 年，此係日本仁孝天皇年號）八月十一日，七十六歲翁柳灣館機樞卿父。"

卷中有"東京溜池靈南街第四號讀杜艸堂主人寺田盛業印記"、"讀杜艸堂"、"藏叟"、"薩摩國鹿兒島郡寺田平氏靜節山房清秘圖書記"、"天下無雙"等印記。

【附録】日本南北朝時代後光嚴天皇貞治六年（1367 年）京都臨川寺用中國刻工陳孟榮重刊《禪林類聚》二十卷。此本每半葉有界十二行，行二十二字。細黑口，左右雙邊。卷首《目録》終之下有《刊記》曰："□貞治六年丁未解裝日幹緣僧希杲重刊于京臨川寺"，右側行末有"孟榮刊施"四字。此爲"五山版"。

江户時代初期京都高臺寺刊印《禪林類聚》二十卷。

佛祖歷代通載二十二卷

（元）釋念常集撰

明萬曆年間（1573— 1620 年）刊本　共十二冊

静嘉堂文庫　蓬左文庫藏本

【按】前有元至正元年（1341 年）六月虞集《序》，至正四年（1344 年）覺岸《序》，至正癸未（1343 年）正印《序》，同年守忠《序》，又有明萬曆六年（1578 年）吳郡□壽寺沙門性月《序》等。

静嘉堂文庫藏本，原係陸心源十萬卷樓舊藏，卷中有"王昶"、"德甫"等印記，共十二冊。

蓬左文庫藏此同一刊本兩部，皆係原江户時代幕府第一代大將軍德川家康舊藏，後敕贈其子尾張藩主家，世稱"駿河御讓本"。此二部皆缺卷一至卷十二，今存皆爲卷十三至卷二十二，卷中皆有"御本"印記，皆共十冊。

【附録】日本後水尾天皇慶長十七年（1612年）本國寺僧人用木活字刊印本《佛祖歷代通載》二十二卷。

日本後光明天皇慶安二年（1649 年）有（元）釋念常《佛祖歷代通載》二十二卷和刊本。

（新修科分）六學僧傳三十卷

（元）釋曇噩撰

元至正二十六年（1366 年）胡氏刊本　共十冊

御茶之水圖書館藏本　原德富蘇峰成簣堂等舊藏

【按】每半葉有界十三行，行二十九字。黑口，左右雙邊（24.8cm×16.7cm）。

前有著者八十二歲時所撰大字《序》（每半葉七行，行十七字左右）。

各卷卷末有刻刊者姓名，序文末署"長汀胡瑛刊"，卷一末、卷十末署"四明胡泰之刊"，卷二末、卷五末署"四明胡君鉉刊"，卷六末、卷七末、卷三十末署"四明胡公舉刊"等。

卷三十末有蓮牌木記四行,其文曰:"護境寺先住持觀海樂助工食/功德專異/願親共報恩有齊資普與含靈同超/净域者。"

【附録】日本南北朝時期有中國刻工俞良甫刻刊《新修科分六學僧傳》三十卷。版式高約25.3cm,幅寬18.5cm,有界,左右雙邊(20.8cm×14.2cm)。小黑口,雙黑魚尾,版心刻"僧傳卷一(——三十)",下象鼻黑口中有陰刻"俞"字。

(續集)宗門統要十二卷

(元)釋清茂撰
明刊本　共十册
内閣文庫藏本　原江户時代林羅山舊藏
【按】卷中有"江雲渭樹"印記。

釋氏稽古略四卷

(元)釋覺岸撰
元至治年間(1321—1323年)刊本　共八册
内閣文庫　蜂須賀家阿波國文庫藏本
【按】内閣文庫藏本,原係昌平坂學問所等舊藏。

釋氏稽古略四卷　續集三卷

(元)釋覺岸撰　《續》(明)釋大聞撰
明崇禎十一年(1638年)刊本　共五册
内閣文庫　静嘉堂文庫藏本
【按】内閣文庫藏此同一刊本兩部。一部原係楓山官庫等舊藏;一部原係江户時代林羅山舊藏,卷中有"江雲渭樹"印記。
静嘉堂文庫藏本,原係陸心源十萬卷樓舊藏。

歷代釋氏資鑒十二卷

(元)釋熙仲編
元後至元年間(1335—1340年)刊本　共十册
東洋文庫藏本　原三菱財團岩崎氏家舊藏

通玄百問一卷　青州百問一卷

(元)釋圓通問　行秀答　(明)釋從倫頌《青州》(元)釋一辯問　慈雲答　(明)釋從倫頌
明刊本　共一册
内閣文庫藏本　原楓山官庫等舊藏

神僧傳九卷　附諸佛世尊如來菩薩尊者名稱歌曲感應

(明)太宗撰
明崇禎七年(1634年)楞嚴寺刊本　共二册
内閣文庫藏本　原楓山官庫等舊藏

諸佛世尊如來菩薩尊者名稱歌曲(不分卷)

(明)太宗撰
明永樂年間(1403—1424年)刊本　共二册
御茶之水圖書館藏本　原德富蘇峰成簣堂等舊藏
【按】每半葉無界十六行。四周雙邊。
卷首有明永樂十五年(1417年)四月《序》,次有圖繪,次有《目録》。後有明永樂十八年(1420年)正月《後序》,又有永樂十七年(1419年)七月《後序》,次有《感應歌曲》二十六頁,次有永樂十八年四月《御製感應序》,次有《普法界之曲》八頁。

諸佛世尊如來菩薩尊者神僧名經(不分卷)

(明)太宗撰
明永樂年間(1403—1424年)刊本　共一册
御茶之水圖書館藏本　原德富蘇峰成簣堂等舊藏
【按】卷首有《序》六葉,有圖繪二葉,本文二百二葉,後有菩薩像一葉,題署明"永樂十五年(1417年)四月"的《後序》十三頁。

聖神高僧傳三卷

不著撰人姓名
明末刊本　共六册

御茶之水圖書館藏本　原德富蘇峰成簣堂等舊藏

【按】每半葉有界九行，行十八字。左右雙邊。卷中刻印句點。

封面用臈箋，據傳此係江户時代大平鹽八郎手筆。

卷中有附葉一葉，德富蘇峰記其購書之由。

佛祖綱目四十一卷　首一卷

（明）朱時恩撰

明崇禎五年（1632年）王元瑞刊本　共十二册

内閣文庫藏本　原楓山官庫等舊藏

居士分燈録二卷　首一卷　附補遺

（明）朱時恩撰

明崇禎五年（1632年）刊本　共二册

内閣文庫藏本　原楓山官庫等舊藏

（增補評林西天竺藏版）佛教源流高僧傳八卷

（明）許一德撰

明崇禎元年（1628年）藝林楊氏刊本

静嘉堂文庫　京都大學人文科學研究所東洋學文獻中心藏本

【按】京都大學藏此同一刊本兩部。一部爲全本，共八卷四册；一部今存卷第三、卷第四、卷第七、卷第八，實存四卷，共二册。

静嘉堂文庫藏本，原係小約幸助等舊藏，共四册。

禪宗正脈十卷

編著者不明

明萬曆三十三年（1605年）刊本　共一册

御茶之水圖書館藏本　原澤庵和尚　德富蘇峰成簣堂等舊藏

【按】前有明弘治三年（1490年）《序》，又有明萬曆乙巳（1605年）芝山僧如容《序》。

内封有大正八年（1919年）德富蘇峰手識文。

卷中有"臨川"等印記。

禪宗正脈十卷

（明）釋如□撰

明萬曆年間（1573—1620年）刊本

内閣文庫　早稻田大學圖書館藏本

【按】前有明萬曆三十三年（1605年）《序》。

内閣文庫藏本，原係江户時代林羅山舊藏。卷中有"江雲渭樹"印記，共十册。

早稻田大學圖書館藏本，共二十册。

曹溪源流一卷

（明）釋行機編

明崇禎九年（1636年）序刊本　共一册

内閣文庫藏本　原楓山官庫等舊藏

續傳燈録三十六卷

明人編撰不著姓名

明崇禎八年至九年（1635—1636年）楞嚴寺刊本　共七册

内閣文庫藏本　原楓山官庫等舊藏

釋氏源流（不分卷）

不著著者姓名

明刊本　共六册

大阪府立圖書館藏本

（大藏經之屬）

一切經四千九百五十四卷

奈良時代　平安時代（701—1185年）寫本

日本重要文化財

名古屋七寺藏本

【按】此藏經長期以爲係從宋刊《大藏經》寫

定。1990 年日本文化廳組織學者重新審定，斷此藏經原係日本奈良時代至平安時代後期由寫經生依據唐人寫經而書寫。

此藏經收録典籍中有如《本行六波落蜜經》一卷等三十八部經典，爲後世如宋版藏經所不録者。

此本已被日本"文化財審議委員會"確認爲"日本重要文化財"。

【附録】日本聖武天皇天平七年（735 年）學問僧玄昉自中國携帶《一切經》寫本五千零四十八卷回國，此爲中國《一切經》首次傳入日本。玄昉帶回之《一切經》寫本，不知是否即是唐開元十八年（730 年）智升所編次《大藏經》（此經一千二百五十八部，凡五千三百九十卷），待考。

據《入宋求法巡禮行并瑞像造立記》記載，圓融天皇永觀元年（983 年）日本東大寺名僧奝然乘宋商陳仁爽、徐仁滿之船入宋，面謁宋太宗。被賜予"法濟大師"號，并賜新印《大藏經》四百八十函凡五千四十八卷并新譯經四十一卷。此經即係《開寶勅版大藏經》的初印本。奝然於花山天皇寬和二年（986 年）乘中國臺州商人鄭仁德之商船歸日本，納此經藏於京都法成寺，安置佛像於嵯峨清涼寺。此爲宋版《大藏經》進入日本之始。

據《參天臺五臺記》的記載，日本延曆寺阿闍梨成尋於後三條延久四年（1072 年）由杭州登陸入宋，巡游汴京、天臺、五臺等，并謁見宋神宗。成尋將從中國得到的經藏，委托給隨行的五位弟子，陸續携帶歸國，本人於宋神宗元豐四年（1081 年）卒於汴京開寶寺。宋神宗曾贈送成尋經藏四百十三卷，已被送回日本，目録如次：

《大藏經》杜字號至谷字號，共 278 卷

宋太宗御製《蓮華心輪回文偈頌》一部共 25 卷

《秘藏詮》一部共 30 卷

《逍遥咏》一部共 11 卷

《緣識》5 卷

《景德傳燈録》一部共 33 卷

《胎藏教》3 册

《天竺字源》7 册

《天聖廣燈録》30 卷

此外，尚有經藏目録六十九種，亦見於被送回日本之列。

據《泉涌寺不可棄法師傳》記載，京都泉涌寺開山俊芿，於日本土御門天皇正治元年（1199 年）自中國江陰登陸入宋，在中國留學十三年，修行戒律，學習禪宗，於順德天皇建曆元年（1211 年）歸國，携歸經藏一千二百餘卷，其中凡"律宗大小部文三百二十七卷；天臺教觀文字七百一十六卷；華嚴章疏百七十五卷"等。

據《普門院經論章疏語録儒書目録》的記載，東福寺開山聖一國師圓爾辯圓於四條天皇嘉禎元年（1235 年）入宋，從無準師範學禪，成爲其法嗣，於四條天皇仁治二年（1241 年）携帶佛家及儒學經典章疏二千餘卷歸國。其後嗣第二十八世大道一以將藏書編撰成《普門院經論章疏語録儒書目録》，按《千字文》"天地玄黃宇宙洪荒"排列，其大部分仍存於今東福寺。

日本中御門天皇正德三年（1713 年）中國商船"佐字號"載《藏經》一部三百四十五帙運抵日本。

靈元天皇寬文九年（1669 年）至延寶九年（1681 年）宇治黃檗山萬福寺僧人鐵眼道光依據明代萬曆版《大藏經》重新刻刊印梓，世稱《鐵眼大藏經》，凡九百五十三册。其刻版至二十世紀九十年代本書編著者訪問時，仍然保存在萬福寺，并每日有二三工人進行修補印刷，現場有少量印本供應。

一切經（殘本）

宋東禪寺刊本　折本裝　共二十六帖

大谷大學附屬圖書館藏本　原京都三聖寺等舊藏

【按】北宋神宗年間，福州閩縣白馬山東禪等覺院募集臨近僧俗之捐資，開版雕印《大藏經》。各卷首皆有三行或四行"刻造題記"，其

中，最早記爲宋元豐三年（1080 年），至崇寧二年（1103 年）將《開元錄》所收經典雕造終結。自大觀七年（1107 年）起，又續雕新譯經典，至政和二年（1111 年）完成全藏凡六千三百三十九卷。

大谷大學今存十五部，凡二十六帖。每半折六行，行十七字左右。上下單邊。細目如次：

1. 《大寶積經》（第六峽）十卷。共一帖。柱刻"廣東運使寺正曾噩捨"，有刻工姓名如申、賜等。

2. 《慧上菩薩經》（殘本）一卷，（西晋）三藏竺法護譯。此經今存卷下，共一帖。柱刻"慧上卷下"，有刻工姓名如林付等，并有"鄭寧印造"墨色長方印造記。卷首有元豐八年（1085 年）五月《題記》三行，文曰："福州東禪等覺院住持傳法慧空大師充真等謹□□□□□今上皇帝太皇太后皇太妃，祝延聖壽，國泰民安，開鏤《大藏經》印版一付，總計五百函，函各十元。元豐八年乙丑歲五月日謹題。"卷中有"三聖寺"雙邊朱文圓印、"山田文昭遺書"朱文長方印、"夢白廬文庫"朱文長方印等。

3. 《普曜經》（殘本）一卷，（西晋）三藏法師竺法護譯。此經今存卷一，共一帖。柱刻"鳴　普曜一卷"，有刻工姓名如陳正等，并有"林璋印造"雙邊墨色長方印造記。卷首有元豐八年（1085 年）五月《題記》四行，文曰："福州東禪等覺院住持傳法慧空大師充真等謹募衆緣，恭爲今上皇帝太皇太后皇太妃，祝延聖壽，國泰民安，開鏤《大藏經》印版一付，總計五百函，仍勸一萬家助緣，有頌云：'東君布令思無涯，是處園林盡發花，無限馨香與和氣，一時散入萬人家。'元豐八年乙丑歲五月日謹題。"卷中有"三聖寺"雙邊朱文圓印、"叁聖寺藏經"雙邊長方印，紙背又有"東禪大藏"朱文方印等。

4. 《過去現在因果經》（殘本）一卷，（劉宋）三藏求那拔陀譯。此經今存卷四，共一帖。

卷首有題籤曰"北宋因果經卷第四，有三聖寺印，香嚴居士珍藏"，柱刻曰"辭　六卷"，又曰"廣東運使寺正曾噩捨"，有刻工姓名如昌、用、厚、付召、陳六等，并有"林璋印造"墨色長方印造記。卷首有宋紹聖四年（1097 年）二月《題記》三行，文曰："福州東禪等覺院住持傳法沙門智賢謹募衆緣，恭爲今上皇帝祝延聖壽。閩郡官僚，同資禄位，雕造《大藏經》印版，計五百餘函。時紹聖四年二月日謹題。"卷中有"三聖寺"雙邊朱文圓印，并有"侅古書屋"朱文方印，又有"東禪經局"無邊朱文印等。

5. 《思益梵天問經》（殘本）一卷，（姚秦）三藏法師鳩摩羅什譯。此經今存卷一，共一帖。柱刻"萬　思益一卷"，卷中有"三聖寺"雙邊朱文圓印。

6. 長阿含經（殘本）一卷，（姚秦）三藏法師佛陀耶舍、竺佛念共譯。此經今存卷九，共一帖。柱刻有數種，曰"深　九卷"，曰"深　九卷　七　廣東運使曾寺正捨"，曰"拾貳紙尾建方刀"等，有刻工姓名如建方、良、均、葉開等。卷中有"三聖寺"雙邊朱文圓印。

7. 《勝思惟梵天所問經》（殘本）三卷，（元魏）天竺沙門統大乘論師菩提流支譯。此經今存卷三、卷四、卷五，共三帖。柱刻"萬　思惟三（或"四"、或"五"）卷"。卷三卷首有元豐八年（1085 年）五月"題記"四行，文曰："□□東禪等覺院住持□□□空大師充真等謹募□□□□今上皇帝太皇太后皇太妃，祝□聖壽，國泰民安，開鏤《大藏經》印版一付，總計五百函，仍勸一萬家助緣，有頌云：'東君布令思無涯，是處園林盡發花，無限馨香與和氣，一時散入萬人家。'元豐八年乙丑歲五月日謹題。"卷中有"三聖寺"雙邊朱文圓印、"參舟文庫"雙邊朱文方印。

8. 《佛華嚴入如來德智不思議境界經》（殘

本)一卷,(隋)天竺三藏法師闍那崛多譯。此經今存卷下,共一帖。柱刻"境界經卷下　伏"。卷首有元豐八年(1085 年)五月"題記"三行,文曰:"福州東禪等覺院住持傳法慧空大師充真等謹募衆緣,恭爲今上皇帝太皇太后皇太妃,祝延聖壽,國泰民安,開鏤《大藏經》印版一付,總計五百函,函各十元。元豐八年乙丑歲五月日謹題。"卷中有"三聖寺"單邊朱文圓印。

9.《佛説不思議功德佛所護念經》(殘本)一卷,(隋)天竺三藏法師闍那崛多譯。此經今存卷上,共一帖。柱刻"信　護念卷上"。卷中有"三聖寺"雙邊朱文圓印。

10.五千五百佛名經(殘本)三卷,(隋)天竺三藏法師闍那崛多譯。此經今存卷二、卷六、卷七,共三帖。柱刻"信　二(或"六"、或"七")卷"。卷六與卷七卷首皆有《題記》三行,文字相同,其文曰:"福州東禪等覺院住持傳法慧空大師充真等謹募衆緣,恭爲今上皇帝太皇太后皇太妃,祝延聖壽,國泰民安,開鏤《大藏經》印版一付,總計五百函,函各十元。元豐八年乙丑歲五月日謹題。"卷中有"三聖寺"朱文圓印,卷六、卷七又有"無門"鼎形朱文印,并有"東禪經局"無邊朱文印。

11.《根本説一切有部百一羯磨》(殘本)一卷,(唐)三藏法師義净譯。此經今存卷十,共一帖。柱刻"傅　十卷",有刻工姓名如林元等,并有"葛紹印造"墨色長方印造記。卷首有宋元符二年(1099 年)二月《題記》三行,文曰:"福州東禪等覺院住持傳法沙門智賢謹募衆緣,恭爲今上皇帝祝延聖壽。閩郡官僚,同資禄位,雕造《大藏經》印版,計五百餘函。時元符二年二月日謹題。"卷中有"三聖寺"單邊朱文圓印,又有"夢白廬文庫"、"山田文昭遺書"等朱文長方印,并有"東禪經局"無邊朱文印。

12.《大周刊定衆經目録》(殘本)四卷,(唐)

佛受記寺沙門明佺等撰。此經今存卷一、卷衆經目録七、卷十二、卷十四,凡四帖。有刻工姓名如葉住、曹遠、吴定、陳證等。卷十二首有宋元祐六年(1091 年)正月《題記》三行,文曰:"(前缺)今上皇帝太皇太后皇太后祝延聖壽,國泰民安,開鏤《大藏經》印版一付,計五百餘函。元祐六年正月日謹題。"卷中有"三聖寺"單邊朱文圓印。

13.《一切經音義》(殘本)三卷,(唐)大慈恩寺翻經沙門玄應撰。此本今存卷十、卷二十二、卷二十四,凡三帖。卷中有"林璋印造"墨色長方印造記等。卷二十二卷首有宋崇寧二年(1103 年)十月《題記》三行,文曰:"福州東禪等覺院住持傳法沙門普明收印經版頭錢,恭爲今上皇帝祝延聖壽。閩郡官僚,同資禄位,雕造《大藏經》印版,計五百餘函。時崇寧二年十月日謹題。"此三卷封面皆有内藤湖南墨書題籤,曰"玄應一切經音義　卷第十"、"玄應一切經　卷第二十二"、"玄應一切經音義　殘卷"。各卷帙也有内藤湖南題籤,曰"玄應音義　宋刊福州本卷第十"、"玄應音義　宋刊福州本卷第二十二"、"玄應音義　宋刊福州本殘卷"。卷中有"三聖寺"單邊朱文圓印,又有"佞古書屋"朱文方印等。

14.《大慈恩寺三藏法師傳》(殘本)四卷,沙門惠立本,釋彦悰箋。此本今存卷二、卷六、卷七、卷八,凡四帖。有刻工姓名如文、太、民刀、鄭永等,并有"楊震印造"墨色長方印造記。卷二首與卷八首皆有宋崇寧二年(1103 年)十一月《題記》三行,文曰:"福州東禪等覺院住持傳法沙門普明收印經版頭錢,恭爲今上皇帝祝延聖壽。閩郡官僚,同資禄位,雕造《大藏經》印版,計五百餘函。時崇寧二年十月日謹題。"卷中有"三聖寺"單邊朱文圓印,又有"蘇峰過眼"朱文方印、"佞古書屋"

朱文方印等。

（宋版）大藏經

宋東禪寺刊本

京都東寺藏本　原後白河天皇之女宣陽門院覲子等舊藏

【按】東寺藏《一切經》，以宋東禪寺刊本爲主，宋開元寺刊本補缺。

此藏經原係後白河天皇（1155—1158 年在位）之女宣陽門院覲子等舊藏，四條天皇仁治三年（1242 年）捐贈東寺。

（宋板）大藏經

宋東禪寺刊本

東都醍醐寺藏本　原入宋僧重源等舊藏

【按】此藏經以宋東禪寺刊本爲主。宋開元寺刊本補缺。

原係入宋僧俊乘坊重源自宋朝歸國時携回日本，於後鳥羽天皇建久六年（1195 年）十一月施捨給京都醍醐寺。

一切經六千二百六十二卷　字音帖五百三十卷

宋開元寺刊本（間有開元寺版及湖州思溪版雜入）　折本裝　共六千二百六十三帖

宮內廳書陵部藏本　原石清水八幡宮　內閣文庫等舊藏

【按】北宋徽宗年間，福州閩縣東芝山開元寺由臨近僧俗施財，于政和二年（1112 年）起，繼東禪寺再開《大藏經》雕印，至紹興二十一年（1151 年）完工，全藏凡六千一百十七卷。

宮內廳書陵部藏本，以此“開元寺版”爲主，又雜入部分“東禪寺版”等。

版式爲每半面無界六行，行十七字左右。上下單邊，欄高 21.8cm 至 25.0cm 不等，幅寬 11.2cm。折本全高 30.3cm。六半折一葉，中央記函名、卷數、葉數，并記刊年，如元豐、元祐、紹聖、建中靖國、崇寧、政和、重和、宣和、靖康、建炎、紹興、隆興、乾道、淳熙、淳祐，又有施主名，如“玄字函”卷二十五末題“比丘彌清普爲

恩有命工刊版”，“黃字函”卷三十七末題“都勸首住持傳法慧空大師沖真　請主參事元絳”，“天字函”卷五末題“廣東運使曾寺正捨”，卷三百二十五、卷四百五十六、卷四百八十八、卷五百六十一，皆題“日本國僧慶政捨”等，并記刻工姓名等。

各函版式特殊者如次：

“時字函”中《注大乘入楞伽經》，每半面無界八行，行十二字。

“阿字函”中《楞伽經纂》，每半面無界五行，行十四字。字體稍大。

“衡字函”中《大方廣圓覺略疏注經》，每半面無界五行，行十三字。注文雙行，行二十字。

卷中《大般若波羅蜜多經》卷一有宋崇寧二年（1103 年）十一月二十二日《牒》。其文如次：

“敕賜福州東禪等覺禪寺、天寧萬壽大藏

賜　竊見　朝廷近降指揮

天寧節　天下州軍　各許建寺　以崇寧爲額　仍

候了日　賜經一藏　有以見

聖朝紹隆佛乘祝延

睿筭　實

宗廟無疆之福　然賜契勘大藏經　唯都下有版　嘗患遐方聖教鮮得流通於是親

爲都大勸首　於福州東禪院請僧慧榮沖

真　智華　智賢　普明等　募衆緣雕造大藏經版

及建立藏院一所　至崇寧二年冬方始成就　賜欲乞

敕賜東禪經藏崇寧萬壽大藏爲名　祝延

聖壽　取　鈞旨

十一月日奉議郎守尚書禮部員外郎充講議司參詳官陳賜劄子

十一月二十日進　呈三省　同奉

聖旨　依所乞已降

敕命訖　二十二日午時付禮部施行　仍關

合屬去處

尚書省牒福州崇寧萬壽大藏

禮部員外郎陳　暘白劄子　竊見

朝廷近降指揮

天寧節　天下州軍　各許建寺以崇寧爲額

仍候了

日　賜經一藏契勘大藏經　唯

都下有版　於是親爲勸首　於福州東禪院

勸請僧

募衆緣雕造大藏經版　及建立藏經院一所

欲乞

敕賜東禪經藏　以崇寧萬壽大藏爲名　候

指揮

牒奉

敕　宜賜崇寧萬壽大藏爲名　牒至批准

敕　故牒

崇寧二年十一月二十二日牒"

此《牒》後有"司空兼尚書左僕射門下侍郎上

柱國南陽郡嘉國公蔡京"等七人列銜。

卷中常見日人題識：

1.書中別添一帖，係日本北朝時代光明天皇

曆應五年僧人教覺記自曆應元年（1338年）至

曆應五年（1342年）益性法親王在石清水八幡

宮三次令僧侶轉讀此本《一切經》諸事，其墨書

曰：

　　"曆應元年（1338年）十二月晦日，遍照

寺宮御參籠于八幡宮，自同二年乙卯（1339

年）正月一日，仰境內三個寺僧于當山五智

輪院，五十個日之間，以每日廿口僧侶，被轉

讀一切經（七千卷，真讀），至同二月廿一日

御結願，經卷其千軸，僧施一千人。

　　　　廿口僧名

善法寺

蓮忍　相圓　道智　道賢　良勝　覺如

教覺　顯道　道妙　道雲　智仙　道惠

大乘院

賢密　信行　禪蓮　如密　唯信　賢信

法園寺

琳曉　行琳

　　同三年庚辰（1340年）十月八日，宮又

御參籠，任去年之例，以三個寺廿口僧，令轉

讀《一切經》給，至同十一月廿八日御結願，

首尾五十個日也，施僧滿千人。

　　　　僧衆交名

善法寺

蓮忍　道智　道賢　行忍　覺如　教覺

顯道　道妙　道雲　智仙

大乘院

賢密　信性　如密　惠乘　善戒　賢信

信如　專真

法園寺

圓了　琳曉

　　同四年辛巳（1341年）十一月廿七日重

御參籠，自今月晦日，嵋日廿口僧侶參集，令

轉讀《一切經》，至翌年壬午（1342年）正月

廿日御結願，千僧供又畢。

　　　　僧衆交名

善法寺

蓮忍　道智　行忍　良勝　覺如　教覺

顯道　道憲　道雲　道惠　唯覺　覺真

道妙

大乘院

專真　了觀　了順　覺成　圓凈

法園寺

琳曉　等禪

　　　曆應取年正月廿日　比丘教覺奉

　　　仰記之。"

2."改字函"中《稱揚諸佛功德經》卷上紙背，

有墨書曰："日本康正二年丙子（1456年）秋重

陽前九日，釋真空《一切經》看讀畢。"又有別

筆墨書曰："應仁元年丁亥（1467年）自六月廿

五日至同自恣日，大藏奉轉讀了。"

3."欲字函"中《法華集》卷第一末有墨書曰：

"時應永三十三年丙午（1426年）拾月拾八日

書寫之畢，正秀。"

4."慶字函"中《瑜伽師地論》卷一百內封有

墨書曰："寬正二年辛巳（1461年）三月六日，

宮道親忠轉竟。"

5."命字函"中《大乘起信論》下卷紙背,有墨書曰:"(前略)爲七世父母、六親眷屬皆成佛道,三界萬靈一切含識,九州肥前下松浦住人,由天文二年(1533年)再興白,此經轉讀,至天文七年(1538年)六部綱緣申候,敬白,春圓。"

明治二年(1869年)此經自石清水八幡宮流出,由寶青庵收藏,其後不久被内務省購入。明治十九年(1886年),此經入藏内閣文庫,明治二十四年(1891年)三月,歸藏宮内省。

印紙背面,常有"東禪大藏"大方印。

(宋版)一切經

宋開元寺刊本
京都知恩院藏本　原江户時代幕府第一代大將軍德川家康等舊藏
【按】此藏經原係周防(山口)乘福寺等舊藏,後歸周防大名毛利氏家所有,由毛利氏家獻贈大將軍德川家康。慶長年間(1596—1615年)作爲江户幕府第一代大將軍的德川家康將此藏經捐贈知恩院。

一切經(殘本)

宋開元寺刊本　折本裝
大谷大學附屬圖書館藏本
【按】此經版式與宮内廳書陵部藏同版《大藏經》相同。
大谷大學存本細目如次:

1.《佛説佛名經》(殘本)一卷,(元魏)三藏法師菩提流支譯。此經今存卷十二,共一帖。柱刻"長　十二卷",有刻工姓名如陳堯、王和、王仲、林鄉、程亨、吳浦、上官瑀、王康、王立、鄭習、陳立、高選、林添、陳演、林介、丁宥等,并有"德印造"墨色長方印造記。卷首有宋宣和七年(1125年)七月《題記》四行,文曰:

"福州管内衆緣就開元禪寺雕造《毗廬大藏經》印版一副,計五百餘函,恭爲今上皇帝祝延聖壽,内外臣僚,同資禄位,都會首顏徽、曾緝、陶穀、張嗣、林桷、陳芳、林昭、劉居

中、蔡康國、陳詢、蔡俊臣、劉漸、陳靖、謝忠、前管句沙門本悟、見管句沙門僧仟證、會前住持本明、見住持净慧、大師法超、當山三殿大王大聖泗州。時宣和七年七月日謹題。"

2.《(三千)佛名經》(殘本)二卷。此經今存卷上、卷下,凡二帖。

(1)《過去莊嚴劫千佛名經》(即《集諸佛大功德山》)(殘本)一卷。此經今存卷上,凡一帖。柱刻"長　莊嚴佛名卷上",有刻工姓名如周逐、林立、李完、陳晶、林宋、陳賜、丁宥、王確、郭受、蔡有、葉開、秋甸、王和等,并有"陳寶印造"墨色長方印記。卷首有宋宣和七年(1125年)七月《題記》四行,文曰:

"福州管内衆緣就開元禪寺雕造《毗廬大藏經》印版一副,計五百餘函,恭爲今上皇帝祝延聖壽,内外臣僚,同資禄位,都會首顏徽、曾緝、陶穀、張嗣、林桷、陳芳、林昭、劉居中、蔡康國、陳詢、蔡俊臣、劉漸、陳靖、謝忠、前管句沙門本悟、見管句沙門僧仟證、會前住持本明、見住持净慧、大師法超、當山三殿大王大聖泗州。時宣和七年七月日謹題。"

卷中有"岡本藏書"朱文長方印、"閻魔庵圖書部"朱文長方印等。

(2)《未來星宿劫千佛名經》(殘本)一卷。此經今存卷下,凡一帖。柱刻"長　星宿佛名經卷下",有刻工姓名如林添、陳完、官理、陳賜、陳默、吳浦、蔡宗、梁吉、葉閏、鄒習、卓免等,并有"陳寶印造"墨色長方印造記。卷首有宋宣和七年(1125年)七月《題記》四行,文曰:

"福州管内衆緣就開元禪寺雕造《毗廬大藏經》印版一副,計五百餘函,恭爲今上皇帝祝延聖壽,内外臣僚,同資禄位,都會首顏徽、曾緝、陶穀、張嗣、林桷、陳芳、林昭、劉居中、蔡康國、陳詢、蔡俊臣、劉漸、陳靖、謝忠、前管句沙門本悟、見管句沙門僧仟證、會前住持本明、見住持净慧、大師法超、當山三殿大王大聖泗州。時宣和七年七月日謹題。"

卷中有"開元經局"朱文方印,又有"岡本藏書"朱文長方印、"閻魔庵圖書部"朱文長方印

　　3.《大慈恩寺三藏法師傳》(殘本)四卷,沙門惠立本、釋彦悰箋。此本今存卷二、卷六、卷七、卷九,凡四帖。有刻工姓名如楊宗、吴才、林文、陳孚、石老、張昱、付中、梁吉、林泗、王保、郭伸、鄧勾、史得、林森、立興、王老、王才、王興、陳文、王青、洙生、洙仁、甘正、林志等。

　　各卷卷首皆有宋紹興十八年(1148年)閏八月《題記》三行。其文曰:

　　　　"福州開元禪寺住持傳法賜紫慧通大師了一謹募終緣,恭爲今上皇帝祝延聖壽,文武官僚,資崇禄位,圓成雕造《毗廬大藏經》一副。實紹興戊辰閏八月日謹題。"

　　卷六末又有宋紹興二十年(1150年)下元日宣州慧海大師日智題識,其文曰:

　　　　"日智睹靖康建炎以來,□游淮浙間,見衆生罹兵刀,諸大苦厄,遂生哀閔,令解脱,乃收遺骸,焚瘞薦導,所至州縣名山,飯僧百萬衆,設幽冥水陸二百會,印施彌阿觀音像二萬,濟貧設獄,募衆頌經三百萬藏,結華嚴場會一百萬,□漸次游行,以至福州開元,《大藏經》未圓,因施長財,開兹經一卷,集兹妙善,用薦法界一切幽魂滯魄,凡有情無情,俱登覺岸。次願我此身成道後,化身無數百,俱胗隨類攝,化度衆生,同入汪洋薩婆海。紹興庚午隨下元宣州廣教慧海大師日智題。"

　　卷七末又有捐資者題識二行,其文曰:

　　　　"府城居住奉佛弟子連净和,謹施净財,開右字經版一卷,廣流聖教,爲報四恩,普資三有(友),法界含生,同圓種智。"

　　卷九末又有捐資者題識二行,其文曰:

　　　　"净業保安禪寺住持比丘尼道興,謹施長財,雕《大藏》内右字□版一卷,廣流聖教,爲法四恩,普資三友,法界含生,道圓種智。"

　　卷中有"佞古書屋"、"炳卿珍藏舊刊古鈔之記"等印記。

　　4.《法苑珠林》(殘本)一卷,(唐)上郡西明寺沙門釋道世字玄惲撰。此本今存卷第五十一,折本裝,凡一帖。柱刻"書　五十一",有刻工姓名如張保、高元、林介、孫永、王賢、華茂、林立、吴彬、孫又等。卷首有宋宣和六年(1124年)八月《題記》四行,其文曰:

　　　　"福州管内衆緣就開元禪寺雕造《毗廬大藏經》印版一副,計五百餘函,恭爲今上皇帝祝延聖壽,内外臣僚,同資禄位,都會首顏徽、曾絪、陶穀、張嗣、林槆、陳芳、林昭、劉居中、蔡康國、陳詢、蔡俊臣、劉漸、陳靖、謝忠、前管句沙門本悟、見管句沙門僧仟證、會前住持本明、見住持宗鑒、大師元忠、當山三殿大王大聖泗洲。時宣和六年八月日謹題。"

　　書箱首有神田香嚴墨書三行:"福州開元寺板藏經零本,北宋宣和六年刊法苑珠林卷第五十一,一帖,首尾有金澤文庫印。"

　　5.《宗鏡録》(殘本)一卷,慧日永明寺主智覺禪師延壽撰。此本今存卷第九十九,折本裝,凡一帖。柱刻"茂　九十九卷",有刻工姓名如鄭正、王保、孫昂、王士等。卷中有"參舟文庫"、"豐橋市蓮泉寺舟橋水哉藏印"等印記。

(宋版)一切經

　　宋開元寺刊本
　　京都東福寺藏本

　　【按】十一世紀京都東福寺第五十四世住持剛中玄柔專門派遣弟子十人,前往宋朝尋求《一切經》,所得二《藏》,皆爲開元版,又以它版補入。日本南北朝北朝時代後圓融天皇永和三年(1377年)。將此二《藏》中之一《藏》歸於東福寺至今。

一切經(殘本)

　　宋湖州刊本(思溪版)　折本裝　共三百十七帖
　　御茶之水圖書館藏本　原德富蘇峰成簣堂等舊藏

　　【按】北宋末年至南宋時代,浙江湖州歸安縣思溪圓覺禪院開版印製《大藏經》。此經由當時密州觀察使王永從一族出資喜捨,前後經歷約百年時間,隨王氏家族的没落,印經便也停滯。宋淳祐年間(1241—1252 年)由趙氏宗族的資助而得以復興,此時圓覺禪院升格爲法寶資福禪寺。故此《大藏經》凡在圓覺禪院時代雕造者,稱爲"前思溪版",凡在法寶資福寺時代雕造者,稱爲"後思溪版"。

此本折本裝,每半折六行,行十七字左右。上下單邊。經題之下依《千字文》列函號。各紙右端有函號、經題、版數、刻工姓名等。

此本存目如次:

第一帙(全經本):

《大方等大雲經》三卷,三帖;

《大方廣三戒經》三卷,三帖;

《佛説持明藏瑜珈大教尊那菩薩大明成就儀軌經》四卷,四帖(首有《大宋新譯三藏聖教序》);

《大方廣善巧方便經》四卷,四帖;

《大乘不思議神通境界經》三卷,三帖;

《給孤長者女得度因緣經》三卷,三帖;

《金剛般若波羅蜜經論》三卷,三帖;

《僧伽斯所撰菩薩本緣經》四卷,四帖。

　　　　(以上凡二十七卷,二十七帖)

第二帙(全經本):

《發菩提破諸魔經》二卷,二帖;

《發菩提心論》二卷,二帖;

《大乘修行菩薩行門諸經要集》二卷,二帖;

《如幻三摩地無量印法門經》三卷,二帖;

《佛説超日月三昧經》二卷,二帖;

《菩薩瓔珞本業經》二卷,二帖;

《未曾有因緣經》二卷,二帖;

《寶如來三昧經》二卷,二帖;

《緣生初勝分法本經》二卷,二帖;

《中本起經》二卷,二帖。

　　　　(以上凡二十一卷,二十帖)

第三帙(全經本)

《甄正論》三卷,三帖;

《破邪論》二卷,二帖(上卷有朱墨筆注,上下卷皆有朱點)。

　　　　(以上凡五卷,五帖)

第四帙(單經本)

《佛説尊勝大王明經》《智光滅業障陀羅尼經》《如意寶惣持王經》(三經同卷)一帖;

《説罪要行法》《受用三水要行法》《護命放生軌儀法》(三經同卷)一帖;

《佛説師子奮迅菩薩所問經》《華聚陀羅尼咒》《華積陀羅尼神咒經》《六字咒王經》《六字神咒王經》(五經同卷)一帖;

《菩提場莊嚴陀羅尼經》一卷,一帖;

《阿閦如來念誦供養經》《佛頂尊勝陀羅尼念誦儀軌》(二經同卷)一帖;

《商主天子所問經二》一卷,一帖;

《入定不定印經》(首有《大周新翻三藏聖教序》)一卷,一帖;

《聖寶藏神儀軌》二卷,一帖;

《佛説犢子經》《乳光佛經》《無垢賢女經》《腹中女聽經》(四經同卷)一帖;

《諸教決定名義論》(《複頌》)《佛説大方廣未曾有經善巧方使品》(二經同卷)一帖;

《觀自在多羅瑜伽誦法》(複別經一卷),一帖;

《妙法蓮華經論》一卷,一帖;

《觀所緣論釋》(卷首有《中宗皇帝制三藏聖教序》)一帖;

《息除中夭陀羅尼經》《秘密篋印心阿羅尼經》(二經同卷)一帖;

《消除障難隨求陀羅尼經》《燈明如來陀羅尼經》(二經同卷)一帖;

《三賦歌》《御製佛賦上下》《御製詮源歌》(四歌賦同卷)一帖;

《德光子經》一卷,一帖;

《涅槃本有今無偈論》(複別經一卷),一帖;

《葉衣觀自在菩薩經》《毗沙門天王經》《訶利帝母真言法》(三經同卷)一帖;

《普賢金剛薩埵瑜伽念誦儀》《文殊問經字

母品第十四》(二經同卷)一帖;

《金剛王菩薩秘密念誦儀軌》(複別經一卷),一帖;

《金剛頂蓮花部心念誦儀軌》一卷,一帖;

《金剛頂瑜伽千手千眼觀自在菩薩修行儀軌經》一卷,一帖;

《三具足經論》(卷首有《翻譯之記》)一卷,一帖;

《轉法論經》(卷首有《翻譯之記》)一卷,一帖;

第五帙(單經本)

《菩薩善戒經》卷第四、七、十。三卷,三帖;

《大般涅槃經》卷第四、六、七。三卷,三帖;

《衆事分阿毗曇》卷第二、三。二卷,二帖;

《金剛三昧經》卷下(複別經三卷),一帖;

《優婆夷净行法門經》卷下,一帖;

《諸法無行經》卷上,一帖;

《無量清净平等覺經》卷下,一帖;

《雜阿含經》卷第十六,一帖;

《中論》卷第四,一帖;

《集諸法寶最上義論》卷上,一帖;

《功德施論》卷下,一帖;

《阿毗曇八揵讀論》卷第十五,一帖;

《佛説未曾有正法經》卷第三,一帖;

《方廣大莊嚴經》卷第六、第七,二帖;

第六帙(單本經)

《佛頂尊勝陀羅尼經》第五,一帖;

《一切功德莊嚴王經》(複別經三卷),一帖;

《最勝佛頂陀羅尼净除業障經》一帖;

《觀自在菩薩怛嚩多唎隨心陀羅尼經》一帖;

《無量門微密持經》一帖;

《阿那律八念經》(複別經二卷),一帖;

《佛説七知經》(複別經二卷),一帖;

《佛説諸法本經》(複別經二卷),一帖;

《佛説慧印三昧經》一帖;

《相續解脱地波羅蜜了義經》一帖;

《勸發諸王要偈》(複別頌一卷),一帖;

《婆藪槃豆傳》(複別經一卷),一帖;

《贊揚聖德多羅菩薩一百八名經》(複別經一卷),一帖;

《佛説薩鉢多酥哩喻捺野經》(附《大宋新譯三藏聖教序》,複別經二卷),一帖;

《勝軍化世百瑜伽他經》(複別經一卷),一帖;

《佛説四諦經》(複別經二卷),一帖;

《佛説苦陰經》(複別經二卷),一帖;

《佛説樂想經》(複別經二卷),一帖;

《佛説緣本致經》(複別經二卷),一帖;

《佛説長者法志妻經》(三經同卷),一帖;

《八大人覺經》(複別四經),一帖;

《金剛場陀羅尼經》一帖;

《佛説鐵城泥犁經·佛説古來時世經》(三經同卷)一帖;

《佛爲海龍王説法印經》(四經同卷),一帖;

《諸法最上王經》一帖;

《佛説大乘流轉諸有經》(複別經二卷),一帖;

《大寒林聖難拏陀羅尼經》(複別經一卷),一帖;

《金剛頂經曼殊室利菩薩五字心陀羅尼品》(二經同卷),一帖;

《佛説八部佛名經》(三經同卷),一帖;

《佛地經》(二經同卷),一帖;

第七帙(單本經)

《佛説月明菩薩經》(有"西寺目財"朱文印),一帖;

《菩薩所問大乘法螺經》(有"西寺目財"、"寶輪"朱文印),一帖;

《文殊師利般涅槃經》(有"寶輪"朱文印),一帖;

《佛説梵志阿颰經》(有"西寺目財"、"寶輪"朱文印),一帖;

《佛説須賴經》二、十一(有"西寺目財"、

"寶輪"朱文印),二帖;

《佛説四無所畏經》(複贊一卷、别經二卷,
有"寶輪"朱文印),二帖;

《一字頂輪王瑜伽經》(複别經二卷),一
帖;

《佛説樓閣正法甘露鼓經》(複别經一卷,
有"西寺目財"、"寶輪"朱文印),一帖;

《佛説一向出生菩薩經》,一帖;

《佛説聖大惣持王經》(複别經一卷,有"西
寺目財"、"寶輪"朱文印),一帖;

《佛説較量壽命經》(有"西寺目財"、"寶
輪"朱文印),一帖;

《佛説阿難陀目佉呵離陀鄰尼經》(二經同
卷,有"西寺目財"、"寶輪"朱文印),一
帖;

《一切秘密最上名義大教王儀軌》卷上下
(二經同卷,有"稀司目財"、"寶輪"朱
文印),一帖;

《無字寶篋經》(三經同卷,有"西寺目財"、
"寶輪"朱文印),一帖;

《顯揚聖教論頌》(有"西寺目財"、"寶輪"
朱文印),一帖;

《一切佛攝相應大教王經聖觀自在菩薩念
誦儀軌經》(有"西寺目財"、"寶輪"朱
文印),一帖;

《彌勒成佛經》(有"西寺目財"、"寶輪"朱
文印),一帖;

《最上大乘金剛大教寶王經》卷上下,一
帖;

《聖虛空藏菩薩陀羅尼經》一帖;

《阿難陀目佉呵離陀經》(二經同卷),一
帖;

《大乘遍照光明藏無字法門經》(複别經四
卷),一帖;

《分别布施經》(三經同卷),一帖;

《伏婬經》(複别經二卷),一帖;

《菩薩行五十緣身經》(複别經一卷),一
帖;

《聖觀自在菩薩不空王秘密心陀羅尼經》

一帖;

《象頭精舍經》(二經同卷),一帖;

《月光童子經》(複别經二卷),一帖;

《菩薩内智六波羅蜜經》(複别經一卷),一
帖;

第八帙(殘經本)

《開元釋教録略出》卷二、卷三、卷四,凡三
帖;

《衆經目録》卷第一并序、卷二、卷三、卷
四,凡四帖;

《大周刊定衆經目録》卷第一并序、卷二、
卷三、卷四、卷六、卷八、卷十一至卷十
八、卷二十,凡十五帖;

第九帙(殘經本)

《瑜伽師地論》卷六十一、卷六十三、卷六
十四、卷六十七、卷六十八、卷六十九、
卷七十一至卷七十五、卷七十八、卷八
十、卷八十一、卷八十七、卷九十,凡十
六帖;

《經律異相》卷二、卷五、卷八、卷十、卷十
四、卷十五、卷十七、卷二十、卷二十五
至卷二十七、卷二十九、卷三十二、卷
三十三、卷三十四、卷三十六、卷三十
七、卷三十九、卷四十五、卷四十八、卷
六十一、卷六十三、卷六十四、卷六十
七、卷六十八,凡二十一帖;

第十帙(殘經本)

《説一切有部發智大毗婆沙論》卷一百二、
卷一百四、卷一百六、卷一百七、卷一
百十三、卷一百十六、卷一百二十、卷
一百二十三至卷一百二十五、卷一百
二十八、卷一百三十、卷一百三十二、
卷一百三十三、卷一百三十九、卷一百
四十、卷一百四十一、卷一百四十五、
卷一百四十八、卷一百四十九、卷一百
五十三、卷一百五十八至卷一百六十
四、卷一百六十六、卷一百七十一、卷
一百八十至卷一百八十二、卷一百八
十五至卷一百八十八、卷一百九十八,

凡三十八帖；

第十一帙（殘經本）

《佛本行集經》卷三十三、卷四十一、卷四十六、卷四十九、卷五十、卷五十一、卷五十五、卷五十六、卷五十七、卷五十九，凡十帖；

《正法念處經》卷四十三、卷四十八、卷四十九、卷六十四至卷六十八，凡八帖；

《阿毗達磨品類足論》卷一至卷四、卷六至卷八、卷十一、卷十四至卷十六，凡十二帖。

第十二帙（殘經本）

《方廣大莊嚴經》卷八、卷十、卷十一、卷十二，凡四帖；

《普曜經》卷一、卷三、卷四，凡三帖；

《薩遮尼乾子受記經》卷五、卷七、卷八、卷九，凡四帖；

《大乘阿毗達摩集論》卷二、卷三、卷五、卷六、卷七，凡五帖；

《大方等大集經》卷七、卷十七、卷二十三，凡三帖；

《佛地論》卷一、卷二、卷三、卷六，凡四帖；

《御製秘藏詮》卷十二、卷十四、卷十七，凡三帖。

一切經（殘本）

宋思溪版　折本裝

大谷大學附屬圖書館藏本

【按】此經今存五種，細目如次：

1.《中阿含經》（殘本）一卷，（東晋）三藏瞿曇僧伽提婆譯。此經今存卷第二十二，凡一帖。柱刻“興　中阿含經二十二”，有刻工姓名如黃元、王迪、楊通、葉印、李羽、李茂、李胡等。卷末有《音釋》七行，并有日本後深草天皇建長七年（1255 年）藤原時朝墨書二行，其文曰：“奉渡唐本《一切經》內，建長七年乙卯十一月九日於鹿島社隨供養常州笠間，前長門守從五位上行藤原朝臣時朝。”卷中有“妙正寺”朱文長方印，紙背又有“全藏經”墨色長方印、“藏司印記

口”朱文長方印等。

2.《增壹阿含經》（殘本）一卷，（符秦）三藏曇摩難提譯。此經今存卷第四十，凡一帖。柱刻“如　增壹阿含經卷第四十”，有刻工姓名如陳杲等。卷末有《音釋》五行。經卷紙背有“法寶藏司印”、“刻經處”等朱文長方印。

3.《雜阿含經》（殘本）一卷。此經今存卷第六，凡一帖。柱刻“思　雜阿含經　六”，有刻工姓名如施宏、王昌、洪先、王睿、洪吉、葉由、盧典等。卷末有《音釋》十行，并有日本後深草天皇建長七年（1255 年）藤原時朝墨書二行，其文曰：“奉渡唐本《一切經》內，建長七年乙卯十一月九日於鹿島社隨供養常州笠間，前長門守從五位上行藤原朝臣時朝。”卷中有“佞古書屋”朱文方印、“香嚴玩秘”朱文長方印等。

4.《紹興重雕大藏音》三卷，（宋）釋嚴寺沙門處觀撰。前有宋元祐九年（1094 年）宣德郎新差在京木炭場柳豫《紹興重雕大藏音序》。卷中有“佞古書屋”朱文方印、“香嚴玩秘”朱文長方印等。

5.《法苑珠林》（殘本）一卷，（唐）上都西明寺沙門釋道世字玄惲。

（宋版）大藏經（零本）

宋刊本　共五冊

東京大學總合圖書館藏本　原渡邊信

青洲文庫等舊藏

一切經二千五百卷

平安時代　鎌倉時代（794—1330 年）寫本

名取新宮寺藏本

【按】日本鳥羽天皇保安年間（1120—1124 年）位處日本東北的名取地方將紀伊（今和歌山）熊野三社的佛像迎請至當地，并專門立寺，并於該寺的文殊堂開“寫經”事業。

1978—1980 年，日本文化廳組織學者對該寺《一切經》進行審定，斷此藏經係自平安時代始，至鎌倉時代中期日本寫經生所鈔寫。

(元版)一切經

元大普寧寺刊本
京都南禪寺藏本

【按】此藏經係京都南禪寺的分寺,即兵庫禪昌寺的開山月光庵宗光的弟子入元朝而求得。後陽成天皇、後水尾天皇慶長年間(1596—1615 年)移交南禪寺。藏經以元大普寧寺版爲主,以高麗版補充,間有宋板經典。

(元版)一切經

元大普寧寺刊本
東京增上寺藏本

【按】此藏經原係伊豆修善寺舊藏,後陽成天皇慶長十年(1605 年)依據大將軍德川家康的命令,將此藏經移交江户增上寺。

(明版)大藏經　附續藏經

明萬曆間(1573—1620 年)刊本　共一千八百十三册
東京大學總合圖書館藏本

【附録】靈元天皇寬文九年(1669 年)至延寶九年(1681 年)宇治黄檗山萬福寺僧人鐵眼道光依據明代萬曆版《大藏經》重新刻刊印梓。世稱《鐵眼大藏經》(參見大谷大學附屬圖書館藏宋東禪寺刊本的"附録")。

一切經音義(殘本)一卷

(唐)釋玄應撰
唐人寫本　卷子本　共一軸
正倉院藏本

【按】一卷十紙,黄麻紙書寫。每一紙高約 28.4cm,寬約 9.8cm。行有界,分上下兩節。

是書全本凡一百卷。此卷係卷第六,然卷首、卷尾俱失,起自"目㯕　莫廉反下臣爲反或言目伽略子者也……"。

第三紙行間有雜亂行書曰:"長元二年維摩會短籍"云云。

卷背有文字,係問答形式,内容不甚明了,似與維摩會有關,并有梵文黑印。

【附録】唐代僧人編撰《一切經音義》,其文本有兩種。一爲唐釋玄應所編撰之二十五卷本《一切經音義》,一爲唐釋慧琳所編撰之一百卷本《一切經音義》。又有唐釋希麟所編撰之十卷本《續一切經音義》。

日本櫻町天皇元文二年至元文三年(1737—1738 年)京都獅谷白蓮社依據高麗國高宗年間《大藏經》本刊印唐釋慧琳所編撰之一百卷本《一切經音義》。此本由日本僧人如幻,敬首共校勘。其後,此本又有京都松柏堂出雲寺文次郎重印本,又有京都釘子屋平兵衛重印本等。

櫻町天皇延享三年(1746 年)高野山北室院依據高麗國高宗年間《大藏經》本刊印唐釋希麟編撰《續一切經音義》十卷。此本由日本僧人顯明校勘。

一切經音義(殘本)一卷

(唐)釋玄應撰
宋崇寧二年(1103 年)福州東禪寺刊本　折本裝　共一帖
東北大學附屬圖書館藏本

【按】每半折無界六行,行十七字。注文小字雙行,行二十字左右。上下天地單邊。

此本今存卷第十三,凡一卷一帖。

卷首前有《刊語》三行,第一行文字破損,文曰:

　　"福州東禪等覺院住持傳法沙門智賢謹募衆緣,恭爲今上皇帝祝延聖壽,闔郡官僚,同資禄位,雕造《大藏經》印版,計五百餘函。時崇寧二年八月日謹題。"

《刊語》次行,頂格題署"一切經音義卷第十三",下空約七字,刻一"納"字,係依《千字文》序列函號。次行上空約七字,題署"唐大慈恩寺翻經沙門玄應撰"。次行起列本篇音義之經名。

一切經音義(殘本)二卷

(唐)釋玄應撰

宋崇寧二年(1103 年)福州東禪寺刊本　折本裝　共二帖

武田科學振興財團杏雨書屋藏本　原内藤湖南恭仁山莊等舊藏

【按】此本版式與東北大學藏本同。

此本今存二卷,凡二帖。

此本係 1938 年(昭和十三年)内藤湖南家族轉讓于武田氏家,1977 年武田家第七代傳人武田長兵衛將恭仁山莊舊藏全部交與武田科學振興財團。

一切經音義(殘本)三卷

(唐)釋玄應撰

宋崇寧二年(1103 年)福州東禪寺刊本　折本裝　共三帖

大谷大學附屬圖書館藏本　原係神田鬯庵(喜一郎)舊藏

【按】此本版式與東北大學藏本同。

今存卷十、卷二十二、卷二十五,凡三卷三帖。

此本係昭和五十九年(1984 年)神田喜一郎家族捐贈大谷大學。

一切經音義(殘本)一卷

(唐)釋玄應撰

宋崇寧二年(1103 年)福州等覺寺刊本　折本裝　共一帖

早稻田大學圖書館藏本

【按】此本今存卷第二十四,凡一卷一帖。

一切經音義(殘本)一卷

(唐)釋玄應撰

宋刊本　折本裝　共一帖

御茶之水圖書館藏本　原拇尾高山寺　德富蘇峰成簣堂等舊藏

【按】每折八行,行約十八字。上下界綫單邊,界高 21.2cm。

此本今存卷第六首五葉。

卷中有德富蘇峰手記,卷首有"高山寺"朱文印記。

一切經音義(殘本)一卷

(唐)釋玄應撰

宋刊本　折本裝　共一帖

東洋文庫藏本　原三菱財團岩崎氏家等舊藏

【按】此本今存卷第十三,首尾皆缺。

衆經目録(殘本)一卷

(唐)佛受記寺沙門明佺等撰。

宋刊本(東禪寺版《大藏經》零本)　折本裝　共一帖

御茶之水圖書館藏本　原京都三聖寺　德富蘇峰成簣堂等舊藏

【按】此本今存卷第四,共一册。

卷首有"東禪經局"朱文印,并有"三聖寺"朱文圓印、"無問"鼎型朱文印等。

【附録】1353 年東福寺第二十八世大道一以所編《普門院經論章疏語録儒書等目録》,其"辰部"著録《大藏經律論等目録》二册。

日本有古刊本《武周刊定衆經目録》十四卷,并附《偽書目録》一卷,題署唐僧明佺編撰。

紹興重雕大藏音三卷

(宋)釋處觀撰

宋刊本(宋刊"思溪版"零本)　折本裝　共三帖

大谷大學附屬圖書館藏本　原神田鬯庵(喜一郎)等舊藏

【按】此本係昭和五十九年(1984 年)神田喜一郎家族捐贈大谷大學。

大藏一覽集(殘本)一卷

(宋)釋實謹編

宋刊本　折本裝　共一帖

御茶之水圖書館藏本　原德富蘇峰成簣堂等舊藏

【按】每半折八行，行十八字。上下天地單邊，界高約 21.3cm。

此本今存卷第六前五葉。

卷首有"高山寺"朱文印記。

大藏一覽集十卷

（宋）陳實編

明永樂年間（1403—1424 年）刊本　共五冊

大東急記念文庫藏本

【附録】1353 年東福寺第二十八世大道一以所編《普門院經論章疏語録儒書等目録》，其"歳部"著録《大藏一覽》十卷。

日本中御門天皇享保七年（1722 年）中國商船"智字號"載《大藏一覽》一部五冊運抵日本。

日本後水尾天皇慶長二十年（1615 年）有銅活字刊本《大藏一覽集》十卷并《目》一卷。此本在元和、寬永年間（1615—1623 年）有重印本。

明正天皇寬永十九年（1624 年）京都西田勝兵衛，野田莊右衛門刊印《大藏一覽集》十卷。

大藏一覽集十卷

（宋）陳實編

明中期刊本　共五冊

御茶之水圖書館藏本　原德富蘇峰成簣堂等舊藏

【按】每半葉有界十一行，行二十一字。白口，四周雙邊。

封面附貼有"二念庵藏書"之藏書票。

卷中有"宗超"墨印，又有"緣山南塔二念庵藏"朱文印記。

（藝文雜記之屬）

弘明集（殘本）二卷

（梁）釋僧祐撰

宋紹興年間（1131—1162 年）福州開元禪寺刊本　折本裝　共二帖

御茶之水圖書館藏本　原德富蘇峰成簣堂等舊藏

【按】每半折六行。行十七字左右。卷四末有刻工姓名張舜，卷十三末有刻工姓名石志等。

是書全本十四卷。此本今存卷四、卷十三，凡二卷。卷四文起於"何承天達性論，文曰夫兩儀即往，帝王參之，宇中莫焉……"，止於"事有固然，實由通才所共者，理欵忘其煩貪復息心"。卷十三文起於"郗嘉賓奉法要，文曰三自歸者，歸佛，歸十二不經，歸比丘僧……"，止於"故收翰而輟思，寄一隅於梗指矣。體信於明，識者乎。"

此二卷卷首皆有宋紹興十八年（1148 年）

《刊記》三行，其文曰：

"福州開元禪寺住持傳法賜紫慧通大師了一謹募衆緣，恭爲今上皇帝祝延聖壽，文武官員資崇禄位，圓成雕造《毗盧大藏》經版一副。時紹興戊辰閏八月日謹題。"

《刊記》後爲正文。

卷四末葉在正文之後，有本卷施財者《後記》，其文曰："法林院比丘尼繼元謹施衣資，鏤兹經版半函，廣流聖教，爲報四恩，下資三有法界"云云。其後又有十三世紀末日本金澤稱名寺入宋歸國僧人圓種墨筆識文，其文曰："永仁元年癸巳之歲（1293 年），染筆致點而已，釋門（原文簡體——編著者）糟糠圓種。"卷末空白頁上又有朱筆題識，朱文褪色，依稀莫辨，文曰："此卷殊以難讀者矣，於壽福寺方丈一反讀了，長老儉首座信行房，因州正本之也。永仁二年（1294 年）二月十七日　把筆記之。"

卷十三末有本卷施財者《後記》，其文曰：

"福州府城居住奉佛女弟子卓氏十五

娘,謹施净財一百貫文省,雕斯經版一函,廣流聖教,式資亡夫。"

二卷文中皆有日僧圓種所施加之訓點。

卷中有"最明寺"、"極樂律寺"印記等。

【附録】日本東山天皇元禄十五年(1702 年)中國商船"世字號"載《正廣弘明集》共十六册運抵日本。

中御門天皇享保七年(1722 年)中國商船"加字號"載《弘明集》一部四帙運抵日本。

弘明集十四卷

(梁)釋僧祐撰

明萬曆年間(1573—1620 年)刊本　顧千里校本　共三册

静嘉堂文庫藏本　原陸心源十萬卷樓等舊藏

【按】前有釋僧祐《自序》。

陸心源《儀顧堂題跋》卷九著録此本,其識文曰:

"《弘明集》十五(疑爲"四"之誤——編著者)卷,梁釋僧祐述,明萬曆支那本。顧千里以釋藏本校過。藏本每卷有目,連屬篇目,支那本皆削之;又改每篇標目,上目下名,如時文之式。顧氏詆之當矣。惟劉君白當爲劉善明之字,故藏本一則曰劉君白答,再則曰劉君白重答,與全書一律。顧氏謂君白非字,以君代名,則白字又作何解,名善明而字君白,其義相通。史善明傳不著其字,缺也。藏本標目,皆著作者之字,支那本改書名,不悟君白之即善明,而獨書其字,未免自亂其例耳。"

出三藏記集(殘本)十三卷

(梁)釋僧祐撰

宋紹興(1148 年)福州開元禪寺住持了一刊本　共十三册

京都大學人文科學研究所東洋學文獻中心藏本　原松本文三郎等舊藏

【按】此本今存卷一、卷三、卷四、卷五、卷六、卷八、卷九、卷十、卷十一、卷十二、卷十三、卷十四、卷十五,凡十三卷。

慈悲道場懺法十卷

(梁)武帝撰

明萬曆十三年(1585 年)刊本　共二册

静嘉堂文庫藏本　原中村敬宇等舊藏

廣弘明集三十卷

(唐)釋道宣撰

明刊本　顧千里手識本　共八册

静嘉堂文庫藏本　原陸心源十萬卷樓等舊藏

【按】此本卷十一至卷十四,係後人寫補。

卷十之尾有顧千里手識文。其文曰:

"明中葉以后,刻書無不臆改。此吳中珩本,以梵筴勘之,乖錯極多。道光丁亥,借平山堂藏家字號來,粗正如右。又平津館收復印修版者,已補音釋,而子目及分卷等,皆無從追換矣。附記備博覽者詳焉。七月廿八日,千翁書。"

陸心源《儀顧堂題跋》卷九著録此本,其識文曰:

"《廣弘明集》二(疑爲"三"之誤——編著者)十卷,唐釋道宣述,明萬曆支那本。顧千里以釋藏本校過,其删去每卷之目,改易篇目,與《弘明集》同。藏本卷二十七分上中下三卷,此本合爲上下二卷。荀濟仕梁,力攻佛氏,在當時可謂特立之士,其奔魏也,爲高澄所殺,氣節亦有足稱者。《梁書》不爲立傳,《北史》雖有傳而不載闢佛之表,均爲缺陷。道宣采之以爲濟罪。愚謂正可藉此以補史缺耳。"

【附録】十二世紀少納言藤原通憲有藏書目録《通憲入道藏書目録》,其中"第四十二櫃"中著録《廣弘明集》上帙九卷、中帙九卷,又《廣弘明集》上帙九卷(欠第二)、中帙九卷(欠第十六)。

集古今佛道論衡實錄四卷

（唐）釋道宣撰

宋紹興年間（1131—1162 年）福州開元禪寺刊本　折本裝　共四帖

御茶之水圖書館藏本　原德富蘇峰成簣堂等舊藏

【按】卷一與卷四中，有日本後宇多天皇弘安九年（1286 年）金澤稱名寺僧人圓種手識文。

卷一末曰：

“弘安九年十月七日，爲令末學（之）易讀，以披覽之，次一部四册，大概加點了矣。予缺博涉之才，恐負妄作之責，但於不通之文，悉以闕如，庶後賢繼予志耳。　釋門貧子圓種謹叙。”

卷四末曰：

“弘安九年丙戌之歲，奉當寺長老之命，隨句致點畢。如有□點之差誤，無三寶之冥罰，若又相符佛意，冀備種智，生生不稟邪濟，世世受持正法，父母師友，四恩三有，龍華會□同兄慈，尊親聞妙法開悟，生長別□界之苦海，常居四德之樂土。　釋門末孫圓種白。”

【附錄】九世紀日本藤原佐世撰《本朝見在書目錄》著錄中央臺省之漢籍，其“雜家”著錄《古今佛道論衡》四卷，不著撰人姓名。此爲日本古文獻關於《古今佛道論衡》的最早著錄。

1353 年東福寺第二十八世大道一以所編《普門院經論章疏語錄儒書等目錄》，其“律部”著錄《佛道論衡》四册。

古今佛道論衡實錄（殘本）一卷

（唐）釋道宣撰

元刊本　折本裝　共一帖

御茶之水圖書館藏本　原京都上村閑堂德富蘇峰成簣堂等舊藏

【按】此本今存卷第一，凡一卷一帖。

版心有“徐”、“永”等刻工姓名。

卷末有 1922 年（大正十一年）德富蘇峰手識

文，言上村閑堂贈書之由。

閏州上元縣棲霞寺并菩提王緣起一卷

不著撰人姓名

唐人寫本　卷子本　共一軸

宮内廳書陵部藏本

【按】卷首有“傳領親鸞”墨書四字。

法苑珠林（殘本）二卷

（唐）釋道世編纂

北宋刊本　共二帖

大東急記念文庫藏本　原南都善光院等舊藏

【按】是書全本凡一百二十卷。此本今存卷第十三，卷第三十九，凡二卷。

法苑珠林一百二十卷

（唐）釋道世編纂

明萬曆年間（1573—1620 年）刊本　共二十四册

大東急記念文庫藏本

【附錄】日本後水尾天皇寬永元年（1624 年）有活字刊本《法苑珠林》一百二十卷。此爲“宗存版”

靈元天皇寬文九年（1669 年）京都村上平樂寺依據明萬曆十八年至十九年（1590—1591 年）刊本覆刊《法苑珠林》一百二十卷。此本并附《校訛音釋》。其後，寬文十二年（1672 年）京都書林積德堂又重印此本。

靈元天皇延寶二年（1674 年）京都銅駝坊村上勘兵衛刊印《法苑珠林條目》五卷。

義楚六帖（釋氏六帖）（殘本）十一卷

（後周）釋義楚編撰

宋刊本　日本重要文化財　共十二册

京都東福寺藏本

【按】每半葉八行，行十五字，小字雙行，左右雙邊。版心題“四策”、“五策”等。

前有《釋尊說法圖》并《敬白》，次有《進釋氏六帖表》,次有《檢校太保王朴》《六帖述》,義楚《自序》等。

卷内目次連接本文。

第十二册卷末題"顯德元年九月二十九日",此即是書完工之時日。次有義楚自撰《釋氏六帖後序》,次有安定胡正述《釋氏纂要六帖後序》,次有崇寧二年履仲述《重開釋氏六帖後序》。

據《序》文推斷,是書仿《白氏六帖》形式,原稱《釋氏六帖》,分二十四卷五十部四百四十門。此本於"敬白"文後,《進釋氏六帖表》之前,有陰文小字二行。文曰:"蘇州長洲縣大雲鄉齊門里居住信奉三寶弟子羅文祐與家屬等,捨錢開此佛會,願生生世世見佛聞法,早登佛果。"

卷後附日本後陽成天皇於慶長十七年(1612年)親筆書寫的《宸翰添狀》,其文曰:

"這《義楚六帖》者,慧日之開山入唐之時卷而懷之歸朝云云,允繞季之龜鑑,千歲之奇珍也。姑終臨寫之功畢。慶長十七年稔秋誌之。"

文後有花押"周"字。

此本係公元 1241 年日本僧人聖一國師圓爾辯圓從中國歸國時載歸。1353 年東福寺第二十八世大道一以編撰《普門院經論章疏語録儒書等目録》著録此本。

卷中有"普門院"印記。

此本已被日本"文化財審議委員會"確認爲"日本重要文化財"。

【附録】日本後陽成天皇慶長年間(1596—1614 年)有日人寫本《義楚六帖》十二卷一種。此本現存大東急紀念文庫,其中,卷一至卷八有缺佚。

靈元天皇寬文九年(1669 年)京都飯田忠兵衛刊印《義楚六帖》二十四卷。

靈元天皇延寶三年(1675 年)有《義楚六帖》二十四卷刊印本。

冥報記二卷

(唐)唐臨撰

唐人寫本　日本國寶　卷子本　共三卷

京都高山寺藏本

【按】一紙二十三行,行二十字至二十三字不等。卷上由紙六枚聯綴,全長 339.0cm,卷中由紙十枚聯綴,全長 558.0cm,卷下由紙十一枚聯綴,全長 673.0cm。

卷首前空一行,第二行頂格墨書"冥報記卷上",下空四字半,題署"吏部尚書唐臨撰"。第二行頂格起正文。

卷上與卷中的前半部分爲行書體,卷中的後半部分與卷下爲楷書體。

全卷包紙上有 1250 年手記,其文曰:"圓行阿闍梨將來唐人書,建長二年義淵上人注進。"

此本已被"日本文化財審議委員會"確認爲"日本國寶"。

御製秘藏詮(殘本)二卷

(宋)太宗撰

宋刊本　折本裝　共一帖

東洋文庫藏本　原三菱財團岩崎氏家舊藏

【按】此本今存卷十五、卷十六,凡二卷。其中,卷十五缺卷首,卷十六,缺卷尾。

宗鏡録(殘本)一卷

(宋)釋延壽(智覺禪師)撰

宋刊本　折本裝　共一帖

京都大學人文科學研究所東洋學文獻中心藏本　原松本文三郎等舊藏

【按】是書全本一百卷。此本今存卷四十七,凡一卷。

【附録】1353 年東福寺第二十八世大道一以編纂成《普門院經論章疏語録儒書等目録》,其"來部"著録《宗鏡録》一部二十册;其"署部"著録《宗鏡録》一部百卷。

南北朝時期有中國刻工俞良甫、陳孟榮等刻刊《宗鏡録》一百卷。每半葉有界十二行,行二

十二字。白口,雙黑魚尾,四周雙邊 20.2cm ×
14.8cm。此本中國刻工甚多,在日本合力完
成。所見刻工姓名有良甫、孟榮、王榮、李褒、
陳堯、壽明、曹安、鄭才、陳仲、邵文、才從、甸、
從、付、俊、和、福、生、伸、文、的、榮、隘、盛、林、
資、立甸、大、朱、祥等。

明正天皇寬永十六年(1639年)宗野是誰刊
印宋釋延壽撰《宗鏡錄》一百卷,共五十冊。

後西天皇明曆元年(1655年)尾崎七郎右衛
門刊印宋釋延壽撰《宗鏡錄要義條目錄》三卷。

日本中御門天皇享保九年(1724年)中國商
船"曾字號"載《宗鏡錄鈔》一部一冊運抵日本。

後櫻町天皇明和四年(1767年)中國商船
"曾字號"載《宗鏡錄》一部六帙運抵日本。

宗鏡錄(殘本)一卷

(宋)釋延壽(智覺禪師)撰

元皇慶三年(1314年)刊本　折本裝　共一
帖

早稻田大學圖書館藏本

【按】是書全本凡一百卷。此本今存卷第九
十一。

宗鏡錄一百卷

(宋)釋延壽(智覺禪師)撰

明萬曆年間(1573—1620年)海虞施元道助
刊本　共三十二冊

內閣文庫　蓬左文庫藏本

【按】內閣文庫藏此同一刊本兩部。一部原
係楓山官庫等舊藏;一部原係江戶時代林羅山
舊藏,卷中有"江雲渭樹"印記等。兩部皆共二
十冊。

蓬左文庫藏本,原係江戶時代尾張文庫舊
藏。此本係日本明正天皇寬永十六年(1639
年)從中國購入。卷中有"尾陽內庫"等印記。

宗鏡廣樞十卷

(宋)釋祖心刪集　　(明)陶望齡廣刪

明萬曆年間(1573—1620年)序刊本　共四

冊

內閣文庫藏本　原楓山官庫等舊藏

大宋新譯三藏聖教一卷

不著譯者姓名

元刊本　折本裝　共一帖

御茶之水圖書館藏本　原德富蘇峰成簣堂
等舊藏

【按】每半折六行,行十七字。

卷末有元至正年間(1341—1368年)高麗人
施財之跋語。

法藏碎金錄十卷

(宋)晁迥撰

明嘉靖二十五年(1546年)晁氏寶文堂刊本
共五冊

內閣文庫　靜嘉堂文庫藏本

【按】首題"宋光祿大夫太子少傅上柱國澶淵
晁迥撰"。

前有宋天聖五年(1027年)季秋晁迥《自
序》。後有明嘉靖丙午(1546年)晁瑮《刊版
跋》。

內閣文庫藏此同一刊本兩部。一部原係昌
平坂學問所等舊藏;一部原係楓山官庫等舊
藏。

靜嘉堂文庫藏本,原係陸心源十萬卷樓等舊
藏。

【附錄】1353年東福寺第二十八世大道一以
編纂成《普門院經論章疏語錄儒書等目錄》,其
"呂部"著錄《法藏碎金》七冊。

(晁文元公)道院集要三卷

(宋)晁迥撰

明嘉靖三十三年(1554年)晁氏寶文堂刊本

內閣文庫　靜嘉堂文庫藏本

【按】首題"宋光祿大夫太子少傅上柱國澶淵
晁迥撰"。

內閣文庫藏本,原係楓山官庫等舊藏,共一
冊。

静嘉堂文庫藏本,原係陸心源十萬卷樓等舊藏,共一册。

翻譯名義集十四卷

(宋)釋法雲編撰

宋紹興二十七年(1157年)序刊本　共四册

早稻田大學圖書館藏本

【附録】日本南北朝時代(1331—1392年)有中國刻工俞良甫,陳孟榮等刻刊《翻譯名義集》七卷。卷首有元釋普洽撰《蘇州景德寺普潤大師行業記》一文,并有《翻譯名義集序》。每半葉有界大字五行,注文小字雙行。白口,左右雙邊(19.0cm×11.8cm)。版心下部有刻工姓名良甫、孟榮、才等。

後陽成天皇慶長—元和年間(1596—1623年)有活字刊本《翻譯名義集》七卷,并《蘇州景德寺普潤大師行業記》一卷。

後水尾天皇寬永五年(1629年)又有《翻譯名義集》七卷,并《蘇州景德寺普潤大師行業記》一卷刊本一種。

靈元天皇寬文九年(1669年)京都八尾勘四郎等依據明萬曆(1573—1620年)年間徑山寂照庵刊《翻譯名義集》二十卷本重新梓行。

翻譯名義集十四卷

(宋)釋法雲撰

明刊本

内閣文庫　尊經閣文庫藏本

【按】内閣文庫藏本,原係楓山官庫等舊藏,共六册。

尊經閣文庫藏本,原係江户時代加賀藩主前田綱紀等舊藏,共七册。

翻譯名義集二十卷

(宋)釋法雲撰

明萬曆三十一年(1603年)刊本　共四册

静嘉堂文庫藏本　原陸心源十萬卷樓等舊藏

【按】前有宋紹興丁丑(1157年)重午日周敦義《序》。

【附録】日本靈元天皇寬文九年(1668年)有(宋)釋法雲《翻譯名義集》二十卷本和刊本。

大光明藏三卷

(宋)釋諦忍撰

宋淳祐元年(1241年)刊本　共三册

大東急記念文庫藏本

【按】每半葉十一行,行二十字。白口,四周雙邊。版心記字數。

有宋淳祐元年(1241年)天目野樵久禮《跋》等。

【附録】1353年東福寺第二十八世大道一以編纂成《普門院經論章疏語録儒書等目録》,其"收部"著録《大光明藏》三册。

南北朝時期有《大光明藏》三卷和刊本,此爲"五山版"。

大光明藏(殘本)二卷

(宋)釋諦忍撰

宋咸淳年間(1265—1274年)刊本　共二册

御茶之水圖書館藏本　原普門院　德富蘇峰成簣堂等舊藏

【按】每半葉十一行,行二十字。白口,四周雙邊。版心記字數。有宋咸淳改元(1265年)古汴趙孟坚《跋》,又有宋淳祐辛丑(1241年)天目野樵久禮《跋》等。

是書全本三卷。此本今缺卷上,實存凡二卷。

卷中有朱墨點。中卷末有日本後柏原天皇大永七年(1527年)圈點者墨書,其文曰:"大永七丁亥十月廿五初更點朱引了。"

卷中有"普門院"印記等。

(重雕補注)禪苑清規十卷

(宋)釋宗賾編

宋嘉泰二年(1202年)武夷虞知府宅書局刊本　共二册

東洋文庫藏本　原三菱財團岩崎氏家等舊

藏

　　【附録】1353 年東福寺第二十八世大道一以編纂成《普門院經論章疏語録儒書等目録》，其"閏部"著録《禪苑清規》一册。

(林泉老人評唱投子青和尚頌古)空谷集三卷

　　(宋)釋義青頌古　　(元)釋從倫評唱
　　明刊本　共三册
　　内閣文庫藏本　原楓山官庫等舊藏

(林泉老人評唱丹霞淳禪師頌古)虛堂集三卷

　　(宋)釋義青頌古　　(元)釋從倫評唱
　　明刊本　共三册
　　内閣文庫藏本　原楓山官庫等舊藏

漱流集一卷

　　(宋)釋玄暉撰
　　明刊本　共一册
　　内閣文庫藏本　原楓山官庫等舊藏

樂邦文類(殘本)三卷　樂邦遺稿并序一卷

　　(宋)釋宗曉編輯
　　宋開禧元年(1205 年)刊本　共四帖
　　大東急記念文庫藏本　原寶玲文庫舊藏
　　【按】此本今存卷第二、卷第三、卷第四，共三卷。并有《遺稿并序》一卷。
　　卷中有日本後花園天皇永享三年(1431 年)觀書者識文。

山家義苑二卷

　　(宋)釋可觀撰　　釋智增證
　　宋嘉熙二年(1238 年)僧人良阜刊本　日本重要文化財　共二册
　　京都東福寺藏本　原圓爾辯圓等舊藏
　　【按】每半葉有界八行，行十六字。白口，左右雙邊(18.3cm×12.0cm)。版心著録"上"或"下"，卷數下有葉數。
　　此本係日本聖一國師圓爾辯圓 1241 年(中國宋理宗淳祐元年即日本四條天皇仁治二年)

自中國携歸。1353 年東福寺第二十八世大道一以編纂成《普門院經論章疏語録儒書等目録》，其"戾部"著録《山家義苑》一册，即係此本。
　　卷中有"圓爾"墨書，并有"普門院"印記。

山家義苑(殘本)一卷

　　(宋)釋可觀撰　　釋智增證
　　宋嘉熙二年(1238 年)僧人良阜刊本　共一册
　　國會圖書館藏本　原向黄邨　養安院　曲直瀨氏　伊澤柏軒　小島素寶等舊藏
　　【按】每半葉有界八行，行十六字。白口，左右雙邊(18.3cm×12.0cm)。版心著録"上"，下有葉數。
　　是書全本二卷。此本今存卷上，計十八葉，共一卷一册。
　　卷首頂格題"山家義苑"。第二行上空六字題署"雲間沙門可觀述"，第三行上空二字題"卷上"，下空三字題署"山陰法孫智增證"。
　　第四行起爲《目録》。細目如次：
　　雙游　金牌義十篇
　　惣別　辨岳師三千書
　　次接正文。正文末葉空一行頂格題"山家義苑"。下有《刊記》二行，文曰：
　　　　時皇宋嘉熙戊戌
　　　　比丘良阜刊於白蓮
　　封面正中手寫墨書："嘉熙二年刊本　山家義苑"。左側下方題"考古齋藏本"。内封有手識文，文曰：
　　　　"是册先考曾藏之，後伊澤柏軒得之一書估以贈于澁江箖齋，頃贈曲直瀨正健，又贈之于余。展轉得再歸架中。一之謂奇矣。庚戌初秋十又二日，考古家南軒曬書之時記標……"(以下墨迹不清，編著者無法識得)。
　　　　次葉又有手識文，然墨迹不同。其文曰：
　　　　"宋代刊行之書，傳存至希。雖釋氏之書，猶或爲珍焉。展轉之際，古香襲人。非

□佛之謂固侫,宋(以下數字用墨涂黑)日記。"

卷首有"向黄邨珍藏印"、"弘前醫官澀江氏藏書記"、"養安院藏書"、"帝國圖書館"等印記,并有滿文官府印。卷末又有滿文官府印,并有"養安院藏書"印記。

森立之《經籍訪古志》卷五著錄寶素堂藏宋刊本《山家義苑》二卷,并言"下卷缺",即係此本也。

無文印二十卷　和尚語錄一卷

(宋)釋道璨撰　釋惟康輯

宋刊本(《語錄》係手寫本)　共八册

國會圖書館藏本　原寶宋閣　向黄邨等舊藏

【按】每半葉有界十一行,行二十字。左右雙邊。版心著錄卷名,如"詩"、"記"等,并記刻工姓名,如何牛洪等。

卷首有李之極《序》(每半葉有界六行,行書體,行十六字)。其文曰:

"道以忘言爲妙,以有言爲贅。其説似矣而實未也。吾聖人六經,如杲日行空,萬古洞然。使夫人盡遂其無言之欲,則民到于今,不胥爲夷狄禽獸者。伊雒之賜,浮屠之學,雖不若是,然既曰空諸所有,又曰不實諸所無,則泥於有無之間者,皆非也。東湖無文師,方弱冠時,天資穎脱,出語輒驚人座。白庶講下師事晦静湯先生,雅見賞異。一旦戰藝不偶,即棄去。從竺乾氏游,異時諸與叢席號大尊宿者,一見輒器之,必以翰墨相位置。無文是始不能無文矣。……辛未二月示寂後,其徒惟康稱遺稿二十卷,請于常所來往之有氣力得位者,助而刊之,囑予爲之序。予家番與師游而足,則終日言而盡道;言而不足,則終日言而盡物。語默,不論也多寡,不論也師長,於文而自號無文,則世之疑之者淺之爲丈夫。癸酉長至日,李之極序。"

《序》後有《目録》如次:

卷一　詩;　卷二　詩;

卷三　記;　卷四　行狀;

卷五　墓志　塔銘;　卷六　銘;

卷七　道號　序;　卷八　序;

卷九　序;　卷十　題跋;

卷十一　四六;　卷十二　祭文;

卷十三　祭文;　卷十四　雜著;

卷十五　書札;　卷十六　書札;

卷十七　書札;　卷十八　書札;

卷十九　書札;　卷二十　書札。

正文起首頂格題"無文印卷第一"。第二葉上空一字,署"詩"一字。第三葉上空四字,題詩名《賦張寺丞樗寮》。

卷首有"東京圖書館"朱文大方印,此印下有"立人印"。卷一下有"向黄邨珍藏印"朱文陰文長印。卷二十末有"寶宋閣珍賞"朱文大方印,又有"向黄邨珍藏"朱文陰文印等。

此本附《和尚語録》一卷,手寫本。卷首有仲穎《序》,此《序》曰:

"無文南游入浙,予初納交于中川,曁登諸老門,電激雷厲,眼中無佛祖矣。别二十年,先予而逝。閲三會語'廬山之雲飛揚,東湖之回漫汗',無文之舌猶在口中,有不在舌頭上,一句子請於是録着一使眼。癸酉秋,仲穎拜手。"

此《序》後半葉無文字,有"仲穎"印記。一字一方印。

正文第一葉首題"無文和尚初住饒州薦福寺語録"。第二行題署"小師　惟康編"。此《語録》手寫凡十六葉,每半葉十一行,行二十字。

第十七葉首題"無文和尚再住饒州薦福寺語録",第二行題署"小師　惟康編"。此《語録》手寫凡十三葉。

第二十一葉首題"無文和尚語録",第二行署"小佛事"。此《語録》手寫凡三葉。

第二十四葉首題"讚"。第一讚之題爲"觀音"。此《讚》手寫凡一葉。

第二十五葉首題"偈頌"。第一偈題爲"佛成道",文曰:"迷是誰兮悟是誰,山僧贏得眼如眉;新糊紙被烘來暖,睡到天明日上時"等。此《偈頌》手寫凡四葉。

第二十九葉首題"題跋附"。手寫凡十一葉。

全《語錄》末有宋咸淳九年(1273 年)靈隱虛舟《跋》,文曰:

　　"道東無言因主顯道無文和尚,不啓口,不動舌,三轉法輪,言滿天下。其嗣康上人,不爲父隱而許露之。此話既行,俾予着語。予曰若謂無文有語,是謗無文;若謂無文無語,口業見在。閱者於斯着眼,則此《錄》皆爲剩語矣。咸淳九年冬,靈隱虛舟等度跋。"

《跋》文後有"虛舟"朱文印記。

【附錄】1353 年東福寺第二十八世大道一以編纂成《普門院經論章疏語錄儒書等目錄》,其"成部"著錄《無文印》三册同《語錄》一册。

四明拾義書三卷

　　(宋)釋智禮撰

　　宋刊本　日本重要文化財　共三册

　　京都東福寺藏本

　　【按】每半葉有界十行,行十九字。

　　1353 年東福寺第二十八世大道一以所編《普門院經論章疏語錄儒書等目錄》,其"戌部"著錄《四明拾義書》上下;其"辰部"著錄《四明拾義書》三册,即係此本。

　　卷中有"普門院"印記。

　　此本已被日本"文化財審議委員會"確認爲"日本重要文化財"。

十諫書

　　(宋)釋繼忠編

　　宋端平二年(1235 年)刊本　日本重要文化財

　　京都東福寺靈雲院藏本

　　【按】每半葉有界十行,行二十字。

　　此本係 1241 年(宋理宗淳祐元年,日本四條天皇仁治二年)日本聖一國師圓爾辯圓從中國歸國時携歸。

　　此本已被日本"文化財審議委員會"確認爲"日本重要文化財"。

(新編)佛法大明二十卷

　　(宋)圭堂居士編

　　宋紹定端平年間(1228—1236 年)刊本　日本重要文化財

　　京都東福寺靈雲寺藏本

　　【按】每半葉有界十二行,行二十二字。

　　此本係 1241 年(中國宋理宗淳祐元年,日本四條天皇仁治二年)日本聖一國師圓爾辯圓從中國歸國時携歸。

　　此本已被日本"文化財審議委員會"確認爲"日本重要文化財"。

(新編)佛法大明二十卷

　　(宋)圭堂居士編

　　元後至元五年(1339 年)刊本

　　天理圖書館藏本

佛法大明錄二十卷

　　(宋)圭堂居士編

　　明建文元年(1399 年)刊本　共四册

　　大東急記念文庫藏本

　　【按】是書卷內有日本後奈良天皇天文十一年(1542 年)日釋彭叔守仙手校釋語。

護法論一卷　附洛陽白馬寺記一卷

　　(宋)張商英撰

　　元至元年間(1335—1340)龍虎余君正刊本　共一册

　　內閣文庫藏本

人天寶鑑(不分卷)

　　(宋)釋曇秀撰

　　日本南北朝時代(1331—1392 年)覆宋刊本

　　大東急記念文庫　武田科學財團杏雨書屋藏本

　　【按】每半葉有界十行,行二十字。卷首四頁左右四周雙邊,餘則左右雙邊。白口,版心題署"寶鑑"(葉數)"。

卷首有(宋)紹定庚寅(1230 年)劉棐《序》，并同年著者《自序》。卷末有比丘妙堪《跋》。

大東急記念文庫藏此同一刊本兩本，一本凡一册，一本凡二册。

武田科學財轉杏雨書屋藏本，原係日本慈照禪院、内藤湖南恭仁山莊等舊藏。封面内頁有内藤湖南識語曰："舊刻仿宋本人天寶鑑，甲辰正月松雲堂主人所贈。炳卿。"卷中有"慈照禪院"等印記。

禪林備用十卷

(元)釋弌咸編

元刊本　共二册

御茶之水圖書館藏本　原德富蘇峰成簣堂等舊藏

【按】每半葉十一行，行二十字，注文小字雙行。細黑口，左右雙邊(23.2cm×12.8cm)。

前有元泰定二年(1325 年)清容居士袁桷《叙》，又有元至大辛亥(1311 年)編者《自序》。後有元延祐丁巳(1317 年)雲岫《題識》，又有元至治元年(1321 年)德明《跋》。

《自序》末及卷一末、卷三末、卷六末、卷八末、卷十末，皆有施主列名。

各册末有日本後花園天皇長禄三年(1459 年)翶之慧鳳手識文。

卷中文字有朱筆加點。

卷中有"慈照院"印記等。

禪林備用(殘卷)三卷

(元)釋弌咸編

元後至元元年(1335 年)序刊本　共一册

國會圖書館藏本

敕修百丈清規二卷　附著一卷

(元)釋德煇奉敕編　釋大訢奉敕校

元至正三年(1343 年)余氏思庵刊本　共三册

京都大學附屬圖書館谷村文庫藏本

【附録】日本南北朝時代北朝後光嚴天皇文和五年(1356 年)京都僧人永尊刊印《敕修百丈清規》二卷。卷中有刊印識語曰："文和丙申王春＼法橋永尊雕開"。此爲"五山版百丈清規"之首，後世又有重刊本。

後小松天皇應永年間(1382—1402)又有複元刊本《敕修百丈清規》二卷刻刊。此本每半葉有界十三行，行二十三字。細綫黑口。卷首有《目録》,《緣起》，又有(元)至元二年(1336 年)歐陽玄《序》。

入衆須知(不分卷)

不著撰人姓名

元刊本　共一册

宮内廳書陵部藏本　原金地院等舊藏

【按】每半葉九行，行十八字。

卷首有"金地院"、"藏仙寺"印記。

廬山蓮宗寶鑑十卷

(元)釋普度編撰

明嘉靖三十四年(1555 年)序刊本　共二册

内閣文庫藏本　原楓山官庫等舊藏

蓮宗寶鑑十卷

(元)釋普度編撰

明刊本　共二册

内閣文庫藏本　原江户時代林羅山舊藏

【按】卷中有"江雲渭樹"印記等。

勸忍百箴考注四卷

(元)許名奎撰　(明)釋覺澄考注

明刊本　共二册

宮内廳書陵部藏本　原謝在杭　楓山官庫等舊藏

【按】每半葉有界十行，行二十二字。黑口，四周雙邊。

前有元至大三年(1310 年)許名奎《自序》，又有元至正甲辰(1364 年)蔣修《序》，明正統十四年(1449 年)覺澄《考注序》。

卷中有"謝在杭家藏書"、"秘閣圖書之章"等印記。

《御書籍來歷志》著録此本。

諸佛世尊如來菩薩尊者名稱歌曲（不分卷）　附録二卷

（明）成祖朱棣編撰

明永樂十八年（1420 年）序刊本　共一册

京都大學人文科學研究所東洋學文獻中心藏本

净土指歸集二卷　净土指歸直音略訓一卷

（明）釋大佑撰

明刊本　共二册

内閣文庫藏本　原楓山官庫等舊藏

歸元直指集二卷

（明）釋一元撰

明嘉靖三十二年（1553 年）刊本　共二册

静嘉堂文庫藏本

歸元直指集二卷

（明）釋一元編撰

明隆慶四年（1570 年）刊本　共四册

内閣文庫藏本　原楓山官庫等舊藏

妙空印心指歸集四卷

（明）釋善燦撰

明萬曆二年（1574 年）序刊本　共四册

内閣文庫藏本　原楓山官庫等舊藏

龍舒增廣净土文十二卷

（明）王日休撰

明萬曆二十六年（1598 年）序刊本　共二册

内閣文庫藏本　原楓山官庫等舊藏

禪餘集三卷

（明）釋元賢撰　張經國等校

明刊本　共二册

内閣文庫藏本　原楓山官庫等舊藏

山房雜録二卷

（明）釋袾宏撰

明萬曆年間（1573—1620 年）刊本　共二册

静嘉堂文庫藏本　原中村敬宇等舊藏

竹窗隨筆一卷　二筆一卷　三筆一卷

（明）釋袾宏撰

明萬曆四十三年（1615 年）刊本　共三册

静嘉堂文庫藏本　原中村敬宇等舊藏

（永覺和尚）禪餘内集八卷　外集八卷

（明）釋元賢撰

明崇禎十六年（1643 年）序刊本　共六册

内閣文庫藏本　原楓山官庫等舊藏

金屑編一卷　六祖壇經節録一卷

（明）袁宏道撰

明清響齋刊本　共一册

内閣文庫藏本　原江户時代林羅山舊藏

【按】卷中有"江雲渭樹"印記。

珊瑚林二卷

（明）袁宏道撰　張五教編

明清響齋刊本　共一册

内閣文庫藏本　原江户時代林羅山舊藏

【按】卷中有"江雲渭樹"印記。

法因集四卷

（明）王穉登撰

明刊本　共一册

内閣文庫藏本　原楓山官庫等舊藏

（管子）憲章餘集二卷

（明）管志道撰

明刊本　共一册

内閣文庫藏本　原楓山官庫等舊藏

覺迷蠡測三卷　剩言一卷　附一卷

(明)管志道撰
明萬曆二十八年(1600 年)序刊本　共二册
内閣文庫藏本　原楓山官庫等舊藏

谷響集一卷　續一卷　附雪浪法師恩公中興法道傳一卷

(明)釋洪恩撰　《附》(明)釋德清撰
明萬曆二十一年(1593 年)序刊本　共一册
内閣文庫藏本　原木村兼葭堂等舊藏

好生録二卷

(明)江經華等編　蔡善繼删定
明萬曆三十二年(1605 年)跋刊本　共二册
内閣文庫藏本　原楓山官庫等舊藏

三教品(不分卷)

(明)李贄撰
明刊本　共二册
内閣文庫藏本　原江户時代豐後佐伯藩主毛利高標等舊藏
【按】此本係日本仁孝天皇文政年間(1818—1829 年)由出雲守毛利高翰獻贈德川幕府。
卷中有"佐伯侯毛利高標字培松藏書畫之印"等印記。

教乘法數四十卷

(明)釋圓瀞撰
明刊本　共四册
静嘉堂文庫藏本　原江户時代僧人鐵牛中村敬宇等舊藏

生生四諦五卷

(明)鄭奎撰
明崇禎七年(1634 年)序刊本　共五册
内閣文庫藏本

緇門警訓十卷

不著編撰者姓名
明崇禎七年(1634 年)楞嚴寺刊本　共二册
内閣文庫藏本　原楓山官庫等舊藏

原道闢邪説一卷

(明)釋通容撰　劉文龍編
明崇禎九年(1636 年)序刊本　共一册
内閣文庫藏本　原楓山官庫等舊藏

性學開蒙一卷　梵室偶談一卷

(明)釋智旭撰
明刊本　共一册
静嘉堂文庫藏本　原中村敬宇等舊藏

絶餘編四卷

(明)釋智旭撰
明刊本　共一册
静嘉堂文庫藏本　原中村敬宇等舊藏

象教皮編六卷

(明)陳士元撰
明萬曆十六年(1588 年)序刊本　共三册
内閣文庫藏本　原楓山官庫等舊藏
【按】此本係從《歸雲外集》中輯出,單編而成書。此六卷即《歸雲外集》之卷三十六至卷四十一。

(鼎鍥)竺乾宗解四卷

(明)李樹喬編　徐㷀校
明萬曆二十四年(1596 年)序刊本　共四册
内閣文庫藏本　原楓山官庫等舊藏

性善惡論六卷

(明)釋傳燈撰
明天啓元年(1621 年)序刊本　共二册
内閣文庫藏本　原楓山官庫等舊藏

通翼四卷

　　(明)曾大奇撰
　　明崇禎九年(1636年)序刊本　共二册
　　内閣文庫藏本

(雅俗通用)釋門疏式十卷

　　(明)釋冰雪編撰
　　明知儒精舍刊本
　　内閣文庫藏本
　　【按】内閣文庫藏此同一刊本兩部。一部原
　係山本北山舊藏,後歸昌平坂學問所,共二册。
　一部共四册。

集歷代經史神明不滅證信輪廻録二卷　附釋音

　　(明)釋如相等輯

　　明萬曆年間(1573—1620年)古杭雲棲寺重
　刊　共一册
　　東洋文庫藏本

禪宗博覽(七書成一編)

　　題(明)胡文煥編纂
　　明刊本　共一册
　　宮内廳書陵部藏本
　　【按】此本細目如次:
　　1.《禪宗十牛圖》;　2.《禪警》;　3.《禪偈》;
　　4.《禪學》;　5.《禪髓》;　6.《禪考》;
　　7.《證佛名譚》。
　　卷首有"東壁圖書"、"秘閣圖書之章"印記。